国家出版基金项目
NATIONAL PUBLICATION FOUNDATION

國家出版基金項目

教育部哲學社會科學研究重大課題攻關項目

「十一五」國家重點圖書出版規劃項目·重大工程出版規劃

國家社會科學基金重大項目

北京大學「九八五工程」重點項目

儒藏

精華編二四八冊

集部

儒藏

精華編

北京大學《儒藏》編纂與研究中心

#《儒藏》精華編第二四八册

首席總編纂　季羡林

項目首席專家　湯一介

總　編　纂　湯一介　龐　樸　孫欽善　安平秋（按年齡排序）

本册主編　董　平

《儒藏》精華編凡例

一、中國傳統文化以儒家思想爲中心。《儒藏》爲儒家經典和反映儒家思想、體現儒家經世做人原則的典籍的叢編。收書時限自先秦至清代結束。

二、《儒藏》精華編爲《儒藏》的一部分，選收《儒藏》中的精要書籍。

三、《儒藏》精華編所收書籍，包括傳世文獻和出土文獻。傳世文獻按《四庫全書總目》經史子集四部分類法分類，大類、小類基本參照《中國叢書綜録》和《中國古籍善本書目》，於個别處略作調整。凡單書已收入入選的個人叢書或全集者，僅存目録，並注明互見。出土文獻單列爲一個部類，原件以古文字書寫者一律收其釋文文本。韓國、日本、越南儒學者用漢文寫作的儒學著作，編爲海外文獻部類。

四、所收書籍的篇目卷次，一仍底本原貌，不選編，不改編，保持原書的完整性和獨立性。

五、對入選書籍進行簡要校勘。以對校爲主，確定内容完足、精確率高的版本爲底本，精選有校勘價值的版本爲校本。出校堅持少而精，以校正誤爲主，酌校異同。校記力求規範、精煉。

六、根據現行標點符號用法，結合古籍標點通例，進行規範化標點。專名號除書名號用角號（《》）外，其他一律省略。

七、對較長的篇章，根據文字内容，適當劃分段落。正文原已分段者，不作改動。千字以内的短文一般不分段。

八、各書卷端由整理者撰寫《校點説明》，簡要介紹作者生平、該書成書背景、主要内容及影響，以及整理時所確定的底本、校本（舉全稱後括注簡稱）及其他有關情況。重複出現的作者，其生平事蹟按出現順序前詳後略。

九、本書用繁體漢字豎排，小注一律排爲單行。

《儒藏》精華編第二四八册

集部

宋文憲公全集

〔明〕宋濂　撰
徐儒宗　校點

目録

二四八册

宋文憲公全集卷三

宋文憲公全集卷九……四三三

宋文憲公全集卷十

宋文憲公全集卷十一

宋文憲公全集卷十二……五六八

宋文憲公全集卷十三……六〇八

宋文憲公全集卷十四……六五一

宋文憲公全集卷十五……六九三

宋文憲公全集卷十七……七七二

宋文憲公全集卷二十一……九一八

宋文憲公全集卷二十二……九五七

宋文憲公全集卷二十三 …… 九九五

宋文憲公全集卷二十九…………………一二三四

宋文憲公全集卷三十……一二七六

宋文憲公全集卷三十二……一三六八

宋文憲公全集卷三十三……一四〇五

宋文憲公全集卷三十九……一六五三

宋文憲公全集卷四十

宋文憲公全集卷四十五……一八八四

宋文憲公全集卷四十八……二〇〇二

宋文憲公全集卷四十九……二〇三七

校點説明

《宋文憲公全集》五十三卷，明宋濂撰。宋濂（一三一〇—一三八一），字景濂，浙江浦江人。一生勤奮好學。早年受經學於聞人夢吉，通五經；繼從吴萊、柳貫、黄溍學古文詞，盡得其閫奥，乃博極群書。元末，因薦授翰林院編修，固辭不就。明初聘爲五經師，傳授太子經學，官至翰林學士承旨、知制誥。致仕後，每年入朝一次。因長孫宋慎坐胡惟庸黨而受株連，被謫茂州。至夔門，得病卒。享年七十二歲。正德中追謚「文憲」。

宋濂在經史文獻、心性理學、典章制度以及文藝理論等各方面均卓有成就，道德文章，皆師表當世。明初的誥制朝儀，大多出於其手；一代禮樂製作、典章制度，多爲其所裁定，明太祖稱之爲「開國文臣之首」。太祖曾徵召四方文士之年少俊異者，使入文華堂向宋濂受業。曾任《元史》總裁，成書二百十卷，又奉詔總修《大明日曆》一百卷，輯編《寶訓》五卷。所著除文集而外，還有《周禮集説》《孝經新説》若干卷等。文章風行國内，而且當時即在高麗、安南、日本等國流傳。且謙抑下士，而循循然奬引後進，當時文士，多出其門下，開啓有明一代學風。

在學術上，宋濂能博通宋儒諸家之説而取其長，力主義理、事功、文辭三者的統一。他以經學爲主綫，溝通了朱、陸之辨，朱、陳之争，洛、蜀之異，而呈現出兼收並蓄的弘大氣象。且謂：「達人大觀，初無形跡之拘，儒、釋之異也。」只要真理所在，即使儒、釋之異亦在所不拘。可見宋濂之學雖不及宋儒所見之精，卻比宋儒所見爲大。宋濂之文，雍容純正而具有大家的氣象。《四庫提要》評他「根柢經訓，發爲文章，稱明一代之冠冕。其文醇深演迤，不動聲色，而二百餘年之中，殫力翻新，終莫能先也」。故其在學術史上有巨大的影響。後世各派的道學家和文章家都推崇宋濂之學。

宋濂一生著文甚豐，並經多次編刊，故形成多種版本。元刊本有至正十年（一三五〇）浦江縣署刻的《浦陽人物記》，至正十五年由宋濂編定、由門人鄭淵等刊刻的《潛溪集》十卷，繼又陸續刊刻《潛溪後集》《潛溪續集》《蘿山稿》等。明洪武十年（一三七七）刊有《宋學士文粹》十卷、補遺一卷，繼又刊刻《宋學士續文粹》十卷。以上文集都在浦江刊刻。天順元年（一四五七），官蜀憲臺的黄溥從宋濂曾孫宋賢得其家藏遺稿編成《潛溪先生集》十八卷、附録一卷；天順五年，浙江左參政黄譽編有《宋學士先生文集》二十六卷、附録一卷；正德九年（一五一四），太原人張縉刊刻《宋學士文集八編》七十五卷（此本影印收入《四部叢刊》）；嘉靖三年（一五二四），安正堂刻有《宋濂學士先生文集》二十八卷；嘉靖十五年，海寧人徐嵩刊刻《潛溪集》八卷、附録一卷；嘉靖三十年，浦江縣令韓叔陽刻《宋學士全集》三十三卷（此本收入《四庫全書》）；嘉靖三十五年，李濂將宋濂的《龍門子凝道記》二卷與劉基的《郁離子》合刻爲《劉宋二子》；萬曆三十八年（一六一〇），吴良悌重修《新刊宋學士文集》三十三卷；天啓三年（一六二三），釋袾宏輯《宋文憲公護法録》十卷；崇禎年間，吴應臺遞修《新刊宋學士文集》三十三卷；清順治九年（一六五二），周日燦補刻《新刊宋學士文集》三十三卷；康熙四十八年（一七〇九），彭始摶刻《宋學士全集》三十二卷、附録一卷；康熙四十九年，傅旭元刻《宋文憲公文集》三十卷、詩二卷；嘉慶十五年（一八一〇），金華府守嚴榮搜得韓刻原本以及明清兩代諸多刻本，編成《宋文憲公全集》五十三卷（此本收入《四部備要》）；同治十三年（一八七四），永康人胡鳳丹將韓本《宋學士全集》輯入《金華叢書》，又續刻補遺八卷、附録二卷；宣統三年（一九一一），金華府學教授孫鏘以嚴刻本爲宗，又編入《洪武聖政記》《平漢録》，並附浦江戴殿江、朱興悌所編《年譜》以及仁和丁立中輯、孫鏘增補的《潛溪録》。此外，明萬曆年間在日本也有宋濂文集的刻本。

以上各種版本，内容多寡和編排次序都有較大的差異，而以清嘉慶十五年金華府守嚴榮所刊《宋文憲公全集》五十三卷爲最全，故今以此本爲底本整理校點。據底本「總目」可知，此本實係彙集多種刊本而成：其一是張縉所刻《宋學士文集八編》。此八編乃宋濂親手所訂，由其子宋璲繕録。張氏購得，編爲《宋學士文集》七十五卷。編定原則以撰文時間先後爲序，在朝製作爲《翰苑》前、後、續、别各十卷（即本書卷一至卷二十五），歸田製作爲《芝園》前、後、續各十卷（即本書卷二十六至卷三十一），致仕後數次朝京時製作爲《朝京稿》五卷（即本書卷三十二至卷三十四）。這是收集宋濂入仕明朝後詩文最齊全的集子。嚴氏將其合併爲三十四卷作爲本集的主體。其二是徐嵩所刻《潛溪集》八卷。這八卷都是入明以前的文章，實係根據元至正初刻而明初重刊的《潛溪前集》《潛溪後集》編成，嚴氏轉録爲「徐刻補輯」八卷收入本集。其三是「韓刻補輯」，這是韓叔陽主要根據二黄本補輯收録而不見於張本、徐本的詩文，嚴氏轉録爲八卷收入本集。以上共計五十卷，收集詩文一千二百六十三篇。再加上《龍門子凝道記》二卷、《浦陽人物記》一卷，合爲五十三卷，以成收集宋文最全的《宋文憲公全集》。彙集諸刻舊序及誥、敕、譜、傳、行述、像贊、祭文之屬，以類相從，分編四卷，置於卷首。

今以嚴刻本爲底本，而主要以明初鄭淵等所編《潛溪》前後集（簡稱鄭本）、天順年間黄溥所編《潛溪先生集》（簡稱黄溥本）、黄譽所編《宋學士文集》（簡稱黄譽本）、正德年間張縉所刊《宋學士文集八編》（簡稱張本）、嘉靖年間韓叔陽所刊《宋學士全集》（簡稱韓本）、清康熙年間傅旭元所刻《宋文憲公文集》（簡稱傅本）、乾隆年間文淵閣《四庫全書》本（簡稱四庫本）、同治年間胡鳳丹所刻《金華叢書》本（簡稱胡本），以及民國時期中華書局

《四部備要》本（簡稱備要本）等進行對校；部分內容以劉基選定、明洪武八年刊刻的《宋學士文粹》（簡稱文粹本）爲參校本；而《龍門子凝道記》主要以明嘉靖年間所刊《劉宋二子》（簡稱二子本）進行對校，《浦陽人物記》主要以明末重刊本（簡稱明刊本）和四庫本進行對校，卷首四卷則以丁立中輯、孫鏘增補的《潛溪録》進行對校。因底本係清嘉慶年間所刊，故凡清諱如「玄」「燁」「胤」「禛」「弘」「曆」等字以及清朝所忌稱的如「胡」「虜」「夷」之類，皆逕據明刊本恢復其原字而不出校。

在校點過程中，力求符合《儒藏》標準。由於本人水平和出版時間所限，訛誤之處在所難免，敬希學界同仁賜正。

校點者　徐儒宗

宋文憲公全集卷首一❶

宋文憲公全集序

《宋文憲公全集》者，集公文而全之也。公文甚富，生前未有雕本，公没百三十四年，而後有太原張氏之刻。又二十二年，而後有海陵徐氏之刻。又十五年，而後有高淳韓氏之刻。至所著《龍門子凝道記》二十四篇，其刻未有聞焉。今去韓刻又二百六十四年，鏤板無存，而書册之傳亦日以散佚，故集公之文難，集公文而全之爲尤難。

歲己未，余奉簡命來守婺邦。婺爲公故里。甫下車，搜公遺集，僅得浦江重刻韓氏本，而前三刻俱不可得，唏嘘者久之。閱二年，外舅王蘭泉先生以家藏《宋學士集》兩函見寄，且曰：「公之文章，非特一郡之光，實爲有明一代文人之冠。此編乃公手定本，命仲子璲繕寫成書，而正德閒太原張氏刻之者。子以翰林典郡，表章前徽，主持風教，守土者之責也。宜亟付剞劂氏以廣其傳。」於是得張氏本。然其書多殘缺，苦無善本校讎，且以未見徐刻爲憾。詢之何小山學博，則曰：「張、徐二刻，浦江戴氏有之。什襲珍藏，惟恐或失，宜就抄焉。」乃致書浦江朱子愷明經，命其孫寓至戴氏家，録徐刻并校正張刻而補綴之，踰月蕆事。於是得徐氏本，文凡百餘篇，皆張刻所未及也。設局鳩工，將鋟木焉，而武義何謖聞秀

❶ 此題原無，依卷首體例補。

才以韓刻原本至，東陽周暄圃秀才以周刻韓本及傅刻本至，浦江戴瀛三封君以彭刻韓本至，於是而公之文乃集。雖然，《龍門子凝道記》一書，諸刻中無有也；求之其鄉，求之諸藏書家，無有也。適嘉興李薌沚明經自吴門來，於坊閒購得舊抄本，遂附刻於後。至《浦陽人物記》，錢唐鮑氏刻本最爲完善，與韓刻《評浦陽人物》互有異同，不嫌兩存，亦并刻之，於是而公之集乃全。

嗟乎！士之遇合與文章之顯晦，其亦有時哉！公生當元季，韜光匿跡者五十年，始應金陵之召，簪筆史館，侍書青宫，公文乃大著於天下。當時如日本、高句麗、安南諸國，得公文者如獲拱璧。而乃晚歲流離，卒以竄死，等身著作，迄無完書，不亦悲夫！其後四十年中，三刻疊出，亦可謂幸矣。然而祝融收之，蠹魚飽之，其存者百無一二焉。今距公且五百年，於灰燼殘蝕之餘，網羅蒐輯，集而全之，豈凡物之精光寶氣，亘貫古今，天終不使泯没於人世與？抑公之精神不可磨滅，冥冥中實呵護之與？余喜公集之得全，以報蘭泉先生諄諄屬望之意，因識其緣起，以見集公之文之難，集公之文而全之之尤難如此，是爲序。嘉慶十五年歲次庚午季春中澣，吴縣嚴榮撰。

吴郡少峰嚴老前輩，以翰林莅婺，躬道義以淑斯民。越十有一年，政成化洽，百廢具舉，乃窃然深思，郡本道學、文章冠絶海内之區，何以人往風微，古今邈不相及？得無感發興起之者，容有未至耶？爰取大儒宋文憲公文集，若張刻、徐刻、韓刻、彭刻，薈萃而取其全，復得《龍門子凝道記》

《浦陽人物記》并鐫之，以嘉惠郡之人。嗚呼！豈獨郡人也哉？將薄海之内覩斯集者，實與受其惠矣。

竊惟太史公好游，足跡徧天下，故其爲文跌蕩有奇氣。惟公不然，當公始自潛溪遷浦江，得鄭氏藏書八萬卷，居青蘿山中日講明而切究之，徵召迭至，不出也。暨明興，以文章翊國運，亦不過往返金陵，千里而近。然視太史公善游者，曾不稍異也。太史公紬金匱石室之藏，盡終身好學深思之力，以成《史記》。公被命修《元史》，八月書成；洎重修《順帝紀》，亦六月竣事。雖閒有指摘，而體大思精，二百十卷與太史公之百三十卷，亦無稍異也。至其從容啓沃，無非堯舜君民之言；輔翊青宫，一本仁孝誠敬之旨。其他文主六經而奴百氏，莫不根極理要，闡發雄渾。蓋公乘濂、洛、關、閩之後，生東萊四子講道之鄉，得方、吴、黄、柳之傳，集厥大成。其所以自爲者，道也，文云乎哉？此公之文所以超軼古今者也。善乎公序歐陽文公之文有云：「必生於光嶽氣完之時，通乎天人精微之藴，索乎歷代盛衰之故，洞乎百物榮悴之情，覈乎鬼神幽明之賾，貫乎華夷離合之由。舉其大也，極乎天地；語其小也，入夫芒杪。非見道篤而擇理精，曷能致此？」公之贊文公，非即公之自道得力也歟？

刻既成，屬殿泗序之。殿泗幼讀公集，方震驚眩掉之不暇，何敢言序？亦惟頌公之言以爲公之序，斯可耳。吾郡人讀是編者，其必稔知太守所以重刻此書之志，爲之感發，爲之興起，先海内而得所私淑，庶幾典型在邇，毋終蹈衰微不振之咎也。郡人戴殿泗謹序。

張刻原序

客有持子宋子潛溪諸集來者，曰：某帙，宋子三十年山林之文也；某帙，宋子近著館閣之文也。其氣貌聲音，隨其顯晦之地不同者，吾子當有以評之。

余家浙水東，去宋子之居不百里遠，知宋子之劬學，入青蘿山中，不下書屋若干年，得鄭氏所蓄書數萬卷，書無不盡閱，閱無不盡記，於是學成著書，凡若干萬言。其文之師者，聖也；聖之師者，道也；道之師者，先王、先聖也。而未嘗以某代家數爲吾文之宗，某人格律爲吾文之體。其所獨得者三十年之心印，律之前人，石不能壓之而鈞，鈞不能壓之而斤者，萬萬口之定價也。昔之隱諸山林者，奕乎其虎豹烟霞也；今之顯諸館閣者，燦乎其鳳凰日星也。果有隱顯易地之殊哉？不然，以宋子氣枯神寂於山林，與志揚氣滿於館閣，是其文與外物遷，何以爲宋子？抑余聞婺學在宋有三氏，東萊氏以性學紹道統，説齋氏以經世立治術，龍川氏以皇帝王霸之略志事功，其炳然見於文者，各自造一家，皆出於實踐，而取信於後之人而無疑者也。宋子之文，根性道幹諸治術，以超繼三氏於百十年後，世不以歸之柳、黄、吴、張，而必以宋子爲歸。嘻！三十年之心印，萬萬口之定價，於斯見矣。客何以山林、館閣歧宋子之文而求之哉？

客韙吾言，録吾言爲子宋子《潛溪新集》序。洪武庚戌二月初吉，會稽老友楊維楨序。

一代之興，有一代之制作，其所以黼

黻皇猷，鋪張鴻業，必有當其任者。故天生奇偉英俊之才，豈偶然哉！若宋景濂先生之於今日是也。以景濂之雄文奧學，而不獲顯庸於前朝，豈非天之所屬實有在耶？

余聞景濂之名蓋二十年矣。近始會於金陵，挹其光儀，聆其論説，已有以慰夫平昔嚮慕之心。及觀其《潛溪新集》，浩乎其博，淵乎其深，蔚乎其色，鏗乎其聲。如春江之濤，汪洋湠漫而不可涯涘；又如平沙漫漫，鐵騎數萬，縱横馳逐而不可控馽；又如武庫一開，千珍萬寶，光采爛然；又如尋河之源，至於底柱，至於龍門，又至於積石，又至於崑崙，不得不止。讀之累日，使余不知神之駭而心之醉也。蓋積之也厚，蓄之也久，養之也素，故其發也，左右逢原，舒卷隨意，惟見其有餘而不見其不足。然此特所觀新集者而已，皆應制代言，紀功銘德之作。若景濂平日之所著，則有前、後、續、别四集，已盛行於世，及流傳於海外，學者又當兼取而博習之可也。中順大夫祕書少監豫章揭汯序。

翰林侍講學士金華宋公景濂，自少以文雄一時，人不遠數千里求之，殆徧於中國四夷矣。其居青蘿山所作者曰《潛溪集》，其在朝所作者曰《翰苑集》。《潛溪集》凡若干卷，故翰林承旨歐陽文公爲之序。而《翰苑集》復萃記、序、碑、銘、表、傳、雜説，釐爲前、後、續、别四集云。予嘗讀而好之，浩乎莫窮其所至，乃撫卷而歎曰：文章，經國之要也，豈直一藝而已哉！而與時升降，其變不一。在唐則宗昌黎韓子，在宋則宗廬陵歐陽子。韓子之文祖於孟子，而歐陽子又祖於韓子，皆所謂傑出於千百者也。元初，姚文公以許氏之學振於北方，下至天曆、至正間，又有蜀虞文靖公、金華黃文獻公，亦若韓子之在唐、歐陽子之在宋矣。然文靖公之放言極論，縱橫無窮，其氣燄莫敢迫；而文獻公之不失準繩，卑不可隆，而高不可抑也。大抵先秦兩漢以來，聖人之經汩於諸子，道固晦而未明也，故各騁異同之說，以夸耀一世，恒病其駁而不純。及宋周、程、朱子大發其閟，是非邪正，奚翅黑白之形？而後之立言者，由是求合於道，亦既無弊矣。又惜蓄之無源，而徒剽竊陳腐，支離蔓衍之爲工，孰知其去古遠而益抗，不亦悲夫！公自五經子史靡不通究，其造理也精，其攷事也博，故發之於文章，悉鏟近習之陋，學者翕然宗之。國朝龍興，遂以布衣登侍從之選。歷十餘年，凡大制作、大號令，修飾潤色，莫不曲盡其體，實與虞、黃二公相後先已。雖然，虞、黃二公屬重熙累洽，所以黼黻一代之盛者爲易；今國家肇造之時，將昭武功而宣文德，以新四方之觀聽，使知大明之超軼三五，豈不爲難乎？嗚呼！正聲勁氣，充塞宇宙，星辰河漢，山川草木，風雨雷電，鬼神變化，龍跳虎躍，雖極瑰詭奇絶之觀，惡足以喻其巧邪？昔公之總修《元史》也，予獲預編纂之列，熟其論議，觀其儀矩，非一日矣。故知公爲深而望公爲重，輒爲之説如此，尚俟知言於後，而非諛其所好云。清江貝瓊序。

成天下之化者，道；宣天下之化者，文。文也者，根乎道而從乎時，所以襄帝圖而紀王業，昭人理而通物志者也。是故時揖讓則典謨作，時弔伐則誓命行，時守成則訓誥著，以至銘頌記序之流，凡以達理而述事，皆文之用者也。有其時而無其文，漢高也，是曰陋；有其文而無其道，隋煬也，是曰僞。惟我高皇帝乃武乃文，以定天下，時則有耆俊之臣夾輔林立，而太史金華宋公景濂首之。凡所以演綸綍、裁典禮、定律令、頌瑞靈，以至銘開國之元功，發儕友之志行，其言凌踔漢唐，羽翼三代，氣雄而辭麗，理典而道深，信皇代之文宗也，後學莫不知嚮。而其集久且漸湮，雖有《潛溪》前後集、《文粹》出於鄭氏所輯，及蜀本、衢本、外國本，皆略而未完。近時杭本八帙頗多，而爲人率妄去取，猶未刻也。初公存日手定八編，凡若干首，以細眼方格命子璲繕録精整，首簡猶公手筆，其本亦歸鄭氏。久之流入錢唐，予購得之，愛重藏襲，行輒與俱。兹來總漕于淮，因命按本翻録入刻，稍展而大之，爲若干帙，以公之於天下。

嗚呼！韓文冠唐室，法百世，而踰二百年歐陽子始得之漢東弊筐，遂流無窮，如挂星漢。公集亦越百載，而今且復廣。予不敢擬歐陽子，而公固吾明之韓也。感其事頗近，因刻就，聊志其自而附申之云爾。

正德九年甲戌夏四月既望，賜進士出身奉敕總督漕運兼巡撫鳳陽等處地方都察院右都御史前南京户部尚書太原張縉識。

徐刻原序

金華有二先生，曰柳公道傳，曰黄公晉卿，皆以文章顯名當世。予游縉紳間，竊獲窺其述作。柳公之文，龐蔚隆凝，如泰山之雲，層鋪疊湧，杳莫窮其端倪；黄公之文，清圓切密，動中法度，如孫吴用兵，神出鬼没，不可正視，而部伍整然不亂。金華多奇山川，清淑之氣鍾之於人，故發爲文章，光焰有不可掩如此。予方歆豔二公，以爲不可幾及。客有授予文一編者，予得讀之。見其辭韻沈鬱類柳公，體裁嚴簡又絶似黄公。驚而問焉，乃二公之鄉弟子宋君濂之爲也。因作而曰：大哉文乎，不可無淵源乎！西京而下，唯唐宋爲盛。宋姑不論，以吴興姚鉉所聚唐文觀之，奚啻三百餘姓？雖張、蘇、蕭、李、常、楊之流，氣逸辭雄，各自名家，終不能返於古者，何哉？無所宗也。獨韓愈氏吐辭持論，一本之六經，然後斯文焕焉可觀。故凡經其指授者，往往以文知名於一世。夫以渾涵彌綸之道，淳龐沖雅之音，欲藉是以宣之揚之，使其文字各從職而不紊，苟不傳之於師，奚可哉？我國家混一以來，光嶽之氣不分，六音斯完，中統、至元間，豪傑之士布列詞垣，固難以一二數。天曆以來，海内之所宗者，唯雍虞公伯生、豫章揭公曼碩及二公而已。二公之所指授，其必有異於庸常哉！設以韓愈氏方之二公，則濂當在李翺、皇甫湜之列也。予雖不能文，亦不可無意於斯，譬猶候蟲而時一鳴之，其視二公黄鐘大吕之音，果何如也？竊喜金華山川之秀，代不乏人，而二公之學有所傳，故因序濂之文，而敢志其私焉。文林郎國子監丞莆田陳旅衆仲父謹序。

文章，所以載乎學術者也。昔之聖賢，其學可謂至矣。其於三才萬物之理，仁義道德、禮樂制度、治亂是非、隱顯鉅細之際，凡天人傳心之妙，帝王經世之略，無弗察而通也。其真知實踐，既有得於内矣，於是將以自見而淑諸人也，然後託於文章，以推其意之所欲言。故程子以謂「聖賢之言，不得已也。有是言則是理明，無是言則天下之理闕焉」。又謂「後之人始執卷，❶則以文爲先，平生所爲多於聖人，然有之無補，無之無闕也」。由是論之，所貴文章之有補者，非以其明夫理乎？理之明，不由其學術之有素乎？

然而古今文章作者衆矣，未易悉數也。試即吾婺而論之：宋南渡後，東萊吕氏紹濂、洛之統，以斯道自任，其學粹然一出於正；説齋唐氏則務爲經世之術，以明帝王爲治之要；龍川陳氏又修皇帝王霸之學，而以事功爲可爲。其學術不同，其見於文章亦各自成家。而香溪范氏、所性時氏，先後又間出，皆博極乎經史，爲文温潤縝練，復自爲一家之言。入國朝以來，則浦陽柳公、烏傷黄公，並時而作。柳公之學博而有要，其于文也，閎肆而淵厚；黄公之學精而能暢，其于文也，典實而周密。遂皆羽翼乎聖學，而黼黻乎帝猷。踵二公而作者，爲吴正傳氏、張子長氏、吴立夫氏。吴氏深於經，張氏長於史，而立夫氏之學尤超卓，其文皆善馳騁者焉。然當吕氏、唐氏、陳氏之並起也，新安朱子方集聖賢之大成，爲道學之宗師，於三氏之學極有同異。其高第弟子曰勉齋黄氏，❷實以其學傳之北山何氏，而魯齋王氏、仁山金氏、白雲許氏，以次相傳。自何氏而下，皆吾婺人，論者以爲朱子之世適。然爲其學者，上而性命之微，下而訓詁之細，講説甚悉，其頗見於文章者，君

❶「執」，原作「制」，據黄溥本改。
❷「弟子」，黄溥本作「門人」。

子亦可以驗其學術之所在矣。嗚呼！尚論吾鄉之文章，所謂無是言則理有闕焉者，固班班而是；❶而有之無補，無之無闕者，尚足謂之文乎！

吾友宋君景濂，早受業立夫氏，而私淑於吴氏、張氏，且久游柳、黄二公之門，間又因許氏門人，以究夫道學之旨。其學淵源深而封殖厚，故爲文章，富而不侈，覈而不鑿，衡縱下上，靡不如意。其所推述，無非以明夫理，而未嘗爲無補之空言。苟即是以驗其學術之何如，則知其能繼鄉邦之諸賢，而自立於不朽者遠矣。景濂既不求用於世，而世亦未有以用之。其於文章尤自愛重，不輕以示人。以褘辱有同門之雅，特出其所著一編，俾爲之序。褘聞朱子序廣漢張子之文，謂「其不知年數之不足，是以學日新而無窮，其見於言語文字之間，始皆極於高遠，而卒反就於平實」。嗚呼！不自滿足而勉焉不息者，聖賢之爲學也；自高遠而底於平實，則其學之所至，豈不較然矣乎！褘輒誦是以序景濂之文，致吾區區之意，且因以自厲焉。至正十五年正月甲子，友生烏傷王褘序。

經筵檢討鄭君濤，以金華宋濂先生所著文集徵予序。予爲之言曰：三代而下，文章唯西京爲盛，逮及東都，其氣寖衰。至李唐復盛，盛極又衰。宋有天下百年，始漸復于古。南渡以還，爲士者以泛焉無根之學而荒思於科試，間有稍自振拔者，亦多誕幻卑冗，不足以名家，其衰又益甚矣。我元龍興，以渾厚之氣變之，而至文生焉。中

---

❶「而」，黄溥本作「若」。

統、至元之文，龐以蔚；元貞、大德之文，暢而腴；至大、延祐之文，麗而貞；泰定、天曆之文，贍而雄。涵育既久，日富月繁，上而日星之昭晰，下而山川之流峙，皆歸諸粲然之文，意將超宋唐而至西京矣。宋君雖近出，其天分至高，極天下之書，無不盡讀，大江以南，最號博學者也。以其所蘊，大肆厥辭，其氣韻沈雄，如淮陰出師，百戰百勝，志不少懾；其神思飄逸，如列子御風，翩然騫舉，❶不沾塵土；其辭調爾雅，如殷卣周彝，❷龍紋漫滅，古意獨存；其態度多變，如晴霽終南，衆皴前陳，應接不暇。非才具衆長，❸識邁千古，安能與於斯？雜於古人篇章中，蓋甚難辨。唯真知文者，始信予言之弗謬。予在翰林也久，海內之文無不得寓目焉，求如宋君何其鮮也！苟置之承明、奉常之署，使掌制作，豈不能黼黻一代乎？先民有言曰：「知言，聖賢之能事；立言，學問之極功。」不學知言，不能明理；不學立言，不能成文。有若宋君，其殆理明而文成者歟？因書以爲序。宋君字景濂，濂，其名也。嘗著《人物記》二卷，予爲序之。鄭君謂其可擬《五代史記》，❹亦公論云。翰林學士承旨榮禄大夫知制誥兼修國史廬陵歐陽玄序。

《潛溪集》一編，總六萬有餘字，皆金華宋先生所著之文也。先生自以爲辭章乃無用空言，❺凡所酬應，鮮存其稿，出於涣兄仲

❶「騫」，韓本作「褰」，温秀本作「搴」。
❷「卣」，黄溥本作「鼎」。
❸「具」，黄溥本作「兼」。
❹「記」，黄溥本無此字。
❺「辭」，韓本作「文」。

舒編者，僅若是。仲父都事公取以鋟梓，渙謹以先生近作益之，復用故國子監丞陳公昔所爲序冠于篇端。其文多係雜著，弗復分類。詩賦別見《蘿山稿》，不在集中。群公所述記、傳、贊辭及尺牘之屬，有繫於先生者，摘爲二卷，附於其末。惟先生奧學雄文，有非區區小子所敢知，姑用識其刊刻本末於此。嗣是而有所作者，當爲後集以傳。至正十六年，歲次丙申，冬十月十三日，門人浦陽鄭渙謹識。

海陵徐君中望氏刺瀛之明載，政化既敷，將進諸士子於道，曰：「近徵文獻，功足施也。」於是刻《潛溪集》。工竣，節得而讀之，曰：嗟乎！是謂牖民孔易矣。昔在聖王，觀人文以化成天下，矧承積弊，從而振德之，可弗稽往哉？予惟潛溪翌運，實闡文明，垂祀二百，本實日撥，夫固君師之責也。遡流求源，微潛溪，其奚以歸？故曰：牖民孔易，君師之道也。且潛溪匪樂爲文者，其言曰：「丈夫七尺之軀，其所爲重者，獨文乎哉？」故其原文也，要指在養氣，而曰「本建則其末治，體著則其用彰」。夫所謂本與體者，果安所指耶？得非誠心於孟子集義養氣之功哉！夫是道也，於人、於古今名賢何與焉？誠之故在我耳。讀斯集者，果能因潛溪指要，以實體孟氏之訓，將必益能即孟氏以日進乎羲、孔之心法也已，而是集實發明之。君子謂徐君牖民之業，行將大之，以化成天下，可弗謂邁志弘道者耶？

君名嵩，起家辛巳進士第。政教兼舉，他日史氏自能紀之。嘉靖柔兆涒灘歲，夷則月望，賜進士及第前國史翰林院編修官西蜀後學高節謹書。

韓刻原序

夫文章關於氣運，豈不韙哉！自有書契以來，歷唐、虞、三代之隆，道德一而風俗同，其見於朝廷紀述諷議，與夫閭巷謳歌，不必組辭偶體，而悃誠溢發，動可爲經，至今數千餘年，猶可想見其成功巍巍，而天下之至文具矣。三代以降，得天下惟漢爲正，然不事《詩》《書》，士各以質就功名，其抱道如兩生，終不應召，卒之漢治雜伯。雖敷文者非其人，將亦氣運日漓，若有以厄之耶？由唐而宋至於元，萎薾極矣。宋景濂先生挺生浦江，精思絶識，於群書無不淹貫，且久游柳文肅、黄文獻二公之門，而兼其所長，又因許白雲門人，以究理奧，其爲文主聖經，奴百氏，亦庶幾振世獨步者。然晦跡龍門，遺榮弗居，幾四十餘年。遭聖祖龍興，遂幡然應詔。及參謀密勿，承旨翰林，而朝廷大制作，若郊社宗廟、山川百神之典，覲享宴慶、禮樂律曆、衣冠之制，四夷朝貢賞賚之儀，及國史寶訓、勳臣名卿焯德耀功之文，俱經論次撰述，使郁郁之盛，遠軼三五而陋漢、唐、宋於不居焉。謂天實培之，以貽我明，不其然乎！

《易》有之：「雲從龍，風從虎，聖人作而萬物覩。」言以其類應也。我聖祖睿德天縱，游心精一執中之旨，以紹帝王之傳，蓋千載一時矣。先生忠誠可貫金石，已屢睿獎，其所獻納如願講明典謨，讀《大學衍義》，遵行《春秋》賞罰之類，又切中肯綮，不爲文飾隱蔽，是藴於德行者，措之爲功業，卒之四夷知名。日本刻《潛溪集》，高句麗、安南使者至，購文集不啻拱璧，獨文辭焉已哉？及先生之歸，上發後學無師之歎。蓋其内外一本於誠，故言莫不信，而其卓卓有若此也。是先生雖以文學侍從，其鋪張鴻猷，捷於斬將搴旗者多矣。而我明文治精華，❶不可以概見也耶？

先生舊有《朝京稿》《凝道記》《潛溪》《翰苑》《鑾坡》《芝園集》《龍門子》《浦陽人物記》，然各集出一時故舊以已見集者。今知浦江事韓叔陽萃爲一編，❷共三十六卷，九百六十七篇，題曰《宋學士全集》梓行之。叔陽，高淳人，以進士除今職。有治績，而雅及於此，其知政本云。皇明嘉靖歲在庚戌仲冬之吉，南京太僕寺少卿前浙江按察司副使提督學校豐城雷禮序。

夫日月星辰，因天而附麗；山岳河海，隨地而森列。雖婦人孺子皆可覩識者，以其附之者大也。至於美玉明珠藏於名山，蘊於深淵，則見而知之者鮮矣。文章之顯晦，亦奚以異是？

吾嘗讀馬遷之《史記》、揚雄之《法言》，恒竊悲之，以其不遇時也。而相如之無行，方朔之滑稽，一遇漢武，猶得以功名顯，況其粹然者乎？柳子厚論文，以知之爲難，遇之尤難，正謂此也。故士之於世，遇真主而無文以自見者，下也；生而不遇，没而後垂聲者，次也；有命世之才，又逢機遘會，獲遇真主，使其文章得以潤色皇猷，敷宏治教，與日月同明，山川争麗，身親見之，此則伊傅之事，孔孟之所願欲而不可得者。吾

❶「明」，韓本作「朝」。
❷「爲」，韓本作「於」。

觀宋學士之文，方其在元之時，出於鄭檢討之所集，歐陽玄之所序，雖極其贊揚，然不過爲赤水之珠、名山之玉而已。向使不遇聖祖，則與馬遷、揚雄之書何異？今而值鼎新之運，❶逢至聖之君，出入承明，啓沃論思，參酌今古，修明典章，發揮平生之素業，鋪張我明之文教，其事業殆與宇宙同休，伊傅争卲，豈非遭逢之幸、遘會之奇歟？

公之文有關世教者，皆已勒之鼎彝，藏之國史，固不俟集以傳。然浦江，公之所産。過大梁者，尚延想於夷門；游九京者，亦流連於隨會。矧佐運之臣，命世之士，本原之地，宗祀寂寥，遺文凋落，撫事懷賢，能無興感？韓尹叔陽及舉人張元中、庠生張孟昂、董彰明、陳時雍、張孟纓等，能爲修其祀，新其集，於有司得爲國報功之美，於諸士見景行先哲之賢。余忝守土，安得不佳其成而識之？故特爲之序云。嘉靖三十年辛亥春三月，閩三山後學陳元珂識。

周刻原序

蓋聞三代之文，至戰國而盛，後人知有屈、宋；兩漢之文，至唐室復振，後人知有沈、宋。要以道不足黼黻皇猷，才不足炳烺藝苑，前不能兼雙絶於司馬，後不能擅獨步於雕龍，終未免因時顯晦，從道隆汙。或亦有煜煜如長吉，脱無牧之、商隱爲之立傳，曤曤若羅、許諸子，❷脱無韋莊闡幽一疏，雖摛藻如春華，祇供投溷覆瓿之需耳，其何以留遥年之姓字，而銷千秋之恨骨乎？故文

❶「今而」，韓本作「而今」。
❷「曤曤」，原本不重，今據周本補。

章爲不朽盛事，必有所託以不朽者也。東浙之有宋文憲公，文準東漢，詩比西崑，固已揭日月而施鑾貊矣。然而世閲滄桑，刦經成壞，封禪郊祀之志，不能無斷碛荒碣之悲；風檣陣馬之珍，不能無帝虎亥豕之舛；瓦棺篆鼎之色，不能無陊殿煙壠之恐。則我天近周公之補遺正訛，不惜校讐之餘力者，正不欲使長吉諸子邑邑齎志，謂千載無知己也。

我公性存摭古，善不藏人，以故采麗矜群，英華曠世。説者謂墳典邱索原于柱史，甲乙丙丁等於鄴架。初視篆于芝田，即廣搜誠意之遺編；再視篆于浦江，即緝成潛溪之全集。則千秋而後，知盛國有劉、宋者，詎忘公一日之苦心哉？歌素絲而詠緇衣，則我公之所以待古人與公之所以自待者，悉可知矣。是爲跋。

順治壬辰孟夏，年門屬吏方亨咸拜手書于青山縣門。

《易》曰：「雲從龍，風從虎，聖人作而萬物覩。」自河洛獻靈，文命誕敷，九疇布衍，降及雜伯，無不制禮崇文是急。然一代興隆，必有文學侍從之人，盡其彌綸輔翼之責。至明初，宋文憲公潛修於婺浦，徵聘於玉堂。議論光煜，如日月之炳燿；經濟碩畫，如陰陽之闔闢。至温柔和平之氣，如璞玉渾金，敦厚適用，所以黼黻皇猷，躋斯世於仁壽之域，其功業德澤，顧不偉歟？嗣後人各操觚，競奇鬬靡，光怪陸離，非不爛然炫目，甚至牛鬼蛇神，晦暗險僻，日趨於敗壞，而不可收拾。文章關乎氣運，其信然哉！

貞下起元，聖人龍興，文體改正，文憲

公著述當復顯耀。浦有舊刻，湮闇殘闕，漫不可讀。天近周寅翁知栝蒼有芳聲，上臺借以署浦篆，一切未遑，即出囊積清俸，付之剞劂，徵序於予。予雖聞道淺，讀文憲諸作，竊有私淑之心，且不敢負委託雅意。寅翁文章治行，亦惟大雅和平是宗，所以孳孳於斯役也。此刻傳流寰宇，其補於人心世道，豈淺鮮也哉？謹括枯腸，綴語簡末，聊以識吾拳拳耳。通家寅弟睢陽趙霖吉拜書。

從來一代之興，必有非常偉人，樹駿流鴻，攀龍附鳳，際風雲而依日月，勒彝鼎而照汗青。古稱三不朽，立德、立言、立功，有一足傳，兼斯邈矣。三代以上，惟禹臯諸謨，允垂帝典；吉甫作誦，爰列周詩。蓋其吐詞爲經，出言爲緯，千載而下，戛乎難之。留侯之智，不入儒林；房、杜之才，未嫺倚馬。張華擅博物之譽，而名德不終；竇儀識乾德之年，而辭章不顯。未有豐功碩德，竑議徽猷，竪創國宏勛，而傳經世大業，如宋文憲公者矣。

公幼而岐嶷，長而魁岸。其爲人也，川凝嶽峙以挺其姿，金相玉質以表其度，景星慶雲以呈其瑞；其爲文也，羽翼六經，規摹史漢，鄧枝荆玉，不可以端名其美。微若經生家言，徒等書肆説鈴，虚而無當於用者。故昔人云：「龍門之文，不追琢而章，不溟渤而潤。」詎虚語與？夫當其杖策從龍，得時而駕也，君臣魚水相得甚驩，彷彿乎先主之遇孔明，唐肅之親李泌，而入則參帷幄，出則代喉舌。一時國家大制作，如議禮、制度、考文，罔不經其裁定而後稱美備。迄今諷咏遺編，猶想見其當年論思啓沃之功，鋪張潤色之烈，爲不可誣也。三百年來，緗帙具存，芳躅未泯。

迺辛亥之歲，居人不戒於火，爰及梨棗，灰燼之餘，非復完璧矣。膠東天近周公祖來攝吾浦，聞而愾焉惜之，以爲闡微繼絶，此守土者事。況今天子加意文治，凡名山石室之藏，咸命網而弋之，以佐國史之闕，矧先賢成書，而可聽其若存若亡，不足無徵乎？遂慨然斥俸繕書，畀諸剞氏，令缺者補之，譌者訂之，晦者章之。自春徂夏，始告成事，而兹集焕然一新矣。余起而嘉歎之，曰：夫物之成毁，洵有時哉！使兹集之毁，不成於今日，則永爲蠹蝕、祝融毒耳。使守土者不留心於先儒之文，則自公之暇，誰肯捐簿書而謀所不急？而公也，入邑而訪名賢，撫卷而傷寥落，私心嚮往，輒爲之留連而不忍去。是則高山仰止，實惟公永懷，而亦安知非文憲所式靈也耶？

余，邦人也，敬佩公之明德，得不表而出之，俾後之守兹土者，其有所觀感也夫！時順治九年，歲次壬辰，孟夏上澣之吉，邑人張以邁謹撰。

余髫年讀書，見文成劉公伯温、文憲宋公景濂，一時從龍翊運，出處正，事業偉，文章炳，寵遇隆，均古希有。臆謂渡江決策，用兵如神，文成似孔明；坐朝顧問，豫教青宮，文憲似伊尹。乃昔人謂孔明、伊尹，大略相似。然則二公似伊、葛二公，又自相似矣。士生末世，不獲見先賢，獲見紀先賢之書，幸也。然見紀先賢之書，不如見先賢自著之書；見先賢自著之書，又不如過先賢之鄉，見所藏書，尤幸也。

歲庚寅，余從佐郡役，迢迢南顧，由婺

入栝，瞻山川之瀠崒，忽二範以來思。曩時高山仰，今可登堂挹其像，幸何甚！惟是退食暇，取文成集讀之，始知世傳《郁離》《草木》《賣柑》諸篇，僅一臠耳。明年秋，偶攝芝邑，更見其鄉人民風物皆古朴，是文成遺教，大海内睽絶，何幸至栝？何幸至栝之芝？意余夢寐所懷，精氣所感，遂令至文成之鄉而見其書耶？若婺僅假道，奚由駐帷？

亡何，直指杜兵憲李有代庖浦陽命，余謝不才數四，究不可得，勉受事。因念浦去潛溪近，或由此得訪潛溪，亦足快文憲夙佩。不謂文憲授經于浦之鄭氏，喜其九世同居，自婺遷浦之青蘿山焉。方今文憲居址，賈夫人諸墓具在。然則浦之庖，猶之芝，得至其鄉而見其書，幸又何甚！適浦諸賢以修補《宋文憲公集》請，余詢故，答曰：「向城隍廟災，所藏板燬，餘亦朽蠹。」余歎曰：「廟社之厄也夫！文章之厄也夫！雖然，亦在人飭起之耳。今聖天子肇興，留心文體，徧訪遺書，取經術之大醇者，用以扶正人心，則文憲公奏疏剴切，召對簡確，記傳詳覈，讚頌深穆，箴銘警嚴，歌行風雅，何一非裨廟謨功名教者，得不續之刻之？」

余在栝言栝，既取郡誌，勸署郡司李張公紫垣修之，而遂邑學博鍾君予可亦與余同志，旋刻尹堯菴《綱目發明》。今在浦言浦，顧兹先賢手澤，敢勿慨然已任，刻成全書？時惟季夏，剞劂告竣。竊幸撫鶴南來，獲過兩先生之鄉而讀其書，毋負髫年永慕。抑是書既壽，後讀者其出處事業文章將先後同揆，聖天子當不惜寵遇也。若曰附先賢以自見，余則何敢？時順治九年，歲在壬辰，即墨後學天近周日燦書于浦陽縣治之二思堂中。

陳刻未刻集原序

一代之興，必有伏處巖穴之士，蘊義懷德，匡毗一人，其勳業在密勿建白之地，其食報在子孫黎民數十世之遺。至其著爲文章，發揮鴻業，與《禹謨》《伊訓》相表裏。斯人也，百世不一遇者也。幸而有之，上未必盡知，知未必盡用；用矣，保無有體貌其外而釜鬵其内，英年寵渥而白頭放廢，不能保其末路者乎？君子讀史至此，流連三歎，未嘗不重爲其君惜。而又穆然欲遇其人，其形容不可見，惟遺文尚在，則思有以顯之。夫文有遺顯，猶才有遺用。幸而遇其遺者，又以其已顯棄之，此其罪，何異毀裂父母遺書桮棬，有識者所大懼也。

明初得士之盛，莫如金華。其君號稱好道者，時則栝蒼進誠意，龍門上衍義，烏傷勸修德，一時文章之士，轢芳競爽，不下數十，然推龍門爲弁冕。蓋先生出黄、柳之門，又得許白雲爲私淑，酣唫道奥，理約詞詳，故其爲文，髣髴廬陵、南豐之間，而其學問醇粹則過之。當時郊廟禮樂、律曆衣冠之制，及國史寶訓、功臣錫命，皆屬撰次，從古載道之言，無如先生富者。集初序于鄭檢討、歐陽學士，繼序于雷尚書禮、韓令叔陽，流傳及于日本、朝鮮、安南，板凡三易，篇至一千三百有奇，可謂網羅宏贍，百無一遺矣。順治乙未冬，予過吴門，孝廉既庭爲先生裔孫，出文待詔家藏元板宋集一部，中間多目所未遇者。如撰元明郊廟諸樂章及伯顔鐵木廉史諸公墓石，敲金戛石，鬱然巨觀，豈兵燹之餘，此書散失，不則有所忌諱，不敢禦木耶？金華陳公來守太倉，政事精明，諸廢廞舉。公與先生同里，相晤時適以此事相詡，公慨然捐俸梓之。

嗚呼！古之文與道一，今之文與道二。自雅頌以後，千餘年來，稱能文章者，子長、昌黎、子瞻三人耳。然子長伸黄老，絀儒術；昌黎請封禪，傳毛仙；子瞻放達，訕毁河南之學：皆未爲純乎！純者先生，淹貫六經，灌輸道德，其爲文，緜歷萬變，絢縵自然，天實鍾之，以爲世瑞，惜乎其君用之不終，且以竄死也。雖然，公雖歿而文不廢，文不廢則道存，道存公亦存也。夫文爲道，則隻字不可棄；反是，雖盈篇累牘，皆戲論耳。公梓是書，知其所重在此不在彼。於其刻成，敢爲序以蕆之。康熙甲辰季夏，金壇後學蔣超撰。

余觀文章聚散之數，各有天意，豈人力哉？然非藉人力，則天意亦不著。如金華宋文憲先生爲勝國初一代文章之冠，其所制《潛溪》《羅山》《龍門》等集，卷帙繁多，盈可充棟。其最鉅者，郊廟山川、禮樂朝貢、曆律祭饗諸大典，悉出裁定，傳世久之。逮後三百餘年，有金沙蔣虎臣太史，從裔孫宋既庭孝廉家購未刻抄本若干卷，攜至古婁，又有先生同里之陳鹿屏父母適宰兹土，人文交合，欣然禦木。兩君子者，亦可謂善應天心者矣。

或有致疑者曰：「先生文稿，當日爲劉誠意伯選定，再經門人方希直等選續，單詞隻句，奉爲楷模，何尚有未梓諸篇流布海内？」予謂不然。洪武時，禁網嚴密，舉朝動色相戒，雖君臣相得莫如宋文憲公，而深沈不洩，題温樹以自警。則所著文詞，有當傳不當傳者，亦何敢盡公天下，自貽骩𠩺？其藏諸名山者或有之。

又有致疑者曰：「先生廉介絶俗，苟非其人，雖置金滿橐，不授一字。日本使奉敕請文，以百金爲獻，先生嚴拒不納，以崇國體。則先生著述，亦未必浩漫無稽，輕示當世。兹稿胡爲乎來哉？」予又有辨：士人結廬著書，長嘯詠歌，片言積可成帙，倘患難猝加，則神亂形錯，鮮不棄諸煨燼者。若先生晚年休沐，歲一趨朝，非不極其隆敬，而長孫罹禍，舉家陷辟，雖幸赦免，安置川蜀，然驅車就道之日，一身之外無長物矣。安知無慕義好學之流，保其剩簡殘編，俟後人表揚者乎？則晦而復顯者，理固然也。

嗟乎！干將莫邪，皆稱神物，使豐城出土，並致茂先，即非千古佳話？惟缺其一，以待分而復合，故其器愈重，其事愈奇。先生未刻本，其殆類是乎！予因此更有感焉。古來命世大儒，凡文章闕失，恒生無窮之慨愾。倘非有虎臣太史承家學之淵源，遠搜博訪，又非有鹿屏陳侯奉里閈之典型，捐俸殺青，則先生未刻諸篇，亦竟泯滅焉已耳。先生之文，賴兩君子而再彰；兩君子之名，附先生而益不朽。予小子何敢側足焉？謹序。康熙三年六月，古吴婁東後學張王治拜撰。

金華翰林學士承旨文憲宋公景濂先生撰著浩穰，有《潛溪前集》《後集》《續集》《蘿山集》，見於王子充、歐陽圭齋、陳衆仲、趙子常衆賢之序録，而《龍門凝道》《浦陽人物記》不列焉。其在禁林，有《翰苑集》，歸田以後，有《芝園集》，皆四十卷。青田劉公伯温通取而釐定之，曰《潛溪文粹》。先生之高第義門鄭濟及弟洧，約同門樓璉、方孝孺等，繕寫成書，命工梓之。至天順紀元，多歷年所，字畫脱譌。弋陽黄溥氏秉憲蜀川，訪於先生後人，盡出其家藏遺稿，討論緝拾，梓於茂州。嗣後，高淳韓叔陽氏令浦江，仍有編類。而近世之所流通者，獨韓本而已。以余寡陋所覩，《翰苑》《芝園》二集，曾有專行，而前、後、續、《蘿山》諸集，皆不見全帙。其青田、弋陽薈最者，亦復文久無傳。韓本晚出而尚完，采擷詳於勝國，僅存元世之一二，附見各體之末，其爲《陔》《華》之無詞者多矣。竊尋其自，所謂前、後、續、《蘿山》者，大都在元時未仕所作，年盛氣壯，必有可觀，亦因得尚論其世。惜乎遭遇之後，以改物爲嫌，微之而不顯，使習讀者不備山林、臺閣之體，可悵也歟！金沙蔣虎臣館丈，妙齡擢第，踐剔藝藪，每私淑潛溪。尊府楚珍，余同舉友也。舊宰金華，得未刻稿若干篇，緘爲鴻祕，攜之過婁州侯陳公鹿屏，思弘鄉先生之美，亟請鋟板以傳，而屬余序。余幸獲償所悵焉，其又奚辭？

浙水東文獻，婺稱極盛矣。自元移宋鼎，浦江仙華隱者方鳳韶卿，與謝翺皋羽、吴思齊子善，賡和於殘山剩水之閒，學者多從指授爲文詞。若侍講黄公、待制柳公、山長吴公，胥及韶卿之門，出而緯國典，司帝制，擅制作之柄。景濂親受業於三公，承傳遠而家法嚴，遂以文章冠天下。際會真人，經綸黼黻，光輔一代，稽古右文之治，幾欲躋之成周。世皆慕之爲名世宗工，而不知淵源於宋之逸老。嗚呼！不有山澤臞，孰爲維斯文如帶之緒，以竢賢哲起而昌大之，其功焉可誣也？宋南渡後，東萊吕成公紹濂洛之統，始倡道於婺，而何、王、金、許，是爲朱子之世適。景濂因文以求道，既從柳公聞仁山金氏之説，又與白雲許氏之門人吴正傳、張子長輩議論出入，究極朱學之精微。他鄉邦耆宿，博雅典實如方韶卿、胡汲仲兄弟之流，亦各旁搜遠泝，左右采獲。蓋其涵畜封殖，中閎外肆，不名一家，譬則資衆腋以縫裘，合庶羞而腼鼎，豈一人一世之力哉！

元一天下，休養人物七八十年，號爲安阜富庶，故能容群儒，恬寢食，而甘圖書，以遺經轉相授受，並時山陬海澨，文章理學之懿，鬱乎隆龐。景濂鍾光嶽之全氣，而取材落實，兼條貫以集其大成，不可謂非所值之幸也。然以彼其材更末造，自言屢踐場屋，而不一售。已稍薦聞於朝矣，猶復嘉晦跧伏，卻弓旌而不御，搰搰乎窮經講道、修學著書爲務。計其崎嶇兵燹，避難全生，處隱畏約，亦與常人無異。詎自意運逢景炎，耀風雲之彩乎？

聖遠賢徂，典刑凋謝，後生都不説學，争欲竊取粃糟，剜挑組繡，以希世資，此迺斯文之可憂也。虎臣覃思鉛槧，卓然踵武古人，而陳公之盛心，豈徒曰「昔我有先正，其言昭且清」耶？❶固將陶鑄後學，咸務於窮經講道，而薰染風習，爲景濂之徒者日益多，庶乎斯文之未艾也云爾。是爲序。康熙三年，歲次甲辰中秋，婁東吴偉業撰。

先生爲有明三百年文章鼻祖，吾鄉舊刻如《潛溪文粹》諸本，久爲士林鴻寶，備載國乘，論者以方漢之孟堅，唐之昌黎，宋之歐、曾。氣體雖似，而昌大詳覈，歐、曾似不

❶「昭」，韓本作「明」。

及焉。至于闡通内典，鈎晰宗乘，則又班、韓所無者已。兹未刻鈔本，爲先生元時所作，遭遇以後，慮涉忌諱，深自鐍鑰，終明之世埋抑不章，同于漆壁。而太史金沙蔣公于三百年後，出自枕祕，屬珍壽之梨棗，俾得大行于世。嗚呼！文章顯晦，信自有時夫！當此三百年閒，世界滄桑，人物榮落，所閲不知凡幾，而此一編者，獨完好祕笈中，如魯靈光，非有神護，鮮不湮滅。要知真文章終必行世，固當與六經子史齊其不朽，不益信哉！尤可異者，集内血書《華嚴經贊》，原本逸二十七字，訛十五字，校刻之次，方苦無稽，而先生之後賢既庭孝廉走尺一于珍云：血書原本近從吴門來婁，什襲于海寧藏閣。珍得禮展，則贊序全文在焉。如遇懷寶，因得釐補，遂成全璧，不又有珠圓劍合之異哉！然則是編之作于元，隱于明，至今日而忽表彰于蔣公之手，比之劉文成《覆瓿》之集，所處有更異者。因爲序其顯晦所由，及血書《經贊》得全之故如右。

長山後學陳國珍拜手書于集之左方，時爲康熙三年立冬日。

傳刻原序

予自束髮受書，即好讀潛溪宋先生文，以爲澄泓博大，義蘊無窮，誠足與班、馬、韓、歐相頡頏。然不過選刻中嘗鼎一臠，猶以未覩其全集爲憾。及閲史，又見其際會風雲，明良相得，出其制作，以成一代之休隆，則其品望勳名，雖古伊、傅之儔，當不是過。而惜也不獲與之生同時，一登先生之堂，親炙其形容，快聆其論議，乃徒寓企慕之私于數百年後，未嘗不爲之悵然。迨獲雋謁選天官，得浙之浦陽，因不禁狂喜，以爲此先生梓里也，流風餘韻，豈無有存焉者乎？ 雖其人已遠，而倘得尋其芳躅，亦不失爲高山之仰，寧謂非生平幸事耶？ 故抵邑數日，即爲之拜其廟，則俎豆儼然也；爲之弔青蘿故址，則草木依然也。 山之麓，賈淑人暨中書仲珩墓在焉，❶則碑碣顯然也；又爲之訪所謂著書之龍門，❷則山川悠然也。 相與徘徊者久之，乃歸而急索其全集讀之，則如日月之麗天，江河之行地，其中無所不有，而後知向者一臠之鼎，果未足以盡先生也。 無如世閱滄桑，板遭毁蝕，魯魚亥豕，若存若亡，多不可辨。 噫！ 孰守是土而令先哲遺編殘缺至此？ 時即欲新諸剞劂，以民事匆率，未能也。

歲戊子，政稍通，人稍和，事稍暇，爰進邑之明經張君哲、其庠士傅子旭元，而告以重刊之意，并增入未刻集一册與《燕書》四十首、遺詩若干首。 傅子躍然曰：「此元之有志未逮者也，但以無米難炊，無從展其綿力耳。」予因捐薄俸以爲之倡，而浦之紳士與耆庶亦無不踴躍以從事者，遂大爲校讎，且重加圈點，不但完璧再見，復爾眉目釐然。 不匝歲而厥工告成。 集千腋以爲裘，織萬絲而成錦，雖亦吾輩苦心，孰非先生之鴻文炳蔚，自然有不可磨滅者在，故能使之遠而彌新若此哉！ 是舉也，訂差訛，搜遺逸，張君與共有力；而彙輯考工，則傅子之功居多，例得並書。 若夫其文之足以潤色皇猷，敷揚理學，昔人已有言之者，故此不得多贅云。 時維康熙己丑三月立夏日，皖

❶「墓」上，傳本有「之」字。

❷「龍」上，傳本無「之」字。

江後學楊汝穀題于仙華書院。

文章之廢興，未嘗不因乎時世，而獨有不隨時世爲廢興者，如日月之經天，常明而不至偶晦也；如江河之行地，常流而不至偶阻也。蓋其光明盛大之概，自有令人仰之而彌耀，溯之而愈長者，豈與夫容隙之光、潢汙之水，患其無以自異于天地之閒哉！吾謂文章之在世，好之一人而不足以服人人者，必其拘于墟者也；尚之一時而不足以垂之後世者，必其限于道者也。故自周秦迄今日，作者不知其幾，而傳宇宙而不朽者，則惟《左》《國》《騷》《賦》、史遷、兩漢以及唐宋八家爲最著，外此，即有膾炙人口者，亦不過吉光片羽，嘗鼎一臠而已。而求其洋洋大部，有關氣運之作，則不可多得焉。此《宋文憲公全集》，吾不能不嚮往不已也。

公爲有明一代文臣之首，觀其顧問左右，職兼師傅，凡朝廷大制作，無不出其手定，使一時禮樂政教，皆稱極盛，甚且外國亦有購其集、刻其文者，謂非其文之炳若日月、沛若江河，而能使人群仰群溯若斯哉！而吾獨竊有幸者，蓋自束髮受書，即知企慕公文，而猶以未見全集爲歉。歲丁亥，得以司鐸于浦，因不以服官爲喜，而惟以得識公之里居爲生平快事，故一蒞任，即爲之謁其祠，登其居址，且拜其夫人及仲嗣之墓，不禁徘徊不忍去。及求其全集讀之，則夙昔之願，亦可以少慰矣。惜乎板多毀蝕，字亦魯魚，未稱完璧耳。幸屬庠傅子旭元毅然以重梓爲任，遂不辭勞勩，多方勸捐，而浦人士亦踴躍從事，其亦公文自有不可泯没者在，故足以鼓動人心如此歟！余因與明經張君哲共相校讎，訂其殘缺，付之剞劂，閱歲而厥功告成，而兹集焕然一新矣。此亦如日月之晦而復明，江河之流而不絶，不有大快人意者哉！于是知公之文，自當與《左》《國》、班、馬、唐宋大家各有千古，而必不隨時世爲廢興也，則今日之發潛德而護遺編又烏容已？

今聖天子方留心文教，凡名山石室之藏，罔不搜輯無遺，以章至治。況如公文之足贊廟謨、淑人心者，敢任其湮没不章乎？余甚幸斯舉之有關治道，而不但爲一己之私淑起見也。因誌之，以見從事之始末焉。康熙歲次庚寅季夏下浣，海昌後學查遴拜題。

彭刻原序

文以明理，而氣以行之。氣不昌，則辭不達；理不明，則言乖離而道昧。六經以下，唯《孟子》爲最偉。《孟子》曰：「我知言，我善養吾浩然之氣。」夫以是而發爲文，又焉得而不偉也！漢、唐、宋之盛，則有賈、馬、楊、班、李、杜、韓、柳、歐、蘇、曾、王諸公，是皆生於四海一統時，❶挹光嶽之全氣，宜其精粹卓拔不可及也。國家混一七八十年，名儒鉅公接武而出，其可以追配古人者，固不爲少。然而老成凋喪之後，宴安游惰之習勝，以聰明捷敏之才，乘其在外急名之氣，竊取糟粕，剜挑組綴，以耀聾瞽、襲聲譽者，紛紛皆是，而不知其於道何如也。盛極則消，理固然耳。予竊痛之，而憂今之將無其人。及待罪居越，得宋君景濂《潛溪集》觀之，然後知造物之不喪斯文，而光嶽

❶「時」上，韓本有「之」字。

之氣猶有所鍾也。

景濂舊居金華，從故待制柳先生、侍講黄先生游。二先生皆以文章鳴於世。景濂合二先生之長，上究六經之源，下究子史之奥，以至釋老之書，莫不升其堂而入其室。其爲文則主聖經而奴百氏，故理明辭腴；道得於中，故氣充而出不竭。至其馳騁之餘，時取老佛語以資嬉戲，則猶飫粱肉而茹苦荼、飲茗汁也。

嗚呼！文天下之文，理衆人之理也。人之有才而能學者，皆可以致其極。何作者之不少，而造者之不多也？吾於是乎深爲之悲，而竊爲之喜也。景濂又有《龍門子》别爲卷。文林郎江浙等處行樞密院都事青田劉基序。

元氣流行於天地間，其英華純粹鍾之於人，必卓爲絶出之才。苟不施於政事以暢其美，則假文章以鳴天下之盛，非立言學古者，孰能之哉？

金華宋景濂先生，醇乎儒者也，經、史、子、集，無不通貫。舉其辭義，如河流滂沛，不待疏決，自無壅窒；如庖丁解牛，不待鼓刀，自得肯綮之妙。其作爲文章，法度森嚴，無冗長語。温潤者，又如玉産藍田，粹然不見其瑕疵也；瑩潔者，又如珠孕合浦，粲然不覩其櫛窪也；舂容典重者，又如金鐘大鏞在東序，動中律吕，曒然不聞其亂雜之聲也。故鄉先生柳公道傳稱其雄渾可愛，黄公晉卿許其温雅俊逸，莆田陳公衆仲亦謂辭韻風裁類夫柳、黄二公，廬陵歐陽公玄亦謂神思氣韻飄逸而沈雄。嗟夫！先生之文，經四公品題之重，可謂無餘藴矣。非立言學古之至，烏能致是哉！其卓爲絶出之才，以鳴天下之盛，蓋非苟言而已。先生來金陵，氣老志堅，而文益多。迺命余序其後集。顧余不敏，敢縱言論以齒四公之末哉？凡擅文章者，咸以六經爲本，上準秦、漢，下法韓、柳，而踵武比肩者，何其罕見也？豈才志有所不逮耶？文章英華，猶元氣流行，無往不在者，或鍾於此而遺於彼耶？世之論者，究夫學德講修，然後責以至不至焉可也。余亦不敢自謂深得文章之源委，竊觀先生爲文，❶誠如四公所言，皆足傳誦於世，遂摭管見一二，以附著焉。宣聖五十五代孫，闕里孔克仁序。

《潛溪前集》凡十卷，冠以陳公衆仲序文，浦陽義塾既刻而傳之。《後集》筆稾日新，而卷帙未有終也。宋公以書來，俾汸序其意。顧久病廢學，閲歲無以復命。❷又念與公相知有自，蓋嘗徧觀《前集》，而惜乎陳公有未及盡見者，然則《後集》固不可無序。汸既不敢讓知，其又奚辭？迺爲序，曰：

修辭以爲文，非古也，其起於漢之西京乎？太史公傳司馬相如、吾邱壽王、東方朔、枚皐、王褒之屬，以善屬文見知人主，然皆不得列於儒林。而孔子弟子别爲傳，謂辭章爲文，而不本於經，蓋昉於此。至唐韓子、宋歐陽公、曾子固相繼而出，始考諸經以立言。其器識之大，學問之博，志節之固，又足振而興之，文辭之用於是爲貴。雖子朱子纘周、程之緒，猶且誦法表章而不敢忽焉。

❶「爲」，鄭淵本作「之」。
❷「閲」上，韓本有「再」字。

葉正則顯於東南，當道學復明之世，刻意修辭，不踐故迹，而乖離侵畔，自窒其源，其視韓、歐特起於千載之下，而知所崇尚者爲何如也。是以君子尚論浙東君子，必以東萊吕公爲歸，豈非以其博而知要，能自得師，雖擬諸孔門游夏之倫而無愧也乎！若夫辭達理明，不繳繞於陳言，而固與之合，則百餘年閒，莫善於文獻黄公者矣。

景濂父生吕公之鄉，而久游於黄公之門，其學以經爲師，而尤長於《周禮》。其出入百家，鈎深索隱，蓋將以自致也，而不但資爲文。其於爲文，直以才高思敏，舒之斂之，無適不宜，而未嘗有意於作爲。當其發憤擇術，直詆辭章爲淫言，葩藻爲宿穢，期於剗削刊落，以徑趨乎道德之途。而於吕公尤惓惓，詠思歎慕，若不能自已於言者，則其於輕重之類，得失之幾，察之明矣。别集之行，豈徒欲以文辭名世者哉！蓋汸所知於景濂父者如此。

若夫陳公謂爲文必傳諸師而後可者，景濂父既不以自多，而汸又不足以言之。顧嘗聞之，袁公伯長嘗問於先師虞公伯生曰：「爲文當何如？」虞公曰：「子，浙人也，子欲知爲文，當問諸浙中庖者。予，川人也，何足以知之？」袁公曰：「庖者何用知文乎？」虞公曰：「川人之爲庖也，麤塊而大臠，濃醯而厚醬，非不果然屬饜也，而飲食之味微矣。浙中之庖者則不然，凡水陸之産，皆擇取柔甘，調其湆齊，澄之有方，而潔之不已，視之泠然水也，而五味之和，各得所求，羽毛鱗介之珍，不易故性。故余謂爲文之妙，惟浙中庖者知之。」袁公蓋矍然稱善也。自虞公爲是言，學者竊論以爲非黄公之文不足以當之。衆仲嘗學於虞公，而景濂父黄公之徒也。二公之所指授，信乎有異於他門者哉！善觀斯集者則得之矣。歙諸生趙汸序。

《潛溪續集》十卷，金華宋先生景濂之所著也。始予居江西，聞先生名，閒得所爲文讀之，愛其博辯宏偉，自成一家言。竊嘗念去浙東水數千里，何由一獲承接，以盡大觀而無憾也？今年夏，迺得識先生於金陵，出其所爲《潛溪集》者示予，因得復熟焉。然後知先生之學，蘊於中者有素，故其發於外者，自爾不窮。浩乎若長風驅帆，順流而東也。沛乎若騏驥騕褭薾浮雲而上征，不可得而羈也。煜乎若干將、莫邪之光怪呈露，雖欲閟之而不可得掩者。非博識君子，莫知其爲至寶也。蓋先生於經史百氏之書無所不讀，而又親承鄉先生待制柳公、侍講黄公之所指授，故其學遠有端緒，而其發於文也，縱横開闔，馳騁上下，無不如意，而要歸無不出於正者。承旨歐陽公於人慎許可，獨稱先生之才具衆長，識邁千古，近時大江以南一人焉。誠可謂知言云。《潛溪》前、後集二十卷，門人既刻梓以傳，而先生復以續集俾予爲之序。予於先生何能爲役，尚敢贊一詞哉？然誦先生之文，而又不能不爲之慨然者。

方在宋時，言文章大家者，廬陵歐陽文忠公、南豐曾文定公、臨川王文公，皆相望近在數郡閒，何其盛也！元興，若廣平程公鉅夫、青城虞公集、豫章揭公傒斯、清江范公梈、臨川危公素，亦皆以文章著稱，西江亦云不乏人矣。夫何喪亂以來，淪籍殆盡，後學無所依承。豈昔者如彼其盛，而今遽若是其寥寥哉？古稱文章與時高下，抑道之興廢，繫乎時之治亂，至於盛極而衰，亦其理也。今幸獲與先生邂逅數千里外，益聆所未聞，覩所未見，得以循矩矱而窺藴奥，蹈軌轍而識指歸，或者其庶有得乎！讀先生之文，既知道德淵源之所自，又俾夫末學者得續未絶之緒於將來，則先生之文之所沾被者，亦既廣矣，而予言豈足爲先生重哉！　前鄉貢進士旴江王晉序。

淵於丱角之歲，即灑掃潛溪先生之門，迨今二十餘年，而所受教者，固非一日矣。第以才氣下劣，不足以承培造之功，朝夕惴惴，罔敢失墜。每於先生著述之餘，輒録之於編，以爲標準。然又不敢私有於其躬，將欲以傳天下後世。淵乃言曰：先生稟光嶽英靈之氣，鍾秀拔沖粹之質，年甫六歲，即能歌詩。在鄉校閒，日記經史數千言，衆以神童稱之。若見儕類稍有所長，必力與之角，務欲深思以期遠到。既長，受業於待制柳公、文獻黄公、淵穎吴公，三公皆知其爲偉器，悉以所學授焉。及三公相繼淪謝，鄉邦之評，咸推先生足繼其後而無愧。蓋先生之學，博極天下群書，凡天文地理之要，禮樂刑政之詳，治亂沿革之變，草木蟲魚之細，與夫百家衆技之説，靡不究心。故先生之文，滃然而雲雷興，沛然而河海流，蔚然而蛟龍升，彪然而虎豹騰，煦然而百卉滋，穠麗之極，固若未易涯涘。及其造乎平淡淵微，則又若太羹元酒，不假調脈，而至味自足也。由先生以六經爲本根，《史》《漢》爲波瀾，故其所涉者廣而所擇也精，所養者充而所就也大，其能昭著一世，傳之方來，不亦宜乎！　如淵不敏，親承教言之久，近以疾廢學，不加修尚，未能窺其萬分之一，何敢以序作者之意？姑述其師傳之有自者，著之末簡云。門人浦江義門鄭淵謹序。

右翰林學士承旨潛溪宋先生《文粹》一十卷，青田劉公伯温丈之所選定者也。濟及弟湑約同門之士劉剛、林静、樓璉、方孝孺相與繕寫成書，用紙一百五十四番，以字計之，一十二萬二千有奇。於是命印工十人鋟梓以傳。自今年夏五月十七日起手，至七月九日畢工，凡歷五十二日云。先生平日著述頗多，其已刻行世者《潛溪集》四十卷，《蘿山集》五卷，《龍門子》三卷。其未刻者《翰苑集》四十卷，歸田以來所著《芝園集》尚未分卷。在禁林時，見諸辭翰，多係大制作，竊意劉丈選之，或有所遺，尚俟來者續編以附其後。惟先生受知聖主，輔導東宫，名滿天下，文傳外國，則不待區區之所贊頌云。洪武丁巳七日，門人鄭濟謹記。

《潛溪集》一十八卷，前學士承旨潛溪宋先生所著也。先生以文章名昭代，其著述之盛，有曰《文粹》、曰《朝京稾》、曰《蘿山吟稾》、又曰《潛溪内外集》者流行天下，四方學者既已家傳人誦之矣。惜其皆出於一時門人所集録，編目雖繁而纂集無次，章篇雖富而體製不分，兼之久歷年所，而板刊字畫脱落者多。予家學時，每思欲爲正之，尤恨未見其完集也。

歲景泰甲戌，幸叨官蜀憲臺，詢知先生舊謫居成都閒，爲討訪之，而其曾孫賢盡出其家所藏遺稾。披閲之餘，遂與仁壽訓導黄明善考論而纂集之，復請鎮節松維秋官侍郎羅公三復讐校，正其差訛，汰其重複，凡詩、賦、詞、曲、論、説、議、辨、書、表、記、序、傳、贊、碑、誌、箴、銘、題跋、雜著、表、狀，各以類歸。若所述無補於人倫、無關於世教者，雖工亦刊去之，以從簡約，總得三百三十四首。而先生之碑、傳、誥命諸作，亦附卷後。蓋欲使讀文者得以論其世，亦庶幾能得先生之實也。因其存日，學者尊爲潛溪先生而不字，故亦命其集曰《潛溪先生集》。集成，屬其外孫茂州醫學典科嚴埍繕寫入梓以傳。

竊嘗論之，文所以載道也，不深於其道而務爲文，所謂輪轅飾而人弗庸，徒飾也，尚何以望其文之傳乎？三代以降，文惟漢、唐、宋爲盛耳，其閒作者亡慮百千，❶由其道有未明而散亡磨滅者，可勝計哉？惟董、賈、韓、柳、歐、蘇諸大家之作，庶幾能明斯道，而足爲後世之所宗，故文莫於斯爲盛矣。大明混一區宇，❷光嶽之氣復完，工師碩彦以文自名者後先林立，然求其足以經緯治功，黼黻人文，卓然有以踵夫董、賈、韓、柳、歐、蘇之躅而爲一代文章之宗者，率以先生爲稱首也。於戲！是豈無自而然哉？蓋先生學博文優，❸而道有諸己。未仕也，孜孜焉以明經、講道、著書爲務；既仕也，典國史，司帝制，獨擅夫制作之柄，而海内學者仰而望之，若泰山北斗，若景星鳳凰，争先快覩，惟恐其或後也。是以先生之文盛行於時，流傳於遠，其與董、賈、韓、柳、歐、蘇之作，聯芳匹美於宇宙閒無疑矣。溥

❶「百」，黄溥本作「十」。
❷「大」，張本作「皇」。
❸「文」，黄溥本、韓本作「才」。

也晚生無似，素企先生之文有合乎道而不苟同於衆人也，故既爲考訂其集，復論次其大旨，附之簡末，使讀者得以自考云。天順元年歲舍丁丑三月既望，賜進士出身嘉議大夫四川等處提刑按察司按察使弋陽黄溥澄濟謹題。

金華景濂宋先生以光明正大之學、經綸黼黻之才仕國朝，官至翰林承旨。太祖高皇帝眷遇之隆，越軼今古。年老致政而歸，聖情優眷，何其渥矣！尋以事累，謫來西蜀，至夔府而歿。蜀王聞先生之名，切歎不能親炙，乃遷其柩葬於錦城之東二十餘里，其子孫皆居灌縣。越三十餘年，弋陽黄君溥來爲四川按察使，乃訪其子孫，得先生詩文遺稾凡五百餘篇，既鏤諸梓。無何，黄君去任，余以其板悉付其孫宋綱，俾世守之，以爲後學矜式。而憲副台郡周君文盛又於先生墓之前作祠堂三間，以爲奠祀之所，令其子孫列居於右。二君之於先生，可爲難能者矣。嗚呼！先生之文章，燦然著於簡册；先生之道德，炳然滿於朝廷。海内之士莫不爲之尊崇，後世之學者莫不爲之矩範，我國朝一人而已，宜乎文章傳之於不朽者也。尚期其子孫守此弗替，使先生之言傳於千載，遍於四海。讀先生之文者，豈不有以觀感而啓益者耶！予故書此以遺其子孫云。天順二年秋八月望日，賜進士嘉議大夫資治尹四川按察司按察使金谿王裕謹識。

文章與世運爲升降，而尤必以合乎理道爲根柢。唐之初葉，沿六季餘習而稱起衰者，乃在元和以後昌黎之一人。宋興，能文章家稱揚、劉，至歐陽氏，黜險怪，一出於正，然必待子朱子出，然後文與道合而爲一。斯其難哉！有明當開國時，即有金華潛溪宋先生爲文章之冠。疑夫文章之興，大抵在中葉以後，薰陶醞釀，積之遲久而後發，而公獨能於兵戈擾攘之際，與謀臣猛士翼運並起，意者山川蜿蟺磅礴之氣鬱積而發，而士之挺然負其瑰瓌者因之，光芒顯爍不可遏抑歟？予夢想金堂石室之間，欲一至其地以攬勝概舊矣。歲丙戌，奉簡命視學浙中，私心竊喜，迂陋如予，幸備輶軒之役，庶幾考文獻，訪遺佚，用斧藻於萬一。既驅車上下，尤愛浙東山川秀傑，昔人所謂仙靈窟宅者在是。於天台，一至石梁，聆方廣之唄音，覩赤城之霞起；於南雁，問龍湫，列戟鑱天，芙蓉淬鍔；登桃花嶺，而沃州、天姥蒼翠落襜褕也。停婺州，窈窕洞穴，縠流琤玉，幽討益奇。恨未至浦陽一瞻潛溪祠堂，而仙華、寶掌猶髣髴夢見之。意所爲蜿蟺磅礴、光景欲出者，當不或靳我國家人文化成、光華復旦、文德武功超軼前代，而諸士生勳華之世，誕山川奇拔之鄉，閒者古學闃如頹墮不振，或者宿學耆儒蘊光剷采於巉巖之閒者尚多耶？今聖天子加意右文，屢求博學之儒以任纂修、備顧問，且令督撫諸臣各舉山林遺逸之士，則珠光劍氣出而襄興朝之景運，此其時矣。予既勉士子以通經學古爲兢兢，顧念今文古文原無二理。志遠大者，取法於其近；鼓奮往者，競長於所習。夫齊人將有事於泰山，必先有事於配林；晉人將有事於河，必先有事於滹沱。六經者，所以載道，而韓、歐與程、朱諸子又所由以倡明六經以共遵夫道者也。魯斤宋削，取則不遠子之鄉。

先生宋金華者，固以韓、歐之文筆，而承朱、吕之嫡派也。蓋其先得法於柳待制貫、黄侍講溍，文已成矣，猶以爲未也，而加以探本討源，以求夫吕成公、朱文公之學，然後浩乎沛然，贍博淵閎，大放厥詞。諸生歸而求諸六經子史，以沃夫根柢之所在，次取金華諸子，以遡夫何、王、金、許之傳，將文也而道寓焉矣。粹然不駁，卓然自立，而人爲一代之人者，文亦爲一代之文，必有曠然豁然，與山川氣勢相爲雄長，而非風雲月露侈纖靡之詞、險僻軋茁入怪異之徑者所得同日語也。將見播禮樂之休明，揚辟雝之鐘鼓，以翼聖朝文明之治，庶不負使者惓惓授刻兹集之意乎！至於揚搉品隲，前輩諸家詳矣，予故不復贅云。時康熙四十八年歲次己丑夏四月，兩浙督學使者南陽彭始摶題於秀州公署。

臣聞才華者，功業之符也，而非根究於理道，則立言爲無本；文章者，道術之餘也，而非闡繹其微言，則絶業亦不著。是必有明體達用之學，貫串古今，彰諸實事，使本末源流匯而爲一，而不至以辭華之習與性命之旨判若蒼素，則人爲有用之人而文爲有用之文，然後可以佐聖世文明之治。我皇上以聰明天縱之姿，問學淵邃，匯洙泗之源於數千載之上，萃唐虞之統於十六字之中；表彰經學，尊崇儒術，濂、洛、關、閩諸書悉闡祕奥，而尤拳拳加意於樂育人材。十五國學臣之使臨軒策遣，咨警告誡，至再至三。臣幸以載筆之末，翺游禁近，私心覯記，竊以爲風詩所載《菁莪》《棫樸》之盛，千古一時。乃復荷殊恩，不棄迂陋，俾持衡浙水，悚然負惕，如鈇鉞之臨於上，如淵冰之集於躬。下車之始，仰求所以不負付託之重，唯有廣勵學宫，敦本行，庶幾導揚聖天子作人雅化；爰進士子而教之，始知窮經學古，培壅根柢，不愧真儒。竊念浙水自吕成公東萊倡道婺州，與晦菴朱子相往復，何、王、金、許之徒，與聞乎斯道。唯潛溪宋景濂承其後塵，探討緒論，爲古文辭，粹然不失儒者淵源。士子即其鄉先生之文奉爲模楷，沈潛而熟復之，自此上究六經之旨歸，偏求諸儒之論説，所謂因文見道者，當在於是。因訂其訛誤，芟其繁複，彙爲全書，留諸庠序。日省月試之餘，東西浙士子頗能蔚然興起，漸去其空疏浮薄之習，以底於醇茂古雅之遺，華川文派，於焉不墜。顧念末學如臣搜羅文獻之事，才有未逮，何能仰贊高深？而凜凜淵冰，三載常如一日者，唯冀士子人人窮經，人人學古，儲材於有用。苟其交相敦勉，振起雍容，知性命之外無事功，經史之外無文章，華實兼收，體用一致，將見多士楨幹，悉能上體皇上慇懃訓敕之意；即微臣之竭蹶忱悃，以弗負聖主簡畀之意者，亦可少弛負擔，免於覆餗之愆矣。用是齋心虔祓，拜手稽首，敬識其緣起，少抒其愚誠之萬一云。康熙四十八年四月上浣，提督浙江學政詹事府右春坊右諭德兼翰林院修撰臣彭始摶薰沐謹記。

浦陽人物記原序

古者，以公、侯、伯、子、男五等之爵，分建邦國於天下，由其國有大小，故其制度文章亦有隆殺，不相沿襲，惟史氏之官則皆得置之。而史氏之所職掌，凡時事之當否，人材之善惡，田賦之多寡，朝聘之往來，又皆得書之。其名見於書傳者，則晉之《乘》，楚之《檮杌》，魯之《春秋》是也。自封建廢而爲郡縣，不復各有其官，於是舉天下之大，四海之衆，其事悉萃於一史氏使書之，雖罄渭川之竹以爲簡，竭徂徠之松以爲煤，焉能保其無闕逸乎？後之君子有以知其然，復各以所聞見於論述，若廬陵、豫章之紀烈士，襄陽、東萊、錦里之載耆舊，魯國、會稽、汝南、濟北、零陵、武昌之傳先賢，他如幽州《古今人物志》、南陽《先民傳》、閩川《名士録》、陳留《人物記》等書，凡九十餘家，至今與史氏之文並傳，蓋非但欲補其遺亡，而於天衷民性之發，亦有不容自已者矣。

浦陽爲婺屬邑，異時人物彬彬輩出。陳孝子以卓行聞，梅節愍以忠義顯，王忠惠以政事著，倪石陵以文學稱，與夫制行衡門，流聲天闕，其事可紀者尚多，考之信史，或載與否。金華宋景濂有感於斯，亦以所聞述《浦陽人物記》二卷，上而忠君事親，治政講學，下暨女婦之節，可以爲世鑑者，悉按其實而列著之，不以一毫喜愠之私而爲予奪，何其至公而甚當也。噫！立言之法，唯其公而已。惟其公也，非唯不因喜愠論人，亦不以窮達觀人，但察其賢否爲何如爾。苟或不然，則雖入帷屋，歷臺府，贊樞機，典藩翰，曾不若匹夫之所行者固不少。世之文士，好揚富貴而没賤貧，是果何道哉？景濂斯記，唯有關治教者則書，不問乎其他，此其學術之正，才識之高，豈易及耶？予甚敬畏之，因志其所見於篇首。景濂爲文，序事極有法，議論則開闔，精神氣昌不少餒，復深惜其沈困在下，而未能遇也。翰林學士承旨榮禄大夫知制誥兼修國史歐陽玄序。

浦陽人物載於鄱陽洪氏郡志者，不過蔣邵、張敦、傅柔、楊扶、陳太竭、何千齡六人而已。邑之儒先朱氏因之以撰縣志，别出新意，析爲四門。會稽李知退爲縣有善政，隸《遺愛傳》；太竭、千齡、錢遹、梅執禮，隸《孝節傳》；邵、敦、柔、扶及吴傳、王萬，隸《名德傳》；寶掌、祖登、元朗、靈默，隸《高僧傳》。比舊增多九人，通爲一十五人。三山謝氏最後出，獨取執禮及萬，益以梅溶、倪朴，作《浦汭先民傳》。金華宋景濂氏讀而非之，謂洪氏紀載既甚簡略，又不宜失時代後先；朱氏亦不宜以會稽之人參於浦陽，善附之臣入於名節，厖辭幻學之流儕於士類；謝氏取舍謹嚴，雖或差强人意，亦不宜引枝蔓浮辭，而於事實反多遺闕。於是潛精積思，稽采史傳，旁求諸儒之所記録，上下數百年閒，一善不遺。先之以忠義、孝友，次之以政事、文學、貞節，合二十九人。區分類聚，勒成一家之言，號之曰《人物記》。其文奮迅而感慨，微婉而精深，有類歐陽文忠公《五代史記》之作，非抱良史材者能之乎？蓋景濂氏自幼以絶人之資，無書不讀；比其長也，又得柳待制道傳、黄侍講晉卿、吴山長立夫三先生爲之師，故其撰述，往往華執煜煜如此。

嗟夫！浦陽之爲縣，不改於前，而昔之人物，苦希闊寂寥，今則昭著赫奕，與通都大邑相抗者，庸非景濂氏振厲之功歟！向使景濂氏不亟爲之，更歷百餘年，顯者固若無害，而弗顯者不隨世而磨滅幾希矣。或者則曰：「『維桑與梓，必恭敬止。』桑梓且然，況鄉之先達乎？景濂氏之作，善則善矣，而微寓品評於其閒，無乃不可乎？」

曰：「非是之謂也。文之所貴者，在據事直言，而是非善惡自見。今景濂氏所述，況又多紀善之辭，吾見其扶植綱常者至矣。何名爲品評哉？」濤也不敏，嘗與景濂氏師事三先生，竊有同門之好，頗獲窺其述作之意，故敢忘鄙陋而序之末簡，且以解或者之疑焉。

景濂氏名濂，其先居京兆。宋憲自唐武德中移吳興。十四傳至榮，字體仁，周廣順中，又移義烏之根溪。榮之子甫，甫之子訓，訓之子帳，帳之子祥，祥之子阜，阜之子佖，佖之子柏，宋嘉定初又移金華之潛溪，距根溪蓋三里。柏之子溥德，溥德之子守富，守富之子朝，朝之子即景濂氏也。國朝至正十年三月，又移浦江感德鄉之青蘿山。山去孝門橋不百步。稱人之善，必當本其家世，故復疏此以附見云。至正十年八月既望，經筵檢討權參贊官浦江鄭濤書於京師湛露坊中。

《浦陽人物記》一書，監縣廉侯到官之初年，始請縣人宋景濂氏譔成之。記凡二卷，分爲五類，合二十有九人。廉侯將刻梓以傳，而俾良爲之序。良竊以爲置書之原，❶則翰林承旨歐陽公既言之矣；而作者之意，則經筵檢討鄭君又言之矣。將復何所云哉？雖然，是縣人物之盛，其有繫於山川之所鍾者，或未之及，良安得忘言耶？

嗚呼！浦陽於婺爲小縣，其土地僅百里，人民不數萬，無白金、水銀、丹砂、石英、鍾乳之貴，無南金、珠璣、瑇瑁、犀象之珍，無橘柚、竹箭及他草木之殊異，顧獨於人物

❶「置」，張本作「著」。

之生，不一而足。其以忠孝、貞節著者有之，其以政事、文學顯者有之，層見疊出，彬彬乎其盛。是果何爲而然哉？蓋山川之氣，大則鍾而爲人，小則發而爲貨寶動植之類，所產者大，則於其小者嗇矣。郴州多白金、水銀、丹砂、石英、鍾乳，與夫橘柚之包，竹箭之美，則未見其有魁奇忠信材德之民；交州多南金、珠璣、瑇瑁、犀象，與夫草木之殊異，則亦罕鍾乎其人。是又以其所產者小，而於其大者有或嗇也。嗚呼！亦孰若吾浦陽之錫其大者哉！然世之人，於其小者則往往知愛而夸張之，至其大者則未有能宏搜廣輯以著其盛，以故浦陽之文獻，或不能勝夫郴、交二州之所鍾。今景濂氏以不世出之才，蒐羅廢墜，抉剔幽隱，譔成乎此書，使夫一縣之内，數百年之閒，忠君孝父之則，施政爲學之方，以及女婦之範模，莫不粲然具備，交見乎吾前。其視彼之區區土物之小者，孰得而孰失哉？吾見浦陽之爲縣，將自是而出色矣。

雖然，非廉侯之汲汲於表章，又曷有是哉？廉侯，名阿年八哈，爲政未幾，德化大行，蓋《詩》之所謂「愷悌君子」者。至正十年，戴良譔。

宋文憲公全集卷首二

翰林學士誥

翰林之職，掌制作而備顧問，必擇能文有學之士居焉。起居注宋濂，生於金華文獻之邦，正學淵源有自來矣。況侍朕歲久，深知其人，嘗由儒臺陳訓東宮，記言右史。邇者總修《元史》，尤究心於筆削，朕甚嘉之。是用陞擢，俾司代言。爾尚夙夜恭勤，務展所藴，使文詞通暢，治體昭明，庶副朕簡拔之意。可授翰林學士，知制誥，兼修國史，宜令宋濂，准此。　洪武三年正月　日。

國子司業誥

國子學職，專教育人材，以備國家之用。必選明經有德者爲之師，則模範正而學業進矣。翰林國史院編修宋濂，學足以明道，文足以垂世。當朕創業之始，即入春宫，❶訓我儲貳，則温文之資實由輔導；繼擢左史，掌我記注，則日侍左右，諫正爲多。朕以前元紀傳未及纂修，爰求其人，非汝弗稱，故特俾居翰苑，以任總裁。爾果能追遷、固之蹤，成一代之史，朕用嘉焉。兹特命司成均之業，爾尚推明師道，以訓誨諸生，必使見諸實用，則爲稱職矣。往其欽哉！可授奉議大夫、國子司業，宜令宋濂，

❶「春」，《潛溪録》作「青」。

准此。　洪武四年二月　日。

太子贊善大夫誥

朕以太子爲天下之本，其東宫官屬，必選文學行能之士以居其任焉。承事郎禮部主事宋濂，爾以純謹之資，老成之學，執筆柱下，視草詞林，繼司業乎胄監，復考禮於儀曹，皆稱其職。況輔導東宫，歷年已久，擢爲贊善，孰曰不宜？爾尚守職，惟恭思盡忠益之道而輔贊之，庶稱朕委任之意。可授奉議大夫、太子贊善，宜令宋濂，准此。

洪武五年十二月　日。

翰林侍講學士誥

翰林之職，掌制作而備顧問，必擇能文有學之士居焉。奉議大夫、太子贊善大夫宋濂，以舊德之士，純正之辭，事朕十有四年。其居左史，職詞林，佐成均，近侍於帷幄，黼黻於治道，論思於講筵，所裨多矣。比任贊善之職，尤多輔導之功。兹俾復翰苑之清華，修我朝之實録。爾尚夙夜恭勤，務展所蘊，使文辭通暢，治體宣明，庶副朕簡任之意。可授翰林侍講學士、中順大夫、知制誥、同修國史兼太子贊善大夫，宜令宋濂，准此。

洪武六年九月　日。

封贈禮部侍郎誥

人臣爲國家之用，能以功自著者，必因其前人積德所至。考諸常典，追贈爲宜。翰林侍講學士、中順大夫、知制誥、同修國史兼太子贊善大夫宋濂父文昭，今贈以中順大夫、禮部侍郎，尚靈爽之有知，其欽承於永久！　洪武八年十二月　日。

人臣有禄位者，皆由其前人之積善，故於封典，亦必推原以及之也。翰林侍講學士、中順大夫、知制誥、同修國史兼太子贊善大夫宋濂母陳氏，今封爲德人。

封贈太常少卿誥

昔者聖人君天下，凡名臣之善，非崇一己之善，必惠及至於祖焉。爾濂，學通今古，性淳而朴，實有古人之風。撓之而不怒，静之而不清，朕觀濂之性有若是焉。今者，公卿等皆得祖宗封號，爾爲文章之首臣，祖亦有封焉。朕敕中書下吏部，特封爾祖德政亞中大夫、太常少卿，故諭知之。奉迎前去，以爵冥冥者也。

祖妣金氏贈淑人。

父贈嘉議大夫、禮部尚書，妣贈淑人。

封贈妻賈氏淑人誥

婦人從夫而貴，是以國家之制，凡有禄位者，錫封必及其内助焉。翰林學士承旨、嘉議大夫、知制誥、兼修國史宋濂妻賈氏，可封淑人。尚宜爾家，益修婦道。

翰林承旨誥

三皇五帝之馭天下，其文武之能，君臣皆備而善焉。至於三代之臨御，禮、樂、射、御、書、數，君臣尤精。繼至秦漢以來，人不知古有文武，史分各爲之圖，故聖賢鮮矣。朕出自草萊，非兼備之才，蒙上天授命，位極兩間。凡生民休息，百神祀事，盡賴文武輔導以成之，是致鬼神享而軍民安又九年矣。然文者，翰林院尚未有首臣。朕於群儒中選，皆非真儒，人各虛名而已。獨宋濂一人，侍朕左右十有九年，雖才不兼文武，博通經史，文理幽深，可以黼黻肇造之規，宜堪承旨，宏燦明文，壯朕興王。特敕爾中書，奉行毋滯。　洪武九年　月　日。

敕符

卿去此數月，朕常思之。今卿來此，已復一時矣。朕恐失顧問，少勞勞，特敕禮部致食糧及酒殽抵所在，卿當引觴而自酌，美食以養神，稱朕報勞之意，未審悅乎？

洪武十年九月十五日。

以臣事君之道，固宜虔恭不怠，然得休官於官者，今古幾人？況致仕者，非壽高尋常，德邁群職，安有是耶？卿福膺永壽，精力愈加。自致仕之後，每歲來朝，甚感朕心。不忍使驅馳數千里而來覲，已敕禮部賜食糧殽醴，卿當自育高年，故茲敕諭。

洪武十一年十二月十六日。

賜書 乙巳歲，吴王書。

書諭子師宋濂：六月初七日申時，箋與子書同至，文意懇切，奈子性理未通，不能答。若令回書，恐爲空文耳。予以諭代之，勿望回劄。曩者教吾子，以嚴相訓，是不吝；以聖人文法化俗言教之，是通；所守者穩，所用者節儉，是得體。昔者古人，今爲我見。先生初疾，予欲留京師醫養。予想身健尚思故鄉，情猶不已，況先生在疾，父子夫婦處於異鄉，湯藥之奉，豈不傷情？是令先生東歸，醫養萬全。去後國事匆匆，不能遣使，以致師書先至。然此子雖不能答來書之意，予諭亦在其中矣。

御製詩二章

聰明心地實無欺，燦燦文辭真可梯。論道經邦誰解及，等閒肯與佞人齊？癸卯八月十一日賜。

景濂家住金華東，滿腹詩書宇宙中。自古聖賢多禮樂，訓令法度舊家風。甲辰四月五日所賜。

賜和宋濂韻

處暑將期秋宇清，柳陰深處聽蟬鳴。黄花喜弄西風綻，鐵騎音書奏至京。

賜醉贊善大夫宋濂歌 洪武八年八月七日

西風颯颯兮金張，特會儒人兮舉觴。❶目蒼柳兮裊娜，閱澄江兮水洋洋。爲斯悦而再酌，弄清波兮水光。玉海盈而馨透，泛瓊斝兮銀漿。宋生微飲兮早醉，忽周旋步兮蹌蹌。美秋景之樂，但有益於彼兮何傷！

賜學士宋濂白馬歌 洪武九年七月初一日巳時

賜卿白馬白雪白，馬疾穿雲雲不隔。朝出清溪東，摇鞭來紫陌。五漏禁城邊，精神常赫赫。撇鬣嘶秋風，康衢止過客。四

❶「人」，《潛溪録》作「臣」。

驟發流星，乘此無危厄。將軍建大功，斯馬真有益！

賜學士宋濂重賦黃馬歌

聞卿黃馬黃鸝黃，錦韉鐵銜聲琅琅。行途不速亦不疾，絳毛火衮飛揚揚。暑繫柳陰濃，寒常露立霜。秋風四蹄輕，咆哮雄騰驤。將軍橫戈矛，折衝孰敢當？罷兵致輕車，學士乘尤良。

賜詩一章并序

洪武十年春二月二十有六日，翰林承旨宋濂得致仕歸，已達家矣。即遣長孫慎進表以伸報謝。朕覽來詞，言無虚謬，已往分明，見陳可紀。其爲人也，可爲誠矣，智矣。故有終於致仕者，爲此。於是召其孫慎謂曰：「爾翁去此而誰從？」對曰：「惟親及故友會之，他無濫交。」曰：「日撫兒孫乎？閲生財乎？❶涉田園乎？」慎稽首拜手曰：「臣慎祖蒙陛下之深恩厚澤，得休官，悠悠於家，以待考終。其於撫兒孫、閲生財、涉田園之事，皆有之。爲此不勝感激，特遣微臣慎詣闕俯伏以謝陛下。」曰：「除此之外，他有何樂？」曰：「足不他往，但建一容膝之室，題名曰『静軒』，日居是而澄方寸，更訪國政，儻知一二，雖在休官，尚欲實對，❷爲陛下補缺耳。」朕聽斯言，倏然感動。於戲忠哉！良臣有若是耶？因爲之詩焉。

❶「生」，原作「三」，今據下文及《潛溪録》改。
❷「對」，原作「封」，今據《潛溪録》改。

聞卿歸去樂天然，軒静應當傚老禪。不語久之知貫道，此心嘗著覺還便。從前事業功尤著，向後文章迹必傳。千古仲尼名不息，休官終老爾惟全。

題宋承旨越中來歌洪武十一年十二月二十九日巳時

學士越中來，我恐馳程苦。拜畢詣堦前，精神盛舊覩。氣宇比秋鴻，文章真太古。試問民何如？天下通商賈。不但越中樂，將軍明隊伍。塘河便小舟，旅店從欲沽。近來荷君德，中原無胡虜。❶賢人誦言多，黼黻皇猷補。寰宇足清寧，人人皆樂土。

明史本傳

宋濂字景濂，其先金華之潛溪人，至濂，乃遷浦江。幼英敏强記，就學於聞人夢吉，通五經。復往從吴萊學，已遊柳貫、黄溍之門。兩人皆亟遜濂，自謂弗如。元至正中，薦授翰林編修，以親老辭不行，入龍門山著書。

踰十餘年，太祖取婺州，召見濂。時已改寧越府，命知府王顯宗開郡學，因以濂及葉儀爲五經師。明年三月，以李善長薦，與劉基、章溢、葉琛並徵至應天，除江南儒學提舉，命授太子經，尋改起居注。濂長基一歲，皆起東南，負重名。基雄邁有奇氣，而

❶「胡虜」，原爲空格，今據《潛溪録》補。

濂自命儒者；基佐軍中謀議，濂亦首用文學受知，恒侍左右，備顧問。嘗召講《春秋左氏傳》，濂進曰：「《春秋》乃孔子褒善貶惡之書，苟能遵行，則賞罰適中，天下可定也。」太祖御端門，口釋黄石公《三略》，濂曰：「《尚書》二《典》、三《謨》，帝王大經大法畢具，願留意講明之。」已，論賞賚，復曰：「得天下以人心爲本，人心不固，雖金帛充牣，將焉用之？」太祖悉稱善。乙巳三月，乞歸省，太祖與太子並加勞賜。濂上箋謝，并奉書太子，勉以孝友敬恭、進德修業。太祖覽書大悦，召太子爲語書意，賜札褒答，并令太子致書報焉。尋丁父憂，服除召還。

洪武二年，詔修《元史》，命充總裁官。是年八月史成，除翰林院學士。明年二月，儒士歐陽佑等採故元元統以後事蹟還朝，仍命濂等續修，六越月再成，賜金帛。是月，以失朝參，降編修。四年，遷國子司業，坐考祀孔子禮不以時奏，謫安遠知縣，旋召爲禮部主事。明年，遷贊善大夫。是時帝留意文治，徵召四方儒士張唯等數十人，擇其年少俊異者，皆擢編修，令入禁中文華堂肄業，命濂爲之師。濂傅太子先後十餘年，凡一言動，皆以禮法諷勸，使歸於道。至有關政教及前代興亡事，必拱手曰：「當如是，不當如彼。」皇太子每斂容嘉納，言必稱師父云。

帝剖符封功臣，召濂議五等封爵，宿大本堂，討論達旦，歷據漢唐故實，量其中而奏之。甘露屢降，帝問災祥之故，對曰：「受命不於天，於其人；休符不於祥，於其仁。《春秋》書異不書祥，爲是故也。」皇從子文正得罪，濂曰：「文正固當死，陛下體親親之誼，置諸遠地則善矣。」車駕祀方丘，患心不寧，濂從容言曰：「養心莫善於寡欲，審能行之，則心清而身泰矣。」帝稱善者良久。嘗問以帝王之學何書爲要，濂舉《大學衍義》。乃命大書揭之殿兩廡壁。頃之，御西廡，諸大臣皆在。帝指《衍義》中司馬遷論黃、老事，命濂講析。講畢，因曰：「漢武溺方技謬悠之學，改文、景恭儉之風，民力既敝，然後嚴刑督之。人主誠以禮義治心，則邪説不入；以學校治民，則禍亂不興。刑罰非所先也。」問三代歷數及封疆廣狹，既備陳之，復曰：「三代治天下以仁義，故多歷年所。」又問三代以上所讀何書，對曰：「上古載籍未立，人不專講誦。君人者兼治教之責，率以躬行，則衆自化。」嘗奉制詠鷹，令七舉足即成，有「自古戒禽荒」之言。帝忻然曰：「卿可謂善陳矣。」濂之隨事納忠，皆此類也。

六年七月，遷侍講學士，知制誥，同修國史，兼贊善大夫。命與詹同、樂韶鳳修《日曆》，又與吴伯宗等修《寶訓》。九月定散官資階，給濂中順大夫，欲任以政事。辭曰：「臣無他長，待罪禁近足矣。」帝益重之。八年九月，從太子及秦、晉、楚、靖江四王講武中都。帝得輿圖《濠梁古蹟》一卷，遣使賜太子，題其外，令濂詢訪，隨處言之。太子以示濂，因歷歷舉陳，隨事進説，甚有規益。

濂性誠謹，官内庭久，未嘗訐人過。所居室署曰「温樹」，客問禁中語，即指示之。嘗與客飲，帝密使人偵視，翼日問濂昨飲酒否，坐客爲誰，饌何物，濂具以實對。笑曰：「誠然，卿不朕欺。」間召問群臣臧否，濂惟舉其善者，曰：「善者與臣友，臣知之；

其不善者，不能知也。」主事茹太素上書萬餘言。帝怒，問廷臣，或指其書曰「此不敬」，「此誹謗非法」。問濂，對曰：「彼盡忠於陛下耳，陛下方開言路，惡可深罪！」既而帝覽其書，有足採者，悉召廷臣詰責，因呼濂字曰：「微景濂，幾誤罪言者。」於是帝廷譽之曰：「朕聞太上爲聖，其次爲賢，其次爲君子。宋景濂事朕十九年，未嘗有一言之僞，誚一人之短，始終無二，非止君子，抑可謂賢矣。」每燕見，必設坐命茶。每旦，必令侍膳，往復咨詢，常夜分乃罷。

濂不能飲，帝嘗强之，至三觴，行不成步，帝大懽樂，御製楚辭一章，命詞臣賦《醉學士詩》。又嘗調甘露於湯，手酌以飲濂曰：「此能愈疾延年，願與卿共之。」又詔太子賜濂良馬，復爲製《白馬歌》一章，亦命侍臣和焉。其寵待如此。九年，進學士承旨知制誥，兼贊善如故。其明年致仕，賜御製文集及綺帛。問濂年幾何，曰：「六十有八。」帝乃曰：「藏此綺三十二年，作百歲衣可也。」濂頓首謝。又明年來朝。十三年，長孫慎坐胡惟庸黨，帝欲置濂死，皇后、太子力救，乃安置茂州。

濂狀貌豐偉，美鬚髯，視近而明，一黍上能作數字。自少至老，未嘗一日去書卷。於學無所不通，爲文醇深演迤，與古作者並。在朝，郊社宗廟山川百神之典，朝會宴享律曆衣冠之制，四裔貢賦賞勞之儀，旁及元勳巨卿碑記刻石之辭，咸以委濂，屢推爲開國文臣之首。士大夫造門乞文者，後先相踵。外國貢使亦知其名，數問宋先生起居無恙否，高麗、安南、日本至出兼金購文集。四方學者悉稱爲「太史公」，不以姓氏。雖白首侍從，其勳業爵位不逮基，而一代禮樂制作，濂所裁定者居多。

其明年，卒於夔，年七十二。知事葉以從葬之蓮花山下，蜀獻王慕濂名，復移塋華陽城東。弘治九年，四川巡撫馬俊奏：「濂真儒翊運，述作可師，黼黻多功，輔導著績。久死遠戍，幽壤沈淪，乞加卹録。」下禮部議，復其官，春秋祭葬所。正德中，追謚文憲。

仲子璲最知名，字仲珩，[1]善詩，尤工書法。洪武九年，以濂故，召爲中書舍人。其兄子慎亦爲儀禮序班。帝數試璲與慎，并教誡之，笑語濂曰：「卿爲朕教太子諸王，朕亦教卿子孫矣。」濂行步艱，帝必命璲、慎扶掖之。祖孫父子共官内庭，衆以爲榮。慎坐罪，璲亦連坐，並死，家屬悉徙茂州。建文帝即位，追念濂興宗舊學，召璲子懌官翰林。永樂十年，濂孫坐姦黨鄭公智外親，詔特宥之。

小傳

宋潛溪先生小傳[2]

景濂姓宋氏，景濂，字也。其先家金華之潛溪，至景濂始自潛溪遷浦江，今爲浦江青蘿山人。初，景濂與祖同以十月十三日生，因名曰壽，後更名濂，上饒鄭録事復初爲製今字。其在母姙，僅滿七月即生，故爲

[1] 「仲」，原作「伯」，今據《明史》本傳改。

[2] 本題原無，今補。按此「小傳」彙集鄭濤《宋潛溪先生小傳》、王禕《宋太史傳》、吴之器《婺州書》及《金華賢達傳》一書中有關宋濂小傳等内容，但均未標題。今爲閲讀方便，分別於相應内容前補立標題。

嬰兒時，極多病。每患風眩，輒昏迷數日。祖母金與其母陳更相保抱，方獲無虞。年六歲，入小學，其師包文叔授以李瀚《蒙求》，一日而盡，自後日記二千餘言。諸生同隸小學者，❶日暮罷歸，其所讀書，景濂皆成誦。九歲頗學爲詩，有道士樓節翁至，或命賦詩爲贈，景濂操筆輒成四韻，有「步罡隨踢脚頭斗，噀水能轟掌上雷」之句，衆因目爲神童。烏傷賈伯達，豪俊之士也，亟許以女歸焉。

景濂家素貧，力不能致明師儒，而鄉中授徒者皆畏景濂，又莫敢爲之師。自是或作或輟者十年。及鄉先達張教授繼之自瀏陽滿官歸，聞景濂善記也，亟延見於別墅，問：「四書正傳若干日可通背？」❷景濂以一月爲答。繼之不之信，抽架上雜書，俾即記五百餘言。景濂以指爪逐行按之，按畢成誦，一字不遺。繼之驚曰：「有才如此，不可廢也！城南聞公夢吉，❸鄉貢進士也。吾引汝就學焉。」景濂輒擔簦徒步從之。聞公深喜，授《春秋》三傳之學。凡學《春秋》者，皆苦其歲月先後難記，景濂則并列國紀年能悉誦之。但舉經中一事，即知爲魯公幾年幾月，是年實當列國某君幾年幾月，或俾書而覆之，無少爽者。適鄉校行私試，景濂輒占前列。

同里胡君仲申，時受學浦江吳公立夫。吳公亦鄉貢進士，以文章名家。仲申從之游，深得其學。每見景濂，輒加獎譽，且謂曰：「舉子業不足煩景濂，曷學古文辭

❶「隸小」，《潛溪録》作「肄」。
❷「正」，《潛溪録》作「經」。
❸「公」，《潛溪録》作「人」。

乎？」仲申，景濂所畏者，聞其言甚喜。於是復從吴公游，益取經史及諸子百家之書而晝夜研窮之。凡三代以來古今文章之洪纖高下，音節之緩促，氣燄之長短，脈絡之流通，首尾之開闔變化，吴公所受於前人者，景濂莫不悉聞之，於是其學大進。繼登待制柳公道傳、侍講黄公晉卿之門，益講求其所至。二公深相器重，每有咨叩，終日言之，無少倦之色。或離左右，則書問之往來，無月無之。黄公至以博雅雄麗稱其文，人有求文於黄公者，黄公不暇爲，輒命景濂撰就，自署其名而遺之。由是景濂以文知名于時，臺憲諸顯人多願得而觀之。而景濂不以爲已足，且謂文爲載道之具，凡區區酬應以適時用者，皆非文。於是益求古人精神心術之所寓，而大肆力於其間。積之既久，浩浩乎而莫窺其際，源源乎而不知其所窮，洋洋乎而不見其有所不足。若景濂之文，可謂能卓然名家者矣。

景濂之貌不踰於中人，而其志則欲尚友於千古。接人雖極其和，至於品裁優劣，則極慎許可，當其意者，蓋十無一二焉。或狎而侮之，卒弗與校；人有樂於爲善者，則竭其志慮而助之，不啻若己事。故自家庭之近，至於州里之遠，自公卿之貴，至於僕隸之卑，凡識景濂者，咸以爲愷悌忠厚人也。❶景濂篤於倫品，處父子、兄弟、夫婦之間皆無愧。性尤曠達，視一切外物澹如也。年三十即以家事授子姓，❷朝夕惟從事書册間，稍有餘暇，或支頤看雲，或被髮行松間。遇得意時，輒擊缶浩歌，聲振林木，翛翛然

❶「厚」，韓本作「愿」。
❷「姓」，《潛溪録》作「姪」。

如塵外人。其傲視一世，豈徒齊彭殤、忘貴賤而已哉！其胸中之所存，蓋有不可得而測者矣。

予少景濂五歲，初從吴公游，始識景濂；及再從柳、黄二公，而與景濂相從尤密。❶是則於學爲同志，於師爲同門，不可謂不知景濂也，因譔爲《小傳》一通如此。景濂所著若《孝經新説》《周禮集傳》《經緯文宗》《浦陽三書》《古賦正音》等書，❷多未完，其志甚鋭，而所述當不止此，尚俟他日續書之。至正十三年秋八月乙未朔，前經筵檢討權參贊官鄭濤譔。

宋太史傳

宋太史者，名濂，字景濂，婺之金華人也。其先有諱憲者，官大理丞，爲《易》講師，弟子衆至數千人。唐武德間，自京兆遷吴興。更十四世有諱榮者，私謚文通先生，通《尚書》《春秋》，有才而不及用，周廣順中徙于義烏，隱居覆釜山。至宋嘉定初，有諱柏者復遷金華，其地曰潛溪。又五世，乃爲景濂。自其父祖而上，世爲峻儒，雖隱約鄉里閒不顯著，而《詩》《書》之澤被於人者多矣。

景濂在娠僅七月，爲嬰兒時，苦多疾。甫六歲，即能誦古文，書過其目輒成誦。爲詩歌有奇語，操筆立就。人異之，呼爲神童。年十五，里人有張繼之，長者也，告其父曰：「是子天分非凡，當令從名師，即有

❶「相」，《潛溪録》作「過」。
❷「正」，原作「五」，今據《潛溪録》改。

成爾。」乃攜之入府城，❶俾受業聞人夢吉。先生習《易》《詩》《書》《春秋》，通焉，爲舉子業，課試每居諸生右。其友胡君翰曰：「舉子業不足慁景濂，盍爲古文辭乎？」遂與俱往浦陽從吴萊先生學。吴先生博極經史，善爲古章句，景濂學之，悉得藴奥。久之，文章之名藉然著聞矣。

景濂爲文，初若不經思，而用意極精密，浩浩乎莫闚其際，源源乎不知其所窮，洋洋乎不見其有所不足也。當是時，鄉先生翰林待制柳公貫、翰林侍講學士黄公溍，皆大儒，天下所師仰，景濂又各及其門，執弟子禮。而此兩公者，則皆禮之如朋友。柳公曰：「吾邦文獻，浙水東號爲極盛，吾老矣，不足負荷此事，後來繼者，所望惟景濂。以絶倫之識，而濟以精博之學，進之以不止，如駕風帆於大江中，其孰能禦？」黄公曰：「吾鄉得景濂，斯文不乏人矣！」景濂所爲文，多經二公所指授。柳公謂其渾雄可喜，黄公謂其雄麗而温雅。莆田陳君旅，知言士也，爲之序曰：「柳公之文，龐鬱隆凝，如泰山之雲，層鋪疊湧，杳莫窮其端倪；黄公之文，清圓密切，動中法度，如孫吴用兵，神出鬼没，而部伍不亂。景濂之文，其辭韻沈鬱，類柳公；體裁簡嚴，類黄公。大哉文乎，其不可無淵源乎！」蓋以景濂爲能兼二公之所長矣。翰林學士承旨盧陵歐陽公玄，於二公爲行輩，嘗評景濂文：「氣韻沈雄，如淮陰出師，百戰百勝，志不少慴；神思飄逸，如列子御風，翩然騫舉，不沾塵土；辭調爾雅，如殷卣周彝，龍紋漫滅，古意獨存；態度多變，如晴霽終南，衆

---

❶「府城」，原作「城府」，今據《潛溪録》改。

紱前陳，應接不暇。非才具衆長，識邁千古，安能與於斯？」其爲當世所稱許如此。於是二公相繼既即世，而景濂踵武而起，遂以文章家名海内。

至正中，用大臣薦，擢將仕佐郎，翰林國史院編修官。自布衣入史館爲太史氏，此儒者之特選，而景濂素不嗜仕進，固辭避不肯就。會世亂，益韜閟，不欲事表顯，乃入小龍門山著書。書成二十四篇，曰《龍門子凝道記》，又著《孝經新説》《周禮集註》等書，皆傳于學者。初，宋南渡後，新安朱文公、東萊吕成公並時而作，皆以斯道爲己任，婺實吕氏倡道之邦，而其學不大傳。朱氏一再傳爲何基氏、王柏氏，又傳之金履祥氏、許謙氏，皆婺人，而其傳遂爲朱學之世適。景濂既閒因許氏門人而究其説，獨念吕氏之傳且墜，奮然思繼其絶學，每與人言而深慨之。識者又足以知其志之所存，蓋本於聖賢之學，其自任者益重矣。

景濂於天下之書無不讀，而析理精微，百氏之説，悉得其指要。至於佛、老氏之學，尤所研究，用其義趣，製爲經論，絶類其語言，寘諸其書中，無辯也。青田劉君基謂其「主聖經而奴百氏，馳騁之餘，取老、佛語以資嬉劇，譬猶飫粱肉而茹苦茶、飲茗汁耳」。

景濂狀貌豐厚，美鬚髯，然目短視，尋丈之外不能辯人形，而雪邊月下，蠅頭之字可讀也。性疏曠，不喜事檢飭，賓客不至，則累日不整冠。或攜友生彷徉梅花閒，轟笑竟日；或獨卧長林下，看晴雪墮松頂，雲出没巖扉閒，悠然以自適。世俗生産作業之事，皆不暇顧，而篤於倫品。處父子、兄弟、夫婦閒，盡其道；與人交，任真無鉤距；

視人世百爲變眩捭闔，謾若不知，知之亦弗與較。縱爲人所賣，不復卹，而人亦無忍欺之者。用是咸稱爲有德之君子。

景濂所爲文，別有《蘿山吟藁》三卷、《潛溪内外集》三十卷，又有《浦陽人物記》五卷，或謂可比《五代史》云。

義烏王禕曰：世稱太史公司馬遷好游，南上會稽，浮於沅湘，北涉汶泗，過梁楚，足迹半天下，其文雄深雅健，善馳騁，有奇氣，以游故也。吾觀宋太史以文章擅名今世，其才氣殆前無古人，使其生遷時，與之相頡頏，不知其孰爲先後矣。而其足迹未嘗踰鄉里，豈世之稱遷者，固不足信耶？遷生龍門，而景濂亦著書龍門山。其所著書，與遷協六經異傳，整齊百家雜語，以成一家之言何異？然遷謂自周公五百歲而有孔子，孔子後至其身亦五百歲，自待太重，亦見其不知量矣。若景濂立言，謙謙焉未始以自高，此又其所爲異耶？

金華賢達傳

宋濂字景濂，世居金華之潛溪，至景濂始遷浦江之青蘿山。祖德政，贈太常少卿。父文昭，贈禮部尚書；妣陳氏，贈淑人。娠七月而生，少讀書，日記二千餘言。嘗從聞人夢吉受《春秋》，繼從柳貫、黄溍、吴萊學古文辭。年二十五，明道著書義門鄭氏之東明山，名震朝野。元至正中，有薦爲翰林編修，辭不赴。國朝定鼎金陵，遣使奉書幣聘爲江南等處儒學提舉，召授皇太子經筵、起居注，總修《元史》，陞翰林學士。議封功臣勳爵，遷國子司業，三轉爲翰林侍講學士，總修《大明日曆》。拜翰林學士承旨、嘉議大夫、知制誥、兼修國史、兼太子贊善大夫，寵遇隆渥，啓沃宏多。既而念其開國文臣之首，侍從十有九年，制度典章，燦然大備，功爲不少，詔以年老致政還家。官其次子璲爲中書舍人，長孫慎爲儀禮司序班，推榮二代。家居三年，以慎坐法，舉家遷謫茂州，至夔門得疾，不食者三旬，書《觀化帖》，端坐而逝。時洪武辛酉，年七十有二。

景濂博極群書，孜孜聖學，道德文章，師表當世，敷昭皇猷，贊翊治化，名遍寰宇，文傳外彝。而循循然謙抑下士，接引後進。所著有《潛溪集》《翰苑集》《芝園集》《蘿山集》《龍門子》《浦陽人物記》，合一百四十餘卷。子璲，字仲珩，以書法擅名當世，朝野稱之。

贊曰：栢嘗受經蘿山，親炙言論，所益多矣。匪惟言論，而又示之文辭，何其幸歟！故觀其《文原》，則知爲文，必在養氣，而以六籍爲本，孟子爲宗，次之韓子、歐陽子。噫！世之論文，無以加於是矣。至其自題畫像，則云：「吾心與天地同大，吾身與聖賢同貴。奈之何墮於曲學，局乎文藝，亡其真實之歸，溺此浮華之麗？」又云：「用致知爲進學之方，藉持敬爲涵養之地。」由是觀之，其自期待爲何如哉！舍是而求其所學於文字之閒，亦末矣。《金華賢達傳》

婺州書

宋濂字景濂，其先世自吴興徙烏傷，復自烏傷徙金華之潛溪。濂授經浦江鄭氏，樂其門風，因築室青蘿山，作《山房誌》，述其事甚悉，遂爲浦江人。幼能强記，從鄉貢進士聞人夢吉爲《春秋》三傳學。凡學《春秋》者，皆置其歲月，濂但舉經中一事，即知爲魯公某年某月，實當某國某年某月，或俾書而覆之，無少爽者。復師吳山長萊、柳待制貫、黄侍講溍，多所指授，期許甚至。濂亦曰：「無師之學，雖多不工。」蓋終身稱述師門不少置云。廬陵歐陽玄者，知名士也，嘗目濂文「如淮陰將兵，百戰百勝，志不少懾；又如晴霽終南，衆皺前陳，攬結不暇」。遂以文章名海内。

元至正中，用大臣言，以翰林國史編修召。濂知世亂，固辭不就。郡守奉書幣請授學官子弟，濂答書曰：「承執事意甚善，然濂幼多病，若藝黍稷，肇牽車牛，遠服商賈，咸力不任。家藏古書數千卷，聊以自遺。執事過聽，强欲儒之，一旦深衣大帶，翺翔講堂之上，衿佩森如立竹，執經問難，環視其中，枵然無有，其于窘迫，實有不堪。且師嚴然後道尊，濂習懶成癖，亂髮被肩，累日不冠，或與二三友生轟笑花下，遂以竟日；或獨卧林樹，看晴雪墮松，白雲出没巖扉間，悠然自適，雖不能造文，性樂之甚。當操觚沈思時，闔扉凝坐，不欲聞人履聲。即近，輒拊几大呼，見者以爲狂易；或屬草未就，擊磬遶室中行，或使小奚簡髮如捕蝨狀，或摩搔膺腹，使氣隆隆然降升乃已。若一入城市，衆人雜居，又無邃房曲閣可下關牡，未書半行，狙伺猿窺，大鳴小噪，敗人意趣。寧失百金之産乃不怨，苟廢此樂，不如無生。又自嬰禍患以來，見一夫負戟而趨，心輒震怖；杵擊下土，面無色澤，口噤不能對。所居之北有一峰峻甚，以其似馮翊夏陽之山，故號曰小龍門。其閒甚閑曠，思誅茅架屋三間，讀書自娱，志願畢矣。」竟不出。

洪武庚子，舉遺佚，特徵濂除江南儒學提舉，授太子經，甲辰改起居注。洪武二年，除翰林學士、亞中大夫、知制誥，修《元史》。時編摹之士皆山林遺逸，濂總其成，凡六月而就。是年剖符封功臣，下濂議五等封爵，召宿大本堂，討論漢唐故事可法者上之。又參考歷代郊禘大禮。三年，除奉議大夫、國子司業。上孔子廟祀議，大略謂：古者奠皆西面，今遷神南面，奠者北面，失神道尚右之義；古者大夫束帛以依神，士結茆爲菆，無有像設之事，今摶土而肖之，失神而明之之義；古者既灌迎牲，既奠焫蕭，合羶薌，今薰薌太簡；古者祭饗設廷燎，天子百，公五十，卿三十，今秉炬近瀆；古學者各祭其先師，非學弗師，非師弗祭，唐開元禮：國學祀先聖，以諸賢諸子配，諸州但以先師、顔子配，今雜置妄列，甚至荀況、楊雄之徒亦與焉，爲紊；古學以明倫，子雖齊聖，不先父食，今顔、曾在堂，❶而路、點在廡，❷爲倒置；古者士見師，以菜爲摯，故始入學者，必釋菜以見先師，其四時之祭皆釋奠，今專用春秋，又釋奠用樂，釋菜無樂，又用大晟樂，亂世之音，爲雜；他如廟制失宜，冕服無章，器用雜雅俗，升降昧左右，皆非是。忤旨，謫安遠知縣。復徵爲禮部主事，進太子贊善大夫、翰林侍講、知制誥。奉詔撰歷代姦臣行跡爲《辨姦録》，分賜太子諸王。又奉詔修《大明日曆》一百卷，《寶訓》五卷，《閲江樓記》《觀心亭記》《昭鑑録序》《洪武政紀》《春秋本末序》《祖訓録序》，他若山川、百神、朝享、律曆、

❶「顔曾」，《潛溪録》作「回參」。
❷「點」，《潛溪録》作「晳」。

衣服、四彝、朝貢、賞賚之儀，及功臣碑碣、屬國詔諭，鮮不出其手者。日夜禁中，未嘗得請休沐也。

爲人性至謹，有所陳説，不爲文飾，雖家事，亦一一爲上道之。一日，上忽問昨飲酒樂乎，客爲誰，饌何品，濂具以對。上笑曰：「卿飲，朕令人視之，果如卿言，卿不欺我。」或試問廷臣臧否，第言其善者不置。上曰：「否者爲誰？」濂曰：「善者與臣友，故知之；否者縱有之，臣不識也。」又嘗欲俾參大政，辭曰：「臣少無他長，惟文墨雍容可爾，今待罪禁林，朝夕侍從，受上恩渥矣，誠不願居重職。」上以爲誠，愈厚之。每見，必命坐，言必稱先生，或稱景濂。嘗有内宴，侍臣皆在，上曰：「今須各盡觴。」中貴監勸者甚力，濂辭不任，上笑曰：「但醉耳，何傷！」至三觴，面渥赭，行不成步。上歡甚，爲賦《醉學士歌》。又以濂馬瘠，命皇太子選御廄馬二以賜，爲賦《黄白馬歌》，廷臣咸應制屬和焉。俄用侍從勞進承旨，且曰：「朕起布衣爲天子，卿亦起布衣爲開國文臣之首，俾世世以之，不亦休乎！」趣召子若孫官之。因以子璲爲中書舍人，孫慎爲儀禮司序班，時休暇，即命題試之，曰：「朕爲卿教子孫也。」已而以年至，詔致仕，贈二代，誥辭皆御制。明年入朝，見於端門，上大悦，皇太子、諸王皆歡動顔色。翌日，敕儀曹奉上尊法膳相屬，自是日侍上游宴，周旋觀閣，慰諭有加。嘗喟然曰：「純臣哉，爾濂！方今四彝皆知卿名，卿其自愛。」蓋日本、安南使者嘗上書請濂文也。十三年冬，序班慎以胡惟庸株及，論棄市，濂當坐，特赦安置茂州。至夔，寓僧寺，不食卒，年七十二。所論著有《潛溪》《龍門》

《鑾坡》《芝園》《歸田》諸集一百三十卷，行于世。

次子舍人璲，字仲珩，少知名，工書，能詩歌，真、行、篆俱入能品。璲子懌、慍、恪。懌亦能書，建文中爲翰林侍書。文皇時，慍坐鄭智累，當坐，上曰：「宋濂，開國名儒，侍皇考有勞。慍，其孫，赦勿問。」

先是，濂卒，鄉人桑以時葬之蓮花峰下。❶永樂中，蜀獻王召恪還於華陽，賜田以祠。成化中，蜀嗣王臨拜其墓，賫其遺孫在墓傍者，復爲改窆于成都之迎暉門外。正統中，賜謚文憲。嘉靖三年，詔曰：「故承旨濂，有文如賈誼、董仲舒，傅訓如疏廣、桓榮，此國之光也。其以六世孫德芳爲國子生。」

論曰：宋公蚤年肥遯，偃蹇朝命。及遇真主，幡然有濟時之志，殆與陸沈金馬以仕易農者殊矣。天造草昧，大臣皆馬上勳，公錯綜古制，克定隆典，首創制科，至今蒸蒸向風，窮山下里，彬彬弦誦。顧制科士鮮能名公功者，一代文治誰力哉？晚年恩遇尤渥，蓋有丞相、大將軍以下所莫能得者。一旦株累，上疑甚，且不測，太子請之，曰：「庶民延一師，且全終始，況王者乎？」不應。一日入宫，高皇后忽布衣蔬食，問曰：「何爲？」對曰：「聞宋先生且不免，爲資冥福耳。」上不懌，投箸而起，因得曲赦，以還死。嗚呼！可以知君臣之際矣！

贊曰：景濂濟濟，流藻有泚。紫禁賡歌，青宫設醴。屬草螭頭，蜚聲彝邸。裁成帝謨，治我邦禮。吴之器《婺州書》

❶「桑以時」，《潛溪録》《明史》本傳作「葉以從」。

行　狀

翰林學士承旨嘉議大夫知制誥兼修國史兼太子贊善大夫致仕潛溪先生宋公行狀

曾祖考溥德，妣周氏。祖考德政，贈亞中大夫太常少卿；妣金氏，贈淑人。考文昭，加贈嘉議大夫禮部尚書；妣陳氏，加贈淑人。本貫金華府浦江縣感德鄉仁義里。

先生諱濂，字景濂，世爲婺之金華人也。其先有諱憲者，官大理丞，爲《易》講師，弟子衆至數千人。唐武德閒，自京兆尹遷吴興。更十四世，有諱榮者，私謚文通先生，通《尚書》《春秋》，周廣順中，徙於義烏，隱居覆釜山。又七世，至宋嘉定初有諱柏者，復遷金華，其地曰潛溪。又五世，乃至先生，始遷浦江仁義里之青蘿山，仍以「潛溪」扁其所居，示不忘本也。於是四方學子咸以「潛溪先生」稱之。

先生在娠七月即生，爲嬰兒時，苦多病，每風眩，輒昏迷數日。祖母金及母陳更相保抱，得免無虞。年六歲，入小學，授以李瀚《蒙求》，一日而盡。自後日記二千言。同肄業者日暮罷歸，其所讀書，先生皆成誦。九歲爲詩歌，有奇語，人異之，呼爲神童。年十五六，里人張繼之，長者也，聞先生善記誦，邀至别墅所，問以四書經傳若干日可通倍，先生以一月爲答。初，繼之不之信，抽架上雜書，俾即記五百言。先生以指爪逐行按之，按畢輒倍，一字不遺。繼之告先生之父尚書公曰：「是子天分非凡，當令從名師，即有成爾。」乃攜入府城，受業于聞人夢吉先生，授以《春秋》三傳之學。凡學《春秋》者，皆苦其歲月先後難記，先生即并列國紀年能悉記之，但舉經中一事，即知爲魯公幾年幾月，是年實當列國某君幾年幾月。或俾書而覆之，無少異者。且兼通《易》《書》《詩》及《周禮》諸經。先生爲舉子業，每出諸生右。會吴貞文公萊授經於白麟溪上，攻古文辭，金華胡君翰亦來從學。胡君致書于先生曰：「舉子業不足慁景濂，盍來同學古文辭乎？」先生欣然來從。吴公博極經史，學之未幾，悉得其閫奥。自是先生文章之名，藉然著聞矣。居無幾何，吴公解館而歸，先生嗣主教席。子弟年十六者，皆相從讀書講道東明山中，受業者一門凡四十餘人，始終越二十年，學成多有躋膴仕者。當是時，會伯祖貞和府君主家政，年踰八十，端嚴方正。先生年甫四十又五，終日毅然賓主，人尤高之。府君方著《家規》示子孫，其冠婚喪祭儀制禮文，多參問於先生。先生則據證古今，準酌時宜，以成一家之法。子孫世守詩禮之教者，先生之力也。

先生嗜學日篤，時柳文肅公貫、黄文獻公溍，皆大儒，天下所師仰，又各及其門，執子弟禮。二公則皆禮之如朋友。柳公曰：「吾邦文獻，浙水東號爲極盛。吾老矣，不足負荷此事。後來繼者，所望惟景濂，以絶倫之識，而濟以精博之學，進之不止，如駕風帆於大江中，其孰能禦之？」黄公曰：「吾鄉得景濂，斯文不乏人矣！」先生所爲文，多經二公指授。柳公謂其「渾雄可喜」，黄公謂其「雄麗而温雅」，國子監丞陳君旅序先生之文，謂「能兼二公之所長」，歐陽文公玄謂「非才具衆長，識邁千古，安能與於斯」？先生爲當時所稱許如此。二公相繼即世，先生踵武而起，遂以文章家名海内矣。

至正己丑，用大臣薦，擢先生將仕佐郎、翰林國史院編修官。自布衣入史館爲太史氏，儒者之特選，先生以親老不敢遠違固辭。會世亂，益韜閉不事表顯，乃與弟子入龍門山，著書二十四篇，曰《龍門凝道記》，及著《孝經新説》《周禮集註》等書。弟子，乃先公貞孝處士諱淵府君也。初，宋南渡後，新安朱文公、東萊吕成公並時而作，皆以斯道爲己任。婺實吕氏倡道之邦，而其學不大傳。朱氏一再傳爲何基氏、王柏氏，又傳之金履祥氏、許謙氏，皆婺人，而其傳遂爲朱學之世適。先生既閒因許氏門人而究其説，獨念吕氏之傳且墜，奮然思繼其絶學，每與人言而深慨之。識者又以知其志之所存，蓋本於聖賢之學，其自任者益重矣。先生於天下之書無不讀，而析理精微，百氏之説悉得其指要。至於佛老之學亦所研究，用其義趣，裁爲經論，類其語言，寘諸其書中無辯也。誠意伯劉君基謂其「主聖經而奴百氏，馳騁之餘，取佛老語以資戲劇，譬猶飫粱肉而茹苦荼、飲茗汁耳」。

歲庚子，大明皇帝定鼎金陵，遣使者樊觀奉書幣造門徵先生。先生曰：「昔聞大亂極而真人生，今誠其時矣。」遂幡然應詔。先生與青田劉君基、麗水葉君琛、龍泉章君溢俱見，上尊重之，語必稱先生而不名。七月，以先生爲江南等處儒學提舉。十月，奉旨入内，授皇太子經。先生誠明儼恪，遇綱常大義，明白開陳，再三言之而不倦。上深嘉歎之。壬寅八月，上召先生及興國孔克仁講《春秋左氏傳》畢，先生起曰：「《春秋》乃孔子褒善貶惡之書，苟能遵行，則賞罰適中，天下可定也。」是月告歸省親，有白金文綺之賜，且曰：「卿之誠慤，朕素知之，故有此賜耳。」甲辰十月，改起居注。先生侍上左右，知無不言，補益甚衆。明年正月，上御端門，與先生論及黄石公《三略》，且口釋之。先生進曰：「《尚書》二《典》、三《謨》，帝王大經大法靡不畢具，願陛下留意講明之。」上曰：「朕非不知《典》《謨》爲治之道，但《三略》乃用兵攻取時務所先耳。」上問帝王之學何書爲要，濂請讀真德秀《大學衍義》。上覽而悦之，令左右大書揭之兩廡之壁，時睇觀之。嘗侍上，語賞賚，先生曰：「天下以人心爲本。苟得人心，帑藏雖竭，無傷也；人心不固，雖有金帛，何補於國耶？」上詔丞相李公善長歸江西軍中所掠牛於其民，無牛者官給之，勿取其租。丞相退，上顧先生曰：「向所言事當乎？」先生對曰：「民富則君不至獨貧，民貧則君何能獨富？捐利於民，實興邦之要道也。」三月，先生以疾告，詔還家燮治，仍賜金帛，皇太子致贈有加焉。六月，先生上箋謝恩，復奉書皇太子，勉以孝友恭敬，勤敏讀書，毋怠惰，毋驕縱，修進德業，以副天下之望。上覽書喜甚，召太子語以書意，且賜書答，其略曰：「曩者先生教吾子，以嚴相訓，是爲不佞也；以聖人文法變俗言教之，是爲疏通也；所守者忠貞，所用者節儉，是爲得體也。昔聞古人，今則親見之。」復以文綺侑書。上每與群臣言先生淳謹君子，輔導有方，眷遇甚隆。

既而，先生丁尚書公憂，及服除，洪武二年，詔徵先生總修《元史》。六月，除翰林學士、亞中大夫、知制誥，兼修國史。時編摩之士皆山林布衣，發凡舉例，一俾於先生。先生通練故事，筆其綱領及紀傳之大者，同列斂手承命而已。逾年書成，先生之功居多。時剖符封功臣，下先生議五等封爵，召宿大本堂，討論達旦。先生歷據漢唐以來故實，量其中而奏之，曰「此可法，彼不可法」，皆傅於理乃已。時甘露屢降，上問災祥之故。先生對曰：「受命不于天，于其人；休符不于祥，于其仁。是以《春秋》不書祥而紀異，爲是故也。」上姪文正以荒淫擅殺得罪，先生言曰：「文正罪固當死，陛下體親親之義，生之而置諸遠地，則善矣。」上嘗言：「古之帝王當宴安之餘，多好神仙，以朕言之，使國治民安，心神恬康，即神仙也。」先生對曰：「漢武好神仙而方士至，梁武好佛而異僧集，皆由人主篤好，故能致之。使移此心以求賢輔，天下其有不治乎！」上深然之。上既追封外王父爲揚王，立廟京師，御通天冠、絳紗袍以祭。祭畢，召大臣問曰：「朕祭外王父，卿等以爲不當服衮冕，何也？」先生對曰：「衮冕，惟祭天地、宗廟用之，餘則當降禮也。」上嘗祀方丘，患心不寧，先生進曰：「孟軻有言，養心莫善於寡欲。審能行之，心清而身泰矣。」上稱善久之。三年十二月，遷奉議大夫、國子司業。國子多大臣子弟，先生蒞之以莊，率之以正，日進諸生立兩序，據坐執經，敷揚閫奥之旨，教以孝悌忠信之道。學者帖帖遵度，惟恐不得爲先生弟子。

上欲試先生以吏事，四年八月，授安遠知縣。五年二月，召爲禮部主事。十二月，擢太子贊善大夫，階如司業。時先生之忠誠久而彌篤，皇太子一言一動，皆以禮法諷諭，使歸于道。讀書至切於政教及前世興亡之故，必拱手揚言曰：「君國子民之道，當如是，不當如彼。」且推人情物理，以明其義。皇太子每斂容嘉納，敬禮未嘗少衰，言則曰「師父，師父」云，且書「舊學」二字以賜。六年二月，上御西廡，大臣皆侍坐，上指《衍義》中言司馬遷論黄老事，令先生講析，俾在坐者聽之。先生既如詔，復言曰：「漢武嗜神仙之學，好四夷之功，民力既竭，重刑罰以震服之。臣以爲人主能以義理養性，則邪説不能侵；興學校教民，則禍亂無從而作矣。刑罰非所先也。」上謂先生曰：「朕之爲君，上畏天地，下畏兆民，兢兢業業，不敢自逸。」先生對曰：「陛下此心，古先哲王之心也。《書》曰：『予臨兆民，凛乎若朽索之御六馬。』爲人上者，奈何不敬？正謂此爾。願陛下慎終如始，天下幸甚！」上御齋室，先生侍坐，上問三代曆數封疆之修短廣狹，先生歷言之。且曰：「三代之治天下也以仁義，故歷年之多，後世莫及。」上從容謂曰：「皇太子留心治道，卿等宜常與論議，庶廣識見，幸善調護之。」先生益孜孜弗懈。七月，陞翰林侍講學士，中順大夫知制誥，同修國史，仍兼贊善大夫。先生之父文昭贈中順大夫、禮部侍郎，母陳氏贈淑人。先生奉詔搜萃歷代姦臣之蹟，編爲《辨姦録》，及進太子諸王各分賜焉。初，上作《祖訓録》，至是成，命先生作序，諭以大意。先生歷言帝王之道及皇上創業之艱，以致箴戒之意於後人。上稱善，命刻于篇。先生嘗侍上至後苑觀穫，上曰：「農事成矣。」先生對曰：「國以民爲本，民以食爲天，陛下知稼穡之艱難，而念民生之良苦，實盛德也。」上問曰：「三代以上所讀何書？」先生對曰：「上古載籍未立，不專讀誦而尚躬行，人君兼治教之責，躬行以率之，天下有不從教化者乎？」八月，奉旨纂修《大明日曆》一百卷，擇言行之大者爲《寶訓》五卷，先生總裁其事，朝夕禁中，至七年五月乃成。先生自以布衣沐非常之遇，誓竭誠以報國，凡上有所任使，靡晝靡夜，躬閱載册，書于牘進之，或覆視于册，一字不遺。先生在朝日久，若郊社、宗廟、山川、百神之祀典，朝享、宴慶、禮樂、律曆、衣冠之制，四夷朝貢賞賚之儀，及勳臣名卿焯德耀功之文，承上旨意，論次紀述，咸可傳於後世。

先生在上前，凡所陳説，不爲文飾隱蔽，雖家事，苟有問，亦一一道之。常曰：「君猶父也，天也，其可欺耶？」上嘗問昨日飲酒否，座客爲誰，饌爲何物，悉以其人及膳羞品對。上笑曰：「卿飲時，朕令人視之，果如卿言，卿信不欺我。」故上久而益信其誠，欲俾參大政，先生辭曰：「臣少無他長，惟文墨是攻，今幸待罪禁林，陛下之恩大矣，臣誠不願居職任也。」上愈厚之，每宴見，必命茶賜坐。每旦令侍膳，詢訪舊章，講求治道，或至夜分乃退。先生屢有所建明，召問廷臣臧否，第言其善者不置。又問否者爲誰，先生曰：「善者與臣友，故知之，否者縱有，臣不知也。」卒無所毁短。或命賦詩爲文，必寓忠告。嘗奉制詠鷹，令七舉足即成，有「自古戒禽荒」之言。上忻然曰：「卿可爲善諫矣。」然先生絶不以語人，至於應制之作，亦不留藁。署「温樹」二字於居室之壁，有問及内事者，指以示之。

上嘗與先生飲，先生素不勝杯勺，舉觴即辭。上强之，至三觴，面如赭，行不成步。上歡笑，親御翰墨，賦楚辭一章以賜，仍命侍臣咸賦《醉學士歌》，且曰：「俾後世知朕君臣同樂若此也。」甘露降，上召先生，賜坐，上躬執金杓煉湯於鼎，以甘露投之，手注于卮，以賜先生，曰：「此和氣所凝，能愈疾延年，故與卿共之耳。」皆異恩也。

九年六月，上以先生久典制作，宣勞爲多，特拜翰林學士承旨、嘉議大夫、知制誥，兼修國史。上每謂先生曰：「朕以布衣爲天子，卿亦起草萊列侍從，爲開國文臣之首，俾世世與國同休，不亦美乎！」趣令取子孫官之。先生屢辭謝，不敢奉詔。至是年某月，詔徵先生冢子瓚之子慎爲殿廷儀禮司序班。未幾，復召介子璲，除中書舍人。上時休暇，輒命題試璲與慎，而戒飭之。上笑語先生曰：「朕爲卿教子孫。」先生或奏事久，稍倦，上命璲、慎共扶下殿。父子祖孫三世皆官内廷，當世以爲異事。復以先生艱於行步，特詔皇太子選良馬以賜，上親作《馬歌》，復詔群臣咸作之以寵耀焉。先生益感激不自寧，常戒子孫曰：「上德猶天地也，將何以爲報？獨有誠敬忠勤，略可自效萬一耳。」上以先生年且至，不可煩以事，十一月有致政之詔，乃加贈先生之父侍郎爲嘉議大夫、禮部尚書，母德人爲淑人，祖德政贈亞中大夫、太常少卿，祖妣金氏贈淑人，夫人賈氏封亦如之。先生及二代誥辭皆上所親製，天下榮之。誥辭中稱先生「德量之弘如千頃陂，澄之不清，撓之不濁」。人以爲上知人之明云。

先生行既有期，上眷念尤深，曰：「卿去何時復來見朕乎？幸相侍數日，姑徐徐行。」由是朝夕左右者累月。時詔許言事，朝臣有上疏萬餘言者，上聽厭其迂衍，怒欲罪之。以問群臣，有阿意者指其疏曰：「此不敬，此誹謗，罪當誅。」上咨之而罷，怒未解，召先生，先生曰：「彼應詔上疏，其心爲上耳，烏可深罪乎？」上默然。已而上覽疏，中有足采者，召阿意者罵曰：「吾怒時，若等不能諫，乃激吾誅之，何異以膏沃火？向非宋景濂之言，幾不誤罪言者耶？」上嘗廷譽先生曰：「古之人太上爲聖，其次爲賢，其次爲君子。若宋景濂者，事朕十有九年，而未嘗有一言之僞，誚一人之短，寵辱不驚，始終無異，其誠所謂君子人乎？匪止君子，抑可謂之賢者矣。」在廷之臣皆以爲信然。

十年二月，先生遂辭歸，瀕行，賜紙幣文綺及御製《文集》，皇太子贈以衣三襲。上諭曰：「朕最慎于賞予，嘉卿忠誠可貫金石，故以是賜卿。卿今年幾何矣？」先生曰：「六十有八。」上曰：「藏此綺，俟三十二年後作百歲衣也。」先生叩首謝。上復屬曰：「大江漲不可舟，卿宜循内河達家，庶幾無虞。」仍俾慎護先生行。先生至家，即拜表遣慎詣闕稱謝，仍上箋皇太子，申明正心治國之要。上賜詔褒答，大旨謂「先生忠良之臣，勳業既著，文章必傳，功成身退，惟先生獨全」。

初，先生將辭，請歲一來朝。是年九月朔，先生復入朝，越十又四日，見於端門。上竚想已久，廷問累矣，及見大喜，加勞再三。皇太子、諸王皆驩動顏色。越翌日，上降敕符遣儀曹奉醪膳諸物，抵寓館以賜。自是日侍上游歷觀闕，盤旋禁禦，詢諮備至。便殿侍食，日晏始退，恩禮之優，群臣莫敢望。上嘗喟然歎曰：「純臣哉，爾濂！純臣哉，爾濂！方今四夷皆知卿名，卿其自愛！」先生避謝不敢當。凡所陳論，皆古之格言。朝廷百官惟恐不留先生，下至寺人衛卒，見先生至，皆以手加額，相推排迎拜，恐不得先覲。先生留朝七旬餘，上重先生還而難言之，先生以歲暮力辭還，復遣中貴人賜上尊，至於道所經行，皆上爲先生指畫，聖心惓惓，愈加於昔。及先生既行數日，上問璲曰：「爾父道中無恙否？」璲以安對。未幾，復謂璲曰：「朕疇昔之夜，夢見爾父，笑談如曩時，爾父雖去，其容儀儼然在朕目中也。」璲叩頭謝曰：「非陛下垂念臣父之至，何以形諸夢寐？」中書舍人史靖可、太子正字桂彥良等，皆爲詩歌以紀之，上之眷重先生不忘如此。

先生德尊而不居，位顯而彌恭，既司制作之柄，造門求文之士先後相繼，蠻夷朝貢者數問先生安否。日本得《潛溪集》，刻板國中；高句麗、安南使者至購先生文集，不啻拱璧。而先生匑然自持，似不能言者。遇人拜，雖三尺童子必詘膝而首下焉。至於公侯貴人，則未嘗降下，曾不識其門何向。朝廷有大議，誾誾引古今，辯說不少有所回。性命之理，晚而益究其極，外物之往來，視之若不相干。嘗曰：「古人之爲學，使心正身修，措之行事，俯仰無愧而已。繁辭複說，道之蔽也。」先生作事不尚表暴，務合乎義，教人皆隨其質而導之，使入於善。尤篤於倫品，處父子、兄弟、夫婦之閒者，皆可爲法。與人交，和易任真，無鉤距，縱爲所紿，亦弗與較。臨財廉，非其分不取，大書於門曰：「寧可忍餓而死，不可苟利而生。」君子以爲名言。權要及有力者，苟非其人，雖置金滿橐，求一字不肯與，縱不得已與之，亦不受其餽謝。日本使奉敕請文，以百金爲獻，先生卻不受。上以問先生，先生對曰：「天朝侍從之官而受小夷金，非所以崇國體也。」上深然之。貧賤人情有可哀，欲發潛振幽，即欣然爲之。先生四持文衡，試天下士，得人爲多。接引後學，惟恐弗及。遠方來者，授館而飲食之，雖久不衰。有小善，必衆譽之。色温氣和，近其側者，如大寒之加重裘，盛暑之濯清風也。天下之能文者，多經先生指授，朝廷英俊皆以先生爲法。初，奉敕教文華生數十輩，至是出參大政，爲御史、知列郡者相望。四方士得一見先生，夸於人以爲幸；承一言之賜者，人輒改觀視之，不敢與齒。士大夫言當世有德者，必曰先生。而天下之人，識與不識，無賢愚咸推先生爲大人長者。❶及先生之歸，上面發後學無師之歎。蓋先生之道，内誠外恕，一出於正，發之也當，而行之也安，故上下信服若是云。雖已貴顯，平居布衣疏食，無異貧士。

先生細目美髯，狀貌豐厚，不爲奇異行以求過於人。不事生産，不置田宅。或勸爲子孫計，先生曰：「富貴豈一家物哉？吾乃所以遺之也。」先生惟刻意於學，自少至老未嘗一時去書不觀。及致政歸青蘿山，闢一室曰「静軒」，終日閉户纂述，人不見其面。戒子孫毋至城市，婣連有以郡縣事爲托者，皆峻謝之。或談及時事，輒引去不與語。切於仁愛，聞民有困乏者，爲之不飽。先生視近甚明，夜燃燈於几，卧絺帷中，閲蠅頭小書。一黍上能作十餘字，皆可辨點畫。人以爲先生不飲酒、寡嗜欲所致，豈或然歟？

先生所著文有《潛溪集》四十卷、《蘿山集》五卷、《龍門子》三卷、《浦陽人物記》二卷，已傳於學者；《翰苑集》四十卷、《芝園

❶「先生爲」，原作「爲先生」，今據《潛溪録》改。

集》歸田已後所著，計四十卷。

十三年冬，先生孫慎以罪被刑，舉家當竄重辟，上念先生，特降赦，安置茂州。十四年五月二十日，先生以疾卒於夔府，臨歿端坐，斂手而逝。當是時，夔之府守官吏皆來賻贈哭奠，葬先生於夔府之西蓮華池山下，其經紀喪葬刻石表墓者，則知事桑以時也。先生生於至大庚戌十月十三日，享年七十有二。娶賈氏，名專，字主敬，賢而有德，爲女婦師，前先生一年卒，葬青蘿山。子男二：長瓚，次璲，有文行，精篆隸真草四體書。女二：長適金華賈林，次適義門鄭杕。孫男：慎，愷，恂，懌，愠。

嗚呼！楷自垂髫時，嘗侍先公貞孝府君，拜先生於牀下。先生不以童子無知，即辱進而教之，親承化育于兹有年矣。第懼才質凡庸，學如望洋，有孤父師之教。今聞先生謝世，長慟莫知所從。竊念先生道德文章固已顯著於當世，其出處遭逢、行事之盛，世系遷徙、生卒歲月之詳，尚恐人未盡知，爰敢裒取翰林待制王公褘、先伯父太常博士諱濤府君舊著小傳，及同門友方孝孺所作《歷官記》，輯爲《行狀》一通，俟請當代立言君子著爲碑銘，表諸墓隧，庶幾他日太常國史有所採擇焉。洪武十四年十二月一日，門人義門鄭楷狀。

宋文憲公全集卷首三

像　贊❶

天台陶凱

粹若春温，運藻思以凝神；澹若秋雲，儼豐儀之出塵。近而視之，若淵魚之潛鱗；遠而望之，若天馬之逸群。故能追先哲之軌範，勘往聖之典墳。理深明夫藴奥，學允究於天人。士争趨而問業，人盡慕於卜鄰。采中林之蘭蕙，列清朝之縉紳。載筆直書於信史，吐辭制作於雄文。時鋪張於盛美，用黼黻於絲綸。❷是以進講内廷，入謁楓宸。侍宴每迎於朝旭，前席屢至於夜分。職兼贊善，道佐明君。身不移於素操，志確守其真淳。巢阿閣之彩鳳，毓郊藪之祥麟。此所以振聲猷於宗社，垂德澤於子孫者歟！

前　題❸

永嘉林温

神完而氣充，❹業精而德崇。涵泳乎詩書之澤，從容乎禮法之中。其際遇也，雖無驅馳汗馬之勞；其製作也，則有黼黻皇猷之功。故誦其文者，慕之如祥麟威鳳；被其教者，挹之如霽月光風。撓之而不濁，扣之而不窮。蓋其積之也厚，故其用之也豐。

❶ 按《潛溪録》此題題爲《翰林學士宋公贊》。
❷ 「絲」，《潛溪録》作「經」。
❸ 「前題」，原無，今據《潛溪録》補，以下均同，不一一出校。
❹ 「氣」，《潛溪録》作「體」。

噫！此所以爲大雅之君子，而當代之儒宗也歟！

前題　　檇李貝瓊

落落昂霄之霜木，温温宗廟之文玉也。才既全而闇然不形，學已至而歉然不足也。及遇時顯融，出入金門，而夷曠從容，不異於林谷也。宜介者化之而裕，悍者遇之而服也。人固莫窺其淺深，是蓋齊得失而不驚乎寵辱也。

前題　　烏傷朱廉

該貫群經，融釋百氏。董生淳正，昌黎雄偉。泰和之運，明兩之間。進敷帝典，退演王言。文傳外夷，功在後世。奎壁當天，江河行地。

前題　　臨江曾士勖

貌温而氣和，粹然君子之像；學充而文高，蔚然當世之望。有山林巖壑之姿，居金馬玉堂之上。斯人也，其不以富貴自榮，而以道德相尚者耶！

前題　　臨安錢宰

氣之和也，佩玉其鏘；文之爛也，雲漢其章。是宜接武夔龍，齊驅班馬，焕乎金匱石室之光。

前題

同門友烏傷王褘

外和而神融，内充而面睟。衣冠雖晉人之風，氣象實宋儒之懿。夫其知言以窮天下之理，養氣以任天下之事。隱則如虎豹之在山，出則類鳳麟之瑞世。後乎千載而有存，中乎兩間而無愧。此蓋君子之所難，然吾謂斯人之必至。

前題

同門友金華胡翰

神若天游，色如春熙。浮游一世之間，發揮千載之奇。人皆推其才美，而曷嘗見其杜德之機也耶？

前題

友生青田留睿

有粹其容，心廣而體充；有碩其學，一時之所宗。曷不置於館閣之上，乃俾其傲兀山林之中？將尚友乎當世，非斯人吾將適從？❶

前題

友生蘭溪徐元

德之盛者貌必充，積之厚者用必豐。觀其雄偉俊逸之氣，恢博宏大之學，豈幅巾短褐，久處於山林之中？鄉之先達，凋謝無幾，繼後而光前者，衆咸推仰於公。異日攄經濟之藴，垂蓋世之功，寫圖於麒麟凌煙

❶「將」，《潛溪録》作「誰」。

之上，吾有望於英風。

前　題　　友生會稽屠性

不頎而長，何氣之昌！不露而揚，何言之章！空谷白駒，玉堂金馬。豈無伊人？風斯在下。

前　題　　同門浦江戴良

以公爲優於德耶，則其才學之卓然者，固以披豁乎心胸也；以公爲優於才耶，則其德行之粹然者，固以洋溢乎容也。以公爲才德之兩優耶，則其所以自處者，又皆不有於其躬也。夫德者，乃才之所資以發；而才者，乃德之所賴以充也。二者皆公之所有，而謂公之自有其有也，曾不足以知公者也。嗚呼！若公者，其殆有若無，實若虛，以慕夫顏氏之遺風者乎！❶

前　題　　友生蘭溪趙良恭

澄不清，撓不濁。涵天和，闡聖學。用之弘，施物博。藏之固，守道確。淑後進，推先覺。珠媚淵，玉完璞。煇日星，燿山嶽。偉德容，敦涼薄。

前　題　　同門友浦江鄭濤

辭章不足以載道，則詆爲淫言；解詁不足以明經，則斥爲瞽語。蓋深懲於流俗之所溺，而有志於沂泗之餘緒。所以金玉

❶「慕」，《潛溪録》作「類」。

道德，浮雲富貴，不爲外物之所遷，惟知天命之可畏。獨處一壑之間，思通千古之祕。此可謂抱遺經以自信，不以窮達而有異者也。

前題

友生蘭溪吴沈

天地之間，文爲至異。自人生以來，不知其幾千萬億之多，而惟文章之士，則可得而數計。蓋其奪元氣之精華，發鬼神之幽祕。故造物者每靳之而不生，而既生之則必栽培以成器。有美君子，局度凝邃。才高而行則能謙，志豪而學則甚粹。接諸公之踵武，會群言之原委。蓄於胸臆者，浩乎江流之深；舒爲辭章者，粲如春葩之麗。信真宰之鍾奇，俾文脈之有繫。處山林而著書，登玉堂而掌制。雖隱顯之不可必，而在我者可以無愧。惟嘗知之真者慕之深，彼求之於丹青之肖似者，誠不足以窺其中之所至也。

前題

友生金華許元

氣充以完，貌端而和。蓋其積於中者日以益厚，故其發乎外者粹然而無頗。知方進而未已，撫年壽之尚多。寧勇謝乎簪裾，而終冥情於薜蘿。瞰潛溪之沄沄，仰長山之峨峨。每培高而浚深，曾遑恤乎其他。

前題

金華蘇伯衡

伯衡歸自京師，就見承旨先生於蘿山，獲見其小像，謹述贊辭。非敢曰美盛德之形容，聊附姓名於群賢之末云爾。贊曰：

挺然命世之雄，展也間氣所鍾。在躬皆清明之積，生色惟仁義之融。絶學繼乎千古之上，卓識出乎萬人之中。蚤年倮然逍遥於邱壑，識者推爲文章之鉅公。顧夙夜俛乎其進修，而意氣歛乎其謙沖。逮進逢於昌運，遂深簡於淵衷。信夫相親猶魚之有水，豈惟際會若雲之從龍！始終一誠，必責難而陳善；出入兩宫，斯言行而計從。忳忳焉爲國育材，休休焉樂善有容。凡入官之俊秀，多及門之冠童。典司筆削，足以彰善癉惡；敷爲制述，足以昭德表功。固由其言之立而道之崇。歸休山林，夷夏仰其風采；不奉朝請，政事資其彌縫。蓋可見輿望之屬，而宸眷之隆。此所以集斯文之福祉，聳鄉邦之文獻，爲一代之儒宗也。

前題

門人吴興林静

天付斯文於人也，豈偶然哉！必有不合而同、不期而至者，故吾夫子與朱子生同庚戌。今潛溪先生宋公之生，又於是歲。人謂聖賢之出，鍾靈降秀，爲世禎祥。天之所俾，信乎其不偶也。周室既衰，先王之道，如日斯晦。微夫子，六經孰正？人道孰明？是大有功於萬世者也。時降道汙，寥寥千有餘年，迺能集其成，會其要，得吾夫子之指歸者，其惟朱子乎？公乘文明之運，贊一代之治，以其餘力，使學者復古，屏棄科第之趨，一闖於理義之學，其功不在朱子下，海宇之内，一人而已耳。然則夫子之道，被於萬世，當時仕止乎魯；朱子在宋，號爲尚文之國，立朝僅四十日，終厄僞學。而公得君行道者甚久，澤能加於人，文可垂於世，光明峻大，照耀無窮，豈天之付公者獨厚，公之報乎天者亦將未艾也。公年六十八即謝政，天子數留止公，公固辭曰：「天道惡盈，人道止足。」辭意誠款，上知不可强，迺止。益見公進退從容，皆合乎道。宜其居爲儒宗，出爲勳德，以文華國，以道佐命，實有繫於斯文之重輕矣。世之論公者，徒以文學際遇爲事，至公之得乎天而契乎聖賢者，又烏能窺其端倪也哉！静也不敏，游公之門頗久。四方之士争欲誦其言、識其人有不可得，因寫公像，刻而傳之。非惟表公之德業，亦且以見我朝之有人也。謹叙而賛曰：

天開皇明，寔生儒英。光儲嶽降，維戌在庚。燁燁其氣，濯濯其精。昔潛今顯，爲國之禎。明珠在川，美玉在山，公貌之清。風行雨潤，蘭含芝藴，公德之馨。如鳳之鳴，如龍之騰，如雲之變，如霆之轟，公文之弘。豈惟三者？以聖爲程。乃補衮職，乃持文衡。天子曰：「都！汝執汝經。往導胄子，夔職是膺。」公拜稽首，揚言於庭。九卿百辟，尚其典刑。四夷八蠻，慕其光聲。勛垂竹帛，貌寫丹青。亦有子孫，嗣我簪纓。公告天子，乞我頽齡。公歸自朝，詞林之榮。懸車講學，衿佩日盈。回視河汾，厥澤弗稱。我從公游，春服既成。山阿水涯，載止載興。毫分縷析，物無遁形。息我道義，樂我性情。我賛公像，❶德不可名。天

❶「公」，原作「我」，今據《潛溪録》改。

高地深，令聞永貞。

前　題

方孝孺

星斗之文，江海之量。優游玉堂，爲天下望。名不係乎寵辱，心無與乎得喪。世何幸而見之，當求其似於三代之英、漢唐之上也。

道術可以化天下，而遇合則安乎命也；該博可以貫萬世，而是非不違乎聖也。無求於利達，故金門玉堂而不以爲榮；無取於患難，故遐陬絶域而中心未嘗病也。卓然間氣之挺出，粹然窮理而盡性也。事功言語傳於世者，乃其緒餘，而其所存之深、所守之正，撓之而不倚，挹之而不罄也。是蓋將友千古之豪傑，❶待知己於後世，而非適意於俄頃也。彼外物之往來，何足以累其大全，而吾猶冀夫天道之終定也。

前　題

彭　韶

春日載陽，列宿繁張，江漢湯湯。是爲先生，德容之粹，文名之高，學問之長。外夷輔夏，復我綱常。功在萬世，曷其敢忘？

前　題

無名氏

恂恂其仁，温温其恭。純乎道體，粹然德容。學貫天人，才邁今古。當代宗師，後賢儀槼。

❶「友」，原作「有」，今據《潛溪録》改。

前　題

無名氏

昭皇猷，焕天章，文之祥。御太和，扶綱常，道之昌。何德容之温温，而神氣之揚揚？於戲！此豈非掌制乎玉堂，而壽斯文於靈長者乎！

前　題

豫章釋來復見心　靈隱住持

古之君子以文鳴道，登名於詞苑者千有餘家。其能卓然爲天下後世所師宗者，不數人焉。自三代以降，若太史公特起於漢，韓昌黎獨拔於唐，歐陽文忠公勃興於宋，虞文靖公傑出於元，其統宗會要，卓爲大家，此蓋公論之不可掩者也。迨我皇明混一海宇，文運肇興，光嶽之氣，彌綸盛大，凡其所制作，振耀前古。然於其間操觚執翰，焕焉獨當於文衡者，則景濂其人也。公，金華大族，生質粹美，博通經史百家，至於釋老之書，無不研味而探賾焉。故其發爲文詞，雄深峻潔，義理精到，讀之如雷騰大谷，蛟起長川，電激雲奔，濤瀾震湧，千態萬狀，莫可得而端倪也。雖然，特見諸文辭之雄者爾，乃清心寡欲，處榮不矜，履道超然，夷險一致，則又有高世絶塵之風。嗚呼！景星鳳凰，世不常覯，然則必爲太平之徵。惟公出處用舍，實有繫乎斯文之重輕者矣。余託交方外，跡疏而心親，今因其門人黄叔暘以公畫像見示，求余言。余忘言久矣，以公相契之深，不敢辭，姑述梗概而爲之贊。然觀者當以無相爲相，無文爲文，則庶幾與公相忘於物表矣。辭曰：

文章之宗，垂耀百世。聿紹賢傳，❶至道斯寄。希音寥寥，或翕或張。不有作者，曷振其綱？允矣潛溪，才辯宏博。伊洛源委，孟韓矩矱。珠聯璧貫，大放厥辭。昆侖渤澥，名聲四馳。進登文垣，任專國史。夙夜敬承，以佐天子。疇應萬變，素履泊如。卷舒無迹，雲行太虛。❷顧瞻浙河，際天莫極。璨璨光儀，金華千尺。我作贊言，於象何有？後人是師，泰山北斗。

前題

門人鄭　楷字叔度

博極群書而自處若虛，身備盛德而守之如愚，名震當世而謙退不居。泰非金馬玉堂，約非蔬食草廬。視外物之去來，同浮雲之卷舒。特立宇宙而無愧，尚友賢豪而有餘。彼徒窺文辭之彷彿，較得喪於斯須，曾何足知先生之大全也與？

前題

即墨周日燦

嗚呼先生！儒臣之傑。蹈道服義，揮毫灑墨。經天緯地，明倫察物。肇先有功，啓後無缺。內溢華方，外施海側。昭茲名世，瞻仰靡極。

❶「賢」，《潛溪録》作「前」。

❷「行」，《潛溪録》作「在」。

前題

傅旭元❶

名滿天下，文傳四夷。温恭君子，爲帝者師。

祭文

籲天文

門人方孝孺

維洪武十四年，歲在辛酉，六月乙卯朔，下土臣某謹稽首昧死言：維天生人，厥質匪恒。君之惟后，淑之惟師。匪后無以厚生，匪師無以惇理。位有隆卑，其任惟鈞。天降疵民，不靖乃生。越二紀兹，甫受師后之功。孰迪彝訓，俾弗沈迷？時惟臣師，實宣若皇命，肇小大遐邇，民咸若德蹈，則庶邦底寧。忠順徵嘉，不自引伐。亦既致厥事，心罔或弗念帝室。肆仲子元孫，顯被寵命，咸率履攸行弗越。謂后惟天惟父，惟天下蒸民主，曷敢不祗順？暨躬暨嗣，人曷敢弗伏思錫，繼忠孝於將來？時歆歡曰，斯我后之德；時逸燕息曰，斯我后之惠。遠臣耆艾童弱，戴后德允若臨視。粟粟肫肫，罔有違乎昭憲，誠亶篤宜聞於天。天曷不易諶，乃裁降之大戾？恫戕厥家，播流於西邑。耆臣黄髮，邦之寶龜，灼知幾先；邦之水火，灼資民庸；邦之粟帛，民賴以生。今曷使匪辜踐艱荒？民罔不大惻曰：曷自遺耇成人，繼自今民何鑑何式？何賴以永存？如父母罹凶災罔豫，矧臣承

❶「傅旭元」，《潛溪録》作「劉基撰」。

導愛愛，德施宏章，肇閔閔心隱痛，若弗能生。念凡民師猶父母，父母疾眚，子籲祈於天，天必閔應。臣自茲始祇陳厥由，臣有壽年禄慶在天，未逮臣身，願輸弗享，以延師之修齡。啓帝心，俾師克復故里居，建乃家勿墜，庶海内民有仰，邦國有望。臣死罔悔，惟天鑑民誠，誕敷休命。匪臣蒙嘉徵，將兆民是賴。臣聞曰，民雖卑，誠靡不格天；天雖尊，惟誠之從。嗚呼！皇天其尚閔茲臣小子未有知，惟天其惠綏休命！

祭太史公文

前人❶

丁巳之春，公歸金華。六月載途，公歸於家。公曰：「美哉，子來孔時。斯文有傳，非子誰宜？我觀海内，亦有作者。非言之難，知道者寡。古人爲學，惟道是明。緊我望子，豈以文名？」拜公之言，服公之德。從公三年，忘寢與食。公曰：「卓哉，才器之奇！加以歲年，吾且畏之。孰俾師友，傳之子孫？」意欲甥我，以承其門。歸告祖母，祖母不可：「吾老娶婦，欲其事我。道路阻邈，其歸無期。且貴非偶，汝固以辭。」此言未聞，公家遘難。聞之涕泣，夜不能旦。百口徙蜀，與戎羌隣。重走金華，謀公弟昆。欲往省公，中以故止。祖母速歸，得娶閭里。遲之三載，黽勉以從。死生莫知，以此負公。公之爲教，必本禮義。違親絶俗，固非公意。公今薨矣，我存何如？❷所肯忘公，有如江河。公之道德，未白於世。公之文章，幾與公逝。思公體貌，尚寓

❶「前人」，二字原無，今據《潛溪録》補。

❷「何如」，《潛溪録》作「如何」。按韻當作「如何」。

於夔。哀公子孫，桑梓是懷。闡之雪之，俾大以光。導之扶之，使之大行。告於天王，返葬以禮。脱其羈縻，使復閭里。或周其饑，或開其昏。凡力可爲，不忘公恩。第愚不肖，弗敏爲學。天容地負，懷公奧博。忠義大節，道德大原。庶幾努力，法古聖賢。公之望我，蓋將在此。天未可期，心則已矣。公神在天，亦我之思。我辭告公，寧不我知？

又

嗚呼！九鼎大吕，不足炊糜。陳於郊廟，可鎮華彝。麒麟騶虞，不能服駕。出於山藪，可瑞天下。盛德之士，邦家所毗。潛功隱澤，不見施爲。方其在時，衆或未識。厭世而去，智者痛惜。嗟吾先生，全德邁倫。盡性蹈道，卓然天民。文傳海内，世謂止此。遺其粱肉，貴其糠粃。先生所存，我何敢知？使享眉壽，人必賴之。今也既亡，民實無禄。寥寥聖道，疇引疇續。昔始懸車，學者滿門。意謂小子，可屬斯文。歲月幾何？忽十三年。鈍拙無成，實愧於天。薄宦山南，地隣西蜀。遺孤萬里，傷我心目。身拘職業，詎曰能來？獲奠一觴，豈非天哉？道之廢興，允匪人爲。曷以爲報，不負所期。

又

士不知道，以勢爲榮。天貴不存，寵辱易驚。卓哉先生，洞鑑千古。駕雲乘風，與造物伍。聖主庸之，掌制玉堂。匪公之華，邦家之光。群言譏之，置於巴蜀。匪公之尤，民之無禄。正襟談笑，瞑目伸眉。浩然無愧，處險若夷。貴賤去來，靡貳靡忒。孰能與偕？忠信之積。惟公忠信，海内所稀。謗與身亡，德爲世師。顧余小子，寡聞不肖。兹粗有知，實公之教。繫官山南，今且八年。公墓在夔，欲往莫前。友生南歸，舟過墓下。遣致一奠，省視松檟。大江滔滔，惟海是宗。我心所懷，曷有其窮？嗚呼哀哉！

又

嗚呼！我年十五，始誦公文。厥後五年，登公之門。公實天人，游戲世俗。粃糠死生，談笑榮辱。利禄刑禍，不入於懷。獨憂斯道，未見英才。聞人一能，欣喜動色。晚遇小子，自賀有得。致政蘿山，館置於家。細析密微，大包幽遐。庸言極論，莫匪正學。翼孟宗韓，沿洙遵洛。簞瓢陋室，若飫萬鍾。訓物刑家，惟孝惟忠。天作奇殃，去鄉往蜀。萬里西行，怡然瞑目。當始戒途，告我以書。勉以道學，爲君子儒。慟哭山中，忽復十年。思公之心，上通乎天。一官蜀口，蓋亦天意。承乏校文，私情幸遂。公墓於夔，拜謁靡違。嫠孤滿目，興我慨傷。收恤教養，後死之責。禄薄力微，有願未獲。公之屬望，夫豈爲身？將纘斯道，以開後人。雖愚無能，志尚未已。報公之德，庶或在此。大江流東，卒與海通。公神在天，曷日其逢？

又

公之量可以包天下，而天下不能容公之一身；公之識可以鑑一世，而舉世不能知公之爲人。道可以陶冶造化，而不獲終於正寢；德可以涵濡萬類，而不獲蓋其後昆。其所有者，皆衆人之所難勉，而未嘗自以爲足；其所遇者，皆衆人之所難處，則快然委命而不置乎戚欣。此公之所以跨越前古，拔彙超倫，控宇宙而獨立，後天地而長存者乎！世烏足以知之？徒傳誦其雄文。執其詞者惑其意，得其似者失其真。彼好慕者且若此，又何怪乎臧倉與叔孫？宜夫公之厭斯世而不居，甘遠跡於峨岷。蓋將弔重華於九疑，唁屈子於江濱，而不忍汙乎流俗之埃塵也。然則公固以死生榮辱爲夢幻，得失毁譽爲浮雲。六合之内孰非其第宅，薦紳之士皆若其曾玄。尚何窮達之足云乎！吾獨悲歎而不止者，上以憂乎斯道，下以憫乎斯民。愧受恩而未報，懼來者之無聞。嗚呼哀哉！公其舍此而安之，豈其與形俱逝，與物同泯乎？吾猶彷彿見公騎風馭氣，鞭日月而叱星辰，遨游乎崑崙之野，出入乎無窮之門。是蓋處乎世者止七十有二年，而不死者不知其幾千萬春。其遇乎人者，雖若艱難而可痛；而樂乎天者，不可數計而具陳。而吾猶噭噭哭於山巔與水濆，是皆公之所笑，而奚能酬教育之厚恩？嗚呼哀哉！列泰華以爲殽，注滄海以爲尊。吾知公之不我顧，而庶幾可以報公者，習其所聞，以求不負乎明訓；行其所得，以冀有益於黎元。酹皇天與后土，尚同鑑乎斯言！

又

嗚呼！務遇合者，或貴顯以終身，而爲天下之所惡；負大名者，多困阨於一時，而爲後世之所慕。蓋利與善不可得而兼，而公論必久而後定故也。考乎公之平生，道德冠縉紳，而位與衆人同列；文章燿夷夏，而家無百金之富。卒之速讒遇斥，奔走顛沛，而死於道路。孰不尤聲譽之不祥，而取造物之怪怒哉？然身既没，而人主之知愈深；家既破，而子孫之守益固。是以親王之賢，覽遺文而歎息，懷舊學而眷顧。詢形容於圖像，想儀矩於趨步。已賜賚乎孤嫠，復閔悼其墳墓。爲王謀者，惜公厭世之太早；爲公悲者，恨王至蜀之遲暮也。夫盛衰禍福之理，聖賢有所不能違，惟其既死而猶存，愈遠而見思，兹君子所以異乎衆人，不啻若麒麟之於狐兔也。某學道無聞，受業有素。仰德容之如在，嗟歲華之易度。兩瞻岷峨，濫跡鵷鷺。愛緣丈人之烏，術等千金之瓠。惟嘉殽與清醑，皆賜物而匪沽。上以昭乎厚恩，下以寓乎衷悰。❶

又

鳳飛青霄，百鳥朝之。或集於枯，鶡雀嘲之。蛟龍天游，雷雨九土。一或泥蟠，蛙蚓獻侮。古之賢豪，身居廟堂。耄倪稽首，望其餘光。一朝失勢，遭讒遇斥。群兒樂禍，謗毁山積。惟太史公，閒世之英。國之蓍龜，人之典刑。洪武初載，光膺天寵。名聞夏夷，内外風動。衣冠如雲，趨拜於門。有得一言，寶若璠璵。❷不幸西遷，暝目江湓。麟踣而亡，群犬交吠。物之見怪，以異於常。衆人不知，吾道乃光。賴兹賢王，誠

---

❶「衷」，《潛溪録》作「哀」。

❷「璠璵」，《潛溪録》作「璵璠」，依韻當從之。

明濬哲。❶興懷先正，追悼黃髮。意欲起公，論過規失。每觀遺文，軫衈煢獨。惟君知臣，惟賢知德。王言既出，讒妬自息。公之名績，終古不磨。鬼燐紛紛，如日月何？小子無能，早承教育。不鄙其愚，千載是託。歲月湍邁，忽二十年。志大無成，懼辱公門。俗論之悲，夫豈待辨？九原聞之，當笑其褊。青城矗天，群仙所都。公神不亡，其在兹乎！

祭太史公遷葬文

門人方孝孺

嗚呼！盛衰得喪之際，孰非天哉？榮辱出於一時者，雖有幸與不幸，而是非之公原於天道者，終不可以勢屈而利回。當變故之初興，先生恬然委順於長江之涘、荒城之隈，雖樵童與牧婦，亦爲掩涕而徘徊。意謂平生之德業，將與禄位而俱頽。孰知雲收雨霽，星斗之光，有若洪瀾怒濤，擊撞鼓盪而不能損砥柱之崔嵬。今則文辭大行於天下，而聖主爲之追念，子孫篤守其遺緒，而賢王爲之興哀。賜之粟帛，而遺孤有賴。慕其風采，而尚疑其游戲於瀛洲與蓬萊。伸於既屈之餘也尚若此，而況千載之後，公論既定，其卓絶光著，又何如哉？然則先生於天可以無憾，而吾徒小子所以惓惓如有失者，恐上無以衛翼於斯道，而下無以啓迪於將來。兹者自蜀告歸，爲位一奠。吾之不見先生也久矣，庶幾翩然下臨，掀然微笑，猶彷彿想像乎盛德與雄才。嗚呼哀哉，尚饗！

❶「濬」，《潛溪録》作「睿」。

又

羊城陳璉宗器

維宣德某年某月某日，四川等處提刑按察司按察使陳璉，謹以牲醴之儀，致祭於前翰林學士承旨潛溪宋公之墓曰：

古稱金華，文獻之邦。山川淑氣，篤生才良。匪著名於道學，則馳譽於詞章。繼後作者，吴、柳與黄。緊維我公，毓秀其鄉。早嘗從游，聲譽亦彰。矧天分之既高，而學力之富强。博通群籍，考訂尤詳。曾設帳麟溪義塾，復著書青蘿山房。方元社之將屋，紛干戈之擾攘。抱道弗售，思以自藏。當聖朝之龍興，適文運之聿昌。應詔而起，實際時康。人皆争先而快覩，奚翅如景星之與鳳凰。受九重之眷遇，拜恩命之非常。甫通籍於金閨，遽進職於玉堂。或侍講於經筵，或典教於國庠。代司帝制，則唐之陸贄；總裁《元史》，乃漢之子長。高文大册之傳播，弘辭奥論之敷敭。粹然天資之温，燦然列宿之朗。譬猶米粟布帛，人皆嗜愛；良金美玉，時共寶藏。匪但獨聞於中國，而實盛傳於遐方。或擬諸昌黎韓子，或方諸廬陵歐陽。斯天下之公論，苟非公其孰能當？胡爲山頽梁摧，遽告弗祥！一斥不復，旅殯夔塘。後遷葬於城東，荷蜀國之獻王。宰木已拱，幾閲星霜？嗚呼噫嘻！孰其主張？余欲詰之，神理茫茫。雖然公之高名，足以永世；公之雄文，足以流芳。將與天地同久，是謂不亡。璉生於海隅，夙仰聲光。獲讀遺書，景慕弗忘。邇來西蜀，叨長憲綱。詢佳城之如故，慨宿草之荒凉。耿余心之悵望，敬致奠於一觴。惟英靈之不昧，庶來格而來享。

又

弋陽黃溥澄濟

維景泰七年三月某日，四川等處提刑按察司按察使黃溥等，謹以牲醴之儀，敢昭告於故翰林學士承旨、嘉議大夫潛溪先生宋公之墓曰：

嗚呼！先生鍾天地之間氣，生文獻之名邦。性分之稟既粹，進修之力益强。六籍淹貫，義理精詳。泝濂、洛之源委，窺孔、孟之宫牆。文超千古，才具衆長。如唐之韓、柳，如漢之班、楊。雖雲漢昭回，不足以喻其光明俊偉；雖渤澥深廣，不足以喻其浩瀚汪洋。初丁元運之否，則抱道不售，猶玉之韞櫝，❶珠之淵藏。晚際天朝之興，則明良契合，如魚之得水，鳳之鳴陽。石渠延閣，金馬玉堂。乃師帝胄，乃教國庠。聳後學之山斗，揭斯文之領綱。禮樂資之以制作，治道賴之以贊襄。嘉謀大猷之獻納，金縢玉册之鋪張。勒之彝鼎，而昭示萬世；宣之詔敕，而撫諭四方。卓彼朝廷柱石，展也吾道棟梁。致一門之榮盛，喜恩數之非常。胡貝錦之騰誹，迺安置於遐荒。抵中道而疾作，遂易簀於瞿塘。荷賢王之眷念，得遷葬於華陽。嗚呼！使先生之不死，安知不召司馬於洛下，歸賈傅於沅湘？何蒼天之不遺，欲上叩而茫茫。信生死之有定，惟哲人之順常。

誶曰：已矣！死者不可復作，所貴有不死者之流芳。文足以垂教，德足以遺慶。道傳世而不泯，名垂後而彌彰。嗚呼先

❶「韞櫝」，《潛溪録》作「櫝韞」，依對仗當從之。

生！是豈真亡？我等晚生，不親模範，企想餘光。詢謫居而岑寂，慨孤塚之荒涼。弔英靈於冥漠，寓情素於椒漿。不亡者存，庶幾來享！

改葬祭文

金華潘璋

斯文之傳世，越千載如一日；道德之感人，曠百世而相契。如日麗天，如水行地。自古仁賢君子，凡其經歷之所、宦游之處，一遺迹與故趾，咸緬懷而仰企。況祠墓之所在，能不繕修而葺治？仰惟潛溪先生，海岳鍾靈，貞元閒氣。一代人豪，百世偉士。昔在勝國，益事韜閟。著書龍門，優游卒歲。迨入我朝，風雲慶會，翊高皇以興運，肇海宇之文治。輔青宮以授經，登玉堂而掌制。子史群經，其學之邃；景星卿雲，其文之著。追昌黎以齊驅，並廬陵而無愧。處則如虎豹之在山，出則類麟鳳之瑞世。此先哲之格言，實士林之公議。夫何末路，崎嶇夔門？流寓倏瞬，息之百年。嘅淒涼之墓隧，樵牧踐毀，蓁莽蔽翳。荷睿恩之崇儒，卜吉壤以改瘞。蓉城之東，山明水麗。馬鬣峨峨，千載之計。某等欽承上命，涖止於蜀。拜謁墓前，敬陳一祭。靈爽不昧，洋洋是覬。尚饗！

祠堂祭文

無名氏

天啓皇明，哲人挺生。瞻依日月，際會風雲。卓哉先生！扶輿毓秀，海岳鍾靈。昔在勝國，肥遯山林。遭逢聖主，撫運而興。玉堂掌制，青宮授經。贊襄治化，藻飾太平。開國碩輔，佐命元勳。文傳天下，德備一身。其德之粹，威鳳祥麟。其文之麗，景星卿雲。閒關末路，飄泊風塵。寒煙白草，百歲荒墳。道德感人，無古無今。卜壤改窆，仰荷睿恩。巍峩梵刹，撤毀弗存。改建祠堂，煥乎一新。屏斥異教，崇重斯文。山川增重，草木光榮。某等夙慕道德，薄奠敬陳。洋洋如在，來格來歆。尚饗！

祠堂碑記

浦江宋先生祠堂碑❶

天下之族在祀典者，固皆崇報之義，而亦莫不有立教之端。是故非其人焉而祀則誣，有其人焉而不祀則怠，有其人舉其祀而没其實焉則混。混則雖若差勝於怠且誣者，而要其極致，則亦非所以嚴祀典而明學術也。義何所取，教何以立，不惟前哲之精微莫爲之闡發，而後學之趨向皆將貿貿焉莫知所從事矣，亦何貴於祀哉！

潛溪宋先生，生於浙之浦江，卒葬於蜀之成都。成都則既有祠祀矣，浦江顧獨缺焉，百五十餘年莫有爲之舉者。迺高淳韓叔陽氏，以進士出知是邑之二年，爲嘉靖庚戌，遂慨然請於金華守陳君元珂，達之監司。明年辛亥，余以視學至，謂斯舉不當緩。於是韓尹辨方相址，聚材鳩工，建堂廡門宇三十七楹，經始於秋八月，落成於冬十

❶ 此題，原無，按此「祠堂碑記」彙集薛應旂、姜良翰、戚雄三人所撰有關宋濂祠堂文字。原刻未標題，今據《潛溪録》補題，分置各文之首。

二月。奉先生主，妥安如禮，仍樹碑以紀成事，率諸生以文告。

余惟浦江，金華屬邑也。金華之學，自東萊吕成公倡之，而何、王、金、許四賢相繼而出。説者謂爲朱學世適，今其立言著論，昭然具在，固非後人之所敢擬議者，然要之皆聖門之羽翼也。先生繼起是邦，遭逢聖主，文章事業掀揭宇宙。士人籍籍咸稱名臣，已極誇詡。至其所深造自得者，上躋聖真，直達本體，則反爲文章事業所掩，而不得明預於理學之列。此余追考先生之平生，未嘗不喟然而歎也。曰：「嗟乎，世有真儒若先生者哉！觀其斥詞章爲淫言，詆葩藻爲宿穢，期於剗削刊落，❶以徑趨乎道德。居常或終日静坐，或支頤看雲，或掛冠行松間，或擊磬而浩歌，翛翛然如塵外人。及讀其所雜著，與凡六經之論、七儒之解、觀心之記，則實有不能自已於言者，是豈徒欲以文章事業名世者哉！奈何學術難明，見聞易眩，而先入之言之易行，所以擬先生者，僅僅若此也。不知皋、夔、稷、契、伊、傅、周、召得其時，則爲名臣；顔、閔、冉、仲、有、曾、思、孟不得其時，則爲大賢，固不當以彼此論也。況究觀先生之學，在宋則有若陸子静，在元則有若吴幼清，蓋皆聖學正傳，後先一轍，其與前四賢之繁簡紆直，世必有能辨之者。而俎豆獨後，品儕未當，豈所以表先正而示後學哉！苟但知先生之顯，而不知先生之微；知先生之用，而不知先生之體，則是見光華者忘日月，覩溟渤者失原泉，而精一無二之指，無怪乎其未究也。此

❶「期」，原作「斯」，今據《潛溪録》改。

固於先生無所重輕，而祀典之寖混，學術之不明，余竊憂之。故因先生之祠成，不避而大書之石，庶乎二三子之從吾游者，可因是而繹思也。敢曰是足以慰先生之靈也哉！先生名字、爵里、出處、存殁，有國史在；祠址堂宇，祭田坵畝，文集板刻，韓尹雅知治本，經畫具悉，有附録在，不書。嘉靖三十一年壬子春正月人日，浙江督學使者武進薛應旂撰。

宋學士祠堂記

金華宋太史景濂，其先當勝國時，爲金牌海運千户，實維世家。公生於末季，以世亂避地，爲浦江鄭氏塾師，因遂家焉。及太祖高皇帝下江南，公遂從浦江與王文忠公禕相次謁見軍前。太祖得之，喜曰：「吾固知江南有二儒者，學問之博，禕不如濂；才思之雄，濂不如禕。」因從渡江。由此日見親遇，每軍國大事，必朝夕對公籌之。與龍泉章溢、麗水葉琛、青田劉基，嘗呼爲「四先生」而不名。迨後，太祖平定中原，海内寧一，始制禮作樂，以興太平。於時公以名德宿學，實居内臺。於凡制度章程，多出公之建定。雖宏綱大略，類自上裁，而粉飾鴻烈，以啓佑後人，則公之功居多也。晚年致政，以家難謫成四川，過瞿塘，夜逢僧語，遂卒於其地之蓮花塘，上人因藁葬焉。子姓從之，以故鄉里之儀刑，日就湮廢，迨今且二百年矣。學士大夫類能頌公之德之文，其於揚厲表章，竟無有一人能爲之先者。

迺己酉歲，高淳韓侯始宰是邑，初至，即慨然興曰：「國有典刑，文獻不可缺也，況公之烈烈者耶！責實在予。」乃日詢耆舊以求公之遺蹤，蒐輯典章以備公之行實，申呈司府以詳公事之始終，迺相宅於學宮之東，得地三畝餘，構材經費，徹廢寺而一新，以建爲祠堂寢廡。實以器具，繚以四垣，奉公主於其中祀之。復爲置田地一百畝七釐，以供粢盛；爲編門役一人，以備灑掃。由是公之衣冠有藏，神靈有妥，歲時有祀，伏臘有歸，邦人翕然鼓舞稱快。婺人姜良翰聞而歎曰：「若是乎，韓侯之用心哉！是其功豈特在太史公，將鄉邦之斯文，實惟是賴矣。」

吾鄉先正自吕成公之後，歷何、王、金、許四先生，以及儒林四傑諸賢，皆以理學維植世風，而多不及大用。至我公始以文章鋪張鴻烈，潤色太平，其名載旂常，功施社稷，豈獨桑梓之私？雖他人例能道也。顧以時移世遠，迺不得一畝俎豆，以列跡於二忠越國之閒，豈非明時一缺典耶？國家崇德象賢，無所不至，其一時開國元勳，若誠意、定遠、臨淮諸侯中閒，越歷多艱，往往亦經黜削，卒之遭遇聖明，俱克復先烈。而公獨以投荒千里，寂寞無聞，豈國家曠蕩之典，獨一靳於我公耶？無亦傷於後嗣之式微，而有司者莫能爲之先容故也。韓侯乃不以其勢之微，時之遠，慨然振勵而樹之風聲，俾得以立宗秩祀，以媲麗於忠節賢良諸祠之閒，非至德，其孰能圖之？昔范文正修睦之嚴祠，而子陵之清風高節益彰；觀蘇公表潮之韓碑，人始知昌黎之道德文章果足爲百世師不誣也。吾鄉之文運，恃公而昌；公之功賢，以侯而顯。然則侯之功德，且將在斯文者百世，豈值爲太史公已耶？抑因是又有以見古今廢興之理，信未可以一定論也。

昔當元末擾攘之時，我公以明德奇才，負伯王大略，嘗以出處之計，謀之千巖太師。師不然，公拂然就行。後卒遭遇高皇帝，果以文學侍從贊成大功，爲一時儒臣之冠，豈亦不爲奇遇？及天下既定，其一時同事諸賢率以勳庸分封錫土，照耀鄉邦，可謂盛矣。然或不一再傳，多至覆蕩遺亡。迄今有併其姓名爵里而不能知者，於今果安在哉？而公乃獨以孤忠不偶，得完其名節，以落落振耀於穹壤宇宙之閒。使初時不遇聖明，則功業文章固無由自顯，果其後亦止以一官投老，其子若孫率皆不肖，又安知其遺亡覆蕩，不有同於世之泯泯者耶？是身與名且俱亡，而公之所烈烈者，又不知其與山川草木竟如何也？後之人又孰從得其實而蹤跡之？況二百年餘，❶又安得豪傑之士如韓侯者，以爲之表章也？是公之廢者乃興之基，屈者爲伸之兆，其不亡者存，乃天所以默相斯文，而不欲使之中絶也。而微侯之功烈，又孰能振衰繼絶，以使之中興也哉！信乎公之有祠，亦可以觀既定之理也。

公平生於書無所不讀。其讀書處，在金華八都之苓塘，即今太陽嶺下，有宅一區，居金華洞里，即公所生之處。計荒没歲久，已俱不可復尋矣。其所著書，則有《孝經》《曲禮》諸傳，及《龍門》《潛溪》《鑾坡》《禁園》《芝園》、前後《翰苑》等集。近復散逸不全，侯至是始裒集盡刻之。祠既成，復藏其所刻於中，以備遺亡。由是邦之典刑

❶「年餘」，《潛溪録》作「餘年」。

始得大全，而侯之功於是爲益顯矣。然則公之所恃以爲不朽者，其不在兹乎？其不在兹乎？

韓侯，諱叔陽，字進甫，應天高淳人。登丁未進士，實尹是邑云。嘉靖辛亥仲冬朔，刑科給事中金華姜良翰撰。

金華宋公祠記

皇明肇開景運，維時婺女之墟有大儒出焉，曰潛溪先生宋文憲公，偉然一代之宗師，所以昭人文，闡聖學，邈乎不可及已。先生諱濂，字景濂，世居婺之潛溪。幼有異質，長益習聞鄉先達緒論，以其餘力，又尚友古之人。寤寐東萊，奮然思繼其絶學，而何、王、金、許四先生則風承響接，私淑而與有聞焉者也。故其爲人，貌温氣和，内誠外恕，沖然無欲，視夷險榮辱，一不以介意。出處之分明，孝友之倫篤，其發之文，則春容該博，若決大川，臨武庫，光彩逸發，若琬琰宏璧，陳於西序，而議論一歸於正，味之醇如也。薄海内外，休問載揚，惟協惟一。然迄今百五十餘年，遺跡榛莽，廟祠弗稱，窮鄉末學，靡所瞻依，以起其濯磨向往之志，非缺典與？矧當皇祖御極之初，首起侍從，朝夕獻替密勿，而大典章、大制作，一洗元季之陋，而挈諸三代之上者，伊誰之功而可忘所自乎？

乃嘉靖甲午，侍御東牟張公，按浙抵婺，詢及先生，慨然動念，命下有司爲設禮奠之所。時郡丞李君重、倅汪君昉，雅懷惇尚，從事惟敏。乃即城之南隅建祠三楹，門垣夾室咸具，前臨大溪，爽塏静幽。始事於孟夏朔日，不閲月而告成。於是率所屬，奉安先生之主而告虔焉。邦之人士，爰及稚耋，靡不改觀相慶。嗚呼！風教之有裨治道尚矣。簿書筐篋之勞，孰與俎豆尸祝之雅？耳提面命之煩，固不若陰誘默化之速也。是舉也，君子謂有二美存焉，曰表章也，風勵也。夫惟表章，則舊邦文獻賴以勿墜，而古道庶幾有再復之期；夫惟風勵，則淑人心，回末俗，豈待於聲色號令之閒而取足哉？此識治體者，寧先此而後彼，爲世道計至深遠也。或曰：「公之藏在蜀，衣冠體魄存焉，今之祀也何居？」是不然。先生，天下士也。其事業在朝廷，行義在國史，學術在論著。進以羽儀天下，退以淑其鄉人。人咸得而尊仰之，豈暇計其衣冠體魄之所存哉？抑聞之，君子於前賢過化之鄉，踟躕慨念，甚者爲之位，置表望以想見其爲人。矧先生婺産也，神爽颯然不昧，鄉人子弟咸在其摳衣辟咡之列，祠之復何疑乎？於是郡大夫聞之，咸曰：「祠以昭後，非文曷宣？子爲我遂書於石。」辭不獲命，乃倣古《大招》之意，復系之詩曰：

金盤玉壺鬱璘珣。紫巖三洞涵虛真。篤生異人絶等倫。仙華密邇願卜鄰。青蘿青蘿山，公所居也，在浦江仙華山東。松桂秋復春。公神歸來兮浩無垠。華欀雕斲傑構新。丹刻掩映耀城闉。歲月肸蠁椒糈陳。汀蘭岸芷雜佩親。朝暾夕月入幕賓。公神歸來兮笑不嚬。褒衣韋帶滿後塵。取青媲白媒厥身。經師難遇人師湮。龍門舊業寡問津。麟角鳳嘴誰見珍？公神歸來兮覺我人！

金華戚雄撰。

墓　志

翰林學士承旨宋公墓誌❶

公諱濂，字景濂，姓宋氏，世爲金華潛溪人，代有鉅儒，至公遷居浦江仁義里青蘿山。曾祖溥德，妣周氏。祖德政，贈亞中大夫太常少卿，妣金氏，贈淑人。考文昭，累贈嘉議大夫、禮部尚書，妣陳氏，累贈淑人。公在娠七月即生，自幼性穎悟，六歲入小學，日記二千餘言，稱爲神童。稍長，從鄉先生聞人夢吉受《春秋》，學舉子業。既而從學於柳文肅公貫、黄文獻公溍、吴文貞公萊，攻古文辭。年二十五，授徒於義門鄭氏。是時義門六世家長大和，方著《規範》示子孫，公爲參定之。講道著書，名聞於時。元至正中，有薦爲翰林編修者，❷辭不赴。

歲庚子，大明太祖高皇帝定鼎金陵，遣使樊觀奉書幣來徵，公應詔而起，以公爲江南等處儒學提舉，入内，授皇太子經。公誠明儼恪，遇綱常大義，敷陳再三，上深嘉歎。甲辰，改起居注，侍上左右，知無不言，補益甚衆。乙巳春，以疾告，詔還家調治。未幾，丁父憂。洪武二年己酉，詔徵總修《元史》。書成，除翰林學士、亞中大夫、知制誥兼修國史。時剖符封功臣，議五等封爵，召公宿大本堂，據歷代故實討論詳定。三年

❶ 本題，原無，按「墓誌」所收兩篇均未標題，今據《潛溪録》補。

❷ 「者」，原作「著」，今據《潛溪録》改。

庚戌，考京畿鄉試，遷奉議大夫、國子司業。四年辛亥，考試天下士。八月，以他事左遷安遠知縣。未幾，召爲禮部主事，擢太子贊善大夫。公輔導益力，凡一言一動，皆以禮法諷諭。上問帝王之學何書爲要，公請讀真德秀《大學衍義》，即命左右大書於兩廡之壁，時睇觀之。六年癸丑，陞翰林侍講學士、中順大夫、知制誥同修國史，仍兼太子贊善大夫，奉旨纂修《大明日曆》一百卷。九年丙辰，拜翰林學士承旨、嘉議大夫、知制誥兼修國史。上謂公曰：「朕以布衣爲天子，卿亦起草萊列侍從，爲開國文臣之首，俾世世與國同休，不亦美乎！」趣令取子孫官之。長子瓚克家未仕，次子璲爲中書舍人，長孫慎爲殿廷儀禮司序班。十年丁巳，命致政還家，封贈二代，誥辭皆上親製。陛辭之日，賜以楮幣文綺，皇太子賜衣三襲。上諭曰：「卿事朕十有九年，忠誠可貫金石，故有是賜。可藏此作百歲衣也。」

公歸青蘿山三年，以慎坐法，舉家謫居灌陽。公至夔門卧病，不食者二十日。晨起索紙筆書《觀化帖》，端坐而逝，十四年辛酉五月二十日也。公生於元至大庚戌十月十三日，享年七十有二，旅葬於夔之蓮花峰下。經紀喪事，則門生夔倅武義桑以時。護視墳塋，則鄉友嚴陵余公文。後三十二年，是爲永樂壬辰，公家以事連坐至京。今上皇帝念公舊學釋之，俾還四川守墳墓。越明年癸巳，孫愘負骨改葬，以圖永久。荷賢王睿恩給路費，賜葬具，以是年十二月二十七日窆於成都府華陽縣安養鄉之原，坐寅向申，遣左長史明善洎文武卿士祭於墓所。

公娶賈氏，名專，字主敬，封淑人。先公一年卒，葬浦江青蘿山。子男二：瓚、璲，皆卒。瓚與妻賈氏祔葬公之墓右。女二：長適金華賈林，次適義門鄭杕。孫男六：慎、愷、恂、懌、愠，亦卒，惟一孫存，即恪也。孫女一，適嚴叔琳。曾孫二：夢文、夢賢。曾孫女二：適周皓、章古希。

公博極群書，名滿天下，而於佛老之言，皆臻其妙。所著有《潛溪集》《翰苑集》《芝園集》《龍門子》《無相賸語》等書傳於世，四方學者稱曰潛溪先生云。門人鄭楷撰。

翰林學士承旨宋公改葬墓誌

翰林學士承旨金華宋公景濂，洪武十四年辛酉五月二十日以疾卒於夔門，春秋七十有二，旅葬夔之蓮花峰下。於時經紀喪事，則門生夔府知事武義桑以時。護視墳塋，則鄉友嚴陵余公文。後三十三年，爲永樂癸巳，蜀獻王殿下念公舊學，特給路費，賜葬具，以是年十二月二十七日遷葬於成都府華陽縣安養鄉之原，遣左長史明善洎文武卿士祭於墓所，復賜田以供祀事。遷後又七十有二年，爲成化乙巳，今賢王殿下仰思太祖高皇帝眷注之隆，慕公道德之盛，因閱御賜書誥敕符詩歌等文，益加崇重，以舊營土脈淺薄，歲久崩圮，無以稱宗祖崇儒重道之意，惕然興懷，躬臨墳所，賜詩致祭，錫賚其子孫有加。仍命擇地改葬，以圖永久。承奉宋君璟舊塋淨居寺，在錦城迎暉門門外，山水環抱，土壤佳美，特啓讓其地而窆焉，乃是年十二月十三日也。尋廢其寺，建祠堂以奉公像，而棲神有所。樹碑碣以紀勳庸，而昭德無窮，何其盛哉！先是，巡撫都憲池陽孫君，嘗復祭田見侵者若干，贍其後矣。已而，巡按監察御史新昌俞君振才、按察使貴溪周君鼐，又相與圖所以爲表揚光大者，惓惓弗已。道德之感人心，曠百世而如一日如此哉！

嗚呼！公博極群書，名滿天下，道德文章固已衣被當時，而傳播國史矣。其出處遭逢，行事之盛，與夫世系、遷徙、生卒歲月之詳，又具載門人義門鄭君楷所撰《行狀》《墓志》，及翰林侍制王公褘、太常博士鄭君濤所著傳記矣。奚族璋後生小子之贅言哉？第念璋忝同鄉邑，兹又宦游於蜀，故敢僭書此以識改葬歲月云爾。四川提刑按察司提督學校僉事金華潘璋撰。

宋氏世譜序

士有無位而可以化天下者，睦族是也。天下至大也，睦吾族，何由而化之？人皆欲睦其族，而患不得其道，吾爲之先，孰忍棄而不效乎？有族者皆睦，則天下誰與爲不善？不善者不得肆，至治可幾矣。

睦族之道三：爲譜以聯其族，謁始遷之墓以繫其心，敦親親之禮以養其恩。譜之法：正月之吉，會族以修譜也；四時孟月，會族以讀譜也；十二月之吉，會族而書其行，以爲勸戒也。謁墓之法：春序飲以申禮義，秋序飲以明憲章也。親親之道：喜戚富貧相慶弔，周卹也；老壯稚弱相敬讓，慈愛也；役相助也，力相藉也，難相拯而死相葬也。斯三者並行，雖士可以成化，況有位者乎？不難於變天下之俗，❶況鄉閭之近者乎？近者，宜其易爲；有位者，宜其易化。然而莫爲且莫化者，知道者鮮也。知道而有位，人焉得而不望之乎？金華宋氏，太史公之族。太史公以道德文學師當世，道之行先於其族，凡可以睦族者無不爲矣。斯其譜也，非止公一代之書，❷後世之所守者也；非止一家之事，舉族之所取則者也。使遠而後世、衆而族人皆如公之心，雖無焉可也。苟爲不然，有法以傳之，猶恐其或廢，況徒譜乎？某是以私附其説於後，俾後之人得以覽而擇焉。由一族而推之天下，將必自兹始，此固公之志也與！門人方孝孺撰。

石刻世系記 録《承旨集》。

宋氏世居京兆，唐大理丞憲武德閒遷吴興。憲字秉彝，爲《易》經師，弟子數千人。生有嚴，有嚴生邠，邠生綏，綏生元態，元態生忻，忻生嬴，嬴生戣，戣生宗捷，宗捷生服，服生僎，僎生循，循生伯旒，伯旒生榮，周廣順中遷義烏覆釜山。榮字體仁，通《尚書》《春秋》，私謚文通先生。生甫，宋雍熙末遷根溪之宋村。甫字師杜，生訓。訓生帳，帳生祥，祥以弟海子阜後。阜生佋。從榮至佋七世，皆爲鉅儒。佋生永敷、柏，嘉定初同遷金華潛溪。柏字秉操，以兄永

❶「於」，原作「有」，今據《潛溪録》改。
❷「非止」，原作「譜非」，今據《潛溪録》改。

敷子溥德後。溥德子即府君，諱守富，字德政，履仁蹈義，類古篤行者。妻金妙圓，賢甚，一言一行可爲女中師法。生文昭、文囿、文馨、文隆。文昭一名朝，字文霆，有隱德，朝廷賜號曰蓉峰處士。生淵、濂。淵，義烏醫學教諭。濂，博極群書，自布衣召入史館，爲編修官，著《孝經》《周禮傳》《龍門子》數十萬言，元至正中遷浦江孝門橋上焉。文囿生澄、渭、沁、湞、澤、潤，文馨生溹、汶、瀛，文隆生潚。淵生瑛，濂生瓚、璲，澄生琦、瓛，溹生理，沁生珠、瓊、瑗。瑛生性、怡，瓚生慎、愷、恂。澄、瑛、瓚、璲皆儒。噫！府君誠吉士哉，何其孫子之賢且多也！史官歐陽玄述。

宋氏世譜記

宋本子姓，至微子始受封，子孫遂皆以國爲氏。有居京兆者曰大理丞憲，唐武德間自京兆遷吳興。歷十四傳至榮，周廣順中又遷義烏覆釜山。榮字體仁，行十二。有經濟才，通《尚書》《春秋》，學者私謚文通先生，葬法華山。娶陳，生甫，行十八。字師杜，善詩，宋雍熙末又遷智者鄉之根谿口。是爲宋村。甫娶謝，生訓。行三十。訓娶阮，生帳。行八。帳娶何，生祥，行二十二。字善致，娶龔，無子，以弟海之子阜爲後。海行二十四。字善宗，娶胡，葬石瀆原。阜行五。娶陳宗，生佋。自佋以上皆儒。佋行十八。字子穆，娶楊子同，生永敷、一作富，行百四。栢。行百五。永敷娶李回，嘉定初，又同栢遷金華之潛溪。禪定寺側。栢字秉操，❶娶陸烈，無子，以永敷子溥德嗣。溥德行千二。髯垂至腹，孝弟如古人，遇物一以柔勝，娶周武。❷周與陸皆杭人。溥德生守還，行萬三。字德明，娶沈；守有，行萬四。字德懋，娶王康，皆有後；守富，行萬五。字德政，性忠信，與人交無二諾，嘗共兄執里役，度其力單，獨任之，娶金妙圓，有賢德，婦道母儀可爲女中師，且勤慎，❸御紡磚，每夜至雞號，卒振宋氏門。守有亡，一子絶幼，或利其多貲，謀殺之，妙圓與夫保育成人，悉返其田廬，一髮不私，合葬潛溪西三里姜東塢山。生文昭，一名朝，行福四。字文霆，温恭似不能言，子弟來見，亦整衣冠深揖之，生平不識僞言僞行，一錢不妄取，不問賢愚，以一鄉善士稱之，無異辭。集賢院聞其事，畀以「蓉峰處士」之號。❹文囿，行福五。以名爲字。文馨。行福七。文隆，行福八。字文華。文昭娶陳賢時，事父孝，及歸文昭家，凡得美食，即遣人遺之，未遺不敢先食。善於教子，鬻簪珥使從名師儒游，死葬潛溪西十里白石山桐波塢。生淵，行俊一。字景淵，義烏醫學教諭；濂，行俊二。字景濂，能古文。文囿娶阮、章二氏，阮生澄，行俊三。字景清；渭，行俊四。字景亨，早卒。章生沁、涫。文馨娶姜，生溗、行俊五。源、汶、瀛。文隆娶趙，一子曉，周出也。淵娶蔣勸，生瑛，行殷一。字伯璋；濂娶義烏賈專，字主敬，生瓚，行殷二。字仲珪，璲未字。國朝至正庚寅三月三日，濂又遷浦江感德鄉之青蘿山。孝門橋側。宋

❶「字」，原作「子」，今據《潛溪録》改。
❷「武」，《潛溪録》作「氏」。
❸「慎」，《潛溪録》作「甚」。
❹「畀」，《潛溪録》作「賜」。

氏自大理丞以來，雖不甚顯，然多以儒術知名于時。後之孫子念先德之如斯，思繼承之不易，可不知所以自勉者哉！助與濂爲文章交甚密，因爲著此《世譜記》，俾之刻石先祠，庶幾觀者有所興起也。承事郎太常博士致仕東陽胡助記。

宋文憲公全集卷首四

賜進士出身知浙江金華府事
前翰林院編修吴縣嚴榮集刊

凡例

一、《文憲公集》初刻於明正德九年漕運總督太原張公縉，爲《鑾坡》前、後、續、別各十卷，《芝園》前、後、續各十卷，《朝京稾》五卷，凡八集七十五卷，共九百有六題。續刻於嘉靖十五年河間太守海陵徐公嵩，爲金、石、絲、竹、匏、土、革、木八編，凡八卷，共一百四十三題。彙刻於嘉靖三十年浦江縣令高淳韓君叔陽，凡三十二卷，共九百二十四題，其爲張、徐二本所已刻者七百十題，其未刻者二百十四題。今併張刻爲三十四卷，徐刻仍爲八卷，韓刻爲補輯八卷，凡五十卷，一千二百六十三題。惟《龍門子凝道記》三卷諸刻皆無之，今併爲二卷；《浦陽人物記》二卷，鮑氏刻入《知不足齋叢書》者，視韓刻評浦陽人物更爲整密，今併爲一卷，補於集後，以成完書。

一、張、徐、韓三刻，歷三百年，其流傳者甚少，故康熙三年金壇蔣虎臣太史得文待詔家藏本於公裔孫既庭孝廉，以授太倉牧金華陳君國珍刻之，題曰「景濂未刻集」二卷，凡三十七篇。今細檢之，則二十七篇已見於徐刻，十篇已見於韓刻，而康熙四十七年浦江傅生旭元復以《燕書》及《未刻集》梓行，益以知徐刻之存者，竟不可多得矣。兹張刻本則王蘭泉先生之藏書，徐刻則就抄於浦江戴氏，韓刻原本則得之武義何生松濤，然皆漫漶殘缺，不可辨識，而點畫之誤，又復二十而一。韓刻雖經國朝順治九年浦江令即墨周君日燦及康熙四十八年學使南陽彭公始摶重鋟，而於舊刻舛譌，少所訂正。今雖裒集成書，苦無善本校讎，又不敢妄意塗改，凡缺文概作□，其有不可解者，亦悉仍其舊，以俟博雅君子匡正焉。

一、張刻八集原序云：「公存日手定，以細眼方格命子燧繕録精整，首簡猶公手筆。」故仍八集之舊，而略爲次第之。繼以徐刻，補以韓刻，概從其朔分而不併者，不欲没前人表彰之功也。

一、徐刻、韓刻各分體類，惟張刻以所作時先後爲叙，故多不以類從。今略從海虞吴訥氏《文章辨體》先詔誥記序，繼以雜著題跋、頌贊箴銘、傳碑墓誌之屬；而古近體詩每集無多，即附箴銘之後；其墓誌則先公卿大夫，次士庶，次列女，次方外云。

一、文憲公歷今幾五百年，其集雖經三刻，然皆缺而未備。兹合三刻彙成一書，深以未得《凝道記》爲恨。集既定，李明經富孫從姑蘇坊間購得抄本以歸，爲之驚喜，珠還劍合，若有鬼物護持之者。文章有靈，洵不誣哉！

一、序者，所以序作者之意及刊刻之緣起也。韓刻以諸舊序彙梓附録之後，彭刻改列於前是矣，而誥敕譜傳行狀仍附集後。夫誦詩讀書，必先知人論世，故皆移置卷首，而像贊、祭文之屬，以類從焉。至士大夫持贈之作，概從其略。公之《年譜》，則浦江朱明經興悌編纂成書，已有刻本單行，兹不復録。

一、是集經始於嘉慶己巳之正月，訖工

於次年之三月。總其事者，金華學博山陰何君綸錦；分司讎校者，郡教授錢塘陳君鳳舉、武義學博平昌朱君奎、嘉興李明經富孫、東陽周生煒、浦江王生祖焯云。

宋文憲公全集卷一

諭安南國詔

《春秋》大義，亂臣賊子在王法之所必誅，不以夷夏而有間也。向者，安南國王陳日煃薨，我國家賜以璽書，而立日熞爲王。今觀所上表章，乃名叔明。詢諸使者，日熞爲盜所逼，悉自剪屠其羽翼，身亦就斃。此皆爾叔明造計傾之，而成簒奪之禍也。揆於大義，必討無赦。如或更弦改轍，擇日熞親賢，命而立之，庶幾可贖前罪。不然，十萬大軍水陸俱進，正名致討以昭示四夷，爾其毋悔。

同知臨洮府事班景道除陝西行省參知政事誥

陝西在古爲雍州之域，三秦之地，延袤一千餘里，土廣物殷，號稱難治。朕嘗建行中書，設參知政事，以綜覈衆務，以鎮安萬民。然必得同寅協恭之臣共釐治之，則事集而功成不難矣。具官班某，負倜儻之才，抱經濟之略，朕嘗歷試其爲人，設施次第，綽有可觀，故自臨洮別駕特授以參預之職。夫別駕，四品之秩也，較之參預之資，實超十階，豈不以爾韞此奇才，故不次而用之乎？爾尚夙夜惟勤，思稱朕懷。官政之有弊者，爾當振而新之；民瘼之未瘳者，爾當撫而摩之。則予一人汝嘉，爾其欽承朕言，不再。

遥授李思齊江西行省左丞誥

朕起布衣，除暴亂，救民於水火之中。其有能知天命所在帥衆來歸者，朕每嘉焉。爾李某當元運之衰，奮自汝南，擁兵而守秦隴，積年屯戍，志在保民。及我師入關，乃西往臨洮。已而率其士馬之衆，納款轅門，去危而就安，轉禍而爲福。視彼暗於事幾殘民以逞者，相去遠甚，可謂通時達變之豪傑矣。兹授左轄於外省，列之朝班，仍給其禄。爾尚夙夜恪慎，思保令名，以稱朕優禮之意。爾其懋哉！

給事中安統除兵部尚書誥

兵部司馬之職，尚書法從之官，古不輕授，今難其人。蓋戎務之出入，馬政之弛張，莫不繫焉。非有奮厲之才、練達之知，不足以奉揚威武、毘贊機密者矣。具官安某，粤自蚤歲有志事功，自北而南，在朕左右。及其給事内廷，論思獻納之益，亦時有焉。夏官之選，惟爾之能。然以八座之貴，朕非輕以畀人者也。爾尚一乃心力，以報朕所以見知之意。嗚呼！惟秉義守正，則可以謹科條；惟趨事赴功，則可以行邦政。尚思自勉，服我訓辭。

侍御史王居仁除山西行省參知政事誥

國家之建行中書，所以控制方面而布宣政令者也。況河東山西之地，古爲雄藩，所轄州郡不翅六十有餘，版籍之廣，民庶之繁，其事亦云夥矣。邇者，鑄印開省，未設丞弼，先命近臣爲參知政事，奏辟官屬以行，則是大小之務皆得專達，非止參預而已也。與斯選者，非得勛舊之臣，曷足以重其任哉？具官王某，才足以匡時，謀足以經遠，自渡江以來，委身事朕，凡十五年。踐揚中外，多著勞烈；執法中臺，聲聞益著。於是簡在朕心，俾躋政府。嗚呼！陳紀立經，爾尚膺藩宣之寄；安邊靖國，爾其盡撫綏之方。往惟汝諧，毋替朕命！

擬誥命起結文

吏部尚書

程能而議功，定勳而頒爵，此皆選部主之，所以古者寘於五曹之右，重其任也。蓋國家之治在於得人，得人之盛，繫乎銓衡者甄別其能否。然則天官之選，可不慎歟？具官云云。爾尚允釐百工，以熙庶績。名器之崇庳，爾當慎其注授之方；流品之清濁，爾當展其激揚之志。時惟稱職，汝往欽哉！

吏部侍郎

吏部之設侍郎，實古小宰之職，凡行選舉、封爵、勳庸、功課之事，悉得與聞。蓋尚書統之，侍郎佐之，則其任之不輕也較然矣。云云。爾其正名而責實，簡材而授能，使野無遺賢，萬邦咸寧，則銓覈之任得矣。朕將觀爾之能，爾其毋懈于位。❶

❶ 篇末，張本有「可」字。

吏部郎中

吏部爲銓綜之司，而郎曹之選，所以佐理天官、簡拔賢俊者也。苟不以學行材諝之士爲之，則何以責其勞效哉？云云。爾尚審覈賢愚，公於黜陟，使國家有得人之盛，而天下蒙至治之澤，不其韙與？爾其懋哉！以稱朕意。可。

司封郎中

司封之官，參掌官封褒贈之典，所以崇有德而報有功也。居是選者，不宜輕授。云云。爾尚夙夜勤勞，思以大義正厥官，勿以私愛爽厥序，使内而親親，外而尊賢，皆足以沾朕之恩，庶免致曠官之刺矣。佇聞嘉猷，以對休命。可。

司勳郎中

《周官》有司勳上士二人，凡有功者，司勳得以告之，則其職之設也久矣。後世定十二級之勳以爲賞格，故爲是官者，審察功狀，與司封通決於尚書，非公明而練習者不足以與茲選。云云。爾尚計其勳庸之轉遷，以定資品之高下，庶幾賢者勸而不肖者懲矣。尚思自勉，以服訓辭。可。

考功郎中

考功之職，掌文武遷叙、資任、考課之政令，而奉常所定謚議，亦必覆而上之選部諸司，其於關政治之得失者，莫此爲最。郎官之選，必得其人。云云。爾尚平心以馭物，使殿最惟允而功用昭彰，則責實之效，於是乎在。爾惟欽乃職，❶以稱朕任賢之意。可。

中書左丞

朕惟中書政本丞轄之設，所以尊朝廷而正紀綱，佐冢宰而出治化，必有經濟之才、任重之器，乃稱其選。求諸在位，玆得其人。云云。爾尚思朕任屬之意，益推材力，務展猷爲，經綸之間，必審於治忽；弛張之際，必酌乎古今。佇觀厥成，豈煩多訓？可。

中書參知政事

中書出納王命之地，朝謀謨於廟堂，夕風動於海内。然則參預大政者，可不慎其選與？云云。是用擢位政事，❷佐理朝綱，興禮樂以昭人文，審刑賞以順天典。賢才之遺佚，汝思有以舉之；生民之憂戚，汝思有以綏之，則朕可以不煩而治矣。往盡乃職，以副朕倚任之意。可。

中書左司郎中

左司爲中書紀綱之地，贊襄治化，申明憲度，皆其責也。郎位之選，必擇賢才，非廉勤而有爲，開敏而知務，不足以稱其選也。云云。爾尚毋忘恭恪，以慎乃職。惟至公可以正百司，惟至勤可以集庶務。爾其念哉！毋忘朕命。

❶「惟」，張本作「往」。
❷「事」，張本作「府」。

中書斷事官

中書總天下之務，而必設斷事之官，所以修明其法禁，以防人爲非，實寓刑期于無刑之意也。云云。爾尚慎於出入之際，毋舞於文法而失慘舒之實，毋流於苛刻而昧寬恕之方，則予一人汝嘉。往服訓辭，其思實效。

祭古帝王陵墓文

昔者，聖帝明王，豐功盛德，被于生民，四海咸賴。涉世既遠，陵墓所在，往往鞠爲榲翳，祭祀之禮，遂致廢而弗講。朕既統一天下，主百神之祀，心甚憫焉。因遣使者訪問其處，命有司製衮冕之服，具牲牢醴齊，致祭陵下而焚之。然帝王之精神，上與天通，陟降帝所，必能來格於冥冥之中也。尚享！

進元史表

伏以紀一代以爲書，史法相沿於遷、固；考前王之成憲，周家有監於夏、殷。蓋因已往之廢興，堪作將來之法戒。惟元氏之有國，本朔漠以造家。用兵戈以争强，并部落者十世；逐水草而爲食，❶擅雄長於一隅。逮至成吉思之時，大會斡難河之上，始尊位號，漸定教條。既近取於乃蠻，復遠攻於回紇，渡黄河以蹴西夏，踰居庸以瞰中原。太宗繼之，而金源爲墟；世祖承之，而宋籙遂訖。立經陳紀，用夏變夷。肆宏遠

❶「而」，韓本、黄溥本作「以」。

之規模，成混一之基業。爰及成仁之主，見稱願治之君。唯祖訓之式遵，思孫謀之是遺。自茲已降，聿號隆平。豐亨豫大之言，鼓倡於天曆之世；離析渙奔之禍，馴致于至正之朝。嬖倖蠱惑於中，權姦蒙蔽於外。漢網秖因於疏闊，周綱遽見於陵遲。❶風憲皆爲不捕之猫，將士盡成反噬之犬。由是群雄角逐，九域瓜分。風波徒沸於重溟，海岳竟歸於真主。中謝。

欽惟皇帝陛下，奉天承運，濟世安民。建萬世之丕圖，紹百王之正統。大明出而爝火息，率土生輝；迅雷鳴而衆響微，鴻音斯播。載念盛衰之故，即推忠厚之仁。僉言實既亡而名亦隨亡，獨謂國可滅而史不當滅。特詔遺逸之士，欲求論議之公。❷文詞勿至於艱深，事迹務令於明白。苟善惡瞭然在目，庶勸懲有益於人。此皆天語之丁寧，愈見聖心之廣大。於是命翰林學士臣宋濂、待制臣王禕，協恭刊裁儒士臣汪克寬、臣胡翰、臣宋禧、臣陶凱、臣陳基、臣趙壎、臣曾魯、臣趙汸、臣張文海、臣徐尊生、臣黄篪、臣傅恕、臣王錡、臣傅著、臣謝徽、臣高啓，分科修纂。故上自太祖，下迄寧宗，靡不網羅，嚴加搜采。恐玩時而愒日，每繼晷以焚膏。故於五六月之間，成此十一朝之史。❸況往牒舛譌之已甚，而他書參考之無憑，雖竭忠勤，難逃疏漏。若自元統以後，則其載籍無存，已遣使以旁求，❹俟續編而上進。愧其才識之有限，弗稱三長；兼以紀述之未周，殊無寸補。

❶「見」，黄譽本、韓本作「至」。
❷「論議」，黄譽本、韓本作「議論」。
❸「一」，黄譽本、韓本、安正堂本作「三」。
❹「以」，黄譽本、安正堂本作「而」。

臣某忝司鈞軸，❶幸覩成書。信傳信而疑傳疑，僅克編摩於歲月；筆則筆而削則削，敢言褒貶於《春秋》。仰塵乙夜之覽，❷期作千秋之鑑。所撰《元史》，本紀三十八卷，志五十三卷，表六卷，傳六十二卷，目録二卷，通計一百三十萬六千五百餘字。謹繕寫成一百二十策，❸隨表上進以聞。❹

皇太子與高麗王書

王處海東，稱藩奉貢於朝廷者，五年于兹矣。皇帝嘉王來庭，待遇之意甚渥，聞王生辰在夏五月，特出内府之幣以賜。予亦上體宸衷，復以紗若羅各十四端遺王，至可領也。王尚益勤庶政，懷保小民，永爲我國東藩，顧不美歟！春和，王平安否？宜加愛自重。

代祀高麗國山川記

皇帝受天明命，丕承正統，薄海内外，罔不臣妾，德流惠孚，浹于神人。

粤洪武三年春正月二日癸巳，上御奉天殿受群臣朝，乃言曰：「朕以菲德，惟天惟祖宗是賴，位于諸侯王兆民之上，郊廟祀享之禮，朕不敢不恭。然而名山大川能出雨雲以澤被生民者，朕於報祈亦罔或弗欽。邇者，高麗國奉表稱臣，已封其君爲王爵，錫以金印，而其境内山川未遑致祭，非一視

❶「某」，黄譽本、胡本、四庫本作「濂」。
❷「覽」，黄譽本、安正堂本、韓本作「觀」。
❸「策」，黄譽本、安正堂本作「册」。
❹篇末，張本有「臣某下情無任激切屏營之至臣某中謝謹言」十八字。

同仁之意，儀曹其議行之。」於是禮部尚書臣崔亮、郎中臣趙時泰、員外郎臣蘭以權、主事臣黄肅，相與具牢醴旛幣，選志慮凝一可通神明之士充使者以行，有司遂以臣徐師昊名上。既復命，上出宿齋宫七日，始御翰墨撰祝册。至十日庚子昧爽，右丞相信國公臣徐達，率文武百司序立龍墀之左右。上服通天冠，絳紗袍，復臨前殿，默思久之，方持香以授臣師昊置綵輿中，導以音樂出奉天門，上親迂玉趾送之。臣師昊受命惟謹，以夏五月某日甲子至其國。某日甲子，爲壇三成於南門外攝行祀事。其國王王顓暨諸陪臣，先後駿奔以竭顯相之義。當祀之晨，天氣宴清，海波不驚，祥雲瑞飆，迴旋上下，宛若神靈來歆來格。僉以謂天子不鄙夷遠民，龍光下被，人神具欣。雖鳥獸魚鼈之屬，亦得翔泳於至化之中。其於慶幸，古所未覩，争欲勒文於石，以垂示於無窮。

臣師昊聞之，自古帝王，以天下爲一家，雖海外要荒之地，視如咫尺，則公羊高所謂「方望之事，無所不通」者，固其宜也。肆惟皇上撫有萬邦，壹遵先王成憲，其有事遠徼山川如此之嚴者，豈有他哉？實爲東民徼福，使風雨以時，年穀順成，物無疵癘而已。《書》曰：「至治馨香，感于神明。黍稷非馨，明德惟馨。」神既歆厥明德，旁達無間，❶昭報響答，當有洋洋臨乎其上者矣。臣師昊不佞，謹書是以爲記，以昭宣上德，軫念遐方之氓，不翅中國者，當與東海相爲無極云。❷

❶「旁」，張本作「洞」。
❷篇末，張本有「是歲某月日記」六字。

元史目録後記

洪武元年秋八月，上既平定朔方，九州攸同，而金匱之書悉輸於祕府。冬十有二月，乃詔儒臣發其所藏，纂修《元史》，以成一代之典。而臣濂、臣禕實爲之總裁。明年春二月丙寅開局，至秋八月癸酉書成，紀凡三十有七卷，志五十有三卷，表六卷，傳六十有三卷。丞相宣國公臣善長率同列表上，已經御覽。至若順帝之時，史官職廢，皆無實録可徵，因未得爲完書。上復詔儀曹遣使行天下，其涉於史事者，令郡國上之。又明年春二月乙丑開局，至秋七月丁亥書成，又復上進。以卷計者，紀十，表二，傳三十又六。凡前書有所未備，頗補完之。其時與編摩者，則臣趙壎、臣朱右、臣貝瓊、❶臣朱世廉、臣王廉、❷臣王彝、臣張孟兼、臣高遜志、臣李懋、臣張宣、臣李汶、臣張簡、臣杜寅、臣俞寅、臣殷弼，而總其事者，仍臣濂與臣禕焉。合前後二書，復釐分而附麗之，共成二百一十卷。舊所纂録之士，其名見於表中者，或仕或隱，皆散之四方，獨壎能始終其事云。

昔者，唐太宗以開基之主，干戈甫定，即留神於《晉書》，敕房玄齡等撰次成編，人至今傳之。肆惟皇上龍飛江左，取天下於群雄之手，大統既正，亦詔修前代之史，以爲世鑑。古今帝王能成大業者，其英見卓識若合符節蓋如是。嗚呼盛哉！第臣濂等以荒唐繆悠之學，義例不明，文詞過陋，

❶「貝」，原誤作「具」，今據張本改。

❷「廉」，韓本、傅本作「濂」。

無以稱塞詔旨之萬一。夙夜揣分，無任戰兢。今鏤板訖功，謹繫歲月次第於目録之左，庶幾博雅君子相與刊定焉。❶

浙東行省右丞李公武功記

惟我皇帝，既定浙東西地，以其疆場與虜人犬牙相入，乃置浙東行省，以轄五府一州之衆，建牙於嚴。于時右丞李公實以上之懿親，總受蕃宣之寄。而兼命參知政事胡公德濟分治諸暨，所以聯絡氣勢，綏輯東土，而折衝外侮者也。乃己巳之春二月己丑，虜挾我叛人謝再興分兩道入寇，其舟師自釣臺烏石窺我建德。公遣兵禦之。其馬步卒踰濤江而東，圍諸暨之新城，聲言二十萬，壁壘旁午，旌旗充塞。虜堅忍持重，務以爲必拔之計，搆飾寢宇，創建倉庫，預定州長貳官屬，復分精卒數萬，屯城北十里，以遏我援師。胡公堅壁力守，戒將士勿輕與戰，有來攻城者，發矢石退之。遂遣使乞師于公，公即欲馳援。初，釣臺之役稍不利，亡一千夫長，至是群情疑沮。或獻謀於公曰：「嚴，實吾藩垣所寄，虜若闞公往，即起乘之，奈何？諸暨雖受圍，得一鋭將，帥師解焉可也。」公曰：「浙水東門户在諸暨，諸暨苟不守，郡縣必致繹騷，故虜盛兵東向，而使游兵泝釣臺以綴我師。我不往，脱有弗靖，嚴其能獨利乎！」乃屬大帥三人爲居守。明日癸丑，遂行。有自虜中來者，又以衆寡不敵爲辭，公弗顧。

甲寅至浦江，丁巳抵烏傷之龍潭，去虜

❶ 篇末，張本有「洪武三年十月十三日史臣金華宋濂謹記」十七字。

營不二十里，因據其險。忽有白氣自東北經天，三軍見之，勇氣百倍。日且晡，軍中驚言虜將襲我，公亦不爲動。夜四鼓，城中知有援至，潛縋士卒來約，明旦將空壁逆戰。戊午，蓐食已，公分諸將爲左右翼，公自將其中軍。既成列，會參軍胡君深復承公檄，率所部將士亦自栝而至，軍氣益振。公乃申號令曰：「師之勝負在曲直，不在寡多。我國何負於叛人？虜乃挾之，日夜以生變。癸卯之秋九月壬午，直犯我東陽，吾不敢愛其生，晝夜兼行，殄之於烏傷，爾三軍之所親覩。皇天助順，不可誣也。今虜又不改行，盡驅其衆以擾我邊疆。《占書》云：『軍中見白氣者，剋敵之像。』此殆天欲滅此虜也。爾等尚效死斬刺，以報國家之寵靈，毋怯，毋貪獲，毋避險阻，毋左右顧視。有不如約者，即戮以徇！」語始畢，虜兵整圓陣而至。兵既接，公乘匹馬挺身先入，陷其中軍。中軍，虜之精鋭所萃，見公至，競來迫之，槍屢及公膝。公馬上運戟，捷如雨風，當其鋒者，應手皆仆，虜氣皆讋。左右翼及諸軍一齊奮擊，聲振天地，軍遂大亂。時谿洞兵居後列，猶觀望欲集，兩山之民呼曰：「虜敗矣！虜敗矣！」遂皆棄甲而奔。我軍乘勝逐北，斬首如刈麻，前後躪踐，死者以萬餘計，谿水爲之不流。胡公亦率精甲出圍城中，從公合擊之，殺獲甚衆，其主帥僅以身免。燔其營寨若干，俘其將帥六百，軍士三千，馬八百，輜重鎧仗，積如邱山。三月己未，凱歌而旋。所至，父老爭進牛酒爲公壽，公勞而却之。辛酉還嚴，既飲至，即命幕府上其功簿于朝。上嘉公敵愾之功，錫以御衣名馬，其餘將士，第功行賞有差。

濂聞之《軍讖》之論良將有曰：「以身先人，故其兵爲天下雄。」説者引薛仁貴爲將，持戟腰刀，奮呼入敵，衆輒爲之奔潰，此所以爲天下之雄也。濂以公之事觀之，殆似有過焉者。蓋仁貴挺身陷陣，其驍悍若與公同，然必兩軍相當，方可制勝，未聞其以寡却衆如公之爲也。今虜兵大集，塞野蔽川，人孰不爲公危？公以不滿萬之衆，談笑而殲之，斯不亦昔人之所尤難哉！由公精忠貫於内，勁氣注於外，但知有國而不知有其身，瞋目張膽，視虜若無，故其功業焜耀至於如此也。公之賢爲不可及矣。濂昔待罪右史，嘗書公之勞烈，藏之金匱，今又因邦人士之請，爲文若詩，以昭公之光。庶使世之讀者，上毋忘於帝德，下無負於公之功云。

公名文忠，字世英。敬賢下士如弗及，平居恂恂禮遜，及臨大敵，雖賁育之勇不是過，君子服焉。繫之以詩曰：

於赫皇天，大明東升。爍彼群陰，六合載清。建藩分鎮，以奠以寧。倬彼李公，實涖東浙。虎符煌煌，侑以龍節。導宣皇靈，德柔威刷。吴虜逞虐，登我叛臣。屢啓兵釁，來毒烝民。亦既擣之，化爲埃塵。龍集鶉首，在如之月。怙惡弗悛，竟犬之突。合圍諸暨，不通一髮。公聞之怒，氣衝斗間。咄哉狂虜，天紀之干。翹其若轂，鬬此勁翰。迺飭將佐，整厥堅胄。敹厥琱戈，礪厥金鏃。我欲即發，爾罔或後。禡纛于門，載之以行。叶。卒旅言言，旄幟翻翻。蛟螭騰淵，熊羆出山。直薄龍潭，伺敵而戰。有氣經天，其白如練。吉徵開先，何兵不剪？左右列屯，兩翼飛騫。公將虎旅，宅其中堅。氣通脈聯，勢如率然。飛戒多士，❶虜衆我寡。大刀長揮，毋獲士馬。要使青原，盡變爲赭。虜馳而至，公躍而前。單戟奮先，星流飆旋。閃閃莫定，觸之必顛。虜實驚疑，斯何爲者？莫匪神兵，自天而下。震慴相駭，弓不能弝。三軍縱擊，其亂如雲。混混沌沌，紛紛紜紜。或斷其脅，或斮其齦。蠢彼有苗，猶爾偵視。山氓齊呼，倒戈而避。我師疾逐，其勢尤熾。如雷斯掀，如風斯奔。如火斯燉，融乾爛坤。一鼓而殲，凜焉雄吞。譬猶駕鵝，衆若雲翳。孤隼橫擊，無有不斃。將唯在勍，豈多爲貴？人亦有言，天監匪私。我直彼曲，孰不周知？以順討逆，云胡不夷！昔兵始交，毒霧蒙絡。今敵既平，上下清廓。神道助順，理甚昭灼。奏凱而旋，既歌且謠。歌聲委蛇，間以短簫。祥飈獻娛，嘉卉動摇。耆耋驩迎，列拜馬首。非公之臨，幾陷虎口。敢以牛酒，以爲公壽。三軍戾止，燕饗有容。公拜稽首，疏于章封。非臣之力，諸將之功。皇情悦豫，徵公入覲。珠衣龍馬，錫之不吝。第賞其餘，匪琛伊賫。自古在昔，六龍御天。必有良弼，參佐化權。遂開丕基，萬世其延。惟皇神聖，控御區宇。百僚師師，選有文武。親賢如公，綏我東土。綏我東土，我民用熙。無敵不靡，無徠不懷。成此武功，實耀簡書。簡書所紀，以勸在位。贊咏鋪張，遵古之義。史臣作歌，蹈揚奮厲。

寅齋後記

洪武二年春，濂以總修《元史》被召來

❶「飛」，張本作「復」，當從之。

京。然史事貴嚴，詔命禮部統之，設局分科，限絶外内，將以日視其成。當是時，尚書稾城崔公恒往來乎局中，濂因稔知公之爲人。公蓋名亮，字宗明，翼翼祇慎，遇事若臨深淵。方今皇上受天明命，撫有萬邦，日崇大禮，以修天神地祇人鬼之祀。凡牲醴之豐，祝號之雅，器幣之節，燔告之嚴，皆命公典之。公精白一心，上承休德，夙興夜寐，敬畏弗懈。君子以謂國家自建禮官，其莅事儼恪，未有踰於公者。公猶以爲未足，且以「寅」名齋，請濂記之。

夫寅者，敬之謂也。敬固無所不在，而驗之於祠饗爲尤宜。方其齋明盛服以交神明，靈飆回薄，如將見之。於斯時也，志定神一，曾有邪思之可干者乎？苟以之奉親，以之事君，以之脩身，以之治人，其心常弗變焉，其有不獲其道者乎？始之終之，何莫不由於敬也！能由於敬，則成己成物之功，其又有不致其極者乎？昔者，舜命伯夷典三禮，其訓之有曰：「汝作秩宗，夙夜惟寅，直哉惟清。」說者謂即敬以直内之義也。今公所居尚書之官，古之秩宗也；所主天神地祇人鬼之祀，古之三禮也。其委任之重且專也蓋如此。然而皇上神聖，端居穆清，畏天勤民，無一息之或間，固已度絶於帝舜矣。公之精白一心，上承休德，其可不以伯夷自勖者乎？此公所以名齋以「寅」之意也。

雖然，脩德莫若敬，德日以崇，則位日以尊，理之常也。他日位於三孤，寅亮天地以弼於一人，濂又烏能無望於公乎？公如有取於濂言，非惟無愧於兹軒，亦且有昭於名若字者矣。華相先生既爲公發明敬息之說，殆無餘藴，庸敢掇其緒餘以爲後記云。

玄武石記

吴興林君静，嗜道家言，事玄武神尤謹。一旦，出游虎林，道逢羽客，髽髻而方瞳，揖林君曰：「吾與子生同里，何遽忘之耶？」問其里居姓名，笑而不答。强之，則曰：「乃李自然也，客鼇峰之紫陽菴。」言訖，飄然而逝。未幾，夜夢羽客持龜與蛇，施施而來，謂林君曰：「子能往鼇峰乎？吾遲子矣。」林君異之，翼日遂行。既至，逢龜蛇出洞中，已而不見。林君因斸地獲石類皛卵，圓且黝，滌而視之，玄武神黄帕首，按劍坐雲中，龜蛇在下，衣袂翩翩如淡金色，背文外爲墨緣，其内正白，别有墨龜昂首行，蛇絡之。所現之像，毫末備悉，雖善繪者不是過也。林君獲之，謹曰：❶「此吾之玄徵。」亟往菴中覓羽客，無有也。乃懷石以歸，畫成二圖，徵余爲之記。

余聞天地之運，二氣絪緼，自色自形，其變孔神。惟其孔神，凡人心思之所能及者，物具有焉。且玄武之稱，見于《禮經》，其爲軍陳，以象天也。蓋玄，黑也，北方之色也；武，龜蛇鱗甲之象也，取其能禦侮也，未聞有所謂神也。迨于宋初，避聖祖諱，始易「玄」爲「真」，其名「真武」以爲神。手按劍而足躡龜蛇，殆起於道家傅會之説乎？其傅會，固也，何爲圓石之中，果有顯像之異乎？夫石與天地俱生，而傅會者後代也，又何爲乎脗合無毫髮之爽乎？將神變不可測者偶與之合乎？抑事之未見已兆於先乎？不特此也，梓潼之有神，亦非古

❶ 「謹」，胡本作「歎」。

也。天曆中，有官於麗水者曰韓氏，亦獲玄石。石文有神戴席帽，乘白騾，揚鞭而行，一蒼頭後從。其與林君所獲無大相遠者，不知果何爲而然乎？豈理之常者可以推，理之變者誠不可致詰乎？人心之靈，❶一念之感，其小者草木，或無根而生華；其大者日星，或退舍而見異。況天地間之神，出有入無，坱圠紛紜，又何所不有乎？欲徇小夫之末智，而致疑於造化之所爲，可不可乎？今林君之爲人，沈潛而有守，而事玄武神又甚謹，其必有所感而致於斯乎？所謂「同里」及「李自然」云者，蓋示萬物之理，同出於自然；知同出於自然，則大道可致；大道可致，則神當在林君之心，而不在於石矣。林君勉乎哉！林君勉乎哉！

林君字子山，静，其名也，以「瑶臺玄史」爲之號。博學通文詞，見羽客以洪武元年八月二十五日，入夢則是月之晦，獲石乃九月之朔云。

金華張氏先祀記

金華縣東行四十五里，有地曰苓唐，山川相繆，而風氣鬱盤。著姓張氏，世居其中。初，張氏有諱隆府君者，字亨仲，宋建炎初自睦而來，爲潘氏之贅婿，至今其村聚猶仍潘爲名。府君既占名數于縣，日以力本爲務。未幾，家寖穰，生三丈夫子，曰子政，曰子中，曰子成，皆能紹前業而無爽德。子中之子文華，俶儻尚奇行，鄉先達端明殿學士王公埜甚器重之。淳祐末，公遷沿江制置使，欲辟爲之屬，辭弗赴。自時厥後，

❶ 「之」，張本作「至」。當從。

府君之三子遺胤日滋，遂成三大族，亡慮十百餘人。其出而仕者，既以文墨論議著稱于時，而退脩于家者，亦循循雅飭，無愧於士君子之行。蓋自府君至是，亦十有一世矣。

府君之六世孫榮，今爲一宗之長，乃慨然歎曰：「吾儕承藉其先祉，以克至於今日，有闔廬以禦風雨，有絲枲膏粱以爲之羞服，而先祖妥靈之無其所，❶不亦傎乎？」於是與族弟琰力謀之，而子姓之中若留、鎮、琮、佀四人，即捐所居之廳事三楹間以爲之倡。榮遂加以塈茨之功，繚以垣墉，列以龕櫝，與夫祭饗百須之器，莫不精且良。中奉府君，原其初遷也；旁以三子侑食，三族之所宗也；而又益之以制屬君，府君之流光，及是始振，示不敢忘也。然而世遠屬疏，祭不敢用四仲，唯據朱徽公所定祀先祖之儀，以立春生物之始，陳器具饌而行三獻禮。月旦十五日之序參，族人散處乎東西，度不能以皆至，唯正月朔旦，無小無大咸拜於祠下，復會拜別室，以叙長幼焉。其生子已命名者，續書之於譜圖而後退。若夫朝夕汛掃啓閉之職，擇謹願者爲之主守。祭田若干畝，則俾三族之嗣人輪掌其租入，以供孝祀燕私之事。此其大凡也。始事於至正乙巳之冬，而迄功於丙午之春。榮帥宗人數千指，皆沐浴盛冠衣，入奉明薦。牲酒潔清，執事儼恪，周旋進退，濟濟蹌蹌，觀者咸悦，以爲一邑之所未覩。竣事，復遣其孫愈來徵濂文，刻示後裔，俾世世無有所易。其田之鄉落步畝，則附見于石陰。

濂聞之，先王制爲廟祭之禮，上下隆殺

❶「祖」，原誤作「祺」，今據張本改。

皆有常典，牲牢器幣皆有常數，固非士庶人可得而行。然其親親之仁，出於物則民彝之懿者，初不以賤與貴而有異也。今榮乃能於服殺宗遷之後，以義起禮而遠祀府君，非惟使子若孫不忘其所自出，而管攝人心、聚合宗族之意，實於是乎在，不亦孝子仁人之用心也哉？嗚呼！人非空桑而生，孰不本之於祖者？方其封殖自厚，長慮却顧，無所不用其極。問其所從來，則曰「吾不知也」；問其薦奠之禮，則又曰「我未之能行也」。所謂報本反始之道，顧如是耶？視榮之爲，殆將愧死矣。是不可以不書。三族之嗣人，尚思是纘是承。棟宇之必葺也，毋使之震凌；黍稷之必獲也，毋使之穢荒；牲牷之必腯也，毋使之瘯蠡。庶幾濂之文爲不徒作矣。嗚呼！其懋敬之哉！其懋敬之哉！

四明佛隴禪寺興修記

沙門行原，不遠千里，踰大江而來京師，謁余而言曰：「鄞之天童山，岑鋭緜鬱，上接空際，其支隴蜿蜒南下，争奇競秀，蒼翠相繆，信爲靈僧化士之所窟宅。後唐莊宗時，人見有紅光燭天，謂爲浮屠氏祥徵，因名其地爲『佛隴』焉。大比邱咸啓樂其幽邃，可以縛禪，自天童分其徒，結廬以居，已而開拓如他伽藍。宋治平元年，賜額曰『保安』，然猶以甲乙爲居守。至熙寧五年，始釐爲十方禪剎。主者照珏，乃大覺璉公之法嗣，黑白瞻依，如水赴壑，於是悉撤弊陋而更新之。夫以有形之物，終歸於壞，日就月將，漸致頽圮。元至正某年，住持文舜重搆釋迦寶殿，未及完而去。二十四年，江浙行省丞相康里公時領宣政院事，選天童内記大基丕禪師主之。禪師既至，升座説法已，環顧而歎，且曰：『起廢，吾之責也，四輩其無憂。』居久之，歲豐人和，儲積漸充。禪師曰：『可矣。』亟召匠氏補未完之殿，堅緻有加。若丈室，若演法之堂，則因舊而葺之；若三解脱門，則新作之；以至廡庫庖湢之屬，靡不脩治如法。復集衆，因摶土設像，如來中居，二弟子旁侍。曼殊師利及普賢大士，或騎獅子，或乘白象，王東西而從，護法大神各執其物，梵容生動，如欲語者。經始於二十五年之某月，落成於國朝洪武二年之某月。惟禪師蚤得法於左菴良公，通外内典，梵行清白，薦紳之流皆愛敬之，故能於干戈俶擾之中成此勝緣，了無難者。今雖遷住補陀洛迦山，而猶寤寐不離於佛隴。禪師之功，我衆安敢忘？莫堅匪石，願圖文歸而鑱諸。」

予聞我佛如來，爲一大事因緣，出現于世。蓋以衆生汨没妄塵，念念遷謝，起滅不停，過去者始息，見在者紛拏，未來者已續，二六時中，不知暫捨。以此纏縛沈痼，出彼入此，猶如車輪迴旋，無有休止。於是興大悲心，爲説三乘十二分教，諄諄誘掖，蓋欲衆生捨妄趨真，以成正覺。像教東漸，日新月盛，凡方州列邑，名區奥壤，莫不有梵宇禪廬，以安處其徒衆。亦欲解佛之言，行佛之行，以究夫妙湛圓明之性而已。俗習下衰，或藉此爲利養，而不知先佛忘形爲道之計，盍不思之？香積之供，五味豐美，視日中一食者爲何如？穹居華寢，方牀邃筵，視樹下一宿者爲何如？是宜精進策勵，如上水舟單篙直進，如磨鐵杵必欲成針，不至於成功不止可也。禪師之締搆維勤，其意誠出于此。圓頂方袍之士，于于而來，熙熙而處者，尚無負禪師之所望哉！雖然，如來出紅蓮舌輪，徧覆大千界中，至今演説妙法，大地衆生，無不得見，無不得聞。況日照而月臨，風馳而雨駛，山峙而川流，真常之機時時發見，無一刻止息，有能於此證入，世間名相一時頓忘，其與如來清淨法身，非同非別。回視是刹，飛樓湧殿，雖居塵世，亦與香水海中華藏世界等無有異。予也不敏，盡閲三藏，灼見佛言不虚，誓以文辭爲佛事。今因行原之請，略爲宣説，以記寺之成，使其徒知所自勵。若曰專紀歲月以告來者嗣葺之，則其意末矣。

育王山廣利禪寺塗田記

明之廣利禪寺，名列五山，爲浙河東一大叢林，緇衣之士執瓶錫而來者，動以千計。舊雖多土田，而淪没者過半，一遇乏食，必持鉢走民間，以乞食爲事。寺之長老普濟禪師光公，既爲正其侵疆，復謀買田以助之，既賚志而歿。其弟子象先興公，恢廓而有爲，乃慨然曰：「先師之志，我不可不就也。」市奉化縣腴田若干畝有畸，錢以緡計者十千九百有畸，俾其徒嘗輪力於其間者，若廣融，若景翥等，輪掌其事。歲收其入六百斛，薦於寺中，以補其不足。且建屋三楹間，以爲儲偫之所。爰伐堅石，屬予爲之文，而勒步畝鄉落之詳於石陰。

予謂象先之功侈矣，固不可以不書，然爲文之體，因其事而著其理，始爲得之。請借田爲諭，以勵夫進脩之士何如？象先曰：「不亦善乎！士之進脩則不昧因果，所謂竊攘質鬻之禍不作，吾田固有永而不廢矣。」予因請佛爲證，結跏敷坐，爲説偈曰：

大田在海濱，厥土惟塗泥。何物不可藝？藝禾乃有成。禾根入土已，當加保衛力。涵受及糞壅，耘耔復以時，勿使惡草生。若非雨露滋，亦不能生成。數者既能備，時至自然熟。嘉穟纍纍然，徧及郊野中。我心有如田，諸種靡不納。青黄與白黑，隨其所種生。菩提譬嘉禾，種之即有秋。持戒爲保衛，忍辱爲涵受。布施爲糞壅，精進爲耘耔，智慧爲雨露，禪定道乃成。稚人力一不至，田雖號膏腴，蒿萊日夜長。兔之所藏，蛇虺共出没，化爲荒穢區。欲求一粒粟，有不可得者。我心倘不治，其失亦復然。治心如治田，豈不以此故？上人最方便，市田繼先志。食此緇衣衆，頓免饑火煎。食者或感觸，寧不思前喻？嗜道如嗜食，定知顆粒微，視如萬金重。進道功或怠，亦不易消受。刻文於貞珉，讀者知自勵。更加護持力，常使食輪轉。

贈高麗張尚書還國序

皇上誕膺寶曆，威服德懷，萬邦黎獻，共惟帝臣。時則有若高麗處於海東，遣使者奉表稱臣，貢獻方物。上嘉其誠，詔錫以璽書、金寶，仍爲高麗國王。且錫以王者禮樂，使祀宗廟山川百神於國中。王感上恩之優渥也，事大之禮，弗懈益虔。今年春，復遣工部尚書張子温來朝。上御奉天殿見之，侍儀使自殿中傳宣，問王起居，且勞子温跋涉之故，皇情謙抑，在古所無。即日錫燕於會同之館。翌日，東朝命侍臣饗之。自時厥後，中書樞府暨御史臺次第而舉，酒觴流行，伎樂交作，酣暢和適，禮意有加焉。

夫以皇明天覆地載，四夷君長孰不重譯來庭？使節之往來，琛賮之充牣，無月無之，而於海東之使禮遇尤厚者，其故何耶？他國之君長，非不有其土地人民，紐夷俗而蔑禮義，騁其詐力，惟日不足。高麗乃箕子胥餘之邦，上有常尊，下有等衰，實存先王之遺風焉。政當以中夏視之，未可以外國例言之也。矧今聖天子在上，雄兵百萬，如雷如霆，有抗之者無不殄滅。然於守禮之國，必寵綏而懷柔之，唯恐有所不及。而高麗之君，亦知天命所屬，雖在數千里之外，遥瞻天威，僅同咫尺，致使海東之民安於田里，而弗知戈甲之警，含哺而嬉，鼓腹而游，無異承平之時。是所謂君臣交盡其道者也，不亦美歟！

抑予聞宋之徐競，嘗往其國。其國有禮部尚書金富軾者，與其弟富轍博學善屬文，而進趨詳雅，競以「綽有華風」稱之。今子温之來也，應對精明，進退有度，而文采粲然可觀，似無愧於前二子者，使不賢而能之乎？因其臣之賢，則其國君之賢，益可信矣。子温之還，大夫士多詩之，予因總修《元史》，不暇與子温接，頗樂聞其事，而爲之序云。

送安南使臣杜舜卿序

天眷有德，戡定四方，以靖安生民。於是我皇帝龍飛淮右，仗劍渡江，天下豪傑雲合景從，一鼓而江南平，再鼓而汴、洛定，三鼓而齊、魯、秦、晉以寧，四鼓而幽、燕、遼、朔悉入版圖。曆數攸歸，大統以正。德威所及，雷動風行，浩浩蕩蕩，覃及無際。

于時安南國王陳日煃鼓舞皇化，遣使

稱臣。帝嘉其嚮慕之誠，詔翰林侍讀學士臣張以寧、典簿臣牛諒，賜以印綬，仍其舊封。爲王使者齎詔而行，未及國而王薨。其世子日熞繼志述事，守禮惟謹，遣陪臣少中大夫杜舜卿告哀于朝，請嗣厥位。帝帥群臣素服受舜卿見於西苑之幄殿，慰問良久，皇情盡然傷悼，退而歎曰：「日熞率先内附，朕意西南之民將有攸賴，不知賢王何去朕之急也！」遂親御翰墨，爲文一通以祭之。辭意悽惻，讀者感動。即日翰林編修官臣王濂、吏部主事臣林唐臣奉命以往，且詔世子王其國，取前使者所護王印授之，其德至渥也。

嗚呼！皇帝君臨萬國，如天日之照，光無不被；而王之父子能守臣節，如江水之流，勢無不東。上以德而化下，下以誠而事上，君臣之遇合，可謂千載一時者矣。然而漢置九郡，而交阯居其一；唐分嶺南爲二道，置節度，立五管，而安南亦隸焉。地雖僻在炎徼，涵濡中華聲教者已久，固能尊事大國，確守臣職，昭被宸眷，克保其土地人民，與我國家相爲悠久，播之方今，傳之後世，書之信史，嘉名美績，焜燿鏗鍧，當非他國之君所可及，不亦盛歟！

在昔之時，君子有行役者，必賦詩以閔其勤。今舜卿崎嶇萬里而來，中朝士大夫皆念其賢勞，於其還也，發爲咏歌以道其事。夫導宣上德而布之四方者，史臣之事也。濂雖不敏，乃本諸作詩者之意，而爲之叙云。

送晉王傅李君思迪之官詩序

成周之時，王者必立師傅，尊之曰公，

而不煩以致務，廣廈細氊之上論道而已。自漢以來，以王爲一等之爵，衆建宗親以爲雄藩，故亦設傅相輔之。相則總其國政，傅則導以德義。歷代相因，未之或改。我聖天子臨御之三年，思固泰山磐石之宗，以奠安黎庶，九子一孫，同日封建爲王，所以敦展親之道，壯維城之勢也。

于時晉王開國太原，詔簡在廷之臣，以吏部侍郎李君爲之傅。命既下，爲士者曰：「我知李君文且賢也，翩翩乎脩辭，截截乎雅韻，春花明而秋雲斂，江濤雄而蛟龍鳴。出其緒餘，竟擢高第，❶遂爲甲午科名進士，其膺是選也則宜。」在位者曰：「我聞李君賢且能也。自來京師即膺寵眷，居右史有獻替之功，佐延安有撫綏之績。已而召入郎曹，直躋法從，試之也既屢，而用之也彌篤，其膺是選也則宜。」金華宋濂則曰：「是固然矣。然而皇上之意，以晉國表裏河山之固，北控代朔，南接關陝，其地爲形勝，其民儉嗇而易化，必得重厚誠慤君子輔王而安輯之。此李君所以在選，要不止前二者所云而已也。今王雖未出閣，李君之行，浚治其城隍，經營其宮闕，勞徠其黎庶。然後迎王就國，日以法言大訓陳於前，俾王爲哲王，斯民爲唐虞之民。熙鴻名於無窮，垂令德於不刊，在此舉矣。李君尚勖之哉！」

濂也不敏，待罪國史，他日幸觀勳績之凝，必執筆書之曰：「出鎮太原，自晉王始。其導王以德義，底于成功，自賢傅李君始。」不其韙歟！李君尚勖之哉！濂之有望於李君者，若斯而已。李君名吉，其字曰思迪，濟南人。

❶「竟」，韓本、胡本、四庫本作「克」。

庚戌京畿鄉闈紀序

昊天有成命，皇明受之，謂天下可以馬上得，不可以馬上治，於是大興文教，寵畀四方。乃洪武三年夏五月，以科目選士，詔内外之官胥此焉出。閲三月，畿甸之士將集試於京府，禮部以聞。皇帝御謹身殿，召前御史中丞臣基、今治書侍御史臣裕伯，俾司去留之任，而以翰林侍讀學士臣同、弘文館學士臣稼、起居注臣韶鳳、尚寳丞臣濳、國史臣濂佐其事，各賜幣帛而勞遣之。既受命，不敢宿於家，即相率詣試所，精白一心，以承休德。

先期一日，夜漏下十刻，始命題，至次日黎明給之。兵後學廢，不敢求備於人，其來試者一百三十有三，在選者過半焉。既撤棘，僉謂遭逢盛際，文運方開，不可無紀述以示于後，爰以諸執事及貢士之姓名輯成小録，而俾濂序之。

濂惟天下弗靖者幾二十年，干戈相尋，曾無寧日。今得以涵濡文化，而囿於詩書禮樂之中者，果誰之賜歟？是知帝德廣被，其大難名，不可以一言而盡也。《棫樸》之詩有曰：「周王壽考，遐不作人。」聖天子之造士者，可謂至矣。《烝民》之詩有曰：「夙夜匪懈，以事一人。」凡爲士者，尚思盡瘁報國，以無負於科目哉！❶

使南稾序

吏部考功主事林君元凱，奉使安南還，

❶ 篇末，張本有「是爲序」三字。

以《使南稾》一編授予序。序曰：

安南，古交趾也。漢唐以來，其地皆入職方，稱臣奉貢，比内諸侯。近代馭非其術，徼其重貨，責其躬朝，蠻夷始敢爲弗恭，廷議憤之。復有鑄金爲人、夜光爲目之徵，而蠻夷心亦離。使者至其國，多貪夫，悦其金貝，❶輒昧昧攫之，遂致其褻侮，燕於廡下，君子每爲之短氣。方今聖天子御極之初，遣使往告即位。其國主陳日煃稽首上表，遂仍封爲安南王。未至，日煃卒，嗣王日熞有請於朝，復詔襲爵如初。妙柬廷臣充頒封使者，僉謂元凱前進士學古明經，尤長於辭令，其出使爲宜。上召至奉天殿，親加勞問而遣焉。

元凱即日上道，越五月，至其國，布宣天子威德。君臣悦服，乃北面拜跪聽詔如藩臣禮。將還，日熞遣陪臣夜半持黄金爲壽，元凱峻却之。陪臣舉手加額，稱爲賢使者而後去。肆惟皇上宅居土中，遠夷慕化者，以其限山絶海，使各安於境土而無所利之，深合古帝王懷柔之道，固當著之史牒，垂憲萬世。有若元凱之爲使，義正辭嚴，足以聳動群聽。凡其國以利相啗之姦，卒無所售，亦可謂不辱君命者矣。

然予聞序事之體，志其大而舍其細，故特取蠻夷叛服之由，聖世明良之盛，書之於首簡。至於行役之勞，倡酬之適，山川土俗之詳，已見詩中者，可得而略也。元凱，臨漳人，名唐臣。今以時制所禁，更爲弼。文辭爾雅，吾友王内翰品評閩南人物，謂元凱爲巨擘云。

❶「貝」，原誤作「具」，今據張本改。

南征録序

皇帝即位之二年，春正月，詔使者易濟往安南，告以中夏革命，萬邦底寧。國王陳日煃遣陪臣同時敏奉表稱臣。上嘉其事大有禮，降璽書錫以王封，仍頒之金印，敕翰林侍講學士張以寧及典簿牛諒將之以行。未及境而日煃卒，以寧乃護詔印留洱江。上使諒往其國，諭以朝廷所以來之意。嗣君日熞復遣陪臣杜舜卿來告哀。上素服御西苑之幄殿，召舜卿入見，慰問有加。於是親御翰墨，製祭文一通，命翰林編修王廉充祭弔使。既至，其君臣出迎于郊，議授受之禮，往返數四不能決。廉厲聲訶之，乃奉御製文於綵輿，迎入壽光殿，别設日煃靈位于殿前，使者南向而布宣之。日熞率群臣再拜俛伏以聽，成禮而還。此皆王化遠被，蠻夷之國無不駿奔受命。而爲之使者，所以導宣德意，使萬里之外，天威咫尺，非賢者善於辭令，亦豈能之哉！

廉嘗與濂爲文字交，遂以所作歌詩曰《南征録》者授濂序。昔吾夫子以誦《詩》三百，能專對於四方，然則詩固宜使者之所優爲。矧本乎人情，該乎物理，廉蓋學之有素矣，發於中而形諸外者，夫孰禦哉！今觀其措辭，和而弗流，激而弗怒，雅而不凡，可謂能專對者非耶？廉字熙陽，栝蒼人，以能文辭稱。所著《迂論》數十卷，鉤考名物制度之異同，千載不決之疑，能以意決之，詩特其一事爾。廉發京師也，以三年夏四月；其還也，以四年春二月。上念其勞，親擢爲工部員外郎，以階資躐等，力辭不拜，今改授澠池丞云。

剡源集序

濂嘗學文於黄文獻公，公於宋季辭章之士，樂道之而弗已者，唯剡源戴先生爲然。濂因日購先生之文，絶不能以多致。會有詔纂脩《元史》，命濂總裁其事。事有闕遺者，遂以上聞，遣使訪於郡國。竊以謂先生著作，有關於勝國宜多，乃屬使者入鄞徧求之。鄞，先生鄉國，庶幾有得之者。曾未幾何，有司果以《剡源集》二十八卷來上，濂始獲而盡覽焉。因作而曰：「辭章至於宋季，其敝甚久，公卿大夫視應用爲急，俳諧以爲體，偶儷以爲奇，靦然自負其名高。稍上之，則穿鑿經義，櫽括聲律，孳孳爲譁世取寵之具。又稍上之，剽掠前脩語録，佐以方言，累十百而弗休，且曰：『我將以明道，奚文之爲？』又稍上之，騁宏博，則精麄雜糅而略繩墨；慕古奥，則删去語助之辭而不可以句：顧欲矯弊而其弊尤滋。私自念辭章在世，如日月之麗乎天，雖疾風暴雨動作無時，將不能蔽蝕其精明。獨怪夫當時之士，奚爲乏一人障其狂瀾耶？復念豪傑之士，何代云無？第區區所見孤陋，故鮮能知之，非誠然也。及覽先生之文，新而不刻，清而不露。如晴巒出雲，姿態横逸，而連翩弗斷；如通川縈紆，十步九折，而無直瀉怒奔之失。嗚呼！此非近於所謂豪傑之士耶？」

蓋先生七歲即知攻文，咸淳中入太學，以三舍法陞内舍生。既而試禮部第十人，登進士乙科，調教授建寧府。及還臨安教授，行户部掌故，皆不就。會宋亡，爲元執政者薦之，起爲信州教授，先生年已六十一矣。尋遷婺州，以疾辭。後六年，終。

初，先生既擢第，憫宋季辭章之陋，即濯然自異。久之，四方人士争相師法，故至元、大德間，東南文章大家，皆歸之先生無異辭。先生之没僅六十年，已罕有知其名若字者，殊可哀也。濂在史局，既命彙入儒學傳中，及司業成均，復將録其《剡源集》者歸以示諸人。而先生之鄉，有夏君閲來爲國子正，方與先生之孫資先謀刻於梓，夏君遂以題辭爲請，且謂：「知先生之深者，唯黄文獻公。公既不可作，子幸無讓。」於是忘其僭踰，而爲序之如此。

嗚呼！豐城之劍，荆山之玉，縱埋没泉壤爲已久，神光上貫於霄漢者，終弗能掩也。其先生之謂乎！先生諱表元，字帥初，一字曾伯，慶元奉化州人。❶

羅氏五老圖詩卷序

明之慈谿羅氏，出於唐觀察判官隱之子塞翁。塞翁來攝縣令，因家焉。至宋，有名明復及謙者，相繼擢第奉常，蔚爲書詩之家。然而謙之後人，多以耆壽稱。其諱絅者，年八十有四而終。絅之子善卿，其卒之年如絅而不及者再期。善卿娶某氏，生五男子，其一曰明遠，年八十又三；次二曰明傑，其年如明遠而少二歲；次三曰明德，其年如明傑而少十又三歲；次四曰明純，次五曰明叔，明純如明德而少二歲，明叔如明純而少三歲。惟此五老人者，高邁八袠，卑

❶ 篇末，張本有「洪武四年秋八月望日金華後學宋濂謹序」十七字。

踰六旬，當風日和美之時，婆娑中庭，衣冠偉如，佩玉鏘如，于于而趨，雍雍而語。皓髮龐眉，照耀後前；華帨綵衣，給事左右。見者驚詫，不曰「此人世之上瑞」，則曰「是國家之休貞」。嗟歎慕豔，若有所不及。噫，亦異哉！

昔者，睢陽固嘗以五老聞矣，其系非一姓，其生非一門，不過仕焉而止，優游鄉梓，相與賦詩倡酬，人猶以爲異而傳之。今羅氏則一姓也，非直一姓，又出一門焉；豈惟一門，又連弟若兄焉；然兄弟之親有一從者，有再從、三從者，有群從者，不能必其同也，又同出於一父母焉。揆於睢陽之所聞，不爲尤異者歟？尤異之事，可不彰而傳之歟？藉曰睢陽之傳皆以爵顯，而羅氏則隱約於布衣。然爵禄有命，不可以倖致，顯弗顯，固不當計也。

嗟夫！人生至欲者，莫踰其壽考。❶《書》之「九五福」，舉以爲首；詩人善頌，雖不一而足，尤以此爲至願焉。羅氏一門，獲之爲多，誠希世之盛事，厥今之奇逢，是宜材士大夫播諸聲詩，牘累篇聯，繩繩猶未已也。他日協諸律吕，被於管絃，使其子若孫持觴爲五老人壽，非特爲一時之美談，觀風之使，或采而上之，則牛酒之寵勞，絮帛之敷錫，天光下照，赫奕於東海之濱矣。猗歟休哉！顧序睢陽之事者，錢公明逸也。明逸之文雄，故能傳諸久遠。若予荒靡不振之作，將焉用之？要不足爲羅氏之重輕。姑述其概於首簡，以俟如明逸者删焉。

羅氏五昆弟，生子二十二人，共爨而食者五世。至正初，以同居耆德旌其門。予

❶「其」，張本作「於」。

嘗求其故，絧孜孜樂善，惠利及人者衆。善卿生平不害物命，其好施如其父，歲儉則散粟給宗族，無死徙之憂，臨没又聚借貸諸券焚之。然其所培植者遠矣。

張氏譜圖序

張以字爲氏，出於晉之公族，有解張者，其字曰張侯，故晉國世有張氏。而譜家謂少昊第五子揮爲弓正，賜姓爲張，則非也。子孫蔓延，分適他國，而居清河爲最盛。清河之族，布於大江之南，其遷江陰者，則不知始於何世，圖諜喪漫，不可鉤考。至月崖翁，始入於譜。翁諱暉，喜聚四庫書，多至充棟，人有願購者，❶輒乞與之。然博聞强記，或以疑難質焉，則曰是出於何書何篇，從容而起，抽架上所有，拂塵而驗之，無差爽者。暉生翊。翊生思明，通天官之學，兼以六物推人休祥，宛然目擊。閭右民有不平之鳴，知思明直而無徇，嘗徼而愬之。思明出片言，理詘者面頸發赤以去，不敢譁然。尤尚風義，州有過客號材大夫者必主之，雖至單乏，不恤也。市有病氓卧道周，氣奄奄欲絶，思明舁至於家，召醫調護之，愈乃遣。東甌書生疫死逆旅中，逆旅氏大怖，不知所爲計，思明具衣冠藏之淺土，其後竟得以喪歸。三山梁先生與思明有連，及死，無爲主後者，煢妻與四女日夜相持以號，思明爲治葬事，飲食其妻終身，且悉配其女於士族。君子稱之曰：「古有行義之士，今惟吾張明德乎！」明德，思明字也。後爲陰陽學正以終。思明生端，通《毛

❶「者」，原作「君」，今據張本改。

氏詩》，用吕肅公之薦入仕，四爲校官，遷浙西部使者掾。丁元多故，干戈相尋，丞相康里公承制行事，遂録其軍功，超授江浙行樞密院都事。端生宣。宣能辭章，入國朝，以考禮被徵來南京，尋至史局，與脩《元史》。上親書其名，召至殿庭，即日擢翰林國史院編修官，人以爲異恩云。

時予適長詞林，宣數來請白：「宣之宗族，遭兵亂之餘，凋落殆盡，所僅存者，唯宣之祖若父曁宣兄弟爲四人，三世自相師友，漸摩道義，不敢違聖賢之明訓。邇者，先祖又傾背矣。痛念世德弗昭，家牒不脩，皆無以示遠，爰輯爲一書，虛其首簡，先生儻畀矜之，冠以序文，實宣之願也。」

嗚呼！三代之前，姓氏分而爲二，男子稱氏，女子稱姓。氏所以别貴賤，姓所以别婚姻。三代之後，姓氏合而爲一，皆所以别婚姻，而以地望明貴賤，去古爲益遠矣。夫姓之與氏，亦昭然易見者，獨混淆而無辨，況於遷轉之無常，承傳之盛衰，又焉能盡知其所自出哉！此無他，圖譜之局不設，中正之簿狀不存，亦已久矣。雖有智者出於其後，將何徵之耶？宜乎宣之痛心疾首而不能自已也。

予竊聞之：爲善者必有後。宣之家素以善行聞，其後將益蕃。歷數十世，子孫繼脩此譜者，屢書不一，則指月崖翁爲江陰之初祖。造端之功，豈非宣之所爲歟？舊譜厄於兵燹，有不足恨也。或者則曰：「宇文周之時，嘗命叱羅氏爲張姓，今子何所據，獨謂此出於晉之張乎？」曰：「叱羅之張，稍盛於燕、代之間，而江南則無有也。此非予之私言也，蓋亦有所受之也。」

溧水端氏家牒序

惟端氏出於孔門弟子子貢。子貢，衛人也，名賜，其姓端木。後人以省文，獨呼爲端。端氏之後，有遷居汴者，一在曹門，一在酸棗門，二族甚盛。曹門之裔曰某府君者，爲里之蕭氏贅婿。宋南渡初，蕭氏通判昇州，府君與之俱，寓居烏衣巷中。昇州即金陵，爲江南佳麗之地，府君之弟四人亦來相依。久之，蕭遷居溧水之巉山。巉山之側，有地曰東村，府君遂率諸弟定居焉。大署其門曰「曹門端木氏」，蓋以自表見也。

府君生某，某生彥，彥生進義校尉萬，以材雄於鄉，統縣兵爲保障，盜不敢犯。民懷其德，爲之立祠。進義生省，省生壽，皆以樂善聞。壽生時中，性最嗜學，朝夕沈酣經史，間發爲辭章，沛如也。時中生安，不幸早世。安生邦遠，字國用，幼孤，能自振其家，每以澤物爲務，借貸而不償者，焚其券，如古之寬厚長者。國用生復初，字以善，精敏通疏，有爲治之才。初由樞府屬連佐大府，遂以政事聞。復初生四子：曰仁，慷慨有奇氣，亦早卒；曰義，能負荷家事，弗貽親憂；曰禮與智，從金華許文懿公門人游，循循雅飭，有士君子之行。然而端氏爲溧水大姓，群從子弟居山東西前後者餘百家，高墉飛甍，環數里相接也。

至正壬辰，兵燹方張，咸蕩爲灰燼，雖譜牒之屬，片簡隻削亦無存者。復初間與予言，愀然不自寧，因叩其所記憶者，府君父子之名已逸。自彥而至復初，凡七傳，皆係世嫡。復初因請予備著於首篇，而四弟之子若孫尚多，行當蒐采爲圖，以繼其後。

至於字某，娶某氏，壽幾何，葬于某地，亦以所聞附注其下；其無由知者，則闕之。復初之心，可謂至矣！

昔者，黄文節公譜其世系，僅六七傳而止，其上則闕而不書，蓋不欲失傳信之義也。復初之事，何其有合於文節公哉？嗚呼！譜諜，重事也。三世不脩，古者以爲不孝，奈何世人多忽之而弗講也。有若復初，殆知本之士也哉！

陶氏家乘序贊

台之黄巖，有大姓曰陶氏。其先自閩中徙永嘉，復自永嘉來徙，遂占籍爲黄巖人。其後族系日滋，分而爲二房：曰赤山，曰陶下。陶下之房，有諱泰和者，遷於湫水，即今所謂陶陽也。泰和字處温，宋皇祐間仕爲處州裏溪都巡檢。生子四人：長曰埴，徙於石塘；次曰某，字萬里，仍居陶陽；次曰昉，裔絶不傳；次曰武功大夫甄，甄子三班借職詢别遷於武林。蓋自巡檢府君至今祕書丞宗儒，已十有二世矣。宗儒字漢生，明經，善屬文。予供奉詞林時，漢生嘗爲典籍，以同官之故，間來請曰：「惟萬里府君，實爲陶陽之祖，譜尚失其名，宗儒深竊憂之。使今而不脩，則其世次或有不能言者矣。」於是徧求石塘、陶陽二譜而一之，各疏其名若字、娶某氏、生子某、壽若干於其下，無所考者，則闕而不書，存疑也。武林之宗人，久不相通，其譜之存否，不可復知，行當采訪而鈔入焉。既繕寫成帙，滴露研朱而系絡之矣，爲序其首簡，以示後之人。

夫自唐以前，官有簿狀，家有譜系，凡

有司選舉，民俗昏聘，則互相徵考，所以明貴賤，别親疏，各有統紀，不相淆亂也。五季以來，學失其傳，雖嘗號簪紳家者，論議非不閎博，文辭非不富麗，問其所自出，則曰「我無所於考也」，問其所承傳，則曰「曾祖已上則莫能詳也」。嗚呼！此無他，其學之不講，其書之不脩，雖有知者興於其後，亦末如之何也已！宜乎以莊爲嚴，以慶爲賀，而無所分别也。漢生乃能留意於斯，鰓鰓焉而不少置，其賢度越於諸人者，不亦遠乎！昔河南劉燁能存其譜，自中書侍郎環雋至其身，凡十有一世，當時以爲美談。漢生今之所譜，揆之於燁，復加其一焉，又惡知世之人不以美燁者美漢生哉？漢生之後嗣尚思謹而續之，斯可也。予既欣然爲書其事，復述爲贊，曰：

君子重本，必譜其宗。惇孝廣愛，以協民衷。氏族失官，士無適從。同姓塗人，實感於中。陶陽之裔，家於海東。閱世十一，益衍而豐。爰合親疏，以昭異同。勖爾後嗣，載續載崇。

應制冬日詩序

洪武二年，冬十一月二十有二日，❶上御外朝，遣中貴人召翰林學士臣濂、侍講學士臣素、侍讀學士臣同、直學士臣經、待制臣禕、起居注臣觀、臣琳列坐左右。既而命太官進饌，賜黄封酒飲之。上屢命盡觴，内官承上旨，監勸甚力。臣濂數以弗勝桮杓固辭，上笑曰：「卿但飲，雖醉無傷也。」酒終，上親御翰墨，賦詩一章，復繫小序于首，

❶ 下「二」字，張本作「一」。

命各以詩進。臣濂最先，臣禕次之，臣觀、臣琳、臣經、臣同又次之。上覽之大悅。臣素最後，詩以民瘼爲言。上曰：「素終老成，其爲軫憂蒼生之意乎！」❶於是各霑醉而退。明日，臣素以遭逢盛際，光膺聖眷如此，不可無以示後來，乃集其詩爲卷，而以題辭爲屬。

臣濂聞之，在唐中世，當夏日炎蒸，君臣相與賦詩，不過以日長爲可愛，涼生殿閣爲足矜，後代多譏之。惟我皇上，勵精圖治，其於冬日冱寒之際，形諸篇翰，固不忘於聽政；群臣賡歌，復以逸豫爲戒，憂勤爲勸，而弗敢後者，其故何哉？蓋唐虞在上，無小無大，孰不精白一心以承明德？況於文學法從之臣，職在獻替者乎！揆之於唐初，不可以同日而語也。臣濂不佞，庸敢以是序諸篇端？上所賦詩，別以金龍牋繕謄其副，尊閣於家，示不可褻也。

送呂仲善使北平采史序

皇帝即位之明年，四方次第平，乃詔文學之士萃於南京，❷命官開局，纂脩《元史》。爰自太祖開國至於寧宗，凡一百二十六年，已據舊史檃括成書。而元統迄於終祚又三十六年，遺文散落，皆無所於考。丞相具以上聞，帝若曰：「史不可以不就也，宜遣使天下訪求之。」於是儀曹會諸史臣，發凡舉例，具於文牘，遴選黄盅等十有二人，分行各省。僉以爲北平乃元主故都，其文獻必有足徵者，非精練博敏之士，未易以集其

❶「爲」，張本作「有」。「憂」，韓本、胡本、四庫本作「念」。

❷「士」，原誤作「上」，今據文意逕改。

事。予友仲善方司繕成均，實應其選，戒行李且有日，與仲善游者咸爲賦詩。以予嘗與刊脩之末，俾題其篇端。

嗚呼！傳有之，國可滅，史不可滅。然既亡其國矣，而獨謂史爲不可廢者，其故何哉？蓋前王治忽之微，興衰之由，得失之效，皆可爲後王之法戒，史其可滅乎？然自漢以迄于近世，類多群臣奏請，始克緝成典籍。惟我皇帝，既成大統，即蔽自淵衷，❶孜孜以纂脩《元史》爲意，則其神謀睿斷，卓冠百王，偉量深仁，與天同大，巍巍乎不可尚已。仲善行哉！採石室之遺餘，詢名賢之紀録，俾信史免於闕文，傳諸奕世，❷其不有望於仲善矣乎？仲善行哉！弔齊魯之故墟，撫幽燕之陳迹，呼酒長歌，拔劍起舞，將又不在於仲善矣乎？然則仲善兹行亦壯矣。若予者，年踰六十，髮白神耗，不能逐車塵馬足之間，以攄寫其中情，仰睇飛雲，唯有慨然遐思而已。然而鋪張上德，以昭布四方，垂諸無窮者，史臣之事也。庸敢備書之以爲序，而區區離別之懷，有不暇計也。仲善姓吕氏，章貢人。有學有文，其聞譽蓋翕然云。

送劉永泰還江西序

聖天子以六合既寧，益寤寐求賢，而致時雍之治，於是朝臣以永豐劉于先生聞。初，先生嘗以賢良徵，因病謝歸。及是使者至，即束行李東上。洪武辛亥閏三月，實來京師。丙子，吏部侍郎顧君剛中等入奏，上

❶「蔽」，胡本作「出」。
❷「奕」，張本作「來」，韓本作「後」。

召見於外朝，俾講說經書，親與之論辨。先生敷繹詳明，上悅。越翌日丁丑，❶上御金水橋，復召先生，慰問良久，敕儀曹賜冠衣。又明日戊寅，復召至便殿，諭先生曰：「君子爲學，當見於世用，爾自度其材，可爲郡縣何職？宜竭誠以對，朕將官之。」先生曰：「臣于在前朝，❷嘗舉進士，試南宮不利，終老弗沾一命。今幸遭逢有道之朝，登崇俊良，凡有血氣者，莫不涵泳歌舞於神化之中，況區區草澤賤儒，三瞻天日之表，聖語丁寧，又如此之至，苟稍知君臣之義，孰不感動以思報效？第臣犬馬之齒已衰，筋力弗强，聽恍恍而視茫茫，若冒昧上承詔旨，異日儻有曠官之刺，則負天恩深矣。敢固辭。」上以其言誠愨而質直，不奪其志，親御翰墨，賦詩一首，且命先生亦賦三詩以進。上覽之喜，令內侍酌酒賜之，俾其還山。

肆惟皇上，以天縱之聖，黃鉞四征，大統以定，而尤親近儒臣，共圖治安。年高而不欲仕者，復以禮而敦遣之。此如上天雨露之澤，滂沛周浹，萬物咸賴，聖德神功，巍巍煌煌，固非前代帝王所可及。然而欲治之主不世出，當此明良相逢，千載一時。先生平日所學，致君爾，澤民爾。一旦翩然西還，傍巖以爲廬，結雲以爲衣，菜有葅，食有稻與魚，左圖而右書，于于而行，沈沈以居，先生之計則得矣，其如蒼生何？雖然，先生之志則有在也，其意必曰：「我於催科聽訟，則年誠耄矣；奔走承事，則力誠不能矣。若敷明孔子之道，以淑後進，使從之者

❶「越」，原作「望」，今據張本、四庫本改。

❷「于」，原作「於」，今據上文及張本改。

知孝弟忠信，變澆風而爲厚俗，是亦報上恩之萬一也，是則可爲也。」嗚呼！先生之志果若此，其於出處之義，庶幾兩無愧乎！先生將還，士大夫多慕咏之，相率作詩餞之，而遺金華宋濂序之。

宋文憲公全集卷一終

宋文憲公全集卷二

送錢允一還天台詩序

皇帝即位之二年，秋八月，大將軍帥師取燕都，西北州郡次第皆平，而天下歸于一統。越明年之冬，上將親御衮冕，郊祀天地，大告武成。復念開國諸臣勞烈之多，錫以鐵券，以申河山帶礪之誓。前一月，下禮官議其制度。近臣奏言，唐和陵時，嘗有賜於錢武肅王，其十五世孫尚德實寶藏之。上遣使者即其家訪焉。尚德既奉櫝券及五王遺像上之，上御外朝，與丞相宣國公臣善長、禮部尚書臣亮、主事臣肅觀之。皇情悅豫，敕省臣燕尚德於儀曹，恩意有加焉。已而，尚德思東歸，陛辭之日，命還其券與像，以禮敦遣之。予時待罪禁林，尚德以予知其事頗詳，請序其故，而繫之以詩。

夫錢氏寶有此券已五百載。宋淳化中，杭之守臣嘗連玉册進之。元豐五年，又進之。宋季兵亂，券沈官河水中者五十六年。元至順二年，❶漁人獲之，而售於尚德之父世珪。迄今有道之朝，而尚德又進之。是嘗三登天子之庭，其間或顯或晦，雖若類靈物訶護之，亦其孫子之多賢，始能保守而弗墜也歟！抑予聞武肅之有國吴越，同時據有一隅以專威福者，若前後之蜀、南東之漢，以至吴、楚、閩、唐、南平，號爲十國。計其士馬之精彊，城邑之壯麗，府藏之充牣，

❶「二」，張本、胡本作「三」。

意盛氣得，亦可謂一時之雄。曾未旋踵，夕陽芳草，悽然有餘悲矣。況望其子孫保有故物於十餘世之後乎！由是觀之，錢氏之樹德也深矣。皇明肇造區夏，比隆唐虞，凡前代文獻之可考者，莫不訪求之。尚德之家，世載明德，且將出躋膴仕，以佐明時。斯券之徵，蓋特爲之兆爾。予因不辭，序而詩之，於以見尚德遭逢之盛未止於此，而他日相遇，必當以序爲知言云。尚德字允一，天台人。詩曰：

大明天子開鴻基，雄兵百萬皆虎貔。東征西討十餘載，變化不異雲雷隨。功成治定四海一，剖券分符恩澤施。前王遺制久已泯，錢氏世寶猶無虧。天使持書往徵取，有翁橐負來丹墀。鞠躬俯伏再拜起，旋解韜藉重重披。精鐵煅成大逾瓦，中突傍偃形如箕。又如圓甗剖其半，一片玄玉誰瑕疵？鑿竅填金文絢爛，筆畫方整蟠蛟螭。誓辭三百有餘字，河山帶礪無嫌疑。繼陳五王有真像，彷彿猶是唐冠衣。腰圍白玉金作銙，吻角左右分三髭。重瞳回光屢下照，笑語愈覺天顔怡。便敕太官給珍饌，上尊法酒澆瓊巵。憶初唐綱既解紐，恣舞鰌鱓號狐狸。斗牛王氣果淩厲，豫章占術元非欺。八都健卒猛如虎，指揮不異驅嬰兒。羅平鳥圖騁怪幻，内黄外白跳狂癡。龍劍一揮赴水死，大勛星日同昭垂。因兹錫券代牲歃，彭城開府如三司。衣錦城空嘉樹死，❶共守尚有三樓危。淳化元豐兩進入，龍光曾受天王知。炎精訖籙九鼎沸，一旦失去官河糜。豈伊神物欲變化，相逐雷劍爲龍飛。孰知漁者一舉網，所獲非鼉還

❶「死」，韓本、胡本作「老」。

非龜。終然鬼物所訶護，不使光彩埋荒陂。我知泥塗沙礫幸免累，寶玉大弓欣有歸。天意實有在，武肅宏烈何堪徵！八州生靈數百萬，拔出水火行中逵。子孫食報豈終極？政如稼穡隨年肥。高牙大纛入黃閣，金章鰲綬趨彤闈。不知堆牀定幾笏，但見肘印懸纍纍。七世珥貂未足擬，一門三戟終前檥。況翁文采爛五色，嗜古不管頭垂絲。秦淮呼酒話離別，遠盻官舸如星馳。❶於時同雲羃四野，勢欲釀雪增寒威。行行若過表忠觀，好剔蒼蘚觀殘碑。

汪右丞詩集序

昔人之論文者曰，有山林之文，有臺閣之文。山林之文，其氣枯以槁；臺閣之文，其氣麗以雄。豈惟天之降才爾殊也？亦以所居之地不同，故其發於言辭之或異耳。濂嘗以此而求諸家之詩，其見於山林者，無非風雲月露之形，花木蟲魚之玩，山川原隰之勝而已。然其情也曲以暢，故其音也眇以幽。若夫處臺閣則不然，覽乎城觀宮闕之壯，典章文物之懿，甲兵卒乘之雄，華夷會同之盛，所以恢廓其心胸，踔厲其志氣者，無不厚也，無不碩也。故不發則已，發則其音淳龐而雍容，鏗鍧而鞺鞳。甚矣哉，所居之移人乎！

今觀中書右丞汪公之詩，益信其說爲必然者矣。公以絶人之資，博極群書，素善屬文，而尤喜攻詩。當皇上龍飛之時，仗劍相從，東征西伐，多以戎行，故其詩震盪超越，如鐵騎馳突，而旗纛翩翩，與之後先。

❶「盻」，原作「盼」，據張本改。

及其治定功成，海宇敉寧，公則出持節鉞，鎮安藩方，入坐廟堂，弼宣政化，故其詩典雅尊嚴，類喬嶽雄峙，而群峰左右如揖如趨。此無他，氣與時值，化隨心移，亦其勢之所宜也。然而興王之運，至音斯完，有如公者，受丞弼之寄，竭彌綸之道，贊化育之任，吟咏所及，無非可以美教化而移風俗。此有關物則民彝甚大，非止昔人所謂臺閣雄麗之作。而山林之下誦公詩者，且將被其霑溉之澤，化枯槁而爲豐腴矣。雖然，詩之體有三，曰風、曰雅、曰頌而已。風則里巷歌謡之辭，多出於氓隸女婦之手，髣髴有類乎山林；雅、頌之製，則施之於朝會，施之於燕饗，非公卿大夫或不足以爲，其亦近於臺閣矣乎！輶軒之使弗設，而托之於國風者，若無所用之。皇上方垂意禮樂之事，豈不有撰爲雅、頌以爲一代之盛典乎？濂蓋有望於公，他日與《鹿鳴》《清廟》諸什並傳者，非公之詩而誰哉？濂也不敏，受公之知十有一年，故竊序其作者之意於篇首。公名蕪類之詞，要不足爲公詩之重輕也。公名廣洋，乃皇上之所賜，其字則朝宗也，淮南人。❶

詹學士文集序

往時，湖湘間才士大夫多以詞賦稱，若江夏詹先生同文，其一也。蓋同文襟韻瀟灑，濟以雄博之學，故體物瀏湸，鏗鏗作金石聲。及歸我熙朝，遂以文鳴一時。當勝友如雲，酒酣耳熱，有執卷來求者，同文振

❶ 篇末，張本有「洪武三年四月二十一日金華宋濂序」十五字。

衣而起，捉筆四顧，文氣絪緼從口鼻間流出，頃刻盈紙，爛爛皆成五采。觀者從傍鼓譟，且謂萬言倚馬可待者，行無大相遠。❶自是有問奇俊士，僉曰「同文，同文」云。

予與同文交且久，而同官翰林。初見之甚驚，後屢見之，竊自歎賦才暗劣，規規方圓中，日蹈古人軌轍，不敢奮迅吐一奇崛語。雖見諸簡牘者近一二千篇，奄奄如無氣人。作文固當如是耶？去年之秋，京畿試鄉貢士，今年南宮試天下士，同文皆持文衡，區區亦與聞末議。見同文考五經卷，朗讀數行，輒操觚書云云。書已復讀，又書云云。予視之，析理精緻，如漢廷老吏議法，是非重輕不可掩。人以文辭稱同文，固未見其衡氣機如同文者，其何可及耶？其何可及耶？

韓退之推李杜文章光焰萬丈，少陵之作，頓剉沈鬱，高不可攀，深不可探；謫仙之辭，飄飄然游戲璇霄丹臺，吹鸞笙而食紫霞，絶去人間塵土思。此無他，精華發爲光耀，縱横交貫，不自知其所止。退之言當不誣。同文之能致是者，豈無其故哉？然予聞太史公周覽名山川，故作《史記》煜煜有奇氣。同文他日西還，予將相隨泛洞庭，浮沅湘，登大别、九疑之山，吸風吐雲，一洗胸中穢濁，使虛極生明，明極光發，然後揮毫以尾同文之後，萃靈鳳之彩毛，擷天葩之奇馨，或者當有可觀。同文果以爲何如耶？

同文以天□集授予序，❷神思摇蕩，急展牘書之，懼其凌空飛去。❸

❶「行」，張本作「將」。

❷□，詹氏著有《天衢吟嘯集》，此處空闕疑爲「衢」字。

❸篇末，張本有「是爲序」三字。

送許時用還越中序

婺與越爲鄰壤，越屬縣曰嵊，有許氏居之，世以詩禮相傳爲名門，而時用則又其最秀者也。濂家婺之金華，距嵊爲不遠。在弱齡時，即與時用相聞，方以文墨自漸摩，無雨風，無晝夜，危坐一室不暇見。暨同試藝浙闈，旅進旅退，於千百人中無有爲之先容者，又不能見。自時厥後，時用以《禮經》擢上第，爲諸暨州判官。金華抵諸暨，比嵊爲尤邇，將騎驢走鈴下而謁焉，時用又入行御史臺，治百司，其地清嚴，雖時用亦不宜與人接，又不敢見。曾未幾何，金華陷於兵，士大夫螻蟻走，唯流子里爲樂土，亟挈妻孥避焉。流子里隸諸暨，地在嵊之東南，僅數舍即至。濂時苦心多畏，而土著民往往凌虐流寓者，白日未盡墜，輒翳行林坳，鈔其囊槖物，甚者或至殺人，又不可見。及至兵戈稍息，予還金華，日采藥以自娱，間念及時用，即欲約二三子往候之，以解夙昔之思。去年冬，聞時用有弓旌之招，使者趣迫上道，急於星火，又不及見。濂竊自念，時用英俊士，此行何所不至，鸞臺鳳閣，將以次而升，何日能賦歸？縱時用欲歸，上之人未必聽也。濂雖少時用一歲，則已皤然成翁，度何由至南京？既不能至，又安能與時用一抵掌笑談耶？慨然遐思者久之。會朝廷纂脩《元史》，宰臣奉特旨起濂爲總裁官，使者亦見迫如前。逮濂將戒行李，時用至武林始旬日耳。濂又自念史事甚重，當有鴻博之士任其責者，濂豈敢與聞？藉是以往，或得一見時用，亦豈非至幸歟？濂來南京，寓於護龍河上，方求時用館舍之所在，忽有偉丈夫來見者。問其姓名，亟曰：「我許時用也，子豈非景濂乎？」濂驚喜不及答，亟延入坐，備陳五欲見而弗能之故。時用知濂嚮往之久，亦相與傾倒。凡風晨月夕，無不相往來。一旦，忽悽然墮淚曰：「余先朝進士也，春秋又高矣，不足以辱明時，使者不我知，委幣而迫之來，我不敢違，今已陳情於丞相府矣。丞相儻言之上，得遂歸田焉，不翅足矣。」他日，又來言曰：「聖天子寬仁，今用丞相言如所請矣，已具舟大江之濱，吾子遇我厚，幸一言以爲别。」

嗚呼！婺與越其壤相接邇，其見甚易也，乃積四十年而莫之遂，厥後始見於千里之外。既見矣，遠或四三春秋，近或及期相與論學，以盡夫情可也，未及兩月而即去。既去矣，或買一小艇相隨，五六百里間，采江花之幽靚，殷勤道别，亦云可也。脩史事殷，足不敢踰都門，愴然而别。既别矣，一二年間或再得聚首如今日焉，猶可也，然向者已如此，自今而後，其可以必期而必取之耶？人事之參差不齊，何可復道，尚奚言爲時用之别耶？雖然，時用之歸也，其有繫於名節甚大。時用采蕺山之蕺，食鑑湖之水，日與學子談經以爲樂者，果誰之賜歟？誠由遭逢有道之朝，故得以上霑滂沛之恩，而適夫出處之宜也。夫道宣上德，以昭布於四方者，史臣之事，因不辭而爲之書。區區聚散之故，一己之私爾，則又當在所不計也。

華川文派録序

義烏，婺上縣，自隋至唐，名士輩出，若

婁幼瑜，若駱賓王，則其尤者也。幼瑜之文以卷計者，凡六十有六；賓王之文，其數亦盈十焉，然皆散逸無存。其僅見於世者，往往出於編類家之所采。此無他，聚之廣則行之久也。宋南渡後，宗忠簡公澤，其文多至五十卷，細高居士黄公中輔亦十卷，香山喻公良能則三十四卷，香山之弟杉堂公良弼，頗如居士之數，南湖何公恪、巖堂陳公炳各二十卷。惟是四三君子，事業雖不同，其以文辭有助於名教則一而已。計其當時，鸞蹌鳳翥於士林行，噰噰和鳴，而龜麟爲之後先。學者歆豔之，未必不家傳而人誦。遠者僅二百年，近者始百餘載，求其家集，則子孫或不能以咸有，況他學者乎？一邑之間且若此，而況於四方乎？嗚呼！立言之士，其心勤矣，其慮精矣，又惡知一旦變滅若烟霞者乎？然則編類者之功，要不可少之也。

居士之族孫鐵巖公應龢，嘗有見婁、駱之事，乃自忠簡至於巖堂，各編其粹精者十餘篇聚於一書，釐爲六卷，名曰《華川文派録》。華川，縣之繡湖別名，唐嘗因之置縣，故取以號其録云。後五十年，豫章張侯來爲縣，讀而善之，復謂群公之文幸僅見於斯，然未有謄其副者，苟或亡之，非唯重有識者之歎，且將何以風勵於吾民？亟請邑士傅君藻精加校讎，捐俸而刻寘縣庠，來徵濂爲之序。

昔者，鄉先達吴公師道，憫前脩之日遠，而遺文之就泯，乃集婺七邑名人所著，爲《敬鄉前後録》二十三卷，其視鐵巖，志益廣矣。惜乎官其邦者不使永其傳，兵燹之餘，手稾弗復能存。今侯則惓惓是書，夙夜不少置，以此較彼，賢不肖之相去，抑何遠哉！雖然，侯之風勵於縣人士者，不止文辭而已也。當如巖堂之介，南湖之孝，香山之質實無僞，杉堂之寬厚有容，居士之氣節不群，忠簡之竭誠報國，至死而不變，庶幾無負於侯。不然，則操觚濡墨，仰而號諸人曰：「我能文，我能文！」豈不見笑於大方之家哉！

侯名允誠，以儒術緣飾吏事，忠信廉明如古循吏。縣務雖至劇，雍雍處之，輕重皆不失其度。吏胥受約束，拱手案側，不敢出一語相可否。諸弊頓革，故治效彰著，爲諸邑之最。❶

送國子正蘇君還金華山中序

同郡蘇君平仲，成均教胄子者五年。近臣有薦其才於上者，即日召見，親擢爲國史編摩之職。平仲詣丞相府辭曰：「禁林地望清切，日侍天子左右備顧問，區區幼有瞶疾，雖麤通文史，誠不足以堪之，敢辭。」丞相以聞，上亦弗之彊。已而銓曹將別奏官之，平仲念去親日久，望天末飛雲，慨然有感於中，復走白丞相，許之。戒行李且有日，與平仲游者，重惜其去，咸發爲聲詩，而以首簡授予序。

平仲，予素敬畏者也。將何言哉？以論乎家世，則三蘇之名聞天下，其隆德重望，至今與岷峨爭雄。遺書流落四海，日星赫而風霆噴，璇玉綴而瑤珠懸，韶鈞鳴而律呂諧，師表百世，人無異辭，奚藉予之言哉？以論乎學術，則擩嚌鄉學之懿，溯淵源於伊洛，蹈軌轍於關閩，義理精微，析如

❶ 篇末，張本有「是爲序」三字。

蠶絲，訓孜是非，判若白黑，亦既心凝而身履之矣，又奚藉於予之言哉？以論乎辭章，則體裁嚴比，姿態橫逸，如春陽被物，或根或荄，或卉或條，或小或大，或圓或偏，各隨其物而暢之，無有同者。其視膠滯一體，守常而不變者，何如也？是故大夫士卿公欲文詞者，必曰「我徵之蘇君也」；隱逸及方外之人欲求文者，必曰「我徵之蘇君也」。平仲之令聞勃然興，燁然不可遏，又奚藉予之言哉？無已，則有一焉。古者，國有國史，下至閭巷之間，亦有閭史，皆據官守勿失，紀善惡以示勸戒。其國史之法，見乎《書》，備乎《春秋》，以事繫日，以日繫月，以月繫時，以時繫年，殆猶山嶽之有定形不可易者。太史遷別出新意，輕變編年之舊，創爲十二紀以序帝王，十表以貫歲月，八書以述政事，三十世家以録公侯，七十列傳以志士庶，歷代史官遵之，而《春秋》之義類隱矣。荀悦、蕭潁士頗譏之，而未能大有匡。逮至司馬温國公光，始取法於《春秋》，采繫國家盛衰、生民休戚之事，起周威烈王，訖於五代，成一家言，號曰《資治通鑑》。劉恕直謂非遷之所可擬，蓋公論云。然五代之後而宋承之，宋之後而元承之，宋有李燾雖嘗著爲編年，異同之論皆並存之，蓋不敢當作者之任，特廣記備言，以俟删削。《元史》幸新脩，縱有漏遺，十四朝之行事亦頗粲然可覩。有能蒐纂以續司馬之書者，將不在今日乎！平仲學術之富如此，而辭章之美又如此，其東還也，晨昏定省之餘，集諸俊英，紬閱新舊所藏，獨操筆削而成百代不刊之典，將不在平仲乎！平仲之家少公以馬遷淺近不學，疏略輕信，上觀《詩》《書》，下考《春秋》及秦漢雜記，成《古史》一書，至今傳之。平仲因其家世之懿，肆其鑑裁之公，使人稱之曰：「蘇氏一門世濟其美，將不在吾平仲乎？」

予也不敏，以荒唐之學，雜凡庸之識，嘗思有所著作，玩時愒日，莫能就緒。今年已邁矣，雙鬢皤矣，形骸弗强而精神寖衰矣。徒持寸管爲無用空文，以應四方之求，日不暇給。苟不於平仲是望，果誰望乎？平仲將行，率六館之士祖餞於龍江之上，睇晴雲之孤飛，觀白日之易流，酌巨觥而屬平仲曰：「歲不我與，睽離之言，不足以汙平仲。予之所深望者，不朽之盛事，鑑世之元龜也。平仲幸聽之，願舉此觴爲壽。」平仲曰：「敢不唯吾子之命！」一飲輒盡。於是抗手而別。

清嘯後藁序

詩之爲學，自古難言。必有忠信近道之質，藴優柔不迫之思，形主文譎諫之言，將以洗濯其襟靈，發揮其文藻，揚厲其體裁，低昂其音節，使讀者鼓舞而有得，聞者感發而知勸，此豈細故也哉！奈何習之者多如牛毛，而專之者少如麟角也？

廬陵胡君山立，生文獻之邦，抱英鋭之志，歘歷仕塗，綽著聲譽。粤自戎幙，至躋法從，雖著勤勞之績，不忘賦咏之事。風雲月露，有以感夫中；花草蟲魚，有以寓乎目；與夫人事酬酢，時物遷移，皆見之篇翰焉。日積月盈，分爲《清嘯》前、後二藁。前藁則國史危公既序之矣。予來京師，復得窺其後藁，而胡君遂徵爲之序。予披繹再四，因作而曰：「正音寂寥久矣，誕者流於荒忽而無據，弱者過於纖靡而不振，俗者溺於陳腐而不新，麤者流於犄犖而不潤。其音節體裁之乖方，文藻襟靈之弗暢，具有之矣。詩之爲道，其果如是乎哉？有如胡君之作，命意深而措辭雅，陳義高而比物廣，其殆庶幾有忠信近道之質者歟？蘊優柔不迫之思者歟？形主文譎諫之言者歟？此予不能不撫卷而歎賞之也。予也不敏，以荒唐之資，操褊迫之行。雖自漢魏至於近代，凡數百家之詩，無不研窮其旨趣，揣摩其聲律，秋髮被肩，卒不能闖其閫奥而補於政治。其視胡君之作，得不甚愧矣乎！然而穹亭邃館，必壓以呀然之獸；鉅人元夫，必冠以峩然之弁；雄章俊句，必首以傑然之文。嗟予何人，尚敢爲胡君之詩之序乎？」牢讓再三，竟不獲命。斐然有作，情見乎辭。

丹崖集序

爲文非難，而知文爲難。文之美惡易見也，而謂之難者何哉？問學有淺深，識見有精麤，故知之者未必真，則隨其所好以爲是非。照乘之珠，或疑之於魚目；淫哇之音，或媲之以黄鐘。雖十百其喙，莫能與之辨矣。然則斯世之人，果無有知文者乎？曰：非是之謂也。荆山之璞，卞和氏固知其爲寶；渥洼之馬，九方歅固知其爲良。使果燕石也，駑駘也，其能並陳而方駕哉？雖然，弊也久矣，孰於民散師廢之後，而必望見知於人乎？苟有之，曠百世而相感者，不須悵然而遐思矣。

予與唐君處敬，共居浙水東，雖未之

識，有持其文一二篇來者，頗獲讀之。顧謂二三子曰：「屏斥蕪纇，何其玉之潔而珠之明也？脈絡聯貫，委蛇不斷，又何韶鈞九奏，音律相宣而始終粲如也？其殆能言之士乎！」去年之春，予被詔總裁《元史》，而處敬亦以議禮被徵，會於南京，亟欲挽入史局，儀曹愛其才，弗允。及予入詞垣爲學士，處敬亦來爲應奉文字，朝夕同論文甚懽，遂索其全集觀之。復顧謂二三子曰：「沈涵於經而爲之本原，饜飫於史而助其波瀾，出入諸子百家以博其支流，此作有之。」又頗愧向之知處敬者未深也。

嗚呼！近代之文，予見之夥矣。大風揚沙，而五色爲之昏昧；繁音嘈雜，而五聲爲之失倫。求其如處敬者，抑何其鮮哉？非曰如之，知之者亦寡矣。此無他，無真實之功，求鹵莽之效。西抹東塗，莫尋統緒；左剽右竊，僅成簡編。輒號諸人曰：「我知文，我知文！」人以艱深文淺近者示之，則曰：「是誠古文哉！何其雅奥而不群也！」或以其言之易，又以塵腐罷軟者戲之，則又曰：「此亦古文耳，何其暢達而無礙也！」是皆無真見，以人舌爲之目，故靦然而無愧怍。有若處敬之文，其尚能知之哉？予雖不敏，愛玩處敬之文，日不釋手，以爲可垂遠而傳後，因爲序諸卷首。

嗚呼！處敬之文，荆山之玉也，渥洼之馬也，又豈患無卞和氏與九方歅者乎？予之所論隘矣。處敬名肅，會稽人。丹崖其自號也，故以名其集云。

贈會稽韓伯時序

越韓君伯時，從府君辟爲山陰校官，名

上尚書吏部。吏部同儀曹禁林議，命經、史二題試之，考定入格。伯時將還山陰莅教事，徵一言以爲别。

余聞古之學者必有師，師以傳經爲尚。術業有專攻，授業有源委。如田何之於《易》，夏侯勝之於《書》，浮丘伯之於《詩》，劉歆之於《禮》，張蒼之於《春秋》，皆遞相祖述，不敢妄爲穿鑿之説。人心壹而教化美，莫此時爲然。自師廢民散之餘，學者不必有師，師不必以傳經爲意，以致家自爲學，人自爲政，而大道或隱矣。

近世婺、越之間，有二大儒出焉，曰許文懿公，曰韓莊節公，皆深於濂、洛、關、閩之學，謹守師説，傳諸弟子，而不爲異言所惑。其布之方策者，視於金科玉條，不敢輕有改易。四方之人，類能辯之，觀其容止，聞其論議，則曰：「彼韓公之門人也，此許公之高第也。」薄俗之習，因此爲之一變。余生於婺，與許公同鄉里，雖獲一拜牀下，而未及與聞道德性命之言，而許公弃捐館舍，遂從其徒而私淑之。韓公在越，不遠二百里，會其已亡，欲一見且不可得，而況於其餘者乎？余竊自念，爲韓公之學者，布滿遠近，尚幸見之，如私淑許公之徒者，久未能逢其人。今年夏，乃於京師獲與伯時遊。伯時，韓公諸孫，而又得卒業於其門。其人温如，其文煒如，其言論鏗如，是誠無愧於家學者，庶幾有以畢余之志。適總裁史事，未及與伯時相叩擊，而伯時將去，反欲徵余序以識别。余將何言哉？

雖然，山陰雖小邑，亦古者子男國也。伯時之行，以人師自處，邑之子弟皆北面而受業，使乃祖韓公之道益明，斯蓋不辱於傳經之家矣。後之君子稽其源委，寫以成圖，如田何、夏侯勝諸人故事，夫豈不可哉？顧余不敏，操無用之學，徒以空文出應時須，晝蚓塗鴉，日不暇給，思欲如許公家居講授而弗之遂。其於伯時之去，寧不歆豔於中乎？異日投簪而歸，當謁伯時於越，相與泛賀湖之晚波，挹禹山之秋翠，以盡私淑於伯時者，亦豈爲晚哉！伯時以爲何如？❶

白雲槀序

劉勰論文有云：「論説辭序，則《易》統其首；詔策章奏，則《書》發其源；賦頌歌讃，則《詩》立其本；銘誄箴祝，則《禮》總其端；紀傳文檄，則《春秋》爲之根。」嗚呼！爲此説者，固知文本乎經，而濂猶謂其有未盡焉。何也？《易》之《彖》《象》有韻者，即《詩》之屬；《周頌》敷陳而不協音者，非近於《書》歟？《書》之《禹貢》《顧命》，即序紀之宗；《禮》之《檀弓》《樂記》，非論説之極精者歟？況《春秋》謹嚴，諸經之體又無所不兼之歟？錯綜而推，則五經各備文之衆法，非可以一事而指名也。蓋蒼然在上者，天也，天不能言而聖人代之。經乃聖人所定，實猶天然。日月星辰之昭布，山川草木之森列，莫不繫焉覆焉，皆一氣周流而融通之。苟欲强索而分配，非愚則惑矣。夫經之所包，廣大如斯，世之學文者，其可不尊之以爲法乎？

吾友朱先生伯賢，以純篤之資，而留意於辭章，先秦兩漢以至近代諸文無不周覽。用功之久，灼見其是非之真。復取近正無疵者，聚而爲書，蠅頭細字，動至數十大册，

❶ 篇末，張本有「是爲叙」三字。

時出而諷詠之。已而歎曰：「學文不本諸經，其猶玩培塿之卑，而忽嵩、華之高乎？」乃復致力於經，功益倍於前時。越數歲，胸中浩然若有所得。操觚書之，凡陰陽盈虚之運，民物倫品之理，萬彙屈伸之變，皆隨事而著，源源乎罔知其所窮。且其爲體，多而不冗，簡而有度，神氣流動，而精魄蒼勁，誠可謂粲然藻火之章矣。

濂之有志爲文，不下於伯賢，古今諸文章大家，亦多究心。及游黄文獻公門，公誨之曰：「學文以六經爲根本，遷、固二史爲波瀾。二史姑遲遲，盍先從事於經乎？」濂取而温繹之，不知有寒暑晝夜，今已四十春秋矣。用心之苦，雖與伯賢同，而伯賢之所造詣，濂固不能窺見其髣髴也。然而太上立德，其次即立言，立言甚非易也。自孟子以來，致力於是者非不多，求其可與經並傳者，春陵周元公一人而已。元公之言曰：「文所以載道也，輪轅飾而人弗庸，徒飾也，況虚車乎？」是則文者，非道不立，非道不充，非道不行。由其心與道一，道與天一，故出言無非經也。元公豈嘗拘拘學爲文哉？濂與伯賢，又當共勖之可也。

伯賢以《白雲稾》若干卷請余序，濂故具論之，使知伯賢之文，壹以經爲本。而蹈襲近代以爲美者，其尚有所發也哉！伯賢名右，天台人。著書甚多，所謂《春秋類編》《三史鉤玄》《秦漢文衡》《深衣考》《邾子世家傳》，皆别行。

贈梁建中序

虎林梁君建中，妙年嗜伊洛之學，而復有志於文辭之事，下筆滔滔數百言不能自休。取而觀之，皆典雅可玩，一時大夫士皆稱譽之。建中不自以爲足，復來問文於余。余也賦質凡庸，有志弗强，行年六十，曾莫能望作者之户庭，間嘗出應時須，皆迫於勢之不能自已者爾，當何以爲建中告哉？

雖然，竊嘗聞之師矣。文，非學者之所急，昔之聖賢，初不暇於學文。措之於身心，❶見之於事業，秩然而不紊，粲然而可觀者，即所謂文也。其文之明，由其德之立；其德之立，宏深而正大，則其見於言，自然光明而俊偉，此上焉者之事也。優柔於藝文之場，饜飫於今古之家，搴英而咀華，遡本而探源，其近道者則而效之，其害教者闢而絶之，俟心與理涵，行與心一，然後筆之於書，無非以明道爲務，此中焉者之事也。其閲書也搜文而摘句，其執筆也厭常而務新，晝夜孜孜，日以學文爲事，且曰：「古之文淡乎其無味，我不可不加穠豔焉；古之文純乎其斂藏也，我不可不加馳騁焉。」由是好勝之心生，誇多之習熾，務以悦人，惟日不足，縱如張錦繡於庭，列珠貝於道，佳則誠佳，其去道益遠矣，此下焉者之事也。嗚呼！上焉者吾不得而見之，得見中焉者斯可矣。奈何中焉者亦十百之中不三四見焉，而淪於下焉者，又奚其紛紛而藉藉也？此無他，爲人之念弘，爲己之功不切也。

余自十七八時，輒以古文辭爲事，自以爲有得也。至三十時，頓覺用心之殊微，悔之。及踰四十，輒大悔之。然如猩猩之嗜屐，雖深自懲戒，時復一踐之。五十以後，非惟悔之，輒大愧之；非惟愧之，輒大恨之。自以爲七尺之軀，參於三才，而與周

❶「措」，韓本、傅本、胡本、四庫本作「體」。

公、仲尼同一恒性，乃溺於文辭，流蕩忘返，不知老之將至，其可乎哉？ 自此焚毁筆研，而游心於沂泗之濱矣。 今吾建中孜孜綴文，思欲以明道爲務，蓋庶幾無余之失者。 而余猶爲是强聒者，文之華靡，其溺人也甚易之故也。 雖然，天地之間有全文焉，具之於五經。 人能於此留神焉，不作則已，作則爲天下之文，非一家之文也。 其視遷、固，幾若大鵬之於鷦鷯耳。 建中尚勉之哉！ 建中尚勉之哉！❶

贈醫師周漢卿序

余聞松陽周君漢卿以醫名者久矣。 一日，余壻鄭叔韡復來青蘿山中，述其詳曰：「周君之醫精甚，他固不能知，姑即士君子所當道者言之。 栝蒼蔣仲良，左目爲馬所蹄，其睛突出懸如桃，群工相顧曰：『是系絡既損，法當瞽。』周君笑不答，以神膏封之。 越三日，目如初。 華川陳明遠，患瞽者十齡，百藥屢嘗而不見效，自分爲殘人。 周君視之曰：『是翳雖在内，尚可治。』用鍼從背入睛背，掩其翳下之，目欻然辯五色，陳以爲神。 武成男子病胃痛，當痛不可忍，嚼齒刺刺作聲，或奮擲乞死弗之得。 他醫用大攻湯治，皆不愈。 周君以藥納鼻竅中，俄大吐，吐出赤蟲尺餘，口眼咸具，痛即止。 東白馬氏婦有娠，歷十四月不産，形瘠尫且黑。 周君脈之曰：『非孕也，乃爲妖氣之所乘耳。』以藥下之，一物如金魚，疾旋已。 永康應童嬰腹疾，恒痀僂行，久不伸。 周君解

❶ 篇末，張本有「洪武元年冬十一月十五日金華宋濂序」十六字。

嘗視之，氣衝起腹間者二，其大如臂。周君刺其一，魄然鳴；又刺其一，亦如之。稍按摩之，氣盡解，平趨無留行。長山徐嫗遘驚疾，初發，手足顫掉，褫去裳衣，羸而奔，或歌或哭，或牽曳如舞木偶。粗工見之，吐舌走，以爲鬼魃所惑。周君獨刺其十指端出血，已而安。虎林黄氏女生瘰癧，環頸及腋，凡十九竅，竅破白瀋出，右手拘攣不可動，體火熱。家人咸憂，趣匠製棺衾。周君爲剔竅母，長二寸，其餘以火次第烙，數日成痂，痂脱如恒人。於越楊翁項有疣，其鉅類瓜，因醉仆階下，疣潰，血源源流。凡疣破，血出弗休，必殺人。他醫辭不進，周君用劑糝其穴，血即止。烏傷陳氏子，腹有凷隱起，捫之如罌，或以爲奔豚，或以爲癥瘕。周君曰：『脈洪且芤，癰發於腸也。』即用燔鍼如筴者刺入三寸餘，膿隨鍼射出，其流有聲，愈。橘概黄生，背善曲，杖而行，人以風治之。周君曰：『非風也，血澀不通也。』爲刺兩足崑崙穴，頃之，投杖而去。其醫之甚精如此。薦紳先生宜有以褒之揚之，敢以序文爲請。」

余惟古之神醫，「一撥見病之應，因五臟之輸，乃割皮解肌，決脈結筋，搦髓，揲荒爪幕」以爲治，所謂鍊精易形者也。今則人誰知之？其次則湯液體釃、❶鑱石橋引、案抗毒熨之法耳。是法亦絶不傳，其僅存於世者，往往不能用，用或乖戾，以致夭閼而傷生者多矣。夫醫者，民命所繫，一投丸之間，一授鍼之際，則安危由此而分，何可不致謹於斯耶？昔司馬遷立《倉公列傳》，其所治，自齊侍御史而下，凡十有餘人，皆歷

❶「體」，四庫本作「醴」。

疏其病狀，辭雖繁而不殺者，其意蓋有見於此也。余敢竊取斯義，備以叔韡所述，序次成文以遺周君，又安知他日脩史傳者，無采於余之言哉？余耄矣，且有脾禍，吐涎日二三升，蔓延將四稔。叔韡尚邀周君以起余之疾者乎？

田氏哀慕詩集序

孔子删《詩》，《南陔》《白華》皆存之而弗削者，以其能孝也。《南陔》之詩，《序》言「孝子相戒以養」。意者，孝子之所自作，交相勸勉，而盡其事親之誠。至《白華》之詩，乃謂「孝子之潔白」，潔白，則其行之純可知，豈非人美之而賦是詩者耶？雖有在人在己之殊，所以咏歌其志而歌舞以爲交勸者，其益不既大哉！惜乎，有其義而亡其辭也。

同郡田君奂，篤美有馴行。其母徐氏卒，哀號慟哭，將欲無生。既葬，遑遑焉如有求而弗獲。人勸其還舍，奂號曰：「吾母在此，吾奈何離母而去也？」因結廬墓側而依焉。人復勸之曰：「廬墓，非古也。」奂號曰：「吾恨不死從吾母於地下，古與非古，吾弗暇計也。」於是復作爲詩歌以自勉。寢苫枕塊，疏食水飲，終三年而後歸。鄉之士大夫與鉅公碩士聞之，咸爲太息，亦作爲篇翰以美之。歲積月增，遂成卷帙。其婦公陳君本心曰：「是不可以無傳也。」將刻諸文梓，不遠三百里來青蘿山中，而以首簡授余序作者之意。余疾病纏緜之餘，凡以文爲屬者，必固閉而力拒之。而其請至於三五而不倦，因歎曰：「夫孝如奂者，是亦足稱也。」

卷中諸詩，豐縟而紆徐，粹雅而沖和，固皆一時之傑作。苟謂其有合於《南陔》《白華》之旨，我則不敢知；設當孔子之時，其删去與否，我亦不敢知。此無他，二詩之辭既亡，縱欲徵之而不可得也。雖然，孝者，天之經，地之義，無古無今，無長無幼，無貴無賤，有不可得而變易也。人能咏歌之，而鼓舞之，雖孔子復生，吾知其或將存之矣。是詩之傳，他日被之管絃，諧諸金石，使聞之者津津以喜，會之者欣欣以勸，則爲移風易俗之益，又豈小哉！其視絺辭繪句，道淫而宣驕者，何如也？

用明禪師文集序

昔者，蘇文忠公與道潛師游，日稱譽之，故一時及門之士，若秦太虚、晁補之、黄魯直、張文潛輩，亦皆願交於潛師，相與唱酬於風月寂寥之鄉，宛如同聲之相應，同氣之相求者。有識之士疑之，則以謂潛師游方之外者也，其措心積慮，皆與吾道殊，初不可以强而同。文忠公百世士，及其門者，亦英偉非常之流，其於方内之學者，尚不輕與之進，何獨於潛師，皆推許之而不置耶？殊不知潛師能文辭，發於秀句，如芙蓉出水，亭亭倚風，不霑塵土；而其爲人，脱略世機，不爲浮累所縛，有如其詩。此其所以見稱於君子，而其遺芳直至於今而不銷歇也歟！

四明永樂用明詷公，蚤從月江印公究達摩氏單傳之旨，踰十餘年不懈，自覺有所悟入。一旦，忽慨然曰：「世諦文字，無非第一義，吾可以不求之乎？」於是形之於詩，皆古雅俊逸可玩。已而著爲文辭，章句整而不亂，言辭暢而不澀，論議正而不阿，聲名藉藉起群公間。會先師黃文獻公游浙水西，用明槖其所作來見，復成詩八十韻以爲贄。黃公讀已，大加稱賞，遂日與黃公游。及其東還烏傷，用明又賦詩餞之。黃公因造序文一篇，以遺用明。其聲氣之同，蓋翕如也。

今年春，余奉詔來京師總脩《元史》，適與用明會於龍河佛舍。用明出詩文各一鉅册示余，曰：「子黃公之高第弟子也，盍爲我序其首？」嗟夫！黃公以道德文辭高出一世，固當代之文忠公，而吾用明之作，亦何愧於潛師？顧余視黃、秦、晁、張諸君，曾不足以供灑掃之役，何敢爲用明序乎？獨念及黃公之門三十餘年，知用明受知爲深，幸與用明交，亦似無間諸君之於潛師者，序蓋不得不作也。雖然，大圓鏡中，無一物不攝，初無一物可攝，實有非世諦文字之所能解。此蓋用明與月江講之熟矣，奚俟余言哉？姑攄其鄙見以爲叙，使後之讀者，知古今人未嘗不同，不特文忠公之與潛師而已也。

水雲亭小槀序

余在金華山中觀蛻巖張先生集，有《跋夢堂噩公用堂梗公吴中唱和卷後》，其言曰：「詩家寥寥，叢林有人，殆與唐皎、宋潛方駕。」余竊以謂夢堂之詩，幸已見其一二矣，而不知用堂所賦爲何如，意其必高爽而絶塵者乎？不然，先生何爲以如晦、參寥擬之也？及來南京，獲與用堂會於護龍河上，間出詩文一帙，所謂《水雲亭小槀》者，俾余序之。非惟其詩可稱道如先生所云，其文亦深穩平實，而多言外之趣。因竊自歎方外之人，其用志不分，乃能如斯之工也。

或謂余曰：「達摩氏西來，其所傳者，心法而已矣，何以詩文爲哉？子所取於用堂者淺矣。」嗚呼！是何言歟？是何言歟？昔我三界大師金口所宣諸經，所謂長行即序事之類，所謂偈頌即比賦之屬，汪洋盛大，反覆開演，天地日月、山川草木、城邑人物、飛仙鬼趣、羽毛鱗甲，莫不攝入，故後世尊之，號曰「文佛」。如此而能文，吾惟恐其不能文也。大師姑置之，不敢妄論，次而毘尼諸聖賢暨天親、無著、台衡、清涼諸師，或結集《羯摩》律文，或造爲《百法》等論，或撰爲《大經義疏》，卷軸繁夥，汗牛充棟，使其不能文，其果能致是乎？諸師又且置之，至於近代尊宿，如明教之嵩、寶覺之洪、北磵之簡、無文之粲，咸私宗樹教，作爲文辭，其書滿家，殆不可以一二數也。

嗚呼！使無若而人，佛法果能光明俊偉有若今日否乎？所謂傳心之法，固在於所當急，而一切棄文而弗講，吾未見其可也。若夫拈花摘豔、勸淫蠱俗者之爲，則當斥而棄之爾。余之有取於用堂者，夫豈淺淺者哉？抑余聞實際理地，一法不立，本真獨露，迥脱根塵，偏覆大千，不見其大，退藏於密，不見其小，一涉有爲，即成剩法，況所謂文辭者哉？吾知用堂現沙門身，應世間相，一念不生，直超三界，其志蓋甚大也。寄情翰墨，不過游戲而已。苟以區區之迹觀之，則幾於惑者也，唐皎、宋潛云乎哉！

用堂，族陳氏，古靈先生之諸孫。今居四明，嘗掌内記雙徑，已而分坐説法，緇素咸服。出世鄞之護聖、奉化之清泰。凡禪林若古鼎銘公、笑隱訢公、斷江恩公，儒林若袁文清公、揭文安公、黄文獻公，皆嘗參叩及交游云。

送天淵禪師濬公還四明序

文辭之美者，見之於世何其鮮哉！非文辭之鮮也，作之者雖精，而知之者未必真；知之者固審，而揚之者未必至。此其每相值而不相成。唐有柳儀曹，而浩初之文始著；宋無歐陽少師，而祕演之名未必能傳至於今。蓋理勢之必然，初不待燭照龜卜而後知之也。嗟夫！浩初、祕演，何代無之？其不白於當時，卒隨煙霞變滅而無餘者，豈有他哉？由其不遇夫二公故然爾。此余讀天淵師之所作，其有感於中矣乎！

天淵，名清濬，台之黄巖人，古鼎銘公之入室弟子。嘗司內記雙徑，説法於四明之萬壽，近歸隱於清雷峰中，蓋法筵之龍象也。余初未能識天淵，見其所裁《輿地圖》，縱横僅尺有咫，而山川州郡彪然在列。余固已奇其爲人，而未知其能詩也。已而有傳之者，味沖澹而氣豐腴，得昔人句外之趣，余固已知其能詩，而猶未知其能文也。今年春，偶與天淵會於建業，因相與論文。其辯博而明捷，寶藏啓而琛貝焜煌也，雲漢成章而日星昭焕也，長江萬里，風利水駛，龍驤之舟藉之以馳也。因徵其近製數篇讀之，皆珠圓玉潔而法度謹嚴。余愈奇其爲人，傳之禁林，禁林諸公多歎賞之。余竊以謂天淵之才，未必下於祕演、浩初，其隱伏東海之濱而未能大顯者，以世無儀曹與少師也。人恒言文辭之美者蓋鮮，嗚呼！其果鮮乎哉？方今四海會同，文治聿興，將有如二公者，出荷斯文之任，倘見天淵所作，必亟稱之，浩初、祕演當不專美於前矣。

或者則曰：「天淵，浮屠氏也。浮屠之法，以天地萬物爲幻化，況所謂詩若文乎？」是固然矣。一性之中，無一物不該，無一事不統，其大無外，其小無内，誠不可離而爲二。苟如所言，則性外有餘物矣。人以天淵爲象爲龍，此非所以言之也。

天淵將東還，賢士大夫多留之。留之不得，咏歌以別之。以余與天淵相知尤深也，請序而送之。

送覺初禪師還江心序

往時，有大比丘孚中信公，以松源五傳之學，提唱護龍河上，覺初恩公實與之分坐説法。鑪鞴宏施，烹凡煅聖，機鋒所觸，抉飈奔霆，四衆歸依，如水赴海。曾未幾何，孚中示寂，覺初乃出世於建業之聖泉，遷永嘉之雅山，法道亦既大行於時。已而江心虛席，若牧守，若戍將，若賢士大夫，僉以謂江心古叢林，思陵昔日駐蹕之地，其名列在江南十刹，非有名德如覺初，不足以厭服人心，各具書疏以延致覺初。覺初以慈憫故，亦起而赴之。及我皇上正位宸極，隆興佛乘，開善世院於大天界寺，置統領、副統領、贊教、紀化等員，海内諸名山悉隸之。掄選有禪行涉資級者，俾爲之主；其非才而冒充者，斥之。於是循例爲江心擇賢，然終無踰於覺初者。統領遂合群議，仍請覺初居其職。會余奉詔總脩《元史》來南京，覺初亦掖錫自江心而至，握手共語，情蓋懽如也。覺初一旦忽來別曰：「吾將還江心，子可無一言以贈乎？」

嗚呼！大雄氏之道，頓與漸之謂也。以漸言之，初臨十信，伏三界，見思煩惱，外凡之位也。次至十住位，斷見思惑，兼斷界内塵沙及伏界外塵沙，用從假入空觀。次至十行位，斷界外塵沙，用從空入假觀。次至十回向位，則伏無明而習中觀。已上之種三十，通爲三賢，内凡之位也。次至十地位，各斷一品無明，證一分中道，入等覺位。又破一品無明，入妙覺位，至於妙覺，始名爲佛。以類言之，則不階等第，直造心源，圓妙如如，超出三界，無煩惱可斷，無真乘可證，無法門可學，無衆生可度。此心即佛，彼佛即心，不去不來，忘内忘外，不可以形相求，不可以方所拘也。大抵教中所攝，頓、漸兼收；教外單傳，頓爲禪旨。如來五時所説及拈花微笑，無非共一妙用。第以根有利鈍之殊，故其機有遲速之異耳。奈何末流之弊，二家角立，互相詆訶，夫豈佛意也哉？頗聞孚中雖參向上一乘，日誦《法華》七卷，致感異香，滿室不散。覺初於禪寂之餘，亦留心於教相，爲人演説弗置，是皆不徇一偏，而將歸於大同者也。敢以此爲説，以贈覺初，覺初其以爲然乎？否乎？

雖然，大雄氏之道，不絶如綫。扶持而振起之，非吾覺初是屬，將誰屬耶？覺初之還也，布大法雲，震大法雷，澍大法雨，使小大根莖無不霑潤，豈不弘且偉歟！覺初宜憂法道之衰，而思日勉焉可也。他日，余幸杖策東歸，訪覺初於海濱，升孤雲之亭，步海月之堂，見月色與海光同一清淨，余與覺初又當相視一笑，嗒然而相忘也。❶

❶ 篇末，張本有「是爲序」三字。

雪窗禪師語録序

或問於余曰：「菩提達摩西來，以不立文字爲宗，蓋欲掃空諸相，直究本心，而趨真實覺地者也。名山宿德，何莫非達摩之子孫？爲之徒者，因其説法，往往編以成書，號曰『語録』，無乃與不立文字之旨相戾乎？」曰：「非是之謂也。扶衰救弊，各隨其時節因緣，有不可執一而論者矣。昔我三界大師，演説大小乘諸經，其弟子結集，爲《脩多羅藏》，至繁且多也。復慮後之人溺於見解，而反爲心累，故以《正法眼藏》付於摩訶迦葉。拈華微笑之間，無上甚深妙法，含攝無餘。此亦化導之一法門耳，非真謂鹿野苑至跋提河所言，皆當棄之也。不然，如來自兜率下生，何不即以單傳直指示人？顧乃諄復勸誘而弗置之耶？去佛既遠，學者纏繞名義，不能出離，誠有如如來之所慮者。達摩出而救之，故取迦葉微笑之旨，專以示人，蓋亦有所甚不得已焉爾。育王禪師以三昧力入智慧海，初説法於白馬寺，繼遷開元，已而住阿育王山，兼領天童寺事。四會之間，緇素翕集，所以啓人天龍鬼之聽。屹立不遷，如真正幢；涉險度危，類大法船。若見若聞，皆獲利濟。至若垂三語以驗來學，又如臨萬仞懸崖，撒手而立，非上根大器，豈易入其閫奥者哉？虞文靖公贊師之語，謂爲佛果一枝鳳毛麟角者，其言良可信不誣也。師入滅之十四年，其上首弟子象先興公、月徑滿公，以所録語徵余爲之序，余故舉扶衰救弊各隨其時節因緣者言之。於以見達摩之宗，非有違於先佛；諸師之録，非有違於達摩。其事雖殊，理則同也。有若禪師此録之行，後有因語言而入者，雖不得見師，而師之惠利所及益遠矣。雖然，靈妙一真，直超三界。其大無外，其小無内，雖無物之不攝，欲求一物，了不可得。於斯時也，無煩惱可除，無法門可學，無衆生可度，無佛道可成，尚何有言語文字之足論哉！觀斯録者，又當於是而求之。人能於是求之，始於禪師之道與有聞矣。」

禪師名悟光，字公實，姓楊氏，別號曰雪牕，成都之新都人。

南堂禪師語録序

予壯齡時，與千巖長公爲方外交。千巖以南堂禪師偈贊示余，余讀之，驚曰：「是有所證悟者之言也。絶枝蔓，去町畦，而不墮於情識之境。不意大法凋零，而能見斯人哉！」千巖以余言爲然。當時之所見，僅一二章耳。自時厥後，或吴，或楚，或梁宋，或魯衛，名僧開示，多有謁余浦陽江之上者。余既見，輒問：「見南堂否？」曰：「見之。」曰：「有何言？」遂各解囊相示。見漸多，則其心慕之爲愈至。及來京師，其弟子祖瀠、海壽，復持《三會語》畀余，而求爲之序。讀之連日，因獲盡其大觀焉。

嗚呼！據獅子坐，演如來法，其任甚不輕也。在他人爲之，東剽西剟，拈綴成篇，而椎鑿之痕故在；師則混融無迹，不異雲流而天空者矣。在他人爲之，拘滯一隅，動輒有礙，或得乎此，竟遺於彼；師於殺活之機，縱横皆自如矣。在他人爲之，氣索神沮，不自振拔，而無以應來學之求；師乃圓滿充足，覃及於諸方矣。有若師者，其所造詣，誠非凡情之可度量哉！夫以少林西來，惟究心源，言辭直截，初無隱晦。傳至大鑑，恐爲世諦流布，不得不祕護而密持之。歷代碩師隨時升降，慈憫峻厲，各立户庭，其接引雖若有不同，所以袪逐妄緣而挽入正塗者，則一而已矣。迨及宋季，尚奇騁異，背其師授而流於頗僻者，漸多有之。君子言之，未嘗不爲之太息。師能循蹈矩矱，惟祖武是繩，提唱真乘，使人復見大鑑遺意，其扶樹正宗之功，夫豈小哉！

余之慕師非一日，鉅細之辭皆獲觀焉，故知師爲獨深，而謂非他人之所能及。然可惜者，師之名位不滿於德，使其説法五山，布靉靆之慈雲，澍滂沱之教雨，則其功遠被，又不止今之所見而已。雖然，名，外也，非内也；德，内也，非外也。師内重而外輕者也。苟以在外者之崇庳，以爲在内者之低昂，是不知師者也。師之行業，余既詳書成記，勒之堅珉，復爲讀斯録者著其説如此。千巖在定光中，又未必不以余言爲然也。

師諱清欲，字了菴，南堂，其號也。族姓朱氏，台之臨海人。嘗住開福、本覺、靈巖三禪刹云。

送季芳聯上人東還四明序

吾佛之學，明心而已矣。然心未易明也，結習之所膠滯，根塵之所蓋纏，沈冥於欲塗，顛倒於暗室，而不能自知。必處乎重山密林之中，木茹澗飲，絶去外緣而直趨一真之境，水漂麥而不顧，雷破柱而弗驚，久之馴熟，忽然頓悟，大地山河，咸作碧琉璃色。能如是，不可謂無所證入矣。然恐墮於空寂，未敢自信，又必擔簦裹糧，不遠數百千里，求明師而證之。機鋒交觸，如短兵相接，失眼之頃，輒至喪身失命。及其印可已定，退藏於密，如護明珠，須臾不敢忘去。然而《脩多羅藏》，其多至於五千四十八卷，大無不包，細無不統，其可委之爲賸語耶？又必出司藏鑰，晝夜研窮之，而畢知其説，證之於言，驗之於心，既無分毫之不同矣，於是不得已出世度人，續佛慧命。其階級之不紊，功用之甚嚴乃如此。奈之何今之執法柄者，或不能皆然也。余方爲之浩歎不止，有若季芳上人，其蓋有以起余者哉！

季芳，名道聯，鄞人也。幼讀傳書，窮理命之學，長依薦嚴羲公脩沙門行。尋掌内記於大天界寺，遂嗣法於淨覺禪師。矩度雍容，進退咸有恒則，蓋温然如玉者也，叢林之中咸器重之。或挽其爲住持事，則謙然不敢當，且曰：「我心學未能盡明也，三乘十二分之説，亦未能盡通也。我歸四明山中，求諸己而已矣。」嗚呼！若吾季芳之才之美如此，苟使之主一刹而領四衆焉，何不可者？而乃退然不居，則夫不及季芳而奔競欲得者爲難言矣。季芳行哉！臨濟之子孫，多有隱於鄮山鄞水之間，季芳尚即而求之，探古佛之真如，繙諸經之妙義，證入無量薩婆若海，江南十刹諸名山，當有遲吾季芳來説法者，季芳雖欲自謙退，不可得矣。季芳行哉！

送用明上人還四明序

佛之書，其藏有三：曰「脩多羅藏」，曰「毘尼藏」，曰「阿毘曇藏」，此則華言所謂經、律、論者也。經則諸佛及菩薩天仙皆可演說，論則諸賢聖僧皆可著撰，惟律非如來金口所宣，則有所不可者，故自文殊以降，不敢贊一辭。逮於雙林入滅，結集成藏，而優波離尊者復口誦聖言十過，衆證無差，然後宣布，其慎重而不輕也蓋如此。然而中夏初未之聞也。自曇柯羅持僧祇戒本來洛陽，始知有律文。又至唐之澄照師作《戒疏》《羯磨疏》諸書，而律學大傳於天下，謂之行事防非止惡之宗。真悟師起於宋慶曆間，復著《會正記》十二本，以弘澄照之旨。嗣真悟而興起者，則有大智師焉，復以《法華》開顯圓意造《資持記》，雖與《會正》稍殊，亦無非推明澄照之說，而求合乎先佛之制。嗚呼！律學之難明也久矣，自非三師者出而恢弘之，其有不失靈山之遺教乎？有其人則有其政，又豈無望後來之法嗣乎？

用明上人，本諸暨楊氏子，素稱儒宦之族。自幼從叔父白石琪公遊四明，遂令捨家於慈溪崇福寺，別江舟公毓以爲法孫。別江能窮《法華》三觀十乘之旨，歲爲長期，率同袍三十人而暗誦之。得上人，以爲能繼其志，極愛之而弗忘。復命出湖心廣福寺從師，而受律文大義，所謂《四波羅夷》《十三僧伽婆尸沙》《二不定》《三十尼薩耆》《九十波逸提》《四波羅提提舍尼》《一百衆學》《七滅諍大乘梵網經》《十重四十八輕》等文，皆欲習而通之。及典事之久，遷靈芝懺司之職。今年之春，與予胥會南京，其威儀之雅，問學之佳，既足以動人視聽；而遊戲篇翰，亦皆清逸有可玩者。淨覺大師以碩望宿德爲釋子所宗，亦以上人爲法器，俾出世於菩提律寺。上人將還四明，徵予言以爲贈。

予謂律文大義有三，師之述作在焉，毋

事乎多言，顧力行何如耳。然而律主於戒，能戒然後能定，能定然後能慧，是則戒者，作佛之階梯，濟人之舟航也，可不務乎？律之義雖明，而所謂持犯開遮之説，誰復講而行之？爲其徒者，亦可以永歎矣。上人年甚茂，志甚大，其進未易量也。幸勿安於卑近，惑於旁歧，恪然以三師之道自期，則異日律學之再興者，又安知不在於上人乎？亦在上人自勉之而已。予老且多病，率爾成文，殊無所發越。頗聞白石師内外之學兼備，蔚爲時之名僧，上人幸即而問焉。其不斥予言爲誕爲繆，則幸矣。

贈定巖上人入東序

大雄氏之道，洪纖悉備。上覆下載，如彼霄壤，無含生之弗攝也；東升西降，如彼日月，無昏衢之不照也。弘敷固假於教儀，妙悟須資於禪定，所以銷融其麤濁，振拔其精明，降伏其塵勞，躋登其實際，非知力之所强，必頓覺而後成。蓋亦戛戛乎其難矣。爲其學者，當究厥誠，一法不立而日用熾。然六入本空，而真機獨露，雖有所證，未能自信。於是遠訪師資，以求印可。利鋒相觸，雨雹爲之交馳；疑網既袪，星月爲之朗耀。非具大慧，充大量，要不足以與於斯也。

定巖戒師，吴興士族，積菩提之因，勵精進之學，美譽流於四方，純行信於四衆。且以見聞未溥，踐履或礙，泛東大洋海而觀古佛顯化之跡，登天台、靈巖而詢應真示現之方。波濤舂撞，皆談苦空；林木葱蒨，各彰實相。此其立志甚不小也。嗟夫！世道既降，正法不傳。辭章之錦繡，足以移易其性情；勢位之肥甘，足以斲喪其智慧。

雖方袍而圓頂，或塵容而俗狀，滔滔不返，可勝歎哉！有如定巖竱心爲道，如孤雲野鶴，弗爲世氛之所染；如崇蘭幽芷，弗爲無人而不芳。寧不爲君子之所取乎？所謂充大量、具大慧者，異日當於定巖徵之也。

定巖之還也，且過南潯省親，身居桑門，心存孝道。大雄氏所説《大報恩》七篇，皆言由孝而極其業，定巖又能行之矣。則其所可取，豈直前所云云哉！會余詞林，請書首簡。顧文逋之叢沓，❶兼羈思之繽紛。筆無停思，語多未醇。同志之士刪而正之可也。

楚石禪師六會語序

大慧提唱圓悟之道於徑山，神機妙用，廣大無礙。入其門者，凡情盡喪，得法弟子，不翅千餘人。各闡化原，而佛照於其中稱爲善繼。佛照之後，而妙峰紹之；妙峰之後，而藏叟承之。如持左券相授，器度脗合，無差爽者。寂照在四傳之餘，復能克肖前人，誠所謂世濟其美者。然而諸師證入，雖有不同，其上接西來宗旨，使人離垢氛而發精明者，則一而已矣。

寂照之弟子楚石禪師，蚤以潁悟之姿，鋭意於道。一時名德若晦機，若虛谷，若雲外，争欲令出坐下。師皆謝之，惟詣寂照之室，反覆參叩，一聞鼓鳴，群疑冰消。世間萬物，總總林林，皆能助發真常之機。自是六座道場，説法度人，嬉笑怒駡，無非佛事。至於現寶樓閣及種種莊嚴，導彼末法，因相生悟，其與一實境界，未嘗違背，聲聞之起，

❶「顧」，原作「頋」，據張本改。

水涌山出。迨世緣將盡，顔色不異常時，翛然坐脱，如返故廬。則其俊偉光明，較於恃口給而昧心學者，其果何如也哉？

嗚呼，大慧之道至矣！自他宗言之，執持正法作獅王哮吼者，固往往有其人。苐近年以來，傳者失真，瀾倒波隨，所趣日下，司法柄之士，復輕加印可，致使魚目渾珍。揚眉瞬目之頃，輒曰「彼已悟矣」，何其易悟哉？人遂誚之爲瓠子之印。非特此也，《五家宗要》歷鈔而熟記之，曰「此爲臨濟」，「此爲曹洞、法眼」，「此爲潙仰、雲門」，不問傳之絶續。設爲活機，如此問者，即如此答，多至十餘轉語，以取辦於口，名之曰「傳公案」。若是者，皆見棄於師者也。今觀師之《六會語》，小入無内，大包無外，機用真切，無愧先德。唯具金剛眼者，有以知余言之有在也。

余耄矣，厄於索文者繁多，力固拒之。此獨樂序之而弗寘者，憫魔説之害教，表正傳以勵世也。師諱梵琦，其字楚石。行業之詳，則備見塔銘中。其來徵序者，得法上首瑩中瓛公也。

古鼎和上四會語録序贊

古鼎禪宗銘公，以臨濟十七世孫，四坐道場，爲黑白之所宗仰。一旦，祝釐江浙省垣，現白光三道，丞相康里公見之，極加敬禮。未幾，將示寂，語其徒曰：「觀世音蓮臺至矣。」安坐而逝。及火化，舌根齒牙數珠俱不壞，五色舍利燦爛無數。國史危先生已摭其行業爲文勒諸碑。而《四會語》未有序之者，師之得法上首，今天界禪師西白金公屬濂作之。濂覽已，合爪言曰：「是真正語，是不著有無語，是雷轟電掃語，學者隨所悟入，如慈雲徧覆，法雨普沾，小大根莖皆獲生成，非入正知免具大力量者，孰能與於此？」嗚呼！世安復有斯人乎哉？非謂果無之也，求其真淳無僞若師者鮮也。濂既爲叙其事，復歆豔之；歆豔之不足，復作伽陀一章贊之。其辭曰：

我觀我師《四會語》，一言一句皆真實。河沙妙義總含藏，其中無餘亦無欠。及至能所齊泯時，欲覓片言不可得。有如十萬虚空界，種種色相皆現前。或飛或潛或動植，以至洪纖高下等。枯榮生死及崩竭，了然不染虚空相。而亦不出於虚空，真相如如不動故。師昔嘗登寂照場，耳邊一喝三日聾。惟聾故使功用絶，絶後通身皆是耳。自兹出世入翁洲，翁洲海水亦生耳。但聞魚龍哮吼聲，即使波濤增洶湧。繼升補陀洛迦山，合掌問訊觀世音。目能觀色耳聞聲，音聲何獨以目觀？不知本來無耳目，見所不見聞不聞。盡大千界無礙者，中天竺國凌霄峰。所談妙法皆如是，只因妙法法難思。結集已落第二義，眉間放出白毫光。七寶蓮臺向空至，此皆遊戲神通事。於師之道不相攝，師之道大不思議。千古贊歎莫能盡，姑以第二門中觀。可以洗空於結習，可以觸動於悟機，可以速證於菩提。是宜流通於世間，視如照耀光明幢，我言或誣有如水。

寧山續説

兵部尚書單公德夫，濠梁之人也。其與濂交，歲行將一周。及再會京師，公以《寧山》卷示濂，曰：「名之有字，固周道之彌文也；字之外，又有所謂號焉，不幾於彌文之尤者乎？此蓋昉於晉，流於唐，極於宋，秦漢以前無是也。雖然，行之既久，孰能廢之？吾以『寧山』爲之别稱，意將取安静之義。臨川先生既爲之説矣，子幸爲余重言之。」

濂曰：「昔之人有劉彦沖者，所居在屏山之下，人因號之曰『屏山』。又有孫明復者，家於泰山之陽，故人亦號之曰『泰山』焉。皆從其地而實之，非徒爲是虚稱也。今有峰名荆，實氣夜浮，而矗起乎濠之西；有山名杏，靈氛鬱蟠，而平峙乎濠之北。公欲取以爲號，盍於是乎求之？然皆不彼即，而獨致意於無形之『寧山』者，豈故與古相戾耶？」

公曰：「子言固善矣，而吾則别有意焉。夫自喪亂以來，淮、楚先被其害，崖非不高也，谷非不深也，亦罹其蹂踐翦伐之苦，盡失其故態。古所謂山川鬼神莫能自寧者，無甚於斯時也。上帝震怒，乃命皇上出而平之，黄鉞一揮，四海底定。非惟齊民之安，至於邱陵草木，皆克保其恒性。予驅馳戎馬之間十有餘年，冒霜露而衝雨風，無斯須之寧。今幸列仕熙朝，職司喉舌，垂紳正笏，委委蛇蛇，回視昔日之爲，果何如耶？號之以『寧山』，所以志也。山且寧，民物其有不寧者乎？雖然，名固寓也，字之而又號之，寓之寓者也。且夫地之載物，嶄絶而屹立者，人因呼之爲山，山初不知其名爲山也。名之爲山，山且不能自知，況山之上又加其名曰某曰某者乎？山既無定名，吾不知孰爲寧山，而孰不爲寧山乎？濠梁之間，吾廬在焉，環吾廬之青翠如沐者，皆山也，不止荆、杏二峰而已也。吾苟以『寧山』加之，山亦豈能拒予者哉？吾收山之名而不求山之形，蓋欲全其天者爾。嗚呼！我則人也，非山也；山則山也，非人也。人今謂山爲我，又安知山不謂我爲山乎？若謂我爲山，則山與我一矣。我與山一，則物我齊矣。物我既齊，而奚虚實之有？何當與子游於莽蒼之區，鴻濛之都，招亡是公而談齊物者可乎？」

濂矍然而謝曰：「公所見，幾於道矣，濂尚何言哉！」作《寧山續説》。

會試紀録題辭

皇明設科，倣古者六藝之教，參以歷代遺制，欲兼收文武而任之。既詔天下，三年一賓興，其薦於州郡者凡五百人。五拔其一，而授之以官。猶以爲未足，復敕有司自壬子至甲寅，三歲連貢，歲擢三百人。逮於乙卯，始復舊制，其恩至渥也。

先是，京畿遵行鄉試，中程式者七十二，未及貢南宫，上求治之切，皆采用之，至有拜監察御史者。及是，當會試之期，若河南，若陝西、北平，若山之西、東，若江西、湖廣，若浙江，若廣之東、西，若福建，其爲行中書十有一，俊秀咸集，而高句麗之士與焉。右丞相臣廣洋、左丞臣惟庸，同禮部尚書臣凱、臣訓，文啓於東朝，然後入奏。於是詔臣凱與前侍講學士臣庭堅爲主司，而以侍讀學士臣同、國子司業臣濂、吏部員外郎臣本、前貢士臣恂與考試事。上召至内庭，親諭以取舍之意。臣凱等受命而出，交相戒飭，期有以副上旨。遂議分經而考，互相參定，使無所憾，乃進於主司。主司徧觀而後次第之，猶慮滄海有遺珠之歎，卷之已黜者，復覆視而致謹焉。晝盡其力，夜向午，燭影熒熒於簾几間，不敢自寧。士之就試者二百，黜者僅八十人，署名於榜，用鼓吹導至中書，揭而張焉，甚盛典也。

《書》有之：「野無遺賢，萬邦咸寧。」夫賢之在野，無以自見，多由進士升名於天府，故昔人謂進士爲將相科。如以宋言之，深沈有德如王旦，面折廷争如寇準，出當方面如張詠，蓋不可以勝數，至今科目倚之以爲重。與茲選掄者，當思以前脩自勖，以忠貞佐國家，而致黎民於變時雍之治，庶於明體適用之學，或無所愧。不然，則是録之行，他日將有指其名而議之者矣。可不慎歟？可不慎歟！

菊坡新卷題辭

當塗陶君用高，蓋出於晉徵士元亮之裔，凡宦轍所臨，必效前人種菊花滿坡。當萬木摇落時，花始秀拔，低昂枝上，若赤金所鑄錢，頗可玩。用高公退之餘，酌酒與花對，恍然如在柴桑籬落間，殆忘其章綬之榮，案牘之煩也。或者疑之曰：「仕者樂乎朝市，故馳而弗息；隱者慕於山林，故往而不返。有若水之與火，未易合也。昔者，元亮遭時孔艱，不能爲五斗米折腰向鄉里小兒，因有託於菊而逃焉耳。今用高則不然，生逢有道之朝，亦既由憲史檢校中書，而主書於秋官矣，衆咸以致君澤民期之。用高則留情於菊，若將與世相違者，無乃不可乎？」

嗚呼！是何言歟？是何言歟？觀

人之道，不於其迹而於其心。迹固朝市也，而心則不忘乎山林，謂之吏而隱可也。迹或滯乎山林之中，而其心則豔華趨榮，無一息之不思市朝，苟謂之爲隱，孰能信之？況君子之出處，可仕則仕，可隱則隱，初何容智力於其間哉！設使元亮當今之時，將不能不仕，而用高生於元亮之世，似亦不得不隱也。世之人學元亮者多矣，皆在乎去位之後，用高則見於在官之時，此蓋魯男子之善學柳下惠者也。用高誠賢乎哉！予固不敢以用高方之元亮也，以其志之或同，而他人未必能知也。聊相與一言之，并作采菊之辭以遺用高。曰：

我采我菊，露其和矣。今我不樂，鬢其皤矣。鬢其皤矣，吾行歌矣。

我菊我采，露其晞止。今我不樂，白日馳止。白日馳止，吾顔衰止。

歌罷，用高攬衣而起，曰：「贈予言者，盈三帙矣。子頗能知予之志，曷爲書於新卷之端，俾詩家者流繼之。他日，約子於三徑間，俯仰西風，歌此辭而餐落英，顧不美歟？」予不敢固辭。用高，通儒術，爲人仁厚，士林中多稱之云。

張孟兼字辭并序

國子録張君，生於歲戊寅正月六日。以曆推之，是月九日始入春，則中氣猶居丁丑年之冬，其王父府君因以「丁」命名張君。既長，聞人先生字曰「孟兼」。「兼」者何？謂臨二歲之中也。夫丁在十母爲火，戊則土也。火爲文明之候，非不燁然有光，必變而爲土，然後生物之功遂。張君以辭章名世，今將刊其華而食其實乎？雖然，丁，離象也；戊，坤象也。離上而坤下，於卦爲「晉」。《象》有之：「明出地上，順而麗乎大明，柔進而上行。」張君又將自此而升乎？方今大明御世，治具畢舉，張君益昭其明德，發爲人文，以黼黻王度，物有不資其成者乎？是則兼之之義已。或謂殷人尚質，多以十幹名，其與府君之意，則夐然殊也。張君，浦陽人，有學行，與濂爲同門朋。辭曰：

戊爲子，丁爲父。火得爲土，百物之所祖。能兼之，道爲伍。

宋文憲公全集卷二終

宋文憲公全集卷三

畫原

史皇與蒼頡，皆古聖人也。蒼頡造書，史皇制畫，書與畫非異道也，其初一致也。

天地初開，萬象化生，❶自色自形，總總林林，莫得而名也，雖天地亦不知其所以名也。有聖人者出，正名萬物，高者謂何，卑者謂何，動者謂何，植者謂何，然後可得而知之也。於是上而日月風霆、雨露霜雪之形，下而河海山嶽、草木鳥獸之著，中而人事離合、物理盈虚之分，神而變之，化而宜之，固已達民用而盡物情。然而非書則無以紀載，非畫則無以彰施，斯二者，其亦殊塗而同歸乎？吾故曰：書與畫非異道也，其初一致也。

且書以代結繩，功信偉矣。至於辨章服之有制，畫衣冠以示警，飭車輅之等威，表旗旐之後先，所以彌綸其治具，匡贊其政原者，又烏可以廢之哉！畫繢之事，統於冬官，而春官外史專掌書令，其意可見矣。况六書首之以象形，象形乃繪事之權輿。形不能以盡象，而後諧之以聲；聲不能以盡諧，而後會之以意；意不能以盡會，而後指之以事；事不能以盡指，而後轉注、假借之法興焉。書者，所以濟畫之不足者也。使畫而可盡，則無事乎書矣。吾故曰：書與畫非異道也，其初一致也。

❶「象」，張本作「物」。

古之善繪者，或畫《詩》，或圖《孝經》，或貌《爾雅》，或像《論語》暨《春秋》，或著《易》象，皆附經而行，猶未失其初也。下逮漢、魏、晉、梁之間，講學之有圖，問理之有圖，列女仁智之有圖，致使圖、史並傳，助名教而翼彝倫，亦有可觀者焉。

世道日降，人心寖不古，若往往溺志於車馬士女之華，怡神於花鳥蟲魚之麗，游情於山林水石之幽，而古之意益衰矣。是故顧、陸以來，是一變也；閻、吳之後，又一變也；至於關、李、范三家者出，又一變也。譬之學書者，古籀篆隸之茫昧，而唯俗書之姿媚者是耽是玩，豈其初意之使然哉？雖然，非有卓然拔俗之資，❶亦未易言此也。

南徐徐君景暘，攻書史，善唫古今詩，信爲才丈夫也。旁通繪事，有士韻而無俗姿，一時賢公卿皆與之游，名稱藉甚。有薦于朝者，景暘以母老不仕。予尤愛景暘者，於其別去，故作《畫原》以贈焉。嗚呼！《易》有之：「聖人有以見天下之賾，而擬諸其形容，象其物宜，是故謂之象。」然則象之事，又有包乎陰陽之妙理者，誠可謂至重矣。景暘其亦知所重乎哉！

京畿鄉試策問

問：儒、吏之分，古無有也。蓋儒守道藝，吏習法律，法律固不出乎道藝之外也，奈何後世歧而二之？歧而爲二，果始於何時歟？然而儒之與吏，各有才顯者亦衆

❶「資」，四庫本作「姿」。

矣。❶以儒言之，有以明經爲郎，出守河南，而民以殷富者；有以明經入仕，剌舉無所避，而加光禄大夫者。以吏言之，有以治獄才高而舉爲侍御史者，有以治律令而升封爲博陽侯者。其果何修而致此歟？豈皆以儒術緣飾吏事者歟？世道日降，事寖非古。爲儒者，不以明體適用爲學，而留情於章句文辭之間，峩冠博帶，論議衮衮，非不可也，及授之以政，則迂闊於事，爲群吏之所賣。爲吏者，不以致君澤民爲務，而溺志於簿書期會之末，承順以爲恭，奔走而效勞，非不能也，及察其所爲，則黷貨舞法，爲民之大蠹。古之爲儒爲吏者，其果若是歟？誠使儒而不迂，吏而不姦，皆良材也。不知何以擇而用之歟？

方今聖天子，提三尺劍，平定天下，如漢高帝；發政施仁，孜孜圖治，過唐太宗。且以吏弊未除，而爲生民之害，乃徵四方布衣之士，畢升於朝，命銓曹選而官之。高者擢守令，次亦不失爲州縣之佐。聖德至渥，度越前代，其所以然者，欲使儒術革吏弊，而臻夫太平之治也。古語有之，「法如牛毛，弊如蠭午」。革之之道，果何先而何後，孰緩而孰急歟？考之《周禮》，士多而府史少。今世之吏數倍於前，事繁政紊，案牘紛然，所以其弊爲滋甚，劉炫所謂「老吏抱案而没」者也。其可減去太甚，而收良吏之績歟？稽之漢世，以四科取士，若曰某以某才堪任某職，初不專於一塗，所以去弊興利，具有其道，董子所謂「量才授官，録德定位」者也。其可行之於今，而收賢儒之效歟？

❶「有」，張本作「以」。

諸君子讀往聖之書，負真儒之學，生平立志，耻與俗吏爲伍，其必講之有素矣。當斟酌古今之宜，逐問以對，毋謄紙上之陳言，❶一則曰「在得人」，二則曰「在得人」。

楚客對

宋子泛舟西上，夜泊范蠡，褰篷而坐。時長空無雲，明月皎然孤照，衆星環列一一可數。同舟有楚客者，忽指月問曰：「日月一也，此何以有虧盈乎？」宋子曰：「不然也。月圓如珠，其體本無光，借日爲光。背日之半常暗，向日之半常明。其常明者正如望夕，初無虧盈。但月之去日，度數有遠近，人之觀月，地勢有正偏，故若有虧盈爾。」曰：「然則其有夜食，奈何？」曰：「此爲地影之所隔也。月上地中而日居下，地影既隔，則日光不照，其隔或多或寡，故所食有淺有深。蓋地居天內，如雞子中黃，其形不過與月同大，地與月相當，則其食既矣。唯天之體廣漠無際，然其圍徑之數，及去地幾千萬里，巧算者亦可以推之也。」

客曰：「月之爲説，既聞命矣。五星盈縮，古者時有不合，此何以無定論乎？」宋子曰：「五星從黃道内外而行，考其盈縮，則於分段距度，最宜精審。近代占天象於測景授時之法，誠可謂度越前古。至於星占，則微有不同。且如辛亥歲正月乙酉朔，火當躔房五度，彼則謂在房之一度。二月辛巳，火當入斗初度，彼則謂在三月己丑。正月己酉，金木始當同度，彼則謂在於乙巳。其後驗之天象，所失昭然。若論水星

❶「謄」，原誤作「滕」，今據張本改。

距日之度，盈縮之間，終不踰二十三度半之外。彼則謂正月癸卯，水躔斗十九度，在晨疾段中，較之日躔虛六度，已距二十七度，此尤所未解。然天道未易言，必得明理之儒如許衡者出，正之可也。」

客曰：「星歷之學，儒者亦在所講乎？」宋子弗答，趣侍史具衾，入舟而寢。

記李歌

李歌者，霸州人。其母一枝梅，倡也。年十四，母教之歌舞，李艴然曰：「人皆有配偶，我可獨爲倡耶？」母告以衣食所仰，不得已，與母約曰：「媪能寬我，不脂澤，不葷肉，則可爾；否則，有死而已。」母懼，陽從之。自是縞衣素裳，唯拂掠翠鬟，然姿容如玉雪，望之宛若仙人，愈致其姸。人有招之者，李必詢筵中無惡少年乃行。未行，復遣人覘之。人亦熟李行，不敢以褻語加焉。李至，歌道家《遊仙辭》數闋，儼容默坐。或有狎之者，輒拂袖徑出，弗少留。他日或再招，必拒不往。

益津縣令年頗少，以白金遺其母，欲私之。李持刀入户，以巨木撐拄，駡曰：「吾聞縣令爲風化首，汝縱不能，而忍壞之耶？今冠裳其形，而狗彘其行，乃真賊爾，豈官人耶？汝即來！汝即來！吾先殺汝而後自殺爾。」令驚走。

時監州聞其賢，有子方讀書舉秀才，聘爲之婦，李尚處子也。居數年，天下大亂，夫婦逃難，俱爲賊所執。賊悦李有殊色，欲殺其夫而妻之。李抱其夫，詬曰：「汝欲殺吾夫，即先殺我，我寧死，決不從汝作賊也。」賊怒，并殺之。吁！倡猶能有是哉？

可慨也。

記馮寅賓言

楚人多尚鬼，事有不直，聽之。廬陵民相争，憤弗能白，舁桐偶神，寘諸庭，日夕祝焉。神衣紅綃袍，儼如生。未幾，猛虎夜至，熟視不敢動。忽風吹神衣，飄飄然舉，虎以爲誠人也，搏而噬。桐木之質虚，虎牙入，膠焉。虎怒，碎裂之。次夜復至，銜其冢以去，陷智井中。衆投石殺虎，讙然以神爲靈。噫！使神信靈也，其當免於身乎？永新馮寅賓爲予言。寅賓，名進士翼翁子，其言當不妄，記之。

書穆陵遺骼

初，至元二十一年甲申，僧嗣古、妙高上言，欲毁宋會稽諸陵。江南總攝楊輦真加，與丞相桑哥相表裹爲姦。明年乙酉正月，奏請如二僧言，發諸陵寶器，以諸帝遺骨，建浮屠塔於杭之故宫，截理宗頂，以爲飲器。大明洪武二年戊申正月戊午，皇帝御劄丞相宣國公李善長，遣工部主事谷秉毅，移北平大都督府及守臣吴勉，索飲器於西僧汝納、監藏深惠，詔付應天府守臣夏思忠，以四月癸酉，瘞諸南門高座寺之西北。明年己酉六月庚辰，上覽浙江行省進宋諸陵圖，遂命藏諸舊穴云。嗚呼！上之德可謂至矣哉！

書萬安丞

吉安萬安縣有豪民劉仲賢，以攘牛殺鄒君瑞父子五人，歷時已久，鄒嫗始獲執牒訴諸縣，懼不得屍，弗録嫗辭。嫗哭於庭三日，縣丞高昌萬鵬舉録之。俄有大蜂五，聚丞之案，麾去復至，如是者四三。丞乃祝曰：「爾信爲鄒之鬼耶？明日再聚吾案。」如期，蜂復集，丞猶未之信。連與蜂期，咸如初。丞乃上馬抵劉舍，反覆蹤蹟之，總無所有。忽見五蜂飛集竹坡，丞亟令左右具畚鍤劚之，四屍藏竹下如生，唯孩童屍未獲，蜂復導丞至榆木下，環繞而悲鳴。發之，孩體已腐，唯其首獨存。獄具，斬劉市中。

嗚呼！人不得其死，附物以暴冤者，至如是夫！昔予友楊觀尹漢川，有蛙鳴躍履畔。楊曰：「汝若有所訴，當前我。」蛙即躍而去，楊躡其後，行二里所，見一屍横焉。楊捕逆旅氏，一鞫即伏。方疑無主名，檢屍衣，得遇所知爲湖南賈人，遂伏辜。漢川人與予言。予竊以載籍所見，固有若斯者，是殆未可信也。今觀萬安丞事，與之正類，徵諸人，人言不殊，其將弗信矣乎？因謹書以爲世戒。

恭題御賜書後

昔在乙巳之春，臣濂待罪右史。三月十五日，卧病京師之官舍，不入侍者六日。上顧近臣黼曰：「老宋起居何久不見耶？」黼以病對，且言其致疢之詳。上憂形於色，曰：「宋起居純飭之士，不參以分毫人僞，侍予五年猶一日也，不知何以而有斯疾乎？」越一日，又問曰：「病勢稍損否？」黼對如初。越二日，又問，黼復對如初。上惻然曰：「爾往傳命，俾歸養金華山中，父子祖孫驩然同聚，疾必易愈。愈且速造朝，國家文翰庶有賴哉！」二十四日黼至，導宣上旨，臣力疾起拜命。越翼日，陛辭，上敕黃門內使出大府金，籍以束帛賜之。自後候問之使相屬于道。時方嚴肩輿之禁，自相國以下至百執事皆弗之許，特命中書造安車，給健丁六人以載，此尤異數也。二十八日，皇太子以舊學之故，復遣內臣存問，賚以繒幣白金之屬，恩意有加焉。三十日上道，夏四月十七日，方抵金華故居。十八日，具謝表一通進上，并致書太子，以寓箴規之意。上覽之再三，喜甚，謂太子曰：「此書汝當日誦一過。」復親御翰墨，賜書褒答。其文則上所自製，字乃侍臣代書，其外封九字，內年月六字及花書，則上之親筆也。復出官局文綺白繒各一，命太子署名緘封，遣使者即臣家以賜焉。時六月七日也。惟上深仁如天，厚澤如地，凡囿於兩間者，莫不同浴神化，鼓舞至德。以臣之微，亦獲霑被寵榮如此之至。

竊伏自念，臣本一介書生，應聘而起，即典儒臺。未幾，召入禁中授太子經。由是峻登記言之職，賜服金紫，先後所承恩數，不一而足。今以微痾之故，又勤宸念，眷注優異，錫予便蕃。此固上天雨露之滋，一草一木，無不使遂其生成之性。而臣區區犬馬之誠，所以思報効之者，何日而敢忘哉？《天保》之詩曰：「天保定爾，亦孔之固。俾爾單厚，何福不除？」臣敢誦此詩以答上賜，復追疏遭逢之盛於賜書後，示諸子孫，俾世世毋忘上恩云。

恭題御筆後

洪武元年夏四月，上幸北京。五月四日，道經下邳，駐蹕于東門外，設壇具牢醴，祭於山川百神。祭畢，遂升御舟，召守土臣四明李侯相，親出御筆一道，且諭之曰：「山東故官，聽其從宜居處，以俟選用。」相既稽首拜受，因復奏曰：「其有願往南京及旋故鄉者，何以遇之？」上曰：「卿稽其人數，去南京者，日予米二升；還故鄉者，皆給一斛。」相退奉詔行之。

嗚呼！非聖德如天一視而同仁者，其奚暇念及於此哉？越三月，燕都遂平。懷柔綏徠之效，蓋有不疾而速，不行而至者矣。相既侈兹奇遇，裝潢成軸，持以示濂。濂方待罪國史，謹已備録，藏諸金匱，復爲記其事於左方云。

題四十二分金剛經後

龍舒王日休，嘗病六家《金剛經》所譯各有未盡，乃采其文義優深似得佛語之真者，集爲一經而注釋之。復患梁昭明太子所分三十二分，未盡玄理，仍别立章號，析爲四十有二。學佛者喜其據義之弘博也，遞相流布，唯恐其不傳。余竊讀而病焉。

蓋六朝譯場所選，皆一時知名之士，然又非止一人。有譯語者，有譯義者，有潤文者，有證梵語者，有正義者，有唐梵相校者，不應舛錯之若是也。其間或有不同，誠以佛語廣大，包羅諸義，而譯家各得其一意云耳。日休，華人，素不通天竺之語，又未嘗親見所譯梵本，何以攷知其得失？佛言微妙，雖聲聞緣覺或有所未解，又何以察其僞真？是皆不能無所疑也。昔者，孫明府患諸家譯是經者，文句增減，違背佛意，遂據天親、無著論頌，重加刊削，修成一部，而斥長水、孤山二師，以爲依句而違義，正與日休略同。大慧果公直以毁謗聖教闢之，❶孫之書因不行世。日休與大慧爲同時人，惜乎不及一見而箴其失也。香巖仲模上人出示是經求題，謾書於後，以俟大慧者之出云。

題定武舊本蘭亭帖後

昭陵既取《蘭亭序》，詔供奉各臨之，唯歐陽詢奪真，因勒石禁中，所謂長安古本也。五季之亂，石流落人間。慶曆中，爲李學究者所獲。宋景文公帥定武，復得於李之子，匣藏庫中。熙寧間，薛師正來爲守，惡其打搨有聲，乃刊別本以惠求者。已而，師正之子紹彭，潛模勒他石，易古本歸長安，且鑱損「湍」「流」「帶」「古」「天」五字一二筆爲識，是則定武已有二刻矣。其後，又有棠梨板本洎馮當世、錢仲耕、曹士冕、范序辰、悦生堂、新塘李氏等本，不翅五十餘家，雖皆祖定武，而其筆意相去，殆若天淵之懸隔矣。今觀大慈禪師所藏，肥不剩肉，瘦不露骨，其殆長安之初刻者歟？雖賈魏公積至八千匣之多，求其如此本者，恐指亦不能多屈也。禪師尚永寶之。

題霜寒帖後

濂授經青宮時，皇太子欲學書，召祕書

❶「直」，原誤作「真」，今據張本改。

丞陶宗儒至殿下。下教曰：「晉人法書，選真跡之佳者以進。」宗儒奉教而退。於是用綵龍黄帕裹二十軸來上，其一即《黄庭經》。絹素精甚，幾不見絲縷，遥視之，瑩然紙也。字畫頗不類羲之。諸名卿則歷書其傳授，定爲真本無疑。其一乃獻之《鵝群帖》，却絶佳，方信蘇子瞻之言不繆。餘帖皆唐宋人所鉤摹，不知何以填墨，儼如一筆所揮就。因憶米襄陽最好臨晉人書，王晉卿爲其眩惑，慚惶幾死。近代袁伯長遂謂祕書所藏幾百卷，而宣和號右軍者，皆米老一手僞跡，蓋亦有此理。濂請留《鵝群帖》，而以其餘還宗儒。今觀此帖，有古文「芾」字印，印兩首正鋭，其形如米，必襄陽所臨以惑人者。然神彩迥拔，亦自可寶。故識所見，題其後而歸之。

題歐陽率更帖

此碑歐陽信本晚年所書，筆畫險勁，若鑄鐵所成者，反覆視之，定爲初刻本。然而信本雖極力追倣右軍，而其規矩媚趣，或得於大令爲多。學大令者，羊舍人、薄給事爲最優，自後鮮有聞者，唯法極師睥睨而從之。至信本之起，殆與之抗衡而無愧者也。其有名之跡，入宣和内府者凡四十紙，惜皆不存。而《金石略》所載二十三種，亦惟《邕禪師塔銘》《昭陵六馬贊》《皇甫氏碑》《醴泉銘》盛行耳。類皆翻勒之多，無以見孤峰崛起，四面削成之勢。如此本者，誠可寶玩，覽者當以殷彝周鼎視之。

題徐原甫墨梅

唐人鮮有畫梅者，至五代滕勝華始寫《梅花白鵝圖》，而宋趙士雷繼之，又作《梅汀落雁圖》。自時厥後，邱慶餘、徐熙輩，或儷以山茶，或雜以雙禽，皆傅五采，當時觀者，輒稱爲逼真。夫梅負孤高偉特之操，而乃溷之於凡禽俗卉間，可不謂之一厄也哉！所幸仲仁師起於衡之花光山，怒而埽去之，以濃墨點滴成墨花，加以枝柯，儼如疏影横斜於明月之下。摩圍老人大加賞識。既已拔梅於泥塗之辱，及逃禪老人楊補之之徒作，又以水墨塗絹出白葩，尤覺精神雅逸，梅花至是益飄然不群矣。同郡徐原甫，清曠標韻之士也，性愛梅，行吟坐諷，無斯須離去。間參用補之法與其傳神，老榦傾欹，而數花翹乎其顛，真一絶也。世之好事者，往往多寶玩之。濂因推本而題之若此。士大夫有如陳去非和張規臣之作者，尚津津而有繼哉。

題温日觀葡萄圖❶

人知中言師以善畫名世，而不知其結字清逸，有晉人之風。知其字之佳者，縱有其人，而又不知其超悟心宗，而有翛然出塵之趣。是以趙魏公、鮮于奉常雖服其用筆精絶而師之，忘去翰墨町畦，玩弄於人間世者，要未必能察之也。今觀此卷，或書雜詩詞，或畫葡萄三數枝，❷意到即成，略無礙

❶「葡萄」，張本作「蒲桃」。
❷「葡萄」，張本作「蒲桃」。

滯，而蛟龍奮迅之勢，自不可掩。豈所謂天機全者，固自有異人人耶？

題紫泉頌後

天台葉君見泰同易濟奉璽書南諭交趾，道經貴州。州有紫泉，其源在江北，去城百餘步而近，相傳天下治則出焉。洪武元年十一月己未，泉出溢，流于江，其色深紫，光潔可染。州守鄒天琦遂請葉君爲之《頌》，勒諸樂石。予官左史時，臨川獻瑞木，木中析，有文在内，曰「天下平」，一正一反，質白而文玄。當有文處，木理隨畫順成無錯逆者，予既異之。今復見紫泉之出如是，豈非大明麗天，四海將治之兆乎？傳曰：「國家將興，必有禎祥。」信矣哉！

題友怡堂銘後

盱江黄氏有二伯仲，曰克明，曰克己，賢儒也。極相友恭，尚懼其道未盡，取「友怡」二字名堂以自勖。吾友王君子充實爲之銘。克明從子肅復命濂申其說。

昔者，馬遂良旅食四方，兄弟異處，顧乃以「怡」名齋，洪景盧爲記其事，特假託以譏之。譏之，誠是也。濂謂必若黄氏伯仲，足不出里門，塤篪日奏於一堂之上，然後始無愧「友怡」之名耳。然或者猶謂堂之有銘，非古之義。殊不知盤杅几杖皆有銘，自成湯、吕望以來則然。況禮以義起，縱曰非古，得不爲近古者哉！子充，今之景盧也，其當以濂言爲可徵矣乎？

題葉贊玉墓銘後

余在浦陽，與貴谿葉先生贊玉交。先生之子名愛同，性穎悟特甚，嘗引之升樓，出經題試之。至正己丑，先生父子皆別去。不數年，天下大亂，聲跡不相聞者二十三年矣。洪武辛亥之二月，予考試春闈，及榜出，有葉孝友名，乃貴谿人，恐爲先生之子，復以名不同爲疑。時車駕將幸臨濠，是月壬申，會闈試事方畢。癸酉，即親策于廷。甲戌，臚傳進士名午門外，即日謝恩，趨青宮聽注授，寫職名，爲丸耦進而分拈之，孝友得爲平鄉丞。戊寅，錫宴中書堂，予被酒上馬出，有從傍呼曰：「君非宋學士耶？」曰：「然。」曰：「子爲誰？」曰：「我葉愛同也。」於是下馬執手相慰勞，問何以更名，乃知有司誤以其字聞。復問先生安否，則作土中人已六年矣。爲之悲喜交集，喜則以先生有子，悲則以先生之學僅止於斯也。

嗚呼！二十三年之間，人事變遷何所不有。老身幸未死，得與孝友一接，豈非天哉！然昔見孝友時，兩髦初勝簪耳，今則以文辭第奉常，年且三十有八矣。余之顛毛，欲不種種，尚可得乎？俯仰古今，而不知中心之慘慘也。孝友以蔡君淵仲所撰墓銘相示，因題其後而歸之。

題周母李氏墓銘後

梁太常卿任昉著《文章緣起》一卷，凡八十有五題，未嘗有所謂題識者。題識之法，蓋始見於唐，而極盛於宋。前人舊跡或闇而弗彰，必假能言之士歷道其故而申之，有如箋經家之疏云耳，非專事於虛辭也。昧者弗之察，往往建立軒名齋號，大書于首簡，輒促人跋其後，露才之士，復鼓譟而扶搖之。嗚呼，何以俗尚之不美也！

臨川周友，以危太史所譔母夫人墓文見示，請予申言之，予則以謂必如是而後無愧於題識耳。夫發揚其親之德，孝子事也，何厭乎言之詳？使人人皆如友，風俗其有不還淳者乎？故爲記其卷末而歸之。知言之士，必有取焉。

題唐臨重告帖後

唐臨《重告帖》，予嘗見於内翰柳公家，相傳爲薛嗣通之筆，其點畫肥瘦及行位疏密，與此正同；其稍異者，南廊墨印則在於左方耳。予以薛書飄逸爲疑，質之於公。公笑曰：「古人能知變通，所以爲不可及也。」逮遊四方，復見薛所臨唐帖一二，皆不類其書，方信公之言爲足徵也。今觀劉先生此卷，尤覺精采煥發可玩，故爲括公語於其後云。❶

題北山紀游卷後

同郡許君存禮，以《北山記游》卷示濂，請題識其後。卷間諸詩，皆鄉先達司理葉公、侍講黄公、太常胡公、禮部吴公、脩撰張公之作，禮部紀游二文，亦見其中。然而待制柳公、山長吴公頗皆有所賦詠，惜乎未及采録，因爲檢其遺稾，繕書以補焉。且爲之

❶ 「括」，胡本作「拈」。

言曰：

權德輿稱東陽爲山水佳地，今自北山言之，潛嶽之峰如寶蓮華屹然中居，而三洞、雙谿之勝，暎帶後先，佳則誠佳矣。有若先達諸公，咸文章鉅儒，同生於一時，同出於一郡，豈非尤佳者乎！何以言之？人物固藉乎山川而生，而山川則專倚乎人物爲之引重，而此諸公其顯而在上者，則已羽儀文化，流聲四方；其隱而在下者，又能播芳譽於天朝，蔚爲當世儒宗。此非人之瑰傑，益以昭夫地靈者歟？侍講之詩，蓋首倡者，而作於至大庚戌之歲。自庚戌迨今五十餘年，諸公前後物故而無一存者。閒嘗采芝山中，經諸公倡酬之處，巖红澗碧，其餘榮儼然在目，有不得不感慨於中者矣。嗚呼！北山之雄麗不減於昔，生祥下瑞，當無時而休也，惡知無俊偉疊興以繼諸公之軌轍者哉！大篇短韻，宜不止斯，此卷特其權輿者爾，存禮尚襲藏以俟。

存禮，許文懿公之子，學有淵源，而工於文辭，非惟其性標雅，有山水之嗜，而景行先哲之意，尤惓惓云。

題楊補之梅花

林君復愛梅，逃禪翁善畫梅，皆托之以見志者也。然二人風措清峻，有名於當世頗同。君復固終身不仕，思陵欲一見逃禪有不可得，則能高尚其事，尤非懦夫所可及。後世欲以繪事求其人，是未見其衡氣機者也。

題江南八景圖後

圜悟諸子，唯虎邱、大慧倡道爲尤甚。❶東叟穎公則大慧之曾孫，癡絶沖公則虎邱之玄孫也。二公皆能克紹前烈。其以《江南八景圖》相贈遺者，豈留連於光景者哉？蓋心能轉物，而不爲物所轉，雖繪事之微，一山一水，一草一木，無非見其自般若光中發現，非知道者要未足以識此也。是卷癡絶歸之東叟，東叟歸之仰菴，仰菴又二二傳，而今大王講師藏之。頗觀卷中舊題，始於宋嘉熙二年戊戌，至今國朝洪武四年辛亥，已歷一百三十四年，其去作畫題詩時，又不知其幾春秋矣。中間涉歷世變，而獨能傲兀於劫火之餘，豈易易者哉！中有暢文谿題識。文谿蓋與剡源戴帥初游，亦名僧云。

題趙子昂馬圖後

趙魏公自云幼好畫馬，每得片紙必畫，而後棄去。故公壯年筆意精絶，郭祐之作詩至以「出曹韓上」爲言。公聞之，微笑不答，蓋亦自負也。此圖用篆法寫成，精神如生，誠可寶玩也。

平江漢頌

天命皇帝，❷爲億兆生民主，旌麾所向，悉臣悉庭。初以一旅之師興濠、泗間，遂撫淮南，平江東，攻浙東西下之。版圖所入，

❶「甚」，張本、胡本作「盛」。
❷「帝」，黄譽本、黄溥本、四庫本作「上」。

方數千里，定都江左，發政施仁。戴白之叟、垂髫之童涵泳至化，皞皞熙熙，如承平時。于時陳友諒據有江漢之地，僭居大號，賊殺其主。大脩蒙衝，❶虐駈烝黎，如蹈水火。不自度力，又集蜂蟻之衆，直窺豫章，三月不解。皇赫斯怒，乃召群臣于庭而告之曰：「陳虜不道，敢屢予侮。昔者蕩摇我邊方，侵軼我姑熟，偵伺我金陵，賴爾一二臣鄰之力，❷攻而敗之。予亦親覆其穴巢，中宵竄走，假息武昌。予不忍追殲之，冀其悔禍，以自逭於天刑。癸卯之夏，乃復圍我豫章，是其凶德無厭，自取殄滅。此天亡之時，天之明威，予不敢不順。唯爾熊羆之臣、不二心之士尚弼予，以成厥功。」群臣曰：「都！」於是右丞臣達、參知政事臣遇春、帳前親兵都指揮使臣國勝、同知樞密院事臣永忠、臣通海備厥戎器，簡厥師徒以俟。

七月癸酉，上躬擐甲胄，禡纛龍江，帥樓船數百，蔽江而上。陳虜大讋，解圍而逃。丁亥，與我師遇鄱陽湖之康郎山。戊子，上分舟師爲十二屯，命達、遇春、永忠突入虜陣。呼聲動天地，矢鋒雨集，炮聲雷鍧，波濤起立，飛火照耀，百里之内，水色盡赤。焚溺死者動一二萬，流屍如蟻，滿望無際。己丑，焚僞平章舟，刈戮餘二千。辛卯，復酣戰。虜將張定邊素號梟猛，上親禦之，將士皆死戰。歷一二時，遇春等左右夾擊，殺士卒無算。張中矢百餘而退，潛保鞋山，不敢吐氣。我師亦移據湖口，扼彼喉衿，列柵南北江岸，置火筏中流，水陸嚴戒，以候其發。八月，虜食盡，遣舟五百艘掠糧

❶「大」，張本作「餙」。
❷「臣鄰」，張本作「鄰臣」。

都昌，又爲我大將所獲。壬戌，虜計窮，冒死突出，將上趨九江。上命諸將一時俱合，其大戰如戊子，自辰達酉，督戰益急。友諒中飛矢，斃于舟中。癸亥，降其衆五萬。上命釋之，不戮一人。凱歌而旋，舳艫相銜，旌旗飛翮，不疾不徐，委蛇而來。萬姓驩迎，俯伏道左，山川草木皆有喜氣。❶告廟飲至，行賞論功，賜遇春田若干，永忠田若干，其餘將士賚金繒有差。

臣稽在昔，曹操治水軍八十萬來攻孫權，而周瑜、黄蓋敗之於赤壁；符堅發長安戍卒六十餘萬、騎二十七萬以侵晉，而謝玄、謝石敗之於淝水。然赤壁不過一焚而走，淝水亦不過軍亂而奔，初未嘗大戰也。史臣且書之，以爲千古美談。矧今湖口之捷，血戰累日，天地爲之晦冥，日月爲之無光，山河爲之震盪，其神功駿烈，炳耀鏗鍧，與天無極。較之二國，未足多讓，而歌咏不作，非甚闕典歟？臣謹備著其事，撰爲頌詞一通，以流鴻績於無窮，以俟太史氏之采録云。其詞曰：

天眷有德，實惟哲皇。肆其神略，以靖寇攘。義旆東指，罔敢弗恭。風烈虎嘯，雲游龍驤。長淮既歸，江左攸屬。浙之東西，樹侯置牧。乃建國家，以奠南服。以懷中原，以控西蜀。蠢爾小醜，敢讐大邦？集其凶頑，鋒蝟斧螗。輕涉我疆，以跳以踉。亦既剪劉，❷僵骸覆江。洊齊六軍，❸直傾其穴。釋而勿誅，俾自懲刷。闔胡不然？復豕而咥。翹其蟲臂，當吾車轍。皇用震

❶「氣」，黄譽本、黄溥本、韓本、四庫本作「色」。

❷「劉」，黄譽本、韓本、四庫本作「刈」。

❸「洊」，原作「游」，今據黄譽本、黄溥本、韓本改。

怒，歷告在廷。是決不悛，命將往征。爾選舟師，爾整甲兵。漕爾糗糧，各罄爾誠。摇光在申，夷則之月。禡牙江濱，皇秉巨鉞。以誓以戒，以速其發。紀律精明，飈火奮激。旟旐揚揚，艂艭將將。矛戈洸洸，鎧冑明明。載怒載厲，載飛載飈。雄威所吞，已無荆湘。既與虜逢，大呼衝擊。藥騰藜礟，星流火戟。虐燄電奔，巨轟雷劈。殺氣冥蒙，不辨咫尺。矢鋒所貫，什伍聯聯。縱横交鈕，命隕弗顛。攢桅凑颿，筍束蝟編。流尸塞川，舟行弗前。虜魄既褫，扶創而逸。聚于湖奥，僅存喘息。我方植栅，江之南北。火筏在流，掩蔽如翼。越歷四旬，飛走途窮。將冒萬死，以絶其衝。我師見之，千艨如龍。似兔之走，而鷹之從。酣戰六時，由辰達酉。僕姑一發，殪此酋首。貫睛及顱，仆若枯柳。大憝既除，餘不能醜。遞相告言：我誠不振。我革我頑，我歸至仁。誰謂培塿，可高嶙峋？再拜稽首，來降來臣。皇曰俞哉！汝俘予受。宥汝弗劉，予汝父母。汝凍予衣，汝饑予哺。昔何昏迷？今始撤蔀。奏凱而旋，騎吹鬱摇。形於樂歌，節以鐲鐃。飲至于廟，頒賞于朝。帛堆其家，肉登其庖。都人聚觀，舉手加額。或歎或謡，有聲嘖嘖。干戈相尋，匪一朝夕。自今升平，可坐而筴。惟皇神武，動則克之。群策盡屈，四方式之。惟皇寬慈，降則釋之。義聲動盪，疇能敵之。惟皇明斷，遇事即決。洞見千里，不隔一髮。所以西征，成此駿烈。小大畢朝，孰敢肆孽？在昔赤壁，洎乎合淝。事以幸集，尚傳策書。況兹之功，俊偉赫熹。揆古無讓，可無咏詩？臣雖微賤，文字是職。對揚皇休，并獻臣臆。三代以還，用仁興國。皇宜遵行，永作民極。

天降甘露頌

洪武二年冬十月十有三日甲戌，膏露降于乾清宮後苑蒼松之上，皇帝特敕中官折示禁林諸臣。光潤如酒，凝結如珠，肪白飴甘，彌布松柯。馨烈之氣，鬯達左右，勃鬱淋漓，薰涵太龢。天休震動，中外嘆嗟。又明日丙子，上御外朝，左丞相宣國公臣善長，帥群臣稱賀。上若曰：「甘露之降，載在往牒，然休咎之徵，當以類應，朕惡足以致斯？卿等尚明爲朕言之。」參知政事臣稼對曰：「聖人之德，上及太清，下及太寧，中及萬靈，則膏露呈瑞。陛下恭敬天地，輯和民人，故天不愛道而嘉祥徽顯也。」起居注臣觀對曰：「帝王恩及於物，順於人，而甘露降。陛下誕寬民賦，衆庶驩豫，底于敉寧。神應之臻，職此故也。」翰林侍講學士臣素對曰：「王者敬養耆老，則甘露降而松柏受之；尊賢容衆，則竹葦受之。今露降于松，則陛下養老之所致也。宜以制幣策告宗廟，頒於史館，以永億萬年無疆之聞。」上情存損挹，皆推而不居。言既已，丞相帥其班以退。

翰林學士臣濂竊伏自念：氐北有星，名爲天乳，若明而潤，則膏露下焉。王者德格於上，恩覃於下，靈氛充牣，祕貺斯甄，此天人感應之恒理也。欽惟皇上興自臨濠，匹馬渡江，十五年間遂成帝業。天瑞育滋，不一而足。彩霞成鳳，卿雲聚繡，赤烏飛翔，白兔俯伏，瑞蓮並蕚，嘉禾孕文，❶實皆

❶「文」，韓本作「歧」。

天之所命，非人力所致而自致者。今又覩茲聖徵，則其德洞淪冥，功成不宰，三瑞沓至，千休滋彰，有不期然而然者矣。雖然，傳有之：「受命不于天，于其人；休符不于祥，于其仁。」所以孔子之作《春秋》，祥瑞不書而有年則書，豈不以天道玄遠難知，而人事之爲可徵者乎？皇上以天縱之聖，留神至治，以得仁賢爲瑞，以五風十雨爲祥，視彼前代植金莖以承液，夸嘉瑞以紀年者，未嘗不指以爲戒，則其英明之識，超絶之智，卓冠百王，爲法萬世。是宜美盛德之形容，播諸樂歌，被之管絃，以示聖子神孫於無窮云。其辭曰：

上天降康，甘露之瀼。於粲其英，純乾發自陽。以布於下方，凝於休祥。其祥伊何？靈氣孔多。有甘者液，載仁惟澤。潛靈是錫，誕啓皇之德。天地相合，鴻休翕集。厭厭浥浥，紛紛密密，匪隨日以食。兆厥聖徵，如卿之雲，如景之星，如日之重輪。沖和氳氳，以文我太平。惟皇之聖，貞符自應，不卑而流，不高而迎，茀禄之攸盛；惟皇之明，貞符爾承，不欹而傾，不汰而盈，茀禄之攸寧。休慶之即，四國之式。有濯厥聲，耀于千齡。

王國祀仁祖廟樂章

迎神奏淳和之曲

皇圖聿崇，茅社受封。禮分雖異，孝思則同。緬懷世德，源深流鴻。報本有祀，式昭神功。

奉牲奏慶和之曲

王國之東，清廟翼翼。奉我皇祖，享祀弗忒。薦以牲牷，敢曰充腯？神其迪嘗，純嘏是錫。

初獻奏保和之曲

皇祖載德，既淳且仁。弗耀其身，委祉後人。睠兹藩服，典祀維寅。清醴方薦，歆其苾芬。

亞獻奏清和之曲

穆穆靈宮，庭燎有煒。貳觴載升，神其樂止。其樂伊何？錫我繁祉。磐石之宗，本支百世。

終獻奏成和之曲

神兮下臨，陟降在庭。不見其形，如聞其聲。泠風肅然，達於兩楹。禮成三終，神保攸寧。

飲福奏咸和之曲

神具醉止，威儀孔肅。曰爾孝孫，來飲爾福。介爾眉壽，膺爾百禄。子孫保之，以引以續。

徹豆奏嘉和之曲

禮備樂舉，祀事攸宜。孰其尸之？廢徹不遲。皇哉神惠，覃及我私。靈氛將逝，如何勿思。

送神奏德和之曲

杳兮忽兮，神運無迹。鸞馭上征，星流飈疾。其靈在天，其主在室。億萬斯年，孝思無斁。

龍馬贊

西南夷自昔出良馬，而産於羅鬼國者尤良。或云，羅鬼疑即古之鬼方，其地有養龍阬，在兩山之中，泓渟奫深，開闔靈氣，而蛟龍實藏其下。當春日始和，物情酣嘂，夷人立柳阬畔，擇牝馬之貞者縶之。已而雲霧晦冥，咫尺不能辨色，類有物蜿蜒上與馬接，蓋龍云。逮天色開霽，視馬傍之沙有龍跡者，則與龍遇，謹其芻壂而節宣之。暨産，必獲龍駒焉。

粵若洪武四年六月壬寅，夏國主明昇以全蜀降，獻良馬凡十。而其一色正白，乃得之於阬者，身長十有一尺，首高九尺，足之高比首而殺其二尺。有肉隱起項下，約厚五分，廣三寸餘，貫膺絡腹，至尾閭而止。精彩明晃，振鬣一鳴，萬馬爲之辟易。鞲勒不可近，近輒作人立而吼。上謂天既生此英物，必有神以尸之，❶親撰祝策，詔有司以牲牢祀于馬祖。然後敕牧副使臣高敬囊沙四百觔壓之，人跨囊上，使其游行苑中。久之，性漸柔馴。適八月癸巳，上將行夕月之禮於清涼山壇上，於是乘之而出，如躡雲而馳，一塵弗驚。皇情悅豫，賜其名爲「飛越

❶「尸」，張本作「司」。

峰」，復命御用監直長臣馬晉臣，繪其真形藏焉。

臣濂稽諸載籍，漢之元鼎中，有神馬出渥洼水中。馬之生於水者尚矣，養龍之説雖相傳於夷人，要當可徵不誣也。肆惟皇上以大德而位大寶，日之所出，日之所没，無不梯山航海，獻贄奉琛。邇者，獨角之犀來自九真，食火之雞貢於三佛齊之境，其他佹形僪狀，藉藉紛紛，且不一而足，而況玆水産之龍馬乎！《周書》有云：「不寶遠物，則遠人格；所寶惟賢，則邇人安。」皇上宵衣旰食，日懷保於小民，巖穴之士蒐羅殆盡，將圖治安如黄虞時。其遐荒殊裔，珍毓奇産，未嘗有心求之。所以榮光休氣，洋溢中國；仁聲義聞，充洽八表。而龍媒之異，自致於天閑十二之中。揆之於《書》，前聖後聖，蓋同一軌轍也。其視貳師之遺，黷武窮兵以索諸大宛者，果爲何如哉？臣濂以文字爲職業，際玆盛美，不敢默而無言，謹述贊辭以貽諸後世。贊曰：

天駟熒，蛟龍升。靈泓澄，神馬生。祥飈瑞靄晝杳冥，天一翕聚通精靈。龍胡盈，凫臆輕。竹披耳，鏡懸睛。花雪捲毛光照夜，汗溝有血霞流赬。振鬣鳴，萬里驚。閃流電，逐飛星。九霄彷彿從龍行，但聞瀟瀟風雨聲。三川平，八極寧。真龍媒，獻龍廷。出入天門駕龍軿，太霞五彩滿瑶京。皇風清，皇道貞，皇威明。茫茫堪輿内，孰敢不來庭？陋彼漢將軍，空圍貳師城。乃知天子在樹德，不必連年徒用兵。

章判官像贊

唐福州軍事判官章公脩實，檢校太傅

仔鈞之父也。其遺像至今蓋四百餘年矣。二十世孫御史中丞溢,偶於閩中購得之,如獲至寶,持以示其友宋濂,因爲作贊。贊曰:

器局深沈,容儀嚴肅。吁嗟哲人,如金如玉。餘慶所被,孫子若雲。重珪疊組,至今揚芬。

四十二代天師張公像贊

含沖葆虛,執真之樞。翊度宣靈,契道之符。龍虎衛乎左右,風霆屬於指呼。此古之博大真人,而今之列仙之儒者耶?

南堂禪師像贊

南堂和上既入滅,其得法弟子大禪安公思慕之弗置,乃繪其像,來求予贊。贊曰:

樹般若幡,有舌如霆。當空一震,百蟄咸醒。松源之宗,獨造其妙。手折蓮花,臨風自笑。

鮑氏慈孝堂銘有序

歙之鮑氏,故衣冠家也。其諱宗巖者,身載明德,弗售于時,人號爲「棠樾處士」。當至元丙子,郡將李世達軍叛,群寇相挺而起,肆其屠劉。歙民相驚,皆風雨散去。處士君與其子寶慶教授壽孫,共伏大壑中。未幾,寇嘯呼而至,執處士君反接於樹,抽刀將剸之。教授出泣曰:「吾父耄矣!不足以污兵鋒,願憐而勿殺,即殺,我請代之。」言畢,引頸就刃。處士君曰:「吾秖生此一兒,死我猶可,吾兒死,則宗祀絶矣,慎勿聽之。」相爲讓者良久。寇欲捨之，或掌制於衆；欲兵之，又弗忍，計未知所定。忽有風颯颯起林木間，類鐵騎蹴踏聲，寇相顧怖愕，疑官兵將捕己，亟相率東趨，父子因得釋。歙人士咸歎曰：「孰謂無天道哉？使無天道，處士君父子何爲乎而弗死也？其慈孝之報乎！」當處士君之受縛，子但見其親而不識有身，父但見其子而不知有己，死生禍福，尚不暇慮，初不知何名爲孝，何名爲慈乎。脱使處士君曰「我必如是乃爲慈」，其子又曰「我必如是方爲孝」，不幾參於人而不純其天乎？嗚呼！有若處士君父子，足可爲世勸矣。然子爲父死，古之人多行之者，固可爲勸也；若父欲存其子而自殞其生，其可爲勸乎？曰：非是之謂也，處士君爲存宗祀也。爲存宗祀，孝之大者也。不然，則其宗爲若敖氏之餒鬼矣。用以爲勸，何不可之有哉！

予與鄭内翰子美游，子美，歙人也，其談處士君事甚悉。予每爲之太息慨然，遐思其爲人。今處士君曾孫任，詣予請曰：「任之祖父，嘗以慈孝名堂，鄉先達程公已爲造記，先生能復銘之乎？」予因歷序其事，而繫之以辭，使任勒諸堂上，子孫世守之以爲式。鮑氏之世，其益昌矣乎！任端恪有學行，藹藹然君子人也。銘曰：

父子之道，一體而分。天性昭然，萬古無昬。氣血感通，罔間毫髮。伊誰梏之？户庭胡越。惟歙鮑氏，世敦詩書。子勉於孝，父勉於慈。宋鼎將移，群寇方熾。不幸遭之，反接於樹。有子含淚，長跽致辭。刀劍在前，目不見之。無死我親，我死則可。親死子存，千齡亦夭。父謂其子，我耄及之。日月所照，寧復幾時？冀子之生，得存宗祀。生生無窮，孰謂吾死？白刃可蹈，難違者天。若父若子，何人弗賢？寇雖匪人，天嘏是錫。疾颸西來，褫盗之魄。先聖樹教，重惟五倫。五倫有愆，曷名爲人？慶延于家，繩繩孫子。孝慈之報，庶其在此。有歸者堂，揭以嘉名。仰而瞻之，如交神明。爲上或頑，爲下或悖。來游來觀，翻然自悔。

雙椿堂銘

三槐名堂，預知顯融之兆；五柳有傳，式啓肥遯之趣。蓋緣辭以達志，而其文特繁；托物以明類，而其義最切。粤自前古，以逮方今，指意固殊，塗轍則一。有若右司都事某君，器局凝遠，識度迥卓。篤愛日之誠，隆悦親之道。奉其仲父，並於嚴君。建一室之靚深，揭雙椿以爲號。氣同於祖，奚須類我之祝？孝推乎親，必盡搆堂之志。稽之五倫十起之私，阿新思繼之晚，昭然軌跡，莫擬光塵。由是美聞流於縉紳，詠歌傳於湘簡。不鄙狂瞽，漫紹徽音。其辭曰：

有雙者椿，離植於庭。脩莖並擢，峻葉均青。涼雰夕羃，灝露晨零。材非齊散，壽比莊齡。美兹華構，托以嘉名。雲聯遥户，月澹鮮櫺。中有二皓，古之壽朋。鶴髮齊素，台背交升。商宣宮奏，柏茂松貞。厥子能令，省署蜚聲。絳衣執板，賢冠垂纓。調陳五鼎，養或三牲。簪裳生黵，州里流榮。雅辭振玉，麗句雕瓊。文犀作軸，翠琰鐫銘。禮敦民典，孝篤天經。名教所繫，善俗攸興。凡百君子，宜鑑宜徵。

朽室偈并序

材仲禪師嘗名其室爲「朽」，而徵辭於韓莊節公、黄文憲公。二公既爲之發揮，無餘藴矣，而材仲又以濂爲黄公弟子，復令説偈繼之。濂也何人，而敢犯是不韙哉？雖然，不敢辭也。爲之偈曰：

鄞有開士，屢主名刹。其所住處，邃館曲房，堅緻華好。開士顧之，獨名爲「朽」。我問開士：「彼所謂朽，雨風所侵，螻蟻所蠹，棟撓檐拔。今則靚飾，如上所云，以『朽』爲名，不亦厚誣？」開士答言：「屬世間相，無有弗壞。譬如春花，朝上穠冶，夕則零墜，何有真實？今之所居，雖號堅好，我目視之，無不朽者。楹桷壯麗，視如敝漏；丹雘絢耀，視如黕昧。超然此身，如託虚空。畢竟虚空，無有壞相。豈惟是室，觀人亦然。地、水、火、風，假合而成。迷者自恃，等於金石。四大各離，身在何處？身即是幻，世即爲夢。而況是室，終歸於空。若能於此，入正思惟，觀室無室，觀身無身。庶幾可入，真空觀想。」我問開士：「善學佛者，無欣無厭。如開士言，是有厭心。所謂朽者，因堅而名。有堅有朽，理之必然。木縱已朽，堅性終在。我本無堅，朽從何生？堅朽未忘，心何能一？況樂觀空，是爲空病。空病不除，反實所有。我説是室，非有非無。其室永存，何緣能朽？如觀空者，空而非空，空何有礙？」開士聞已，破顔微笑。揚眉而語：「子言固佳。但我門中，一義不立，立即成妄。請返塵轅，毋戲論法。」

碧崖亭辭

濂與太常卿魏觀先生游甚久，知其爲孝敬之人也。先生間嘗來謂濂曰：「予家鄂之蒲圻，蒲圻有山曰蒲首焉，巉然而起，如雲旓翠蕤，蕩摩空濛間。對峙雙石楹，直上如筍，中敞碧崖千尋，嘉卉靈草雜被之，紛紅駭緑，儼如圖畫中。我先人愛玩而不忘，日支笻步其下，或濯纓澗底，或咏詩坐盤石上，或望雲出没崖谷，悠然而忘返，遂因以『碧崖』自號。時移事遷，層崖絶壁，雖蒼然不改於舊，而先人則追逐群仙於風馬雲輿中，弗能一見之。予每過其下，不覺潸然出涕。故於宦游所至，揭『碧崖』之名於楣間，所以志之。志之，所以思夫親也。雖然，名之固寓也，而言之則尤寓也，曷若親履其地，而求先人之遺跡乎？當今聖人在上，方以孝治天下，他日幸遂歸田之請，築亭山麓，仍以『碧崖』名之。當風日清美，與二三子游其間，指而言曰：『彼清泉瀏瀏而斜出者，此先人濯纓之處也；磐石纍纍而可坐者，此先人咏詩之地也；崖谷沈沈靈氣之宣通者，此先人望雲出没之所也。』一俯一仰，無非精神之參會，非惟慰其遐思，抑將藉是以勵夫所學，期克肖乎先人。予雖耄矣，此心不敢忘。子幸爲辭，刻諸亭上，何如？」濂曰：「傳有之：『舜食則見堯於羹，坐則見堯於牆。』古之上聖猶若斯，況下於此者乎？人子之於親，遇事觸物，無有不可感勵者，況親之昔日所游歷者乎？斯亭之建，當與甄氏思亭並稱，其視崇臺芳榭以騁游觀之娱者，果何如也？若先生者，豈不爲孝敬之人哉？」先生字杞山，觀，其名也。學問富而德行脩，踐揚中外，其善政蓋章章云。辭曰：

崖之雲兮，英英其升。崖之木兮，欣欣其榮。悵仙人兮何之？飈風薄而上征。豈降精而委祉兮？發爲休徵。三秀之茁兮，膏露之凝。渺長思於無窮兮，視一息於千齡。金可銷而石可泐兮，又焉能爽吾之精誠！

含山操二解有序

《含山操》者，爲和陽王綱妻吴貞媛作。貞媛遭兵亂，乃能完節蹈水死，其不有繫民經之大者乎？辭曰：

含山有雲，莫蔽我衣。彼荷戟者，迫我以馳。我馳我驅，泣涕如雨。仰視白日，光不照下。叶。地不可穴，天不可緣。舍旃舍旃！我尚何言！

含山有石，其光差差。石或可轉，我節可虧？我夫何之？欲從無所。舍彼黄泉，無相見者。叶。誰謂淵深？我視若陵。我死得死，中心之寧。

劉彬卿傳

劉彬卿，名文質，彬卿，其字也，姓劉氏。其遠祖仁贍，仕南唐以忠節著。子孫居袁者遷于豫章，今爲豫章人。彬卿讀書，不泥章句，務在躬行。年踰三十，擔簦走燕都。燕都貴人一見，争相引重，薦爲太師國王府儒學正，陞教授，皆不赴。除承懿寺照磨，曾未幾何，改繕工司照磨。貢新麪上京，彬卿旦夕視惟謹。諸司同行者，以入雨紅腐，絓於吏議，惟彬卿獨否。帝與后妃、太子皆賜之衣，衣凡五襲，人爲彬卿榮。彬卿曰：「吾敬君之道當爾也。」轉詹事院管句府正司典簿、壽福都總管府經歷。

中書左丞史克新戍遼陽，時江南餉道絶，各屯田以食軍士，食且不給。廷議欲徵其米五萬石，人難之不敢往，彬卿毅然請行。初至軍，有欲害之者，彬卿色不變，亹亹爲陳利害，衆咸感動，卒致三千四百斛以歸。孛羅帖木兒以中書平章統兵鎮西京，人畏其威，不敢仰視。彬卿持官書至，左右索視之，弗與，遂辭不爲通。彬卿呼曰：「朝廷之命，將委之草莽耶？」孛羅聞之，竟出見。彬卿以官書進孛羅。視已，謂彬卿曰：「可與幕府議之。」彬卿曰：「官書既達，行與否在平章，使臣何與焉？」趨而退。孛羅不敢强，將宴留之。彬卿曰：「使事已畢，尚何留？」即日上馬去。從事官皆餞之出郊，歎曰：「此真使者，世蓋不多見也！」

府公俱徽僧賕，僧愬御史臺。臺臣問曰：「何獨無劉經歷耶？」僧曰：「經歷乃儒者，理苟直，不俟人言；不然，徒言之無益也。且於我無所私，焉敢誣之？」特授大司農司照磨。宣政院聞之，欲辟爲屬，弗能奪而止。時官牛多掠於亂兵，貧窶人無所訴，富有力者，反指以實口，没去牛羊，失其租。彬卿舍乘傳，僞衣醫者服，徒行民間，廉其實以聞，徵富人租，而優貧窶之家。京南諸倉，毋慮數十，不以時入糧，民告病。彬卿馳驛察之，既至，紿驛吏曰：「吾將使江南爾。」因託故遲留，徧詢倉之前後民，盡得其情。乃往揖倉使崔甲曰：「吾使臣爾，願預坐隅以觀美政，可乎？」崔不荅，彬卿遂坐與談倉中事。崔忽拂衣起，曰：「君知有使者事爾，乃暇及此耶？」彬卿罵曰：「吾農官也，吾不叩汝等，誰復叩之？汝即具文書來上。」倉中人皆吐舌相顧，卒治崔如法，遠近不待督而事集。已而陞本司都事，擢樞密院都事，俄復入都水監爲丞，陞少監，階中順大夫。

彬卿性耿介不阿，行事絶與流俗異。初至燕，客塔海平章家。平章勸其納少室以奉巾櫛，彬卿曰：「家有糟糠之妻，相期至髮白，肯中道棄之乎？」不聽。其子時敏方幼，一少年誘其馳馬，竟跌死，或語彬卿宜訟。彬卿曰：「吾兒死生有定命，可尤人耶？」經一晝夜，忽自蘇。後十二年，補太宗正府譯曹掾，一旦，以疾卒。彬卿召或者詰之，曰：「此亦墮馬死耶？」國史掾萬生客死于燕，妻子貧不能歸葬，彬卿予錢二千緡，俾奉柩還南昌。御史大夫朵爾直班有忤相臣，出爲湖廣行省平章政事，省署治武昌，道梗未易達，必經石頂關，歷連雲棧，過瞿唐、灩澦，出萬險而始至。從事官皆散去，獨彬卿留。大夫曰：「吾國家老臣，一死固當。彬卿，爾家貧，爾當從此逝也！」彬卿曰：「士窮見節義，正在今日，大夫何爲出此言耶？」及大夫没，又護其喪還檀州。

彬卿爲人不避事，苟使銜命而往，雖萬里不辭。凡出使，即呼官録其行橐，且曰：「去時苟增其一，即贓也。」尤善以形色言人吉凶，巧發奇中，無毫髮差忒。人有意問之，輒固閉不答。彬卿貌奇古，眉毫長寸許，雙目深，其瞳閃閃照人，黟南先生程文以道人劍客目之。彬卿年七十餘，今猶聞其騎青驢出入於豫章山中云。

史官曰：嗚呼！世道既降，平日素號士大夫者，恒脂韋自保祕，孰有如彬卿之剛介者乎？與人交也，勢盛則趨，勢衰則狐鼠竄，望其門而畏之，孰有如彬卿之不變其初者乎？封殖自私，汲汲恐或後，視人顛連傾覆，縱有耳，若罔聞知，孰有如彬卿惠及死喪者乎？自他人言之，如彬卿者，可謂難矣；而彬卿則曰：「此儒者恒事耳，非難也。」嗚呼！若彬卿者，不亦君子之人也哉？不亦君子之人也哉！

張中傳

張中，字景華，臨川人也。少習儒，以《春秋》應進士舉，不中，遂放情山水。歷遊江右諸郡，遇異人授以太極數學，談禍福多驗。時天下大亂，歸隱幕府山，與人言避兵之方，從之者吉，違則凶。

歲壬寅春正月，上帥師下豫章，御史大夫鄧愈侍上左右，因薦中。遣使者召至，賜之坐，問曰：「予定豫章，兵不血刃，市不易肆，生民自此蘇息否？」中對曰：「未也，旦夕此地當流血，廬舍焚燬殆盡，鐵柱觀亦化爲灰燼，惟一殿巋然存耳。」夏四月，指揮使康泰反，一如中言。中自是寵遇有加，且言國中大臣將有變，上宜預防。秋七月，平章邵榮、參政趙繼祖伏甲北門，欲爲亂，事覺伏誅。歲癸卯夏五月癸未，上祭山川百神於覆舟山下，問中曰：「此行何如？」中對曰：「吉。天馬兩重，似拜似舞。」祀畢，上欲還，馬忽人立作舞狀，已而俯若拜。是日，中原贅名馬，果符兩重之語。中又言，省署內當有震驚，城中亦擾擾，但於上無傷耳。六月丁未，忠勤樓災，藥炮藏樓中，遇火怒激如雷，省署與樓連，內外咸恐。僞漢陳友諒圍我豫章，三月不解。秋七月癸酉，上舉兵伐之。召問中，中對曰：「五十日當大勝。亥子之日獲其首領，其戰必在南康。」上因命中從行，舟次孤山，無風弗能進。中曰：「臣頗習洞玄法，當爲祭之。」祭已，風大作，遂達彭蠡湖。己丑，戰湖中之康郎山，常忠武王遇春深入虜舟，數四圍之，其勢甚危，僉以爲不可救。中曰：「勿憂也，亥時當自出。」如期果出。連戰輒大勝，僞吳王陳友仁及將士溺死者無算。八月壬戌復大戰，流屍蔽江，陳友諒中飛矢卒。癸亥，降其衆五萬。自癸酉至癸亥僅五旬，唯南康與康郎山小異爾。初，豫章受圍，上問何日圍解，中對曰：「當在七月丙戌。」暨報至，乃乙酉，蓋日官算曆，是月常差一日，實在丙戌解去。其他奇中，往往類此。

中爲人狷介，寡與人言。嘗戴鐵冠，人因號曰「鐵冠子」云。

贊曰：濂數與中游，見其人類陽狂玩世者。與之語稍涉倫理，輒亂以他言，竟莫測其故。甲辰夏五月，同列二博士有咈上意，方杜門待罪。中叩二人所生年，捉筆作點點，狀如計數者。良久，笑曰：「不遠，復期在七月五日。」濂書而識之。至六月之晦，有旨令二人復官。頗疑其術之未盡驗，及獲見上謝，則中所期也。中之術亦異哉！上嘗親疏中事，命濂作傳藏金匱中。後六年，覩遺稾於故篋，因繕録之，而并紀所識之事云。

竹谿逸民傳

竹谿逸民者，幼治經，長誦百家言，造文蔚茂，喜馳騁，聲聞燁燁起薦紳間，意功名可以赤手致。忽抵掌於几曰：「人生百歲能幾？旦暮所難遂者適意爾，他尚何恤哉！」乃戴青霞冠，披白鹿裘，不復與塵事接。

所居近大谿，篁竹翛翛然生，當明月高照，水光潋灩，共月争清輝，逸民輒腰短簫，乘小舫，蕩漾空明中。簫聲挾秋氣爲豪，直入無際，宛轉若龍鳴，深泓絶可聽。簫已，逸民叩舷歌曰：「吹玉簫兮美明月，明月照兮頭成雪。頭成雪兮將奈何？白漚起兮衝素波。」人見之，歎曰：「是誠世外人也，欲常見且不可得，況狎而近之乎！」性嗜鞠，種之滿園，顧視若孩嬰。黄花一開，獨引觴對酌，日入不倦。人讓其留物，怒曰：「舉世無知我，知我惟此花爾。一息自怡，尚可謂滯於物耶？」復愛梅，梅孕，緑蕚微吐，赤脚踏雪中若温，見輒凝視，移時目不瞬。且大言曰：「知我者惟鞠，鞠已謝我去，幸汝梅繼之。汝梅脱又謝去，我當上白鶴山采五芝耳。」白鶴山，蓋谿上諸峰云。

逸民年五十，益恬泊無所繫。間私謂其友曰：「吾於世味愈孤矣，將漁於山、樵於水矣。」其友疑其誕，逸民曰：「樵於水，志豈在薪？漁於山，志豈在魚？是無所利也。無所利，樂矣。子以予果滯於梅與鞠耶？」君子以其語近道，有類於古隱者，相與傳其事。逸民所未嘗言，則無從知之矣。逸民，陳姓，泂，其名，烏傷人。

史官曰：昔者，李白與孔巢父等六人隱居徂徠山，世仰之，以爲不可狎近，因號爲「竹谿六逸」。寥寥七百年後，而逸民亦以「竹谿」自名，若出一轍，豈聞風而興起歟？縱曰其地或殊，人之衆獨有異，高風絶塵，照映後先，其安有不同者歟？士之沈酣聲利而弗返者，盍亦知所自警歟？夫自范蔚宗著《後漢書》，以隱逸登諸史傳，歷代取法而莫之廢者，其意又豈無所激歟？雖然，逸民之自爲則善矣。

閩二婦傳

賴道慈，閩古田縣人，歸同縣張文孫。生一清，十五歲，而文孫歿於疫，道慈甫年二十九。黃華亂，家又毀於兵，羞服且弗完，能確然守志弗渝。人力撼之，泣曰：「張氏自浮光遷閩，其不絶如綫者，唯此一子耳。余奈何去之？」及一清成人，爲取婦廖氏，生三子：頤、興、埜，而廖亡，繼以陳道真。

道真亦古田右族，既歸一清，粥簪珥治財，與道慈再植張門。一清事道慈孝，極旨甘。道真相之，唯恐有不足，而遇廖之子不翅己出。道慈晚嬰末疾，手足不能用，道真與媵人余乙，恒挾持以就虎子。道慈體肥重，疲力從事，逾十春秋弗厭，人難之。

道真生以寧，年十餘，日授書十三帙，帙三紙。道真夜宿火，至四鼓，自起爇燈，呼兒誦書，坐其傍以俟，頃刻皆能暗記。黎明，命之出，送至齋門乃還。以寧愛書或忘食，道真執匕餧之，任其恣觀不輟。二十七以《春秋》擢泰定丁卯進士第，繇國子助教八遷而爲翰林侍講學士，秩二品。累贈道慈、道真皆清河郡夫人，一清贈福建、江西等處行中書省參知政事，文孫贈禮部尚書。閩人榮焉，謂道慈之節、道真之孝，皆卓絶不可及，殆天報之也。道慈卒時年八十，而道真則七十云。

傳有之，「婦道盡而天倫正」。有若二婦，其所謂盡於婦道者耶？

王貞婦傳

貞婦名順榮，字静安，姓王氏，台之黄巖金沙里人。性莊毅，日處深閨，人不見其面。其父廣東元帥嗣奇之，慎擇所配，年十七，歸同邑楊伯瑞。伯瑞以才用世，累官行樞密院斷事，官階從四品，得封貞婦河南郡君。

至正間，苗獠兵侵天台，伯瑞帥師往扼之，弗勝，遂遇害。貞婦時寓四明，年二十又七，生子慶壽始兩月。聞夫亡，躑躅欲求死。親屬交相慰解，遂護喪還葬于鄉。屏鉛華弗御，戴道家冠，被鶴氅衣，翛然如塵外人，未嘗輕於笑語。人誚之，則曰：「我未亡人爾，尚何心追逐世好耶？」鄉里小兒欲媚上官，以貞婦美姿容，嗾使聘之，不從，將以威劫其去。貞婦遽引刀斷髮，痛詈不少休，事遂寢。越三年，有權貴人聞其賢，强委禽焉。貞婦度不免，拊膺長號呼曰：「楊樞密何在？楊樞密何在？妾將相從於泉下！」因悶絶仆地。媵人抉齒以藥灌之，移時乃蘇。俟間，執慶壽手曰：「吾命婦也，不敢虧節以辱汝父。汝父亡，我非不能死，以汝年幼，將誰育之？即不育，歲時何人持巵酒以酹汝父墳？乃忍死至今。今汝已十齡，吾復何憂？我將死於汝父之墓。」言訖，泣而行。慶壽號訴從母林氏，林亟往救，貞婦以刀自剄，不殊，林奪刀挽之歸，環守至旦，稍解，貞婦復斷髮如初。權貴人曰：「此烈婦，不可强之，强之不祥。」

嗚呼！女婦之質甚弱耳，扣盎足以駭走之。今貞婦乃不爲威武所屈若是，非其秉志剛、見義明，有不能也。世以丈夫自居者，冠帶儼如，步趨鏘如，議論藹如，人倘以女婦目之，則頩然怒去。及究其所爲，一遇小利害，則甘心喪其所守，似婦人女子之不若，抑又何説哉？然自兵亂以來，婦人徇節而不屈者，或自剄死，或墜崖下死，或赴水火而死，固人之所難，此特出一時義烈所激爾。有如貞婦，處孤燈敗帷間，淒風蕭蕭然中人，歲積月深，必有甚不能堪者，恒人之情寧不爲之少衰？貞婦之操則愈堅如鐵石，百折不撓，豈不尤人所難者乎？使一鄉而得若人，必有率德而勵行者；由是達之一邑一州，無不皆然。其於移風俗、美教化之道，有國家者蓋有賴焉。是宜爲之傳，以俟觀民風者。

贊曰：昔夏侯令女夫死不嫁，遂致斷髮爲信，或蹙迫之急，乃割耳與鼻，誓不欲類於人。至今想其遺風，猶凜凜然可畏也。今貞婦截髮絶人，其厲操蓋與令女同。若其持刃自刎，比之割耳鼻者，且欲并身而捐之，其志爲益苦矣。嗚呼！令女不可見，有若貞婦，其所謂異世而同符者，非耶？

韓節婦傳

節婦韓氏，名惟秀，開封人，元四川行省左丞渙之女也。年二十一，歸耶律文正王四代孫養正。養正時爲劉莊場鹽司令，甫六閲月，没于官。節婦行三年喪，乃還父母家。適其弟敏以疾卒，二子肅、寬俱幼，節婦與敏妻賈氏約曰：「吾聞古之烈女不更二夫，吾與汝皆簪纓家子，宜則效之。苟或失思慮，再醮於人，縱死爲鬼，亦當有餘羞耳。」賈氏悦曰：「此妾之志也。」朝夕乎父母舅姑之側，旨若甘恐或不備也，衣與衾恐或不完也，教肅與寬，又恐不知其方也，左之右之，同心弗少懈。歲壬辰，賈氏亡，節婦哭之慟，曰：「爾何遽去予而死乎？予寧與爾俱亡乎！」不火食者三日。已而又曰：「吾苟死，其奈父母何？」遂割情忍泣，奉尊撫卑，如賈氏存時。見寬以才學被選，列官國朝，再轉爲侍儀使。節婦今年五十九，其母則八十五云。

史官曰：《易》有之：「不節若，則嗟若，無咎。」又曰：「安節，亨。」蓋不改其節，則必能亨。違節之道，則哀嗟自己所致，無所怨咎矣。聖人作《易》，當無物不該，推此以喻節婦，庶幾亦有合者乎？節婦自耶律君没，制行如白璧者三十有八年，使令名昭晰於無窮。視彼夫骨未寒，輒棄之他適，爲人唾去而弗齒者，果孰爲亨而孰爲不亨乎？況節婦無子可依，毅然堅其苦志於母家，此尤卓異可書者，故備列之。然賈氏能與節婦同志，卒以節終，亦賢婦也哉！

宋文憲公全集卷三終

宋文憲公全集卷四

贛州聖濟廟靈跡碑

聖濟廟者，初興于贛，漸流布于四方，所在郡縣多有之。神蓋姓石氏，名固，贛人也。生于秦代，既歿，能發祥爲神。漢高六年，遣潁陰灌懿侯嬰略定江南，至贛。贛時屬豫章郡，與南粤接壤。尉陀寇邊，嬰將兵擊之，神降于絶頂峰，告以克捷之期。已而有功，館神于崇福里，人稱爲石固王廟。唐大中元年，里民周諒被酒爲魅所惑，墜于崖下。符爽行賈長汀，舟幾覆，咸有所禳。諒即返其廬；爽見神來護之，於是卜貢江東之雷岡，相率造新廟，塐石爲像奉焉。相傳廟初建時，天地爲之晦冥，録事吴君暨司户蕭君，令康、黄二衙官先後往視，皆立化，二君亦繼亡，逮今祀爲配神云。自時厥後，神屢顯。

嘉應州之東北有二洲，曰藍澱，曰乾渡，每當長夏，水易涸，隱起若岡阜，舟楫不通。宋嘉祐八年，趙抃報政而歸，適遘焉。亟徼靈於廟，水清漲者八尺。清漲，俗謂無雨而水自盈也。元祐元年夏五月，不雨，徧禜山川弗應。郡守孔平仲迎神至鬱孤臺，燭未見跋，甘霖如瀉。四年，東城災，風烈火熾，將延於庫。庾林顔正佩郡章，急呼神曰：「盍憫我蒸民！」俄反風滅火。六年，復災，耄倪遥望雷岡而拜，月明如晝，忽陰雲四合，大雨驟至，虐燄頓息。建炎三年，隆祐太后孟氏駐蹕于贛，金人深入，至造水，髣髴覩神擁陰兵甚衆，乃旋。紹興十九年，鄱陽許中爲郡，欲新神之宮，召大姓二十人立庭下諭之。衆推張鋭、郭文振心計開敏，宜爲糾率。二人謝不能。許乃分一番紙如其人之數，書二爲正副字，雜封之，令自得墨者職如書，各取其一開之，則得書者二人也。衆以神與心通，不日而宮成。二十七年，禁兵合山寇據城逆命，子女玉帛驅輦殆盡。高宗命都統制李耕殲之，陰霾挾逆風爲患，士卒弗能前。耕私祈焉，頃之，風順天朗，一鼓而城平。自是王師南征，無不祠以牲牢，乞陰兵爲助者。淳熙十六年，歲當大比，州人士劉文粲以夢徵于神。夢三十人執高竹而立，因更名筌，遂入鄉選。嘉定十年夏，大霖雨，江水暴溢，城不浸者三版。❶民懼爲魚，泣禱甚哀。水尋退，亡害。紹定三年，黥卒朱先率其徒陳達、周進、蔡發以叛。有旨除荆襄監軍陳塏提刑江西，仍護諸將致討。夜駐廬陵，夢神告曰：「先將竄番禺，爾宜速圖。」塏密命胡巖起、李强疾趨至贛，合三寨兵戮之。淳祐七年，湖南夷獠曾甲嘯衆倡亂，聲摇江右，部使者鄭逢辰檄王舜進攻，如有神立青霄上，兇徒沮駭，卒就殄滅。九年，安遠崔文廣爲變，倚石壁作窟穴。潼川姚希得來持憲節，駐兵守之，久且弗拔。寇見雲中若旗幟飛翻，其膽遂落，渠魁乃擒。景定三年，郡有黎氏獄，胥吏受賕，搒掠良民，使之承。左司吴革疑焉，神告以先兆，卒白其冤。元至元十七年，閫卒張彦真入廟，舌吐數寸，足懸半空，自述其陰私頗悉，類有人鞫讞之。蓋神之顯靈，其事不翅數百，而於雨暘

❶「三」，張本作「一」。

疫癘之禱驗者尤夥，備見於唐宋碑碣及《嘉濟實録》。濂唯各舉其著者書之，所不書者可以例知也。

宋寶慶間，莆田傅煒爲贛縣東尉，豔神之爲，撰爲繇辭百章，俾人占之，其嚮荅吉凶，往往如神面語之者，此亦陰翊治化之一端也。吳楊溥時以神能禦菑捍患，有合祭法，署爲昭靈王。宋五封至崇惠顯慶昭烈忠佑王，賜廟額曰「嘉濟」。元三易封爲護國普仁崇惠靈應聖烈忠佑王，復更之以今額。其褒揚光著可謂備矣。❶至若高宗所賜赭黄袍、纏絲馬腦帶及南唐李煜五龍硯，至今猶藏廟中云。

濂稽諸經，國有凶荒，則索鬼神而祭之；士有疾病，則行禱於五祀。先王必以神爲可依，故建是祠祝之制也。世之號爲儒者，多指鬼神於茫昧，稍與語及之，弗以爲誣，則斥以爲惑，不幾於悖經矣乎？有若神者，功在國家，德被生民，自漢及今，孰不依之？雖近代名臣若劉安世，若蘇軾兄弟，若洪邁，若辛棄疾，若文天祥，亦勤勤致敬而弗少怠。是數君子者，將非儒也邪？何其與世人異也！濂初被召而起，神示以文物之祥，後果入翰林爲學士，心久奇之。今故特徇祝史韋法凱之請，爲撰靈跡碑一通，使刻焉。或謂高帝未嘗伐粤，第遣陸賈賫璽綬，立佗爲南粤王。濂按傳記所載，嬰之略定豫章，在六年庚子；佗之稱臣，在十一年乙巳。其未臣之前，惡知不來侵境而嬰擊退之邪？恐史家以其事微，故略之爾。敢并及之。系之以詩曰：

神雷之岡翠參差。五螭夭矯含精徽。

❶「著」，張本作「署」，胡本作「寵」。

崇祠四阿儼翬飛。像變翕赩五采施。陰爽襲人動曾飀。發祥傳自炎劉初。粤氛侵徼告捷期。豈或天星隕魄爲？降靈于人贊化機。以石爲氏理則宜。大中卜遷墨食龜。有聲渢渢達四垂。風霆號令疑所司。斥逐厲鬼暘雨時。禾役穟穟歲不饑。民氓鼓腹酣以嬉。建炎火德值中衰。官車駐蹕贛水麋。完顔黠卒大步追。神兵暗樹雲中旗。卷甲疾走如竄貍。莫摇嘯呼引獠夷。❶禁軍荷殳據城陴。屠劉壯健到嬰兒。威神有赫助王師。一殲兇豎無孑遺。貢江水落洲如坻。巨舟皆膠牢弗移。鞠躬再拜叩靈墀。赤日火烈雲不衣。洪濤清漲没石磯。陰翊王度功何疑？紫泥鸞誥自天題。爵爲真王手執圭。風馬雲輿時往來。赭袍籠黄帶纏絲。五龍寶現角鬣奇。襲藏山中夜吐輝。陽陰斡運無端倪。君蒿悽愴如見之。休咎有徵神所持。委以惚恍邈難知。奚不來索庭中碑？

胡越公新廟碑

丈夫之遇于時也，生使人懷之，殁使人思之，且建廟食於其土，必其德澤入人之深，堅如金石而弗渝，信如四時而弗爽，昭如日星而弗忒，然後足以厭乎人心而合乎輿論也。嗚呼，豈易致哉！若今之胡越公者，其庶幾無愧於此乎？

自辛卯兵興，天下大亂，民遭溺焚，倀倀無所棲止。皇帝手秉黄鉞，起而救之，屯兵滁陽。公杖策謁轅門，一見語合，遂居前鋒以佐揚天威。乙未春二月，王師取和州。

❶「摇」，張本作「猺」。

夏六月，下太平。丙申春三月，平金陵，攻京口。丁酉春三月，又拔毗陵。公皆列戎行，或搴旗斬將，或操蝥弧以先登，前後屢建奇功，乃授右翼統軍元帥，使宿衛帳下。夏四月，又從破宣城，上命行樞密院判官鄧愈戍宣，公副之。秋七月，遂同諸將攻徽州，拔之。元將楊完者聚兵十萬，欲復其城，公自婺源兼程以進，橫槊而前，大呼殺入，衆皆披靡而遁。戊戌春三月，諸將克嚴州，公又偕往，降溪洞兵三萬，以功遷行樞密院判官。公謂蘭溪去嚴爲甚邇，蘭溪下，則斷婺之右臂矣。冬十月，乃下蘭溪。十有二月，王師取婺州，陞公僉書行樞密院事，公益思有以自效。己亥春正月，攻陷諸暨州。十有一月，又平處州。庚子夏五月，又拔信州。信方絕糧，人皆勸公還師，公曰：「此閩楚喉衿地也，可棄之乎？」乃築城浚隍，爲堅守計。辛丑夏五月，上憫公之勞，且以婺爲海右大藩，通甌引越，非宿將重臣有以控制之不可，乃授公江南等處行中書省參知政事，屯戍于婺。壬寅春二月，溪洞兵叛而西歸，公遂遇害。知公之死者，莫不哀慟流涕，如喪厥父母。上聞之，亦震悼弗置，親御翰墨作文以祭，且命有司壉公像，配享卞忠貞公廟庭。甲辰冬，復降旨贈光禄大夫、浙東等處行中書省平章政事、柱國，追封越國公。

先是，公歿之明年，公之部曲與境内之民悵然遐思，若不能勝其情，乃相率即城中作新廟一區。十越月而廟成，堂門庭廡咸具。及是寵褒之命下，復群謁於金華宋濂。部曲進曰：「公之號令素嚴，人無違禁，賞非無功，罰非無罪，使我等攻必克，戰必勝，而丕冒於寵靈内者，❶非公之賜歟？我之病也，孰知而起之？我之凍且餒也，孰察而周之？其能親自裹創注藥及安於食且衣者，非公之賜歟？公之德我，何以將之？」境内之民又進曰：「吾婺之民，凋瘵殊甚，公專心撫摩之。昔也奔走西東，歲無寧居；今也長幼一堂，愉愉雍雍，非公之賜歟？昔也商賈不通，布穀不登；今也市區充溢，百貨具集，非公之賜歟？昔也厄於暴强，莫敢何問；今也攘一莖茅，公亦使償之如承平時，非公之賜歟？公之德我，亦何以將之？兹者龍光下被，爵登上公，人神洽熙，雲日潤明，卉木動摇，如有喜色。適新廟告成，願爲我詳紀公之功德，以垂示於無窮，是用合辭以請。」濂竊觀古之名將出成邊域者矣，苟得甲士之驩心，則耕田鑿井之氓，必至於弗寧；使斯民稍得以遂其生，則持戟荷戈者必不免於愁歎。孰有能兩全者哉？若公者，可謂尤賢乎已！公嘗自誦曰：「我不知書，然吾行軍，唯有三事而已：不殺人，不虜人女婦，不焚人廬舍。」故其軍一出，遠近之人皆争趨附之。蓋公處心以仁，涖事以威。惟其仁也，故不言而民化；惟其威也，故不待戒而兵自不敢犯。昔者，祭征虜制御士心，不越法度，所在吏民不知有軍，及其死也，人爲立祠享之。較之於公，其事固無大相遠也。廟而祠之，其誰曰不宜？

初，公之未薨，嘗夜出，人見其兩目煜煜，有光若燈。及其既薨，敵人數擾我邊陲，公降祥異，或見夢於人，或覩靈火滿野，洶洶聞人馬聲。洎出師，輒大捷，似實有陰

❶「内」上，張本有「之」字。

兵來助者。是則公之英魂烈爽，下上於星辰之間，固未嘗亡也。因併及之，使知天之生公，有非偶然者。公姓胡氏，諱大海，字通甫，泗之虹縣人。詩曰：

聖皇啓運，四方攸同。升龍在天，飆行雲從。中有一人，萬夫之雄。其人謂誰，時維越公。其一

凜凜越公，勁氣横鶩。手荷鐵殳，其粲若璐。彼趫以馬，我捷以步。陷陣如飛，逢者必仆。其二

天兵四出，靡弗在行，瞠目疾視，前無堅城。有聲洸洸，敵人震驚。土疆既拓，大勛以凝。其三

皇帝曰都！爾予羽翼。❶ 婺維雄藩，爾鎮其域。爾參政府，解爾宥密。爾勞爾徠，以盡乃職。其四

公既受命，分閫建牙。威讋化孚，莫敢或譁。汝顛汝掖，汝疢汝摩。化汝呻吟，而爲謳歌。其五

視彼郊原，其耕澤澤。視彼闤闠，其通繹繹。視彼室廬，其居奭奭。何以致斯？伊公之力。其六

我民無祿，俾公棄捐。精神上游，固合化權。民之云思，其何舍旃？匪廟曷祀，非祀曷虔？其七

乃簡甓材，乃端術徑。乃差穀辰，視星之定。林衡奔事，班倕稟令。紫棁星錯，素階玉瑩。其八

邃清有寢，嚴衛有門。旁夾有廡，四繚有垣。肖像中居，威神騰軒。陰風肅如，髣髴若存。其九

維公顧綏，時著靈響。幽火東騖，鐵騎

❶「予」，韓本作「主」。

西上。赤幟一揮，無敵不磢。孰不生畏？孰不景仰？其十

生爲名臣，死爲明神。策書所列，指可縷陳。矧公之英，貫乎屈伸。幽明有殊，神人則均。其十一

公實惠我，弗間弗二。人之依公，如旌繫旞。登我稼穡，遏我妖沴。歆我明祀，欽于世世。其十二

明覺寺碑

四明有伽藍曰明覺者，其地在太白山陰。唐天復初，沙門居納始縛庵廬，脩習禪觀。至宋某年，比邱某斥而大之，殿堂門廡，一如他浮屠之制。郡守張某爲請于朝，而畀以今額。元泰定間，寺僧厄於科繇之煩，悉以土田質於民間，寺事日廢。

至正戊戌，僧子琦籍其步畝圍落之數，往告阿育王山象先輿公曰：「琦不敏，不足敬承先訓，使塔廟一一委諸草莽，人其謂我何？然而非神力不可以擲象，非定見不能以移山，古莫不然，今豈弗類？惟公儉以持己，誠以格人，格人易以集事，持己率以動物，合是二者，何廢之不興？何壞之不補？今敢以圖籍進，公其受之。」言畢，胡跪作禮而退。

當是時，敗屋數楹，頽然荒菅叢棘中。饑鼪窮鼯，後先嘯呼，白草凉烟，舉目淒斷。象先初頗難之，已而曰：「人患志弗堅耳，苟堅矣，事豈有不可爲者耶？」於是悉發其儲畜，市材僦工，剔彼穢荒，土復燥剛，位仍面陽。自戊戌至于丙午，不十年間，咸如舊貫。土田質於民者，既贖歸之，而新置之數，又倍於昔，仍令寺僧甲乙世主之。噫，

何其能也！世之營建塔廟者，未必無其人，苟不售奇衒巧以病夫民，則藉豪氓大賈出力而任之，所以事不難成而功緒易見也。今象先不資衆因，不動聲氣，成此勝域，偉特莊嚴，四輩之士，如登耆闍崛山，親覩如來五色相光。非其力之弘、見之凝，不足以與於斯也。此無他，由能信其所有，故能成其所無。是則信者，入佛之門，建善之本也。勒諸貞石，以告後之人，尚知以信爲勗，❶相與嗣葺之，俾勿壞。

象先，台之臨海人，俗姓王氏。得度於雪牕光禪師，深通内學。其來請文者，則用晦熙上人也。系之以偈曰：

如來設教亦多種，建立塔廟乃其一。塔廟皆屬於有爲，於真實際無相涉，不知何以濟群迷？耆闍崛山及諸處，重閣講堂無不具，儼然如來在會時。衆生貪著於五欲，紛紜膠葛不暫停，有如飛鳥投網中，其心在在難比喻。我佛重以慈憫故，建兹莊嚴妙勝域。所以奪妄欲趨真，太白山陰降支隴，山川鬱蟠護靈氣。有一尊者飛錫至，結茅敷坐縛禪寂。後來繼者翕然聚，化爲寶坊矗天起。金碧晃輝映林谷，鐘魚互答朝夕閒。何期鞠爲狐兔區，遠近睨者增太息。阿育王山善知識，殷勤赴我桑門請。彈指頓開樓閣門，無有一物不現前。我聞成壞世間相，畢竟中有不壞者。曠大劫來至於今，無生無滅無增減。此爲毗盧法性門，佛與衆生同此入。光明照徹大千界，不分内外及中邊。我因造記説伽陀，以言語觀即非是。

❶「勗」，原誤作「最」，今據張本改。

大明敕賜銀青榮禄大夫上柱國中書平章軍國重事兼太子少保鄂國常公贈翊運推誠宣德靖遠功臣開府儀同三司上柱國太保中書右丞相追封開平王謚忠武神道碑銘有序

洪武二年己酉秋七月七日，銀青榮禄大夫、上柱國、中書平章軍國重事兼太子少保、鄂國常公薨於軍中。二十三日訃聞，皇帝爲之震悼，罷朝，在廷之臣莫不灑泣。越明日，詔中書定議，贈翊運推誠宣德靖遠功臣、開府儀同三司、上柱國、太保、中書右丞相，追封開平王，謚曰忠武。八月朔日，柩車至龍江，上往臨奠，慟哭而還。親爲擇地於鍾山草堂之原，營建宅兆及棲靈之祠。凡百須之具，一給於官，不以煩其家。至冬十月九日，始葬，復推恩及其三代，皆爲王爵。生榮死哀，可謂至矣。上猶念其功不置，召臣濂于庭而謂之曰：「朕東撫高麗，西抵土蕃，北際沙漠，南來交趾、占城，莫不稽首奉命，計其開拓之功，以十分而言，王蓋居其七八。朕今手録戰伐次第以授爾，尚爲文勒諸豐碑，以著王之功於無窮焉。」臣濂受詔而退，謹再拜，序而銘諸幽。

王諱遇春，姓常氏，濠州懷遠人。世爲農家，賦性剛毅，膂力絶人。歲壬辰，群雄並起，江淮爲之鼎沸。時王年二十有三，爲群盗劉聚所得。聚覩王狀貌奇偉，拔於行伍而信任之。王每出戰，必鼓勇争先，聚深喜之。王察聚所爲，終不能有成，欲擇所依。乙未，聞上駐兵和州，領衆數十人，棄聚來歸。居兩月餘，請爲前部先鋒。上曰：「爾之來者，爲士卒糧絶，故就食耳。

爾自有主，我安得而留之？」王請之再三，至於涕泣。上曰：「爾姑從吾渡江，俟克太平，委身事吾，未晚也。」

夏六月，上先抵采石磯。元兵陣於磯上，而磯下巨舟如織，相距僅三丈餘，猝難登岸。王乘快舸相繼而至，上麾之使前，王即捨舟挺戈先登，衆皆披靡，遂拔采石，乘勝取太平。從上守禦，乃始授總管府先鋒。冬十月，陞管軍總管。丙申春二月，元中丞蠻子海牙復以兵屯采石，南北不通。上慮將士雖渡江而其父母妻孥尚留淮西，勢莫可致，命王統兵攻之。王至，設疑兵以分其勢，而以正兵與之合。及戰，別出奇兵擣敗之，悉俘其精鋭，自是元兵扼江之勢衰矣。尋守溧陽，攻建康，功爲諸將先。三月，從今大將軍右丞相徐公達克鎮江。夏四月，授承信校尉領軍先鋒。秋九月，再攻常州。會青軍叛去，與僞吴張士誠合，徐公被圍於牛塘。王與諸將力戰，大敗其衆，擒士誠梟將張將軍。冬十有一月，除統軍大元帥。丁酉春三月，遂克常州，遷中翼大元帥。夏四月，從徐公下寧國。秋八月，克馬馱沙。冬十月，取池州。戊戌春，擢江南行中書省都督馬步水軍大元帥。冬十有二月，上親取婺州。己亥夏四月，轉鎮國上將軍，同僉書江南等處行樞密院事，守婺城。尋命攻衢州，降之。冬十月，陞僉院。十有二月，攻杭州。

庚子夏五月，召還京師，從徐公拔安慶趙普勝之水寨。時僞漢陳友諒揚言援安慶，王策其必攻池州，以羸弱守城，伏鋭士於九華山。明日，友諒兵果來攻城，伏兵四合，俘殺萬餘人。六月，友諒入太平，犯龍灣，王共謀擊敗之。已而，上整舟師襲友諒，留王守京師，軍民無敢譁。辛丑春三月，拜江南行中書省參知政事。秋七月，從上取安慶，破江州，回守龍灣。

冬十有一月，張士誠出兵寇長興，上時駐九江，聞報，還京師，命王往援。士誠兵敗，俘殺五千餘人。壬寅春，脩安慶城。羅友賢搆亂，據池州神山寨，將與士誠通，杭、歙震動。冬，王往攻之。癸卯春正月，擒斬羅友賢，餘黨悉平。三月，張士誠遣兵圍劉福通於安豐，王從上擊之。將戰，王突入其陣，三戰三勝，敵兵大敗而去，俘獲士馬無算，遂同徐公圍廬州。凡三月，城將下，適陳友諒攻南昌，王解圍而還。

秋七月，從上率諸將往援。八月，遇友諒於彭蠡湖之康郎山，王與之聯舟大戰，呼聲動天地，無不一當百。縱火焚僞平章舟，風急火熾，十里之間，湖水盡赤。敵將張定邊素號梟猛，奮前迎戰，王射之，定邊中矢走，友諒乃退保鞋山。諸將以友諒兵尚强，請縱其去，王獨不言。及我師出湖口，皆言江流湍急，欲放舟而下。上知其情，命以舟扼上流。王應之，諸將乃遡流而上，舟蔽江面，控湖口者旬有五日。友諒軍食乏，出江求戰，王遣火舟、火筏衝之，敵兵奔潰。追北數十里，與之酣戰，自辰至未不解。上所乘舟及王舟皆膠於沙，王既脱御舟，而己舟被圍，復力戰而脱。於是友諒中流矢死，士卒十萬皆降。未幾，其臣立友諒之子理於武昌。冬十月，王帥師討之，四面合圍。甲辰春二月，理銜璧出降，荊湖之地望風皆附。陞中書平章政事。

秋七月，從徐公取廬州。八月，遂自將兵平臨江之沙坑、麻嶺十洞、牛陂諸寨，進取贛州。乙巳春正月，克之，悉定南安、南雄、韶州。夏五月，還兵取安陸、襄陽。冬十月，從徐公克泰州。丙午春三月，復從克高郵。夏四月，淮安、濠、泗、徐、宿、安豐皆下。秋八月，諸將攻浙西，師次太湖。僞萬户尹義等逆戰，王擒之。直趨湖州之昆山，與敵兵水陸鏖戰，敵兵大潰。遂抵城下，塞其四門，晝夜環攻之。僞丞相張士信悉發境中兵爲援，屯於舊館，出我師之背。王統奇兵，由大全港入結營東阡，復出敵背，且填壅溝港，絶其歸路。士誠知事急，出親兵拒鬭，王一鼓勝之。士誠復遣其將徐義統赤龍船親軍來援，王復擊敗於烏鎮。冬十月，舊館降，得兵六萬。十有一月，湖州亦下，遂進圍平江。丁未，圍之益急，士誠收合餘燼，猶背城百戰，降其將士且盡。秋九月，始克之，縛士誠來獻，籍其兵二十有五萬。乃加授中書平章軍國重事，疏封鄂國，進爵上公。冬十月，復授征虜副將軍，同徐公奉命北伐。

戊申春正月，上即皇帝位，國號大明，改元洪武。王與徐公下山東諸郡，遂攻汴梁，守臣李景昌遁。進攻河南，敵兵五萬屯于洛水之北，將出迎戰。王布陣既定，單騎執弓矢衝入其隊，敵發二十騎攢槊刺王，王一箭中其前鋒，大呼殺入，悉獲其衆，而河南諸城先後皆平。上幸汴京，謀取燕都。秋七月，徐公與王渡大河，河北諸郡又平。八月二日，燕都不戰而克，元君北奔。師次太原，其守將擴廓帖木兒帥衆來禦，其鋒鋭甚。王與徐公謀曰：「我騎兵雖集，而步卒未至，何以能戰？莫若遣精騎夜劫其營，其衆可亂，衆亂，主將可縛也。」徐公如王言，擴廓帖木兒果中傷而遁。己酉春正月，進攻大同，竹貞棄城走，河東又平。遂西入秦，張良弼遁，李思齊迎降，奉元、鳳翔、鞏昌、臨洮又平。夏五月，元將也速兵侵通州，有旨命王以所部軍東還拒之。遂擣永平，過惠州，獲江文清士馬以千計。至大寧，也速遁。破開平，元君又北奔。追至北河，俘其宗王三人及平章鼎住等，凡得軍士萬人，車萬兩，馬三千，牛五萬，全師還燕。次柳河川，得疾而薨，享年僅四十爾。

王之爲人，守謙而不矜，有功而無過，運籌決勝之方，不學而能。其從大將軍東征西伐，則能遵守節制。及其自將兵，則所至無不克捷，由其智識明而材力雄，故施之各得其宜。嗚呼！若王者，可謂開國之殊勳者矣。

王之曾大父四三府君，累贈銀青榮祿大夫、柱國、中書平章政事，追封開平王，謚莊簡。妣張氏，追封開平王夫人。大父重五府君，累贈儀同三司、上柱國、少保、中書平章政事，追封開平王，謚安穆。妣陳氏，追封開平王夫人。父六六府君，累贈開府儀同三司、上柱國、太保、中書右丞相，追封開平王，謚靖懿。妣高氏，追封開平王夫人。妻定遠藍氏，封開平王夫人。子男三人：曰茂，曰昇，曰森，皆上所賜名。女三人：長許爲皇太子妃，餘皆幼。

臣濂聞之，昔日唐太宗起義兵而定天下，當時有尉遲恭者，棄劉武周仗劍來從，其後輔成唐業，而恭之功爲多，於是生有鄂國之封，歿有忠武之謚。今王之功，非恭所可及，上之所以遇王者，封謚與之雖同，而其王爵之加，恩數優渥，揆之於唐，誠又過之。史臣所謂「君臣相遇，千載一時」者，豈不異世而同符也哉！是宜銘諸貞石，傳之千萬世，一以昭聖天子垂念功臣如此之至，一以著王之勳烈於不朽云爾。銘曰：

聖皇開天，豪傑四從。龍興而雲，虎嘯而風。義旗所指，山嶽震動。飆馳霆舂，孰不神竦？維忠武王，其氣至剛。仗劍來從，飛渡大江。無堅不摧，無敵不碎。席卷長驅，易如拾芥。平吳定越，帖荆撫淮。威聲所加，小大畢來。齊魯既寧，汴洛亦定。直指幽燕，不戰而勝。元君遠逝，六軍倒戈。本根既撥，何有條柯？乃收晉冀，乃清秦隴。乃狥遼海，人百其勇。茫茫朔漠，灤河所經。誓將剗滌，邊塵弗驚。王之忠精，上貫天日。燁其有光，亘古不殁。幅員之廣，漢唐莫過。馬蹄所及，王功爲多。十五年間，百戰百捷。備殫勤勞，光輔帝業。翊運之勳，靖遠之威。在古或罕，于今見之。大功垂成，王忽長逝。當宁興哀，如失一臂。爰加恩寵，用錫王封。衮衣繡裳，照耀泉宮。天子曰「噫！未慊朕志。其推爾爵，上褒三世」。死生哀榮，孰可比焉？王雖云殁，生氣凜然。鍾山之陰，隧道有石。詞臣勒銘，垂示千億。

大明追崇揚王神道碑銘

皇帝恭膺大寳，式展孝思。既追崇祖宗四代帝號，建立太廟，復念皇太后之所自出，追封外王父爲揚王，外王母爲揚王夫人，建祠於太廟之東，歲時遣重臣致祭。近有來自淮陰者，言王墓在盱眙如故，上聞之，悲喜交集，即詔内臣及圜丘署令往祭而脩治之，置灑掃之户凡三，護視塋域，且命詞臣撰文以樹諸神道。

臣濂伏讀御製王之行，若曰：王姓陳氏，世爲維揚人，不知其諱。當宋之季，名隸尺籍伍符中，從大將張世傑扈從祥興帝駐南海。至元己卯春，世傑與元兵戰，師大潰，士卒多溺死，王舟亦爲風所破。幸脱死達岸，與一二同行者，累石支破釜，煮遺糧以療饑。已而糧絶，計無所出，同行者曰：「我等自分必死，聞髑髏山有死馬，共烹食之，縱死亦得爲飽鬼，不識可乎？」王未及行，疲極，輒晝睡，夢一白衣人來謂王曰：「汝慎勿食馬肉，今夜有舟來共載也。」王以爲偶然，未之深信。俄又夢如初。至夜將半，夢中髣髴聞櫓聲，有衣紫衣者，以杖觸王之胯，曰：「舟至矣，奈何不起？」❶王驚寤，身忽在舟中，見舊所事統領官。時統領已降於元將，元將畏舟壓，凡有來附者，擲弃水中。統領憐王，亟藏之皇板下。日取乾餱從板隙投之，王掬以食。度王之渴，乃與王約，以足撼板，王即張口向隙受漿。居數日，事將洩，皆彷徨不自安。忽颶風吹舟，盤旋如轉輪，久不能進。元將大恐，徧求於禜祈者不可得。統領知王能巫術，遂白而出之。王仰天叩齒，若指麾鬼神狀，風濤頓息。元將喜，因飲食之。至通州，賚王數鉅魚，送之登岸。王歸維揚，不樂爲軍伍，避去盱眙津里鎮，擇地而居，以巫術行。

王無子，生二女：長適季氏，次即皇太后。晚以季氏長子爲後。年九十九歲而

❶「不」，原誤作「可」，今據張本改。

薨，遂葬焉，今墓是已。

臣濂聞之，君子之制行，能感於人固難，而能通於神明爲尤難。❶ 今王當患難危急之時，神假夢寐挾之以升舟，非其精誠上通於天，何以致神人之祐而至於斯也？王之群行，其詳雖若不可知，舉此而推之，則其積德之深厚，斷可信矣。是宜慶鍾聖女，誕育皇上，以啓大明億萬年無疆之基。嗚呼盛哉！

昔日史臣贊堯之德，首以親九族爲言，其效至於「黎民於變時雍」之盛。然九族之中，母族居其三。皇上以念母之故，思王不能忘，封以王爵，享以祠廟，今又樹碑墓道以紀其異行，是皆以孝治天下也。將見四方嚮風，咸知以孝自勉，皞皞熙熙，臻夫隆平之治不難矣。臣濂既序其事，復再拜稽首而獻銘。曰：

皇帝建國，克展孝思。疏封母族，自親而推。錫爵維揚，地邇帝畿。立廟崇祀，玄冕袞衣。痛念宅兆，卜之何墟？閭師來告，今在盱眙。皇情悦豫，繼以涕洟。即詔禮官，汝往葺治。毋俾蕘豎，跳踉以嬉。惟我揚王，昔隸戎麾。獰風蕩海，糧絶阻饑。天有顯相，夢來紫衣。挾以登舟，神力所持。易死爲生，壽躋期頤。積累深長，未究厥施。乃毓聖女，茂衍皇支。蘿圖肇開，鴻祚峩巍。日照月臨，風行霆馳。自流徂源，功亦有歸。無德弗酬，典禮可稽。聿昭化原，扶植政基。以廣孝治，以惇民彝。津里之鎮，王靈所依。於昭萬年，視此銘詞。❷

❶「而」，原誤作「死」，今據張本改。

❷「詞」，張本作「詩」。

大明敕賜榮禄大夫同知大都督府事兼太子右率府使贈推忠翊運宣力懷遠功臣光禄大夫湖廣等處行中書省平章政事柱國追封蘄國公謚武義康公神道碑銘

有序

皇帝即位之三載，混一華夷。聲教所被，罔間邇遐，梯山航海，奉贄獻琛。上念熊羆之士、不二心之臣，東征西伐，宣勞有年，方將胙土分茅，以定功賞，而都督康公薨於陜州。上聞之，嗟悼不已，既敕有司穿土作室，以寧體魄，復欲昭其功勳於悠久。詔翰林學士臣宋濂稽諸簡牘所書，文於堅石，以垂示於億萬載。

臣濂謹按，公諱茂才，字壽卿，康其姓也，世爲蘄州人。曾祖文廣，皇贈中奉大夫、中書參知政事、護國，追封京兆郡公。祖德懋，皇贈資善大夫、中書右丞、上護軍，追封京兆郡公。父壽，皇贈榮禄大夫、同知大都督府事、柱國，追封蘄國公。母蕭氏，追封蘄國夫人。公當元之季，四方雲擾，未幾，蘄州陷，公結義旅以捍蔽爲務，授以長官，俄遷爲鎮撫。同諸將復九江，擣蘄水黄連寨，轉蘄州路同知總管府事，屯戍和之裕溪、太平之采石。使者考其功狀，陞淮西宣慰副使，同知元帥府事，又陞宣慰使都元帥。歲乙未六月，上帥師渡江，將士家屬尚留于和州。上慮公扼采石之衝，弗獲渡，時出兵挑戰。公兵雖寡，而以寬宏得士卒心，故臨陣人多效死，於是數戰不克。後數月，常忠武王遇春遣游兵虚撓之，公連日發軍以應。王度其力疲，夜設伏兵，質明，殲其精鋭殆盡。然猶收合潰散，堅寨於天寧洲。明年二月，上命諸將以襄陽大砲破其寨。公奔行臺，便宜陞淮南行省參知政事。甫踰月，上亦克金陵，又奔京口，舟師追及之。公度天命有歸，乃率所部餘兵三千，解甲來附，免冠頓首，言：「前日戰，各爲其主；今日屢敗，天數也。事至於此，死生唯命。苟得生全，尚竭犬馬之力，以圖報效。」上笑而釋之，仍許統所部兵從征。

又明年，授秦淮翼水軍元帥，守禦龍灣，取江陰之馬馱沙。八月，僞吴張士誠犯我疆境，公驅兵逐之，獲其樓船。上賜名馬一疋，黄金一錠。歲戊戌，從廖楚公永安攻池州，取趙雙刀之樅陽，遷都水屯田使兼帳前總制親兵左副指揮使。明年八月，攻皖城，僞將率樓船出戰，公復獲之。又明年六月，僞漢陳友諒傾國入寇，攻陷我姑孰，殺戮我吏民，意將窺我南京。上召公謂曰：「汝既不相疑，宜作書遣使僞降友諒爲内應，招之速來，仍紿告以虚實，使分兵三道以弱其勢。」公復頓首謝。上曰：「爾不疑我乎？」友諒果如所言。暨至，諸將同公奮擊，大破之，縛其士卒二萬，有幣帛白金之賜。歲辛丑八月，上怒友諒來寇，率將士親征。公領舟師行擊安慶，破江州僞都，友諒西遁，遂下蘄州、興國、漢陽。公沿流而下，克黄梅某家寨。十一月，取江之瑞昌，敗友諒八陣指揮，友諒之勢遂衰。遷帳前親兵副都指揮使。明年九月，復龍興。又明年，攻左君弼於廬州。四月，友諒圍龍興，上親往援，公與諸將皆從。友諒聞上至，亟解圍還。七月，大戰於彭蠡湖，軍聲嘯呼，湖水爲之起立，浮屍蠢蠢，動至數十里，友諒遂至敗亡。又有幣帛之賜。十月，上親征武昌，公從之。歲甲辰二月，下之。友諒之子理銜璧出降。三月，進金吾侍衛親軍都護府副都護。四月，從大將軍徐公達洊攻廬州。七月，下之。八月，援安豐，❶繼取江陵及湖南諸州，加賜幣帛。明年二月，改神武衛指揮使。五月，進大都督府副使。閏十月，士誠兵犯江陰、京口，上帥大軍水陸並進，公在行中。及至鎮江，士誠兵已遁。又明年正月，追至巫子門，擊敗其衆，獲士卒三千，公功爲尤多。四月，搗淮安之馬邏港，拔其水寨，復獲士卒與艨艟無算，淮安平。七月，遂攻湖州。十一月，破之，進逼姑蘇。姑蘇，士誠僞都，即遣鋭卒來迎鬭，大戰尹山橋。公持戟督戰益力，鋭卒盡覆，乃進圍齊門。刀劍林立，飛鳥不敢下。大將軍命諸將合攻之。吴元年九月，姑蘇平，公取無錫州。十月，陞同知大都督府事，兼太子右率府使，進階榮禄大夫。

洪武元年，上以江南之地既入版圖，乃遣大將軍經略中原，公從，定齊魯之地。復由黄河取汴梁，下洛陽，駐師陝州。規運饋餉，造浮橋以渡大軍。鎮河中，善撫綏，遺民爲之立石頌德。绛、解二州，則公所招徠，蔽遮潼關，秦人不敢東向。二年，復從大將軍征漢中，奉詔還軍，中道因疾而薨。實八月之三日也，年五十有七。上下群臣議，贈公推忠翊運宣力懷遠功臣、光禄大夫、湖廣等處行中書省平章政事、柱國，追封蘄國公，謚曰武義。卜以九月二十一日，葬於應天府上元縣鐘山鄉之幕府山。上親臨奠，而百司繼之，祭幄相望，聯絡原野，時

❶「援」，韓本、胡本、四庫本作「拔」。

人以爲榮。

公娶方氏，追封蘄國夫人；繼室田氏，封蘄國夫人；側室朱氏、余氏。子男三人：鐸，田氏出；鑑，朱氏出；鎮，余氏出。

公通經史大義，事太夫人以孝聞，輕財仗義，意氣磊落，而尤有志於事功。值元祚將終，其才弗克盡施，然而真主龍飛於群雄之中，公即能識之，卷甲韜戈，率衆臣附，坦然而不惑。可謂上知天命，下本人心者矣。❶由是昭被寵眷，倚之以心膂，用之爲爪牙。十餘年間，屢從征討，茂績奇勳，著稱當世。存則安富尊榮，加以爵位；薨則疏封賜謚，賁及九泉。令名垂於竹帛，重禄延於子孫，公其可以不朽矣。臣濂謹拜手稽首，述辭于碑，系之以銘，深懼不足以稱上報功之意。銘曰：

於赫大明，受命于天。如日之升，❷照于八埏。其一

于時康公，江險之恃。大軍西來，視如平地。其二

巨礮轟雷，物莫敢攖。何戰弗潰？何守弗傾？其三

天人攸歸，勢何敢抗！知幾先來，率衆内嚮。其四

皇帝曰嘻！有附匪疏。予開誠心，遇爾不疑。其五

爾礪矛鋋，爾部士卒。助予四征，以寧方國。❸其六

公拜稽首，賜死爲生。誓殫報效，如無餘齡。其七

❶「本」，韓本、傅本作「體」。
❷「升」，張本作「再」。
❸「方」，韓本、傅本作「萬」。

孰爲不庭？率師往討。矯如翼如，風馳電掃。其八

東吴西楚，蹴陳駕張。身經百戰，兇竪始亡。其九

大將北伐，同取汴洛。出鎮于蒲，恤其孤弱。其十

蔽遮河潼，以鐵爲關。❶誰敢操戈，睥睨其間。其十一

玄龜負碑，以頌遺愛。民亦何心，恩義斯在。其十二

從伐漢中，迢迢西征。有命班師，中道而薨。其十三

帝念將臣，血戰之苦。將疇其勳，錫以茅土。其十四

孰不壽考？以樂承平。公胡嬰疾？隕魄泉扃。其十五

帝情憫悼，恩命絡繹。穿山爲堂，畢兹窀穸。其十六

名垂於史，禄延于家。翩然而逝，公復何嗟！其十七

史臣造文，大書深刻。以昭公勳，有永無極。其十八

大明故資善大夫御史中丞兼太子贊善大夫章公神道碑銘

嗚呼！是爲吾友龍泉章公之墓。初，予未識公時，輒稔聞其名。及公應聘而起，同赴于南京，同館于青溪，同出入禁署，以備顧問，如是者四三年。私竊以謂生我者父母，知我之至者，❷唯公而已。不知公何

❶「鐵」，韓本、傅本作「義」。

❷「至」，韓本、傅本作「志」。

爲去予而遽死矣乎！有善孰予相？孰知我瑕疵而攻之乎？神道之銘，公之子特以爲屬。肝腸百裂，其何能綴緝言辭乎？相知之深者不爲之，則鋪張君子之休美，不識當屬之誰乎？因抆淚而序之曰：

公諱溢，字三益，❶姓章氏，處之龍泉人。遠祖有曰巖者，仕宋，以兵部尚書守泉州，始家于南安。至唐，康州刺史及又自南安遷建之浦城。及生福州軍事判官脩。脩生光禄大夫、檢校太傅、西北面行營招討制置等使、持節高州諸軍事、高州刺史仔鈞，娶練氏，生子十五人，其第三子獻誠，仕南唐爲銀青光禄大夫、檢校司徒。獻誠生文錫，仕宋爲祕書省校書郎。文錫生都官郎中重，又自浦城遷于龍泉，子孫遂爲龍泉人。重生吉，吉生順，順生公琛，公琛生世安，世安生舉，舉生宗，宗生鄉貢進士輔，輔生聞義，聞義生用之，用之生强宗，强宗生焕文，則公之高祖也。曾祖諱斯立，祖諱格，父諱遇孫，母某氏。

公之始生，其音如鐘，父母疑爲不祥，幾棄不舉。及成童，嶷然莊重，不習鄉井輕儇態。諸兄出應科繇，頗爲儕類所侵苦，公忿曰：「彼徒謂我弱爾，吾不自厲，豈爲男子耶？」乃往受事。縣官即有曲者，舉正理直之，衆始愧服。比弱冠，從鄉先生王剛叔游，從事於正心脩身之學。既又聞金華爲文獻之邦，間出游以咨叩其統緒。浙東憲使禿堅不花請與語，悦之。已而改官陝西，要公與俱，至虎林，心忽驚悸，力辭而歸。抵家，父病已革，越八日而逝，人以爲純孝所感。至正壬辰，蘄黄妖寇自閩犯龍泉。

❶「益」，原作「溢」，今據韓本改。

公與從子存仁避亂山中，而存仁爲寇所執。公心計曰：「吾兄止有一息，不可使無後。」挺身出，謂賊曰：「兒幼無所用，我願代之。」賊聞公名，方出重購以求，及得公，大喜。賊帥欲問計，公正色拒之曰：「若等皆有父母妻子，顧爲此滅族事耶？」賊怒，繫之柱，以刀磨其脅，曰：「不降者且死。」公曰：「貪生惡死，固人常情，然吾終不爲不義屈。」賊愈益怒曰：「汝誠不畏死耶？」公曰：「死即死，何畏乎？」賊壯之，不敢加害。公夜紿守者，乘間脱身歸，乃集里民爲兵，不旬日擊却之。

處州府判官以兵來龍泉，欲盡誅平民詿誤者。石抹將軍宜孫實總兵政，公走麾下，説曰：「將軍知賊之由乎？」曰：「不知也。」公曰：「貧民迫於凍餒，故相挺而從盜，誠得一循吏招輯之，民即平民耳。今不出此而四行剪屠，是殆揚湯以止沸也，不識可乎？」石抹將軍曰：「善，微先生言，事幾敗。」即檄判官，毋擅殺。石抹將軍服公器識，留幕下與議軍事，其平屬縣慶元及建寧之浦城、松溪群盜，公有力焉。上其功江浙行省，丞相康里公承制授公將仕郎、龍泉縣主簿，辭不受。

海寇起黄岩，掠沿海郡縣，行省命石抹將軍守台城。台之寧海民亦爲變，攻圍台城急，石抹將軍飛檄召公爲援。公方退居田里，得將軍檄，即起曰：「吾邦非石抹將軍，人且盡爲枯骨，今一旦有急，正我報德之秋也。」集趫勇少年數百人，晝夜行至城下，約内外夾擊，賊遂潰，海寇亦遁去。寧海大饑，豪民吴甲、蔣乙積粟不糶。公言於石抹將軍，將軍因屬公行縣振之。公至縣，即抵二豪罪，發其粟振餓夫，其尤困者，俾僭作糜食之。

公還龍泉，龍泉亦歲儉，大家有粟高其直，且不發。公先以私田易粟貸里人，乃行勸分之政，民受其惠爲多。隣邑青田潘惟賢爲盜，而龍泉監縣寶忽丁貪虐無狀，民因導潘攻縣治，寶忽丁棄印走。公同其師王剛叔召豪傑與賊戰，❶敗走之，縣治遂復，行省給銀幣爲賞。寶忽丁懼棄職獲罪，而愧公有功，乃謀害公。公方贊元帥黑的兒開府處城，未敢發。會帥府問寶忽丁罪，遂結李溪惡少拒命，首害剛叔于家。帥府檄兵襲擊之，寶忽丁遁去。於是處之七縣盜皆蠭起，行省移石抹將軍以行樞密院判官分治處州。公謂石抹將軍曰：「松陽小醜不速平，將養成大患耶？」將軍曰：「唯君處之。」公乃遣千户曹勝安督兵，授以方略，一戰盡降之。分院上其功行省，陞承事郎松陽縣尹，又辭不受。

元帥葉君琛攻鄭寇於麗水，屢爲所敗，分院調公及樞密院都事胡君深合討之。公與胡君統軍至浮雲，賊衆來迎戰，並山爲長陣，兵既接，我軍張左右翼夾攻之，賊大敗，直擣其巢穴。賊望見公來，拜乞曰：「我非爲寇者，待我殲此海蠻，即降矣。」海蠻，謂葉君所部海軍也。公曰：「吾不知他，特捕反者爾。」賊爲内外二砦，公麾兵踰外砦立壁。或疑壁於兩砦間非利，公曰：「非爾輩所知，我既踰外砦，則内砦疑其已降，而外砦亦計其疑己，二砦相疑，破賊必矣。」壁未完，賊突至，相持未有勝負，公麾奇兵横擊，賊奔北，即移兵圍内砦數重，下令急攻，遂陷之，執鄭寘諸法，外砦亦降。行省復授福

❶「師」，原作「帥」，今據韓本改。

建行省檢校官，尋又改除奉訓大夫、處州路總管府判官，皆不受。

南行臺治書侍御史鐵木烈思分臺于婺，長鎗軍叛，迫其城，治書遣從事楊迪徵師於公。公勒所部軍就道，長鎗軍聞公至，輒引去。省憲交章薦于朝，除武德將軍僉浙東都元帥府事，又辭不受。或疑爲要名，公曰：「吾所將皆鄉里子弟，使其肝腦塗地，而吾獨取功名，弗忍爲也。」青田賊吴英掠婺之金華、永康、東陽諸縣，聚衆猖獗，公議討之。分院乃調兵屬公及胡君，與賊屢戰，皆敗之。賊勢蹙，縛其黨張貴、李興甫等出降。遂昌凶，右户閉纙，土豪周天覺嘯聚殺之。元帥胡君往討，天覺負固不服，久之，始請降。公曰：「此賊不殄，必貽後患。」胡君不聽，受其降。已而，天覺果以復叛誅。始，天覺之未降也，執其黨與三百人繫諸獄，至是胡君欲盡阬之。公執不可，得生全者十六七。時天下日入於亂，公結廬匡山上，自號曰「匡山居士」，屬其子曰：「兵將至矣，汝曹其保障州里乎？」已亥冬，王師克處州，公又避地入閩中。

今上皇帝遣使以束帛召公，公乃幡然而起，與青田劉君基、麗水葉君琛、金華宋濂同赴召至建業。入見，上問勞曰：「我爲天下屈四先生耳，然四海紛紛，何時定乎？」對曰：「天道無常，惟德是輔。惟不嗜殺人者能一之耳。」上曰：「卿等其留輔予矣。」亡何，擢僉營田司事，巡行江東、兩淮之境田，荒蕪及耕墾者皆分籍之，差税賴之以便。公以疾在告者久，上時遣使存問。暨疾小愈，即入謁。上見其來，喜曰：「疾其瘳乎？何遽出也！」一日，上忽念公，詢于中書左司都事張來碩曰：「章溢日來康强否？」來碩對曰：「溢日夜念母不置，而以主上遇之厚，不敢以言，鬱鬱成疾耳。」上即命公歸省，賜以白金文綺，而留其季子存厚于京師。浙東始設提刑按察司，即擢公僉其司事。尋命還處州，代總制胡君入朝，而爲存厚娶胡君女，賜賚優渥，且俾存厚入侍皇太子，以示親信。胡君出師温州，復召公還守處州，饋餉供億，規措無缺，而民不知勞。及師旋，即以總制事付胡君而還其部。

王師平荆楚，設湖廣提刑按察司，遷公僉司事。公入見，上慰勞之曰：「紀綱之事，今屬卿矣。」公既至，覩荆襄多廢地，遂建議分兵屯田，且以控制北方計爲便。上曰：「所言甚善，第未暇耳。」湖廣行省鎮撫回回怙勢作威，輕重人罪以爲常。公廉得狀，坐以法。曾未幾，河内道按察使宋思顔以浙東憲史事不白，下獄，而浙東按察使孔克仁、僉事王璹亦以事被逮，辭或連公，公憂懼不知所爲。上遣太史令劉君基喻公曰：「予素知章溢守法令，毋疑也。」

既而胡君以兵入閩陷没，處州之境皆動摇。上命陞公浙東按察副使往鎮之，平陽、瑞安、浦城、福寧軍民等事皆隸焉。公辭曰：「臣前任浙東無狀，同列皆獲罪，而臣獨蒙寬宥，今若加陞擢，則益重臣過。疆埸之事，臣身任之，萬死且弗避，副使之命，臣不敢拜。」上重違其志，命仍僉浙東按察司事。比至，山寨或已叛。公宣布詔旨，軍民皆感動，乃誅其首叛者，餘皆帖帖。青田夏清聞胡君敗，與福建參政范昌大合寇慶元、龍泉。時官兵盡戍浦城，城中僅足自守。公召舊部義兵，使據要害，列木栅爲屯，勢相聯絡。别命元帥祁興、季汶，即龍泉縣治亦環植木城，賊聞不敢犯。

公長子存道初以元帥戍浦城，及是有旨命存道提兵爲游擊，而公即處城坐鎮之。公謂父子相統，於律不宜，乃上奏請罷存道官，不允。兵戍浦城者，以食不繼爲病，上以屬公洎浙東行省右丞李公文忠。李公欲運處州糧餉之，公以爲舟車不通，而軍中所掠糧甚殷，請拘入官而均給之，兵食乃足。青田税官金甲，發其同僚白乙匿官課，❶乙既誅死，而甲恣爲姦利。公訊之，甲善口給辨數不置。公曰：「汝罪狀已明，奈何欲以口舌撓法乎？」其辭遂屈。上知爲公所鞫當不冤，命斬之。建寧守將阮德柔遣使來納款，人咸以爲詐，公曰：「陳有定據全閩，勢必不能容，故德柔爲圖自全計，非詐也。」以其事聞，詔許德柔以元官守本郡，命比下，德柔果爲有定所并。公因留其使，厚存卹之。

温州茗洋周遂卿恃山險常爲寇，鄰邑皆患之，而郵傳之通平陽、瑞安者，亦爲所要遮。公命存道合平瑞總督孫安之兵禽斬遂卿。中書命處州造海舟若干艘，并僉溪船户爲水軍，其户凡一千，既有領之者，而又隸于軍府，役繁而事擾。公上奏設水軍千户所專統之。處多山而少田，軍需恒不足，胡君爲奏免，唯輸硫黄、白藤于朝，而行省復有所科。公屢以爲言，罷之。水軍千户任惟淵、朱仲欽共戍青田，會寇至，仲欽逆戰而惟淵走還，仲欽以無援故敗。公斬

❶「課」，原誤作「諜」，今據張本改。

惟淵以徇，遣指揮何世明擊寇，走之。惟淵乃胡君所任信者，既伏誅，部曲莫不股栗。浙江行省參政朱亮祖總兵取温州，公調何世明以軍從。温州平，公聞其掠人子女，命鎮撫林理徵之各部，送還其家。

海隅既寧，公請朝京師。上報曰：「吾知卿在邊良苦，俟平吴，當即召卿爾。」及浙西諸郡皆平，上遣使召公，且命分兵征入閩，而存道守處州。公既入見，上嘉獎甚至，且諭群臣曰：「章溢雖儒臣，父子宣力一方，寇盜盡平，其功誠不在諸將後。」公再拜謝不敢當。明日，上召問征閩諸將何如，公對曰：「御史大夫湯和由海道進，平章政事胡廷瑞自江西入，此固必勝。然閩中尤服浙江平章李文忠之威信，若令文忠帥師從浦城取建寧，此萬全計也。」即日詔文忠出師如公策。處州之糧，其舊額一萬三千石有奇，後以軍興加徵至十倍，民不堪命。公言之丞相，丞相入奏。上曰：「吾勞處民久矣！」詔從其舊。温州黄宗雲、朱君達來附，各授以元帥之職，還守其土。及我師征温失利，輒叛去。温既平，君達又請降。公曰：「何物小醜，叛而復降？苟納之，是無法矣。」奏戮之。浙江行省承詔作大舟入海，徵輸鉅材，檄處州與諸府同。公曰：「處、婺之交，限以峻險，縱有水道，何從出？且凋敝之民，曷以勝此？」公力言於省臣止之。

洪武元年正月，上即皇帝位，有事於太廟，公與執事畢。越翌日，召公及劉君基入見。上御奉天殿，群臣咸在，上歷陳其功，並拜御史中丞，公辭，不允，尋兼太子贊善大夫。公務存大體，不屑屑於細故。或以爲言，公曰：「憲臺，百司之儀表，居其職者，當先養人以廉耻，使人避而不犯，豈直待搏擊爲能哉！」上親祀社稷，會大風雨，還坐外朝，怒儀曹議禮不合，以致天變，將殺之。公奏曰：「風雨已連朝，無足怪者。縱禮官議有未盡，陛下一誠自足以格神明，願寬雷霆之怒。」上爲之霽威。上愛公甚，嘗與公及劉君曰：「二先生年向耄，恐感霜露致疾，善自衛攝，不宜早趨朝也。」

存道部鄉兵萬五千，從李公入閩，閩平，詔存道以兵從海道北征。公持不可，曰：「鄉兵，農人耳。始令征閩，許以事平歸農，今復調之，是爽信也。」上不懌而罷。公繼論奏曰：「兵已入閩者，俾還州里，昔嘗叛逆之民，宜籍爲軍使北征，一舉而恩威著矣。」上喜曰：「孰謂儒者果迂闊哉！非先生爲朕一行，無能成茲事者。」公受詔遂行。比至處州，母夫人已歿。公馳還舍，援例乞丁憂，詔不允。丞相李韓公復貽書，道上眷倚之意，而遣存厚還其家。公灑泣而出，日治戎事惟謹。鄉兵既集，命存道部領，由永嘉浮海北行。上章乞如律守制，詔仍不允。已而章再上，上覽之爲惻然，曰：「吾固知其情不可奪矣，但朕憲臺缺人耳。」遂可其奏。存道至崑山，走京師，聽進止。上諭之曰：「汝父事朕，宣勞爲多。今汝又帥師北上，尚勉立事功，以無忝爾父，則子汝嘉。」因授以處州衛指揮副使，戍于上黨，尋移平陽。

公自喪母夫人，悲戚過度，居常忽忽若無以自存者。及營宅兆，親負土石，而感疾益深。子女見之，皆相顧悽愴。公曰：「勿憂也，吾父母幸以安厝，祖宗邱墓幸粗整飭，歲時薦饗幸有條序，吾庶幾無憾。第荷國厚恩，未能報效，此爲慊耳。」臨終，親友何濬來候曰：「當收斂此心，毋有所執滯。」公曰：「吾久已知之。」遂薨於龍淵之私第，實洪武二年夏某月某日也，享年五十又六。訃聞，上甚憫悼，乃親撰文，遣官即其家祭之。以其年某月日葬於某山之原。

公娶陳氏，勤儉恭淑，克盡内助。子男三人：長即存道，明威將軍處州衛指揮副使；次存誠，次存厚。女二人：長適陳某，次在室。孫男四人：集慶、集恭、集善、集正；女二人。

公性篤於孝友，父喪未葬而盜發里閈，室廬被焚，公稽顙籲天，火至柩所而滅。事母夫人備極孝養，每事必得其驩心。與二兄别居已久，既創第龍淵，請二兄同居以奉母，怡怡之情，藹如也。先世有墓祠曰「標慶菴」，公起其廢，一新之，且益田以供祀事，而定祭享之禮，命子孫世守之。其於宗族里黨，患其子弟無所於學，則創龍淵義塾，延碩師以教之。患其死者無所於葬，則以玉峰西岡爲義阡，聽其藴瘞焉。又以王剛叔實鄉郡之賢者，而石抹將軍能忠於所事，即龍泉劍水之陽，作祠宇祀之，曰「忠賢祠」。蓋凡可以聳善扶義者，無不爲也。

公狀貌宏偉，器局夷曠，而撫世酬物一本於誠，一循乎禮義。外若和緩，而其臨大事，則論議諍辨，不避權勢，必折衷於理而後已。其與學士大夫談聖賢之道，如味飴蜜。尤篤尚伊洛之學，嘗曰：「古人爲學，皆躬行實踐，人倫日用之間，無非學也。今人以記誦詞章爲務，特學之末事耳。」故公於章句之習，皆不以屑意，而於綱常之大端，有關於世教者，恒切切爲人言之。生平務在濟人利物，嘉言善行，人皆能道之，不可勝紀也。

余竊聞之，章爲東南著姓，自五季以迄于宋，代多顯者。内則兩制八座，外則州牧邑宰，皆未嘗無其人。親提師旅捍衛鄉州，能成其勳名，唯太傅公爲尤盛，閩人至今道之。公當元季紛擾，群盗四起，磨牙吮血，而桑梓爲墟。公談笑而起，皆剿殄之無遺育，處之民至今思之。於是聲光流顯，上致萬乘之知，持節諸部，執法中臺，其功業視太傅公，疑若過之。此無他，太傅公之所遭者衰世，公之所際遇者，有道維新之朝也。古人所謂能光於前人者，公其有焉。予敢評隲公行，勒諸堅珉，以垂示永久。於戲！金或可銷也，石或可泐也，公之功不可忘也。銘曰：

五季之亂殺氣昏。太傅隻手障南閩。西巖結壘兵雲屯。狗鼠偷竊方繽紛。怒來欲以一氣吞。陰功上聞帝爲欣。敕生蟄蟄千子孫。白笏堆牀如爛銀。匡山繼之譽益振。方頤踈髯目電焞。音吐鴻鬯鐘在軒。蚩蚩赤子扇妖氛。額抹絳帕手握穳。嘯呼不異鬼魋群。公起長驅汗且奔。一障仡立無邊塵。較之太傅功或殷。重徽疊照絶等倫。大明天子御紫宸。濟濟萬國咸來賓。束帛往聘東海濱。加以禄爵恩寵新。庸田使者勞徠勤。繡衣行部照青春。貪夫宵遁不待晨。一朝南徼將星湮。栝山恍惚失嶙峋。狐狸跳舞騁妖神。帝曰汝溢汝老臣。整汝戎旆旋汝轅。公車戾止集吏民。導宣威德語複諄。有叛命者馘以徇。叶。坐鎮鄉城如虎蹲。大兒游擊左右巡。四郊帖帖多柔馴。召還執法居諫垣。長跪敷奏嬰逆鱗。萱堂風慘逝驚魂。上表陳情達帝閽。哀號負土自築墳。因劬致疚亟返真。聞之孰不淚霑巾？公知學術歸一原。時斞濂洛溯本根。所以不剉枝葉繁。❶文事武備道乃存。黃腸題湊藏山樊。大書遺行勒堅珉。傳千百載期無諼。

大明故王府參軍追封縉雲郡伯胡公神道碑銘

上天既革元命，皇帝定鼎金陵，遣大將下浙河東諸郡，而婺、衢、處三州相繼平。時當草昧之初，上思得智勇之才用之。於是處之胡公仲淵躍然而起，以自赴功名之會。入陪廟算，出鎮鄉邦，言聽計從，寵遇無比。浙東之俊彥攀龍鱗而附鳳翼者，皆自公始。若公者，可謂犖卓不群之士矣。

公諱深，仲淵其字也，系出漢安定。宋初有諱棟者，自潤之丹陽遷處之龍泉，因家焉。棟生璠，璠生文虎，文虎生竦，竦生晟，晟生滂，滂生衢州録事參軍松年，松年生鄉貢進士應辰，應辰生温州樂清令琗，琗生江南西路兵馬都監見大，則公之曾大父也。大父諱堂。父諱鈺，仕元爲征東行中書省左右司員外郎。母趙氏，生三子，公其長也，次曰潭，曰海。繼母季氏生一子，曰溥。員外府君蚤歲宦遊京師，公始十齡，而大母季夫人與母夫人相繼亡。公侍大父，奉繼母，撫幼弟，艱難刻厲，以自植立。未弱冠，走京師侍府君，適府君使高麗，復往候焉。居久之，府君棄捐館舍，公崎嶇萬里，奉柩南還。舟行，一日泊大崖下，夜

❶「剉」，原作「坐」，今據韓本改。

夢人語之曰：「此崖且崩，宜急避。」驚覺，趣移舟。俄頃，大風雨至，崖果崩，聲如萬雷。既歸，葬於縣北之圜源，遂廬於墓左，悉取諸子百氏、天官地志、兵謀術數、醫藥卜筮、老釋之書而研究之。發爲文辭，操筆可立就。

當元之季，江淮俶擾，蔓延閩浙間，盜由建之浦城、松溪入龍泉。公嘆曰：「浙水東，地氣白矣，禍將及。」乃集鄉兵，結寨于湖山。已而，處州之民相延爲盜，❶江浙行中書省調萬户石抹公宜孫戍處州，辟公參謀軍事，檄所隸諸縣募壯士爲軍。浹日間得數千，公引之屯竹口，下令賊中曰：「爾皆良民也，因驅迫故爲亂，棄仗即仍良民矣。」賊以公長者，其言不欺，盡毁旗械，肉袒請降。

温州戍卒韓虎、陳安國殺主帥據城叛，行省命宣慰使恩寧普公討之，道由處州，與公語意合，帥府軍事復辟公參謀之。公曰：「温城叛者，唯一二人耳。若破其城，玉石必俱焚，如平民何？」遣辨士入城説其黨，曰：「韓虎悖逆亂常，今王師四集，旦夕且攻城，雖金湯無不破者。若輩胡爲與賊守，自取作虀粉耶？將軍未忍即加兵，苟能去逆效順，悉從原宥。或稔惡不悛，城一破，悔無及已。」其黨相向泣曰：「吾屬自度，旦暮鬼耳。儻獲復生，敢不唯命！」乃殺韓虎等以城降。

温城瀕海，民以漁爲業，時城閉者三月，民病甚。公請發粟賑之，驩呼之聲載于道路。宣慰欲列公功聞于朝，公辭。既而宣慰以行省參政總兵征鄱陽，復邀公俱行，

❶「延」，張本作「梴」，韓本、傅本作「聚」。

戎務無鉅細悉屬之。青田潘惟賢聚衆爲叛，龍泉長吏聞風遁去，賊遂焚縣治。公之師曰王毅先生，與門弟子集義兵擣退之。里中惡少年疾其功，因害先生。公在鄱陽馳而歸，執害先生者，盡殲之。

縉雲之黄村、松陽之白巖、遂昌之大社、麗水之浮雲、泉溪，無賴之氓咸爲盜根，勢蟠結不可禦。行省丞相康里公承制以石抹公爲行樞密院判官，分院鎮處州。既至，假公分院行軍都事，統兵討麗水，攻泉溪賊寨，拔之。未幾，又平浮雲、白巖。賊懼，遂來降，縉雲盜亦就平。乃移師攻遂昌。賊酋周天覺、方友元傾其精鋭出迎敵，公望見，笑曰：「賊若堅守不出，未易即殄滅，今兹之來，豈非天授我乎？」分部諸校，以正陣接戰，以奇兵夾擊之，别遣游軍入山，搜其伏匿。比戰，賊三面受擊，輒大敗，斬首數千級，生擒八百人，獲方友元，梟之。乘勝直攻大社，周天覺降。復移兵討青田，賊黨金德安殺潘惟賢兄弟以降。

先是，國兵取浙東，婺、衢既下，獨處州爲石抹公所守，不降。歲己亥，今上皇帝遣僉樞密院事胡公大海，由間道取處州，石抹公出戰，敗北。大軍入城，而分兵取屬邑未附者。公時以假元帥統龍泉、慶元、松陽、遂昌四縣兵，欲閉關爲拒守計，四縣士民咸請于公，願内附以全民命，且曰：「君治兵殆十年，勤勞亦至矣，而朝廷無一命之錫，國家負君，君何負於國哉？」公知時事已去，乃解甲出見胡公，四縣因不受兵。

上素聞公名，召至南京，待以殊禮。居亡何，擢中書左司員外郎。上日與公論天下事，公有言，未嘗不稱善也。遂詔公還處州，招集舊所部將校兵卒以從征西。上既平江西，命公以親軍指揮守吉安。會浙東苗軍爲變，婺守將既被害，而處城亦爲所據。上遣公復處州，比至，城已復，除公浙東行省左右司郎中，總制處州軍民事。郛郭甫被兵，民物凋瘵，而山寇乘間竊發，人情未固。公隨方招捕，凡首惡即誅之。然猶慮戍兵之寡，日募之，獲勝卒萬餘人，諗于衆曰：「兵少不足禦敵，師衆又無以食之，奈何？」衆皆曰：「養兵所以衛民，苟不爲禦備計，子女玉帛且不保，況於食乎？」公乃因民之産，以權宜增帛賦之。沿海軍素驕橫，及是以復城有功，横益甚。公擇其尤無良者斬之，衆乃讋服。

江西食東浙鹽，而有司十分税一，販者鮮至。公請以二十分收一，商賈遂通。城南枕大溪，浮橋之廢已久，橋隄當水之衝，亦爲所齧蝕幾盡。公即上流比舟爲梁，以濟行者。州學敝壞，講舍僅存，用以貯官粟，公撤而新之，薦新進士吴世昌爲郡文學，以司教事。城中民廬，多爲戍士所據，混淆而處，公度閑曠之地，建營屋數十區，使別居之。縉雲官田，其税額甚重，執里役者，恒以私粟代償，公以新没入之田實其數，其害乃除。

諸暨守將謝再興叛，❶兵犯東陽，平章李公文忠擊走之。公引兵爲援，建議以謂「諸暨浙東藩障，若諸暨不守，則衢、處不支矣」。乃度地去諸暨六十里，並五指岩新築一城，不旬日而成，樓櫓濠柵，靡不畢備。上聞諸暨叛，遣使來議別爲城守計，至暨，城已完，上歎賞不已。其後浙西將李伯貞大舉入寇，兵號二十萬，頓城下，城堅不可

❶「叛」，原脱，今據韓本、傅本補。

攻，敗績而去。上念公立城功，以名馬賜之。

青田之蘆茨，地接閩徼，人素獷猂，葉仲賢恃其險，屢服屢叛，乘我師在外，復來寇。公怒，還軍深入，禽其渠魁，少壯者皆籍爲兵。二十年逋誅之盜，一旦就平。

温州方明善攻我平陽，公出偏師復之，并復瑞安所侵地，而親統正軍攻温州。明善勢蹙，與其仲父國珍議納歲幣，詔公還師。明善繼以鹽若干來貢，上命處州易銀以入内藏。上怒銀色惡，責守令使償。公曰：「此吾過也，守令禄薄，何能償？」乃售龍泉田，以銀九百兩代輸。公尋入覲，上欲留公，且柄用之，以邊事未輯，願還守外。上時已即王位，乃擢王府參軍，仍總制處州等翼。陛辭，上諭之曰：「俟閩浙盡平，當還汝中書矣。」

福建陳有定擾邊，公奉命征之，遂取建之浦城，而崇安、建陽二縣亦下，上賜以所乘駿馬。建之守將阮德柔兵四萬屯錦江，實出我師後，公還兵擊之，破其二柵。有定大懼，帥鋭卒亟圍我營，公突陣與決戰，馬蹶因被執。有定既得公，頗禮遇之。公具道天子仁聖，四海歸心，群雄樂爲之用，且援竇融歸漢故事撼之。有定初無殺公意，會元使至，督迫之，遂遇害于福州，實歲乙巳之春也，享年五十有二。上痛悼不已，命使者即其家祭之，復詔中書議加卹典，追封縉雲郡伯。有爵而無階官職勳者，有司之制未備也。

公天資穎拔，智識絶倫，藝術弗學則已，學之無不精。性倜儻，好施予，賢士有貧乏，傾橐以周之，弗吝也。其守鄉郡凡五載，馭衆一以寬厚，用兵十餘年，未嘗妄戮一人。恩惠在人甚多，故其歿也，聞者莫不流涕，鄉人爲立祠守祀之。

公元配同里項氏，先五年卒，生二子：長曰楨，宣武將軍僉處州衛指揮使司事；次曰樞。女一人，適章存厚。繼室滁陽楊氏，前中書左司郎中元杲女弟也。公既没之二年，楨等乃刻木爲象，具衣冠以葬，實附于園源之左。葬已，來徵濂爲之文。

昔濂侍上於白虎殿，忽顧問曰：「胡深何如人？」濂對曰：「文武才也。」上曰：「誠如卿言，浙東一障，朕方賴之。」則上所以倚公者至矣。然公亦知宸眷之深，而無以圖報，嘗謂人曰：「區區承詔鎮處城，皇靈覆冒，幸已寧謐，誓將挈全閩之地以入版圖，庶展犬馬之微衷也。」奈何功業未就而死及之，其非命也夫！濂辱公交者五六春秋，見公酒酣耳熱，指揮三軍而雄姿奮揚不可遏，及與薦紳之流論文評詩，則欿然布衣書生也。濂未嘗不服其勇而愛其謙。今公不可作矣，敢用備著公之事，揭諸墓門，以告世之知公者。銘曰：

洸洸胡公，萬人之英。一劍橫空，莫之敢攖。浙河之東，地氣盡白。此爲兵徵，見於龜筮。爾衆荷戈，來入我堡。寘而枕席，拔而水火。公師如風，鼠寇如雲。一鼓之餘，散爲埃塵。節鉞出鎮，涉歷五年。桴鼓不驚，雞犬晏然。誰登叛人，陷我諸暨。公還其城，寇至輒敗。皇用嘉錫，使車絡繹。天閑龍馬，於公弗惜。公感主知，酣歌慨慷。誓提八閩，以歸職方。旄纛所屆，勢如破竹。天未厭亂，三軍夜哭。公材孔多，公志弗阿。月出如赭，公命奈何？丈夫之澤，流于異方。孰能行之？父母之邦。匪公之臨，千里枯骴。公雖止斯，庶亦無愧。

廟堂有嚴，肖像其中。精靈翕然，上與天通。栝蒼之山，其翠欲滴。公名配之，有永無斁。

宋文憲公全集卷四終

宋文憲公全集卷五

大明敕賜開國輔運推誠宣力武臣榮禄大夫柱國廣德侯加贈特進榮禄大夫右柱國進封巢國公謚武莊華公神道碑銘

自古興王之際，天既生真人，拯民塗炭之中，必有如虎之將，弘展其丕猷，弼成其大業。此如燭照而龜卜，蓋無疑者。以漢唐言之，則雲臺二十八將，凌烟閣二十四人是已。洪惟皇帝當四海逐鹿之秋，龍飛淮甸，嘘陽吸陰，反掌之間，廓清八極，夷荒蠻徼，罔不臣妾。當是時，謀臣猛士，效忠宣力，其衆如雲，若和陽華公，亦其一人也歟！

公諱高，姓華氏，字則未聞，所謂和陽，則其所居之郡也。曾大父汝德，贈中奉大夫、湖廣等處行中書省參知政事、護軍，追封武陵郡公。曾祖妣張氏，追封武陵郡夫人。大父某，贈資善大夫、湖廣等處行中書省左丞上護軍，追封武陵郡公。祖妣張氏，追封武陵郡夫人。父德新，贈榮禄大夫、湖廣等處行中書省平章政事、柱國，追封灃國公。妣童氏，追封灃國夫人。

公之生也，挺然有英氣，人見之者，咸曰：「是子異日必亢厥宗。」及壯，其材果超群類，不屑屈人下，同黨多嚴憚之。至正中，天下大亂，所在寇盜乘時爲患害，屠劉其黔黎，蕩析其室廬，剽奪其玉帛。公慮蹙迫州境，即於所居黄墩結集水砦，召募彊丁，淬礪刀劍，晝夜爲禦侮計，練閲有法，暗合古之將略。遐邇聞者，多荷殳相從。

于時帝初起兵臨濠，智勇之士，雷動而霧集。公遂帥衆而來，隸于麾下。及大兵飛渡長江，進克采石，繼攻蕪湖，駐溧水而定建業，擣京口而下江陰，公皆從諸將建立奇勛。會張士誠據有淮浙數州之地，肆爲不恭，侵軼邊陲，帝乃震怒，遣大將出師討之，公復在行。摧敵於舊館，陷城于姑蘇，拓土于淮東，其功號爲尤偉。

蓋公自從軍授以先鋒之職，八轉至榮禄大夫、湖廣等處行中書省平章政事。迨夫大統既集，帝念將帥百戰之勞，定功行賞，上則公爵，次則侯封，各錫以鐵券金書，傳示子孫，俾世其禄。於是授公開國輔運推誠宣力武臣、榮禄大夫、柱國，封廣德侯，食禄六百石。公未及受券，請命往廣海巡視城陴，整飭軍隊。行次崖州，以疾薨于官舍，年五十又九，實洪武四年三月二十七日也。訃聞，帝懷悼不已，詔有司迎公之柩，以是歲六月某日，還葬於黄墩先墓之次。藏券墓中，以慰公於九泉。且進封巢國公，謚曰武莊，階加特進，勳加右柱國。褒崇之意，無不備至。

公一子景春，蚤世，竟無嗣續。其配澧國夫人蔣氏先薨，至是與公合葬焉。既葬，禮部以聞，帝若曰：「其令國子司業宋濂製爲碑銘，樹諸神道。」尚書臣陶凱即日傳命授臣，臣不敢辭。

臣聞傳記所稱用世之士，非才勇爲難，而炳於幾先者爲難。公當群雄疊奮之時，亦欲以一障自效，見帝之頃，即知天位之有在，人情之所屬，統其部曲，驩然來歸。非有先幾之識者能之乎？其建樹功烈，安享尊榮，爵封上公，位躋極品，亦宜也。雲臺凌烟之衆，又豈得專美于前乎？ 臣既歷序公之戰功次第於右，復繫之銘。辭曰：

士之所貴，炳于幾先。誠獲所依，身名兩全。當元之季，王綱解紐。群雄虎争，鹿知誰手？ 維武莊公，家于和陽。依水建砦，以遏寇攘。皇帝龍興，知爲真主。仗劍相從，率先多士。帝曰俞哉！ 爾兵我從。即麾義旗，同渡大江。牛渚既殲，于湖亦捷。溧水洋洋，視如一髮。天兵載揚，翔飆震霆。秣陵南徐，次第而平。況此江陰，勢如破竹。兵鋒所向，無彊不剫。鄰有勍豎，據浙連淮。來撼大樹，何哉蚍蜉？叶。皇赫斯怒，命將行伐。鏟破連營，洊除窟穴。復敕雄師，定淮之東。載綏載寧，載約其同。凡斯諸役，公無不與。展力攄誠，亦云備至。天清地寧，六合一家。大統既定，論賞有差。黄金鏤書，鑄鐵爲券。作誓剖符，千齡弗變。皇恩下被，將膺寵榮。訃來海南，聞者涕零。宸衷憫惻，爲詔郡縣。旋其柩車，就鄉而窆。崇階峻爵，極于上公。龍光有赫，賁及幽宮。儒臣作銘，播揚嘉績。百世之下，視此貞刻。

元故嘉義大夫禮部尚書致仕贈資善大夫江浙等處行中書左丞上護軍追封譙國郡公謚文節汪先生神道碑銘

濂奉敕總脩《元史》，凡忠義循吏之事，天下郡縣悉上送官，而宛陵汪先生獨闕。既而，先生族子克寬來與纂脩，始以其門人汪文炳所摭事狀相示。濂既命史官删削立傳，克寬以爲史乃一代成書，其法當略；墓文乃私家所譔，其紀宜詳。復致其孫德垕之言，請濂揭銘于隧上。嗚呼！先生之德之盛，海内孰不知？ 而所讞錢珍之獄，《泰定實録》中嘗書之，其可不備載以昭示方來乎？

先生諱澤民，字叔志，姓汪氏。其先新安歙縣人，自唐以來爲官族。五季之初，兵馬使都虞候道安始自歙遷婺源之還珠里。又歷八世，至宋天禧己未進士祕書丞贈光禄少卿震，生慶曆癸未進士都官員外郎贈中大夫宗顔，都官生皇祐壬辰進士左奉議郎知漢陽縣贈少傅轂，又自婺源遷饒州德興之龍溪。少傅生贈通奉大夫槃、崇寧癸未進士正議大夫端明殿學士藻，藻以文學政事爲時名臣。通奉生紹聖丁丑進士朝散大夫江西轉運使愷、知合肥縣贈中散大夫慥，又自德興遷宣州之宣城，子孫遂爲宣城人。中散生紹興庚辰進士通判隆興府鴻舉，鴻舉之弟脩舉，則先生高祖也。曾祖諱宰臣，贈朝奉郎。祖諱夢雷，淳祐辛丑進士，累官知靖州，元贈翰林直學士、亞中大夫、輕車都尉，追封新安郡侯。父諱鼎新，用父廕補將仕郎，元贈嘉議大夫、工部尚書、上輕車都尉，追封新安郡侯。工部之兄鼎亨，景定壬戌進士，官池州大軍酒庫。然自少卿至先生，奕世科名，蟬聯不絶。

先生自幼融通經史，亦鋭然思繼承之，會科目之法行，遂領延祐甲寅江浙鄉薦。上南宫不利，有司用恩例署寧國路儒學正。暨再舉，遂擢戊午進士第，授岳州路同知平江州事，階承事郎。時先生之母譙國郡夫人王氏春秋已高，先生以平江道遠，不可迎養，上書丞相府，乞降一二階，就銓鄰州，不報，竟奉太夫人之官。

州有健民曰張，以利餌長吏，持其陰私，使不敢問，遂視閭井民若蟣蝨，頤指氣使，輒奔走不暇，稍迕其意，即繫送於官，人懼，呼爲張雷公。先生曰：「弗治，我民將無生。」即發其姦，屏諸蠻夷，不使與良民齒。李氏有兄弟者三，素豐於貲。季弟未有子而没，其婦傷季之夭也，誓終身不再適。孟、仲利其財，數設計撼之，婦堅不動，乃嗾亡賴男子誣以姦私。婦不禁搒掠，自引伏。先生見其色有冤，間行廉察之，悉得其情，白而出焉。轉承務郎、南安路總管府推官。戍將朵兒赤跋扈自用，搤有司之擘，俾不得詘信。其婣家王某爲郡府史，藉其威，尤鴟張無忌，擅箠大庾縣令。縣令訴諸府，同官懼戍將之威，相視以目，無人發一辭。先生毅然捕王下獄。會監察御史行郡，戍將結以厚賂。御史召先生於庭，詰其獄狀，聲色俱厲。先生徐曰：「王之姦賂，人所知也。御史欲屈法耶？」御史慚，夜半馳馬去，王卒伏罪。居亡何，戍將以贓敗，部使者知其故，檄先生推讞杖罪之。廣州歲祲，民大饑，疫癘洊臻，死亡相枕藉，其毒氣所薰蒸，鮮有能生者。江西行中書屬先生行振荒之政，先生絶無所畏懾，命大姓發廩以哺尪羸。其病癘方熾者，召醫注善藥，親走其廬給之，活者數萬，先生曁從者亦無他虞。將還，送者讙曰：「我父母也，奈何去之？」馬擁不能前。

潮州府判官錢珍，挑推官梁楫妻劉氏，不從，誣楫冒糴官中米，殺之獄中，事連海北廉訪副使劉安仁，逮繫者二百人。中書移問者凡六，各懷顧忌，事終不白。先生讞之，獄立具。時珍已飲藥死，詔戮其屍。安仁坐受珍賂，除名。時朝廷遣奉使宣撫江西，聞先生名，命巡南安、章貢二郡，事得專決，聲績尤著。擢承直郎信州路總管府推官。丁内艱，不赴。服除，遷平江路總管府推官，階承德郎。

初，浮屠甲與隣僧乙有隙，久不相周旋，衆約其輸平。乙因邀甲飲酒至醉，遂寢其室。甲弟子沈安素苦甲鞭笞，且期速紹其業，幸甲宿於讎，夜持刀往殺之，明日訴諸縣。乙虐於考訊，輒誣服。獄上，先生閲其刀有鐵工氏名，召工驗焉，曰：「此沈安刀也。」逮安一訊即承，脱乙械械之。

嘉定地瀕海，朱、管二姓爲姦利於海中，致貲鉅萬，及以他事敗，上下受其賂，莫敢捕，獄久不決。先生與總管道童公適至，徑縛以來，竟籍其家。及徵其帳，歷備列省憲郡邑受賂之數，唯先生及總管名下疏曰「不受」。陞奉議大夫，知濟寧路之兖州兼管本州諸軍奥魯勸農事。

磁陽，負郭之縣也，孔子廟學久不建。先生以爲風教所繫，買地作之，殿堂門廡及齋序之屬，無不具飭。襲封衍聖公，職止三品。先生以宣尼之胄不可以弗崇，上疏請增其秩。廷議韙之，奏陞品爲第二，錫以銀章。居一年，政化大行，絃誦之聲周達乎西東，圜扉之間可設爵羅，嘉禾生於縣郊，瑞麥孕於洸水，君子謂有漢循吏之風焉。廉訪使者行部將壓境，還曰：「汪兖州在，吾可無往矣。」

至正癸未，詔脩遼、金、宋三史，拜先生朝列大夫、國子司業，俾分脩《兵志》及《宋理宗本紀》，史成，有上尊束帛之賜。已而，除集賢直學士太中大夫。未數月，亟上納禄之請，以嘉議大夫、禮部尚書致其事。

先生既歸，僦屋以居。門生弟子援洛中諸賢故事，爲築室宛水之濱。先生日督諸孫讀書以自娱，不知其貧。歲壬辰，蘄黄紅巾彭黨祖搆亂，其餘孽自徽寇宣州。江東部使者道童問策於先生。先生語以收人心，振士氣，築城浚濠，儲糧簡卒，凡數十事。寇再至，再擊退之。乙未夏六月，長鎗叛帥瑣南班、程述等挾兵渡江，欲犯宣城。城中兵不滿數百，或勸先生去之。民曰：「先生，忠孝人也，天必相之，當相與守城。若果去之，吾屬亦隨之爾。」部使者不八沙、周伯琦二公復申民言以爲請。先生曰：「昔江萬里寓鄱陽，大軍逼城，衆皆走散，猶坐守以爲民望。況宣民離合，視吾去留，吾何忍棄父母之邦乎？」時軍費不給，加以嚴刑，弗之集。先生從容一言，獲鈔一萬錠，米三千斛，民心翕然欲爲固守計，屢戰輒屢勝。八月丁丑，江浙行省參政吉尼哥兒遣兵來援，城內恃援至，戍守頗懈，是夜三鼓，長鎗軍攀堞而上，城遂陷。戊寅，僞萬户丁堅使前鋒葛義執先生逼降，不屈，遂遇害。將死，罵猶不絶口。瑣南班雅敬先生名，爲具冠衾，葬於某山之原，得壽八十又三。事上於朝，贈資善大夫、江浙等處行中書省左丞、上護軍，追封譙國郡公，下太常定謚曰文節云。

先生娶戴氏，累封譙國郡夫人，先八年卒。子男二人：用敬以子貴，封敦武校尉、常州路宜興州判官；用和國子生，辟充侍儀司舍人，不赴。兄弟痛憤不食，相繼卒。女一人，適劉士禮。孫男五人：德宣以門資補官敦武校尉、善盈庫副使；德扆國子生，曲阜宣聖林廟司樂；德崇癸巳鄉貢進士，湖州路德清縣學教諭；德正、德進。孫女一人，適吴愈。曾孫男五人：禧源、傳源、鳳源、書源、清源。

先生軀幹脩聳，高準疏髯，風裁峻如

也。其爲學本諸六經，真知實踐，無一不本於道義。其奉親也，丁工部公之憂，則三年獨處於外，弗御酒肉，每遇諱日，悲慟不自勝，至老不變。事母夫人則板輿、方舟迎侍之官，熙熙承顔，唯恐少違其意。婺源三大墓爲强家所侵，辨理於有司，經四十年必復之乃已。其事君也，一飯不敢忘懷。保小民甚如赤子，革弊除姦，有知殆無不爲。然於律己則玉潔冰清，毫髮之私又無自而入。故其至也，民戀愛之；其去也，民慕思之，至有爲生立祠者。嘗重搆美章亭於兖，賊至不忍焚之，且曰：「此汪公遺澤也。」嗚呼！不知先生何以能致於斯哉！由其立心之正，不爲勢利所誘；擇術之精，不爲不義所屈；忠孝大節，所以暴白於天下。揆古無讓，於今無愧，可謂不負於科目者矣。

先生爲文，不事絺章繪句而義理自足，詩亦清婉有魏晉風，尤以善書名家，單削片牘，❶人咸藏弆爲榮。所著書有《巢深》《燕山》《宛陵》三藁，傳之於學者。當賓興之歲，江南三行省屢聘先生司其文衡，士論尤服其精允，至今人道之不忘也。

夫自壬辰之亂，四方瓦解，其能執節不回者，往往於學士大夫見之，如余闕之死於舒，李黼之死於江，泰不花之死於台，尤號傑然者也。有如先生，無城郭封疆之守，或保身於山澤，君子亦未必深議之。先生不以仕止爲間，孜孜汲汲，思衛斯民於危亡之際，遂及於難，非事君無二心者能之乎？使人人皆先生若，國家其有敗亡之禍乎？悲夫！系之以銘曰：

仁皇建科，璽書四布。濟濟多士，雲集

❶「削」，韓本、傅本作「紙」。

川赴。猗歟汪公，游舉於鄉。對揚大庭，乃第奉常。筮仕遐邦，不違將母。上疏廟堂，願從近授。孝聲載昭，如水東馳。公聞曰噫！吾分之宜。鋤强擊貪，鷹隼横鶩。去之弗亟，我民之蠹。疊爲理官，爲獄立平。起彼朽骨，化而爲生。魯有名邦，待公爲政。瑞麥嘉禾，發爲祥應。策書載登，金匱啓封。衮斧之寄，有詔倚公。尋教成均，六館咸悦。復直集賢，進班邇列。公曰止哉，吾懸我車。秩宗之加，以華其歸。拄笏看山，❶宛水之涘。遘時艱屯，四郊多壘。氓之蚩蚩，非公疇依？公苟我留，執戟以隨。一鼓作氣，争相奮躍。刈寇如麻，血污秋鍔。孰援我兵？夜柝不鳴。彼乘吾懈，遂無堅城。毒霧四塞，殺戮以逞。執公使降，白刃磨頸。嚼齒大駡，我實王官。咄哉賊奴，敢正之干。公雖遇害，之死弗屈。孤忠凜然，皦如出日。事聞中朝，當宁嘆嗟。節惠易名，恩寵有加。所貴君子，行爲民望。薄俗瀾奔，障之東向。非孝無親，非忠無君。凡百在位，視公爲人。

故懷遠大將軍同知鷹揚衛親軍指揮使司事于君墓誌銘

惟于氏遠有世序，多以文學爲業，族居南康之都昌，至君益顯融於時。大父德仲，贈明威將軍、某衛親軍指揮使司副使、上騎都尉，追封河南郡伯。大母王氏，追封河南郡君。父祥英，贈懷遠大將軍、同知鷹揚衛親軍指揮使司事、輕車都尉，追封河南郡侯。母余妙真，封河南郡太夫人。

❶「拄」，韓本、傅本作「携」。

君幼知讀書，通大義，縉紳先生稱之。既長，磊落有大志，不屑爲變情徇勢之行。會元政大亂，天下兵動，江東西化爲盜區。分寧徐壽輝建僞號曰宋，都九江，使其將張福、夏彰據湖口。元將三旦八駐師鄱陽。都昌適當其衝要，交互殺掠，民倀倀不知所從。君召父老子弟，謂曰：「吾等皆良民，順寇兵，官軍以爲叛；從官軍，則寇兵又將屠我。行見無噍類矣，其計安出？」父老子弟咸叩頭曰：「微君不能生我。」君乃集諸少年趫健者，列爲隊伍，朝暮教以擊刺之法，旬月間整整可用。乃握劍坐庭中，下令曰：「賊兵有入吾境，共擊之，不用命者斬。」衆皆股栗。賊聞不敢犯。同列有忌君能者，數潛通搆害，君皆先機而梟其首，人以爲神。歲乙未，徐兵破鄱陽，君之勢遂孤，都昌繼陷。徐聞君名，急搜訪獲之，命爲江東宣慰元帥，鎮鄱陽。歲庚子，徐之柄臣陳友諒殺徐而自立，更僞號曰漢。君乃泣曰：「我與陳皆徐君之臣，陳不道乃爾，我可北面而事之耶？」

當是時，皇上龍飛臨濠，定鼎建業，豪傑之士争相奔走。君遣使者奉幣以浮梁降，上悦而受之。君輕騎謁上於龍江，詔宰臣燕饗之，禮意優渥，賜以金鵬頂帽暨錦袍一襲，授通議大夫，行樞密院判官，戍徽州永平翼。遣之鎮，行十里所，復趣還，解金連環并絛授之，且曰：「予賜卿冠衣，不可少此，故又召卿來爾。」君感知遇之深，誓殫報効，上疏曰：「于光之心，鞠躬盡力，報國一忠，死而後已。」上命左右藏羿曰：「此于光誓書也。」君察僞漢國政不一，兵出於外，潛獻擣虚之策。上親征九江，君與郡將皆從，飆行電疾，友諒以爲自天而下，棄城宵遁。君將兵下黄梅、瑞昌諸邑。❶居亡何，助攻建昌，拔之，出戍鄱陽。友諒攻洪都，上親往救，大戰彭蠡湖。友諒斃於流矢，其子理假息武昌，詔常忠武王追攻之，理遂輿櫬銜璧出降。君皆在行中，與有功焉。轉同知振武衛親軍指揮使司事，遷鷹揚衛，進階懷遠大將軍。

時僞吴張士誠據浙西、淮東數州之地，君從大將軍徐魏公往討，泰興、高郵、淮安、安豐皆下。張之勁卒皆聚湖之舊館，魏公督諸將及君破之，遂平湖州，下姑蘇，士誠就擒。及魏公征中原，君統鋭兵以從。益都、沂、棣、登、萊諸州次第平，乃入汴梁，克洛、陜。攻下潼關，君與郭將軍守之。元將王左丞自河中帥衆來奪關，兩兵方挾戰，君舞戟横貫其中，大呼殺入，元兵奔潰，追斬之，積屍盈野。越六月，進擊河中，拔其城。魏公命戍鞏昌，元將擴廓帖木兒屢引兵來戰，君輒擣走之。敵兵不敢東向，遂合諸部兵圍安定州。君急分兵往救，兵少不能戰，退屯三十里，復與元别軍會。君腹背皆受攻，遂被執。百計誘其降，不屈。韓將軍戍蘭州，元兵來圍城，擁君行城下，使誘將軍降。君呼曰：「我不幸被縛，誓死不辱國，爾輩受大明皇帝厚恩，當堅守以伺大軍之至，勿信其甘言所誘也。」元兵大怒，批其頰，擁之使去，尋聞被害。上悼之，錫以布帛，令其家成服行喪，遣祠部官祭以少牢，奉其神主配享雞籠山功臣廟中。

君諱光，字大用，于其姓也。自二十五歲起兵，至四十三而殁。氣貌脩整，善鼓琴，能吟古今體詩，多古雅不凡，兼通醫學

❶「邑」，原脱，今據胡本、四庫本補。

針灸科。人望之，翩然貴介公子也。及持戟上馬，輒鷹揚虎視，所向不敢當，逢者莫不改容。太夫人性剛嚴，君事之孜孜盡禮，唯恐稍違其意。遇氣有未平，君長跽於前，移時不敢起，君子尤稱焉。娶鄱陽劉淑姬，通書史，封河南郡夫人。子男二人，蕃與宣也。君生於天曆戊辰九月十四日，歿於洪武庚戌，其月日則不可復知矣。❶辛亥某月日，蕃用招魂禮，葬君衣冠於某山之原。前葬一月，其外舅建德令劉君熤狀君之行，❷引蕃來拜于庭，請爲銘揭諸墓門。

嗟夫！君以一書生嬰亂世，乃能倡義旅以捍鄉邦，繼而率衆歸有道之朝，四方征伐爲前鋒，幕府上其功，殆無虛歲。惜乎安定之役，孤軍深入，不能制勝，遂致陷於虎口。天乎？命耶？有識者蓋悲之也。然君能執節不回，視死猶生，卒不負誓書「死而後已」之言，亦可謂夷險一節者矣。銘曰：

麟之師師，鳳之儀儀，治世之奇。有力如虎，長戟勁弩，才堪用武。惟君之生，丁時搶攘，六合虎爭。投筆而起，集厥師旅，以障州里。真龍天飛，大明赫熹，杖劍來依。帝曰嗟汝！爾鎮歙土，以安黎庶。大軍長驅，何戰不隨？翦漢縛吳。借籌決勝，山東受令，洛汴亦定。潼關置屯，鑄鐵爲閫，敵不敢捫。靈旗西伐，如火烈烈，所向皆捷。多寡勢殊，視敵如無，卒捐厥軀。赤心如日，以身徇國，死又何恤！皇寵有煇，少牢祭之，餟食崇祠。寰宇一統，不爲麟鳳，使人增慟。冠衣具存，大招爾魂，藏

❶「其」，原誤作「某」，今據張本、四庫本改。

❷「熤」，張本、四庫本作「爆」。

之山樊。山氣鬱鬱，護此玄室，魂兮來宅。

故江南等處行中書省左司郎中贈奉直大夫浙東等處行中書省左右司郎中飛騎尉追封當塗縣子王公墓誌銘

洪武戊申春正月，皇帝正位宸極，布告中外，念及舊勳，例頒恤典，於是故江南等處行中書省左司郎中王公之歿已七年矣。初，公之既歿，上詔有司議，贈公奉直大夫、浙東等處行中書省左右司郎中、飛騎尉，追封當塗縣男，且俾與享雞籠山功臣廟中。上猶未慊其情，至是復仍其舊縣，進爵爲子以寵之。公之子文，感皇靈之洊被也，虔奉命書副墨，焚告於墓下。明年己酉冬十一月，持翰林待制王君禕所具事行求濂爲銘，以侈上之賜。濂辱與公游，不敢讓所知，❶遂按狀而序列之。

公諱愷，字用和，姓王氏，太平當塗人。幼有大志，沈酣六經諸史間，必欲見之於用。起應府公之辟爲府史，疏讞獄訟，人服其平。歲乙未，上取江南，兵臨當塗，即召公至幕府。上方爲元帥，命爲掾，以參決戎事。丙申春，從王師下建業，又下京口。京口民新附，杌隉不安，公慰撫之，始定。上爲中書平章政事，建江南行中書省於建業，陞公左右司都事。公遇事善於彌綸，日以薦賢爲先。元戎宿將，咸器倚之，唯公言是信。

戊戌秋，苗獠兵數萬自杭來降，待命嚴陵境上。上遣公馳入其軍，喻以禍福，偕其渠帥來朝。是年冬，上將征浙東，時婺之蘭

❶「所知」，張本無「所」字，韓本作「之」。

谿已下，僉樞密院事胡公大海戍之。上命公與胡公定議取婺，親帥師圍其城，守將出降。公審察民情而奠綏之，歷言上前，無有不聽者。己亥春，王師攻越，久不下。夏六月，師還，上留胡公鎮婺，而民賦軍器之務，咸以屬公。冬，王師克三衢，擢公左司郎中，總制衢州軍民事。公增城浚濠，置游擊軍，募保甲翼餘丁及舊民兵，得六百人以益戍守。兵食不足，則斥並城廢田五萬七千畝，使之耕以自給。民有田力弗能藝者，聽軍士貸耕，而爲輸糧縣官。籍江山、常山、龍游、西安四縣丁壯，凡六丁之中簡一以爲兵，置甲首部長統之。丁壯八萬有奇，得兵一萬一千八百。無事則爲農，脱有警，則兵者出攻戰，而五丁者資其食。

開平忠武王屯兵金華，其部將或來侵民，公偵知之，械而撻諸市。王使人讓公，公對曰：「民者，國之本。將軍，天子股肱，肯令傷其本乎？撻一部將而萬民安，計將軍所樂聞也。」王嘆美之。開化馬宣差挾舊邑印章，誘編氓爲變；江山楊明恃砦柵之險，叛服靡常。公皆定計擒之，梟首以徇衆，部内帖帖無譁。

民饑疫相仍，死者枕籍道路，公出倉粟，使作糜哺餓夫；脩惠濟局，居藥以注病者，所活不可勝數。學校廢於兵，公爲浚泮池，築杏壇，建極高明亭，設博士弟子員。孔子家廟之在衢者，公亦爲新之。退食之暇，輒集薦紳之徒摩切道藝，人士翕然悦服。諸暨戍將謝再興與部帥王甲有違言，幾致亂，上令公調解之。公善於説辭，二人之驩如初，邊鄙以寧。

同僉樞密院事李公文忠，以國之懿親握重兵鎮嚴陵，上命公往來佐其軍。庚子夏六月，僞漢寇龍江，上召嚴陵帥葛俊擣廣信以牽其師，道過衢，公謂俊曰：「廣信僞漢門户，彼既傾國入寇，寧不以重兵爲守？非大將統全軍以往不可。若出偏師撓之，未見其利，設有挫衂，吾衢先繹騷矣。」乃止俊而請胡公行。胡公至而廣信潰，一如公言。

辛丑夏，拜胡公江南行中書省參知政事，分省于婺，以控制東浙，公仍以左司郎中分治省事。金華，婺劇邑，役民無藝，公令民自實田，請都以糧多者爲正里長，寡者爲副。正則以一家或二家充，副則合四二至七八而止，❶通驗其糧而均賦之。有一斗者役一日，賤與貴皆無苟免者。金華周泰、義烏柳昌恃俠以蠹民，公逮至於獄，皆痛懲之，自是畏避不敢吐氣。猾胥潘立道操金華一邑田賦之柄，飛寄詭遁，並緣爲奸利，公廉其罪狀以聞，寘於法。胡公日治軍旅，以略嵊縣、禦諸暨爲己任，分省之政，皆公統之。公挈綱布紀，風采凜然。

僞吴將吕珍侵諸暨，欲堰水以灌我城。胡公奪其堰，反決水灌珍，珍勢蹙，乃馬上折矢與胡公誓，請各解兵。公聞之，移書謂胡公曰：「彼狡謀爾，慎毋聽。今珍在重圍，是天授首之日也。」胡公不忍食言，竟從之，珍果敗盟而去。

先是，苗獠軍來降，胡公分其衆萬餘戍婺，其帥劉震等相挻爲亂，胡公被害，公亦及於難。當難作時，苗帥多公恩，欲擁之而西。公正色叱曰：「吾天子大吏，設不幸，義當死，寧能從賊反耶？」賊初縮首不敢犯，拘縶一日，而罵賊聲愈厲，命左右取酒

❶「二」，張本、四庫本作「三」。

引滿，竟日達夜，旁若無人。賊知不可屈，遂刃之，壬寅春二月七日也，享年四十有六。上駐蹕江西，聞公之死，爲之嗟悼良久，親爲文祭之。及返柩金陵，上復率群臣往城南致奠，乃以其年四月十一日，葬江寧縣鳳臺西鄉聚寶山之原。

公狀貌龐偉，氣局堅凝，善謀而能斷。嘗以事入諫，上弗聽，公却立户外，既暮猶不去。上出，怪問其故，公從容諫如初，上慨然從之。公於吏事尤長，據律按比，而飾之以儒術，案牘經其裁削，辭簡而意周。喜爲詩歌，與賓朋談笑樽俎間，更倡迭和，情意豁如也。故於其歿也，人莫不傷之。

公父諱榮，母孫氏，配張氏。子男子三人：長即文，有學行，今爲侍儀使，階承直郎。次行，賊害公之際，行方侍側，或勸其去，行曰：「棄親而求生，吾不爲也。」卒隨公以卒。次升，童。孫女一人。

濂爲左史時，侍上左右，嘗與濂論佐運之臣，以字稱公曰：「王用和，經濟之材也，吾將大任之，惜乎早歿于難。」則上所以簡注公者爲何如？使公之存至於今，必躋政府，歷憲臺，澤及於民者將益廣，不特前所書而已。人之患也，有才而無其時；今公雖有其時，未能大顯而命止于斯，不亦悲夫！雖然，公之贊治外垣，爲賢賓佐；及臨患難，詈賊而死爲忠臣。天恩所加，便蕃優渥，名亦足以不朽矣，在公可無憾。銘曰：

真人之興，肇自濠梁。白旄黄鉞，指揮四方。❶桓桓豪英，雲合響應。維時王公，杖策出迎。龍旗所届，靡役弗前。借箸以謀，燭於幾先。莫徭嚮風，帥徒内附。公往

❶「揮」，韓本、胡本、四庫本作「麾」。

撫之，謂公來莫。浙河之東，婺爲名邦。六師一臨，完城以降。奏凱而旋，留將戍守。公持文墨，參其臧否。姑蔑遺墟，既入版圖。兵民二柄，孰幹其樞？帝詢在廷，非公疇可？公拜稽首，即日上道。城增而高，復浚其濠。游擊置戍，金柝夜嚚。孰爲頑民？嘯呼搆亂。誘而縶之，邊烽晏晏。出粟哺荒，注藥起尪。民豫且康，弗教則狂。乃新泮宮，乃置博士。乃設俎豆，乃經乃史。金華建蕃，控于海東。還公來治，若疚在躬。科繇匪度，均之平之。閭右奪政，辟之刑之。民樂其生，親若父兄。敵畏其威，望如長城。豈期妖豎，相挻爲變。大詈不屈，遂罹於難。人孰無死？公死則忠。正氣不没，淩厲秋虹。皇情蠹傷，親御翰墨。摛文祭之，龍光赫艴。受才孔多，竟不盡施。清風宰木，淒其餘悲。不朽維文，大書深刻。後百千齡，過者必式。

元故翰林待制朝散大夫致仕雷府君墓誌銘

府君諱機，字子樞，姓雷氏。其先出萬春之後，傳至五代時，有諱鸞者，由光州固始遷建寧之建安。曾大父時，宋太學内舍生。大父龍濟，鄉貢進士，當宋之亡，帥義師抗元兵，遂殁于難。父德潤，入元爲福州路儒學教授，積學庾之餘，買田三百餘畝，以給貧士昏喪老疾者，號義士莊，人爲建祠學宮。改將仕郎、福州路長樂縣主簿，未上，卒。後以子貴，贈朝散大夫、祕書少監。母游夫人，贈建安郡君。

夫人善書而有文，無子，默禱于神，夢黑熊行天，遂有娠。及生府君，穎悟異恒兒，九歲能詩賦，十歲九經皆成誦，十二著

《明經解題》，十七試論郡庠選爲第一，二十受大官薦爲邵武縣學教諭，二十五登延祐戊午進士第，授福州路古田縣丞。自詔行科目，閩人擢第者從府君始。

未幾，丁朝散公憂，服除，遷延平路總管府知事。沙縣陳氏豐於財，身没而子幼，族有强暴者欲據其業，賄于上下，訟久弗能定。府君下他廉吏鞫之，竟白其事。時經歷、司獄二司暨照磨所皆闕官，府君攝其印，印置西樓几上，夜有靈龜尾如鼠，潛伏几下不動，若護之者，浹旬始不見，或以爲瑞應。

改邵武路總管府經歷。郡長官乃西域人，恃與憲部有連，其猛若虎，與守議稍不合，遽引杖擊之，守俯首遁去。府君獨不爲屈，每曰：「苟如此，天子法將何在？」獄有不平，抱案與之庭辯，辭順理直，雖怒形于色，不敢沮。調興化路興化縣尹，有豪大姓數家，陰持公府短長，挾勢以戕民。府君曰：「此猶苗之有螣，不去，苗將槁矣。」悉置於法，燭見毫髮無遁情，皆以「雷神」稱之。闤闠之衢，甃以如卵小石，犖确不可行，府君令諸浮屠鑿石爲版易之，人呼爲「雷公路」。先是，賦役屢不均，府君察知之，率吏民焚香祝天曰：「爲民定賦當以公，有徇私撓法者，神降酷罰無恕。」言已，令民自實田，隨其高下爲定。日選一吏主其官書，每一鄉畢，具其姓氏揭之，民大悦。仙游、清田二縣民訴於郡曰：「民苦賦不平者久，願乞我雷侯録事司之。」民又訴於郡曰：「非雷侯不足以平吾民之役，盍假之？」郡檄府君行，凡三辭，乃往。民皆大悦，舉手加額曰：「雷侯其豈弟君子矣乎！」游夫人嬰微疾，府君聞之，愀然不寧曰：「先君歿，不得在左右，致抱終天之恨。母年耄矣，忍縻好爵而不歸養乎？」即日抗章辭職，民涕泣留之，不從，羅拜馬前而去。歸僅五月，丁游夫人憂。

服闋，轉湖廣等處儒學副提舉。府君招徠弟子員，羅知名之士相與迪導之，月書季考，具有成法，文風爲之一振。擢延平路總管府推官。順昌舟師因利覆舟取人財，獄成，父子皆坐死。府君以子從父令，白部使者杖遣之。尤溪有死獄，株連者二十五人，累歲不得釋。府君推罪之輕重，亦杖遣之。囚至感泣，相聚僧坊，誦佛書以爲報。沙縣織工子與張甲鬭，鬭散，子失足墮塹死。吏入甲故殺罪，府君出之。南平浮屠殺其主寺僧，浮屠之徒方九齡，官以知情論死。會朝廷遣使者宣撫八閩，府君力言其非辜，竟得釋。府君患民不知教，建義學鐔津，延鄉貢進士陳竑願開之以五倫之學，久之，士有與鄉薦者。羅天淩反汀州，汀境與屬邑尤溪接，府君立保栅數區以扼其險要，招集强丁爲禦守，刁斗之聲達旦不絶，盜聞不敢犯。

陞泉州路惠安縣尹。惠安之民嗜勢利而少禮讓，府君究心學校，欲以變其俗，兼立社學十所，俾分教之。縣西登科岩，先賢盧瞻故宅也，舊因宅爲祠，已廢，府君爲新之，使民知所勸。先是，公田之入，每斛收錢百緡，民大病。府君既至，減其直之半。居三歲，政通人和，遂爲諸邑之最。部使者及良二千石争賓禮之，或剡薦于朝。及代還，民倀倀若有所失，走大府遮留者日以千數，不可，乃爲生立祠，樹碑以紀遺愛，碑幾徧鄉井焉。

除汀州路總管府推官。汀民强悍，易

爲變，府君與上官議築城開濠以爲保障，且請躬董其役，上官韙之。府君爲量功授期，使民争趨，民不擾而事成。申屠公駉時爲閩部僉事，行郡至汀，稔知府君之賢，凡郡縣有赴愬者，悉下之。府君即爲決治如律，無不慊乎人心者。已而不俟引年，遽上休致之請。朝廷以其廉退，陞翰林待制，階自將仕郎九轉至朝散大夫。未幾，卒于官，實至正辛卯冬十月二十三日也，享年五十有八。

府君軀幹魁梧，方面美髯，見者聳然起敬。事親生能盡孝，既死，其葬祭之凡悉依朱子《家禮》從事。居官尤盡心於獄事，夜參半，孤燈熒熒，猶繙閲成案不休。且曰：「人命至重，吾可不盡心乎？」江西鄉闈試多士，省府致書幣請持文衡，府君之所甄拔，皆通經藝者。爲人嚴而不苛，和而不流，稍暇，集良朋嘯傲林泉間，命壺觴以徑醉，其視生産作業之事，蔑如也。所著文辭，森嚴而演迤，有《龍津》《龍山》《鄞川》《環中》《黄鶴磯》《梅易齋》《碧玉環》七稾，共若干卷，藏於家。

娶樵溪危氏，諱淑馨，字蘭玉，宋禮部侍郎春山先生某之曾孫女，元江西儒學提舉徹之孫女也。贈建安郡君。通書記，作字有楷法，善治家事，不以煩府君。人謂婦道母儀，皆可無愧。先十年卒。男二人：燧，至正癸卯進士，從仕郎，大都路香河縣尹；燦，鄉貢進士，會閩中亂，起兵以助王師，死之，贈汀州路上杭縣主簿。孫男五人：燧之子伯埏，至正丙午進士，從仕郎，福州都轉運鹽使司知事；次仲垙、仲堦；燦之子仲墉、仲堪。府君之墓，在縣之元祐鄉黄孫里龍山之原，以至正壬辰四月某日葬。

危夫人祔，禮也。既葬十餘年，燧自狀其行實，謁濂爲之銘。

濂在弱齡，頗有事科目之學，輒聞閩中雷氏兄弟以《易經》相傳授，所爲經之大義流布四方，多取之以爲法。蓋府君與仲弟杭皆第奉常，而聲譽爍然久矣。雖歆豔之，有志弗强，不及摳衣從府君游，以折衷諸傳之是非。迨今四十春秋，顛毛種種，尚忍執筆以銘府君之墓乎？雖然，聲光之盛，僅著於當時；文辭之載，可勸於來裔。有如府君道德積於厥躬，政教被於民人，所至是愛，所去見思，揆之於前古儒宗吏師，似無所讓。理宜大書深刻，表諸墓門，使爲士者知所勸，涖官者知所法，不可以濂之蕪陋而遂廢也。謹序而銘之曰：

閩有碩士雷作氏。自幼學《易》探聖髓。亦既決科拾青紫。政行州邑平如砥。鋤擊暴民仁懦起。姦吏聞風潛若鬼。獄命至重心盡爾。一夫銜冤顙有泚。漢之循吏當可擬。玄龜護印曳其尾。穹石序功文煒煒。魂升魄降吁死矣。四民會哭動成市。遺文繽紛滿千紙。虹光夜發玄笥裏。孫子繩繩襲休美。不信予言有如水。

故宋迪功郎慶元府學教授魏府君墓誌銘

洪武三年秋八月，京畿多士較藝於鄉闈。予時被旨，與魏君潛與聞考試事。既入院，復同館舍。每閲卷，相與共論定，所見頗脗合。將還，潛跽而請曰：「曾大父之歿，七十又八年矣，下棺之石有竅而無辭。今幸得陪末議者踰旬，敢藉寵靈以發其幽光，死且不朽矣！」予不能辭。

府君諱新之，字德夫，姓魏氏，世居睦

之桐廬。曾大父子才，大父演，父國賢，皆隱約田里，以善人稱。至府君，始以力學自奮，與兄升龍、從子雲潭受《書》《易》於鄉先生王公某。已而，三人皆薦于鄉，而府君繼擢宋咸淳辛未進士第。初授慶元府學教授，階迪功郎。未上，轉運司檄府君考試永嘉。竣事，同列即治裝行。府君問故，皆曰：「士之被黜者將生譁，不如避之。」府君笑曰：「有是哉！」毅然獨留。果有一士頎然而長鬣，揭簾問去取之意，辭色甚厲。府君曰：「爾文固佳，如犯不考何？」士猶撑拄弗服。府君曰：「某行某字，正係廟諱。吾以墨圈之，今猶在。」命左右取示之，士慚沮，衆皆引退。

及至官，以濂、洛、關、閩正學爲己任，推明《中庸》性、道、教奥旨，反覆殆無餘藴。初，鄞士多宗金溪二陸氏之學，聞府君之學，翕然信服之。學録劉光，尤所畏敬。光嘗集解《孝經》，自謂無所憾，府君爲刊正十有一條，皆有關物則民彝之大者。光不覺下拜曰：「先生之言，其於聖經深有合哉！」鄞人有粥新書者，府君閲之不忍釋手。粥者曰：「君欲默記乎？」府君曰：「然。」曰：「所閲幾何？」曰：「將盡卷矣。」曰：「能記憶乎？」曰：「然。」遂琅然成誦，不遺一字，人驚以爲神，以書遺焉。浙東提舉黄公震一見府君，器之，遂以文學孝廉薦于朝。會國事日非，不果召。

德祐丙子，元兵入臨安，游軍至鄞。鄞學時設兩學教授，號東、西廳。西廳教授王欅懼甚，奔告府君曰：「吾儕死生，決於今日矣。」府君從容答曰：「非止今日，有生之初已定，不若聽之。」顔色不少變。及事平，間關歸故鄉。家素單乏，虀鹽或不繼。府君負薪而炊，扣角而歌，驩如也。所居有垂雲洞，因倡嗜義之士，建垂雲書院，開迪新學，孜孜如不及。講經之暇，與蛟峰方公逢辰、潛齋何公夢桂、盤峰孫公潼發爲泉石之游，間賦詩以見其志，學者尊之，號爲石川先生。

元至元間，詔王御史某求賢大江之南。縣大夫楊得藻舉府君應命，力辭而不就。其風節凜然，人至今仰之。年五十有二，歿於元貞癸巳某月日，以某年月日葬于柯阜之原。其徒誄之，謂府君「精思而陋詭隨之習，知至而黜偏駁之非。自窮而達，不改其操；運去物改，弗涅以緇」，蓋實録云。

府君娶王氏。子男子三人：良，恭，儉。子女子三人，姚秦、俞某、張某，其壻也。孫男三人：鈞，銷，鑠。鈞，至正丁亥鄉貢進士；鑠，桐廬縣學教諭。曾孫男四人：潛，溥，澂，浩。潛，乙巳鄉貢進士，入國朝爲尚寶丞，階承直郎。

府君篤學自信，清脩苦節以終其身，而尤注意於《易》。閩人有朱英湖者，精於諸家之説，與府君遇諸塗，府君知其名，要之抵家。朱歷叩《易》中難明之義，府君應之如響。既而府君亦叩以所疑，朱舌强不能下，稽首謝曰：「魏君年雖少，實吾師也。」嘆息而去。所著有《易學蠡測》若干卷。又見先儒列卦，畫爲方圓圖，乃以己意成《三隅圖》，曲盡妙理，門人王德先演而傳之。

嗚呼！自唐以來，用詩賦明經爲決科，沈潛之學，常不足勝夫浮華之習，往往爲進士之業者誇多鬭靡，嗤彼經生爲不知務。夫窮經乃所以致用，豈不然哉？今府君以通百篇之書，第奉常，教名州，出處大節，綽有可法，茲非明經之所致歟？予因徇灊之請，序次而銘之，用規沈溺文辭而棄經弗講者。銘曰：

聖作訓，五典行。開蒙蔀，著光晶。盍稽之？爲法程。性由繕，欲莫攖。睦有士，尊遺經。宋物改，遯巖扃。霞作幌，雲爲屏。皦弗緇，節逾貞。非窮研，行何成？世繽紛，競華聲。文滅質，實慚名。苟視此，面發赬。柯阜山，八尺塋。序令德，鑴新銘。

故承直郎刑部司門員外王君墓志銘

予聞王君孟遠名者頗久，恨弗之識。洪武庚戌秋，待罪詞林，聞有命徵孟遠至京師，召對謹身殿，授刑部司門員外郎。予悅甚，將脩刺通謁，適脩史事嚴，未遑也。孟遠尋被上旨，與監察御史慮囚淮浙之間。及其既還，始胥會成均。孟遠曰：「未見君子，悠悠我思。今既見矣，喜將何如！」予曰：「僕之心，即孟遠之心也。」孟遠大笑，已而別去。暨再見，又屬予曰：「先人歿四年，墓上之銘未樹，已歷繫善行成狀矣。旦夕重有請，願吾子畀之也。」自是厥後，旅進旅退於班行中，每遥見孟遠，各注目相視，彼此雖無言，而情好躍躍然也。

當是時，孟遠貌羸甚，身弱如不能勝衣。予頗疑其不久樂人世者，復自解曰：「昔張谷官河南，與尹師魯、謝希深二公游，二公方康强，谷獨唾血垂斃。孰知二公既歿，而谷猶未死耶？此殆難以常情測也。」

辛亥夏，孟遠出爲鞏昌隴西縣令，復來與予別，惓惓以銘文爲請。予熟視孟遠，心益疑，雖自解如前，終不能釋去。因勉之曰：「孟遠宜自愛，此別未知何時重見也。」

余方戴星出入，不能執一觴餞至都門外，每一念孟遠，爲之戚然弗寧。越三月，忽孟遠之子興來，告曰：「先君得腸澼疾，至泗州加劇，以五月二十六日死矣。」予病瘍在告，聞興言，淚落枕上。嗚呼！孟遠固羸弱，豈應遽止於是乎？相聞餘十齡，而晤言不數四，豈意真無重見之期乎？賢者夭而不賢者或壽，天之夢夢，抑自古而然乎？嗚呼！

孟遠諱經，孟遠其字也，姓王氏。其先家鍾陵。宋初有諱忠者，來撫州爲金溪場官，遂爲金溪人。曾祖榮彰，祖實，父善，母曾氏。孟遠習科目之業甚勤，夜坐恒至四鼓，目睫未及交，而雞已再號矣。亟曰：「天其昧爽乎？」復披衣而起，挾册暎簷光而讀之。尋患家居叢紛，遷於梧山，又遷於雲林，皆有別墅在焉。崖光澗影，飛落户庭間。孟遠得以清其神思，益自放於文，沛然有不可遏之勢。

松滋陳氏建義塾曰「墨濤」，聘余太史貞爲五經師。松滋去金溪將二千里，孟遠徒步往從之，悉傳其二戴《禮》之學。他諸生所造經之大義，太史命孟遠竄定，且曰：「是不異吾所爲者。」人讀之，亦以太史言爲誠然，非溢美也。至正癸巳、丙申科，孟遠兩以是經取江右鄉貢文解。值天下亂，不得上南宮，退隱漆溪，芟《禮記疏》爲《纂要》若干卷，其於名物、制度多有折衷。

入國朝以來，侯君元善以重臣出膺重寄，屢欲辟孟遠，弗之就。已而歎曰：「聖天子在上，我可終老山林耶？」適徵命至，即幡然而起，擢爲今官。詳刑鞫獄，人自不以爲冤。朝廷鋤剗吏弊，悉用儒術士更張之，乃選孟遠爲令。方期孟遠有澤物功，奈何死之？奈何死之？同知泗州事樂景陽、通判王旭，亦哀孟遠之志弗展，共經紀其喪事。興得以某月日權厝州西大勝寺云。

孟遠，剛方人也，或有過面折其非，視依阿取容者賤之，不與交語。母老，有疾且死，孟遠籲天，請損壽三齡益之，母蹶然而蘇，後三年終，人異焉。所著書有《金溪縣志》若干卷，《唐詩評》若干卷，《雜詩文》若干卷，其一即《纂要》也。

孟遠之年，僅四十有七。其配張氏，元蒙古字學教授某之孫也。生二子，長翼，次即興。某月日，二子奉柩還葬金溪某山之原，乃以前禮部員外郎吴伯宗之狀來徵銘。初，予與孟遠交，嘗許銘其父之墓，尚未及爲，孰意先銘吾孟遠乎？人生非金石，歲月飄忽，誠不可以控摶，念之令人内熱。然孟遠固死，其書可以行遠，其子足以承家，其不死者固自若也。視夫泯泯棼棼、變滅無跡類浮雲者，又將何如哉！銘曰：

賦也既奇，學也又腴。發也孔時，胡不大其施？玉光之陸離，劍氣之參差，卒閟于斯。兹非人所知，實天之爲。噫！

元隱君子東陽陳公先生鹿皮子墓志銘

婺之東陽有隱君子，戴華陽巾，裁鹿皮爲衣，種藥銀谷澗中。當春陽正殷，翫落紅於飛花亭上，亭下有流泉，花飛墜泉中，與其相迴旋，良久而去。君子樂之，日往觀弗厭。既而入太霞洞著書。其書縱橫辯博，孟軻氏而下皆未免於論議。

元統間，濂嘗候君子洞中，君子步屧出，速坐之海紅花底，戒侍史治酒漿葅醢，親執斝獻酬，歌古詞以爲驩。酒已，君子慨然曰：「秦漢而下，説經而善者不傳，傳者多不得其宗。淳熙以來，群儒之説尤與洙泗、伊洛不類。余悉屏去傳注，獨取遺經，精思至四十春秋，一旦神會心融，灼見聖賢之大指。譬猶明月之珠，失之二千年，上自王公，下至甿隸，無不倀倀日索之終不可致，牧豎乃獲於大澤之濱，豈可以人賤而并珠弗貴乎？吾今持此以解六經，決然自謂當斷來説於吾後云。」濂乃避席而問曰：「其意云何？」君子曰：「吾以九疇爲六府、三事，而《圖》《書》爲《易》象者不可誣。以片言統萬論，而天下古今無疑義；以庸言釋經子，而野人君子無異辭。謂神所知之謂智，知天下殊分之謂禮，知分之宜之謂義，知天地萬物一體之謂仁，禮復則和之謂樂。謂天地萬物一體，經子之會要，一視萬物，則萬殊之分正，家齊、國治而天下平矣。」

濂未達，請復問其詳。君子曰：「家國天下，❶一枳也。枳一爾，而穰十焉。枳有穰而一視之，其於人則仁也；發而視之，穰有十，則等有十，其於人則君臣、父子、長幼之等夷，刑賞、予奪之殊分，所謂禮也。視十爲十者，禮之異；視十爲一者，仁之同。分愈異則志愈同，禮愈嚴則仁愈篤者，先王之道也。分愈異者志愈同，故合枳之穰，反求其故地，枚舉而銓次焉者，差之黍銖，則人己無別。犬牙錯而不齊，斂之不合而一不可見。禮愈嚴者仁愈篤，故治家國天下者，不以禮則彝倫斁，禮樂廢而仁亡。是故洙泗、伊洛朝夕之所陳者，天下萬殊之分，視、聽、言、行之宜。所操者，禮之柄耳。故學聖人者，必始於禮焉。故一體萬殊者，孔

❶「家國」，張本作「國家」，下同。

子之一貫，於洙泗、伊洛之言，無不統者也。理一分殊之義廢，則操其枝葉而舍其本根，洙泗、伊洛之會要不可見。章句析而附會興，遺經不可識矣。」

濂受其説以歸，間嘗質之明經者。或者曰：「近時學經者，如三尺之童觀優於臺下，但聞臺上語笑聲，而弗獲見其形，所以不知妍媸，唯人言是信。君子之論偉矣。」或者曰：「伊洛之學大明於淳熙，未易遽取舍之也。」自時厥後，爲貧游仕，奔走於四方，不及再候君子以畢其説。聞君子益以斯道爲己任，汲汲焉惟恐不傳，靡晝靡夜，操觚著所見於書。書成，即刻梓示人，復貽書於濂曰：「予瀕死，吾道若無所授，子聰明絶倫，何不一來，片言可盡也。」憂患相仍，亦未及往，而天下日趨於亂。君子之室廬亦燬於兵，寓子壻王爲家，留六年之久。遘微疾，默坐於一室，不食飲者踰月。縣令遣醫來視疾，君子麾去曰：「吾年八十又八，其死宜矣，何藥之爲？」未幾，翛然而逝。實至正乙巳十月戊申也。

君子姓陳氏，諱樵，其字爲君采。人因其衣鹿皮，故又號爲「鹿皮子」，表隱趣也。其先居睦之富春，宋之中葉來徙東陽太平里，世爲衣冠巨族。曾祖居仁。祖嘉，登仕郎。父取青，國學進士，從鄉先生石公一鼇與聞考亭之學。有志節，嘗抗章詆權臣賈似道誤國。及宋亡，元丞相伯顔見其章，欲用之，辭。君子幼學於家庭，繼受《易》《書》《詩》《春秋》大義於李公直方。其於天下之書無不讀，讀無不解。學成而隱，邈然不與世接。唯寤寐群經，思一洗支離穿鑿之陋，形於談辨，見於文辭，恒懇懇爲人道之。文辭於狀物寫情尤精，然亦自出機軸，不蹈襲古今遺轍。讀之者，以其新逸超麗，喻爲挺立孤松，群葩俯仰下風而莫之敢抗。或就之學，則斥曰：「後世之辭章，乃士之脂澤，時之清玩耳。舍六經弗講，而事浮辭綺語何哉？」少作古賦十餘篇，傳至成均，生徒競相謄寫，謂絶似魏晉人所撰。君子則諱之，不復肯爲也。君子足跡未嘗出里門，而名聞遠達朝著，知名之士若虞文靖公集、黄文獻公溍、歐陽文公玄皆慕之，以爲不可及。移書諮訪，如恐失之。

性復至孝，父患風攣，君子扶之以行，歲久益勤。後爲風痰所侵，氣弱不能吐，君子截竹爲筩，時吸而出之。母郭夫人歿，君子不見，見其遺衣，輒奉之嗚嗚而泣。生平未嘗言利，苟非其義，千駟萬鍾弗爲動。家雖素饒於貲，痛懲膏粱之習，惡衣菲食以終其身。遇歲儉，輒竭粟賑里閭，自取來牟以續其食。嘗發所藏錫爲器，工人持歸，乃白金也，悉易之。或以告君子，君子一笑而已。嗚呼！君子已矣，世豈復有斯人哉！君子所著書，曰《易象數新説》，曰《洪範傳》，曰《經解經》，曰《四書本旨》，曰《孝經新説》，曰《太極圖解》，曰《通書解》，曰《聖賢大意》，曰《性理大明》，曰《答客問》，曰《石室新語》，曰《淳熙糾繆》，曰《鹿皮子》，曰《飛花觀小藁》，❶合數百卷。

君子正配朱氏，先若干年卒，生延年、大年、耆年、喬年、昌年。大年，至正庚寅中鄉闈乙榜第一，署徽州路歙縣教諭。側室某氏，生逢年。君子没時，諸子唯喬年在，餘皆先卒。女三人，其壻即王爲，次則俞某、張紹先。孫男九人：庭玉、庭珪、庭筠、

❶「花」，原誤作「飛」，今據韓本、傅本、四庫本改。

庭鸞、庭鳳、庭堅、庭誨、庭某、庭某。女四人，適徐信、俞本、虞某及某。❶曾孫男五人：紹宗、超宗、林宗、某宗、某宗。女三人，在幼。喬年、庭堅等洎王爲以是年十一月某甲子，奉柩葬於縣西南四十里懷德鄉斗潭山之原。縣長貳及學士大夫門弟子咸會，莫不洒泣。葬後五年，其高第弟子楊君芾乃爲撰列行狀一通，而喬年同王爲持示金華宋濂，再拜請爲銘。

嗚呼！君子以超絶之資，曠視千古若一旦暮，期以孔子爲師，而折衷群言之是非，不徇偏曲，不尚詭隨，必欲暢其己説而後已，可謂特立獨行而無畏懾者也。非人豪其能之乎？雖然，淳熙二三大儒，其志將以明道也，初亦何心於固必？使君子生於其時，與之上下其論，未必無起予之歎。而君子之衆説，亦或藉其損益以就厥中，則所造詣者愈光輝混融，而卓冠於後先矣。天之生材，相違而不相值每如此，竟何如哉？然君子措慮之深，望道之切，其所傳者，確然自成一家言，殆無疑者。世之人弗察，伐異黨同，常指君子爲過高，是豈窺見其衡氣機者哉？濂也不敏，竊有慕洙泗、伊洛之學，有志弗强，日就卑近，不足以測君子所至之淺深，而君子則欲進而教之。今因請銘，故備著昔日問答之辭於其首，後之傳儒林者，尚有所稽焉。其稱爲君子者，君子蓋有德之通稱，尊之可謂至矣。銘曰：

洙泗傳聖髓兮，伊洛發遺精。天人既混合兮，陽陰悉苞并。無聞不開闡兮，金石奏和平。自兹益演繹兮，白日中天行。如彼藝黍稷兮，薅去莠與稂。春實成白粲兮，

❶「及」，傳本作「陸」。

詔使來者嘗。有夫起東海兮，吐言一如鏞。噌吰達幽隱兮，務使聲遠揚。豈欲異塗轍兮，理致無終窮。著書動盈車兮，片言類括囊。中有萬寶玉兮，包絡無遺亡。解之溢衆目兮，瓌異吁可驚。似茲海外珍兮，神光燁如虹。苟施琢刻工兮，定可獻明廷。下可奉公侯兮，上可奠方明。胡爲墮空山兮，枯槁埋光晶。鹿皮剪爲裘兮，峩冠賸垂纓。臨流翫飛花兮，心與烟霞冥。清風與逸氣兮，橫絶宇宙中。食道身自腴兮，疇計禄位豐。婆娑太霞洞兮，卒以上壽終。斗潭向東流兮，内有八尺瑩。鬼神必訶衛兮，靈氣結華英。永爲文字祥兮，千祀垂休聲。

元故承務郎道州路總管府推官李府君墓銘

東陽李思文，從州縣辟舉，試校官吏部，吏部移禁林儀曹同命題試之。既中選，將歸涖教事，謁濂成均，再拜而起，涕下如綆縻，良久乃曰：「先府君之殁，三十四年矣。憂患之相仍，金革之紛擾，餬口四方，曾無寧歲。今天地清寧，六合一家，幸重卜宅兆，改葬先府君于高原之上，而縣繂之碑未有刻文，敢奉行狀以請。子知先人者，宜爲銘。」濂諾之，久未及爲。思文復貽書見速，情辭愿款，讀之令人感動。王事有嚴，雞號即乘馬出，逮還，日已若懸鼓矣。深慚有孤孝子之意。於是爇燈牖下，按狀而序之曰：

府君諱裕，字公饒，姓李氏。其先自洛陽遷桐江。九世祖著，復自桐江遷婺之東陽。著之孫悦，字公瑜，當宋宣和庚子，方臘叛，其黨來寇縣，悦與兄匿灌莽中。兄爲盜所執，欲兵之，悦亟趨出，願以身代，昆弟争相就死。寇義悦之爲，荷戈而去。及寇平，越帥劉忠顯公統軍至，欲悉誅從亂民。悦時與幕府議，諫止之，活人數千。悦生皓，皓有六子十三孫，皆惇尚詩書，而簪纓蟬聯從此始。其事詳載家乘，此不書。諸孫有諱大同者，從朱文公、吕成公游，登嘉定癸未進士第，仕至寶謨閣直學士、通議大夫、工部尚書，君之高祖也。曾祖諱自立，淳祐辛丑進士，通直郎，通判慶元軍府事。祖諱篪，登仕郎，監寧國府城下酒麴務。父光遠，值宋亡爲元，不屑仕。後以府君貴，贈承事郎，同知汴梁路許州事。妣某氏，贈宜人。

府君幼失父母，鞠於嫂氏，事諸兄有若嚴君。既就外傅，即知家學相仍之盛，確然思以踵其後，發於聲詩，皆中繩尺。甫冠，聞許文懿公講道於八華山中，躡屐從之，推明濂、洛、關、閩之學。久之，因喟然嘆曰：「學之所貴者，明體適用。苟不見諸用，猶玉巵而無當，未見其可也。」乃徑別親友，杖策遊京師，撰《至治聖德頌》一篇，詣丞相府上之。丞相以聞英宗，召見玉德殿，令宿衛禁中。居無何，翰林群公以府君才藻清麗，不當在持戟之列，遂奏爲國子生。會虞文靖公來爲祭酒，極器府君，每有撰述，輒瞑目倡言可書云云，府君執筆次第書云云。及文成，朗誦於公前，公遂指授以制作之故，所謂篇、章、字、句四法，逐一演繹之。府君之學於是大進，薦紳之家争欲府君出其門下。

天曆己巳，國子分監扈從上京，歲適當賓，有旨命就試，府君領開平府薦送。至順庚午，擢進士上第，授承事郎、同知汴梁路陳州事，有朱衣象笏之賜。初，大河南決，州民扶挈旄倪走旁郡，凍餒道路，❶悵悵無所歸。及河復故道，府君適至，與民約曰：「爾亟返，安爾妻孥，治爾田廬，科繇之事，吾爲爾緩諸。」民曰：「衆未敢還者，正坐此耳。」相率而歸，至數千人。蔡河亘城北，❷舊建橋以利涉者，河水暴悍齧橋，橋善圮。府君重作之，檄屬邑五長吏分程集事，不日而功成。倡優爲戲劇以射民利，晝夜聚觀，皆廢所執業。府君患之，捕寘于法。有挾權貴人勢欲脱去者，府君持之愈急，一城震悚。俗尚鬼，當歲時之隙，往往斬羊豕爲牲，使巫覡歌舞以樂鬼，比屋相倣，以爲不若是，則厲氣將作。府君召閭師里胥，語以鬼神情狀，亹亹數百言，遞相奔告，其俗遂變。市設駔儈，本以求民平，黠者反舞智病民，畏其近官，茹抑忍苦，莫敢走白者。府君擿發隱伏，撻諸市而易之。州有學，久廢弗治，府君往釋菜已，❸周視後先，皆傍穿上漏，不足以障雨風。慨然曰：「此教基也，使其若是可乎？」即命更朽腐爲堅良，治丹堊而飭之。復聘賢師儒使坐堂上，申飭五倫之教，民大悦。部使者行郡嘉之，舉府君可任臺察之職，章上，不報。府君既滿秩，遂謁選京師。已而，其子彪死于家，府君傷之，❹鬱鬱成疾。荏苒踰二年，竟卒於旅邸。時重紀至元戊寅正月癸丑也，享年四十有五。卒後一月，中書始改承務郎、道州路總管府推官。命雖下，不見拜矣。

府君配蔣氏，將仕佐郎、典用監知事吉相之女，封宜人，後一年卒。子男五人：長

❶「凍餒」，韓本、傅本作「縲絡」。
❷「亘」，原誤作「互」，今據張本改。
❸「釋」，張本、四庫本作「舍」。
❹「府」，原脱，今據韓本、傅本補。

可道，以府君蔭任蘄州路黄梅縣税務大使；次貫道，至正甲午進士，將仕郎、饒州路鄱陽縣丞，未上，辟詹事院掾史，後十九年卒；次即彪；次順道；次思文，入國朝爲東陽縣儒學教諭，即來請銘者。女二人，適趙古臣、盧璡。孫男七人：思志、思孝、思恭、思悌、思禮、思祖、思儉。府君既没，貫道不遠五千里奉柩南還。家徒四壁，久不克襄事。後十年，爲至正丁亥十二月某甲子，始與蔣氏合葬西部鄉之錢塢。堪輿家曰：「不利。」又二十年，乃改葬懷德鄉黄山之原，去尚書公墓二里而近，所謂重卜宅兆者。其時則吴元年丁未十一月之癸巳也。

濂生也後，少府君十有六歲。初識府君於婺城之南，容儀秀潔，如玉樹臨風，皦然美丈夫也。及讀府君之詩曰《中行齋藁》者，姿態閑婉，復類其爲人。心慕豔之，願締忘年之交，而九京不可作矣。❶幸獲與府君之子貫道游，同試藝於鄉闈。貫道既先登，濂竊以謂府君之家科目相繼起，貫道是舉，足以慰府君於泉下。曾未幾何，而貫道亦死矣。嗚呼！三十餘年之間，而哭府君父子焉，予髮欲不頒白，其尚可得耶？銘曰：

嗚呼府君，何止於斯？楚楚其容儀，衮衮其脩辭。其才又足以見諸設施，使魯無君子者，斯焉取斯？嗚呼府君！竟止於斯。雖五尺之童，蘢有所知。期必躋於膴仕，亦不虞其若斯。豈天道之不齊，抑人事之有參差？自古以來，何莫不由於斯？嗚呼府君！其死孔悲。年不踰於五十，學僅克於一施。則夫突梯而滑稽，如脂而如韋，壽享於耈頤，好爵之是縻者，彼何人

❶「京」，韓本、傅本、四庫本作「原」。

斯？彼何人斯？

故贈承事郎浙東道宣慰使司都元帥府都事陳府君墓誌銘

世之爲人子者，未嘗不欲顯其親；欲顯其親，唯載諸史牒，可以傳於悠久。然史法有例，非顯官貴臣及勳業殊異者不書焉。於是往求辭章之家，採著行實，揭於墓門。及其至也，與史牒相爲表裏，庶或少慰念親者罔極之思。或者以諛墓譏之，此豈人之情也哉？

台之黄巖有隱君子曰陳府君，多馴行，年六十九，以至正甲午二月某甲子卒于家。其年三月某甲子，窆于縣東龍壇山後。以次子昇貴，贈浙東道宣慰使司都元帥府都事，階承事郎。昇懼府君之行弗顯于世，使其子志持應奉翰林文字同郡楊君秉哲所爲狀，來乞銘。予雖非辭章者流，其忍拒昇之請而咈其念親之至耶？

狀言：陳氏本居福之侯官，代有仕者，至樞密直學士襄，其名尤著。襄字述古，世稱古靈先生。古靈，宋慶曆中進士，自浦城簿遷仙居令，其子若孫因留家焉。厥後，自仙居徙鄞，或徙黄岩。黄岩，則府君之系也。家乘屢毁于兵，不能言其實爲幾世矣。

府君諱勝祖，字德茂。其曾祖某。祖某，宋朝奉郎，有恂恂長者行。父章甫，獨守遺經，朝夕潛玩，視聲利事恒澹如。晚歲尤能安貧，竈烟或終日不起，澄坐無愠色。府君奮曰：「吾父固安貧，不思具滫瀡以安親者，其人子也哉？」於是操廢舉之方，手畫心計而經營之。未幾，貲財漸致殷裕。撫二弟甚至，爲之授室。嫁女弟者三於名閥。一不以經父意，唯日具珍饌奉之，猶恐失父之歡心。父喜曰：「吾有子如此，吾將含笑入地矣。」人稱府君爲能孝。父既殁，二弟求異爨，府君不能止，量其所存而三分之。曾不數年，皆蕩析無餘，子號寒而妻啼饑。府君惻然曰：「兄弟一氣所生，榮悴頓異，吾有目能忍見乎？」乃出所受産復三分之，人美府君爲能友。非特此也，族屬之中若冠，若婚，若喪，若祭，府君無不助成之。鄉鄰有鬬者，多赴愬府君，府君喻以利害，咸欣然悦服而去。府君生平以材自負，遭時孔艱，不得展其用。當酒酣耳熱，輒登山臨水，從容嘯咏以洩其孤憤焉。嗚呼！若府君者，其可謂有志之士非耶？

府君娶阮氏，封宜人。慈柔儉勤，婦儀母道皆可法。先一歲卒。子男二人：長敬先，寧國路涇縣主簿；次即昇，耆學而知文，承直郎、浙東道宣慰使司都元帥府經歷。孫男三人：長志，即來速銘者，好讀古人書，而精於科目之業。孫女三人：一適同邑戴韶，餘未行。曾孫男一人：文珪。

予在禁林，銘賢士大夫多矣，其績用昭著者易於言，而潛德祕行者，難於形容也。府君有才如此，使其從政，必粲然可觀。則予之所書極於焜煌，當不止今之所聞列而已。惜哉！銘曰：

有材而無位，命也可傷。孝友行於家，孰謂非政之良？子令而仕，厥聲孔臧。於燁命書，下賁幽堂。龍壇之山，薦此銘章。過者必式，尚知爲陳府君之藏。

宋文憲公全集卷五終

宋文憲公全集卷六

元故韶州路儒學教授曾府君石表辭

府君諱順，字至順，姓曾氏，郕國公四十九代孫。郕國家於魯，十四傳至都鄉侯據，始避新室之亂，徙豫章。子孫日盛，大江之南言曾氏者皆宗焉。又六傳至略，遷於臨川。又十二傳至唐沂州刺史可徒，生司空洪立。司空生散騎常侍延鐸。常侍又遷于南豐，生四子。長曰仁昺，生志及文照，南唐時又同遷臨江新淦縣之吉陽里。文照舉童子科，生乾度，宋淳化三年進士，仕至太常少卿，贈刑部尚書。志生易用，易用生侃。侃生高安丞斧，擢元祐六年進士第，又遷縣之高元里屏山之下，生用先。用先生嶽，嶽生愿正，愿正生翊，翊生汝舟。汝舟生兼善，能傳黄文肅公榦之學，爲時名儒，生軍器監簿天麒。天麒倜儻有大志，常居文信公天祥幕府，又從賈丞相餘慶等奉使於元，竟全節而歸，則府君之父也。

府君性警敏，自幼輒有聞。時信公之弟文惠公璧來爲郡，招府君與其子文莊侯陞共學。陞既秀穎，府君能與之競爽。其師胡君端一亟目之爲「二俊」。當宋初改物，遺黎故老猶有存者，監簿君日開尊共飲，劇談先代文獻。府君從旁聽之，有疑則問，唯恐其不傾盡，諸老爲之嘖嘖愛賞。元至正中，程文憲公鉅夫奉詔求賢江南，欲薦府君才可用，監簿君止之。曾未幾何，部使者趙君孟迎以茂才舉，署饒州路儒學録，改袁州，陞南雄州儒學正。士皆服其化，而爲率德勵行之歸。會科目詔行，府君欣然應書，不利，退而歎曰：「吾能損所學，以徇時好哉？」因不復踐場屋。鄉友范文白公梈，清脩之士也，極慎許與，憫府君官不充其才，會御史銓選廣中，力薦之，於是拔授韶州路儒學教授。未及上，吏部已别選，遂止。賢公卿多稔府君行，欲强起之，府君辭。已而，長子受辟爲校官；季子以《春秋》舉于鄉，取第五名文解。府君喜曰：「吾何以仕爲？」乃陶然自放清泉白石間，與高人逸士相游樂。

府君被服儼雅，揮麈談笑，皦然如霞外人，世間塵土不可得而侵也。善鑑定古器物暨法書名畫，每傳玩以爲適。或取琴鼓一再行，焚香默坐，超然與造物者游。一旦遘疾，預告終期，召婚友入榻前，與之言别，意甚懇懇。介婦方歸寧，命趣之還，既至，正衣冠起坐，撫幼孫頂曰：「吾遲汝久矣。」復東首而卧，儵然而逝。實至正七年春三月某甲子也，壽七十有五。斂之日，風雨晦冥，室廬之後大木俱拔，君子異之。九年春正月壬寅，奉柩葬于屏山麓。堪輿家謂不利，以某年月日改葬同里夏方之原。

府君孝友天至，監簿君得痞疾甚劇，府君泣禱上下神祇，夜夢三士告之曰：「服二附湯當瘳。」已而果然，歷十餘年方没。監簿君没，大母陳夫人年垂九十，府君懼夫人之哀，夙夜祗奉，唯恐少咈其意。夫人安之曰：「吾子雖亡不没矣。」季弟甫齔，出爲伯氏後。仲姊生四子而夫亡，子絶幼，茫不知所爲計。從父兄孤子凡三，倀倀無所依，府君皆鞠養教訓之，使至成立，且歸其産，所入毫毛不以私。其與人交，一裁之以義。

郡守李章肅公倜聞府君爲佳士，禮下之。李公後以誣免官，其門可羅雀，府君事之益勤。別駕高翔，其知府君不下於李公，及改守浮梁，欲一見府君，走書速之。府君即日命駕，既見，相勞苦甚勤。未幾，徑上馬出城去。翔聞之大驚，追餞十數里，且曰：「公能遠來，何遽往如是耶？」府君曰：「既見君子，不還將焉求？」翔歎息而去。性尤仁慈，振貧卹匱，每不遺餘力。臨川姜肅、長沙譚志仁、盱江王旭，皆顛沛流離，數瀕於危亡，府君能振之。是三人者德之，謂殺身亦不能報云。

府君容貌魁梧，須髯如戟。爲文辭不務鉤章棘句，而一以理勝。當是時，若吴文正公澄、虞文靖公集皆海内師表，每稱府君之賢不少置，則府君信賢矣。初，監簿君著《史學統紀》一卷，未及成而没，府君補完之。府君所著詩文若干卷，因自號「唯庭」，遂以名稾。吴公爲序作者之意，今藏於家。

府君娶義門劉氏，克盡婦道，前三十一年卒。子男子三人：長曰紹唯，平陽州儒學教授；次曰斯；季曰魯，承事郎祠部主事，博極群書，而文辭龐蔚，學者師之。子女子一人，分宜縣儒學教諭聶景堂，其壻也。孫男七人：曰垕，曰基，曰豎，曰均，曰埴，曰塾，曰圭。女六人：長歸某，餘未行。曾孫男六人，女四人，在幼。嗚呼！聖賢之裔自北而南者，若孔氏之於衢，顔氏之於蘇、於閩，曾氏之於豫章，皆多子孫，而曾氏爲尤盛，紆朱拖紫以顯融于時，在在而是。常侍五傳至文定公鞏兄弟者出，遂以辭章名天下，何曾氏之多賢耶？府君之先，蓋與文定公同出於常侍，奕世以《詩》《書》亢其宗。府君雖不獲大用，屢司教鐸，蔚爲經師，達賢大官亟稱交薦，可謂無負於家學者矣。府君之葬，翰林待制杜公本、國子司業曾君堅既爲前後撰銘，刻諸幽室，而魯嘗與濂同脩《元史》，寅緣交誼，復來求隧上之文。濂聞較德焯勤，在古者不厭其詳，故爲表其行而益之以銘。銘曰：

郕國傳道自孔門。遺澤滂濊苗裔蕃。有如大江從西奔。支流雖千會一原。重珪疊組光燉燉。著勳昭德裕後昆。府君繼之如玉温。❶ 嶄然頭角譽彌敦。目爲二俊起繽繙。三爲人師教道尊。書詩俎豆習禮文。鄒魯其俗澆爲淳。自内而外本則存。大木斯拔風霆掀。人琴俱亡海氣昏。學子攬涕爲招魂。刻文墓石揚清芬。

故鄱陽劉府君墓志銘

君諱謙，字友諒，姓劉氏。其先出自彭城，唐末有名汾者，仕至鎮南軍節度使。生十四子，一子曰漢吞，始徙鄱陽。圖譜喪，至君不知其幾世。君善積居之術，以貲雄於鄉。父母歿，廬墓終喪。事三兄謹慎，三兄或酗酒破産，君屢贖歸之，因自懲以全其家。他族昆弟析財致訟，久不解，君召而尤之，皆頓首免冠謝，相讓爲善行。已而，割田來上，曰：「微公，我等幾爲吏所魚肉，且失同乳心，敢奉此爲公壽。」君笑而麾之。自是鄉鄰有鬬者赴愬君，得片言，則拜舞去。甚者能自愧，摇手相戒，勿使劉君知。

❶「府」，原誤作「夫」，今據韓本、傅本改。

至正末，兵亂，且大饑。惡少年烏合爲盜，椎埋剽掠無不爲。夜有執火薄君廬者，君倉忙率妻孥遁，泉布悉爲所攘。豪傑德君者，部勒壯士捕少年，屍之，懸首于門。君歸見之，擲于郊，縱其家收瘞。盜聞，寘所攘户外而去。他日，盜益熾，巨室盡燬，獨君家屹然風日中。君時避地萬斛山，爲盜所執，將搒以求金。忽一人躍出，曰：「此翁嘗恩我，不可害，不可害！」君賴以免。性喜讀書，積至數千卷。爲文辭貴理勝，不尚浮縟，人稱之。

高祖某，宋某官。曾祖某，某官。祖某，某官。父某，妣程氏。配室李氏，前君一年卒。子男子一：德裕。子女子二，蒙古學教授陸士奇及胡璉，其壻也。孫男三人：曰仔肩，曰鼎和，曰吉。仔肩以文行名。君生於至元乙酉十二月二十九日，殁於至正癸巳十一月二十五日，壽六十有九。卜以是年十二月某日葬于堂鄔山原，距君所居僅二里。君既葬，仔肩持張祠部丁所次狀，求埋銘金華山中。余以病，弗及爲。去年春，蒙恩召入禁林，與仔肩會京師，仔肩復申前請爲尤切，禮宜銘。銘曰：

行乎於家，而施及於鄉。如彼泉流，肇於濫觴。其始則微，其終則彰。此爲有德之士之藏，雖亡弗亡。

故高府君壙銘

高府君殁於建業，時建業新附，人情未安，殁之明日，其家僮即具棺斂，權瘞西門之外郊。瘞已，間關往報府君季子暉。暉方從軍丹陽，將達，僮卒于道，暉因弗及聞。一旦，有告暉者曰：「爾父殁已久矣。」暉即白軍帥，往求之，則當時執役之人皆征戍遠方，無一人在者。暉彷徨西郊外，但見白烟涼草，叢塚纍纍，不知孰爲其親體魄之藏，號慟幾絶者數四。自念無以慰罔極之恩，乃命畫師識府君者追貌其象，裝潢爲幢軸，事之如生。雖若可以自解，然終未足以盡其誠。於是請國子録張君丁，件繫府君之行以成書，謁予豫爲之銘。他日招魂旋其鄉，欲具衣冠葬之，且勒銘貞石，以示子孫於無窮焉。余不敢辭。

府君諱翥，字伯舉，姓高氏，濟南棣州人。曾大父温，金經略副使。大父玉，元至元中從大將平江南，遂隸名於平江十字翼萬户府軍籍，❶久之，以功補其府鎮撫。父珪，隱遯不仕。妣韓氏。府君性疏朗，讀書傳頗通大義，輒棄去。喜騎射，遇駿馬，必傾貲市之。挾弓矢，跨行如飛，既而中正鵠，不失毫髮。觀者嘖嘖嗟賞，以爲有將家子之風。然居家守於禮度，不敢稍自違越。其事母夫人，飲食必親調，衣衾則視時燠寒而進退之。同里閈而居者，多豪俠之子，刲腴擊鮮，日夜痛飲以示侈靡，府君過而弗睨。唯見餓夫單人，輒解袍衣之，輟膳啖之，唯恐有不及。癸酉歲儉，大疫且四起，道殣相望，府君時買棺櫝藏之。府君嘗以泉布貸諸人，人久不能償，府君曰：「彼非負我者，特爲貧所迫故爾。」取其約劑焚之。其於物有恩，類如此。至正中，江浙行中書察知府君才行，命隨蕭將軍捕寇海上。府君屢建奇略，將軍不能聽，府君噤不發一辭。已而，寇不可制，方悟不能用府君也。

府君寡言笑，與人交，不爲翕翕熱，久

❶「軍」，原誤作「君」，今據胡本改。

而益親，人自不忍厭去。嘗築室曰「進齋」，監察御史孟公昉爲之記。人因以「進齋」號府君云。府君嘗教其子曰：「我家近於海濱，以弓馬植門户，田桑供衣食，雖不多讀書，家法素謹，至今弗敢墜。爾曹益務力善，毋爲祖考羞，使他人稱汝爲善士，我死目亦瞑。不然，雖日宰百羊馬饗吾，吾將不食而吐之矣。」世以爲名言。

府君娶懷孟禹氏，❶生三子：長某；次桂榮，歿于兵；次即暉，國子助教。府君享年六十，卒於某年月日，葬於某年月日，墓在某縣某鄉某山之原。

嗚呼！戎馬擾攘之際，人得令終者鮮矣。縱得令終，即具棺斂而藏之者，尤鮮矣。縱得斂且藏，得有賢子孫追慕而不忘者，鮮之又鮮矣。縱有子孫日追慕之，其有狀其善行，求文以刻諸墓門者，則又絶無而僅有者也。府君之死固爲不幸，今有令子若暉者，汲汲圖文以托府君於不朽，府君似可以無憾矣。銘曰：

其名則武，其行則儒。其内則嚴，其外則舒。其超然拔萃者歟？其確然有守者歟？

元故静江路大墟務税使王府君墓志銘

王府君諱善，字復善。其先由鍾陵徙金溪，自曾大父重、大父榮彰、父實，雖無仕者，皆以徽行聞於人人。府君成童時，人試以屬句，脱口成對，比物别類爲精。已而學爲詩，輒取能聲。年十三，父喪，去，御家事。尋操奇贏之術，游七閩，家乃大穰。自

❶「禹」，張本作「馬」。

歎蚤廢學，力迪其子以經術。築精舍一區，聘碩士居之，朝夕策厲，若斯須不忘去者。俄俾從師二千里外，膏粱之饋，絡繹道塗，曾不以爲煩。及見長子經用《禮經》連領鄉薦，喜曰：「有子能通經，吾雖廢學，政復何憾？」

至正中，天下兵動，江右化爲盜藪。府君室廬盡燬，崎嶇攜家走山澤。能以智馭下，帖帖然寧，且資用亦無乏絶，智者心服之。先是，有授府君南豐醫正者，府君以醫爲一藝，弗上。方嶽大臣又薦爲静江大墟税使，亦不就。至是，翛然自放山水間，舉觴屬客，撫髀高歌，遺落世事，或飲至一石不亂。未幾，以疾終，壽六十三，實洪武戊申五月十五日也。卒後三年，當辛亥某月日，葬柘步山中，禮也。

府君娶曾氏，子男三：曰經，承直郎、刑部司門員外郎；曰綸，金溪醫學教諭；曰慶郎，蚤卒。女三，胥、豫，其壻也，一夭。孫男五：曰翼，曰興，曰憲，曰德昌，曰有慶。

予嘗聞經言，府君之善行不止是。其事親尤孝，視聽恒在形聲之先，奉繼母亦如之。遇群季，多友愛，人取以爲法。嗚呼！若府君者，其所謂一鄉之善士非耶？銘曰：

孝聞于鄉，道則允臧。閟不自耀，唯子之教。彼遺金籯，我以一經。賢愚殊軌，曰圖其始。學之爾惇，是昭乎文。❶ 吁其死矣，不復還矣。孰廓其潛？太史氏濂。

❶「是」，張本作「足」。

故東吴先生吴公墓碣銘

惟吴氏初自延陵而分，圖譜之局廢，不能詳其爵里世次。五季末有諱嗣者，自廣信遷撫之金溪。其諸孫宋含光尉邦基，生郇，從象山陸文安公傳道德性命之學。郇生福州教授行世，行世生太學進士益，益生鄉貢進士鐃、漕貢進士可、景定甲子進士名揚，兄弟並以文鳴。可生泰連，泰連生儼、儀。儀字明善，世稱爲東吴先生。自幼以纘承家學爲事，雞初號輒起，秉火挾册而讀之。時建昌江公存禮、謝公升孫皆前進士，先生負笈從之游。繼登鄉先達虞文靖公集之門。於是博極群書，其學絶出於四方。先是，元至正甲申，先生伯兄儼與其子裕同舉進士。裕連三薦，始擢辛卯進士第，名在第二，冠南士之首。及至丙申，先生暨再從弟立、盛又薦于鄉。立，鐃之孫；盛，名揚之孫也。鄉人榮之，指先生之居相語曰：「是家在前朝，以明經詞賦知名者，先後相望。今復如斯，書詩之澤，厥有衍哉！」

會海内兵起，先生遂無意北上，下帷講授，遐邇學徒争奔走其門。先生隨其資器，孳孳訓迪，必使優柔厭飫而後已。凡所敷繹，皆五經奥義，不拘泥於箋記，而大旨自暢。晚尤殫心於《春秋》，❶且謂聖人之經一，而諸家異傳，大道榛塞。職此之由，乃著三書：曰《禘傳》，曰《類編》，曰《五論辨》，辭義嚴密，多先儒所未言。嘗撫卷歎曰：「此書吾積學之所致，後世有揚子雲，其將好之矣。」然於文辭尤豐贍有力，下筆

❶「殫」，張本作「竱」。

之頃，思如湧泉，開闔抑揚，不愆矩度。論者謂如晴巒出雲，氣勢突兀，不假雕琢，天然成章。先生則曰：「作文不原於聖經，不關於世教，雖工無益也。」

先生涵養既深，造詣益殊，其於律己之功，莊慤而端嚴，隆寒極暑，必正衣冠而坐。家人聞其謦欬，輒肅容而立，不敢妄動。天性篤於孝友，事二親，唯恐違其意。季弟偉蚤夭，其室周氏方少，子衷僅五歲。先生經營其家，撫衷至成人，周氏得以遂其節。先生爲人剛直自將，巽懦者不侮，强禦者不畏。或以非理來撓，必峻言折之，其人悻悻見於色，弗少顧。稍知感悔，即遇之如初。有寸善，播揚唯恐不聞。壬辰之夏，縣燬於寇，所在惡少年，持白挺相挻爲亂。先生推牛釃酒，集里中耄倪，諭以禍福，皆稽首聽命。他鄉爲亂者，皆罹草薙禽獮之慘，或無孑遺，獨先生之鄉獲免。

及入國朝，撫州守侯君元善聞先生名，欲聘起之，先生以病力辭。洪武庚戌，江西鄉闈試多士，府判官王轂夢州城中迎狀元，既而先生之子伯宗實在首選。明年辛亥，對策大廷，復以第一人賜進士及第，召見奉天殿，授承直郎、禮部員外郎。或者以夢之前徵爲先生世科之符，而先生已殁，不及見矣。

先生之殁，在辛亥二月二十八日，上距所生大德丁未之歲，得年六十有五。配何氏，生丈夫子三人：長即伯宗，初名祐，今以字行；次禴，次祁，皆以經術教授州里。女三人，曾雅、周禮、黄顯，其壻也。孫男一人，某。女三人，尚幼。初，伯宗會試南宫，予嘗奉敕與考試事，伯宗因來謁，以先生文集序爲請。予未暇爲，而先生訃音至矣，伯

宗乃泣拜求撰墓文。將還，以其年某月日葬里之毬場山，且勒之縣綍之碑。❶

予聞世之右族，重珪疊組者有之矣，索其家學相仍，數世而弗墜，十百之中或一二見焉，況夫科名尤造物者之所靳哉！今先生之門，何其奕葉聯輝至於如是也？此無他，山厚則木繁，海深則川聚，其亦理勢之必然耶？自時厥後，繼繼繩繩，予知未有艾也。雖然，先生之學，則又在乎科目之外，經不可不窮也，德不可不脩也，業不可不廣也。欲法先生者，法此足矣。是宜銘。銘曰：

吴氏之裔，何蟬聯兮！科名接武，代多賢兮。先生承之，志益騫兮。嚅嚌道腴，涉幽玄兮。衮斧法嚴，聖有經兮。傳者角立，分户庭兮。我賾至隱，發精明兮。剔抉浮翳，朗日星兮。窮經致用，時則屯兮。薜衣椒冠，甘隱淪兮。振揚教鐸，邕乃文兮。牖其天衷，德潤身兮。世降俗偷，病逾深兮。方倚俞盧，起痼沈兮。祕其正陽，平群陰兮。儒行之卓，罔弗欽兮。一鑑之亡，我心傷兮。其人雖逝，名則良兮。有寧一宮，氣鬱藏兮。焯德著美，薦以石章兮。

故熊府君墓志銘

熊以王父字爲氏，蓋本於楚鬻熊之後，至曾孫繹，成王封於丹陽。丹陽，今之江陵枝江也。其後徙於南昌，若太常卿遠、臨江尉曜、户部郎中執易，皆南昌人。執易爲右補闕，與陽城同上疏，極論裴延齡之姦，君子多之。其裔孫某，復徙居於臨川。某生

❶「之」，張本作「文」。

繹，好施與，貧病無告者賴焉。性嗜浮屠氏説，嘗捐田七千三百畝畀其徒，其徒以居士號之。三傳至宋迪功郎公琦，迪功生待問，亦迪功郎。待問生鄉貢進士紹祖。進士實生府君，諱本，字萬卿，一字萬初。幼穎悟，經史一覽輒成誦，父子自爲師友。

時家已窶，無藏書可觀，每假於薦紳家，懸燈夜讀，至夜分弗自休。年十五，入鄉校習科目之文，私試數占前列。十八即下帷講授，郡之俊乂多從之。一時名士如澹軒孫公轍、天傭熊公朋來、麟洲龍公仁夫、文安揭公傒斯，皆交相推譽，或折輩行爲忘年交。翰林學士承旨張公翥方爲郡學録，尤與府君意氣相傾，會輒流連竟日，唯恐其別去。已而以尚書貢于鄉，再不利，乃歎曰：「場屋失得，是有命焉，我不敢必也。苟窮經以飭諸躬，其有不在我者乎？」

吴文正公澄倡道於崇仁山中，南北學者翕然景附，府君遂負笈徒步往從。摘經中所疑七十二條，反覆詰難，吴公一一答之，中其肯綮，府君爲之喜而不寐。間論《古文尚書》，亹亹數千言，援據精切，辭意超卓。吴公器之，謂非時輩所能及。宋季時，須溪劉先生辰翁，以文辭名一代，人争慕效，瀾倒波隨，府君獨疑其怪僻，非文章大家。因究極原委，著之簡編，質于虞文靖公集。虞公以與己意脗合，亦器之如吴公，且以涵養問辨爲學文之源是勗。府君自此以講學摛文爲務，視世之榮利如烟霞變滅，絶不足以溷之。向之俊乂來學者，至是益衆。府君舉聖賢之大指，諄諄誨誘，咸卓然有所立。雖其後更名他師，而篤實有質行者，則府君之所啓也。其遇子弟，嚴威儼恪，終月不見其有笑容。夜則危坐，令其誦書，雞初號則趣之起，風雨不少廢。

府君之伯仲凡三，析筯別爨已久，及父母歿，喪祭之費頗鉅，府君悉力自任，不以煩之。女弟一人，未有所歸，亦擇名族而資遣之。然天性仁厚，或以虚僞相加，壹接之以誠，而人自不忍欺。至於處義利之間，絲毛不苟也。生平不屑理家政，優游肥遯，不知户外有山川之險，舟車之勞。每夕命觴徐酌，哦古詩數章，陶然自適，如鴻飛冥冥，了無繫累。會四方兵亂，長子鼎爲校官廬陵，音問不通，府君憂之，往往形諸詠歌。一日，徧過故人門，薄莫言還，復張燈而飲，飲微醺，以鼎不在左右，悵然就寢。是夜大雷電以風，鼓撼樓牖，作伊軋聲。府君披衣而起，命蒼頭奴負階，親升而闔之。既降，忽呼曰：「予足輭矣。」奴以肩翼之至地。府君右手倚肩，左據階之齒而終。時至正癸巳歲二月四日也，享年六十有六。

娶黎氏，鄉貢進士天桂之孫女，能齊家，内外整飭。府君得脩業而無費事，❶黎氏力也。後十有一年卒。生三男子：長即鼎，入國朝，累官山東道提刑按察副使，今遷中奉大夫、晉王相府王傅；次曰涣，將仕佐郎，開封府長津縣主簿；季曰晉。女二，一適趙瀓；一適龐舉，早卒。孫男四：曰綿，曰赳，曰繩，曰昂。孫女一，未行。府君歿後三年，丙申之歲七月六日，始卜葬於金溪縣苦竹鄉之富塘原。其所著書有《讀書記》二十五卷，《經問》四十卷，《讀史衍義》若干卷，《舊雨集》五十卷。虞公爲之序，謂其雜著「本理而敷暢，典雅而不阿」，人以爲實録。外有《朝野詩集》五百餘卷，《吴山

❶「事」，張本、胡本作「者」。

録》三十卷，《仁壽録》一百卷。《吴山》即記吴門問辨之所得者，《仁壽》則手録虞公之文也。今年春，予與鼎會京師，乃奉祠部主事張君孟兼所造事狀，徵予銘。

夫自吴公纘承伊洛之緒於將墜之餘，完經翼傳，扶祕闡幽，所以化導其徒者，多成德達財。出而用世，固顯融于時；其有隱于州里，横經陳義，使人厲士君子之行者，亦往往有焉，若府君者是已。嗚呼！師道立則善人多，濂於吴公徵之。銘曰：

咸口之里，紫氣蜿蜒，篤生偉人。大道日降，一綫之傳，凜乎將堙。勇撤其蔽，所覯者全，行知尊聞。罔間南北，疊跡重肩，從者如雲。君鼓其篋，摳衣而前，無疑弗馴。雅奥難測，孰鉤其玄？百篇之文。矧於群經，孔疏鄭箋，曷其繽紛？蒙蔀斯揭，日星乃懸，有光燉燉。屏斥詭誕，以絶蔓延，以表孤存。化行里州，太和芊綿，郁其成紋。其養也定，乘化而旋，奚啻詘信？有子而令，珪組蟬聯，遺澤之新。仰睇飛雲，俯臨逝川，誰不顰呻？惟行之粹，惟石之堅，勒文墓門。

故三槐隱士王府君墓志銘

予以總脩《元史》被召來京，與浙江部使者劉君承直會。劉君曰：「承直嘗受經於太和王先生。先生之殁，今七年矣，而埋銘未有所刻。其子佑，將奉狀以請，幸爲文之。」既而佑復申劉君之言，涕泗而再拜。予既答拜，與之成禮，遂按狀而評隲成章。其辭曰：

君諱以道，字則臣，姓王氏。系出周司徒敬宗，傳於秦武成侯離，生二子：元、威。

元，遷琅琊；威，徙太原。二族甚盛。晉丞相導出琅琊之裔，南渡時家于江左。至趙宋時，有諱崇文者，來知吉州，其從子殿中侍御史贄實從之，復遷居吉之太和，太和之有王氏自贄始。殿中君之後名圭，開禧三年鄉貢進士，君之高祖也。進士君生叔可，肄業成均，以辭章稱。叔可生本初，本初生性夫，皆爲名儒，則君之曾祖、祖、父也。妣劉氏，宋知潭州事天定之孫女。

君資稟絶異，自幼學詞賦，組織華縟，見者翕然譽之。已而棄去，曰：「此非所以爲學也，欲求聖賢之道，其在遺經乎！」於是潛心窮研，晝夜弗之倦。時從祖父遂初自國學上舍生還第，所交多宋季名士，日集其門，相與談前朝文獻，纚纚如貫珠。君從傍聽之，心領神會，至忘寢食，其學遂大進。

大德末，君出游中州，主張伯剛家。仁宗出居於懷李，秦公孟侍焉。伯剛往言於秦公，以君爲薦。君獻詩一章，仁宗覽之大悦，君遂極論天下事。曾未幾何，武宗即位，立仁宗爲皇太子。伯剛邀君同至燕都，君毅然辭之。伯剛寵幸盛于一時，及仁宗踐阼，遂累官至汴梁路總管，復趣君曰：「上頗憶君，君若往，爵禄可致也。」君辭之如前。君嗜佳山水，間一出游，輒留連不忍去。一日，至洞庭之君山，遇異人，長鬛碧瞳，如古仙人，授以《龍虎金碧丹經》。君受而行之，氣志益沖邃，自號爲「三槐隱士」。乃於所居種竹鑿池，池上横以石牀，角巾鶴氅，日息其上，子姓環侍之，談吐餘音出於水光篁影中，其隱趣蓋倏倏然。時或賦詩以爲樂，韻度閒曠，一如其人云。

君性至孝，父母皆高年，君率群從奉觴稱壽，唯恐稍違其驩。暨殁，哀號戀慕，幾欲無生。且惇於友義，族兄弟姊妹未婚姻者，畢之；伯叔之未葬者，藏之。君子多稱焉。至正末，天下大亂，太和禍尤慘，殺戮到雞犬。群寇聞府君名，指君廬相戒曰：「此王隱君家也，慎勿毀之。」至今獲存。君所著書有詩集若干卷，《丹經新注》若干卷。其生以至元庚寅十月一日，卒以至正甲辰六月二十二日，壽七十有五。以洪武戊申六月十一日，葬于縣之千秋鄉新山大嶺之原，禮也。

君娶彭氏，能盡婦道，前君一年卒。子二人：沂，前鄉貢進士；佑，從州縣察舉，試校官京師，上以其才可用，拜監察御史，轉遷廣東提刑按察司事，即來速銘者。女二人，彭道長、劉以和，其壻也。孫男一人：泰。孫女二人，尚幼。

嗚呼！世之有功業者易於言，而潛德積於躬而未及試者，則雖竭其形容，或不足以盡之。蓋有跡者可窺，而無跡者難知也。以君言之，際可仕之機，而超然絕去，托於神仙家言以自溷，則韞於內者爲何如？使出而用世，其勞烈未必不豐碩而焜煌也。抑予聞君之弟以莊，博學而善文。君與其教諸子，以詩書植家，聲光燁然起搢紳間。是亦爲政之大者矣，奚以必仕爲哉？銘以昭之，聊以白君之志云爾。銘曰：

孰不知舉之？而我則已之。孰不欲彰之？而我則藏之。有崔者山，我心樂之。我書我詩，我子敎之。若人之行，君子有之。惟其有之，是以似之。

故晦巖居士王君墓志銘

王之受氏凡四：曰姬，曰嬀，曰子，曰

虜。而姬姓之分，復有二：一出畢萬，一出周司徒宗恭。宗恭之族，琅琊、太原也；萬之族，則京兆、河間也。別有王叔氏，王子氏，王孫氏，雖皆本於姬，又所以別於二族也。其在琅琊者，散居江南，今浙河東西多宗焉。

睦之桐廬有王氏，諱璵，字君玉。曾祖宗善，祖叔祥，俱隱遯弗顯。父希曾，爲文儒。君性至孝，母袁氏疽發於頸，君憂形于色，日烹藥以進。殫諸方弗之驗，君則泣禱于庭，辭甚淒苦。已而疽決，膿若絮鉤連不可拔，君吮出之，母輒瘳。同姓有尚俠者，藉權貴人爲意氣，效五陵少年所爲，勢烻烻動人。人黠之，反讓君爲迂。君曰：「吾性戇，不能隨俗浮沈，君迂我固宜。」❶俄庚午歲儉，道殣相望，孰不遏糴以徼善價，君能出粟賑之。歲丙子，視庚午儉尤甚，君復賑粟如初。或曰：「王君非迂也，其樂善人哉！」或曰：「王君之知，非小夫所可測也。」君皆笑不答。

所居直香爐峰，濯濯生翠若屏然。君築重構其下，時列俎豆，集名勝士玩之。嵐光浮動尊俎間，從容嘯咏，恍不知九衢有游塵也。君積而能散，州里有貸泉布者，久不庚，君取質劑焚去，然質直無僞。民有競者直於君，君察其情辭，曰：「爾過矣。」曰：「非爾之罪也。」各心服而還，不翅訟于賢有司。或强君出仕，君謝曰：「幸有舊田廬，食與衣亦僅給，禄非所干也。」遂以「晦巖居士」自號云。

年六十六，以至正丙戌二月己巳卒于家，以庚寅十二月丁酉葬縣之金魚岡。配

❶「迂」，張本作「尤」。

袁氏。子男子五人：和、義、禮、儁、舉，皆克繼先志。舉尤知嗜學，當元之季，復能合義旅以捍鄉井，人德之。子女子一人，適袁采。孫男五人：圭、纘、權、衡、宣。曾孫男若干人。君卒後，舉奉尚寶丞魏君潛狀來求銘。魏君謂漢末王彦方少有行義，鄉里有争訟者將質之，或至塗而返，或望廬而還，君之行頗近之。魏君，同里人，其言當可信。況君孝於親，仁於鄉，其事有足稱者。苟不使其名昭著，則何以爲行善之勸哉？銘曰：

先親其親，而後仁乎民。其志之殷，吁嗟乎若人！孰不簪紳，子胡爲隱淪？豈命之屯，吁嗟乎若人！

孫忠愍侯墳記

侯諱興祖，字世安，姓孫氏，世爲濠州人。祖六一府君，贈中奉大夫、中書參知政事、護軍，追封樂安郡公。祖母陸氏，追封樂安郡夫人。父遇仙，封驃騎上將軍、副大都督府事、上護軍、樂安郡公。母謝氏，封樂安郡夫人。配王氏，亦封樂安郡夫人。子二人：曰恪，曰斗。童女三人，皆在室。

侯居幼齡，而膽氣已雄。會元運將終，四方鼎沸。侯隨大軍取和陽，遂渡長江。凡征討之事，輒帥師以從。略姑孰，連攻溧水、溧陽。元兵建水寨采石以扼江險，侯共擊走之，乃定建業，下毗陵，授右都先鋒。已而破宣城，克宜興，征婺、越、衢、舒、池等州。僞漢東侵，鏖戰于龍江，大敗其衆，擒戮者過半，陞統兵元帥。繼搗八陣指揮營於瑞昌，敗之，進伐南昌，遷天策衛指揮使。僞吴圍安豐，侯復赴援立功，轉飛熊衛指揮使。時安陸、襄陽、通泰皆未降，大師攻拔之，侯亦有力焉。遂鎮徐州，紀律嚴肅，敵兵莫敢犯，擢驃騎大將軍副大都督府事。

未幾，受詔戍北平，往討沙漠，與元兵酣戰，遂死之，洪武三年某月日也。享年三十有三。事聞，敕贈推忠宣力效節功臣、龍虎上將軍、北平等處行中書省左丞、上護軍，追封燕山侯，謚曰忠愍，配享開平忠武王廟，復敕翰林學士臣濂誌其墳。

惟侯志氣倜儻，以身許國，身經百戰，爲世忠臣，可謂豪傑不群之士。一旦歿于王事，其孤不得迎尸以葬，卜以是年某月日，藏衣冠於州之鍾離縣於皇鄉某山之原，起墳以表其處。古者墳必有記，所以著其里居、官爵、卒葬歲月，以示於後者也。今不敢廢，因掇其概，勒石以納諸竁云。

故王府參軍胡君妻項夫人墓志銘

余授經青坊時，龍泉胡楨嘗以伴讀侍皇太子研席，楨因得從予游。今年春，予以總脩《元史》被召來京，尋入禁林爲學士。時楨已擢宣武將軍，僉處州衛指揮使司事，間以其先府君王府參軍深墓上之銘來屬。予既已爲之，楨復泣曰：「先子之行，幸托見於文字間，而先母未之有述，幸先生憐之，敢奉姻家兄章存厚之狀以請。」予義不敢辭。

按狀，夫人諱某，字某，姓項氏，處之龍泉人。父某，母某氏。生十有七歲而歸于參軍。參軍，同邑人，其父珏爲征東行省左右司員外郎。夫人既歸之明年，參軍即往省覲，遂補其省掾史。越九年，始歸。初，員外府君娶趙氏，生參軍及二弟潭、海。趙氏既亡，繼室李氏生某。恐夫人與家政也，使居於外。夫人無以自給，與媵人日事機杼。風雨瀟瀟，青燈明滅於一室間，人不能堪，夫人則怡然處之。父母憐其勞勩，將奪其志。夫人指庭前水曰：「俟此水西流，吾志却當改耳。」不聽。娣姒之間或譏誚之，或轥轢之，夫人皆不答。員外君歿，參軍自海外護喪歸葬，夫人袒跣出迎哭。參軍持夫人泣曰：「吾爲親故，不獲與夫人居。夫人備歷諸艱，而能完節以待予，其與古之義烈何殊也！」夫人曰：「此婦人常事耳，何足上勤君子之念慮？」其後終不自言。

至正壬辰，中原兵起，浙水東州郡漸至繹騷。參軍從蕭將軍剪除鄉郡群盜，間歲一來歸，夫人攜子女間關寨栅中，亦能自安如獨居時。己亥冬，處州内附，參軍朝京師，上奇其才，命爲右司員外郎，於是參軍迎夫人以來。時夫人已有疾，挾醫以從行。暨至，念及鄉里，鬱鬱不自聊，疾愈篤，遂卒於清溪之寓舍，實辛丑七月某日也。享年四十有二。壬寅返柩於處州，擇麗水某鄉某山爲冢，以十一月某日葬焉。

夫人性淑而行勤。參軍有志事功，視生産作業之事蔑如也，其補綴缺漏，締構生理，唯夫人是賴。及夫人死，參軍銜命在處州，又不能視其襲斂。每對予言，涕泗爲之潸然。夫人生二子：長即楨，次曰樞。一女曰章，其壻即存厚，御史中丞溢之季子也。

夫自陰教不行，婦人女子能不易節改操者，何其罕也！間有以禮自持，欲起古人而效之者，人方群訕而衆侮之，又何習俗之不美也！有如夫人之行，可不彰著以爲世勸乎？是宜銘。銘曰：

猗歟夫人！始終一節也。群言沸騰，卒莫之奪也。相厥夫子，有偉其烈也。乘化而盡，又何怛也！千載之下，尚視茲貞碣也。

故陳夫人趙氏石表辭

江西行省左右司郎中陳君敏之妻，曰趙夫人，以洪武二年二月二十三日，卒於京師之官舍。越一月某日，權厝城南聚寶山，將以某月日，返葬於宣城某山之原。會濂召入禁林，陳君乃自狀夫人之行，來謁墓上之文。其辭纏緜而悲愴，讀者哀之。

陳君之狀曰：予妻趙氏某，字某，與予同爲宣城人。其父諱熊，字子祥，明《詩》傳訓詁學，仕爲某縣典史。母孫氏。典史君無嗣，獨生女子四人，而趙氏居其次，特鍾愛之。以予簪纓家子，欲選爲贅壻。予時頗嗜學，手不離方策，先君子憐予過厚，不使遠去膝下。典史君亦不忍釋之而他婚也，竟以趙氏歸予。

趙氏既歸，奉尊章盡禮，凡羞服唯其時，猶惴惴恐有所不及。其姒郭氏亡，奉予伯兄如奉舅焉。人以爲孝且恭。其事予也，視於無形，聽於無聲，予或牽於事，意有不悦，每甘言慰之。嘗患痎瘧，荏苒踰三千日，趙氏視藥餌，調食飲，不知有晝夜。在他人，雖至勤愨者，久亦生厭，趙氏滋益謹。及予登仕版，出爲湖廣憲府幕官，還江西，召還爲大理評事，轉刑部員外郎，官書有程，戴星而出，戴星而入，家事若不能相涉者。趙氏一力荷任之，而略不見艱難窘澀之意。人以爲順且賢。嗚呼！奈何司化權者，忍奪之而去耶？

初，京城多火災，予適讞獄郢中，趙氏數受驚，因致怔忡疾。暨還，奉詔備刑書，抱衾裯出宿省中者幾半載。間一歸，輒復出。趙氏懼貽予憂，不敢以疾告。已而疾寖劇，乃謂予曰：「妾心中殊不佳，欲得平胃之劑服之。」予亦未暇答。居亡何，竟卒。嗚呼！奈何司化權者，忍奪之而去耶？

爨下媪與予言，趙氏自去冬以來，語及親舊之存亡，每汍瀾流涕。尤撫愛所生子，見其能食，喜見顔面，曰：「是兒可以養，吾無慮矣。」似類乎前知者。臨歿之際，相呼之聲不絶于口。予收泣謂之曰：「吾不知汝之疾遽至於此也，設有不諱，吾無以報汝功。祀汝父母，至於終身；撫汝之子，以望其成立爾。」言未既，趙氏泊然而逝。視其斂篋，無遺珥及完衣焉。嗚呼，悲夫！

予念趙氏生男女三人皆夭，晚得慶生，即前所謂撫愛之者，日呱呱以泣，縱鐵石作心腸不能堪。趙氏歸余十五年，與予同貧賤，同憂患，同冒涉道塗，何所不至！今幸霑寸禄，竊意相守至髮白，得壽僅三十六而亡。予與吾子交者甚久，墓門有石，願爲文之。非惟慰死者於九泉，亦足以攄予無窮之悲也。

濂聞之，女教不行於天下，婉淑之道消，而暴慢之風盛。孰有如趙夫人之賢者乎？賢者不彰之，則何以爲世道之勸？是宜銘。銘曰：

猗蘭方郁，奈何萎也！茂草宜剪，却紛披也。天道玄遠，信難推也。勒辭貞石，聊以宣其悲也。

大天界寺住持孚中禪師信公塔銘有序

大天界寺住持孚中禪師信公示寂之十四年，其弟子似桂謁濂于禁林，合掌胡跪而爲言曰：「先師之塔在金陵牛首山者，則真骨與舍利之所藏。其别分爪髮衣履而瘞之，則四明之太白山也。太白之銘，佛真文懿大師國清噩公實爲之，而牛首乃師之全塔，反有石而無詞，不幾於甚闕典歟？居士深究内典，爲吾徒之所信向，海内尊宿多濬發其幽光，豈宜於先師，獨漠然忘情乎？庸敢援例以請。」濂來江表，聞稱師之德者，人人不能殊，則師誠有道之士也。交辭固無益於道，後之人欲求其行業，則將何所徵之哉！因不欲讓而謹書之。

師名懷信，字孚中，俗姓姜氏，明之奉化人。父某，嘗爲某縣校官。母劉氏，夜夢大星墮室中，有光如火，亟取而吞之，覺即有孕。及誕，狀貌異凡子，性凝莊不妄舉動，唯見沙門至其家，必躍而親之。稍長，受三經於宋進士戴公表元，經旨悉暢達，然非其好也。年十五，離家從法華院僧子思，執童子之役。已而，祝髮爲大僧，受具戒於五臺寺。聞延慶半巖全公弘三觀十乘之旨，復與之游。久之且歎曰：「教相繁多，浩如烟海，苟欲窮之，是誠算沙，徒自困耳。」即棄去，渡浙河而西。凡遇名叢林輒往參扣，下語多枘鑿弗合，不勝憤悱。華藏竺西坦公遷主明之天童景德禪寺，師隨質所疑。竺西一見，知爲法器，厲色待之，不與交一語，師群疑愈熾。一日上堂，舉興化打克賓公案問師，師擬曰：「俊哉！師子兒也。」師自是依止不忍去，就維那之職。

竺西入滅，天寧雲外岫公來繼其席，命師司經藏管鑰，文采漸致彰露，不可掩遏。

泰定丙寅，行宣政院請師出世明之觀音，師策勵從衆，視分陰若尺璧，唯恐其失之。天曆己巳，遷住補怛洛迦山。師不以位望之崇，效他浮屠飭車輿、盛徒御以誇衒於人，自持一鉢丐食吴楚間。鎮南王具香華迎至府中，虚心問道，語中肯綮，且出菩提達摩像求贊。師運筆無停思，辭旨淵邃，王甚嘆服。宣讓王亦遣使者奉旃檀香、紫伽黎衣請示法要，師隨其性資而導之。二賢王，雄藩之望，首加崇禮，諸侯庶民無不望風瞻敬，施資填委。姑蘇産奇石，師遂購善工，造多寶佛塔十三成，載歸海東，俾信心者禮焉。駙馬都尉高麗王繟而吉尼、丞相撒敦以師行上聞，詔賜「廣慧妙悟智寶弘教禪師」之號，及金襴法衣一襲。至正壬午，升住中天竺山天曆永祚寺，乙酉，遷天童，不半載間，百廢具舉。佛殿之役最鉅，亦撤弊而更新之，丹輝碧朗，照耀海濱。師建塔中峰之祖庭，慨然有終焉之志。

己丑冬十月，江表大龍翔集慶寺虚席，行御史臺奉疏迎師主之。龍翔，文宗潛邸，及至踐祚，建佛刹於其地，棟宇之麗甲天下。其秉住持事者，若笑隱訢公、曇芳忠公，皆名德之士，舉行百丈清規，爲東南之楷則。居亡何，毁于火。忠公新之，唯海會堂未就而化。僉謂繼忠公之躅，非師無以厭衆心，往反者三，師始赴之。曁升座，提唱宗乘，萬耳聳聽，委蛇不迫，而玄機自融。無小無大，皆驩然親戴之。或謂龍翔初政，稍示威嚴，以懲驕漫之習，師笑而不答。師度衆誠感孚，乃出衣盂之私，補前未建之堂，不日而集。會元政大亂，戎馬紛紜，寺事日見艱窘，師處之裕如，一不以屑意。

一旦晨興，索蘭湯沐浴，更衣趺坐，謂左右曰：「吾將歸矣，汝等當以荷法自期，勵精進行可也。」言畢而瞑。侍者撼且呼曰：「和上去則去矣，寧不留片言以示人乎？」師復瞋目叱之。侍者呼不已，師握筆書曰：「平生爲人戾契，七十八年漏洩。今朝撒手便行，萬里晴空片雪。」書畢，復瞑，時丁酉秋八月二十四日也。壽七十八，臘六十九。停龕七日，顔面如生。作禮者旁午，而名薌蠟炬，積如邱陵。九月一日，茶毘於聚寶山前。舍利如菽如麻，五色粲爛，雖烟所及處，亦纍纍然生，貯以寶瓶，光發瓶外。其上足弟子某，以某月日坎牛首山東麓爲宮藏之，復建塔於其上。

師賦性恬沖，喜氣溢顔間，生平未嘗以聲色忤人。人有犯之者，頷首而已。然進脩極勤，自壯至耄，默誦《法華經》一部，雖暑爍金，寒折膠，無一日闕者。屢感蓮花香滿院，芬郁異常，非世間者可比。當大明兵下金陵，僧徒俱風雨散去，師獨結跏宴坐，目不四顧。執兵者滿前，無不擲仗而拜。上嘗親幸寺中，聽師說法，嘉師言行純慤，特爲改龍翔爲大天界寺。寺之逋糧在民間者，遣官爲徵之。

師之將告終前一日，上統兵駐江陰沙州。上當晝而寢，夢師服褐色禪袍來見。上問曰：「師胡爲乎來也？」對曰：「將西歸，故告別耳。」上還，聞師遷化，衣與夢中正同。大悦，詔出内府泉幣助其喪事，且命堪輿家賀齊叔爲卜金藏。舉龕之夕，上親致奠，送出都門之外。其寵榮之加，近代無與同者。

師有《五會語録》行于世。其傳法上

首，則雙林致凱、江心慧恩、大慈寶定、某剎寶璋、瑞岩文淵、保福宗秩、翠山志理、淨土永顯、妙智淨琚、定光文摭、某剎明晟、天華士謙、豐安至慶、聖泉普彝、福林道巽、五峰普錫、石門永泰、霞嶼元良、廣祐永瓌，皆其人也。惟昔天童坦公以一真之學士，承松源四葉之傳，黑白趨慕，儼如毛之有麟，甲之有龜也。師亦以真承之故，能樹精進幡，持金剛劍，入般若關，巋然爲一代人天之師。此無他，真則不妄，不妄則近佛之道矣。宜乎遭逢維新之朝，上簡帝心，昭被殊渥，至親枉乘輿而臨幸之。龍光赫奕，絢耀吐吞，至今山川尚有餘輝。是當揭之崇碑，明示方來，使學佛者有所歆豔而起信焉。系之以銘曰：

乾竺之道，貴乎一真。真則非妄，日趨精明。煌煌松源，其道孔熾。正暢旁達，非真曷致？惟廣慧師，起於海東。歷抵諸師，罕契其逢。太白諸峰，上摩穹碧。舉頭觸之，堅如鐵壁。一唱轟霆，豈直耳聾？毫髮之端，妙義俱融。天高日晶，森羅萬象。不即不離，了明諸相。五坐道場，六振其宗。一音演法，聞者心空。此妙法華，權實雙舉。我受我持，忘其寒暑。天香何來？鼻觀先聞。豈伊天女，吐兹奇芬。誰謂靈通，與道乖牾。❶我尚不有，亦何心故？世緣已竭，幡然西歸。夢寐潛通，皇情爲怡。烈火如輪，煅兹玄魄。舍利粲然，逐烟而結。在昔諸師，何人不然？誕勝真漓，多隨物遷。師我藩維，師我干櫓。舍我而逝，有生孰度？寵恩聯翩，來自九天。師則何憾？名與道傳。太史造銘，建于牛

❶「牾」，原作「悟」，今據張本改。

首。此山若移，斯文方朽。

無盡燈禪師行業碑銘

天台有上雲峰，❶在州城西南十餘里，重厓疊巘，如雲旓翠蕤盪摩於空濛，而靈巖龍湫，吐納光景，尤號勝絶，是宜有道者之所棲息。五季時，東甌大士永安來居之，疏釋經論，多至百餘卷。皈依者日衆，遂闢地爲鉅刹。錢忠懿王賜額曰「證道」。三百年間，洊罹焚毁，唯存斷礎於斜照荒烟中。無盡禪師傷之，周覽故址，嘆曰：「大士，韶國師之法嗣也。吾可不遵行遺轍乎？」延祐甲寅，縛草爲庵廬，宴坐其間。虎狼蛇豕交跡於户外，禪師攝伏之，不能加害。日與其徒脩苦行以自給。冬一裘，夏一葛，朝夕飯一盂，影不出山者，踰五十春秋。人多化之，以勤勞脩持爲第一義。荆棘之區變爲寶坊，金碧交輝，上矗天際，而諸禪林環列於其下。上雲之境，於是爲尤勝。有以土田爲布施者，則辭之曰：「先佛以乞食爲事，吾焉用此爲？」南堂欲公名重一時，作長偈寄之，謂禪師行業，不讓大士。然天性尤孝謹，迎母童氏養山中，年九十四而終。衆以非沙門行讓之，禪師曰：「世尊尚升忉利天爲母説經，我何人斯？敢忘所自哉！」

洪武己酉春正月，忽示微疾，召其嗣法惠峰主僧普饒繼其席。二月八日，復作書與同袍道别。夜將半，顧左右曰：「天向明乎？」對曰：「未也。」或曰：「和上正當此際，何如？」禪師破顔微笑曰：「昔古德坐疾，有問者云：『還有不病者乎？』古德云：

❶「台」，原誤作「臺」，逕改。

『有。』又問云：『何物是不病者？』古德云：『阿爺，阿爺。』」禪師既舉此語，良久又曰：「如此喚做病得否？」衆皆無言。禪師祝曰：「色身無常，早求證悟。時至，吾將去矣。」侍者執紙乞偈，禪師曰：「終不無偈便未可死耶？」侍者請之益堅，乃書曰：「生滅與去來，本是如來藏。樛例五須彌，廓然無背向。」投筆端坐而逝。時是月九日也，壽七十八，臘五十七。火化異香襲人，所獲舍利不可勝計。其弟子智宗、善守、道成及今住持普饒，以某月日，建塔于峰之左原。大河衛鎮撫林君性宗嘗從禪師游，師勉以忠孝，迄能爲國宣勞，爲時顯人。恐禪師之行不白于叢林，以隆恩大師道原所爲狀來徵文。

謹按狀，禪師諱祖鐙，無盡，其字也，族王氏，四明人。父好謙嘗寫《華嚴經》，五色舍利見于筆端。禪師年方幼，嘆曰：「般若之驗，一至於斯耶？」年十四，即求出家，依郡之天寧僧良偉，尋事其寺住持東白明公。既得度，復受具戒於開元奎律師。已而，日溪泳公來代明公説法，命掌綱維，司藏鑰。日溪升堂，禪師出，問曰：「生死事大，無常迅速，乞賜指示。」日溪曰：「十二時中，密密參究，忽然觸着，却來再問。」禪師抗聲曰：「無常迅速，生死事大。」語未終，日溪便喝，禪師遽禮拜。日溪曰：「見何道理，便爾作禮？」禪師曰：「開口即錯。」日溪頷之。禪師服勤數載，復出參名德，以驗其所證。時中峰本公在天目，方山瑶公居淨慈，無見覩公住華頂，斗岩芳公主景星，禪師皆與之辨詰，其所印，蓋不異見日溪云。禪師得道已，思韜晦而護持之，及遇上雲峰勝地，卓錫其中，遂至終身焉。

嗚呼！若禪師者，可謂能守道而弗遷

者矣。古之僧伽多寄迹岩穴，友烟霞而侣泉石，至有頤步不與塵俗接者，治内之功純，務外之意絶也。風教日偷，學者始不知自立，榮名利養之念，日交蝕於心胸，奔競干請無所不至，足以來有識者之訕侮，可勝嘆哉！禪師一鉢自將，策厲學徒於寂寞之濱，雖施者填委，振起頽廢，重樓傑閣，彈指現前，亦未嘗見其有爲。震黄鍾於瓦釜雷鳴之際，翔靈鳳於衆禽紛飛之時，謂爲禪師矯弊之功，非耶？評隲成章，繫之以銘，庶幾能箴末法之膏肓也歟？銘曰：

台有聞僧，幼輒弗群。能感雜華，思樂正因。棄白趨緇，鞠明究曛。務治心垢，甚救首焚。頓忘色聲，敻絶見聞。歷抵諸師，如提孤軍。背水設陣，瀕亡獲存。有矗者山，是曰上雲。高摩翠旻，低壓紫氛。昔之開士，來疏竺墳。我追軌轍，志符隱淪。起廢爲功，策怠以勤。寶殿高騫，華宫糊紋。丹雘絢麗，觚稜紛紜。此本無作，彼應自臻。一榻危坐，八窗凝塵。影不出庭，錫常挂軒。迹處恬曠，俗慚競奔。逢時而逝，若臂之伸。凡濟覺海，實探心源。外動苟息，内静方敦。非有獨行，曷昭群昏？左原演迤，白塔嶙峋。凡入道者，來視刻文。

佛日普照慧辨禪師塔銘

皇帝端居穆清，念四海兵争，將卒民庶多歿於非命，精爽無依，非佛世尊不足以度之。惟洪武元年秋九月，詔江南大浮屠十餘人，於蔣山禪寺作大法會，時楚石禪師實與其列。師升座説法，以聳人天龍鬼之聽。竣事，近臣入奏，上大悦。二年春三月，復用元年故事，召師説法如初，錫燕文樓下，親承顧問。暨還，出内府白金以賜。三年之秋，上以鬼神情狀幽微難測，意遺經當有明文，妙柬僧中通三藏之説者問焉。師以夢堂噩公、行中仁公等應召而至，館于大天界寺，上命儀曹勞之。既而援據經論成書，將入朝敷奏，師忽示微疾。越四日，趣左右具浴更衣，索筆書偈曰：「真性圓明，本無生滅。木馬夜鳴，西方日出。」書畢，謂夢堂曰：「師兄，我將去矣。」夢堂曰：「子去何之？」師曰：「西方爾。」夢堂曰：「西方有佛，東方無佛耶？」師厲聲一喝，泊然而化，時七月二十六日也。天界住持西白金公，法門猶子也，爲治後事，無不盡禮。時制火葬有禁，禮部以聞，上特命從其教。荼毘之餘，齒牙舌根數珠咸不壞，舍利羅粘綴遺骨，纍纍然如珠。其弟子文晟，奉骨及諸不壞者歸于海鹽，卜以八月二十八日，建塔於天寧永祚禪寺葬焉。嗣法上首景瓛，復偕文晟以仁公所造行狀來徵銘。仁公博通内外典，文辭簡奥有西漢風，其言當可信弗誣。

謹按狀，師諱梵琦，楚石其字也，❶小字曇曜，明州象山人，姓朱氏。父杲，母張氏。張夢日墮懷而生師，方在襁褓中，有神僧摩其頂曰：「此佛日也，他時能照燭昏衢乎？」人因名之爲「曇曜」云。年七歲，靈性穎發，讀書即了大義。或問所嗜何言，即應聲曰：「君子喻於義。」至於屬句倣書，皆度越餘子，遠近號爲奇童。九歲，棄俗入永祚，受經於訥翁謨師。尋依晉翁詢師於湖之崇恩。詢師，師之從族祖也。趙魏公見師，器之，爲鬻僧牒，得薙染爲沙門。繼往杭之昭慶，受具足戒，年已十有六矣。詢師

❶「石」，原誤作「召」，今據上文及諸本改。

遷住道場，師爲侍者。居亡何，命司藏室。閱《首楞嚴經》至「緣見因明，暗成無見」處，怳然有省。歷覽群書，不假師授，文句自通，然膠於名相，未能釋去纏縛。聞元叟端公倡道雙徑，師往問云：「言發非聲，色前不物，其意何如？」元叟就以師語詰之。師方擬議欲答，師叱之使出。自是群疑塞胸，如填鉅石。會元英宗詔粉黄金爲泥書《大藏經》，有司以師善書，選上燕都。一夕，聞西城樓鼓動，汗如雨下，拊几笑曰：「徑山鼻孔，今日入吾手矣。」因成一偈，有「拾得紅爐一片雪，❶却是黄河六月冰」之句，翩然南旋，再入雙徑。元叟見師氣貌充然，謂曰：「西來密意，喜子得之矣。」遽處以第一第二座，且言妙喜大法盡在於師。有來參叩者，多令師辨決之。

元泰定中，行宣政院稔師之名，命出世海鹽之福臻，遂升主永祚。本師受經之地，爲創大寶閣，範銅鑄賢刧千佛，而毗盧遮那及文殊師利、普賢、千手眼觀音諸像，並寘其中。復造塔婆七級，崇二百四十餘尺，功垂就，勢偏將壓。師禱之，夜乃大雨風，居氓聞鬼神相語曰：「天寧塔偏，亟往救之。」遲明，塔正如初。遷杭之報國，轉嘉興之本覺，更搆萬佛閣九楹閒，宏偉壯麗，儼如天宫下移人世。帝師嘉其行業，賜以「佛日普照慧辨禪師」之號。佛日，頗符昔日神僧之言，識者異焉。會報恩光孝虛席，僉謂報恩一郡巨刹，非師莫能居之。師勉徇衆請而往。尋退隱永祚，築西齋爲終焉之計。至正癸卯，州大夫强師主其寺事。時塔燬于兵，師重成之。景瓛爲鑄寶壺冠于顛，感天花異香之

❶「片」，張本作「點」。

祥。師舉景瓛爲代，復歸老于西齋云。

師爲人形軀短小，而神觀精朗，舉明正法，滂沛演迤，有不知其所窮。凡所涖之處，黑白嚮慕，如水歸壑。一彈指間，湧殿飛樓，上插雲際，未嘗見師有爲。君子謂師縱横自如，應物無迹，山川出雲，雷蟠電掣，神功收斂，寂寞無聲。由是，内而燕、齊、秦、楚，外而日本、高句麗，咨決心要，奔走座下。得師片言，裝潢襲藏，不翅拱璧，師可謂無愧妙喜諸孫者矣。師世壽七十五，僧臘六十三。得法者曰祖光，曰景瓛；受度者曰明誠，曰正定等。其説法機用，則見於《六會語》。其遊戲翰墨，則見於《和天台三聖》及《永明壽陶潛林逋》諸作。別有《淨土詩》《慈氏上生偈》《北游》《鳳山》《西齋》三集，通合若干卷，並傳于世。

予慕師之道甚久，近獲執手護龍河上，❶相與談玄，因出《賸語》一編求正。師覽已，歎曰：「不意儒者所造，直至於此！善自護持。」師之善誘，推此一端，亦可概見。及聞師歿，與國史危公哀悼不自勝。危公，亦深知師者也。銘曰：

大鑑密旨餘十傳。妙喜起蹴龍象筵。有如大將據中堅。鐵卒十萬佩櫜鞬。或觸之者命髮懸。誰歟五世稱象賢？佛日曉出瀛海壖。紅燄閃閃行中邊。流光所至無幽玄。憶初飛錫來北燕。彤樓畫鼓金星纏。一擊三際皆廓然。火中新敷清淨蓮。紺色涵空絶蔓牽。自兹口噴百丈泉。洗滌五濁離腥羶。内而諸夏外朝鮮。紛紛來者人駕肩。示以實相非空言。塔廟赫艴名山川。一佛能變萬與千。會萬歸一道則全。

❶「執」，原作「沈」，今據張本改。

不識誣爲有漏緣。帝勅中使來傳宣。鍾山說法超沈緜。萬人瞻依曲刃拳。一朝入滅同蜕蟬。西方彈指即現前。白玉樓閣琉璃田。金鈴寶樹演真詮。師之往矣神弗遷。寂光常定無偏圓。我作銘詩翠琰鐫。昭朗盛烈垂年年。

天竺靈山教寺慈光圓照法師若公塔銘

天台一宗，自法智尊者之後，分爲廣智、神照、南屏三家。三家之中，而南屏爲最盛。再傳至於車溪，❶其聲問益顯。震雷霆音，爲有情說，執經問難者，動數百人，遂爲吳越所宗。又六傳至於湛堂，貫遮性雙單制聽止作之學，而以止觀爲歸宿之域，學子翕然嚮之。其入室弟子爲世法幢，星分棊布於江南。若吾慈光圓照法師，則尤號金春而玉應者也。

法師諱允若，字季蘅，族姓李氏，❷越人也。代爲簪纓家。在唐有名造者，嘗爲禮部郎中。時內侍監魚朝恩怙貴誕肆，宰相元載亦斂容避去，造與殿中侍御史李衎抗言折之，世稱直臣。委祉垂休，至諱慶君，以柔行稱。慶實生法師，年九歲，能通《春秋》。其父方以亢宗爲期，忽翛然有絶塵之趣。嘗遊雲門傳忠廣孝寺，寺之元上人留之，俾給侍左右。十五受具戒爲大僧，渡濤江而西。至虎林，謁大山恢師於興福。恢師授以《天台四教儀》《金篦》《十不二門指要鈔》諸書，法師即能知其大意。

已而，聞佛海大師澄公主南天竺崇恩

❶「車」，原誤作「單」，今據張本改。
❷「姓李」，張本作「相里」。

演福教寺，四方名僧多來棲止，而方岩則師、愛山静師，尤龍象中之稱雄者，法師復往依焉。凡《法智結顯》《立陰觀妄》《别理隨緣》《究竟蛣蜣》《理毒性惡》等文，益推斥其義而沈涵之。至於恩清之兼業，昭圓之異説，齊潤之黨邪，仁岳之背正，亦皆察其非是及所以害道之故。心既有得，乃質之二師，而復取正於澄公。聲入心通，知解日至。澄公甚器之，俾司賓客之職。澄公，即所謂湛堂者也。至治初，澄公奉詔入燕都，校正經、律、論三藏，遂白其行業於帝師大寶法王。帝師嘉之，錫以今號，命出世昌源淨聖院。丁歲大祲，法師力爲經度，田之萊蕪者闢之，室之敝漏者葺之。踰三年，澄公念法師不置，招之徠歸，請居第一座，攝衆千餘人。法師持規峻整，升堂入室，具有儀範。經其指示，多所悟入。

泰定中，行宣政院請主彌陀興化教寺。當是時，倡道杭之南北兩山者，若天岸濟，若我庵無，若玉庭罕，與法師皆有重望，人稱爲佛海會中「四天王」。居亡何，退居雲門，視榮名利養如白衣蒼狗變遷，一不以經意，翱翔千岩萬壑中。時同斷江恩師、休耕逸師臨風嘯咏，不知夕陽之在樹也。君子又目之爲「雲門三高」云。然法師身載明德，聲光外流，終不可掩。

至正間，起主越之圓通寺。丞相康里公復具疏延主天竺靈山教寺。靈山，錢唐巨刹，有瓔珞泉，其源絶已久。法師持錫叩岩，祝曰：「吾緣苟在是，泉當爲吾一來；不然，則廢涸猶故也。」言始脱口，泉果涌出，淵淵然漸盈。户部尚書貢君師泰比之慈雲重榮檜，命名曰「再來泉」。法師四坐道場，教雨灌溉，如甘露醍醐，飲者心泰。尋以年高復退居雲門，築「深居精舍」，以《法華觀慧三昧》爲暮年淨行。

會天下大亂，干戈紛擾，法師與之遇，脅以白刃，毅然不爲屈，辭色俱厲，因遇害，白乳溢出於地，實十九年二月二十九日也。世壽八十，僧臘六十有五。兵既退，其諸孫子蘭、息幻始具衣棺爲斂。闍維之夕，獲舍利如菽者無算。遂以某年月日，奉遺骨瘞於雲門山之麓。

法師風度簡遠，不妄言笑，趙魏公孟頫呼之爲僧中御史。善詩若文，雄健有法。黄文獻公溍爲序其首，謂其「遊戲如幻，變化不測，理事混融，不相留凝」。一時名公卿如鄧文肅公文原、袁文清公桷、虞文靖公集、韓莊節公性，皆慕法師，與爲方外交。而忠介公泰不花歆豔爲尤切，函書問道，殆無虚日。得法弟子出住名伽藍者，則集慶之友奎、演福之良謹、延慶之如瑩、隆德之去讓、淨聖之圓證也。其進脩弗輟而未出世者，則善來、普慈、曇曙、維翰、玄微、無作及前子蘭、息幻也。法師初號浮休老人，雲門之傍有溪曰「若耶」，歷代詞人屢形賦咏，世以法師名高，宜配地望，故復稱之爲「若耶溪」。

法師示滅之後，已經十齡，友奎持天衣禪師元静所爲狀，請濂爲之銘。濂事文獻公時，每聞揚法師之善，固已竊識之矣。及與友奎接，行業純而問學弘，又知其爲有道之士，銘其可辭？或者以師素履之美，而不獲考終命，頗致疑焉。殊不知定業所感，千刼弗遷，雖以西域聖師深入神通三昧，或爲鴆毒所加，或罹刀劍之厄，卒未能免，初無傷乎道德之崇高也。何獨於師而惑之乎？嗚呼！台衡之宗不絶如綫，噓四明之遺燄，爇外教之邪城，世當有其人。惜乎吾未得而見之。有如法師者，亦九京不可作矣。感今思古，寧不盡然傷情乎？故備序之，揭於玄塔之左，以厲其學者，必有兢兢自省者矣。銘曰：

止觀學廢，將焉徵兮？法船載寶，歸東瀛兮。淨光傳之，寶雲承兮。誰其中興，曰四明兮。車溪深涵，萬丈清兮。下注佛海，流無聲兮。若耶中藏，毒尾鯨兮。鼓鬣奮迅，樹赤旌兮。發爲音聲，震百霆兮。龍鬼怖愕，人天聽兮。靈鷲巖巖，摩帝青兮。紺泉旋珠，若琉纓兮。膏脈久絶，茂荒荆兮。飛錫一指，來盈盈兮。莫峻匪山，五雲凝兮。絳霧爲室，霞作扃兮。欲入觀慧，權實并兮。業何所因，生何憑兮？儵然而化，假以兵兮。如劍斫風，本無形兮。白液流漿，昭厥靈兮。舍利叢布，光晶熒兮。盛以五色，玻瓈瓶兮。道無所損，名益貞兮。游風鼓扇，塵冥冥兮。我思哲人，涕泗零兮。請勒琬琰，示吾銘兮。

佛光普照大師塔銘

佛光普照大師，示寂於天童景德禪寺。時元明良公方主寺事，爲師四衆持服如喪住持禮。越七日，用旛幢香華，導引靈龕於太白山之陽。除地爲墠，行西方荼毗之法。火方舉，忽有物飄洒晴空中，似雪非雪，如雨非雨，視之非無，搏之非有，霏微繽紛，離地即隱，盤旋烈焰之上，至火滅乃已，蓋天華云。

師自幼齡，常中夜跏趺，習爲禪觀。母惡之，推其使仆，輒達旦不瞑。年十六，依傳法寺僧希顔于杭。既薙落，受大戒於昭慶惠律師。已而，希顔使司米鹽細務，師歎曰：「離家爲求道耳，苟羈紲於此，何異狗苟蠅營者耶？」乃潛行大江之西，見南澗泉公於雲居。泉公命入堂，師繼遷掌藏鑰。師晝夜繫念，無須臾間斷。一夕，松月下照，起步簷隙間，巖泉泠泠然，微有覺觸，遽往白之泉公。泉公謂曰：「此間尋常設施，不足發子大機大用。古林茂禪師乃横川嫡嗣，見道最真，今住饒之永福，子當往依之。」師即擔簦啓行。既至，古林問曰：「爾來欲何爲？」師曰：「正爲死生事大，特來求出離爾。」古林曰：「子明知四大、五藴是死生本根，何緣入此革囊耶？」師擬議欲答，古林以錫杖擊之，師豁然有所悟入。自是機辨峻絶，縱横自如。古林器其爲人，命居第一座。未幾，古林遷建康之保寧，挾師與俱，仍命居前職。踰一年，回浙中。會月江印公莅湖之道場，法席之盛，震于東南，請師分座説法，大衆莫不悦懌。

至正壬午，行宣政院命長明之瑞雲山清涼寺，學徒奔湊，機鋒相加，如兔走鶻落，瞬目輒失。有沙門至，問對未竟，以手拍地而笑。師曰：「滯貨，何煩拈出耶！」沙門噓一聲，師厲聲喝之，沙門有省而去。其應機接物，皆刊落支流，直造根源，故所證者，如目覩所藏物，而手探取之。識者謂得古林正印。師住清涼一十五年，始退隱東堂，影不出山，凝塵滿席，晏如也。良公，法中之猶子，迎歸天童之此軒，俾首衆舉揚法要。未幾，謝事。

一旦，示微疾，左右具觚翰，請書偈。師舉手指心曰：「我此中廓然也，何偈之爲？」明日，請兩序諸比邱，與之言別。即端坐憑几，握右手爲拳，以額枕之而逝，實甲辰八月二十七日也。經七昏旦，容貌明潤，捫其頂猶温。壽八十五，臘七十。初，師就火葬，獲舍利如珠璣者頗衆，以某年月日，建塔於瑞雲山之西岡藏焉。

師諱茂，字實菴，别號松隱，族鄭氏，世爲奉化儒家。父季，母胡氏。所度弟子，曰某，曰某。師爲人篤實無僞，於道有聞，一時諸大老若平石砥公、古鼎銘公、了菴欲公，皆推師爲甚重。銘公至謂師「抱負與古先一軌，導諸未悟，咸廓本真，達摩之道賴以不墜」，則師之道，從可識矣。今其可見者，有《語録》一編行于世。良公恐師懿行日就泯泯，乃具爲事狀，其法嗣清守遂持來京師，請濂爲之銘。

濂聞方策所載，靈僧示滅，多有天花之祥。或者遂謂大乘境界，去來無跡，奚以神異爲事？殊不知末習澆漓，人懷厭怠，苟無以聳動瞻視，何以表真悟而啓正信哉！示現微權，固與諸法實相，同一揆也。有如師者，其事蓋無讓於古，銘以昭之，庶幾無愧辭矣。銘曰：

我聞如來，演説般若。天雨寶花，繽紛而下。巖巖普照，諸佛之子。依佛倣佛，乃亦有此。豈非天龍，及護法者。欲警有情，使之四洒？應感之機，非由外鑠。風動籟鳴，實自中作。曷以明之？法因心悟。表彼空華，以無著故。何有四大？何有五蘊？一空之餘，諸法銷賈。如大寶鏡，罔不含攝。隨物賦形，了無餘跡。晏坐雲峰，學徒川赴。孰不清涼？如飲甘露。末法瀾奔，師其底柱。胡爲西歸？空存遺履。有窣堵波，中藏舍利。佛光煒然，群昏咸賴。

宋文憲公全集卷六終

宋文憲公全集卷七

進大明律表

特進榮禄大夫、中書右丞相臣等，誠惶誠懼，稽首頓首，謹言：臣聞天生蒸民，不能無欲，欲動情勝，詭僞日滋，彊暴縱其侵陵，柔懦無以自立。故聖人者出，因時制治，設刑憲以爲之防，欲使惡者知懼，而善者獲寧。傳所謂「獄者，萬民之命，所以禁暴止邪，養育群生」者也。譬諸禾黍，必刈其稂莠，而後苗始茂；方於白粲，必去其沙礫，而後食可飡。苟梗化敗俗之徒，不有以誅之，雖堯舜不能以爲治矣。

夫自軒轅以來，代有刑官，而五刑之法漸著，其詳弗可復知。逮魏文侯師於李悝，始采諸國刑典，造《法經》六篇，漢蕭何加以三篇，通號「九章」。曹魏劉劭又衍《漢律》爲十八篇，晉賈充又參漢、魏律爲二十篇，唐長孫無忌等，又取漢、魏、晉三家，擇可行者定爲十二篇，大概皆以「九章」爲宗。歷代之律，至于唐，亦可謂集厥大成矣。

洪惟皇帝陛下，受上天億兆君師之命，登大寶位，保乂臣民，孳孳弗怠。其訓迪群臣，諄復數千言，唯恐其有犯慈愛仁厚之意，每見於言外。是大舜「惟刑之恤」之義也。矜憫愚民無知，陷于罪戾，法司奏讞，輒惻然弗自寧，多所寬宥。是神禹「見辠而泣」之心也。唯貪墨之吏，承踵元弊，不異白粲中之沙礫，禾黍中之稂莠，乃不得已，假峻法以繩之。是以臨御以來，屢詔大臣更定新律，至五六而弗倦者，凡欲生斯民也。今又特敕刑部尚書臣劉惟謙重會衆律，以協厥中，而近代比例之繁，姦吏可資爲出入者，咸痛革之。每一篇成，輒繕書上奏，揭於西廡之壁，親御翰墨爲之裁定。由是仰見陛下仁民愛物之心，與虞夏帝王同一哀矜也。《易》曰：「山上有火，旅，君子以明慎用刑而不留獄。」言獄不可不謹也。《書》曰：「刑，期于無刑。」言辟以止辟，而民自不敢犯也。陛下聖慮淵深，上稽天理，下揆人情，成此百代之準繩，實有合《易》《書》之旨，❶行見好生之德，洽于民心。凡日月所照，霜露所隊，有血氣者，莫不上承神化，改過遷善，而悉臻雍熙之治矣。何其盛哉！

臣惟謙以洪武六年冬十一月受詔，明年春二月書成，篇目一準之於唐，曰「名例」，曰「衛禁」，曰「職制」，曰「户婚」，曰「廐庫」，曰「擅興」，曰「賊盜」，曰「鬭訟」，曰「詐僞」，曰「雜律」，曰「捕亡」，曰「斷獄」。采用已頒舊律二百八十八條，續律一百二十八條，舊令改律三十六條，因事制律三十一條，掇《唐律》以補遺一百二十三條，合六百有六，分爲三十卷。其間或損或益，或仍其舊，務合重輕之宜云。謹俯伏闕廷，投進奉表以聞。❷

見山樓記

見山樓者，上虞魏君仲遠之所建也。

❶「旨」上，黄溥本、韓本、四庫本有「奥」字。

❷篇末，張本有「臣等誠惶誠懼稽首頓首謹言洪武七年月日具官臣等上表」二十四字。

仲遠居縣西四十里所，龍山委蛇走其南，將升而復翔，其旁支斜迤而西，則爲福祈諸峰，若車，若旌，若奔馬，若渴鹿飲泉，不一而足。勢之下降爲陰阜，爲連坡，爲平林，一奮一止，復襟帶乎後先。東則遥岑隱見青雲之端，宛類蛾眉向群山相嫵媚爲妍。其下有巨湖，廣袤百里，汪肆浩渺，環浸乎三方，晦明吐吞，朝夕萬變。方屏插起湖濱，曰夏蓋山，去天若尺五，巖峙谷張，尤可玩愛，誠越中勝絶之境也。仲遠心樂之，以爲非高明之居，不足延攬精華而領納爽氣，於是構斯樓，日與賢士大夫同登。鼎俎既備，殽核維旅，壺觴更酬，吟篇疊咏。及至神酣意適，褰簾而望，遠近之山，争獻奇秀，晴容含青，雨色擁翠，不俟指呼，儼若次第排闥而入。使人涵茹太清，❶空澄中素，直欲驂鸞翳鳳，招握佺、韓終，翩然被髮而下大荒。其視起滅埃氛弗能自拔者，爲何如也？伻來俾濂記之。

夫自辛卯兵興，闔廬所在往往蕩爲灰燼。狐狸晝舞，鬼燐宵發，悲風翛然襲人，君子每爲之永慨。自非真人龍興，撥亂世而反之正，含齒戴髮之氓，孰不在枯魚之肆哉？縱有佳山日在眉睫間，將不暇見之矣。今仲遠雍容於觀眺之際，亦曰：「帝力難名，而吾民恒獲遂其生爾。」昔太常博士施侯作見山閣於臨川，而荆國王文公爲記其事，且謂「吾人脱於兵火，洗沐仁聖之膏澤餘百年，而施侯始得以樓觀自娱」。仲遠之去亂離僅四三載爾，乃能抗志物表，脩厥故事如承平時。此無他，皇化神速，有非前代所可及，雍熙之治，將見覃及於海内。是

❶「清」，原作「青」，今據韓本、胡本、四庫本改。

樓之作，其殆兆之先見者歟！雖欲不爲之記，不可得也。第所愧者，濂之學識繆悠，立言無精魄，難以傳遠。仲遠尚求荆國其人而爲之，庶幾樓之勝概與雄文雅製同爲不朽耳。

仲遠名壽延，鄭國文貞公二十四世孫。群從子姓，皆彬彬嗜學，文章鉅公多集其門。而仲遠尤號翹楚，且工於詩，有和平沖澹之趣。濂蓋聞之丹厓先生云。

蔣山廣薦佛會記

皇帝御寶曆之四年，海宇無虞，洽于太康，文武恬嬉，雨風時順。於是恭默思道，端居穆清，罔有三二，與天爲徒。重念元季兵興，六合雄争，有生之類，不得正命而終，動億萬計。靈氛糾蟠，充塞下上，弔奠靡至，煢然無依。天陰雨濕之夜，其聲或啾啾有聞。宸衷畫傷，若疚在躬。且謂洗滌陰鬱，升陟陽明，惟大雄氏之教爲然。乃冬十有二月，詔徵江南有道浮屠十人詣于南京，命欽天監臣差以穀旦，就蔣山太平興國禪寺丕建廣薦法會。上宿齋室，却葷肉弗御者一月，復敕中書右丞相汪廣洋、左丞胡惟庸移書於城社之神，具宣上意，俾神達諸冥，期以畢集。

五年春正月辛酉昧爽，上服皮弁服，臨奉天殿，群臣服朝衣左右侍。尚寶卿梁子忠啓御撰章疏，識以皇帝之寶。上再拜，燎香于爐，復再拜，躬眎疏已，授禮部尚書陶凱。凱捧從黄道出午門，寘龍輿中，備法仗鼓吹導至蔣山。天界總持萬金及蔣山主僧行容，率僧伽千人持香華出迎。萬金取疏入大雄殿，用梵法從事白而焚之。退閱三藏諸文，自辛酉至癸亥止。當癸亥日，時加申，諸浮屠行祠事已，上服皮弁服，搢玉珪，上殿面大雄氏北向立，群臣各衣法服以從，和聲郎舉麾奏悅佛之樂。首曰《善世曲》，上再拜迎，群臣亦再拜。樂再奏《昭信曲》，上跪進熏薌奠幣，復再拜。樂三奏《延慈曲》，相以悅佛之舞。舞人十，其手各有所執，或香或燈，或珠玉明水，或青蓮花、冰桃暨名荈衣食之物，勢皆低昂應以節。上行初獻禮，跪進清淨饌，史册祝，復再拜。亞、終二獻同，其所異者，不用册。光禄卿徐興祖進饌，樂四奏曰《法喜曲》，五奏曰《禪悅曲》，舞同。三獻已，上還大次，群臣退，諸浮屠旋遶大雄氏寶座，演梵呪三周，以寓攀注之意。初，斸山右地成六十坎，漫以堊，至是，合軍卒五百負湯實之。湯蒸氣成雲，諸浮屠速幽爽入浴，焚象衣使其更，以綵幢法樂引至三解脱門。門内五十步築方壇，高四尺。上升壇東向坐，侍儀使溥博西向跪，受詔而出，集幽爽而戒飭之。詔已，引入殿，致三佛之禮，聽法於徑山禪師宗泐，受毗尼戒於天竺法師慧日。復引而出，命軌範師呪飯摩伽陀斛法食，凡四十有九。樂飯已，夜將半，上復上殿，群臣從如初。樂六奏《徧應曲》，執事者徹豆，上再拜，群臣同。樂七奏《妙濟曲》，上拜送者再，群臣復同。樂八奏《善成曲》，上至望燎位。燎已，上還大次，解嚴，群臣趨出。

濂聞前事二日，淒風成寒，❶飛雪灑空，山川慘澹，不辯草木。鑾輅一至，雲開日明，祥光沖融，布滿寰宇。天顔懌如，歷陛

❶「成」，原作「戒」，今據黄溥本、張本、韓本、胡本、四庫本改。

而升，嚴恭對越，不違咫尺，俯伏拜跪，穆然無聲，儼如象馭陟降在廷。諸威神衆，拱衛圍繞，下逮冥靈，來歆來饗，君蒿悽愴，聳人毛髮。此皆精誠動乎天地，感乎鬼神，初不可以聲音笑貌爲也。

肆惟皇上自臨御以來，即詔禮官稽古定制，京師有泰厲之祭，王國有國厲之祭，若郡厲、邑厲、鄉厲，類皆有祭，其興哀於無祀之鬼，可謂備矣。然聖慮淵深，猶恐未盡幽明之故，特徵内典，附以先王之禮，確然行之而弗疑。豈非仁之至者乎？昔者，周文王作靈臺，掘地得死人之骨，王曰：「更葬之。」天下謂文王爲賢。澤及朽骨，而況於人？夫瘞骨且爾，矧欲挽其靈明於生道者，則我皇上好生之仁流衍無際，將不間於顯幽，誠與天地之德同大，非言辭之可贊也。猗歟盛哉！祠部郎中李顔、主事張孟兼、蔡秉彝、臧哲，職專禱祠，親覩勝因，謂不可無紀載以藏名山，以揚聖德於罔極，同請濂爲之文。濂以老病固辭，弗獲，既爲具列行事如右，復繫之以詩曰：

皇鑑九有，憲天惟仁。明幽雖殊，錫福則均。死視如生，屈將使伸。一歸至和，同符大鈞。元綱解紐，亂是用作。黑祲盪摩，白日爲薄。孰靈匪人？流血沱若。積屍横縱，委溝溢壑。霜月淒苦，涼飈酸嘶。茫然四顧，精爽何依？寒郊無人，似聞夜啼。鑄鐵爲心，寧免涕洟？惟我聖皇，夙受佛記。手執金輪，繼天出治。軫念幽潛，宵不遑寐。爰啓靈場，豁彼蒙翳。皇輿載臨，稽首大雄。遥瞻猊座，如覿晬容。香疑霧黑，燈類星紅。梵呪震雷，鯨音號鐘。鬼宿渡河，夜漏將半。飆輪羽幢，其集如霰。神池潔清，鮮衣華粲。滌塵垢身，還清淨觀。迺陟祕殿，迺覲慈皇。聞法去蓋，受戒思防。昔也昏酣，棘塗宵行。今焉昭朗，白晝康莊。法筵設食，厥名爲斛。化至河沙，初因一粟。無量香味，用實其腹。神變無方，動皆充足。鴻恩既廣，氛盭全消。乾坤清夷，日月光昭。器車瑞協，玉燭時調。大庭擊壤，康衢列謡。惟佛道宏，誓拔群滯。惟皇體佛，仁德斯被。無潛弗灼，有生咸遂。史臣載文，永垂來裔。

陳氏譜圖記❶

越之陳氏，其先出自潁州。一遷於光之固始，再遷於泉之南安。傳若干世，有諱如瓌者，生宋光禄卿舜華。光禄生太常少卿知信州侁，三遷於越州府山新河之濱。太常生朝散大夫彦弼。朝散生七子：知同安監訶，定遠知縣訢，國子司業諲，餘則讜、訓、柔中，季亡其名。同安生文林郎仲錫。定遠生四子：仲彝，仲粹，仲寬，仲賓。仲賓，魏王府記室。讜生宗正寺簿大顯。司業生四子：大中，大成。大中，大理寺簿。長與季亡其名。訓生二子，名亡。柔中及季，其後無所聞。文林生恪，自恪而下子孫富多，今不可復知。大理生宗正寺博士頌。頌亦生七子：太學上舍嗣慶，文林郎一新，龍圖閣直學士知衢州又新，次則艮、柔、蟾、晉，多亡嗣。一新生二子：麒，麟。麟爲艮之後。麒，左宣教郎，生德星、德元。德元爲麟之後。德星生二子：元市舶都目克和及勝之。勝之復爲德元後。都目生五子：源，敬，復，升，瑞。敬仕於國朝，福建行省

❶「記」，原誤作「説」，今據正文及張本等改。

員外郎；升，金華縣學教諭。勝之生四子：仁，遜，貞，禮。自時厥後，源生杰、烈；敬生煦，吴府伴讀，煦復生默；升生熊、烝；仁生煥、燁、焴；遜生爟。其繁且衍，蓋未可量也。

予竊聞之，自受姓命氏以來，孰非神明之胄？稽諸載籍，焕然可覩。傳世稍遠，往往寖非其舊，而降爲皁隸者有之。世德之傳，固不可謂無人，其衰微不振者，抑亦多矣。有如陳氏，自宋以來擢進士第者先後相望，功業顯榮，❶名著當世，逮至于今，而其流風遺澤，尚有衍而無替，不亦盛哉！光禄十一世孫曰敬與升，咸與予交，而敬之子煦復來受經，遂以《譜圖記》爲屬。予因效史傳世表序著之，而不敢上遡其本源者，蓋氏族之學難言久矣。析支分裔，唯唐爲最盛，而國姓無定論。林寶作《元和姓纂》，而自姓不知所由來，今人類能非之。予記譜如瓌之上，不欲妄加攀附，誠懼後來者相非，亦猶今人之非前人也。繼今而往，陳氏子孫當代加纂脩而弗墜，庶幾其事核，其言真，而不昧於《春秋》傳信之義云。

沖默齋記

保寧禪師以「沖默」號其齋居，來徵予記。予按字書，沖者，虚也；默者，静也。即佛氏空寂之義也。惟其沖也，故默，則沖爲體而默爲用；惟其默也，故沖，則默爲本而沖爲末。二者之理，恒若相因，未有默而不沖，沖而不原於默者也。

夫太虚寥廓，從横自如，陽運陰行，真

❶「榮」，張本作「融」。

宰不動，此兩間之沖默也；自無生有，從有入無，外雖紛紜，中實有定，此萬象之沖默也；靈光洞然，而出無礙，❶諸緣自忘，大用常寂，此一心之沖默也；我念不生，法從何起？生滅本空，而況於法，此諸法之沖默也。沖默之義大矣哉！嗚呼！有情之類，亦云夥矣。奈何營營逐妄，擾擾迷真，竭晝夜而實其所無，反覆膠滯，不求脱離，是不知有沖者也；風性所激，運轉不停，欻焉凝冰，倏焉焦火，十二時中，無一息少寧，是不知有默者也。非大覺真人出而救之，將何所底止乎？然而妙明真性，不涉三際，元自沖虛，本由默静，無所不容，無所不具。因無所不容，故萬有歷然，而未嘗有窒於虛；因無所不具，故群動森然，而未嘗有離於静。静固非動，動亦静也；虛固非實，實亦虛也。沖乎，默乎，其造道之樞要乎？彼李伯陽所謂「致虛極，守静篤」者，若近乎沖默，而涉乎有爲也；韋應物所謂「隱拙在沖默」者，欲藉是處世，以保和爲沖，寡言爲默者也，而非其至者也。然則何以爲至乎？必也入不二之門，而後真知默也；真知默者，則無所事乎沖也。

禪師，汲汲求法者也。嘗揭沖默以自勵，故爲略疏體用、本末而言之，然亦未嘗有所言也。禪師，名覺慧，字敏機，吴興人。出世嘉興之祥符。近從四輩之請，分座説法於大天界寺。尋主寶寧禪剎，蓋有志之士也。

重建龍興奥源寺記

龍興奥源寺，在撫之金溪縣北一里，後

❶「而出」，張本、韓本作「出入」。

枕鷓鴣之岡，前有一峰，鋭如卓筆，上插霄漢，而幕阜、雲關兩山對峙乎西東，若駐若馳，若起若伏，其秀拔殆難名狀，靈宫祕宇之所托也固宜。唐元和中，有大比邱某飛錫而來，徘徊顧瞻，縛茅棲止於其中。厥後漸成巨刹，樓閣崢嶸，鐘魚互答於山光水色間，一時龍象，固甞盛矣。宋崇寧初，蕪壞弗治，已而復興。元至正中，江右兵起，官署民廬，盡罹焚毁，寺亦不能以獨存。金碧之區，倏幻爲瓦礫之場，荒烟野燐，更互明滅，使人有悽然之思。

東曉大師自幼受經斯地，喟然歎曰：「在我法中，有爲無爲，皆第一義諦。起廢之任，吾可不究心乎？」其徒十有一人，驩然相之；閭右之族，亦間有施貲者。於是伐木於林，攻石於山，徵瓦於陶，衆工雲興，罔敢後時。大師躬程督，幾忘食寢，遂卜厥日以成功告。寶殿中峙，邃堂後居，旁挾二廡，前敞三門，以至庫庾庖湢之屬，罔不就緒。復摶土肖佛菩薩暨護法金剛神諸像，梵相嚴穆，見者生敬。經始於某年月日，訖功於某年月日。初，刑部司門員外郎王君經，三世與大師游，❶凡大師有所營爲，皆捐財倡之。大師知刑部君與予友善，因請具其事狀，求予爲之記。

予聞大雄氏説法耆闍崛山，有重閣講堂之壯麗，所以奠安其形軀，庇覆其徒衆，初未聞其露坐於日星風雨之中也。世之昧者弗之察，悉諉諸興造爲人天有漏之因，倀倀然曰：「吾志諸内，不騖諸外，彼役志於事功者，果何爲也哉？」殊不知般若場中理事無礙，内外混融，徧覆一切，不即世間，不

❶「三」，張本作「二」。

離世間。苟徒拘泥而墮斷滅之見，則違道遠矣。今大師耽悅禪味，有所證入，熾然建立，無非佛事，其智識過人殊甚。備著其事，勒諸堅珉，庶可爲馳騁空言者之深戒歟！大師，名嗣暹，字某，族王氏，東曉，其號也。有長才，所涖之處，廢無不起。既創安樂院於蓋竹原，復重造金禪師塔菴，恢其土田。已而，菴爇于火，又搆成之。及今奧源之役，其功爲尤偉。所謂十有一人，則行真、希儆、希晏、希住、希誠、法旭、法吾、法昶、法椿、法睿、慧澄，其學行皆有可稱云。

月堀記

余退直詞林，戴華陽之巾，被鹿皮之裘，焚香默坐，存神規中。太和薰蒸，百體欣順，龍降虎升，水温火寒，周流密綿，莫究端倪。沖陽子自空明洞天翩翩而來，碧瞳方頤，氣貌充甚，謁入揚袂言曰：「月堀之義，子知之乎？揚雄云『西壓月堀』，指月所生之地也。吾意則不然。太陰之精，朔後魄生，至望而盈；盈極而衰，隨日漸虧，晦而復蘇；上下二弦，虧盈得平，氣和弗偏。吾煉九還七返靈丹，抽添進退之候，每於月而取則焉，因名其室以『月堀』，所以志之。」予曰：「陽陰，不可偏勝也。獨陽不生，獨陰不成。乾坤搆精，六子乃凝。水坎火離，中藏偶奇。用奇變偶，乾道始茂。重陰盡消，純陽則昭。久而行之，與道逍遥。是謂三一之真也，復命之區也。若取則乎月，無乃專溺於陰乎？」

沖陽子曰：「二氣之精，互爲其根。房日之兔，畢月之烏。取象表徵，指意甚微。陽既含陰，陰亦含陽。苟舉其偏，道則全張。子何見之拘邪？」予曰：「言則美矣，其理尚有所遺也。人身之中有玄牝焉，繫乎天根，呼吸所關。絲絡聯緜，枝葉扶疏。静以養之，一氣孔神。超於衆先，不見其朕。玉色連娟，天光内朗。蓋以無爲而得，無爲而成，孰火能爲其候？孰鼎能爲其鑪？孰藥能爲其材？我皆不得而知也。假形托物，著于丹書，顛倒錯亂，自漢以來已如斯矣。吾將與子握手空明洞天之上，當素月流輝，銀鋪水翻，瑶露初滴，寂然無聲，委羽仙人必騎黄鶴而一下之，與子稍一叩焉，則予之説爲當矣。」

沖陽子喟然而歎曰：「道有精粗，象分内外。非粗不足以别精，非外不足以形内。初機之徒，未忘乎物，苟不以此示之，必大笑而走，何可與上士玄功之成者並論哉！子之説固當，而吾之所取喻，又豈可少哉？」於是相視一笑，沖陽子揖而退，予送至庭外。沖陽子復請曰：「一陰之生，其卦爲『姤』，是月堀也；一陽之生，其卦爲『復』，是天根也。邵子嘗往來其間。而所謂『三十六宫都是春』者，其與吾『月堀』之義，頗有合乎？」予曰：「此大《易》精微所繫，雖更僕不能盡也。予惡能知之？予惡能知之？君當問諸庖犧。」沖陽子曰：「唯。」沖陽子，張姓，輔其名，以廷翼爲字，台之黄巖人。蓋有道之士也。❶

生生堂記

生生堂者，東陽陳澤民之所居也。縣

❶ 篇末，張本有「洪武四年正月某日玄真遯叟金華宋濂記」十七字。

南八十里，有鄉名瑞山，陳氏世家其中。至諱宗譽字彦聲者，有德於鄉，又能與陸務觀父子游，而其諸孫黼，東萊吕成公弟子，擢淳熙辛丑進士第，累官駕部郎中，林正惠公實以女妻之。澤民，蓋其十世從孫也。澤民思繼承家學，出從名師巨儒游，精於科目之業。有司貢上選曹，試經義合格，署通判于漳州。將上，以堂記屬予。予頗聞縣之仁壽鄉，在東北四十里而近，有簪纓家亦與澤民同姓，而譜牒不通，非其族也。嘗搆宅一區，方建前楹，有鳩鳴其上。占之者云：「此宅當屬之張氏，後六十年復歸于陳。」未幾，西鄰張氏果來居之。張既不振，人士皆謂復還于始搆之家，不知乃澤民竟以重貲獲之也。僂指計之，誠甲子一周矣。

噫，亦異哉！澤民遂筮日自瑞山而遷。當春氣煦明，卉木含榮，有嚶其鳴，澤民刲羊刺豕，具尊俎，合賓姻而燕樂之。酒微酣，坐客擊案爲節，而歌之曰：「有斝者堂，高明之居。蔚蔚紆紆，曲櫋而交疏，惟德之符。冥數懸應，不爽乎錙銖。」繼有賡之者曰：「新居其遷，茀禄其延，族姓其聯，演迤而芊緜。」於是州邑之間，咸稱事有前定，澤民之遷居有不偶然者。澤民因取《書》中「生生自庸」之義，用以名其堂。

嗚呼！生生之義雖見於《書》，而莫備於《易》。《易》云：「生生之謂易。」夫陰之生陽，陽之生陰，生生相續，變易而不窮。澤民之居於此，他日子孫衆多，甚欲有類於《易》之言。有類於《易》之言，則生生不息矣。雖然，非積善之家，未足以致之。然所謂善者何？盡孝以事親，竭忠以事君，德義以褆身，信愛以睦鄰，仁惠以及民，五者備矣，方不愧名堂之義。爵禄之來，當未艾也。駕部翁孫豈得專美於前哉！占者之云，蓋出於機祥小數，而非君子之大道，此勿論焉可也。

予老矣，文辭卑陋，不足應人之求。人翻疑爲矯，集其門者，日益繽紛也。卷軸之積，動如束筍，近亦力排而深絶之矣。以澤民鄉人也，義不得辭，聊相與一言之。

戴亭張氏譜圖記

張出自姬姓，青陽氏第五子揮爲弓正，始造弓矢，實張羅以取禽獸，主祀弧星，世掌其職，故姓張氏。❶周宣王時，有卿士張仲，其後裔事晉爲大夫。張侯生老，老生君臣，君臣生趯，趯生骼，骼孫曰抑朔。至三卿分晉，張氏事韓。韓相開地生平，凡相五君。平生良，字子房，其孫子實蕃，分布四方，有安定、范陽、太原、南陽、燉煌、脩武、上谷、沛國、梁國、滎陽、平原、京兆、清河等四十三望，大抵皆良之裔。故唐初定清河爲乙門，其所由來者遠矣。

句容戴亭張氏，自汴而遷則始於大理評事，要皆出於四十三族之中。屢更兵燹，圖譜喪，不能言其爲幾世。評事生謙，三傳之邦寧、邦顯。❷邦寧生孝仁、孝榮。孝仁生景逢，景逢生應珍、應蘭。應珍生鄉貢進士志禮。孝榮生溧陽學諭景先，次元英、景明。景先生應開、應熙。元英生玉山教諭應辰、金壇税務副使應麒，次應麟、應時。應麒生四子，遂遷金壇。應麟生志遠，志遠生文賢，文賢生允鄰、允達、允成。景明生

❶「故」，張本作「賜」。
❷「之」，張本、韓本作「至」。

應和，應和生志穎，志穎生文原，文原生伯常。邦顯生日升，日升生思恭，思恭生雲霓，雲霓生天麟、天錫、天福。天錫生文昌、文昱、文圭。文昱知青陽縣。自謙逮今十有二世，析爲三十四支，而族屬之衆將數百人。當科目之興也，以五見其揀試者各有其人。冠衣濟如，劍佩鏘如，論道德而談唐虞，繽紛而舒徐。人或造之，但見其棟宇鱗次，術徑交羅，朝夕循環於詩書俎豆間，竟迷其西東。故鄉之稱望族者，一則曰戴亭張氏，二則曰戴亭張氏云。

先是，應和嘗於譜廢之餘，蒐采而圖之，未盡其詳而歿。其孫文原出而補其闕，請序於申屠推官駉。未幾，又廢於兵。文原之從子允達，恐愈久而愈忘也，乃以耳目之所記，疏其大概，來謁於予曰：「先生有職於太史氏，其言必見信於世，幸不鄙而文諸碑。」予因不辭，按史表之法書而遺之。

嗚呼！圖譜局之不見，即令史之不設，大小宗之法遂廢而弗之講。允達能惓惓於圖譜之脩，亦可謂賢也已。允達有士行，尤致謹於先世遺文，裝潢成卷而珍襲之。其於崇孝廣敬之道，蓋有知無不爲云。

養親園記

天台楊君子善，謁予而請曰：「善之少也，習進士業，從陳用晉、彭允誠二先生游，屢踐場屋輒不利，於是棄去。會海内弗靖，奉二親遠竄山谷，艱難險阻，無不備嘗。及今真人啓運，六合一家，幸得還先人之敝廬。竊自念少壯之時，思欲沾寸禄以榮親，東馳西奔，靡有寧歲，定省曠而音問疏。玆獲婆娑於膝下，家公年已七十又二，固幸康强，素髮垂領，而齒牙且動摇矣。母之年如家公又益其二焉，尫羸如不勝衣，而出入之氣僅屬，愛日之情恒怦怦然。頗聞申椒爲物，性熱而味辛，能益氣延年，明目生津，吾親所宜服餌而不可闕者也。乃擇家南之沃壤數畝而贏，九耕而十耨之，使其土疏而壤鹵，封爲直疄，疄各有溝，踰三尺輒樹一本。以數計之，將六百焉。周爲儲胥以護之，使羊牛不得踐履。夏氣方中，絳實盈盈綴于枝間，舉手觸之，馨烈之氣咇達於左右。遂與子姓采而擷之以奉親。有餘則售于千家之市，獲其直以還，買魚沽酒以爲親饍。斑衣起舞，每歌之以侑觴。歌曰：『我藝我椒，其實纍纍只。薄言掇之，其香弗虧只。可以延年，可以生津只。樂兮樂兮，吾以奉吾親只。』歌已，二親亦欣欣，爲之引滿，頹然就醉。今善雖出仕與有禄食，遐想斯園，寤寐不能忘，子願爲善記之。」

予聞「用天道，分地利」，孔子以爲庶人之孝。説者謂其順時別五土所宜而播種之，以養其父母。蓋古之士者，朝出耕，暮歸讀聖人書，亦常事爾。後世習俗寖偷，雞鳴而起，從事於末作，始有不知躬耕以爲養者。如吾子善於瀾倒波隨之際，屹立不遷，不亦行古之道哉！雖然，子善以茂才應辟，出仕明時，亦既丞京府而贊治化，當以守貴富、保社稷、和民人爲孝，較之庶人之事，則有不得而苟同者。子善素爲明經之學，其識見超卓，有非人之所及，豈不能以予言爲然乎？予年加耄，不足以言文，力辭子善之請，而其言益勤，因濡毫而爲之記。

盧龍清隱記

盧龍山，在京城西北二十五里，周遍十二里，高三十六丈，山嶺緜延，遠接石頭，乃江上之關塞，比於北地盧龍山，因名。和陽尊師駱月溪隱居其中，自號曰「盧龍清隱」，請予友王儀曹本道徵予文以記之。

本道述月溪之言曰：「古人有云，心不溷濁謂之清，迹不章顯謂之隱。予學老子之法者也，朝暮黄粱一盂，苜蓿一盤，既適而且安；間披鶴氅衣，手執《黄庭經》一卷，儵然而凝坐，九衢十二陌之游塵，莫我之干也，寧非清邪？名氏不落於聲利之場，心迹不屬乎榮辱之境。其入也，烟霞與之同棲；其出也，漁樵與之争席，寧非隱邪？然而老氏之道，清淨而無爲，隱約以無名。不以清爲清，不以名爲名，是則無所不名。可以治國，可以觀兵，可以脩身，可以延齡。其小靡不該，其大無不并，此其爲清隱益大矣。吾嘗聞之於師，而未之能行也，姑就其近似者而究心焉。雖然，予視古今不翅一旦暮，何爲復膠膠於斯？人身至中，其體含虚。不縱不横，非東非西，纖如黍珠，鴻包玄區。火龍因之而飛燄，水虎以之而生腴。庶幾騰神紫府，吹簫玄都。此殆忘清隱之名，而食其實也邪？其言若是，先生以爲何如？」

金華宋濂聞之，歎曰：「月溪蓋幾於知道者非歟？其始也，將欲遁世；其中也，又知其道可以治世；其末也，又思長生而度世。縱予有所言，其何以加於三者之間哉！」於是偕本道訪月溪於盧龍山中，白月獨照，萬樹僵立無風，乃握手歌曰：「盧龍之山兮高巑岏。有一儒生兮煉九還。夜半月出兮露浸寥壇。紫霞仙人兮駕采鸞。七星爲衣兮夫容爲冠。鐵笛一聲烟漫漫。擷靈芝兮下空山。」歌已，三人者相視而笑，❶遂次第其言而爲之記。

瑤芳樓記

瑤芳樓者，常孰虞君子賢燕居之所也。瑤芳者何？古桐琴之名。子賢以重購得之，間一撫弄，其聲翏翏然，如出金石，如聞鸞鳳鳴，如與仙人、劍客共語於千載之上。子賢樂焉，則以謂世之名樓者衆矣：高駢之「迎仙」，謂其泝遐情也，其失也誕；張建封之「燕子」，謂其興新懷也，其失也靡；韓建之「齊雲」，謂其淩高清也，其失也侈。吾皆弗敢蹈其非，欲專斯樓之美者，舍斯琴也，其孰能當之？遂以「瑤芳」名其樓，而列圖書於中。當風物清朗，白月獨照，神情遐沖，夐出世外，子賢椶冠鶴氅，自函道而升，❷復取琴，鼓一再行，久之，演而爲《紫琳》之操，其辭曰：「有堅者石，中含精矣。其白如肪，燁有瑛矣。五音繁會，鏘然而鳴矣。」客有與子賢同志者，從而賡之曰：「豔質兮非華，陽卉兮非奢。折秋馨兮遺所思，望美人兮天涯。」歌已，相視而笑。

金華宋濂聞其事，喈曰：「古之人好樓居者，豈欲夸靡麗而爲榮觀哉？蓋臨陰幽之室，則其情斂以揫；處陽明之居，則其情暢以舒。隨境而遷，因物而著，其亦人理之常者乎？況夫宮角之相參，羽徵之互奏，

❶「三」，張本作「二」。

❷「函」，原作「甬」，今據張本、胡本、四庫本改。

禁其忿慾之邪，宣以中龢之正，其於學問之功，又未必爲無所助。所以先生長者，無故不去之，蓋有以也。雖然，君子蓋不物於物。不物於物，則凡紛然而來前者，皆吾性情之發舒。或懸崖邃壑，或平墅曠林，雖非層構，可以闔闢陽陰。而清風徐來，萬籟皆動，曲澗流泉，復助之爲聲勢，五音泠然，愜心而溢耳。太龢融洽，❶內外無間，有不翅聽子賢之琴於兹樓之上矣。此無他，達人大觀，無地不爲樓，無聲不爲琴也。苟局滯於一室之間，適其意則有之，而蹈道則未也。有若子賢，蓋學道而有所得者，故濂敢以是説告之。」子賢博雅好古，絶出流俗之上。吾友楊君廉夫極稱其爲人，謂篤於士行，而尤孝其親云。

水北山居記

古之君子，其居朝市也，雖繁華之膠葛，恬然視之，而却有山林之遐思焉；今之君子，其在山林，雖清曠有餘，往往嗤鄙爲不足，而數興朝市之外慕，唯恐失之。豈人之彝性或固然歟？抑習俗相仍之久，而弗克變歟？有能特立而不爲所移者，殆所謂盆盎中之古罍洗也。

湖府經歷葉君伯旼，世居永嘉城中。永嘉爲海右名郡，南引七閩，東連二浙，宦車士轍之所憩止，蕃舶夷琛之所填委，氣勢薰酣，聲光淪浹。人生其間，孰不聞雞而興，奔走於塵土冥茫中，以求遂其尺寸之

❶「洽」，張本作「浹」。

欲？伯玟則不然，結廬匽江之北，茅檐竹扉，僅蔽風日，名之曰「水北山居」。間與二三友攜酒壺出，由白鹿城登華蓋名山，持盃浩歌，聲振林木。或櫂短艇，具笭箵，垂綸於江水中。或呼小奚奴相隨，行吟夢草堂上，詩句不逼古人不欲休。當其適意時，乾坤空闊，竟不知榮辱之代遷而寒暑之往來也。人皆曰：「賢哉吾伯玟！高情逸韻，皦皦霞外，迹雖朝市，而心實山林，其近於古之君子哉！」

然予竊有疑焉。使伯玟爲布衣時，假此以洗心滌慮，庶幾可也；今佐大府爲元僚，任七品之職，聳四民之望，亦云重矣，而猶不忘乎山居，無乃不可乎？試以伯玟之意逆之，官書叢脞，不暇爬梳，戴星出入，猶以爲不足，其能索句於寂寞之濱乎？上承乎府公，下轄乎掾曹，不敢抗之以爲高，不欲抑之以爲卑，慮宜詳矣，其能釣滄波而出白魚乎？民情真僞而莫之辨，官事鞅掌而莫之集，凝思入乎芒杪，精析極乎毫釐，其又能漱醪看山而流連光景乎？是三者，伯玟今咸無之，而猶道之不置者，將馮夢以見之耶？或志之以示不能忘也。我知之矣，士君子不以出處二其心，故賤貧不能懾，貴富不能驕，始終一節，卓爲名臣。伯玟之賢，所可稱道者，蓋如是而已。其視朝得簪笏，暮厭雲泉者，賢不肖果何如哉？

雖然，予猶有一説爲伯玟告焉。當大明麗天，萬物畢照，名一藝者必收，占一才者必庸。有如伯玟之學之美，誰不羨之？其有不登於樞要者乎？伯玟宜悉屏江湖之念，而益存魏闕之思，俟他日功成名遂，歸老於水北山居，岸巾而坐，與二三友追叙平生舊游，烹鮮酣觴，從容而賦詩，尚未晚也。贊禮郎張生子翊嘗從予游，力與伯旼求記其事，故相與一言之。

同虛山房記

臨川傅鍊師若霖，謁予於鑾坡，揖而言曰：「玄黃之間，所貴者虛。廓落無象，空洞無偶。火不能爇，水不能濡。玄精攸宅，仙靈所都。參之於身，胳合無殊。南乾北坤，西坎東離。其中軒然，如懸黍珠。一氣闔闢，萬化發舒。非跡所繫，無形可拘。真人游行，精光燁如。而虛之爲義亦大矣哉！走自得斯祕，凝神於靜室間，三田流邕，而百靈爲之翕集。既而受洞玄之文，傳太乙之書。驅雲役雷，以蘇旱暵。布氣分神，以禜除人災，靈響頗著。是皆虛之功用使然。其或窒塞弗通，則麤濁蕪穢亂之，何以接溟涬而極高明乎？近者乙巳之秋，建山房東山故居，遂以『同虛』扁之，昭其義也。先生以爲何如？」

玄真子輾然笑曰：「幾則幾矣，然猶不至也。二而未能一也，離而未能合也，有迹而未能無間也。夫同者，異之對也。同虛者，謂其虛相似而不異也，而非純虛者也。純虛則合，合則一，一則無間，無間則凝於道矣。」若霖曰：「夫所謂凝於道者，何居？」曰：「至道無形，契真于天。後觀無後，前觀無前。不欲泊之，聽其自全。不欲張之，懼其或愆。貫乎窈冥，凝乎太玄。出其遺餘，亦可延年。瑤池之曲，具茨之顛。飲漿茹芝，飄如蜕蟬。其視驅役禜除之法，其尚何言哉？然而事有大小，道無精粗，皆吾一神之所管攝。欲升則升，欲沈則沈，皆隨其力之所加，與其時之所届。及其成功，則亦一而已矣。」

若霖恬淡而好讀書，皦皦霞外，誠韻勝之士也。屢隨嗣天師朝京師。天師還龍虎山中，若霖獨留侍祠於竹宮，則其超詣者可知矣。予故創爲新説，以記其山房。至若莊周之論玄德，有謂「同乃虛，虛乃大」者，不敢蹈襲而陳之也。或曰：「同虛之義，非是之謂也，蓋大同而玄虛云。」

閲江樓記

金陵爲帝王之州，自六朝迄于南唐，類皆偏據一方，無以應山川之王氣。逮我皇帝定鼎于兹，始足以當之。由是聲教所暨，罔間朔南，存神穆清，與道同體，雖一豫一游，亦思爲天下後世法。京城之西北有獅子山，自盧龍蜿蜒而來，長江如虹實蟠繞其下。❶ 上以其地雄勝，詔建樓於巔，與民同游觀之樂，遂錫嘉名爲「閲江」云。

登覽之頃，萬象森列，千載之祕，一旦軒露。豈非天造地設，以俟大一統之君，而開千萬世之偉觀者歟？當風日清美，法駕幸臨，升其崇椒，凭欄遥矚，必悠然而動遐思。見江漢之朝宗，諸侯之述職，城池之高深，關阸之嚴固，必曰「此朕沐風櫛雨、戰勝攻取之所致也」，中夏之廣，益思有以保之；見波濤之浩蕩，風帆之下上，蕃舶接跡而來庭，蠻琛聯肩而入貢，必曰「此朕德綏威服，覃及外内之所及也」，四夷之遠，益思所以柔之；見兩岸之間，四郊之上，耕人有炙膚皸足之煩，農女有捋桑行饁之勤，必曰「此朕拔諸水火而登于衽席者也」，萬方之

❶「實」，黄溥本、韓本、胡本作「貫」。

民，益思有以安之。觸類而推，不一而足。臣知斯樓之建，皇上所以發舒精神，因物興感，無不寓其致治之思，奚止閱夫長江而已哉！彼臨春、結綺，非弗華矣；齊雲、落星，非不高矣。不過樂管絃之淫響，藏燕趙之豔姬，一旋踵間而感慨係之，臣不知其爲何說也？

雖然，長江發源岷山，委蛇七千餘里而始入海，白湧碧翻，六朝之時往往倚之爲天塹。今則南北一家，視爲安流，無所事乎戰爭矣。然則果誰之力歟？逢掖之士，有登斯樓而閱斯江者，當思帝德如天，蕩蕩難名，與神禹疏鑿之功同一罔極，忠君報上之心，其有不油然而興者耶？臣不敏，奉旨撰記，故上推宵旰圖治之切者，勒諸貞珉。他若留連光景之辭，皆略而不陳，懼褻也。

皇明雅頌序

《皇明雅頌》者，鄱陽劉仔肩之所集也。其曰「雅頌」者何？雅者，燕饗朝會之樂歌；頌則美盛德、告成功於神明者也。今詩之體，與《雅》《頌》不同矣，猶襲其名者何？體不同也，而曰「賦」、曰「比」、曰「興」者，其有不同乎？同矣，而謂體不同者何？時有古今也。時有古今也奈何？今不得爲古，猶古不能爲今也。今古雖不同，人情之發也，人聲之宣也，人文之成也，則同而已矣。然則曷爲謂之同？江、河、沼、沚，有不同也，水則同；陵、巒、岡、阜，有不同也，土則同。人動乎物有不同也，感則同。趨其同而舍其異，是之謂大同。曷爲知其爲大同？期歸于道焉爾。歸於道焉爾者何？世之治，聲之和也。聲之和也奈何？天聲和于上，地聲和于下，人聲和于中，則體信達順至矣。體信達順，其亦有應乎？曰有。三秀榮，朱雀見，龜龍出，騶虞至，嘉禾生，何往而非應也！應則烏可已也？烏可已，則有作爲雅頌，被之弦歌，薦之郊廟者矣。是集之作，其殆權輿者歟？

曾學士文集序

翰林直學士臨川曾先生既歿，其子中衛經歷仰發其平日所著《望周山》《金石齋》《青華》《閩海》《昭回》《從政》《丙午》《居賢》前、後編凡九藁，及《逾海》《逾遼》二志，通類爲若干卷，介其同年進士雷燧徵濂序其首。濂時竊禄詞林，脩史事嚴，雖諾之而未暇爲。後三年，仰之弟儕復走南京，申前請爲尤切。濂將焉辭？

惟曾氏出於郕國公，自都鄉侯據南徙，代有顯人。至於文定公鞏、文肅公布、文昭公肇起於南豐，遂以文章名天下。文定之製，熛鶩奔放，❶雄渾瑰偉；文昭之作，簡嚴平實，温潤雅馴。最爲學者之所同慕，不翅景星之與卿雲。而文肅之子司農少卿紆，固守家法，亦以辭章稱，君子謂如魯殿、秦碑，見者珍惜，自可孤行於二公之後。司農從孫季貍，蚤從吕居仁、徐師川游，又能大肆於文。其文言質而義正，乾道、淳熙間群公多畏敬之。自時厥後，作者繼軌，要不可以一二數。嗚呼！何南豐曾氏之多

❶「熛」，原作「⿰火栗」，當是「熛」字誤刻。又按「熛鶩奔放」二語見於宋王震《南豐先生文集序》，而此文引之，今據改。

賢哉！

先生之裔分自南豐，父祖皆宋進士，書詩之業，遠有端緒。先生既承家庭之訓，又出從元夫鉅儒游，鑽研六經，孳孳唯恐弗力。聞吴文正公講道華蓋山，裹糧往叩之，胸中疑難一旦冰釋。自是達之於文，奮迅馳騁，皆足以如其志。至正辛巳，嘗舉於鄉。明年，試禮部，報罷，當路惜之。連薦爲校官，皆不赴。後十四年甲午，始擢進士第，助教國子，修撰翰林。出任江西行省郎官。入成均爲丞，遂升司業，進詳定副使，拜監察御史，已而復爲副使，改今官而歿。

先生名位既顯，海内求文者接踵而至，凡得片言隻簡，不翅拱璧之貴。蓋先生之文，刻意以文定公爲師，故其駿發淵奥，黼藻休烈，起伏斂縱，風神自遠。王良執御，節以和鑾而驅馳蟻封也；朱絃疏越，大音希聲而一唱三歎也。濤起阜湧，飆行雲流，力有餘而氣不竭也。擅一代之英名，作四方之楷則，先生其有之矣。

濂也不敏，幸識先生於建業，欲以古文辭就正焉，而先生亡矣。故因仰之求文，歷序南豐曾氏世學相仍之盛，書于首簡，使讀之者知先生無忝前人。則爲先生之子若孫，必將感激奮勵，期無愧於先生者矣。

先生名堅，子白其字也。剛明正直，政事多可書，已見其姻家危公素所撰墓銘，兹不書。

劉兵部詩集序

詩，緣情而托物者也，其亦易易乎？然非易也。非天賦超逸之才，不能有以稱其器；才稱矣，非加稽古之功，審諸家之音節體製，不能有以究其施；功加矣，非良師友示之以軌度，約之以範圍，不能有以擇其精；師友良矣，非雕肝琢膂，宵咏朝吟，不能有以驗其所至之淺深；吟咏侈矣，非得夫江山之助，則塵土之思，膠擾蔽固，不能有以發揮其性靈。五美云備，然後可以言詩矣。蓋不得助於清暉者，其情沈而鬱；業之不專者，其辭蕪以厖；無所授受者，其制澀而乖；師心自高者，其識卑以陋；受質蹇鈍者，其發滯而拘。古之人所以擅一世之名，雖其格律有不同，聲調有弗齊，未嘗有出於五者之外也。濂於職方郎中劉君之詩，其殆無所愧矣。

夫劉君，名崧，字子高。故爲西昌大族，前代以科第發身者三十七人。劉君亦以明經舉進士，而其志之所嗜，尤在於詩。況劉君天分甚高，自爲童子時，輒有驚人之句。比長，益淬礪弗懈。上自《詩》《騷》，下從魏晉以來迄于唐宋，凡數十百家皆鑽研考覈，窮其所以言。用功既深，精神參會，絶無古今之間。已而曰：「此固可矣，然猶未也。」乃東書走豫章，與辛敬、萬石、周湞、楊士弘、鄭大同游。而此五人者，負能詩名，見劉君，皆驚異之。相與揚榷風雅，夙夜孜孜，或忘寢食。反徵之於古，瞭然白黑分矣。已而又曰：「此固善矣，然猶未也。」復痛自策督，日賦一篇，雖沍寒之折膠，熾暑之流金，劉君擁鼻鼓膝，時作嗚嗚聲，不成章不止也。數年之間，卷軸盈几。已而又曰：「此固若有得矣，然猶未也。」復具布襪行躔，臨釣臺，上三顧山，陟虎鼻峰，眺龍門，或竟日冥搜，或終月忘返。然以州里之近，未足以窮耳目之遐觀。環江右之境，有奇山川，不論道途之遠，必一至焉。襟宇向廣，終若未能舒暢厥志，復度庾嶺，勺曲江，翫韶石，過清遠峽，登越王之臺，斛蒲間泉，游石室，歷觀海北名山，再涉鯨波，覽瓊臺雙泉之勝而還。劉君之詩，於是乎大昌矣。濂幸獲讀之，淩厲頓迅，鼓行無前，所謂緩急豐約，隱顯出没，皆中乎繩尺。至其所自得，則能隨物賦形，高下洪纖，變化有不可測。寘之古人篇章中，幾無可辨者。

嗚呼！前千年而往者，吾已知其人矣；後千年而興者，孰敢謂無其人乎？苟謂有其人，非劉君之作，將能行之於遠乎？世無劉君五美之具，而徒諉詩爲易易者，其果可信乎？濂也以繆悠之資，玩時愒日，不能成一章。性雅好登臨，又無濟勝之具。雖於諸家詩無所不讀，終不及窺其藩籬，有負師友多矣。其視劉君，不亦重可愧乎？雖然，濂雖不善詩，其知詩決不在諸賢後，故因作序而相與一言之，使郊、愈復生，當不易吾言矣。

劉君之詩，十九歲以前皆焚去，二十至四十九之所存，亦十之七八耳。今其門人蕭翀所編者，凡若干卷。翀字鵬舉，亦嗜於詩，蓋得劉君之傳者也。

送張禮部兼晉相府録事序

皇明御天，區宇敉寧，文化洽熙，罔間内外。聖天子猶旰食宵衣，欲圖治安如黄、虞時，在野之賢，無不遣使羅致于庭。當是時，錫山張籌惟中用監察御史薦，上名銓曹。四方來者，雲擁而林布，銓曹各因其才命題試之，而惟中前進士，乃以經學對。初覆考，僉謂良才，遂列爲首選。又明日，丞相引見於奉天門。上親御翰墨，疏其名下曰「翰林應奉」。其次而下，悉用奉天選授官，則惟中特被簡注可知矣。

已而，惟中視草北門，文辭雅馴，而能弗悖上意。於是日侍左右，或講説經史，或應制賦古今詩，未嘗不再三稱善。甫一載，特授禮部主事。未數日，會晉相府録曹闕官，復命兼之。命既下，六曹之士咸曰：「學者當明體而適用，茍學矣，而不施之於政，是玉卮之無當也，奚補焉？上之摩厲惟中者厚矣。詩人頌文王作人之盛，有曰『肆成人有德，小子有造』，其今日之謂乎？」三館之士又曰：「詞林之設官，自學士而下，曰侍講，曰侍讀，曰直學士，凡若干人，而待制、修撰、編修之屬不論焉。夫以賢才如此之多，其事始集。惟中以一人獨當其任，亦未嘗見其有缺敗，非其才之果良乎？茍使議禮於儀曹，贊畫於宗藩，其有不稱職者乎？傳有之，『君子學之在躬，當無施而不宜』，惟中其有焉。」

金華宋濂則曰：「二者之論固當矣。濂則以爲天下才良者衆矣，能致萬乘之知者，幾何人哉？縱知矣，論説或不合，沈没於下僚，十年不調者有矣；縱調矣，或處閑曹冷局，首尾拘畏，不能展其志者有矣。今惟中以一布衣之微，上膺宸選，未久而三遷官，官皆清要之重寄，不知惟中何以報上之賜乎？奔走承順以爲恭，非報也；出入謹飭而自防，非報也；唯精白一心，以承休德，常如天日之照臨，有知無不爲，爲之無不竭盡其智慮，庶幾稍無愧耳。他日名存竹帛，功在國家，不於惟中之望而誰望乎？」會上錫晉王土田於吴，惟中將履畝而實之，過家上冢以爲鄉邦榮。濂，惟中老友也，故於其行，不敢佞，而以規。

孝經集善序

《孝經》，一也，而有古今文之異者，蓋遭秦火之後，出於漢初顔芝之子貞者爲今文，凡十八章，而鄭玄爲之注；至武帝時，得於魯恭王所壞孔子屋壁者爲古文，凡二十二章，而孔安國爲之注。後世諸儒，各騁意見。尊古文者，則謂孔傳既出孔壁，語甚詳正，無俟商確。揆於鄭注，雲泥致隔，必行孔廢鄭，於義爲允，況鄭玄未嘗有注，而依倣托之者乎？尊今文者，則謂劉向以顔芝本參校古文，省除繁惑而定爲今文，無有不善。爲之傳者，縱曰非玄所作，而義旨實敷暢。若夫古文并安國之注，其亡已久，世儒欲崇古學，妄撰孔傳，又僞爲《閨門》一章，文句凡鄙，不合經典，將何所取徵哉？二者之論，雖莫之有定，然皆並存於時，各相傳授。自唐玄宗注用今文，於是今文盛行，而古文幾至廢絶。宋司馬温公始專主古文，撰爲《指解》上之，且憫流俗信僞疑真，諄諄見於言辭之間。以予觀之，古今文之所異者，特辭語微有不同，稽其文義，初無絶相遠者。其所甚異，唯《閨門》一章耳。諸儒於經之大旨，未見有所發揮，而獨斷斷然致其紛紜若此，抑亦末矣。

自伊洛之學興，子朱子實起而繼之，於是因衡山胡氏、玉山汪氏之疑而就古文考定，分爲經、傳，去其衍文及不合經旨者，千載是非遂定于一。元室之初，吴文正公出于臨川，又以今文爲正，頗遵刊誤，章目重加訂定，而爲之訓解，其旨益明而無遺憾矣。東廣孫君蕡讀而悦之，因增以諸家所注，名曰《孝經集善》，而其大義，則以朱子及吴公爲之宗。

蕡通經而能文辭，采擇既精，而又發以己意，其書當可傳誦。故余爲疏歷代所尚之異同，序於篇端。蕡字仲衍，洪武壬寅鄉貢進士，今爲織染局使云。

吕氏采史目録序

皇帝既正宸極，龕定幽燕，薄海内外，罔不臣妾。慨然憫勝國之亡，其史將遂湮微，乃洪武元年冬十有一月，命啓十三朝實録，建局刪修，而詔宋濂、王禕總裁其事。起山林遺逸之士，協恭共成之，以其不仕於元，而得筆削之公也。明年秋七月史成，自太祖迄于寧宗，總一百五十九卷。左丞相宣國公李善長率諸史臣上進。順帝三十六年之事，舊乏實録，史臣無所於考，闕略不備。於是禮部尚書崔亮、主事黄肅與濂等發凡舉例，奏遣使者十又一人，徧行天下，凡涉史事者，悉上送官。今之北平，乃元氏故都，山東亦號重鎮，一代典章文獻當有存者，特擇有職于官者行，示不敢輕也。

章貢吕仲善時司譱成均，乃被是選。是月癸卯，即乘驛北去。八月丁卯，抵北平。凡詔令、章疏、拜罷、奏請布在方册者，悉輯爲一。有涉於番書，則令譯而成文。其不繫公牘，若乘輿巡幸，宫中隱諱，時政善惡，民俗歌謡，以至忠孝、亂賊、災祥之屬，或見之野史，或登之碑碣，或載群儒家集，莫不悉心諮訪。且遣儒生危於等，分行乎灤、燕南諸郡，示以期日，有慢令者罪及之。爰自丁丑開局於故國子監，至冬十又一月壬辰朔始完，以帙計者八十。擇高麗翠紙爲之衣，异至行中書借官印識之，進於南京。乙未，赴山東，河水方凍，大雪深二三尺，仲善駕牛車遵陸而行，一吸一呼，冰生鬚間。己未至濟南，其諮詢大略如北平時。又明年春正月甲寅，竣事成書，又四十帙。所搨碑文，北平四百通，山東一百通不在數中，仍印識如前。三月壬寅，輦還京師。

已而諸使者咸集，濂於是有所依據，俻成續史四十八卷。夏六月，復詣闕上進。仲善以功陞太常典簿，尋爲丞。且以史事之重，不可易視也，集爲《目録》四鉅編上之。而藏其副於家，徵濂序其首。

昔者，司馬光既著《資治通鑑》，又略舉事目，年經而國緯之，名曰《目録》，示學者以樞要也。仲善今備述采史綱領，明其事之良艱，示後人以軌則也。書之意雖不同，而心之厚於仁則一而已。嗚呼！史有闕遺久矣，如近代衛紹王之朝，記注亡失，南遷後遂不能紀載。當時史臣所屬若得如仲善者，豈不有勝竇祥、楊雲翼之所録哉！順帝一紀，卒得爲完書，皆仲善之功無疑。人有功而不知，不智也；知而不言，不仁也。濂待罪國史，故不辭而爲之序，使觀者有所徵焉。❶

送和贊善北歸養母詩序

太原和君希文，呂忠肅公之高第弟子也。在勝國時，肄業成均，通《詩》之傳疏，積試八分，將與有禄食，俄丁外艱而去。養母太行山中，飲水著書以爲樂。以翰林待制徵，不起。已而，中原板蕩，大臣名將争

❶ 篇末，張本有「進史後三月□日」等字。

辟以爲屬，亦不起。會兵荒相仍，暴軍掠人以充糧，所向殆盡，唯希文保障獲完。希文昆弟之孤女十有六人，當艱難險阻之中，希文又能保全攜持，而卒歸於士族。故人見希文者，咸稱之爲卓行云。

入我國朝，大將軍徐魏公聞其名，薦而起之。希文即束裝就道，見上於治朝。與語甚悦，擢爲刑部郎中。未幾，遷太子贊善大夫，日侍書東朝。間嘗陳其情素云：「小臣有母，春秋之高至八十有四，無他兄弟以爲養。臣行年亦且六十，雖有子，僅四歲耳。烏鳥私情，其能自已乎？」言訖，潸然出涕。東朝以其言聞，上惻然憫之，即日遣北還。

夫君子之爲學，劬簡編，憊精神，窮年矻矻，猶以爲未足，豈務爲譁世取寵之具哉？亦曰學爲忠與孝耳。然其道無二致，能忠於君，必能孝其親。希文以胄監之俊英，雖出而仕，而念母之切，惓惓不少忘，得以終遂歸養之志。❶希文亦知所以致此者乎？蓋生逢有道之朝，皇上執孝道以御天下，故希文朝有請而夕戒塗也。希文之還，服五綵爛斑之衣，戲舞親側，升堂爲壽。宜曰：「此非兒所能，天子之恩也。」耆壽之朋，簪纓之儔，聞希文之歸，必行畢授饌，委曲相問勞。又宜曰：「此天子之恩，非某所能也。」州里從游之彦，嘗受經希文者，必羅拜後先，問朝廷所以遣還之故。又宜曰：「此非予所能，天子之恩也。」希文果能之，則誠知歸美報上之義，而無愧於學《詩》者矣。雖然，希文固卓行之士，其能全家以智，活鄉黨以仁，裁出處以義，固人之所難能。

❶「得」，張本作「所」。

然希文不可以是而自足，尤當增益其所學。他時杖策重來，推内聖外王之道，以輔我國家，上躋唐、虞、三代之盛，使事功勒之鼎彝，名氏升於史册，方無負忠肅公之教，不可徇一夫之私行而遽已也。傳曰：「求忠臣者，必於孝子之門。」予蓋於希文望之。

王君子與文集序

經曰：「有德者必有言。」此其故何哉？蓋和順積於中，英華發於外，譬若水懷珠而川媚，石韞玉而山輝，其理固應爾也。不然，則其本不立。其本不立，潢汙行潦，朝滿而夕除；風枝露蘤，西折而東萎。欲以示悠遠於人，抑亦難哉！濂於西昌王君子與之文，不能無所慨焉。

子與爲人，秉剛而守毅，葆醇而蹈道。其律己也，不以夷險而易其操；其接物也，不以貴賤而二其節。一履乎塗轍之正，不違乎繩尺之素，融融乎，森森乎，不可企已。故其發之於文，根柢於諸經，涵濡乎百氏，體製嚴而幅尺弘，音節諧而理趣遠。有益乎倫理之重，不爽乎物則之訓。世之論者，咸謂類其爲人，不亦信哉！士之有志於文者夥矣，抽青媲白，組織文繡，柔筋脆骨，點綴形似，徒夸豔乎凡目，已違拂乎恒性。所謂蠟其言、桅其貌者，其視子與有德而有言，殆猶魚目之於夜光，嫫母之於西施也歟？

然而駑駘恨劣，逸驥難攀，雖幸同於遺軌，竟莫繼於後塵。蓋山林之日長，道德之功深，子與則有之矣。鹵莽而耕，滅裂而耨，❶若濂之進寸退尺者，豈不爲甚愧者焉。

❶「耨」，原作「報」，今據韓本、胡本、四庫本改。

子與不我鄙夷，俾序其首。嗚呼！三代無文人，六經無文法。非無人也，人盡能文；非無法也，何文非法！秦漢以來，班、馬之雄深，韓、柳之古健，歐、蘇之峻雅，何莫不得乎此也？子與功深力久，必抽其關鍵而入乎閫奥矣。他日投簪東還，尚迂轅載酒，從子與問之。❶

送張編修赴南陽教授序

河南張生翀，奉旨自國史教授南陽。行有日，再拜請曰：「翀也區區一布衣，遭逢有道之朝，獲肄業禁庭，鑾輿時幸而敕戒之，恩榮所加，喬嶽不足爲高，瀛海不足爲深。今者出典教一邦，思所以弘敷帝訓，甚懼弗稱，願聞一言以自勖者。」

予曰：「古者，設五經博士以教授。所謂教授者，非官名也，以之名官，自宋慶曆中始。然有漕司所辟舉，或以兼官，或以士人，而猶未隸朝廷也。其命於朝廷，又自熙寧中始。夫教授之職，以經術、行義訓導諸生，掌其課試之事，而糾正不如規者，其責實至重也。生然予言否乎？」生曰：「然。」

予曰：「未也。冶師雖知精鐵，必加陶鎔而後成湛盧；梓人雖知良才，必施斤鋸而後成宮室。知之何難，當思允蹈之爾。生之往也，取群聖人之經，列弟子於堂下，啓之迪之，優之柔之，饜之飫之，使心與理相涵，事與心弗悖，庶幾材成而器良矣。生然予言否乎？」生曰：「然。」

予又曰：「未也。教道所施，貴在變

❶ 篇末，張本有「洪武六年春正月既望太子贊善大夫金華宋濂序」二十字。

通。譬之木也，視小大而加斤鋸焉；鐵也，察銛鈍而施陶鎔焉。一概而視之，過矣。生之往也，各因材之清濁，學之淺深，過者損之，不及者益之。毋驟語以高遠，恐其凌躐而不遜也；毋使安於卑近，慮其苟且而自畫也；毋過於嚴厲，上下之情不能相通也；毋失於寬縱，長幼之節或致玩褻也；毋示之以非聖之書，防其遁而離也；毋習之以無用之文，禁其乖而有僻也。此六者，皆變通之事也。君子之立志，不獲高位以行其政令，幸而得掌教一州焉，亦不翅足矣。何也？政令能禁民爲非，而施教者，乃使民自不忍爲非。人倫藉之以厚，風俗因之可移，顧有出於政令之上者，豈細故也哉！生能從事吾言，庶幾上不負天子，下不負所學矣。生其往哉，思盡心焉可也。」於是生再拜謝曰：「翀雖不敏，敢不夙夜祇奉？」

予以生可進於道也，次第其語而贈之。生字鳳舉，沈重有識量，研窮遺經而造其閫奧，出應書鄉闈嘗占前列云。

劉彦昺詩集序

余昔與劉君彦昺游，見其賦詩多俊逸，心獨奇之。彦昺既别去，間於士友餞行卷軸覽其歌吟，往往皆堪傳誦，復益奇之。後十年，重會秦淮上，亟問近什何如，彦昺解橐中得十餘篇。余讀已，大驚。氣韻沈鬱，言出意表，何其近謝康樂歟？藴藉脱落，不霑塵土，何其類岑嘉州歟？渢渢乎仙游，英英乎霞舉，又何其善學李供奉歟？蓋彦昺天分既高，而入功又深，凡有摹擬，輒髣髴似之。予今猶舉其概而言之也。

嗚呼！予昔學詩於長薌公，謂必歷諳

諸體，究其制作聲辭之真，然後能自成一家。彦昺之學，正與予同。自愧跛鼈之行，不足以追逸驥，尚何言哉？然又竊怪彦昺何以能致於斯也？頗聞其先人友吾翁，乃月灣吴公之高第，善爲詩，與文靖虞公、文安揭公、禮部吴公極相友善，遂由縣文學薦入禁林。未上而夭。其家庭相傳，必有卓絶於人者。不然，彦昺之詩，何爲膾炙人口而弗厭哉？其能垂世傳後當不疑。

予耄矣，文采衰矣，不能有所發越矣。姑摭昔奇彦昺者爲之序，以自附知言之士云。彦昺名炳，鄱陽人。❶

送刑部尚書李公新除浙江行省參知政事序

大丈夫生於世也，先貴乎立志。志既立，不加之以問學，猶玉巵無當其質，雖美弗適於用也。問學既充，不遭其時，猶操瑟立齊王之門，雖有其藝，而三年不得入也。時既逢矣，苟處之閑曹冷局，淹回下僚，猶瞻仰岱嶽之巍峩，亦未易叫閶闔而呈琅玕也。古之人固曰不可企及，亦其全是數者，然後能立事功而垂竹帛也歟！

晉康李公文彬，器度宏偉，昂然負高志，博習經史，必期明體以達諸用。當是時，無有尉薦之者，浮沈府掾中，日以澤物爲己任。會海内不靖，群盗磨牙吮血，殺人如麻。公集兵二萬人，保障封川、肇慶、新昌、德慶四郡，凡十五年。强兵如九江，劇盗如三山龍潭，卒不能犯境。幕府上其功，雖累加以重爵，公惟知恤民爲急，而無所外慕。由是薦紳之勝流，岩穴之處士，與夫技

❶ 篇末，張本有「金華山人宋濂」六字。

藝百工商賈之屬，咸驩然稱之曰：「活我子女，全我室廬，存我金繒者，其惟我李公乎！」公猶欿然，每以爲未足。

及天兵下廣東，德慶侯實總戎事，聞公之名，遣使者聘起之。既入見，上署爲中書斷事官，遷大都督府。持法平允，聲譽翕然有聞。尋改小司寇，未幾，陞秋官。又未幾，上御外朝，親擢爲浙江行中書參知政事。中外莫不慕豔之。夫以公之賢能，遭四海雍熙之世，上簡萬乘之知，入司喉舌，翔翺法從；出鎮行垣，儀刑州牧。銀章艾綬，蔚乎其光華；晝省長棘，儼乎其雄邃。足以行所志而不負其學矣。大丈夫之際遇有如此者，可不謂之榮乎？

抑予聞嶺南郡縣以百餘計，而東廣爲最盛。其出而仕者，未嘗無其人，唯張文獻公暨余襄公卓然清風，振起百世。公固廣産也，中朝士大夫寧不以望二公者爲公望乎？公之往也，推體用之學以施于民，凶姦之未屏也，我則鋤剗之；仁化之未孚也，我則宣布之；人風之未淳也，我則移易之；民瘼之未瘳也，我則蘇息之；水利之未脩也，我則平治之。庶幾無負聖天子寵眷之深意。他日良史氏必録公之勳業，焜燿簡書，較之二公，未知其孰優孰劣。此蓋邦家之榮，非一身之榮也。公其勖哉！

贈侍儀舍人林成之序

余家食時，有同門友宣君彦昭爲温之平陽判官，當報政而歸，州之文學掾林成之實護送來浦陽。成之以余頗知學也，自浦陽謁予金華山中，相與講學術異同，論風俗淳漓，至更闌月落，蟬聯不得休。臨別，造四言一章以贈。成之既去，西東絶不相聞。予亦應中書之命仕熙朝。❶ 有從平陽來者輒詢之，咸言成之處烟霞泉石間，詠詩讀書以爲樂，予亦爲之驩然。頗自念相望二千里，不知何時與成之盍簪乎？

今年夏，予在南宫，忽有踵門而拜者，予弗能識之。叩其姓氏，則成之也。嗚呼！相別未十年，壯者日益衰朽，至熟視良久，亦不記其顔貌之真。人事之不堪把玩如此，可勝歎哉！於是與之坐而慰勞之。成之頗往來於予門，問詩若文之法。予以舊游之故，歷舉體製之殊，音節之異者，亹亹列之。未幾，成之忽來告曰：「小人有母，貧窶不能存，雖幸竊禄于朝，而烏鳥私情，懸懸不能忘。昨已請於廟堂，陳其中情，涕與淚俱下。執政大臣憐其志，予告一百日，俾迎養於南京。今將行矣，執事其能賜之一言乎？」

夫成之，爲退思先生五葉孫。先生實考亭夫子高弟，世稱十哲之一，其家世之懿不俟言也。成之以茂才貢上，銓曹擢爲侍儀舍人，出入禁省，日覲天顔，整肅乎鵷班，峙立乎螭坳，其寵榮非他職名所可比。今又奉板輿迎親而來，母子怡愉聚於一堂，何人不慕豔之？亦何俟予言也？無已，則有一焉。予與成之別後，成之學問日新，予則摧落不振，四庫之書廢忘者十九，視舊相見時若兩人焉。此無他，習與怠相仍，氣隨世所移故也。成之宜益自奮勵，毋若予之所爲，則下不失家世之懿，上無負國家之恩。予與成之言者，止此而已。

若夫温之先儒，卓然以學術名家，或沈

❶「命」，胡本、四庫本作「聘」。「仕」上，張本有「出」字。

潛性理，或有志事功，或推明經制，大抵與吾婺諸賢同。其於醇疵得失之間多有可議，予雖欲言，雖更僕亦不能盡也。尚容他日爲成之發之。

成之名伯生，篤實好學，有士行，絕不同於流俗云。

送陶九成辭官歸華亭序

君子其可必於仕乎？曰：否。可以仕，可以不仕。曰：仕而不仕，亦繫其逢乎？曰：否。可仕而不仕，不可也；可不仕而强於仕，亦不可也。唯其義而已。曰：義之所在奈何？曰：義者，宜也，當其可之謂也。欲當其可，非守道君子，其亦戞乎難矣哉。嗚呼！斯人吾不得而見之矣，得見其次焉者，斯可矣。

天台陶宗儀九成，有學之士也。僑居華亭之泗涇，飲水著書，多至一百餘卷。會朝廷設六科以求賢，郡守遂以九成爲薦，將授之以官。九成慨然曰：「不仕，古云無義。當草昧之初，兵戈未息，法制未定，民氣未蘇，吾不可以不仕。不仕，何以解生民倒懸哉？今天清地寧，六合一家，論道經邦，皆夔、龍、稷、契之彦，趨事赴功，多襲、黄、姚、宋之儔，四方人士樂觀治化之成，羸糧爲馳鶩者，[1]動千餘人，無事於吾也。吾可以不仕矣，去而爲巢父，爲許由，爲嚴子陵，擊壤而歌，以爲太平之幸民，不亦可乎？」白之銓曹，銓曹允之；列之丞相府，相君嘉之。於是九成翩然東歸。

薦紳之家咸喈曰：「九成之出處，其亦

[1]「爲」，張本作「而」。

合於義哉！」或曰：「非是之謂也。九成有弟曰宗傳，近擢代縣令；曰宗儒，妙柬爲選曹郎官。九成之意，以謂一家不可以俱仕，恐妨進賢之路，故力辭之。不特如前所云而已也。」曰：「是未知九成者也。九成伯仲之才，不爲不美矣，其問學不爲不充矣。九成之志，豈不欲如河東之三薛、清江之三孔、虎林之三沈、番陽之三洪，蜚英聲於當時，樹芳烈於後世？其所以果於辭榮而謝寵者，亦度其時可以不仕也，避嫌云乎哉！雖然，九成之歸也，結廬泗涇之上，日坐皐比，横經而講肄之。子弟從之者，皆知所以孝弟忠信，出而事君，又皆知能致其身之義。九成有功於國，比於他仕者留心簿書期會而不知教化者，又爲何如哉？苟謂之仕，亦可也。」

抑予聞國家稽古右文，大興文治，嚴禁林清切之選，增成均弟子之員，有如九成之賢，其在所棄乎？在所取乎？九成行哉！席不及暖，突不暇黔，予知鶴書之赴隴矣。九成必不能於果不仕矣，九成行哉！

泰和劉氏先德録序

惟劉姓出自祁。其後生子有文在手曰「劉累」，因以爲名，事夏孔甲爲御龍氏。子孫在商更爲豕韋氏，又更爲唐氏，至周又更爲杜氏。杜氏生士蔿，爲士師，因官命氏，又更爲士氏。至晉士會入秦，雖復歸於晉，而子孫留秦者，遂稽劉累之名，别姓劉氏。此得姓之所由始，凡六更矣。

自秦歷漢，世有其人，而劉氏蔓延于四方。其在今廬陵者，實出於發之後。蓋發生倉，倉二十餘傳，始自長沙遷金陵。後唐天成間，復自金陵遷廬陵之泰和，圖譜之家可徵也。或謂從彭城徙建業，又徙西昌者，殆與所聞異辭。泰和之傳，況與兄雅、弟戎皆通文學。雅生俊，戎生光而絶。況生嵓、崟、岑、耑、崒。耑生遜，遜生璢，璢生諒，諒生利濟、利宿、利簡、利概，遺允日滋，分爲四巨族。宋自嘉祐壬寅至寶慶乙酉一百六十四年中，舉進士者二十有二。自熙寧丙辰至寶慶丙戌一百五十一年中，擢進士第者八。授經於庠序，蜚聲於州縣，遐邇相傳，以爲盛事。鄉邦之間，推故家文獻者，一則曰泰和劉氏，二則曰泰和劉氏云。況之七葉孫安尉宗回，懼世系相傳久而或紊也，始重著《譜圖》一編；十二世孫黄陂令宣，復增脩之；十六世孫鍔，復益廣其未備。首譜其宗支，次表其世科，次輯其遺文，而名公卿之爲劉氏作者，亦類解焉，通名曰《先德録》。鍔之三子麓、崧、埜，復旁搜曲探，倘可入編中者，悉謄附焉。亦可謂不忘其先者矣。崧與濂爲文辭交，力以首簡請爲序。

歐陽氏有言曰：「自受姓命氏以來，歷唐、虞、三代數千載間，詩書所紀，各有次第。」豈非譜系傳之百世而不絶歟？嗚呼！此濂因崧之請而重有慨於斯言也。士大夫間，孰不曰尊祖而敬宗？孰不曰辯同而別異？及叩其所自出，輒舌彊不能下，甚至王父之字有不及知者，其所以遠於禽獸者幾希。此無他，詩書之澤弗加，譜牒之修不謹，不知玩愒之弊，遂至於此也。有若劉氏，恪守明訓，集其承傳次第，垂二十代，支析派殊，整比可觀，非世濟其美而能然邪？自時厥後，苟引之而弗替，雖至於百世不絶可也。劉氏之子孫尚慎旃哉！

抑濂觀劉氏之中，利濟則輸家粟以給邊餉；好先則折獄不阿，人莫敢變，或欲鑿庾嶺以通漕運，復論罷之；獬則憫饑民輕陷法網，而出諸死地；令猷則辭迓吏白金，毅然弗之顧；幼文則捐縣帑，以紓長沙制帥之難。是五君子者，其事多可稱。而獬及令猷實同年進士，胡忠簡公銓、周文忠公必大爲銘其墓，是宜後人之所取法。濂所深望者，非特繼脩其《譜圖》而已也。劉氏之子孫尚慎旃哉！

崧元名楚，至正丙申，會用試取江西鄉試第二十一名文解，今入兵部爲職方郎中，階奉議大夫，文章政事見重當時，人謂其能世其家云。

宋文憲公文集卷七終

宋文憲公全集卷八

郊禋慶成詩序

皇帝自登大寶，主百神，即有事于昊天上帝，以仁祖淳皇帝配神作主，于今五載，弗懈益恭。粵洪武壬子冬十一月辛酉長日至，復遘其時。前期丙辰，上御奉天殿，集臣工于庭，告以誓命。戊午，出宿齋宫，有司汜掃反土，鄉爲田燭，各戒具脩，罔敢弗肅。及期行事，百辟卿士，後先駿奔。牲牷肥腯，圭幣温緻，器用質雅，酒齊苾芬，樂舞具舉，升烟上聞。皇心内外，質文兩盡。上帝居歆，福禄攸降。

既竣事，禮部尚書陶凱、工部尚書黄肅、工部侍郎牛諒、晉府參軍熊鼎、磨勘司令吴雲、兵部郎中劉崧、工部主事周子諒、祕書監丞陶誼、晉府録事張孟兼、吴府録事吴從善，咸謂皇帝升中于天，國之大典，幸際熙明，與於執豆籩之列，不可無篇什以紀慶成，昭示萬世。遂以唐詩「星臨萬户動，月傍九霄多」爲韻，各賦詩一章，而屬濂序之。

濂聞郊祀之禮，始於有虞氏，至周大備。秦漢以來，寖涉不經，且惑於六天、六帝之説，莫之適從。君國子民者，亦罕能躬嚴祀事，往往遣大臣攝之。肆惟皇上一據《禮經》，而洗千古之陋。每歲親升泰壇，昭事上帝，恪恭寅畏，有赫其臨，陰斂陽舒，降甘風雨，覃及寰宇，物無疵癘，行見鳳皇降而龜龍假矣。聲歌之發，兹非其時乎？昔者，周人之《頌》，所謂《昊天有成命》者，郊祀天地也；《思文》者，后稷配天也。二詩辭氣奥密，卒未易曉。然非卜商之序揭其宏綱，後世何自而明之？群公之什，優柔而雅馴，整肅而泰豫，足以美盛德形容，而告於神明。善言詩者，謂其有得周人之微旨。所可愧者，濂非卜商之識，僭序作者之意，君子其謂斯何？雖然，一代之成憲，後王之所取法者，其大概亦頗著見於間云。❶

昭鑑録序

洪武六年三月癸卯朔，上詔秦相府右傅臣文原吉、翰林修撰臣王僎、❷國子博士臣李叔允、助教臣朱復、秦相府録事臣蔣子杰、晉府紀善臣吕宗盛、録事臣杜環、燕府録事臣張雲翀、吴府録事臣吴從善、楚府録事臣王鏞、靖江府録事臣宋善類集歷代諸王事實。既受命，乃取東觀諸史相與研摩，善與惡可爲勸懲者，咸采焉。其文蕪事泛，則删取其大概；或有奢淫不軌，無復人理者，輒棄而不收。越二十又二日甲子，書成，繕寫爲二卷。臣原吉等詣闕投進，仍請以太子贊善大夫臣宋濂爲之序，上可其奏。先是，有詔禮部亦脩是書，前尚書臣陶凱、今尚書臣牛諒、主事臣張籌遂録爲一卷，上塵乙夜之覽。然二書義例本同，無大相遠，臣籌因會粹衆論，合而爲一，承詔刻梓以傳，名之曰「昭鑑」，臣濂因得而序之。

臣濂欽惟皇上既正天之位，❸即定青

❶ 篇末，張本有「是歲十有二月甲戌朔金華宋濂謹序」十五字。

❷ 「僎」，原誤作「撰」，今據韓本、傅本改。

❸ 「之」，張本無。

宮，衆建諸子爲王，作鎮雄藩，於是發自淵衷，錫以《寶訓》，凡箴戒之諄切，❶禮儀之等第，兵衛之出入，與夫職制、營繕、法律、供用之屬，具録成書，共一百一十有餘條。然慮其文太繁，前史之事可據以爲鑑戒者，多於各條之下微注其綱，而其目則悉載此書，庶幾得以互見。其爲聖子神孫建萬世之丕基者，可謂深且長矣。於戲盛哉！然代天而理物者，天子也。佐天子謹藩制以壯磐石之宗者，諸王也。天子則元首，諸王則手足，是謂一體者也，其可不同心而同德者乎？昔之賢王有見於此，敬以脩身，禮以齊家，政以馭衆，夙夜戰兢，唯恐不能盡屏翰之寄，故禄位傳諸無窮，聲光顯于來世。其或不賢而弗之察，欲縱情逸，且失其秉彝之性，而欲久享爵秩，抑亦難哉！觀録中所紀，歷歷蓋可數也。傳曰：「義勝欲者從，欲勝義者凶。」又曰：「惟命不于常，道善則得之，不善則失之矣。」嗚呼！《寶訓》具在，赫若日星之臨。覽是録者，其懋戒之哉！其懋戒之哉！❷

皇明寶訓序

皇帝繼天出治，御大曆服，七緯順度，九圍敉寧。爰自龍飛之初以迄今兹，金匱之藏，歲益月增，乃徇翰林詞臣之請，纂脩《日曆》，以成昭代之大典。粤洪武癸丑之秋八月甲午，帝御東黄閣，召臣詹同、臣樂韶鳳、臣宋濂，俾選海内文學之士，開局西

❶「凡」，原誤作「九」，今據張本改。
❷篇末，張本有「是歲五月三日臣濂拜手稽首謹序」十四字。

華門内，相與編摩成書，而命臣同、臣濂爲之總裁。九月壬寅，臣等既涖事，發所藏而繙閲之，仰窺神機睿斷，遠猶辰告，❶足以明徵定保，嘉惠邦家者，充牣乎其間。臣等因相與言曰：「《日曆》之成，藏諸天府，人有欲見之有不可得者。盍如太宗《貞觀政要》之書，編集以傳？」詢謀既同，於是輯成四十類，自敬天至制蠻夷，釐爲五卷，總四萬五千五百餘言。皆從記注之真，不敢以己意輕爲損益云。

臣等竊聞之：自古開基創業之君，其設心也弘，其慮事也周，一言一動，皆可爲天下後世法。治忽所繫，甚爲不輕，所以大舜有敕天之誡，武王有衣鑑之銘，垂示於後，炳若丹青，歷代寶之，用爲大訓，蓋慎之至也。肆惟皇上恭膺天命，經營四方，康濟兆民，惟日不足，故凡戒飭臣工，訓誓將士，出經入史，亹亹弗勌，必欲使其心領神會而後已。嗚呼！日月之無私也，容光其必照焉；雨露之無私也，百物無不潤焉。皇上法天而行，覆燾無際，恒恐一夫不被其澤，故精神之所會，訏謨之所定，誠與虞、夏、商、周之文相爲表裏，非太宗所能企及。此無他，聖學緝熙，内外一本於誠，而太宗則飾之以詐術故也。《貞觀政要》尚傳之於今，則夫《寶訓》一書，垂法於千萬世蓋無疑者。非惟繼體守文之主所當朝夕誦咏，以知創業之艱難，而三事暨大夫誠能佩而行之，亦可以盡安上治民之責矣。

❶「辰告」，原誤作「告辰」，今據文粹本、韓本、傅本改。

辛亥京畿鄉闈紀録序

進士之科，始於隋而盛於唐。唐於進士之外，又有明經、明法、書算諸科，然皆有學以肄其業。每歲之冬，州縣館監課試，其成者使與計偕，其不在館學而舉者，謂之鄉貢。既上尚書，始由户部集閲，而關於考功，復課試其可者而第之，此其初制也。自時厥後，其法靡常，而諸科或廢或因，亦無一定之論。唯進士之設，行之頗久。其得人之盛，考諸載籍，猶班班可見也。

皇帝誕膺丕圖，❶繼天出治，迺法前王建進士科，用康保於我烝民。洪武辛亥秋八月，洊當鄉貢之期，凡畿内三州十七府之士，皆歡忻相告，裹糧而奔走。儀曹具以狀聞，上親選兵部尚書吴琳、國子司業宋濂司考文之任，命即日涖事。而中書右丞相汪公、左丞胡公，復妙柬在廷之臣廉慎而通文藝者，爲受卷、謄録、對讀、彌封等官，期各盡厥職，庶有以副上側席求賢之意，其不輕也較然矣。

夫自歷代以來之爲士者，焚膏繼晷，矻矻窮年，欲徼科目以爲身榮，奈何有終身而不霑一命者；設得之，秋髮繽紛，而有弗獲禄食者。其間幸無二者之累，拘於歲月，又有不能改合入官者。何其艱哉？今我皇上求治之切，一藝一才無不庸，擢上第者，固不限資序而爵之；或見遺於南宫，亦俾其與有禄食。寒酸之士，一旦遭逢盛際，紆朱拖紫，秉笏垂紳，❷光顯尊榮，照耀耳目。

❶「帝」，張本作「明」。
❷「秉」，原誤作「柔」，今據張本改。

此皇恩之滂沛醲郁，誠歷代之所無有。爲之士者，動静云爲之間，曷思所以致此哉？其尸位素飡而不知報國者，妄也；違道干譽而不務恤民者，殆也；貪墨敗類喪名檢而隳風教者，非人也。《鄉闈小録》成，直書首簡，用以爲多士之規。❶

東雒山房序 有詩

東雒山房者，上清羽客周君雒之隱居也。雒字彦博，嗜學而能文。其先居伊雒之上，故彦博以雒爲名，而又以「東雒」扁其居，不忘乎本也。蓋彦博之先，南遷廣信者，多歷年所矣。雖然，彦博學神仙之道者也，他日披丹霞，乘青鸞，北升嵩高之巔，而俯瞰舊鄉，寧不重丁令威之所感乎？金華宋濂爲賦游仙之歌，使書山房之素壁云。歌曰：

東雒山人羽爲衣，腰懸寶劍光陸離。超然乘天游，蕩曠八極隨飆馳。俯視嵩高三十六，一一秀出紫金翠羽之華芝。中有少室八百六十丈，顛倒元氣涵晨霏。毵毵緑毛仙，濯足清泠淵。見人不肯折腰拜，手擲緑黍散作天花旋。天花旋，舞連娟，玉女從東來，頭戴雲翅足跰躚。❷試持秋帛擣寒石，中夜靈響凄緊如霜絃。不知龍穴有石髓，太乙月鼎將同煎。勞生任飄忽，誰復相流連？天雞一鳴天下白，齊州九點凝青烟。朝斞瀍澗之靈泉，夕漱伊洛之寒川。雖知城郭尚依舊，華表鶴唳應千年。大江

❶ 篇末，張本有「是歲八月十九日金華宋濂謹序」十三字。

❷ 「翅」，黄溥本、韓本作「翹」。

東流浴龍虎，丹光掩月夜吞吐。故鄉何處久不歸？人間一笑成今古。三素雲高弗可攀，仰見群仙出没於其間，勿使明鏡凋朱顔。顧我魁礧徒，無由扣瓊關。我不能鼻息吹虹霓，頓挫萬物歸新題。我不能白晝兀坐惜居諸，❶時翻枯竹除白魚。但得三寸舌，赤如蓮花淨於雪。高談《蕊珠經》，旦夕聲不絕。聲不絕，造元微。芙蓉峰前金虎要人騎。山人當相求，飛飛騰太微，共持瑶華玉管淩雲吹。

送徐大年還淳安序

觀人之法，當察諸心，不可泥其跡，仕不仕有弗暇論。苟其心在朝廷，雖居韋布，操觚染翰，足以鋪張鴻偉，上裨至化。脱或志不在斯，雖綰銅章，佩墨綬，朝受牒訴，暮閲獄案，政績藐然無稱。古昔君子，蓋獨竊慎之。

予於徐君大年之歸，不能無所感。大年生淳安萬山中，載籍兼該而辭藻豐縟，有聲於浙河東西。當皇上龍興，招延儒雅，大年驩然被山人服，趨輦轂之下，同脩前代史。史成，會有詔集諸儒議禮，大年復與其事。廷議將命官大年，以宿疾辭。去年秋，中書奉旨纂修《日曆》，朝紳各薦所知。予以大年知本末義例，可以觀會通而無首尾衡決之患，疏其名以聞，使使者持書下郡國，大年即驩然應命詣闕。入館之後，俛首探刺，唯恐一事有遺，記注者闕略，悉補足爲完文。《日曆》成，廷議又將錫之官，大年固辭如初。

❶「晝」，張本作「間」。

嗚呼！使大年初受命爲一縣令長，不過簿書期會爾，招徠撫綏爾，又其大者，教化行百里爾。一旦白身召入史館，大書特書，使聖天子宏謨駿烈，烜赫萬古，與天無極，此其功與試宰者孰重孰輕，雖不仕猶仕也。藉令自兹終老山林，可謂無負於國，亦可謂無負於學。世之好議論者，見其辭禄而歸，摇脣鼓喙，詡詡相夸奬，不曰「潔身而自高」，則曰「獨善以固窮」。夫士遭不願治之世，披腹呈琅玕，無有舉目睨之者，故不得已引退。今當堯舜在上，夔龍滿朝之時，以此疑大年者，謂之誣。士不學則已，學則必期世用，有如大賈行廢舉術，寶貨填溢市區，乃振鐸號諸人曰：「我不售，我不售！」萬萬無有此理。以此窺大年者，謂之矯。矯與誣，要皆非知其心者。

雖然，在昔宋室盛時，布衣入史館者僅六七人，皆兩制八座所薦引，其任甚不輕。大年雖不受禄，寵靈所被，溥博汪洋，有加往昔。大年將有何以自效？且春秋猶未高，沈疴容有卻藥之時，行當杖策造朝門，盡展所藴，以驚動世俗，使向之疑且窺者，瞠目不敢吐氣一辭，則出處兩無憾。不然，長往山林而弗思返，日與猿鶴爲友，餐霞雲而漱泉石，高固高矣，如不仕無義何？❶

贈雲林道士鄧君序

臨川有山曰雲林，列三十六峰，延亘五十餘里。其降勢旁魄，壓閩嶠而淩麻姑，拱華相而望龍虎，靈氣參會，非樂道者莫能居

❶ 篇末，張本有「洪武七年春正月一日金華宋濂引」十四字。

之。在唐之初，有鄧師郊自鄱陽來采藥山中，築瑞雲觀以爲鍊大丹之所。既没且瘞，忽從羅浮寄書還。啓棺而視之，唯劍履存。其後裔多出羽人，若仲脩君，亦其諸孫也。

仲脩生有出塵之趣，遂入上清宫爲道士。探規中天根之穴及抽添沐浴之候，遵而行之，用志不分。忽遇異人仙巖之上，出青囊靈書，增益其所未能。太乙真人知其然，又授以清淨無爲之説，使合諸至道。仲脩欣然言曰：「吾本初云立矣，❶當思有以利於物乎。」乃習召雷役鬼神之術，晝夜存心，若與明靈居。歲丙申，錢浦大旱，土毛盡焦，縣大夫徧走群望，日愈赤如火。仲脩杖劍登八卦壇，叩齒集神，飛符空濛中。雲膚寸而起，頃刻霮靆，幾不辨色。迅霆一聲起壇東，大雨如瀉。自時厥後，六七年間，東浙則蘭谿，西浙則嚴陵，江東則貴溪，或值亢陽，越部風紀之賢，總戎鎮戍之將，州邑長貳之官，無不致辭仲脩。仲脩出而應之，其致雨咸如錢浦。時人奇仲脩，謂有弭災之功云。

洪武四年秋八月，上召嗣天師沖虚真人至京，仲脩實輔行。九月晦入覲，賜食禁中，既而辭還山。五年二月，❷復詔中書徵有道之士六人，而仲脩與焉。未幾，遂選仲脩專祝祠之事，留居朝天宫。會天不雨，京尹請仲脩禱之。仲脩入室，凝神而坐，雷雨又隨至。上悦，出尚方白金以賜焉。

嗚呼！天地之間，不過陰陽二氣而已，有能知其化機而轉移之，則雨暘可得而求矣。昔者董仲舒以春秋災異之變，推陰

❶「初」，張本、胡本作「粗」。
❷「二」，張本、胡本作「三」。

陽所以錯行。故求雨閉諸陽，縱諸陰；其止雨反是。行之當時，未嘗不得其所欲。此蓋吾儒之事也。奈何古學失傳，章甫逢掖之徒棄而不講，而道家者流得以倣而行之，亦可以一槪矣夫！

然而天地，一太極也；吾心，亦一太極也。風霆雷雨，皆心中所以具。苟有人焉，不參私僞，用符天道，則其應感之速，捷於桴鼓矣。由是可見，一心之至靈，上下無間，而人特自昧之爾。仲脩游方之外，得諸師祕文，行之至久，脩脩然不爲物役，其能感鬼神、禦災難也宜哉！所以昭被寵渥，道光前人，而令聞長世也。且不忘其本，以雲林自號，不忘尊師，繪《三十六峰圖》遺之。予因爲叙，文繫於圖後。蓋圖以昭其先，而序以著其行云。

送黄尊師西還九宫山序

雙井黄尊師中理，文節公庭堅之八世孫也。年弱冠，以門資襲爵，爲光之固始尉。尋患半身不遂，棄官來歸。有神師號金花君者，謂曰：「吾能療而疾，疾愈當爲道士。弗聽，吾將去。」尊師曰：「儻能起廢疾爲全人，敢不受命！」金花君以帛粘其體，焫燈偏灼之，越七日，起行。尊師曰：「神師之言猶在耳也，小子其敢忘？」乃去學老子法於欽天瑞慶宫。宫在興國九宫山上，即真牧張真君道清鍊丹之所。居十餘年，遂主其徒。其徒凡一千人，咸服其教，恂恂有道行。當皇上西平江漢，尊師拜迎於鄂，應對稱旨。後八年，上思其人，復召至南京，所以寵勞者甚至。既退，命儀曹設宴享之。薦紳家以爲尊師幸逢盛際，上簡主知，龍光赫艴，山中泉石，當被餘輝而綽有喜色，不可無咏歌以誇張盛美。其西還也，相率賦詩餞之，而請金華宋濂序之。詩曰：

崔崔九宫山，翠蕤倚曾青。飛觀峙後先，宸奎爛晶熒。中有遯世翁，霞衣佩蕙珩。仙徒一萬指，執簡聽使令。年來遘兵燹，散走如流星。翁獨牽青牛，尋雲自躬耕。翠華幸江漢，扈從森幢旌。俯伏黃鶴磯，再拜陳中情。天日下照臨，簪裳受餘榮。今又奉璽書，翩然覲神京。太官給珍膳，法酒雙玉瓶。祇因逢景運，重際泰階平。致使方外士，恩寵霑鴻靈。一旦賦歸歟，行裾逐雲輕。自言當弱冠，緑袍佐山城。風露感末疾，離家煉黃寧。藥烹日月鼎，符參龍虎經。中氣昭象先，元覽極窈冥。欲期啓泥丸，翀飛出孩嬰。名花滿皇都，春風語流鶯。景物非不饒，歸思竟纏縈。芳歲去如矢，逝波日堪驚。純陽一銷鑠，重陰遂相乘。余聞重自愧，顛毛類枯莖。逐物向役役，❶棲身亦煢煢。幸有一寸丹，能與萬化并。何時滴秋露，相期註《黃庭》。

善財南詢華藏海因緣序

沙門那道輝以其師淨慈禪師所著《善財南詢華藏海因緣》一卷示予。先集經以備其事，次作偈以釋其義，不待詳分科段，偏閱疏鈔，而經旨瞭然自明。嗚呼！可謂善談雜華者已。夫雜華之宗，以言乎性，則

❶「向」，黄溥本、黄譽本、韓本作「尚」。

太虚洞然而無物；以言乎相，則萬象森然而駢列。所謂森然者，即行布也，一而萬者也；所謂洞然者，即圓融也，萬而一者也。圓融不礙行布，故一爲萬而不見其少；行布不礙圓融，故萬爲一而不見其多。此其大較也。然而善財之見文殊，根本之智已得，畢乎一者也；而差别之知未圓，欲見乎萬者也。今姑舉其略而陳之，則所不舉者，可推而見矣。

凡其所參五十又三，或順或逆，或小或大，或淺或深，皆各有所證。其登妙高峰，不見德雲，而於别峰相見，示法普見也；見善住空中，變化隨念而至，明法無礙也；見海幢放種種光，光中皆有種種奇勝，示法無盡也；見勝熱婆羅門，登山投火，得寂静樂，明法無怖也；見自在主偕學書數算，印療病、建宅、鍊藥，及農、賈等業，示法之巧也；❶見無厭足王決囚可駭，及觀宮殿皆有衆寶之所合成，❷明法如幻也；見偏行外道，調伏九十六衆，離諸異見，示法普觀也；見婆須蜜女，身出光明，照諸衆生，令離貪欲，明法無染也；見德生童子、有德童女，證入大悲大智，示法幻住也。見大莊嚴園，毗盧樓閣，慈氏領諸菩薩從他方來，彈指一聲，樓閣門開，善財即入。見一樓閣中，有一切諸妙樓閣；一一樓閣中，皆有慈氏；一一慈氏前，皆有善財；一一善財，皆悉合掌。回顧一善財之身，徧入一切善財身内；一切善財身，皆攝歸一善財身内。互徧互融，互攝互入，如燈鏡交光，重重無盡。善財既證此一切境界莊嚴解脱門，

❶「之」，張本作「工」。

❷「有」，張本作「是」。

文殊遂舒金臂，過一百一十餘城，按善財頂，告以法解雖已周，而行未圓之故。於是往見普賢，在如來前，一一毛孔出種種佛刹諸微妙事。善財見身在普賢身中，交光互現，一切不思議事悉皆成就。

嗚呼！善財前之所歷者，行布也；後之所證者，圓融也。非圓融不足以見體統之全，非行布不足以昭發用之盛。圓融，體用雙泯者也；行布，則因用而各顯其體者也。其後之所證，莫知爲之先；前之所得，莫知爲之後。二之，則非也。是知盡十方刹土皆是善財，盡十方刹土皆是文殊，盡十方刹土皆是一大香水海。孰爲行布，孰爲圓融哉？苟謂其無所證入乎，則於涉歷無微不探也；苟謂其有所證入乎，則性本圓明，初無一法之可得也。至矣，妙矣，蔑以加矣！

雖然，經旨宏深，非有識者爲之開明，初機之士何自而知佛？國師而下，頌而白此者，凡十人，禪師蓋後出而益奇者也。或曰：以偈釋經，可乎？曰：如來説經，長行之後，必以偈重宣之。善慧大士用偈釋《金剛經》，而後世箋經家多效之。何爲而不可也？

禪師名智順，字逆川，温之瑞安人，鐵關樞公入室弟子也。出世温之雅山，繼主福之東禪雪峰，今住持前刹云。

寶積三昧集序録

釋氏之書，有三法藏焉，曰經，曰律，曰論。經則佛與菩薩等所説，論則諸賢聖僧所著，唯律必佛口親宣，而非諸大弟子之得與聞也。然而三藏之間，統爲十二部，分爲大小中三乘，廣大殊勝，無所不攝。其文久流中國，至秦而絶。漢遣郎中蔡愔及秦景往使天竺，受其書以歸。自是譯師疊至，代有所增。以卷計者，梁則五千四百，隋則六千一百九十八。唐承隋亂之後，稍有廢逸，開元之目，則五千四百八。至貞元中，則又增二百七十五。宋太平興國以來，或翻譯，或編纂，或收貞元未附藏者，又增七百七十五。逮元有國，又增二百八十六，其中頗不能盡知。今以千文紀之，自天至遵爲號者，五百八十六，通爲六千二百二十九卷。噫嘻，其廣矣哉！學其書者，茫若望洋，至於皓首而不能周覽。唐僧智昇嘗編入中國歲月及譯人姓氏，名曰《開元釋教録》，美矣，而不采其文也。宋户部尚書王古隨其次第而釋其因緣，至於佛會後先，華譯同異，咸志之，名曰《法寶標目》，佳矣，而弗表其義也。優婆塞陳實分門别科，頗括祕詮，名之曰《大藏一覽》，近矣，惜糅之自造諸偈，而又擇焉不能精也。東山立菴大師崇志頗病焉，迺於延祐之初，掇拾三藏英華，上自三寶流通，中至天仙、天標、坤維、人倫之凡，時劫、根塵、世諦、塔寺、道具衆器之屬，下及珍寶、飲食、花木、禽獸、地獄之品，析二十門，釐爲四卷。文貫始終，事有源委，部居整比，秩焉不紊。遂取《法界體性經》中語，名曰《寶積三昧集》，鋟梓於壽聖禪林。立菴既示寂，板廢不存。白菴禪師萬金以精進力深入禪教三昧，旁事孔籍，亦臻其閫奥。悼立菴利物之心勤，而傳世之不遠也，復爲詮次義例，分卷爲五，重刻而布之。以濂閲《大藏》者凡三，稍涉户庭，請序其首簡。濂取覽之，儼然如探故物，雖未獲窺其全，而金銀、琉璃、車渠、瑪瑙、珊瑚、琥珀衆寶之積，爛然溢目矣。於是互跪作禮，而説贊曰：

巍巍法王寶，號爲修多羅。毗尼阿毗曇，三千大千界，以及無算數。無物不含攝，無土不現身。護法金剛王，手持蓮花杵，或執七寶劍。各逞神通力，晝夜不暫離。魔軍及末伽，無有能壞者。善慧施方便，爲轉大法輪。一轉千佛轉，佛佛具千佛。千佛亦復然，輾轉至無邊。此最勝功德，如雲雨太空。草木花藥等，根莖皆沾溉。如來真正幢，無鉅亦無細。汪洋四大海，了不見涯涘。苟取一滴水，濕性靡不具。炎炎大火聚，力可鎔天地。餘燼存一粟，炎體終弗滅。日輪行中天，其廣千由旬。光入寸隙中，圓明具日相。若耆闍堀山，山立五萬仞。❶一沙細於塵，孰敢謂非石？所以二尊者，各出本來智。一取六千卷，束之四卷間。如將須彌盧，納之於鍼孔。一噓寒灰燄，死後使復然。光照閻浮提，利彼有情衆。智者能移物，勿爲物所移。佛言雖至寶，執著亦爲障。我有大寶藏，不落文字中。六處放光明，七佛時行道。時時宣妙法，法法悉皆忘。定見自性佛，共成無上道。

千巖禪師語録序

往予家居時，嘗謁千巖禪師於烏傷伏龍山。當是時，遐邇學子望風犇湊。曾未幾何，化荒墟爲樓觀，易空寥爲金碧，鐘鼓之聲，上徹霄漢。嗚呼，何其能也！蓋禪師以無能爲能，不用爲用，芳蘭生於幽谷，

❶「立五」，張本作「石立」。

而馨香遠聞；蒼璧韞於元璞，而光輝外發；禪師處於遐壤，而人競從之。有道之士，其果有異於庸常者歟？且禪師在時，其弟子嗣昭嘗録其語，鍥梓以傳，予嘗獲觀之。其敷宣大法，如雲雷迭興，而九龍噴雨也；如大醫王制藥，隨證而愈疾也；如摩醯三眼，光明洞照，而無不至也。由是知禪師之道，不實不虛，不有不無，不中不邊，在普應之門，蓋亦鏗然有聲者也。以能以用窺禪師者，抑亦末矣。

禪師既入寂，兵燹方張，所謂《語録》者，皆爲煨燼，經今十有餘年矣。一菴鄰上人，自幼侍禪師，與聞其道，乃以舊本重刻，不遠一千餘里來徵予序。予謂禪師之道見於言，讀其言，自可知其道，又何以序文爲？然稽之古德，其語存于今者，多名縉紳爲題辭，不若是，固不足以表正宗之所寄。第予也非人，惡足爲禪師之重輕？以禪師與予交也，因不辭而爲之書。

雖然，禪師之道不落有無、中邊、虛實者，固不可以語言文字求也。欲求禪師之道，其亦得魚兔而忘筌蹄者乎？禪師行業，予嘗爲撰塔上之銘，兹不書。上人方閲三藏諸經，連年不自休。今又孜孜而爲是圖，亦可謂不悖其師者也。

送璞原師還越中序

柳儀曹有云：「真乘法印，與儒典並用，人知嚮方。」誠哉，是言也！蓋宗儒典，則探義理之精奧；慕真乘，則盪名相之麤跡。二者得兼，則空有相資，真俗並用，庶幾周流而無滯者也。禪林之規，分職授事，各因其才而責以成功，而於内記之選，尤難其人。凡有關於文辭之事，頗資之以達務，非熟采竺墳，旁通孔籍，未易以致之。苟能從事於斯，則說法名山，師表後進，階級將自此而升矣。其任之重，不亦宜乎？

會稽璞原師，其名爲德瑄。幼學浮屠法於諸林院。長游大方，遂於善世禪寺充内記之任。善世爲海内僧伽所宗，龍象之所經，瓶錫之所聚，揮汗成雨，張袂成帷，一時號爲極盛。璞原非惟稱其職，兼能近取遠攬，深涵淺受，而其學益進於前。一旦將還東海之上，與璞原游者咸惜其去，相率發爲聲詩，命予執簡而序之。因繫其辭曰：

世之學者，夥矣。溺文學者，則局促經畲，馳騁藝苑，其流必外騖而忘返；泥苦空者，則措情高遠，游志疏曠，其流必内躁而失守。所以皆倀倀他適，不知正塗之從。有若璞原，其知真乘法印與儒典並用者歟？處乎世間，不着世間。如環之無端，不見其止；如刀之剖水，不見其跡。其知空有相資、真俗並用者歟？循序而上，此焉發軔，他時出世爲人，其知所自重者歟？

予，儒家之流也。四庫書册，粗嘗校閱；三藏玄文，頗亦玩索。負誇多鬬靡之病，無抽關啓鑰之要。近惟默坐存誠，屏斥而銷霣之。於是天光駿發，靈景自融，方知儀曹之云，爲漸門者設。璞原春秋甚富，宜達圓頓之旨，尚思得魚兔而忘筌蹄歟？白雲悦公，時碩德也，身居巖壑，名聞禁闥，璞原嘗師事而親炙之。當以予言質其然否，白雲又將有以爲璞原告也。

徑山悦堂禪師四會語序

根有利鈍，故所教有異同；悟有淺深，

故所印有小大。施其善巧之力，釋彼結習之固，非假言辭，難窮實際。所以達摩歷辯於六宗，臨濟有發於三要，照耀今古，函蓋乾坤。茲其爲巨浸之輿梁，作昏衢之燈燭也歟？

有若悦堂顔公禪師，以東嶼正嫡，弘西來大宗。初住崑山之東禪，轉吴門之萬壽，升虎林之南屏，遂陟雙徑，樹大法幢。凡四堂道場，名聞京國，遣使者再下璽書護其教，且有金襴法衣之賜。藩王大臣，無不函香問道，黑白駿奔，如衆歸市。禪師隨機接引，霑被爲多。其善誘弗倦，則春氣津津，太和襲人也；其發蒙撤蔀，則翳捲太清，冰釋洪河也；其警省振勵，則震雷虓虓，喪厥匕箸也；其含弘攝授，則山不讓塵，海不擇流也。由是而觀，所教有同異，非根有利鈍者歟？❶ 所印有小大，非悟有淺深者歟？前謂施善巧、釋結習、假言辭、窮實際者，其道豈不在於斯歟？

昔者，先師黄文獻公現宰官身，敷宣般若，與禪師爲方外交。而禪師受度婺之寶林，又在予父母之邦。稽茲緣契，實繫中情。禪師上首南峰瑆公，得法最蚤，乃出《四會語》俾題首簡。予竊聞之，入奥室者，能探於幽邃；升危岑者，始矚於冥茫。松月大師印公，禪林之獅子，法海之長鯨也。其稱禪師之道，高於圓照、佛照二公，其言豈虚發者哉？惟賢知賢，蓋可徵矣。仰前哲之風徽，作後武之矩度，究其遺轍，足證新功。是録之行，其必有超然獨得於語言之外者乎！

❶「者」，原作「也」，今據張本改。

贈清源上人歸泉州覲省序

大雄氏躬操法印，度彼迷情，翊天彝之正理，與儒道而並用。是故《四十二章》有最神之訓，《大報恩》中有孝親之戒。蓋形非親不生，性非形莫寄，凡見性明心之士，篤報本反始之誠，外此而求，離道逾遠。

清源上人，曩自丱歲即黜空門，鬅落於鳳皇之峰，典藏於雙檮之刹，無微不探，有顯皆窮。繼出世於龍華，俄分座於天界。宜了苦空之相，庶盡有漏之因。《蓼莪》忽咏，《陟屺》成思。瞻巖雲之易孤，歎春暉之莫報。癡鈍翁之寄像，終亦何心；陳尊宿之編蒲，願終其志。於是儒門席上之珍，法苑同袍之彥，察其誠慤，各繫聲歌。且徵題於首簡，用攄發其中情。昔者，柳州刺史投分濬師，及覲省於淮南，法鄭商之光犒，❶屬爲文采，烜著叢林。顧予末學，焉敢效顰？然而見善不揚，非君子之操；澆俗弗勵，豈達賢之爲？

有若上人，歷抵大方，期於深詣，其欲明心見性者歟？雖嘗絶學，不廢明倫，其知反始報本者歟？契經最神之訓，如來孝親之戒，其能服行而弗悖者歟？魯典竺墳，本一塗轍，或者歧而二之，失則甚矣。自慚蹇偓，馳逐章逢，知本迹之不殊，思內外之兩盡。嘉斯篤行，脗合道謨，聿增名教之重，不昧原本之義。表而出之，以爲世觀焉爾。

❶「光」，張本作「先」。

玉兔泉聯句引

洪武五年秋九月十又五日，日入酉，予與仲子璲過張録事孟兼於成均，秉燭對坐。孟兼方命侍史汲玉兔泉瀹茗，俄熊參軍鼎、劉職方崧、周虞部子諒皆集，相與談詩。至愜心處，輒抵掌笑譁。吕太常仲善聞之，亦驩然來會。既啜茗已，孟兼出新造《玉兔泉銘》諷之，且曰：「今夕何夕，勝友如雲，不可無以爲娱，請舉泉聯詩何如？」衆皆曰：「然。」予年有一日之長，俾題其首句，餘則以次而續。鬬險據勝，閧閧弗能休。至二鼓，詩成，各擁衾就榻。逮雞再號，風雨淒迷，僕夫載塗，❶官事有程，皆不告而散，予亦騎驢去朝天矣。明日，孟兼將屬璲作小楷，繫詩於銘左，徵予爲之引。於戲！人事聚散，如風中飛花，其回旋飄泊，曷嘗有一定之跡？今幸得與二三君子岸幘咏詩，驩然而一笑，豈非天哉？然此七人之中，楚産者大半，獨予父子與孟兼居越西，相距僅半舍。他時或後先投簪而歸，支九節笻訪孟兼白石山房，遡咏諸賢立霄漢上，欲一見不可得。取此卷閲之，恍如聚首成均時，寧不有慰於寂寥之鄉也耶？孟兼、子諒，皆以字名。熊君，字伯穎。劉君，字子高。予則南宫散吏金華宋濂也。詩曰：

成均地何靈？聖澤資灌沃。濂　兔奔兆奇徵，井渫發新斸。鼎　自非三窟深，孰湛一川緑？孟兼　儲精本從金，生色絶勝

❶「僕夫」，原脱，今據黄溥本、韓本、胡本、四庫本補。

玉。子諒　霜毛蘸寒飲，雪氄翻落浴。❶崧　釀洌補酒經，沐丹驗仙籙。仲善　杵舂蟾宮棄，珠噴鱣堂觸。璲　孕月生陰精，觀天漏晴旭。濂　冰澄毛骨竪，鑑澈須眉燭。鼎　毚名徒自奇，檜行檝難贖。❷孟兼　雖涵東郭狡，難洗上蔡辱。子諒　引滿瓶未羸，探幽綆頻續。崧　流罌滲銀牀，出竇濺瓊粟。仲善　醉沃目暈花，凍汲指連瘃。璲　濡毫乃自潤，照影從人欲。濂　光沈天上魄，祥啓地中躅。鼎　摛辭挹餘清，盥薦侑嘉告。子諒　劍刺非貳師，❸池移豈身毒？孟兼　燕支愧瑶陳，鹽鹵鄙富蜀。崧　不動疑窐雪，頻摇笑風橐。仲善　天光一眼開，雲影片鱗束。璲　劇嚥覺瘮痳，蹶足想彳亍。濂　觱沸虎爪跑，斢吸猿臂臼。鼎　潔士濯冠纓，渴卒卸刀韣。子諒　精當卯君隆，液或井宿督。孟兼　誰知鍾宿分，脈與伊洛屬。崧　錫名爾固嘉，戰句吾何局？仲善　聯將指鼎比，疾勝擊鉢促。璲　驚風落燈燼，斜月墜檐曲。靈源詎能窮？短咏聊可録。濂

旃檀大愛妙色三經小引

先佛所説《旃檀香身》《大愛》《妙色》三陀羅尼經，皆西天譯經三藏朝散大夫、試光禄卿、明教大師法賢奉詔所譯。其在法藏，與《瑜珈大教王經》凡二十七等，同車輦字函中。功德所被，或瘳惡疾，或救海難，或出生際諸鬼趣，資以解脱。誠心求之，靡不應感。蓋我如來大誓願故，神通力故，慈憫

❶「落」，張本作「夜」。
❷「檜」，黄溥本、韓本、胡本、四庫本作「獪」。
❸「貳」，原作「二」，今據黄溥本、韓本、胡本、四庫本改。

有情故，一彈指頃，即能成就無邊殊勝。經言可信，真實不虛，天界沙門太初肇公信之爲尤力。於是命工鍥梓以廣流通，介其同袍一林桂公徵濂引其首。大佛法廣如虚空然，無始無終，無内無外，苟欲繪畫而贊咏之，非愚則惑矣。故書其概，以起讀者之信心云。

蟠松説

昔人之言喬木，必繫於故家者，何哉？蓋故家者，非一世之謂。其封培也，有其素；保衛也，有其道。所以能上干九霄，下蔽萬牛，撼雷風而弗驚，沐雨露而常新者也。嗚呼！此亦自承平之時言云爾。若夫當戎馬繽紛之際，無澤不竭，無山不童，人之屋廬且不能自保，其有鬱鬱芊芊，巋然而獨存者乎？蓋必無也。理之所必無，而今則或見之者，是豈人之所能哉？非人之所能，則天而已矣。

中書左司郎中劉君明善，居武昌之咸寧，其先塋之在崇陽者，有松暢茂成林，其一最巨者，枝柯縈盤，勢若長蛟，角鬣備具，而爪距奮張，尤爲可觀者焉。當汝潁變作，蔓延至武昌，愚氓起而應之，相與建營結柵，山之有木者，剪刈無餘，而崇陽之蟠松巋然獨存。人過之者，皆彷徨歎息，指而言曰：「是蟠松者，出於平麓，非有絶壑懸厓，人跡之所不到也，何爲能免斧斤之厄乎？且其形質與恒松等爾，非鑄銅鐵以爲枝柯也，又何爲能自全而不損毫髮乎？」嗚呼！我知之矣。持之以智力者，不足以禦人事之變；感之以慶祥者，誠可以俟天命之定。劉君武昌故家，累世積善之深，故天之報施，俾其喬木在墟墓間者，不異承平時，其意若曰：「善人者，天所厚也。」苟謂天不厚善人，盍於蟠松徵之？ 亦如是而已矣。

雖然，天將雨而礎潤，潮將生而飆興，家將蕃而林木有輝，理之常也。今蟠松出於百翦刈之餘，蒼然而弗渝，充然而含滋，得不爲劉君之家盛大之兆乎？ 矧劉君以濟世之學，歷仕熙朝，出持憲節，入位郎官，聲譽翕然，動於中外，其融顯方日進而未已也。蟠松之祥，又當於是乎徵之。昔人又有言曰：「樹德如樹木。」木之成材，可資於一時；德之榮身，可被於後裔。劉君當益務乎德哉！ 某幸與劉君交，於是推原其故，作《蟠松說》。

禄命辨

三命之說，古有之乎？ 曰：無有也。曰：世之相傳有黃帝、風后三命一家，而河上公實能言之。信乎？ 曰：吾聞黃帝探五行之精，占斗罡所建，命大撓作甲子矣，所以定歲月，推時候，以示民用也，他未之前聞也。曰：然則假以占命，果起於何時乎？ 曰：《詩》云：「我辰安在？」鄭氏謂「六物之吉凶」。王充《論衡》云：「見骨體而知命禄，覩命禄而知骨體。」皆是物也。況小運之法，本許慎《說文》「巳」字之訓。空亡之說，原司馬遷《史記》「孤虛」之術。蓋以五行甲子推人休咎，其術之行已久矣，非如呂才所稱起於司馬季主也。沿及後世，臨孝恭有《禄命書》，陶弘景有《三命抄略》，唐人習者頗衆，而張一行、桑道茂、李虚中咸精其書。虚中之後，唯徐子平尤造其閫奥也。

曰：十一曜之説，古有之乎？曰：無有也。《書》云：「在璿璣玉衡，以齊七政。」❶所謂七政，日、月、水、火、金、木、土也，而無紫氣、星孛、羅睺、計都也。星孛數見於《春秋》，或見大辰，或入北斗。紫氣則載之史册，與氛祲同占。羅睺、計都者，蝕神首尾也，又謂之交初、交中之神。初中者，交食之會也，借此以測日月之蝕也。唐貞元初，李弼乾始推十一星行曆，鮑該、曹士蔿皆業之。士蔿又作《羅計二隱曜立成曆》，起元和元年，及至五代，王朴著《欽天曆》，且謂蝕神首尾，頗行之民間，小曆而已。若吴伯善，若甄鸞，若劉孝孫，若張胄玄之所造，但云七曜，而不聞有十一星也。

曰：然則假之以占命，又起於何時乎？曰：《洪範》云：「月之從星，則以風雨。」泠州鳩云：「武王伐殷，歲在鶉火，月在天駟。」則以星占國，亦已久矣，而未必用之占命也。曰：以星占命奈何？曰：予嘗聞之於師，其説多本於《都利聿思經》。都利，❷蓋都賴也。西域康居城，當都賴水上，則今所傳《聿斯經》者，婆羅門術也。李弼乾，實婆羅門伎士，而羅睺計都，亦胡梵之語。其術蓋出於西域無疑。晁公武謂爲天竺梵學者，於此徵之尤信也。

曰：術之緣起，則吾既得聞命矣。然亦巧發而奇中乎？曰：有固有之，而不可泥也。何也？且以甲子幹枝推人所生歲

❶ 「政」，原誤作「致」，今據張本及《尚書》原文改。
❷ 「都」，原作「多」，今據張本改。

月，輾轉相配，其數極于七百二十，以七百二十之年月，加之七百二十之日時，其數終於五十一萬八千四百。夫以天下之廣，兆民之衆，林林而生者，不可以數計；日有十二時，未必一時唯生一人也。以此觀之，同時而生者不少，何其吉凶之不相同哉？吕才有云：「長平坑卒，未應共犯三刑；南陽貴士，何必俱當六合？」誠足以破其舛戾矣。三命之説，予不能以盡信者此也。天以二十八宿爲體，體則爲經，有定所而不可易。以五星爲用，用則爲緯，恒絡繹乎其間，或遲或留，或伏或逆，固有常度而可以理測。苟謂躔某宿則吉，歷某宫則凶，猶或可言也；設其星有變，其行不依常經，而犯乎河漢内外諸星，又將何以占之哉？或如前所謂生同一時者，其躔次無不同，吉與凶又何懸絶哉？夫萬物皆出於五行，安有五行之外又有四餘？土木行度最遲，而爲吉凶者久，故有餘氣。而氣爲木之餘，計爲土之餘，猶或可言也；水之餘則孛，火之餘則羅，果何所取義哉？水、火、土、木然矣，奈何金獨無餘氣乎？或謂相生故有，而相尅故無，亦非通論也。況孛乃妖星，或有或無，而氣、羅、計三者，本非星也，不知何以有躔度之詳哉？十一曜之説，予不能盡信者，此也。曰：秦漢以來，諸儒推十二國分野，十二次度數及所入州郡躔次，毫釐若無差忒者。既可占國，豈不能占人乎？曰：天運地維，動静不同，故先正云：「有分星而無分野。」占國者，不可盡泥也。占國者不可盡泥，況占命乎？

曰：五星之精，發乎地而昭乎天，其分配十日、十二子，名雖殊而理則同也。人資天地以生，山林之民毛而方，謂得木氣之多也；川澤之民黑而津，謂得水氣之多也；得火氣之多，則邱陵之民專而長也；得金氣之多，則墳衍之民皙而瘠也；至於豐肉而痺，則得土氣之多，而所謂原隰之民也。然則彼皆非歟？曰：五土有異，而民生以之，此固然也。人之賦氣，有薄厚長短，而貴富、賤貧、壽夭六者隨之，吾不能必也，亦非日者之所能測也。蹈道而脩德，服仁而惇義，此吾之所當爲也，不待占者之言而後知之也。予身修矣，倘貧賤如原憲，短命如顔淵，雖晉楚之富，趙孟之貴，彭鏗之壽，有不能及者矣。命則付之於天，道則責成於己，吾之所知者，如斯而已矣。不然，委命而廢人，白晝攫人之金，而陷於桎梏，則曰：「我之命當爾也。」怠窳偷生而不嗜學，至老死而無聞，則曰：「我之命當爾也。」剛愎自任，操刃而殺人；柔暗無識，投繯而絶命，則又曰：「我之命當爾也。」其可乎哉？其可乎哉？所以先王之山川異制，民生異俗，剛柔緩急，遲速異齊，五味異和，器械異制，衣服異宜。於是脩其教，不易其俗；齊其政，不易其宜。所以卒歸於雍熙之治也。昔者鄭大夫裨竈言「鄭當火，請以瓘斝玉瓚禳之」，子産不之與。已而果然，竈復云：「不用吾言，鄭又將火。」子産曰：「天道遠，人道邇，非所及也。」鄭卒不復火。嗚呼！此不亦禄命之似乎？吾知盡夫人道而已爾。

曰：近世大儒，於禄命家無不嗜談而樂道之者，而子一切屏絶之，其亦有所本乎？曰：有，子罕言命。

弔忠文

弔忠文者，爲豫章新吴黄君翊作也。夫人臣盡忠，事君之常經也。忠其可弔乎？使忠可弔，則世之不忠者，有可憾焉矣。黄君字孟翔，翊其名也。通《春秋》，工於屬文，每以奕葉爲儒，錚錚思自見。會進士科罷去，作江西部使者屬。亡何，又棄去。司計廬陵學官滿一考，冀可循例補校官，廷議改法，以錢粟吏不可爲人師，更辟大府掾。君不得已，受事廬陵郡。

君性剛勁，不可回撓，事礙於法，輒抱案歷階而升，摘其語與上官議。反覆相鉤連，上官怒斥之，屹立不少動，已而卒如君言。安成土豪暴甚，州縣畏之如鬼，一旦殺人，上下相目莫敢逮。同列嫌君木强，嗾君行。豪樹柵自固，君命拔去，抵其門，惡少年數十，執刃譁而出。君叱曰：「爾欲反耶？」少年曰：「反則不反，汝足稍前，即刳汝腸矣。」君曰：「爾主自殺人，何與爾事？顧乃同族滅耶？」少年色動，君挺身呼而入曰：「爾即殺我，爾即殺我！」少年皆投刃走。君趨坐堂上，索豪。豪知事急，出見君求解，且誘以重賂。君陽諾之，與其俱來，寘諸法。人見君，咸戟手指曰：「此健吏，不可犯也。」至正壬辰，大盗起蘄、黄，將及郡，郡二千石與官屬皆雲散鳥逝，❶君獨止孔子廟堂。盗獲之，知其爲府掾，强之仕，使行官書。君駡曰：「死狗奴！我死即死，其能官於賊耶？」盗怒，反接於樹。歷一日，意其自悔，抽刀礪頸曰：「從則禄汝，

❶「散」，原脱，今據黄溥本、韓本、胡本、四庫本補。

不從則血涴吾刀矣。」君大駡，愈於初，賊斫首而去。

嗚呼！事君竭忠，固以死繼之，然亦視其位之何如耳。當是時，統制閫外者，宜死之；專城而居者，宜死之；荷戈禦侮者，宜死之，然皆未嘗死。君以一府掾之微，可以不死也；即不死，物議當不及；乃能瞋目詈賊，視死如歸。使其當前三者之任，其激揚奮厲，足以有爲可知矣。此不爲而彼爲之，悲夫！

君之子載，以文學擢第奉常，間拜予泣道君事，請爲文。然君之死，孰不以爲忠？至其從容就義，則鮮有察其詳者。予因造文一首，托之楚聲，纏綿悲愴，以白君之情。君雖在九泉，必當以予爲知己，使世之不忠者讀焉，其亦有所愧夫！

君之友廬陵蕭彝翁，鄉貢進士也，參謀軍事於省府。僞漢陷廬陵，赴井死。婦弟同縣鄧椿爲臨江府吏，臨江陷，椿集廬陵義軍千百，濟以舟，偕萬夫長楊瓛等，與賊大戰城下三日，兵潰，投江死。其志與君同，俱人傑也。法宜牽聯得書。文曰：

繄委質以事君兮，秉忠貞而不隳。斯天經與地義兮，位無間於尊卑。當海嶽之塵昏兮，鼓腥風於干戈。譬巨瀦之失防兮，泛摇摇之大波。悲何山之不懷兮，復何陵之不襄？舞魚龍而跳罔象兮，孰舉手以閼其狂？倚長劍於天外兮，豈予力有不任？瞻九關之莫通兮，誰屬予以三軍？矧祕計之屢出兮，復掩耳而不予聽。婦人難與圖謀兮，徒有淚以沾膺。慟哭而叩蒼旻兮，予倀倀而安之？或危蹙而無所騁兮，將誓死以爲期。胡妖氛之日熾兮，絳帕首而狂呼。冠切雲而佩蕙珩兮，棄堅城而長逋。予雖賤爲府吏兮，頗嘗與於禄食。縱一粟其亦君恩兮，敢曰職卑而莫恤？ 毁車殺馬而遐逝兮，人孰得而非予？ 君有急而臣背去兮，其自揆爲焉如？ 彼王蠋本齊民兮，雖君禄有不享。尚一死以報君兮，植後世之大防。況予結髮而好脩兮，聞聖謨於父師。臨難而求苟免兮，非禽獸而鬚眉。予豈異夫人人兮，甘惡生而樂死？ 唯殺身以成仁兮，免君子之所鄙。望巍煌之宫牆兮，實宣尼之祕祠。亟攝衣以從之兮，依嘉樹之參差。中心皎如白日兮，即萬死其奚惜？ 與淵騫游於地下兮，亦予情之深懌。瞋目而詈賊兮，經百折而弗變。卒從容以就義兮，誠遺言之堪踐。爾死固若殤夭兮，凜萬世而猶生。較喪節而久存兮，歷百齡其何榮？ 吾知爾精魄之攸化兮，下醴泉而上卿雲。之二物固爲休禎兮，豈爾心之所訢？ 必震盪爲風霆兮，叱列缺以施鞭。殛不忠而爲虀粉兮，使天威之昭宣。嗟鄧蕭之二生兮，眼見義而不見水。宜與爾爲三忠兮，享百世之明祀。悼余生之蹇僿兮，力不足以振之。悲風瀟瀟而四來兮，謾含哀而敶辭。

雲中辭

黄巖有奇士曰許君弼，其字廷輔，治《周易》，燁然以文名。會天下紛擾，輒被鐵衣，操虵矛，集兵以禦寇。尤能挽强命中，衆初弗信，君設正鵠一百八十步外，挾弓矢以往，轟然一發，輒中之，乃皆歎服。由是多驅馳戎馬間。

及天兵取台州，四方次第平，大興文治，建科目以取士。君慨然曰：「聖天子在上，可以出而仕矣。」起應書鄉闈，遂取浙江第二名。君文解去通判沔陽府，剸煩劇如庖丁解牛，恢恢乎投刃而有餘地。已而，復慨然曰：「予家之東有委羽山，其高摩天。委羽之下，又有桃山焉。群峰相與回環，日未出，常有雲氣起其間，縹緲輕盈，如兜羅綿，籠罩崖谷，如翔如舞，絶可愛玩。有時下覆檻宇，覺此身飄然在雲之中，恍欲逐黄鶴仙人吹簫而往來也。第以君恩未報，不敢決去。他時髮種種，當掛冠而歸，與雲爲朋。姑以『雲中生』自號。」蓋以表其志云。

夫雲之爲物，出乎太虚，欻然而有，忽然而無，其變幻有不可測者。當長空晴妍，紆徐其興，結而爲祥鸞，散而爲綺霞，其文采郁如也；及其黤黮鬱勃，鐵馬長驅，雷電爲之恍惚，而甘霖注焉。嗚呼雲哉！何其有類於君也？然非雲之類君，實君有取於雲也。樂繁華者，贈勺藥以相娱；務高潔者，貯秋菊以爲糧。物何嘗有心，而人自强同之爾。

予方與君談雲中之趣，君忽昂然而來，顧予言曰：「弼知誦子之文久矣，盍爲賦《雲中辭》乎？」予聞君襟韻洒落，得喪一歸于天，故其顔四時無憂色，其號爲「雲中」也亦宜。爲之辭曰：

委羽之山兮雲薄之，勢輪囷兮復參差。膚寸而合兮，既合而復離，不崇朝兮雨渺瀰。渺瀰兮雲之歸，玄功泯泯兮邈難知。嗟爾雲中之人兮，胡不爾思？或出兮，或處兮，恒與雲以相期。

協晨中寥辭

鬼谷仙人畫《列禦寇御風圖》，以獻其

師四十二代天師真人。真人號沖虛子，而唐封禦寇之號，實曰「沖虛」。此其圖之所以作歟？濂竊觀之，髯松奮張，有風泠泠然起於其中，霞光發舒，閃鑠無定。禦寇方乘飆回旋，龍裳鸞帶，淩亂不可止。遥見神山隱起大瀛海上，旭日一點如火，海濤噴薄迎之，濺沫而舞珠。景物遼敻，令人情塵銷霣，直超鴻濛間。嗚呼，仙人之畫奇絶矣！蓋以媲真人，非果在於禦寇也。真人或飛神，上謁太清，排空馭氣，靡所不之。將真人之似禦寇乎？抑禦寇之同真人乎？是未可知也。濂因造《協晨中寥辭》一篇，真人或咏於淵精之區，九都衆真，當有彈八瓊太璈來和之者，庶幾後天而終可以凋三光者乎？至若禦寇寓言旬有五日而後反者，微旨已備見其書，茲可略云。辭曰：

帝青洞真陽，太飆恒鬱敷。凝神欻上征，行與灝氣俱。飛輪入溟涬，九光開翠莩。腰佩白琥囊，吻薦紫琳腴。曲龍有丈人，持節下明都。授以八辰祕，攝御萬象初。陟彼方丈臺，大招許瓊暉。廓落黄演炁，陽堂明梵樞。開明戊己功，玄契曲晨機。羲娥俯倒景，流光駐熙夷。靈集動千載，視之若斯須。稽首方諸君，同餐燕胎芝。請授長生籙，浩劫以爲期。

予老矣，諸書皆忘去。此卷雖久留齋中，不克題就。今日退朝稍早，逍遥禁林，涼颸飄飄然吹衣，神情爽朗，有若憑虛而行歌天上，遂濡毫賦此。他日煉丹仙華山中，九轉功成，當與沖虛神游八極，握手一笑，何翅三千年也！

黃瑄字辭

「宣」之爲文，上從「一」，而下從「二」，從「回」，乃取風回轉以宣通陰陽之義。尋復借爲布，爲綏，爲明，爲徧，不一而足。若加之以「玉」，則又爲「瑄」，蓋「玉」則象形，「宣」則諧聲也。《爾雅》云：「璧大六寸謂之瑄。」漢代郊祀，則有司奉瑄玉，而「瑄」又通作「宣」。然則瑄玉者，亦玉中之最貴者歟？ 先師黃文獻公之嫡孫名瑄，濂因字之曰「伯宣」，且勖之曰：天地之間，貴者爲玉，賤者爲石。石譬則小人，玉譬則君子也。爾瑄出自瓊瑶之林，人固曰：「此玉也，非石也。」玉則玉矣，曷益之以礱琢之功乎？ 不然，則玉徒玉爾，器云乎哉？ 雖然，器幸成矣，復局滯於一，而未能無施而不當也。瑄乎，瑄乎！ 其用是而自勖乎？ 嗚呼！ 文獻公藏器于身，出而薦諸郊廟，非特器而已也。有如辟羨起度，凡諸玉之用，規矩皆自其中出爾。瑄愼勿愧之。瑄乎，瑄乎！ 其用是而自勖乎？ 濂，老門人也，故於瑄，不敢褒，而敢箴。系之以誦曰：

璧大爲瑄孕諸石，孚尹夜氣吐秋魄。薦郊奠廟神鬼格，其儀夐出犧與帛，媲義配名到幽賾。爾性爾繕靡朝夕，予言服膺宜無斁。

臧士幾字辭

臧君哲，字曰文濬，密人也。以儀曹屬時詔爲司隸。然其爲人，秀穎而嗜學，賢士大夫愛之，頗謂其名若字皆盛德事，殊非所以自稱，盍更之？ 君來請於予，予摘程子

「哲人知幾」之義，字曰士幾。幾者，善惡之發，榮辱之主也，可不慎歟！慎之如何？曰：誠而已矣。作字辭，辭曰：

心神變化秉氣機，砮牙既幹鈞石隨。或黑或白迺異歧，君子防之樹城陴。嚴以金鼓列旌旗，百體從令志則熙，尚慎旃哉無殆而！

楞伽阿跋多羅寶經集註題辭

大雄氏所説《阿跋多羅寶經》，凡經三譯：其四卷者，宋元嘉中，中印度求那跋陀羅也；其十卷者，後魏延昌中，北印度菩提流支也；迨至於唐，實叉難陀來自于闐，復以跋陀之譯未弘，流支之義多舛，與僧復禮重翻爲七卷，則久視初也。於是判教諸師，提綱挈領，李通玄則以五法、三自性、八識、二無我爲言，智覺延壽則以實相、佛語、心自覺、聖智爲言。一則因理以顯事，一則從事以推理。理事兼究，則經之奥義無餘藴矣。然自菩提達摩東來震旦，謂此經四卷可以印心，遂授其徒慧可。故宗禪定者，世受其説。而其文辭簡嚴，卒未易通，所以傳之者寖微。至宋張文定公方平見於南譙，悟其爲前身所書，乃以錢三十萬，屬蘇文忠公軾印施江淮間。蘇公親爲書之，且記其事，自是流布漸廣。雷菴禪師正受，病句讀之難通也，與同袍智燈，據跋陀之本，而參以魏、唐二譯，原其異同，歷疏於經文之下。復稽唐註古本暨宋僧寶臣、閩士楊彦國之説而折衷之。凡經論疏録有涉於經者，亦摭其精華附焉，名之曰《楞伽寶經集註》。自慶元乙卯之三月，至丙辰之四月，始克就緒，其用心可謂勤矣。

且如來説經，不即語言，不離語言。矧此《楞伽》，實詮圓頓，八識洞然，號如來藏。大包無外，小入無内，本性全真，即成智用。觀身實相，與淨名同。若彼二乘，滅識趣寂，譬如迷人，忘己之頭，狂走呼號，別求首領，卒不可得。此乃諸佛心地法門，不假脩證，現前成佛。禪宗之要，蓋莫切於此矣。或者則曰：西來之宗，一文不設。若謂初祖持此印心，非愚則惑。子不聞達觀穎公之言乎？曰：不然也。佛法隨世以爲教，當達摩時，衆生滯相離心，故入義學者，悉斥去之。達觀之言，猶達摩之意也。苟不察其救獘微權，而據以爲實，則禪那乃六度之一，先佛所指持戒爲禪定智慧之本者，還可廢乎？雷菴之註，其有功於禪宗甚大，非上根宿智，不知予言之爲當也。

此經舊嘗刻板姑蘇幻住菴，近毀於火。天界禪師白菴金公意欲流通，乃購文梓，重刻於旃檀林，來徵余爲之序。予幼時頗見正平張戒集三譯之長，采諸家之註，成書八卷以傳。大意略同，惜雷菴不及見之。白菴妙悟真乘，旁通儒典，爲叢林之所宗師。苟求其説而補入之，則其功又豈不大於雷菴哉！

題郝伯常帛書後

霜落風高恣所如，歸期回首是春初。上林天子援弓繳，窮海纍臣有帛書。中統十五年九月一日放雁，獲者勿殺，國信大使郝經書於真州忠勇軍營新館。

右郝文忠公帛書五十九字，博二寸，高五寸。背有陵川郝氏印，方一寸，文透於面，可辨識。蓋中統元年三月辛卯，元世祖登極，欲告即位，定和議於宋，妙柬廷臣，唯公最宜。四月丁未，授公翰林侍講學士，佩金虎符，充國信使以行。宋相賈似道拘留儀真不遣。至元十一年六月庚申，下詔伐宋，問執行人之罪。時公在儀真已十五載，以音問久不通，乃於九月甲戌，用蠟丸帛書，親繫雁足，祝之北飛。十二月丙辰，伯顏南征之師竟渡大江。十二年二月庚午，似道懼，命總管段祐送公歸國。三月，虞人始獲雁於汴梁金明池。四月，公至燕都，而七月辛未遂卒，年僅五十三爾。其書中統十五年，即至元十一年，南北隔絶，但知建元爲中統也。十三年正月甲申宋亡，帛書爲安豐教授王時中所得。延祐五年春，集賢學士郭貫出持淮西使節，頗見焉，遂奏于朝，敕中使取之。十一月，太保曲出、集賢大學士李邦寧以其書上仁宗，詔裝潢匠成卷。❶翰林集賢文臣各題識之，藏諸東觀，而王約、吴澄、袁桷、蔡文淵、李源道、鄧文原、虞集，皆有所作矣。

昔蘇武使匈奴，匈奴詭稱武死，漢昭帝使使者諭云：「天子射上林得雁，足有帛書，言武牧羝澤中。」武因獲還。此特出一時假托之辭，非有事實也。今當一介行使不通之際，雁乃能遠離矰繳，而將公書至汴，其殆天欲顯公之忠節耶？會公已北歸，故獲者不以聞。不然，則是書之所繫，豈細故也哉？或謂世祖見書，有四十騎留江南，曾無一人如雁之歎，遂興師伐宋，皆好事者傳會之談，而不知有信史者也。濂修《元史》，既録詩入公傳，今復書歲月先後於卷末，以見雁誠能傳書云。

❶「匠」，黄溥本、韓本、胡本、四庫本無此字。

題天台三節婦傳後

余修《元史》時，天台以三節婦之狀來上，命他史官具藁，親加删定，入類《列女傳》中，❶奉詔刻梓行世。先是，會稽楊廉夫爲之作傳，其事頗多於史官。蓋國史當略，私傳宜詳，其法則然也。近與台士游，嘗詢之，則廉夫所載猶有闕遺者，因摭其言補之。

杜思絅娶沈，沈生三女及子勤而死。繼室宗媛，祕書丞陶誼女兄也，生一女，思絅亦亡。宗媛棄膏沐弗御，上奉七十之姑，獲其驪心，下視沈之子，不翅親育。十八年間，悉畢其婚姻。歲丁未九月壬寅，台城陷，火燄燭天，宗媛護姑柩，不忍他適，爲兵所縶。驅之行，宗媛不從，兵怒，剚刃於頸，深入二寸餘，不見血而没。瀕死，無他言，唯念勤不置，曰：「勤苟不存，吾尚何望哉？」宗媛妹宗婉，歸國本，❷亦同日死於水。誼婦王淑見事急，抱其子名長巳者，屬傅湯曰：❸「持以歸其父，長巳存，吾不死矣。」乃被髮亂走。明日事定，求之不得。淑見夢滕人曰：「吾義不辱身，赴南鄰杜氏井死矣。所懷簪珥，亦投其中，可聞漢生知之。」漢生，其夫字也。滕人以告，黎明覓之，皆在焉，實十月乙巳也。

然人之受刃，無無血者，宗媛則以之。淑雖死，其精靈猶能動物不亂。是知貞節之人，其超絶誠與常人殊。薦紳家相訾嗸

❶「入類」，韓本、胡本、四庫本作「類入」。
❷「國」，張本、韓本、胡本、四庫本作「周」。
❸「湯」，張本、韓本、胡本、四庫本作「姆」。

者，輒斥曰「女子婦人」。女子婦人猶有是，❶嗚呼！

題朝夕箴後

右《朝夕箴》，一名《夙興夜寐箴》，凡二百八字，南塘先生陳公之所譔也。先生諱柏，字茂卿，台之仙居人。與同邑謙齋吴梅卿清之、直軒吴諒直翁父子游，而深於道德性命之學。蓋自謙齋從考亭門人傳其遺緒，而微辭奥旨，先生得之爲多。當時有愷堂鄭雄飛景温，輩行雖稍後，而事先生爲甚謹，人以其學行之同，通以四君子稱之。今觀先生之著此箴，本末明備，體用兼該，非真切用功者，當不能爲是言。鄉先正魯齋王柏會之讀而善焉，以教上蔡書院諸生，使人録一本，寘於坐右。則其所以尊尚者爲何如哉？嗚呼！前修日遠，後生小子不知正學之趨，唯文辭是攻是溺，志亦陋矣。濂故表而出之，并繫先生師友之盛於其後，以勵同志者云。

題墨本黄庭經後

余嘗見黄素《黄庭》，上下織成玄闌，中用丹砂作界道，其絹精甚，細視之不見絲縷，相傳爲王羲之書。蓋明州刺史李振景福中遺朱友文者。友文，梁太祖之子，後封博王。博王薨，竟屬陶穀家，尋爲太師李諱所獲，復入宣和内府。宋籙既訖，流落人間。鮮于伯機以重貲購得，用樓閣錦裝潢

❶「女子婦人」，原脱，今據張本補。

成軸，題其籤曰「琴心玉女」。❶ 趙子昂爲之賦詩，定爲上清真人楊許所書，且稱其飄飄然有神仙之氣。而伯機亦自謂生平書法，得之於此爲多。不知何時又歸喬簣成、湯垕二氏。喬字仲山，湯字君載，最號藏書之家。今則又入中祕矣。予屢閲之，其字體絶與墨本不同，竟不能别其何者爲真也。豈楊與許之跡，其實有異於羲之耶？ 楊櫄氏出示此卷，因備志於其後，庶幾同志之士有以訂正之。

題顧拙軒告命後

右拙軒先生顧公告命一通。公諱周卿，字成子，仙居人。嘉定癸未賜進士及第，任慶元府奉化縣主簿，階修職郎。故事，修職郎滿三考關陞令録，先以合入階官給告，公遂入從政郎。久之，始注授監嘉興府鮑郎鹽場差遣。然舊制無從政郎，崇寧初，以通仕郎易録事參軍縣令，至政和中，復改以今名，乃選人七階之一也。此告之首，當有十幹暨千文記號，若曰「甲天」等字第幾之類；其尾復欠「紹定五年七月十三日下」十字。其背紙又當書行在官告院準鈔出給，及寫告楷書當行手分令史主事等名氏，而守當官批上本官告命照會亦繼其後。歷年之多，皆未免殘闕爾。吏部主事碩公之六世從孫琢玉，爲軸重加裝褫，持以相示，故爲詳疏之，以備當時典故云。於戲！ 世家舊室，何處無之？ 未一再傳，不知祖諱者有之矣，如碩者，豈非賢哉，豈非賢哉！

---

❶ 「女」，張本、韓本、傅本作「文」。

題趙模千文後

左右内率府録事參軍趙模，集右軍行書爲《千文》。模在唐有能書名，嘗與韓政、諸葛貞、馮承素等奉敕臨摹《蘭亭》，逮今猶有存者，予於祕府頗見之。最喜其善用筆，而正鋒恒在畫中，所以度越諸人也歟？此本係鮮于奉常家藏者，神采尤沈著不露，可寶也。

題織圖卷後

宋高宗既即位江南，乃下勸農之詔，郡國翕然，思有以靈承上意。四明樓璹，字壽玉，時爲杭之於潛令，乃繪作《耕織圖》。農事自浸種至登廩，凡二十又一；蠶事自浴種至剪帛，凡二十有四。且各繫五言八句詩于左。未幾，璹召見，遂以圖上進云。

今觀此卷，蓋所謂《織圖》也。逐段之下，有憲聖慈烈皇后題字。皇后姓吴，配高宗，其書絶相類。豈璹進圖之後，或命翰林待詔重摹，而后遂題之耶？卷嘗藏卜谷余先生家，❶其後有雙巖鄭子有、困學鮮于伯機所跋。二公當時名流，翰墨皆可寶玩。雙巖謂題字爲顯仁韋后所書，則恐未然也。嗚呼！古昔盛王，未嘗不以農事爲急，《豳風》之圖，不見久矣，有若此卷者，其尚可獲之耶？

❶「卜」，張本作「小」。

題王羲之真跡後

昔年危内翰大樸出示羲之《野皃帖》，且云别有《喜色帖》在江右，出自丞相周益公家，傳授次第，一一有據。須溪劉會孟評之，謂如《蘭亭》《裹鮓》，尤爲佳絶。濂恨未見之。近豫章人士來求墓文，忽持此帖爲贄，須溪題識宛然居後，因驚喜曰：「此殆大樸所言者。」徧示中朝，善書者咸定爲真跡無疑。或取唐臨者比之，神氣敻然不牟。鄱陽劉彦炳最號精鑑法書，日閲此而不厭，狂欲起舞，真僞之辨，固自有異哉！須溪所書名中藏三代人物字，僞署者輒易别，謾并及之。

題慈受禪師遺墨後

右慧林慈受禪師懷深遺墨三紙，其一言布施，其二言小智之樂小法，其三言書不必聖人，合道者從。鑿鑿皆真實語，有益後學。蓋禪師乃雲門之八世孫，蔣山之第九祖，真證實悟，爲人天師，❶故其德聲洋溢乎遠邇。雖其身已殁，而靈驗尤爲著顯。字畫本非其留意者，筆意圓熟，動中規矩。世之臨池苦心者，或未能遽及，誠可寶也。金壇一萬中師嘗分座説法於蔣山，因購獲之，不翅見摩尼珠。諷詠之久，如聞禪師謦欬之音。雖然，中師尚勉行其言，毋徒玩其遺墨而已也。

❶「天」，張本作「大」。

題山房清思圖

趙魏公以藝文名天下，及用篆籀法施於繪事，凡山水、士女、花竹、翎毛、木石、馬牛之屬，亦入妙品。脩道先生云：「廣長三萬里，上下二百年，唯公一人爾。」信然。保寧慧禪師以《山房清思圖》相示，遂書而歸之。

題劉氏官誥後

宋誥大抵沿襲于唐。唐初以紙，肅宗朝有用絹者，貞元以後，始易爲綾，其制凡三變。宋則自國初至季年，一皆用綾，此其所以異耳。烏傷劉公亮以中奉大夫致仕，贈其父俊太中大夫。蓋大夫乃秦官，取掌議論之義。漢署太中大夫，歷代因之而不廢。至宋元豐官制行，則以之易諫議大夫。若中奉之階，始置於大觀間，而古制則無之也。中奉六世孫剛久從予游，持誥來求題。予見名門右族，未一再傳，祖父之名諱有不知之者。剛則能寶此於一百四十餘年之後，剛亦賢矣哉！故略據所見以告之。❶

題金書法華經後

右金書《法華經》七卷，迺一軍校破燕都時所獲。欲焚經取金以資日用，其第七卷已燬。軍校之父愀然弗寧，遽持前六卷售於鐵塔禪師，禪師傾衣盂酬之。未幾，高麗蔡洪司丞匍匐求觀。觀已，潸然泣曰：

❶ 篇末，張本有「同郡宋濂記」五字。

「此洪所書以報父母之恩者也。戎馬紛紜，逃難解散，豈意於此重見之？」禪師益神異其事，乃粉黄金爲泥，介舊友穆菴康公請補書其亡。予既書已，合爪言曰：「是經在處，天龍護持，將燬而弗之燬，垂亡而弗之亡，此何以故？蓋將放如來之慧光，破衆生之重昏也。雖然，經之功德，不繫有無，洞照十方，初無一字，火不能焫，金不能書。一涉有爲，即第二義。學佛之士，又當於此而參之也。」禪師名善慶，號雲房，古林茂公之法嗣。年已八十，純實無僞行，舊主正覺禪師院，今退栖蔣山之西菴云。❶

宋文憲公全集卷八終

❶ 篇末，張本有「洪武癸丑冬十一月二十九日冬至翰林侍講學士金華宋濂記」二十五字。

宋文憲公全集卷九

恭題御製方竹記後

皇帝視朝之暇，燕處武樓中，每召一二臣鄰，諮詢治道。時吏部尚書臣詹同在帝左右，歷談古帝王事，旁稽物理，而偶及於竹。帝曰：「竹之類其亦多乎？」臣同對曰：「其類實繁，晉戴凱之所譜至五十餘種，或根如盤輪，或節若束針，或細則勝箭，或鉅可爲舟，有未能歷舉者。大概其色皆青，其體皆圓也。唯吴越山中有名方竹者，最爲佹異，四稜直上，弗偏弗頗，若有廉隅不可犯之色，以故士大夫愛之，往往采而爲筇。」帝曰：「信有諸乎？」臣同復對曰：「老臣焉敢謬言？」既退，獲一枝以獻。帝摩挲觀之，悦曰：「臣同其亦信人哉！」於是親御翰墨，草《方竹記》一通，始言品物之夥，中序格致之難，及其末也，謂臣同爲人俊偉氣豪。稽之傳記，智過百人曰豪，千人曰俊，天語之褒嘉，斯亦至矣。已而召臣同於端門，俾給事中繕書以賜。臣同不勝抃躍，將趨拜墀下。帝笑曰：「卿頭童齒豁矣，何以謝爲？」臣同捧出，屬裝潢工飾以龍紋玉軸，持示太子贊善臣宋濂。

臣濂竊自念草莽微臣，侍帝前者十又五年。當帝爲文，性或不喜書，詔臣濂坐榻下，操觚受辭，終食之間，入經出史，衮衮千餘言。仰見天光昭回，赫著簡素，皆日精月華之所凝結，敷之爲卿雲，散之爲彩霞，曾不見神化著見之迹，其誠所謂天之文哉！

臣濂聞之，三代而下混一寰宇者，若漢唐之高祖，宋之太祖，皆産乎北，其勳烈信偉矣，而未見以文辭稱。今我皇帝生自南服，天戈一揮，九州内外罔不臣妾。自天開地闢以來，世之所未有，況乎神藻焕然，❶陰麗陽明，下被萬物，無不仰照。此無他，皇天欲以文明化成天下，故挺生聖人，度越前代，若斯之盛也。然聖製雖多，未嘗輕以予人，臣同以文學侍從之臣，簡在帝心者久，故特被是賜焉。

夫臣以誠而事上，君以恩而逮下，唐虞盛治，一旦復見三千餘年之後，何其懿哉！臣同宜勒諸金石，與典謨訓誥之文並藏，子孫之多，永永傳之無極。臣同受賜，以洪武癸丑歲五月之戊辰，越二十七日，實六月乙未，臣濂謹熏沐而題其後云。❷

恭題賜和托鉢歌後

臣聞自昔賢聖之君，多菩薩果位中人。慈憫衆生，故乘願輪，降生人間，執符御曆。如《華嚴經》云：「歡喜地菩薩出世爲閻浮提王。」其言蓋可證也。欽惟皇上撥亂反正，出斯民於塗炭而袵席之。既臨宸御，洊建無遮大會于鍾山，度諸幽滯。將行事，上致齋便閣，臣侍坐于側，因問近者高行僧爲誰。臣以前住持開元文康對。文康頗著《托鉢歌》行世，見寓古開善道場。明日，大駕幸鍾山，召見文康，索其歌觀之，天顔怡懌，遂敕奉御持歸。又明日，臣復入侍。至

❶「然」，張本作「發」。
❷篇末，張本有「臣濂拜手謹記」六字。

夜二鼓，上命兩黄門跪張于前，且讀且和，運筆如飛，終食之間而章已成矣。臣得而伏讀焉。援據經論，滔滔弗竭。至於西域心宗，中多及之。嗚呼！自非菩薩應身，辨才無礙，而能遽至是耶？越三日，文康受賜而歸，裝潢成卷，將留鎮山門。臣謂之曰：「前代帝王以王道、真乘並用，每下璽書護其教。蓋以陰翊王度，而有功於烝民也。上今俯和文康之歌，所以推獎禪宗而勉勵其徒者，其意亦猶是也。文康尚宜勒諸堅珉，導宣上德，以垂之無窮哉！」建會在洪武壬子冬十二月，文康因被是賜。又明年甲寅春二月，始拜手稽首而題其後云。

恭題御和詩後

洪武六年八月十六日，皇上特詔臣及翰林學士承旨詹同編修《日曆》。既而，中書亦奏旨徵浙東西及江右之士七人分年纂輯，而臣與同爲之總裁。九月四日，開史館禁中，日輪寺人守閽，太官進饍羞，其事甚嚴且祕。臣等昧爽而入，至日曛始出，復會宿於詞林，虞有宣洩，蓋不敢不慎也。即成稾，思得俊秀有文者，通考義例而繕書之。於是遴選二生，具名氏以聞。上可其奏。其一則義烏黄昶，昶時以《春秋》中浙江行省第十七名文解，肄業成均，因移文博士徵之。

十月二十六日昶至，臣引見上於西苑。慰問良久，且曰：「爾何人之裔耶？」臣對曰：「文獻公溍，昶之從曾祖也。」上悦。復見皇太子於大本堂，勉勞有加焉。未幾，上遣侍臣出尚方綺裘革履以賜。十一月十五日，前御史中丞誠意伯劉基偕臣與同，侍上燕乾清宮之便閣，同被酒而還，愛昶有俊才，揮毫賦一詩贈之，字大如斝。少選奉御傳宣，召臣等赴右順門。會上適乘步輦而至。同餘醒猶未解，上謂同曰：「卿醉未醒耶？」同對曰：「臣雖醉，猶能賦詩贈黃秀才。」秀才，謂昶也。上曰：「詩何在？」同對曰：「在史館中。」上曰：「濂宜亟取之。」臣既上奏，且笑謂臣曰：「朕即和同詩，卿當爲朕書之。」臣書訖，歸與昶。言昶自草萊賤士，一旦遭逢盛際，奎壁之光下照幽隱。於是粉黃金爲泥，寫上賜和之章，飾以黃綾玉軸，而以同詩附其後。昶嘗從臣學，臣又親見其事，請記之左方，傳諸悠久。

臣伏見皇上聖神天縱，形諸篇翰，不待凝思而成，自然度越今古，非積學者所可及。然亦未嘗輕發，其俯和侍臣之詩，豈非樂育菁莪，以開萬世太平之基者歟？《詩》不云乎，「肆成人有德，小子有造，古之人無斁，譽髦斯士」。此之謂也。昶尚勖之哉，昶尚勖之哉！

昶字淑暘，能古文辭，善繼其家學者也。❶

題韓幹馬臨本

余頗獲覩東觀所藏圖畫，中有長安韓幹《花驄圖》真跡。其縻碎已甚，四足自腕以下皆缺，猶行水中，然神采煥發如生，似欲振鬣而長鳴者。予意陳閎方能與之比肩，而孔榮輩要不足窺其髣髴也。今觀此卷之筆法，與之絶類，而紈素幸完，豈不尤爲珍玩也耶？

❶ 篇末，張本有「是歲十有二月八日具官宋濂稽首頓首謹記」十八字。

題郭熙陰崖密雪圖

河陽郭熙，以善畫山水寒林名，蓋得營邱李咸熙筆法。其所作《陰崖密雪圖》，大陰霾霿，而皓素淋漓，使人玩之，肌膚纍纍然起粟矣。或者强指爲楊士賢相類者，殆未見其衡氣機也。

題趙大年鶴鹿圖

趙令穰與其弟令松，以宋宗室子精於文史，而旁通藝事，所以皆無塵俗之韻。今觀令穰所畫《鶴鹿圖》，叢竹幽汀，長林豐草，其思致宛如生成。余隱居仙華山中，時與麋鹿爲友，每坐白雲磴上，教鶴起舞，故得其情性爲真。開卷視之，使人怳然自失。

題趙魏公書大洞真經

此卷乃趙魏公六十三歲所書，至精至妙，非言辭贊美可盡。蓋公之字法凡屢變，初臨思陵，後取則鍾繇及羲、獻，末復留意李北海，此正所謂學羲、獻者也。舊嘗獲見周侍御家，侍御既坐貶竄，竊意必歸天上，不知復流落人間。今得披玩累日，抑何幸哉！殷卣周彝可得，而此卷不可得，博雅君子尚思謹祕而傳焉。

題龍眠居士畫馬

李公麟畫，如雲行水流，固當爲宋代第一。其所畫馬，君子謂踰於韓幹者，亦至論也。丁晞韓、趙景升雖極力學之，僅僅得其形似，而其天機流動者，則無有也。觀此卷足以見之矣。

題周文矩畫狄梁公諫武后圖

右《狄文惠公諫天后圖》，相傳爲長安周景元作。以筆法重輕較之，蓋建業周文矩爾，非景元也。予於祕府多見二子真跡，故敢鑑定若此。未知賞識之家以爲何如也？若夫狄公拳拳存唐之忠，❶史書之，天下士大夫皆能道之，予尚何言哉！

題徐浩書

徐季海之書，本於其父嶠之，所謂四十一幅屏者，諸體皆備，而草書尤工，余頗獲見之。至於騰躍奮迅，誠怒猊之抉石，渴驥之奔泉也。世徒見其變化不測如此，非可以力致，殊不知其一出於真。今觀此帖，蓋可見矣。近代趙魏公筆法多效之，誠可寶玩也。

題張旭真蹟

唐人之書，藏於祕閣者頗多，唯顛張真蹟甚鮮。今觀所書《酒德頌》，出幽入明，殆類鬼神雷電，不可測度，其真所謂草聖者耶！

題松雪翁觀音經後

右趙魏公中年所書，雖若散緩，而神趣

❶「存」，張本作「有」。

油然充足。必索於驪黃牝牡之外者，方能知之，凡夫肉眼，要不足以識此也。

跋金剛經篆書後

是經功德如妙高山，縱橫上下，難以數量。山雖難量，終有盡時，喻如虛空，庶幾無盡。濂以古篆寫其卷軸，❶隨寫隨空，不見有跡。光明熾然，徧覆大千，是用持寄穆菴禪師。禪師所具，禪師所言，禪師所履，與此般若非同非別，同別兩眞，現前見佛。

跋蔣山法會記後

予既從祠部群賢之請，爲撰《法會記》一通，自謂頗盡纖微。近者蒲菴禪師寄至《鍾山稾》一編，其載祥異事尤悉。蓋壬子歲正月十三日黎明，禮官奉御撰疏文至鍾山，俄法駕臨幸，雲中雨五色子如豆，或謂娑羅子，或謂天華墜地之所變。十四日，大風晝晦，雨雪交作，至午忽然開霽。上悦，敕近臣於秦淮河然水燈萬枝。十五日，將晏，蕆事如記言。及事畢，夜已過半，上還宮。隨有佛光五道從東北起，貫月燭天，良久乃沒。已上三事，皆予文所未及。蒲菴以高僧被召，與聞其故，目擊者宜詳，而予耳聞者宜略，理當然也。屢欲濡毫補入之，會文之體製已定，不復重有變更。保寧敏機師請同袍以隸古書成兹卷，來徵余題，故爲疏其後，使覽者互見而備文云。

❶「其」，張本作「成」。

劉參軍黄牒跋尾

西昌劉氏，素號簪纓家，由宋治平元年至咸淳十年，擢第奉常者八人，與鄉闈之貢者又二十九人。其諱在中字伯正者，凡四被薦送，方登建炎二年進士第，授文林郎永州録事參軍。此蓋其九月所受黄敕也。宋舊制告與敕多兼給，思陵以建炎元年五月一日即位於應天府，戎馬紛紜，庶事草創。其月十七日始詔文武官，自太中大夫正任觀察使以上，並命辭給告，餘則令吏部具鈔降敕，則當時給敕者頗衆，不特初入官令録而已。後因臣僚奏請洊詔已給敕官，俟法物成時，逐等依舊給告，則三年三月九日也。牒後所書中大夫守右丞朱、中大夫守左丞顔，而不著其名。朱名勝非，謚忠靖。顔則名岐。蓋元年十一月，思陵駐驆維揚，越十日擢岐，與許景衡爲尚書左右丞。二年五月十三日，景衡罷，而勝非代其位。以月日較之，必知其爲二人矣。又書正議大夫守右僕射，而不著其名氏，當是黄潛善無疑。或謂爲李綱，殆非也。綱自元年七月五日，自右僕射升左僕射，潛善從門下侍郎爲右僕射，是月綱即出提舉洞霄宫。二年十二月十九日，潛善始拜左相。此牒給於是歲之九月，其以右僕射繫銜，非潛善而何？職事銜之上，三人者並加「守」字。凡階高而官卑者稱「行」，階卑而官高者稱「守」，官階同則無之，此猶循唐制也。

嗚呼！潛善主和誤國，真姦臣之雄，不足汙君子齒頰。岐亦小人，力黨張邦昌詆綱爲金人所惡，不可使秉鈞軸，章至五上而不愧。唯勝非差强人意，律以《春秋》責備之義，亦有不得免焉。區區貴富能幾何？乃無所忌憚至於如此！墓骨已朽，覽其官氏，人猶指議之，有憤惋不平之氣，果何爲者哉？

參軍八世從孫職方郎中崧，出此於破壞之餘，潢飾以成卷軸。然自宋迄今，已歷二百四十又五年矣。宋之取士，用辰、戌、丑、未年，建炎二年屬戊申，其秋親試進士，賜李易以下四百五十人及第、出身有差。蓋元年丁未，翠華出幸江南，故無暇及之爾。因并書之，以解讀者之疑云。❶

碧落碑跋尾

絳州碧落碑，唐高宗咸亨元年庚午歲，韓王元嘉之子訓等，爲其妣房氏造碧落天尊像於龍興宮，而刻其文於背，故以名碑，然不知何人書。據李旋之《玉京宮記》以爲陳惟正，李漢《黄公記》以爲李訓之弟譔，殆莫能定。而翠巖龔聖予則又以爲宗室璀，豈或別有所考耶？吴叡、張天雨讀「□」爲「喧」、爲「曜」者非，當以《釋文》「鄰」字爲是。俞希魯辨「叨」作「叩」，亦大佳，而《釋文》則又譌矣。蓋此碑雜出於鐘鼎篆籀諸文，其亦戞戞乎難知哉！從水，從人，《説文》中音乃歷翻，溺則音奴弔翻，《釋文》今借「休」爲「溺」，亦恐非本字之義。而其他可疑者甚衆。考禮之冗，未暇及之，姑識其後，俟博雅君子正焉。

❶ 篇末，張本有「洪武五年冬十月一日」九字。

智永真草千文跋尾

梁武帝欲學書，命殷鐵石於二王帖選取千文，復召周興嗣次韻，一夕而成，須髮爲白。此事最無可疑。王著於淳化中摹勒諸帖上石，見帖中所書「海鹹河淡」等字，人謂爲章草之宗，遂誤指爲漢章帝所作。著固不足責，後村劉克莊乃宏博之士，何爲承著之謬，而謂《千文》實始於漢耶？克莊姑置之，歐陽文忠公名世大儒，其撰《金石録》，跋尾亦謂法帖有漢章帝所書百餘字，其言有「海鹹河淡」之類。蓋前世學書者多爲此語，不獨始於羲之，抑又何耶？非米南宮、黄長睿力詆之，新學小生未必不爲其所惑。余久憤於中，因題智永所書《千文》，故特表而出之。智永名法極，羲之七世孫。字畫之佳，則有不待贊也。

跋佛頂托鉢歌諸文後

穆菴禪師康公，耽樂法乘，見諸履踐。每念先佛以乞食爲事，日中一食，樹下一宿，尚恐留情末法，乃一切悖之，而唯嗜欲是滋是長，於是著《托鉢之歌》。古者專務精進，無少懈怠，得無上道，亦無自滿之意。末法乃中道迷惑，於未足中生滿足。證於是書《首楞嚴經》千種識陰之文，在昔陀摩尸利刻苦修行，獲遇堅牢比邱，相與激厲，卒趨覺門，而使彌樓犍陀佛法再興。末法乃壞散弗收，鮮有誠心向道者。於是録堅牢石室之偈。其一則咏之以己意，其二則證之以古辭，大概勉人捨妄入真，無乖於聖教而已。嗚呼！禪師之慮至此，其可不爲

慟哭而流涕矣乎？然而豪傑之士，何世無之？君讀斯卷，當有蹶然而興起者。豈惟禪師望之？予亦望之。❶

陶府君墓志銘跋尾

右上虞典史《陶府君墓志銘》一通，翰林學士承旨河東張翥仲舉造，集賢大學士滕國公保定張璂公弁篆題。蓋府君之子江浙行樞密院管勾漢生之所請，其時則至正二十三年。漢生將南轅，復求嶺北行省左丞臨川危素太朴書。後一年，太朴還中朝，承旨翰林，始爲作烏界道繕謹寫就。會南北道絕，附海舶至江南，以歸漢生。又一年，漢生自江浙行省檢校官陞行樞密院都事，贈府君承事郎、福建江西等處行樞密院都事。府君之妻趙氏，亦贈宜人。漢生既奉命書祭告於墓下，復欲請仲舉補入誌中，而九京不可作矣。乃并仲舉舊撰《宜人壙記》聯爲一卷，傳示子孫，使有所徵焉。府君初除大理路儒學教授，誌中書爲文學掾，用省文法也。漢生兄宗傳，時爲江浙行省掾，未幾，亦轉爲台之臨海尹。陶氏一門父兄子弟，其不墜書詩之業，往往知自奮如此。宦牒之蟬聯，此蓋其權輿哉！❷

跋德禪師船居詩後

右《船居詩》十章，唯菴然禪師所賦。蓋禪師嗣法千巖長公，千巖則普應國師之弟子也。普應證道之後，因欲避世，多好船

❶ 篇末，張本有「無相居士金華宋濂題」九字。

❷ 篇末，張本有「前史官金華宋濂題」八字。

中居。至大己酉，泊儀真。辛亥，泊吴江。延祐丙辰，泊南潯。故咏船居者頗多，而《廣録》中所載者僅一二耳。今唯菴亦有斯咏，其殆有所本歟？然船非水則不可行，水非船則不可居，必二者相資而後成也。無相居士則不謂然。我非船何處不可行，豈特水哉？我非水何處不可居，豈特船哉？是將有不假迹而見，不依形而存者矣。唯菴以爲何如？唯菴之詩托物爲喻，無非發明宗門心要，有益學者。予故推其祖孫相承之故，喜而爲之書。❶

書鬭魚

予客建業，見有畜波斯魚者，俗謡爲師婆魚。其大如指，鬐鬣具五采，兩頣有小點如黛，性獷悍善鬭。人以二缶畜之，折藕葉覆水面，飼以蚓若蠅。魚吐泡葉畔，知其勇可用，乃貯水大缶合之。各揚鬐鬣相鼓視，怒氣所乘，體拳曲如弓，鱗甲變黑。久之，忽作秋隼擊，水泙然鳴，濺珠上人衣。連數合復分，當合，如矢激絃，絶不可遏。已而，相糾纏盤旋弗解。其一或負，勝者奮威逐之。負者懼，自擲缶外，視其身純白云。予聞有血氣者，必有争心。然則斯魚者，其亦有争心否歟？抑冥頑不靈而至於是歟？哀哉！然予所哀者，豈獨魚也歟？

諭頑

陶尚書中立爲予言，臨海林甲一門皆疫死，甲獨治喪。暨甲歿，無人藏其屍，家

❶ 篇末，張本有「翰林學士金華宋濂題」九字。

犬奔號里巷若狂，已而群犬翕集，銜甲衣曳至西郊，跑土成坎薶焉。坎淺不能容，又復曳出，如是者四三，始壅土覆之而去。新昌黄琛甫有牝犬爲邏卒所食，棄骨屏處，其子銜之，瘗諸野。

予聞撫髀太息，每舉諭諸人。人輒笑予誕，且謂古無是事。昔譙縣崔仲文畜犬，會嵇和以丁奴易之，不從。和殺仲文，奪其犬。犬齧和，守仲文屍，爪浮土掩之。尋牽和衣訴官，和伏誅。此晉義熙中事也。冀州石玄度犬母育一子，愛之甚。玄度烹子啖之，母候骨投地，斂置一窟，移葬於桑間，日夕向桑嘷，逾月乃止。此宋元徽中事也。謂古無是事者過矣！

夫犬能禦盜、齚姦、解難、報恩，傳記所載者紛然也。又寧止此二事乎？人苦不自重，物理有可徵者，亦弗之信，反指予爲誕。予故書此示之。人心尚存，其亦有所感夫！

奉制撰蟠桃核賦 有序

洪武乙卯夏五月丁丑，上御端門，召翰林詞臣，出示巨桃半核，蓋元內庫所藏物也。其長五寸，廣四寸七分，前刻「西王母賜漢武桃」及「宣和殿」十字，塗以金；中繪龜鶴雲氣之象，後鐫「庚子年甲申月丁酉日記」，其字如前之數，亦以金飾之。所謂庚子，實宣和二年，字頗疑祐陵所書。既而奉旨撰賦，垂誡方來。臣濂謹按王母獻桃事，詳見張華《博物志》第八卷《史補類》。華言桃七枚，大如彈丸，遺帝五，自食其二。以今核觀之，且十倍於彈丸，則其實之如斗可知矣。豈華出於傳聞，而想像載之歟？抑其言足信，而後之好事者假托傅會之歟？不然，《漢武内傳》所謂「桃如皀卵，形圓而色青」者，又果何如歟？復按蔡京所記，尚方有王母蟠桃核頗鉅。京嘗相祐陵，其見與今相符，❶事當可徵。然則傳志所載，誠有不可信者歟？臣敢忘其固陋，撰賦一篇，俯伏丹陛以獻。初則極其形容，終則一歸之於正云。其詞曰：

炎漢六葉，實惟武皇。闡坤符，握乾綱。祀汾陰，建柞宫。❷叶。仁獸在郊，赤芝薦芳。西海獻續弦之膠，弱水來燕卵之香。慶諸福之畢集，思騎龍於帝鄉。幸靈桃之入口，傳仙種於下方。想其瑶階露寒，彤庭秋迥。銀燭未掩，畫屏斜映。啓承華之祕殿，眄瑶池而神騁。忽王母兮遥臨，托青鳥以傳命。鬱佳氣之葱蘢，覿芳姿之妍靚。於是玳席初延，霞觴屢傳。蘭辭吐兮襲人，縹袂舉兮高騫。紫雲之輜軿暫駐，九微之燈火猶然。乃啓錦幪，乃濯翠籩。乃出桃實，獻于帝前。味甘醇而如醴，色含腴以不乾。鸞刀割蜜，神液流泉。上滋華池，身輕欲仙。將懷核而種之，劚上林之寒烟。王母微笑，塵世易遷。儻花實之並見，歲屢閲於三千。唯紫府之列真，視滄海於桑田。彼窺鳥牖之小兒，尚奚測夫幽玄？

斯核也，匪鑄而成，非陶而凝。藉五行之亭毒，資六氣以流形。鄙瓠犀之脆薄，並玉質之堅貞。爪之不入，叩則有聲。知何年之中析，存半璧之晶熒。俯貼金盤，巢蓮之龜藏六；仰承玉露，常滿之栝弗傾。鋭首聳兮尖岑，豐下橢兮墜星。衆皺蹙背文

❶「今」，原作「京」，據張本、四庫本改。
❷「柞」，張本作「竹」。

之籀，一窪暈面色之頳。荷盤欲展，蚌甲未扃。藏仁之跡猶在，含肌之罅如生。函肉好之隱約，圍合線之交層。龜鶴軒翥兮顯象，寶章絢爛兮金明。鳳卣鸞彝，同藏珍於天府；星形月魄，挾灝氣於蓬瀛。嗟夫！自昔仙靈，惚怳難憑。出無入有，變幻莫停。橘類盎兮巴園，棗如瓜兮漢庭。恣燕齊之方士，騁詭辨之奔騰。瞻雲路之咫尺，恨凡骨之難登。以雄才之蓋世，甘昏溺而不醒。

至若建章月淡，甘泉風泠。銅莖中峙，仙掌高擎。望飆輪兮不來，徒馳情於窈冥。苦白日之易短兮，竟莫制於頹齡。核雖存而人則逝兮，悲秋風於茂陵。矧宣和之繼軌兮，慕鼎湖之龍升。托青華之帝子，設神霄之玄稱。何殷鑑之不遠，踵覆轍其相仍。天啓皇明，真人龍興。順堪輿之大化，調陰陽之至精。道德行兮，即龍虎之丹顯；忠信昭兮，勝鉛汞之功弘。以九州爲仁壽之域，儕兆民於喬松之朋。神機流浹，太和薰蒸。指佞人兮草生屈軼，齊氣朔兮階秀蓂莢。視區區之遺核，初何繫乎重輕？此所以革往古之荒唐，法唐虞以作程也。辭曰：

桃有核兮大逾掌，歷千齡兮多惚怳。嘅靈仙兮勞夢思，誰見崑邱兮紫芝長？真人出兮海寓寧，禮樂爲冠兮仁義作纓。簫韶九成兮鳳皇鳴，青鳥不敢徠兮幻説清，千秋萬歲兮永長生。

竊記《徽宗本紀》：宣和元年己亥二月庚辰改元，遂易宣和殿爲保和殿。至四年壬寅夏四月丙午，詔録三館書，置宣和殿及太清樓，祕閣始重稱宣和。今核上之字，刻於二年庚子之甲申月，乃不書保和而猶襲宣和之名，此固不可不疑。況丁酉日屬庚子歲癸未月之終，今復隸之於甲申月之首，尤有不可得而致詰者。頗意此核非漢武時物，字亦非宋祐陵所書。雜書所載海外之國多大桃，雖不可盡信，或者得其遺核，特依倣而托之者歟？然濂年已邁，舊學皆廢忘，未必其言之足徵也。姑書之於此，以俟後之君子云。

崆峒雪樵賦有序

劉君宗弼，家於贛之空同山陽。學贍而文雄，嘗擢進士第，入教成均，出任浙江部使者之寄，聲光已赫然矣。君乃退然弗居，方以「空同雪樵」自號，其殆顯幽一致者歟？非賢而有德者，蓋弗能也。君間請濂賦其事。雕蟲篆刻之學，老且忘去，❶黽俛操觚，雖用賦體，而比物成義爲多。君之西還，或歌於清泉白石間，山靈聞之，未必不囅然一笑也。其辭曰：

伊空同之拔起兮，鎮嶠南之靈區。翠旃繽其蕩空兮，播顥氣之蕤綏。章貢挾以北流兮，盎土脈之滋腴。穴遥通於龍翕兮，勢蟠互於鬱孤。信地維之奥宅兮，爲靈真之所都。則有白鵞羽人，黄唐丹士，闢玉爲房，鑄金成黍。仰高青以布帷，撥赤霞而啓笥。悼下土之坌濁，淩剛風以遐度。惟彭城之仙子兮，式爛柯之遺軌。謂靈奕之可觀兮，意翩翩而遐舉。裘剪鹿肌之花，屨約芝田之蘂。巾割湘雲之枝，鞶點彩鷁之尾。傷胡麻之未飯，愛白石之堪煮。踰洞真之石扉，借修月之寶斧。期緱笙之下臨兮，庶

❶「忘」，張本作「亡」。

綠文之可授。❶于時玄冬届，朔氣交。水腹堅，金莖高。二鶴夜語，獨鳥晝韜。莽六花之聚白，合溟涬於空寥。幻九清之祕景，闢太素之神苞。奪人目睛兮，若流汞翻空而不定；一白無地兮，如爛銀炫燿於霜皐。瓊林玉樹，疊穎聯條。柯頓亡於春綠，藹巧綴於晴梢。乃陟瑶磴，乃依冰樾。膚中寒而生鱗，指屨僵而弗屈。丁丁許許，不遺餘力。已枯成采，方長不折。玉屑隨聲而輕墮，霜莖倚雲而初積。束以九真之赤藤，附以千年之苓魄。既逍遥而咏歸，忘蕉鹿於今昔。

歌曰：「我采我樵兮，太濛之野。高樹瓏玲兮，玉光照夜。孰能相從兮？與霓旌而俱下。」

於是築石竈，繙金經。養神火，煉黄寧。汞生水，虎之窟；鉛出火，龍之扃。液承太乙之珠，機運元華之精。憑添抽之卦券，❷植鄞鄂之丹城。逮伐毛而洗髓，致陰爍而陽凝。種芝於瓊玉之山，折桂於廣寒之庭。領衿佩於橋門，集鵷鷺於王庭。白簡霜飛，繡衣春明。近一出而持斧，使九夏之生冰。定乘風而來歸兮，❸將瀛洲之先登。❹隔人間之風雨兮，遽真凡之異程。至若西鄰之子，沈酣羶葷。屏黿香曙，笙火花春。葆階舞楚，銀館歌秦。黄塵迷南華之夢，弊屣嗤東郭之貧。樂鐘鼎之遺豔，厭烟霞之近醇。尚父釣渭，阿衡耕莘。或封齊於東海，或致君於華勛。齊出處於一塗，肯變志於屈伸？世繽紛兮麗以新，蠟代薪兮

❶「授」，張本、韓本、胡本作「㗒」。
❷「添抽」，黄溥本、韓本、胡本、四庫本作「乾坤」。
❸「定」，黄溥本、韓本作「迺」。
❹「將」，黄溥本、韓本、四庫本作「於」。

傷芳辰。翻海水以爲霖兮，曾莫濯夫游塵。孰不化爲胡燕兮，依華榱之飛文。丹禽鳴夫空谷兮，亦寥寥之一聞。彈樵歌之逸響兮，寄緑綺於秋旻。歌曰：

若有人兮，在蘭厓止。白虎爲使，陟崇巘止。皓毳迴飆，敷天葩止。虛白内朗，絶纖瑕止。仁斧義戕，龍鏘鳴止。鵷膏匪施，痂弗形止。剪彼薪槱，扶松栢止。養賢大鼎，熟以烹止。天下爲公，大道行止。遡風屹立，思盈盈止。

嘉瓜頌

皇明式于九圍，德漸仁被，和氣薰蒸，靈物効祥。乃洪武五年夏六月，嘉瓜生于句容張觀之園。雙實同蒂，圓如合璧，奇姿分輝，紺色交潤，誠爲曠世之産。壬寅，京尹臣遇林函以素匭，圖其形於上，移文儀曹請以奏聞。癸卯，尚書臣凱等奉瓜以獻。時上御武樓，中書右丞相臣廣洋、左丞臣庸、同知大都督府事臣英、御史中丞臣寧、翰林學士臣濂咸侍左右，天顔怡愉，重瞳屢回。良久，乃言曰：「徵之往牒，其事云何？」丞相奏言：「漢元和中，嘉瓜生于郡國，唐汴州亦獻嘉瓜，禎祥之應，有自來矣。陛下勵精圖治，超漢軼唐，故天錫之珍符，太平有象，實見于兹。」上謙讓弗居。俄以靈貺之臻，復不可不承，乃詔内臣實諸乾清宫。翌日甲辰，薦諸太廟。

臣濂退而思之：夫瓜，蓏之屬也。其蔓遠引，其葉阜蕃。諸傳有之，神瓜合形，表緜緜之慶，此固兆聖子神孫享億萬載無疆之祉。況瓜之所出，本於回紇，中國討而獲之，故名爲西。方今皇上命大將軍統師西征，甘肅、西涼諸郡俱下，而瓜沙已入職方。行見西域三十六國，同心來朝，駢肩入貢，天顯叶瑞，其又不在于兹乎？然而異畝同穎，周公作《歸禾》之篇；三秀合圖，班氏有《靈芝》之歌。矧其嘉植，❶含滋發馨，昭宣我神應，焜煌我王度，寧可暗默而遂已乎？顧臣駑劣，不足以美盛德之形容，謹上其事，願宣付史館，以備實録，復繫之以頌。頌曰：

乾道載清，坤維用寧。保合太和，發爲休禎。句容之墟，物無疵癘。神瓜挺出，殊實同蔕。瓜孰非單？此合而生。二氣毓質，雙星降精。蜜房均甘，冰圭競爽。明月重輪，彷彿堪象。豈無賓連？產於户東。叶。疇若兹瓜，協瑞聯祥。亦有華平，張翠作蓋。疇若兹瓜，交輝映彩。其兆伊何？蘿圖緜延。西域既柔，德冒八埏。群臣曰都！❷載拜稽首。神休滋彰，天子萬壽。粵從啓運，靈貺疊甄。❸兩歧秀麥，合柎孕蓮。矧此貞符，近在輦轂。王化自邇，遠無不服。帝曰吁哉！朕猶慊然。瑞當在人，物胡得專？使物爲祥，宜獻清廟。自我先人，積慶所召。孰瑞不矜？帝則弗居。唯親是思，我民之圖。以實應天，斯乃盛德。小臣作頌，以示罔極。

觀世音菩薩畫像贊

梵稱阿縛盧枳伐羅，唐言觀世音也。其觀世音菩薩，與南閻浮提衆生有大因緣，

❶「其」，張本作「此」。
❷「群」，原作「郡」，今據黄溥本、韓本、傅本改。
❸「貺」，原誤作「肌」，今據張本改。

凡衆生有急難者，一稱菩薩名號，皆得解脱。凡諸所求，亦復如是。是故奉其像者，十室而九，各出巧思，莊嚴妙相。永嘉林一清爲上原尹，治政之餘，稽首參禮，用清淨毫畫東大瀛海，水勢噴湧，傍有磐石。菩薩見天人相，翹其一足，坐彼石上。護法大神身被寶鎧，駢立於左；善財童子乘蓮葉舟，合爪遥禮，自右而至。其上日輪正照，雲氣杳漫；其下龍女持珠，仰首而獻。品物咸秩，觀者動容，如親見菩薩於補怛洛迦山也。比邱似桂，乃孚中信公之上足也。耽嗜般若，如飲醍醐。以濂信嚮佛乘，持像請贊。

濂觀一清運筆，皆有所表見，非徒爲虛飾而已。中繪菩薩現大悲相，表慈憫衆生故；在大瀛海中，表香水法界故；日輪正照，表本性圓明故；雲影交重，表塵沙無盡故；大神威嚴，表降伏魔軍故；善財瞻禮，表正信不回故；龍女獻寶，表地無所愛故。惟觀此像者，目擊道存，不以像視像，而以法視像。瞻禮之頃，三十七道品一時證入，八萬四千塵勞門悉皆降伏。則是像者，其於進道，亦不爲無所助也。互跪作禮而説贊曰：

稽首大士天人師，神通變現於一切。尋聲救我衆生苦，是則名爲觀世音。大東瀛海洛迦山，巖洞時時發光彩。示以澎湃海潮音，或因音聲而入者，即得見佛了無二。有一宰官施善巧，能以繪畫作佛事。大士寶相毫端現，翹足而坐衣褊襹。慈容顒顒屹不動，紅光下照日正中。雲影交加無盡藏，善財南詢遽作禮。脚踏蓮花以爲舟，龍女持珠向空獻，種種皆爲法歡喜。上有威神金剛王，護持佛法極嚴猛。我知大士無形相，有相當與虛空等。虛空廓落徧十方，胎卵濕化皆含攝。以至河沙諸品類，一一皆於相中現，中求一髮不可得。願執須彌以爲毫，舒卷六合以爲紙，畫此無邊相好身，大地衆生眼皆見。見者人人皆作佛，百千劫罪悉消除。不許役役從外求，一彈指頃皆究竟。

十八大阿羅漢贊

東山禪師以所畫應真像求予贊。予謂應真何待贊，有贊則贅矣。東山迫之甚，因爲説偈。其詞曰：

惟諸應真，度嶺涉海，各騁神通，作此戲劇。騎魚駕黿，乘蘆履鉢，遊行自在，眼不見水。毒龍猛獸，帖耳馴擾，最可怖愕，嘘氣成塔。諸狡獪事，不一而足。我問應真：大乘境界，無物不攝，物無留礙。何故執著，樂此小法？應真漠然，似不聞者。我乃思惟，諸應真像，一一現前，何不我答？諦而視之，乃畫師假。悟吾一心，如良畫師。妍媸短長，縱横圓方，一濡毫間，無所不有。雖駭人目，終非真實。由是而觀，萬物無實，隨聲逐色，輾轉成妄。觀此卷者，願空諸心，心空法空，必定見佛。

曾侍郎像贊

身形之瘦弱也，則山澤之臞；精神之淩厲也，則列仙之儒。博極諸書，而守之則約；智用群類，而處之若愚。當議禮而考文，較損益於錙銖。稽百王之軼典，翼一代之鴻圖。豈非養德之腴，造道之樞，而爲國之耆艾，邦之蓍龜者乎！

介石齋銘

金陵管君名豫，以時順爲之字，以「介石」題其所居之齋，皆取乎大《易》之義也。蓋管君嗜學弗懈，既習儒家言，又通天官之學。當皇上龍飛，定鼎江左，材藝之士無不寵任之。管君用薦者擢爲曆官，已而建太史監，遂改春官之職。管君益竭其智慮，凡氣朔之盈虚，躔度之遲疾，或步或推，罔有絲毫愆忒。上嘉其勤，會廷議易太史監爲欽天監，遂命管君爲之令，管君亦可謂至榮也已。然其進學之心猶孳孳也，且謂「豫」以悦樂爲義，易致沈溺，必以「中正」自期。介如石焉，則能審其幾微，上下之交，不至於諂瀆矣。乃掇「介石」二言以自警。嗚呼！若管君者，其知豫之時、順之道乎！雖然，《豫》之彖辭有曰：「天地以順動，故日月不過，而四時不忒。」管君苟以順而測天，其又有契於不過不忒之理乎？大《易》之道，無所不包，故予發其意於傳注之外，而復繫之以銘。銘曰：

豫之爲義動以順。苟耽于逸爽其正。節介如石剛且勁。其幾始兆見輒定。自微而彰若龜鏡。下不加褻上弗佞。如此進學德將凝。或冥或鳴戕厥性。戒之初終制乃勝。有齋肅如更嚴靚。我銘其楹宜敬聽。

丹井銘

海虞有虞山，梁天監初，漢天師十二代孫張道裕來隱其下，建招真之治，鑿丹井焉。宋淳熙中，道士李正則浚井，得藏丹石礦，啓之，化爲雙紅鴿，飛入上湖，至今湖中丹光熠熠然。邇年井且廢，莫知其所。周尊師玄真窮日力尋獲之，重加以甓，構亭覆其上，時皇明洪武元年也。然僊家煉丹必以井，故名山多有之。其在今海虞者，舊廢而新治，豈玄學復興之徵與？銘曰：

太陰委精自天一。融而爲液養萬物。神丹浴之赤如日。有夫玄巾發我室。雙禽銜霞飛翐翐。靈泉重噴甘逾蜜。飲焉壽與天地畢。

銅雀瓦硯銘

臨汾徐昭家藏銅雀瓦硯，獲於漳河中，相傳逾百齡。兵部員外郎許珪以使事過之，遂購焉。質貞而文黝，蓋真物云。太史金華宋濂爲造銘曰：

埏埴成胎資氣母。炎火一爍貞且壽。禁雨迴風著勳久。何哉舞榭塵爾蹂？天假漳河滌其醜。出贊觚翰列左右。虹光夜半上衝斗。龍圖龜文首交紐。要使遺文傳弗朽。

茂承齋銘

閩人鄭子尚，世惇書詩，爲良士。其父周可君，尤能以道自娛。所居曰至德里，並舍北南，環植以蒼松，鼓鬣奮爪，儼若蛟龍然。嘗喟然歎曰：「始者拱把爾，今則大將十圍，人之種德，其亦有類於是乎？」御史鄭公過而嘉焉，名之曰「松莊」云。周可君既乘風御氣，游神於沖漠之墟，而松固無恙，寒光涼翠，益翹然發舒。子尚日徘徊其下，仰而慕，俯而疑，悵然其若思。已而曰：「先子不可見矣，倘能承繼之，庶幾其不死矣乎！」乃取《詩》所謂「如松柏之茂，無不爾或承」之語，扁其齋曰「茂承」。蓋萬物榮於春，悴於秋，各繫其逢。唯松也，舊葉將落而新葉已生，所以四時而恒青。子尚欲承父志，無須臾間斷，其將常茂而益榮者哉！子尚亦善於取譬者已。子尚以明經試天官，歸教長樂鄉校。其將行也，介國子録趙伯庸來徵予銘。銘曰：

有松丸丸兮，于彼郊坰。來者既續兮，往者始零。衆悴黄賁兮，其色獨青。嘉名斯建兮，象類之精。父經能傳兮，於粲其榮。繼繼承承兮，允有餘馨。毋玩葩澤兮，忽彼堅貞。太史造銘兮，勒於軒楹。

沖虚室銘

「沖虚」二言，迺玄門之關鍵，道學之符徵也。嗣天師張公取以自號，復名其齋居。金華宋濂爲掇其義，而爲之銘。銘曰：

惟其沖，足以全玄黄之功。惟其虚，可以斡造化之樞。蓋和以盎於四體，而空以涵夫中腴。壹脗契乎自然，曾弗爽於無爲。迎於先而不見其合，推於後而不見其離，雖恍惚其有物，竟孰探其幾微。彼專氣如伏雌，抱一若嬰兒。以大道之難言，姑假象而示斯。神明之胄，爲世玄師。約萬言之喉衿，貫一理之妙機。瓊臺小史，執筆受書。掇三洞之隱文，請揭之於座隅。

飛泉操

浦陽玄麓山有飛泉，濂與鄭源先生數觀之。造《飛泉操》，鼓之琴，書諸崖石。其辭曰：

飛泉兮瀏瀏，洗耳固非兮，誰飲我牛？覆謂我汙兮，移彼上流。具人之形兮，奈何忘人之憂？

孫孝子傳

孫孝子諱惟中，字伯庸，濰州昌邑人。祖明，父琳，世爲農。孝子朝出耕，夜歸讀古人書，性雅愛宋名臣言行，歷歷能道之。凡所謀，猶恒取以爲則。年及壯，用推擇爲寧海州史。一年，貢益都府，瀕行，會父卒，皇皇如欲無生。縣有漢昌邑王廢城，舉柩葬城中，結菴廬其側，藉苫以居。曠野無人，深夜月冷，哭聲依稀，隨悲風遠聞，人爲泣下。日啜淖糜二盂，却酒肉弗御。晨起無火，掬雪頮面，輒詣墓前拜。久之，手足皸瘃，形容憔悴甚。或勸其還，哭而不對。閭師韓泰亨帥閭巷民言于縣，縣尹戴友諒弗之信，將廉之。伺夜半，攜二蒼頭出風雪中，抵菴廬而聽。孝子聞足音，遥問曰：「暮夜欲何爲？」戴歎息而去，以爲不讓古人，亟上之府。部使者加覆察如縣言，請旌其門。文達中書，禮部不報。

孝子長身美髯，善談古今事，遇子弟若嚴師。家法著于井落，多效之。娶劉氏，從孝子之化，居舅喪，亦不近酒肉三載。生三子：尚志，尚文，尚德。尚志業爲儒，今擢禮部主客主事云。

史官曰：李氈據益都，明被兵掠至洪溝，去家三十里。年始十歲，兵以其童也，易之。明夜遁，倀倀亂行。有老父教之曰：「兒但從吾指以往，即至家矣。」明如其言，走固隄鹽場中。草深滅頂，而豺狼左右嘷，明竟得還。父母亦避兵方歸，舉燈索明，不得，相向哭。燈忽作花，復自相慰曰：「我兒其返乎？不然，此花何徵也？」言未訖，忽聞叩門聲，啓視之，明也，亟挽以入。初，父止生明，今明之子孫逾四十人。而惟中又孝行卓卓如此，天之不絕孫氏者，其有以哉，其有以哉！

王弼傳

王弼，字良輔，秦州人。游學延安北，遂爲龍沙宣慰司奏差。龍沙，即世謂察罕腦兒者也。弼以剛正忤上官，去，隱於醫。至正二年，吉巫王萬里與從子尚賢賣卜龍沙市。冬十一月，弼往謁焉，忿其語侵，坐折辱之。萬里恚甚，驅鬼物懼弼。弼夜坐讀《金縢》篇，忽聞窗外悲嘯聲，啓户視之，空庭月明，無有也。翼日，晝哭于門，且稱冤。弼召視鬼者厭之，弗能勝。弼乃祝曰：「豈予藥殺爾耶？苟非予，當白爾冤。」鬼曰：「兒閱人多，唯翁可託，故來訴翁，非有他也。翁若果白兒冤，宜集壽俊十人爲之徵。」弼曰：「可。」人既集，鬼曰：「兒，周氏女也。居大同豐州之黑河。父和卿，母張氏。生時月在庚，故小字爲月西。年十六，母疾，父召王萬里占之，因識其人。母死百有五日，當重紀至元三年秋九月丙辰，父醉卧，兄樵未還。兒偶步牆陰，萬里以兒所生時日禁呪之，兒昏迷瞪視不能語。萬里負至柳林，反接于樹，先鬋其髮，纏以綵絲，次穴胸，割心若肝暨眼舌耳鼻爪指之屬，粉而爲丸，納諸匏中。復束紙作人形以呪，劫制使爲奴。稍怠，舉針刺之，蹙頞而長號。昨以翁見辱，乃遣報翁，兒心弗忍也。翁尚憐之，勿使銜冤九泉。兒誓與翁結爲父子，在坐諸父慎毋洩，洩則禍將及。」言訖，哭愈悲。弼共十人者皆灑涕，備書月西辭，聯署其名，潛白于縣。縣審之如初，急逮萬里叔姪鞫之。始猶撑拒，月西與之相反覆，甚苦，且請録其行槖，遂獲符章、印尺、長針、短釘諸物，萬里乃引伏云。

萬里，廬陵人。售術至興元，逢劉鍊師，授以採生法，大概如月西言。萬里弗之信，劉於囊間解五色帛，中貯髮如彈丸，指曰：「此咸寧李延奴，天曆二年春二月，爲吾所録，爾能歸錢七十五緡，當令給侍左右。」萬里欣然諾。劉禹步焚符祝之，延奴空中言曰：「師命我何之？」劉曰：「爾當從王先生游。先生，仁人也，殊無苦。」萬里如約酬錢，并盡受其術。復經房州，遇鄺生者，與語意合，又獲奉元耿頑童奴之，其歸錢數如劉。今與月西爲三人矣。劉戒萬里，終身勿近牛犬肉。近忘之，因啖牛心炙，事遂敗。尚復何言？縣移文豐州，追和卿爲左驗。和卿頗疑之，雜處稠人內。弼陽問：「誰爲爾父？」月西從壁隙呼曰：「黑衣而蒲冠者是也。」和卿慟，月西亦慟。慟已，歷叩家事，慰勞如平生。官爲具成案上大府，萬里瘐死于獄。部使者慮囚，召月西置對，弗答。吏罵曰：「獄由爾興，今反不語耶？」月西曰：「殺我者既伏辜矣，喋喋將何爲？」尚賢竟以賂免。

初，弼訴縣歸，親賓持壺觴樂之。忽聞對泣聲，弼詢之，鬼曰：「我耿頑童、李延奴也。月西冤已伸，翁寧不憫我二人耶？」弼難之。頑童曰：「月西與翁約爲父子，而吾獨非翁兒女耶？何相遇厚薄之不齊也？」弼不得已，再往縣入牒。官逮頑童父德寶、延奴父福保至，其所驗皆如和卿，而鄺與劉不知其里居，竟莫致云。自是三鬼留弼家，晝相隨行，夜同弼卧起，雖不見形，其聲琅然也。弼因從容問曰：「衛門當有神，爾曷從入？」月西曰：「無之，但見繪像懸户上耳。」曰：「吾欲爇象泉賜爾，何如？」曰：「無所用也。」曰：「爾之精氣能久存於世乎？」曰：「數至則散矣。」二僧見弼，一華衣，一衣弊服，華衣者居右。月西曰：「爾爲某惡行，萌某邪心，尚敢據人上乎？彼服雖弊，終爲端人耳。」命易其位，僧失色起去。頑童善歌，遇弼飲，則唱《漢東山》及他樂府爲壽。弼連以酒酹地，頑童輒醉，應對皆失倫。客戲以醯代之，頑童怒曰：「幾蜇吾喉吻矣，何物小子，惡劇至此！」嘵嘵然數其陰事不止，客慚而遁。月西尤號黠慧，時與弼諸子相謔，言辭多滑稽。諸子或理屈，向有聲處擊之。月西大笑曰：「鬼無形，兄何必然？徒見其不知也。」凡八閱月，始寂寂無聞。

翰林學士承旨李好文節官中獄案造記，而燕南梁載又爲序其事，二文互有得失。予乃合爲一傳，而其辭不雅馴者，痛删去之。弼尚存，年六十八矣。有司誤以其能異術，貢之南京。上賜衣一襲，遣還。時洪武四年冬十二月庚辰也。

史官曰：司馬遷云：「漢武帝置壽宫以奉神君，神君非可得見，其音與人言等。時去時來，來則風肅然也。」予竊疑焉。音，麗乎形者也，無形矣，音何從出哉？今周女無形而能人言，何其與神君類歟？且自重黎絶地天通，人鬼始分，禹鑄鼎象物，其政益備矣。後世姦巫鬼師，乃使之瀆亂常經，其咎尚誰執哉？雖然，吉巫之術狡矣，而卒被鬼所殺。人禍天刑，終不可逭。爲惡者，盍少知懼乎？抑剛正若王生，鬼不敢害之，反敬畏之。是知君子挺立天地間，仰不愧也，俯不怍也，妖得而侮諸？奈之何棄君子而弗學者衆也，悲夫！

周尊師小傳

周尊師，名玄真，字玄初，世居嘉禾，後遷於姑蘇。其父月心通陰陽家言，用達官薦，爲其學教授。母林氏。玄初生八歲，教授君歿，獨隨母以居。踰四年，忽有龎眉翁類道人劍客者過之，愛玄初精神溢目，不類塵中人，製道家冠服被之。玄初果喜。又二年，會上真道院施如意囊，囊貯諸物，集四方人使探鉤取之。玄初欣然仰天祝曰：「我誠探得第一，即離俗無疑。」已而果然。乃走嘉禾紫虛觀，從李拱瑞爲道士。拱瑞，南谷杜真人高第，以道行聞。既得玄初，授劾召鬼神之術。

開元寺沙彌爲狐所媚，羸瘁垂死。玄初嘘氣禁呪之，狐即躍出，衆殺狐，其疾輒愈。范庭芳之子曰孟奎，庭芳鍾愛如重璧，蛇鬼侵之，沈痼不能脱。玄初飛符往劾，蛇鬼遂絶。玄初不以爲已足，尋受靈寶大法於曹桂孫。會吴越被兵，游魂出爲厲。玄初建壇陳醮祠，白鶴五十回翔壇上，久而後去。及浮河爇燈，一燈飛起，高懸柳枝，人驚以爲神功。萬夫長沈實母歿，痛念之弗置，聘玄初修祠事。實因問曰：「聞君能召鶴，有諸？」玄初曰：「然。」遂趣神要之，素羽翩翩自空而來，凡四十又二，若果屬其指呼者。實喜，復問曰：「君能致吾母魂魄乎？」曰：「可。」即剪紙爲旌，令童子執之。玄初左右顧視，作叱嘯聲。旌重將壓地，母降于童，音聲威儀如平生，實與家人環之以泣。

初，霅川有神師曰莫洞乙，呼雲役雷，狎褻如兒戲。晚授其徒王繼華，繼華授張善淵，善淵授步宗浩。宗浩欲授人，無契意者，見玄初，因以其祕示之。自時厥後，雨暘有弗若，郡二千石縣大夫俱致書稱弟子，請玄初禜之，屢有奇應。其尤異者，洪武戊申，京師旱，夏五月至于秋七月不雨。太師李韓公方秉鈞軸，亟命左司郎中劉允中迎玄初致雨。是月庚寅，設雷壇於冶城山，研朱書鐵符，投楊子江中，波濤遽興。玄初夜坐斗下，存神窈冥，電光燁燁，遶身達旦。辛卯，玄初握劍上壇，召風師霆伯誓之。俄陰雲蔽空，大風拔木，雨降如翻盆。韓公曰：「此法師雨也。」四民觀者僉曰：「此法師雨也。」玄初曰：「未也。明日辰時再降雨，乃足爾。」至期復果然，有黑龍蜿蜒見西方，迨午始霽。韓公以幣贈玄初，玄初不受，竟拂袖東歸。朝紳嘉之，以文辭道其功者不可悉數。

明年庚戌，上欲問鬼神情狀於道家者流，嗣天師張真人與玄初皆被召，錫燕於光禄寺，禮遣其還。又明年辛亥秋九月己卯，上召玄初至京，見於武樓，從容賜坐，訪雷霆所以神之故。玄初對曰：「天地之間，無踰陰陽者，因其運轉，故有神。神與人合者也，雷非人無以知雷之天，人非雷無以知人之天。天人相孚，本同一理爾。」上悅。今年壬子春，三月不雨，中書右丞相汪公命玄初致禱。仍於冶城山建壇，其應如初。

玄初爲人多内功，兼好澤物。葑門石橋廢，費將巨萬計，玄初談笑成之。初主丹霞道院，嘗一新其祠廟。繼住持常熟致道觀，觀有丹井蕪没且久，玄初求得之，重甃以甓，作亭覆其上。玄初嘗搆來鶴軒於丹霞密林間，披鶴氅衣，執《黄庭經》一卷，焚香默坐，人競稱之爲鶴林高士云。

太史公曰：予游江南，見玄初鳳皇臺上，方瞳燁然，長眉聳然，傲睨於萬物之表，竊意緱山仙人乘鶴吹笙而徠下也。亟往叩長生久視之要，玄初乃言曰：「混沌之時，一氣孔神，無形與聲，入之無門，子盍索於呼吸之根乎？其體中虚，玄象之初，不依物以居，枝扶而葉疏，能黜其知，守其愚，則群陰盡銷，而純陽獨舒矣。子盍慎諸？」予敬受之以還，而未之能行也。然而玄初之役使鬼神者，其能斡天道之樞歟？抑玄初孝於親，一日不見，輒懸懸如饑，欲欲然若有所疑。經曰：「孝悌之至，通於神明。」玄初所以能變化者，其或有繫於是歟？非歟？

劉真人傳

劉真人思敬，吉之青原人。少落魄不羈，嗜酒，好長年術。及長，游蜀中，從靈寶陳君受丹砂訣，行混元之法，徧歷海内諸名山。年垂五十，始入龍虎山爲道士，自號爲真空子。尋出主毓和道院，遂依訣鍊鉛汞爲丹砂，得服之者疾良愈。

至元十八年，世祖遣御史中丞崔彧至江南搜訪異人，遂以真人應詔，召對延春閣，語頗稱旨。上恒苦足疾，真人進六甲飛雄丹，上吞之，瘳。復召，問曰：「卿壽幾何？」對曰：「踰七十矣。」曰：「卿顔何童耶？」對曰：「亡思亡慮，勿撓其氣。唯一唯純，以守吾真。油油與大化俱，有不知春秋之高矣。」上悦，賜葡萄酒飲之。後每賜飲，輒醉，醉輒仆地而卧，上亦不之責，由是出入殿廷無禁。上與群臣言，以真神仙稱之。時有賜予，辭不受。居八年，乞還山中。上憐其老，許之，賜以銅簡鐵笛及百衲袍之屬，且曰：「此旌卿之素志也。」陛辭，上方以金甌飲馬湩，亟輟以賜之。

暨還，結八卦菴於琵琶峰右，神情超朗。當月白夜晴時，出坐磐石上，持鐵笛吹之，依稀作鸞鳳鳴。間鑿浴丹池，疏水一派入池，泠然也。二十八年八月，日正中，呼陳鍊師與之劇飲。飲已，曰：「我明日將死，故今與子醉别爾。」明日，叩門無應者，力排而入，真人已側卧而逝矣。壽蓋八十又一。所傳《丹經十二方》，授弟子章希平等，迄今行之。至正間，玄教宗師董公上其事，制贈凝妙靈應真人云。

史官曰：《周禮·訓方氏》「誦四方之傳道」，所謂傳道，世世傳説往古之事也。史傳之得名，殆法于此，豈細故之云哉！夫事不可傳而傳之者，非也；可傳而不傳者，亦非也。要在精察之而已矣。真人之歿，李君存爲序其書，方君從義又屬予作傳。二君精察皆勝於余，必確然有徵，因爲著諸簡牘，以俟他日修《元史》者。

蘇州重修孔子廟學之碑

蒲圻魏公守姑蘇之明年，鋤暴樹良，無令弗肅，上下洽和，百廢具興。惟孔子廟學弗治，棟楹傾欹，丹堊黗昧，若不能支旦暮者。公顧瞻良久，愀然弗寧。乃登僚寀、縣令丞暨尚義之士咸集于庭，喟然歎曰：「皇帝以神武定四海，即大興文治，詔以明經六藝之科，頒示郡邑，使選弟子員，❶肄講明體適用之學，將以人文化成天下。今弊陋至是，非所以靈承帝意。予先捐俸爲倡，爾二三君子幸相與圖之。穹殿邃廊，虔奉明禋，靈星之門，神道所繇，其役爲最殷。吴江葛德潤，爾其葺之。論堂有嚴，兩廡相嚮，挾以六齋，以通于前門。吴江甯璇，汝其脩之。亭號采芹，下臨康衢，來游來歌，多士攸宜。崑山張庸，爾其整之。」公言未已，吴江令許茂進曰：「邑有八士曰李庚等，頗有意乎書詩，尊經之閣、先賢諸祠、游息三亭，以至庖湢橋梁之屬，茂率其承之。」長洲丞丁師尹復進曰：「許令然矣，師尹獨不可爲乎？若止善堂及中廊達于閣者，當諭群儒使賦金，俾里耆唐晟視其役焉。」公大悅。唯周垣四千八百尺未有所屬，僚若佐遂以罰布佽助，而吴縣令曾輔驩然趨功。役邑夫畚粘土，繩繩而來，事因大集。始事於洪武六年二月戊辰，而訖功于十二月某甲子。如翬斯飛，如雲斯凝，如濤斯湧，深沈而潔清，宏麗而艶密，一還承平舊觀。公帥其屬，執豆籩，具脯醢，以成功告。觀者如堵牆，莫不嗟歎。

自兵興以來，學宮所在蹂踐爲墟，而姑蘇幸僅存，非公之至，幾何不與之俱廢乎？教授貢潁之既宣力於始終，復使訓導張田請記其事，以垂不朽。

惟蘇之有學，實始於范文正公。蓋公景祐初出守鄉郡，擇南園之地，奏請于朝而建是學。爲其師者，則安定胡文昭公也。計當時人物，固嘗盛矣。數百載之下，仰其聲光，慕其風烈，每使人發不可企及之歎。

❶「使」，原作「四」，今據張本改。

自時厥後，雖有賢愚，而學之興廢靡常，而二公過化之地，流風遺俗，終未泯也。況今遭逢有道之朝，而得良二千石爲之師帥，豈徒然哉？然公興學之志，不下於范公者也。則夫坐臯比而談經藝者，其必將取法於文昭乎！明體適用之學，吾知駸駸然向盛矣。苟不務出此，而摘英搴華，爲譁世取寵之具，非區區所敢聞。請以是刻諸麗牲之碑，庶幾蘇之人士知所自勖哉！

公名觀，字把山，通《周易》。爲人疏達無凝滯，如八牕玲瓏。見義勇爲，雖千萬人不可遏，所至輒烈烈有聲。同知府事李權、通判徐弼、推官超霖，皆號一時之選，與公道合，故成事無難者。碑爲修學作，前代興造各自有記，皆不書。唯當書者，不敢拘於文體而不致其詳焉。系之以詩曰：

姑胥之墟，有川滮滮。折趨南園，匯而東流。靈氛中啓，涣爛弗收。自非聖師，疇協其休？昔有哲人，出綰郡章。乃搆學宫，乃建廟堂。廟堂章章，學官將將。❶衿佩洋洋，來翶來翔。盛衰相因，揆理則然。風摧雨蝕，上漏旁穿。矧丁艱虞，烽火相連。誰舉一臂？持危扶顛。大明當天，九服攸同。叶。欃槍斂翳，奎璧吐芒。睠我魏公，來涖大邦。屢形於言，我敢怠遑？既率部封，復登府僚。分勞授事，具乃教條。曾不一期，厥功孔昭。化此朽腐，鬱爲岧嶤。孰敦化原，孰築教基？孰牖民彝，匪學曷爲？我語蘇人，公豈爾私？耳目苟具，必致其思。思之如何？法孝與忠。二者無愧，行將天通。震澤有石，其堅比銅。史官勒辭，用昭無終。

❶「官」，四庫本作「宫」。

天台顧氏先德碑

顧氏之系出江左，其後遷金華，尋復由金華徙天台，相傳以爲顧歡之後。歡，梁之隱君子也，故其地有顧儒嶺，有歡溪。然世遠宗堙，莫能知其詳矣。至宋南渡後，有諱知言者，字孚先，通《黄帝内經》之學，人有疾，注藥起之，無靳色。會疫癘大興，孚先裹良劑，日巡户而與之。鄉人感其賜，有摶土肖像以爲壽者。以子貴累贈宣教郎。生商卿、周卿。商卿字方子，用薦者爲鄉郡學官，遂以明經講授。從之者，皆爲純篤君子，出言制行，能使人慕豔不置。閥閱家綦氏伯仲，争以門資叙爵，幾至破家。方子片言喻之，輒頓首謝過，以官讓其兄。周卿字成子，擢嘉定癸未進士第，官至朝奉郎、奉國軍簽判。初娶貴族施氏，貲裝甚豐。成子夜讀書，隱几而卧，施戲泚筆塗其面。及覺，大怒曰：「合卺未旬日，乃敢爾耶？所謂相敬如賓者何在？」坐以待旦，斥出之。再配楊氏，無子，抱方子之子育之，乳因有湩。

方子孫玉文，字温夫，咸淳甲戌武舉第一人，授秉義郎、殿前司同正將。德祐丙子，元兵入台，執其父申，欲殺之，温夫抱父頸而號曰：「寧殺我，寧殺我！無害吾父。」温夫被創而免，因以跛廢。初，温夫議娶應氏，已納采，忽折其脛，衆勸之改圖，温夫不聽，曰：「言猶在耳，焉敢背之？彼體雖虧，而行未嘗虧，何傷乎？」應後得婦道甚，爲一宗之師。從兄臯翁死，以孤子託之，温夫授經納配，不翅己出者。

温夫子鎔，字可範，年十三，試藝鄉校，

頃刻而就，人目爲神童。丞相吴公堅以孫女妻之。大母葉氏與其母春秋皆高，可範先意承顔，唯恐有不及。兄鎬早死，❶諸孤呱呱然無依，羞服婚姻，皆可範主之。然自宣教府君以下，族屬頗衆，正月之吉與日長至，大合其族，行聚拜之禮親之。近者浹旬則一會，飲酒哦詩，情文藹如也。有不至者罰及之。凡遇疾疢死喪，輒遑遑往視，蹙額弗舒。旦暮必謁先祠，大寒暑不易，人取以爲法焉。家畜二猫，皆孕，一既産出，爲人所縶，未産者往乳之。及其歸也，同一窟而哺子，人以爲和氣之應。鄉井服可範之化，苟有赴愬，不之公府，而惟其言是聽，皆悦服而去。里有陽歸堰，溉田萬畝，當農功將興，可範必繕築以利民。糧書之脩，閭師並緣爲姦利，可範履畝而覈其實，鄉鄰德之。可範性端恪，子姓有不善，面折不恕。然其律身尤嚴，日抵暮，輒懸燈，書其言行于籍，不可書則不爲。年九十二，忽無疾而卒。

惟天台素爲文獻之邦，如南塘陳茂卿、謙齋吴清之、直軒吴直翁、慥堂鄭景温，是四君子者，皆與聞濂、洛、關、閩之學。故其鄉邦之間，金春而玉應，宫奏而商宣，所以咸有士君子之操，如顧氏一門是已。然其嘉言善行多可書，已見墓文，固可傳諸不朽。其或聞之父老之口者，歷年滋多，恐日就泯泯。族孫石樓縣令碩，乃件繫之，請予爲之記。

嗚呼！世之求文者奚翅數百，罔不欲譽己之善，而於其先德，則未嘗少留意焉。碩乃能一反其所爲，得非知識度越於人哉！因不欲辭，而書以遺之，使碩之後人，

❶「死」，張本作「世」。

庶幾有所徵焉。❶

西域浦氏定姓碑文

起居注浦君，與予爲同朝友。自序其世系及定姓之因，請予文以勒諸碑。予讀已，歎曰：「是不亦君子之道歟？」浦君，西域阿魯温人。高祖以上忘其名。曾祖哲立理，元太祖時遷幽之宛平，生中順大夫、同知温州路總管府事道吾。道吾字善初，因宦于杭，復居錢塘拱衛鄉，生六子：曰沙的，曰黑黑，曰福州録事司達魯花赤泰住丁，曰六十，曰剌哲，曰馬思護。黑黑生二子：曰江浙行省宣使羅里，曰賽魯丁。六十生一子，曰木八剌，贅於女氏，復還於永嘉，能務廢舉之術，家饒於貲。剌哲生三子：曰道剌沙，曰溥博，即浦君，其字爲仲淵；曰忻都。馬思護生三子：曰哈山。唯是再世多已物故，唯木八剌父子及浦君存。

浦君性穎悟，父與母聶夫人訓之尤篤。去從名師傳，通《詩毛氏箋》，而折衷以朱、吕之傳。發爲文辭，其光燁然也。中至正壬寅江浙鄉闈一榜，辟教諭德清，轉嘉興。遂占籍嘉興，卜魏塘棲居焉。❷洪武辛亥，郡府貢至南京，試藝詮曹，又中高選，授侍儀使，再轉今官。生四子：曰顒，曰卬，曰珪，曰璋，皆蕭山沙氏出也。夫西域諸國，初無氏系，唯隨其部族以爲號。蓋其族淳龐，其事簡略，所以易行。若吾浦君居中夏聲名文物之區者三世，衣被乎書詩，服行乎

❶ 篇末，張本有「奉議大夫國子司業金華宋濂撰」十三字。

❷ 「棲」，張本作「鎮」。

禮義，而氏名猶存乎舊，無乃不可乎？於是與薦紳先生謀，因其自名而定以浦爲姓，使世世子孫不敢有所改易，其深長之思可謂切矣。

昔者，代北群英隨北魏遷河南者，皆革以華俗，改三字、四字姓名爲單辭，而其他遵用夏法。若叱邱之爲吕，力代之爲鮑，羽真之爲高者，又不可一二數也。雖然，豈特是哉？中夏亦有之。周卿是樊仲皮之後，則以皮爲氏；吴邱壽夢之後，則以壽爲氏；摯疇之後，則以疇爲氏。豈非以名爲氏者乎？以名爲氏猶可也，有生李下而指李爲姓者，有聞伐木作所聲而以所爲姓者，有育子能言而以語兒爲姓者，有官高年耄乘車出入省中，子孫則以車爲氏者，雖更僕有所不能盡。此無他，於理無所悖，於事有所據，先王制禮亦未嘗不與之也。今浦君之爲，上符古義，下合時宜，非卓見絶識不得與於此。彼拘拘守常之士則曰：「我先祖未之能行也。」是惡足以論變通之故。嗚呼！若浦君者，不亦君子之道歟？

予既詳論定姓之因，而并述其世系相傳次第，使刻焉。初，中順公南征有功，授武略將軍大都都鎮撫。前至元末，論事忤丞相，出爲衢州判官。已而换文資，任杭州治中，階奉訓大夫，民皆安其政。後以前官致其事，卒葬杭城靈芝寺左聚景園中，而剌哲君祔焉。剌哲君後遷方家谷陳寺山之陽，浦君以圖譜久喪，唯恐其事泯泯，請附書于末，使後裔有所考云。

元莫月鼎傳碑

莫月鼎，諱起炎，湖州月河谿人。高祖

儔，宋政和壬辰進士第一。祖慶，父濛，連起爲顯官。月鼎生而秀朗，肌膚如玉雪，雙目有光射人。習科舉業，二試於有司，❶不利，乃絶去世故，從事於禪觀之學，脇不沾席者數年。已而，諱道士服，❷更名沾乙，❸自號爲月鼎。入青城山丈人觀其徐無極，受五雷之法。又聞南豐有鄒鐵壁者，得王侍宸《斬勘雷書》，祕不傳，乃亟往求，委身童隸事之。會鄒病革，將遣去，月鼎拜且泣，具以實告。鄒驚歎，即以其書相授。於是月鼎召雷雨、破鬼魆，動與天合。雖嬉笑怒罵，皆若有神物從之者。

寶祐戊午，浙河東大旱，馬廷鸞方守紹興，迎致月鼎。月鼎建壇場，瞋目按劍，呼雷神役之。俄天地晦冥，震霆一聲，大雨傾注。穆陵聞之，賜詩一章，謂其爲神仙云。元世祖至元己丑，遣御史中丞崔彧求異人江南，物色獲之，見帝於灤京内殿。帝詔近侍持果殽觴之。時天色爽霽，帝曰：「可聞雷否？」月鼎對曰：「可。」即取胡桃擲地，雷應聲而發，震撼殿庭，帝爲之改容。復命請雨，雨立至如紹興時。帝大悅，賜以内府金繒。月鼎碎截之，以濟寒窶者。帝疑其物微，因盛有所賚，亦不受。尋有旨俾掌道教事，月鼎以老耄辭，遂給驛南旋。益放於酒，無日不醉，醉輒白眼望天，陰飆倏倏起衣袖間。嘗與客飲西湖舟中，當赤日如火，客請假片雲覆之。月鼎笑拾果殼浮觴面，頃之，雲自湖畔起，翳于日下。蕃釐觀道士中秋方會飲，觴既舉，有雲蔽月，久不解。

❶「二」，張本作「三」。
❷「諱」，文粹本作「著」。
❸「沾」，文粹本作「洞」。

月鼎時寓觀中，道士知其所爲，急召寘筵端，且謝過，月鼎以手指之，雲散如洗。山氓爲鬼物所憑，狂易不可制，遍索月鼎不值，忽遇諸酒肆。月鼎大罵，含酒噀之，曁歸，物怪已息。賣餅師積餅于筐，時被物竊去，月鼎召雷轟雲中，斬胡孫首投于前。市魁娶婦，道爲白猿精所攝，抵門，但空車焉。月鼎禹步如有指麾狀，狂飆遽作，飄婦還舍。問之，婦云：「方在北高峰，不知何以至此也？」月鼎陽狂避世，不妄與人接。然頗閔疾疢者，有來告急，或以蟹中黃篆符與之，或摘草木葉噓氣授之，無不立愈者，故咸以真官稱。真官，謂其能主地上鬼神。其靈異之跡，士大夫多言之，不能盡載。

歲庚寅，屬其徒王繼華曰：「明年正月十又三日，將化於汝家。」及期，瞑目而坐。繼華問身後事，月鼎摇手曰：「俟五事備可也。」夜將半，風、雲、雷、電、雨交作，月鼎索筆書偈，泊然而逝，壽六十九。繼華奉遺蜕葬于蘇之長洲陳公鄉，去丹霞道院三里而近。月鼎所受侍宸諸書寶祕一如鄒，不輕授人，唯繼華及無涯潘氏得其傳。餘有求者，隨其器小大淺深，自撰符篆與之，亦多驗。繼華授張善淵，善淵授步宗浩，宗浩授周玄真，皆解狎雷致雨雲，而玄真尤號偉特。若行醮法，能使群鶴回翔壇上云。

史官曰：魯陽援戈而麾，日退三舍；鄒衍仰天而哭，六月降霜。夫以匹夫之微，精誠所格，而天且應之，況葆真之士乎？所謂葆真之士，其慮沖，其志静，虚其神，凝以全，故其一語默、一吸嘘，誠可嘯呼麾斥，鞭笞鬼魅於指顧之間矣。嗚呼！此事然也，則夫有事周孔之學，以致中和之功者，其應神速，又爲何如哉！參天地而妙萬物，固宜有在也。世之人胡不爾思？隨物變遷，至與人道弗類，其可悲也夫！抑亦可慨也夫！予嘗總修《元史》，已類月鼎入《釋老傳》，或以爲涉於怪神止之，然予心竊有感也。復別書之，以示玄學者。

句容奉聖禪寺興造碑銘 有序

句容縣之東四十五里，有地曰白土埭，原陸衍迤，林樾蒼潤，鬱岡、虎耳、良常諸山，屹立乎東西，聯輝分彩，神秀之所融會，而奉聖禪寺宅焉。按《金陵塔寺記》，初名永定，梁武帝時有大桑門寶亮主之。帝方尊崇釋乘，聞亮精通義學，命撰《涅槃經疏》。參訂辨博，允契先佛甚深微妙之旨。寺因藉之增重，與諸大刹爭雄。唐季兵燹縱橫，寺日隳廢。僞吴楊氏據有金陵，其檢校僕射許褒，遵厥父司空雍之命新作之，割腴田在句容丹徒者若干畝，以飯浮屠。夫人景氏猶以爲未足，復施句容田若干俾益之。宣城二比邱曰義爽，曰廷規，行業峻潔，僕射具疏延居寺中，蓋大和年間也。至宋大中祥符初，始賜今額。沿于宋季，又復摧敝弗支，群僧皆風雨散去，丹徒之田亦爲閭右民施茂等所奪。元至元中，住持平山坦公不憚四千里之遠，北訴于中書，移文江南總攝，且命下其符於鎮江。凡歷七載之久，殫三往返之勤，侵疆乃歸。平山既遷化，滅菴受公繼之。後雖數易其主，而未遑設施。

至正三年癸未，❶笑巖禪師往補其處，當屢廢之餘，室如懸磬，積逋之未庚者踰五

❶「三」，原誤作「二」，今據張本改。

千緡。笑巖晝夜不自寧，議鬻不毛之山以償，敝衣縮食，❶孜孜以興建爲務。不四三春秋，粟盈于倉，泉溢于囊，乃剪穢荒，乃闢靈場，乃樹棟梁。九年己丑，釋迦寶殿成。明年庚寅，摶土塐佛菩薩暨大弟子護法神王諸像，環以大阿羅漢，慈容穆如，九座香華，嚴奉如式。曾未幾何，三解脱門又成。右設涅槃之居，以處有疾僧伽；左建僕射父子祠，而他施者附之。又明年辛卯，演法之堂又成，名之曰「正法眼」。閲三月，棲禪之室又成，名之曰「清淨覺海」。且拓其術徑，别築小山門以爲喉衿。通名曰定林山。西廡及衆寮次第而就。又四年乙未，像四天王神於三門，繚以周垣，延袤三百餘堵。委蛇縵迴，如雲横阜截，防限遂嚴。又明年丙申，禪師遷住保寧，而懷楚津公、南宗定公先後而至，皆刻厲有爲，益其土田。當是時，大明建都江左，而浙右猶未盡平，寺當毗陵、京口之衝，騎步之兵爨息者旁午，覩其宏敞嚴飭，戢手相戒不敢犯。

洪武三年庚戌，仲綸彌公來司寺事，病東廡之未稱也，撤其故腐，易以新堅，而規制於是乎大備。殿以間計者凡三，室與門如殿之數，堂如門之數而溢其二，兩廡如堂之數而加以七倍，其懸鐘之樓則仍其舊焉。仲綸潛心内行，爲四衆之所趨仰，且念笑巖錙銖之積，以克潰于成，視衒奇鉤貨以病民者，相去萬萬。苟不圖文顯刻金石，則後來者何自而知之？力請濂爲之記。

夫自辛卯兵變以來，江淮南北所謂名藍望刹，多化爲煨燼之區。而狐兔之迹交道，過其下者，無不爲之太息。奉聖禪居有

❶「敝」，張本作「殺」。

如魯靈光巋然獨存，非惟金淨碧明，照映於山色水光之際，而鐘魚之互答，初不異於承平時，豈亦有數存於其間乎？雖然，人事之盡誠足以勝天，自非主之者疊矩重規，求其持久而不墜若此，或未之見也。讀予文者，尚念昔人搆締之艱，而繼承於無窮哉！笑巖名善愈，族某氏，明之昌國人。說法嗣仲芳倫公，耆舊僧宗鉉，笑巖同邑人，是寺之役，其功爲最多。繫之以銘曰：

皇矣象教，自西徂東。丕建塔廟，牖于民衷。青天震雷，以聳群聾。蹶然以興，豁爾而聰。句容之墟，白土之里。川媚山輝，靈和萃止。彼阿練若，雄焉中峙。由梁洎元，成壞凡幾。有偉一師，飛錫而歎。不創寶所，妄邪孰閑？白業所感，在彈指間。靡仆不起，何闕弗完！湧殿峩峩，飛樓滃滃。像變嚴嚴，梵夾晰晰。觚棱騰翔，丹雘絢麗。兜率天宮，下移人世。粤自興戎，刼火颺埃。莊嚴勝域，鞠爲草萊。此獨巋然，鸞騫鳳迴。都人聚觀，一何壯哉！賦形兩間，固囿乎數。人定勝天，如鳥建羽。千里奮發，❶能令顛墜？式纘式承，胡寧弗顧？寶華樓閣，不涉有無。光明發舒，號爲毗盧。徧覆大千，了無欠餘。凡爾方袍，攝心澹泊。來居來游，無證無作。太史勒文，因病注藥。尚袪昏迷，同歸妙覺。

宋文憲公全集卷九終

❶「發」，張本作「飛」。

宋文憲公全集卷十

大明敕賜故懷遠大將軍僉江南等處行樞密院事贈榮禄大夫江西等處行中書省平章政事上柱國追封梁國公趙公神道碑銘有序

故懷遠大將軍、僉江南等處行樞密院事趙公之薨，距今已十寒暑，褒卹雖頒，而墓隧之碑未樹。其子懷遠將軍、同知金吾右衛親軍指揮使司事獻，請於大都督府，移文中書，中書下其事禮部，於是尚書臣凱、侍郎臣魯具以事聞。上可其奏，詔臣濂撰文，而臣某書篆以賜之。臣濂等受命震惕，深懼不足以稱上意，退考諸功狀而序之。曰：

公初諱某，今改賜德勝，姓趙氏，濠之鍾離人。曾大父小乙府君，妣時氏。大父省二府君，妣王氏。父諱仁，贈懷遠大將軍、同知指揮使司事、輕車都尉，追封天水郡侯，妣李氏，封天水郡夫人。公世爲良農家，狀貌魁偉，有膂力，尤能馬上運槊，捷疾如飛，人不敢猝近。歲壬辰，江淮俶擾，州縣簡拔梟鋭爲義兵，奇公勇悍，選爲群隊長。公年甫二十有八，帥衆接戰，必操蝥弧以争先，蹈湯赴火有不暇卹，敵人望而畏之。然棲棲在下列，無有旌其能功者。乃走西營，謁歸德王忙哥，隸麾下。稍久，察其馭軍無律，絶類兒戲，又欲擇豪傑而依之，倀倀未有所歸。

歲甲午，大明皇帝統領大將南征，駐軍

滁陽。公聞母夫人在軍中，秋七月戊寅，遂棄其妻來從。及見上轅門，喜獲騎將，遂賜以今名，命爲帳前先鋒。已而從上取鐵佛岡，攻三汊河口，破張家寨，克全椒、後河、六丈、大樹諸寨。尋出師援六合，左股爲流矢所中，幾至危殆，上親臨視焉。歲乙未之春閏正月，剗雞籠山群盜，與僞將韓溥酣戰，直擣烏江，下和州，而含山次第平。三月，夜襲陳也先營。戊申，也先來侵，力出鬭，却之。夏四月庚申，拔板門寨。五月，擊長官寨，遂取儀真。上録公從戰之功，超授忠勇校尉、管軍總管府先鋒。六月丙辰，復從上渡大江。時元兵屯牛渚，劍槊如林，常忠武王鼓勇先登而奪其營，諸將乃下太平，連攻蕪湖、句容，取之。秋七月辛卯，克溧水，八月，破溧陽，公皆有功。歲丙申春二月，元將蠻子海牙鬭大兵南渡，擁兵建柵於采石磯，以斷淮西之路。時將士家屬皆留淮西，上慮其心動，洊命忠武王帥師攻之，公亦在遣中。乃以疑兵分其勢，然後出正兵與戰，短戈方接，奇兵遽起而乘之，元將大敗而遁。三月乙酉，大破陳也先營於方山，庚寅，下金陵，公之績爲諸將先。

丁酉，上命徐魏公取鎮江，公副之，破苗獠軍水寨。夏四月，下丹陽、金壇。五月，平宣城。兵鋒所及，勢如破竹，而所向無前矣。轉承信校尉，領軍先鋒。六月，取廣德。秋七月，破僞吳張士誠水寨。九月，復從忠武王攻毗陵。會清軍叛，與士誠合圍魏公於牛塘，王與公大敗其衆，擒其梟將張將軍。歲丁酉春三月壬午，取毗陵。時豪傑雄争，而民心無定向，曾未幾何，廣德、宣城叛，公復取之。夏六月戊辰，取江陰。秋七月丙子，攻常熟，張士德出挑戰，公麾兵而進，士德就縛。士德，士誠之弟也。遂征甘露、望亭、無錫諸寨。歲戊戌春二月，公從大將攻湖州。已而宜興叛，秋七月，公復取之。歲己亥夏四月，擢懷遠大將軍、中奕左副元帥。五月，攻池州，取青陽、石埭。當是時，安慶實爲荆楚咽喉之地，勢不得不取，秋八月，公攻之。已而取無爲、潛山。冬十有二月，復從大將征杭州。歲庚子春三月，還南京。會僞將朱暹來攻宜興，公帥師爲援，即擣退之。

夏五月，僞漢主陳友諒以重兵襲我太平境，直犯龍江。皇上震怒，命諸大將分據險要，授以成算，而命公守虎口城。虎口城，龍江第一關也。既而友諒兵大至，兵陣既交，殺傷相當，而伏兵忽起山坳，友諒兵大敗，擒戮無算，遂復太平。秋八月，下銅陵之臨山寨。冬十月，掠黄橋及馬馱沙。歲辛丑春二月，征高郵。夏四月，陞後奕統兵元帥。秋八月，上親率六師伐僞漢，以報龍江之役，公從行。道經安慶，攻破其水寨，遂乘風直泝小孤山，抵九江。九江，漢僞都也。距九江五里所，友諒始知，意謂神兵自天而下。友諒宵遁，遂克九江，獲其玉研、華蓋、日月旗等物。公復分兵攻黄梅、廣濟。冬十月，克瑞、富、臨江、吉安諸州，❶復回師攻安慶，下之。十有一月壬申，進克撫州。友諒既遁，謀移都武昌，公承命攻其沌口壩。歲壬寅春正月，從上征南昌。兵至彭蠡湖，南昌降。三月，取新淦州。已而，祝某、康泰據南昌叛，❷殺守臣葉琛，公率精甲從魏公復其城。夏四月甲午，城破，

❶「瑞富」，《明史》本傳作「瑞昌」。
❷「某」，《明史·太祖本紀》爲「宗」。

公左肩爲砲所傷，久之乃瘳。上壯其爲人，超授僉江南等處行樞密院事。羅友賢據池州神山寨以叛，冬十又一月，公與忠武王平之。僞漢餘黨建栅南昌之西山，號爲八陣指揮，十又二月，公從趙將軍破之，俘獲三千餘人。江右州郡雖已附，往往觀望狐疑，未即決。歲癸卯春三月，臨江、吉安、富州三城叛，公皆先後統兵復之。上以南昌實西江重鎮，襟江帶湖，控荆引粵，非宗藩不足以授綏定之寄。於是詔皇姪大都督，授以節鉞，往涖其地，而公實統精兵受節制。

夏四月壬戌，友諒帥强兵十萬攻圍南昌。癸亥，公統步卒數千，闢城門迎戰。僞將金指揮操戟直前，公彎弧一發，應弦而仆，敵氣大讋而退。明日復合，自是晝夜環攻城，友諒親督促之，勢在必取。公贊畫祕計，分命諸將隨方應敵，剪獲甚衆。六月辛亥，公巡城至東門，敵發蹶張，中其腰膂，箭深入約六寸，公即拔出之，且撫髀歎曰：「吾自壯歲從軍，傷於矢石屢矣，其重無踰於此者，豈命也夫！然大丈夫死即死，政復何憾？❶所恨者，不能從主上掃清中原，稍效微勳，垂令名於竹帛爾。」丁巳，遂薨於私第，年三十有九。軍中涕泣相弔。上聞之，悼惜不已，遣使者來致祭。冬十有一月，獻護柩車至南京，以丙子葬於牛首山安德鄉下堡之原。上念其功，復命日謁者賻以布帛菽粟有差。歲甲辰春三月，遂命獻代領其衆。秋九月，下中書議，贈公榮祿大夫、江西等處行中書省平章政事、上柱國，追封梁國公，敕有司建廟南昌，歲時祭享。

❶「政」，韓本、傅本作「爾」，胡本、四庫本作「耳」，皆屬上句讀。

歲戊申正月乙亥，上即皇帝位，國號大明，建元洪武，追念開國元勳，皆命配享仁祖淳皇帝廟廷，公位居其八，實異數也。

公爲人沈鷙而簡默，剛明而質直，馭下嚴肅，一號令之加，旗幟爲之改色，是以戰無不勝，攻無不下。及從大將征伐，尤能恪守軍令，不敢違尺寸，君子以此多之。生平雖未嘗讀書，隨機應變，其智如神，動與古名將合。兼之臨難不懾，奮弗顧身，而於孝友之道尤爲篤至，信所謂閒氣所生之良將也。公娶王氏，因公來歸，歿於軍，追贈梁國夫人。繼室朱氏，先公若干年卒。子男一人：獻，王氏出也。

臣聞之，龍蛇起蟄，山澤通氣，與運相值，有開必先，此古今通義也。惟我皇上龍飛臨濠，建萬世不拔之基，一時將帥大臣，多鄉里豪俊，如公亦一人也。蓋昊天有成命，既生聰明睿智爲天下君，必有賢臣經綸而翼衛之，意此已定於冥冥之中久矣。公自壯歲從戎，何役不隨？何戰不與？所以輝耀其威靈者，亦云至矣。使假之以年，勳業炳朗，當不止於斯。惜乎不見海嶽大歸於一統也，其亦命也夫！然而聖恩沛滂，追命錫爵，既備極於寵榮，有子能令，亦足上承宸渥，宿衛殿庭，公之不没者，蓋有在矣。古者諸侯計功稱伐，書之於太常，勒之於彝鼎，以示不忘。是用上遵詔旨，備書公之勳績，繫之頌聲，以昭示承休於豐碑焉。頌曰：

洸洸將軍，川嶽之英。捷如俊鷹，金瞳鐵翎。臨風一擊，百禽震驚。當元季世，四海雄吞。繽紛戰塵，白晝翳昏。執戈而興，挈風躍雲。真人龍飛，屆滁之陽。單騎來歸，願備戎行。帝曰俞哉！群慝爾攘。元有將臣，牛渚駐師。公揚靈旗，隨帝殄夷。拔其水營，雲散烏飛。于時群豪，割邑據都。伐木建柵，壅川爲豬。視帝指呼，是剪是屠。孰爲最强？犬牙其中。僞漢居西，狂吴在東。登我叛人，軼我疆封。無征弗從，有戰必先。斬將搴旗，電逝飆旋。敵人畏之，縮衂莫前。何彼兇殘，犯我龍灣。公扼虎口，屹爲雄關。六軍奮呼，殺人如山。帝乃誕怒，肆行天誅。公時在行，勇若虎貔。俘厥寶玉，僞都爲墟。胡不爾思？復攻豫章。恃其冰山，以凌太陽。公亟出遏，殪彼豺狼。堂堂晝巡，出其東門。不虞飛矢，竟斃其身。軍中慟哭，於夜亦聞。天祐大明，實生俊英。琱戈淑旂，統馭萬兵。胡命止斯？不覿厥成。天聲四震，漢踣吴摧。中原既定，四裔畢來。使公之存，績用益恢。天子念功，禮備褒旌。錫爵上公，配享廟庭。命書絢爛，榮賁泉城。牛首之山，有墓在原。禮官奉詔，表此武勳。以鴻厥慶，以示子孫。

大明故中順大夫禮部侍郎曾公神道碑銘

有序

治古之時，非惟道德純一而政教脩明，至於文學之彥，亦精贍宏博，足以爲經濟之用。蓋自童丱之始，十四經之文，晝以歲月，期於默記，又推之於遷、固、蔚宗諸書，❶豈直覽之，其默記亦如經。基本既正，而後偏觀歷代之史，察其得失，稽其異同，會其綱紀，知識益且至矣。而又參於秦漢以來之子書，古今譔定之集録，探幽索微，使無

❶「蔚宗」，張本作「范曄」。

遁情。於是道德性命之奥，以至天文、地理、禮樂、兵刑、封建、郊祀、職官、選舉、學校、財用、貢賦、户口、征役之屬，無所不詣其極。或廟堂之上有所建議，必旁引曲證，以白其疑，不翅指諸掌之易也。自貢舉法行，學者知以摘經擬題爲志，其所最切者，唯四子一經之箋是鑽是窺，餘則漫不加省。與之交談，兩目瞪然視，舌本强不能對。嗚呼！一物不知，儒者所耻，孰謂如是之學，其能有以濟世哉！此濂銘亡友曾公之墓，憤激於中而復繼之永嘅也。

公諱魯，字得之，曾其氏也。孔門弟子郕公五十七代孫。其居新淦吉陽里者已久，世裔之傳與夫轉徙之詳，昔以著於公之先墓，兹不重載。曾大父兼善，宋贈大理評事。祖天麒，宋宣教郎、軍器監主簿。父順，元韶州路儒學教授，妣劉氏。公年七歲，能暗誦九經，一字弗遺。奉禮郎蔺君正理欲以神童舉於朝，其父力止之。及齒稍長，取三史日記之，尋及其餘。數千年間國體治亂，人材忠佞，制度沿革，咸能言之。有叩之者，如山川出雲，層見疊敷，杳莫察其端倪。公殊不以爲足，所藏子、集動至數百家，各攬其精而掇其華。聞有僻書隱牒，不憚道里之遠，必購得之。既得，必篝燈讀之，達旦不寐。發爲辭章，龐蔚炳朗，毅然有不可奪之氣。廬陵劉提舉岳申與之語，連日夜弗休，歎曰：「不意後生中能至於斯也，其將以文鳴乎！」杜内翰，鄉之丈人行也。公負笈從之游，益充拓其所未至。寤疑辨惑，惟日不足，遂以博極群書稱於時。公猶謂未要於至道，述長書一通，謁虞文靖公集於臨川。虞公大悦，曰：「昔程子與張敬夫年十六七，脱然有志聖賢之道。子能如是，復何讓古人？」公年蓋十九矣。由是益潛心濂、洛、關、閩之學，分別義理，密如蠶絲牛毛，而尤愛吴文正公澂之書。吴公亦居臨川，其著書滿家，無大無小，公一一訪獲之，玩繹未嘗釋手。久之，充然有得，盤桓林泉，以道自娱，若將終身焉。

至正壬辰，天下大亂，州縣所在繹騷。公召里諸豪集健兒，持兵以保障乎一方。仍椎牛釃酒，開陳逆順禍福，言甚凱切。衆皆聳耳而聽，卒無敢犯非義者，人號曰君子鄉。及入國朝，有詔纂脩《元史》，勒成一代之典，遣使者起公於家。公贊決部居，補苴罅漏者，不一而足，其功爲最多。史成，上坐端門召諸史臣，有白金束帛之賜，公居其首焉。公將乞身還山，會朝廷開局編類《禮書》，輿論以老成之士無踰於公者，共堅留之。議禮之家，有如聚訟，自古難定於一。公當群言沸騰之中，揚言曰：「某禮宜據某書則是，從某説則非。」有不服者，争相辨詰，公歷舉傳記答之，各心醉而去。俄選入儀曹，爲祠部主事，階承事郎。時洪武二年十二月也。

常忠武王薨，高麗王遣使來祭。公索其文觀之，使者靳不與，公不可，使者不得已出之。外則襲以金龍黄帕，内則不書洪武之號，公責之曰：「龍帕固疑誤用，若納貢稱藩而不奉正朔，君臣之義果安在耶？」使者頓首謝過，皆命易去之乃已。安南來貢，主客曹已受其表，將入見，公取其副覽之，其王乃陳叔明。公曰：「前王陳日煃爾，今驟更名，必有以也。」亟白尚書詰之，使者不敢諱。蓋日煃爲叔明所逼而死，遂篡其位，中心懷懼，故託脩貢以覘朝廷之意。上聞之，曰：「島夷何狡獪如此？」却其貢不受。

五年二月，上問丞相曰：「曾魯在禮部，今何職耶？」對曰：「不過主事爾。」即日超六階，拜中順大夫禮部侍郎。公以「順」字犯父諱，辭就，朝請下階，吏部以國法有定，不之許。倭夷入寇，戍將每捕獲之。上憫其無知，命儒臣草詔，歸其俘。公之所譔，有「中國一視同仁」之語，上悦曰：「頃觀陶凱文，已起人意，今魯復如此，文運庶其昌乎？」凱，禮部尚書也。八月，奉旨考京畿鄉試，入院之後，忽吐血一升，公猶力疾閱卷不息，自是遂奄奄不振。九月，膏露降鍾山，群臣咸見諸詠歌，公獨譔賦以進。十月，上將郊祀，出宿齋宮，命取諸作，使侍臣更番誦之。至公獨曰：「此曾魯作耶？援據既精，鋪叙有法，豈新進之可驟至哉？」十又一月，疾逾篤，上章乞骸骨甚至。中書以聞，上惻然許之。十又二月辛卯，歸舟至南昌，公謂次子圭曰：「吾命止明日，不能至家矣。然吾以一介韋布之士，受國寵恩，位躋法從，又得守正而斃，死復何憾？所憾者，不見二孫之成立也。」即趣具觚翰，爲書戒之。壬辰，次石岐潭，果斂衽而逝，距家纔兩驛爾。丙申，致故居。丁酉，始具棺斂，擇地於縣南屏山之陽，以六年某月某甲子，祔葬九世祖高安府君之塋，從治命也。

公蓄德熙和，人近之者，温如春風，不見忿戾之色。然其人則山澤之癯，身退然若不勝衣，未嘗有所矯飾。其處家也，事親克孝，父喪，哀毁致疾，踰年而後能起。已而二兄諸姪相繼捐館，公抆淚經紀凶事。三年間，葬十餘喪，且撫存其孤惸，惟恐或失其所。平生輕財仗義，喜周人之急，四方賓客日登其門，公倒屣迎之，了無倦容。嘗一試江西鄉闈，有司寘諸乙榜，人爲不平，而公亦澹如也。其出仕也，精白一心，有知無不爲。凡典禮涉於制度者，必經公損益而後定。雖古者吏牘之繁簡，署字之上下，人所不能知，公獨稽諸書以爲決。公誠所謂濟世之學者非耶？公屬文不喜留稾，其徒雖有所輯録，猶未成書。其自著書有《六一居士集正訛》《南豐類稾辨誤》，藏于家，他咸未脱稾。當公脩《元史》時，濂實爲總裁，及入南宮，又有僚友之好，故相知號爲最深。共坐官齋，更析互辨，每至夜分。歎末學之空虛，傷古道之寥落，又復相視囅然一笑。嚴陵徐尊生嘗有言曰：「南京有博學之士二人，一以舌爲筆，一以筆爲舌。」其意蓋指公與濂。嗚呼！尊生過矣。濂也何人？而敢上儷於公哉！雖然，公未嘗欲棄濂也，相期他日幸歸休，必胥會焉，共成一書，庶可籍手以見前賢。公今不可作矣，故因銘墓之文而屢興懷於治古之時也。世之讀者，必將深感焉。公讀書之室曰「守約齋」，學者遂稱爲「守約先生」。享年五十四歲。娶聶氏，先二十年卒。公不再納配，一榻蕭然，如山林枯槁之士，人難之。子男二人：長塾，今來請銘者；次即圭，出爲仲兄後。女一人，應真，適劉奉。孫二人：正龍，夢龍。銘曰：

氣化糾纏，人文昭宣，萬類斯甄兮。天設地施，一偶一奇，形聲相資兮。載籍繽紛，六藝攸尊，各闢其門兮。枝分葉敷，散爲千塗，混其精觕兮。彌綸大邦，文物采章，❶有變有常兮。不生碩儒，孰軋其樞，孰

❶「文物采章」，韓本、胡本、四庫本作「物采文章」。

苞其腴兮？玉笥之陽，神珠吐芒，莫自翳藏兮。大明麗天，束帛戔戔，蒐羅俊賢兮。衮襃鉞誅，寓於策書，輿論所孚兮。儀曹之升，議禮稽經，日維烝烝兮。黼黻帝猷，上窺殷周，功在刪脩兮。所積之訦，所發之深，開陽闔陰兮。正笏垂紳，其色誾誾，邦之老臣兮。媢學躍躍，其中枵然，何翅霄淵兮。天胡降喪，一鑑之亡，四國之傷兮。其神上征，化爲列星，寒光晶熒兮。下射屏山，馬鬛桓桓，名在不刊兮。

浦江戴府君墓誌銘

濂弱齡時，師事淵穎先生吳公於浦陽江上。先生素有林泉之思，以五洩七十二峰之勝，特往游焉。時某實侍杖屨之側，未至五洩二十里，日將暮，乃抵戴府君之居宿焉。府君大布冠衣，風神峻潔，超然有前代遺風。設筵以饗先生，直至夜分，四座皆摧竭不能支。府君危坐，肩背竦直，曾無動搖意。濂竊異之，因質於先生。先生曰：「府君之行，可稱譽者甚衆，姑與爾一二言之。當德祐丙子之變，惡少年相挺而起，執白梃暮夜擊傷民，咸不能自保。府君用計安之，卒能養厥父母無他虞。府君往游浙水西，或妄言府君道卒，母夫人朱氏哭之喪明。府君還，念母不置，夜露禱於天，摘木葉曰冬青者，浸水舐之，期年目復明，人以爲孝感所致。朱氏既殁，其繼母傅氏生子惠方秉爲政，府君漫若不及知，凡貲産一聽惠所取，弗與之較。惠與鄉井不相能，人欲求隙加害，府君資其遠仕閩嶠避之。貧民有貸錢不能償者，府君出質劑悉焚去。婣族之無以自存者，生使其能養，殁使其自藏，汲汲如不足。從祖母盛氏、張氏各生子而寡居，府君養事之盡禮，以全其節。其子先長，悉稽前人土田均予之。此事尤卓異於人人者。」濂聞已，竊謹識之。

後三年，應書鄉闈，識府君之子性中，遂與性中定交。又十年，性中之子灝，從濂學經於郡庠，濂一一叩之，其事皆如先生言，則府君歿已久矣。今年春，濂有千里之役，性中要濂於道，且泣且言曰：「知先人之詳者，莫過於吾子。吾子倘不銘之，孰宜銘之？」濂不敢辭。

府君姓戴氏，諱珵，字君玉，世爲婺之浦江人。曾祖某，祖某，父子道。府君享年八十有四，咸淳丁卯某月日生，至正庚寅某月日卒，以某月日葬於上戴宅之原。先配許氏生長明，再配薛氏無嗣，三配李氏生從善、思誠、性中、用和。孫男：灝、某、某。

嗚呼！若府君者，可謂一鄉之善士哉！爲之銘曰：

其生也全，其歿也安。君子知其然，而不知其所以然，請視斯阡。

閻府君墓碣

禮部員外郎閻育泣謂金華宋濂曰：「育不幸，六歲，母夫人亡，時年方童，而未有所識知。又加十六年，而先府君棄我諸孤，育幸粗有知矣。適病癘將殆，不復知有人閒事，以故父母皆從越俗，火葬而投骨清淵之中。迨今一念及兹，痛徹心膂，幾不願生存。頗聞古昔有招魂葬衣冠者，於是卜地於會稽賀上祊之原，近祖塋若干步，髹木爲椁，甓土成竁，以洪武某年月藏之。雖於禮似涉不物，人子迫切之至，❶又遑卹其他？異日使吾子孫當時物變遷，持一觴酒酹塚前土，以致追遠之思，不翅足矣。塚上有石，先府君之遺德，子宜爲文之，育將勒焉。」

濂按，府君諱澤，字潤民，姓閻氏，越之會稽人。自幼爲吏於三界巡檢司，遷餘姚石堰西場，歷山陰縣及録事司，遂陞越府史。府公賢之，事之劇者，恒以屬府君，不久輒集。府倉之斛，皆斲木題湊而成，易於開闔，苟通錙銖之隙，入糧必加。府君知病民，命椎鐵爲紙，而錮其四隅，鄰府取以爲法。已而調衢州，會江浙行省檄築諸郡城，衢府遂諉之府君。府君召大姓於庭，取官書，驗畝賦之小大咸宜，民大悦。充廣盈倉副使，轉寧國縣典史。未上，卒，時至正丙申三月朔也。上距所生大德癸卯之歲，壽五十又四。娶何氏，同縣曹娥鎮人，有婦德，得年四十，以重紀至元庚辰某月日卒。子男子二：長即育，以儒貢吏部，授以今官，階承直郎；次深。子女子三，陳彦誠、韓泰、張漢卿，其壻也。

濂聞招魂而葬者久矣。在漢則新墅公主，❷在魏則郭循，在晉則曹馥，蓋無代無之。雖袁瓌駁議頗富，而於即生以推亡，依情以處禮，二者終有所未盡。孝子之於父母，欲報之情何有紀極？天不足以爲高，地不足以爲厚，尚可遏之而不得伸耶？昔者丁蘭母亡，刻木而奉之。有若木，其焉可指之爲母乎？亦聊以塞夫罔極之思爾。若育之爲，出於念親之切，是亦禮之變者

❶「子」，張本、胡本作「于」。
❷「墅」，張本作「野」。

也。脱議之，其將非人情矣乎？銘曰：

孰無父母？孰無邱墓？悠悠蒼天，我胡獨不然？遡風長懷，有淚如泉。賀上祊之原，是爲閻氏之阡。述德以昭先，百世其傳。

故承事郎漳州府漳浦縣知縣張府君新墓碣銘

張之爲著姓，尚矣。自軒轅第五子青陽生揮爲弓正，觀弧星始制弓矢，因姓張氏。歷代以來，勳賢軒冕，未嘗乏人。其居饒之德興吴闌里者，諱鵬，仕唐爲節度使。至五季時，子孫猶授節鉞。宋天聖中，龍圖閣直學士燾，嘗同文潞公諸賢爲洛社耆英之會。暨還饒，見旁縣安仁有山名若嶺，林樾蒼潤，靈氣迴合，因移居其下。五世孫一清，中特科進士第一，與同邑湯文清公最相友善，推究經傳，反覆詰難，必得肯綮乃已。自時厥後，族日以蕃，❶讀書之聲琅琅乎西東。擢上第者凡十，預薦送者二十又七，薦紳以爲榮。一清若干傳至宣義郎某，宣義生某，舉進士，上南宮，歷斥時政之弊，有忤執政，遂下第。某生英，肥遯終身，飲水著書以自樂，有《春秋屬辭》若干卷，藏於家。英之兄國學上舍某，當宋籙將訖，帥安仁義師從謝枋得勤王。及戰敗，家遂爲墟。英子禹受方在幼，最號孤貧。後能遵廢舉之術，大振其宗，田貨悉逾於前人。初無嗣，育仲兄某之子璵爲後，年四十七，始生府君。

府君諱理，字玉文，十歲通經史，十五能屬文。父悦曰：「吾宗書種弗絶矣。」爲

❶「蕃」，胡本作「繁」。

築義湖精舍於室之南偏，聘明經老生爲師。遐邇之士鼓篋而來，咸食飲之。由是游從者日衆，而府君聞見益廣。縣令長嘉之，旌其里曰「儒賢」云。府君以累世科名，欲起而踵其後，復往從廬陵王君充耘習爲程試之學。較藝江浙鄉闈，不中，遂學詩於翰林學士承旨張公翥。張公見府君襟度沖曠，深器之，悉授以詩家之法，府君寤寐不忘。虞文靖公集覽其所賦，擊節歎賞不少置。

至正壬辰，蘄黄妖寇相挻爲亂，破饒州，已而安仁繼陷，殺戮到雞犬，府君攜家避去臨川。時江浙行省左丞老老公、江西行省丞相亦憐直班公，屯兵信之弋陽，營壘相望。府君遣張世英請檄起兵，遂同弟琢間道歸安仁。聞外孫陳政養甲士三百以自衛，府君召政與計事，命伏兵於户内，椎牛釃酒，誘僞帥二十四人醉飲於庭，縛送於官斬之。復諭其部曲曰：「爾帥已成擒，即宜改圖，稍緩，成葅醢矣。」衆翕然歸。乃研墨汁署其衣曰「興安義兵」，二日之間，得健兒四千。金溪白砂盜周謙入境鈔掠，府君命琢將健兒往逐，斬首數百。尋殲之，白砂盜平。丞相出兵平饒，號一十萬，至貴溪，琢以兵迎，一鼓而安仁復。琢受命攝縣事。僞將軍彭浩擁七萬衆，逼丞相於團湖。丞相兵欲退，琢部騎卒執麾前驅，丞相遽下令出戰，浩大敗，斬首三萬級，積屍如山。琢導丞相前進，復饒州。軍士乏食，且重以疫癘，府君率縣大姓輸糧一萬二千斛散之。時寇盜充斥，南通閩，北適燕，唯安仁爲便。使者乘傳而來，絡繹不絶，皆仰給府君，家爲之貧。江西劇盜黄廉舉猖獗不可制，左丞火你赤公檄琢共平之。府君授琢計，焚其窟穴。賊遁去，別據巖險爲拒守，設伏於道。瑑乘勝深入，賊突起而蹴之，瑑力鬭而殁。府君失聲哭曰：「折吾右臂矣！吾當上告方伯，以復爾仇；下命介子，以奉爾祀。庶幾盡吾心爾。」遂急攻廉舉。廉舉懼，别降江西行中書。未幾，復叛。府君與王伯美夾攻，大敗之，殺其兄廉靖。廉舉夜走菘溪，吴友文械送府君，獻諸幕府，屍於市。且求殺瑑者五人烹之，而以中子爲瑑後。里歲儉，人多相食，府君移粟以振。仍禁山谷氓勿出鈔道，商賈懋遷如承平時。四方辟地者三百餘家，皆依府君以爲安。五年之間，號爲小康。

辛丑歲八月，天兵取九江。九江與盱江連，府君知天命有所屬，往贊其守臣王公溥，以全城内附。皇上召府君至南京，擢知徽州黟縣事。黟在萬山中，自近代來，高陵鉅壑皆有賦，民不堪命。會部使者至，府君力陳之，言與淚俱。使者以其事聞，下營田司核實，惟田輸糧，餘皆置不問，黟民得以少舒。秩滿，改知漳州漳浦縣。及行，民争擁馬，垂泣而送之。漳浦接連溪洞，民善亂。舊於其地置汀漳屯田萬户府，及入職方，詔徵屯田軍赴京，萬户吴世榮遂叛。府君集民兵攻世榮，戮之。具上奏中朝，免其徵。海寇林仲明、鄭惟明、鄭君長恃能出入海濤，先後爲背叛。漳州衛兵雖嘗剪除，而渠魁逸不可捕。府君悉用謀致之，磔裂以徇。民畏威，不復敢爲亂。俗尚妖術，呪物食人，久則成形於腹中，物動人輒死，云役其魂爲奴。府君廉知之，毁其淫祠數十區，其害遂熄。邑多良田，其隄防爲潮水所齧，鞠爲草萊之區。府君脩築之，百里之間皆化爲沃壤。土豪羅、季二族黨與甚衆，恒持官府短長。府君徙其家遠方，事始帖帖。

府君且謂蠻夷不知禮義，無善教以牖其良心爾。乃爲脩學聘師，集子弟而誨飭之，三年之閒，政教大治。府知事孫希顏嘗有求而弗獲，及以贓墨敗，誣府君以白金百二十銖爲贄，刑曹逮府君，坐以不宜與事。已釋，將趣裝南還，忽遘心疾，恒怦怦若絃，目不暇瞑，遂卒。實主於江寧欒氏，其時則洪武五年三月五日壬子也，年六十九。❶同門友夏君通爲稱貸襲斂，以某月日權厝於聚寶山。

府君娶臨川王氏，出荆國文公之後，吉水州判官某之孫女也，先七年卒。子男尚德；次九德，即爲瑑後者；次報德。女常德，適臨川許觀。孫男三人：桐，木，東。

府君天性孝友，父疾亟，夙夜籲天，祈以身代，仍刲股和藥以進，疾乃瘳。後二年卒。事兄璵，唯恐弗獲其驩心。然操履剛介，不諧於流俗，而非義之財，絲髮不取，故居官之日，命其子負販以自給。及其殁也，橐無一錢，識者頗哀焉。濂爲左史時，見府君清溪上。府君方以意氣自豪，醉墨淋漓，有鸞蹌鳳翥之勢，頗異其爲人，自是數與之游。暨别去爲縣，聲跡不相聞者六七年，遇與府君交者輒詢之，皆不能道其詳。今年夏，忽有衰絰踵門者，則府君之子尚德也。驚而問焉，府君死且殯已逾月矣。嗟夫！十數年來，朋舊凋落殆盡，如府君康强者，亦復棄去人閒世，則夫沈酣聲利，自恃以爲久長者，果何如也？因爲泣下數行。既而尚德將奉柩歸故鄉，以某月日葬於某山之原，持夏君所狀群行，請爲文勒墓上。濂，府君之友也，不爲之銘，孰宜爲之銘？

❶「六」，張本、韓本、傅本作「五」。

銘曰：

維其文，五色絪縕，揚葩而吐芬。維其武，扼彼妖旅，退縮莫予侮。維才孔臧，曷施弗良？維邑之試，變劇如易。維澤之滂然，維民之龐然，維聲之鏘然。維神之難言，胡不永其延？吁嗟乎賢，吁嗟乎賢！

故義士胡府君壙銘

府君諱嘉祐，字玄祚，姓胡氏。其先出於文定公安國之裔。有諱志寧者，宋宣和初，來知婺之永康縣，遂家焉，今爲永康人。曾祖某，宋通直郎。祖時孫。父文，字質甫，皆隱德弗耀。妣張氏。

府君幼失怙恃，嶷然思自樹立。蚤夜孜孜，無毫髮自懈意，卒使貲産逾於前人。然積而能散，遇貧窶不能自存者，多與之泉布，無靳色。人有急難，百計救之，至勢不可爲乃已。以信接物，如金石弗變。里黨有期約，咸屬府君。一聞府君言，則曰：「胡玄祚斷不可欺矣！」歲丁酉，栝蒼盜起，殺官吏，焚府庫，蔓延至永康，浙水之東騷動。縣達魯花赤曰也速達而，聞府君有奇才，即薦上。海右憲府廉訪使劉公禎亟召府君，與語大悦。命府君集鄉里健兒，給以鎧甲，俾領之以殄寇。府君勒成部隊，教以攻戰之法，頗可用。一旦，寇大至，府君列陣於占田，衆寡不敵，遂死之。是歲二月二十三日也。江南行御史臺聞其事，遣使致奠材，士大夫亦嘉府君之義而悼其不幸，多爲詩文以傳。府君得壽四十有八。元配章氏，無嗣。繼室趙氏，宋格庵先生順孫五世孫女也。子男四人：裕，禊，祐，禔。女二人：長初，適鄭某；次禎，未行。孫男二人：榮祖，正祖。孫女三人：忠、昭、清，皆幼。裕等既以丙午之歲九月壬午葬府君於鯉溪山之原，復具府君群行，徵予銘而納諸玄堂之南。

初，予受經於凝熙先生聞人夢吉，始識府君。蓋府君之女兄，實歸先生；而先生之女，又適府君之子裕。府君之事行，故先生數道之以厲人人，予頗得與聞之。惜乎府君百不一試，而竟賫志以殁。然而君子有取之者，其捍衛鄉井之心，皦皦然不可誣也。人孰不死？君死於義，可以無恨矣。銘曰：

人孰不死？得死則難。此惟義士，胡君之阡。千載之下，過者式焉。

魏府君墓誌銘

惟魏氏遠有世序，相傳出鄭國文貞公徵，初居鉅鹿。宋靖康之亂，其諸孫某隨高宗南渡，來知袁州，遂家袁之萍鄉。歷若干傳至諱某者生南金、南壽，父子同試荆湖漕司，皆入高選。南壽遷鄂之蒲圻，遂爲蒲圻人。南壽生太學上舍天福。天福生府君，諱雲瑞，字祥卿。穎達善記問，從鄉先生盧應奎講説經旨，毫分縷析，弗之厭。會延祐科試法行，府君竭力從事，下筆滚滚數百言。盧君謂人曰：「此魏家千里駒也。」有司俾充貢鄉闈，咸期府君先登。俄疾大作，不果赴。試事既畢，厥疾乃瘳，府君拊髀曰：「不仕無義。苟仕矣，舍科第而之他，非正也。今乃以病而阻，非命也耶？」於是一切棄去，發爲歌詩以自娱。山顛水涯，竟日留連忘返。

外舅宋氏當爲從叔嗣，或利其多貲，競諸官。宋貸金於府君，彌縫下上，期他日割産以償。及事成，所還不及十之五。府君笑曰：「外舅之志遂矣，吾何所望哉？」同里張甲命唐乙造券，質田於府君。府君信之弗疑，二年不問其租入。❶甲忽令乙來贖，府君兄曰：「券未經税，竟奈何？」乙曰：「姑遲遲。」往嗾甲訴縣。人勸府君税券曲之，府君曰：「吾家昆弟斷不能作僞，寧失其田，無傷也。」縣令中其計，以券爲私，使田歸甲，而不酬其直。甲不自安，願入所逋租，府君辭。府君有牛豢於牧人舍，爲盜所竊。牧人蹤跡知其處，奔告府君曰：「牛在矣，得十人與俱，可奪而有也。」府君曰：「彼貧故爲盜，窮巷之犬，迫則噬人矣。不久必自覆，爾姑待之。」豪右鄭仲淳挾官中氣勢，每魚肉民，民不敢誰何。閒誘府君族子爲券，欲侵其土疆。會省憲兩府交薦府君典教郡庠，懼而不敢發。其壻郭昇之曰：「吾何畏於彼哉？」竟踵鄭之爲。府君詣郭自言，期以誠動之。郭見府君容貌魁梧，論議英發，心甚服之。已而請府君作大書，府君揮灑如飛。郭曰：「先生，奇士也，吾幾失之矣。」請以田券還，而不願受直也。府君操心仁厚，而能讋伏暴强類如此。

府君善學米南宫書，得之者不翅拱璧。尤喜著述，有《筆記》若干卷，藏於家。他如先世決科諸文，皆蠅頭細書，裝潢成帙，以示子孫。其皦皦之志，猶前日云。

❶「二」，胡本作「三」。

延祐己未十月十二日卒於齊安郡，上距所生至元戊寅十二月廿日，得年四十又一。至治壬戌十月某日，權厝於某山祖塋之南。後五十年，爲洪武辛亥某月某日，始克卜葬於黄蓋湖之原，禮也。府君娶宋氏。子男三人：長法孫，早卒；次巳孫，今名觀；嘉議大夫、國子祭酒；次虎孫，亦早卒。孫男五人：子仁，子同，子栗，子槩，子樂。子仁、子同皆早卒。孫女三人，王克用、熊彰、毛藝才，其壻也。曾孫男三人：思植，思茂，思誠。曾孫女一人，尚幼。

濂也不敏，官翰林成均時，幸與觀爲僚友。觀乃以祠部主事張孟兼所爲狀，來謁墓門之銘。濂聞府君言行多可書，要不止狀之所云而已。府君一日方出，見家人市物，競其價之低昂，府君叱曰：「彼非嗜錙銖之利，肯樂於奔走耶？何屑與之較也？」如其欲酬之。大司徒歐陽文公玄，名世鉅儒，而每稱府君爲賢，其往復尺牘，藏諸篋笥者，墨尚濕也。嗚呼！俗偷民僞久矣，有若府君之行之懿，其不爲聳善扶世之一助矣乎？銘曰：

人僞方滋，動隨欲萌。錐刀之末，奮蘗而争。温温吉人，與物無營。事機之來，一接以誠。豚魚可孚，況乎冠纓？懌然心服，匪貌與形。慶流後嗣，學傳一經。施於有政，物無不平。黄蓋之原，峰迴川縈。以琢其珉，以掇其英。以昭其聲，以告諸冥。

故太和蕭府君墓表

大江之西，蕭爲著姓，而居太和之後街者爲尤盛。唐開元間，有從浙水東來爲縣，遂家焉。譜圖闕逸，不知其名，而相傳且二十九世矣。自時厥後，擢進士第於奉常者後先相望。宋氏南渡，有爲國子祭酒諱某者，實生祕書監清伯。祕書生南甫，某年進士。進士生四子：長宗聖，次宗陽，皆以儒學入仕。宗聖則臨江府教授，宗陽則太和縣校官也。次宗孟，漕貢進士；次則宗元府君。然自祕書而下名皆忘，今以其字書。

府君諱夢得，元齋，其自號也。生四歲而孤，鞠於母夫人倪氏。年七歲，夫人使之從師，即知樂學。九歲善屬文，同肄業者皆畏而愛之。已而與翰林待制楊君景行師事鄉先生達觀楊氏，於是益潛心諸經，而於《易》學尤精。至元庚寅，詔定江南版籍，適部使者李公行縣，李集多士於庭，試以經義，中者始得預士籍，蠲其科繇，府君遂升首選。時倪夫人已老，府君不復有出仕意。科目法行，雖舊日同門之友多躋膴仕，府君澹然若無營。或問之，則曰：「吾母日薄西山，吾尚欲遠游乎？」郡二千石及縣大夫數欲剡薦之，皆不聽。尋與漕貢君於縣西二十里創甘竹别業，奉夫人居焉。夫人性好施，遇内外族姻之急者，必思周之。府君家雖貧，能一如夫人之志。女弟及甥女未有所歸，府君備貲裝配於名族，夫人悦而安之。及夫人病，府君不解衣者數月，死則廬墓左，三年然後返。遠近學者慕府君文行，咸願執經爲弟子，學成而去，若同里楊升雲，若永新吴從彦，若吉水周通，若嘉禾俞鎮，皆爲名進士。其餤餤於北方者尤多，不能悉舉也。

府君雖不及仕，其仁民愛物之心旦旦不忘。縣之賦役無藝，强有力者脱籍，而使窶夫弱子承焉。府君毅然曰：「是奚可哉？」乃走白上官，稽其物産而甲乙之，編爲義役三年，人以爲允。川梁有敝壞者，勉有力葺治之；鄉鄰有訟者及相鬬者，是非方糾紛，能以片言决之。不幸以至正甲午八月十一日卒於家，壽七十又七。以乙未十二月某日，葬於家東某山之原。娶邱氏，子男一人：飛。女一人，歸廬陵易子韶。孫男三人：曰執，曰安，曰鳳。執，鄉貢進士，今選爲國子録。孫女一人，同里吴朗與，❶其壻也。曾孫男四人：曰珠，曰韶，曰規，曰忠。府君所著書有《易學旁通》若干卷，燬於兵，無復存者。

府君之葬，周通集群行爲狀，進士顔成子據之撰銘，納玄堂中，禮略備矣。執復來請曰：「願有以表諸墓道。」嗚呼！爵位可致也，貲泉可有也，聲問可長也，唯世惇書詩，不可必也。蕭氏自祭酒士傳經於家，至於府君尤能繼其志而不墜。其静也于于，其動也徐徐，不衒鬻而進趨，每深藏而自腴。殘膏賸馥，霑丐於人者，亦足以獲多士之譽。斯不亦君子之儒也歟？是爲表。

故姜府君墓碣銘有序

君諱澤，字潤甫，姓姜氏，其先居蘭溪之髦賢。祖某。父思齊，以貲雄於鄉。環其居五里所，凡山若田皆克有之。及君之生，其父已五十餘。越三年，父卒。又三年，母時氏亦卒。貪夫欺君之孤弱，挾黠隸爲姦利，内蠹而外蝕之，并吞幾盡。

君之女兄道真，時已歸金華楊某矣。閒一歸視君，撫君頂泣曰：「姜氏之世不絶者，僅有此息爾。苟或兇竪欲去之以滅口，

❶「朗」，張本作「所」。

則宗祀必絶，爲若敖氏之餒鬼矣。夫豈可哉？區區貲産，有不足計也。」急挾之以歸楊氏，鞠育之如己子。稍長，俾從鄉先生楊夢午、王月溪、趙松坡、董覺齋游。志慮淵沖，而識見迥拔。遂白於縣大夫，復其先塋若干所，田若干畝。雖僅存十一於千百，鄉之人士無不謂君爲能者。已而，女兄命贅於同里之王氏，君不忍釋之而去，遂舍於女兄西偏，挾王同居，事之如母與姑。每得嘉味，必先進，不進不敢先食。及生子若孫，歲時相率坐女兄中堂，羅拜於庭，不知者以爲真其母姑也。君既受女兄卵翼之恩，所以思報之者，無不備悉志慮。及女兄喪夫而無子，爲立從子恢道爲後，而躬扶持之，其門賴以不墜。雖楊氏之媚黨，無不以孝弟忠信淑導之；有悖戾者，懼之以法令，亦翕然聽從。

君再從姪弘道被僞造鈔者所誣，弘道初不識其人，千夫長帥州官逮繫之，從者百餘人。君聞之大恐，走州中愬其故，官寘弘道稠人中，命造鈔者執之，乃妄曳他男子以前，事遂釋。丁未歲祲，人相食，君往羅七閩。時流民所在成群，動以數百計，乘閒鈔道，莫敢何問。君獨以計脱，卒致白粲來歸，六親賴之以濟。君頗通刑名家書，於新令尤所練習，或有致訟者質之，君爲言其利害，訟爲衰止。

君晚命仲子遷婺城中，往來嬉游，以書史自娱，因以「盤隱」自號。一旦有疾，度不能以生，因泣謂二子曰：「吾非女兄，不克至於是，誓將奉窀穸之事，庶幾少盡心焉，奈何今且先之？爾等他日當有以慊吾志。」遂瞑，時至正壬午十月三日也。壽六十又一。是年十一月十二日，葬於西山先塋之側。配王氏，後二十三年卒，遂合葬焉。二子曰明道，曰懋。❶孫五人：曰焴，曰蔭，曰溥，曰繼，曰善。焴能積學爲名儒，以薦者爲婺州路儒學録，尋舉進士，擢永平延安丞。孫女二人，長適默成先生七世孫潘思明，次適陳仁。曾孫三人：曰麟，曰堪，曰增。

嗚呼！金華爲文獻之邦，氣習之所移，風聲之所被，往往人多士君子之行。有如君者，不幸遭門衰祚薄之餘，乃能聳然自異，不踣其家。復樂導人以爲善，而攄急報恩之志，尤寤寐不忘，夫豈無其故哉？傳曰：「大河東流，九里餘潤。」此蓋從古而然也。濂不敏，幸與焴同出於聞人先生之門，墓文之屬，有弗得辭其責。第深愧者，文彩衰弱，不足以昭幽廓潛，然亦自謂據事直書而無所憾也。銘曰：

孰畀之隆，而阨於逢，其非天耶？一髮之存，卒續厥門，其非天耶？無德弗酬，得與善爲逑，其非天耶？發迹詩書，有孫爲儒，其非天耶？生遂死安，松阡鬱蟠，其非天耶？卓哉善人，延裕於後昆，其非天耶？

故同安沈府君墓碣 有序

考功主事沈彰，服衰絰，踵門拜且泣曰：「彰幸生盛際，忝被官使。私竊自念先府君之年僅五十有二爾，忠孝之道，不可以兼致，驅馳王事，二三春秋方敢納禄而歸，以竭烏鳥之私情。孰意上天不佑，而府君以洪武五年十二月二十日棄我諸孤。閲三月，訃至，擗踊攀號，無所逮及。即上其事

❶「懋」下，韓本、胡本有「某」字，傅本有「道」字。

中書，授法比持服，將不遠四千里南還。卜某月日，奉柩車窆於同安西山之阡，在蓮花鞠花兩峰之間。又復自念府君死矣，而先德不可死者，亘百世猶一日也。苟不圖文顯刻以昭示後人，不孝愈大焉。敢持奉常贊禮黄仁狀前事以請，唯先生畀矜之。」濂不敢辭。

謹按狀，府君諱祥，字遂初，姓沈氏，其先光之固始人。唐末之亂，有諱某者，始遷於莆陽，圖譜厄於兵燹，莫紀其世次。曾大父某。祖澤民。父善夫，娶張氏。既生府君，而來主泉之永春簿，遂再徙于泉城。及府君之長，又三遷於同安。上官才之，薦爲縣之際留倉使，非其所好也。

府君事父母盡孝，視於無形，聽於無聲，唯恐有毫髮咈其意。至正甲午，大盜起安谿，鄉民皆風雨散去。府君負母夫人避海中嘉禾島，盜躡其後，府君爲盜所掠，幸以計脱，而夫人不知所適。府君蒼黄冒賊鋒求之，晝夜呼號，不飲食者三日，始獲見巖穴中。母子相抱持，悲喜交集。時夫人春秋高且有疾，府君欲渡海回翔風鄉以居。裝槖既于盜手，其計無從出。乃質其子彰於鄭氏，獲錢十緡爲買舟之資。暨還一月餘，始往贖彰以歸。

府君伯仲皆亡，季夭。府君事兄起宗如其父，粟布羞服之屬，凡有所需，輒上之。風檐月牖，時相與歡歌，杯觴淋漓，几杖暱比。數日不聚首，中心欿然不怡。先是，主簿君殁，葬泉之南門外，後九年，夫人亦卒，烽火連緜，權厝主簿君墓側。及是兄復殁，府君匍匐往泉城，畢棺斂之禮，乃歸同安，擇地於海山之陽，欲迎夫人之柩藏焉。已而潸然出涕曰：「吾父母生則同室，死則異穴乎？吾兄，父母之所遺，魂魄或有知，其能獨處異鄉乎？」於是甓三竁而共藴之。當主簿君居莆陽，貲産頗豐，府君悉讓與群從兄弟，❶錙銖無所覬，而別樹家於同安。其遇甥福全，尤盡恩意。南安腴田以畝計者，七十有五，悉以畀之，無靳色。莆陽宗黨有來謁者，必倒屣迎館，翕翕煦煦，唯恐弗之留。暨別去，復餽焉。閭井知府君之行，交口稱之，曰「良士，良士」云。

府君當元之季，知世將亂，具隱者之服，深蟄不出，自號之曰「廛隱」。高人韻士，或來即之，相與賦詩以爲樂，視世之聲燄熏灼者，若將凂焉。娶傅氏，生三男子：長即彰，通《詩》訓故學，較藝福建鄉闈，取第十一名文解，有司貢至京師，會朝廷需賢之急，不俟會試南宫，選入吏部，爲考功主事，階承事郎；次曰寬；次曰英。

嗚呼！傳有之：「孝悌者，天下之大順也。」人之行義有重於斯二者乎？推而爲忠，爲信，爲有別，其有不自兹者乎？君子之學，能植乎其大者，豈不爲厚倫重本之勸乎？然則府君之行，其可銘已。銘曰：

猗若人，行之臧。撫上下，協圓方。丁時艱，寇搶攘。念我母，情盡傷。日號呼，走遑遑。盼白雲，涕霑裳。既覲止，色斯康。奉厥兄，篤天常。儐籩豆，釃酒漿。和孺樂，日洋洋。惟孝弟，善之綱。勖後昆，矢不忘。

故松陽周府君阡表

栝之松陽，有行義之士曰周君，休休而

❶「府」，原誤作「有」，今據張本改。

有容，循循而雅飭。自其髫稚，嚴父棄捐，君輒能自勵于學，擩嚌乎經畬，優柔乎藝苑，伯仲之間交相摩切。積功既久，繕性禔身之間，以莊以敬，弗敢自釋。上下化之，春風盈於户庭，棠棣歌於州里，薦紳之家罔不歆豔焉。君不以爲功，而澤物自見。

當歲儉，甿隸無以食，尫瘠將踣。君曰：「是不可不振也。」度力而給其粟。旱澇頻仍，及厲鬼爲菑害，沴氣糾蟠十室而九。君曰：「是不可不禜也。」亟斬牲以禱于神。俗尚氣而善鬭，錐刀之末，奮蘉而疾詬，流連縣庭，每爲吏所魚肉。君曰：「是不可不正也。」有赴愬者，力爲辨曲直，訟爲衰止。

屬元季兵亂，郡國繹騷，石抹將軍帥師來鎮栝，凡武勇文學之士，悉以禮聘而詢其謀猷。聞君賢，延而與語，悦之，辟爲千夫長。將軍廓清群慝，君與有功焉。

未幾，乃引退，大布寬衣，放情邱壑間。當風疏日鮮，與一二逢掖從容觴咏，日莫忘返。年甫五十又八，不幸以洪武庚戌九月某日卒于家，明年辛亥二月某日，葬麗水縣懿德鄉徐北里之原，禮也。

君諱紹祖，字光遠。其先家春陵，高祖允文始來遷。曾祖梓，宋鄉貢進士。祖留道，從元兵討臨漳叛寇有功，擢管軍千户。父鑑，母某氏。君配室則王氏也，前五年終。翰林侍講學士危公銘其墓。生丈夫子二：曰華，曰蓮。孫男四：曰文韋，曰文焕，曰文炫，曰文煇。君殁後四年，二子奉縣文學洪文震狀，來請墓上之文，以期不死於親。

余聞墓之有文，古也。殷比干之銅槃，漢梓潼之甎誌，皆是也。後世易之以石，且植表於隧矣。人子不死其親者，將如是乎在，余惡能辭？有若君之行義，脩於身，儀於家庭，惠澤被於州里。所以聳善導民者，誠有裨於王化，君子不謂其進，可乎？嗚呼！麟之振振，既淑且仁，卒以美夫身。綏綏者羆，日肆其威，鹽人之髓，而剥人之頤。其相去亦不遠而。嗚呼！有崔者岡，林樾鬱蒼，惟君之所藏。千載之下，幸毋壞傷。是爲表。

故黄府君墓碣銘

予從烏傷黄文獻公游，識公從子仲華甫，進承公話言，退與仲華磐桓華川上，温潤如瓊瑶，使人不忍厭去。公薨，世大變，甲兵滿天地，東西各不相聞。及真人起臨濠，廓清六合，予入侍講禁林。會浙江行中書新貢士至，有黄昶者，來叙世契，問之，實仲華諸孫。復叩仲華何如，則作土中人五年矣，爲太息者久之。昶尋從予入史局，幾一載，間自撰仲華行狀，涕泣請銘。

仲華名橒，仲華，字也。自幼嶷然有立，出與群童敖，步武有度，不失尺寸，鄉先達韙之。暨長，撫世酬物，悉中權度，州里譁然稱之曰能。父兄素儒懦，疆畎爲豪右兼并，仲華奮厲，致家之肥，悉納金贖還。自是益敦仁厚行，貧而貸泉者，不責其息，稍弗能庚，焚券示之。或有忿鬬者赴愬于門，仲華聽已，指曰「爾言曲，爾言直」，皆心服去。且曰：「得黄公片言，賢於縣令長十人。」避兵石門山，一婦疲卧荒榛，時游騎已迫，仲華命媵女扶以奔，與諸婦同寢食。寇退，詢其家歸之，然終不識其面。性至孝，親疾，進藥劑無時，夜不遑甘寢。及殁，衣襚棺窆之費，咸出於私，不忍煩諸兄。文獻公剛介，子弟鮮得懽心，仲華曲承其意，酣觴笑談，煦煦如陽春。親屬有使酒難近者，且愎諫，仲華從容白其利害，卒至改行。仲華行事多類此，他不能悉書。

仲華卒於吴元年三月十一日，其月某日，葬於崇德鄉平洋原先墓之次，壽六十七。世系遷移之詳，文獻公已見諸《圖記》。曾大父塄，宋承節郎，元贈嘉議大夫、禮部尚書、上輕車都尉，追封江夏郡侯。妣徐氏，追封江夏郡夫人。大父鑄，贈中奉大夫、江浙等處行中書省參知政事、輕車都尉，追封江夏郡尉，追封公。妣童氏，追封江夏郡夫人。父溥，妣喻氏。仲華配室傅氏，生子三：璨，琥，瓚。女一，適劉如珪。孫男四：永，昶，庚，敏。予惟閥閲之家，鮮克由禮。有若仲華閑雅整飭，抱齊魯諸儒至行，孰謂非賢耶？予故特銘之，以爲聳善之助，使人人取則。仲華其不爲三代之民矣乎？銘曰：

中恬而熙，外廉而隅，惟義之是隨。大振厥家，尚質去華，肫肫乎無涯。有巋者山，有洌斯泉，靈氣之鬱芊。體魄斯安，繼以永年。

元故奉訓大夫江西等處儒學提舉楊君墓誌銘

元之中世，有文章鉅公起於浙河之間，曰鐵崖君。聲光殷殷，摩戛霄漢，吴越諸生多歸之，殆猶山之宗岱，河之走海，如是者四十餘年乃終。瀕終，召門弟子曰：「知我文最深者，唯金華宋景濂氏，我即死，非景濂不足銘我，爾其識之。」卒後三月，吏部主事張學暨朱芾等七人，奉其師之治命來請。

濂既爲位哭，復繫其爵里行系，而造文曰：

君姓楊氏，諱維禎，❶廉夫其字也。裔出漢太尉震。震十八傳至唐，分爲四院，第二院太師虞卿，生堪。堪生承休，承休生嵓。五季時錢氏有國，嵓仕至丞相，自譜爲浙院。嵓之孫都兵馬使佯，徙浙水東，又分爲浙左院。佯之子成隱居會稽諸暨之陽，復爲諸暨人，君之十世祖也。高祖父振，曾祖父佾，以善嗜義聞，人呼爲「楊佛子」。祖敬。父宏，贈奉訓大夫、知温州路瑞安州事、飛騎尉，追封會稽縣男。妣李氏，追封會稽縣君，宋丞相宗勉四世孫也。當縣君有娠，夢月中金錢墜懷，翼日而君生。大夫公摩其頂曰：「夢之祥徵，其應於爾乎？」稍長，從師授《春秋》，説講析辨剌幾踰百十家。大夫公期以重器，至弱齡不爲授室，俾游學甬東，粥廐馬以益裝錢。君節縮不妄費，購《黄氏日鈔》諸書以歸。大夫公驩曰：「此顧不多於良馬耶？」躬爲裝褫，使之周覽。

泰定丁卯，用《春秋》擢進士第，署台之天台尹，階承事郎。天台多黠吏，憑陵氣勢，執官中短長，先以餌鉤其欲，然後扼吭，使不得吐一語，世號爲「八鵰」。君廉其姦，中以法，民方稱快。其黨頗蚓結蛇蟠不可解，君卒用是免官。久之，改錢清場鹽司令。時鹽賦病民，君爲食不下咽。屢白其事江浙行中書，弗聽；君乃頓首涕泣于庭，復不聽；至欲投印去，訖獲減引額三千。俄相繼丁外内艱，結廬於桐原墓。族屬有酹墓者，植竹筇於前，筇發櫱芽，枝葉鬱如也。自是不調銓曹者十年。會有詔修遼、

❶「維」，原誤作「繼」，今據張本改。

金、宋三史，君作《正統辯》千言，大司徒歐陽文公玄讀之，歎曰：「百年後公論定於此矣。」將薦之，又有沮之者。尋用常額提舉杭之四務，四務爲江南劇曹，素號難治，君日夜爬梳不暇。騎驢謁大府，塵土滿衣襟，間有識者多憐之，而君自如也。轉建德總管府推官，陞承務郎。君悉心獄情，必使兩造具備，鉤擿隱伏，務使無冤民。居無何，陞奉訓大夫、江西等處儒學提舉。未上，會四海兵亂，君遂浪蹟浙西山水間。

及入國朝，天下大定，詔遺逸之士，脩纂禮樂書，頒示郡國。君被命至京師，僅百日而肺疾作，乃還雲間九山行窩。疾且革，移拄頰樓中，呼左右謂曰：「吾欲觀化一巡，如何？」乃自起捉筆，撰《歸全堂記》，頃刻而就。擲筆曰：「九華伯潘君招我，我當往，車馬俟吾且久。」遂泊然而逝，似聞數十人從函道登樓，其步履之聲相接。時大明洪武庚戌夏五月癸丑也。年七十五。及門之士上書於郡守林君公慶，以封塋爲屬，林君欣然從之，擇地華亭縣脩竹鄉干山之原，以六月癸亥，舉柩藏焉。

君初聘錢氏，忽遘惡疾，錢父母請罷昏，君卒娶之，疾尋愈。繼鄭氏、陳氏。子男一人：杭，鄭出也。孫男一：某。女一，未行。所著書有《四書一貫録》《五經鈐鍵》《春秋透天關》《禮經約》《君子議歷代史鉞》《補正三史綱目》《富春人物志》《麗則遺音》《古樂府》《上皇帝書》《勸忠辭》及《平鳴》《瓊臺》《洞庭》《雲間》《祈上》諸集，通數百卷，藏于家。

初，君爲童子時，屬文輒有精魄，諸老生咸謂咄咄逼人。暨出仕，與時齟齬，君遂大肆其力於文辭，非先秦兩漢弗之學，久與俱化。見諸論撰，如覩商敦周彝，雲靁成文，而寒芒橫逸，奪人目睛。其於詩，尤號名家，震盪淩厲，駸駸將逼盛唐。驟閱之，神出鬼没，不可察其端倪。其亦文中之雄乎？名執政與憲司紀者豔君之文，無不投贄願交，而薦紳大夫與巖穴之士，踵門求文者座無虛席，以致崖鐫野刻，布列東南間。然其風神夷沖，無一物縈懷。遇天爽氣清時，躡屐登名山，肆情遐眺，感古懷今，直欲起豪傑與游而不可得。或戴華陽巾，被羽衣，泛畫舫於龍潭鳳洲中，橫鐵笛吹之，笛聲穿雲而上，望之者疑其爲謫仙人。晚年益曠達，築玄圃蓬臺於松江之上，無日無賓，無賓不沈醉。當酒酣耳熱，呼侍兒出歌白雪之辭，君自倚鳳琶和之。座客或蹁躚起舞，顧盼生姿，儼然有晉人高風。或頗加誚讓，亟罵曰：「昔張籍見韓退之，退之命二姬合彈箏琶以爲樂，爾謂退之非端人耶？」蓋君數奇寡諧，❶故特託此以依隱玩世耳，豈其本情哉？性疏豁，與人交無疑貳。賤而賢，禮之如師傅；貴而不肖，雖王公亦蔑視之。平生不藏人善，新進小子或一文之美、一詩之工，必爲批點，黏于屋壁，指以歷示家人。❷不録人以小過。黠奴負君金，度無以償，逼君書收券，君笑與之。家藏古名畫爲西鄰所竊，其僕人追執之，君曰：「吾業與之矣。」無賴之徒僞爲君文以冒受金繒，或疑以爲問，將發其姦，君曰：「此誠予所作也。」不論遠近，皆知君爲寬厚長者云。

激者之論，恒謂名者，天所最忌，矧以

❶「寡諧」，張本作「諧寡」。

❷「家人」，張本、胡本作「客尤」，而「尤」字屬下讀。

能文名，則又忌之尤者也。所以文人多畸孤坎壈以終其身，視富與貴猶風馬牛不相及也。嗚呼！豈其然哉？彼貨殖者，不越朝歌暮絃之樂爾；顯榮者，不過紆朱拖紫之華爾。未百年間，聲銷景沈，不翅飛鳥遺音之過耳。叩其名若字，鄉里小兒已不能知之矣。至若文人者，挫之而氣彌雄，激之而業愈精，其嶷立若嵩華，其昭回如雲漢，衣被四海而無慊，流布百世而可徵。是殆天之所相以彌綸文運，豈曰忌之云乎？嗚呼君真是已！然君不可謂不幸也。使君志遂情安，稍起就勳績，未必專攻於文；縱攻矣，未必磨礪之能精；藉曰既精矣，亦未必歲積月累，發越如斯之夥也。斯文如元氣，司化權者每左右馮翼，俾其延緜而弗絕，則其毒育以成君者，豈不甚侈也耶？一世之短，百世之長，如君亦足以不朽矣。或者乃指此爲君病，豈知天哉？濂投分於君者頗久，相與論文屢極玄奥。聞君之死，反袂泣涕久之。❶念君之不可再得，不敢有孤所屬，故爲具記其事，而又爲些辭一章，以代勒銘，庶幾招君歸來矣乎！其辭曰：

魄淵流金，降空青些。結英揚靈，潰于成些。獨騎麒麟，傷遺經些。衮鉞是非，嚴天刑些。孰軋以摧？勢相傾些。濬發厥辭，益崇竑些。芳潤内洽，光精外形些。離方遯圓，班部自寧些。流霆下春，百里震驚些。鸞鶱鳥瀾，天機呈些。鐵甲琱戈，百萬宵征些。茗翹穎竪，媚韶榮些。籠絡萬象，橐籥三靈些。彈壓物怪，晝夜哀鳴些。九華丈人，召還紫清些。白鹿夾轂，五霞軿些。迴風儵儵，雲繩繩些。天人殊軌，誰强

❶「泣」，張本作「拭」。

攖些？絳府雖樂，毋淪洞冥些。盍乎歸來？返故庭些。

元故一鄉善士張府君墓版文

浦陽江之上，有大姓曰張府君天錫，字君與，懿然篤厚人也。自成童時，輒知孝敬，日趨大父母、父母側，問衣燠寒而進退之。年既長，益推錫類之仁，九族有弗振者，時卹其匱乏。復懼族遠情疏，築堂南山麓，爲序拜旅飲之所，長幼之節粲然不紊，其於惇愛廣順之道有所賴焉。然不自以爲足。寒食十月朔，汎掃先世諸塋，必歷告嗣人曰：此爲某府君，其名行若何，支系若何。本末如連珠。已而泣曰：「吾髮種種矣，苟不言，爾等當不知土中爲何人，慎識之，勿使牛羊踐履其上。」平居正襟危坐，終日不妄動。即動，足跡亦有恒度。撫世酬物，一以誠。有犯之者，任其轇轕，兩耳如無聞，尤不喜以疾言厲色加人。人愈愛慕之，雖僕媵亦從化，俯首趨功，驩欣如也。及歿，不問賢不肖，皆歎惋悼惜，有至淚下者。至今語及府君，猶舉手加額，稱之曰「長者，長者」云。

府君之裔，初自清河遷，已歷十有三世。曾大父維，大父夢龍，湖之儒學正。父一寧，妣方氏。府君生於某年月日，歿於某年月日，壽若干，以某年月日，葬于縣西通化鄉施禮山原。配室朱氏，婦道克修，前卒，竟合葬焉。子三：坦，泰，祐。女三，石某、朱某、樓鐵，其婿也。孫五：珪，福，驥，某，某。曾孫五：某某。

昔漢之萬石君家，以孝謹聞于郡國，雖齊魯諸儒，質行咸自以爲不及。若府君爲人，實有石氏之風。奈何士習不古，文有餘而行不逮，尚有愧於齊魯諸儒，又何敢望君之藩垣哉？是可歎已！坦等遣從孫太常丞丁，徵濂勒銘墓門。濂聞至正初，宗藩賢王有奇府君才者，辟爲營田總管府治中。府君辭不赴，今故不以爲稱，而題之曰「一鄉善士張府君墓」，并感其事而銘之。銘曰：

生之温，守之仁。發之淳，行之新。以飭其身，以伉其門，以壽其子孫。

故泰和劉府君墳前石表辭

大江之西邑曰泰和，世以藝文自著，則歸之珠林劉氏。劉氏傳裔至名鍔字宗榮者，實號快軒府君。淬德砥行張甚，及其殁也，其子崧既請李祁先生勒銘玄堂，復慮遺善弗暴顯于世，徵濂文表諸隧。

府君器局方凝，幼與黄兒遊泳，挺挺如野鶴在雞群，讓弗敢與。齒長，肄進士業，一再不勝，輒罷去。攻六藝學，必欲驗諸躬行，故自治益嚴，獨居屋漏，儼若上交神明。正襟危坐，從明迄曛，不少愆厥度。撫世酬物，幾若言不出吻，及見義事，輒奮迅抃躍，雖鼎鑊刀鋸在左右，亦弗暇卹。厥父病痺五年，晝夜不離牀下，調火煉良劑以進，久不就衾枕，至蟣蝨在巾褌間。❶族屬塋域爲勢家所攘，俗狃堪輿家書，謂地氣能賤貴，人多發故塚以瘞新魄。府君彈指曰：「殁者或有知，肯瞑目九泉下乎？」即鉤索訟復之。

歲甲午，厲鬼爲人痾，宗姓有一門垂絶，尚遺三孽孤，家遂陵夷。閭師利之，輒

❶「巾褌」，張本作「中褌」。

誘以爲奴。府君抱之長慟，亟走白縣大夫曰：「鍔之族，嘗列爵王朝矣，今嗣人多故，無闔廬以蔽風雨，無羞服以適口體，棲棲焉，遑遑焉，服爲人奴，鍔久病焉。夫威以戢暴，政以範俗，惠以懷惸，惟我二三大夫是賴。矧嘗聞之：戢暴，義也；範俗，禮也；懷惸，仁也。三者具舉，爲邦之道也。爲民上者，其忍廢諸？吾儕甿隸，苟不徼靈於二三大夫，如無羽翮，欲飛青冥，無乃不可乎？」言畢，涕與淚俱。縣大夫惻然動於中，逮問師問狀，勒歸府君。府君食飲之，而爲結其昏姻。宗譜將墜軼，疏親無辨，府君重輯之。先代誥命遺文之屬，單牘片削皆謄附其中，命之曰「先德録」，襲藏不翅拱璧，出入恒挾以自隨，文獻粲然有可徵者。

府君客授章貢鍾氏，夜漏下二十刻，鍾之廬舍災，烈風驅火，趨之若驚蛇，鍾猶弗之寤。府君弗念私橐之焚，擊門大呼而出之。甫出，烟焰漲天，鍾泣曰：「活我家百口者，劉先生也。」府君馭家有政，内外肅若，喪祭二者，悉據《禮經》，不用浮屠法，人多化之。一旦，嬰疾，人請斬牲以享鬼神，府君笑曰：「吾幸無愧德，鬼能加害我乎？」力麾使去，疾尋愈。其爲人知本有識類如此。狀所不列者，或可例知也。

然推府君世系，本出自長沙，遷金陵。唐天成間，復徙廬陵之泰和，以儒與仕籍者踰三十人。曾祖震，精於詞賦，宋季待補國子，未及官而卒。祖鍈，能繼待補君業，較藝州庠，名占前列。父文度，在元初以文鳴，受知元文敏公，薦爲興國縣學師，江西提舉司爲給付身，當時以爲異數。母郭氏。府君娶蕭氏，繼郭氏。蕭生丈夫子三：麓，楚，埜，皆明一經。楚，至正丙申鄉貢進士，今改名崧，仕爲職方郎中。孫男四：鼎，解，舉，平原。鼎與解已卒。女五，某、某，其婿也，餘在室。府君得壽五十八，以至正壬辰閏三月十九日卒。初權厝故廬園中，次改楓樹林，次藏仙槎鄉姆坑之雙山岙，某年月日也。所著書有《中鵠》《汲清》二集，合若干卷云。

濂聞之，先王盛世，宗法建而本支著，氏族嚴而孝敬興。大分宣昭，上覆下承。迨及後世，人僞沸騰。而圖譜有局，即令史有職，救弊微權，猶於是乎可徵。今不復見之矣，秦越肥瘠之歎，徒有形君子之哀矜。有美府君，行粹學精。念一氣之攸分，實同出於天經。讐疆圉以歸墓兆，急赴愬以拔孤惸。凡家牒之蒐輯，遺編之分纂，奚翅寶結綠而愛青萍？蓋文獻之宗，簪紱相仍。故濟德流祉，不待教而遄成。是宜壤樹内列，辭章外旌。庶幾垂後賢之憲則，昭千古之休聲也哉！

故將仕佐郎雜造局副使王仲和甫墓碣

余司業成均時，王允中爲日新齋生，執經侍左右。允中神凝而志恬，頗使人愛之。閱二年，允中服厭冠，躡苞屨，手執太常丞張君所爲狀，泣拜于庭曰：「允中不天，先子壽僅五十又七，以洪武三年六月三日，卒于家，卜以是年九月某日，窆于江寧縣鳳臺西鄉石子岡之原。而懸棺之石，猶未勒辭。允中夙夜祇懼，若將殞于深淵。竊見士大夫公卿，❶莫不得先生文以爲榮，今緣洒掃師門之故，竊有所請，倘蒙畀矜之，先子雖

❶「公卿」，張本、胡本作「卿公」。

殁，猶不殁也。」余憐其志，退而閲狀。

允中之父諱友直，字仲和。其先嘗仕于宋。南渡初，自開封徙溧水之崇賢鄉，以貲雄于里中。自時厥後，族屬日益衆，殆且百家。有諱某者，復遷建康城中，仲和之父也。仲和善治生，不動聲色，能使其家浸豐，且莫窺有爲之跡。聞名薦紳至，必具籩豆葅醢，長跪獻酒漿，執禮恭甚。人疑之，則曰：「養子弗訓，是禽犢之也。吾所以敬士者，其將使儀刑則傚之乎？」於是允中亦知父意，鑽研經義，唯恐流於窳怠。仲和且朝夕程督，觀其業稍進，則喜見面顔。仲和善鍊汞，爲朱太師、李韓公聞之，奏除雜造局副使，階將仕佐郎。在官二載乃終。

嗟夫！世之人曷嘗不念孫子哉？務廢舉以殖貨利，走權勢以媒禄秩，徒以斲喪其醇熙，顛隮乎險阻，有至於老死而無悔者。仲和則使涵濡仁義，爲善人君子之事，苟謂之賢乎非耶？記有之，「遺子黄金滿籯，不如教子一經」，仲和蓋近之矣。仲和娶邵氏，生四子：長執中，次則允中，次用中，次時中。一女，其壻曰某。銘曰：

人爲聲倀倀，我獨守其常。人爲利穰穰，我且嗇而勿傷。有子而良，當教之義方。佩申椒兮充囊，集夫容兮爲裳。彼崔者岡，松桂蒨蒼。百世之下，人知其爲仲和甫之藏。

元故廬陵周府君墓碣銘

濂校文南宫，獲讀江右周子諒所對策，燁燁有奇策，因拔寘前列。未幾，子諒擢進士第，主事起曹，日與之周旋。乃出古文辭相示，予復愛其峻潔而雋永，竊意淵源之來必有所自。已而，子諒奉廬陵教授李處敬狀，請銘其先府君之墓。於是又信其家學相承之懿，雖不能文，憫其美之弗章也，庸因狀之所述而列之。

府君諱鼎，字仲恒，姓周氏。其先自安成徙廬陵，奕葉爲儒。至府君，益刻厲自奮，思趾美於前人，每試藝鄉校，立論必超群彦右，見之者矍然自失。府君復以場屋之業不足爲，乃去，從湜溪郭氏游。湜溪名正表，得静春劉氏三傳端緒。静春實考亭之學也，府君因與聞伊、洛、關、閩之微旨。六經中有所疑滯，從横扣擊，唯恐其弗明。積功既久，多超特之見。且謂《詩》分正變之説，固肇於漢儒，然而正中有變，變中有正，不可執一而求。况其體製音節，敻然不侔，若虚心玩之，策書紊亂，瞭然可見，必各從其類，然後可辨世道升降之由。其詩雖非盛時之作，其人既賢，其音猶近於古。必附小、大雅之正者，勸懲之義庶有託焉。先王以禮樂化成天下，而於《詩》之用見之。其效至於協和人神之應，非空言比也。府君之名，自是絶出四方，執經問難者，户外之屨恒滿。府君坐皐比，爲敷繹性命之説，析其顯微，約其異同，往往神怡心醉而去。

年逾四十，出遊江漢間，同里范君匯方提舉江西儒學，延致府君爲豫章學者師，其劍舄奔湊，如家居時。東南良二千石多名公卿，出受承宣之寄，欲倚府君以爲重。玄纁束帛，交致於門，府君皆不受。間一往應九江之聘，既至，處以賓師之位。亡何，復棄去。方嶽大臣馳書與幣，請考試鄉闈，府君辭。又舉，府君晦迹邱園。府君庋其文高閣，漫若不復省。當是時，天下承平，士大夫耻及邊事。府君獨憂之，力言四海大勢日趨於亂，一夫操戈而起，則江南無駐足之地。此正可慟哭之時，奈何肉食者不知慮耶？遂著《濟時十二策》及戰守之書數千言，將走闕下獻之。或指府君爲狂，府君笑曰：「吾非狂，吾言後當驗耳。」瀕行，思母夫人春秋高，遂止。後五年辛卯，汝潁兵動，江南受禍最酷，一一如府君言。南昌學徒因乞府君策，上之中書，亦授九品官以歸。初，府君嘗出應鄉書，不肯少貶以就繩墨，故不得志於有司。及赴部使者私試，輒在首選。評文者，虞文靖公也，甚加器重，且有「安得起成周樂工共論斯文」之歎。府君言禮樂之化，有契虞公意，故不覺慕咏之深也。不幸年甫五十又八，竟以一疾不起，實至正乙未十月十六日也。天乎，命耶？

府君之先曰世德，生甫三歲，其父汝正，求兄漢中，不知所終。其母彭氏，年未三十，以節自守，至九十一而亡。世德生天和、天成，皆以通經爲人師，有不遠千里而就學者。天成生浩，能讀父書，《尚書·禹貢》《洪範》，嘗重正其譌舛；其於《春秋》，則盡黜三傳，而獨遡求孔子之旨。人尊之，稱爲「鐵石先生」。天和生冕，蚤以推擇爲郡曹掾，遷海北憲史，有廉直聲，則府君之父也。妣郭氏，湜溪從女弟，婦道母儀，兩無所愧。配室李氏，繼室李氏、王氏。子男子三：長恂，蚤世；次愷，即子諒，今以字行，承事郎工部主事；次孜。子女子二，歸郭遲、郭經，皆先卒。孫男一：圓。女一。以某年月，葬府君於里之楊梅原。堪輿家謂非吉兆，又改葬於屏山之麓，實洪武四年正月之甲申也。

府君天資純孝，憲史君歿於廣東，府君奉柩舟東還，水陸數千里，冒巖壑之險，絶濤瀨之危，每涕泣呼天，卒賴以濟，類有物陰相之者。爲人俊爽負氣節，長身美髯，昂然玉立，蓋偉丈夫也。賓朋滿座，尤喜論史，或觸其辭鋒，上下古今，蟬聯不能休。復曰：「如此則治，否則亂，如有用我者，舉而措之耳。」性嗜古文，一洗宋季刻削纖弱之弊，委蛇曲折，各極其事情。六經皆有論著，未及完，獨《詩經辨正》若干卷，藏于家。詩文曰《貞一稾》者又若干卷，傳學者，其《孟子》《管子》《商鞅》諸論爲最偉云。

濂聞王文憲公每疑秦火之餘，《詩》多錯簡，今世所傳，決非孔子所删之舊，欲釐正之，有志未就而亡。府君之生，未嘗與王公同時，又未嘗習聞其論説，而其所見若合符節。雖曰卓識逾常人遠甚，而至理之在人心者，終不可誣也。昔者歐陽氏頗疑於《河圖》《洛書》，始亦自信其獨見，既而得衡山廖偁《朱陵編》觀之，其説絶與之類，故爲序其書，於心之同者，屢致意焉。夫《圖》《書》者，本無可議，尚以涉於神怪而非之。況《詩》之音節體製不可强同，辨而正焉，方謂有功於經學者；溺於久習之傳，反譁然而疑之，抑亦過矣。王公已不可作，謹列府君之行，銘諸墓門，用以慰夫九泉之下，使知死雖未久，猶有識其心者。則夫千百世之遠，未必無其人，餘蓋不足恨也。銘曰：

秦火之烈，六經中絶，我心盡傷兮。汗簡散落，後先參錯，乃理之常兮。廬陵有儒，世守經畬，有煒其芒兮。疊矩重規，擿幽發微，無晦不明兮。伊君斯繼，益衍弗墜，其出愈卬兮。閩南之學，日星昭灼，我知其方兮。察體審音，載咏載吟，別類分章兮。勢或犬牙，正變紛拏，大瀦失防兮。詩用斯著，禮明樂備，王道孔昌兮。其學之暐，有聲四起，衿佩瑲瑲兮。濡嚌聖謨，敷繹道樞，孰敢弗蘉兮？譬如衢尊，飲者欲奔，何用不臧兮。卓爾先見，即知治亂，覆謂爲狂兮。材不時用，道則彌重，孰短孰長兮？學有子傳，吐辭淵然，五色焜煌兮。八尺之塋，有山列屏，千載其藏兮。

故龍南一峰先生鍾府君墓碣銘 有序

府君諱柔，字元剛，姓鍾氏。其系出於魏侍中繇。繇之十代孫紹京，字可大，事親孝，自爲童時，凡得瓜果必先進。最工書，人號爲「小鍾」，蓋以繇爲「大鍾」也。嘗直鳳閣，後從唐玄宗平内難，拜中書侍郎，始居贛。其諸孫曰某，游宦龍南，復爲龍南人。傳至諱佃字少游者，擢元豐五年進士第，歷二廣轉運使，以功烈聞。性尤至孝，父歿哀慟擗踊，聲不絶於口，群烏助之哀鳴，人爲建感烏堂。府君，則其裔孫也。曾祖淳，祖德賢，皆抱道潛耀以自樂。父克俊，在宋之季，補國學上舍生。聞三宫北遷，糾集義旅，爲勤王之舉。勢既不可爲，乃登贛之馬祖巖，遥望中原，白雲渺瀰，而翠華不可復見，悲歌激烈，聞者涕下。已而痛憤益深，誓不食元之粟，賦詩一章，有「自許有身埋漢土，終憐無淚哭秦庭」之句，遂赴龍頭江而死。其忠義之志，蓋皦然云。

府君生甫一歲，宋初改物，兵燹猶未息。祖母吴氏與其母劉夫人挾之走南雄，艱難險阻，莫不備歷。府君幸既長，俾歸從鄉先達雷州推官劉公震游，夫人月自程督之。❶府君性既穎拔，復知以紹述爲事，味

❶「月」，韓本、胡本作「日」。

爽即興，挾册映簷光而讀，至夜漏下二十刻亦弗休。由是融貫於經史子集諸家，握筆爲決科之文，頃刻千餘言，長風驅濤，而雷霆與之相後先也。❶夫人喜曰：「吾有子如是，吾夫子爲不亡矣。」夫人或與府君語及龍頭江事，府君輒長號弗輟，幾欲無生。及祖母與夫人相繼而逝，府君竭誠於葬祭之禮。觀者咸曰：「鍾氏世有孝子，感烏堂之作，不得專美於前矣。」府君初娶田州判官淩君昌任之女，生一子而卒。興寧尹馬君良奇府君之爲人，復以女妻之，遂同之官。凡馬君之善政，所以鋤姦扶懦，滌冤疏滯者，皆府君有以發之。廣東帥閫及海北廉訪使者聞府君學行之懿，交薦之，署爲雷州路學正。府君以海濱非久處之地，力辭而歸。下簾講授，從者數百人，咸共推尊之，號曰「一峰先生」云。

府君儀觀偉然，終日正襟危坐，人莫能窺其際。晚益刊落英華，❷窮極根抵，所居僅蔽風雨，所入僅足饘粥，而處之怡然。至於赴人之急，雖蹈水火有不暇顧者，君子尤稱之。

府君生於至元丁亥正月某甲子，殁於重紀至元辛巳十月某甲子，得壽僅五十又五。瀕卒，無他言，唯屬子力學勵行，毋墜家聲而已。所著書有《諸經纂説》《易書詩衍義》《敝帚集》若干卷，藏於家。府君凡三娶：初，淩氏生一子，即恕，字以行，至正癸巳鄉貢進士，署濂溪書院山長，不赴；次馮氏，無子；次淩氏，生二女，一早世，一適淩德祥。孫男三人：曰肅，曰緝，曰熙。女一

❶「霆」，張本作「電」。
❷「益」，原作「亦」，今據張本改。

人，適某。曾孫女二人，尚幼。府君之卒也，葬於龍山之南，洪武庚戌秋八月某甲子，再遷於仙女湖之西，與淩氏合葬焉，實縣南之五里也。

惟府君生於忠孝之門，耳濡目染，已能立乎其大者。及求諸六經，驗諸躬行，所見益真切，所獲益粹凝，雖不見用於時，而弟子從之者，皆知所謂孝悌忠信，其有功名教甚多，是亦爲政也。中州君子恒言，虔南爲遐荒之地，賢才鮮少。有若府君者，其裔胄之悠久，家學之盛著，文行之隆蔚，初亦何減於中州？人之好論議往往如是，是重可歎也。因按鄱陽董先生之狀，大書以銘府君之墓，庶幾白府君潛德於遠邇。虔南之士讀余文者，亦當有所奮勵而興起焉。銘曰：

孅人之班班乎而，忠信以爲冠乎而。佩純知乎而，❶馨華文乎而，光彩之如璊乎而。長才詘而弗信乎而，嗽政令而屏奸乎而。❷柔之立而强之剋乎而，臯比設而師道尊乎而。反澆涼而爲龐惇乎而，一鄉之善士質其玉温乎而。岐有鳴鳳、魯有祥麟乎而，天之生賢無方，何暢復何屯乎而。勒銘墓門乎而，庶昭昭其永聞乎而。

宋文憲公全集卷十終

❶「知」，原脱，今據張本、韓本、傅本補。
❷「令」，原脱，今據韓本、胡本補。

宋文憲公全集卷十一

故民匠提舉司知事許府君墓志銘

濂在詞林時，聞有衣冠之冑，許其氏而進其名者，宦游于外，不勝其思親之情。春華之朝，秋月之夕，恒至於瞻望隕涕。鄉友王内翰徵濂爲辭，以少慰其深衷。後四年，與進會南京，進乃言曰：「昔者，思吾父而不獲見，吾父固無恙也，而中心猶怦怦然。今父則逝矣，屢欲相從於泉臺，恐乖以死傷生之訓，輒苟存視息，以迄于今。然則何以自靖其心哉？惟墓門有石，可以鐫遺行而歔休聲，夫子嘗厚我矣，敢緣此故，稽顙再拜以請，願夫子終惠之。」

謹按歐陽時中所爲狀，府君諱嗣宗，字原仲，姓許氏。其先洛陽人，有諱叔向者，仕唐爲某州刺史，生安福令嶽胤。值黄巢亂，棄官歸袁之萍鄉。萍鄉之有許氏自此始。安福生二子，曰宗，曰載，皆多孫子，宋時以文學自奮，爲郡僚屬及縣令長者，前後相望。家牒燬于兵，咸無所徵。曾祖某，祖季謙，某年進士，某官。父斗佑。

府君生有異質，嗜學弗倦，取六經百氏，晝夜探其精微。已而歎曰：「爲學貴行，不行而能言，雖如簇錦，將何施耶？」益專心家政，旁及樹藝之事。久之，貲若産超於前人，遂以事親訓子姓爲務。家西百餘步，斸土爲臺，引清流遶之，奇葩叢篁，環列於左右，穠英涼翠，蓋鬱然云。府君建聚景樓，其間翼以衆芳、俯清、天心、水面諸亭，幽静軒敞，一塵弗侵。府君奉板輿游其中，俾童冠者隨薦紳家擩嚌群書，孳孳弗之解。稍有餘暇，輒集賓朋，雅歌投壺以自樂。府君曰：「可則可矣，苟不以禮自治，何以示悠久？」乃稽諸子冠婚喪祭之禮，肆習而行，復擇並舍常稔之田五十畝，焚其質劑，永收其入，以供四時祀事。州里之間有凶喪、單窶弗自支者，且振而給之。大司徒楚國歐陽文公，當世大儒也，義府君之爲人，結爲交友，嘗寄詩以寓其意。

至正初，當路薦爲唐州等處民匠提舉司知事，命書既下，州人士具壺觴以爲壽。府君笑曰：「吾秋髮種種矣，尚何情落宦轍哉？」辭弗赴。壬辰之亂，吴楚之兵日格鬬弗休，唯萍鄉受禍最酷，父子相枕籍而死，鄉無完家。府君能先事而避，轉徙餘三十所，一門能獨安存，不異承平時。及天下大定，府君退隱雙清精舍，林壑秀美，目斷無來人。府君拄頰看雲，縹緲輪囷，卷舒自如，悠然有會心處，則與高人勝士酣歌互答，有不知夕陽之在樹也。

已而遘微疴，却藥不之御，氣息奄奄，猶力疾命諸子曰：「而等當以忠厚繼其家。」言訖而逝。時洪武四年七月二十四日也。壽年七十有七。娶彭夫人，生四男子：庭蘭，庭秀，庭桂，庭春。庭蘭蚤世。庭桂今更名進，即濂所爲賦思親辭者，入國朝，用上官薦，擢廣信府知事，階將仕郎。請寬賦以恤民，脩學以化俗，人懷之。孫男五人：觀，恂，惠，憧，惺。越三年二月十九日，❶藏府君於縣之名教里三峰山下。

惟府君之讀書，不眩其文，而食其實，故

❶「二」，張本作「一」。

以之治家則大穰，以之奉親則悦而愉，以之勵子姓則飭以脩，以之辟地則能去危而就安，何莫非推其所學也？ 視彼膠固章句，資爲絺繪之辭以譁世者，有間矣。銘曰：

我經我舒，我已食其腴。我心之匪怍，我將還其樸。智以全其生，禮以惇其薄。有家之穰穰，有聞之章章，有子之鏘鏘。維士也良，而其行也又方。采掇其英，叶。銘以昭其藏。

故天台朱府君霞塢阡表

孝子之於親，曷嘗有紀極哉？ 唯恐其嘉謨懿行不暴白於後世也，件繫群事，既有狀矣，足以昭于人人，又有玄堂之銘，銘比狀著矣，又有阡上之誄焉。蓋辭之重複者，事必著。甚哉孝子之心，其有所慎乎？ 仙居朱府君之卒，多歷年所，其子公立既請縣大夫前進士魏俊民爲之銘，其二孫木、棐猶以爲未足，復來徵予文表於墓門。揆於古義合矣，予乃按狀而書之曰：

府君諱嗣壽，字得仁，姓朱氏，世居台之臨海。宋殿中侍御史希述，其遠祖也。殿中君六世祖友直，仕爲宣撫司某官，始遷仙居之東門，至府君又六世矣。府君之生，岐嶷而深沈，豐厚而敏慧，自爲童子時，風岸孤騫，昂然野鶴之在雞群，見者莫不異之。及游鄉校，擩嚌群經，食芳而漱腴，充然若有所得。且曰：「古者爲學，精神心術一寓之於事爲。或慮其有不正也，必資體驗擴充之功，所以皓首窮經，不敢輕寘之。若拈華摘豔，鉥心劌腎於辭章間，陋之陋者也。」自是撫世酬物一出於正，而異端無實之說，了若不經意。

事父母輒盡其孝，奉異母之兄，甚於同母者，凡事必咨稟而後行。遇弟有恩，及其蚤捐館舍，諸孤貧，喪不得入土。府君泣曰：「兄弟，同氣也。死而不葬，吾心其安乎？」即命堪輿家卜地而藏焉。夫妻相敬如賓，自委禽至髮白，無反目之失。教諸子力田孝弟，不許事紛華靡麗，遂名堂曰「順德」，且賦詩以示意。待族姻廬井，曲盡人情，不以貴富賤貧而爲薄厚疏數。春秋祭其先，儀文並循家禮，升降跪拜，如將見聞其容聲，人取以爲法。治家甚嚴，子孫朝夕冠帶，承候顔色，拱聽訓飭，不命之退，不敢退也。

晚年築室東園，藝鞠花數十本，當秋高氣清，金錢纍纍然布柔條間，府君孰玩不忍釋去。或對之酣觴清詠終日。且謂人曰：「鞠誠吾良友，吾殆托之以逃名乎！」達忠介公兼善時出鎮于台，聞府君有賢行，將剡薦于朝，府君謝曰：「仕將以得禄養親也，親亡以仕，何爲哉？」達公亦不敢彊。未幾遘疾，府君度不能起，召子若孫訓之曰：「吾晝夜兢兢業業，以克至于今日，非惟仰不愧，俯不怍，抑且可以見祖宗於地下。汝等守爾孝弟，篤爾忠信，蹈爾禮義，厲爾廉耻，庶幾不陷於有過之域，吾雖死，將含笑入地矣。」已而遂卒，時至正乙未十月二十一日也。享年六十又九。

府君曾祖懋，宋鄉貢進士。祖智。父元豪，補武學生。妣應氏、金氏。府君金出也。娶同縣吕氏，先十三年卒。子男子二：公立，公成。公成先四年卒。子女子一，適楊弘祖。孫男六：木，松，棠，棐，棣，楫。木、棐，即來謁文者。孫女一，歸吕志尹。卒後，當某年月日，葬于縣東一里馬梟山霞隝之原，禮也。

嗚呼！士君子之立身也，其功名烜赫於世，則登名於國史；其次焉，則書諸郡志；又其次焉，則藉薦紳之立言者以傳。及其久也，未嘗不與史志相爲頡頏。有若府君之行，斥乎澆漓，葆乎醇熙，一本乎真誠，而弗事乎詭隨，此所謂一鄉之善士非歟？是宜揭之崇阡，以爲聳善扶世之計。而所愧者，予非其人也。雖然，予久居禁林，海内名公卿及賢士大夫所銘者多矣，鮮有徵文於十九年之後者。而木與棐有焉，則其久不忘乎親可知矣。予雖欲辭之，而烏乎辭之？若木與棐者，亦可謂之孝孫矣乎！是爲表。

鄭仲涵墓志銘

嗚呼！自道廢民散之後，世之爲師弟子者，朝離書帷，夕若秦肥之視越瘠，比比而是。有如仲涵之於予，義則師友，情如父子也。仲涵之死，予寧得不哀乎？

仲涵初年學舉子業，把筆爲文，春葩滿林，色澤明鮮，而生意津津敷暢。予意仲涵必先登。再踐場屋，皆不合有司繩尺。仲涵歎曰：「吾惡用是爲哉？」乃棄去。益潛心秦漢以來諸文章大家，無所不窺，亦無所不辨。畜之既深，發之亦盛，商敦周彝，藉以五采五就，陳列天禄、石渠間，人見之者，雙目輒運眩。仲涵復歎曰：「吾惡用是爲哉？」又棄去。取群聖人之經而燖温之，窮其道德性命之祕，質於濂、洛、關、閩之説，久之，充然如有所得。仲涵復歎曰：「車成矣，輪轅美矣，不行，何以涉於遠道乎？」益思明體而適諸用。

母夫人病逾年，仲涵保抱扶持，終日不離側。夜則泣禱于天，請以身代。忽臀患惡疽，不能坐跪，鍊藥劑以進，膝爲生胝。夫人病革，思食西域瓜，既食而卒。仲涵見瓜，終身弗忍食。因懸懸念母不置，氣鬱結弗舒，遂得瞶疾。迨居父喪，拊膺悲號，絶而再蘇者數四，杖而後起。服雖闋，凡遇諱辰，却酒肉弗御者七日。至期，哭奠如初喪。

癸卯之夏，諸暨成將謝再興以城叛，浦陽與諸暨鄰壤，譌言寇且至，群從兄弟皆避地東陽，或移金華。是年冬，寇壓東陽，囊槖皆無遺。仲涵時在金華，聞之泣，盡持所服衣衾往分之，雖身罹寒沍，不卹也。從弟澧與妻蚤夭，三女傫傫然無依，仲涵鞠育盡道，各選名胄而配，供張之豐，逾於己女。仲涵家義居十世，族屬頗衆，或有疾，不擇疏戚，夜必四三起視。遇有死喪急難，不顧利害，身任之。至於周旋事爲之間，條理粲然，必期於集。且不與人較曲直，或以非理相讓，但俯首默受而已。其在内之行如此，達之於其外者尤夥也。

蘄春王烈家燬於紅巾，帥其族五十乞食浙河之右，仲涵館之，數月而後去。同縣騷人貧不能養母，來愬於仲涵，仲涵曰：「吾何無母可養耶？」厚周之。仲涵負笈從師，道遇十餘人，襁負其子，且行且泣。試叩焉，則山水暴溢，室廬漂没，欲求給縣大夫，不食者日再周矣。仲涵亟傾篋中錢與之。村氓王氏患多男子，仲涵至其家，聞兒啼聲甚悲，蓋氓將溺之於水。仲涵爲陳父子至情，且惠以粟，氓大感悟，生之。並舍三里所，溪流湍悍，遇雨則人蹤絶，仲涵造舟渡之。金華洞溪，其悍爲尤甚，舊有石梁，久壞而弗葺。仲涵捐白金八百一十八銖爲倡，衆翕然而和，未幾而梁成。當夏五六月，赤日流金，道多病暍者，仲涵設湯茗濟之。冬大雪，仲涵晨出，見寒士衣不掩脛，齒相擊下上，仲涵呼酒飲之，爇火温之，仍解自衣纊裘爲贈。又嘗禱於廟，寡嫗困臥廟門，無衣愈於寒士。仲涵與妻周竊謀，製衣一襲與之。凡納交仲涵者，無不曰：「此古仁人也。」或又曰：「其内外行如一者哉！」

仲涵自試藝不中，遂不復有仕進意。有薦爲月泉書院山長者，仲涵辭不就。及入國朝，會求賢之詔下，郡府絡繹致請，仲涵輒以耳聵爲辭。已而部使者趙君壽奉旨蒐材浙水東，以薦紳交譽，力迫仲涵就道。仲涵冠帶謁君，辭意悃款，君察其誠也，不敢强。仲涵稟賦孱弱，雖癯然若不勝衣，而其精神緊峭，矩度峻整，人莫不親而愛之。其於倫品之間，驩然相聚，睦然相惇，有如春氣流浹，不知泰和之襲人也。性雖好施與，絲毫事必咨稟於長者，不敢私。奔走兵燹中，人見其袖二書以行，頃刻弗少離。及事平還家，取而視之，乃《宗譜》《家範》也。仲涵所著書有《遂初齋稟》十卷，《續文類》五十卷，藏于家。

嗚呼！仲涵之死，予安得不哀乎？初，予讀書浦陽山中，仲涵即從余游，先後十有餘年。予初無益於仲涵，而仲涵之相助余者恒多。時予執經山長吴公、待制柳公、侍講黄公之門，仲涵每侍子往拜，三公見其文，亦以遠大期之。自時厥後，人事不齊，不聚首者數載。及予赴名總脩《元史》，與仲涵約曰：「子非青年矣，予春秋亦漸高，行當俟汰而歸，與子婆娑一邱一壑間。聖賢心學之祕，尚相與窮之。」史事雖畢，復待罪禁林，留南京者四年。仲涵忽不遠千里來見，且申前言。予諾之而未及踐，豈意仲涵先予而逝乎？仲涵之子楷，自爲狀來求冢上之銘，其詞纏綿悲愴，尤足以動予之哀思。每一讀之，淚潸然下，所以久而不能成文。雖然，予於仲涵，忍不抆淚而言乎？昔者徐仲車以孝行著稱，惜以聾廢而仕不大顯，君子以「節孝」謚之。今仲涵之事，無愧仲車者也，宜私謚以「真孝處士」勒石墓門，而埋予文墓中，庶幾少慰仲涵於九泉之下乎？

仲涵姓鄭氏，淵，其名也。其先世遷徙之詳，見《譜圖記》。曾祖德璋，宋青田尉。祖文轟，父鉅，母周氏。配室即周甯，生一子，楷也，以文學稱。女二，一適吕堂，一未行。孫一：燿。生於元泰定丙寅九月十三日，卒於今洪武癸丑正月十一日，壽四十八。以其年某月日，❶葬某山之原，❷禮也。銘曰：

質珪璋兮絺繡文，❸既姱麗兮又栗温。宜參雅樂兮獻明庭，胡淪巖穴兮鏟其英。匪進則退兮道之常，保家肥兮譽彌章。民同胞兮勢弗殊，使我心惻兮軫寒與饑，少微煌煌兮雲掩之。陰雲英英兮又不能霖，前何古兮後何今，思美人兮涕泗沾襟！

❶「某月日」，文粹本作「二月十二日」。
❷「某山」，文粹本作「於左溪瑶塢」。
❸「珪璋」，文粹本作「金玉」。

劉府君碣

烏傷劉君大音，字韶父。凝貌寡辭，撫世一以誠，人至於不忍欺。當四筵合座，嚚聲撼屋，居處其間，默如也。或出一言，輒中肯綮，而萬理皆解。且才識夐絕，人多嗜腴田，設巧穽，期必獲焉，君曾不舉目睨之。世咸以病君，君曰：「吾將利吾胤耳，子奈何欲陷之耶？」未幾，多田夫苦賦斂繁，荷械走冰雪中，咤曰：「劉君，其智人也哉！」歲祲，盜夜半入君舍，攫金以去。君揣知其人，帥子姓蹤跡于野，遥見一家燈熠熠紅。君曰：「此是已。」隔虎落偵之，盜方轟飲。昧爽縛送于官，盜爲衰止。即欲盜，齚舌相戒曰：「劉家翁在，何地容吾屬乎？」

族人瀕死，子方乳，以業券泣授君，曰：「非君仁厚，不足以保此，有子與無子同，願爲盡心焉。」君藏券篋衍，候子長，召而觴之，枚數以還。祖揆，弗逮事。父訓，復蚤世，君每思之，必潸然飲泣。奉母李夫人，唯懼有咈其志。君之弟晉，繼於別宗，夫人愛之甚，泉若布，君縱其欲，弗敢靳。其焚券周急，拯難嫁婜，❶又不一而足。嗚呼！非古之所謂吉士者耶？

君之傳裔有家牒，中奉大夫公亮，五世祖也，家嘗顯也。❷君雖不登仕版，其行無慊者。娶余，生誠、剛、魯、道四男子，及女二，賈叔文、宋慎，其壻也。卒以洪武辛亥十二月三日，葬以癸丑十二月某日，壽七十三。墓在濂溪黄垣之原，從先兆也。剛既

❶「婜」，韓本、傅本作「娶」。
❷「也」，張本作「矣」。

從予學經，有文聲，而君女又歸予家孫。義當銘。銘曰：

玉孕于山，其木華滋。淵産靈珠，水則有輝。鄉有吉士，俗醇而熙。一旦死矣，吁其悲！

元故文林郎同知重慶路瀘州事羅君墓志銘

嗚呼！士君子立志，孰不欲建功名垂竹帛哉？或不能逢其時，時逢矣，或剛正忤物，坎壈至死，卒無以達其志。志弗達矣，使其名復寂寂無聞，其鬼不靈則已，脱稍有知，未必不鬱悒於九泉之下。操觚任紀載之責者，寧不爲一動心耶？此予於盧陵羅君，殊惻然也。嗚呼！

君諱文節，字仲正，姓羅氏。羅爲江西右族，唐肅宗時，自洪都遷廬陵之秀川。入宋以來，家談仁義而人悦書詩，以通經上南宮對大廷者，幾無虚歲。朱紫相承，照耀州里，起綰郡章者四人，而邑之令佐尤夥焉。曾祖時誠，祖宗權，鄉貢進士。父履泰，字以通，爲元之鉅儒。著書滿家，《春秋》《禮記》《周禮》三經皆爲之集解；復衍河洛圖書之義，列圖三十，多前脩所未發；出其餘力，補正《戰國策》舛誤數百條，且爲年表以次其先後。行丞相府聞其名，署東湖書院山長，蓋世號通齋先生者也。

君始能言，其父抱就書室，抽一卷授之，祝其疾讀，君指插架牙籤曰：「吾齒稍長，雖盡通之未慊也。」其父驚喜。暨肄小學，輒以氣雄諸生，莫敢與其齒。後從宦東湖，賢士大夫咸折輩行爲忘年交。問學日進，水湧而山出。撫州判官燕君某辟爲郡吏，郡有獄疑不決，守貳争以爲問，君歷階而升，摘其案語曰：「如此則爲直，如此則爲枉。」儕類大慚，出奇計沮君。會朝廷有詔造鹵簿器仗，遣君至屬縣督其成。君至欒安，憩縣廨中，群吏更謁互諫，以爲鬼物所馮，不宜居。君笑曰：「惡有是？」乃酣飲而寢。夜漏下十刻，月色微明，見丈夫長而青，立與檐齊，君奮起執之，曰：「爾來矣，爾來矣！」應時而滅。黎明視之，並廨有豫章，穹隆而敷腴，縣人祀以爲神。君曰：「其怪在爾矣。」歷數其罪，用竹楔釘之。未幾，豫章枯死，怪遂息。

郡有織錦工嘗籍于官，竟遁入武昌，出入辨章温公門。温勢燄熏灼，莫敢誰何。復嗾君訴之，縣知之，不敢受君牒。君直訴辨章，辨章曰：「爾胡不求之府公乎？」君如言而往，府公摇手相戒，亦不復出一語。君怒，游走辨章門，❶辨章厲色斥之曰：「業已屬爾矣，復來何耶？」君曰：「工合應官繇，府若縣謂其爲社鼠城狐，不能詰，區區小人固不知何所指，明公乃方嶽大臣，不助半指之力，如廢王法何？」辨章語塞，即下令捕與之。衆益譁曰：「是尚不畏温辨章，其有我輩乎？」謀出之益急。君懼禍及，裹糧馳燕都。燕都貴人亦忌君峭直，高門縣薄無可投足者，遂入成均爲弟子員。一日，方挾册諷詠，有相者謂君曰：「君兩顴入鬢，當邊徼建功，無以久淹爲也。」君遂用國子助教姚公登孫之薦，上於集賢。

集賢移文雲南行中書，署君昆明州學正。秩滿，陞授孟傑府。君列蠻夷子弟，曉之以君臣、父子之懿，辭氣激烈，聞者聳然。轉普定府知事，廉行彌厲，大理金齒宣慰司

❶「游」，張本作「斿」。

辟爲令史。豪酋侵人疆畎，持黄金數鎰爲君壽，乞君勿右愬者。君麾之去，酋怒曰：「君賽天赤耶？乃不納吾金也！」賽天赤，鎮雲南之名相云。君卒奪田歸愬者。乾崖湎里當賦金，使者至，蠻人納賂，往往過所賦之數，而金又不可免。君至，憫其愚，反覆開導之，蠻人鼓舞于庭曰：「微使者之廉，孰能恤我至是？」亟輸金而還。俄入掾雲南行中書。雲南驛騎皆官中給直，官吏乾没之，以市馬責土酋。君曰：「爲天子牧元元者，顧若是耶？」痛懲其弊。朝廷以雲南在萬里外，下吏部準循舊比行銓選之法，使者至，選君承其事。君知積弊未去，且曰：「王者無外，敢不靈承上命以正其法乎？」獻五策於使者：吏受民賕者，官不稱職者，廪藏不會者，月日不登者，居制未終者，皆不調。使者大悦，悉從之，倖門遂塞。

滇池有神蛇，能興雲雨，會大旱，民屢走池上，若無聞者。君爲檄責之，片雲歘然興，雨因霑足。南詔海中積葑成淤，而浮游水上，夷獠耕稼之，號曰「葑田」。田如不繫舟，西東無定，人交相爲盜。君命紀字爲號，疏其步畝及四畔所屆，上于官。官爲給券，使有所馮。復植木杙海岸，嚴其畛域，不相淆亂。或海潮漂蕩，有藉以爲奸者，俾出券環證之，竟歸其田。夷獠指示子姓曰：「此羅掾所賜也，否則，人盜之久矣。」監察御史至，每召君于庭，事難定者，必待君言而後決。雲南王亦熟君行，命陞爲提控掾史，提控掌六房之政，人多畏縮不前，君益淬濿弗少怠。適中朝大臣喜意以失宰相意，出參省事，鋭意更張庶事，悉心任君。君知無不言，言無不聽，名聲翕然動蠻夷中。

先是，蠻夷有鐵甲郎者，負固不服，至

是讙曰：「天子遣賢輔臣至矣，奈何不降？」帥未附者皆來歸，君之功爲多。鎮戍萬夫長伯胡行事多不法，憲府繩之急，伯胡擁兵以叛，累歲不能討。曲靖宣慰使鬼宗，亦蠻酋也，助兵一萬夾攻之，伯胡就縛。幕府上功，擢鬼宗參知政事。將上省臣，上下莫不與之，君力争曰：「雲南親王臨莅之地，辨章而下多八座大臣，何得有蠻酋位耶？苟録其功，使以參政之名，自鎮其土足矣。不然，國體其謂何？」空一府咸曰：「微羅掾，幾失之矣。」鬼宗懼，托君鄉人囊金以獻。君怒曰：「腕可斷，案不可署。」鬼宗恚而止。

君疾惡如仇讎，聞部使者德住貪暴，賦《虎神》詩以爲風。德住銜之，賂西行臺御史以專權自恣劾君。君走愬中臺，遂擊德住去之，夷人大快。君以常調除承事郎，同知彌勒州事。政成，謁選吏部，遇鄉友羅玉於逆旅，乃勸君曰：「君以剛毅取嫉于人，致齟齬一世，秋髮已繽紛被肩，何不謝事以佚老乎？」君慨然曰：「子言誠是也。」乃上乞骸骨之請，以文林郎同知重慶府瀘州事致仕，年僅六十三耳。

居數年，中原道澀，乃犯鯨波之險，由海道至閩中，而江西兵燄方亟，遂不可還。以至正二十六年十二月壬戌，終于福州之民舍。君未終，謂其友曰：「此正吾死所也，夫何憾！」時閩猶奉元正朔云。其壽八十。洪武五年冬，君之喪始還，明年某月日，始祔葬先兆龜山之原。

君長身而瘠，胸襟磊落，如青天白日。喜面折人過，雖王公貴人無所避，故有過者，常畏君知，亦有幸其知以自改者。民事有屈而不伸，君廉得其實，忿忿見乎色，必以告司法吏，因得白者甚衆。知識尤絶人，每言某地當有兵變，時承平，人競指笑之，其後果然，始服其先見。生平急患難，重倫義。族叔繼賢久居燕，頗饒於貲，與妻柳皆老而無胤嗣，乃迎群從子觀遠爲後。觀遠至甫七日，而繼賢夫婦死，其服役者羅參出而呼曰：「我嘗爲子矣，觀遠何人？乃欲與吾事耶？」觀遠弱噤不能對。君亟告公府，逐參，盡囊括其貲授觀遠，且具舟車，使扶二喪還江南。不特此也，凡遘疾疢貧窶及死喪無依流離不能歸者，君必捐金倡義士周之，初不知其爲何如人也。

君娶劉氏。子男二人：長大紀，有文學而剛介，酷肖君；次次炳，贈番禺縣主簿。初，次炳爲奏差。廣東宣慰府宣慰使釋迦班嘗招峒丁三千，即遣征連州。峒丁怒，至清遠將爲變，衆憚弗敢往。次炳請前，峒丁彎弓相向，次炳紿之曰：「宣慰命我來賞汝，彎弓何爲也？」峒丁退，與清遠令斂繒帛散之，乃率以往。至連，爲寇所敗，次炳被擒，備極慘酷，竟不屈而死，致有今贈。女二人，長適郭滋蘭，先卒，次復爲其繼室。孫男一人：僘。曾孫男一人：某。君葬後二年，大紀汲汲圖君於不朽，以國史編脩趙君壎所爲狀，請譔墓門之銘。

嗚呼！予昔總脩《元史》，每求剛正之士在下位而不伸者載焉。蓋以謂雖不能拔之於當時，聊使其暴白於後世，庶幾死者無憾而生者不愧。惜乎有司不上君之事也。於是徇大紀之請，執筆而具書之。百世之下，必有因予文而知君者。雖然，予何人哉？文之傳不傳固不可必也，所可恃者，世人豔君之行頗多，多必則傚之，則傚之必相與謹視之，文其有不傳者乎？信有人如君，終至湮没無聞，則夫天理人心皦如出日者，果爲何説也？嗚呼！銘曰：

堪輿之間，正氣烈烈。在人爲剛，在物爲鐵。鐵尚可鎔，剛則弗屈。挺然常伸，欲不可涅。其一

惟君之生，能以志雄。遵養以時，日擴以充。百士所忌，吾惟正從。譬彼川流，萬折必東。其二

古惟正人，妖不敢干。芃芃豫章，變爲枯菅。誰鎮大藩？乃復蔽奸。我往折之，聞者膽寒。其三

夷人何知？椎結卉服。宣厥彝經，丕變其俗。爾金我辭，我直爾曲。凡施惠利，惟日不足。其四

威靈既震，叛民來歸。鐵甲侁侁，棄戈而嬉。有聲洸洸，有澤輝輝。有知即爲，不識位卑。其五

繡衣孔揚，其貪若狼。我斧我斨，莫不加其亢。形之聲歌，庶懲而蘉。覆謂我狂，訾我以涼。其六

持此而行，何適不艱？坎壈其躬，恬夷其顔。胡不爾庸？以豕爲冠。鷹隼一出，狐鼠盡跧。其七

賢否易位，曷以其政？君亦何傷，人爲嗟咏。禾黍離矣，涼颸棘矣。吉士亡矣，何嗟及矣！其八

故茶陵貞母陳夫人譚氏墓志銘

共姜守義，賦詩以自誓；孟母訓子，斷機而示警。貞節昭乎閫範，誨言翼乎陰教，傳芳往古，垂則方今。況乎百世之下，聞風而起，勵志於蚤齡，收榮於暮景，其操若金石而弗渝，其訓類冰蘗而加飭，勗厥令子，

爲時名臣，有若貞母陳夫人者，其亦卓乎不可及已！

惟夫人諱某，字某，姓譚氏。譚爲茶陵鉅族，真隱遺曹。雲陽之山，如翠旗之開張；紫微之峰，若鐵馬之馳突。勢緜延而蟠結，氣絪緼而鬯達。清淑所鍾，嘉徵攸賴。故夫人之生也，髫稚之年，婉慧絶品。翦綴之工，不學自能；絲枲之習，共事惟謹。特鍾愛於親闈，蚤擇配於君子。時則有如陳府君，諱某，世載徽美，生同里閭。雅稱詩書之府，允爲簪纓之裔。盟言既訂，童幼來歸。祥禎之應日臻，温煦之福自至。逮及笄齡，益增遐識。祇事舅姑，備敬養之道；敦睦夫黨，致雍肅之義。主中饋知修潔之方，佐烝嘗盡怵惕之敬。見稱耇長，表厲宗門。不幸年甫三十，遽隕所天。澧水秋竭，歎蘭蕙其可馨；嶺松冬槁，悵女蘿其焉托？未亡之稱，弗絶于口；一醮之義，不改其節。

有子曰某，賦資穎拔，稟識剛明。寤寐群經，欲明體以適用；參錯諸務，思致君以澤民。元之季世，四海興戎，乃崎嶇於兵間，尋盤旋於江表。適值聖主龍飛，群雄川赴，慶風雲之嘉會，喜魚水之相逢。試以檄文，辭意雄偉；聽其談辨，籌策深弘。遂署爲東曹掾。當大將四征之日，正羽書交馳之時，酬答整暇，事無凝滯。會淮安納款，奉命徵兵，甫高郵之斯届，俄僞吴之見縶。抗論弗屈，陳義益高。因讋服其强悍，獲遣還於朝署。由是入贊省垣，出掌邦憲，協恭而庶政惟和，震盪而百壬自避。其典守劇府也，剗累政之極弊，登難集之積賦，政令所及，精采一新；其參預機務也，立經陳紀，期底隆平之治；獻可替否，益盡匡弼之忠。洎乎執法中臺，澄清諸道。白簡糾刻，而物無遁情；赤墀敷奏，而廷無留議。蓋持己清白，潔如冰雪；遇事果決，捷如風雨。所以姓名達于寰宇，政事書于竹帛，信無愧古之名臣者矣。

先是，兵燹方張，母子暌隔。皇上録賢念功，俾從間道迎養。賜之以金繒，居之以室廬，恩寵便蕃，焜煌無比。動薦紳之慕豔，形騷人之歌咏，僉謂夫人德積于躬，禄被嗣續。身具膺於五福，養不減於三牲，安受尊榮，以及考終。衣食賻襚之厚，棺槨宅兆之佳，亦云備矣。夫人曾祖某，祖某，父某，妣某氏。所生三子：長即某，中奉大夫，御史中丞；次曰克寬，壯年而夭；次曰復，克荷家政。一女曰慕貞，未嫁而亡。夫人以洪武辛亥十有一月戊午，殁於京師之寓舍，壽六十九。中書省臣以其事聞，特降敕旨，俾歸葬於故鄉。發引就道，祭以牲牢，哀榮之禮，允謂兼至。明年壬子某月日，柩還，用堪輿家言，卜地於某山，以某月日窆焉，禮也。

予竊聞之，人材固因山川而生，山川必藉人材而顯。睠此茶陵，舊稱良郡。得名肇自於漢侯，高隱但聞於唐哲。年祀雖遐，簡册靡載，終無宏偉之才，符此高深之氣。惟中丞公生逢景運，展謀猷才略，以佐興王之業。用忠貞鯁亮，上結萬乘之知，勳伐炳朗，聲華赫奕，理應有待，名始不誣。庸因造銘，并紀嘉績。使知枝葉敷腴，必有資於本；支流暢達，必遠藉乎源云爾。銘曰：

雲陽之山，聚靈孕鼇。篤生賢母，蔚爲女師。侃侃德容，温温令則。尊章是共，先後惟式。中道邅屯，良人棄捐。哭聲摩雲，血淚迸泉。爰從青年，以迄白首。抱節自誓，終天獨守。寒燈夜織，秋稗晨炊。棲志益勵，茹苦若飴。欲亢其宗，唯迪厥子。熊膽成丸，雞聲趣起。積學既富，受材復雄。竟乘青雲，去從真龍。臬司騰英，藩府效績。❶如鳳斯鳴，如鷹斯擊。三預政路，司憲臺端。正氣一暢，姦膽自寒。綵衣趨庭，牲鼎就養。天寵日加，人榮莫讓。慶綏福履，年覬期頤。風木不停，薤露增悲。非有母儀，曷成令胤？勒銘巖阿，以表貞正。

故胡母歐陽夫人墓志銘

夫人諱汝圓，字某，姓歐陽氏，世爲太和人。父宗周，母江氏。夫人年十七，歸同里胡濟川。濟川素爲閭右族，其遠祖有諱箋者，在宋時以明經及第，爲南城丞。逢國大慶，獲封其父諮迪功郎，母歐陽氏孺人。贊書中有「福榮」之言，遂取以名其堂，楊文節公實爲作記。

夫人佐濟川治家政，內外咸舉，至於科繇之事，尤加之意。適至正壬辰兵亂，江西行中書檄濟川充里之早禾市巡檢，爲禦寇之計。早禾當龍泉、永新、安福之衝，兇豎出没靡常，一障之責，誠有難勝任者。夫人佐之，輸楮幣數萬於公家，募驍勇，植砦柵，相率固守。如此者十有餘年，卒能全其宗族，詩禮絲麻如承平時，夫人之力居多。視彼强家大姓殲於群寇者，相去不翅萬萬。

夫人事姑樂氏甚孝敬，及嬰疾而亡，濟川與仲子子璘方受事于贛，夫人含泣視事，凡棺衾襲斂，暨賓祭百須之物，無不具。俟濟川還，始殯焉。初，樂事姑陳氏盡禮，今

❶「英藩」，原誤作「藩英」，今據張本乙。

夫人之事樂亦如之，議者謂如崔山南家云。

夫人自歲癸卯辟地武山陽，至于乙巳江西州郡悉平，夫人隨濟川還故里，室廬已燬。於是相與經營，構祠堂以奉胡氏四世神主，割腴田以充祭祀，而曾祖姑蕭氏墓在梵安寺傍者，亦捐産俾浮屠主之，爲薌燈之須。其奉承先志而知所急，類如此。其戒飭子孫，必令取則於先世。且曰：「昔文節公記爾家之堂，有『迪教勵業，樹家亢宗』之言，爾曹不可不勗。吾亦歐陽氏也，爾能勗之，則『福榮』之名，未必專美於前矣。」

夫人素有痰疾，至是加劇，以洪武庚戌四月壬申卒，年五十有五。子男三人：子瑛，子璘，子瑀，皆克盡子道。子瑛先夫人而卒。孫男五人：相授，祖授，宗授，孔授，仙授。女三人，適某、某、某。子璘卜以某年月日，葬于某山之原。前葬，以鄉先生王君沂所爲狀來徵銘。先生以文學知名當世，狀之所述，其言宜可信。爲之銘曰：

孝足以奉其姑，智足以相其夫，力足以植其門。有若夫人，其殆繕婦性者歟？其殆篤婦道者歟？

故秦母夫人金氏墓志銘

監察御史秦君文綱再拜而請曰：「惟墓之有銘尚矣，莫原其所始。所可見者，殷比干之銅槃篆文，漢光武時梓潼扈君之墓甎，大概以久託體魄爲祝。母夫人之殁，于今三十又五年矣，玄室之刻既愆于前，懸綍之碑幸具，又不勒其淑範於後，揆諸古義，有或爽焉。輒自造群行一通，件繫而鱗次之，願吾子爲之銘。」濂不敢固辭。

謹按狀，夫人姓金氏，諱某，字妙清，蘇

之嘉定人。父某，妣某氏。夫人幼而孤，朝虀莫鹽，時有不給，即能惕厲，安於紡績織紝之事，雖寒之折膠，暑之鑠金，不敢自暇自逸。日處閫内，人未嘗識其面。久之，族媪嫗御，無不合辭稱其賢。同里秦府君某，游學燕都還，擇配未就，聞夫人之爲，請具六禮焉，府君遂贅女氏。夫人主饋，非精鑿弗御，烝嘗賓燕，悉中條序。一言一行，皆思麗于矩度，無違越者。生丈夫子四：長即文綱，次某、某、某。女子二，適某、某。孫某，女某，合若干人。重紀至元己卯四月庚戌，以疾卒家，壽年僅四十三。

夫人存時，諸子絶幼，唯文綱稍長，力使從名薦紳游，且曰：「是子也良，吾將期其名遂而身立爾。」及文綱以文學奮揚于時，致仕清顯，❶而夫人之墓木已拱矣。嗚呼！婦人之行，不出閨門，往往因其子賢而名彰聞。有若夫人，素行固嘉，人何由知之？今因文綱有立，大夫士咸相謂曰：「是良御史者，何人之子也？其父母之賢，有以訓成之乎？」於是夫人之譽，洋洋乎盈耳矣。文綱以道事君，益竭其忠告之誠，爵禄當益崇高。他時鸞誥載頒，賁及泉壤，夫人之名愈足以不朽矣。夫人之墓，在縣之某鄉某山之原。葬以某年月日，蓋與府君同兆域云。銘曰：

承天矩兮，循純熙和。惠其衷兮，有侶其儀。積衍柔嘉兮，女中之師。熊膽和丸兮，勵其令兒。豸冠朱衣兮，符我素期。宜福其榮兮，闔胡悴之。墓木櫹森兮，涼飈淒其。名在弗磨兮，墓門有碑。

❶「仕」，張本作「位」。

處州教授吴君妻邱氏孟貞墓銘

孟貞出陽穀邱氏，世爲名胄。有諱某者，能挽强命中，夜樹火一百步，❶矢一發，應弦火滅。元至元中，從襄愍公唆都帥師平宋，辟爲征南元帥府奏差，積勞行陣間，例可得一官，辭，遂留居栝蒼。娶錢塘逯氏，生一女，即孟貞，復以貞爲名。始成童，輒哭父，佐諸兄奉母盡孝。以劉向《列女傳》自隨，指貞行者曰：「期無愧此可矣。」性恬静，不樂侈靡，粉黛綺紈之屬悉斥去，唯節序稍一御焉。

同縣吴君世昌，字伯京，年始加布，以明經領江浙行中書文解。閭右族争以女歸之，不聽。聞孟貞爲人，乃委禽焉。既歸，奉尊章，和先後，一周旋矩矱中，無踰節者，六親交譽之。伯京女兄行有期，冠服什器或闕，孟貞挈己所有者爲助。尊章春秋高，内政悉孟貞所治，同爨三百指，洪纖之費，皆入念慮間，不侈不陋，咸安之。

伯京爲寧海校官，孟貞侍姑往，而舅留于家。寧海多鮭蛙之屬，味頗甘脆，孟貞先寄而後奉姑。及歿，哀傷骨立，幾至滅性。孟貞視己子與群從中親之子同，日聚家塾中，執經諷咏，羞服如一，人不能辨其親疏。至正丙申，歲大儉，斗米或至錢千，道殣相望。孟貞縮食以振族姻，人尤以爲難。壬寅，兵洊起，孟貞避地青田，徙少微山中。語及兵革，每驚怖。已而深入周阬，林樾蓊茂，目斷無來人。孟貞恒鬱鬱不樂，矯首思西歸，得疾不起，至正甲辰七月十又五日

❶「一」，張本、胡本作「二」。

也。其年十一月二十四日，奉柩旋葬南明山，年五十七。生二子：長公願，字從善，今以字行；次公顯。孫男二：維，綸。女四：緑，緣，繪，繡。繡先卒。

孟貞質直無僞，不妄言笑。人有過，嘗怒詰之，一旋踵間，煦如陽春，故僕媵亦無怨者。晚唯喜讀《易》，篤於教子，懸燈而坐，不至夜分不休。伯京，宋太常少卿安國之五世孫。太常使金被留，❶七年而不變節，還知袁州而終。伯京以文學紹前人，入我國朝，擢處州府儒學教授。孟貞葬後之八年，當洪武辛亥，從善應州郡辟舉，以尚書試藝銓曹，擢編脩翰林，轉工部水部主事，階承事郎。從善久與予游，乃以從弟朝列大夫知廣平府事公達所爲狀徵予銘。嗚呼！孟貞雖讀書，予知不敵於薦紳之家矣。孟貞之制行，反章章若此者，其果何如哉？其果何如哉？銘曰：

緊夫人，有令姿。斥綺紈，攻書詩。匪空文，行必隨。一周旋，悉中規。協宗姻，如春熙。施則均，忘其私。才有爲，内政治。兵祲興，西東馳。心鬱摇，久弗舒。竟觀化，入於機。南明山，靈氣滋。體魄寧，閟于斯。

魏賢母宋夫人墓銘

魏夫人宋氏，諱秀英，世爲蒲圻簪纓家。父諱某，别號俊齋，母某氏。年及笄，歸同縣魏君雲瑞。奉尊章盡道，中外多之。君姑卒，擗踊哭泣，幾欲無生，絶酒肉弗御者三載。其母没，亦如之。此夫人能孝也。

❶「留」，胡本作「拘」。

魏君旅死齊安，❶夫人瞻望弗及，含泣遣冢子載柩還。或曰：「屍涉江，蛟龍必覆舟，曷若焚骨而遵陸乎？」夫人曰：「焚屍之俗起羌胡，函夏無是也。棄夫體烈焰中，逆天孰甚焉？」弗聽。尋扶櫬歸，或又曰：「櫬幸歸矣，然不宜入内，陰陽家謂犯太殺，違之不祥。」夫人曰：「吾夫也，使居于外，魂無知則已，設有知，能自安乎？」遽出，擁入中堂，朝夕哭奠，毀瘠弗支。此夫人知禮也。里有龔甲客豪族周乙家，勢鴟張甚，龔語周曰：「魏君死，子絶幼且懦，家多良田園，吾善效魏君書，僞爲質劑示之，無不得者。」周行其言，夫人怒，令冢子辨於縣官，久不直。夫人檢魏君手書數通爲左驗，周雖效魏君書，終不近，事因暴白。此夫人有識也。夫人寡居久，家益向落，恬然能自安。嘗立諸子於庭，誨之曰：「汝父已逝，獨老身之存，内難未已，而外侮又至。一婦人撑支，寧得幾何？汝兄弟苦學，宜嘗熊膽丸，分陰是競，庶幾有成。若逐牧豬奴嬉戲，則予望孤矣。」諸子因惴惴自脩，此夫人善教也。夫人既老，諸子卓然有立，搆新廬以奉之。含飴弄孫，熙熙然自寧，君子謂爲苦節之亨。

至正庚寅十又二月，忽暈眩仆地，已而起曰：「吾將不久於人世。」命舁棺至，以水實之，恐其有滲漏也。又命懸衣衾於楎椸，有餘悉分之親愛者。除夕連飲椒觴，談笑自如。明日乃辛卯歲元旦，夫人出坐堂上，子姓親戚各爲壽畢，欣然曰：「我明日將逝，不復與爾輩獻酬矣。爲我謝某嫗等，各强食自愛。」至期沐浴更衣，端坐如平時。

❶「君」，原誤作「母」，今據張本改。

呼仲子謂曰：「吾年七十有六，壽亦足矣，雖死何憾？」語畢而逝。其年十一月十五日，權厝魏君墓左，涖卜黄蓋湖東之某山，以洪武某年月日，遷葬焉。夫人之子三人，孟、季皆夭，惟仲子觀顯任，近自蘇州守擢參知四川行省政事。尋以蘇爲劇郡，詔還舊職。孫男、曾孫男皆濟濟滿庭，其名皆見濂所撰《魏君墓銘》，兹不書。

濂聞死生之際，最人之所難，雖平日號知道者，未免顛倒而錯繆。如夫人者，乃能炯炯不亂於垂絶之時，非其所養之醇確，所見之高明，得臻爾耶？宜其著於群行，有大異於人也。嗚呼，賢哉！濂也不敏，與夫人之子觀游，視夫人猶母，而又同出於子姓，墓文之屬，不於濂是託，將安之乎？濂因采狀中所列，序而銘之。銘曰：

伊夫人，世簪纓。秉純愨，絶褊矜。❶奉尊章，竭敬誠。協人紀，則天經。夫君亡，涕泗零。犯長江，揭舟旌。蛟龍避，波濤平。寘柩車，奠兩楹。遏群謁，聳衆聽。孰鴟張，作梟鳴？侵吾疆，蝕我坰。辨質劑，白狂酲。❷外難弭，内教興。丸熊膽，稽汗青。成令胤，佐明廷。享脩祐，至高齡。齊物我，一死生。忽坐亡，遽遺形。伊夫人，衆德并。勒貞石，歘休聲。

太上清正一萬壽宫住持提點張公碑銘

龍虎名山，蟠踞上饒之區，重岡複巒，自中閩來，若翠蕤戎旃，環衛其背，而雲林三十六峰森列内向，如拱如趨，如冠劍而

❶「褊」，張本作「驕」。
❷「酲」，張本作「醒」。

迎，至琵琶之峰止焉。大川西瀉，仙巖拔起天半而絶其衝，靈氣翕合，鬱爲仙人所都。歷代以來，其侍祠行宫而峻陟崇班者，相繼乎後先。或葆熙餐醇於巖谷之下，聲光煒然，多與名薦紳相埒。及其終也，飛騰解化，游神丹臺，下上埃氛，曾不得以凂之。如吾張公脩文，蓋亦其中之有聞者歟！

公諱友霖，脩文其字也，信之貴溪人。父漢良，有馴行，人稱文穆先生。母汪氏。公之生也，有霞光香氣之異。居亡何，老父秋髮繽紛，忽曳杖而至，顧文穆言曰：「爾兒方外之器也，宜謹視之。」言訖，失老父所在。年十二，志恬慮沖，皦皦如孤鶴獨立。文穆以其生有玄徵，俾入龍虎山，從周尊師復禮游。尊師學行融洽，貫《老》《易》爲一塗。公晝夜窮研而受其説，以九經爲淵源，百氏爲支派，縷析毫分，而極其根柢之所會。閲六年，始著道士服，事周君貴德爲弟子。

時桂心淵隱匡廬，金志陽居武夷，二人者，世號爲真仙翁，脩丹之士依之者成市。公皆躡屩擔簦，往拜其坐下，傳其三皇内文，九鼎丹法，所謂延齡度世者，頗領其幽玄。歸參天道運化，三洞四輔、海嶽洞府、日月星斗諸書，或合或離，類有以取舍之。復自歎曰：「吾春秋方盛，撫世微權，要不可無見也。」乃出，力於詩章古文辭，課之於虛無，扣之於寂寞，益混混乎其不可竭矣。❶

虞文靖公集以文雄海内，公爲書千數百言，暨所爲《雜著》一編，遣其徒張自賓往質之。文靖深加敬歎，與之相辨難者甚至。自是及門受業者日衆，其從之求文，户外亦

❶「益」，張本作「蓋」。

屨滿矣。公則又曰：「此當寘之，二毛已在顛，❶其尚不求歸宿之地乎？」於是刊落葩藻，❷與道夷猶，至和薰蒸，四體盎晬，泉渟谷虛，冥契玄極，有不知歲月之易遷者。嗣天師太乙明教廣玄體道大真人張公嗣德嘉公玄學淵邃，辟爲教門講師，脩文輔教簡正法師兼玄壇脩撰。

太乙之緒再傳，實爲四十二代，而張公正常起承之。入我國朝，錫以「護國闡祖通誠崇道弘德大真人」之號，累詔至南京，公皆爲輔行，翊贊相導，靡不備至。洪武辛亥秋八月，更辟教門高士，尋提點太上清正一萬壽宮，而諸宮觀之事咸涖焉。未幾，與高行道士黃裳吉、鄧仲脩同被召。公奏對稱旨，賜食禁中而退。冬十月，大駕幸鍾山崇禧寺，復燕勞有加。明年壬子春，公屢乞還山，上欲屬以禜祈之事，命中書留之，且有白金之賜。

秋七月，公示微疾於朝天宮，謂仲脩及丹霞鍊師周玄真曰：「盍趣宮主宋玄真相見乎？」既至，正襟危坐，從容言曰：「自非我有，性本虛空。生浮死休，處世一夢。吾將觀化於冥冥之中矣。」遂操觚賦詩一章，翛然而逝，是月十又七日也。顏貌鮮澤，肌體柔弱，仙經所載尸解者，可信弗誣。仲脩力營其後事，往白儀曹，因以其事聞，上爲之惻然。後三日，奉遺蛻焚於石子岡，執紼從者至數千人。火既熾，有五色祥煙盤旋於其上云。

公自呼鐵鑛子，有文集若干卷，亦以鐵

❶「二」，原誤作「一」；「顛」，原誤作「願」，今并據張本改。

❷「藻」，原誤作「葉」，今據張本改。

鑛名世。壽六十又七。所度弟子即自賓。自賓純餙好脩，與翰林群公游，交譽其賢。今崎嶇道塗，函靈骨以歸，將與其子若孫吴保和、張敬安謀，以某年月日，葬于龍虎山之天峰，件繫群行，來徵濂爲之銘。

濂聞老子之旨，可以治國，可以脩身，可以鍊真，其大者與孔氏或不異也。公以超穎之資，屢求賢師，思兼孔、李之學而通之，其視死生若旦暮，泊然無所繫累者，固宜也。豈古所聞有道之士非耶？濂也不敏，何足以銘冠劍之藏？勉徇自賓之請而述之。山中有方壺真人，高風莫攀，君子擬其爲陶隱君之倫，當能爲濂删而正之。銘曰：

大道之文，洞玄玄兮。八角垂芒，太極先兮。天真皇人，授而傳兮。龍虎之君，環以千兮。探其靈祕，道乃全兮。上清道士，古列仙兮。洞達懸解，協玄筌兮。内天外人，藴坤乾兮。出入孔、墨，孰後孰前兮？玉室金簡，列戔戔兮。彩霞丹景，交相鮮兮。溢爲篇翰，五色宣兮。有聲鍧然，聞九天兮。龍光下逮，勢迴旋兮。一旦解化，同蜕蟬兮。騰淩滅没，行翩翩兮。白蜺青鳳，扶弱軿兮。❶無象有物，形神遷兮。達人何累？止若淵兮。沖漠無爲，合自然兮。其迹雖泯，名則緜兮。冠劍之墟，勒蒼堅兮。山靈撝訶，久逾虔兮。

杭州靈隱寺故輔良大師石塔碑銘

洪武四年正月十六日，靈隱釋氏大師滅度，報年五十又五，僧夏四十。龕留五

❶「弱」，張本、胡本作「羽」。

日，頂有暖氣，體貌如生。又二日，用闍維法從事，齒牙堅潔，舌根紅潤，皆無壞者。及火既滅，諸舍利羅，珠圓玉皦，將至盈升。四衆争取，灰燼爲盡。其弟子某等涕淚悲泣，攀號無從，於是俯從世禮，以是年某月日，瘞骨於歸雲塔中，實在寺東偏若干步。初，大師未告寂之先，以書屬後事於其同門、今天界善世禪師泐公曰：「吾大期已至，子宜速還，若稍遲遲，不復相見矣。」時公留姑蘇，謂大師精神尚彊，豈遽如其所言？及治任來歸，大師火化已數日矣。公於塔前自誓，必期有以白大師之行，傳芳不朽，垂範將來。乃加評騭，輯成簡編，持示其友金華宋濂曰：「是大師也，始終俊偉，不愧龍象。子通吾宗，其言當見信於世，盍爲文揭之塔上？」然公以叢林碩德，位冠五山，護持正法，不翅堅城，乃不屬之他人，而惟區區是託，非相知之至深耶？其又何辭？

大師諱輔良，字用貞，其號曰介菴，蘇州吴縣人，姓范氏，文正公之十葉孫也。父諱伯和，母鄭氏。大師誕鍾粹氣，聰悟夙發，見浮圖氏書，輒躍然朗誦，若所素習。有挾相形術者，謂其父母曰：「是兒骨骼清聳緊峭，恐非世間法可縛，若使之學佛，必能弘大宗乘矣。」❶父母方鍾愛，不信其言。大師之里多阿蘭若，大師日與群童遨遊其間，徘徊愛慕，終日不忍去。父察其志，與相者言合，乃謂之曰：「在昔范蜀公好與名僧交，嘗勉圓悟勤公參叩道要，卒爲天下禪宗。吾能惜爾而不使遂其志乎？」年十五，俾從同里迎福院僧壽彌薙落。及受其戒，

❶「宗」，原誤作「宏」，今據張本改。

即慨然曰：「學佛將以明心，心非師無以示肯綮，終日牆面可乎？」去從北禪澤法師習天台教觀，所謂三乘十二分，研其精華，攝其密微，充然若有所契。

士瞻杓公時住天平山白雲寺，寺蓋范氏所建以奉先者。大師數至其間，士瞻誨之曰：「教乘固當學，❶若沈溺不返，如入海算沙，徒自困耳。何不更衣以事禪寂乎？」大師曰：「吾將焉從？」曰：「笑隱訢公見主龍翔集慶寺，其道大被東南，緇白信從，如子歸母，朝廷嘉之，賜以『廣智全悟大禪師』之號，汝曷不往依焉？」於是大師往見廣智，即以全器法寶期之。問答之際，棒喝兼施，弦發而箭馳，雷舂而電掃，剎那之頃，凡情頓喪，雖未至清淨覺地，而所入正塗，超然出於物表。他日，廣智再有所問，大師發言愈厲。廣智笑曰：「得則得矣，終居第二義也。」大師弗懈益虔，久之，遂契其心法，雲空川流，了無留礙。尋掌藏鑰於四明阿育王山，與住持石室瑛公縱横相叩擊，石室極推譽之。

至正壬午，行宣政院檄大師出世嘉興資聖寺，陞座説法，終歸恩於廣智云。時大師年始二十又六，衆頗易之。大師殺衣黜食，爲脩建之計。崇基廣構，文甓雕甍，金碧煒然，前後相照，往來觀者始皆信服。居十三年，遷越之天章。僅閲四春秋，移杭之中天竺。其傾嚮者益多，有踰資聖、天章時。

會海内大亂，兵燹相仍，南北兩山諸剎皆化於烈焰。靈隱古稱絶勝覺場，涼煙白草，淒迷於夕照之間，過者爲之慨歎。康里

❶「乘」，原誤作「乗」，今據張本改。

公爲江浙行省丞相，妙柬名僧能任起廢者，莫大師爲宜，遣使者命居之。既至，翦剔荆叢，葺茅爲廬，以棲四方學者。雖當凋零之秋，開示徒衆，語尤激切。其言有曰：「達摩一宗，陵夷殆盡，汝等用力如救頭然可也。然百千法門，無量妙義，於一毫端可以周知。如知之，變大地爲黄金，受之當無所讓。否則，貽素餐之愧矣。歲月流電，向上之事，汝等急自進脩。」參學之士，多有因其語而入者。化緣既周，手疏衣貲入公帑，散交游及治喪斂之事，顧謂左右曰：「翼日巳時，吾將逝矣。」及期，澡浴端坐，書偈而歿。大師四坐道場，解結發覆，如利刃之破罥索，甘露之灑稠林，無不斷絶，無不霑潤。故所度弟子心果等若干人，❶說法住山、明宗等若干人，頗號繼跡重輝者也。

大師性簡直，雖面折人過，而胸中無留物。與人交，無少長皆以誠相遇。所造偈辭，初不經意，而語出渾成，有若宿搆。舉揚大法，不務緣飾，而西來之旨自明。復以淨土觀門，若海舟航，時兼脩之，未嘗少怠，其所見蓋卓然云。嗚呼！道行無跡，妙極無象，求而即之，脗契本真。未定之先，則萬緣鼎沸；發慧之後，則一性洞虚。所謂不用其力而無所不力，則神器化於玄冥，而忠信發乎天光矣。有如大師和粹外形，淵懿内朗，造請之間，因言懸解，證不染不遷之域，泯差別次第之門，非上智宿植，惡乎至此哉！

濂也不敏，蚤從諸老游，欲假般若爲宅心之地，夙障已深，竟爲世諦文字之所纏縛。雞鳴而起，唯倀倀逐物而已。操觚而

❶「果」，張本、胡本作「杲」。

銘大師之塔，豈不惕然以自憐，悵然而遐思者乎？銘曰：

真體如如，絶待離紛。妄識所膠，攬爲法塵。譬猶颷風，鼓埃揚氛。化晝作夜，觸目重昏。佛啓覺塗，高懸慧日。白光爛然，下銷群慝。破相玄門，最爲勝特。能定諸緣，即超祕密。昭昭大師，上承禪宗。一真歸源，萬幻咸空。染淨兩寘，本跡俱融。廣智之傳，其學遂東。昭昭大師，爲法出世。嬉笑怒罵，皆真實諦。湧殿崇峩，飛樓弘麗。假相以昭，非與道戾。昭昭大師，變通弗拘。緣盡即滅，視世爲虛。死生者誰？出没在吾。化爲舍利，如摩尼珠。來也非留，去焉非逝。白雲在天，周流無滯。法象既亡，勒石爲偈。式播徽音，用垂南裔。

佛性圓辯禪師淨慈順公逆川瘞塔碑銘

濂自幼至壯，飽閱三藏諸文，粗識大雄氏所以見性明心之旨。及游仕中外，頗以文辭爲佛事，由是南北大浮屠，其順世而去者，多以塔上之銘爲屬。衰遲之餘，諸習皆空，凡他有所請，輒峻拒而不爲。獨於鋪叙悟緣，評騭梵行，每若不敢後者。蓋欲表般若之勝因，啓衆生之正信也。有如佛性圓辯禪師者，濂安得而不銘諸。

按其嗣法弟子行圓所造年譜，師諱智順，字逆川，温之瑞安陳氏子也。有翁媪精脩白業，既没，蓮華現門屏間，師之大父母也。翁生道羨，娶婁氏，屢至哭子，其情不勝哀，乃塑智者大師像事之。一夕，夢僧頂有圓光，逆江流而上，招婁氏謂曰：「吾當爲汝之子。」及寤而有娠。師既生，美質夙成。年五歲，即從季父學。季父引生徒渡溪，抵萃墅，師力欲相隨，季父怒麾之還。已而溪暴漲，季父生徒皆溺死。然自少不喜畜髮，翛然有塵外趣。婁氏弗能留，七歲俾依仲父慧光於崇興精舍。稍長，受具戒於天寧禪院。其父亦樂脩淨觀，俄離俗同居精舍中。精舍將圮，師即協衆力葺之。暨時年甫十八，君子固知其爲適用之材。慧光尤器習《法華經》，歷三月通誦其文。慧光尤器之，使出游永嘉無相院。覺源瓊法師愛師俊朗，挽其爲嗣。會橫雲岳法師大弘三觀十乘之旨於水心法明寺，師往而受其說，衆推爲上首。

居亡何，走雁山雙峰，不契所言，復走千佛寺。毒海清法師方開演，長出御講，請師爲綱維之職，軌範爲之肅然。毒海入寂，師感世相無常，歎曰：「義學雖益多聞，難禦生死；即禦生死，舍自性，將奚明哉？」遂更衣入禪。復走閩之天寶山，參鐵關樞公。公，圓悟八世孫也，授師以心要，遵而行之，似有階漸。欲依公而住，公叱曰：「丈夫不於大叢林與人相頡頏，局此蠡殼中耶？」拂袖而入。師下，旦過寮，潸然而泣。或憫之，慰曰：「善知識門庭高峻，拒之即進之也。」公聞其事，笑曰：「吾知其爲法器，姑相試爾。」乃延入僧堂中。師壁立萬仞，無所回撓，雖晝夜明暗亦不能辨。踰月，因如廁便旋，覩中園匏瓜，觸發妙機，四體輕清，如新浴出室，一一毛孔皆出光明，目前大地，倏爾平沈。喜幸之極，亟上方丈求證。適公入府城，師不往見，水濱林下，放曠自如。已而歷抵諸師，皆不合。又聞千巖長禪師鳴道烏傷伏龍山，師往叩之，其所酬應者皆涉理路。飄然東歸，燃指作發願文，細書於紳，必欲見道乃已。復自念非公不足依，洊走閩中見焉。公偶出遊，遥見師，喜曰：「我子今來也。」越翼日，師舉所悟求證。公曰：「此第入門耳，最上一乘，則邈在萬里之外也。」乃囑之曰：「汝可悉棄前解，專於參提上致力，則將自入閫奥矣。」師從公言，踰五閲月，一日將晚參，擬離禪榻，忽豁然有省，如虚空玲瓏，不可湊泊，厲聲告公白：「南泉敗闕，今已見矣。」公曰：「不是心，不是佛，不是物，是何物？」師曰：「地上甎鋪，屋上瓦覆。」公曰：「即今南泉在何處？」師曰：「鷂子過新羅。」公曰：「錯。」師亦曰：「錯。」公曰：「錯，錯！」師觸禮一拜而退。公曰：「未然也。」公披大衣，鳴鐘集四衆，再行勘驗。師笑曰：「未吐辭之前，已不相涉，和上眼目何在，又爲此一場戲劇耶？」公曰：「要使衆皆知之。」遂將宗門諸語一一訊師，師一一具答，公然之。復囑曰：「善自護持，勿輕泄也。」久之，令掌藏室，尋請分坐説法。

公既捐館，師嗣住院事，非惟舉唱宗乘，寺制有未備，悉補足焉。甓驛道，達於山門，踰六七里，擇地搆亭，以增勝概。衆方賴之，忽爾棄去。過杉關，抵百丈，上迦葉峰。渡江，入淮，禮諸祖之塔。經建業，回浙中，超然如野鶴孤雲，無所留礙。尋返永嘉，會王槐卿造報恩院於瑞安大龍山，首延師爲之主。參徒寖盛，至八百指，師建僧堂棟居之。石室巖禪師主江心，黜師之爲，復以第一座處師，師翩然而往。未幾，又以何山精舍棟宇湫隘，不足以容衆，拓之爲大伽藍，爲建大雄寶殿及法堂、山門、兩廡、方丈、庫院之屬，而塐像、繪壁諸莊嚴事，亦次第告完。

平陽吴德大創歸源寺，原援報恩之例，請師開山。師慈憫心切，亦不欲拒。既至，爲造小大鼓鐘、魚板法器而叩擊之，授職分班，升堂入室，皆按清規而行。時東海有警，元帥達忠介公帥師鎮台，遣使聘師入行府。師以達公方有事干戈，絶之弗見。達公慕咏弗置，篆「逆川」二字遺之。師因飯囚，戒其勿萌遁逃心，即重見日月。不久而赦書至，周、吴二囚以師爲神。其後山寇竊發，二囚實爲渠魁，所經之處焚毁欲盡，歸原、報恩，以師故獨存。師終不遑寧處，避入無礙菴，又還歸原。朝廷爲絳院額，賜師今號及金襴法衣。師曾不以爲悦，悉散其衣盂所畜，退居一室，掘地以爲爐，折竹以爲箸，意澹如也。

温城淨光塔，雄鎮一方，年久將壞，方參政初嘗戍其城，欲賦民錢葺之，命師涖其事。師曰：「民力凋敝久，火燄炎炎而復加薪，吾安忍爲之？必欲是用，官中勿擾吾事，若無所聞知可也。」方諾之。師乃定計，城中之户餘二萬，❶户捐米月一升，月獲米二百石。陶甓掄材，若神運鬼輸，紛然四集。鎮心之木以尺計者，其長一百五十，最難致之，師談笑趣辦。七成既粗完，其下仍築塔殿，宏敞壯麗，九斗之勢益雄。一旦颶風作，其上一成挾之以入海濤，衆咸傷之。師曰：「塔終不可以就乎？」持心益固，遣其徒如閩鑄露盤輪相及燄珠之類，日將月就，❷闌楯磵户，一一就緒。金鮮碧明，猶天降而地湧也。縻錢過十萬，而工役弗與焉。

❶「萬」，原誤作「百」，今據張本改。
❷「日將月就」，張本作「日就月將」。

辨章燕只不花出鎮閩省，道過東甌，夜觀塔燈熒煌，知師所造，乃謁師問道，并談《般若經》。師用漢言而直解之，辨章甚悦，顧謂左右曰：「西天諸師授我以密義，尚不能相協，今聞逆川師言，則心地開明矣。」亟呼舟同載入閩。宣政分院請師住東禪廢刹，不一載間，殿堂矗如，門廡森如，藏庫煒如，摶土以設諸像，梵容穆沖，各隨相變現，靈山一會，儼然未散。畢功之日，省院臺府諸官與大毘邱衆共落其成。師則曰：「未也。」復甃東南二門，通逵若干丈，營福城東際花藏、海南、參初地三牌門，營普菴堂以施茗飲，浚湯泉二所以利浴者，限以垣墉，縈紆其徑路，而馬牛無自而入。補刊開元藏經板，仍印施之。其可以弘濟人者，無不爲也。先是，淨業、慶城、東報國、舶塔、寶月、松峰諸寺，兵燹之餘，莽爲荒榛。福建行中書將籍其産于官，師言於辨章，獲仍其舊。辨章欲閲大藏尊經于家，或以几席什器難具爲辭，師令浮屠一百七十人爲什分辨於各刹，表以題號，一時畢聚。仍畫爲圖，使按圖序次列之。❶給役於飲饌間者，亦更番而進，每以鐘鼓爲節，後先不紊。辨章悦曰：「使吾師總戎，則無敗北之患矣。」師俄散財如歸原時，恬然而退。辨章留之，不從。會雪峰虚席，辨章强師補其處，師不得已啓行。未行，先鳩工師二十人，往拯室廬之欹側者。既至，絲毫之費咸自己出，緇素莫不從化。有徐子剛者，據寺之安仁莊，收粟萬斛，聞師至，亟輸還之。部使者橐驩自負通《楞嚴》《寶積》二經，輕視諸人。師以關犍詰之，斂衽而去。

❶「使」，原作「仍」，今據張本改。

已而思還温，方參政具船迎之。千佛院災，無有起其廢者，師彈指頃，千佛閣成。未幾，前門左右廡又成。俄東甌内附，師潛居林泉，若將終身。江心蘭隱逸禪師市材於山，欲建萬佛閣，而年耄力不勝，遂以屬師。師起而應之，亦不日而成。且爲砌釋迦寶殿，創解脱門，以至蒙堂經室無不具足焉。初，師采材於山，道經普安院，院燬已久，唯山門巋然煙雨中。師見之，笑曰：「吾爲爾移山門爲佛殿，何如？」衆皆合爪指謝之。師爲撤瓦，輂致故基，一毫無所損。徐取寺山之木，重完僧堂而後返。

皇上尊尚佛乘，召江南高行僧十人，於鐘山建無遮法會，師與其列。升座演説，聽者數千人。駕幸臨，慰問備至，號爲一時寵遇。竣事，還錢唐。清遠渭公方主淨慈，舉師以爲代。師初不從，繼而歎曰：「所貴沙門行者，隨緣應世，何所容心哉？」乃振錫而往。淨慈當兵後，凋落殊甚，師亟還鄉，召匠計傭，竭其筐篋而來，欲大有設施。而諸僧負官逋者係累滿庭，師爲之出涕，悉代償之。會中朝徵有道浮屠以備顧問，衆咸推師。師至南京，僅四閲月，沐浴書偈而逝，實洪武六年八月二十日也。世壽若干，僧臘若干。二十一日，闍維於聚寶山，獲設利無算。得其法者，曰文顯，曰興富，曰某，其一即行圓。於是持靈骨而歸，建塔於某處，以明年某月某日藏焉。師有《五會語》若干卷，《善財五十三參偈》一卷，皆傳于世。

大雄氏之道，不即世間，不離世間，烏可歧而二之？我心空耶，則凡世間諸相，高下洪纖，動静浮沈，無非自妙性光中發現；苟爲不然，雖法王所説經教與夫諸祖印心密旨，皆爲障礙矣。嗚呼！道喪人亡，埃風渺瀰，焉得逢理事不二、有無雙泯者相與論斯事哉？師自得道之後，坐紫檀座，既已設法度人，出其餘力，往往莊嚴塔廟，使人爲遠罪遷善之歸，斯蓋近之矣。或者不知，專委爲人天有漏之因，夫豈可哉？夫豈可哉？銘曰：

大法雖無外兮，收攝在一門。玄漠不可象兮，視之儼若存。了不分精粗兮，無對乃爲尊。若涉有情見兮，雜糅成嬴虧。理事本不二兮，縱横隨所之。渾涵造大同兮，徧照光陸離。東甌見休徵兮，蓮華出屏間。異僧佩圓光兮，逆流踏波瀾。玄符既夐拔兮，何能滯塵寰？峩峩天寶山兮，鑄鐵爲關扉。奮迅一朝入兮，窺破生死機。盡洗結習垢兮，真体露巍巍。方知有爲相兮，不離無爲宗。彈指幻塔廟兮，毘盧樓閣同。因敬乃生悟兮，自外而廓中。歷坐古道場兮，手執青楊枝。甘露恒四灑兮，餐之甘若飴。木石被霑潤兮，談玄分五時。大明麗中天兮，佛日同輝昭。所資生育功兮，欲使陰沴消。爰集清淨衆兮，梵音撼海潮。唯師所説法兮，無耳亦當聞。一言歷耳根兮，千劫不作塵。天光下照燭兮，恩寵何便蕃？卷舒每隨時兮，孤雲本何心？生滅已兩空兮，遺蹤邈難尋。勒辭在中林兮，振德無古今。

故文明海慧法師塔銘

能仁氏之教流入中夏，愈傳愈熾，於是諸師各有所建立，譬如一燈分爲十燈，燈之用雖殊，而光明則一也。天台四教，法、性、觀、行之宗，自南嶽以來，開空、假、中三觀，丕闡三千性相、百界千如之妙，一念之間，具足無減。其説尊勝宏特，縱歷百千萬劫，洸洸乎，皦皦乎，不可尚已。某竊怪方袍之士，幸得與聞其教，多視爲空言，卒局於小智之域，良可悲也。其真見實踐，有若文明海慧法師者，某安得不喜談而樂道之哉？

法師諱善繼，字絶宗，族婁氏，越之諸暨人。考某，妣王氏。當有娠，夢神人授白芙蕖，法師乃生。始能言，見母舉佛號，合爪隨聲和之。年稍長，季父客授山陰靈袐寺，從治《春秋經》，稍竊窺三藏諸書，喟然歎曰：「《春秋》固佳，乃世間法，欲求出世間，非釋氏將疇依？此身不實，有如芭蕉，穹官峻爵，縱因書而致，寧得幾何時耶？」大德乙巳，投其寺僧思恭祝髮。明年，受具戒，從西天竺大山恢公習天台教觀。大山甚器重之，每言數百人中唯繼上人爾。暨大山遷雲間延慶，法師復往南天竺從湛堂澄公。湛堂器之如大山，間問之曰：「入不二門，屬何觀法？」法師曰：「三種觀法，屬對三部，此文既與止觀同成，觀體的是從行。」湛堂又問：「諸經之體，爲迷爲悟？」法師曰：「體非迷悟，迷悟由人，顧所詮經之旨何如耳。」湛堂喜溢顔色，曰：「法輪之轉，他日將有望於斯子乎！」

宗周文公時住集慶寺，豔法師之學，延主賓朋，尋領其懺事。湛堂復速法師還，俾居第一座。南天竺素稱教海，法師提唱宗乘有聲，絶出於四方。會湛堂遷上竺，而玉岡潤公來補其處，仍留法師居其職。學徒四集，無不涵腴飲醇，充足而後去。天曆己巳，法師出世主良陼大雄教寺，日講《金光明經》，感法智見夢，謂之曰：「爾所談經，與吾若合符節，惜乎所踐猶未逮其言耳。」

法師遂益篤精進之行。至正壬午，浙省平章高公納璘兼領行宣政院，移住天竺薦福教寺。某甲子，左丞相朵兒只公繼領院事，陞主天台能仁教寺。法師凡三主伽藍，執經輪下者多豪俊之士，宏闡《法華》妙玄文句，朝講暮解，五章四釋，奥義昭晰。且策勵之曰：「吾祖有云：『《止觀》一部，即法華三昧之筌蹄；一乘十觀，即法華三昧之正體。』須解行並馳，正助兼運，則圓位可登，而不負吾祖命宗之意矣。」蓋法師抉剔經髓，敷繹祖訓，如山川出雲，頃刻變化，而雨澤滂然四施，若諸草木，纖洪短長無不霑匄。識者咸謂慈雲神照之再世云。

辛卯之春，俄謝事，超然獨往。時濩落師與湛堂歸寂已久，❶法師既於靈祕葺舊廬以奉祠事，只往居南山明静院，❷灑掃湛堂之塔，其報本之念，尤惓惓也。曾未幾何，兵難薦作，其高弟是乘請法師東還。華徑池深木寒，法師驩然就之。且以無常迅速，嚴脩淨業，繫念佛名，晝夜不輟。一夕，集衆而言曰：「佛祖弘化，貴乎時節因緣。緣與時違，化將焉託乎？吾將歸矣。」遂索筆書偈，端坐而逝，時丁酉歲七月二十二日也。世壽七十有二，僧臘六十又三。火化，牙齒及舌根弗壞，舍利纍纍然滿地。其徒以某月日，斂骨塔于靈祕之西坡。所度弟子三十二人，嗣其法者則靈壽懷古、延慶自朋、崇壽是乘、廣福大彰、雷峰淨昱、演福如現、❸報忠嗣璡、車溪仁讓、香積曇冑也。

法師氣局衍裕，行履淳固，山家諸書，

❶「濩」，張本作「薙」。
❷「只」，張本、胡本作「又」。
❸「現」，張本、胡本作「玘」。

無不精徹，而大江東南，恒推爲教中之宗。講演《妙法華》《金光明》諸部經凡若干會，主脩法華、淨土懺凡若干期。所感靈異，不一而足。是乘嘗請著書，以淑後人，法師曰：「吾宗本離言説，不得已而有言，爲彰授受也。是故意以至章安結集之後，不過代相緘授而已。其間或有斥邪衛正者，亦豈好辨哉？今大經大法，粲如日星之懸，汝輩宜脩習不暇，奚俟予言？」聞者咸服。其一時士大夫若趙文敏公孟頫、黄文獻公溍、周内翰仁榮、李著作孝光、張鍊師天雨，皆結法師爲方外交，時相唱和於風月寂寥之鄉。晚與黄、張二公欲結樓煩淨禮，❶未果，而法師歿。當没之日，叢林中皆相哀慕曰：「吾宗法幢仆矣。」

後十七年，演福件繫法師梵行，徵濂爲塔上之銘。濂嘗游文獻公之門，聞公談法師之德之盛，以爲無讓古人，恨不得映白月而濯泠風。今法師不可見矣，幸其嘉猷茂行猶得聞其梗概，此無他，遺光之所照者，尚有人言之。後三十年則言之者鮮矣，又後三十年則誰復知之者？此金石之勒，不可不致謹也。因從衍福之請，歷叙而鋪張之，千載之下，有來讀斯文者，儼然如見法師於定慧光中，其有不蹶然興起而惕然自厲者乎？銘曰：

姓具之正宗兮，一念具三千。三千即一念兮，不後亦不先。正依及假名兮，各含空假中。攝歸於一妙兮，互具而互融。七祖既善闡兮，諸佛復靈承。洞照六合内兮，日月行太清。慧命之攸寄兮，文明得其宗。總攝大化機兮，正受究始終。法輪左右旋

❶「禮」，張本作「社」。

兮，晝夜如環循。隨其利鈍根兮，導入不二門。開權以顯實兮，懇懇爲敷辭。一多暨小大兮，非即亦非離。明暗色空相兮，事法皆寂然。真勝在妙圓兮，非可以言詮。談辯析玄微兮，人天皆共聽。幽通於至神兮，現夢顯祥徵。三坐大道場兮，手執青楊枝。灑物了無迹兮，物得罔其私。結期脩靈懺兮，瑞異駢然臻。吾法本無作兮，有作即爲塵。商颷一朝興兮，吹仆正法幢。清淨大海衆兮，盡然爲增傷。繼述幸有子兮，龍象方駿奔。建塔爲西坡兮，庶以表化源。

處州福林院白雲禪師度公塔銘

師諱智度，號白雲，因以爲字，處之麗水人，族吴氏。年十五，慨然有出塵之趣，欲就浮屠學。其父德大與母葉氏咸鍾愛師，峻辭拒斥之。師不火食者累日，若將滅性者。父母知志不可奪，使歸禪智寺空中假公，薙髮受具戒，即寺側楞伽菴，深習禪定。每趺坐達旦不寐，如是者四三春秋。已而歎曰：「六合之大，如此頽然滯一室可乎？」遂出游七閩，徧歷諸山，無有契其意者。復還郡之白雲山，因澄禪師道場遺址築福林院，以爲憩息之所。日取《楞嚴》《圓覺》二經鈔疏而熟讀之。不假師授，章旨自通。已而復歎曰：「拘泥文字中，如油入麪，了無出期。德山所謂窮諸玄辯，若一毫置於太虛者，信不誣也。盍去之乎？」又出遊浙河之西，見靈石芝公於淨慈。未幾，又上天目山參斷崖義公，談鋒銛利，人莫之敢攖。

時無見睹公説法天台華頂峰，大振圓悟之道，師復踰濤江往拜之。問曰：「西來密意，未審何如？」無見曰：「待娑羅峰點頭，卻與汝言。」師以手搖曳欲答，無見遽喝。師曰：「娑羅峰頂，白浪滔天。花開芒種後，葉落立秋前。」無見曰：「我家無殘羹剩飯也。」師曰：「此非殘羹剩飯而何？」無見頷之。服勤數載，翩然將辭還。無見囑之曰：「昔南嶽十五歲出家，受大鑑記莂，後得馬祖授之以心法，鍼芥相投，豈在多言耶？勿掉三寸舌誑人，須真正見解著於行履，方爲報佛之深恩耳。」師佩服之，弗敢忘。師既有所證入，儼然如白雲在天，卷舒無礙。又走長沙見無方普公，走雲居見小隱大公，凡當機問答，無異華頂時。

至正甲申，縣令長徇緇素之請，迎師旋福林，與毒種曇、成山欽二公互相策勵，如恐失之。甲午，復隱楞伽菴。壬寅，王府參軍胡公深、安安翼元帥王君佑復請至福林。甲辰，御史中丞章公溢招致龍泉之普慈，僧徒相從，雲輸川臻，多至八百人。檀施日集，食飲無闕者。乙巳，移茅山。丙午，還武峰，從者恒如初。國朝吳元年丁未，復隱禪智之岑樓。洪武己酉，適建法會於蔣山，有詔起天下名僧敷宣大法，而師與焉。師初力辭，戍將彊起之。師曰：「心境雙忘，隨緣去住，復何拘礙耶？」遂行。暨師至，而會事解嚴，遂還杭。杭人奉師居虎跑度夏，始入秋，輒趨華頂。❶

明年春二月，示微疾，浩然有歸志。四衆堅留之，師曰：「葉落歸根，吾所願也。」遂回福林。五日，忽沐浴易衣，索筆書偈曰：「無世可辭，有衆可別。大虛空中，何必釘橛？」遂擲筆而逝，是歲三月一日也。

❶「輒」，原作「趣」，今據張本改。

壽六十七，臘五十二。龕奉五日，顏色鮮潤。闍維之夕，送者千餘人，火餘得五色舍利及齒牙數珠等。法弟大賢、上足仁喆奉骨以某年月日，瘞于院西若干步，善女人唐淨德爲建塔其上。

禪師静謐寡言，機用莫測，臨衆無切督之威、嚴厲之色，唯以實相示人。所至之處，人皆傾慕，如見古德。或持香華供養，或繪師像事之，不可以數計。空中、無見歿，師皆爲建塔，求名公卿撰銘表之。師度弟子凡二十人，平日隨機開導，所作偈頌，不容人録，故今無傳者。予聞信心爲一切功德之母，苟能信焉，奚道之不造？奚法之不明？自圓悟八傳至于無見，究其所得所證，何莫不由於此也？師自幼齡即能信吾佛之道，決可脱離死生，一息不少怠，所以卒能徹究心源，而縱横自在也。世之知師者，孰不曰「無見有子而方山有孫」者乎？誠可尚也。予嘗接師護龍河上，無懈容，無蔓辭，有問則言，無則終日澄坐而已。因語二三子曰：「其所謂信人也哉！」今弟子某，奉道巖之狀求予爲銘，予頗知師，銘蓋不可不作也。銘曰：

華頂之峰，有道所居。隨時演法，大音鏗如。入其門者，無非獅子。我福林師，聞風而起。當機一喝，兩耳爲聾。法體如如，情識頓空。歷觸諸師，見者驚愕。言出霆奔，無蟄不作。振錫而歸，我亦何心？舉首睇之，白雲在岑。形雖遁藏，文采日露。學徒烝烝，雲輸川赴。解爾纏縛，袪爾翳昏。其心濯濯，其容誾誾。乘運而游，或出或處。葉落歸根，古今一軌。塵緣既盡，倏然而化。叶。擲筆坐脱，如人赴家。世相有滅，其性常在。若謂師亡，青山可改。

寂照圓明大禪師璧峰金公舍利塔碑

禪師諱寶金，族姓石氏，其號爲璧峰，生於乾州永壽縣之名胄。父通甫，宅心從厚，人號爲長者。母張氏，亦嗜善弗倦。有桑門持鉢乞食，以觀音像授張，且屬曰：「汝謹事之，當生智慧之男。」未幾，果生禪師，白光煜煜然照室。幼恒多疾，纏綿衾枕間。父母疑之曰：「此兒感祥徵而生，其宜歸之釋氏乎？」年六歲，依雲寂温法師爲弟子。既薙落受具戒，徧詣講肆，窮性相之學。對衆演説，纍纍如貫珠，聞者解頤。已而撫髀歎曰：「三藏之文，皆標月之指爾。昔者祖師説法，天華繽紛，金蓮湧現，尚未能出離死生，況區區者耶？」即更衣入禪林。

時如海真公樹正法幢於西蜀晉雲山中，亟往見之。公示以道要，禪師大起疑情，三二年間，寢食爲廢。偶攜筐隨公擷蔬於園，忽凝坐不動，歷三時方寤。公曰：「爾入定耶？」禪師曰：「然。」曰：「汝何所見？」禪師曰：「有所悟爾。」曰：「汝第言之。」禪師舉筐示公，公非之。禪師寘筐于地，拱手而立，公又非之。禪師厲聲一喝，公奮前揕其胸，使速言。禪師築公胸，仆之。公猶未之許，笑曰：「塵勞暫息，定力未堅深也。必使心路絶，祖關透，然後大法可明耳。」禪師聞之，愈精進不懈。遂出參諸方，憩峨眉山，誓不復粒食，日採松柏啖之，脇不沾席者又三年。一念不生，前後際斷，照體獨立，物我皆如。自是入定，或累日不起。嘗趺坐大樹下，溪水横逸，人意禪師已溺死。越七日，水退，競往視之，禪師燕坐如平時，唯衣溼耳。一日，聽伐木聲，通身汗下如雨。歎曰：「妙喜大悟十有八，小悟無算，豈欺我哉？未生前之事，吾今日方知其真耳。」急往求證於公，反覆相辨詰甚力，至於曳傾禪榻而出。公曰：「是則是矣，翼日重勘之。」至期，公於地上畫一圓相，禪師以袖拂去之。公復畫一圓相，禪師於中增一畫，又拂去之。公再畫如前，禪師又增一畫成「十」字，又拂去之。公視之不語，復畫如前，禪師於十字加四隅，成「田」文，❶又拂去之。公乃總畫三十圓相，禪師一一具答。公曰：「汝今方知佛法弘勝如此也。百餘年間，參學有悟者，世豈無之？能明大機用者，寧復幾人？無用和上有云：『坐下當出三虎一彪。』一彪者，豈非爾耶？爾宜往朔方，其道當大行也。」無用，蓋公之師云。

先是，禪師在定中，見一山甚秀麗，重樓傑閣，金碧絢爛，諸佛五十二菩薩，行道其中。有招禪師謂曰：「此五臺山祕魔巖也。爾前身脩道其中，靈骨猶在，何乃忘之？」既寤，遂遊五臺山。道逢蓬首女子，身被五綵弊衣，赤足徐行，一黑獒隨其後。禪師問曰：「子何之？」曰：「入山中爾。」曰：「將何爲？」曰：「一切不爲。」良久乃没。叩之同行者，皆弗之見。或謂爲文殊化身云。禪師乃就山建靈鷲菴，四方聞之，不遠千里負餱糧來獻者，日繽紛也。禪師悉儲之，以食游學之僧，多至千餘人。雖丁歲大儉，亦不拒也。

至正戊子冬，順帝遣使者召至燕都，慰勞甚至。天竺僧指空久留燕，相傳能前知，號爲三百歲，人敬之如神。禪師往與叩擊，

❶「田」，張本作「卍」。

空瞪視不答。及出，空歎曰：「此真有道者也。」冬夕大雪，有紅光自禪師室中起，上接霄漢，帝驚歎，賜以金紋伽黎衣，遣歸。明年己丑，復召見延春閣，命建壇禱雨，輒應，賜以金繒若干。禪師受之，即以振飢乏民。又明年庚寅，特賜「寂照圓明大禪師」之號，詔主海印禪寺，禪師力辭。名香法衣之賜，殆無虛日。自丞相而下以至武夫悍將，無不以爲依皈。已而，懇求還山。

洪武戊申，大明皇帝即位于建業，明年己酉，燕都平。又明年庚戌，詔禪師至南京。夏五月，見上於奉天殿。且曰：「朕聞師名久，以中州苦寒，特延師於南方爾。」❶遂留於大天界寺。時召入問佛法及鬼神情狀，奏對稱旨。又二年辛亥冬十月朔，上將設普濟佛會于鍾山，命高行僧十人莅其事，而禪師與焉。賜伊蒲饌於崇禧寺，大駕幸臨，移時方還。明年壬子春正月既望，諸沙門方畢集，上服皮弁服，親行獻佛之禮。夜將半，敕禪師於圜悟關，施摩陀伽斛法食。竣事，寵賚優渥。夏五月，悉粥衣盂之資，作佛事七日，乃示微疾。上知之，親御翰墨，賜詩十二韻，有「玄關書倍，已成正覺」之言。天光昭回，人皆以爲榮。時疾已革，不能詣闕謝。至六月四日，沐浴更衣，與四衆言別。正襟危坐，目將瞑，弟子祖全、智信請曰：「和上逝則逝矣，不留一言，何以暴白於後世耶？」禪師曰：「三藏法寶，尚爲故紙，吾言欲何爲？」夷然而逝，世壽六十五，僧臘五十又九。後三日，奉龕荼毘於聚寶山，傾城出送，香幣積如邱陵。或恐不得與執紼之列，露宿以俟之。及至火滅，獲五色舍利，齒舌數珠

❶「於」，張本作「居」。

皆不壞，紛然爭取，灰土爲盡。

禪師體貌豐偉，端重寡言笑，福慧雙足，所至化之。故其在山也，捧足頂禮者項背相望，其應供而出也，持香華擊梵樂而迎者在在而是，不啻生佛出現。其行事多可書。弟子散之四方，無以會其同。祖全等將以某年月，建塔于某山，制掇其大略，請安次王普爲狀一通，徵濂爲之銘。上祀方邱，宿於齋居，濂與禮部尚書陶凱實侍左右。上出賜禪師詩，令觀之，其稱禪師之德爲甚備。夫聖人之言，天也，因知禪師之道，上與天通，下從人望。雖不獲遂名山大刹，要可以無憾。然而月林觀公遠承臨濟正宗，其第五傳曰無用寬公、竺源盛公。竺源之道行于南，無用之道著于北，禪師蓋無用諸孫也。濂近銘竺源之墓，今又述禪師之行而文諸碑。嗚呼！哲人云亡，奈何不興大法衰微之歎乎？銘曰：

臨濟崇崇，西來正宗，益衍以鴻。三虎怒投，中有一彪，氣可呑牛。教相紛拏，瓜蔓交加，入海算沙。乃易禪衣，乃抵勝師，乃治其疵。棲身孱顏，絕去八還，入第一關。河水侵淫，趺坐樹陰，爰溼我衿。我松我粻，我泉我漿，渴飢兩忘。實相圓通，無物不容，悟其本空。玄徵肇胎，涉彼五臺，樓閣門開。南粵北湖，方衣圓顱，水赴雲趨。無間儉豐，香積之充，且妥其躬。其名上聞，便蕃宸恩，來自帝閽。於赫皇明，遣使奉迎，館于神京。龍文成章，日晶月光，鬱其寵榮。叶。四衆所依，胡不寧茲？而亟其歸。泰山崔崔，一旦其頹，靡人不哀。有崇者岡，白虹吐芒，舍利之藏。

宋文憲公全集卷十一終

宋文憲公全集卷十二

西天僧撒哈咱失理授善世禪師誥

大雄氏之道，以慈悲願力導人爲善。所以其教肇興于西方，東流於震旦，歷代以來，上自王公，下逮士庶，無不歸依而信禮之，其來非一日矣。欲使其闡揚正法，陰翊王綱，非擇其人，曷稱兹任？爾撒哈咱失理生於西域，樂嗜佛乘，纏結頓空，冥心契道。邇者不憚山川險阻，直抵中華，衝大磧之埃氛，度流沙之莽蒼，其志可謂堅且確矣。朕嘉其遠誠，特加以「善世禪師」之號，爾尚靈承佛敕，救濟群生。冥頑而怙惡者，爾推報應之説以導之；貪嗔而敗事者，爾舉恬寂之行以啓之。庶幾符能仁之本願，協大道之至中，則予一人爾嘉，爾其懋哉！

和林國師孕兒只怯列失思巴藏卜授都綱禪師誥

浮圖之教，入中國者千三百年。其徒衆之繁，刹寺之廣，不設長以統制之，則其道不肅，其法不嚴，非所以示尊崇之意。爰選良材，用符善道。爾孕兒只怯列失思巴藏卜，生鄰佛土，尊禮碩師，其於三乘教法，想已聞之熟矣。以西土之人，長西方之教，孰謂非宜？今特命爾爲都綱副禪師，統制天下諸山。爾尚精勤弗怠，蚤夜孜孜，體如來之願力，化導有情。頑者，繩之爲良；惡者，禦之爲善。其與俱生吉祥，相爲表裏，共闡正宗。庶幾陰翊王度之功，於是乎在。爾其懋哉！

饒氏杏庭記

臨川曾先生旦，初助教成均，嘗以其鄉友饒君孟持《杏庭記》爲請。予年踰六望七，精神衰耗，四方求文者接踵于門，心極厭之，則作而固辭。先生之請，至六七而不倦。予以先生有學之士，其言之勤如此，意必有所屬，因詢其詳。

先生曰：「孟持故詩書家，其先祖手植文杏一章於所居之西，兵燹之餘，風枝露幹，屹然蒼烟中，疑有百靈呵衛之者。孟持因樹亭其側，名曰『杏庭』。然孟持之意，非以爲觀美也，唯汲汲乎先祖是思。當春陽和煦，生氣鬯達，自本而末，咸周流而無間，則思其與道爲體，精神發舒，無往而不在也；秋高氣清，葉脱而色不澤，所謂歸根復命，返於沖漠，則思其順時斂藏，不誇能，不矜寵也。朝露其沐，浥乎其容，則思其盥漱而興，正衣冠而屹立也；夕飈作凉，泠然其音，則思其出坐中堂，若誨語之初聆也。一動静、一云爲之間，見杏則如見其先祖焉。所以聳動其心志，警戒其昏惰者，大有資於學功。視彼拈葩摘豔以爲耳目娛者，其可同日語哉？此誠有關於彝倫之重，不避再三之瀆，職此故也。」

予聞之，歎曰：「孟持亦可謂孝子矣乎？昔者，召伯循行南國，以布文王之政，或舍甘棠之下，其後人思其德，尚愛其樹而不忍傷，矧先祖手所親植者乎？宜乎孟持之不能忘也。孟持不忘於杏且如斯，則夫手澤之在書，口澤之在桮棬，其所感，又當何如哉？孟持可謂孝子者矣。雖然，遠取於物，不若近取諸身。孟持之身，内而心膂，外而髮膚，非先祖一氣之所分者乎？一氣之所分，則是身乃先祖之有也。葆嗇失宜，非孝矣；登高臨深，非孝矣；言行弗擇，非孝矣；忠節有爽，非孝矣；涖事不勤，非孝矣。孟持可不慎乎？雖然，杳一物耳，孟持以先祖手植，如或見之，則其於身，殆有不言而喻者矣。予之云云不置，無乃過於思慮矣乎？」

先生曰：「子之言善，不專爲孟持頌，且有規焉。苟以此意爲記，不徒作矣。」予遂不辭，次第其語而歸之。

孟持名盈，清修雅操，讀書而嗜文。薦紳之間，翕然稱之爲君子儒云。

莆田林氏重建先祠記

莆田縣東二十里，有山曰穀城，岡巒秀拔，林樾蒼潤。其下匯爲巨浸，號國清湖。在昔盛時，一望杳渺無際，而波濤吞吐於風日雲月之間，真勝絶之境也。

唐忠臣邵州刺史林蘊之裔大理評事某，始自長城徙居湖上。五傳爲睦菴府君格，以積慶力本造家。又再傳爲承奉郎國鈞，其族寖大。承奉府君於艾軒文節公光朝爲諸父行，迺建義齋於東井，命艾軒爲之師，倡明道德性命之旨。遐邇生徒雲赴川臻，唯恐或後。東井之學，遂聞于天下。林氏子若孫，亦世擢進士第，克守詩禮之訓，彌久而彌光。

其先祠舊在浣錦社者，蓋以睦菴爲之

宗。睦菴三子：長曰諱某府君，名鼻頭房；次曰諱旃府君，名追遠房；次曰諱遷府君，名白沙房。至今垂十五世，二百人之多，皆三房之後也。於是列爲神版者五，高四尺，博一尺有八寸。下設趺座，用粉塗而玄書之。其版中起於大理祖父，逮睦菴三子而止。左右則追遠，西則白沙，東則鼻頭。凡三房之後，其物故者，輒升名其間。當日南至，群族相帥合祭。其小宗有事於四世，別各行之於家。歲旦則展謁，舉序拜之禮。若冠，若昏，若宦學出入，悉於此而告焉。

諱遷府君九世孫比部主事衡，患祠之規制卑狹，不足以交神明，乃與從子原謀，❶共白於宗長伯濟而改圖之。即大理故宅之基，建屋三楹間，敞以外門，俾族之賢者司其啓閉。經始於元至正戊戌冬十二月壬寅，訖功於明洪武庚戌冬十一月某甲子。群族皆出泉布來助，而曰曾恕、曰寶、曰天禧者爲多。相地計功，終始其役，則維卿之力也。初，睦菴在宋初時已置祭田，自後累增至於二千畝有奇，故烝嘗之禮，視他族爲特豐。元季亂離，始不能以自守。衡大懼族散宗堙，無所繫屬，既汲汲先祠之建，復徵濂文以昭示於後。

嗚呼！先王之時，立宗法以統其屬，定廟制以嚴其分。制有隆殺，毫髮之莫踰；宗有大小，條序之不紊。所以維持人心，匡扶治道者，其事至詳且密也。逮乎後世，經殘教弛，漫焉而弗之講。曾未四三傳，已藐若秦越之相視。當是時也，有能以義起禮，因祀事而崇孝敬，雖於古者未能盡合，寧不爲君子之所取乎！此濂於衡之

❶「原」，張本作「厚」。

請，不敢固辭而亟稱之也。

濂聞莆陽多名族，冠衣濟濟，讀書之聲相聞，貴名檢而賤浮侈。以此見艾軒之教，浹人之深；而承奉府君建學之功，及今猶未泯泯。孰謂賢者之澤，不悠且長哉？《詩》曰：「高山仰止，景行行止。」三房之嗣人，尚思勗焉可也。衡字士衡，通經而有文，爲名進士云。

孝思菴記

錢塘王生驥，年二十，即以《春秋》預薦浙江鄉闈。既貢南宮，廷議喜其尚少，以大器期之，俾肄業成均中。未幾，詔左御史大夫汪公、右御史大夫陳公，妙柬俊英爲諸王伴讀，生獲選入吴府。予時以學士兼太子贊善大夫，生因從予游。

一旦，傳旨命群儒造《縱豢鶴文》，生操觚立就。予爲進呈，上親讀一再過，喜曰：「是子辭簡而意暢，才氣皆佳。」及日將南至，大祀于圜丘，上復命群臣賦七言律十二韻，冠以三百言序。諸老生或難之，生與烏傷黄昶先成，親跽讀御榻前。上聽畢，尤加獎勵云。

生初從予學治經，兼攻文辭。未幾，大進於前。薦紳先生亟稱之，無異言。予亦愛之甚，謂其堪紹文脈也。因叩其家世之詳。驥曰：其先系出于周，有敬宗者，爲周司徒，時人號曰王家，因以命氏。至秦武成侯離，生二子，曰元，曰威。元避秦居琅邪，後徙臨沂；威遷太原之廣武。由是王氏有太原、琅邪二族。晉丞相導，出琅邪後，時家於江左，其裔孫有居睦州桐廬者，曰煦，仕唐爲和州刺史，生肅清主簿淘。淘生耕，避五代亂，以文行稱，周乾化中，仕吴越，官至烏程倅。烏程之弟宋錢唐令昳，遂居虎林山中，實驥之十五代祖也。驥之高祖父諱某，曾祖父諱植，皆以力本尚義見稱，鄉人多德之。祖父名暹，字子愚，錫號爲明誼處士。生先君諱常，年三十出游番禺，不幸客死。時驥始七歲，無所識知，賴大父鞠育教訓，以克至有今日。先是，大父嘗圖地於西湖北山之間，曰駝獻嶺。嶺有三奇石，怪松根蟠其上，鬱然可觀。大父既預爲壽藏，且曰：「此新兆也，吾敢居其首乎？南山梯子嶺，先世數大墓存焉，年遠不敢遷，倣古者葬衣冠之義，斲木爲主，書吾父名諱瘞其中。他日吾則祔其旁，構菴廬三楹間，顔之曰『孝思』，示後世不忘其先也。」驥聞而識之。久欲以菴記爲請，先生脩史事嚴，不敢有所聞。每念驥來南京時，大父挈驥拜曾大父墓下，慨然曰：「爾能頗知讀書，以亢吾宗，非我之功，實祖宗之澤是賴。爾出於千里外，慎毋忘孝思也。」驥尤不能置于懷，願先生嘉惠之。

孝思之説，其見諸傳記者不一而足，非止乎《詩》也。然其所謂孝者，立身揚名，使天下之人皆曰「王氏有子」，豈不爲孝之大者乎？若規規不離乎親側，號諸人曰「我能養，我能養」，而父母之名，雖同里閈亦若無聞知，如此而爲孝，將焉用孝乎？今生始加冠巾，輒被薦乎鄉，入侍藩王，以文辭上簡帝心，其榮可謂至矣。榮之至者孝之篤。他日位益顯，名愈揚，使生者受封爵，殁者膺貤典，則生之孝，又爲何如哉？是則孝思之義已，庸非生之大父所深望者乎？予與生有師友之義，爲記其菴，故不以頌，而以規。

西甌黄氏家牒記

黄本陸終之後，受封於黄，若《春秋》所書「黄人」是也。其後爲楚所滅，散居江淮間，以國爲氏。在宋之季，有諱定者，家揚之六合，爲兵馬副都監。元兵攻揚，定同大將與之鏖戰，敗績，挈妻孥踰濤江，居處之龍泉。會襄愍公唆都帥師攻處，定復隨州兵出戰，至九里潭，力屈就擒。唆都命褫其衣，反接于樹，彎弓而向之曰：「速降，速降！不降，矢貫汝心矣！」定毅然弗爲動。定季女南金聞之，獨泣曰：「女子緩急無用，理誠不誣。妾雖不才，忍見父入鬼籙乎？」乃脱簪珥，蓬首垢面，走馬謁唆都，曰：「將軍平江南，一才一藝宜不忍棄，妾父有大將之略，奈何寘之死地？即死，愈堅他敵心，於將軍甚無益也。故妾含耻來言，將軍苟不聽，妾請與父同死，誓不獨生也。」唆都義之，即命釋其縛，俾隸麾下，同掠地閩中，權授忠武校尉建寧路下千户，且命統精兵擊延平之沙縣。定歎曰：「吾宋臣也，不能死，其顙有泚矣！奈何加兵向之？」乃引疾固辭，寓建寧之甌寧，將終老焉。後五年，復擢泗州五河縣尹，階承務郎。未及代，又棄官歸，以壽考終，葬城南蓮華池上。

定娶某郡連氏，生四子：世部，世衡，世得，世虎。世衡，郢復翼總把。總把，軍職也。世虎有勇力，能以手握巨竹破之。世衡獨有後，餘皆無傳。世衡亦娶連氏，生三子：義夫，老柱，細良。殁葬壽山之原。義夫字世忠，娶建安陳善足，生四子：同壽，衆嘉，如滿，普保。殁葬聖佛壇之岡。

同壽、衆嘉蚤夭。如滿字子謙，娶建安張𤫊，生四子：仁，義，智，貴。仁字淵静，以《易經》舉鄉貢進士，名列第四，以温純能詞章，選爲太常贊禮郎，階將仕佐郎。娶泰州張蕙。義字永宜。智夭。貴字用和，王氏出也。普保字居德，年十六，郡庠私試，輒先列。已而深通《易經》，應書鄉闈，遂有薦于朝者，授忠州酆都丞。娶某郡張淑壽，生二子：炳，烔。炳蚤夭。老柱好武藝，娶某氏，生一子，間，其所習如其父，殁于軍。細良娶某氏，生一子某。

初，義夫既殁，如滿八歲，普保四歲，家事絶艱辛。陳氏以黄乃宦族，冰雪自守。越五年，其外伯父馮翁力奪其志，適里之同姓黄清，字寒潭，實桂甫之子，宋孔目官某之孫。鞠育二子，擇名師傅授以《詩》《書》，不翅親父。二子亦感其恩，能孝養之，生事葬祭，終身無違者。清之弟淨，既生子珉，珉復生子福慧矣，孔目之宗當不墜。如滿乃還奉五河君之祀。其子仁，嘗從予學明經。間脩其家牒，使後人有所於考，請予序之。

予聞氏族之學，昔人所甚重，所以明同異，辯親疏，别是非也。蓋氣血相貫，喘息相通，唯正系之傳則然。儻以他氏參之，此即莒人之滅鄫，不可不慎也。寒潭固同姓，其家承胤既有其人，子謙之自禰其父，斯近禮已。況五河君以武顯，而居德及仁方以《詩》《書》起家，易武以文，尤可見能亢其宗者，其顯融蓋未艾也。故弗辭而爲之記。《詩》有云：「子子孫孫，勿替引之。」黄氏之後人，益思其自慎者哉！

重榮桂記

廬陵周氏，奕葉以書詩爲業。有字孟聲者，與其子學顔，皆以文鳴薦紳間。故廬在吉水之泥田邨。門墉之内，桂樹一章，扶疏而離褷，晝日成陰，縱衡可二畝，遠望之，童童若車蓋然。元至正壬辰，紅巾盜起，廬舍皆化爲煨燼，桂亦焚死，剪取其枝柯爲薪，唯榦獨存。越五年甲申，桂忽發緑芽膚間，已而怒長，不數年間，蓊鬱若雲布。東南有小桂者二，亦壞於兵，至是萌蘖出自根柢，枝葉沃如也。

閭師里尹過之，戟手指曰：「此非祥也，妖也。物反常則爲妖。烈火之所焮炙，津枯于内，枝焦于外，生意安能貫之？生意不貫，而萌蘖惡乎生？苟謂其生爲祥，則倒竪之槐，僵起之柳，不亦祥之大者歟？」或曰：「非也，此祥也。天地之間，有開必先，其機之動，間不容髮。萊公之感，插竹生筍；田氏之聚，枯荆再華。蓋草木最得氣之先者也。大化流衍，占盛衰者，每於斯觀其兆焉。唐人以擢第者爲折桂，此殆周氏科目之徵乎？」二者之論，久未有所定。國朝洪武庚戌，學顔之子仲方，以明經舉于鄉。會試南宫，除侍儀使，出爲中牟令，以政事聞。然後始知桂之重榮，非爲妖也，實祥也。

予嘗聞之，人事之與天道，誠相表裏。有感必有應，始終循環無窮。今以兹桂徵天而驗人，其祥固無疑者。然而君子之論，祥當在人，不可使物得以專之。仲方益率德勵行，使德馨遠聞，既以華其躬，又以壽其後人，周氏之興，其殆未艾也歟？係之以詩曰：

維桂之良，其色中黄，其氣苾芳。有士治經，藝之于庭，比德之馨。帕額執殳，來爇我廬，桂亦變枯。榣翳屹然，自踵至顛，氣絶弗聯。胡彼緑苞，怒長如毛，有華其膏？日益以崇，車蓋童童，敷陰正濃。大化絪緼，何屈不伸，瑞應之純。孰讙孰呶，爲祥爲妖？匪德曷要！德將何徵？搴其芳榮，以契其貞。天昌其家，悴而復華，厥兆孔嘉。勿翦勿傷，是培是封，沃以靈漿。君子有云，瑞當在人，其福乃臻。我陳我詩，其辭則卮，匪頌以規。

洪武聖政記序

自古帝王創業垂統，方有事于征伐，而於彌綸天下之治具，勢或未遑及。其大統既集，亦不過振厥宏綱，而萬目未盡舉焉。如漢之高帝，得國最正，雖曰算無遺策，而施之政令，猶乏精詳。故史臣贊之，亦但云「規模宏遠」而已。夫以高帝之雄傑尚如此，則其餘從可知矣。

洪惟皇上，以布衣受天命，蓋與高帝同。雖當開拓土疆之際，停戈講藝，息馬論道，夜以繼日，無一時之寧。迨夫正天位，朝萬國，孳孳圖治，恒若不足。於是綱舉于上，目備於下，誠有非高帝所可及。是故郊廟以及百神之祭，禮文咸秩，則祀事嚴矣；御極之日，即立儲位，以正青宫，則大本定矣；衆建諸王，列封功臣，則大分昭矣；兵戎之衆，自京師達于郡府，率皆設衛，權一出於朝廷，而爲將者不得私，而軍政肅矣；中外官有定制，一革冗濫之弊，而倖位絶矣；冠服有别，防範有嚴，而民志自定，無僭侈矣。他如申禁令，覈實效，育人才，優前代，正禮儀之失，去海嶽之封，嚴宮壼之法，勵忠節之訓，剗積歲之弊，如斯之類，不一而足。或前王所未行，或行之有未至者，皆煥然有條，可以垂法後世。此其故何哉？蓋自近代以來，習俗圮壞，殆將百年。而天生大有爲之君，首出庶物，一新舊染之俗，與民更始。是故睿思所斷，動契典則，度越千古，咸無與讓。此正所謂錫勇智而正萬邦也。

臣備位詞林，以文字爲職業，親見盛德大業，日新月著。於是與僚屬謀，取其有關政要者，編集成書，列爲上下卷，凡七類，合若干條，名曰《洪武聖政記》。然而天之高明也，萬物莫不覆焉；地之博厚也，萬物無不載焉；聖人之作也，萬物咸興欣覩焉。故凡金科之頒，玉條之列，著之於簡書，刻之於琬琰，傳之於聖子神孫者，將與天地相爲無窮。《書》曰：「惟天聰明，惟聖時憲。」《詩》曰：「貽厥孫謀，以燕翼子。」此之謂矣。其所以致四海雍熙之治，比隆於唐、虞、三代者，豈不在於茲乎！豈不在於茲乎！臣不佞，請以是序于篇端，極知僭踰，無任隕越之至。

洪武正韻序

人之生也則有聲，聲出而七音具焉。所謂七音者，牙、舌、脣、齒、喉，及舌、齒各半是也。智者察知之，分其清濁之倫，定爲角、徵、宮、商、羽，以至於半商、半徵，而天下之音盡在是矣。然則音者，其韻書之權輿乎。夫單出爲聲，成文爲音。音則自然協和，不假勉彊而後成。虞廷之賡歌，康衢之民謠，姑未暇論。至如《國風》《雅》《頌》四詩，以位言之，則上自王公，下逮小夫賤隸，莫不有作；以人言之，其所居有南北東西之殊，故所發有剽、疾、重、遲之異，四方之音，萬有不同。孔子删《詩》，皆堪被之絃歌者，取其音之協也。音之協，其自然之謂乎。不特此也，楚漢以來，《離騷》之辭，郊祀、安世之歌，以及於魏晉諸作，曷嘗拘於一律，亦不過協比其音而已。

自梁之沈約拘以四聲、八病，始分爲平上去入，號曰《類譜》，大抵多吴音也。及唐以詩賦設科，益嚴聲律之禁，因禮部之所掌貢舉，易名曰《禮部韻略》，遂至毫髮弗敢違背。雖中經二三大儒，且謂承襲之久，不欲變更。縱有患其不通者，以不出於朝廷，學者亦未能盡信。唯武夷吴棫患之尤深，乃稽《易》《詩》《書》而下，逮于近世，凡五十家，以爲《補韻》。新安朱熹據其說，以協三百篇之音。識者雖或信之，而韻之行世者猶自若也。嗚呼！音韻之備，莫踰於四詩。《詩》乃孔子所删，舍孔子而弗之從，而唯區區沈約之是信，不幾於大惑歟？

恭惟皇上，稽古右文，萬幾之暇，親閲韻書，見其比類失倫，聲音乖舛，召詞臣諭之曰：「韻學起於江左，殊失正音。有獨用當併爲通用者，如東冬、清青之類；亦有一韻當析爲二韻，如虞模、麻遮之屬。如斯之類，不可枚舉。卿等當廣詢通音韻者，重刊定之。」於是翰林侍講學士臣樂韶鳳、臣宋濂，待制臣王僎，脩撰臣李叔允，編脩臣朱右、臣趙壎、臣朱廉，典簿臣瞿莊、臣鄒孟達，典籍臣荅禄與權、臣孫蕡，欽遵明詔，研精覃思，壹以中原雅音爲定。復恐拘於方言，無以達於上下，質正於左御史大夫臣汪廣洋、右御史大夫臣陳寧、御史中丞臣劉基、湖廣行省參知政事臣陶凱，凡六謄稾，始克成編。其音諧韻協者併入之，否則析之，義同字同而兩見者合之，舊避宋諱不收者補之，註釋則一依毛晃父子之舊。勒成一十六卷，計七十六韻，共七十萬言。書奏，賜名曰《洪武正韻》，敕臣爲之序。

臣濂竊惟司馬光有云：「備萬物之體用者，莫過於字；包衆字之形聲者，莫過於韻。」所謂三才之道，性命道德之奥，禮樂刑政之原，皆有繫於此，誠不可不慎也。古者之音，唯取諧協，故無不相通。江左制韻之初，但知縱有四聲，而不知衡有七音，故經緯不交，而失立韻之原，往往拘礙不相爲用。宋之有司，雖嘗通併，僅稍異於《類譜》，君子患之。當今聖人在上，車同軌而書同文，凡禮樂文物，咸遵往聖，赫然上繼唐虞之治。至於韻書，亦入宸慮，下詔詞臣，隨音刊正，以洗千古之陋習。猗歟盛哉！雖然，旋宫以七音爲均，均言韻也。有能推十二律以合八十四調，旋轉相交，而大樂之和亦在是矣。所可愧者，臣濂等才識闇劣，❶無以上承德意。受命震惕，罔知攸措。謹拜手稽首，序于篇端。于以見聖朝文治大興，而音韻之學悉復於古云。

大明日曆序

洪武七年，歲在甲寅，夏五月朔日，新修《大明日曆》成，粤從皇上興臨濠，踐天位，以至六年癸丑冬十又二月，凡戒飭之諄複，征伐之次第，禮樂之沿革，刑政之設施，

❶「識」，原誤作「職」，今據張本改。

群臣之功過，四夷之朝貢，莫不具載，合一百卷，藏諸金匱，副在祕書。甲寅以後，則歲再修而續藏焉。

嗚呼！惟天立辟，惟辟奉天。其能混合三光五嶽之氣者，蓋可數也。然挺生於南服，而致一統華夷之盛，❶自天開地闢以來，惟皇上爲然，其功高萬古，一也。元季繹騷，奮起於民間以圖自全，初無黄屋左纛之念，繼憫生民塗炭，始取土地群雄之手而安輯之，較之於古如漢高帝，其得國之正，二也。平生用兵，百戰百勝，未嘗摧衄，以至繼天出治，經綸大經，皆由一心運量，文臣武將不過仰受成算而已，其獨稟全智，三也。欽畏天地，一動一靜，森若神明在上，及至郊祀，存於心目，有赫其臨，甚至不敢仰視，惠鮮小民，復恐一夫不獲其所，貪墨吏及豪黠之徒有加害者，必威之以刑，其敬天勤民，四也。后妃居中，不預一髮之政，外戚亦循理畏法，無敢恃寵以病民，寺人之徒，惟給事掃除之役，此皆古昔所深患，今絶無之，其家法之嚴，五也。兵戎，國之大權，悉歸之於朝廷，有事征伐，則詔大帥佩將印領之，暨旋，則上章綬，歸士卒，單身還第，其兵政有統，六也。嗚呼！帝力難名，度越前王，不可以一二識也。今《日曆》所書籌略之運，功業之著，規模之宏遠，其本蓋原於此矣。

然而史事甚重，古稱直筆，不溢美，不隱惡，務合乎天理人心之公。無其事而曲書之者，固非也；有其事而失書之者，尤非也。況英明之主不世出，而記注之官遷易不常，無以究夫聖德之高深。臣同暨濂，幸

❶「一」，原脱，今據張本補。

獲日侍燕閒十有餘年。知之深，故察之精；察之精，則其書也，頗謂得其實而無愧。兹因《日曆》成書，謹揭其大要於首簡，使他日修實録者有所採掇，庶幾傳信於千萬世也。

其總裁官翰林學士承旨、嘉議大夫、知制誥兼脩國史兼吏部尚書臣詹同，翰林侍講學士、中順大夫、知制誥、同修國史兼太子贊善大夫臣宋濂，催纂官翰林侍講學士、嘉議大夫、知制誥、同脩國史臣樂韶鳳，纂脩官禮部員外郎臣吴伯宗，翰林編修臣朱右、臣趙壎、臣朱廉，儒學教授臣徐一夔、臣孫作，布衣臣徐尊生，其讎校謄寫則臣伯宗、臣廉，及鄉貢進士臣黄昶，國子生臣陳孟暘，開局於六年九月四日，歷二百六十有五日始訖事云。❶

上虞魏氏世譜序

濂居浙河東，嘗聞上虞魏氏爲簪纓大族，其先蓋出於唐鄭國文貞公徵之裔。公居鉅鹿，生禮部侍郎叔璘。侍郎生武進縣令政，始自鉅鹿遷居會稽之山陰。武進生邠州録事參軍珍。參軍生莫州司馬明，復自山陰徙居餘姚之蘭風。司馬生石首縣令實，實生廬陵尉溑，溑生憲，憲生章，章生克敬，克敬生惟賢，惟賢生績，績生塤，塤生昶，昶生和，和生傑，傑生有聲，有聲生義，義生安珣。凡歷世一十又二，雖不與仕籍，而能脩明禮義，蔚爲鄉之望宗。安珣生宋從政郎良瑞。從政生紹興府學録亨之，復

❶ 篇末，張本有「臣濂謹序」四字。

自蘭風徙居上虞之龍山。學録生迪功郎監婺州東陽縣酒税震龍。監酒生文炳，文炳生壽延，壽延生鎮。此其傳系可見之大略也。

初，侍郎實生二子，武進與汝陽縣令殷武也。汝陽爲北祖，至四世孫司空蓍，遂相宣宗。武進爲南祖，孫子甚多，如上所書之外，而明之鄞，台之臨海，比比有之，而在上虞者爲最盛。一門之内，惇禮樂而説詩書，由是四方才士大夫慕豔其聲華，無不自遠而至。當其園亭勝集，雅歌投壺，酣觴淋漓，誾誾然和洽，亹亹然旅語，或不知夕陽之在樹也。故鄉之論閥閲者，一則曰魏氏，二則曰魏氏云。

然而歷代以來，名門右族若金、張，若許、史者，蓋亦多矣，未數傳間，或至於殄絶宗胤，即不絶，亦降于皂隸，有不勝感慨者矣。魏氏自文貞至鎮，已二十又五傳，其遺風餘烈猶能不廢者，其故何哉？蓋文貞之事唐，立心忠藎，奏疏剴切，凜乎有三代遺直之風。德厚者其流長，其效固應爾歟？鎮能孳孳弗怠，詳譜其所自出，粲然有條而不紊，豈不誠賢者歟？

雖然，氏族之學尚矣！古者有世卿大宗之法，得以伸其敬宗之義。至於定世系，序昭穆，又有小史以掌之。故其盛衰有徵，而親疏備見也。古法既廢，唯宰相家得著世系表於史册，猶可髣髴見其遺意。若鎮之爲，其亦可謂有所本歟？魏氏之孫子幸襲藏而續書之，公侯子孫必復其始，他日焉知無文貞之出者歟？

鎮請户部郎中求序其首簡，不揣蕪陋而備著之。鎮字士圭，有學有文者也。

送魏知府起潛復任東昌序

皇帝奄有九圍，宵衣旰食，以治安蒼生爲務。凡守令滿三載者朝京師，詔銓曹考核治行，其昭著者皆復舊職，命儀曹燕饗之。或遇有事郊社，令被盛服，從公卿大夫之後，以與祀事。上之意，以爲能勤民，方可以對越明神，蓋異數云。

當是時，桐廬魏君起潛，自尚寶丞出守東昌，三年政成，來覲闕下，有旨俾復治東昌。蓋東昌古博州，今轄二州一十六縣，正當燕齊要衝。會大將軍徐公統十萬雄師北征漠北，屯駐州境者三月，起潛給舟車芻糧，皆無乏絶。兼能撫輯創殘之民，既煦嫗之，又從而勞來之。和氣所召，鄰郡蝗大集，賊稼殊甚，而郡獨亡害。起潛之來朝也，民爭攀轅卧轍，有至泣下者。嗚呼！此豈可以聲音笑貌爲哉？使其復往治之，宜也。

予見起潛之還也，垂髫之童，群然迎拜馬前曰：「我使君來也！我使君來也！脱若我使君不來，饑孰兒哺，寒孰兒衣乎？」黄髮鮐背之翁，寬衣博帶相與聚首而言曰：「吾郡自兵燹之後，呻吟於灌莽之中，暴露於風雨之夕，今使君闔廬乎我矣，生死肉骨乎我矣，奈何一旦去之？吾儕小人欲傚河内之借寇恂，蠛蠡姓名，不能上干天聽，幸賴聖天子明見數千里外，復以使君惠我加我，幸莫大焉。」予知必簞食壺漿爭迎於道周矣。巖谷之士，方外之徒，聞起潛之至，亦必歎曰：「我等在山林，槁項黄馘，固無求於世。然必無撓我，無魚肉我，始得遂其恬淡之性。使君之重來也，吾等其安於所處乎。」夫然，故起潛事書於信史，名流於方今矣。

雖然，靡不有初，鮮克有終，起潛宜益加敬畏之。所敬者何，天也；所畏者何，民也。一民銜冤，天爲垂象，君子蓋甚懼之。起潛能如是，則功澤益深，令聞長世，不止如今日所稱而已也。抑予聞漢法，郡守皆久任，欲其與民休戚之相繫也，非惟增秩賜金。故或自丞相出膺郡寄，或從方州入秉鈞軸，載之方策，班班可考也。欽惟聖朝，取法前王，其久任之意，實異世而同符。有善者必旌褒，有功者必超擢。起潛他日之所至，宜未可量也。起潛尚勗之哉！❶

送戴原禮還浦陽序

醫之爲道，至矣！故《周官》有「疾醫」，視萬民四時之病，春之痟首，夏之痒疥，秋之瘧寒，冬之嗽欬、上氣，皆分而治之，驗其狀而制其禄，甚爲不輕也。後世官寖失職，故於其術，每擇之不精。有人於此能合於古者之道，豈不猶空谷足音之可喜者乎！如吾同縣戴原禮氏是已。原禮生儒家，習聞《詩》、禮之訓，惓惓有志於澤物。乃徒步至烏傷，從朱先生彥脩學。先生見其穎悟倍常，傾心授之。原禮自是識日廣，學日篤，出而治疾，往往多奇驗。予請得而詳道之。

原禮從叔仲章，六月患大熱，面赤口譫語，身發紅斑。他醫投以大承氣湯而熱愈極。原禮脈之，曰：「左右手皆浮虛無力，非真熱也。張子和云『當解表而勿攻裹』，

❶ 篇末，張本有「是爲序」三字。

此證似之，法當汗。」遂用附子、乾薑、人參、白术爲劑，烹液冷飲之，大汗而愈。

檇槪方氏子婦，瘧後多汗，呼媵人易衣，不至，怒形于色，遂昏厥若死狀，灌以蘇合香圓而蘇。自後聞人步之重，雞犬之聲，輒厥逆如初。原禮曰：「脈虛甚，重取則散，是謂汗多亡陽，正合經意。」以黄芪、人參日補之，其驚漸減，至浹旬而安。

松江諸仲文，長夏畏寒，身常挾重纊，食飲必熱如火方下咽，微温則嘔。他醫授以胡椒煮伏雌之法，日啖雞者三，病逾亟。原禮曰：「脈數而大，且不弱。劉守真云『火極似水』，此之謂矣。椒發陰經之火，雞能助痰，秖以益其病爾。」以大承氣湯下之，晝夜行二十餘，頓減纊之半。復以黄連導痰湯益竹瀝飲之，竟瘳。

姑蘇朱子明之婦，病長號數十聲，暫止，復如前，人以爲厲所憑，莫能療。原禮曰：「此鬱病也，痰閉於上，火鬱於下，故長號則氣少舒。經云『火鬱則發之』是已。」遂用重劑涌之，吐痰如膠者無算，乃復初。

欒原忠妻，亦蘇人，因免乳後病驚，身翩翩然如升浮雲之上，舉目則室廬旋運，持身弗定。他醫飲以補虛治驚，皆不驗。原禮曰：「左脈雖芤且澀，神色不動，是因驚致心包絡積汙血爾，法宜下之。」下積血如漆者一斗，即愈。

留守衛吏陸仲容之内子病熱，妄見神鬼，手足瞤動，他醫用黄連清心湯，不中。原禮視之，曰：「形瘦而色不澤，乃虛熱耳。法當以李杲『甘温除大熱』之法爲治，即經所謂『損者温之』者也。」服人參、黄芪而安。

他若此者甚衆，予備聞賢士大夫恒言之，今不能悉數也。嗚呼！有人如此，可不謂之合於古道者乎？

夫醫之爲道，本於《素問》《内經》，其學一壞於開元，再壞於大觀。習俗相仍，絶不知究其微指。唯執一定之方，類刻舟而求劍者。人訾之，則曰：「我之用此，不翅足矣，又惡事《内經》爲？」宋之錢仲陽獨得其祕於遺經而擴充之，金之張、劉、李諸家，又從而衍繹之，於是《内經》之學大明。劉之學，朱先生得之最深，大江以南，醫之道本於《内經》，實自先生發之。原禮乃其高第弟子，其用心也篤，故造理爲特精；其傳授有要，故察證無不中。亦可謂賢也已矣。近來京師薦紳之家無不敬愛之，服其劑者，沉疴豁然如洗。或欲薦爲醫官，辭不就。遂賦詩以餞其東還，且請予爲序。❶

昔者，司馬遷作《倉公傳》，載其應詔所對，自齊御史成至公乘項處，凡二十有三，書治病之狀甚具。予倣此義，稍陳原禮療疾奇中者，繫之首簡，并告《周官》疾醫四時治證之概。世之知言君子，必有所擇焉。原禮之從父能軒翁，予之同志友也，幸以予言質之。

送甘肅衛經歷張敏行之官序

長安張敏行，至正癸卯進士也。入國朝以來，部使者薦起之，擢爲翰林典籍。時四庫之書多藏文華堂，堂在禁中，舊爲諸俊秀肄業之所，抵奉天門不百武，車駕嘗幸臨之。敏行蚤趨朝已，即危坐堂中。中使或傳宣索書，即啓鑰以上。如是者二年，雖得時近日月之光，然未暇謁其氏名。

❶「且」，原作「自」，今據張本改。

一旦，上御東房，遥見敏行委蛇入堂，召而前，問勞備至。且曰：「爾能詩乎？」對曰：「臣雖不能，願學焉。」乃命之題，敏行研墨濡毫，跪寫以進。上覽畢，悦曰：「詩甚佳，北産如爾者，誠鐵中之錚錚也。」由是日承顧問。見其性秉忠慤，可任以事，特命爲甘肅衛經歷。賜内府白金五十兩，錢一萬二千文，以寵其行。凡所與游，皆爲賦詩。

予時侍講禁林，送至都門外，執爵立而言曰：「甘肅在漢，爲酒泉爲張掖等郡，初因張騫言，建置城府，稍發徙民充實之，隔絶西域而斷匈奴右臂。當時匈奴悍彊，西域未盡服，故其策不得不爾也。今皇明在御，天威所至，如雷如霆，西域諸戎稽首稱臣者接踵道路。而元君遺胤奔竄沙漠，粗存喘息，惴惴自保，孰敢持一矢東向？非漢比也。聖天子特念生靈久罹兵燹，不得以自寧，設衛寘屯，一以備不虞，一以招懷創殘之民，其責亦甚重也。敏行亦知其所以重乎？於斯行也，當導宣上德曰：『吾皇一視同仁，罔間南朔，夙夜唯爾民之憂。恐爾寒也，使來授爾裘；慮爾餒也，俾來給爾食；或無以耕，予爾牛；或無以獵，賫爾馬若弓。爾其寧哉！』氓縱曰愚，離水火而升衽席，云胡不樂？將見荷旃被毳者，于于而至矣。經歷，幕府之長，無所不當問。敏行宜以此報上，毋若翰林時，危坐咏詩而自逸也。他日贊畫成功，乘赭白馬，周流弔古，曰：『此霍去病擊匈奴處也，此公孫賀敗虜兵遺迹也。』挏馬湩滿壺，白眼望天而飲，醉後耳熱，發爲聲詩，以洩生平磊塊之氣。斯亦奇男子之事，敏行以爲如何？」敏

行喜曰：「先生之言至矣。」❶

贈何生本道省親還鄉序

世有恒言：閥閲之家，能守其田賦爲難。曰：「非難也，一愿款之人足以易之矣。」又以能保其閭廬，不失先人遺澤爲難。曰：「非難也，稍知承家之義，亦不致於覆墜矣。」又以能傳龜襲紫爲難。曰：「非難也，爵禄之來，雖曰有命，或可以倖致，初不可以定論也。」然則孰爲難？其在紹書詩之業，而有光前人乎？前人之嚅嚌道真，吾則兀然如嚼蠟丸；前人之立言契道，吾則瞠然如立土偶。縱使入有田廬，出膺膴仕，惡在其爲賢子孫也哉？吾於何生之事，不能無感焉。

生字本道，北山先生文定公諸孫也。先生當宋之季，侍宦臨川，獲從考亭高第弟子黄文肅公傳伊洛正宗之學。首喻真實刻苦之訓，繼聞浹洽四書之旨。積力既久，道凝德立。威嚴莫犯，有如泰山之干霄；和氣充牣，儼若陽春之煦物。故其學一傳爲王文憲公，再傳爲金文安公，三傳爲許文懿公。蟬聯散彩，焜燿後先。使吾婺爲鄒魯之俗，五尺之童皆知講明道德性命之學者，先生之功也。在他人，夙夜孜孜，欲儀刑其萬一，况其子若孫者乎？生嘗從事科舉之業，受鄉薦矣，會年始踰冠，上命肄業成均，此天之玉汝于成也。向使令試南宮，幸擢一第，即隨牒浮沈州縣間，而學不暇講矣。學未成而仕，寧不犯古之明戒哉？生今幡然改轍，惟乃祖之學是繼，斯善矣。繼之之

❶ 篇末，張本有「是爲序」三字。

道云何？心欲其大也，萬象無不涵也；理欲其精也，無一髮之不窮也；氣欲其平也，勿使粗暴之干也；形欲其踐也，毋徒爲空言以朁世也；文辭足以溺志也，非關名教，絶之而勿爲也；異端小道或可觀也，屏之斥之，唯恐蹈之也。如此，則庶幾乎近道矣。生其勗之哉！

生在成均，援舊比歸省二親，前御史中丞誠意伯劉公、參知政事陶公，嘉生有學而有文，首爲詩以華其行。而詞林胄監之英，記注給事之臣，郎官藩僚之賢，方外名德之士，又各分題聯什，而請予爲之序。

嗚呼！閥閱之家，賢子孫能紹書詩之業者，予不於生望之，而孰望之哉？生執經從予學者頗久，予故肆口極言之。若夫予告省親，❶孝子常事爾，茲可略云。

送鄧貫道還雲陽序

《周官》之制，以鄉三物教萬民，而賓興之。所謂三物，若六德、六行、六藝是也。六行之中，而婣居其一焉。釋者曰：「婣者，親於外親也。」夫人之生也，内則諸族，外則諸親。驩然有恩以相愛，粲然有文以相接，蓋一出乎彝倫之正。故賓興之際，特於此察其行焉。

嗟乎！世遠俗紛，古之道不明久矣，今於雲陽鄧貫道氏見之。貫道本儒家，富而好禮，御史大夫陳公之女兄實歸焉。當家居時，公與貫道無日不相親。或講論道德性命之奥，或品量古今人物之盛，以至雲

❶「予」，張本作「子」，韓本、傅本作「生」。

亭月榭，酣觴賦詩，以寫沖和之情，其樂殆驢如也。及元季兵興，所在皆繹騷。貫道避地巖谷間，深蟄而不出。公間關走江表，擇真主以爲依歸，自赴於風雲之會，名譽日起而勛業日盛。貫道之與公，不相見者二十有二年矣。洪武七年冬，貫道思公之切，歷湖湘，泛大江，直抵南京，欲與公胥會。公聞貫道之至，亦喜不自勝，出迎於龍江關。相與序兵火離合，問故舊存歿，悲喜交集，舉酒酹地，各私相欣慶。自是共周旋者且一月。

貫道以離家之久，翩然動歸興，有不可遏者。予因謂之曰：「夫自辛卯以來，龍虎雄争，塵霾翳昏，父子乎西東，戚姻乎北南，其别離之思，蓋有不忍言者。今也，六合清明，車同軌而書同文，水陸數萬里，山行水宿，無一髮蜂蠆之虞。有親婣在遐方者，不行則已，行則刻日可至。貫道亦知所以然之故乎？誠由帝德廣被，如天之覆，如地之載，蕩蕩乎難名，乃克致有是也。頗聞貫道富問學，能辭章，何以不稍攄所藴，以裨治化乎？」貫道則曰：「吾老矣，不能用也。」雖然，雲陽有紫微山七十一峰，森列如畫，秀氣甚磅礴也。自漢以來，爲侯封之邦。唐雖有肥遯之士，而無大顯融者。至陳公，始以正大廉平之學出佐明時，而足以當山川之勝。貫道之歸也，宜以公之事歷言於嵓穴抱道之士，且告之曰：『聖天子在上，可以出而仕矣。』」

予敬愛貫道篤親婣之義，故舉《周官》六行之一，序以贈之。詩自侍講學士樂公而下，凡十八人，分題爲九詠，古今詩各賦其一云。

鄭氏聯璧集序

磨勘司令鄭君思先，間謁濂禁林，從容言曰：「伯父杲齋先生，天分絶人，嘗矻矻窮經，再踐場屋，不合主司程度，遂棄去。遊浙河之左右，大肆其力於古文辭。久之，思如泉源，滚滚出不休，日試萬言，倚馬可待。大司徒楚國歐陽文公奇其材，欲薦之，會疾作而卒。先子曲全先生，幼喪二親，而賦性狷介，州里不能容。伯父時客授崑山，乃走就之。求四庫書疾讀，雖暑鑠金，寒折膠，不越户限。未幾，下筆爲文，皆循矩度。而不輕於毁譽，然剛毅忤物，人有不善，必折之，雖其面頸發赤，弗少貸。晚寓蘇之海虞，竟以坎壈終。惟二父負不世出之才，文名相埒，遭元季兵亂，不沾一命，竟捐館舍。而其遺文，將遂零落不傳。此思先日夜痛心而不敢自寧者也。伯父爲文，多不存稾，思先自童丱見輒録之，積二十春秋，得文百篇，古今詩四百八十首。先子之著作雖存，嘗自删焚，僅留三十篇文、百篇詩而已。於是合寫成書，釐爲一十四卷，題之曰《鄭氏聯璧集》，將鋟文梓以行四方，敢以首簡序文爲請。」

濂受而讀之，杲齋之文則氣韻沈雄，如老將帥師，旌旗火鼓繽紛交錯，咸歸節度。曲全之文則規製峻整，如齊魯大儒，衣冠偉然，出言不煩，曲盡情意。然皆有臺閣宏麗之觀，而無山林枯槁之氣。嗚呼！是亦可謂能言之士乎？昔夏侯湛與潘岳並美姿容，❶其行止之處，恒同輿而接茵，人謂之

❶「美」，原脱，今據黄溥本、韓本補。

「聯璧」，❶然不過取人物之明潔耳，初不論其能文也；縱曰能文如温、邢之敏贍，亦生於異鄉，初非出於一姓也；縱出於一姓若二謝之藻麗，初非出於一門也；縱出於一門若二盧之雅逸，則一從焉；若二弘之典嚴，則再從焉。而同胞同氣者，蓋亦鮮矣。嗚呼！有若二先生伯仲並以文鳴，其亦可謂希世之士乎！

濂也不敏，幸見杲齋於虎林，而於曲全則未之識也。及官成均，乃與曲全之子司令君爲同僚。司令君善承家學，文光赫然；爲御史，爲部使者，百壬斂迹，又以政事聞。何鄭氏之多賢哉！雖然，不開之於先，後將何繼？不繼之於後，前何以昭？司令君汲汲爲不朽之圖，可謂知所本矣。濂因備書其事，冠諸篇首，知言君子，必有取焉。

杲齋諱東，字季明。曲全諱采，字季亮。温之平陽人。❷

吴濰州文集序

唐子西云：「六經之後，便有司馬遷、班固。六經不可學，學文者舍遷、固將奚取法？」嗚呼！斯言至矣。濂嘗諷二家書，遷之文如神龍行天，電雷惚恍而風雨驟至，萬物承其滋澤，各致餘妍；固之文類法駕整隊，黄麾後前，萬馬夾仗，六引分旌，而循規蹈矩不敢越尺寸。嗚呼！法之固堪法，其能以易致哉？然而淵沖之容，可以攬結；雄毅之氣，可以掇拾。古語有云：「取

❶「聯」，原作「連」，今據黄溥本、韓本改。

❷篇末，張本有「洪武八年夏四月望日」九字。

法者宜上。」固當有潛心而願學者矣。濂猶恨未見其人，豈逸駕奔馳，實不可攀歟？抑去古逾遠，聲光不可得而襲歟？

吾友吴履德基，❶同郡人也。自幼抱逸才，一下筆間，飄飄有奇崛氣。逮長，日取二家書玩繹弗倦，超然若有得。揚揚出謂人曰：「我知學司馬遷爾，我知學班固爾，諸子蓋不足多也。」濂頗畏之疑之。自後德基去丞南康，令安化。今將出守濰州，與濂胥會南京，持所製文一編，且讀且譁曰：「我此文近遷、固否？」濂見其勁硬如屈鐵，奇峭如削懸崖，澤媚山暉如藴珠涵璧，始而大驚，中而釋所疑，終則益畏之，而發不可企及之歎。嗚呼！善學遷、固者，世久罕聞，今乃見其人哉！

雖然，立言如六經，此濂夙夜所不忘者。德基尚勗之，毋徒泥子西之言而自沮也。

送黄贊禮涖祀閩省詩序

惟洪武七年十有一月庚辰，皇帝御奉天殿，視群臣早朝。太常卿唐鐸奏曰：「臣昔受明詔，天下行中書其祠山川百神或未致恪虔，宜令朝士涖之。臣於浙、鄂、齊、汴，暨于豫章，已嘗奉命從事。若晉，若燕、陜，若閩、蜀，若廣東、嶺南，遠者七千里，近亦不下四三千，宜預遣使者，期以明年春二月集事。臣昧死以上。」制曰「可」。於是遴選奉常官屬及儀曹主事凡七人，時贊禮郎建安黄淵静實與其列。越三日癸未，陛辭。上諭之曰：「敬恭明神，古今恒道也，況瀕

❶「履」，原作「復」，今據韓本、傅本改。

祭之時乎？祭在他人，亦所當慎，況職在奉常乎？已盡其職猶難，況欲涖人而使其莊敬乎？皆不可不察也。爾等聞命之後，雖跋涉乎險阻，一言一動，有赫其臨，參前倚衡，無乎不在，勿使一髮非僻之干，庶幾不廢朕命。不然，人非鬼責，將不可逭矣。」衆皆稽首至地而退。既退，復敕儀曹，各賜衣一襲。又明日甲申，啓行。前御史中丞劉公伯温、參知政事陶公中立、吏部尚書詹公同文、今禮部尚書牛公士良，咸以爲淵静遭際昌期，獲將使指以臨莅祠事，可謂寵榮也已。各賦詩以爲贈。而文學法從之臣，藩府成均之賢，與夫方外巖穴之士，亦見諸聲歌，以華其行。淵静請予序其作者之意。

肆惟皇上宅中圖治，其對越昊天，毖祀于上下，齋祓一心，凝神於惚怳之中，如將見之。群臣之助祭者，下逮庖翟之賤，亦皆有孚顒若。以致鴻休薦臻，甘露霄降，三秀呈瑞，彩霞結鳳，白烏翔飛，和氣充牣，化爲豐年。此蓋精明之德，放諸四海而準，無不駿奔走，執豆籩，以薦德馨。然猶慮藩垣之臣未盡體内庭之意，遣使四出以監視之。方於古昔，帝舜之望山川、徧群神，姬周之咸秩無文，不是過也。有君如此，其忍負之？今淵静之往也，宜精白志慮，靈承上訓。壇廟有缺圮者，葺之；服器有弊汙者，易之；牲牷有不肥腯者，罰及之。將祭之夕，端笏垂紳，正立壇之左右，申以聖天子成命，使百司及執事之人，祗奉明畏，有若天威咫尺，升降俯伏，穆然無聲。牲俎苾芬，庭燎有煇，神靈洋洋，昭格于上。則夫藩鳌之錫，淵静亦當與有之矣。淵静行哉！

雖然，神人相依者也。南閩當兵燹之餘，黎民創殘，其或有未起者乎？縱曰起之，其興利去弊之政，或未能盡行乎？淵靜宜廉知之，歸告于上。此於人神之道，所謂兩盡者也。淵靜行哉！

送陳生子晟還連江序

洪武七年十一月十二日，皇太子臨大本堂，召東宮贊讀及諸王府伴讀凡二十五人立庭下，諭之曰：「爾等離父母、去墳墓者，三年于兹。冬氣向深，草木搖落，寧不惻然動懷土之情乎？吾已爲爾請于上，宜各旋歸，歸即遄至，無以久淹爲也。」復命左右，出内府錢若干，以爲道塗費。衆皆羅拜而退。

時閩之連江有陳生子晟者，以《周易》中第三名文解，上禮部，既而臺臣以其詞章古雅，選入爲楚王府伴讀。朝夕陳説經義，甚爲王所賓禮。及奉教令還閩，詣予言曰：「子晟久侍几杖，今將有三千里之行，願先生賜一言以自勖也。」予曰：「爾之從我者，學爲文耳。文豈易言哉？翻秋濤之洶湧，屹喬嶽而不遷，沛元氣之淋漓，未足以喻其變化也。能知變化，則轥遷轢固，蹴蔡駕韓，燁然有光萬丈矣。孰能掩之哉！爾以學止於是乎？」生曰：「然。」予曰：「未也。聖人垂訓，皎若丹青，所謂載道之經是已。經則萬世之準繩也。推其訓詁以覈其原，譯其文義以達其支，使言與理相涵，而無悖去之者，方可排斥毛、鄭，輕視王、馬，而靡所不通矣。爾以學止於是乎？」生又曰：❶「然。」予曰：「未也。上天下地，其中爲人，號曰三才，功用則均。上帝所降之

❶「又」，原作「亦」，今據張本改。

衷，日保守而弗失。氣或我梏也，吾則廓而通之；欲或我戕也，吾則絶而遠之。内外混融，庶幾與天爲徒矣。與天爲徒，則見諸用者，窮則獨善其身，達則兼善天下，無所入而不自得焉。是斢濂洛之深泓，而挹沂泗之清泠者也。顧不韙歟！生以爲何如？」生避席而拜，請書所與言者，佩而行之。

予老且病，四方求文者日相迫趣，誓欲燔筆硯以自絶。憐生之篤志於學，因寫以爲贈。

通鑑綱目附釋序

新安子朱子既釋諸經，患史學失褒貶之義，無以示勸懲，親爲《通鑑提要》，以授弟子天台趙師淵幾道，使著其目。凡例蓋一十九門，總一百三十又三條。凡下有月，目下有類，至詳且悉也。師淵遂據《提要》爲《綱目》五十九卷。朱子重爲之審定，故其中亦頗與凡例弗合。書既成，流布四方，凡例則知者絶少。博學如王文憲公柏，僅獲一見於五十餘年之後，他固可知已。所以尹起莘之著《發明》，劉有益之解《書法》，皆想像而爲之辭。徐而察焉，或有未慊於人心者。永嘉孔君克表，殊竊病焉。於是歷考義例異同，凡朱子微意，先儒有未發者，及發之而未當者，皆備疏其綱之左，目中音義、事證及名物、度數之屬，亦不可不知，仍取史炤、胡三省、王幼學三家，會粹群書而折衷之。通成若干卷，名曰《通鑑綱目附釋》云。

濂聞作史者實原於《春秋》。雖立言有不同，其編年紀事則一而已。釋《春秋》者，不翅數百家。史固非經也，有疑難而不能通者，其尚可略之乎？司馬遷《史記》，注者一十又四；班固《漢史》，亦至三十，迨今猶未已也。況朱子上取法《春秋》大經大法，皦如日星，文憲公至稱爲續經之作，其又可與諸史例論之乎？孔君之留心於此，誠可謂賢也已。

抑又聞是書之成，卷帙浩繁，不能無舛譌。李心傳謂唐肅宗時直脱二年之事，武德八年以後，迄于天佑之季，甲子多差。而周公謹所疏爲尤多，蓋又不止乎此也。將師淵不暇察耶？抑朱子春秋高而未及悉正之耶？孔君尚有以刊定之，庶幾爲《綱目》之忠臣也歟？

濂侍講禁林，孔君來爲脩撰，出以相示。濂爲之驚喜，且謂其書世決不可無，特爲序於首簡。彼穿鑿性命，簸弄詞章，而無益於人者，視此其亦知愧哉！

孔君字正夫，克表其名也。宣聖五十五代孫，至正戊子進士，博通六籍，而文又稱之。士林咸推爲巨擘云。

送趙彦亨之官和陽詩并序

吴興趙君彦亨，魏國文敏公從孫也。通《周易》。至正乙巳，試藝江浙鄉闈，獲與薦送。值元改物，遂退隱林壑。國朝文治大興，濠梁侯公彦良以中書參知政事出守吴興，力舉教授郡庠。彦亨以養親辭。侯公移鎮山東，已而入覲，以爲彦亨之材，誠不能多致，復言於銓曹，選爲楚府紀善。久之，調同知和州事。將行，予酌酒謂之曰：彦亨以故家文獻，自藩府出佐方州，有民人社稷之重，蚤夜宜孳孳自厲，有不待予言。

其欲言者，自識彥亨已數月矣，因纂修國史之冗，凡四聖傳心之祕，諸家異同之辯，欲求彥亨發之，卒未能得，而彥亨以別告。嗚呼！古語有云：「爲政易而講學難。」予於彥亨，又烏可已於辭乎？序而詩之，情在其中矣。詩曰：

倬彼魏公，文獻之家。經畬秋實，藝苑春華。既質以熙，復黼而葩。遺澤所被，英名載加。弓冶有傳，詩禮與聞。匪資行素，盍策文勛。如提健槊，去衛中軍。勇蓋萬夫，氣摩青雲。賢書得貢，淡墨新題。材評龍虎，星應壁奎。理將奮迅，事或不齊。海桑變幻，巖穴幽棲。大明麗天，萬國咸臣。蒐羅智哲，逮及隱淪。上名楚邸，接跡朝紳。無善不紀，有道必陳。睠兹和陽，瀕于大江。帝鉞初涖，天威孔揚。既混寰區，視此沛豐。叶。建侯擇佐，維俊及良。竭子素蘊，攄子遠猷。煦嫗民隱，靈承天休。薄言我私，起與子謀。十翼多奥，九師焉求？子今有行，孰析其精？別裾徒牽，離觴重傾。泱泱中流，搖搖去旌。瞻望弗及，實勞我情。

送部使者張君之官山西憲府序

天地正氣，絪緼輪囷，不折不回，行乎太虛。在物受之，則爲解廌，爲屈軼；在人受之，則爲剛烈之士。剛烈之士，貴勢莫能加，威力不能變，參乎氣化，關乎治體。其重於物，又不翅千百焉。嗚呼！正邪不兩立，正氣伸則邪沴廓清矣。我國家始建國江左，輒從秦元之請，立按察使，❶設官分

❶「使」，張本作「司」。

職，彈劾百僚，所以伸正氣也。迄今垂二十年，憲度益嚴，遴官益精，有若山西憲僉張君孟兼，尤號稱職者也。

孟兼性鯁亮，不善爲依阿。人有曲，必面白之，雖慚沮羞縮不暇顧，然亦無他腸。當良朋盍簪，酒酣耳熱，抵掌笑談，胸中森然芒角必盡吐出乃已，其氣滚滚不衰。名上中朝，選教胄子。久之，遷南宫奉常。奉常，南宫掌禮儀郊祀之事，無以攄其耿耿。及今出持使節，知孟兼者讙曰：「孟兼行哉！民生休戚，無不得言，吾見軺車夕至，而封章朝上也。貪賕舞法吏，吾見望風畏讋，解印綬而避去也。民冤之不伸，戾氣鬱結，吾見涣然而冰釋也，孟兼行哉！」

雖然，鷙鳥之揚揚，不如威鳳之噰噰；狻猊之疆疆，不如祥麟之容容；刑法之堂堂，不如德化之雍雍。人不務德則已，苟有德焉，又何僉壬之不革行哉！僉壬革行，正氣之復，正道之行也。孟兼盍於此而留意哉！吾鄉先達，自宋以來，繡衣持斧，赫赫見稱于時者，凡六七人。嗣芳猷而繼遐軌，竊於孟兼望之，孟兼行矣！

孟兼精於古文辭，前御史中丞劉公極稱道之。尤深名理之學，其與李證應奉往復論性書，上徹九重之聽。蒙召對左掖門，士林以爲光榮云。

葬書新注序

堪輿家之術，古有之乎？《周禮》墓大夫之職，其法制甚詳也，而無所謂堪輿家禍福之説。然則果起於何時乎？蓋秦漢之間也。《漢・藝文志》有《宫宅地形書》二十卷，既有其書，斯有其術矣。術果人人能之乎？官有其書，而不行之民間。及至晉時，方始盛傳。而《葬書》遂號爲郭景純所作。予嘗讀之，真確簡嚴，意非景純不至此，實直爲相地之宗也。❶後世葬巫競起而蕪穢之，至於二十篇之多。西山蔡季通氏深覺其妄增，删去十二而存其八。草廬吴伯清氏又病蔡氏未盡蘊奧，擇至精至純者爲内篇，精粗純駁相半者爲外篇，粗駁當去而姑存者爲雜篇，誠可謂無遺憾矣。新喻劉則章親受之吴氏，爲之註釋，頗有所發明。金華鄭君彦淵，其尊吴氏，不下於則章。晝夜研精殫思，正其句讀，觀其會通，探其旨趣，粲然若燭照而龜卜，其視則章蓋過之矣。彦淵既鍥梓以傳，復介學子劉剛請余序。

予謂《葬書》尚矣。别有《葬經》八卷，蕭吉所撰者又二卷，號爲《地脈經》者又二卷，大抵與郭氏不異。唯《八卦五行經》托於黄帝所作，或者遂謂爲地理之源。豈黄帝之時已有其術歟？信如此説，諸經之中，或云「辨方正位」，或云「卜澗東瀍西」，或云「相其陰陽，觀其流泉」，固有之矣，不過趨人事之利，何故無禍福之説歟？是未可知也。在唐之時，楊翁筠松與僕都監俱以能陰陽隸司天監，黄巢之亂，翁竊祕書中禁術，與僕自長安來奔，至贛州寧都懷德鄉，遂定居焉。後以其術傳里人廖三傳。三傳以通《春秋》，故名。廖傳其子禹，禹傳其婿贈武功郎謝世南。世南復傳其子武功大夫海惠州巡檢使永錫，遂祕而不授。世之言地形者，其盛無踰此數人。然其遺書或存，今世多行之，往往其説皆與郭氏合，

❶「直」，張本作「宜」。

而無悖去之者。豈相地者，實宜宗之歟？縱青囊有傳，其妙亦不越於是歟？嗚呼！世不信地理之術則已，設信之，舍此將何從求之歟？宜彥淵留意於兹，而不暇自釋也。然是書雖經蔡氏刊定，至吴氏方爲精密。其註之者，雖有則章發揮于前，又至於彥淵而後大備。註書之士，後出者益勝，其言誠可信歟！

予春秋良高，❶文采益衰落，四方求者每踵武相接，類峻却而不顧。而獨爲彥淵序此者，非以其大有益於世歟？

彥淵名謐，北山先生忠愍公之九世孫，自號玄默居士。博通儒書而能文，其於内丹之訣尤有所得云。

守齋類藁序

古之立言者，豈得已哉！設使道行於當時，功被於生民，雖無言可也。其負經濟之才，而弗克有所施，不得已而形於言，庶幾後之人或行之，亦不翅親展其學，所以汲汲遑遑弗忍釋者，❷其志蓋如是而已。奈何近代多藉爲譁世取寵之具，褒揚於贈餞之夫，獻諛於泉下之鬼，組織綺麗，張浮駕誕，以爲能舉世安之，曾無有非之者。予不知古之立言者，還果如斯否乎？此予於顧君德潤之文，不能無所感也。

德潤名輝，鄞人也。其大父鄉貢進士

❶「良」，張本作「且」。
❷「所」，原作「可」，今據張本改。

應春，父學海先生叔川，皆名士。德潤幼承家學，甫十歲，即善屬文。郡博士俞希魯欲以神童貢，辭不就。既長，大肆力於經傳，卓然欲以事功自見，會無有薦之者。乃閉門却掃，喟然歎曰：「吾身不遇矣。殆將立言矣乎？然經以載道，史以紀事，古先哲王所藉以牖斯民者也，我當竭其思慮焉。他若游言枝辭，春花秋蘂，堪把翫於一時，藝焉而已，我則不敢知。」人以德潤爲知言。德潤自是默索精思，晝夜孜孜，唯寐始忘之。如此者垂三十年，著釋圖一，說約六十三，圖徽二十一，希言二十四，事剡六十二，治要十八，體卦八，解八，辯十二，議二十四，傳七，記、論、序、文、銘各三，雜著十八，賦六，騷十九，雜詩三百二十一，合三十卷，分爲前、後、外三集，通名爲之《守齋類藁》云。予嘗受而讀之，淵乎其莫窮，約乎其若豐，暢乎皆有契而混融。有弗覈焉，覈必詳也；有弗擇焉，擇必精也。嗚呼！其亦庶幾古之所謂立言者乎？

昔在宋時，桃源王說應求，亦鄞人，同季父致招樓郁、楊適、杜醇諸公，因就妙音院立孔子像，講貫經史，倡爲有用之學，學者宗之。應求所著，唯在立言，他則未暇及。故有《五經發源》五十卷，奏議、書疏、詩文二百十一篇，薦者列其事，召爲明州長史，應求辭。及其既歿，敕建桃源書院，贈銀青光禄大夫，賜紫金魚袋。嗚呼！德潤立言之志，未必下於應求，今時無有上其名者，秋髮被肩，亦且皤然老矣。惜哉！

雖然，德潤，志士也，內而不外者也，名之聞與不聞，非所計也。予故徇其外弟太子正字桂德稱之請，序而藏之，以俟後世之知揚子雲者。

贈惠民局提領仁齋張君序

嗚呼！醫其難言矣乎！人之生也，與天地之氣相爲流通。養之得其道，則百順集，百邪去；苟失其養，内感於七情，外感於六氣，而疾疢即生焉。醫者診而治之，必察其根本枝末。其實也，從而損之；其虚也，從而益之。陰平陽祕，自適厥中。粗工或昧乎此，實實虚虚，損不足而益有餘，其病之能起者鮮矣！此其難一也。氣血之運，必有以疏載之。左右手足，各備陰陽者三。陽既有太、少矣，而又有陽明者何？取兩陽合明之義也；陰既有太、少矣，而又有厥陰者何？取兩陰交盡之義也。何經受病，宜用何劑治之。治之固不難，又當知有引經之藥。能循此法，則無疾弗瘳矣。粗工不辯十二經，而一概施之，譬猶羅雀于江，罾魚于林，萬一或幸而得之，豈理也哉？此其難二也。歲氣有不同，攻治亦異其宜。曰升降，曰浮沈，吾則順而承之；曰寒熱，曰温涼，吾則逆而反之。庶幾能全其天和，而不致顛倒錯繆。粗工則倀倀然，當順則反逆，當逆則反順，如盲人適野，不辯乎西東，此其難三也。病有寒熱，熱者當投之以涼，寒者宜濟之以温，此恒理也。然寒熱之勢方劇，而遽欲反之，必扞格而難入。熱因熱用，寒因寒用，其始則同，其終則異，庶幾能成其功。粗工則不察而混治之，此其難四也。藥性有陰陽，而於氣味見焉。然不專於陰陽也，又有所謂陽中之陰焉，陰中之陽焉。差之毫釐，繆以千里，不可不察也。粗工則不覈重輕而妄投之，過矣。此其難五也。然此多《内經》之所明言。自裴宗元局爲大觀二百餘方，經旨晦蝕，無有探而究之者。至金劉守真、❶張從正、李明之等出，始一以《内經》爲宗。向之晦者，昭如也；昔之蝕者，完如也。嗚呼，醫其難言矣乎！

吴士張君仁齋，世爲名醫。從陳鼎菴受《内經》之學，而於劉、張、李三家之書，無不通貫，故用藥多奇驗。將軍那木哥病危甚，張君脈之曰：「寒凉太過所致，宜温之。」果瘳。中書平章政事李思齊遘疾，上遣使者召張君療之，張君脈已，曰：「色夭不澤，尺脈已絶。然能食飲，主踰月而死。」後亦然。

先是，全室禪師泐公無病，偶乞張君視脈色。張君曰：「師雖康强，其中多滯痰，後有中風之患。」當時咸不以爲然。至是疾果作，手足痿痺不仁。張君用辛凉劑汗之，下而愈。師欲以金繒遺之，張君笑曰：「師何必爾也。得宋翰林文一篇，不翅足矣。」師來爲予言。予雖不知醫，而醫之諸書頗嘗讀之。故爲疏五難之説，使觀者知其道爲不易如此。

嗚呼！醫誠難言矣乎？若學如張君，察證如張君，制藥如張君，則不謂之難也已。

莆田四如先生黄公後集序

濂成童時，即讀四如先生諸經説。見其立論精微，鑿鑿過人遠甚，未嘗不慕豔之。稍長，歷求先生之事迹，然後知其淵源之所自，而凝道之有方也。蓋先生居莆陽，唐御史滔十二代孫，世爲儒家。其父績，師

❶「金」，原誤作「今」，今據張本改。

事瓜山潘公柄、復齋陳公宓。二公實考亭朱子、勉齋黃公之高第弟子也。

先生夙承父訓，年十二，試舉子業，鄉校多占前列。後二十九年，始擢咸淳辛未進士第，調監瑞安府比較務。未上，名公鉅卿争聘之爲講師，而丞相江公萬里挽之尤力，聲譽翕然動於一時。德祐乙亥冬，❶始之官，與簽樞陸公秀夫遇。陸公一見，極器之。明年丙子，杭都已陷，國事不可爲。陸公趣先生至行都，充益王府撰述官，兼處置使司幹辦公事。改刑工部架閣，以通直郎陞武學諭，遂轉朝奉郎國子監簿，兼福建路招捕使司都參議官。先生皆辭不就。宋既改物，歸隱重山密林，不與世接。四方有受學者，先生爲敷繹濂、洛、關、閩之説而開導之。

其爲文詞，務以理勝，不暇如他文士馳騁葩藻以爲工，而當時求者紛如也。門人武夷詹清子，類次六經四書講義爲六卷，刊之。而先生之子元汀州路總管府知事梓，又分記、序、墓銘、字訓之屬爲五卷而刊之。先生年八十二而終。遺文流落於薦紳者尚多，其曾孫鄉貢進士至，又裒集爲十卷，將刻諸梓，介楚王府伴讀陳子晟徵濂爲序以傳。

濂聞濂洛中微，考亭未興，艾軒林公光朝獨倡道莆陽，從之者如歸市。紅泉東井之學，乃聞於天下。網山林公亦之，實紹艾軒之傳。網山之後，樂軒陳公藻又起而繼之。樂軒家長樂，網山居福清，咸來講學東井。而風聲所被，氣習所薰，人皆有鄒魯之行。及乎瓜山復齋之起，推闡考亭經訓，東西角立，化行而教孚，文質尤彬彬可觀。先

❶「祐」，原誤作「裕」，今據張本改。

生産於艾軒之鄉，耳目之所濡染，固已先立乎其大者。復因父師之故，矻矻窮年，遂探考亭之正緒。則其所著皆六經之微，所宣皆天地之祕，誠有未易涯涘者。奈何道未及行，而宋祚已移，識者不能不爲之惜也。先生之所藴與不可傳者，固已隨物俱化。若并其遺文同就泯滅，不亦重可惜哉！先生之子若孫，孜孜以傳世爲務，可謂不死其親者矣。

濂年耄而昏，避求文者如避讎敵，甚不得已，多令學子代之。今以童年慕豔之久，勉徇至等所請，而躬序之如此。然先生之集自能行世，亦不藉區區之文而後傳也。

先生姓黄氏，諱仲元，字善父。後改名淵，字天叟，别號韻鄉老人云。

宋文憲公全集卷十二終

宋文憲公全集卷十三

送無逸勤公出使還鄉省親序

皇帝廓清四海，❶遂登大寶。遣使者播告諸蠻夷，俾知元運已終，❷而中夏歸于正統。其稱臣者，高句驪最先，交趾次之，琉球、瑣里又次之。于時日本良懷，亦令僧祖來奉表而至。上嘉其遠誠，詔以天寧禪僧祖闡、瓦官教僧克勤爲使，護其還國。克勤字無逸，通儒釋書，湛堂法師諸孫也。上召見端門，與闡同受法衣、軍持、錫杖諸物之賜。笵日啓行。

先是，日本王統州六十有六，良懷以其近屬竊據其九都于太宰府，至是被其王所逐，大興兵争。及無逸等至，良懷已出奔。新設守土臣疑祖來乞師中國，欲拘辱之。無逸力争得免，然終疑無釋。守臣白其事于王。王居洛陽，欲延闡住持天龍寺，無逸獨先還。無逸奉揚天子威德，諭以禍福，必期與闡俱。王聞其志不可奪，命輿馬來迎，經涉北海。時近六月，大山高插霄漢，積雪如爛銀。行一月始至，館于洛陽西山向陽精舍。執國政者，猶申天龍之請。無逸曰：「我使臣爾，非奉帝命不敢從。王如欲闡敷宣大法，宜同往請于朝。否則有死而已。」君臣聞之，皆大慚服。議遣總州太守圓宣，及淨業、喜春二僧，從南海下太宰府，備方物來

❶「皇」，原誤作「黄」，今據張本改。

❷「終」，張本作「革」。

貢。所虜中國及高句驪民，無慮百五十人，無逸化以善道，悉令具大舶遣歸。

無逸等自太宰府登舟，五晝夜即達昌國州。已而赴南京，仍見上端門。無逸備陳其故，闡亦附奏曰：「島夷不知禮義，微勤，臣不能再瞻龍顔矣。」上悦，召對者非一，或賜食禁中。自時厥後，各賚白金百兩，文綺二，皆有副。上忽顧侍臣曰：「勤，一沙門爾，乃能不辱君命如此。學孔子者，未能或之先也。」親賜手詔，諭其父華毅，使其加冠巾出仕。無逸亦念去國三年，將還鄉行省覲之禮。中朝大夫士幸無逸遭逢盛際，競賦詩餞之，而以首簡授予序。

予聞大雄氏設教門雖廣，其推仁及物，要與二帝三王不大異。是故昔之名僧，或籌算都閫，❶或輔弼廟堂，事業稱於當時，勳名垂於後世，其載於史氏者，❷蓋班班可考。達人大觀，初無形迹之拘，儒釋之異也。方今堯舜在上，治具畢張。無逸出將使命，言論慷慨，已足落倭奴之膽。若使施之有政，大綱小紀粲然有序，他日將與皐、夔、稷、卨比肩，是亦法如來行、證菩薩道而已。大雄氏或親生斯時，亦未必不韙無逸之所爲也。無逸之東還也，雲漢昭回之章照臨東越。東越人士無不舉手加額，以爲天光下燭，爲禎爲祥。而無逸尊公，祗奉璽書，當誨之以父子君臣之懿。予尚何言哉？姑摭其出使之績，序以爲贈。春向暮，❸無逸將戴笠而來，予則具壺觴，俟于龍江之上矣。

❶「算都」，張本作「策藩」。
❷「氏」，張本作「册」。
❸「暮」，張本作「和」。

瑞巖和尚語録序

予觀《大梵天王問佛決疑經》所載：梵王以金色波羅夷花獻佛，請爲説法。佛拈花示衆，人天百萬，悉皆罔措，獨金色頭陀破顔微笑。佛云：「吾有正法眼藏、涅槃妙心、實相無相，分付摩訶迦葉。」嗚呼！此非禪波羅蜜之初乎！

人生而静，性本圓明，如大月輪光明徧照，凡蘇迷盧境界具濕性者，大而河海，小而沼沚，無不有月。是故有百億水，則百億之月形焉。仰而瞻之，而中天之月未嘗分也。月，譬則性也；水，譬則境也。一爲千萬，千萬爲一，初無應者，亦無不應者，體用一源，顯微無間也。大聖全體皆真，不失其圓明之性，如月在寒潭，無纖毫障翳，清光燁如也。凡夫爲結習所使，業識所縛，而唯迷暗是趨，如月在濁水，固已昏冥無見，加以獰飆四興，翻濤鼓浪，魚龍出没，變幻恍惚，欲求一隙之明，有不可得矣。故聖人之心主乎静，静而非静，而動亦静也；凡夫之情役於動，動而不静，而静亦動也。吾達摩大師特來東土，以迦葉所傳心學化被有情，欲澄濁爲清，止浪爲平，直入於覺地而後止。故其體常寂，而寂無寂也；其智常照，而照無照也；其應常用，而用無用也。至此，則其妙難名矣，然未易以一蹴到也。惟一惟虚，坐忘其軀；或緩或徐，長與神明居。懼其散而弗齊也，設疑情以一之；恐其至而自畫也，假善巧以引之；慮其偏而失正也，挽沈溺以返之。其道蓋如斯而已。歷代諸師，各尊所聞，守此而不敢失。

逮我育王珙公起於東海之濱，秉執法

柄，宏開度門，達摩大師之道焕然中興。入其門者，無非龍象。而竺元道公，號爲世嫡。今吾恕中愠禪師，則又竺元之入室弟子也。初受度於元叟端公，多聞法要，拈香酬恩，則歸之道公。厥後俯狥衆請，出世象山之靈巖，黄巖之瑞巖，皈依者日益衆，名聞東夷。使者入貢中國，兼奏請住持。師因奉詔來南京，力辭其行。皇上憫其耄也，特從所請。一旦將歸隱鄞江，其徒居頂以《二會語》徵予序。

予久聞師名，亦嘗窺見語言之一二，兹又獲覩其全。驚霆舂而疾飆馳，山嶽移而海水立，鬼神泣而魑魅奔，有聞之者，凡情盡喪。予故不辭爲稽《决疑經》所載，以啓禪源；法水月之喻，以明性源；推達摩之教，以爲學源。歷題之於首簡。予老且病，凡求文繽紛於前，悉皆謝絶。而獨爲師拈此者，憫大法之陵夷，樂師言之契道也。

徑山愚菴禪師四會語序

或問於濂曰：「世間至大者，何物也？」曰：「天與地也。」曰：「至明者，又何物也？」曰：「日與月也。」曰：「然則佛法亦明且大也，其與天地日月並乎？」曰：「非然也。」曰：「其義何居？」曰：「天地日月，寓乎形者也。形則有成壞，有限量，雖百億妙高山中涵百億兩曜、百億四天下，以至于恒河沙數，皆有窮也，皆有止也。此無他，囿乎物者也。若如來大法則不然，既無體段，又無方所，吾不爲成，孰能爲之壞？吾不爲後，孰能爲之先？吾不爲下，孰能爲之上？芒乎忽乎，曠乎漠乎，微妙而圓通乎！其小無内，其大無外，真如獨露，無非道者。所以超乎天地之外，出乎日月之上，大而至於不可象，斯爲大矣；明而至於不可名，斯爲明矣。是故以有情言之，則四聖以至六凡，或覺或迷，佛法無乎不具也；以無情言之，則火水土石與彼草木，或洪或纖，佛法無乎不在也。三乘十二分教，不能盡宣也；八萬四千塵勞門，不能染汙也。嗚呼！磬徂徠之松以爲煤，斷淇園之竹以爲管，其能盡贊頌之美乎？然而佛法固明且大也，其靈明之在人者，萬劫雖遠，不離當念，一念不立，即證菩提，亦在夫自勉之而已。」濂雖不敏，每遇學佛者，喜談而樂道之，初不以其證入淺深而有間，其意頗有見於斯也。

徑山住持以中禪師，名智及，學徒尊之，號曰愚菴，俗姓某，世居姑蘇。得法於元叟端公，歷住隆教、普慈二刹，帝師錫以「明辯正宗廣慧禪師」之號。已而陞淨慈，遂主今山。四據高座，敷揚佛法，以聳人天龍鬼之聽。緇素相從，如雲歸岫。其弟子某，會粹成書，介吾友用堂梗公請文以題其首。濂懸燈而疾讀之，其解人膠纏，如鷹脱絛鏇，摩雲而奮飛也；其方便爲人，如慈母愛子，一步而三顧也；其宏機密用，如大將臨陣，旗鼓動而矢石集也。誠一代之宗師，而有德有言者歟！雖然，不二門中，一法不存，何況於言？覽者當求禪師言外之意，使意見兩忘，而忘忘亦忘，方近道矣。

嗚呼！佛法超乎天地之外，出乎日月之上，豈細故哉？人患不求之爾。今極其贊頌而書于此録之端，實欲起人之敬信也。繪畫虛空，非愚則惑，濂蓋無以逃其責矣。

夾註輔教編序

天生聖人，❶化導烝民，雖設教不同，其使人趨於善道，則一而已。儒者曰：❷「我存心養性也。」釋者曰：❸「我明心見性也。」究其實，雖若稍殊，其理有出於一心之外者哉？❹傳有之：東海有聖人出焉，其心同，其理同也；西海有聖人出焉，其心同，其理同也；南海、北海有聖人出焉，其心同，其理同也。是則心者，萬理之原，大無不包，小無不攝。能充之則爲賢知，反之則愚不肖矣；覺之則爲四聖，反之則六凡矣。世之人，但見修明禮樂刑政爲制治之具，持守戒定慧爲入道之要。一處世間，一出世間，有若冰炭、晝夜之相反。殊不知春夏之伸，而萬彙爲之欣榮；秋冬之屈，而庶物爲之藏息。皆出乎一元之氣運行。氣之外，初不見有他物也。達人大觀，洞然八荒，無藩籬之限，無户閾之封，故其吐言持論，不事形迹，而一趨於大同；小夫淺知，肝膽自相胡越者，惡足以與於此哉？

宋有大士，曰鐔津嵩禪師，實洞山聰公之法嗣。以二氏末流之弊，或不相能也，取諸書會而同之，曰《原教》，曰《廣原教》，曰《勸書》，曰《孝論》，而《壇經贊》附焉。復恐人不悉其意，自注釋之，名之爲《輔教編》。若禪師者，可謂攝萬理於一心者矣。

予本章逢之流，四庫書頗嘗習讀。逮至壯齡，又極潛心於内典，往往見其説廣博

❶「天生聖人」，張本作「天生東魯西竺二聖人」。
❷「儒者」，張本作「爲東魯之學者」。
❸「釋者」，張本作「爲西竺之學者則」。
❹「其理」，張本作「世間之理其」。

殊勝，方信柳宗元所謂「與《易》《論語》合」者爲不妄，故多著見於文辭間。不知我者，或戟手來詆訾，予噤不答，但一笑而已。今因虚白果公重刻是編，其有功學者甚大，故執筆言之。嗚呼！孰能爲我招禪師於常寂光中，相與論儒釋之一貫也哉？獨視霄漢，悠然遐思者久之。

傳法正宗記序

表大法之真傳，起群生之正信，宜莫如書。然而真丹、身毒，相去絶遠；梵語、華言，重譯或殊。況屢遭滅斥之禍，生乎其後者，必蒐羅墜逸，偏觀會通，然後能定是非之真。謏聞之士，苟獲窺其一偏，遂執爲確然之論，斯亦過矣。嗚呼！闢邪説之膠固，伸正議於千載之下，不有先覺，學者將何所從哉？

昔者，濂讀《涅槃經》及《智度論》，頗知釋迦文佛以正法授迦葉，世世相傳，具有明證。故自前魏支彊梁樓至洛邑譯《續法傳》，自七佛至二十五祖婆舍斯多而止。東晉佛馱跋陀羅至廬山所譯《禪經》，自迦葉至二十八祖達摩多羅而止。逮夫後魏之時，崇道屏釋，而沙門曇曜蒼黄逃竄，單録諸祖之名，匿巖穴間，僅及二十四祖師子尊者而止。佛運重啓，曇曜進爲僧統，吉迦夜等遂因之爲付《法藏傳》。其去前魏已一百九十餘年，東晉亦六十二年矣。東魏那連耶舍至鄴，復備譯西域諸所傳授事跡，其次第與《禪經》不差毫髮，則全闕之分，有不待辯而自明矣。

唐興，曹谿大弘達摩之道，傳布益衆，義學者忌之，而神清爲甚。乃據《法藏傳》

所列，謂師子遭難，絶嗣不傳；猶以爲未足，誣迦葉爲小智，不足承佛心印；指《禪經》實後來傅會，難以取徵。而好論議之徒，紛紛而起矣。宋明教大師契嵩讀而病之，博采《出三藏記》洎諸家紀載，釋迦爲表，三十三祖爲傳，持法一千三百四人爲分家略傳，而旁出宗證繼焉，名曰《傳法正宗記》。復畫佛祖相承之像，明其世系，名曰《定祖圖》，申述《禪經》及西域諸師爲證，以闢義學者之妄，名曰《正宗論》，共十二卷。其衛道之嚴，凜凜乎不可犯也。

濂竊聞之，太平真君之七年，魏太武用崔浩言，宣告征鎮佛像胡書皆擊破焚燒。當是時，諸種經論，多煨燼之末。屋壁之深藏，蓋至於久而後出。以此觀之，曇曜之流，固未必能見《禪經》。至於諸師之論，義學者亦未必得盡聞之。顧執一時單録不全之文，而相爲垢病，猶將十指而掩日月之光，一口而汲滄溟之水，多見其不知量也。大師之辨析，夫豈得已者哉？甬東祖杲禪師，以誠篤契道，汲汲焉唯恐法輪不運，合衆緣重刻以傳。嗚呼！書不流通，與無書等。大師固有功於宗乘，而杲公之爲，則又有功於大師者也，皆不可以不紀。因追序其作者之意於首簡云。

靈隱和尚復公禪師三會語序

無相居士，坐清淨室，想清淨觀。忽有沙門號曰曇鍠，合掌頂禮而作言曰：「我師靈隱，三坐道場。法音之震，有如轟雷，蟄蟲皆興，飛行自在，各適恒性。又如晨鐘，人正昏酣，一聞音聲，颯然驚覺。同袍宗演，及諸上首，假觚翰力，成文句身。唯願居士，開光明藏，洞照篇端。使信心者，同入如來大華嚴海。」

居士微笑，告沙門言：「爾師所演，大乘正法，當時聞者，注耳熏心，一切纏結，悉皆解脱。既解脱已，萬法皆空，何況於言？爾等結集，翰墨假合，畢竟大法，果何所寄？若謂出於翰墨之間，湘竹兔毫、魚膠松煤，不能説法。譬如石工，手持錐鑿，鑿彼崖石，爲菩薩相，首戴華冠，面如滿月，塗以黄金，間以五彩，珍珠瓔珞，種種具足。爾意云何？是真佛不？」沙門白言：「如是如是。」

復告沙門：「當觀實相。惟是像佛，四體奇偉，被服絢麗，固無異者。若比真佛，神通變化，無量無邊，二者孰勝？以此思惟，佛身充滿，徧周沙界，豈同崖石，拘礙方所？況此文句，纔脱口吻，即第二義，書之簡編，去道逾遠。又如畫師，和丹抹黛，經營想像，貌師子王，拳毛旋螺，利距削鐵，威稜氣燄，可怖可愕。迫而視之，更若飛動。爾意云何？是師子不？」沙門白言：「如是如是。」

復告沙門：「有像皆假，是師子相，形模生獰，踞視左右，亦無異者。若此於真，奮迅跳擲，百獸盡伏，二者孰劣？以此思惟，物唯真者，方能動物；寓形縑素，與木石等。況此文句，不見形聲，徒存其迹。用之求道，如捕風影。沙門當知：法尚算權，❶難齊一軌。如求兔者，必假於蹄；欲致魚者，定資於筌。魚兔既獲，筌蹄則棄。法因言入，言入法空，亦復如是。是知汝師，顯説密説，權説實説，縱説横説，無非闡

❶「算」，張本作「善」。

揚，我佛如來，第一了義。有能於此，一句之中，或四三句，或五六句，乃至無句，勿着色求，勿着聲求，忽然悟入。譬一切衆，眇者能視，跛者能履，瘖者能言，疾者能起。其爲霑丐，胡可喻云？若執文句，反爲留礙。沙門當知：有物混然，萬有之宗。不依形色，不墮斷常，入離出微，内外體淨。衆生迷惑，無繩自纏。大覺世尊，大含攝故，大慈憫故，别有正傳，曰思惟修。一念不生，一法不立。一法不立，萬象朗融。非生非佛，非真非妄，非小非大，非一非多，此即所謂常空不有，常有不空。初無對待，亦無能所。從古諸師，燈燈續燄，咸以此故。汝師繼承，倡明大教，一機一言，皆轉法輪。法不流通，是爲祕法。宜示信心，共入圓智。既入圓智，法何嘗法？法而非法，是爲法法。法法之法，不可思議。我言真實，善思念之。」沙門聞説，心大歡喜。信解受持，作禮而退。

黄仁淵静字辭有序

建安才俊士，曰黄生，名汶仁，負超群之資。朝出受《易》於部使者陳孟龍，至暮抵舍，復質所疑於仲父居德。亦奇男子，年十六時，中私試高等。諸老生不中，譁于庭。居德因請面試上官前，譁者執筆不能下，面頸發赤以出。以故，生内外皆得師學之，日進如水湧雲集。

洪武辛亥秋，有司賢之，以生名上福建行中書，試藝棘闈。八府之士，充貢者二百，而司文衡者，又前進士林以順、吴尚志、郭麟、江惟志也，取舍甚嚴，或懼不獲在兹選。及榜出，三十人中而生名居其四，遂爲

《易經》諸義之冠，生之年始弱齡耳。明年，會試南宫，銓曹急於用才，不俟再試，擢奉常贊禮郎，階入八品。有識之士無不爲生榮，雖余亦愛生甚，時以問學勖之。生因執經從余學。間拱手而言曰：「仁初名文仁，有司援例以『文』犯周西伯之謚，加水於其左。及解名上中書，吏以白右丞相汪公。公曰：『仁之義甚弘，無所不包，其可冠以汶字乎？宜去之。』先達因取《魯論》『仁者静』之言，字以淵静。願先生詳發其義。」

嗚呼！考亭朱子釋此至矣！余何以言爲？雖然，不可無以答生之意。生之賦資固超群，而求仁之方，不可不力也。爲序其事，而申之以辭曰：

仁體凝重屹弗遷，振古雄峙如山然。生意周流踵至顛，一息有虧用則愆。爾生心澄静若淵，萬象森列具不偏。返觀沖漠無後先，其機或動矢發絃。雲行雨施出自天，神功不宰超虚玄。全體大用昭以宣，上師周孔下淵騫。縱不及聖肯下賢？流光不駐若電煽，生其夙夜加勉旃。

張肯字辭

古者，冠而字，敬其名也。三加之後，必爲字辭以祝之。或稽於經，或據於史，凡可以繕性禔身者，無不可也。由此觀之，非惟敬其名，抑且以敬其身。能敬其身，則成人之道具矣。

姑蘇張君芸己，敦實有學之士也。嘗名其子曰肯，又以繼孟字之，蓋取《書·大誥》之義也。雖加冠於首，而未有爲之辭者，請余補之。余雖弗獲從大賓之後與聞酌醴之事，然與芸己友也，輒陳所見而告之。其辭曰：

冠禮之重，爲敬其名。苟非其人，禮弗虛行。伊張氏子，世傳以經。名子曰肯，厥義則宏。吾爲爾陳，聳耳而聽：有法於先，爾基爾楹。有菑于前，爾播爾營。勿違厥時，必將必迎。勿閼其成，載感載興。❶ 玆爲善繼，父事是繩。前者有作，後或匪承。此謂悖則，溺於淪冥。規既我蹈，矩復我程。此謂順德，令譽日增。二塗之間，美惡所形。擇善固執，弗撓而傾。況爾秀穎，如稼之青。翹然獨異，如木之榮。棟梁斯任，倉囷載盈。上慎旃哉，學惟烝烝。余言止矣，爾其服膺。

重刻護法論題辭

衢州天寧住持端文禪師，不遠千里而來。請曰：「吾宗有《護法論》，凡一萬二千三百四十五言，相傳宋觀文殿大學士太保張天覺之所撰。其弘宗扶教之意，至矣，盡矣。昔者，閩僧慧欽嘗刻諸梓，翰林侍講學士虞集實爲之序。兵燹之餘，其版久不存。端文以此書不可不傳也，復令印生刻之。今功已告完，願爲序其首簡。」序曰：

嗚呼！妙明真性，有若太空。不拘方所，初無形段。沖澹而静，寥漠而清。出焉而不知其所終，入焉而不知其所窮。與物無際，圓妙而通。當是時，無生佛之名，無自他之相，種種含攝，種種無礙，尚何一法之可言哉？奈何太樸既散，誕勝真漓。營營逐物，唯塵緣業識之趨。❷ 正如迷人身陷

❶「感」，張本、韓本、傅本作「厲」。
❷「塵」，原作「誠」，今據張本改。

大澤，煙霧晦冥，蛇虎縱横，競來追人，欲加毒害，被髮狂奔，不辨四維。西方大聖人，以慈憫故，三乘十二分教，不得不説，此法之所由建立也。衆生聞此法者，遵而行之，又如得見日光，逢善勝友，爲驅諸惡，引登康衢，即離怖畏，而就安穩。其願幸孰加焉？不深德之，反從而詆之斥之，是猶挾利劍以自傷，初何損於大法歟？嗚呼！三皇治天下也善用時，五帝則易以仁信，三王又更以智勇。蓋風氣隨世而遷，故爲治者亦因時而馭變焉。成周以降，昏嚚邪僻，翕然並作。絏縲不足以爲囚，斧鑕不足以爲威。西方聖人，歷陳因果輪迴之説，使暴强聞之，赤頸汗背，逡巡畏縮，雖螻蟻不敢踐履，豈不有補治化之不足？柳宗元所謂「陰翊王度」者是已。此猶言其觕也。其上焉者，炯然内觀，匪即匪離，可以脱卑濁而極高明，超三界而躋妙覺，誠不可誣也。奈何詆之？奈何斥之？世之人觀此論者，可以悚然而思，惕然而省矣。

雖然，予有一説，并爲釋氏之徒告焉。棟宇堅者，風雨不能漂摇；榮衛充者，疾病不能侵凌。緇衣之士，盍亦自反其本乎？予竊怪夫誦佛陀言，行外道行者，是自壞法也；毗尼不守，軌範是棄者，是自壞法也；增長無明，嗔恚不息者，是自壞法也。傳曰：「家必自毁，而後人毁之。」尚誰尤哉！

今因禪師之請，乃懇切爲緇素通言之。知我罪我，予皆不能辭矣。禪師豫章人，知寶大法，如護眼目。然身服紙衣，躬行苦行。遇川病涉者，梁之；塗齟齬者，甓之；枯骴暴露者，掩之。今又刻此論以傳，誠無愧於有行沙門者矣。

重刊寂照和尚四會語題辭

寂照和尚元叟端公既示寂，金華黄文獻公爲銘其塔，蜀郡虞文靖公爲序其《四會語》。二公以文辭名天下，亦云備矣。其入室弟子清泰子梗、金山惠明、天寧祖闡，復合辭請曰：「舊刊所録先師語，不幸燬于兵，然非此無以見道之所存。竊懼不傳，子梗三人者，已協力命印生重雕之矣。敢重以首簡請爲序。雖然，序猶可略也。先師事蹟多涉神異，狀行者輒諱而不書。神異之事，大乘者固所不樂聞，苟録以示入道之士，亦足以起其正信，初何傷乎？願併識之序中。」予不敢辭。

稽子梗等言，公平頂古貌，眼光鑠人，頷下數髯磔立，凜然如雪後孤松。坐則挺峙，行不旋顧，英風逼人，凜如也。所過之處，衆方讙譁如雷，聞履聲，輒曰「端書記來矣」，噤默如無人。賓友相從，未嘗與談人間細故，舍大法，不發一言。秉性堅凝，確乎不可拔。自爲大僧，至化滅，無一夕脱衣而寢。其從南屏歸化城受經，夏夕啓窗而卧，忽一梵僧飛錫而來，與談般若樞要，亹亹不絶，未幾騰空而去。虎巖師主雙徑時，嘗言道家者流有上謁帝者，其還甚遲。因叩之，答云：「爲選徑山四十八代住持，故天閽久不開爾。」公正符其數。公朝京師，夢徑山潭龍君持金匙舉食食公，數凡十又八，公主法席實十八春秋也。公將示滅，所剪爪髮留瘞化城幻有菴，逮啓視之，舍利纍纍然生矣。公之遺事有若此者，皆宜補書以見於世，不可略也。

蓋公道契佛祖，名震華夏，誠堪輿間氣

之所鍾，其祥應之至，亦出自然，非苟涉於神怪者比也。文獻所謂「門庭之盛，規重矩疊，法雷普震，裂地轟天」；文靖所謂「譬諸名藩，鎮以宿將，隱然持重，風霆不驚，握機行令，舒卷自由，足以使方城連戍，有所仰放，不敢踰越」。其言誠不誣哉！濂何敢復贊一辭？頗念文靖之學，粗聞而知之，又執弟子之役於文獻之門者最久，於是勦其緒論，重申之如此。嗚呼！公之《四會語》，其尚假濂文以傳之哉？

子梗字用堂，惠明字性源，祖闡字仲猷。皆設化一方，黑白咸皈仰云。

題魏教授所受咸淳誥命後

宋誥係尚書吏部出給。其詳著奏文、被旨次第，而復列宰執之名者，慎之至也。考其所由，大概損益唐誥而爲之。然唐誥初用紙，至肅宗時始用絹，貞元以後乃更之以綾。今用文思院制敕綾，亦其遺制也。

桐廬魏公新之，敕賜進士出身，故事循「黄甲免試，以近及遠」恩例，注授慶元府學教授，此其所受誥也。公之曾孫潛再守東昌，持此卷求題。

嗚呼！咸淳壬申誥下，至今洪武乙卯，殆歷一百四年，中更宋元之亡，兵火膠葛，人物凋喪，而斯誥乃能獨存，非世有賢子孫，豈能致是歟？此與保曲阜之履者，蓋同一尊尚之意。故爲援筆而識其左方。至若公之治行，予已列於墓上之文，茲不復云。

題朱彥脩遺墨後

右丹溪先生書五紙，與門人戴仲積及其子原禮者也。夫醫之爲道，本於《内經》，其失傳蓋已久矣。金之諸儒劉守真輩，獨能遠紹絶學，至先生始三傳，則授受之正，不言可知矣。先生之弟子雖衆，得其真切者，唯仲積父子爲優。仲積不幸蚤世，原禮以其學行於浙河之西，從之者日益多。由是先生之道沾被滋廣，而三尺之童亦知先生之賢。此非原禮之所致耶？韓子有云：「莫爲之後，雖盛而不傳。」其此之謂歟！原禮尤拳拳不忘，而以遺墨求題，謂見手澤，有如見先生焉。予嘗從先生游，而交原禮諸父間甚久，故不辭而爲之書。嗚呼！師道立而善人多，今於原禮見之。

朱悦道文稾後題

右烏傷朱君悦道所爲文一卷。予讀已，愛其理明文順，顧謂二三子曰：「辭章之弊久矣，梔蠟爲葩，以逞妖豔，非不眩人目睛，比之元氣流行，千紅萬紫徧發洛陽名園，固自弗侔。何也？生意之動盪，與死色之不澤者，其可以並論也哉？蓋古人之於文，以躬行心得者著爲言。言有醇疵，但繫乎學之淺深爾。後世則不然，以文學文，皆億度想像而爲之。知道君子，未嘗不一笑擲之也。今悦道之文，論議必本諸經，而翼以濂、洛、關、閩之説。既履康衢矣，長安雖遠，惡有不至者哉？其視顛連榛莽之蹊，而虎豹蛇虺縱横交於前者，奚翅萬萬？悦道非惟見諸空言，又思踐履以驗之，此尤度越於人人。予雖留意於文，造道不深，而出言多疵，深有愧於悦道。雖欲痛自懲刷，而秋髮繽紛被肩矣。惜哉！

予期悦道甚遠，悦道器宇清粹，誠足以副予所期。他日道明德立，而文益昌，予當在知言之列無疑。故録與二三子言者，題其卷後云。

題馬華甫手帖後

右宋參知政事馬莊敏公手書，與處州吴府君諱某者也。公以寶慶二年王會龍榜下擢第進士，六轉而差知處州，又四轉自右曹郎官再出知處州。政成，加直祕閣浙東提舉常平，公瀕行，乃遺此書。

蓋府君以醫名，公家有病，府君時以藥劑調之，故書中有「一家老穉恃君以爲安」之語。公之母夫人梁氏，春秋已高。先是，公嘗奉雲臺祠，至是復有陳乞之意，不圖改持庾節，故書中有「親老且病，歸心甚切」之語。當是時，措置銅錢，且用鹽收楮幣，已而又秤提會子，以五析二十七界，會子五道，準十八界二道，故書中有「鹽楮更令，民聽未孚」之語。

惟公出忠入孝，乃其素誠，爲政寬猛適宜，務存大體，此固不待後學之所言。至於不忘故舊，移書致謝，詞氣謙抑，風義藹然，又豈淺丈夫之可企及哉！捧玩遺墨，徒慨仰者久之。府君諸孫從善爲工部主事，與濂同朝，裝潢此卷，❶求題其後。因不辭而書之。公諱光祖，字華父，金華人。

❶「潢」，原作「演」，今據張本改。

恭題御製文集後

臣聞：有德者必有言。蓋有德者，和順積中，英華發外，無非天然之文，不待勉强而後成。譬猶大化流行，融液通暢，而萬物發舒，各得生生之妙，精神充衍，無往不在。故大舜作五絃之歌，湯爲盤銘，武王造起居之誡，皆粲然成文。此揚子雲所謂「聖人之言，炳若丹青」也。

恭惟皇帝陛下統御以來，用人文化成天下，睿訓諄復，惟恐一夫不獲其所。天縱聖能，形諸篇翰，奎璧照耀，層霄絢采，光被上下，萬象動色。然而建中於民，寤寐弗忘，則有虞阜財解愠之歌也；夙夜修省，常如神明，森刻左右，則湯武盤杅几杖之銘也。仁民愛物之心，隨感而見，布於方策。温潤淵深，統貫乎斯道；光芒氣燄，蓋覆乎六合。前聖後聖，實異代而同符也。臣供奉詞林，幸日侍几硯，仰瞻揮灑之際，思若淵泉，頃刻之間，煙雲盈紙，有長江大河一瀉萬里之勢。跪捧而觀，殷彝周鼎，未足喻其古也；太山喬嶽，未足喻其高也；風霆流形，未足喻其變化也。蓋由天德粹純，無聲色之好，無遊畋耽樂之從，聚精會神，凝思至道，形於心聲，同功造化，非語言形容之可盡也。且當萬幾之暇，時御翰墨，多不留稾。見於侍臣之所録者，得若干篇。

臣竊以爲日星昭回於天，下飾萬物，蒼生無不仰照。聖皇之文，猶日星也。是宜刻於文梓，流布四海，使見之者咸獲咏嘆文明之化，熙熙皞皞，相與率德勵行，以爲忠孝之歸，豈不盛哉！於是敬録如上。文與詩凡五卷。續有制作，復編類爲後集云。

蔣録事詩集後

四明蔣君子杰，字有立，世爲簪纓大族。宋金紫光禄大夫諱浚明者，其七世祖也。有立自幼穎悟過人，年未弱齡，聲名已動薦紳間。暨長，以明經舉進士於鄉。會試南宫，遂擢以記注之職。有立入侍黼扆，出陪法駕。皇上以其才良而行純，深眷遇之。或命即物賦咏，有立即奉制揮翰如飛。上大悦，時寵賜和章。有立以爲遭逢盛際，實千載一時。乃録平日所賦，并他著餞贈之什，共若干卷，俾予題其首簡。

予聞昔人論文，有山林、臺閣之異。山林之文，其氣瑟縮而枯槁；臺閣之文，其體絢麗而豐腴。此無他，所處之地不同，而所托之興有異也。有立以粹然之學，位居柱史，日趨殿陛，濡毫螭坳，回視山林，不翅有仙凡之隔。故其見於辭者，雲錦張而春葩明，鍾簴奏而音律諧，體製正而局度嚴。誠可以傳諸當今而垂於久遠者也。如予不敏，年日以加，文日以退，視吾有立之進如水湧山出者，寧不愧哉！然而有立善古文，宏富充贍，得作者之體，不唯能詩而已。邇者執法刑曹，處煩劇之務，整暇而有餘，不唯能文辭而已，其政事亦灼然有可稱者。異日振厥家聲，使金紫公不專美於前，予蓋深有望於有立者也。輒序以識之。

題盛孔昭文稾後

余弱齡時，即從黄文獻公學爲文。既得户庭而入，益求海内諸作者觀之，不問在朝於野，❶咸無棄者。於今四十有餘年矣。大概氣豪者，失於粗厲；體局者，不能有所發舒。求其臻平和者，十無四三。彼極盛時且若此，況當兵火患難，人物眇然之後乎？

海鹽盛潛孔昭，嘗以進士貢南宮。予時濫司文衡，頗見孔昭經術甚邃，不知其能古文辭也。今自定陶移丞淄川，持文一帙來見。再三讀之，雲錦張而五采開，韶樂鳴而八音和，鳳褰噣而鸞舒翎。予不覺歎曰：「嗚呼！此豈非文哉？」當今文士雖多，如吾孔昭者，其指蓋不多屈也。然而學無止法，孔昭幸毋以所造爲已足，蓋致力焉，他日必以文章黼黻昭代之盛，決不後於他人矣。予雖耄，日切望之。

題獨冷齋卷後

天氣有陰陽。陽氣則熱，而陰氣則冷，初何關於人事？唐人往往借以爲喻，謂登樞要者爲熱官，守閑曹者爲冷官，見諸詠歌，形於紀載者，何其多乎哉！

天台張君天秩，守道君子也，於世無營。朝夕之間，唯飲木蘭墜露，餐秋菊落英而已。遂取杜甫詩中「廣文先生官獨冷」語以名其齋，蓋若有激也。然予竊有疑焉：張君下帷授徒，文氊方牀，積古今圖史，左右一啓卷間，心融神暢，儼然如入春風中，和氣烻烻動人。若云張君爲獨冷，吾則未之信也。所謂「獨冷」者，必真坐廣文館中，

❶「於」，張本作「與」。

然後方稱斯名爾。張君以爲何如？

侍儀使白，張君從子也。以此卷索題，至六七而不倦，因濡毫一書之。

題清微法派仙像圖

師授貴相承，昔人皆以爲重，非特道家之爲然也。在宋之時，明教嵩公懼諸師傳授不明於後世，乃大畫一圖，而略著其事於下，謂之《傳法正宗記》。今觀清微家，自魏元君而下，共一十七人，皆圖厥像，霞冠星帔，粲粲可覩，謂之《法派仙像圖》。噫！是不亦異世而同符哉？世有從師不旋踵而背去之者，視此可以戒矣。像之次第，畫工偶失其序，蓋不足深辨云。

題張樗寮手帖

張温夫年八十時，嘗爲周法師竹泉書「龍虎福地」四大字，此其所答書也。書舊藏神寶府中，兵後失之。汪君伯通復購而歸之。

温夫，宋之執政子，以恩補官，仕至直祕閣致仕，故其所交，皆一時名臣，遂以書名天下，而金人寶之，不翅金璧。大抵温夫筆法，出於米南宮。南宮始學沈傳師，後方入大令之室。天馬脱銜，追風逐電，誠有不可控馭。其變至於温夫極矣。臨學之家，不知以予言爲何如也。

温夫爲鵝湖寺書「大義道場」扁，已八十又四，其挺特之氣，至老不衰。因并書之，使覽其字者，可以知其爲人。

題馮子振居庸賦後

海粟馮公，以博學英詞名于時。當其酒酣氣豪，橫厲奮發，一揮萬餘言，少亦不下數千，真一世之雄哉！遺墨之出，争以重貨購之。或刻之樂石，或藏諸名山，往往有之，則爲人之寶愛可知矣。余藏此卷者久，極爲珍祕。今以歸蒲圻魏先生。先生，博雅君子，必有以賞識之，斯文爲有所托也。

題易菴卷

余聞《老》《易》相爲用也久矣。至於魏伯陽著書，明述卦候之旨，而後世丹經咸祖之。此不獨形之空言，而實見於行事者也。治城道士王君宗懋，名其丹室曰「易菴」，吾友危學士嘗爲之記，復請余跋其後。嗚呼！太極，其鼎爐者歟？坎離，其藥物者歟？陰陽，其火候者歟？王君當有識於此矣。若夫開物成務，隨時變通，蓋出於是三者之外，非更僕不能盡也。尚容他日爲王君言之。

題危雲林訓子詩後

古之人教子，多發爲聲詩。何哉？蓋詩緣性情，優柔諷詠，而入人也最深。韓昌黎之子符，讀書城南，嘗作詩送之，曲盡其意。至今讀者，猶蹶然興起，豈曰小補之哉？雲林先生危公冢子□，字於爊，自檢討奉常遷佐薊州。先生時辭嶺北行省左丞，獨居房山，聞於爊將之官，賦四言詩一章勉之。

嗚呼！先生之詩，固無愧於昌黎；而符能讀父書，策名南宮，今於幰以明經擢進士第，君子亦竊謂似之。或言古今人不相及者，其果可信歟？雖然，先生所作，於脩己治人之道，反覆備至，是有關名教甚大，不特可施於訓子而已。其視誘之利禄，而以惜居諸爲念者，又爲何如哉？知言之士，必能辨之。

題滑壽傳後

昔者，太史遷作《史記》，創爲記、表、書、傳，秉彤筆者，咸宗之。然而傳之爲體雖不一，不過立論、序事二者而已。獨爲《淳于意傳》，載其應詔所對，自齊侍御史成至公乘項處，凡二十有三人，書治病死生，驗者具悉。此其故何哉？蓋醫乃人命所係，不敢不慎，故特變例以成文耳。

襄城滑壽伯仁，以醫道高一時，而吾老友朱君伯賢，倣史遷法爲之傳，事核詞古，而光燄燁然。與伯仁游者，鋟梓以行。伯賢方載筆詞林，其言當見信於世，他日必有采之入史牒者。淳于意之事，尚得專美於前哉？

題蔣山廣薦佛會記後

右《蔣山廣薦佛會記》，予嚮爲儀曹諸君所請而作。一則鋪張帝德之廣，一則宣揚象教之懿。意雖有餘，而文不足以發之。叢林之間往往盛傳，徒增愧赧而已。葦舟上人留意宗門，樂善如不及。近來南京，亦繕書一通，持歸吳中，求予題識左方。嗚呼！佛法之流通，靈力付屬，❶恒在國王大臣。讀予記者，當知王化與真乘同爲悠久，猶如天地日月，萬古而常新。猗歟休哉！

恭跋御製敕文下方

皇帝臨御之七載，益弘敷教治，優老禮賢，孳孳如弗及。時則有若翰林學士承旨臣同，春秋七十，猶以文學在侍從論思之列，其意以爲幸逢有道之君，何忍去之？休致之請，久而不敢發。上見同皓首蒼顔，與白面少年旅進旅退於班行中，惻然憐之。八月甲辰，特降致仕之命，續社期年，且官其一子魯。召同入，賜坐，從容慰勞之。夜漏下十刻，始敕内官扶掖而還。乙巳，上親製文一篇以賜。同仰瞻天藻之華，無任欣躍。既奉表詣殿庭稱謝，又以副墨勒諸貞珉，昭示悠久。

臣濂聞之：君臣遇合，自古爲難。非道之符契，情之感孚，鮮有善始而善終者。今同年雖耄，拳拳戀闕之心，皦如出日。忠款自將，不替往初。上憫其衰暮，不欲煩之以事，令優游田里，以終天年。恩數便蕃，視昔有加。上下之間，可謂兩盡其道。猗歟盛哉！昔宋孫宣公奭，自翰林侍讀學士乞致其事，仁宗嘗賜詩一首，詞臣尚載之簡册，至今以爲美談。矧我皇上睿思天成，神文炳焕。其功侔造化，經緯圖書，足以昭明政體，用風厲四方，詩云乎哉？是將傳之億萬斯年，永永無斁。而同之名氏，在奎壁光芒之中，亦因是不朽，誠千載之一逢也。傳曰：「王言如絲，其出如綸。」天下之士聞

❶「力」，張本作「山」。

之，有不鼓舞而淬礪者乎？

臣職在國史，謹已備載《日曆》。復因同之請，恭書于下方云。

恭跋御製詩後

釋門宏勝，無理不該，無事不攝。其於忠君愛物之心，亦甚懸懸。凡可以致力，雖身命將棄之，況其餘者乎？人徒見其厭離生死，輒指爲寂滅之行。嗚呼！此特見其小乘者爾，吾佛之爲教，豈至是哉？

天寧禪師祖闡仲猷，以高行僧召至南京。會朝廷將遣使日本，詔祖闡與克勤俱。祖闡不憚鯨波之險，毅然請行。上壯之，賜以法器禪衣之屬，令太官進饌饗於武樓下。且諭其國敬浮屠，宜以善道行化。時天界禪師宗泐嘗賦詩餞之。其詩上徹御覽，遂俯賜和答。詩凡一十八韻，首言王化無遠邇，一視同仁；次言宜誘以善道，庶契西來祖意；次言經涉海洋，雖甚艱險，君臣大義毋忘；次言以平等法行之，無有彼此之異；末言使畢言旋，方盡始終之義。其丁寧反覆之意，不亦至哉！

祖闡受命而行，自翁洲啓櫂，五日至其國境。又踰月，始入王都，館于洛陽西山精舍。一遵聖訓，敷演正法，無非約之於善。聽者聳愕，以爲中華之禪伯，亟白于王，請主天龍禪寺。寺乃夢窗國師道場，實名刹也。祖闡以無上命，力辭之。且申布威德，罔間内外，所以遣使者來之意。王悦，命總州太守聞溪宣同僧淨業等，奉方物稱臣來貢。

祖闡既入覲，天顔怡悦，賜白金一百兩，文綺二縑。祖闡以謂遭逢盛際，躬承光寵，不可無以示後裔。乃粉黄金爲泥，書上賜和詩成卷，勒其副名山，屬濂識其事於左。

古之帝王，寵賚方外之士，固不敢謂無之，而鮮以天章賁飾之者。今祖闡之逢，可謂優鉢曇花，千年一現者矣。其東旋也，將見五色天光，烜赫於龍山之上。晶晶瑩瑩，直燭霄漢。飛潛動植，皆與有榮耀焉。抑濂聞普覺果公，昔處浮屠中，而忠君愛物之念，皦如白日。張魏公稱其非聲獨聞覺私厭生死者比，❶人至今言之。祖闡，固普覺諸孫也，其出將使指不辱君命，倭人慕化，稽首來庭，豈樂寂滅者可冀其萬一哉！宜其簡在上心，而褒嘉之命屢下也。濂不佞，忝居法從，故不辭而爲之書。上以昭帝德之廣被，下以白釋氏之有良材云。

跋東坡寄章質夫詩後

蘇文忠公子瞻爲翰林學士日，章莊簡公質夫以直龍圖閣出知慶州。二公素友善，質夫以崔徽真爲寄者，頗寓相謔之意。蓋徽乃河中娼婦，寫真寄裴敬中，而元微之所爲作歌者也。故子瞻賦詩，有「知君被惱更愁絶」及「未害廣平心似鐵」之句，實解嘲云。然二公相謔，初不止此。質夫作廣帥時，送酒六壺，書至而酒不達。子瞻作詩戲之，且謂「青州從事化爲烏有先生」，蓋亦猶前意也。

質夫乃高州刺史檢校太傅西北面行營制置使仔鈞諸孫，非惟立功邊徼，爲國家保

❶「獨聞」，張本作「聞獨」。

障，至於辭章，亦非人所易及。嘗咏柳花，撰《水龍吟》寄子瞻，子瞻歎其妙絶，來者無以措辭。則其尊尚爲何如？所以善謔者，特出於相愛之至情耳，非若後人流連狎褻而不知止者也。論二公者，當以濂言爲不誣。

子瞻之書此詩，年已五十又二，實元祐二年丁卯，故其老氣尤森然云。方外老友全室翁出示徵題，因走筆識之。

跋遯山翁行狀後

何氏爲吾婺甲族，簪紱相繼。至文定公出，上繼考亭遺緒，以性命之學衣被後人，其名益盛矣。遯山翁鳳，字天儀，公之群從子。言論風範，亦可以冠冕風俗。五尺之童，至今皆能言之。蓋有其實者，雖無文而自彰。實或不足，而假空言以張之，未必能著。此無他，其理固應爾也。

濂在禁林，翁之諸孫穆持行狀求題，聊相與一論之。或謂翁之行必待文而始傳者，抑過矣。穆循循雅飭，無愧於文獻家子孫云。

跋新刻圓覺多羅了義經後

天界禪林有比邱曰惟肇，具精進力，樂善弗倦，普願一切有情共升清淨毗盧覺地。於是募刊《圓覺》大經，以廣流布。且是經者，唐長壽二年，天竺僧覺救所譯。蓋大雄氏爲十二大士説本起因地，究其所脩，不越於三觀之義。此所謂自誠而明，去惑離愛，其故爲最盛。宜乎比邱拳拳樂此而不忘也。金華宋濂互跪合掌爲之贊曰：

如如圓覺心，凡聖本同具。何處有善提？更無煩惱者。真體遍太虚，太虚本無相。苟一執著間，清淨即穢濁。雖不容纖塵，未嘗離去之。有如水中影，影像本現前。眼耳與鼻口，無一不具足。若使善泅者，捕影於水中。汪洋茫渺間，見水不見影。我身元是佛，不待登圓覺。苟欲求證時，即無能證者。此爲上根人，談此無礙法。肇師大方便，勸人真正脩。脩之果何爲？孜孜在三觀。庶得祛愛縛，❶超出生死海。前言本非實，只此可依據。竟登涅槃門，非真亦非妄。此以何因緣？萬法本空故。

跋廣薦佛會記後

余既造此記，自知筆力衰弱，無以發揮聖皇崇尚佛乘之深意。豈期大方叢林，競相傳布，殊用悚仄。而雪山成上人復索余書一通，藏諸篋衍。以上人好學之功，不欲固辭之。雖然，予文固非佳，然昭代制作之盛，足以爲千萬世之法者，亦備著於其間。後之續僧史者，必當有所擇焉。

跋七佛偈後

右七佛世尊，慈憫群迷，弘開頓門，各説妙偈一首，黄庭堅稱爲禪源者也。偈蓋中天竺沙門支彊梁樓所譯。前魏陳留王時，始至洛陽，遂傳中國。其辭雖七，不翅華嚴偈十萬之多。三世諸佛傳心要指，盡在是矣。初因吴僧道袼誦出，不具翻譯人

❶「愛」，原作「受」，今據張本改。

名，義學者往往指爲謗議。沈酣名相之深，宜無怪者。四明祖杲禪師，嘗閲齊祐律師所著《出三藏記》，其薩婆多部紀載甚明，謂此乃禪門之宗，勒石大天界寺，流布四方。嗚呼！禪師其能體佛之慈行者哉！

書陳思禮

陳思禮，字用和，四明人，世爲士族。思禮生七歲，父德祥歿。母石氏誓以節自守，夙夜勵思禮以學，遇之極嚴，雖大雪没脛，必使挾册以往。思禮或少懈，輒對之泣曰：「爾父爲名儒，唯生一子，吾所以忍死鞠育者，欲爾取法也。今奈何背之？」思禮惶懼却立，若無從匿身。俟母怒稍解，輒去篝燈誦書。自是不至夜分弗休。

母年五十五，病卒。思禮被髮狂號曰：「吾母何在？吾母何在？母所以辛勤萬狀而弗釋者，爲思禮也。思禮加冠，而母不待養，尚何以生爲？不如相從於九泉之下，魂魄苟有知，猶可盡承事之禮。不然，縱壽百齡，何益也？」乃操刃欲自刭。家人奪之，環守至旦，共譬解之曰：「爾死，則母之祀絶矣。母雖死，欲使母不死者，移孝爲忠以顯揚之也。」思禮收涕謝之。

服闋，入郡庠從名師學明經，期以科第起家，見諸事功。踰四三年，思禮二十四矣。初母未死時，爲擇配石氏。至是欲成昏，思禮掩耳不答。其婣其友執其袂而群譟之。思禮泣曰：「吾娶則詩書之業蕪矣。即不蕪，何以自給？不與市魁賈豎相逐，弗可得也。他日何面目見吾母？請緩之。」其師鍾士懋持之益急，曰：「爾奈何失昏期也？」思禮不得已，泣從之。合巹之夕，思禮屢誦《蓼莪》詩，泣曰：「娶婦，爲養姑也。吾母今不在，寧不肝腸寸裂乎？」連泣七日夜不輟。見者哀矜焉。思禮既娶後，學功愈自策不敢廢。

洪武六年春，詔下郡國徵諸生，思禮亦上名吏部。已而奉旨入成均爲弟子員，試藝中選，升上舍生。先是，思禮既喪親，夙夜不忘，乃以「如在」扁其堂。襲封衍聖公孔君希學，爲作隸古書之。御史中丞誠意伯劉公基、參知政事陶公凱，暨中朝士大夫，皆有詩若文贈之云。

史官曰：予在詞林，思禮時同諸生入謁。每言及父母，其淚滂然流。予爲惻然久之。昔者，李沆之父獨生沆，待之甚嚴。或勸之，答曰：「止有一子，❶不可不爾也。」後沆卒爲名臣。石氏以一女婦，乃能忍哀茹苦，而以嚴教子，以節自誓，以潔白終其身，可謂貞婦者矣。思禮日夕兢惕，惟恐有孤先志，思欲以沆自勉，不亦孝子之情也哉？是皆有係於名教人紀之重，不可不書也。具列其事于篇。

書虞宗齊

常熟虞宗齊，字思訓，世居芝溪。在勝國時，祖安澤任德清尹，故號宦家。暨入國朝，以鄉師統諸閭長，坐法當死，縣録其父德良與兄某下獄，宗齊私自念，此涉科繇事，誰當正坐之？父春秋高，萬萬無就逮之理。兄爲冢嗣，宗祀攸繫，且無子。吾幸有子，儻得代父兄，含笑入九泉矣。即詣吏自白曰：「宗齊精力彊，凡官中事，身專任

❶「止有」，張本作「正以」。

之。不自意陷于刑辟，父若兄誠不知也。」吏不疑，按章訊之，一一引伏。獄案具，斬之東市，容貌不少變。時洪武辛亥夏六月也。宗齊之年甫二十又二云。

史官曰：子者，親體之分也。形雖殊，其氣則通。痒疴疾痛，其有不切者哉？辟諸木焉，本實既撥，枝葉未有不害者。故宗齊之代父死，非異也，理之當然也。嗚呼！然則然矣，世之臨患難，固有舍父而逃者，其視宗齊，果爲何如哉？若宗齊者，知有親，不知有身，從容就義，絶無幾微不足之色，可謂特立而弗愧者矣。嗚呼！四海之內，孰非人子哉？

書前定三事

永嘉林君伯恭爲濂言：「温生延祐丁巳八月八日，生二歲，❶父命名榮祖，又十一歲，❷更今名。又十歲，當至正辛巳，以《春秋經》試江浙鄉闈。温名第一，董彝第四，董朝宗第五，朱公遷第二十八，實殿榜後。榜中孔暘、王孔文、高禄鄉、潘如珪四人，皆再薦。温上南宮不利，以恩例置奉化州學正，丁亥，始之官。會董彝亦爲學正慶元，交談之頃，彝慨然曰：『吾父諱伯大，嘗出應書，大父得奇夢，記諸籍云：丁巳年九月七日，夜夢林温作魁，朱姓人鎖榜，第四、第五人連姓董，内四名用朱筆點云：是舊請舉者。』稽之於今，無有不合。其最異者，温之生，甫一月爾。」

奉新王君文博復與濂言：「載夢與劉

❶「生二」，張本作「至三」。

❷「一」，張本作「二」。

鑄到南昌，經江西省署，見放鄉貢進士榜，諦視之，高懸朱牌十枚，上書金字，日光炫燿不可讀。忽一隸卒前白曰：『第一名南昌熊誼，汝居第六。』遥呼鑄曰：『爾名亦在後。』須臾，有紅英佩刀者十餘人，自省中讙而出，似相迫逐者。驚寤。明發與人言，皆大笑。當是時，大都督朱公鎮南昌，干戈方殷，謂安有貢舉之事。後八年，爲洪武庚戌，始設科。江西四十名額，南昌占其十。十名中，熊誼冠首，正符朱牌之數。載却在通榜第六，鑄居十九。及試大廷，載又中第二甲第六名，一一皆驗。」

濂聞此二事，頗異之，且言於金谿吴君伯宗。伯宗曰：「豈惟是哉？庚戌之夏，五月二十二日，臨川通判王黻夢城中作樂迎狀元，黻甚訝之。二十五日，忽聞使者來頒科舉之詔。其年秋，伯宗濫充江西鄉試第一，衆已爲與夢叶。至廷對之日，復擢寘榜首。鄉里至今以爲美談。」

濂觀傳記所載前定事，如此類者甚衆，未敢信也。今親聞三君子之言，其有不可信者乎？姑書之，以見人囿氣化中，誠有一定之數，不可以智求，不可以計免也。自脩之外，一聽於天而已。

虞文靖公像贊

朱明之墟，離火降精也。丹鳥襹褷，爲駕綵軿也。手握化樞，人文昭明也。補帝衮衣，五色熒熒也。上凌霄漢，下矚九溟也。❶無幽不啓，無芳不榮也。頓挫萬彙，配合三靈也。獨騎元氣，棲神窈冥也。之

❶「矚」，韓本、傅本作「燭」。

死弗没，隨物流形也。凝爲矞雲，燦爲德星也。琬琰所勒，鬼祕神扃也。命世之材，一代之英也。

傅同虚像贊

將求子於外兮，則鍊精於三田。欲索君於内兮，則游神乎八埏。❶是皆窺見夫粗迹，而未能暢達其真玄。高岑兮谷綿，白鶴舞兮蹁躚。豈非長跨於洞庭之野，吹瓊管而招飛僊者耶？

蒲菴禪師畫像贊

蒲菴禪師，豫章豐城人，名來復，字見心，以日南至生，故取《易》卦語識之。有志行，清淨行欲，絶塵獨立，遂歸釋氏。與同袍恭肅翁誓屏諸緣，直明涅槃妙旨。久之，窺見全體無礙，然未以爲至。走雙徑，謁法喜大師楚公，自陳厥故。當機鋒交觸，如鶻落兔走，不間一髮。法喜深然之，留司内記。越三載，復約標士，❷瞻脩西方淨土於吴天平山。刻期破障，比禪觀尤力。浙省左丞相達公九成慕師精進，起住蘇之虎邱，辭不赴。

會兵起，避地會稽山中。慈谿與會稽鄰壤，中有定水院，直東海之濱，幽闃遼敻，可以縛禪，復延師出主之。師爲起其廢，禪門典禮依次舉行。瓶錫翩翩來萃，乞食養之，共激揚第一義諦。尋以干戈載塗，不能見母，作室寺東澗，取陳尊宿故事，名爲蒲

❶「埏」，張本作「天」。

❷「約」，原作「灼」，今據張本改。

菴，示思親也。自時厥後，鄞人士請師居天寧寺。時寺爲戍軍營，子女糅雜，其褻穢尤甚。師言於帥閫，移其屯，斥群奴，汛掃建治其弊壞，一還舊貫。師望日以重。大夫士交疏勸主杭之靈隱。適有詔徵高行僧，師兩至南京，賜食内廷，慰勞優渥。洎逢大會鍾山，❶師奉敕升座説法，辭意剴切，聞者咸有警云。

師敏朗淵毅，非惟克脩内學，形於詩文，氣魄雄而辭調古，有識之儒，多自以爲不及。其推師者，李識德好文則曰：❷「任道德爲住持，假文辭爲游戲。」陳狀元祖仁則曰：「禪源妙悟，教部精探，内充外肆，僧中指南。」至於楚國歐陽文公玄、潞國張公翥，見諸觚翰間者，奬予爲尤至，言多不載。師之徒鍠，嘗畫師像，求予贊。予知師頗詳，故倣近代儒宗之例，歷舉其行而繫之以辭者，將以厲夫人人也。辭曰：

大法如如，流于旃丹。不有君子，荷之實難。慧照正宗，世濟其美。一十九傳，至于法喜。據蓮花座，大振玄風。師承一喝，三日耳聾。聾極而聰，至聞蟻戰。祇爲圓虛，物無不見。既入悟關，可廢學功。妄滅方真，慧極則通。乃即天平，棲神淨域。禪觀混融，不二不一。方嶽致聘，耳若不聞。優鉢曇花，却見海濱。有興必行，無墜弗舉。鐘魚互答，笠簑川委。移錫州城，歸者紛紜。轉穢爲淨，載揚清芬。有峰飛來，千載不起。師復主斯，法筵重啓。聲華遠揚，達于帝宸。有詔起之，説法如雲。錫饌禁中，恩遇優渥。四衆傾仰，秋空孤鶚。形諸

❶「逢」，張本作「建」。
❷「識」，張本作「諭」。

辭章，太陰四垂。雲春飆揚，鬼神晝馳。人爭傳寶，如襲芳茝。師笑受之，吾游戲爾。内外兩充，如師幾人？闇室非燈，曷昭群昏？學徒歆豔，丹青肖像。我作贊詞，毋住于相。

師古齋箴并序

師古齋者，予學子連江陳子晟讀書之所也。子晟，今人也。其曰「師古」者何？志所存也。志之所存奈何？事不師古，則苟焉而已。言之必弗詳也，行之必弗精也，弗精且詳，則滅裂之弊生，而頹惰之氣勝矣。能師古則反是。

然則所謂古者何？古之書也，古之道也，古之心也。道存諸心，心之言形諸書。日誦之，日履之，與之俱化，無間古今也。若曰專溺辭章之間，上法周漢，下蹴唐宋，美則美矣，豈師古者乎？

子晟春秋方盛，爲古文辭，水湧而山出，薦紳先生交譽之。予恐其或偏也，爲之箴曰：

爾欲師古，古何所師？法言大訓，日星昭垂。爾繹爾思，志須刻苦。欲褆其身，必入其户。中唐坦然，由户及庭。有宧有奥，以次而升。惟學亦然，懼晝於淺。日造其深，所見乃遠。人己兩盡，方爲極功。毋局於文，一偏之攻。此謂師古，古訓是式。我作爾箴，服之無斁。

宇定齋銘

靖江府伴讀方生仲文，崇安人，以「宇定」名齋，蓋取莊周「宇泰定者，發乎天光」

之言。釋者謂：「氣宇開泰，則静定也。既静定矣，天光自發。人見其人，物見其物，初無彼此膠葛之異。」懿哉斯言乎！其衛生之説乎？或者不察，類以周多寓言，輒泛引而非之。周言固傷乎過高，若此者，其有不可取乎？苟不取，「不以人廢言」之説，果何指乎？爲著銘曰：

君子養生，能兒子乎？專氣致柔，而肯傷於躁急乎？雖終日嗥而嗌不嗄乎？此謂大和坱圠，而不由喜怒乎？外物其能攖乎？四體其有不順乎？所謂神之凝然，氣之融然，泰而安乎？天光照耀，物各付物，而不淆亂乎？夫若是，天其天，而不參於人乎？芒乎，忽乎，熙熙乎？其有出入乎？無出入乎？壽可至於廣成子乎？予有疑乎？無疑乎？人讀予文，有能察予之中情否乎？

雙鯉軒銘

侍儀使唐希孟氏以「雙鯉」名其奉親之軒，志養也。養亦多物矣，而獨取於鯉者何？親所嗜，是謂口體之養者也。能竭力於口體之養，則養親之志可知矣。希孟以孝聞公卿間，予故發其名軒之義，而著爲古聲詩焉。其詞曰：

蘇有孝子，善事于親。父不待養，而母獨存。孝子曰噫！父母生我，念父不見，雙淚潸墮。幸有母存，是瞻是依。一日不見，惄焉踟躕。戢戢者魚，亦既多旨。母兮所嗜，唯河之鯉。聶之可膾，湘之可羹。朝綸夕罾，胡敢自寧？凡厥有魚，皆化爲鯉。以奉吾母，我憂始寫。豈望鯉多，多母之年。百齡猶短，中心則然。不知我者，謂養口體。我鯉不烹，我情曷已？有華者軒，錫以嘉名。目恒見之，用著吾誠。太史作銘，惟子是勖。移孝以忠，永懷百福。

種學齋銘有序

姑蘇張君，其名爲田，其字爲芸己，遂以「種學」號其齋居。濂聞之而歎曰：「何芸己之善取義者歟？」蓋其先人子昭君，積書滿家，而日讀之。芸己又從而繼之。非惟芸己也，其子肯又能善承而勿使替之。是張氏種學者三世矣。因爲著銘，勒諸齋中，一以昭種之之功，一以爲芸己父子勖也。銘曰：

我有心田，爲寸者方。何以種之？以道德爲之秧。其葉油油，其本洸洸。仁耕之而義耨之，唯恐涉於歲荒。俟彼西成，於粲其箱。可以續烝民之命脈，可以佐至治之馨香。此韓子之喻崔生，可以欲久積而大昌。❶肯舍己以從人，不以禮而爲防。有美君子，厥姓惟張。通經而探乎玄髓，掞文而燁乎星芒。取種學而名齋，欲孳孳而自彊。史官作銘，揭之中堂。願是藨而是蔉，終大迄於豐穰。

玄默齋銘

全椒孫仲善氏名其齋曰「玄默」。危學士、蘇脩皆嘗遺之以文。仲善復求余繼作，脩史事嚴，歷數月未能撰述，仲善又時趣之。今因休沐之暇，輒援筆爲之銘。夫玄默者，葆和之要也。仲善能從事於斯，則近

❶ 「可」，張本作「所」。

道矣。銘曰：

玄兮默，凝神於恍惚。默兮玄，欲潛思於九淵。曷若渺渺緜緜，歸之自然。一氣孔神，超乎象先。❶誰爲之後？孰爲之前？至矣哉！此所謂鴻濛之根，毓丹之田也。久而行之，與道周旋。可以接韓終之袂，可以拍洪崖之肩。勉旃，❷必守夫規中焉。

節婦唐氏旌門銘 有序

皇帝恭膺天命，誕敷文教，凡有繫於民彝者，輒加旌寵。即《書》所謂「表厥宅里」、「樹之風聲」者也。粵洪武七年春三月，姑蘇守臣某上言：「吳縣編氓張成妻唐妙堅，生二子，而成卒，堅年二十有七，迺忍貧鞠育，指天自誓曰：『飛鴻尚不再偶，況於人耶？』遂不施膏沐，日處寒燈敗帷中。或憐之，欲奪其志，每涕泣以辭。今五十又七，二子頗有所成立，州里稱之無異辭者。里耆某言其狀於縣，縣上於府，監察御史加覆覈焉，咸謂得表署其門如制令。臣敢昧死上中書以聞。」制曰：「可。」於是符下有司行事，并復其力役之征，俾無有所與。其子彦存，竊以爲龍光自天照耀下土，不可無以宣布上德，以昭示悠久，請大都督府照磨馬嗣能徵濂著銘，鑱諸樂石。濂惟夫爲婦天，大倫之攸繫，故《士昏禮》有云：「下達納采用鴈。」釋者曰：「取其不再偶也。」蓋有夫婦而後有父子，有父子而後有君臣。夫婦之道貞，而天下可得而治矣。聖皇在御，持

❶「超」，張本作「迢」。

❷「旃」下，張本重「旃」字。

化機而制六合，褒嘉貞節，所以化行四方而作新斯民者也。濂待罪國史，法當備載其事，且繫之以銘。曰：

聖人御極，惇叙天彝。弘敷大訓，陰執其機。樹之風聲，何物不動？管攝人心，邇赴遐聳。有婦氏唐，來歸於張。克産二雛，其夫遽亡。泣淚既盡，繼之以血。相隨九泉，乃我之節。嗷嗷者雛，匪親孰依？忍死鞠之，心唯天知。寒飔蕭蕭，燈青在壁。月落參横，猶聞夜織。或憐其孤，風之改圖。豈無甘薺，何忍茹荼？含淚陳辭，鴻不重匹。人爲物靈，敢弗之敵！厥子既長，頭角嶄然。苦節之亨，由持之堅。牧守上言，請加褒錫。帝曰俞哉！朕豈汝惜？烏頭雙表，有巋者門。銀榜漆書，其光焞焞。皇匪爾私，用爲世勸。推而達之，民罔不變。子則盡孝，臣宜竭忠。三綱既建，比屋可封。國史造銘，勒諸樂石。奉揚鴻休，以詔罔極。

日本硯銘

夷而華，四海一家。此非文明之化邪？

三奇石後銘有序

三奇石後銘，爲吴士朱孟辨作。❶孟辨獲石聚寶山間，製爲山玄膚、玉芝朵、斷雲角三名。其友王蒙先生圖而銘之。銘邃甚，至不容繼。孟辨强予述之。信乎珠玉在側，覺我形穢也。其辭曰：

山玄膚，割紫蕤。星賁魄，石抱腴。蒼

❶「辨」，張本作「辯」，下同。

水使者佩失琚。山鬼環守目睢盱。内藏一升白龍酥。餐之淩霄攝雙鳧。奮迅八極游清都。山玄膚，玉爲徒。

玉芝朶，自天墮。暈翠霞，裁猗儺。煅以九陽真澒火。有聲泓噌玉之瑳。不學三秀脆而夥。韓終欲擿意仍叵。青鳥傳信似需我。玉芝朶，青嫷嫷。

斸雲角，鬼斧琢。秀稜稜，文齗齗。霓旌難攀泝寥廓。手析祥氛塵一握。❶尚帶蛟龍氣旁魄。神母變幻資槖籥。上衝牛斗光如濯。斸雲角，鎮書幄。

清齋偈并序

義中勝禪師結室於中天竺，取契經語名之曰「清齋」。詞林宗工，各出新意，侈張而斧藻之，意亦至矣。全室翁同雲巢丈人以義中證修近道，必欲得予言。予學曰墜，何足以與此？然而清齋者，香嚴妙悟之所，義中既豔其名，則法其道亦宜也。不然，何取於清哉？無相居士爲説偈曰：

中竺有虚室，八牕皆洞然。觸目無礙者，有境皆攝入。煙霞草木石，鳥獸昆蟲等，以至世間事，何物不可狀？此人何因緣，❷獨名爲清齋？纖塵了不生，正以清淨故。昔有一童子，嘗居清淨室，冥寂於至道。見焚沈水香，由是作思惟：香雖根於木，❸非火則不發；火縱能燎原，熾然不可遏。苟非遘香木，香氣從何起？因知木爲自，煙火乃爲他。自他共和合，無因能行

❶「氛」，張本作「氳」。
❷「人」，張本作「以」。
❸「木」，原誤作「水」，今據文粹本改。

空。觀兹四相義，幻有即空相。四大所合成，其法亦復然。又況木火聚，烟氣未曾升，鼻觀已先通。緣我有鼻故，香乃從鼻入。我若無鼻時，墻壁瓦礫等。瓦礫與墻壁，未聞知有香。皆由自性起，不假外物故。又況二物者，斯須即變滅，唯存灰燼餘。欲求是香者，去來杳無跡，畢竟性空故。吾性本來空，雖空無不攝。不落有無間，妙香無去來。因兹悟密圓，發明無漏果，得證香嚴號。二十五玄聖，各説最初事，成道由圓通。七大十八界，各各有所入。久近雖兩異，偏圓或二殊。其教已開顯，偏行即圓融。悟理既一同，誰復分遠近。聖性無不通，順逆皆方便。主伴實相濟，後先了不别。敷演真實義，普度有情衆，聞者當悟省。勝師取契經，揭名其齋居。當行無上道，真證圓通智。若外而不内，如龜毛兔角，欲見不可得。居士説偈已，忽見清齋東，爛然大月輪，躍出瀛海中。光明悉照燭，清澈無纖翳。特爲作證明，表此清淨法。

猗歟詩有序

《猗歟》，美君子也。君子，謂奉常吴鎮卿。鎮卿蚤以文顯，使于金源，不辱君命，故作是詩也。

猗歟君子，在括之陽。粲然其章，有玉其相，厥聲孔揚。

聲之伊何？如巖之峩峩。不劌不頗，屹立而弗阿。

犬羊羶如，❶其勢繇如。酣如連如，貪

❶「犬羊羶」，原作「兵氣氛」，今據張本改。

噬我中區。

君子揚揚，爲天子使。誕敷皇靈，以讋其類。

彼何人斯？是縶是維，不虞其無知。彼何人斯？是惟是縶，不恤其無拂。我金其躬，我赤其衷。我節之崇，以迄于終。

皦爾之行，孰能尤之？貞爾之剛，孰能柔之？

游麟之沖沖兮，鳴鳳之喈喈兮。我思君子，維邦之容兮！

《猗歟》九章，六章章四句，二章章三句，一章五句。

予謂作詩必本於三百篇。自李陵專於五言，歷代因之，鮮有復於古者。晉魏之間雖有作者，音節韻趣亦有難於言矣。方與劉先生伯温同倡千古之絶學，適吴從善以其遠祖墓銘求題，欣然援筆賦之。從善有文，而又能不忘乎先如此，其亦賢子孫也哉！

風樹亭詩有序

風樹亭者，嘉禾潘孝子之所建也。孝子之親殁，每對人言，輒嗚咽流涕，然無以寓其罔極之思。取《韓詩外傳》「樹欲静而風不止」之言，表其墓亭。嗚呼！孝子之意至是，爲可悲矣。夫人孰不欲養其親，親則不子待也。所以昔者臯魚立泣而死者，孔子蓋傷之也，憫之也，以其志爲可悲，而無所用其力也。嗚呼！若孝子者，念念不忘乎兹，其亦知没齒慕親之道哉！爲之詩曰：

山有嘉樹，油然發榮。豈不欲静，風撓之鳴。

我思我親，顏貌日改。子欲養之，親不之待。

嗚呼噫嚱！我懷孔悲。山高海深，孰堪喻之？

內而九藏，外而四體。皆親之枝，同一根柢。

根既撥矣，而枝獨存。夙夜哀號，莫達九原。

白楊蕭蕭，❶泉扃夜閟。我親我思，得無憔悴。

親不可見，音容是求。求之不得，血淚交流。

作亭墓隅，是曰風樹。仰之瞻之，心焉孔瘁。

右詩八章，章四句。

宋文憲公文集卷十三終

❶「蕭蕭」，張本作「瀟瀟」。

宋文憲公全集卷十四

抱甕子傳

予嘗游栝之少微山，俯瞰四周，如列屏障。山之趾，有隨地形高下爲蔬圃，約二十畝，凡可茹者，咸藝焉。傍列桃杏梨李諸樹。時春氣方殷，蔬苗怒長，滿望皆翡翠色，樹亦作紅白花，繽紛間錯，如張錦繡段。心頗訝之，曰：「是必有異因。」曳杖而降，冉冉至其處，氣象幽夐，絶不聞雞犬聲。遥望草廬一區，隱約出竹陰間。疑中有隱者，亟前候之。

良久，見一士戴椶葉冠，身被紫褐裘，抱甕出，汲水灌畦。予進問曰：「夫子何名？」曰：「山澤之民，無所名也。」强之，曰：「人以其抱甕也，遂呼爲抱甕子爾。」曰：「丈夫處世，亦多術矣。出則華軒結駟，入則鐘鳴鼎食，有志者輒能致之。夫子恒營營逐逐於一甕間，無乃自苦乎？」抱甕子忽輾然一笑，指苔磴，揖予坐，寘甕于地，歎曰：「吾受血肉軀與人同，豈不樂榮貴，與人異哉？顧念之頗熟，百歲之間，寧復幾何？與其彊情而狥世，寧若任真以自放也？吾圃之西，則九盤山，山之巔，宋州廨建焉。側有烟雨樓，當山雲初興，景象萬態，極可玩。李鄴侯、馬莊敏公嘗登之而感慨矣。其東清溪觀，秦賢良謫官而來，亦游憩其上，時坐鶯花亭賦詩，而今竟安在哉？非惟人隨流水而逝，異日，凌霄之崇搆，皆蕩爲氛埃，一凝竚間，野草荒烟，若愁思之不可禁。世事往往類此，是何足深道？吾所以抱甕出入而弗辭也。且當抱甕之時，嗒然忘形。志慮外絶，精神内營。目不見色，耳不聞聲。招之弗前，麾之不驚。委蛇容裔，而萬物莫吾敢攖。自以無愧於赫胥尊盧之民。子以吾爲逐逐營營，不亦過歟？」

曰：「然則灌畦亦有道乎？」曰：「有。蔬性不欲燥，燥則生意厄而不伸；蔬性宜濕，濕或過焉，則氣傷而寖屈。吾日夜調之燮之，俾適夫厥中，則芃然而秀，嫣然而榮矣。」言訖，抱甕而去。

予深味其言，蓋有道而隱者也。所謂「强情而狥世，曷若任真而自放」，不幾於樂其天者歟？所謂人物代謝，而樓觀不能以存，一俯仰間而感慨係之，不幾於達人大觀者歟？所謂抱甕有術，心與耳目之官内而弗外，不幾於守一不二者歟？所謂藝蔬得中，不使倚於一偏，不幾於治民有政者歟？疾起而追之，抱甕子入竹陰間，閉户高卧，扣之不見答，若無聞者。予憮然而退。

史官曰：予既歸金華山，日思抱甕子不少置。及官南京，見朝紳中貌有相肖者，問其同列曰：「是豈栝子灌畦者耶？」曰：「然。」曰：「奈何仕爲？」曰：「去年應聘而起，典儀晉王府，轉官起曹，剪剔浩穰，聲望蓋龐鬱云。」曰：「其氏名謂何？」曰：「此烏傷校官劉浩卿子也，名彬，其字爲宗文。」予不覺歎曰：「浩卿，吾故人也。其有賢子若此，予不能知之，可愧矣夫！」

雖然，宗文當元季政亂，肥遯山林，若將終身焉。及逢有道之朝，輒蹶然興起，以力政著聞。其得出處之正者矣。向予意其爲有道之士者，果非過歟？果非過歟？使宗文非有道之士，則長往山林而不返矣，謂之賢也得乎？因記問答之語爲《抱甕子傳》。

空同外史傳

空同外史者，翛然物外人也，故以空同自號。或者疑之，曰：「空同，山名。在禹跡内有三：曰臨汝，曰臨洮，曰安定。雖其名相符，而其實則異。外史爲人善養生，昔軒轅氏問廣成子養生之道於汝之空同，外史之所志，豈謂是耶？」外史笑曰：「子求空同山於目者耶？吾則以其心爾。吾目雖不見山，而吾心未嘗無山。一凝思間，平巖邃林，森森而列吾前，卬卬而俟予後矣。❶彼以目而求山者，有山而始有山，未嘗能無山而有山。蓋有山則爲山所礙，無山則何往而非山耶？吾心之所存，不翅千空同之多，奚止禹迹之内有三而已？」

或者愈疑之，曰：「外史言若此，蓋近道已。盍語予以抱一不二之道乎？」外史曰：「天地之真，其體貴虛。一氣孔神，闔闢以機。毋抗而崇，勿按而卑。若水之流，晝夜一如。若雲之行，時而卷舒。混然黄寧，乃契道符。我尚無我，矧空同者歟？予之粗言，已洩天地之機矣。子幸毋溷我。」

或者再有問，外史瞑目不答。人遂指外史爲幽人逸士，外史弗是也。時戴棳葉冠，服大布寬衣，日與仙翁釋子游。當得意時，抵掌嘯咏，間出古篇章示人，類皆超軼塵壒，若不餐煙火食者。家無儋石之儲，不顧也。

❶「卬卬」，原作「印印」，當係形似而訛，今據文義改之。張本作「顒顒」。

外史嘗從華相山人危雲林學。雲林歿，恤其孤甚至。近又出入秦淮河上，發劉河間祕術，注藥起人疾。求者輒與，絶不問氏名。益莫測其爲何如人。余侍講禁林，外史亦時時相過，若樂予者。欲叩其玄旨，外史輒謝曰：「子自知之，子自知之。」豈樂山林而不返者耶？抑托此自祕，而不欲人洩其機耶？皆不可知也。外史姓王，名溥，其字爲宗溥。元居安次，今遷吴。祖若父皆爲顯仕云。

史官曰：莊周有云：「其嗜欲深者，其天機淺。」若外史者，其深於天機者歟？予悲世人往往爲欲所困，何異桎梏。其脱然無累者，幾何人歟？所以喜與外史談，飄飄然有雲卧八極之意，不獨見諸空文而已。讀《外史傳》者，其亦知予欲守規中者歟！

李大猷傳

李願證，字大猷，姑熟人。父深，肥遯山林，以書詩爲教，自號静軒。母陶氏，無嗣，晝夜禱於觀自在佛，夜夢一比邱尼乘白鹿車抱嬰兒授之，曰：「此福慧兒也，善視之。」既而有娠。生未逾月，兒忽身熱如火，不進乳。陶方以爲憂，復夢前比邱尼持粟數顆嚼食之。夢覺，兒汗如雨，遂瘳。年四歲，嬉戲父膝下，因授以記姓書。兒曰：「此有何義？讀之將奚爲？」父大驚，更以《孝經》，一誦即能闇記。稍長，益駿發異常。父嘗手書《首楞嚴》《圓覺》二經，逐卷取讀之。力白父母，學佛於城南頓覺蘭若。祝髮受具戒，制今名願證。走大石山中，與僧法秀游。秀有高行，願證期取法焉。久之，杖錫來南京，謁淨覺師於天界禪林。師見其俊邁，命爲侍者，謂之曰：「子才鋭甚，宜留意文學，他日期子宏宗扶教也。」於是獨坐一室，竺墳魯典，無不研窮之。著爲文辭，森然有奇氣。一時名公鉅卿皆愛敬之，與其相倡酬。師尋命掌書記。

洪武戊申，出世嘉興水西寺。庚戌，遷吴興之道場。未幾，退居武康山中，著《觀幻子》内外篇，以合儒釋一貫之妙。其内篇曰「釋教」，其目十，則宗本、教述、會源、非即、必悟、示證、勖志、古今、不昧、寂動也。外篇曰「循本」，其目如「釋教」之數，則性上、性中、性下、人物、道述、克己、至樂、言命、爲己、學方也。曰「適治」，其目如「循本」之數，則禮樂、封建、井田、兵問、用刑、尚德、儒吏、經權、三尚、圓象也。曰「史論」，其目如「適治」之數而逾其三，則宋襄、儀秦、秦漢、文武、儒老、魏吴、漢晉、虚玄、梁上、梁下、隋唐、後周也。皆踔厲前人，其光燁燁，不可襲祕，聲名突起搢紳間。

癸丑之冬，顒證還天界。濂時侍皇上升武樓，遥望禪林，顧濂曰：「其中有良僧乎？」濂對曰：「近有二僧，從吴越中來，皆能文辭。」上曰：「其名謂何？」濂對曰：「一則顒證，一則證傳。」上曰：「試取觀之。」濂因進證傳文一編。上親覽終卷，曰：「是或儒者之所不及。」復問顒證所著，濂對曰：「太常丞張丁家有《往復論性書》。」遂遣中官召丁攜書至。上復覽如前，喜曰：「論議甚高，其鐵中錚錚者乎！」明日，召見謹身殿，慰勞備至，敕吏部皆除應奉翰林文字，賜第太平門，及妻妾各二，凡日用百需之物無不周。復命中祕給書籍，令閉門習讀三月，俟髮長勝冠，然後涖職。

後三月，願證有疾。上意其沈鬱多痰，賜藥吐之，疾稍減。已而復劇，中使問疾者絡繹于道，竟不起。病將革時，唯仰首言曰：「死則死，所可憾者，受上之深恩不能報爾。」遂口授其友草謝表，表未終而逝。上夜夢願證來謝，服大布寬衣，巾稍欹。叩其家人，服色正同，因移棺，撼巾不正。上尤嗟異焉。時洪武甲寅春二月也。壽三十七云。

史官曰：昔在宋時，仲靈嵩師，鐔津李氏子也。每夜戴觀自在像，誦其號十萬乃寢，自是世間章句，不學而能。遂作《原教論》，明儒釋一貫，以抗諸儒之説。韓魏公琦、歐陽公修皆尊禮之。今願證亦李氏子，其母亦累禱觀音而生，亦博極群書，亦著爲論説以明儒釋之道，亦異矣哉！豈弘宗扶教，代當有其人歟？濂固不敢謂願證之如仲靈也，其志之所存，抑果有不同者歟？然仲靈進《正宗記》，僅得仁宗賜紫方袍及明教之號；願證則屢被龍光，親拔爲王官。使其得壽，則道行于時，澤兼被于蒸黎，不特如仲靈專輔本教而已。木方榮而風折之，悲夫！濂與願證交，愛才之念，不下於韓、歐二公，弗忍其名不傳也，故徇全室泐公之請，具著其事於篇。

周賢母傳

周母王氏，名妙貞，栝人。祖德潤，父思齊，辟爲州縣吏。生十齡，見父有戚容，問曰：「家業幸粗給，大人當開口笑樂，何乃自鬱鬱耶？」父曰：「此事非爾女子所知。吾所掌獄案，死者欲生之，不可得，故弗悦爾。」王氏曰：「名教自有樂地，何不棄之，復温繹書詩耶？」父曰：「不意女子能發斯言，吾之意正如此耳。」即日揖上官去，人賢之。瀕嫁，父欲厚其裝，環珥鞶帨之屬，無所不飭。王氏視之澹如，出示二女弟，恣其所取。

既歸，事君舅君姑盡禮，處娣姒之間，恒欣欣然。或主中饋，身先之，不專役媵人。鄰有寒餓及喪禍，輒周其急。歲壬寅，山寇作，避地魯峰顛。惡少年欲來侵掠，王氏偵得實，遣人擿其姦，盜驚而潰。其母項，因世亂來依，極力奉之，以悦豫其心。王氏嘗嬰疾，衆醫束手，謂不瘳。忽夢老父與易氣，及覺，氣騰騰從頂升，浹日絶粒不食。已而復夢氣來復，疾頓瘳。識者謂爲神助云。其夫則周世英，生男女各二，女皆有所歸，男曰荃，曰茂。茂有文學、政事，出仕矣。王氏年今七十云。

金華宋濂曰：予嘗從史官之後，遇人有善者，必謹書之，將以誘民衷而樹世防也。有如周母，能成父志，推孝於尊嫜，出其餘智，亦足破雀鼠輩之姦，其中必有大過人者矣。於戲賢哉！賢而得書，亦《春秋》之法也。

王貞婦傳

王貞婦名妙清，會稽人。年及笄，歸同里可先樓君。生二子：叔仁，澄。叔仁始七歲，澄僅四月，而樓君亡。貞婦毅然以節自誓。朝虀暮鹽，或不能給，而貞婦安之。從事殘燈敗杼，夜參半，猶隱隱聞伊軋聲。人數有撼之者，志如鐵石，而弗可動。舅姑亦憐其少，欲俾更適人。貞婦泣曰：「妾聞婦人於夫，一與之醮，終身不移。妾何敢忘？家縱貧，得服勞於舅姑之側，他日九泉之下，當有以見吾夫。儻舍之而去，雖終日飲醲醬肥，犬彘亦不食其餘，矧人乎哉？妾有死而已，不能從也。」舅姑見其語剛而意不回，復義之。貞婦自是事舅姑益致其恭，教二子從良師游，皆成人，知問學，亦頗能盡孝，見稱於士君子間。貞婦夫死時，年二十七，而今已五十四矣。

史官曰：「嗚呼！若貞婦者，豈不爲難哉？自陰教久不行，女婦不知《書》《詩》《謨》《訓》，其所欲爲，鮮克由於禮者矣。而貞婦乃能矯然自異，如勁松挺挺於蒿萊間，是何可及也。嗚呼！若貞婦者，豈不爲難哉！」

金谿孔子廟學碑

金谿縣令李子敬，修建孔子廟學成。廟之殿及戟門皆仍其舊，罅漏者補苴之，黮昧者丹堊之。學之論堂，廟之西東廡，與夫肄業之舍，皆新作之。論堂爲間者三，崇二十又二尺，縱視崇而弱其二尺，橫視縱而强其十尺。肄業之舍爲間者左右各三，兩廡視舍其數各再倍之。經始於洪武七年八月，至十月訖功。

嗚呼！元季兵亂，邑廬盡毁，而廟學巋然獨存，是固有相之道。而賢大夫復能汲汲爲此，可謂知化原者矣。助其成者，縣丞楊乾，主簿劉祺，典史喬思道。子敬既相率釋奠已，使教諭曾易徵文於濂。濂序其故而系之以詩。廟學緣起及三遷之詳，則舊記存焉。詩曰：

金谿之山，翔躍猶龍。下有學宮，靈氣所宗。篤生大賢，惟我陸子。究明本心，遠探聖髓。其道朗融，白日青天。纖塵不驚，萬象著懸。矧兹鄉學，可不亟圖？孰其興之？實邑大夫。機動籟鳴，泉赴川增。其從之者，緝緝繩繩。三月之間，用幣告成。龍礎鳳甍，文棁丹楹。氣象改觀，焕乎聲明。人亦有言，有詩有書。有齋有廬，式寧其軀。匪居之爲娱，前軌是趨。念此小邦，文物則衍。其氣夜發，電流虹轉。學子翩翩，期文之顯。匪文之爲動，惟形是踐。我作我詩，爲勸甚力。聖謨孔彰，萬古一日。有赫其臨，敬之無斁。

温州横山仁濟廟碑

記禮者曰：「能禦大菑，則祀之；能捍大患，則祀之。」先王之制，非惟崇德報功以垂勸於方來，亦所以達幽明之故而察鬼神之情狀。蓋受氣之剛大者，決不隨物澌盡，其能警動威靈以錫美萬民，❶乃其理之所有。學者多疑於鬼神，遽絶謂無之，夫豈可哉！有若横山廟神之事，其明效可覩已。

神諱凱，字公武，姓周氏，世居臨海郡之横陽。生而雄偉，身長八尺餘，髮垂至地，善擊劍，能左右射，博文而彊記。家雖貧，躬耕以養父母。及司馬氏平吴，與陸機兄弟入洛。張華薦之，神知晉室將亂，獨辭

❶「美」，張本、韓本、傅本作「羡」。

不就。時臨海屬邑曰永寧，曰安固，曰橫陽，地皆瀕海。海水沸騰，蛇龍雜居之，民罹其毒。神還自洛，乃白于邑長，隨其地形，鑿壅塞而疏之，遂使三江東注于海。水性既順，其土作乂。永康中，三江逆流，飓風挾怒潮爲孽，邑將陸沈，民咸懼爲魚。神奮然曰：「吾將以身平之。」即援弓發矢，大呼衝潮而入。水忽裂開，電光中見神乘白龍東去，但聞海門有聲如雷，而神莫知所在矣。俄而水勢平，江禍乃絶。邑長思其功，號其里曰「平水」，且建祠尸祝之。祠初在城之西郊，及更永寧爲永嘉郡，郭璞相土遷之於西洋。遐邇徼靈者無虚日，神功益用赫著。

陳至德間，閩寇章大寶侵分水嶺，其氣勢張甚，民爭遁逃。神見天兵於雲間，戈甲耀日，盜驚而潰。唐武德中，輔公祏爲亂，其黨入寇，民依華蓋山築城而拒守之。時當嚴冬，神降大雨雹，寇弗敢近，城因得不陷。天寶中，河決澶州，怒暴不可制。神見黄旗驚濤間，河復故道。光化末，天台大饑，神化形爲商，載米貸人。已而投杖于江，變成赤龍，騎而升天。宋景德初，契丹同其母蕭氏南侵，丞相寇準、殿前指揮使高瓊，奉真宗親征。車駕過河，幸北城，天際見力士數萬，旌旗上髣髴有「平水王」字，虜懼，請盟而退。大中祥符初，詔營玉清昭應宫，取材于温之樂成。使者以重山不可致，走禱於神。忽風霆凌厲，龍湫震盪，巨石皆起立，大木斯拔，蔽江流而下。神之靈異，或見諸紀載，或相傳父老之口，如此者蓋不一而足，今則粗舉其概而已。

神初封于唐，爲平水顯應公。尋陞王爵，賜衮冕赤舄。宋累加通天護國仁濟之號，從祀郊壇，兼賜「仁濟」以爲廟額。元復加威惠，進封大和沖聖帝，遂易廟爲宫。逮入國朝，壹以誠事神，以爲數加溢美之辭，非所以敬恭明神，詔禮官定議爲横山周公之神。至於廟宇之建修，皆郡守任其責。可考見者，自陳毛喜逮元左答納失里，凡一十三人云。

昔者，大禹當洪水横流之時，隨山刊木，奠高山大川，民始得平土而居。千載之下，覩河洛者，必思禹功而弗忘。天吏民彝，其不可泯也如此。若神之爲憫生民之昬墊，奮身而興，捍患禦菑，蚩蚩之氓，得遂桑土既蠶而不混爲魚鼈者，果誰之力歟？夫禹之功在天下，神之澤則被乎一州，雖有小大之殊，其惠利萬民之心，則一而已。廟而祝之，誠合先王制禮之義，孰謂非宜？州人士永嘉教諭許士宏、訓導張升，恐無以示來者，介鄉友秦王府紀善林君温，徵濂文勒諸樂石。濂既爲序其事，復作歌一篇，使邦人歌以祀神。

其佐神張鉉，字子元，郡人。由右科進士仕至閤門宣贊舍人，剛烈正直。嘗上疏言事，忤史嵩之，被斥而歿。既歿而顯靈，太守吴泳因并祠之。法當附書文中。歌曰：

東甌之地，大海濱止。斥鹵噴蝕，成荒堙止。有時魚龍，或怒嗔止。蹴翻巨浪，高嶙峋止。懷襄勢殷，莽無垠止。惟神我憫，眉屢顰止。帥衆疏鑿，不憚勤止。夜役陰兵，直達晨止。三江順流，若拖紳止。盡化魚鼈，爲衣巾止。一旦颶母，號秋旻止。江流逆上，波插雲止。城廬沈溺，在逡巡止。神知事急，如救焚止。彎弓注矢，肯顧身止？眼不見水，惟見民止。衝濤直入，勇絶倫止。海水壁立，左右分止。赤雷飛射，光相燉止。神乘白龍，赴海門止。虢虢似聽，驚雷奔止。水禍頓弭，神具欣止。有室可居，❶田可耘止。僉言曷以，酬大勛止。有廟肇祀，西洋瀆止。漸周吴越，洎七閩止。神功彌盛，海寓聞止。天兵建隊，向空暾止。旍旗上著，烏篆文止。虜氣讋盡，去解屯止。況茲狗鼠，梘欲吞止。河道遄復，流沄沄止。投杖化龍，靈跡存止。疏封直至，帝王尊止。冕旒衮衣，佩瑞璘止。神之正氣，塞乾坤止。下上日月，摩星辰止。玄化沕穆，合神人止。甌民戴神，忱且恂止。遐邇奔湊，川之臻止。如見靈旗，降繽紛止。牲牷肥腯，酒苾芬止。驅斥厲鬼，黍稌蕃止。太史造文，勒堅珉止。後千百載，期無諼止。

上虞縣重修柯韓二牐碑

上虞有湖名夏蓋，延袤一百餘里。縣東北衆水，經上妃、白馬二陂，匯于湖。釃爲三十六渠，支分絡聯以達于田，凡溉一十三萬畝有奇。渠之下流，建二石牐，視時溢乾而畜洩之，歲恒無凶者。近代農官失政，畚土成塍，取給一朝，不旋踵而圮。傍縣亡賴男子，當旱暵時，又夜半決防以去。然湖並于海，鹵水或乘潮入，善禍稼。❷舊嘗造隄捍其衝，潮汐齧蝕，至是亦暴潰，民憧憧告病矣。

乃洪武四年冬，臨淮唐侯鐸，自殿中侍

❶「可」，張本作「堪」。
❷「善禍」，黄溥本作「害民」。

御史出守會稽。上虞，會稽屬縣，人士群走白侯。侯愀然弗寧，行海上視決堤，與民共約：度田以會粟，因口以賦庸。鑿石爲隄，自蓮花池至纂風，合萬有三千尺，始與故石隄屬。侯斬牲饗海神已，登民謂曰：「隄幸成，二牐無難者。」會侯召入爲卿奉常，遂命僚屬集事。其柯家牐，廣二十有四尺，深如廣之數而羸其一，❶先築土樹檿，櫛比星攢，度久且不壞，方敷以石。兩翼四隅，咸斂甃如法。中峙石楹，左右皆有副鍥坎陷版以爲縱閉。復隨土形崇卑，疏級爲五以瀉水。上架石梁，以便行者。檿以章計者九百八十有五，灰以斛量者三百六十有四，石以丈數者七百三十有八，匠以日考者一千三百。其韓家牐，廣減前牐之半，深比廣倍之。石楹唯二，級道則減其一，仍冠以石梁，餘皆同。其工物視前，匠損四百，石損五百，灰損六十八，檿損二百八十五。始事於洪武甲寅秋七月，❷訖工於冬十有一月，❸此其大凡也。有道浮屠雷峰淨昱，乃具事狀，介太史氏朱君右，徵濂文記其成。

予聞成周之時，稻人掌稼下地，以潴畜水，以防止水，以溝蕩水，以遂均水，以列舍水，以澮瀉水，其爲法甚備，其爲利至久也。然而溝澮之屬，所可考者，其深廣自四尺至八尺，或至於尋仞各二。先王豈不知害地而廢稼，以爲不若是則水性失其常，溢則有溺患，乾則禾將菑矣。古制不可復見，有能設潴防以惠民者，得不謂之賢哉！昔者，曾文定公之爲齊州，州城西北有湖，疏爲水

❶「羸」，張本作「贏」。
❷「於」，原脱，今據黄溥本補。
❸「一」，張本作「二」。

門，遇流潦暴集，則取荆葦爲蔽，納土於門，以防外水之入。公爲易之以石，其深八十尺，廣三千尺，❶視水高下而閉縱之，而禁障宣通皆得其節，人無後虞。今唐侯之爲牐也，其事與之頗相類。世言古今人不能相及，果足信之歟？是可喜已。❷相其成者，通判府事吴敬、知縣張翼。營度督視，不憚勞勸者，主簿史文郁也。司其出内，則邑大姓徐某、余某。❸法宜牽聯得書。海堤別自有記，兹可略云。係之以詩曰：

維夏蓋湖，百川所瀦，在彼海邦。釃爲通渠，行水委蛇，溉稻與秔。制水有牐，因時闢闔，其法孔臧。農政斯缺，惡壤爲埸，水失厥防。侃侃唐侯，爰諮爰諏，中心畫傷。曰是弗修，民焉有秋，敢視爲常。乃登乃屬，乃謀乃告，乃輯其長。畝會其粟，工來以族，筮日奏功。琢石于山，樹槩于灣，以楗以梁。決塞有關，既堅且完，若首有肮。昔何怒突，今乃順則，弗隳我疆。行彼赤日，清流潏潏，黄茂芃芃。食爲民天，❹非稼無年，民用卒爽。伊誰我憐，五馬翩翩，朱衣蔥珩。成周之制，有溝有遂，經畫維良。古法寖廢，河渠興利，其效則章。漢吏曰循，惠乎蒸民，唯此之蕿。矧乎鉅津，北枕海濱，澤被五鄉。侯治之棘，行龐心惻，不翅父兄。越石可泐，越川可竭，侯功勿忘。

此詩原刻分爲二十章，每三句下註「其一」、「其二」至「其二十」，諸刻皆因之。案此詩三句一韻，每兩韻上四句又自爲一韻，自應通作一章，今刪正。

❶「千」，張本、韓本、傅本作「十」。
❷「喜」，張本、韓本、傅本作「書」。
❸「邑」下，黄溥本有「之」字。
❹「爲」，黄溥本作「維」。

趙氏族葬兆域碑銘有序

金華趙君古愚，嗜學而好脩。❶以其先世遭家孔艱，歿者多塗殯於郊，乃與二弟古怡、古忱謀，黜衣殺食，歷十年之久，始克族葬於縣之慶雲鄉青岡山之原。鄉先生衢州教諭胡公翰既爲撰文表諸阡，❷古怡復以爲昭示後嗣，辭不厭其繁，力請濂申言之。濂以古怡存心愿慤，行義如古人，不欲重違其意，頗諾之。自時厥後，竊禄于朝，徒以未成之學，操觚染翰，無以應求文者之紛紜。由是不及爲者，蓋八年于兹矣。古怡又介宗叔嗣泰請之愈堅，遂案其圖狀而序之。

趙氏於宋有屬籍，廣陵康簡王德雍，實魏悼王之第四子。五傳至太中大夫堅之，始自汴徙于衢，古愚七世祖也。特遷之於中穴，餘則分左右而序列焉。右則高大父遂昌令旴夫，大父永濟倉副使若磬，伯父嗣淇，嗣鴻，叔父嗣淵也；左則曾大父時堯，叔祖父若隆，父某州路學録嗣滋，及弟某縣某處巡檢古恒也。太中公碩人田氏，高祖母、曾祖母二徐氏，祖母陳、何、李三氏，叔祖母童氏，母葉氏，叔母張氏，嫂張氏，皆祔從夫穴。而太中公之子常熟丞公傳，常熟之子長谿丞彦鉷，皆不遷。以長谿君窆蘭谿，常熟君葬衢者久也。今所葬者，始自太中公，即繼以遂昌君者。遂昌，長谿之子也。八世之中，凡二十喪，昭穆惟叙，尊卑不亂，厲限有截，羨道中度，神靈載寧，人道勖順。鄉之大夫士過之者，咸相與慕咏

❶「嗜」，韓本、胡本作「篤」。
❷「諭」，張本作「授」。

而去。

蓋大江以南，拘泥於堪輿家謂其水土淺薄，無有族葬之者。他未遑深論，雖以父子至親，其兆域相去，近或十里所，遠乃至於踰百。夫以一氣所生，喘息之相通，魂神之相依，乃使之曠絶疏遠如此，豈人心天理之所安哉？《周官》有墓大夫，掌凡邦墓之地域爲之圖，令國民族葬，而掌其政令，正其位，掌其度數，使皆有私地域。釋者曰：「位，謂昭穆也；度數，謂爵等之大小也。」古者，萬民墓地同處，分其地使各有區域，得以族葬。嗚呼！他姓尚爾，況同族同氣者乎！何爲離而異之？何爲離而異之？古愚兄弟，一即乎義理之正，而弗蹈夫流俗之失，不亦行古之道哉！行古之道，可謂君子者矣。

抑聞之：趙氏既家衢，常熟君又遷蘭谿，副使君又遷婺城，人遂爲金華府人。其世德宗系，各見各所述墓銘。❶其族葬之時，則洪武戊申歲冬十月壬午日也。銘曰：

人之生也，聚族而居。朝焉暮焉，胥會於堂序之上，冠衣濟濟，而笑語嘻嘻。奈何其歿也，則異而藏之？設其有知也，未必能瞑目於泉下；若其無知也，揆諸人情而胡乃忍爲？自堪輿家倡爲禍福之論，舉世紛紛，遂瀾倒而波隨。縱曰其理之所必有，狗利而忘孝，亦昔賢之所嗤。況涉於茫昧恍惚，弗能使智者之無疑。不有君子，孰覺其非？今昭穆有序，塋域具宜。其安死者如生，又惡知不順夫秉彝？予所以取之而樂道之者，亦中心深有感慨乎而。噫！

❶ 下「各」，張本作「公」。

神仙宅碑

處士之州，並城三里所，有山曰少微。山之下，有觀曰紫虛。觀之南，一峰巉然挺出，曰眉巖。西南諸山，拱挹周衛，而二水蜿蜒起伏，來匯其下。登高望之，萬象呈露，儼若天開圖畫。不知者以爲真蓬壺、員嶠之絶景也。

宋南渡後，仙翁章思廉自遂昌紫極壽光宮來隱觀中。蓬首垢面，日初升，輒東向吐納，凝然澄坐。久之絶粒，唯日飲水一盂。形神分合，人莫測其變幻。乾道丙戌冬，沐浴坐脱，肌膚柔潤如生。弟子瘞諸眉巖下。後有見於濤江之濱，手攜一舄，飄飄然遡風而行。衆異其事，啓棺視之，唯隻履存焉。

先是，主觀事者嘗作亭墓前，壞於風雨。道士王有大日徘徊其間，悵然有上清笙鶴之思。歸與其師梁惟適謀，自墓左開曲徑一千餘尺，直至巖顛，誅榛剪荆，造祠宇七楹間，名之曰「神仙宅」。中祠處士星及仙翁諸像。東室曰芸香，藏書其中。西室曰橘樂，爲娱賓弈棊之所。宅之前，二石巖拔起，其蟠若龍，其踞若虎。各構亭其上，左曰來鶴，右曰留舄，而山之景愈勝矣。經始於至正丙午春正月某甲子，落成於其年夏六月甲寅。贊其功者，楊一寧、王性存也。惟適復捐腴田若干畝，歲收其入，度子弟世守之。介同郡吴府録事吴從善徵予爲之記。

予聞栝之名山，上直少微，天文家所謂處士之星也。靈輝下燭，凝粹敷和。修鍊者居之，去滓穢而來清虛。雖曰内功之加，要亦山川淑靈所助爲多也。今以紫虛言之，偏游海内名山，招白鶴而翩然化去，豈無盧仲璠者乎？道遇至人，授以游戲翰墨之法，卒吹鐵笛，與之同往，豈無徐虛寂者乎？不止仙翁一人而已。且琳宫祕館，無處無之，何少微所照，而超然霞舉之士至三人焉，當有不言而喻者矣。仙翁靈迹，固不可不表見于世，自非惟適父子篤志玄學，孰肯一顧於寒煙衰草之墟哉？化荒曠而爲居處，功亦大矣。脩真之士，當世繼之，俾勿壞可也。嗚呼！塵坌膠葛，予不知秋髮之被肩，安得攀仙翁之逸駕，共吸沆瀣於寥陽之上耶？

惟適，麗水人，宋户部尚書汝嘉諸孫。有大，青田人，亦簪纓家，能文辭及隸書。皆高士云。系之以詩曰：

少微之星，燁燁垂芒。降魄名山，充鬱沛雱。結爲靈和，其中含黄。覓之無形，發休吐祥。孰其尸之？有道之士。來涵清寧，度世不死。暾出東方，❶其大如簁。我啄其精，以洗吾髓。鍊虛凝真，惚恍若神。冠劍既藏，神游江濱。豈伊幻化，身外有身。出入河嶽，下上星辰。靈蹤猶存，木老亭仆。芳草離離，誰復來顧？有嶠者士，父子同慕。皓鶴不來，馳情雲軺。乃陟崇椒，乃建瓊宫。羽蓋飆輪，庶或一逢。靈風泠然，白日正中。溟涬無際，遐思何窮？況乎遥矚，境與心會。群峰攢藍，二水縈帶。萬象粲然，如列珠貝。一歗歆間，夐超物外。巖巖者山，匪仙不名。不有玄構，曷棲其靈？水火有鼎，龍虎有經。疇非采真，浮游黄庭。神君捧劍，鬼伯持戟。呵衛

❶「暾」，原作「曒」，今據文粹本改。

弗祥，固此仙宅。法古爲碑，鱗迴鳳翼。太史勒辭，式昭罔極。

重建繩金寶塔院碑

南昌之城南，有佛刹曰千福，相傳唐天祐中，異僧惟一之所建也。當經營之初，發地得鐵函，四周金繩界道，中有古劍一，舍利三百餘顆，青紅間錯，其光煒然。於是建寶塔，取舍利藏焉，改千福爲繩金塔院。落成之日，爇旃檀香，香氣鬱結空濛中，僧伽大士顯形於其上，正與塔輪相直，萬目咸覩，君子疑異僧蓋大士之幻化云。

初，郡多火災，堪輿家謂塔足以厭勝之，已而果驗。宋治平乙巳，知軍州事程公某，以其有關於民，最爲吉徵，鳩錢二十五萬修之。紹興庚午，尚書張公某來佩郡符，復倡衆洊葺之。一旦，塔影倒現於冶工游氏家，上廣下鋭，層級明朗，寶輪重蓋，一一具足。元至正壬寅，戎馬紛紜，院宇鞠爲椔翳，惟兹塔巋然獨存，瓴甓亦且摧剥殆盡。

乙巳夏六月，院僧自貴與弟子匡弘、同袍善慧，各抽衣盂之資，創庫堂於東偏，日夕以興復爲己任。國朝洪武戊申夏四月，清泉蘭若僧道溟，與前三比邱披伽黎衣，手執熏爐，向塔前發大弘願，曰：「惟塔廟之建，起信心而入菩提。今廢壞若是，不可以不圖。溟等誓盡今生爲之，惟威力加護焉。」誓畢，持曆走民間，施者多應。其月癸丑，衆工皆興，趨附如蟻。忽有鉅甓自顛墜稠人中，咸無所損傷。又明日乙卯，五色光起塔間，幽幽熒熒，圍繞良久而没。冬十一月某甲子，塔完。塔凡七成，成各六稜，環以峻宇，前敞小殿，以奉僧伽大士。欄檻堅緻，洞户玲瓏，簷牙翬飛，寶鐸如語。觀者以爲帝釋天宫所造，化現人間。己酉春正月，道溟示寂。匡弘等歎曰：「院役其可不終事乎？」益聚施者之財，於冬十有二月，造釋伽寶殿一所，摶土以肖三世諸佛。殿後復構屋三楹間，直達僧伽之殿。中壞曼殊師利、普賢、觀自在三尊像，莊嚴巉岫，從壁湧出。挾以兩廡，前至于三門。門内甃以方池，紺緑可鑑，一如大伽藍之制。訖功之日，則甲寅冬十一月某甲子也。惟我如來，弘開度門，樹塔立廟，所以使其見像起信。信爲一切功德母，萬善皆自此生，非徒聳觀瞻而已也。矧能助地形之勝，消弭災害，陰騭生民。廢而不興，是豈人情也哉？道溟之與三比邱精進弗懈，終能遂所志而後止，非其才有過人者，不致是也。匡弘等不遠千餘里來請予記。因爲歷序其事，而繫之以贊曰：

稽首大慈父，利益於群生。塔婆之所建，種種諸方便。聳起霄漢間，有如蒼龍角。人有遥觀者，至誠皈命禮。不待登伽藍，已足懾憍慢。所以四大海，無處不建立。異僧何國人？杖錫來洪都。指地發鐵函，中有舍利羅。光耀奪人目，其數過三百。封緘重瘞之，樹塔鎮其上。四衆方作禮，香霧空濛中。乃見僧伽像，作彼慈憫相。身被鬱多羅，手執青楊枝。欲開甘露門，以解熱惱故。成壞雖相尋，神幻終不滅。影倒冶工家，下鋭而上弘。化導於衆生，示以順逆故。忽遭戎馬興，鞠爲榴翳場。歸然撼風雨，中有不壞者。溟等發弘願，誓加莊嚴力。熒熒五色光，出現于塔表。萬目皆瞻仰，以爲未曾有。施者如川至，不日告成功。欄楯互周匝，洞户各軒敞。帝網日交參，寶珠仍絢爛。繪畫諸菩薩，以及天龍衆。擁護於後先，生獰若飛動。自兹彈指間，湧殿及崇閑，❶一一皆現前。鎮兹清淨域，福徧一切處。畢方不敢見，永無鬱攸孽。人見有爲迹，不知皆無爲。會事歸一心，無非無上道。我今作贊辭，筆下起樓閣。内有無縫塔，光覆大千界。一涉思惟間，即墮外邪見。

敕賜開國輔運推誠宣力武臣榮禄大夫柱國淮安侯華君神道碑銘

自古以來，人臣事君，始終一心，以上承明德，所以保勳烈於不刊，熙令譽於無窮，此丹書所謂「敬勝怠者吉」是也。其或遭時擾攘，攀龍鱗而附鳳翼，自赴於功名之會，一旦封重爵，享厚禄，志盈氣驕，唯欲之是從，遂致壞法亂政，蓋有其初而鮮克有終，此丹書所謂「怠勝敬者滅」是也。嗚呼！敬怠之間，善惡之所由分，禍福之所由繫，臣濂於淮安侯之事，不能無深感焉。

侯諱雲龍，字某，姓華氏，安豐人。世爲農家，圖譜喪，不知其先世遷移之詳。三代皆以侯貴，累膺贈典。曾大父六二府君，中奉大夫北平等處行中書省參知政事，妣王氏夫人。大父七二府君，資善大夫北平等處行中書省左丞，妣韋氏夫人。考子中，榮禄大夫北平等處行中書省平章政事，妣陳氏夫人。侯生二十年，元季兵亂，挈家避難，倀倀無所之。

皇帝龍興臨濠，四方豪傑荷戈雲從。侯上謁轅門，命爲帳前小校。當是時，人心

❶「閑」，張本作「閎」。

既歸，踴躍用命。上帥大軍取滁州，元戍將遁去。和與滁接壤，聞之喪膽，繼復取之。遂大招舟師渡大江，太平父老望旌旗迎降。侯後先從征，由千户進鎮撫，陞萬夫長。曾未幾何，上攻金陵，下之，侯擒元將李將軍，授總管之職。尋隨諸將取廣德，洊擢統軍元帥。僞漢陳友諒據九江爲都，時侵我邊陲。歲庚子，傾國而東，陷姑熟，直犯我龍江。上授諸將方略，設伏于險。赤幟一揮，伏甲盡出，大敗僞漢兵，侯亦有助戰功。後三年，友諒弗悛舊惡，攻圍我江西。上親帥六師往討。友諒恐，退入彭蠡湖，與大軍遇，相持四十餘日，其大戰凡三，友諒受矢斃于舟中。龍江、彭蠡二役，侯在行中，復以功陞豹韜衛指揮使。繼從伐荆州，又同征江北郡縣，而泰州、高郵、淮安次第平，轉淮安衛指揮使，就留鎮之。吴元年丁未，大將軍徐達奉詔征中原，侯復在行中，齊魯既定，河南之民簞食壺漿以迎王師。暨入燕，元君棄都而逃。立北平等處行中書省，授侯鎮國上將軍，僉大都督府事，分府北平，拜資善大夫燕王府左相，兼北平行省參知政事。及天下大定，論功行賞，加「開國輔運推誠宣力武臣」之號，官榮禄大夫，勳柱國，爵封淮安侯，食禄一千五百石，前職如故。尋兼燕山衛都指揮使。

時北平新入職方，非勳舊大臣不足以厭服之。上以侯爲鄰郡子，且恩遇之深，不翅骨肉至親，必能爲國宣力，故特託以方面重任。豈期侯昧於理，動違邦憲，據元丞相脱脱大第居之。凡元宫龍榻鳳裀及金玉寶器，非人臣可僭者，皆用之弗疑。已而，以其第高曠，菑害屢生，復役戰疲之士，創殘之民，唯新室是圖，奢麗過制特甚。此猶可也。先是，元故都破，其達官之女，多與我師爲婚媾。幼主尚竄沙漠，諜者因倚之偵我事情。上明照數千里外，屢敕中書移文北平，凡舊仕於元者，悉遣發江南，毋使爲民患害。侯皆廢格不行。及至征虜副將軍李文忠北征，獲間諜數人，始知故宦之家有官兵馬司者，相率構姦，僞作文榜，欲爲變。托姦人以爲巡邏之職，將焉禦寇？此非侯之過歟？上猶念其功，不忍寘于法，趣中書令其盡遣。侯仍弗之聽。上怒，詔内官往，歷指其主名諭之，侯始不得已奉詔。侯自是益怠於政，日從事歌舞燕飲，遂得羸疾。疾寖劇，上召還南京。以洪武七年六月二十八日卒，享年四十又三。娶繆氏，累封淮安夫人。子二人，長曰忠，次曰關住。女一人。以七月十日葬京城之西，石灰山之陽。上親御翰墨，製文一通，遣中官致奠焉。

惟侯奮起戎行，出遇真人，乘六龍御天，從征四方，粗著勞效，初無獨建奇功駿烈，照耀人之耳目。然而封以大郡，錫之侯爵，寵恩之加，不爲不重矣。奈何靡思補報，狥欲敗度，絶無憂國恤民之心。乃知往古韓、彭之流，怙功自專，卒至夷滅，皆其自取焉爾。所賴聖天子推天覆地載之量，保全功臣，唯恐有毫髪不至，故侯得令終于家，享榮名歿世，豈非幸歟？故事：生封侯者，没必加之以公。於是敕葬以侯禮，聊示薄罰，可謂仁之至，義之盡者也。臣濂奉敕撰神道之碑，稽諸天理之正，察乎人心之公，不敢用昔人誌墓常法，特取《春秋》直筆褒貶之義，勒文穹碑，以爲千萬世人臣之勸戒云。銘曰：

人臣事君兮，猶如事天。寅畏是將兮，

終日乾乾。慎終如始兮，曷敢弗虔？一或怠逸兮，明命在前。侯起戎行兮，有力如虎。逢時繹騷兮，擇歸真主。西征弗庭兮，❶無役弗與。斬將搴旗兮，所向披靡。帝用嘉錫兮，龍光日殷。疏以侯爵兮，作鎮北藩。兵民二柄兮，付之旬宣。鞠躬盡瘁兮，宜報國恩。胡醒爾心兮，動違國憲。僭侈是崇兮，群生胥怨。峻宇雕牆兮，朝夕沈湎。是非倒置兮，大分莫辨。皇仁如天兮，覆之幬之。録其勛庸兮，崇之報之。❷君恩固弘兮，臣行或虧。生弗爲善兮，死其忸怩。《春秋》直筆兮，善惡莫掩。萬世取法兮，納人于檢。墓門有石兮，可比琬琰。史臣勒文兮，以示褒貶。

故吉安府安福縣主簿潘景嶽甫墓銘

嗚呼！是惟景嶽潘氏之墓。❸潘氏遠有世序，其居鄱陽郡城者，曰某，曰某，宋嘉定間聯捧貢書于鄉，有司榮之，爲易所宅之坊爲「擢秀」。至景嶽凡十有三世云。

景嶽諱樞，景嶽其字也。少刻厲經史學。及長，思以才自表見，朝夕芒角撐觸心胸間，不吐出不已。元季干戈俶擾，吉安爲劇盜李明父子所據，椎埋之徒，相推爲雄長，蠶食十餘州，各置僞帥統之，而自指吉安爲窟宅。當是時，安福罹屠剽者尤酷。

❶「西」，張本、韓本作「四」。
❷「崇之報之」，韓本、胡本作「恤之崇之」。
❸「墓」，原誤作「英」，今據張本改。

至正甲辰冬，王師下吉安，明父子宵遁，安福歸于職方。有薦景嶽於上者，召見與語，奇之，擢安福州判官。乙巳春，景嶽獨署州事，蚤夜出入士馬間，食不暇下咽。

初，李寇俘掠男女數千，軍卒將藏獲之。景嶽白主帥鄧衛公曰：「將軍奉揚天威，削平大憝，渠魁遠竄，人心未寧。子女係累者，將軍當一切釋之，方契伐罪弔民之義耳。」辭氣激烈，聽者悚畏。持槊之士或怒視於傍，景嶽神色自如不爲動。衛公獨欣然曰：「微爾言，吾不能知也。」即令騎兵大索，下令曰：「敢有囚吾民者，斬！」民争去縛趨景嶽。景嶽寘空舍，戒勿出，自坐舍外，日設淖糜食之。女婦稍黠者，俾以塵土涴面。衆卒銜憤，議乘夜劫舍中。景嶽偵知之，授以計曰：「脱有宵警，當同聲疾呼。」已而果然，聲聞于外。衛公驚起，使人問其故，景嶽具以實對。衛公擒其首惡者，鞭之流血，咸噤不敢譁。景嶽度道塗遠近，次第放之。其無家者，與居；旁縣者，召其戚屬辨識而歸之。

大兵還戍安福者僅五百，而降卒居其半，潛與李寇通，晝夜鈔掠爲姦利。民訴于庭，景嶽遣人躡跡之，乃自西門入。景嶽懼爲變愈傷民，不敢何問，乃如所失償之。兵後遺氓，鳩形鵠面，遯入荒茅中，城無吠犬，虎狼之跡交道。自景嶽之至，流亡漸集，樹苫廬以居。會歲儉，將有溝壑憂，景嶽以計貸粟於民，活者幾萬。景嶽方喜可以行政，降卒終不悛，搆永新寨丁二萬，鼓譟西下。新附戍將賈某，首鼠觀望，欲下城門鍵鑰，不聽民走避。景嶽説之曰：「國家兵威之盛，公所知也。李明既順復逆，其滅亡可待，固不必汙齒牙。頗聞宋將岳飛能護宜興民，至今尸祝不廢。公其有意否乎？」賈感悟，乃開北門縱之。吏民知寇勢張甚，乃擁景嶽詣大府乞師。先是，景嶽嘗上疏陳利害于朝，至是命大將王國寶帥師至，與賊大戰嘉林渡，賊大潰。景嶽還州，州民見之，有泣下者。且曰：「潘判官在，吾屬無患矣。」

已而中山侯湯公統大兵壓境，景嶽走轅門獻計，公納之，秋毫無犯。大兵攻永新，景嶽集千夫轉輸芻餉，夫苦重不前。景嶽白于湯公，特減輕之，與戎馬參錯行，無敢侮者。別隊卒過郊，奪人貨泉，景嶽屬吏取之，卒刺以矛。景嶽曰：「是不可一朝居也。」將上其事，軍帥懼，痛懲卒，令謝過而去。自後恒帖帖指其城曰：「中有健吏，慎勿犯。」或欲循舊弊，抑農爲兵。景嶽泣告湯公。湯公曰：「此與山寨何異！」咸罷之，民大悅。景嶽遂即州署釋奠孔子，復於殷仲堪讀書臺設學，以淑俊秀，月旦十五日敷繹經史，孳孳弗倦。

洪武戊申，改州爲縣，署爲縣主簿，階將仕郎。前後在官凡九年，治爲江右諸邑最。朝廷嘉其能，召赴闕下，未及用而歿。時癸丑十一月二十一日也，年五十一。其子桓權厝于京城之南，以甲寅十又二月，奉柩葬鄱陽某鄉先墓之次，禮也。

景嶽曾祖子培，祖志道，考希古，妣胡氏。希古有文學，善推易數，元陰陽學教授，號東湖適士。一旦，病疫將革，胡氏拔鬒毛祝天，期以身代，翼日而夫愈。後五日，胡氏果終。東湖遭大亂，誓不與賊同汙。後遇寇，將加害，景嶽及弟槐、楫、柄，争欲代死，寇憫而釋之。人爲作《五義士傳》云。

嗚呼！君子之學，在存心澤物而已。有如景嶽，退然如不勝衣，至臨大事，以一夫而當萬夫之勇，不顧死生利害，卒生民人，真無愧奇男子也。傳有之：「活千人者，其後必封。」當於其子孫望之。予雖不識景嶽，據江西顔文鈞、黄盅所録狀，具著于篇，而繫之以銘。銘曰：

元季繹騷兮，妖民夜呼。焚毁城邑兮，是劉是屠。勢如狂瀾兮，簸盪失瀦。真人龍飛兮，奉行天誅。維此安成兮，莽爲盜區。亦既稽首兮，入我版圖。帝掄良材兮，往佩縣符。我民曷依兮，曰父母且。彼饑吾哺兮，危我則扶。拔於水火兮，寘諸康衢。一身之弱兮，心雄萬夫。死生不顧兮，唯義是趨。志不盡展兮，隕魄黄壚。聞者酸辛兮，淚與涕俱。鄱陽之山兮，降勢縈紆。薦此石章兮，過者下車。

故泰和州學正劉府君墓誌銘 有序

洪武四年春三月，永豐儒臣劉于府君應詔來京。閏月丙子，皇上御外朝召見，俾敷繹聖經賢傳。府君據其章旨而疏其會通，上爲首肯再三。翼日丁丑，復召見，敕儀曹賜冠衣。又明日戊寅，復召見，從容謂曰：「爾能任州邑之職乎？」府君俯伏，歷陳其情素，繼曰：「臣生丁亂離，幸際真人啓運，獲見天日，豈不知效奔走以竭愚衷？第以犬馬之齒既衰，顛毛種種，自度不能有所爲矣。敢辭。」上熟視之曰：「爾誠老矣，宜賦詩以見志。」府君揮毫立就。詩進，上大悦，命太官賜之酒，放之還山。五年春二月乙巳，遘疾。三月甲子，正衣冠而逝，春秋五十有五。殁後之三日丁卯，葬州東某里之巖坑。八年春二月，其子厚奉前監察御史丁節狀，走南京徵濂爲之銘。當府君之召見也，濂實侍上左右，親見召被龍光。及退食青谿寓舍，府君又來謁，揚眉吐氣，論議頗英發。濂意其必享上壽以終，孰知别去僅一年，遽作土中人矣。世事不可料往往如此，可不悲夫！因不辭，序而銘之。

府君諱于，字允恭，劉氏。其先漢長沙定王之後。定王生五子，其一封宜春侯，凡新淦、清江之間有劉姓者，皆侯之子孫也。九世祖文，自新淦遷吉之永豐。曾祖洪，祖弼，父庭蘭，皆業儒。府君幼淵敏，矻矻嗜學，書室懸燈，屋壁盡黑。大父與客坐，命群從子弟賦詩，府君應口成今體四韻，語多驚人，客爲之動色。年稍長，以文謁虞文靖公集，公深器之。至正七年，用《春秋》取鄉試第三名文解。會試南宫不利。十年，復薦于鄉，名在第二。北上，復不利，無幾微不足之色。獨謂親友曰：「中原亂將作乎？風氣日漓而人心不固，時鼓邪説以蠱其中，譬猶病者已在心腹間，吾得瞑目不見之，幸矣。」未幾果然。時府君以下第恩例，署泰和州學正。之官未久而群盜蠭起，永豐亦爲盜所據。府君傷二親之陷，徒步犯荆棘，晝伏宵行，出萬死中，竟迎親以就禄養。泰和當贛、吉之衝，時元綱解紐，省憲之臣不相能，用兵争彊，府君卒調解之，民陰受其賜。秩滿還鄉，烽火猶未息。府君潛遁巖穴，幅巾杖屨，追逐雲月，未嘗以世故少攖其念慮，熙和夷沖，若將終身焉。國朝繼承大統，遣使者四出徵辟賢能。府君至京師，以疾辭。越三年，❶洊至，又固辭。

❶「三」，韓本作「二」。

會科目之行，歷考福建、廣東二行省鄉試，❶得士爲多，人至今稱之。

府君尚風義，立心忠信。伯兄蚤世，撫諸姪如己出。同年友聶克敬擢第而還，無以給道塗費，府君傾己槖濟之。士人劉季恭，值歲儉困悴不能存，府君養之於家，與之同甘苦。他行事多類此云。娶王氏，吉水士族也，以婦道聞。子男子四：壽、厚、鼎、正，皆能繼其業，而厚尤善文辭，即來速銘者。孫五：善、嘉、義、幹、啓。其所著詩文凡若干卷，藏于家。

濂官儀曹時，與曾侍郎魯爲同僚，侍郎，府君友也，備言府君嗜義如嗜利，知無不爲。或以非理相干，輒深閉固拒弗之從。豳國忠宣公余闕亦奇其爲人，當還自燕南，嘗作序贈之。公極慎許與，片言不以假人，則府君之爲人可知矣。使天錫以耆年，日坐左右塾，陳説道德，令學者知所矜式，雖曰老而不仕，亦當有贊於邦治。奈何死之，奈何死之！不識司化權者，果爲何如？可不悲夫！銘曰：

行潔而明，玉之輝只。文葩而則，錦爲姿只。鶚方摩雲，復退飛只。經畬之藝，日耘耔只。遠探聖髓，發樞機只。渾以及物，自邇推只。有聲四達，蔚爲人師只。烽火相連，望絶庭闈只。蹈彼虎口，終全親以歸只。名聞九天，錫以冠衣只。龍光炳朗，照燿里閭只。不有君子，將孰依只？一鑑之亡，中心悲只。太史勒銘，鑽在幽墟只。

❶「二」，原作「一」，今據張本改。

故中順大夫北平等處提刑按察司副使吴府君墓誌銘

府君諱彤，字文明，姓吴氏，世爲臨川人。穎異越常流，從虞學士集、危左丞素學，二公深相器重。應書鄉闈，弗獲選，去。補江西行省理問所令史。益種學績文不倦，夜以繼日，遂擢至正丁亥進士第，授贛州路録事，階將仕郎。時郡守貳皆朝廷重臣，苛察繳繞，察見淵魚，僚屬重足而立，莫敢仰視。府君以事至府，數與之抗辯，氣凜凜不回撓。初甚怒罵，已而反賢之。

贛俗泥堪輿家説，有踰半世不葬其親者，府君召父老諭之，曲盡倫理。不兩月間，葬者以千數。

民家二女，咸學浮屠法，揚言倐然坐脱，無知氓競奔湊之。府君坐以左道，上官持不可。府君謂其母曰：「吾聞坐逝者，必焚其身以收舍利。」約以明日行火，母亟來謝曰：「女幸生矣。」

人告妻弟奪其金條脱者，絶無左驗，府君陽令中析之。告者欣然謝去，妻之弟獨灑泣不輟。乃杖告者而與泣者，衆以爲神。

朱甲與湯乙仇，抵爲盜，自刺妻實之。官捕湯煅治，竟誣伏。府君察其色有冤，以計給朱妻出所刺刀，其血猶在，遂縱湯而罪朱。

劉漢銜李敬甫，無以快其忿，搆其集衆攘己貲。府君得其情，往白守。守怒，令易辭，府君不從。更以他吏成案，戮李于市。當刑之日，雷震守廳事，吏尋爲厲所困，自刎死。

郡兵暴横，虐諸民，府君每直之，守寢

不悦。民怨，群起而逐之，因擁府君爲守。府君曰：「擅廢置二千石者，族。汝曹聽我言，當迎守還，不然，吾決不從汝族也。」衆皆潰去。越翼日，復屯城外，鼓譟焚廬舍爲亂。府君請守出，共帥壯丁趨火，獲造謀者，梟其首，餘寘不問，一郡帖帖。時營國公火你赤出鎮江西，三品以下得專封拜，功狀上，署府君爲郡治中，實超四階。

至正戊戌，僞漢兵圍城踰三月，府君調度供億無闕。及勢蹙，慷慨自誓，躍馬欲觸鬭，民爭擁不得前。城陷，僞漢奇其才，令軍中有生獲吴治中，予百金。府君被執，命釋而官之，竟以謀脱歸臨川，遯匿嵓谷，日以奉母爲樂，若將終身焉。郡既入職方，守臣侯至善力薦起之。

乙巳秋七月，拜國子博士。成均初設，其建立規制及銓選祠祭之事，府君皆與聞，贊決者甚衆。丙午春正月，轉同知嚴州府事。浙江猶未下，曹國公李文忠方議征進，府君轉輸餫餉至軍前，公以能稱之。

吴元年丁未，召還南京，與禁林諸老共議即位郊祀儀注。洪武戊申春正月，擢僉湖廣等處提刑按察司事，階奉議大夫。三月至官，分部荆襄，上疏言五事：鑄降諸處印，沙汰荆州湖泊官，省武昌等處批驗所，復荆、峽二州田額，均石首、公安、江陵三縣水夫科繇。秋七月，又上疏言興學，置安陸驛傳，輪役，遞運船，及給鑄錢諸物價等事，上皆從之。己酉秋九月，改僉山東提刑按察司事。庚戌夏四月，以東昌土曠人稀，請省博平、清平、夏津、朝城、館陶、觀城、范七縣。秋七月，超拜中順大夫北平等處提刑按察司副使。薦剡人才，唯恐失之。兩考北平鄉試，而得士爲尤多。

癸丑春三月，奉旨還京。值疾作而終，夏四月二十又九日也。享年五十又七。

曾大父某，大父某，父輔，有恩在州里，稱爲惠人。母蔡氏。元配胡氏，前十五年卒。繼室彭氏。子男四：吉祥、勝安皆夭，唯林童、耆齡存。女八，已亡其五。長適胡中，胡氏之兄之子也；次適太常掾施興嗣；幼在室。生平撰述甚多，有《弱齡》《壯游》《山居》《南游》《金蘭》五稾，藏于家。

初，府君既殁，興嗣以其子幼，乃來京師，請熊參軍鼎狀其群行，徵予爲之銘。其致辭悽以悲，予惻然諾之。未及爲而興嗣殁，方懼吾文無所授，而胡中又竭蹷來請，辭如興嗣而有加焉，遂以畀之。

府君權厝京師南門外，中乃奉其柩歸，將以某年月日，葬臨川縣之赤岵山，并持興嗣之骨，還付於其家。中亦可謂義士也已。

予聞《祭統》有云：「銘者，論著其先祖之有德善、功烈、勤勞、❶慶賞、聲名列於天下。」蓋孝子慈孫之所欲得者也。今不敢廢茲義，序而銘諸，庶慰府君於九泉之下，使興嗣有知，亦將無所憾矣。銘曰：

彪蔚炳焕，文何彰耶！剗凶燭姦，政何良耶！動合矩度，行何方耶！位之欲昌，而底于亡耶？松摧栢焚，孰知其爲棟爲梁耶？神理冥茫，胡可以測量耶？四尺之墳，岵山之陽，有永其藏，慎毋壞傷。

故田府君墓誌銘

同郡田府君卒，墓上縣綍之碑未有勒文。其子洞，命濂學子劉剛集諸行成書，來

❶「勤」，《祭統》原文作「勳」。

請銘。

按書所載：府君諱貞，字子貞，田氏。田，初李姓，家杭之新城。方臘陷杭，有李基者，避地婺永康田迪功家。迪功無子，唯育一女，遂留基爲贅婿。基生子，遂後田氏。基字伯開，府君五世祖也。伯開生某，某生某，某生存理。存理生瑞，以富甲群族。府君實爲冢子，力佐家政，應公府科繇，櫛風沐雨，皆不憚。父既歿，爲諸弟授室，苟可以致力者，孳孳弗倦。及諸弟求離居，府君務盈其欲，一髮無係吝。人稱其賢，府君辭曰：「兄弟，同氣者也，豈可競食貨以傷其心？此分當然爾。」

至正丁酉，寇起縉雲，鄉民奔竄巖穴，且饑饉頻仍，道殣相望。府君出粟窖中賑之，皆羅拜于庭曰：「我等姓氏已在鬼籍，非公誰復生我？儻有所役，雖使蹈水火無恨。」府君遂結義旅，使捍敵閭井。處州守臣石抹將軍及浙東廉訪使者皆材府君，命攝巡徼之職，辭。

歲戊戌，天兵下浙東諸郡，而七閩猶未入版圖。❶福建省臣間道遣使持空名敕書授府君武義尹，欲鉤致之。府君知天命有歸，遂縛使者，焚告身絶之。

府君性剛介，聞義勇爲，所內交皆端人，凡憸卑媕婀輩，咸唾去不顧。建義塾一所，聘文行儒爲師，集鄉子弟教之。尤篤於訓子，晝夜淬厲，必欲其亢宗。然見疾病癢痾者，心惻然憐之，手注善藥使服，雖其請再三，弗之厭。晚年襟度益夷沖，家事屬之諸子，日磐桓佳山水間，翛然不爲塵土所染。行年六十又六，令終于家，實洪武壬子

❶「猶」，韓本作「地」。

正月二十六日也。明年癸丑十一月某日，葬縣之長安鄉金山之原。

府君配室徐氏，以貞淑聞，先七年卒。子男子六：旭、洞、❶遜、溟、奐、廣。遜、溟夭。洞通經而能文，嘗貢于鄉，取第十名文解。已而銓曹授河南都衛斷事官，遷湖州府通判，焯有聲。孫男三：寅賓、寅恭、道同。女四。

吾婺爲文獻之邦，風聲氣習，莫非禮義之所涵濡，以故人多士君子之操。有若府君，制行嚴謹，惠利及于一鄉，且明炳幾先，灼知天命所凝而不惑，非有超然卓絶之識不能致也。嗚呼賢哉！銘曰：

惟金華，文獻邦。教斯漸，德惟良。猗君子，制行方。恤同氣，有如傷。出餘粟，起羸尫。結柴栅，禦寇攘。遏狂瀾，作大防。察天命，知靡常。縛間使，絶外望。歸有道，誓爲氓。叶。著先識，播清芳。滋遺胤，以文昂。佐方州，仕寢昌。金山原，松檜蒼。紀茂行，薦石章。

故龍泉湯師尹甫墓碣銘 有序

湯府君諱京，字師尹，一字景山，處之龍泉人。其先與宰相岐國公思退同宗。蓋自岐公曾大父太師婺國公載之長子太中大夫稻，傳十世至武翼大夫大節。武翼生望，以父蔭讓其弟，始不有世禄。有子曰鏞生，未冠而宋社已屋，遂隱居行義，置田二百畝，以贍同族。黄文獻公溍爲記其事，實府君之父也。

府君性聰利，群書過目輒成誦。逮入

❶「洞」，按前文及韓本、傅本、四庫本皆作「洞」。

州學，習進士科試之業，下筆光燄逼人，同舍畏憚之。州里有貢之者，府君辭曰：「仕固足以澤物，然有命焉，不可必致也。所可必者，其惟醫道乎。」乃發《黄帝内經》而精研之。久且有所契，察脈辯證，多著奇驗。遂闢仁濟堂，居四方善藥於中，疾癘者、疕瘍者來謁，悉與之胗療，不責其報。復慮義田之入，可給於一時，他日宗胤蕃滋，當有不可繼者。乃與兄濱各捐常稔之田一百畝入之。義莊湫隘，别建數百楹，中爲堂，曰「睦順」，東西爲二齋，曰「立本」，曰「養原」。❶合群族俊彦，聘碩師誘迪之。旁列廩庾，以貯田粟，俟時而分給。府君猶以爲未足，其遇鄉黨耄疾不能存者，月予粟，終其身；殁而無歸者，給楮櫝，使之葬。歲或儉，閭右發粟多增直邀利，府君獨持價弗二，恒如粟初熟時。香爐峰下道苦惡，不利行者，府君率群隸平其坑坎，取谿中自然石甓之，凡二十里所。

既而抵掌于几，歎曰：「澤物固吾之素志，僅能施之一鄉，將若之何？浙水東苦口賦食鹽者久之，有司苟免督過，上官不知病民，民病又不能自言，必坐致淪胥而後已。吾當往陳其弊，言行與否，則天也。」即日爲書數千言，走江浙行省，對丞相白之，辭氣激烈。丞相與其反覆論辨，府君以指畫地曰：「如此則爲利，如此則爲害，唯相君所擇耳。」丞相韙之，下轉運使者定議，將如府君言。會浙東諸郡守亦各上言，事聞中書。中書移行省，召郡守詣憲府聚論。奏上，減官煮鹽十萬引，罷口賦法，從商賈轉鬻民間，民力大紓，實府君倡之。及還，

❶「養」，原作「義」，今據張本改。

執綵旗迎于道者，肩摩而袂屬。府君自是爲善益力。郡縣之政，不便於民者，必詣守令懇懇言之，多所更免。府君既退，絶口不自言。或問之，則曰：「我不與聞也。」

晚年嗜種鞠，購得嘉種踰百，當秋高氣清，黄白紅紫盛開，爛爛然如張錦繡，府君日抱杖嘯咏其間，精神恬康，有不知老之將至。四時燕集，内而昆弟，外而賓友，皆笑歌相酬。雖素不解飲，必爲之霑醉乃已。賢士大夫慕豔其高致，盛爲詩若文稱述之。春秋僅五十，至正戊子五月二十六日，以疾終于家。

娶項氏。男子一：仁翬。女子四，王默、鮑良知、項房、鄭靖，其婿也。孫男三：宗昭、宗敬、宗瑾。孫女一，尚幼。府君殁後四年，其兄濱病革，謂子楷曰：「吾與汝季父，平生友愛篤甚，今死猶未葬，吾病脱有不諱，當與之同兆域。汝慎勿違吾言。」兄既卒，楷與仁翬奉二柩窆于麗水縣雲和鄉德廣里吾思嶺之原，時某年月日也。

府君孝弟而寬慤，不爲浮靡慘覈之行。雖無意於利達，其濟利人物之志，夢寐不能忘。嗚呼！若府君者，不亦有道之士乎哉！

治古之時，鄉田同井，出入相友，守望相助，疾病相扶持，故情意之感孚，恩義之維繫，信有足樂者矣。降及後世，兼并之俗興，往往富埒封君，奴視同類，編氓擢筋鹽髓以飫其谿壑之欲。設有阽危，況望其一引手救之乎？府君義敦於宗族，而推及於鄉黨州閭，上疏弭患，且解諸郡倒懸之急，功益溥矣。徵之一族而信，徵之一邑而信，徵之一郡而信。其言人人同，無少異者，是豈可以聲音笑貌爲哉？頗聞元季兵亂，廬舍無小大皆成煨燼，獨府君所建義莊巋然獨存。虐燄屢及之，不待撲而自滅。爲善者，天亦鑑之如此，豈特人言哉？嗚呼！是宜著之，爲聳善黜惡之戒者已。仁翬奉狀，介鄉友刑部主事劉彬來徵銘。銘曰：

維栝望宗，積慶攸鍾，篤生岐公，勳業顯融。族大以盛，分支析胤。孰以義競，龍泉爲勝。有甫者田，被乎東阡。高廩屹然，拯夫顛連。嗣人之繼，有引勿替。秉仁遷義，遹昌厥裔。合胡行之，自家而推。人餒我糜，人疢我治。物苟可利，敢嗇吾施？戴天履地，庶幾無愧。鹹鹺病民，民氣不伸。袖書侁侁，走白相臣。辭氣激烈，上衝毛髮。有智則竭，如病斯脱。我旋我廬，迎者塞塗。綵旍夾扶，式歌且呼。晚尤寡欲，知己維鞠。爛然盈目，壺觴相逐。誰非同袍，忍鑠其膏？不有人豪，惠利孰操？銘以著德，千古弗忒。金石消泐，此宜罔極。

元故方府君墓碣銘有序

府君諱應元，字長卿，姓方氏。其先居河南，自東漢司馬府長史河南尹紘始遷歙。隋開皇間，紘之後泉州長史叔達，又遷莆田之方山。唐天寶中，叔達之後華，又遷游洋之大房。宋某年末，華之後皇祐進士中奉大夫知梅州次彭，又遷長壽峰之下。某年初，次彭曾孫淳熙進士朝請大夫直寶謨閣大理少卿銓，又遷郡東卿月坊，即今方壺巷也。銓生嘉泰進士朝奉大夫直焕章閣廣東經略安撫使淙。淙生修職郎龍谿縣主簿栻。栻生主管機宜文字寓孫，府君之祖也。父塾翁。母朱氏，迪功郎端谿縣主簿洸之孫女。

府君未逾弱齡，考妣先後淪謝，獨侍大

父，與二弟俱。破屋傾欹風雨中，朝虀暮鹽或不能以自給，不得已出從吏。及大父歿，凡四喪未舉，府君黜衣殺食以襄大事。服除，中書左丞烏古孫良楨時爲泉州推官，器府君之材，命爲刑曹吏。盡心獄事，唯恐情弗麗法，有乖中典，每蹙頞弗寧。豫章二賈豎衘人與之仇，欲以僞造鈔誣之。府君斥曰：「訊獄當兩造具備，人奈何受爾誣？禍將不測矣。」一聽一不聽，聽者免，不聽者果抵罪死。尋爲南安縣蘆谿巡徼吏。徼民毒谿以漁，人飲谿流多誤死。巡檢劉萬松雅敬府君，命撰文以諭之。府君操觚立就，言毒谿不仁者三，讀者韙之。積以年勞，當陞吏于縣，一旦竟棄去弗顧。拊髀歎曰：「吾爲吏，已失身，髮將種種，尚奔走不止耶？」乃使其冢子從前進士方遂初、鄭獻可游，晝夜程督不少懈。見爲弈戲，怒而投諸江，曰：「此牧猪奴事，爾奈何效之？」遂能堅苦自立，不知有寒暑。會部使者行縣，試士于學，其名輒先登。府君喜曰：「此殆發軔耳。他時幸爾擢一第而歸，吾死當瞑目。吾先世以進士起家者六十一人，登仕籍者百又四人。獨吾遭家多難，不能繼前志。一念及兹，毛髮皆上立，爾宜勖之。」

府君性純慤，孝友天至。言及父母，未嘗不嗚咽流涕。事仲父如父，撫二弟應珠、應隆如子。應隆無嗣，以介子後之，而均析其田廬。外舅黄若琳，外姑朱氏，僅生一女，歸府君，無爲主後者。府君迎養于家，并奉其四世神主，且遺命世祀之。冬月蚤作，有一夫號而前，訊之，則曰：「我畸窮夫也，行凍死道塗矣。」府君解衣衣之。立春鞭土牛，聚觀者如堵墻，隸人執扑疾驅，衆皆辟易，一兒仆于地，人争踐之，府君力以身捍蔽，抱兒歸其父。時冢子尚幼，是夕出遇奔馬，急趨蹶道中，馬躍而過，無毫毛損傷。或以爲救兒之報。府君不嗜酒，唯好啜苦茗，愛藝蘭蕙花，當其含葩弄馨，終日玩之，至忘寢食。視世之升沈事，泊如也。壽六十有九，以至正癸卯正月某日卒于家。其年六月某日，葬于城西篠塘山之原。配黄氏，先若干年卒，合祔焉。冢子曰槐生，明經善屬文，今爲郡府學者師。介子曰桐生，即出後應隆者，先六年卒。孫男三：文熇、文炯、文烜。女三。

濂聞方氏皆出於方仙君儲之後。儲蓋紘之胤也，其廟今猶在歙，故歙、睦、婺、越之間多方氏。方氏多有顯人，而居閩者爲尤著。閩自梅州之父贈朝議大夫泳，叔父諸王宮教授洞，俱以詩賦有名。天禧間，同建義塾於虎蹲岡以教。四方學者如陳秀公、曾宣靖公、夏文莊公，皆自遠而來。塾中相繼登第者十又七人。方氏孫子亦七世聯科，積笏滿牀，而光禄卿偕，其勛名尤著，登載史册。天之報施者，可謂侈矣。府君有志而無命，雖不能享有禄爵以紹其先烈，然其秉心仁恕，無虧士行，又能訓子使勿墜其家學，是亦爲政，豈必紆青拖紫而後爲榮哉？法當銘。銘曰：

睠彼閩邦，族大而龐，厥氏維方。以經爲田，薅治既堅，歲乃有年。大衣襜如，有印纍纍，堯行舜趨。功烈之凝，彤管是登，有鍧厥聲。君起繼之，將躡其爲，奈數之奇。孰恤我艱，俛首汗顔，刀筆之間。位雖孔卑，仁或可推，亦遂我私。獄有重輕，稽法緣情，唯中則貞。有書傳家，可趨而汙，喟然興嗟。白髮被肩，所冀後賢，是琢是鐫。我爵之榮，非紫非青，榮在六經。或窮或通，緊命之鍾，孰强其逢。胤子之奇，能契父期，其文陸離。豈惟文哉？生事死哀，執德不回。古稱望宗，書詩是崇，匪專勛庸。繼繼繩繩，衍之益弘，將自此升。篠唐之原，淑氣盤盤，松栢丸丸。太史著文，碣於墓門，以播清芬。

元故延平路總管項君墓誌銘有序

處之麗水，有文學政事之儒曰項君，諱棣孫，字子華。幼肄業郡庠，終日掩扉習讀，不復踰户限。時沈然若有思，縱出亦暗誦，中塗口作喻喁勢，殊不能自覺也。及冠，用薦者爲本州青田縣學教諭。天曆庚午，遂擢進士第，授同知奉化州事，階承事郎。調福州路總管府推官，改興化路莆田縣尹。轉知福清州事，丁内艱，不赴。尋提舉泉州市舶司事，秩滿而歸。攝鄉郡貳守，累階奉直大夫，同知延平路總管府事。會朝廷遣重臣李國鳳經略江南，承制陞君爲本路總管，兼防禦事。歲餘，即致其政，隱青田之萬藏山。以至正丙午八月十九日卒于家，享年七十又一矣。

君在奉化時，州之女婦，歲以四月八日，群聚大伽藍飯僧，誦佛書以求利益，動以數千計。君以其男女無别，有傷治體，揭其事康衢，禁制之。

在福州時，有海賈林氏，嘗駕大舶行諸番間，舶上列旗幟，設金鼓，以備不虞。仇家誣其爲亂。事上，廉訪使者竟簿録其家。君爲白之，活者數百人。周生用左道惑衆，日以烹煉金石爲事，愚氓無識，指爲周神仙。生籍是出入官署，莫敢何問。君叱縛之，坐以罪，且焚其書。譙樓火，役鉅事殷，連年不克就。君至，召豪右謂曰：「臺門旅樹，古之制也。爾等有闔廬以居，坐視師帥於上，而弗遑恤，豈人情也哉？」皆來赴功，不月而告成。❶

在莆田時，俗悍而少恩，或有忿争，輒搤兒童吭而斃之。持牒訴縣，多陷人於辟。君登耆艾于庭，諭以父子天性，緜延數百言。於是更相戒曰：「是爲推官而用法不阿者，慎毋輕犯。」其風頓革。

在泉州時，適丁歲儉，道殣相望，防禦卒出掠鄉落，或至殺人。君知事且急，往白郡守偰玉立，共捐俸倡大商入金，易粟賑之，一郡獲寧。至正癸巳，福安、羅源、古田諸縣，姦民林君祥等嘯聚爲變，招江西妖人數萬圍福州。閩海廉訪使郭興祖，檄君集温陵、興化二郡義兵爲援。君部署有法，分數不紊，帥之渡江，與延平、建寧兵會。城中聞之，士氣百倍。盜恐腹背受敵，中夜遁去。

其攝二守時，青田寇吴德祥，鼓三魁五社民蟠據險阻，官兵往往失利。君與大帥謀，高城深濠，極力備禦。仍命其婿祝彦方直抵窟穴，歷諭之以福禍，德祥感悦，歸所執縣尹葉伯顔、縣尉薛徹徹秃，詣大府以降。

君爲政簡易，一以愛民爲本，未嘗求赫赫之名。至於忠義大節，持之益力，唯恐或失之。君子稱焉。

君之曾祖某，祖某，皆不仕。父祥，奉化州吏目，以君貴，封某郎麗水縣尹。母陶氏，封宜人。配吴氏。子男子五人：存誠、秉禮、遵道、率性、逢原。存誠、秉禮、率性

❶「月」，張本作「日」。

皆先後早卒。子女子四人，長壻即彦方，次歸吴濟，二未行。孫男六人：浩、漢、潛、牧、敏、孜。女一人。

君卒之明年，實吴元年丁未十又一月某日，葬君青田鳴鶴鄉文龍原，從先兆也。葬後八年，其甥祝金生，懼君行事日就泯泯，不勝凱風寒泉之思，乃奉叔舅遵道命，來徵墓上之銘。

予聞福乃百順之名，宰化權者，其施之於人甚吝也。有如項君，以進士起家，歷仕縣若州，雖其末年數經兵亂，卒能動與吉會，優裕康樂，以考終其身。天之錫君蓋厚矣。況有仁政以澤民，詞章以垂後，實應銘法。予雖不及接君，遂按繁昌令趙叔懷之狀而件繫之。且爲銘曰：

智之營營，才之轟轟，孰能與福争？矧文足以致榮，政足以發聲，宜罔而亨。文龍之坰，有松列旌，馬鬣其形。過者必式，知爲項君之塋。

宋文憲公全集卷十四終

宋文憲公全集卷十五

元故婺州路儒學教授季公墓銘

濂待罪國史，兼職青坊，日趨大本堂，與晉府典儀劉彬數相游衍。彬，處人也。其先公諱演，實濂之故人。彬以契家子之故閒來言曰：「外舅季教授之死，已十三年，墓石且無文，其子遠居於浙河東垂，姓名無由自通，敢持福建行省員外郎王錡狀，介彬以請。惟當今名公卿大夫，無不得先生文以發幽潛者，願畀矜之。」

按狀：公諱仁壽，字山甫。其先處州龍泉人，後徙居州城中。宋殿中侍御史棠，以骨鯁著聞，公之十四世祖也。曾祖泰亨，祖文明，父德巽，母某氏。公之父以學行知名越郡，凡兩辟，不就。

公幼漸家學，長益自奮厲，文辭如水湧而山出。重紀至元初，用薦者起教諭慈谿。公爲徵逋租，新禮殿，建教諭廳事。部使者暢公某行縣，他校官獲罪者相望，唯深器公，命往黄巖鑄祭器之未完者。慈谿先正寶章閣學士黄公震，著書滿家，公以狀上府，祠之學官。設課試法，以待後進，鼓舞激勵，唯恐有懈怠。竟有二士獲江浙文解，人多之。

秩滿，遷處之松陽。其訓迪學者，一如慈谿。郡守徐君思讓，請公定鄉飲酒禮。公爲斟酌古今，筆爲儀注。徐悦，鋭意欲行之，會徐卒，乃罷。陞饒之雙谿書院山長，以親年高辭。時丁元季，州郡多繹騷，藩方大臣多有辟公起者，公力辭。

龍泉湯京，好義之士也，捐田爲義莊，以惠其族，復開義塾，以教鄉子弟，以公爲一郡之望，延爲師。公悉心開導，孳孳如不及。會近臣李國鳳經略江南，承制得專除拜，憫公位不滿德，特轉教授婺州。公歎曰：「仕，所以行志也。志不行，曷若肥遯終身乎？」遂放情肆志於雲林煙壑間，翛然如在物外。遂自號爲春谷處士云。

初，公承家學，治《易》暨《春秋》，通其奥義。及上饒鄭先生原善來爲郡録事，公獲從之游，受《書》《詩》二家。先生名進士，故公之所造益精。由是四方從之者衆，號爲四經師，後多有知名者。其爲文詞，不事剽竊，而自成一家。豳國忠宣公余闕過栝，索而觀之，亟稱道不置。公爲學至勤，群書無不歷覽，覽輒手節鈔之，爲《春谷讀書記》二百卷。其所著者，《易》《書》《詩》《春秋》皆有《衍義》，共若干卷，《四書質疑》若干卷，《策樞通覽》若干卷，《詩林鉤玄》若干卷，《弓冶録》三十卷，《文集》若干卷。兵燹之餘，皆鮮有存者。不幸壽六十有一，以至正壬寅八月某甲子卒。其年九月辛酉，葬于龍泉縣安仁里麻邱灣。

先配吴氏，生子二：宗起、宗憲，皆善繼其學。宗憲一名觀，將仕佐郎漢中府褒城縣主簿。女二，長適彬，今遷承事郎工部主事，即速銘者；次適湯訢。繼室潘氏，廣東道肅政廉訪司照磨弼孫女也。生男一，宗義；女一，適湯杜。孫男三：同、紹、褒。

予惟人處霄壤間，有異蚩蚩之徒，以其自立也。所以自立者，非假功名以自見乎？或命與時違，齟齬而不能進，則托辭章以寫其所志，庶幾古者立言之義。二者之外，則無所容力矣。以公之德之才，於功名乎何有？浮沈庠序中，迨沾一命，亦且皤然老矣。期表著者，唯在乎有言。六丁雷電又從而取去之，其果何爲耶？如公者，蓋可悲也。雖然，治國有道，政與教爾，而教爲尤重。公雖不及爲政，而位爲人師，横經講道，霑丐後學爲多。其視懷銀黄、垂三組，而無益於人者，賢不肖果何如也？尚奚悲！銘曰：

陰陽雜糅兮，莫測端倪。人生值之兮，萬有不齊。有美君子兮，厥德孔嘉。禄位之卑兮，蔑以振其華。摛文自耀兮，出史入經。鬼神靈異兮，雷霆震驚。忽斥豪英兮，囿于醇熙。敷繹六藝兮，蔚爲人師。日坐皐比兮，唯先民是程。誨言淪浹兮，學維蒸蒸。師道既立兮，善人斯多。剗刮染汙兮，丕冒至和。視彼滔滔兮，三組銀黄。徒曠厥官兮，是謂自戕。道隱世澆兮，懷古而悼今。哲人不可作兮，畫然而傷心。麻邱之灣兮，水環而岫張。太史勒銘兮，用播遺芳。

元故祕書著作郎芳洲先生蕭府君阡表

先生諱雷龍，字作霖，姓蕭氏。蕭爲江右著姓，系出唐宰相復。復長子俛，家長沙。六傳至居生，遭馬氏亂，與三兄弟始來廬陵，娶吉水文昌鄉虎谿劉氏，復遷焉。其季子琛生勝。勝四傳至大理評事文叔，以貲雄于鄉，娶宋宗室女趙氏，祐陵賜以一官。大理生應通，應通生達，達生登仕郎餘慶，餘慶生滋。滋生大德，先生之父也。

先生童丱時，輒嗜學弗厭，夜漏下二十刻，其母王夫人往偵之，見危坐曲房，方張燭觀書，未寢也。比長而業成，宋社已屋，無所試。奇氣兀硉，遇事輒奮發凌厲，不可挫折。及元平江南，東書遊燕都。諸公貴人見其魁梧穎異，執禮雍容不迫，固已奇之。及觀其辯析古今，陳義甚高，操觚爲詞章，頃刻千言，有長江萬里之勢，無不聳敬。近臣聞之，有言於世祖者，即遣使者召見，奏對稱旨。翼日，復條崇學校、進賢才、薄賦斂、均徭役、禁驅奴、革和買六事以聞。有旨賜白金盂，下其事中書，議行之。仍敕就邸舍，以俟後命。大臣有弗便己者沮之，不報。先生翩然西游關陝。

時國子祭酒蕭貞敏公𣂏負一時才望，於人物極慎推與。先生謁之於京兆，即倒屣出迎，留連不少置。且曰：「如君氣岸文采，自當爲南士之冠。」由是四方名士大夫逢其至，皆爲之傾動。先生與之登高弔古，悲歌慷慨，呼大白望天而飲，浩然有尚友千載豪傑之義。❶宗藩安西王聞而奇之，❷欲辟爲府屬，辭不就，杖策南還。

至大初，有薦爲衛喂院大使者，不拜。或曰：「君命也。」復至燕都，至則改祕書監著作郎矣。未幾，馬忽蹶于門，意以爲不祥，即日投牒謝去。趙魏公孟頫苦留不得，迺序而送之。其後同列皆坐廢，人服其先識。久之，親友有勸其游闕者，❸先生歎曰：「吾周游南北數千萬里，裘馬僕從，豪宗戚里，迎勞如東西家。視功名，探囊中物爾。奈何事會之來，輒齟齬如是。其命也夫，其命也夫！」遂絕意於仕進。

初，先生家多貲，至宋季而貧，乃折節

❶「義」，張本作「意」。
❷「西」，原誤作「聞」，今據張本改。
❸「闕」，張本作「出」。

治貨區，不數年間，竟倍加於昔。然積而能散，人有緩急，不問識不識，苟請焉，千金可立捐。天雨雪，族里有弗炊者，載薪粲巡户周之。遠邇賓客聞其豪邁善施，填咽弗之絶，皆足取欲而去。

先生事親能盡孝，調御甘旨，必躬爲之，俟親嘗而後去。朝夕問衣燠寒而進退之。諸弟有涼落不振者三，皆分財析産以爲養，致有雙竹並根之祥。族子性敏，厄於貧，弗克進學，招與諸孫爲師友，後爲名儒。積世藏書頗多，鄉之先達，若忠簡胡公、文節楊公、文忠周公之屬，凡十餘人。其所著書共數百卷，恐其廢棄不傳，構竹林精舍，發舊藏共庋之。所居谿山秀蔚，高閣崇榭，連岡跨陌，叢錯如畫。先生被古服冠❶徜徉其中，觀者謂爲有道仙翁。晚年構堂西偏，扁爲「芳洲」，魏國李文忠公孟嘗爲之記，因自號爲芳洲云。

先生生於宋寶祐戊午十一月某日，殁於元泰定丁卯十月某日，享壽七十。有文集若干卷，藏于家。娶宋氏。子男子二：長來復，由伴讀成均，授順州儒學正；次來有，用薦者授某州路儒學録，皆先卒。孫男四人：孟權、孟武、孟福、洵。洵，鄉先生劉公嶽申高第弟子，博通群經，以善古文辭名世。入我皇朝，應詔而起，擢爲虞部主事，階從事郎。孟權等以某月日，葬先生于州之蘆村之原。葬後四十年，洵痛念先生殁時六歲，今五十餘矣，深懼群行泯泯，無以暴白于天下後世。每一思之，淚落不自禁。乃請同郡奉議大夫、兵部職方郎中劉崧狀，乞予爲之銘。

❶ 「服冠」，張本作「冠服」。

予惟成周封建之時，統尊於天王，化宣於五等之國，上下相維，欲以兼安元元，❶士抱致用之器，咸思有以行其道。之魯不遇，則之齊；之齊又弗遇，則之秦，之晉，之楚，必期有所合焉。自古制廢而爲郡縣，萃天下群才，悉掌於銓曹。縱有邁往之資，俯首抑志出於其間，雖獲乎上，而下或沮之，亦不能以自達。槁項黄馘，殁于蒿藜之下，比比有之。如先生者，蓋誠可悲也。雖然，自有命焉，❷不足爲先生憾。予竊觀貴胄名門，其勢燄薰灼，炙手可爇，身死肉未寒，已無有道其名者。今先生物故將踰四紀，其哲孫方摭行焯能，圖傳於不朽。由是觀之，士君子自立，不繫於窮達，尚矣。苟不有繫於窮達，則聞先生之風者，蹶然興起，確然期蹈夫道。是進亦榮，退亦榮，無所入而不自得也。是宜表見於世，而繫之以銘。

銘曰：

天挺俊英，拔類超倫。一吐一吞，有氣絪緼。發爲文辭，萬馬四馳。揚塵繽紛，道絶走飛。東書游燕，見者改顔。風雷翻翻，忽生舌間。流聲遠聞，達于帝聰。召至法宫，瀝血攄忠。臣雖布衣，頗知政幾。再拜稽首，陳于龍墀。帝曰俞哉，爾誠爾輸。爰敕中書，亟行弗徐。蠢彼狂惽，惡帝有聞。白日雖白，障之浮雲。公即翩然，迺西其轅。迺涉大河，迺入秦關。奇氣莫磨，陟彼巍峩。白眼望天，呼酒放歌。陳跡漫漫，風高木寒。昔人何在？慨其增歎。誰其起之？東觀委蛇。公謂止斯，我數之奇。我家之豐，今胡淪荒。折節事之，其貲日穰。

❶「兼」，胡本作「奠」。
❷「自」，張本作「是」。

有積必施，叶。孰顛孰隮？我或邁之，視金如泥。有芳者洲，中孕杜蘅。寄情適物，欲搴其榮。斂藏豪華，敷爲天葩。飲水著書，樂無津涯。觀化既融，以就窆封。以紀始終，以鎮幽宫。

故榮禄大夫中書平章政事李公權厝誌

公諱思齊，字世賢，姓李氏，世爲汝寧人。當元之季，汝潁兵起，公招集義旅，數平郡縣。由是進保關陝，歷官自中順大夫、知汝寧府，至銀青光禄大夫、太尉、中書平章政事，兼知樞密院事。全境安民，衛元社稷，其功爲多。

當是時，元政愈亂，公度不可爲。會洪武二年，我大將軍魏國公統兵定中原，公駐軍臨洮，遂帥士馬數萬來歸。召赴京師，授資善大夫、江西行省左丞。三年，從大將軍征定西，復漢中，除榮禄大夫、中書平章政事。六年，公復從大將軍征大同，至代縣，得疾而還。寵勞備至，遣醫官絡繹治療，且幸其第視之。尋賜新第一區，官其子世昌懷遠將軍、同知金吾右衛指揮使司事，甥鄭玉武略將軍、羽林衛鎮撫，以慰其心。豈期公荏苒沈痾，竟弗能瘳，以七年九月四日卒於正寢，壽五十二。卒之日，側室臨汝陳氏，年始三十三，義不獨生，亦自經而死。事聞，皆親製文，遣使者祭之。且贈陳氏淑人，謚以貞烈，恩禮至渥。是月二十日，與公合殯京城上元縣之向村，以俟他日歸葬先塋之次，禮也。

公曾祖茂，贈中奉大夫、中書參知政事，妣王氏，贈夫人。祖章，資善大夫、中書右丞，妣姜氏，贈夫人。父成，贈榮禄大夫、中書平章政事，妣盧氏，贈夫人。公娶王氏，封夫人。子二人：一即世昌，一安壽。女二人：定童、華童，皆在室。

惟公守土保民，以歸有德。克享禄位，施及子孫。至于令終，眷賚尤厚。可謂生榮死哀者矣。謹爲疏其秩里世行，及權厝歲月，用納諸壙云。

故廬陵張府君光遠甫墓碣銘

皇上即位之五年，朝廷清明，百揆時叙。乃開文華堂禁中，妙柬英材，詔詞林群公分教之。車駕幸臨，閲其所業文，親定優劣，上德至渥也。時江西張唯，流寓河南，以《尚書》領首薦，會試南宫，未試，除國史編修，仍俾肄業于堂。予見唯有儁才，特請于上，録爲弟子員。唯執經日久，忽歔欷流涕，言曰：「唯父抱奇節，不幸歿于盗手。今體魄入土，而墓石無文，一念及兹，將欲無生。惟先生矜而畀之。」

予按亡友吏部員外郎周子諒狀：君諱遠，字光遠，姓張氏，吉安永豐人。氣岸豁達，不狥於小物。當元之季，大盗起沔陽，蔓延江右，陷吉安，既而州兵擣走之。盗所過井落，民皆相挺爲變，殺掠巨室，慘酷不忍聞。君怒髮上指，日夜建奇策剪寇。其友有羅惟遠者，尚氣節，遣人夜致之，列酒炙于庭，脱冠酣飲。夜將半，屏左右，跽而告曰：「吾州素號文物之邦，一旦盗蹂踐將無遺，義不與賊俱生，然非公不足濟吾事。今郡守梁使君出督兵境上，公宜往請師，吾陰立部署以俟，斫賊無難者。」羅抵掌于几曰：「子誠奇男子，吾縱無他能，敢不從命。」議既定，君冢子庸猶未知，君乃叩寢門令出拜，復語之故。庸曰：「羅先生若迎官兵至，庸持大斧盡殺狐鼠輩，不留一人。」羅舉觴賀君曰：「大兄有如此豪傑兒，事不患不成也。」未發，寇諜知之，帥衆執羅去，裸而鞭之。且問曰：「誰與汝造謀？」羅罵曰：「死狗奴，吾憤汝不道，自欲殺汝，何暇與人謀哉！」賊怒，愈鞭之，仍授筆紙，使寫首謀者名。羅瞋目視之，大書一「死」字。賊反接羅于樹，剖其腹作小竅，日增加之。羅嚼齒大詈，三日而後氣絶。將絶，詈聲猶含糊在口。君幸得脱，走吉水。及寇勢少戢，君還故里。寇有知君遣羅事者，縶之至營。賊競來指曰：「是嘗欲殺吾屬者。」君顔色自若，從容語賊曰：「我纓緌之家，決不畏死喪節。殺即殺，毋以多言爲。」遂遇害。賊黨忿猶未平，并欲屠君介子賢，渠魁執不可，慨然歎曰：「彼固忠義人也，寧可使其不血食耶？」爲具棺斂，使歸葬里之桐塘。聞者莫不霣涕。

君博通經史，篤風義，事親以孝聞。豪右以科繇困之，君奉親避去旁郡，不遠百里，負米以爲養。暨歿，號慟幾絶者數四。然嫉惡如仇，閭師有貸粟多取息者，勢橫甚，君面斥其非，直於州縣。閭師恚，欲夜擊死君，聞州里萬口交譽，不忍發而止。賓客至門，傾有無相接，劇談古今事變，二千年間如玉貫珠聯，客爲之傾聽，忘日之夕。且曲盡物情，三尺童子上謁，亦以禮受，未嘗少忤。性不嗜貨殖，或勸爲子孫計，君笑曰：「能守先業，亦足矣，何以多爲？」君子稱焉。壽五十四，遇害於至正戊戌正月，其日不可復知。自桐塘改葬於大塍之原，則洪武辛亥八月某日也。

君配劉氏，輕財重義，人有顛連者，解

衣推食無吝。亂離後家單，每鬻釵鈿，助夫賓客費。後君五年卒。子三：長即庸；次即賢，有膂力，能馳馬奪槊千人中，後十一年亦卒；季乃唯，新擢今官。女三，俱適士族。孫三：憲、文、昌。女二，在室。曾孫一：祺。

君之系，出自唐曲江公九齡。九齡玄孫洪州都督參軍景重，始來江西。參軍曾孫僉判虔州洪，字宏淵，復還永豐之杏園，代多顯官。至君曾大父元叔，大父瑞伯，父亨，雖曰不仕，咸能世儒業云。嗚呼！士氣弗振久矣！當楚氛膠葛之時，爲二千石者，曾不一舉手障之，寇至輒俯首遯去，日行百里，唯恐不疾，誠女婦留鬚鬣者也。有如君者，藐然一布衣，無社稷人民之寄，乃能建策殺賊。不幸事不成，雖肝腦塗地而不悔，豈非烈丈夫也哉！羅氏能從君謀，身可死而志不可奪，❶亦可謂慷慨之士。取友之端，又於君見之。嗚呼！志莫大於殄寇，義莫重於捐生。此而不銘，惡乎銘？銘曰：

元政陵夷，盜起楚區，絳巾嘯呼。毒氣所侵，蠱其良心，棄鋤握穫。叶。睠茲廬陵，群邪沸騰，千里血腥。有夫桓桓，髮上指冠，誓除暴殘。夜則枕矛，血淚交流，同志之求。酣歌慷慨，舞劍欲狂，維籌之良。彼何昏昏，漏師弗懲，賊我良朋。正氣凜然，雪爲不寒，欲膾盜肝。君亦被拘，詈賊益奇，❷以死狥之。雙璧焜煌，如星吐芒，照耀四方。君名巖巖，重如泰山，一死亦安。史官造辭，鑽于幽墟，後世是師。

❶「死」，文粹本、黃溥本、韓本作「殺」。
❷「賊」，文粹本、黃溥本、韓本作「盜」。

元故累贈奉訓大夫温州路瑞安州知州飛騎尉追封樂清縣男林府君墓銘

府君諱邦福，字大彦，❶姓林氏。林出殷比干之後，辟地林山，因以地爲氏。子孫分居清河，至漢太子太傅尊遷濟南。晉太傅禮，永康間又遷下邳。永嘉之亂，合浦太守禄，又遷閩之温陵，自是閩中多林氏。唐貞元中，莆有孝子攢爲福唐尉，棄官廬墓，致甘露白烏之祥，詔立闕旌其門。孝子五世孫諱某，當五季時，仕于唐。及没，夫人執氏扶櫬還閩，道經温之瑞安，值閩亂，遂葬于縣之塔石村，有馴鹿之祥，人號鹿阡。執氏卒，合葬其地。自後九世子若孫，咸環葬左右。其諱文慶者，實夫人之九葉孫，生古溪處士諱益甫，復遷郡城。生台州路總管府照磨諱桓，實府君父也。照磨君以孫常官七品，當封父母，援故事讓於祖，贈從仕郎、江浙等處儒學副提舉。妣黄氏，贈宜人。

府君局度孤騫，不爲屑屑詭行。弱冠出游蘇，府公廉其賢，辟爲史。蘇之寓公多權要，頤指氣使，州縣皆唯唯不敢較，府君毅然不爲屈。有請托者，却不聽。且曰：「國法何可以徇人？」積勞當調州之幕職，江浙行中書以筦庫缺官，借授處州松陽監税，改監紹興如坻倉。府君釐革弊政，出内皆有程，顆粟弗私。轉嘉興陶莊務副使。時浙西大祲，民嘯衆奪餱糧，與抗者輒見殺。上官檄府君攝尉事，府君授以籌略，分遣弓箭手掩捕之，未幾皆獲。議法者悉付

❶「大彦」，張本作「彦大」。

重典，府君走白部使者曰：「饑民無食，雖萬死不顧，何往而不爲亂？原其初情，不過魚游釜中，少活須臾之命。如法家議，無乃太過乎？」使者以爲然，免死者數百人。轉饒、處二州。州之務居城闉，税課每屈，府君運量有法，皆以最登。秩滿，監衢州常山務。絳巾賊起沔陽，江浙諸郡皆繹騷弗寧。時浙省左丞高昌公出鎮廣信，專總戎事，署府君常山尉。府君集義旅數千，淬礪戈矛，使習坐作擊刺之法。號令精明，部伍整飭不亂。狗鼠輩欲乘隙鈔掠者，皆吐舌散去。

會子温登進士第，擢休寧尹，尋補江南行臺掾，迎府君就養。未幾，御史大夫子恣爲不法，人言沸騰，温以親故，未忍擿其姦，日恒鬱悒不樂。府君謂温曰：「吾能安吾貧，慎毋以老身不行其志也。」明日，温率同列謁大夫，力斥其子之非，大夫慚甚。既退，温即抗章辭去，奉府君還鄉。

浙省左丞相康里公時承制得專封拜，擢府君鄉郡知事。郡民舉手加額曰：「吾州害與利，林公知之。我民庶有瘳乎？」適山寇竊發，掠慈湖，將窺城。上下洶洶。府君白于府曰：「事急矣！奈何？吾將以三寸舌却之。」乃單舸直走賊巢，諭以禍福。賊見府君至，大駭，爭持白刃相脅。府君厲聲叱曰：「朝廷何負爾輩，乃敢弄兵反？藉使州縣賦斂急，或不能堪，當訴之方岳大臣足矣。今乃自麗刑憲，官軍旦夕乃大至，❶舉族當作葅醢。吾憐汝輩愚，特來示以生道，乃欲吾脅耶？吾不畏死者，任爾爲之！任爾爲之！」賊衆愕眙，相顧再拜，

❶「乃」，張本作「且」。

謝曰：「明公言良是。微公，吾屬入鬼籙矣。」皆俯首退去，爲良民如初。朝廷時遣近臣經略江南，官有異績者，必超擢之。有司方以功狀聞，府君竟以疾卒，壽六十又七。

府君明白坦夷，不尚鉤距。遇事曲直，輒辯白無少讓。人初難之，終服其明斷。性好施與，人有急難，賑之唯恐不及。處伯仲間無間言。尤篤於訓子，故卓然皆有成立。既而温改福建行中書省管句，得請于朝，封府君文林郎、汀州路寧化縣尹。夫人王氏，贈宜人。及温累陞員外郎，加贈奉訓大夫、温州路瑞安州知州、飛騎尉，追封樂清縣男，夫人亦加樂清縣君。府君卒之日，至正十九年夏五月癸丑。葬之日，其年冬十二月甲申。墓在永嘉縣建牙鄉先塋之側。王夫人先十七年卒。子男子四人：長即温，奉訓大夫、福建等處行中書省左右司郎中；次常，從仕郎、泉州路德化縣尹；次嘉，福寧州知事；次寧，行宣政院宣使。子女子一人，適福州長樂税課提領項昱。孫男七人：本、秉、東、乘、策、某、某。女四人。曾孫男二人：某、某。女一人。

嗚呼！天之生材也，一元之氣既運，無往而弗周。譬諸木焉，或可爲棟梁，或可爲榱桷，未嘗不具。特人用之有違其材，所以每形君子之歎。有若府君，材信美矣，乃使之淹回下列，無以吐其胸中所藴。及逢世亂，則建策禦寇，親往諭降，卒使革心從化，其氣量足以有爲。使之專城而居，必有赫著愷悌之政。奈何斲棟與梁，而以榱桷用之？嗚呼！果誰之咎歟？然而天定終能勝人。府君固不遇矣，有子以詩書起家，爲時名臣，貤贈所及，至于二千石之榮，無可憾於九泉矣。濂雖不及拜府君牀下，而幸與温游。温以前進士孔克表狀，走金華山中徵予銘，義不得辭。銘曰：

天之生材，小大異宜。用或倒施，乃人之非。恂恂林公，厥材孔脩。苟竭其藴，可鎮方州。闤市之征，曷我溷之？公笑曰嘻，我斯受之。料量既平，出内無愆。人或不足，我則裕然。山寇跳踉，鋒蝟斧螗。以奪以攘，以撼大邦。公乘單舸，直入其阻。威容言言，其氣若虎。賊黠而疑，群而趨之。執刀圍之，人爲危之。公聲如雷，震破賊膽。再拜稽首，今則焉敢？轉彼昏昏，易爲昭昭。棄其戈矛，爾黍爾苗。古有薦士，達諸巖廊。執持使節，不發一章。公雖不遇，有子承家。龍光炳焕，泉壤增華。建牙之鄉，馬鬣其封。史臣勒辭，無愧於衷。

吕府君墓銘

公姓吕氏，諱民順，字國安，贛州興國人。曾大父某，大父宏略，父志熊，妣易氏。公生八歲，戍將萬夫長過其家，憐公黠慧，抱寘膝間，問曰：「爾能偶句乎？」曰：「能。」因出一言試之，❶即應聲成對，一坐皆驚。稍長，以力本尚義稱。家用益裕，無物不周。然好與賓朋游，每逢令節，必折簡邀致，肆筵宴饗之。酣暢淋漓，❷雅歌投壺，必盡歡而後止。

歲甲申，大厲爲人災，朝疾而暮即殪，有一室盡喪者，積屍縱横，無人具棺斂。公

❶「一」，張本作「七」。
❷「暢」，張本作「觴」。

患之，與閭右大姓謀，俾道家者流禜而除之。公齋戒沐浴，對越七晝夜，儼若有臨其上者，厲氣爲消。

邑宰失刺不花敬愛公甚，唯公言是聽，未嘗干以一髮私。鄉民謝氏爲强寇所誣構獄，案具將上，公從容一言白其寃，謝獲免，終身不令謝知之。俗好競渡，當五月五日，造船爲龍形，飾以五彩，鳴鉦鼓，鼓譟奪赤旗以爲樂，觀者如堵牆。公訶子姓曰：「是非君子之道也。」禁勿往，往輒有罰。

公蚤喪父，言及每垂涕。事母夫人，唯恐違其意，卒以孝聞。愛弟民瞻，一日不見則愀然不樂。民瞻夭，遺孤以仁年甫十四，公鞠之育之，逾於己子。以仁復卒，生二子尚幼，公爲保抱攜持，使守其先業，迄今有成。

公生於至元癸巳八月二十日，歿於至正乙酉十月某日。瀕歿，精神不亂，呼水起盥手，端坐而逝，享年五十三。以明年丙戌某月日，葬於縣西九峰山之原，禮也。

公妻劉氏，諱淑仁，同縣清德鄉人。生二女，前卒。繼室亦劉氏，諱福真，亦同縣人，家於寶城鄉。四子：震、復、鼎、益。三女，適劉平可、李永堅、張良貴。良貴妻，少房歐陽氏出。孫十人，女四人。

予躋法從時，復實爲丞奉常，相與交游極驩。復間請銘公之墓。予謂公孝以奉親，仁以及物，禮以馭下，皆可以無憾。宜勒銘墓門，使百世之下，有知公者。銘曰：

世遠道散俗乃分。孰能障之狂瀾奔。夫君屹立志有存。制行如古敻絶群。有不信者徵斯文。

故懷遠將軍高昌衛同知指揮使司事和賞公壙記

公諱和賞，畏兀氏，世居高昌。曾祖紐憐，事元世祖有功，封高昌王。祖帖木兒不花，中書左丞相。父不答失里，中書平章政事。皆襲王爵。母也先忽都，封王夫人。公性警敏，能知時達變。幼亦紹王封，鎮永昌。洪武三年，大兵下蘭州，公賫印綬，自永昌率府屬詣轅門內附。詔授懷遠將軍、高昌衛同知指揮使司事，世襲其職。公乃開設官署，招集降卒數百人。會宋國公馮公勝奉敕征甘肅，命公移鎮西涼，轉輸饋餉無乏，朝廷嘉之。不幸以七年九月二十八日，卒于南京之寓舍，年二十有八。以十月八日，葬江寧縣聚寶門外五里呂氏花園。上遣使者祭奠，恩禮優渥，人皆以爲榮。公妻曰都堅，子一人太平，女二人在室。惟公生于王家，暨入國朝，榮膺顯爵。方以事功自見，而賦年不永，惜哉！因爲疏其世系及卒葬大概，納於墓以志其哀。

滁陽蔡氏道山阡表

祠部主事蔡秉彝詣濂請曰：「彝之曾大父，諱某，姓蔡氏。初居趙州，因官于滁，遂家焉。娶胡氏，無子，唯育一女。懼蔡氏之不血食也，❶乃命季氏子冬後。冬負氣自豪，殺人亡命，竟不知所終。遂以女歸來安之許氏。許氏諱清，字士廉，讀書有賢行，平居寡言，以儉德自將。曾大父愛之，曰：

❶「之」，原誤作「子」，今據張本改。

『是類我者也。』命以爲子，不聽。久之，乃相從，實彝之大父也。不幸爲高氏子誣，構以死罪，留圜扉者二年，貲産咸廢，而大父無慍容。大父復無子，亦生一女。先是，句容龍潭人孔氏有諱善者，字國寶，幼失怙恃，唯二兄存，頗虐之，依仲父以生。一旦，告仲父曰：『兄若弟，一氣所鍾也。苟戀區區貲業，使兄被不義之名，人其謂我何？請避之。』仲父爲之汍瀾出涕，且曰：『吾在，子勿憂於是。』竟決去，無留意。行至滁，大父見之，嘉其知彝倫之理，與其語，又輕財仗義，有特達丈夫志，亦以女妙静妻之。刲羊豕大饗婣朋，焚香祝天曰：『吾再世無嗣，蔡氏之傳將遂微矣。是子其克荷負吾家乎？』乃後之，實彝之父也。不數年，盡復大父所喪土田。人有曲行，面直之。鄉黨稱其賢。生四子，長即彝，次玄童，次壽童，次慶真，及一女。至正甲午三月二十九日，滁陷于兵，先母與女素英抱節赴水死。❶玄童、壽童、慶真皆不知所往。❷獨先人與彝間關渡大江而居金陵。先人因憂憤成疾，死時八月十八日也。彝娶王氏，生一子，名繼宗。嘗念三世皆以異姓爲後，雖於先王之禮有所未合，原其情之所至，豈得已哉？彝家素積善，天必福之。冀子孫或衆多，各俾一人承蔡、許之祀，而彝復姓孔氏，則於禮爲得矣。然大父之年僅五十七，大母復少四歲而終，父視大母之年又少十歲，母之年則如其父焉。四喪皆於黃道山以昭穆序葬。山在州東北十五里，曾大父兆域之所在也。墓石皆無文，願子爲通

❶「死」，原脱，今據張本補。

❷「皆」，原脱，今據張本補。

書諸碑，以示後人。」

天地開闢，厥初生民，何嘗知有所謂姓氏？聖人者出，惡其無貴賤、親疏、少長之别也，於是因生賜姓，胙土命氏，以至於以字，以謚，以官，以邑，而族系漸繁矣。蔡本姬姓，許本姜姓，皆以國氏者也。孔本子姓，以王父字爲氏者也。而三者何可同乎？雖然，凡有姓氏，莫非神明之胄，而出於炎黄之世。所謂二十五宗、一十四姓者尤多。流雖殊而源則一，遽謂之不同，亦未見其爲可也。然彝之爲孔氏，固爲不刊之論。彼二氏者，豈可忘其所付託，而爲若敖氏之鬼哉！誠令子若孫繼之，一如彝所言，亦出於禮之變耳。嗚呼！氏族之不傳，其淆亂無别，亦難明矣。使彝不自言，數世之後，惡知有所謂孔氏者哉？昔人有云：「人有姓氏，猶衣服之有冠冕。」裂冠毁冕，雖有帶裳幅舄，不足以被飾其身。其任不爲不重矣。其任爲甚重，人反視以爲輕。有如彝者，豈非有識之君子乎？某與彝交既久，若異姓昆弟然。故因其請，爲表著先塋之碑，使後世有考焉。

彝字秉彝，爲人慷慨疏通。其從政也，難集之事談笑而成之，人號爲長才。幼鞠同里王時中家，遂壻焉，已而襲其姓。時中既有後，今請于朝，仍氏於蔡云。

故麗水葉府君墓銘

栝之葉氏，世居松陽卯山。至唐銀青光禄大夫越國公法善，始以道術顯。宋初有諱備者，從卯山遷麗水之東里。又至崇信軍節度使贈檢校少保夢得，始以政學著。夢得字少藴，世稱石林先生者也。

府君諱元顥，字子西，先生之十世孫。氣宇凝慤，沈酣於六籍，而旁溢諸史百家，折衷群聖人之説，故其學粹然不雜以他歧。端居若思，喜怒不形于色，一動一静，咸檢押無違度。雖經鑠石流金之候，未嘗離冠衣而處。下帷講授，弟子執經者環立左右，府君爲敷繹奧旨，攝其粗疏，入於密微，無不盎然充足，若蒙大霧而行，不知身之沾潤也。

然其躬行尤力，在父母側，和婉其聲氣，進退有容，恒恐弗勝。其依戀慕愛之情，津津然洋溢於外。暨歿，哀毁骨立，幾至於滅性。終身孝慕不衰，四時祭享，必極其豐腆。獲一珍品，不薦不敢食。遇諱日之臨，設席奠酒漿籩豆葅醢，哭盡哀，追想容聲，竟日乃已。延平守項君棣孫，鄉友也，每稱之曰：「吾交人多矣，生事葬祭，求無愧古昔者，惟吾子西耳。」人聞之，無異辭。

家雖貧，殺衣縮食，葬宗黨十餘喪。有告急者，輒視其有無給之。過庭之間，尤善於訓迪。嘗曰：「吾家自石林益衍書詩之澤，接武繩繩，至今十餘世矣。吾祖吾父，挺然於其中，尤以種學績文自任。其遺編所存者可見已。故鄉旦之評，必曰『儒紳之聯軌者，東里葉氏也』。吾朝夕以思，唯寐始忘之。爾等毋怠事，累吾無以見先人地下。」諸子聞之，更相勸勵，皆爲文行士。里閭取府君以爲則焉。年既高，幅巾大衣，褊襬於烟霞泉石間，嘯詠自娱。其樂道循理，一出乎性分之正。士大夫多慕豔之，故相率號之爲「樂隱翁」。

一旦遘疾，復呼諸子謂曰：「吾今幸得全歸矣。生不離父母，死安可悖去之乎？

爾當歸吾骨先墓之側。魂魄或有知，當謹執饗具之禮，死且不恨。」言訖而氣絶，至正甲辰十二月十二日也，壽六十八。以某年月日葬，墓在喜康鄉上黄之原。曾祖懿，生祖泰亨，宋太學生。父浚，母某氏。娶趙氏，先九年卒。生四子：宗道、守禮、寅清、宜壽。守禮以明經貢銓曹，拜監察御史。

予雖不識府君，幸與御史中丞青田劉先生游。先生盛稱府君歷世相仍之懿，未嘗不以爲襲簪紱者不難，而能傳經業者爲難。豈惟所習有轉移或不同，蓋亦有天道焉。自非畜之深，發之遠，未易以致於斯也。善人之報，吾將於府君徵之。雖然，府君，端人也，善士也。孝足以奉親，行足以厲俗，學足以覺後進。古所謂「鄉先生歿則祭之」者，其在斯人歟，其在斯人歟！銘曰：

栝之顯族，葉最有聞。奕世書詩，以逮于君。式遵遐軌，載揚清芬。隱趣恬漠，文氣鬱熅。内外脩飭，寤寐克勤。彼鼓篋者，從之如雲。揚榷古訓，辯詰道原。爾杞爾梓，我鋸我斵。小大異施，期集于勳。天道謂何？少微夜昏。八尺之塋，上生蘭蓀。采以釀酒，用酹君墳。

棣州高氏先塋石表辭

高氏，出自姜姓。氏族書謂齊太公六世孫文公赤，生公子高，其孫傒，爲齊上卿，與管仲合諸侯有功，桓公命傒以王父字爲氏。考之《春秋傳》，高傒乃天子命卿，其得氏在桓公前，非有合諸侯之功而後得氏也。則傒之前，已有高渠彌、高克，爲鄭大夫。則齊之高氏，其先已仕鄭，亦非待傒而賜氏也。氏族之學久廢，其書要不足深信。所可信者，但知高氏出於齊而已。其後裔滋蕃，分布京兆、河南、華陰者爲最多。而棣州之有高氏，又自河南分也。

當金源之季，有諱温者，善騎射，膂力絶人。元兵攻棣州，温集民爲軍，擣退之，以功授漢軍謀，充佩銀印。❶已而帥師勤王，遂入宿衛，從完顔霆與元兵接戰，累授山東經略副使。金亡，温仰天哭曰：「國亡矣，我何生爲？」將自刭。左右奪其刃，且勸之曰：「爾死無益於國，徒傷二親心。君親一也，曷若存餘息以奉菽水乎？」君收淚謝之。間關歸鄉里，取戎器銷毁，躬耕隴上。噤口不談兵，亦不交通賓客，惟日以悦親爲務。時方内附，濟南頑民有乘隙唱亂者，以都統召温。温力却之。然語及金朝事，輒涕下不自禁。

娶姚氏，生男子六。冢子玉，沈毅有父風。初，温以老將家居，東諸侯多忌之。會攻宋，籍山東良家子爲軍。玉度不能免，因自薦。從大將察罕那演取淮、泗、漣、海四州，所向克捷。諸王也古壯其勇，賜以佩刀弓矢，遂從察罕入宋都，定閩越，戰數有功，授行軍鎮撫都彈壓。凱旋論賞，真授十字翼管軍鎮撫，仍佩銀符，戍通州。玉受命，慨然曰：「吾生長兵間，出萬死一生，以幸有今日。天下平矣，安能終日齷齪從健兒輩游乎？」遂以兵屬部曲張某領之。未幾，十字翼改戍平江，玉因引疾歸山東，力田以奉親，如温之爲。或强起之取世襲爲子孫計，輒笑而不答。

娶岳氏，生子曰珪，字君章，以力本尚義稱。其於榮利，淡然無所好。族人負官

❶「充」，張本作「克」。

中錢至數百緡，計不知所出，珪傾貲代償。或貧無衣，及饑餓不能出户者，多周之，汲汲若不足。有所貸者，不收其子錢。且戒子孫學耕稼，勿爲吏胥。其有惡德者，不共兆域而藏。家教峻整，清風凜然也。

娶韓氏，生男子三。次子翥，字伯舉，讀書頗通大義，輒棄去。遇駿馬，不問直之高下，必市之。挾弓矢，跨行如飛，中正鵠不失毫髮，有將家子之風。事母能孝，食飲必親嘗，衣衾則視時燠寒而進退之。元統癸酉，歲儉，大疫且四起，道殣相望，翥買櫝瘞之。其未死者，作淖糜給之。嘗以泉布貸人，人久不能償，取其約劑焚去，漫若不復省。至正中，江浙行中書察知翥之才行，命隨石抹將軍捕寇海上。翥屢建奇策，將軍不能聽。已而盜不可制，方悔不用其言。翥寡言笑，與人交，不爲翕翕熱，久而益親，人自不忍厭之。嘗教其子云：「我家近海濱，以弓馬植門户，田桑供衣食，雖不多知書，禮法素謹，至今弗敢墜。爾曹益務爲善，毋貽祖考羞。使他人稱汝爲善士，我死目亦瞑。不然，雖日宰百羊馬享吾，吾將不食而吐之矣。」世以爲名言。

娶吴氏，生二子：裕、桂榮。生甫一月而母亡。懷孟馬氏來繼其室，爲出裝奩，求保母乳之。其視裕尤篤，不翅若己所生。北兵戍南土者，宗族給其衣費，謂之封樁錢。歲久困不支，馬氏勸翥曰：「君雖在戍，家既粗立矣，又何以仰此爲？」一族咸稱爲仁人。至正壬辰秋，翥移戍當塗。桂榮勇冠一軍，後三年，戰死金陵。馬痛之，亦成疾卒。

先是，諸妣姚、岳、韓三氏，皆以孝事舅姑見稱。而馬事繼母有加，撫弟妹至成人，三十餘始嫁。生一子暉，日夜迪以書詩，至質衣以爲束脩。暉乃以學名。逮今六合載清，大明御曆，遂入侍青坊。久之，擢國子助教，移磨勘司令，陞太子贊善大夫，轉刑曹郎中，遂爲福建行省參知政事，累階中奉大夫云。

惟高氏三世大墓皆在棣州樓博務南，其原曰高家莊。唯翥死於亂離，權瘞建業西門之外郊，叢塚纍纍，莫能辯其真。其卒時，則歲丙申四月某日，壽五十六。馬之卒頗先於翥，實二月十九日，壽五十又三。兵燹之餘，又用浮屠法付之水火。暉日夜念之，淚落不能收。將從近代之禮，藏衣冠祖墓之側。既請薦紳先生爲之銘，而又徵予之文，通志其詳。

予惟先祖有善而不能知，不智也；知矣而不能揚之，不仁也；仁矣而紀載過於實，不信也；信矣而不能要諸禮義，則不可銘諸鼎彝，而傳於孫子也。有若高氏，三世以來，皆以武顯，至暉始以文易武，名位日致顯榮，而於先德之念，尤懸懸如饑，可不謂之賢乎？其賢謂何？予前所謂五者，殆皆無愧者也。暉之子若孫，異日升諸瑩域，知世德之不易，必思有以奮發。爲武者，則思橫矛樹纛，折衝於千里之外；爲文者，則思建綱叙倫，而昭熙朝之盛典。斯不負暉之所望也。不然，讀兹碑者，其顙寧不有泚也哉？是爲表。

故成穆貴妃壙誌

成穆貴妃孫氏，諱某，其先世居陳州。父和卿，仕元朝，因家江南毗陵。母晁氏。妃禀性賢淑，聰慧過人。父母既亡，長兄楧治家事。值元末天下大亂，妃年十三，隨次兄範避兵揚州。遇青軍陷城，一時離散，範不知所在。元帥馬世熊妻遂育妃爲義女。年十八，未聘。上聞其有容德，詔納宫中。及至，言行皆有禮法，如古賢女。嘗請於上，訪求楧，得相見。上即位，册爲貴妃，位居衆妃之首。妃益小心恭謹，事上甚至，有儆戒相成之助。佐皇后以理内治，宫壼肅雍，上下咸無怨者。侍上十有五年，生四女，其第二女蚤卒。洪武七年秋九月癸未，妃得疾，至庚寅薨，年三十有二。上爲之感悼，詔謚成穆。復緣人情定議，命東宫親王持服一期，敕有司營葬具甚厚。念其無子，賜田租三百石，令楧供歲時祭祀之費。卜日未得吉，停柩宫中者兼旬。至十月己酉，始權厝京城朝陽門外褚岡之原，禮也。塗殯有期，謹奉敕書其卒葬歲月，納諸壙中。嗚呼哀哉！

故陳母林夫人墓誌銘有序

人子於親，孰忍死之哉？所以不死之者，論著善行，使爲法於後嗣也。斯墓石勒銘之所由始歟？莆田林夫人既殁，其子熙因比部主事林士衡持狀來徵文。濂雖不敏，寧不一操觚以慰孝子之情也歟？

夫人諱道外，林氏其姓也。唐邵州刺史藴之後。其先居莆田之朱倉，至五世祖彦高，始别遷郡城之南。曾大父少偉，宋迪功郎仙游縣主簿。父節元，仙游縣典史。母陳氏。夫人性柔惠，一動一言，皆不違繩尺。年十四而孤，而三弟傫然也。夫人蚤作，爲櫛總之，又從而飲食之，母氏爲之悦。十九，歸同郡忠門靖逸處士陳君高。奉尊章以禮，處先後以和。族姻媼御，莫不贊喜。凡主饋，非精鑿弗敢進。❶烝嘗賓燕，悉中條序，必潔必豐。尤不能自暇逸，箕帚烹飪之事，咸親涖之。時挾媵人蒔園葵，畜雞豚，唯恐有不及。所獲殽羞，上諸耇長，已則食淡，雖不至飫，弗卹也。舅姑歿，執喪如禮。卜葬壺山中，崖路陡絶，歲一展省，春秋已高，不憚往。林氏六世大墓，在縣之文賦里，宰木相望，每值暮春，躬持象錢寓馬焚祭之。祭畢，涕泗交流，曰：「予弟及諸姊妹皆亡矣。❷林氏且無後，今廑存者，唯老身爾。自度筋枯力殫，何能久在人世？即百歲後，子孫有能祭吾家之先者乎？」復泣告其族子某書院山長履曰：「我父粗有不腆之田賦，其入猶可供粢盛，爾幸爲主之，毋使林氏爲若敖氏之餒鬼也。」其忠厚惻怛之意，油然見於言外。聞者哀傷焉。

夫人生四男子：長滔，漳州路儒學録，前卒；次即煇、煒、熙，皆能文。煇、煒，出後諸父；熙，連江縣學教諭。女二：一爲比邱尼，一適蘇隆祖。孫男四：奎，習科舉學，没于兵；璧，以《詩經》試銓曹，擢爲景州吴橋縣主簿，階將仕郎；歸、居，尚幼。孫女三。曾孫男一，欽。夫人晚遭世難，忠門居第燬于兵燹，而食貧特甚，夫人能自安。且曰：「貧乃士之常，何愠也。」壽七十七，以洪武六年閏十一月辛卯卒于壺山寓舍。欽實承重熙，扶攜爲位，哭弔者無不盡哀。七年十一月某甲子，合葬夫兆。其地在南力里赤崙之原，禮也。自襲斂逮于窆

❶「鑿」，張本作「糳」。

❷「予」，原作「子」，今據張本改。

穸，其經費實煒終其事云。

濂聞閥閱之家，其風氣之所漸漬，雖子女子亦有度越於人者。此無他，書詩之澤浹髓淪肌，愈遠而愈不忘也。有若夫人，其奉上也孝，其遇下也惠，其律己也儉，其涖事也勤。且惕然於春露秋霜之慘，終身而不衰，可不爲女中之師乎？銘以昭之，庶以惇彝倫也。銘曰：

有孅夫人，葆醇熙只。芙蓉爲冠，佩蘭蕤只。閫内之政，飭且治只。上嚴孝敬，下則慈只。出門騁望，冢纍纍只。宰木成林，動涼颸只。霜露之感，我其悽只。孰知衰暮，窮以羸只。樂夫天命，恒自持只。觀化而歸，亦奚悲只？赤崙之原，南力墟只。駿發幽潛，勒貞辭只。後千百載，以爲期只。

故賢母熊夫人碣

嗚呼！是惟賢母熊夫人之墓。夫人諱慧清，姓黎氏。其先贛之寧都人。高祖某，宋金紫光禄大夫，出知撫州，因家焉。祖天桂，以能文，五領鄉薦。父檦，母崇仁李氏。夫人生七年，母卒，煢然無依，養于外家。外家婦孫氏，澹軒先生翰從女，能推澹軒詩禮之教，故夫人通《孝經》《論語》，及涉獵史傳，趣向絶出流俗萬萬。時同郡熊本萬初，以英才自振拔。澹軒謂宜配，其父乃許妻之。待年於家，内外事皆攝治，豐約中度，能者亦以爲難。李母没，屬遺橐以備嫁資。後母移置他産，夫人若不聞知，益孝謹弗懈。年十九，歸萬初。奉舅某，姑王氏，執婦道甚。

先是，其姒氏性褊且嗇，謂夫出於前姑，與王姑不相能，❶百事怠弗治。夫人一反其政，以所聞詩禮易之，躬行實踐，恒若惴惴然。日執饋食之禮，唯恐不及。凡事必關決姒氏，禮度雍容，辭氣愿款，有足以感人之聽。姒氏悅且慚，因從其化。一門之內，煦然如春。由是舅姑樂之，族里翕然交頌之。曰：「黎婦誠賢哉！化及一家，而使吾儕小人皆薰其淑德，惟義之歸，黎婦誠賢哉！」中外聞之，皆無間言。王得風攣疾，夫人日夜保抱扶持，每籲天乞以身代，疾竟瘳。萬初嗜學，夫人不欲煩以事，得用志不分，卓爲經師。夫人舊有私藏，悉歸萬初女弟之在室者，絕無顧靳意。姒氏尤歎慕不能置。

生三子：鼎、渙、晉。僅五歲，夫人皆自教督。及就外傅，儼然若成人。鼎、渙嘗治進士業，讀書每至雞號，夫人紉治絲枲，坐其側聽之，凜然若嚴師。業成而試，夫人索其文閱之，曰：「渙才敏而文浮，鼎宜充貢矣。」已而果然。萬初下帷講授，過從者皆一時俊英。夫人聞其談辨，則曰：「某也純，某也僻，某也壽，某也凶，短折。」後驗之，無毫髮失。萬初女弟既適人，家且燬，夫若子俱死，夫人延致養之。春秋雖高，然極力治田宅，與夫燕饗賓客之屬，皆整裕有餘。逮昏媾事畢，咸棄去。遇令節日，夫人出坐高堂，群子姓雁行立，次第舉觴上壽。邦人榮之。

會僞漢起兵沔陽，延蔓至郡。夫人時遘末疾，匿西鄰空室，時於壞壁見屠戮之慘，而終無入室者。事定之後，他時兵再

❶「姑」，張本作「如」。

入，急出竄家舍，暴兵奄至，鼎侍夫人，誓與同死生。俄而兵又退，還主安寧鄉萬氏家。鄉民大亂，將掠萬。❶鼎歎曰：「今殆不可免夫！」忽賊衆相謂曰：「聞熊母賢且病，吾寧他適，弗忍恐之也。」卒免於難。

僞漢僭號，遣使者徵鼎，凡再。夫人曰：「是虜狂悖，不知有仁義，其敗可立而待也。」未幾，元閩省守臣章完者帥師出杉關，以書招鼎。夫人曰：「此固名正言順，元運已去，不可救藥矣。」鼎於是皆辭。及我皇上定都建業，遣衛國公鄧愈取江西，聘鼎從事軍中。夫人喜曰：「聞江表有真主興，此誠可依也。」鼎自是顯融于時。其明炳幾先類如此。

不幸以至正癸卯五月二十八日卒，壽六十七。省臣戍將咸致賻奠。遂以某月日，權厝先塋之次。後十年，擇地某所，以某年月日還焉。三子：鼎某官，渙某官，晉未仕。女二，適趙徵、龐舉。孫男五：緜、糾、繩、昂、振。既葬，鼎遂以山西等處行中書省左右司員外郎朱夢炎狀來徵銘。

嗚呼！自《關雎》之道衰，内治不行，世之賢女婦鮮有聞。有若孫先生以名德卓行能使化浹于家，雖以一女子之弱，亦涵濡閫範，且推以及夫人，可謂賢已。然甘能受和，白能受采，自非夫人之德之美，曷足致是乎？嗚呼！若夫人者，正身以律人，竭孝以奉上，盡道以迪諸子，誠無愧古之賢婦者。賢而不銘，何以爲世勸哉！銘曰：

無非無儀，女子之常兮。生子能令，厥問乃揚兮。有賢母熊，素葆柔良兮。擩嚌道真，嘉謨洋洋兮。觸物幾先，若鑑之明兮。

❶「萬」，張本作「寓」。

相夫有道，孝事尊嫜兮。庭訓日嚴，群趨義方兮。燈火明滅，夜猶未央兮。緡剔汗簡，其聲琅琅兮。卒收儒效，於赫其光兮。出持使節，入傅藩王兮。推明其故，是惟教功兮。遭世搶攘，不逢弗祥兮。考終于家，懸棺而藏兮。淑行之揭，千載不忘兮。

呂母夫人劉氏碣

予既銘呂復先府君之墓，復又請曰：「母夫人劉氏，年六十四，以至正庚子七月一日卒，明年辛丑十月某日葬贛州興國大足鄉賴嶺之原，與先公異穴，其事不敢附書于前銘，敢泣血銜辭以請。惟先生成之。」

夫人諱福真，贛人也。父東可，爲邑之望宗，妣某氏。生十六年，歸呂府君民順。顔面嚴冷，語言不妄吐。黎明出坐堂上，戒諸子曰：「爾治田賦，爾應科繇，爾懋遷有無。」如期皆集，不敢違尺寸。晚則會妾媵于一，治絲枲至夜分，無先寢者。中外畏之如嚴師。子姓聞謦欬而至，皆肅容拱立，俟其過而後去。遇鑠石流金之候，流汗成漿，不敢服短製以見。雖嬰兒夜啼者，輒紿之曰：「姒母來，姒母來。」啼亦即止。

初，府君娶劉氏淑仁，生二女。少房歐陽氏正一，生一女。未幾後先歿，而三女纍然也。夫人視之如親産子，暨長，擇名族歸之，裝具充衍無慊。及府君歿，人有弱其孤幼者，構事擾之，或攘其疆畎，或徼其貨賄，釁起泉湧，夫人處之泰然。鄰嫗有窶者，其産鬻已久，乘隙數徼其直，强謂餘錢未嘗庚，夫人如其言與之。上下持不可，夫人曰：「貧故也，豈其所樂爲哉？」元季兵亂，供億日繁，千金之家皆赤立。夫人能隨機應變，有司不敢侮，家業卒仍其舊。兵定，子姓欲析居，夫人曰：「祖宗之業，不可失也。」會娣姒議，鳩材建宅一區，俾同爨焉。晚年奉浮屠教尤謹，朝夕誦佛書，累至數千卷。其於世事，澹如也。子男四，孫男十，孫女四，詳見府君銘中，兹不書。

《易》曰：「家人，利女貞。」釋者曰：「家人之道，利在女貞。女貞則家道正矣。」又曰：「有孚威如，吉。」釋者曰：「必有孚信，則能常久；必有威嚴，則能終吉。」其夫人之謂乎？法當銘。銘曰：

婦子嘻嘻，其家乃漓。家人嗃嗃，其終乃吉。有美夫人，其志也遐。以嚴御衆，肅而不譁，質而不葩，終以肥其家。銘以昭之，言則非誇。

天界善世禪寺第四代覺原禪師遺衣塔銘有序

浮圖之爲禪學者，自隋唐以來，初無定止，唯借律院以居。至宋而樓觀方盛，然猶不分等第，唯推在京鉅刹爲之首。南渡之後，始定江南爲五山十刹，使其拾級而升，黄梅、曹谿諸道場反不與其間，則其去古也益遠矣。元氏有國，文宗潛邸在金陵，及至臨御，詔建大龍翔集慶寺，獨冠五山，蓋矯其弊也。國朝因之，錫以新額，就寺建官，總轄天下僧尼。當是時，覺原禪師實奉詔涖其職。夫當興王之運，親受聖皇付屬以統釋教之事，誠優鉢曇華千年一現者也。其順寂也，惡可不勒群行以貽後世乎？

師諱慧曇，覺原其字也，姓楊氏，天台人。父某，母賈氏，夢明月自天而墮，取而吞之，遂有娠。及生，容貌嶷如。長不與群童狎，每入塔廟，輒對法王瞻禮。父母察其有方外緣，俾依越之法果寺比邱某。年十六，爲大僧，受具戒。已而學律於明慶果公，❶習教於高麗教公。真積力久，忽拊髀歎曰：「毗尼之嚴，科文之繁，固吾佛祖方便示人，若欲截斷衆流，一超直入，非禪波羅蜜，曷能致之？」時廣智禪師笑隱訢公敷揚大法於中天竺，海内仰之，如景星鳳皇。師往造焉，備陳求道之切。廣智斥曰：「從外入者，決非家珍。道在自己，奚向人求耶？」師退，凝神獨坐一室，久之未有所入。廣智一日舉百丈野狐語，師大悟曰：「佛法落我手矣。只爲分明極，翻成所得遲。」廣智曰：「爾見何道理，敢爾大言耶？」師展雙手曰：「不直一文錢。」廣智領之，乃命侍香。天曆二年己巳，龍翔新建，文宗命廣智爲開山住持，師實從之，爲掌藏鑰。明年庚午，廣智如燕都，見文宗於奎章閣。同行者皆股栗不能前，師獨神氣恬然。廣智歎曰：「真吾家師子兒也。」及歸，適寺新鑄銅鐘成。廣智曰：「吾聞非福慧兩全者，莫先鳴鐘。」即令師擊之。至順二年辛未，出世牛頭山之祖堂寺。師畚剔穢荒，爲之起廢，使殿閣一新，且改其號爲祖山寺。至正三年癸未，遷住清涼廣惠禪寺。師撙節諸用，其起廢一如牛頭。帝師嘉之，授以「淨覺妙辯禪師」之號。十五年乙未，復遷保寧禪寺。

十六年丙申，王師定建業，師謁皇上於轅門。上見師氣貌異常，歎曰：「此福德僧也。」命主蔣山太平興國禪寺。時當儉歲，

❶「果」，張本作「杲」。

師化食以給其衆，無闕乏者。山下田人多欲隸軍籍，師懼寺田之蕪廢也，請於上而歸之。山之林木爲樵者所剪伐，師又陳奏，上封一劍授師曰：「敢有伐木者，斬。」至今蓋鬱然云。踰年丁酉，賜改龍翔爲大天界寺，詔師主之。每設廣薦法會，師必升座舉宣祕法要。車駕親帥群臣幸臨，恩數優洽，遠邇學徒聞風奔赴，堂筵至無所容。先是，僧堂寮庫，有司權以貯戎器，久而不歸。上見焉，亟命相國李韓公出之。且親御翰墨，書「天下第一禪林」六大字，懸於山門。

洪武元年戊申春三月，開善世院，秩視從二品，特授師演梵善世利國崇教大禪師，住持大天界寺，統諸山釋教事。頒降誥命，俾服紫方袍。章縫之士以釋氏爲世蠹，請滅除之。上以其章示師。師曰：「孔子以佛爲西方聖人，以此知真儒必不非釋，非釋必非真儒矣。」上亦以佛之功陰翊王度，却不聽。上聞寺僧多行非法，命師嚴馭之。師但誘以善言。諸郡沙門汙染習俗，實悖教範，或勸當痛治。師曰：「諺有云：大林有不材之木，能盡去乎？祇益釋門之累爾。事呈露者，勿恕可也。」二年己酉冬，中風得瘖疾，遂罷院事。

三年庚戌春三月，疾良已。夏六月，奉使西域。四年辛亥秋七月，至省合剌國，布宣天子威德。其國王喜甚，館于佛山寺待以師禮。九月庚午，示微疾，食飲弗進。甲戌，見王，有欲歸之意。王令名僧咸來相慰。乙亥，沐浴更衣，呼左右謂曰：「予不能復命矣。」跏趺端坐。夜參半，問云：「日將出否？」曰：「未也。」已而復問，至于四三。曰：「日出矣。」恬然而逝，其日蓋丙子云。壽若干，臘若干。踰五日，顏貌如生。

王大敬歎。斲香爲棺，聚香代薪，築壇而荼毗之。王與百僚送至壇下，命比邱千餘，旋繞誦諸陀羅尼咒，至火滅方已。拾靈骨祔葬其國舍利塔中。七年甲寅秋九月丙寅，同門友天界住持宗泐，奉遺衣藏于南京聚寶山雨華臺之側云。

師廣顙豐頤，平頂大耳，面作紅玉色，耳白如雪，目光爛爛射人。學者見之，不威而慴；及即之也，盎然而春温。其遇禪徒，隨機而應，未嘗務爲奇巧，聞者自然有所悟入。遭際昌辰，寵賚便蕃，雖位隆望重，但處之若寒素，無毫髮自矜意。爲人寡言笑，喜味道真，❶不能以貴賤異其顔色。當句稽簿書，至不能辨真贋，率爲下人所欺，亦弗卹也。然而毗翊宗教，無一息敢忘。廣厦細旃之門，❷從容召對，據經持論，每罄竭其蘊畜。松園之復，❸釋道私祖之免，皆師之所請也。

師平生不輕度弟子，其嗣法上首蔣山法印，國清導升，天寧純一，道場願證，定巖淨戒，皆有聞叢林間。願證應緣入仕，爲應奉翰林文字，大懼師行泯没，件繫成書，授之淨戒。以戒尚風義，死生不易其操，必能昭廓其幽潛。今證已亡矣，戒果能謁濂求爲塔上之銘。濂嘗與師游，而共願、戒交尤洽，不得以不敏辭。

濂聞之：龍翔禪林實甲天下。創建之初，非名德之重，莫能主之。是故廣智握真如印柄道明宗，嘗使輝光照燭於幽隱矣。及今六合載清，真人撫運，崇尚佛乘，錫額

❶「味道」，張本作「恕任」。
❷「門」，張本作「間」。
❸「復」，原誤作「後」，今據張本改。

建官，以統馭其衆，非得法於廣智者，亦孰能任其始乎？嗚呼！何其規重矩疊，而一倡一新也。在昔馬駒蹴踏，氣宇恢弘，出其門者，無非龍象，有是學者，因有是師，先德固亦然矣。由是方之，廣智之傳，實由正宗；師之所契，親得其髓。固非常情之可擬議。然稱人之善，必本其父師，厚之至也。濂敢竊取兹義，序其事而爲之銘。銘曰：

金陵有寶刹，昔爲潛龍居。飛翔起中天，樓閣重重現。聖皇握金輪，重御四大海。易爲大天界，以表正法故。唯師蚤脩證，廣智法會中。帝命作總持，欲符於前烈。扶護法王法，如寶雙眼目。祇恐昏翳蝕，光明不徧照。况能攝威儀，見者生敬畏。統率諸僧伽，無不從化者。出持使者節，直抵中印土。道憩一王城，懇請爲説法。群羌如見佛，膜拜稽首禮。四大本假合，去住兩無礙。笑指空中雲，聚散不留迹。築壇聚衆香，付之大火聚。沙門餘一千，圍遶作梵唄。收骨藏勝塔，作鎮於異域。睠此行道所，何以示四衆。同袍有大德，假物以顯義。遺衣在故篋，見衣如見師。瘞之雨華臺，當與靈骨同。我知此衣中，何啻千萬縷。絲絲具暖性，性圓即菩提。師性千古存，是有無邊身。比之虚空相，普見於一切。何假有漏形，方號爲真實。實際是真空，永斷於言説。我持不壞筆，太虚以爲紙。銘此無縫塔，了不見一字。若以兩耳觀，始造不二義。

阿育王山廣利禪寺大千禪師照公石墳碑文

西方聖人，示現世間，百億三昧，無非

度門。而禪定之宗，實爲之錧鎋。蓋覺性圓朗，本來充滿，包三界而不礙，窮萬劫而不昏，非涉善惡，了無顯晦。巖棲澗飲之士，能泯諸塵，刹那之頃，證入一實境界，光明殊勝，與虛空同體，不起不滅，所以其教熾然常盛而不衰。有能知之而又能遵行之者，其我大千師乎。

師諱慧照，大千其字也，永嘉麻氏子。麻號積慶之家，宜生上士。父均，母黄氏，既誕育師，寶之勝摩尼珠。師自童年，亦駿利倍常，堅欲入道，聞人誦習契經，合爪諦聽。年十五，往依沙門了定于縣之瑞光院。了定，師從兄也。長老良公知爲法器，即鬀落爲弟子。明年，禀持犯於處之天寧，蟬蜕萬緣，誓究大乘不思議事。首謁晦機熙公於杭之淨慈，未契圓證。一日，閱真淨語至頭陀石擲筆峰處，默識懸解，流汗浹背。時東嶼海公以石林鞏公世嫡，提唱於蘇之薦嚴，師杖錫往謁。東嶼問曰：「東奔西走，將欲何爲？」師曰：「特來參禮爾。」東嶼曰：「天無四壁，地絶八荒。汝於何地措足耶？」師抵掌於几而退。東嶼知其夙有所悟，尋復召至，反覆勘辨，師如宜僚擲丸，飛舞空中。東嶼甚嘉之，遂留執侍左右。師以爲心法既通，不閲脩多羅藏，無以闡揚正教，聳人天之聽。乃主藏室於郡之萬壽。及東嶼遷淨慈，邀師分座，以表儀四衆。已而無言宣公主温之江心，豔師高行，復招師至，處之如淨慈。

天曆戊辰，出世樂清之明慶，據師子坐，集諸僧伽而誨之曰：「佛法欲得現前，莫存知解，縛禪看教，未免皆爲障礙。何如一物不立，而起居自在乎？所以德山之棒，臨濟之喝，亦有甚不得已爾。」聞者説繹而去。

至正乙未，遷四明之寶陀。先是，寺以搆訟而廢，師以訟興在乎辯難太迫，一處之以寬慈，絶弗與較。且曰：「我佛得無諍三昧，所以超出群品。我爲佛子，可不遵其教耶？」衆服其化。寶陀僧夢一神人，衣冠甚偉，飛空而來。僧作禮問之，神人曰：「我從阿育王山來，欲請大千師赴供耳。」未幾，行宣政院署師住是山，識者以爲玄應。師既至，群疑景附，遠衆響臻。師亦憫大法陵夷，孳孳誘掖，不遺餘力。嘗垂三關語以驗參學。其一曰：山中猛虎，以肉爲命。何故不食其子？其二曰：虛空無向背，何緣有南北東西？其三曰：飲乳等四大海水，積骨如毗富羅山，何者是汝最初父母？此第三關最爲峻切，惜未有契其機者。居九年，退於妙喜泉上，築室曰夢菴，因自號爲夢世叟。掩關獨處，凝塵滿席，不顧也。

洪武癸丑十月朔，召門弟子曰：「吾將西歸，汝輩有在外者，宜趣其還。」越七日，屬後事於住持約之裕公，沐浴更衣，索紙書記。書已，恬然化滅。在菩提位中歷七十夏，示人間壽相八十五年。經三日，用荼毗法焚之。牙齒、眼睛及數珠不壞，餘成舍利羅，五色爛然。約之因造四偈贊之，且竭力爲治喪事云。師三坐道場，有《語録》若干卷行世。凡一燈所傳，一雨所潤，雖淺深有殊，各得分願。弟子某等若干人，得法上首某某等若干人。是年十二月九日，葬靈骨於夢菴之後者，至大也。

師智度沖深，機神坦邁，晝則凝坐，夜則兼修淨業。真積力久，至於三際不住，覺觀湛然，非言辭之可擬議。且服用儉約，不如恒僧。雖不與時俗低昂，賢士大夫知其誠實，不事矯飾，多傾心爲外護。其遇學徒，亦以真率，或以事忤之，而聲色不變動。出語質朴，不尚葩藻，而指意超於言外。名聞燕都，帝師被以「佛德圓明廣濟」之號，師略不少動于中。初，横川珙公入滅之年，師始生。及其受業，又同在瑞光。至於殁也，又同住阿育王山。君子或異之。

嗟夫！禪定之宗，至宋季而敝。膠滯局促，無以振拔精明，使直趨於覺路。横川當斯時，密受天目法印，持降魔杵，樹真正幢，升堂入室者，不翅受靈山之所付囑，佛法號爲中興。横川之同門有石林者奮興，實角立東西，共幹化機，西來之道，於斯爲盛。師蓋石林之諸孫也，故其死生之際，光明盛大有如此者，豈無自而然哉？某雖不敏，每以文辭爲佛事。今因文妥之請，故歷序師之行業，勒諸琬琰，而復繫之以銘，用勸方來。繼師而興起焉者，世當有其人乎？銘曰：

萬緣紛紜，逐物而競。曷以攝之？實惟禪定。禪定斯何？言辭罔宣。浮翳盡斂，月輪在天。初分一燈，千燄交映。如百鍊餘，金色逾勝。師之挺生，鋭思絶塵。萬里只尺，欲趨頓門。片簡雖微，中具全體。瞥爾觸之，凡情盡死。從扺碩師，勇決其私。振迅奮擲，類獅子兒。出世爲人，澍大甘雨。法雷轟轟，震驚百里。海岸孤絶，潮音吐吞。與此大法，殊流同源。神人飛空，持疏來謁。孰知玄微，若合符節。彼舍利羅，寶塔晝扃。助我發機，靈光晶熒。翩然西歸，趺坐而滅。示不壞相，火中珠結。生死之關，鮮執其樞。坦然弗惑，如人歸廬。前脩漸遐，後武思厲。不有昭之，遺則淪墜。太史著銘，勒石山樊。虚空有盡，師道永存。

大天界寺住持白菴禪師行業碑銘有序

大天界寺住持白菴禪師，諱力金，字西白，吴郡姚氏子。其母周氏，夢一龐眉僧類應真者，直趨房闥，麾斥弗退，因驚呼而覺，遂懷姙。時至而育，奇芬馥郁滿庭。年臨五六，方顙圓頟，白皙如琢玉，見者無不憐愛。縣大夫時抱載車上，歸與妻妾環玩之，欲索爲子，父母靳弗與。逮七歲，穎悟異常，凡書一覽即能記憶，或見佛像，輒五體投地，作禮而退。一日，請于母曰：「兒患世相起滅不常，將求出世間法，可乎？」母曰：「出家甚苦。爾年幼，豈能堪乎？」曰：「兒心自樂之，想無苦也。」自後請之不已，父母知志不可奪，俾依吴縣寶積院道原衍法師爲弟子。

十一歲，祝髮受具戒。精研三觀、十乘之旨，領其樞要。衍公主秀之德藏，師爲綱維之職，軌範肅然。忽喟然歎曰：「名相之學，略諳之矣。盍棄諸緣，而往躋覺路乎！」遂更衣入虎林，謁古鼎銘公于雙徑。古鼎一見，輒以法器相期。示以德山見龍潭語，師奮迅踊躍，直觸其機。從而有契銘公，俾掌記室。曾未幾何，分座後堂，敷宣大法，如山川出雲，靈雨霑潤，四衆信服。復陞居前堂，聲光煒煒起叢林間。

至正丁酉，出世住蘇之瑞光寺。會嘉興天寧寺災，郡守貳咸曰：「非師不足起其廢。」具禮幣，遣使者力邀致之。師至未久，儼如兜率天宫，下現人世。道路過者，莫不瞻禮贊歎。帝師大寶法王聞師之賢，授以「圓通普濟禪師」之號。師自幼喪父，唯有母存。乃去城東一舍，築孤雲菴，以奉養焉。同袍或議之，師呵之曰：「爾不見編蒲陳尊宿乎？何言之易易也？」

洪武改元，皇帝御大寶曆，弘闡佛乘，首開善世院，俾擢有道浮屠，莅天下名山。杭之淨慈主席尚虚，僉欲起師居之，疏與幣交至，浙江省臣復遣使趣之，師皆力辭。乃退居同歸菴，迎母以養。僕夫忽夢菴前有瑞花如芙蓉然，光彩絶異。或謂夢者曰：「此花天子當取之而去。」旦而述其事，人以爲誕。已而有旨起師住持大天界寺，命將下之日，乃僕夫所夢之宵也。師應詔至闕，見上於外朝，慰勞優渥。即令内官送其入院，賜以天廚法饌。萬機之暇，時召入禁庭，奏對多稱旨。蓋師精通西竺典及東魯諸書，其與薦紳談論，霏霏如吐玉屑，故咸樂與之游。至於勘辯學子，務以直指心源，宗説兼行，機用迭發，尤使學者敬仰不置。❶四年春，詔集三宗名僧十人，及其徒二千，建廣薦法會于鍾山，命師總持齋事。師能靈承上旨，凡儀制規式，皆堪傳永久。尋其母年耄，❷舉徑山泐公自代，復還菴居。五年冬，詔復建會如四年，大駕臨幸，詔師闡揚第一義諦。自公侯以至庶僚，環而聽之，靡不悦服。

一日，忽示門弟子曰：「吾有夙因未了，必當酬之，汝等勿以世相遇我。」未幾，示微疾，謝去醫藥飲食，手書一偈，委順而化，實六年十二月二十四日也。停龕六旬，始行荼毗之法。視其貌如生，數珠牙齒不壞於火，舍利羅無等，觀者競取之而去。世

❶「學」，胡本作「聞」。
❷「其」，張本作「以」。

壽四十有七，僧臘三十又六。所度弟子某等二十餘人，嗣法上首出住名山者，保寧、覺慧等又二十餘人，《三會語》有録。謀建塔於嘉興城西環翠蘭若，❶以某年月日，舉靈骨及不壞者藏焉。

師神觀秀偉，智辯縱横，以宗教爲己任。不畜私財，每得財施，輒舉以給貧者。嘗以《楞伽經》及《法寶壇經》乃釋門心要，當毒暑時，揮汗謄鈔，鍥梓以傳。師既殁，覺慧惟恐其遺行泯泯，晝夜弗自寧，件繫群行爲書，乞予爲塔上之銘。予惟臨濟之傳，至於寂照大師，其道益光明盛大。故其子若孫亡慮數十人，各主名山，務識本源。至今接武而奮者，尚未已也。如師者，亦其一人焉。此無他，傳授之真，穎悟之正，而無他岐之惑也。夫塔之有銘，始於梁，而尤盛於唐。以爲不若是，無以繫學者之思而景先哲之行也。予不敢廢此義，遂因慧覺之請，❷爲造銘曰：

一真妙心兮，圓同太虚。迷者自蝕兮，唯塵之拘。曷治曷攻兮，在静其慮。禪師有學兮，❸流于中土。臨濟正宗兮，奕葉其光。傳至寂照兮，愈亢厥宗。叶。子孫蟄蟄兮，各闡化機。要使青蓮兮，出於汙渠。唯師之生兮，孰乘願輪？豈伊應真兮，憫世度人。學兼内外兮，卓然名家。轉彼名相兮，爲德之華。紺目一瞬兮，大法畢具。見者悟之兮，無句之句。寶華樓閣兮，彈指即成。示現世尊兮，何經何營？三莅精藍兮，其法益崇。曷以徵之兮，舍利青紅。生

❶「若」，張本作「岩」。
❷「慧覺」，本文前二處作「覺慧」。
❸「師」，張本作「斯」。

死去來兮，不礙真圓。飛鴻印雪兮，爪趾宛然。塔婆新建兮，下瘞靈骨。銘以揭之兮，來者是則。

宋文憲公全集卷十五終

宋文憲公全集卷十六

衍齡堂記

太常贊禮郎陳君德民，屢謁余爲《衍齡堂記》。予曰：「所記謂何？」德民曰：「壽昌有大族，曰徐氏，其先自太末來遷烏岡，至是族益大。有一翁名海，字季涵，年七十八，其齒其德，群族師尊之。嘗建新堂於東山之麓，久未有以字之。洪武辛亥秋，忽夢神人，戴瑶冠而被霞衣，笑謂翁曰：『爾堂當名衍齡。』翁曰：『其義何居？』神人曰：『明發陳德民來，可詳叩之。』既寤，翁疑不自釋，坐而待旦，徐步於庭臯。已而德民果至。翁相與執手大笑，且言其故。德民曰：『此殆翁之壽徵乎？』於是命善書者揭之楣間，以符神之貺。先生之文，行於國中，流及海外，翁旦旦慕之，願求記其事。」余曰：「聲聞過情，君子之所耻。予本不能文，汰哉，子之見許也！敢辭。」

德民請之益力，乃與之言曰：「《周官》有占夢，所掌凡六：一曰正，謂無所感動，平安自夢也；二曰噩，謂驚愕而夢也；三曰思，謂覺時所思念之而夢也；四曰寤，謂覺而道之而夢也；五曰喜，謂喜悦而夢也；六曰懼，謂恐懼而夢也。今翁雖近耄齡，内養外充，精神恬熙，物莫敢攖，所謂噩、思、寤、喜、懼五者，咸無有焉。其或出於正夢者歟？若正夢者，則事幾之所形，休禎之先兆也。古之人，有夢與九齡者矣，有加以三齡者矣，其後皆驗。王者之與士庶人，其位雖有尊卑之殊，夢之感通，理實一也。翁之夢，將有得夫耆年者歟？雖然，壽居《洪範》五福之首，而詩人之相頌禱，一則曰壽，二則曰壽，其故何耶？苟非壽焉，則夫多子孫也，膏粱錦繡之爲食與衣也，谷量馬牛而斛量珠也，將焉用之哉？將焉用之哉？所以人人莫不貴夫壽者，蓋以此夫！矧『衍』之爲義，從『水』從『行』。水之行，能長流而不窮。『齡』即年也，翁之年，自耄以流至期頤，宜未有艾也。至理斯寓，有開必先。神人之見夢，其誠不可誣哉！予所居，與翁鄰郡，他日獲歸休，當乘款段馬與德民謁翁於東山之上，歌三壽作朋之詩，奉觴爲翁壽，尚未晚也。德民以爲何如？」德民曰：「先生之言至矣。」

貞節堂記

天地之間，有大經決不可廢者，猶如闔廬以爲居，稻粱以爲食，繒布以爲服，一日無之，則人事盡失，難以爲治。此其故何哉？苟無闔廬，則風雨震淩矣；苟無稻粱，則道殣相望矣；苟無繒布，則手足皸瘃矣。三者猶難闕一，而況於大經乎？大經者何？三綱之謂也。是故臣有貳心者爲不忠，子悖其父者爲不孝，婦事二夫者爲失節。彝倫攸斁，職此之由，其所係於人道之重者何如哉？

泉南莊氏婦，其夫爲海鹽陳思恭。思恭，海賈也。育子寶生，四月去入海，五年而不返。或以爲死，誘莊改適，莊心如鐵，不爲動。已而思恭歸，相見之頃，悲喜交集。居久之，思恭復去航海，卒溺焉。向之誘者譁曰：「今真死矣，奈何？」莊指寶生曰：「夫雖死，而子存，猶不死也。吾敢死其夫而去之乎？」誘者又曰：「子賢也，猶云可也。脱有不肖，餘生將托之東流乎？」莊曰：「此天也，吾無所逃也，順受之而不失也。」此其一念之正，可以貫金石，可以通神明，可以耀古今。嗚呼！孰謂天道無知？天道儻無知，而寶生何其能賢耶？此人定勝天之義著矣。

嗚呼！使以莊此心推之，子必善事其親而稱孝矣，臣必能報其上而稱忠矣，四海其有不治乎？奈何世降俗漓，號爲士大夫，須鬣如戟，議論淩雲霄，一則曰「我丈夫也」，二則曰「我男子也」，或遇君父有難，作狐鼠竄去，往往而是，似婦人女子之不若，抑又何説哉？嗚呼！《柏舟》之詩，不作久矣！余於婦莊，寧不若聞空谷跫音乎？然而君子之立志，寧暴露而無庇也，寧凍餓而殞其生也，天地之大經不可失也。予故於莊之事，亟稱道而弗置者，爲其有合於此也。寶生介吾友黄彛先生請記所謂貞節堂者，寶生其誠賢矣哉！因書此授之。

思恭死時，莊年三十七，今踰五十矣。初，思恭嘗娶妻，生一子，貧，寓外家。莊遺錢使營生産，且償思恭之宿逋。此固人之所難，以非大節所繫，不詳書之。

趙氏時思菴記

晉府録事趙君德懷，其名爲古臯，有請於予曰：「古臯世居栝，昔嘗有屬籍於宋。大父諱若順，字和卿，實魏悼王之十世孫。通前古載籍之言，論議下上，若玉屑傾吐。

然恬於進取，視銀黃焜燿，漠然無動于中。當時和景妍，被古冠服，徜徉烟霞泉石間，心曠神怡，超然於塵壒之表，有不知白雲之移陰，而夕陽之在樹也。逢賓朋滿座，相與流連不忍舍。雖不解飲，見其酣嬉淋漓，觥籌交錯，浩浩然與之同適。人豔之者，且曰：『王孫家之故習也。』或曰：『遺落世事，其達士也哉！』於是州里皆稱爲有德之士。凡忿争不直者，悉來質焉。交觴之酒，使其各釋憾而去。人至今能道之。大母胡氏，宋吏部侍郎紘之六世孫女，婦道母範，皆兩無所愧，尤篤於訓子。古皐生也，時年已六十，爲之喜而不寐。甫髫齔，親自鞠育之，節其燠寒，時其饍羞。及稍長，使從名進士林彬祖學治經，惟恐有懈怠意。瀕卒，猶執古皐手屬曰：『吾幸見兒成立，將含笑入九泉矣。雖然，學無止法，勗之哉！勗之哉！』遂瞑，年八十矣。大父先卒，年視大母而少六歲。大父卒於某年月日，大母卒於某年月日。以某年月日，葬麗水縣北四十里和樂鄉之大平里。遂建菴廬，以爲妥靈之所，名之曰『時思』。古皐蒙國寵恩，忝被任使。今又受新命，將爲縣繁昌。官書有程，不能持一觴走酹墓下。願畀文刻諸菴中，垂示孫子，庶以著懸懸之思。」

予聞之經曰：「春秋祭祀，以時思之。」言不忘乎其親也。不忘乎親，孝矣。孝之爲道，非一而足也。德懷行矣，持己以廉，清潔如冰雪，庸非孝乎？治民辯訟，使各得其平，又非孝乎？業精於躬而名昭於時，道足於己而文垂於後，又非孝乎？如是者，德懷思之而日思之，是則時思之大者，不必時省塋域而後爲孝也。他日入躋法從，出刺方州，華軒結軫，佩綬懸魚，過家上冢，以爲一族光榮。使人指之謂趙氏之有孫，不亦美乎！予之有望於德懷者，如是而已。

德懷本名古臯，今以字行。博學有識，以能古文鳴。其爲人也，恂恂樂易，所謂「温其如玉」者云。

思遠樓記

盱江有漣湖，周圍凡若干步，涵日星而盪風烟，四時之景無不宜者。大姓胡氏，世居湖濱，以詩禮爲學。至吾永年，人益稱其賢。以薦者起家爲吉水幕職，遷海北鹽課司白石倉副使。未及大用而終。其弟永實，其子原鳳、原鵬、原駒，皆號善繼。大夫士恒集其門。永年欲建樓以藏先世遺書，不幸齎志以歿。原鳳兄弟請于永實，因竭力成之，名之曰「思遠」，示不忘乎親也。介前進士曾君仰來徵予記。

予問之曰：「思遠之義何居？」原鳳對曰：「不幸先人即世，一念及兹，精神遐漂，無所戾止。有時摳衣升高，極目四顧，見雲烟之卷舒，星河之出没，泫然流涕曰：『吾先人果何所之？精爽或有靈，庶幾乘雲龍而一下焉。』斯思遠之所以名樓也。」

予曰：「是固然矣。而其義未盡也。」原鳳又曰：「今人邇矣，而遠者莫若古之人。古之人隕魄黄壚，泯然不可見其跡，其精神心術之近存者，賴遺言見於書爾。大則聖，次則哲，次則忠與孝，往往形諸載籍。一展卷間，神交冥漠，有不知千載之爲長，一日之爲短者。孳孳焉，悃悃焉，日致力於斯，庶幾契先人之所志爾。是或思遠之義乎？」

予曰：「遠固遠矣，而未切於身也。盍更言之？」原鳳於是研精覃思，大周六合，小入一髮，默然良久，忽揚眉吐氣而顧予曰：「我知之矣。先生所謂遠者，不在今人，亦不在古人，在吾之一身爾。吾身非突然而中有也。前之千萬年，自地闢天開，繩繩相承，以迄於吾身；後之千萬年，又自吾身亹亹相續，以至於無終。不可以數計，不可以智推，庸非至遠者乎？吾身一有失焉，則前焉而弗能繼，後焉而弗能延，其責果安歸乎？是以君子懼其學之有爽也，惕惕然如履淵冰；恐其行之弗軌也，惴惴焉如馭六轡。此無他，遠之不可不慎也。若是何如？」

予乃喟然歎曰：「子言，今得之矣。頗符先子之所望矣。嗚呼！遠固遠矣，而甚邇也。古之人有三：太上立德，其次立功，其次立言。若而人遠者數千年，邇者亦一二百年，其人固不得而覩矣；玩其遺文，想其德業，儼然若與之周旋堂序之上，未嘗知其死也。所謂人雖死，而有不死者存，此之謂歟？原鳳誠知此，則又能以遠爲邇無難矣。永嘉之勝，亦有樓名思遠者，彼蓋慕浮屠之學；此則篤於彝倫，而有關於名教，世必有能辨之者。」

予與原鳳言，不過如此而止。若夫澉湖之風物，與斯樓之雄麗，賢士大夫當有爲原鳳賦咏者，予則可略也。

清風亭記

清風亭者，撫州金谿鄧彥誠之所築也。彥誠世居雲林三十六峰之陽。其先世多以志節著。當宋之季，天下大亂，嘗集義兵以護鄉社，助國家。宋亡爲元，七十又七年，是爲至正壬辰，天下復大亂，撫州不守。彦誠歎曰：「寇將至，吾可不衛宗人，使及於難乎？」即召鄉里少年，分隊伍，樹砦栅於雲林山，金鼓之聲晝夜不絕。寇來輒敗衄而去。薦紳之流，依之以免者百數十家。事平，會府上其功，將爵禄之。彦誠謝曰：「吾之挺身禦寇，不忘先世之明訓爾。敢藉是以媒利耶？」掉頭去不顧。乃於堂之西偏，藝竹數萬竿，引泉爲池，而築是亭其中。彦誠戴華陽巾，被鶴氅衣，日逍遥亭上，游情物表，澹然與塵慮相忘。人見之者，疑爲古仙人御風而行，可望而不可即。僉曰：「是功成而不居者，其視富貴利達何有哉？宜名亭曰『清風』，以勵衰俗。」彦誠笑而不答。

嗚呼！志節之士，世不多見矣。昔聞有田疇者，遭幽州始擾，蕩析離居，疇率宗人避難於無終山，百姓歸之者五千餘家，且數立奇勳以自見。魏太祖論功封爲亭侯，邑五百户。疇謝曰：「疇自以始爲居難，率衆遁逃，志義不立，反以爲利耶？」固辭不受。至今言疇者，慕其清風，若神龍游于玄間，欲一見之而不可得。其視未建尺寸之功，輒欲重徼名爵者，其爲混濁蓋亦甚矣。今彦誠之行事，皦皦不誣，有足多者。予雖未敢遽謂如疇，察其志之所存，寧不髣髴似之耶？然君子之論，觀其志而不較其功。功固有小大，志豈有崇卑耶？志苟同，功亦同也。彦誠不必不如疇者，昭昭矣。後之人，聞彦誠之風者，豈不蹶然興起耶？

抑予聞撫爲文獻之邦，士出其間，多以道德忠義著聞，載諸方策者班班可考。彦誠以劬然一布衣，又能竭力捍寇如此，豈雲林三十六峰委靈降祉以致然耶？不然，何其生賢之多也？予因爲著《清風亭記》刻寘亭上，使人知所自立。頗謂有裨於政化，文之不工，固不暇計也。

彥誠名諒，江西提點刑獄諱元觀之諸孫。來請記者，其族人知南陽縣行父也，氣節亦森然可尚云。

環翠亭記

臨川郡城之南，有五峰巍然聳起，如青芙蕖，鮮靚可愛。其青雲第一峰，雉堞實繞乎峰上。旁支曼衍，虵蟠磬折，沿城直趨而西，如渴驥欲奔泉者，是爲羅家之山。大姓許氏，世居其下。其居之後，有地數畝餘。承平之時，有字仲孚者，嘗承尊公之命，植竹萬竿而構亭其中。當積雨初霽，晨光熹微，空明掩映，若青琉璃然。浮光閃彩，晶瑩連娟，撲人衣袂，皆成碧色。沖瀜於北南，洋溢乎西東，莫不紺聯綠涵，無有虧欠。仲孚嘯歌亭上，儼若經翠水之陽，而待笙鳳之臨也。虞文靖公聞而樂之，曰：「此足以抗清寥而冥塵襟。」乃以「環翠」題其額。

至正壬辰之亂，烽火相連，非惟亭且毁，而萬竹亦剪伐無餘，過者爲之彈指永慨。及逢真人龍飛，六合載清，仲孚挈妻孥自山中歸。既完其闔廬，復築亭以還舊貫，而竹之萌蘖，亦叢叢然生，三年而成林。州之壽陵與其有連者，❶咸詣夫仲孚，舉觴次第爲壽，且唶曰：「江右多名宗右族，昔時甲第相望，而亭榭在在有之，占幽勝而挹爽塏，非不美也。兵興以來，有一僨而不復者矣，有困心衡慮僅脱於震淩者矣，有爬梳不

❶「陵」，韓本作「俊」，下同。

暇遷徙無寧居者矣，况所謂遊觀之所哉？是亭雖微，可以卜許氏之有後，足以克負先志，前承後引，蓋未有涯也。」酒且酣，相與歌曰：「五山拔起兮青蕤蕤，六千君子兮何師師。鳳毛襹褷兮啄其腴，秋風吹翠兮實纍纍，邈千載兮動遐思。」歌已而退，壽陵中有陳聞先生者，謂不可無以示後人，乃同仲孚來詞林請予爲之記。

嗚呼！昔人有題《名園記》者，言亭榭之興廢，可以占時之盛衰。余初甚疑之。今徵於仲孚，其言似不誣也。向者，仲孚出入於兵車蹂踐之間，朝兢暮惕，雖軀命不能自全。今得以安乎耕鑿，崇乎書詩，而於暇日怡情景物之表，豈無其故哉？蓋帝力如天，撥亂而反之正，四海致太平已十有餘年矣。觀仲孚熙熙以樂其生，則江右諸郡可知。江右諸郡如斯，則天下之廣又從可知矣。是則斯亭之重構，非特爲仲孚善繼而喜，實可以卜世道之向治，三代之盛，誠可期也。予雖不文，故樂爲天下道之，非止記一亭而已。仲孚名仲麗，嗜學而好脩，士大夫翕然稱之。

蘭隱亭記

蘭隱亭者，餘干葉君華卿之所築也。華卿性清脩，不與塵坌交并，皦皦然屹立物外。雖身居城市中，儼若重山密林，青猿白鶴時給使乎左右也。然物觸其前，無以愜其意，輒視之如粃糠。自以爲幽芬遠聞，而類貞人節士之操者，惟蘭爲然。乃藝百本於層樓之下，圓盆方甀，羅列乎後先。當春日始和，東風焲焲動人，蘭於斯時，玉茁其芽，而紫蘤翹然其顛，清馨襲鼻，雖海外名香旃檀婆律之屬，不足喻其高韻也。華卿日繞百迴，神凝而形忘，暢然自得。乃舞而歌曰：「采蘭兮采蘭，白煙蒼莽兮生暮寒。望美人兮不來，撫瑶琴兮誰與彈？」既而有肥遯君子聞，往而賡之曰：「勿謂人遠，河可涉只。勿謂山高，磴可陟只。聲氣之同，爲相求只。歸視吾亭，蘭正柔只。」華卿遂相與肆筵設席以爲驩，至夕乃休，無歲不如之。蘭雖草之屬，亦似解華卿之意，一榦之間，特發雙葩，以獻其妍。流聞禁林，虞文靖公、揭文安公咸見於聲詩，名曰「瑞蘭」。

後十年，天下兵亂，華卿扶攜耄倪，避地臨川山中，一去不返者十五春秋。及夫六合廓清，華卿始旋故里。其樓與蘭，皆化爲椔翳。華卿慨然如失良友，遽即其遺址建亭，植芳蘭，速客嘯咏如初。或勸之曰：「不仕無義，子奈何溺是而廢恒經乎？」華卿曰：「年少時，亦頗有志於仕。自與世味酸鹹不相入，遂投分於蘭，如金石交。今素髮垂領矣，尚復何云哉？」州里遂號之爲「蘭隱」，且以名其亭云。華卿之子清苑令秀實，天性至孝，報政將歸省，思有以悦親之意，徵爲文以記其亭。

予聞《王度記》云：「古者之贄，天子鬯，諸侯熏，大夫蘭，士茝。」皆取其物有香，燥濕而不變者也。蘭則生澤中，廣而長節，節中赤，高四五尺，漢諸池苑及許昌宫中種之以降神，或雜粉中藏衣，皆取其芬芳爾。傳曰「佩帨茝蘭」，亦言其華葉俱香，而可充佩幃者也。若今所藝之蘭，香則香矣，華質易萎，與凡葩等，何以爲佩哉？且鬯則鬱金，熏則零陵香，茝則白芷，三者咸可佩，胡爲今蘭獨不然乎？近代紫陽方回考訂極精，而蘭則今名千金草及孩兒菊，今蘭實古稱川續斷，其言累數百言而不止。予亦未敢信其説也。華卿嗜蘭久，大夫士過從者衆，必當有以辨之。雖然，達人大觀，以物付物，而不泥於物。苟辨之於錙銖，豈所謂磊落之士乎？華卿但取蘭之馨，可佩與否，何暇深計也。

予性亦愛蘭，所居青蘿山不能得嘉種，因懸趙孟堅所畫於壁，旦出而夕入焉，芳馨之氣冉冉達於四座。此無他，予心中有蘭，而觸目鼻者，未嘗無蘭。韓娥去而歌聲在耳，曹公詐而梅津生舌，其理亦猶是也。華卿有學之士，予故以此質之，且記於亭壁。明年謝事而歸，當見華卿餘干江上，以廁肥遯君子之末，尚能製《猗蘭》之操，使彼善琴者彈之。

瑯琊山游記

洪武八年十有一月壬子，皇上以皇太子暨諸王久處宮掖，無以發舒精神，命西幸中都，沿道校獵以講武事。濂實奉詔扈從。十有二月戊午，次滁州驛。濂進啓曰：「臣聞瑯琊山在州西南十里，晉元帝潛龍之地，帝常封瑯琊王，山因以名。頗聞秀麗偉拔，爲淮東奇觀，願一遊焉而未能也，敢請。」皇太子驩然可之，即約四長史同行。秦王府則林伯恭，晉王府則朱伯賢，楚王府則朱伯清，靖江王府則趙伯友。遂自驛西南出，過平臯，約三里所，望豐山盤亘雄偉，出瑯琊諸峰上。唐梁載言《十道志》又云「豐亭山」。山上有漢高皇祠，又有飲馬池，世俗妄傳高祖曾飲馬于此。國朝以山麓爲畜牧之場，别鑿池飲馬，仍揭以舊名。居人指云：「山下有幽谷，地形低窪，四面皆山，其中有紫微泉，宋歐陽公脩所發。泉上十餘步，即豐樂亭。直豐樂之東數百步至山椒，即醒心亭。由亭曲轉而西入天寧寺。今皆廢，唯涼烟白草而已。」濂聞其語，爲悵然者久之。

山東南有柏子潭，潭在深谷底，延袤畝餘，色正深黑，即歐陽公賽龍處。上有五龍君祠。皇上初龍飛，屯兵于滁，會旱暵，親挾雕弓注矢於潭者三，約三日雨，如期果大雨。及御寶曆，爲作欄楯護潭，且新其廟。廟側有時若亭。濂坐亭上，問潭側雙燕洞及其南白鴿洞以肆窮覽，人無知者，乃止。復西行，約三里所，有泉瀉出於兩山之間，分流而下，曰釀泉，潺湲清澈，可鑑毛髮。傍岸有亭，曰「漸入佳境」，今亦廢，唯四大字勒崖石間。淳熙中，郡守張商卿等題名尚存。沿溪而上，過薛老橋，入醉翁亭。亭久廢，名人石刻頗夥，兵後焚煉爲堊殆盡。亭後四賢堂亦廢。❶亭側有玻瓈泉，又名六一泉，石闌覆之。闌下壓以巨石，中疏一竅通泉，徑可五六寸，手掬飲之，温。是日天陰，雪花翩翩飄，❷伯清亟倡曰：「雪作矣，不還將何爲？」濂遊興方濃，掉頭去弗顧，其步若飛，歷石徑一里所，至回馬嶺，伯友追而至，伯清繼之。伯友曰：「二客足力弱，不能從矣。」二客，伯賢、伯恭也。其謂「回馬」者，建炎寇盗充斥，郡守向子及因山爲寨，植東西二門，西曰「太平」，東乃「回馬」也。嶺之東有醴泉，又其東南有栲栳

❶「堂」，黄溥本作「亭」。
❷「翩翩」下，黄溥本有「而」。

山，山之南有桃花洞，又南有丫頭山，山之下有熙陽洞，皆未暇往。蛇行磬折黄茅白葦間，莽不知所之。

宋熙寧初，僧崇定獲佛舍利六百，壘石爲四十九塔於道隅，纍纍如貫珠。塔雖廢，幸有遺址可憑，徑行無疑。❶其路若窮，又復軒豁，蓋峰回路轉，九鎖而至開化禪院。院在瑯琊山最深處，惜乎山皆童，而無蔚然深秀之趣。唐大曆中，刺史李幼卿與僧法深同建此院，即張文定公方平寫二《生經》處。三門外有觀音泉，入院皆瓦礫之區，唯新構屋三楹間，中施佛像。僧紹寧出速坐，方定，龍興院僧德學同太子贊善孟益、❷秦王伴讀趙鐄、吴王伴讀王驥、楚王伴讀陳子晟，聞濂入山，咸來會。晟云：「太子正字桂彦良憩六一泉上，亦足弱不能進，恐隨二客歸矣。」寧具飯飯客。

飯已，學引觀庶子泉。泉出山罅中，乃幼卿所發，李陽冰所篆。銘已亡「張億書」三字，碑亦斷裂卧泉下。石崖上多諸儒題名，陷石爲一方，鐫勒其中，自皇祐、淳熙、乾道以來皆有之。字或篆或隸或楷，或可辨或不可辨。山之東西在在皆然，不特此泉也。泉之南有白龍泉，禱雨多驗。童行堂下有明月溪，稍南有吴道子畫觀音及須菩提像，刻石壁上，傍鐫「淮東部使者八八舜臣瑯琊山記」，頗不合文體，爲之破顔一笑。又稍南有華嚴池。由明月而上，入歸雲洞，訪千佛塔遺址，過石屏路，俯窺大曆井，井亦幼卿所鑿。沿山腰陟磨拖嶺，遠望大江如練，鍾阜若小青螺在游氣冥茫中。

❶「疑」，黄溥本作「礙」。
❷「善」，黄溥本作「讀」。

聞嶺下有瑯琊洞，洞廣兩室，中有一穴，深不可測，名人題識無異庶子泉。懼日夕，復不暇往。然自幼卿博求勝迹，鑿石引泉以爲溪，左右建上下坊作禪室琴臺，後人頗繼其風。山中之亭幾二十所，而日觀望月爲尤勝。今荆榛彌望，雖遺迹亦無從求之，可歎哉！

夫亭臺廢興，乃物理之常，奚足深慨？所可慨者，世間奇山川如瑯琊者何限，第以處於偏州下邑，❶無名勝士若幼卿者黼黻之，故潛伏而無聞焉爾。且幼卿固能使瑯琊聞于一方，自非歐陽公之文，安足以達於天下？或謂文辭無關於世，果定論耶？不然公以道德師表一世，故人樂誦其文。不然，文雖工，未必能久傳也。傳不傳，亦不足深論。獨念當元季繹騷，竄伏荒土，朝不能謀夕，今得以廁迹朝班，出陪帝子巡幸，而瑯琊之勝，遂獲窮探，豈非聖德廣被，廓清海宇之所致耶？非惟濂等獲沾化育生成之恩，而山中一泉一石，亦免震驚之患。是宜播之聲歌，以侈上賜，游觀云乎哉！因取《醉翁亭記》中語「風霜高潔，水落石出」字爲韻，各賦一詩，授主僧紹廣，刻諸山石云。

符氏世譜記

惟符氏出自姬姓，魯頃公之孫足，仕秦爲符璽令，因以爲氏。至晉吴興太守雅，遂望出瑯琊。瑯琊之後，分布於江淮間。至若苻氏，則本姒姓，有扈氏之孫奔西戎，世

❶「以」，原脱，今據黄溥本、韓本補。

爲巨酋，乃姓蒲氏，蒲洪以讖文改爲苻。❶苻與符，實夐然不同也。

今符氏有世居襄陽者，宋末通判建昌軍，遂遷南豐。至季祥者，益以書詩爲業。季祥生一子伯瑞。伯瑞生二子：袁州路知事德懋，南豐州醫學録德章。德懋生三子：國禎、國才、國器。德章生二子：元貞、仲叔。國禎生二子：信、善。國器生一子顯。仲叔生一子玄善，今名文昌，其字爲孟庸。爲人温煦慈良，州縣以爲可用，貢于朝，選爲儀曹行人。滿三載，擢爲同文局使。

予官儀曹時，文昌承事左右，間來拜曰：「文昌痛念兵燹中先父棄捐館舍，文昌之年猶未弱齡，朝夕奔走乎西東，而數世兆域，既日就蕪没，宗系之傳，亦失於徵考。文昌實懼之，願爲記其綱於前。至於諱某，字某，娶某氏，生幾子，葬某處，壽若干，咸備著於後，庶幾可示後昆。非藉先生之寵靈，未知其可也。敢請。」自時厥後，再言之，三言之，復數言之，言輒涕泗雙下。予惻然憐之。

嗟夫！古之所甚重者，譜牒也。三世不脩譜，謂之不孝。夫孝者，莫先於敬身。身之所從來，可不知歟？能知其所自出，尊祖敬宗之心，當油然而生矣。魏晉以來，圖譜有局，郎令史設官，所以稽其貴賤，慎其昏媾，辨其親疏，其事爲尤嚴，又不特如前所云而已也。文昌有志於此，亦可謂知其本者矣。予老多病，謝絶求文者有如避雠。今特爲文昌析符苻之不同，而并著其世系之略者，無他，惇本也。

❶「文」，張本作「又」。

金溪縣義渡記

撫州金溪縣南若干里，盱水與清江合流，入于汝，名曰東溪。其地爲四達之衢，人之所負，物之所載，咸出焉。溪廣不可梁，必藉舟亂流以濟。當氣升水起，篙師艤櫂以徼金錢，踰時不能遽涉；或水落氣縮，冰霜寒沍，類揭跣以進，若履刀戟然。人病之。溪濱質行士曰何有華，惻然以爲己憂，伐堅木造舟，寘諸衢。往者，聚數十人，輒渡之；來者亦然。割田食舟子，自朝抵夕，不敢斯須遠去。舟敗，更新之。《周語》曰：「辰角見而雨畢，天根見而水涸。雨畢而除道，水涸而成梁。」此有司濟人常事爾，初不責民也。有華以編氓，能佐官政之不及，可不謂賢哉！有華字祥瑞，周窮扶難，甓塗架橋，其事蓋不一而足云。

天台廣濟橋記

天台縣西二十里，有山曰鶻鵃。二水發源其間，合流至長洋，復折而西，與大溪匯，然後滔滔東逝。當夏潦秋霖，水驟進，氣勢奔突，咫尺如隔胡越。里人壘石爲小橋，不能殺水怒，竟蝕而去。邑大姓洪紹生憂之，乃集子姓與謀，累址于淵，鑿石于山，犬牙相函，魚鱗密比，架爲高梁。崇以尺計者二十有五，脩倍之。翼以石欄，與橋相齊。甓東西兩隄，各二百尺有奇。傍築庵廬三楹間，招浮屠惠證者守之。始事至正己亥之三月，訖功於庚子之十一月。費錢一萬緡，夫工一萬一百。橋成，隱然如虹霓跨空，而收截險利涉之效。下視飛濤，如履祗席，遂名之曰「廣濟」云。

予聞橋之名始於殷，至秦漢多異稱，以其有小大之殊，而濟人之功則一也。世道陵夷，使拔一毛以利物，則頩然怒，其視紹生一門見人病猶己病者，幾何人哉？嗚呼！若紹生者，亦可謂惠人也已。昔蔡襄記萬安渡石橋，不過一百二十二字。又葉正則作《利涉橋記》，乃六倍之。予斟酌其繁簡而爲斯記，俾刻焉。

紹生字傳可。其先有諱漢者，唐末自浦江海唐來遷，世多儒，至紹生益力本尚義。其子曰居安、居易、居息，姪曰夢熊、濟浩、福翁、禄翁。居易即來請記者，今爲國子生云。

日本瑞龍山重建轉法輪藏禪寺記

我佛如來，其正法之流通者，有三藏焉。一曰脩多羅藏，二曰阿毗曇藏，三曰毗尼藏。惟此三藏，諄諄化導，使一切有情，滅妄趨真。誠昏衢之日月，苦海之舟航也。琅函玉軸，多至五千四百四十八卷。衆生根鈍，莫能融貫。善慧大士以方便力造爲毗盧寶藏，函經其中，一運轉間，則與受持讀誦等無有異。攝大千於機輪，所聚功德，不可思議。由是薄海内外，凡有伽藍者，必設置藏室焉。

日本沙門文珪，介鄉友令儀來告予曰：「本國平安城北若干里，有禪寺曰轉法輪藏，舊名寶福，廢壞已久，無碑碣可徵，莫知其何時建立。正應元年，肯庵全公從周防法眼藤道圓之請，嘗就遺址而一新之。而僧本覺及梅林、竹春、巖玲相繼來涖法席。自時厥後，風雨震淩，又復摧塌弗支，白草荒烟，芻蕘之跡交道矣。貞治三年，衆以文珪或可以起廢，力舉主之。初，寺無正殿，唯有藏室一區。藏之八楹，皆刻蟠龍，作升降之勢。數著靈異，因祀之爲護伽藍神。至應安三年，文珪欲建殿於其前，忽神降於一比邱曰：『我神泉苑善如龍王也。伽藍神來云，大藏將傾，乃視之漠如，而欲有事於殿功，是棄所急而不知務也。宜亟易爲之，否則我足一摇，此地當爲湖。苟遵吾言，改奉王家神御，則國祚、佛法皆悠長矣。』言訖仆地。覺而詢之，絶無所識知。事聞于王，王大悦曰：『余憶幼時，乳母時禱八龍之神，事正相符。』即遣中納言藤元賜今額。元之行，有雙白鷺飛翔前導，至寺而止，人異之。未幾，王遜位，號太上天王，給地若干畝，以廣寺基。文珪殫厥智慮，出衣盂之資，簡材陶甓，使其堅良。崇室上覆，機輪下承，鉅木中貫，方格層列，經匭櫛比，繪像精嚴，神君鬼伯，翼衛後先。所謂楹上八龍者，塗以金泥，鱗介焜燿，角鬣森張，陰飇肅然，似欲飛動。國人聚觀，無不慶愜。文珪復奉今王之命，請贖一《大藏經》安置匭中，規制整飭，視舊有加焉。經始於某年月日，訖功於某年月日，縻錢若干貫，米若干斛，役人若干功。太上既棄群臣，文珪别於寺東若干步建盤龍院，以奉神御，如神之所言云。文珪近受王命，出持使節，貢方物于上國。大明皇帝嘉其遠誠，寵賚優渥。文珪敢藉是有請於執事，願爲文持歸勒諸堅珉，以示無極。」

予聞七佛尊經，實貯龍宮海藏。在昔

龍樹尊者，嘗入其中，覩《華嚴經》上中下三本，因記下本以歸西土。是則天龍雖以戒緩在龍種中，而其向乘之急，得於華嚴會上，圍繞盧舍那佛，與聞大乘圓頓之教，終非他族可及。經藏所在，其能擁護而顯靈異也，宜哉！日本初無輪藏，有之，其從兹寺始。文珪承國君之命，孜孜弗懈，以起廢爲己任，亦可謂流通大法者已。予既爲記其事，且演説藏中真實了義，爲偈以繫之。文珪字廷用，篤志禪觀，善繼大林育公之學者也。偈曰：

世尊大慈父，憐憫諸有情。自從鹿野苑，直至跋提河。説無量妙法，普度於人天。根雖有利鈍，隨機獲饒益。弟子所結集，汗牛復充棟。善慧施善巧，收攝在轉輪。圓樞運動間，地軸相回旋。法王所説法，一一皆現前。譬如日月燈，能放大光明。無非真般若，不見有一法。似兹功德聚，盡在轉移内。一轉結習空，淨如青琉璃。二轉加精進，直入智慧海。三轉到彼岸，安住涅槃城。以至千百轉，轉轉俱一同。循環若弗停，我輪未嘗動。此以何因緣？動静無相故。瑞龍有精藍，重建毗盧藏。中函貝葉多，字如恒河沙。沙沙各具佛，不翅那由他。還以一佛攝，攝盡無復餘。大包於無外，小則入無内。是謂神通藏，萬劫終不磨。非比有漏因，成壞每相仍。所以天龍衆，在在悉護持。有時著靈異，雷電倏變幻。守此清淨域，外道不敢干。我持如意輪，讚此大乘法。告爾諸佛子，晝夜須勤行。有悟片言間，全體即呈露。不著前後際，廓然無聖凡。豈惟佛子等，龍神亦當聽。乘戒二俱急，共成無上道。

混成道院記

道家者流，秉要執本，清虛以自守，卑弱以自持，實有合於《書》之「克讓」，《易》之「謙謙」，可以脩己，可以治人。是故老子、伊尹、太公、辛甲、鬻子、管子、蜎子，與夫兵謀之書，咸屬焉。自其學一變而神仙方技之説興，欲保性命之真，而游求於外，盪意平心，同死生之域，而無怵惕於胸中，則其玄指復大異於前矣。所以劉歆之著《七略》，既書道家入於九流，而復別出方技，其意豈無見哉？嗚呼！其傳襲蓋亦久矣。

婺之浦陽，有山拔起，曰仙華，相傳昔有仙嬪於此乘龍上昇。山形如翠蓮花，猗儺妍麗，當晴霞朝絢，儼如蓬萊樓閣突兀五雲中，疑有古仙人往來其間。山南六七里，則縣治在焉。縣治之東，曰東嶺，地勢迴旋，而靈沖之氣不洩。當元之時，于鍊師某，常建道院一區，以棲肥遯之士。鍊師之弟子葛道慶，今於東嶺之源復建混成道院，凡殿堂門廡暨庖湢之屬具完。經始於洪武三年之庚戌，落成於六年之癸丑。脩真之士，采鉛汞而鍊黄庭者，于于而來矣。道慶請予記之。

予聞神仙家之説，葆精嗇神，冥合太虛，倏然玄覽，却立垢氛之外。下上星辰，呼吸陰陽，超無有而獨存，心頗豔之。邇年以來，刊落世嬰，外物之爲羈馽者，皆釋然謝去，思欲排空御氣，神游八極之表，俯瞰仙華，而時一下之。道慶儻相見焉，當趨前長揖曰：「子嘗記我道院矣，豈真所謂列仙之儒，非耶？」幸授我以長生祕訣，必相與囅然一笑也。

道慶字處善，爲人恂恂有禮，入道之志，蓋堅如鐵石云。

仁和圓應菴記

杭之仁和，去城東五里所，有浮屠菴，曰圓應，乃雪菴禪師之所築也。其地當元季爲戰鬭之區，莽無居人，及歸職方，而後遺民稍集。往往好勇嗜利，屠羊豕以成肆。師惻然憫之。托鉢行化，有褚道真與金薌者，首迎禮之。

先是，道真之家人，夢異僧至其廬，倡偈爲贈，及見師，容貌服飾儼然與夢中不殊。道真即言之於衆，翕然從化。遂與薌日乞食饋師。且請於右族胡國材，共建精舍一區。葉氏婦聞之，捐地爲基，以尺計者，縱袤若干，横延若干，於是道真因之鳩工。前敞脩門，中峙佛殿，後聳堂宇，翼以兩廡，而外則垣墉四周。庀事於洪武甲寅春二月甲子，至秋七月某甲子遽訖功焉。屋以間計者二十，粟以斛計者一百，工以日計者五百。師欲垂示後人，乃不遠千里，介予學子童徽來請記。

予竊疑之：當兵戈始息，創殘猶未起，何暇從事於佛乎？縱師言之，而疇將聽之？徽曰：「不然。師之事，則有異於人者。師本辨章寶寶公之子，生有異徵。年十五，慨然慕道，思以善法度人。往依帝師法子朵兒班大師，薙落爲僧。遂杖錫南游，徧參閩浙諸尊宿，得法於伏龍山千岩長公。去棲越之范蠡岩。岩有虎，一夕避去。師初不知書，靜定之久，發爲頌贊，自然與道合。以是之故，人愈趨之，而庵成無難者。」予因歎曰：「人苦無志耳。果能以善導人，而人孰不化之？豈惟浮屠氏哉！然而浮屠氏以莊嚴樓閣爲有爲，縱有福報，亦人天小果耳，其中必有無爲之道存。所謂無爲之道者，無小無大，無内無外，無成無壞，無欠無餘。不爲諸佛而有所增，不爲凡夫而有所減。淵默不言而聲如怒霆，凝定未起而身偏沙界。是則所謂圓應者也。一庵云乎哉？惟師能契事理之不二者，必知予言爲有據。徽歸，尚以是語之。」

師舊名孛羅帖木兒，今改可傳，字無授，高昌人。雪庵乃其徒所號，蓋尊之也。

御賜甘露漿詩序

洪武癸丑，正月始和，越四日丙午，時加巳，皇上御武樓之便閣。召御史中丞臣寧，太子贊善大夫臣濂，賜坐左右。上談嘉祥之應，敕中貴人取所儲膏露於宮中，俄盛以翠甖，跪進上前，皆玉潔珠圓，世所未覩。已而詔畀爨器至，用金杓煉水二升，火既匀，水勢成濤。上起自龍帳中，親啓甖以投。須臾融化，與水爲一。上取杓中瀉，二内侍舉冪承之。渣滓已淨，重漉以絳紗囊。上飲一爵，而分賜臣寧與臣濂焉。且曰：「此天地至和所凝也。卿等服之，去沈疴而衍遐齡。」臣寧等跪飲，其味甘如飴而弗膩，其氣清於蘭而不豔。一入口間，神觀殊覺爽越，飄飄然欲御風而行。於是各奠爵於几，頓首於地而退。

臣寧謂臣濂曰：「唐之李白，召對金鑾殿，玄宗調羹以賜，方策尚載之以示後世。矧今聖天子親挹天乳，以沃近侍微臣，共享二氣禎祥，此玄黄覆持之恩，不可忘也。宜發爲聲詩，以彰君之賜。」

臣濂伏聞：王者有德，上通於天，嘉氣協應，鴻羡滋播。今甘露頻降，大和块圠，民物敉寧，治于大康。是皆一人有慶，使臣庶永有攸賴。方將涵育靈澤，衣被上德，惟思日孜孜以圖報爲事。皇上不自滿假，錫釐群臣，霑丐天漿，上昭靈貺。此與黄帝出馬腦甕甘露，頒賜百僚之意同，誠非玄宗之所擬也。盛德所覃，接肌藏髓，曠世奇逢，豈容喑默？乃稽首再拜，造詩一章，以侈上之賜。從而屬和者，凡若干人。録成一卷，傳示萬世子孫，荷天之休，至於無疆云。

送翁好古教授廣州序

郡府之設教授，自宋之中世始。然不輕以畀人，嚴立試法，即舍人院受題，呈大義五道，文入等者，方白省臣用焉。復慮無以統臨之也，别設官提其綱要，司其舉刺，驗其惰勤，而惟恐有不及。至於閭里有出爲句讀師者，亦必從所隸屬，陳試經義，弗悖于理者，始聽。其法至詳且密矣。或者猶病其不法三代大小學爲教，而徒泥於訓詁文詞之間。嗚呼！可謂難矣。

近代以來，急於簿書期會，而視教民爲悠緩。司學計者，以歲月序遷。豪右海商，行賕覓薦，往往來倚講席。雖有一二君子獲廁其中，孤薰而群蕕，一鼓吻，一投足，輒與之枘鑿。唯彼飲食是務，號稱子游氏之賤儒者，日夕與居。是故稍勵廉隅者，不願入學；而學行章章有聞者，未必盡出於弟子員。論至於此，寧不爲之長嘅。

今我皇明，一遵三代爲治。初入小學，習以禮、樂、射、數。及升大學，則明脩己、治人之道。且爲之擇師尤慎。府設教授一員，必試經義於銓曹，文既中格，然後白宰相署牘，俾權教職。三年有成，始令爲真。其視宋益加密矣。四方風動，無不淬礪濯磨，以思顯所學。當是時，越有翁君好古，舊以名經舉進士，兼工古文辭。有司薦之于朝，將官于州縣，好古以目眚辭。衆惜其才，不忍聽其去，乃試教官，用爲廣州教授。瀕行，陶參政中立、朱太史伯賢，既各有序贈之，好古復來徵予言。

予聞之師曰：「牧伯以政爲治，校官以教輔治。」其職蓋鈞重矣。夫以一韋布之儒，獲際昌辰，與牧伯分庭抗禮，得以施化民成俗之道，誠非細故哉！好古之行也，靈承皇上法古興學之意，而盡革近代循習苟簡之弊。閭里之句讀師，必月會之，授以彝倫大義，使漸摩誘掖之，庶幾相率而爲進德之歸。時雖不設提舉官，而府尹之統涖，部使者之所覈實，其法尤嚴也。豈無以好古學政之善聞于上者？好古勗哉！毋徒泥訓詁之繁文爲也，毋徒溺藻麗之詞章爲也。好古勗哉！

送葉別乘之官通州詩序

栝蒼葉君景龍，新拜通州別乘之命，將之官。前御史尚書劉公伯温，爲率朝著簪紱之賢及山林華藻之士，以杜甫詩「勳業頻看鏡，行藏獨倚樓」爲韻，賦詩餞之，請予爲之序。

余謂景龍生名宦之家，自幼習聞詩書禮樂之懿，誰不知之，弗俟余言也。其飭己廉介，操心仁恕，每有及物之功，弗俟予言也。至於踐歷中外，涉歷礲切，物態民情，無不能周知，亦弗俟余言也。無已，則有一焉：聖天子在上，所以宵衣旰食不敢自暇逸者，豈非爲斯民乎？一州之民欲藉以安者，得非托之景龍乎？景龍務勗焉可也。

予與景龍之兄景淵使君遊，姓雖異，情則兄弟也。於是爲序其事，復總用前韻，作詩十解，繫之首簡云。詩曰：

大明麗層霄，青芝吐菡萏。物微且瑞世，人當建奇勳。一解　而兄我所敬，華皓見須鬛。謝却山中雲，遑遑贊王業。二解　矧君才患多，錦繡煦青春。❶摛文追馬卿，哦詩學李頻。三解　鶴汀接清煦，蕙幌怯新寒。引尊連月吸，倚劍帶花看。四解　一從離巖扃，十年服官政。炙燈竹素間，無一非龜鏡。五解　朱衣佩銀魚，光彩耀一城。自顧室磬懸，無以贈君行。六解　幸有綠綺琴，寶之如珩璜。願君日彈之，勿遺匣中藏。七解　一彈澆風淳，再彈民生足。衆生藿靡中，行見翹松獨。八解　栩栩亦有徒，如君世寧幾？不見庭前竹，迎風自相倚。九解　官道年年別，別君重離憂。相思定何處，鄰笛起江樓。十解

贈蕭子所養親還西昌序

天下之道，唯孝與忠，是謂秉彝，萬古攸同。矧惟成均首善之地，風動四方，罔不從化。其居是職者，其有不惕然自省者乎？昔陽城之爲司業也，❷立諸生館下而誨之曰：「人之爲學，忠與孝耳。諸生有久不省親者乎？」明日謁城還養者二十人。諸生且爾，況爲其師者，苟鶴髮之親在堂，

❶「煦」，張本作「照」。

❷「城」，原誤作「成」，今據下文及韓本、傅本改。

其心又將何如乎？此余於西昌蕭君之事，不能忘言也。

蕭君名執，字子所，居武山之西。山形拔起如旌旗，浩翠淋漓，積自古初，土沃而泉腴。蕭君朝樵於白雲之岑，❶暮而言旋，買鮮於溪，沽濁醪於東鄰。婆娑起舞親側，奉觴上壽。親既醉，蕭君亦微酡。抃手歌曰：「武山崔崔，有雲英英止。武山如藍，川流不停止。我奉我親，其樂莫與京止。樂兮，樂兮！我衣之翩，我顏之頳止。」蕭君之樂，無日不然，若將終身焉。

會科目之興，有司强赴江西秋闈，名在前列。已而上南宫，選授國子録。所授經，皆公侯家之子，見蕭君能古文辭，皆心服之。業將成，蕭君獨有不豫色然。人問其故，輒潸然墮淚曰：「吾親髮盡白矣，臚氣下上，不自寧矣。武山夜鶴曉猿，遲余歸久矣。」於是走白丞相府，其辭甚切。吏拘於文墨，往來參稽，閱一歲而始報可。蕭君治行李將歸，激者曰：「蕭君之所見，一何果哉？抱卓犖之才，當用才之時，何不一試而歸？今蕭君之同官，或拜御史，或擢縣令矣。使蕭君少忍須臾，銅章青綬，豈不足以榮其親哉？」贊善大夫宋濂曰：「是惡足以知蕭君？蕭君不忘孝於親，其有不忠於君者乎？惟念成均爲首善之地，故不敢冒爵禄以失菽水之驩爾。不然，是有愧陽城之諸生矣，尚何足以言蕭君乎？銅章青綬之榮，子謂蕭君他日不爲之乎？」激者無以對。

於是出酒飲蕭君，率同志賦詩一章，成則蕭君爲之欣然引滿，頹然就醉，片帆西

❶「岑」，韓本、傅本作「山」。

上，抗手而別。

莆陽王德暉先生文集序

給事中王寅敬伯詣濂玉堂之署，殷勤請曰：「寅之伯父最樂翁，諱朝，字德暉，莆田人也。其學出於同安尹陳公仁伯。莆田之先達有二陳焉，一則仁伯，一則國子丞衆仲，皆以文鳴于時，實兄弟也。其學又出於南塘趙氏之孫祕書公伯韓。祕書公，二陳之外王父也。翁之所學，淵源既正，而其支流之相承，遇奔石怒崖，則噴薄如雷霆，及至演迤平曠，則煥然成文，若綺縠之乍舒，一翕一張，類有物以司其柄者。養之深而積之厚，期大振于時。奈何其數之奇，再試鄉闈，皆不利，竟以布衣教授州里以終。遺文散落於兵燹，十不存一。寅懼其泯没而不傳也，求得詩文若干首，釐爲十卷。翁之友方君炯，門人陳君虛中，將刻梓以傳。願先生爲之序。」

濂受而讀之，詩則森嚴踔厲，有蒼淵之色；文多簡古峭奥，而其有餘不盡之意，恒見於言表。人能玩繹之久，方始得之。其淵源有自，誠如敬伯所言，不宜以無傳。頗求翁之致是者，亦由其養氣之充，積學之宏乎？蓋翁家甚貧，或併日一炊，每揚揚有喜色。臨財甚介，毫髮不苟取。所見一定，屹如邱山，力撼弗能動。儻涉非義，舁金遺之，不還也。唯游心古初，思欲起聖賢而與之周旋，故嘗以止分爲樂。❶人叩其自得，則曰：「守陰之宅，蹈陽之庭。風行雨集，金春玉鳴。卑非吾室，崇豈我榮？夷夷于

❶「止」，韓本、傅本作「性」。

于，而獨適其適，不亦可乎？」嗚呼！翁之所見若此，其殆有德必有言者乎？

濂未冠，輒授經學文於鄉先達，若淵潁吴公立夫，内翰柳公道傳，文獻黄公晉卿，皆天下名士，悉得供灑掃之役，其淵源非不正也。第以受資平凡，無以深詣而遠到。年周甲子而踰六龄，猶不能自振。視翁之作，不幾於有愧哉？雖然，濂不能文，而評文恐未有先之者。世之骩骳萎弱之文，不脱場屋之故態者，反足以襲取高位，而翁卒終于布衣。戴章甫衣縫掖者，不知果有公議否乎？濂特徇敬伯之請，妄置品評於篇端，其有激也夫！其有感也夫！

寄和右丞温迪罕詩卷序

有志之士，豈無鄉土之思哉？昔者，楚人鍾儀爲晉所留，晉侯與之琴，遂操楚音。越人莊舄仕於楚，雖富貴矣，乃嘗爲越吟。此無他，不忘本也。夫晉楚與越，皆同中國也，語言相通也，嗜好弗殊也，尚爲之抑鬱發於音聲如此。況在絶域，去中國數千里者哉！宜其見諸咏歌而不能自已也。

右轄温迪罕公，居于汴梁，資稟素美，嘗從恕齋班先生學爲詞章，久游淮海。元季亦躋膴仕，隨冢宰遠行，遂留西域。今見天朝使者至，不勝鄉土之思。舊嘗賦絶句，以寄治書瑣納兒加。繼作唐律一章，獻丞相胡公。其憂深思遠，若不能勝情者。想其親屬睽離，莽無一人，四顧蕭條，與影爲侶。極目之頃，但見獵獵胡沙、茫茫塞草而已。右轄必慨然曰：「吾昔居江淮錦繡城中，聚族共樂者爲何如耶？」賓朋離索，誰可與接？語言不通，食飲異好，側耳而聽，但聞侏離羌音、啁哳胡歌而已。右轄又必長歎曰：「吾昔在中州文物府中，更唱疊和者爲何如耶？」此所以發於性情而形諸言者，悽愴寥落，讀之令人淚下霑襟也。較莊舄之越吟，其情實過之。苟寫於琴，未知與鍾儀又孰後孰先也？丞相察其情，以詩上聞。皇上覽之，尤憐其志之不能遂也，惻然有動於聖衷，敕丞相御史大夫而下，咸屬而和之。且連成卷軸，詔翰林侍講學士宋濂爲之序。

濂仰惟聖皇臨御，德被六合，凡日月所照，霜露所墜，無不欲遂其生成。然猶夙夜孜孜，上法唐、虞、三代之治，唯恐一夫不獲其所。況如右轄，實有志之士，所以簡在上心者爲尤切。右轄宜益堅乃心，敷揚聖化，使西域之民，皆知尊慕中華文物禮樂之盛，相率來歸，亦未爲晚也。他日拜舞龍墀之下，殊恩異渥，必將便蕃而至。退而與親朋胥會，以叙離合之情，庶幾重覩天日，以享承平之福。當此時，發於性情，無非雅頌正音，以歌咏朝廷之盛德。其視向日憂深思遠之作，霄壤不侔矣。右轄勉乎哉，右轄勉乎哉！

林伯恭詩集序

詩，心之聲也。聲因於氣，皆隨其人而著形焉。是故凝重之人，其詩典以則；俊逸之人，其詩藻而麗；躁易之人，其詩浮以靡；苛刻之人，其詩峭厲而不平；嚴莊温雅之人，其詩自然從容而超乎事物之表。如斯者，蓋不能盡數之也。嗚呼！風霆流形，而神化運行於上；河嶽融峙，而物變滋殖於下。千態萬狀，沈冥發舒，皆一氣貫通使然。必有穎悟絶特之資，而濟以該博宏偉之學，察乎古今天人之變，而通其洪纖動植之情，然後足以憑藉是氣之靈。彼局乎一才，滯乎一藝，雖欲捷騁横騖以追于古人，前之而愈却，培之而愈低，幾何不墮於鄙陋之歸？此濂於伯恭之詩，不能無感焉。

伯恭博極群經，而尤長於《春秋》。嘗應書鄉闈，實冠多士。伯恭年始二十餘，一旦名動海内。自時厥後，學益加脩。遂擢至正甲午進士第，歷佐省憲二府。正色直言，百千畏懾。時出奇計，剪三逆豎，如烹狐兔。則其所養之充，是氣浩然，弗撓弗屈。故其發於詩也，沈鬱頓挫，渾厚超越。大雅奏而黄鍾獨鳴也，武庫開而五兵森列也，洪濤怒張而魚龍出没也。一展卷間，呈珍獻異，可欣可愕，精神爲之震眩。濂前所謂「聲因於氣，皆隨其人而著形」者，豈非然耶？豈非然耶？

世之學詩者衆矣，不知氣充言雄之旨，往往局於蟲魚草木之微，求工於一聯隻字閒，真若蒼蠅之聲，出於蚯蚓之竅而已。詩云乎哉？永嘉舊傳四靈詩，識趣凡近，而音調卑促。近代或以爲清新者，競摹倣之。濂每謂人曰：「誤江南學子者，此詩也。」聞者且疑而且信焉。今吾伯恭之詩出，一洗習俗之陋，信知豪傑之士自有其人也。故敢執筆直題於首簡。世有知言者，必深有取焉。

伯恭名温，姓林氏，温之永嘉人。

送會稽景德輝教授鄉郡序

成周之時，自國都以達于家，于黨，于術，無不置學。學必立師，師必以仕焉而止及道明德充者爲之。然以其國之賢，還教其國之人，不翅父兄之臨子弟。名實之素孚，而不藐然無聞也；情文之素稔，而不涣然無屬也。於是其言易入，其教易行。秩秩而相親，欣欣以相愛。恩義兩盡，薰爲太和。德成材達，有非後世之所能及也。

會稽，古諸侯之國，今爲浙河東大郡。會學官闕教授員，鄉之子弟咸曰：「言篤而行醇，惟我景先生則然。」其黄髮老成人又曰：「嚅嚌經腴，朝夕不自饜，著述成書，惟我景公則然。」既而郡僚聞之，府公亦聞之，相與謀曰：「府庠之無師，二千石之責也。景君之賢，信如子弟、老成人之語，以鄉人之所尊，而爲鄉弟子之所師，未見其不可也。盍上其事於選曹乎？」選曹既從其請，試景君以《春秋》經義一通，白于丞相府，報下如章。景君將東還涖教事，詞林編摩之英，成均宿學之士，藩府賓僚之賢，咸造文若詩榮之，而以首簡授濂序。

嗟夫！師道之不立也久矣。頗求其故，後世拘於選格，多用異邦人爲之師，其實未易孚，其情未易稔，往往若秦越之相視，日夜幸代者之至，則望望然去矣。今景君之獨能致是者，何哉？亦曰：聖天子在上，旰食宵衣，以成周爲法，然後得遂其所志如斯爾。景君之行也，當思南渡群賢之子孫，咸萃是邦。或以德行文辭著，或以道學政事聞。世之相去未遠也，文獻猶有足徵。景君能於此盡心焉，則移風易俗之效，將粲然可觀矣。若曰吾耄及之，他尚何所圖？不過便禄養於桑梓之邦而已。豈惟非鄉之父兄子弟之所望，雖濂亦將致尤於景君。濂知景君決不爾也。

故人有宋無逸、許時用二君，亦鄉先生

也。聞景君講道於鄉也，其將有以翼助之哉！景君名昇，其字爲德輝云。

送徐教授纂脩日曆還任序

洪武六年秋九月，皇帝御謹身殿。從翰林學士宋濂之請，妙柬文學之士四三人，纂脩《大明日曆》，而詔濂與吏部尚書詹同司總裁事。當是時，杭州府學教授徐君大章實在選中。開局於内府，日給大官之饍，而令中貴人護闥。非奉敕旨，不敢入，其事至嚴也。濂時與大章辰入而申出，凡興王出治之典，命將行師之績，采章文物之懿，律曆刑法之詳，咸以事繫日，以日繫月，以月繫年，必商榷而謹書之。濂年加耄，不能有所猷爲，唯發凡舉例而已。其助我者，大章之力居多。越四月，書成，共一百卷。遴日上奏，登盤龍金匱中，奠於丹陛之下。縉紳之家，争欲薦大章入詞林，大章堅以足疾辭。濂因爲陳情於上，乃詔賜文綺織繒各三裝，錢六千文，仍俾其職爲真。故事，教授試職三年，俟育材奏功，方許真授。大章時未朞年，❶乃異數云。

大章將還涖教席，濂餞之秦淮河上，與之言曰：「教授之職，雖設於宋，其任亦云重矣。在紹聖初，詔令中制科及進士第上五人，禮部奏名上三人，府監廣文館第一人，始令爲之。大章起布衣，而輒膺其任，豈無其故耶？漢法，太史公位丞相上，天下計書，先上太史公，副上丞相。由唐及宋，宰相皆兼史官，其重如此。大章以一教授之微，乃召入史館，與編摩之列，又豈無

❶「時」，張本作「待」。

其故耶？ 蓋大章博覽載籍，發之於詞章，霞粲波縈，峻潔鮮朗，威儀儼雅，又足爲後進師表。 聲名藉藉，起儒材間。 當此聖明之朝，材咸求實，不于其官于其人，故大章致此無難也。 然而黄琮之貴，必登於方明；大雅之音，必奏於清廟。 理勢則然。 大章以温然之姿，鏘然之文，乃鰓鰓下教於一郡，如惜才之論何？ 濂誠耄矣，髮種種被肩矣，聰明不及於前時矣。 詞林清切之班，非大章誰所宜堪？ 行將力薦而用之。 脱使大章實不良於步趨，雖卧治之，亦可也。 大章以爲何如？」

送許存禮赴北平教授任序

鴻儒之胄，傳經爲難。 非藏髓以接肌，盍鉤深而致遠？ 欲承家學，罔匪俊賢。 景伯之貫五經，仲師之明三統，咸號善繼，致宣令聲。 有如婺郡許文懿公，爲武夷之世適，作寓内之人師。❶ 繭絲馬鬣，析理義之精微；粉墨鉛黄，發箋文之樞要。 完經翼傳，著述滿家；簞食瓢飲，肥遯終世。 其克生於令子，遂允蹈於前猷。 務純琳以自持，斂華英而弗耀。 倡道丹溪，衿佩坌集；揚徽京輦，薦牘交馳。 天池卒徙於鯤鵬，❷ 鍾阜竟辭於猿鶴。 於是上名宰府，試藝銓曹。 典五教於北藩，列諸生於東序。 朝紳悦懌，侯服推尊。 斜川無愧於小坡，西平咸稱爲有子。 況當勝國之都，嘗爲人物之藪。 教鐸斯振，壹是韶濩之音；藝圃深培，竚見菁莪之盛。 如濂不敏，比德知慚。 秋髮盈簪，

❶ 「寓」，原作「寓」，今據韓本、傅本改。
❷ 「徙」，張本作「馳」。

慨年華之易邁；春花夢筆，覺文彩之已非。粗叨鼎鐘之榮，敢忘桑梓之敬？偶他鄉之相遇，慰昔日之襟期。把酒臨風，高情闓朗；炙燈論道，玄義昭融。胡墨突之未黔，遽江帆之催發。雖無藻思，强綴蕪辭。繼前古之芳音，首群英之雅製云爾。詩曰：

有菀者柳，生于河麋。折以送子，而興我懷。我懷伊何？鄉之文獻。人遠言微，不絶如綫。之子之生，實紹前徽。彬彬其文，郁郁其儀。蘭在遠林，其香苾芬。豈期人知？人輒有聞。我傳我經，其謨孔臧。以迪以將，以牖其衷。叶。遥遥北藩，在燕之墟。土俗勁悍，柔以詩書。不見白雲，英英在山。起而爲澤，卉木斯蕃。教雨之施，功亦如此。苟專邱壑，孰爲杞梓？學貴有用，於子實多。目送征驫，其如別何？其如別何，獻此春酒。後夜相思，白月在柳。

葉夷仲文集序

臨海葉君夷仲，宋丞相西澗先生族諸孫也。夷仲生有異資，其文辭之進，如榮木升而春濤長，日新月盛，蓋未已也。頃由茂才舉於鄉，奉使安南，不辱君命。以功擢高唐州判官，轉知睢寧縣，爲學猶孳孳不懈。其弟廣武衛知事惠仲，類集成編，釐爲若干卷，來徵予序。其請至六七而不倦。予齒加長，志氣摧攝，操觚所云云，皆無精魄，頗類癡語者。讀夷仲文，方畏敬之弗暇，尚奚敢序之哉？雖然，不敢無一言也。

昔者，先師黄文獻公嘗有言曰：「作文之法，以群經爲本根，遷、固二史爲波瀾。本根不蕃，則無以造道之原；波瀾不廣，則無以盡事之變。舍此二者而爲文，則槁木死灰而已。」予竊識之不敢忘。於是取一經而次第窮之。有不得者，終夜以思；思之不通，或至達旦。如此者有年，始粗曉大旨。然猶不敢以爲是也。復聚群經於左右，循環而温繹之。如此者亦有年，始知聖人之不死，其所以代天出治，範世扶俗者，數千載猶一日也。然猶不敢以爲足也。朝夕諷咏之，沈潛之，益見片言之閒，可以包羅數百言者，文愈簡而其義愈無窮也。由是去讀遷、固之書，則勢若破竹，無留礙矣。權衡既懸，而百物重輕無遁情矣。然猶不敢以爲易也。稽本末以覈其凡，嚴褒貶以求其斷，探幽隱以究其微，析章句以辨其體。事固粲然明白，而其制作之意，亦皦然不誣也。由是以定諸子百家之異同，若別白黑而絕無難矣。及夫物有所觸，心有所向，則沛然發之於文，翩翩乎其萃也，滚滚乎其不餒也，渢渢乎大無不包、小無所遺也。嗚呼！予以五十年之功，僅僅若此。今年日逾邁，慨兹舊業，反成荒落。將何以爲夷仲言哉？

夷仲諸作，温醇而有典則，飄逸而有思致。其辭簡古而不龐，其神豐腴而不瘠，可謂能言之士矣。求諸輩行之中，未見其敵也。進進不已，何古人之不可至哉？予因忘其固陋，以平日所自得者，序諸篇首，夷仲宜有取焉。雖然，文辭，道之末也。夷仲方與有民社之寄，當務爲政以德而昌其道哉！

贈林經歷赴武昌都衛任序

莆有林君士衡，由進士起家，署爲比部主事。政成，遷武昌都衛經歷。中朝士大夫相率賦詩餞之，而以首簡授予序。序曰：

昔者，艾軒林文節公謙之有慕伊洛之學，聞吴中陸子正得和靖尹氏之傳，因往從之。自是專心於聖賢踐履之事，一言一動，莫不以禮。遠近學者，翕然尊事之。南渡後，以伊洛之學倡東南者，實自艾軒始也。艾軒嘗言曰：「道之全體，全乎大虚，六經既發明之。後世註解，固已支離，若復增加，道益遠矣。」嗚呼！其言不亦至哉！艾軒既没，其道一傳於林文介公學可，再傳於陳文遠公元潔。前承後引，重徽疊照，新學小生，咸有所師法。非先王之言弗道，非先王之行弗行，人號之爲小鄒魯云。迄今垂三百年，流風遺俗，猶有存者。家談仁義而悦詩書，敻然非他郡所可及。君子之澤，何其深且長哉！

今吾士衡，固艾軒諸孫也。其家學漸濡，不俟言矣。文行之謹敕，亦從可知矣。其治獄刑曹，用法寬恕，士君子復許之矣。今擢爲戎府元僚，則其協比師率，輯和兵民，脩治戎器，用戒不虞，此特其所優爲者爾。雖然，未可輕也。武昌爲湖湘一大藩障，其行中書所轄，凡二十七府。府各置衛，或千夫長戍之，而都衛總其凡，其職與省臣鈞禮。地連數千里，戍兵數十萬，其練閲之方，征調之節，唯元戎能制之，元僚能贊之，其任之重也較然矣。自道學不明，學者纏蔽，傳註支離之習，不復見諸實用。談兵之家，尤以白面書生呰之。士衡宜知所自重，庶幾乎其可也。

雖然，予惡用是呫呫爲哉？昔也，艾軒提點刑獄廣東，親檄郡兵，破殄嶺南群醜。阜陵聞之，悦曰：「林某儒生，乃知兵耶？」特加直寶謨閣。是知有用之學，可以治兵，可以撫民，可以興禮樂，可以移風易俗，無所往而不當。士衡尚推家學而行之，其有不獲者哉？況當聖皇御寓，❶四方無烽燧之警，皞皞熙熙，不異於唐虞之世。士衡日與大帥共論文武忠孝之道，使勳在盟府之臣，保其寵榮，以終其身，以遺其子孫。暇則雅歌投壺，發舒性情，寤寐群經，一惟伊洛之是趨。俾人人咸稱之曰：「是子也，無愧艾軒之後人者也。」顧不盛歟！士衡之行，吾言止此而已。

贈吴府伴讀陳生孟暘序

君子爲學，能知内而不外，斯善矣。内則自任之重，而不失天分之正；苟區區務外，則奔趨竭蹷，何所不至哉？

予自官京師，南北之學徒頗有來受經者。既而多攝御史，巡行郡國。而陳孟暘亦在其列。孟暘所莅，光、潁、徐、邳、宿五州，官書浩穰，至萬餘卷，孟暘逐一爬梳，使枉者直，暴者馴。且察夫民病，請免夏賦之絲，頻役之軍，與夫輓運芻茭之艱，分給滯鹽之便。如是者數條，右御史大夫陳公即以上聞，多有舉行者。

已而，同列之士，或擢左右參政，或典大郡，或僉各郡按察司事。人皆曰：「孟暘之材若是，其將自此升哉。」孟暘適以疾在告，人爲孟暘惜之。孟暘則曰：「爵禄之來，天也，吾敢有徼覬之心哉！且方岳之任至重，繭絲泉粟之殷，甲胄獄訟之繁，徽科營繕之勞，無所不當與。倘毛髮不至，是負國也。吾自度其才，可與同列班乎？不

❶「寓」，原作「寓」，今據張本改。

可也。幸仕優而學，拾級而升，庶幾無曠官債事之失也。況吾母氏年近五十餘，日薄西山，素髮蕭蕭然垂領，僑寓於婺城之閒，吾心懸懸如飢。近已得請于上，躡履而迎之以來，庶幾吾心安焉。不然，鐘鳴鼎食以爲榮，結駟連茵以爲侈，適足以增夫愧耳。」

予聞孟暘言，知有志君子者也，内而不外者也，拾級而升而無躐進之望者也，思孝乎親者也。此贈别之言，所以不可不作也。

宋文憲公全集卷十六終

宋文憲公全集卷十七

杜詩舉隅序

《詩》三百篇，上自公卿大夫，下至賤隸小夫、婦人女子，莫不有作。而其托於六義者，深遠玄奧，卒有未易釋者。故序《詩》之人，各述其作者之意，復分章析句以盡其精微。至於《東山》一篇，序之尤詳，且謂一章言其完，二章言其思，三章言其室家之望女，四章樂男女之得及時。一覽之頃，綱提領挈，不待註釋，而其大旨煥然昭明矣。嗚呼！此豈非後世訓詩者之楷式乎？

杜子美詩，實取法《三百篇》，有類《國風》者，有類《雅》《頌》者，雖長篇短韻，變化不齊，體段之分明，脈絡之聯屬，誠有不可紊者。註者無慮數百家，奈何不爾之思？務穿鑿者，謂一字皆有所出，泛引經史，巧爲傅會，楦釀而叢脞；騁新奇者，稱其一飯不忘君，發爲言辭，無非忠國愛君之意，至於率爾咏懷之作，亦必遷就而爲之說。說者雖多，不出於彼，則入於此。子美之詩，不白於世者，五百年矣。近代廬陵大儒頗患之，通集所用事實，別見篇後，固無繳繞猥雜之病，未免輕加批抹，如醉翁寱語，終不能了了。其視二者，相去何遠哉？

會稽俞先生季淵，以卓絶之識，脱略衆説，獨法序《詩》者之意，各析章句，具舉衆義。於是粲然可觀，有不假辭説而自明。

嗚呼！釋子美詩者，至是可以無遺憾矣。抑予聞古之人注書，往往托之以自見。賢相逐而《離騷》解，權臣專而《衍義》作，何莫不由於斯？先生，開慶己未進士，出典方州，入司六察，其冰蘗之操，諒直之風，凜然聞於朝著。不幸宋社已屋，裴回於殘山剩水之間，無以寄其罔極之思。其意以爲忠君之言，隨寓而發者，唯子美之詩則然。於是假之以洩胸中之耿耿。久而成編，名之曰《杜詩舉隅》。觀其書，則其志之悲，從可知矣。

先生既歿，其玄孫安塞丞欽，懼其湮滅無傳，將鍥諸梓，而來求序文甚力。予居金華，與先生爲隣郡，及從黄文獻公游，備聞先生之行事可爲世法，因不辭而爲之書。先生名浙，季淵字也，晚以默翁自號。所著有《韓文舉隅》，而《孝經》《易》《書》《詩》《禮記》《春秋》《離騷》各有審問，不但箋杜詩而已也。

贈朱啓文還鄉省親序

工部奏差朱旼啓文，既書滿，將省親虎林山中，薦紳家多發爲聲詩。吳府伴讀王驥與啓文有連，遂以首簡請予序。

浙河名區，虎林甲郡。文彩朗耀，光衝於牛斗；才猷振拔，軫接於荆揚。故三沈有翹雋之聲，二徐爲俊髦之冠。多歷年所，匪惟今斯。粤自唐季以來，海田屢化，獨繁華之如故，慶光景之常新。富庶亞於咸陽，侈麗比於京索。停鸞峙鵠，山川之靈氣鬱蟠；綺陌香衢，笙管之春聲宛潭。嗟士習之易染，憫風俗之頻移。儻有拔萃其閒，實稱良彦。行必傳於緗素，譽徧播於公卿。

惟朱氏之名家，愜輿情之所屬。塤篪交奏，四經之義髓昭明；黼黻相宣，一姓之文鋒犀利。棣萼既形於周《雅》，芝蘭遽産於謝庭。華穎高騫，允符二妙之選；藻思遄發，何慚八斗之才。珠彩雖沈，玉光難掩。遂因文藝，上貢銓曹。雖王勃之少年，豈朱雲之可吏？廁行人於起部，期試事於薇垣。三載積勞，行將授政；一朝予告，得遂榮親。服綵上堂，每賦高年之引；奉觴爲壽，尚瞻游子之衣。春暉澹蕩以娱人，秋月連娟而在户。争誇具慶，奚翅前蹤？平浦西風，催秦淮之急槳；遥天去雁，起名勝之長吟。不鄙衰孱，來徵序引。無山東之雅製，續洛下之群賢。愧陳瓦礨，式聯寶卣云爾。係之以詩曰：

松帷落秋陰，月魄淡涼夕。朝鼓官河棹，暮宿青山驛。憶昔爲行人，風雨尚征役。王事有程期，吾敢思燕息？今焉返吾廬，摇曳武林陌。上堂獻壽觴，踉蹡喜增劇。衣帶來時香，酒仍去年白。門前青桂枝，寒花破寥闃。不見近三年，爲我動顔色。子歸趣誠佳，子樂復何極。可憐城頭烏，肯倦西風翼。

書史會要序

天台陶九成新著《書史會要》成，翰墨之家競欲觀之。以謄鈔之不易也，共鍥諸梓，而以首簡授予序。序曰：

「史」以從「又」持「中」爲義，❶蓋記事者也。黄帝時始立史官，而蒼頡、沮誦實居其職。蒼頡，制字之人也。自時厥後，史氏遂

❶「又」，原作「道」，今據張本改。

掌官書以贊治。至周宣王太史籀，復造字五十五篇以教童幼。所謂史者，豈非字學之本源乎？然則紀歷代之善書者，名曰《書史》，非僭也，宜也。

九成本衣冠子，自青年即精究六書之法，備知字文相生之意。乃辨析古文篆籀、分隸行草諸家異同，并載其人而附見焉。先之以帝王，次之以名臣，又次之以材士大夫。起自三皇，迄于國朝，凡名一善者，悉具録之。其事核，其論確而有徵，皆遍采史傳及前脩所著書，不復以異議參乎其間。書成，釐爲七卷。予嘗取而觀之，不覺喟然歎曰：「夏殷而上，左史記言，右史記事，周則大史、小史、内史、外史、御史分掌其事，其任至重也。大則國家禮樂、刑政、治忽、善惡，固無所不當紀；小則一事一物，該古今而資問學者，亦不可不明辨。如此而名之曰「史」，庶幾可也。穠葩豔卉，隨春開落，何補於事功？陸佃集之，號爲《花史》。硯雖適用，不過一石，何關於治教？米芾編之，目爲《硯史》。是則奚可哉？必也，如吾九成，精究六書，直探皇頡史籀之本源，歷代字體變化如浮雲者，皆可攷見。致知格物之學，似不爲無助。苟稱《書史》，孰謂非宜哉！

抑予聞六書居六藝之一，《周官·保氏》掌養國子，則教之。蓋自聖人以書契代結繩之治，實取諸《夬》。「夬，揚于王庭」，其用最大，宜其天下無不學；學之，當無不至也。予又獨慨近世以來，徇末而忘本，濡毫行墨，春蛇秋蚓之連翩，輒揚眉以驕人曰：「此斯冰也，此右軍大令也。」有識者觀之，曾不滿夫一哂。讀九成之書者，不知能一自警否乎？

九成名宗儀，積學能文辭。嘗覽雜傳記一千餘家，多士林所未見者。因倣曾慥《類説》作《説郛》若干卷，曾所編者則略去之。君子謂其尤精博云。

送許從善學道還閩南序

閩南許從善，自少好長生之術。嘗建一庵，以款真遊之士，覬得一逢而受其説。已而聞龍虎山止庵鄧鍊師得九還神丹之傳，遠邇之人皆知尊禮，時鍊師侍祠南京，從善不遠數千里而參叩焉。三年之閒，至者凡再。鍊師具以谷神不死之道，開之以祕藏，約之以黄寧。從善欣然如獲拱璧。於其還也，鍊師爲索文贈之，而同虚傅外史、鬼谷方壺真人又咸爲之請。不知從善何以得此於方外高士哉？

然予嘗覽劉向《列仙傳》，見其所載奇名詭姓，與夫驚世駭俗之事甚悉。而存鍊解化之術，略不一言之，豈寶祕陰陽之機而不露耶？抑亦待其人而後度耶？雖然，老、莊、文、列四家之書，亦往往及之矣，要不出「致虚極，守静篤」二句之外。蓋虚則洞然涵乎太一，静則凝然萃乎太和。虚非極，無以收純玄之效；静非篤，無以臻純默之功。馴而致之，與道蓋不遠矣。自時厥後，靈均發爲「一氣孔神，於中夜存」之言，魏伯陽著爲《參同契》，復陽祕而陰洩之，皆不敢畔其説也。嗚呼！斯非學仙者之準繩也耶？

宋金以來，説者滋熾，南北分爲二宗。南則天台張用成，其學先命而後性；北則咸陽王中孚，其學先性而後命。命爲氣之根，性爲理之根。雙體雙用，雙脩雙證，奈何歧而二之？第所入之門或殊，故學之者不能不異。然其致守之法，又不過「一」之與「和」而已。吾知從善亦必究其説乎？夫「一」者，「萬」之對也。「萬」則紛紜而不定，惟「一」能貫之。「和」者，「戾」之反也，「戾」則參差而不齊，惟「和」能全之。長生久視之道，其不本於此者乎？所謂安鼎者，非玄關一竅也，安乎此者也；採藥者，非龍虎鈆汞也，采乎此者也；用火者，非進退抽添也，用乎此者也。固不可有意而求，亦不可冥然而忘去也。

頗聞閩南有武夷山，其高萬丈，薄太清而凌飛霞，多有隱君子棲遯巖穴閒。從善試以予言質之，必大駭曰：「是儒何人？其論九還神丹之道，何其與吾黨異乎？」又當辨其離合以告從善也。

從善名回，號爲還樸，爲人沈篤近道，所以方外高士極愛器之。

鄒氏復姓孫氏序

洪武九年六月日，皇上御東皇閣，翰林學士臣濂、考功監令臣克勤、給事中臣傑、監察御史臣鈍等皆侍。時已漏上三刻，臣傑出班跽奏曰：「臣之大父孫福謙，陝人也，出守嘉興郡。當元季兵亂，江南州郡繹騷，大父逃匿無所。至正己亥，航海趨山東，至登州，颶風大作，濤湧如雪山，巨舟遽成虀粉，一家五十人咸死于海。獨臣附餘板薄沙島，幸存犬馬之命，蒼黃無所歸，長號於野。州人鄒義者聞而憐之，俾傭作其家，臣年已十四矣。久之養爲子，且爲授室，遂冒其姓曰鄒氏，歲行將一周。大明受命，四海肅清，下詔興舉學官，增設弟子員。義家以臣肄業萊州府，已而選入成均，又選入武英堂，俾練習政事。今年夏四月，復擢給事中。由是日瞻天顔，獲被寵榮如此之至，皆非小臣所敢覬望。聖恩如天，固未知涓埃之報。復竊私念孫氏無他族屬，其不絶者，僅寄臣之一身。苟冒其姓，遲回而弗之改，臣之先臣幾何不爲若敖氏之餒鬼哉？臣敢昧死以請。」上曰：「朕爲億兆生民主，凡有襲人姓氏者，必令歸其宗。爾之請，誠是也。然非鄒氏，爾亦弗克底于今日，慎毋忘之。」傑於是以首叩地而退。既退，詣濂請書其事，以示後世。

濂奉詔參考歷代郊禘大禮，久不能成文。傑尋擢監察御史，復來申前言，濂以未暇爲答。居亡何，傑又陞僉廣東按察司事，遽來迫曰：「傑有數千里行，必得先生文乃可耳。幸勿辭我。」濂乃與之言曰：「孫本姬姓，出於周之後，至衛武公之子惠孫，因以孫爲氏。鄒則子姓，其裔則祖於宋，自正考父食邑於鄒，因氏焉。二者何可亂也？傑能復之，亦可謂不忘其本者哉！然有一説爲傑告焉：昔者范文正公蚤孤，隨母適長山朱氏，朱氏亦鞠育爲子。公遂力學擢上第，封厥父母，而後請命于朝，復姓爲范氏。公之酬朱氏，可謂厚矣。傑之事，與公正類，幸思有以報鄒之德哉！聖皇之言即天也，慎毋忘之，慎毋忘之！」濂故舉此，重爲傑告之。范公在宋，位至參知政事，名垂方册，至今人能道之。惡知傑之他日不如公哉？亦在乎法其人而已。

送趙待制致仕還鄉詩序❶

洪武九年冬十一月丙申，皇上御奉天門，御史左大夫汪公、右大夫陳公，以國子博士趙先生本初年踰七十，跽而奏曰：「博士臣俶，以《詩經》施教成均者四年，其弟子爲方嶽重臣及持節各部者，往往有之，是不爲無功。第以筋力寖衰，而精神不完，願放還山中，以盡其餘齡。」制曰「可」，且加其官爲翰林待制，敕銓曹給誥命。越三日戊戌，俶具朝服，詣丹闕以謝。上詔之使前，問曰：「卿何郡人？」對曰：「會稽。」上復問曰：「向爲兵部侍郎出知萊州者，卿之子耶？」對曰：「是也。」上曰：「卿誠耄矣，歸養于家爲宜。」俶於是以首叩地而退。越七日甲辰，詔出内藏庫錢二十五緡以賜先生。將行，二大夫各賦詩爲贈。京師人士復以越之古跡分題，從而繼作。而司業樂君子善持首簡授濂爲之序。

昔唐國子司業楊巨源，以能詩訓後進，一旦，以年滿七十白丞相去歸其鄉。丞相愛而惜之，奏爲其都少尹，又爲歌詩以勸之，京師長於詩者屬而和之，當時以爲榮。其事若與今相類。然而聖天子優老養賢之意，有非唐之所可及。七十而容致事，同矣；天子召見，親加玉音而勞問焉，則無之也。陞之以官，俾爲鄉人榮，同矣；出内藏之錢，從而賜焉，則無之也。此蓋皇上勵精圖治，雖天下之廣，四海之衆，老者皆欲安之，使躋于仁壽之域，非特寵其致事之臣而已，斯所以度越前古而無所與讓也。先生

❶「仕」，原作「任」，今據張本改。

之歸也，見鄉之子弟，導宣上德，俾習爲孝弟忠信之行，出爲時用，是亦報國之一端。若區區倣賀季真盤旋於鑑湖一曲間，自逸之計則得矣，豈士君子之所望哉！

濂亦耄矣，詔許獻歲歸田，乃於先生之行，歷叙其故，非惟贈先生也，亦竊思以自勗焉。

查林曾氏家牒序

曾氏出自姒姓。夏少康封少子曲烈于鄫，❶魯襄公六年，莒人滅鄫，太子巫仕魯，去邑爲曾氏，居南武城。巫生夭，爲季氏宰。夭生阜，爲叔孫氏家臣。阜生點，字子皙。點生參，字子輿。參生元，元生西，西生欽，欽生导，导生羨，羨生遐，遐生盈，盈生漢山陰縣都鄉侯樂。樂生浼，浼生旃，旃生嘉，嘉生寶，寶生琰。琰生據，避王莽亂，渡江居廬陵縣之吉陽鄉。據生闡，闡生植，植生横，横生興，興生丞。丞生三子：珪、舊、略。珪仍居吉陽鄉，舊遷雲益鄉，略居撫州南豐。自略十四傳，至唐宜州刺史可徒，江南西道觀察使洪立，鎮南軍節度使弘立，是爲三兄弟，號曰三祖，大江之西咸宗之。弘立生延鐸。延鐸生四子：仁昭、仁昺、仁旺、仁光。仁旺生太師密國公致堯，致堯再傳爲文定公鞏，又六傳至觀察推官國平。國平復自南豐徙居查林，查林去臨川城五十里。又五傳至山甫，山甫有九兄弟，列爲九支。自是子孫繁衍，分三十五房，人將及千，散處江源、西源、邱方、陽城、樓下、五郟之間。在宋季時，燈火熒熒，而

❶「封」下，張本有「其」字。

讀書之聲相聞。擢進士第者三十餘人，中鄉貢者七十餘人，分治六經及賦詩之科，多著名于當時。

逮至元朝，流風遺韻猶存。有名士勗，字旦初，通《春秋》。至正癸巳，復爲江西鄉試第一。入我國朝，用薦者除國子助教。濂時承旨禁垣，與旦初交甚洽。間來言曰：「吾曾氏之系甚盛，幾徧南北，廬陵、臨川之外，又有所謂扶風、河内、青冀、襄陽、南陽、吴郡、會稽、江夏、長沙、蜀郡，及泉、虔、韶、交諸州，非如民族書所載，正譜之外别有九祖而已也。惟我查林有譜，兵燹之後，散亡殆盡。聞有藏者，❶寶祕不以示人，因命族生王晉竊録以歸。訛者正之，缺者補之，重編爲書，願爲序諸篇首以傳。」濂聞而歎曰：「聖賢之胤祚，何其演迤而深長哉！昔者顔淵出於顓帝之孫祝融氏，至淵而生歆，歆生儉，儉生威，威生芃，芃生億，自是而大昌。若師古，若真卿者，皆其後人。北則齊、鄭、梁、宋，南則吴、越、甌、閩，至今多子孫，其盛與曾氏頗相類。嗚呼！聖賢之胤祚，何其演迤而深長哉！」

旦初以文學行義知名于時，其惓惓於是而弗忘者，欲惇本支，序親疏，而爲崇孝、廣敬之歸也。視彼寶祕而爲一己之私者，其隘不亦甚乎？濂因以所聞，疏其概如此，而其詳，則具見圖譜焉。

贈傳神陳德顔序

余方退朝，忽起曹員外郎劉君宗文同

❶「聞」，張本作「間」。

一儒生見過，指曰：「此吾學子松陽陳德顔也。德顔善貌真，小與大咸宜，請爲先生試之。」余所遇畫神者，亡慮數十，有絶不得形似者；有僅得髣髴而弗能全者；形雖肖矣，又有不得其風神，如道家所繪仙靈者，竟無以稱吾心。不欲拂宗文之意，姑諾之。德顔反覆睥睨之而去。

越明日，德顔持一小像來。余不能自見，揭諸壁閒。僕隸見之，讙曰：「此吾主翁也。」俄門弟子至，又爭曰：「此我家先生也。」自時厥後，僚友好我者，聚而觀之，僉曰：「此龍門子宋君也。」予亦自笑。因叩之。一云：「是舍杖而趨，觀水潛溪時歟？」一云：「非也，是破顔微笑，肆口論文時歟？」一云：「亦非也，是冥心合道，與造化游時歟？」余曰：「有是哉？脱如三客言，非惟其形逼真，抑且并性情而傳之矣。」

曾未幾何，宗文又再至，余因與道客語。宗文曰：「京都之閒，天下藝能之所萃止。如德顔者，十百之中僅一見焉。先生既愛之矣，盍爲文以張之乎？」余自近歲以來，爲求文者肩摩袂接而至，一切謝絶已久。聞宗文言，欣然揮毫爲之。藩府宰輔之賢，詞林胄監之英，臺閣清流之選，以余延譽之故，亦競賦詩畀之。

德顔何以得此於人哉？蓋君子所業，但憂心弗純，不患藝不精；但患藝弗精，不憂名不揚。理之常也。古之人以畫鬼神爲易，狗馬爲難。狗馬，人皆識之，不類，則非之；鬼神不與人接，奇形佹狀，可怖可愕，任其意爲之。況人爲物靈，其變態千萬，一毫不類，則他人矣，不其尤難哉？非德顔之藝精者，不能與爲斯也。

余於德顔，竊有所感焉。史氏之法，不溢美，不隱惡，必務求其人之似焉。一毫不類，亦他人矣。奈何世道不古，揚之則升青霄，抑之則入黄壚，問其氏名，則是矣；其行事，則非也。嗚呼！一藝且然，而操直筆者，乃不能然，豈不有愧於德顔哉！余論激矣，宗文以爲何如？

漢天師世家序

嗣漢四十二代天師張真人，以《世家》一卷，命上清道士傅同虚徵濂序其首簡。濂聞：古者，名世諸臣，史官必爲序其世系表以傳，所以敦本始、昭功伐也。況於神明之冑，理有不可得而闕者。今所輯《世家》，但始於留文成侯，而其上則無聞焉。濂因據氏族群書補之，復用史法略載其相承之緒，使一閲輒知大都，而其詳别見於左方云。序曰：

張出自姬姓。軒轅子青陽氏第五子揮，爲弓正，始造弓矢，張羅以取禽獸，主祀弧星，世掌其職，賜姓張氏。周宣王時，有卿士張仲，其後裔事晉爲大夫。張侯生老，老生君巫，君巫生趯，趯生骼，其孫曰抑溯。至三卿分晉，張氏事韓。韓相開地相韓昭侯、宣惠王、襄哀王。開地生平，相釐王、悼惠王。平生良，字子房，漢太傅留文成侯，居沛之豐邑。生二子：侍中辟疆及不疑。❶不疑嗣侯，生二子：典、高。典生默，默生大司馬金，金生陽陵公乘千秋。千秋字萬年，生嵩。嵩生五子：壯、讚、彭、睦、述，其後多以功烈著。傳至於唐，列爲安定、范

❶「疆」，張本作「彊」。

陽、太原、南陽、燉煌、脩武、上谷、沛國、梁國、滎陽、平原、京兆等四十三望族，中出宰相凡十七人。高生通，通生無妄，無妄生里仁，里仁生覺，覺生起，起生桐柏真人大順。大順生漢天師道陵，是爲玄教之宗。其傳緒悠長，倍前望族之盛。論者弗察，見留侯再世國除，即意其絶嗣。殊不知流裔南北，如斯之繁也。

道陵字輔漢，建武十年生於吴之天目山。暨長，博習群書，從學者千餘人。尋中直言極諫科拜巴郡江州令。棄官隱洛陽北邙山，脩煉形之術。章帝以博士徵，不赴。和帝即位，召爲太傅，封冀侯，亦不就。乃杖策遊淮，入鄱陽，上龍虎山，合九天神丹，訪西仙源。獲制命五嶽，攝召萬靈及神虎祕文於壁魯洞。俄往嵩山石室，得黄帝《九鼎丹書》。及道既成，聞巴蜀沴氣爲人菑，鋭意入蜀。初居陽平山，遷鶴鳴山。感玄元老君屢授以經籙之法，於是分形示化，復立二十四治，增以四治，以應二十八宿，妖厲爲之衰熄。如發鹹泉、破鬼城之事甚多，不能備載。永壽二年，復還渠亭山。出三五斬邪雌雄劍二，陽平治都功印一，授嗣天師衡，使世世相傳。乃乘雲上升，壽蓋一百二十又三云。

衡字靈真，有長材。詔徵黄門侍郎，辟隱居陽平山，誓以忠孝導民。君子謂其有繼宗開緒、納俗安善之功。衡生京師魯，字公祺，益纘前人之烈，以鬼道教人，自號師君。其來學道者，初皆名鬼，卒受本道已信虎祭酒，各領部衆，多者爲治頭大祭酒，皆教以誠信不欺詐。有病者，自首其過。復設義倉，置義米肉其中，任人量腹取飽，過取則有禍。人歸者日益衆，遂雄據漢中。

詔授鎮民中郎將，領漢寧太守。其後歸魏太祖，拜鎮南將軍，封閬中侯。五子皆爲列侯，女歸太祖子彭祖。魯死，謚原侯。生盛，字亢宗。魏太祖封都亭侯，弗受。始自漢中還龍虎山，創三元，日升壇授籙。盛生昭成，字道融，端坐石室，虎豹逢之皆伏。暨化去，或見騎鶴遊空中。啓冢驗之，唯冠履留耳。

昭成生椒，晉安帝召之，不至。椒生回，回生迥，迥生苻，苻生祥。祥字麟伯，隨洛陽尉，能吐丹寘掌中，光芒穿屋，復吞之。祥生通玄，歲大疫，以標植水中，汲飲者咸愈。通玄生恒。唐高宗問治國，恒對曰：「能無爲，則天下治矣。」上嘉之。恒生光，光生慈正，慈正生士龍。士龍忘玉印長安酒家，一少年盡力舉之，不動，明日，士龍笑而攜去。士龍生應韶，應韶生顒。顒生士元，字仲良，瘠而多髯，居應天山四十年。山多虎，人莫敢謁焉。每大風雨，遥見乘黑龍往來諸峰閒。士元生脩，脩生諶。諶生秉一，字温甫，目光如電，夜能視物，嘗負劍行山澤閒，叱一老樹，雷即震裂之，擊死二巨蟒及小蛇百餘。秉一生善，善生季文。五代之季，受其籙文者頗衆，乃鑄鐵環券數萬繼之。季文生正隨，宋太中祥符八年，召至闕，賜號曰真静先生。後凡稱先生者，皆賜號也。吏部尚書王欽若爲奏立授籙院。正隨生澄素先生乾曜，乾曜生虚白先生嗣宗，嗣宗生象中，字拱辰，生三月能行，五月能言，七歲朝京師。錫以紫衣。

象中生葆光先生敦復，無子，從子葆真先生景端嗣。景端亦無子，從弟虚靖先生繼先嗣。繼先字嘉聞，五歲不解言，聞雞鳴，忽失笑賦詩，人異之。崇寧初，解池鹽水溢，遣使者召見，書鐵符投之，怒霆磔蛟死於水裔。一日，隨上入寢殿，宮嬪競以扇求書，繼先以經語書之，❶皆密契其意。中舉一握，稽首書曰：❷「保鎮國祚，與天長存。」乃上所御者也。上奇之。命禱雨，三日乃止。授大虛大夫，不拜。詔江東漕臣，即山中度地，遷建上清觀，改爲上清正一宮。從其學道者，恒數十百人。靖康初，上復召，時金人犯汴，行至泗州天慶觀，索筆寫詩，隱几而化，葬于龜山之麓。後十六年，西河薩守堅遊青城山，相遇於峽口，繼先以書一封，赤舄一隻，令達嗣天師家。嗣天師大驚，使人啓龜山之窆，唯一舄存。

繼先無嗣，以象中之孫時脩嗣。時脩曰：「繼先，從子也，吾烏得後之。」衆曰：「法統所在，孰得而奸？」乃從。時脩生正應先生守真。守真在母胎，歷十九月始産。毗陵有妖憑樹，詔劾之，一夜風雷拔去。後定濤江衝決，高宗賜以象簡寶劍，《清静》《陰符》二經。守真生景淵，景淵生慶仙。張公洞有井甚深，慶仙戲折木葉擲之，俄波濤騰湧，有一老翁從中出，慶仙呵戒之而去。慶仙無子，從子觀妙先生可大嗣。可大，守真之曾孫。其祖伯瑀，父天麟，皆常攝教事。鄱陽水漲，壞民廬無數。袁提刑甫請可大治之，殛死大白蛇，水遂平。尋又遇旱蝗，可大禜之，雨作而蝗殪。敕受提舉三山符籙，兼御前諸宮觀教門公事，主領龍翔宮。時當宋季，元世祖聞其神異，密遣閒使訊之。可大授以靈詮，且謂使者曰：「善事爾主，後二十年當混一天下。」逮至元十

❶「先」，原作「光」，今據上下文及四庫本改。
❷「首」，張本、傅本、四庫本作「手」。

三年，果驗。可大生宗演，字世傳。世祖平宋，憶其父言有徵應，遣兵部郎中王世英、刑部郎中蕭郁賚詔召之，賜玉冠、玉圭，冠以「靈應沖和真人」之號，仍給三品銀印，令主江南道教事，得自出牒度人爲道士。宗演生與棣，字國華。世祖時，宣授體玄弘道廣教真人，賞賚優渥，竟卒于京師。與棣無子，弟與材嗣。

與材字國梁，元貞初，入見大明殿，制授大素凝神廣道大真人。大德二年，海鹽、鹽官兩州潮水大作，沙岸百里蝕齧殆盡，延及州城下。與材投鐵符於水，符踊躍出者三，雷電晦冥，殲怪物魚首龜身，其長丈餘，隄復故常。五年冬，無雪，上曰：「冬無雪，民間得毋有災害乎？」與材爲建壇禱之，是夜雪下盈尺。上大喜，命近臣賜酒曰：「卿能感神明，一至此耶？」八年，録平潮功，加授正一教主，兼主領三山符籙，給以銀印，視二品。九年，崇明州海隄崩，俾弟子持符往劾之，民夢有神填海者，遂安。至大初，加賜寶冠金服，制授金紫光禄大夫，封留國公，給以銀印，視一品。與材生太玄子嗣成。嗣成卒，弟嗣德嗣。嗣德卒，其子正言嗣。正言卒，太玄之子正常嗣。正常字仲紀，即今天師，國朝六覲京師。洪武初，制授正一護國闡祖通誠崇道宏德大真人，領道教事，給以銀印，視二品。上復賜以褒文，稱其「瞳樞電轉，法貌昂然」，人以爲榮。蓋歷代相傳，以眼圓而鉅者爲玄應，故上因及之云。

濂聞文成侯年少時，學禮淮陽，東謁蒼海君。蒼海君，先儒學士以爲海神是也。後又見異人黄石公下邳圯上，則其未達之際，固已能交通於神明。至其晚年，名遂功成，乃欲辟穀從赤松子游，實其初志，非曰托之以自逃也。故其九傳至漢天師，感慕興起，學輕舉延年之術，祓除陰慝，一以善道化民。而嗣師系師繼之，脩其業而弗墜，唯恐有人横遭夭閼者。當漢之季，天下雲擾。唯巴漢之閒民生晏然，行者不裹糧，居者不捍關，官府賴以成治。如此者垂二十年，其功之及物，可謂侈矣。宜其世有令人出俾至化，奚翅古諸侯之國。天之報施，不亦彰明者哉！或者專歸於名山神氣之結，故能演迤盛大如斯，其論亦淺矣。

嗚呼！文成侯子孫，南北在在有之。其以功烈顯著者，小則充法從，大則至宰輔，非不光明俊偉也。曾未幾何，降爲皁隸者，有不免焉。其視玄裔相仍，歷千二百有餘歲而未已者爲何如？蓋必有其道矣。嗣是而興者，尚知勗哉，尚知勗哉！

贈簡中要師游江西偈序

方外範堂儀公來言：「同袍有原要字簡中者，日本之人也，姓藤氏，爲其國貴族。年九歲，依能仁國濟國師，給灑掃之役。久之，國師爲薙落，受具足戒。尋往建仁，與聞在菴禪師大法要旨，遂使侍香左右。每慕中夏禪宗之盛，洪武甲寅夏，不憚鯨波之險，航海而來，憩止南京大天界寺。聞江右多祖師道場，欲往禮其靈塔。頗聞古有贈言之禮，世恒相因，先生能不廢之乎？」予曰：「此吾俗閒事也。簡中學絶俗之道，文字且不當立，況予之賸語耶？」範堂曰：「請爲一偈何如？」予曰：「杳冥之中，其光如皦，不依形立，常與道存。雖偈亦奚以爲？」範堂曰：「此姑寘之，第二門中，何事不可説？先生自通一太藏教，乃欲遏絶初機之士乎？」予曰：「本自現成，誰爲初機？一且不有，孰居第二？强生分別，去道滋遠也。」範堂曰：「先生辨固辨矣，吾無以酬之。簡中必欲徼片言之賜，慈悲者，果能拒耶？」予笑曰：「如此則或庶幾也。」於是合十指爪而喝偈曰：❶

諸法本無滅，是故無所生。其意果云何？本性不變故。衆生墮虛妄，常見有生滅。因緣十二支，猶如玉連環。鈎鎖不可斷，正滯無明根。根斷枝葉枯，豈復能滋生？若能斷其生，而死自然滅。不見有一法，滅將從何起？如來最方便，示此思惟脩。蕩相而明空，功德難思議。如執金剛劍，寒鋩湛秋水。斬除諸煩惱，智慧即現前。轉移刹那閒，不見有真妄。如種鉢特摩，出自淤泥中。華雖未敷榮，其實已全具。雙舉復雙收，不見有先後。如然長明燈，于彼昏暗室。明生暗即亡，非暗往他所。明暗本無二，不見有出入。沙門汝當知，此乃真實義。回光自返照，照性亦并亡。前滅既不接，後起亦不引。前後際皆斷，無思心正住。所謂諸因緣，銷霣無餘者。江右多古塔，骨朽已千載。塔前諸樹株，❷晝夜談妙法。熾然雖不停，無耳乃得聞。沙門汝當知，勿墮於色聲。有佛與無佛，不可生執著。行行早休歇，契彼無上道。

❶「喝」，張本作「唱」。
❷「株」，張本作「林」。

贈令儀藏主序

予聞佛書，一須彌山攝一四天下，一四天下共一日月。須彌有百億，則日月有百億焉。如是乃至恒河沙不可算數之天下，佛法未嘗不流布其間，況震旦一國耶？日本在東海，同爲震旦之國，又可分疆界之内外耶？此所以同慕真乘，而至人攝化者，亦未嘗遺之也。達摩氏自身毒西來，既至中夏，復示幻化，持隻履西歸。後八十六年，當推古女主之世，達摩復示化至其國。世子豐聰過和之片岡，達摩身爲餒者，困卧道左，世子察其異，解衣衣之。已而入寂，遂藏焉。及啓棺，無所有，唯賜衣存。事與隻履西歸絶類，所異者，當時無人嗣其禪宗爾。自時厥後，橘妃遺慧蕚致金繒泛海來請齊安。國師卒，今義空比邱入東，其首傳禪宗之碑，信不誣矣。至覺何之嗣佛海遠，道元之承天童淨，達摩之宗，駸駸向盛。原大法之蘖芽，實肇見於世子之時歟？嗚呼！亦可謂遠也已矣。

範堂儀公，日本之人也，俗姓藤氏。脩習禪觀，夙夜匪懈。至正壬寅秋，航海自閩抵浙，三叩尊宿，咨决法要。洪武癸丑冬，復來蔣山爲侍者，尋遷掌藏史，叢林中以法筵龍象期之。範堂以予頗究内典，圓頂方袍之士無不獲文句而去，謁予以徵贈言。

予謂三藏靈文，琅函玉軸，世所嚴奉者，凡五千四十八卷，六百億三萬一千八百八十八言。其刊定因果，窮究性相，則謂之經；垂範四儀，嚴制三業，則謂之律；研真顯正，覈僞摧邪，則謂之論。三者莫不具焉。範堂既司之矣，司之寧有不受持讀誦之乎？脱若以言，演説之多無踰於此也；如曰直指人心，片言已爲餘賸，何在於博求耶？雖然，萬錢陳於前，非緡無以貫之；萬法散於事，非心無以攝之。假言以明心，挈其綱而舉其要，亦古人之甚拳拳者也。大抵人有内外，佛性無内外；人有東西，佛性無東西。一真無妄，充滿太虚，大周沙界，細入窮微，光輝洞達，皆含攝而無所遺。範堂於此而證入焉，一念萬年，何今何古？寂然不動，誰佛誰生？當此之時，殆非世諦文字之可形容也。達摩氏之所傳，其大旨不過如是而已。範堂徧參諸方，諸方尊宿以範堂精進，多所印可。不知曾有不自寶祕而昌言若斯者乎？

予見範堂向道之切，故舉百億須彌皆有佛法，佛法肇興於日本者，稍著見焉。而末復申之以此者，衛法之事嚴，而利物之心急也。

人虎説

莆田壺山下，有路通海，販鬻者由之。至正丁未春，民衣虎皮，煅利鐵爲爪牙，習其奮躍之態絶類。乃出伏灌莽中，使偵者緣木而視，有負囊至者，則嘯以爲信。虎躍出，扼其吭殺之，或臠其肉，爲噬齧狀。裂其囊，拔物之尤者，餘封祕如故，示人弗疑。人競傳壺山下有虎，不食人，惟吮其血，且神之。已而民偶出，其婦守巖穴，聞木上嘯聲急，意必有重貨，乃蒙皮而搏之。婦人質脆柔，販者得與抗，婦懼，逸去，微見其蹠，人也。歸謀諸鄰，譟逐之，抵穴，獲金帛無算。民竟逃去。嗚呼！世之「人虎」，豈獨民也哉！

王宗器字説

王生璡，字宗器，其先太原人，今家濟南之長山。器局沈凝，而學問精密。洪武五年，以《易經》舉進士，山東名列第三。既上南宫，未試，皇上召見便殿，親命題賦詩。詩成，稱旨，擢史館編脩，賜以冠服，選入禁中文華堂肄業，詔翰林老臣爲師。同時而進者，凡十又七人。車駕時臨策勵之，且取其文品評其優劣，日命光禄寺給膳羞酒漿。每當食，青宫暨親王迭爲之主，而璡等侍飯於左右。冬夏賜衣各一襲，復有白金、弓矢、鞍馬之頒，蓋不一而足。近又使璡攝御史，廉察河南。迨歸，奏對益稱旨。上悦，謂近臣曰：「文華堂諸生如璡等者，皆朕異日將相材也。」其期望之重如此。

璡嘗從余學，故來以字辭爲請。予因序璡遭逢之盛於首，而著命名制字之義於辭。璡能聽之，必上不負於國恩，下不負於所學矣。辭曰：

宗廟之器，貴重實殊。夏有四璡，殷稱六瑚，❶周云八簋，異名同符。其貴斯何？珠玉爲飾。其重斯何？盛以黍稷。嚴奉明禋，人鬼是格。惟端木氏，才堪三卿。文章外見，以言語稱。汝器見許，載諸聖經。今生既長，局度純亮。發爲辭章，大河奔放。器字璡名，父師所望。出逢盛治，講學禁中。天日照臨，以昭以融。❷以達其衷，用廓其蒙。學之茂矣，川之流矣，材之秀

❶「稱」，黄溥本作「用」。

❷「昭」，張本、四庫本作「煦」。

矣，木之脩矣。蚤夜孜孜，唯道是求矣。豸冠巍峩，巡行洛河。貪夫夜逃，良士笑歌。❶君子之爲，君子之多。學無止功，勿畫斯善。辟彼行塗，❷足不留踐。百里至千，所見逾遠。志安於近，行局一偏。筌罔爲鏞，豆難充籩。規模卑狹，世則病旃。德藏于身，動無不被。厥用能周，由體斯具。生尚勗焉，庶幾不器。

王生致遠冠字祝辭

虎林王生，其幼也，父命之名曰驥。及年寖長，加元服于首，大賓字之曰致遠，蓋取梁徐勉所謂「人中騏驥，必致千里」之言也。按《説文》：「驥，千里馬也，孫陽所相者。」其字從馬，冀則諧聲。夫千里馬不常有，以謂世之奇才亦未嘗數見也。以生名若字觀之，則父師所期望者，不亦深且長哉！予雖不及與聞三加酌醴，敢抽蕪思而弘敷其義。生宜聽之，毋忽。其辭曰：

古者體物，取義孔殷。麟紀其瑞，鳳揚其文。表厥茂實，載敷清芬。其一

惟馬之族，本非一類。八尺爲龍，千里曰驥。因生有別，挺材見異。其二

伊驥斯何？墮地不毛。虎文彪炳，龍骨陂陀。天機趫騰，絶山飲河。其三

當其奮飛，神行電逝。若滅若没，一日千里。晨燕晡越，視同游戲。其四

誰其似之，渥洼之姿。肉角飛黃，逸氣纖離。天閑翺翔，玉臺裴回。其五

奚官善馴，是澡是拂。秣以美薦，飫以

❶「笑」，黄溥本作「嘯」。
❷「彼」，黄溥本作「諸」。

香粒。筐惡饜溲，慮無弗及。其六
物尚有兹，人胡不如？天賦權奇，孰不自攄？口噴紅光，長鳴九衢。其七
豈無王良，俾其振迅。未必鹽車，能厄神駿。三羸五駑，過者誰問？其八
生游藝府，逸思超群。剪水爲神，製霞作文。亦既應書，名達帝宸。其九
侍經藩王，出入禁籞。宫袍時頒，大官致饟。寵賚之隆，揆古無愧。其十
「以利天下」，《易經》有辭。取譬奔踶，漢詔以之。任重道遠，生寧勿思？其十一
曷以思之？朝夕兢惕。匪力足矜，所稱惟德。予言非誣，勗之無斁。其十二

宋惟善字辭

宋氏自京兆遷汴，又自汴分遷吴興、虎林。虎林有名善字惟善者，實承其後。吴興則再遷金華，而予之遠裔也。予與惟善爲同宗。予侍講禁林日，惟善以學行貢諸朝。皇上親擢爲給事中，朝夕在帝左右，時被顧問，恩寵有加焉。已而兼靖江王府録事，擢監察御史，改知濟寧府，未上，陞參山東承宣布政司政事。予與惟善爲同朝。瀕行，惟善來言曰：「善以字辭爲請，已二年矣。叔父文墨之冗，日弗暇治，因未敢累執事。今將有遠行，叔父寧終靳一辭乎？」予笑曰：「惟善通書，工辭章，經緯參伍，燦然成文；持節行州縣，彰善癉惡，又愜乎物情。是文學、政事舉勝於人。縱予有言，將何有裨於惟善乎？」惟善請之益力，予不能卒讓，因稽其命名制字之義，綴之以辭。辭曰：

陰陽迭運，道寓其中。繼之者善，性成

乎躬。其善伊何？化育之妙。陽行陰具，萬理樞要。是曰天道，體用弗遺。式昭化源，用樹學基。有倬君子，夙著徽美。內功既加，外聞益侈。積久發弘，上簡帝衷。峻爵穹官，日致顯榮。❶君恩如天，無不覆燾。昧昧思之，非忠莫報。往佐方嶽，審其政機。大見設施，春照秋威。❷孰滯盍疏？孰蠹盍剪？孰才盍登？自邇及遠。此非外鑠，實善之推。成己成人，庶其在兹。我著我辭，徵厥名字。揭諸座隅，以示籤史。

補張馮加冠字辭 有序

瑞安張生馮，宋金部郎中聲道諸孫也。以文學薦於朝，擢奉常贊禮郎。奉常所典祀天神、饗人鬼、祭地祇之禮，其責任爲甚重。馮能周旋佐助，而無越禮愆度，君子稱之。馮當冠時，大賓字之曰子翼，而未有造祝辭者。邇來監祀廣西行中書，其參知政事黄君子邕，嘗爲推説字義而序之。馮事予頗謹，閒復以祝辭爲請。予按《士冠禮》載其三加之辭甚具。辭，古也；而字説，則今也。予雖不敏，弗能從大賓與聞制字之義，馮之意難固拒也，遂黽勉以補其辭。辭曰：

冠而有字，爲敬其名。曷爲敬之？期學之凝。學將焉施？莫重夫祭。大嘏之受，因神所致。孰有賢行？慎擇爲尸。豫撰厥几，庶堪馮依。豈惟佐食，宿有命戒。皇尸戾止，益虔弗懈。偘偘工祝，左承右趨。既贊道之，復扶助之。馮之謂何？如

❶「榮」，張本、四庫本作「融」。

❷「照」，張本、四庫本作「煦」。

神斯據。翼之謂何？如鳥展翅。百靈繽紛，儼乎若臨。洞徹上下，精白一心。《詩》咏《卷阿》，歸於孝德。放諸四海，準是爲則。爾職贊禮，陟降廟郊。周折圓方，弗僭絲毛。非志之醇，疇能及此？宜勵其功，慎終如始。自此而推，泉達火然。孝親忠君，其道一原。內涵外充，一循乎敬。大本既敦，末罔不正。爾有長才，發軔在兹。何遠弗召？何福弗宜？探名索字，孳孳不已。賢亦何人？希之則是。

補臨川危安子定加冠祝辭有序

冠者，責成人之道，其禮自天子至于諸侯、卿、大夫、士，各有隆殺之節。儀文雖已失傳，唯《士冠禮》獨存。告廟、筮期、宿賓、命贊，弁有皮爵之等，裳有黃玄之錯，器有尊甒柶觶之用，鼎有乾胏離肺之實，三加而彌尊，制字以敬名，其爲禮甚嚴矣。夫何故？事親、從兄、忠君、敬長之行，望其有所成也。古昔盛時，以冠爲諸禮之首者，其職此之由歟？自冠禮久廢，風頽俗靡，冥然夜行，如擿埴而索塗，君子未嘗不爲之永嘅也。

臨川危生安，清敏好脩，爲文辭，亦整緻可觀。嘗從郡諸生肄業成均，學士大夫多延譽之。其師曾先生旦初爲字曰子定，來謁禁林，求予爲之説。予謂字之有説，《説文解字》備述之矣，何假人言哉？然三加成禮之後，既命之字，必造辭以祝之，是猶可爲也。於是歷序冠禮之嚴，定字代名者爲甚重，繼掇《大學》知止之義，而申之以辭。生慎聽之，其將躋君子之域矣乎。其辭曰：

人之初生，父命其名。弱齡攸届，乃以字稱。此非彌文，實厚彝經。四行之貴，用底于成。其一

爾生名安，以定爲字。稽諸聖經，敷列其義。必先知止，始奠厥志。射有正鵠，直趨而遂。其二

方其未定，逐物而摇。紛紜舛戾，水湧風飄。及既定只，類鑑孔昭。事至則應，順而不膠。其三

曷爲致斯？因静之故。静爲動基，理罔弗具。辟地博厚，發育萬彙。區萌畢達，隨風而布。其四

静主乎内，靈扃廓然。靡隱靡顯，隨寓而安。天光昭焕，人滓將刊。漸獲所止，斯不爲難。其五

惟古之學，明體適用。出輔邦家，瑞若麟鳳。逮及後世，葩藻是弄。誇多鬭靡，有如聚訟。其六

昔我臨川，學者所宗。仰視陸子，其猶神龍。駕風鞭霆，雨于太空。被其澤者，碩大而充。其七

憫彼夸毗，以華喪質。直究本心，皦如出日。微言猶存，可以尋繹。生居其鄉，敢不自力！其八

爾生長矣，煒如秀榮。濯濯而明，英英而貞。從師受經，啄其至精。亦既有文，五色交縈。其九

我後賓贊，不與酌醴。今補祝辭，庸申規厲。行固宜篤，知亦須至。安定其中，聖域可企。其十

恭題御賜文集後

洪武八年，歲次乙卯，春三月壬辰，皇

帝御乾清宫，召臣至，問前御史中丞劉基何日成行。臣以翌日對。繼問病勢不革否？還可自力至家否？臣復具以聞。時基有霜露之疾，上憫其爲開國舊勳，特降手敕，令起居注郭傳宣示之，俾還山以便侍養。然聖衷猶念之弗置，於是延臣扣其詳。語畢，上步出宫門，臣從後至丹墀。上忽顧内史張淵曰：「汝往取新刊文集一部，賜學士宋濂。」臣謹叩頭謝。淵引臣至典禮紀察司，與司副李彬言，紀臣氏名於籍，始頒受焉。蓋文集係御製，凡三帙。入梓雖訖，尚祕藏禁中。當時受賜者，唯太師李韓公善長，中書右丞相胡惟庸，與臣爲三人。故内臣致謹之如是也。

臣仰惟聖學高遠，猶天之不可階而升也。其發爲宸章，麗日卿雲，照臨下土，固非蟣蝨小臣讚詠所能盡。至於寬仁峻德，優遇舊勳，及寵異文學侍從之臣，恩意兩盡，尤非前代帝王之所可企及也。臣抃蹈之餘，故備書應對之語，與獲是寵賜之由於篇末，俟他日歸田，當造爲彤笥，飾以雙金龍，尊閣於山中云。

恭題御書賜蘄春侯卷後

洪武六年夏六月十又三日，皇上幸大本堂。堂乃儲君講道之所，而諸親王肄業於左右。當是時，勛舊之子亦聽執經入侍。上既至，召開平忠武王之子鄭國公常茂、蘄國武義公之子蘄春侯康鐸列于堦下，慰勉再三。復敕奉御具觚翰，親書二帖，一賜茂，一賜鐸。帖皆八字，其賜鐸者云：「謹承祖業，愛爾勤功。」鐸稽首再拜而受。乃命良工用黄綾玉軸裝潢成卷，珍襲以示子孫。鐸嘗受經於臣濂，來請識之。

臣伏覩國家之遇勳舊，義雖君臣，情踰父子，上下相孚，脗合無間。蘄國公值四海雄争之初，多樹奇功，不幸蚤世，不得見今混同之盛。❶宸衷憫悼，朝夕弗忘。既敕近臣經紀家事，復令其子習學禁中，且以承祖業爲朂，其恩數至優渥也。夫祖業未易承，必勤功之人，乃克能之。聖謨所及，正合《書》中「業廣惟勤」之義。鐸宜拳拳服膺而弗失，庶幾上不負君師之訓，下可以保前人之功業矣。鐸尚朂之哉，鐸尚朂之哉！

帖傍書「康二子」者，以別與茂也。二子，鐸與其兄鑑。鑑今僉廣西護衛指揮使司事云。

恭題御製命桂彦良職王傅敕文後

皇上以上智之聖，延攬英傑，置之庶位，知人善任，誠近世所未有。洪武十一年，詔以太子正字桂彦良爲晉王傅，且親御翰墨，爲文敕之，識謹身殿寶。其子中書舍人慎，裝潢成卷，請臣題其後。

臣惟古明王之待重臣，寵之以爵，告之以言者，有之矣，然其時之文，多述於代言之人，求其出於親製者，不可得也；親製者，如漢武之於吾邱壽王莊助者，有之，求其褒許隆至，教告深切如此者，不可得也。臣與彦良同朝，且同官東宫甚久。彦良之爲人，淳篤和易，有長者風，當今廷臣，鮮見

❶「同」，韓本作「一」。

其比。上嘗以儗臣濂，雖臣亦自以爲不及也。今敕文以善學孔孟稱之，而望以王佐之業，傳所謂「知臣莫若君」，其此之謂歟？

雖然，今以職爲相傅者，凡數十人，上未嘗以言爲賜。或賜以言，未嘗以稱彦良者許之也。彦良獨蒙聖知若此之至，安可不思報乎？具簿書，綜獄訟，他人能之者，上不以責彦良，亦非彦良之所以報上也。必也輔王以德義，迪王以忠孝，使晉國有泰山之安，賢王有明哲之譽，而彦良之名，亦相與流於千萬載。此豈非上之望於彦良者歟？彦良其可不勉歟？

恭題豳風圖後

臣濂侍經於青宮者十有餘年，凡所藏圖書，頗獲見之。中有趙魏公孟頫所畫《豳風圖》，前書《七月》之時，而以圖繼其後。皇太子覽而善之，謂圖乃方帙，恐其開闔之繁，當中折處丹青易致損壞，命良工裝褫作卷軸，以傳悠久，屢下令俾臣題其末。

臣聞之，《七月》一詩，序者謂周公陳王業以告成王，故備悉稼穡之艱難。自「于耜」而「舉趾」，自「播穀」而「滌場」，以至「上入執宮功」，莫不纖悉備具，而紅女蠶績之勤繼焉。❶嗚呼！國以民爲本，而民之至苦，莫甚於農。有國家者，宜思憫之，安之。宋之儒臣真德秀有見於斯，嘗請于朝，欲繪農夫、紅女勞勤之狀，揭之宮掖，布之戚里，使六宮嬪御、外家近屬知衣食之所自來。盛矣，其用心也！

恭惟皇太子殿下，天賦懿德，仁孝温

❶「紅」，黃溥本作「功」。

文，而尤留意於農事。每於禁中蓺植麥禾，以觀其成。則其憫小民勤勞，固不待周公之告而後知。然而此心易發而難持，自古賢君，恒存敬畏，至以朽索馭六馬譬之。願殿下之心，朝夕如覽圖時，則四海乂安，無一夫而不被其澤，盛德大業，必將度越成王無疑矣。臣年雖耄，日切望之。因推德秀之意，備書篇終，以竭犬馬之誠云。

題趙博士訓子帖後

昔者，趙簡子書訓戒之辭以授二子。三年而問之，伯魯不能舉其詞，無恤則誦其辭甚習，求其簡，出諸袖中。君子由是知其賢不肖之分也。會稽趙君圭玉官法從時，其父博士君作《訓忠》之書寄之。圭玉佩服而弗忘，復裝褫爲幢軸，懸之齋閤，不翅盤盂几杖之銘。嗚呼！圭玉固簡子之遠裔，其亦聞無恤之風而興起者歟？

題李霽峰先生墓銘後

濂兒時，伏讀霽峰先生所撰《大都賦》，即慕艷其人。逮長，受經於黄文獻公，爲言先生博學而能文，議論英發，如寶庫宏開，蒼璧、白琥，黄琮、玄圭，雜然而前陳，光彩照耀，不可正視，蓋豪傑之士也。未及往見，而先生竟觀化冥冥之中。後三十年，而公復薨逝。又二十年，濂亦髮種種而視茫茫矣。慨念疇昔，有志弗强，賢者不能往親，幸獲親者，又不能盡傳其所學，可勝歎哉！先生之曾孫象賢，與濂胥會南京，出公所撰墓銘及文集序相示。三復之餘，益重耿耿。象賢名垚，嗜學而有文。今試藝銓曹，擢官鄜州别乘。先生爲有後矣。

題唐太宗哀册文後

天台詹君國器，嗜古如嗜利。近於汴梁市中，購得褚登善所撰《唐太宗哀册文》一卷，舊嘗藏相臺岳珂倦翁家，後有北燕喬簣成所題，定爲唐人書。詹君既自識其左，復請濂一言之。

濂聞唐故事，哀册，國之大典也。非職載筆至司鈞衡者，不敢爲之。登善自貞觀二十二年九月己亥爲中書令。二十三年三月丁卯，太宗不豫。四月己亥，幸翠微宫。五月己巳，崩于含風殿。庚午，奉大行御馬輿還京師。當是時，登善秉政中書，緝熙帝載者已九月，哀册必屬之，蓋無疑也。此卷當爲命稾之第二，故於二十三年下闕「歲次己酉五月甲辰」八字，嗣皇帝下不書「治」字，「家傳縉雲」下無「高祖配天，一人有慶」八字，「遡悲風於長」下闕「術」字。然特其闕文耳，徵之《大詔令》《蘿圖》《琬琰集》《文粹》《文苑》諸書，其更改又各有同異，殆不能悉數也。

濂竊按正史、雜史，咸謂太宗以八月庚寅日葬，與《大詔令》等書並同。庚寅，則八月之十八日也。今獨云庚子，則是月之二十八日，不知何以有一旬之差？將史誤耶？或稾本之筆訛也？嗣皇帝之名不書，懼瀆也，其理固當。太宗之崩，既書「二十六日己巳」矣，年月甲子，初何足隱諱而懸空之耶？尤有不可得而曉者。相去七百餘載，其事不可臆度，未可以遽言也。

若論字畫，當爲登善所書。登善初師虞世南，晚入右軍之室，故唐之能正書者僅二十八人，而登善居三四之間。此卷温潤似虞，其結體則多法右軍。世之人徒見登善所書或與薛稷類者，遂疑之，殊不知先哲有兼人之才，而其作字，初不拘一體。張顛善草書，至其小楷，極端謹有法，傳其學者，唯顔真卿得之爾。觀登善者，宜以是求之。簣成雖號能鑑古，其言似不足徵也。國器尚永寶之。❶

題趙子昂臨大令四帖

趙魏公留心字學甚勤，羲、獻帖凡臨數百過，所以盛名充塞四海者，豈無其故哉！後生小子，朝學操觚，暮輒欲擅書名者，可以一笑矣。今觀張唯編脩所藏臨大令四帖，聊書其末，以示解事者。

題李節婦傳後

婦人以節稱，乃其至不幸也。與其執「之死靡他」之誓，曷若咏「君子偕老」之辭哉！然而一與之醮，終弗改其操。身雖不幸，而其苦節則有可尚者已。若朱氏婦疇，豈非其人哉！

嗚呼！婦以節旌者固多，而其事則殊。有慕夫家貴富而不忍去者，有年壯多子而不易割恩者，有不能冰雪其行，姑盜名以欺世者。疇之父母，納李實爲贅壻，合巹甫十日，實賈遼東，遂溺死於海。疇誓不更適，養父母終身，且依弟珍以居。信誓堅確，其皦如出日者歟！揆前三者，其無一

❶ 文末，張本有「翰林學士金華宋濂題」九字。

之可疑者歟！斯所謂真節婦矣。張侍講以寧傳以顯之，孰謂非宜？或者猶以未得旌褒爲恨。然旌表，朝廷事也。

題新脩李鄴侯傳後

余讀歐陽子等所脩《新唐書》，事多舛謬。如紀中載膠東郡公降封縣公，而傳中乃稱「郡公」；傳中叙天平節度四人，而紀中則云七人。此猶可也。宰相載於世系表，而于惟謙相中宗，鄭綮相昭宗，武什万相武后，乃皆棄而不録。此猶可也。觀其述作，繁者失於支蔓，略者過於簡率，以致涣而無統，鬱而弗章，則其所繫者重矣。劉昫舊史義例無法，❶固不足責，豈意新史亦復爾耶？吴縝糾繆，蓋不得不作也。有若李泌在唐，建謀猷，輕爵禄，髣髴漢之留侯。新舊史皆略其事，且譏其好縱横大言，以鬼道媚人主，取宰相，何其悖耶？晉王府長史朱君讀而病焉。因據泌之子繁所録家傳十卷，參考群書，倣前賢删正陶潛、諸葛亮二傳，芟繁摭華，重爲泌傳一通，泌之事始大白於天下後世。嗚呼！微朱君，泌不銜冤於九泉之下乎？然而《唐史》之謬，不止於此而已。縝之所未糾者尚多，朱君宜推類以盡其餘哉！

余總脩《元史》及《皇明日曆》，朱君皆與其事，余見朱君有良史之才，故爲題識傳後，而屬望之如此。若余之耄，則無能爲矣。朱君名右，字伯賢，天台人。

❶「昫」，原誤作「晌」，今據張本改。

題甘節卷後

地天爲「泰」，純剛純柔之卦也。「節」自「泰」來，則柔來節剛，剛上節柔，恐其剛柔過盛而無節也，故當節之。然節至於苦，則不能常，決非貞之道。又必至於甘節，從容悦豫而無窘束之意，乃爲人情之所尚也。《易》之所謂「甘節」者，其大意蓋如此。

鹽城孫君子章，僑居吴郡甘節里，因以甘節老人自號。然孫君篤厚長者，居鄉多善行，而每事有當節者，輒節之，自苦以至於甘，婆娑嬉游以至終身，然亦未嘗過也。揆於《易》卦所謂「節」者，施之一身，不幾亦有合歟？

孫君之子化，以能古文辭名世。朝廷聞其賢，徵爲侍儀使。名聞之升，正騰騰未已。是則「甘節之亨」，又當復見於此矣。

題柏庵圖後

上黨馬君庭堅，其幼也，父名之以柏，長遂築室而居，曰柏庵。及主事勳曹，轉閩省檢校官，不至庵中者頗久。乃命盱江藍瑜畫爲圖，時展玩之。而其僚友員外郎王彦和實爲之記。庭堅來京，復請濂題其後。

傳有之：「鬯臼以椈。」説者謂：「椈，柏也。椈柏性堅緻，有脂而香，故古人破爲臼，用以搗鬱。」嗚呼！柏之德，與申椒、胡繩同，又不特歲寒後凋而已。庭堅之父托此而訓名，其知之深而望之至哉！庭堅不惟奉以自名，且以名其室，是跬步不忘乎親矣。不忘乎親者，庸非孝乎？

昔者，蘇文公命其二子曰軾、轍，且知

軾之不外飾，而車仆馬弊，患不及轍。其後咸如文公之言。今庭堅所守貞勁而芳譽遠聞，有無愧於柏者。知子莫若父，信哉！或謂庭堅樹柏築庵，乃爲肥遁之計，非至論也。

題商山四皓圖

右《四皓圖》一卷。所謂「四皓」者，昉見《史記·張良世家》，則東園公、綺里季、夏黄公、甪里先生是也，❶初不知其姓名。按《陳留志》，園公姓庚，名秉，字宣明，居園中，因以爲號。夏黄公姓崔，名廣，字少通，齊人，隱居夏里脩道。甪里姓周，名術，字元道，河内軹人，孔父《祕記》又作「禄里」。此皆王劭據崔氏、周氏世譜，及陶潛《賢輔録》而爲此説。綺里季則無聞焉。或曰：「姓氏書云：『綺里姓，季其字也。』」予方疑其誕妄不經。及讀顔師古《漢書注》，果謂四人者匿迹遠害，氏族無得而詳，皆後世皇甫謐、圈稱之徒及諸地里書説所傅會。可見古人讀書精審，固有以及之者矣。而周公謹所著《齊東野語》，又呫呫不置者，何耶？非惟此也，傳記所載如伯夷、叔齊之類，一一具氏名甚悉，經中既無明文，不知後世何因而知之耶？一笑而斥之，斯可矣。然自舊以「夏黄公」爲一人，而畢士安則謂「綺里季夏」爲一人，「黄公」别是一人，其説尤異。據漢惠帝時所刻四皓神座，一曰園公，二曰綺里季，三曰夏黄公，四曰甪里先生。惠帝去四皓不遠，足以證士安之謬矣。偶題此圖，遂牽聯而書之。畫之工拙，尚未暇論也。

❶「甪」，原作「角」，今據張本改，下同。

題冰壺子傳後

松陽周世英，其名爲繹祖。通經書，有長者行。凡遇過客匱乏者，必傾貲濟之。客去，藐然不記其姓氏。然於利養榮名，尤視之泊如也。

近舍二十里，有火光發山中，上燭霄漢，連夕不滅。有精其藝者，密告世英曰：「此白金之祥也。唯姜氏之地，其鑛獨夥。公片言可得之，慎毋洩也。」公叩諸姜氏，果見從，遂定券持泉與之。擇日，將鑿石取鑛。或譏姜氏曰：「爾家就其地軋麻爲油，數世矣，利孰大焉，奈何鬻之？鬻之果義乎，非義乎？」世英聞之，歎曰：「不義在我，非彼之罪也。」乃折券棄泉，以其地還姜氏。姜氏亦固請曰：「長者固寬厚，胥人將何以自寧？敢辭。」世英深拒之，乃已。姜氏後知其故，歸采白金滿籯。

當元之季，有以縣丞告身從驛遞中至者，啓視之，則世英氏名州里也。莫知其所從來。蓋世英遇士有恩，故薦諸朝署而授之官。世英曰：「吾白髮垂領已，焉用此爲哉？」竟不上。惟優游林壑閒，卜地以爲樂邱，作藹菴一區，時招朋命觴以自娱。

世英之賢行甚多，今姑舉一二，餘則可以例知也。士大夫以世英潔清，號曰「冰壺」，傳之，歌詠之，且成卷軸矣。類多綺繡其辭以爲工，而無關其實行。予不敢效尤，特書此於卷末，使周氏子若孫藏之。時出而觀之，不有蹶然而興起者，吾未之信也。

宋文憲公全集卷十七終

宋文憲公全集卷十八

題永新縣令烏繼善文集後

世之學者必有師，雖百工技藝之微，亦必有以相授，然後能造其閫奧。況爲文者，發造化之祕，貫今古之統，苟無以管攝而闔闢之，則何以盡其變化不測之妙？其不傳之於師，奚可哉？

吾鄉脩道先生胡公，以光明正大之學，發於精深嚴簡之文，訓迪學子，篇章句字皆有法。往往從之者，多得文之旨趣。其所造固有淺深高下之殊，而體裁終不失於古。四明夢堂噩師，雖居浮屠中，能久與先生游，先生爲文之法，實與聞之。

烏君繼善，自幼學文於夢堂，凡先生所指授者，悉以語烏君。故烏君之爲文，峻潔如明月珠，起伏如春江濤。因語二三子曰：「必如烏君，然後可以言文也。」若無師授，其可易致是哉？予常譬之：有美錦焉，使朝市縫人製之，則能中度而適體；委於巖穴之粗工，則左低而右昂，上侈而下斂。錦固錦矣，其如不合何？文之無師授者，亦若斯而已。

予老且多病，文字一切謝去不作。縱有一二，多仰手於人。獨喜烏君之文，親題後而歸之。嗚呼！予生也，雖居先生之鄉，而不能傳先生之學。其於烏君，又豈能無慊於中哉！

烏君名斯道，繼善字也，明之慈谿人。嘗知化之石龍縣令，調吉之新水。其爲人温然如玉，蓋與相稱云。

題湯處士墓銘後

予觀老友陶先生所撰《湯處士墓銘》，歎其制行淳厚，何其絶於人哉？竊求其故。處士之諸祖，嘗置義田以贍宗族，積累深長，故其孫子多賢。此固天佑善人，理當報施者如是，抑亦家庭之閒耳濡目染之所致也。

昔者，范文正公、吴文肅公皆有志義田，及登二府，禄賜豐厚，方能遂其所願。儒先學士每豔其事，且謂劉暉簽判家無餘貲，能於初仕亦置義田數百畝，實有難於二公者。嗚呼！暉亦食君之禄矣。今湯氏以布衣之家，初無禄賜之入，其於義事，乃能上與二公相抗，可不謂尤難哉？能爲其人之所難，故天之所報，亦出於尋常之表。宜其處士之賢，有足稱道也。湯氏之興，固將未艾，後世之顯，豈無范、吴其人哉？予將望之。

題陳生宗譜後

氏族之學，難言也久矣。陳本嬀姓，禹封舜子商均於虞城，至周武王以元女太姬配胡公而封諸陳，其後子孫有奔齊者，遂以國爲氏。傳裔既久，乃至混淆。有本姓陳氏而更爲田氏、王氏者，有本姓白氏、高氏而冒爲陳氏者。此固失之。成安君陳餘，自大梁起兵從劉、項，陳嬰自東陽以兵屬項梁，二人雖曰同時，本非父子，唐表却以爲嬰生餘，尤爲無稽之甚。史家且爾，千有餘歲之後，爲孝子慈孫者，欲求譜系之真，其果何如乎？不若信以傳信，疑以傳疑可也。

予學子陳生晟，自著《譜圖記》一篇，書其所可知，而闕其所不知，真有識之士哉！雖然，公侯之興，寧有定世？生知種學績文，有聞於多士，爵禄之來，將有不可禦者。使後世子孫藉其遺耀，允有所攸賴，不亦美乎？生尚勖焉可也。

題顧主簿上蕭侍御書後

嗚呼！君子之制行，毫末不可不謹，一行有玷，則衆善皆隳，雖其後痛自刻責，而覆水不可反瓶矣。此濂於侍御史蕭振之事，不無感焉。❶

振字德起，温之平陽人。本趙忠簡公鼎所薦，因秦檜引之入臺，遂親檜而疏鼎。蓋主和議者檜也，鼎與劉太中毅然不從，振劾太中以摇鼎，鼎竟罷相。及乎物議不可屈，振頗自悔，乃與檜時相異同。聞楊煒上書責李光徇檜議和，振因薦煒改秩，意將藉此以自洗滌，殊不知適爲池陽之謫矣。嗚呼！振之治政，歷歷可紀。其在西蜀，尤有聲，故高宗爲發「前有胡世將，後有蕭振」之歎。使無劾鼎一事，振能不得爲君子矣乎？❷後世公論之定，卒儕之何鑄、王次翁、樓炤、句龍如淵、羅汝楫之閒，號爲檜黨。立身一敗，萬事瓦裂，豈不信然哉！

振之友同里顧岡次鳳，時爲錢塘縣主簿，移書於振，其辭雖甚柔婉，隱然有主鼎不附和議之意。當是時，主桐廬簿賈廷佐亦疏檜，累數千言。桐廬與錢塘，其地密

❶「不」下，黃溥本、韓本有「能」字。

❷「不得」，黃溥本、韓本作「得不」。

邇，豈或相爲謀耶？ 然廷佐劇論「讎恥不可忘，名分不可貶，和約不可信」，請誅王倫，拘虜使，❶決意用兵，其言尤壯烈，又可見一時士大夫忠義所激，雖小官且然，不特李綱、張燾、曾開、胡銓諸公而已。惜乎岡之書不附戊午讜議中。予故備論之，使讀者知戴天履地爲人，一刻弗忘君，而不失足權姦之門，庶幾仰不愧、俯不怍。所以然者，既深爲振惜，亦以振爲大戒也。

岡五世孫元龍，請白野忠介公繕寫其書成卷，而歐陽文公、黄文獻公、余忠宣公咸爲題識。元龍之弟仲華，復來徵濂文不已。岡亦多賢子孫也哉！

題李伯時畫孝經圖後

右李公麟所畫《孝經圖》一卷，至正中著作郎永嘉李孝光進入祕府，順帝詔翰林學士承旨臨川危素逐章補書經文。元社既屋，皇明受命，圖入晉王邸。王下教俾濂題識其左。

濂聞史皇作畫，倉頡制字，本出於一源。聖人因字以著經，而善繪事者，則因經而作圖。故古之人或繪《詩》與《春秋》，或像《論語》，或畫《爾雅》，而圖《孝經》尤多。人觀之者，有若親逢其事，感悦而歆慕，不待辭説，而意趣自顯。則其於經，似不爲無助也。公麟集顧、陸、張、吴諸家之長，爲宋畫第一。其圖是經，蓋取法於顧愷之。勢如雲行水流，自然有起伏之態，誠希世之寶也。

然而王者之所寶，在孝不在畫也。歷

❶「虜」，原作「北」，蓋因清忌而改，今據張本改回。

代賢王，其聲光流於無窮，鮮不以能孝而致之。載諸史册，尚可考見。經曰：「昔者明王，事父孝，故事天明；事母孝，故事地察；長幼順，故上下治。」斯言至矣，願王日加之意焉。

題柳公權書度人經後

正書之擅名者，自魏鍾繇而至於宋，僅得四十四人，而唐柳誠懸實錚錚乎其閒。則夫墨妙筆精，有不待贊矣。其入宋祕府凡六帖，而書《度人經》者二，此卷特其一爾。是經乃晉宋人僞作，至誠懸時，相傳稍久，故信而書之。近代紫陽方回則謂五季蜀王建時，道士王喬始造，且確然弗自疑，不幾於甚可笑歟？使回見誠懸書此，吾知其顙有泚矣。

題梁楷羲之觀鵝圖

梁楷，東平相羲之後。善畫人物鬼神，學於賈師古。宋寧宗時，爲畫院待詔，賜以金帶，不受，掛於院中而去。君子許有高人之風。或者但知筆勢遒勁爲良畫師，且又謂其師法李公麟，皆誤矣。

新刻廣韻後題

右《廣韻》一部，雕刻已完，可模印。然自梁沈約制爲聲韻以來，隋仁壽初，陸法言等纂次成編，唐儀鳳末，郭知玄復帥其屬而附益之，時號《切韻》。天寶中，陳州司法孫愐以《切韻》爲繆略，復增字四萬二千三百八十三，雅俗兼收，務矜該博，且取《周禮》

之義，又更名曰《唐韻》。宋祥符初，陳彭年、邱雍復重脩之，又易名曰《廣韻》。至於宋祁景祐《集韻》之出，復增二萬七千三百三十一字，而《廣韻》微矣。近代書肆喜簡而惡繁，《集韻》罕傳而《廣韻》獨盛行。濂等奉敕校定，一遵《洪武正韻》分合之例，布列如左，註則並仍其舊。舊韻凡二百又六，今省爲七十六云。

韻府群玉後題

右《韻府群玉》一書，元延祐閒新吴二陰兄弟之所集也。二陰，一名時夫，字勁弦；一名中夫，字復春。博學而多聞。乃因宋儒王百禄所增《書林》《事類》《韻會》、錢諷《史韻》等書，會粹而附益之，誠有便於檢閱。板行于世，蓋已久矣。入我聖朝，近臣奉敕編《洪武正韻》，舊韻音聲有失者改之，分合不當者更之，定爲七十六韻。今重刻是書，一依新定次序，而字下所繫諸事，並從陰氏之舊。因書其故，以告來學者。

題邕禪師塔銘後

長沙歐陽信本書，在唐評爲妙品。鄭漁仲《金石略》所載凡二十三種，而行於南北者，惟《僧邕塔銘》及《醴泉銘》而已。二銘多所翻刻，南本失於瘦，北本失於肥，殊無精絶之本。予嘗於越見胡文恭公所藏《醴泉銘》，肥瘦適均，精彩煥發，識者定爲初刻。今觀此《塔銘》，其神氣絶與之類，誠可寶玩也。然《塔銘》尤信本得意書，姜堯章謂勝於《醴泉》，駸駸入於神品，其亦知言也哉！元諸大老賓品評於其閒者，凡十又三人。予尚何言？庸掇拾緒餘，而書於左方云。

恭跋御賜詩後

臣聞自古人君有盛德大業者，其積慮深長而詒謀悠久，必日與文學法從之臣論道而經邦。當情意洽孚之時，或相與賡歌，或褒以詩章，或燕之内殿，君臣之閒實同魚水，非直以爲觀美，所以禮賢俊、❶示寵恩而昭四方也。有如唐之文皇，宋之太宗，其事書諸簡編者，可以見之矣。

皇明紀號洪武之八年秋八月甲午，皇上覽川流之不息，水容澄爽，油然有感於宸衷，陋尹程《秋水賦》言不契道，乃親更爲之。賦成，召禁林群臣觀之。且曰：「卿等亦各撰賦以進。」臣率同列研精覃思，鋪叙成章，詣東皇閣次第投獻。上皆親覽焉，復寘品評於其閒。已而賜坐，敕太官進天廚奇珍，内臣行觴。觴已，上顧臣曰：「卿何不盡飲？」臣出跪奏曰：「臣荷陛下聖慈，賜臣以醇醪，❷敢不如詔？第臣年衰邁，恐不勝杯酌，志不攝氣，或愆於禮度，無以上承寵光爾。」上曰：「卿姑試之。」臣即席而飲。將徹，上復顧臣曰：「卿更宜釂一觴。」臣再起固辭。上曰：「一觴豈解醉人乎？卒飲之。」臣舉觴至口端，又復瑟縮者三。上笑曰：「男子何不慷慨爲？」臣對曰：「天威咫尺閒，不敢重有所瀆。」勉强一吸至盡。上大悦。臣顔面變赬，頓覺精神遐漂，若行浮雲中。上復笑曰：「卿宜自述一詩，朕亦

❶「賢俊」，黄溥本作「俊乂」。
❷「醪」，張本作「酎」。

爲卿賦醉歌。」二奉御捧黄綾案進，上揮翰如飛，須臾成楚辭一章。臣既醉，下筆傾欹，字不成行列。甫綴五韻，上遽召臣至，命編脩官臣右重書以遺臣。遂諭臣曰：「卿藏之，以示子孫，非惟見朕寵愛卿，亦可見一時君臣道合，共樂太平之盛也。」臣行五拜禮，叩首以謝。上更敕給事中臣善等賦《醉學士歌》云。

臣既退，竊自念曰：臣本越西布衣，粗藉父師明訓，弗墜箕裘之業而已。一旦遭際聖明，遣使聘起之，踐歷清華，地躋禁近，無一朝不覲日月之光。如此者凡十又七年。叨冒恩榮，夐絶前比。所幸犬馬之力未衰，誓將竭奔走之勞，以圖報稱。今天寵屢加，雲漢之章照燭下土，臣竊自靖度，何足以堪之？雖然，傳有之：「泰山不讓土壤，故能成其大；河海不擇細流，故能就其深；王者不卻衆庶，故能明其德。」洪惟皇上，尊賢下士，講求唐虞治道，度越於唐宋遠甚。雖以臣之至愚，亦昭被非常之殊渥。六合之廣，其有抱藝懷才者，孰不思踊躍奮厲以揚於王庭哉？臣按《南有嘉魚》之詩有曰：「君子有酒，嘉賓式燕以樂。」序者謂：「太平之君子至誠，樂與賢者共之也。」皇上寵恩之便蕃，抑過之矣。又按《天保》之詩有曰：「罄無不宜，受天百禄。降爾遐福，惟日不足。」序者謂「臣能歸美以報其上」。臣雖無所猷爲，願持此以頌禱於無窮哉！古者侈君之命，勒諸鼎彝，藏諸宗廟，嗣世相傳，以至於永久。臣敢竊援此義，❶礱玉爲軸，裝褫成卷，什襲珍藏，以顯示來裔。給事中臣善等應制諸詩，附録其後。

❶「此」，黄溥本作「斯」。

而賢士大夫聞風慕豔而有作者，又別見左方云。

跋西臺御史蕭翼賺蘭亭圖後

予幼時，聞文皇遣蕭翼賺《蘭亭叙》於辨才事，頗疑之，以爲文皇天縱人豪，未必爲是瑣屑也。及覽劉餗傳記云：「《蘭亭叙》因梁亂流落人閒，陳天嘉中，爲僧智永所得。至大建中，獻之宣帝。隋平陳，又獻之晉王廣，即煬帝也。帝不之寶，僧智果從帝借搨，及登極，竟不從果索。果死，弟子辨才獲焉。文皇爲秦王日，見搨本驚喜，乃貴價市羲之書，《蘭亭叙》終不至。及知在辨才處，使歐陽詢求得之。以武德二年入秦王府。」由此而觀，辨才之師乃智果，非智永；求《蘭亭叙》者乃歐陽詢，非蕭翼也。汝陰王銍性之采餗所載，謂：「餗父子世爲史官，是正文字尤精，其言當不妄。」遂詆蕭翼之事鄙妄狹陋，僅同兒戲。且云：「秦邸不能遣臺臣，文皇始定天下，威震萬國，尪殘老僧，亦何敢靳一紙書？」其意正相合。予疑於是頓釋。或者猶云：「辨才所居雲門寺，有翼留題二詩，秦、晁、黄三公皆信而不疑。」此固不足取以爲據。至若閻立本繪辨才、蕭翼圖，則出於何延之等傅會，謂爲立本當時之所親見，尤非也。今閱此卷，遂執筆詳識如此。年耄神昏，未必能中乎理，又俟博雅君子定之。

跋樗散生傳後

樗似椿，人呼爲山椿，或呼爲虎目桐，以其葉脱處有痕如之，故名。材極易大，而不中器用，故又以散材稱之。同郡許君存禮，有長材，而不輕於世用，托樗散生自號。雖其執德之謙，要亦有激云爾。然而白玉在璞，而中夜吐光若虹，雖欲自閟，終不可得。存禮今用薦者教授于燕。將自此而升爲徂徠之松，新甫之柏，建明堂，構清廟，爲棟爲梁，無所不宜。樗散云乎哉，樗散云乎哉！

跋韓忠獻王所書義鶻行後

右韓忠獻王琦所書杜甫《畫鶻行》，端嚴厚重，古所謂顔筋柳骨，殆無以過之。展卷熟視，則夫垂紳正笏，不動聲色，而措天下於泰山之安者，其氣象猶可想見其彷彿也。朱文公有云：「韓公書蹟，雖與親戚卑幼，未嘗有一筆作行草勢。」以此觀之，王之爲人，由中達外，無斯須不本於誠。故其建功立事，凝定不摇，德在生民，而名著史册，宜也。視彼傾欹偃仆，常若大忙中書者，則其躁急、寬易，相去何如哉！

跋黄文獻公送鄭檢討序後

自古師弟子閒，不翅親父子然。傳所謂「父生之，師教之」，其義誠一也。故孔子之稱顔子，則曰：「視吾猶父。」是顔子以父事孔子矣。父子之道，天性也，父没而手澤存焉，子或見之，則泣下霑襟。父師一也，孰謂爲弟子者，有不然者乎？

予友太常博士鄭君仲舒，黄文獻公之高弟也。公懸車家食之時，仲舒以外艱服除，復入經筵爲檢討官。瀕行，公造序稾一通，親加竄改，持至浦陽江上，與仲舒言别，且致饋焉。仲舒既屬繕書者入卷，乃收序稟祕藏惟謹。及公薨，裝裱成軸，❶每出展玩，曰：「公，吾父師也。公不可見矣，見公之手澤，如見公焉。」言訖，輒悵然遐思。嗚呼！仲舒之不忘公，其盡師弟子之義者哉！

仲舒，義門八世孫，家教薰洽，在家爲佳子弟，出仕爲名師儒。與仲舒游者，見其温恭可近，輒自詫春風和氣之襲人。臨川太樸危公稱「南冠而北仕者，以德行言之，當推仲舒爲第一流」。觀仲舒不忘其師如是，餘則從可知矣。太樸之言，其真足徵哉！予亦灑掃公門，與仲舒爲同志，因相與一言之。

跋子昂真蹟後

右蘇子瞻寄吴德仁兼簡陳季常詩一首，趙魏公子昂所書。公時年六十又四，其從集賢學士進拜翰林學士承旨，亦僅十有四月耳。公自是更不遷官，又五年而公薨矣。公書之傳世者，真贋相半，非有識未易辨。蓋真者猝難入目，筆意流動而神藏不露，愈玩愈覺其妍；贋則其氣索然，不待終覽而厭之矣。此帖實公晚年妙筆，老氣翩翩逼人。黄口小兒日百臨摹，雖近終不近也。公自題「爲月江學士書」。月江，乃昭文館大學士張克明云。

❶「裱」，張本、韓本、傅本作「䙊」。

跋日本僧汝霖文稾後

右日本沙門汝霖所爲文一卷。予讀之至再，見其出史入經，旁及諸子百家，固已嘉其博贍。至於遣辭，又能舒徐而弗迫，豐腴而近雅，益歎其賢。頗詢其所以致是者，蓋來游中夏者久，凡遇文章鉅公，悉趨事之，故得其指教，深知規矩準繩，而能使文字從職無難也。汝霖今汎鯨波東還，以文鳴其國中，蓋無疑矣。

嗚呼！汝霖，禪家之流也。蕩空諸相，視五藴、四大猶爲土苴，況身外之文乎？苟執此而不遷，或將與道相違矣。雖然，汝霖徧參名山，精於禪觀，其於此義，未嘗不知之。特以如幻三昧，游戲於翰墨間爾。游戲翰墨非難，而空其心爲難。所謂心空則一切皆空。視諸世諦文字，雖有粗迹，而本無粗迹；雖有假名，而實無假名。惟一惟二，惟二惟一，初何礙於道哉？觀汝霖之文者，又當於此求之。

汝霖名良佐，遠州高園人，姓藤氏。嘗掌書記於蘇之承天寺，繼同五山諸大老入鍾山點校《毗廬大藏經》。其同袍皆畏而愛之云。

跋一雨大師塔銘後

予觀朱長史所撰《一雨大師塔銘》，不覺爲之歎曰：嗟乎！精誠之至，何所不應哉？鄒衍慟哭，六月降霜；魯陽揮戈，白日退舍。夫以匹夫之微，尚能感天象之變。況學浮屠者，志念專一而外物不足以汩其真乎？❶大師焚身而甘露降，亦其理之恒爾。長史乃疑大師之制行庸庸爾，碌碌爾，何以致是也，豈亦有宿因乎？予則曰：是固不可知，然亦有説。當大師從容就火之時，一心唯知有雨爾，而無絲毛私意之干，是則純乎天矣。純乎天，天惡有不應哉？在唐之時，浦陽江上有僧曰祖登，禜雨三日不應，登康侯山墜崖而死，大雨即隨至。其事亦猶是爾。祖登之歿，鄉人至今尸祝之。有如大師者，長史寵以雄文，且勒石焉，是皆嘉其有功於民也。嗚呼！浮屠，木茹澗飲者爾。亦何與世事？其憂民之憂尚如此，則夫有民社之寄而尸位素食者，❷可愧哉，可愧哉！

書畦樂翁事

畦樂翁，延名，姓王，其字爲與齡，廬陵人，沂公七世孫也。生平有逸趣，當得意時，物我齊冥，不知天地之爲大，日月之爲明，山嶽河海之爲高深也。或登高騁望，或曳杖長歌，或呼酒縱飲，翛翛然自比於葛天氏之民。如是者有年。一旦，忽卜居豫章東湖上，欲起徐孺子與之游，駕雙烏犍，衝雲而耕土，脉壅起虚，攢若積塵。翁荷鍤經營，析爲九區，伍伍相比，皆斸成小窪，取嘉蔬藝之。新雨過，緑甲浮頭如旋螺。已而怒長，翠光方匀，凝望皆一色。翁欣然自

❶「洎」，原訛作「泊」，今據張本改。
❷「食」，張本作「飡」。

得，曰：「二氣絪緼，往過來續。往者不知其所往，來者不知其所來。往者固陳，來者復新。新陳相因，如環之循。今吾畦之青萌，孰知爲黄之所基乎？基者萌之始，萌者基之終。達人於此大觀，終之始之，始之終之，非始非終，惟始惟終，可以一古今，可以混彭殤，可以同晝夜矣。蓋人生百齡，萬中得一；七十加奇，千中得一；或五六十，固比比有之，然不免於孩提致夭於襁褓者亦衆矣。奈之何哉？壽者自壽，夭者自夭，吾未嘗壽之夭之也。憂樂之閒，寧知夫夭者不爲壽，而壽者不爲夭耶？今觀吾畦而日涉之，一盛一衰，則妙理悉具焉。故其樂有不可得形容者矣。藝蔬云乎哉，藝蔬云乎哉！」

翁言流聞四方，有識者咸以爲知道，競謁翁問其故。翁不得已，示之曰：「勿小吾圃，陰陽之理著焉；勿小吾身，心中具天地焉。具天地於一心，著陰陽於一圃，六合雖廣，孰加焉？子若規規求於形迹之閒，則醯雞以甕中爲天爾，何暇與大方之外哉？子休矣，子休矣！」

爲説者曰：「吾聞江右有徐孺子者，其清風隱操，夐出千古，見諸史册，惜乎不載其言論風旨，無以探索其緒餘。今聞翁之言，察其行事，其殆聞孺子之風而興起者歟？」然翁少負才氣，客遊諸公閒，以文墨議論見稱譽。度其志，亦欲施諸事功者。今若是，其殆以時進退者歟？以時進退，則幾乎道矣！予故具列于篇，以示知翁者。

墨鞠圖贊

建安蘇照，爲學子黄叔暘作《墨鞠圖》，❶侑之以竹石，豈以其氣節之相同歟？禁林散吏宋濂爲造贊曰：

我本中黄，鐵爲肺腸，精神外章。不自知形貌之黝歟？緑竹猗猗，白石瑳瑳，貞而匪阿。斯爲月下之友歟？萬色齊冥，洞察物情，雖暗而明。豈陶令沈昏而託之酒歟？

宜春夏都事遺像贊以忠字尚之

其才孔良，其氣則剛。沈潛乎仁義之府，擩嚌乎禮樂之場。窮《春秋》而寓衮斧，法菽粟以爲辭章。使之專城而居，則可以攀次公之黄；使之入直鑾坡，則可追文成之張。胡爲乎低回下列，莫展一長？託使車以遐覽，竟仙游於五羊。豈詘於人者難知，而信於天者不亡？後千百年，剛風鬱滂。當見騎麒麟而下大荒者耶？

陳方都督像贊

桓桓俊英，矯矯虎臣。心雄萬夫，才佚三軍。爵列崇階，功在盟府。圖像雲臺，流芳千古。

全室禪師像贊

笑隱之子，晦機之孫。具大福德，足以荷擔佛法；證大智慧，足以攝伏魔軍。悟

❶「暘」，原作「晹」，今據張本改。

四喝三，玄於彈指；合千經萬，論於一門。向上關如塗毒鼓，撾之必死；殺活機類金剛劍，觸之則奔。屢鎮名山，教孚遐邇。詔陞京刹，名溢朝紳。夙受記於靈山之會，今簡知於萬乘之尊。雲漢昭回，天章錫和於全帙；寵恩優渥，玉音召對於紫宸。屹中流之底柱，❶轉大地之法輪。信爲十方禪林之所領袖，而與古德同道同倫者耶？

耘庵銘

良鄉丞陳謙益仲，東甌人也。嗜學弗倦，慨然有志於事功。陳翰林元達以飛白書其憩止之室，曰「耘庵」。夫「耘」之爲義，耨治蕪穢之謂也。種而能耘，黍苗芃芃然興矣。益仲其知自治者哉！作《耘庵銘》。銘曰：

伊人之情，譬彼良田。嘉種誕布，黍苗芊綿。耘耔不加，載蕪載穢。既茁而軋，長莫之遂。我田我耘，我苗日豐。有實其同，迄于穫功。記禮之家，人以爲奥。得奥斯理，失則罔效。和其柔剛，脩禮以耕。陳義而種，其道乃亨。耨在講學，去非存是。合其所盛，本仁以聚。感之使堅，播樂以安。五者既至，學功始完。惟益仲氏，孜孜好禮。以耘名室，義或取此。古訓洋洋，觸類而通。毋拘一曲，滯而不融。太史作銘，勒於坐側。上慎旃哉！服之無忒。

古愚齋銘

延陵韋侯彥芳，吴中書僕射侍中弘嗣之四十七世孫。夙以文學著聞，亦既受薦

❶「底」，張本作「砥」。

於臨江別乘，會二千石闕，侯實行守事。情孚化洽，民宜之。然猶不忘進脩，以「古愚」銘其齋居，侯殆有志於古者乎？志古，❶美矣。古學之可法者頗衆，奈何獨有取於「愚」乎？有取於「愚」，斯其所以爲不愚也歟？是宜銘。銘曰：

惟古之愚，如彀斯弩，直矢一發，奮往弗顧。惟今之愚，如履多歧，詭祕變化，曾不測其所之。古故爲疾，今復非古。致宣尼之所傷，奈人僞兮旁午。我情鬱紆，曷日而攄？豈惟賢不逮昔，愚亦不如。溯埃風而屹立，懷孅人於千載。不有君子，善則誰采？彼焉多詐，睢睢盱盱。心自以爲智，人觀則愚。我愚我守，直情徑行。孰不愚我，我智斯亨。以愚而名，豈無柳氏？爲激而過中，同於自謚。我將何從？聖謨孔邇。終日不違，希顏則是。

居易齋銘

衢之常山，有簪纓世族，曰魯氏。蓋出於宋參知政事肅簡公貫之之後，自亳而來遷。舊藏玉刻傳宗印可驗。其遠孫濬文念祖德深長，思繼承之甚力，種學績文，惟恐有弗逮。州縣察舉其才，貢之中書。中書奏濬文才行雅飭，擢爲侍儀舍人，遷秦王府典儀。將行，詣詞林請曰：「濬文讀書之齋，名曰『居易』，鄱陽周先生伯温爲書三大篆揭之。願以銘文爲屬。」予謂「居易」乃素位而行，外物之來，一歸之於天。君子進德之方，有出於此者乎？是宜銘。銘曰：

君子守分，如守百職。出位以思，乃德

❶「志」下，張本有「於」字，韓本、傅本有「乎」字。

之賊。銀黃三組，庾粟萬鍾。我合受之，不以爲豐。衡門棲遲，藜糗是食。我則安之，不見其嗇。此非在我，皆天所爲。天則孔邇，我敢悖之？或逆或順，視之若一。心以道寧，不累於物。徇而弗察，非怨則驕。惟外之願，而中則摇。觸類而推，何往非正？其正伊何？安於義命。侃侃魯生，文獻之家。夙夜以思，揭德振華。齋居深沈，蛟螭作篆。前陳回谿，右撑翠巘。爾居爾易，勿險與難。上慎旃哉！德將不刊。

韋軒銘

閩有大儒，曰朱公喬年，自以性偏於剛，效西門氏佩韋以爲警，因號其齋曰「韋」。靖江府伴讀陳伯武，亦閩人也，有景行先哲之志，用「韋」名軒，所以褆其身者勤矣。濂懼其矯枉而過正也，爲之銘。銘曰：

韋之爲義，乃獸之皮。可以束物，枉戾而相違。故其文上下爲「舛」，而中則從「圍」。自非柔而熟之，安能變生革而如脂？古先君子，佩之自隨。蓋戒夫剛悖以自好，狠愎而爲非。矯其過，固不宜不力；若馴致於純柔純弱，又必招削薄之譏。嗚呼噫嘻！大中之爲物也，微若神蓍，坦若九逵。何不洩洩于于，闊步而長趨？近則入善人之室，遠則爲聖賢之歸。不亦暢志乎？而陳氏之子，問學得師。木漸者必上升，膏蓄者必有輝。指柔人以作極，纂前脩之風徽。予造銘而昭之，竟不敢褎而以規。

楷木杖銘

客有遺予孔林楷木杖者，橫文如蛇腹，

節節可觀。刻斯銘。銘曰：

托根兮孔林，有文橫橫兮如玉如金。千載寂寥兮，孰白爾扶持之心？

正誼堂銘

三代而下，惟漢董仲舒最爲醇儒。其輔江都易王也，告之以「正誼明道」之語，千載之遠，人猶誦而法之。此無他，慕之也。長樂有士名時貢，其姓亦董氏，以文行入選，亦充楚王府伴讀。朝夕執遺經侍王，開陳内聖外王之道。遂慕仲舒之言，取「正誼」名堂，徵予銘。銘曰：

惟仲舒氏，其德之醇。其四方之所則傚，其有閒於越秦？矧同出於己姓，厥初亦一氣之分。雖派别而枝殊，比之異族，而尤當親其所親。親之伊何？正誼是遵。赫明命之在目，思制事之有倫。豈絲髮之敢私？察天人之相因。廓然大公，一歸至仁。此所以務爲匡正，鄙其詐力，不足稱於大君子之門。更生之許王佐，斷不爲失；而孟堅之著論，乃徒致於糾紛。有美董生，文行孔馴。當侍經於帷幄，日摩切於典墳。苟拾級而漸升，又安知不爲王傅之尊？名若異而實同，將何愧乎古人？彼峻者堂，聳以華棻。我銘其楹，用代書紳。

篷軒銘有序

新安胡君寧之，作室城東隅，旁陿中寬，❶翼以欄楯，而其制類舟，招弟子肄業其閒。楊内翰剛中曰：「是期以濟川者也，宜

❶「陿」，韓本作「隘」。

名汝舟。」寧之之子英，復構軒於前，以「篷」爲字。篷者，舟之蔽也。雍虞文靖公、白野忠介公、宣城汪文節公咸爲賦詩。壬辰兵變，化爲椔翳之墟，英亦避地城北岐陽山。及四海底寧，英擇地山陽，洊造書室，而軒亦繼完。《書》云：「若考作室，既底法，厥子乃不肯堂，矧肯構？」古亦有是言矣。今若英者，能承先志而弗墜，可不謂賢乎哉？爲作《篷軒銘》。銘曰：

歙多大山，下瞰平陸。嶺接峰聯，前奔後逐。如瀛海内，波濤起伏。有美君子，構室山陬。❶因水取象，揭以汝舟。功期濟川，勗之進脩。維舟之用，視篷爲急。籍以葦蒲，紉以軨[illegible]。障除雨風，奠安袵席。豈無桂櫂，艤河之洲？亦有蘭橈，載泛載浮。匪篷斯完，厥用焉求？父唱于前，子和于後。兵燹之餘，聿新良構。寧事般游？思學之懋。學功伊何？夙夜無斁。拯夫顛連，如涉大川。脱彼墊溺，升諸堂筵。誰無齋居？乃名爲舫。以燕以娭，以速官謗。儆戒或怠，其心則放。斯堂暨軒，閑閑言言。有瑟有琴，有典有墳。春誦夏絃，啓迪後昆。凡厥弟子，泳涵聖髓。一葦杭之，毋或中止。大書軒楹，銘者太史。

黄氏悦親堂銘

親可悦乎？曰：可。悦之以道，悦也；非其道，不悦也。悦之之道奈何？温與清無爽也，定與省勿愆也，可也而未至也。視於無形也，聽於無聲也，日用三牲之養也，可也而未至也。寶厥身也，若愛瓊玖

❶「陬」，韓本作「麓」。

也；慎所履也，如在淵冰也；跬步不忘乎孝也，可也而未至也。然則何爲之至也？身之顯也，親名之彰也。親名之彰也，族婣之所豔也，僚友之所願也，州里之所榮也，悦也。然則斯悦也，外也，非内也。是何言也？是何言也？外自内出也，有諸内必形諸外也，不可二之也。建安黄居德養親之堂，題之曰「悦親」。居德以文辭致身爲鄮都長，其身將顯也，予故援此以告之也。孟氏所謂悦親也，人習而察也，予不敢勦説也。銘曰：

悦乎親，在顯乎身，所以揚乎人。人曰誰氏之子？親譽因玆而有聞。身者親之枝，斯須不敢毁傷，始爲行之醇。天經地義，吾敢弗之惇？嗚呼！揚乎人，顯乎身，所以悦乎親。

鞠軒銘

金華韓先生進之，以耆年碩德爲州里後進所矜式。文章問學既不獲用於世，乃寄情於鞠華。東籬之下環植之，亡慮數十本。蓋以鞠有正色，與先生所稟正性相符，故當風露高潔之時，獨致其妍，而非凡花豔卉之可同也。濂，四十餘年之老友也，雖不能文，爲著《鞠軒銘》一首，先生當與我刪之。銘曰：

鞠有正色，具中之德。君子法之，以無頗爲僻。鞠有落英，斯鞠其馨。君子餐之，期不爽厥真。鞠兮，君子兮，合爲一兮！終無忒兮，永爲民則兮！

忠孝堂銘

忠孝堂者，飛熊衛指揮使司僉事徐將軍之所建也。將軍名桂，字庭芳，宿遷人也。自幼負英氣，稍長，荷戈從軍。開平忠武王北伐中原，馮宋公南征西蜀，太傅徐魏公遠討朔漠，將軍皆在行閒。當戰陣之閒，勇氣百倍，搴旗斬將，奮不顧身。近臣以其事聞，皇上壯之，自散騎舍人即陞爲今官。命既下，將軍舉手加額，慨然太息曰：「桂也遭逢盛際，忝被官使，方愧不能效犬馬之力。一旦上承寵渥，自八品超居第四，雖天之覆幬，地之持載，莫可比喻。私竊以爲報君唯在乎忠，凡於國事，近則服勞禁籞，遠則捍禦邊陲，無一絲不盡于忠，庶幾少竭人臣之義。然而五藏百體，❶從親所分，鞠育訓迪之艱勤，日擢髮而數之，亦不足計其生全之德。事君固當忠，養親其又可忘於孝乎？桂得以忠孝二言揭爲堂顔，出入日見之。日見之，則心不忘之矣。」將軍言既畢，復請濂爲之銘。

濂聞忠孝者，天地之閒大經大法也。爲子克盡其孝，爲臣克盡其忠，始合乎物則民彝之正。無是者，非人也。古之聖賢多矣，著之爲經，箋之爲傳，雖曰千萬言之多，無非舉此以防民也。將軍今知務此，則先立其大者矣。然言之非難，行之實艱，將軍尚思勉之。能勉之，異日爲將爲相，亦宜也，非僥倖也。銘曰：

上下兩閒，參之者人。若非孝忠，能與之鈞。其忠斯何？務宣其力，報國一誠，

❶「體」，張本作「骸」。

皦如出日。其孝伊何？如事神明，視聽之際，先於形聲。有能孜孜，日親不匱。覆載之中，俯仰無愧。一失其道，是謂薄夫。犬彘雖賤，不食其餘。洸洸徐君，其力如虎。談笑折衝，疇敢予侮。北伐南征，靡役不從。鋭欲建功，名徹九重。遂從散騎，超掌禁旅。出入佩劍，以資還衛。帝德如天，罔敢弗欽。何以報之？終始一心。高堂有親，况臨白髮。愛日之誠，於焉實切。崇構舒舒，圖史紛如。粉版玄書，蟠蛟結螭。是顧是瞻，赫若明命。毫絲弗愆，一繩乎正。❶孰謂二者，不得而兼？所施雖殊，實本一源。願守此心，堅如鐵石。太史作銘，勒諸坐側。

著存軒辭并序

瑞安裴中季和，以學行推舉，典簿成均。扁其軒居曰「著存」，不忘乎親也。御史中丞劉君伯温嘗爲賦詩以寫其情。予復師伯温之意，演爲琴操三解，使季和援琴而鼓之。琴悲而不成聲，聲信不能成也。嗚呼！孝子之思親，果有終極否乎？其辭曰：

人孰無親兮，我親歸於黄土。六合之閒兮，莫過我最苦。風獵獵兮成音，雲族興兮晝陰。我親何在兮？涕泗霑襟。

我親雖死兮，我心不死。開目則見兮，威儀孔邇。何俟嘗祭兮，始如見之？彼蒼者天兮，悠悠我思。

❶「繩」，張本作「純」。

求親冥茫兮，曷求於身？我身即親兮，一體之分。戰兢保持兮，厥德日新。毫髮不敢忽兮，懼傷乎親。上慎旃哉兮，此謂著存。

贈閻希曾參政山東詩并序

國朝以魏晉以來，立行臺省於外，蓋爲征討權宜之計。至唐末方鎮擅地，遂以中書令同平章事命之。至今相沿而不革，非所以示悠久，乃改爲承宣布政使司。設使一人，左右參政各一人，以協和庶政，統馭人民。河南閻希曾，由鄉貢進士擢爲起居注，皇上愛其才俊，俾肄業文華堂。堂在禁中，車駕時幸臨訓飭之。尋除監察御史，轉司文監令，乃授山東承宣布政司左參政。希曾名鈍，仕學兩優者也。因其嘗受經於予，故其行也，詩以贈之。其詞曰：

山東鉅藩，統府惟六。民物阜蕃，土地饒沃。宸衷軫之，百司棊布。誰挈其綱，政乃無斁？乃詔近臣，爾鈍爾往。宣朕至懷，參佐其長。臣鈍曰吁！臣恐弗勝，方嶽重鎮，厥任匪輕。帝曰俞哉！爾毋固辭。精白一心，力行無疑。鈍拜稽首，即日啓行。君臣一心，共底隆平。我知閻子，有學有文。五色燁然，出類超群。子之往矣，期建功勳。佇見政績，邁于古人。古人有云，盡瘁事國。子尚勉旃，服之毋忒。

楊氏家傳

楊端，其先太原人，仕越之會稽，遂爲其郡望族。後寓家京兆。唐末南詔叛，陷播州，久弗能平。僖宗乾符三年，下詔募驍勇士將兵討之。端夢神人告曰：「爾亟往，此功名機也。」端與舅氏謝將軍詣長安，上疏請行。上慰而遣之。行次蜀，蠻諜知之，斂退者半。乃詣瀘州合江，逕入白錦軍高遥山，據險立砦，結土豪臾、蔣、黄三氏，爲久駐計。蠻出寇，端出奇兵擊之，大敗。尋納款結盟而退。唐祚移於後梁，端感憤發疾而卒，子孫遂家于播，宋贈太師。

太師生牧南，既嗣世，痛父業未成，九溪十洞猶未服，日夜憂憤。其子部射逆其志，選練將卒，伐羅閩。時閩附南詔，❶部射深入，閩匿將士絶其後，部射力戰死。其子三公抱父尸不去，閩執之以歸。牧南卒。三公幽于閩半載，會阿永蠻酋長黑定與閩有連，語之曰：「殺其父而囚其子，人弗爲也。盍歸諸？」閩不答。黑定怒，夜以一牝馬竊載與俱歸，且發兵納三公界上。三公遣衛兵檄召謝巡檢，謝帥夷獠逆之。會濟江夷獠忽懷異志，引舟岸北，呼謝曰：「爲我語若主，當免我科賦。否則吾不以舟濟。」三公怒，瞋目視舟，噓者三，舟奔而前，三公遂涉。夷獠争持牛釃酒爲謝。三公剪帛繫獠頸，吸水噀之，帛成蛇形。獠伏地哀祈，誓輸賦不敢反。三公復噀之，帛如初。

三公生二子：寶、實。寶當立，自以才不逮，讓與實。實字真卿，聞宋太祖受命，即欲遣使者入貢。會小火楊及新添族二部作亂，❷實同謝巡檢討之，夜薄賊營，盡殲其衆。實傷流矢，病創而卒。

實生昭，字子明。既嗣世，二弟先、蟻各擁强兵。先據白錦東遵義軍，號下州；

❶「詔」，原誤作「射」，今據張本改。

❷「及」，原誤作「反」，今據張本改。

蟻據白錦南近邑，號揚州。昭不能制。曾未幾何，蟻稱南衙將軍，舉兵攻先，且外結閩兵爲助。謝巡檢子都統，謂昭之子貴遷曰：「蟻召仇讎而賊同氣，罪不容于死，盍討之？」遂大發兵，設二覆於高遥山，❶要其歸而擊之。閩大潰，赴水死者數千。蟻亡入閩。貴遷，太原人，與端爲同族。其父充廣，乃宋贈太師中書令業之曾孫，莫州刺史充本州防禦使延朗之子。嘗持節廣西，與昭通譜。昭無子，充廣輟貴遷爲之後。自是守播者，皆業之子孫也。

貴遷字升叔，慶曆、皇祐間，儂智高亂邕，貴遷曰：「通夜郎，浮牂牁，出其不意擊之，漢制南粤之奇策也。吾當報國以自效。」即如瀘，次于南川，得暴疾，將還，其季父先使南川鉅族趙隆要殺之。官至武功大夫德州刺史。生三子：光震、光榮、光明。

光震字長卿。瀘南夷羅乞弟叛，瀘遣使乞師，光震督兵行。時閩黨宋大郎與乞弟通，遏其歸道。光震與戰，連七日不決。遣帳卒王龍間道走播，趣謝都統濟師。謝至武婆山，見二首縱騎横槊馳騁，若指麾其衆。謝以勁努射其一，應弦而斃。其一大憤，拔刃衝陣。謝斫傷其首，殺之，即宋兄弟也。二夷懼而退，因不能爲瀘患。光震官至從義郎沿邊都巡檢使。生五子：文廣、文真、文錫、文貴、文宣。

文廣字敬德，少孤。仲父光榮潛謀篡立，衆弗與，光榮奔高州，欲藉蠻兵以危宗國。文廣與部將謝石近、謝成忠謀，奉書幣逆光榮以歸，事之如初。光榮復欲陰鴆文廣，文廣詭爲不知，愛敬日篤。黄標儀盜發

❶「二」，張本作「三」。

光震墓，文廣捕斬之，事連其弟理郭。理郭奔高州蠻，謀作亂，會老鷹砦獠穆族亦叛。文廣命謝都統討夷之，斬理郭，戮穆獠，釋其黨七人。初，西平猺視諸蠻尤桀黠難制，文廣偕成忠夜入其柵擒獲之，尋數其罪貸焉。當文廣之時，蠻獠爲邊患，楊氏先世所不能縻結者，至是討叛服懷，❶無復攜貳，封疆闢而户口增矣。年僅三十六而歿，君子惜之。官至武節大夫。生三子：惟聰、惟吉、惟信。

惟聰字晦之，七歲而孤，育於母舅謝石近家。石近以主少衆貳，因奉光榮攝堡事。光榮立日久，益固位。惟聰既長，光榮深忌之，寘毒魚中，欲加害。覺之，弗食。光榮復爲逆婦高州，❷紿與俱，將殺於中塗，謀洩，弗果行。光榮恚，籍播州二縣地千七百里往獻于朝，詔即其地建白錦堡，加光榮禮賓使。光榮還，惟聰率部佐出迎。光榮豫置毒于茗以俟，隸人誤進，光榮啜之，即斃。惟聰始親政。光榮弟光明懟惟聰，暮夜以兵劫之。惟聰出禦。光明敗奔蜀，訴于部使者李獻，誣惟聰謀不軌。獻入其辭，矯發南平諸寨兵入播。惟聰憤懣不自勝，大集兵拒戰，敗其師。事聞，詔奪獻官，進惟聰脩武郎左班殿直，賜金帶錦袍慰諭之。光明因亡入閩而死。居無何，惟吉復作亂，殺惟聰二子。衆怒，共誅之。惟聰深懲家難，禱于上下神祇，誓曰：「世世子孫，不可以權假人。違此言者，天實殛之。」惟聰復生二子：選、迻。

選字簡夫，始立，值徽、欽二帝播遷，高

❶「討叛」，張本、四庫本作「叛討」。
❷「逆」，原誤作「送」，今據張本改。

宗南渡。選慷慨負翼戴志，務農練兵，以待徵調。士大夫韙之。性嗜讀書，擇名師授子經。聞四方士有賢者，輒厚幣羅致之，歲以十百計。益士房禹卿來市馬，爲夷人所劫，轉鬻者至再。選購出之，遷於客館，給食與衣者數載。屬歲大比，選厚餽，遣徒衛送其還益，竟登進士第。逡貳於選，謀入閩作亂。選邑邑喪明而終，官至武經郎。生十有三子，唯軫、軾最良。

軫字德輿，美鬚長身，狀貌瓌偉，剛果勇決，人服其能。嘗病舊堡隘陋，樂堡北二十里穆家川山水之佳，徙治之，是爲湘江。軫初無嗣，鞠軾子粲爲後。晚生三子：勳、焄、鼎。以粲賢，遂不易初議。尤愛軾，尋授軾堡政，獨築室萬泉以終。軫畜一虎，馴服左右，常駕以出游。人異之。官至秉義郎。

軾字德載，沈静寬厚，孝友無閒言。遇軫諸子，不翅若己出。初，先據下州，世治兵相攻，凡七傳至焕。軫之幕官猶泳從容白曰：「骨肉相殘，夷狄之俗也。上下楊其初由一人而分，干戈日夜相尋，孰若講信脩睦，復兄弟之親乎？」軾欣然曰：「吾有志久矣。子爲我往説之。」泳至下州，焕頓顙受命，遂盟而還。軾留意藝文，蜀士來依者愈衆，結廬割田，使安食之。由是蠻荒子弟多讀書攻文，士俗爲之大變。軾官至成忠郎，累贈武節郎。

粲字文卿，小字伯强。幼授《大學》，即掩卷歎曰：「此非一部行程曆乎？必涉歷之至，乃可爾。」長好鼓琴、投壺。粲母弟煇，有寵於父，幾奪其位。粲亦欲以位讓之，因猶泳言，得不廢。開禧二年，❶蜀帥吴

❶「二」，張本作「三」。

曦叛，粲帥師赴援，會曦誅，不果。貢戰馬三百，黄白金鉅萬，且請因曦誅大舉北伐，以雪先耻。上優詔答焉。嘉定十二年，復輸馬三百於蜀帥。蜀帥以聞，上益嘉之。南平夷穆永忠盜據公家田，粲曰：「穆不道，犯王略，吾爲藩臣，可緩其死耶？」帥衆討平之，斬永忠，歸其田南平。閩酋偉桂，弑父自立。粲聲罪致討，敗其衆於滇池，斬首數千級，闢地七百里，獲羊牛鎧仗各以千計。焕違盟，鈔掠界上。粲遣兵誅之，歸焕所掠地賦於珍州，下楊平，邊患遂熄。粲性孝友，安儉素，治政寬簡，民便之。復大脩先廟，建學養士，作《家訓》十條，曰：盡臣節，隆孝道，守箕裘，保疆土，從儉約，辨賢佞，務平恕，公好惡，去奢華，謹刑罰。論者多之。楊氏居播十三傳，至粲始大。官終武翼大夫，累贈右武大夫、吉州刺史、左衛大將軍、忠州防禦使，賜廟忠烈，封威毅侯。生三子：价、佐、佑。

价字善父，英偉沈毅，自少不群。父没，以郡政畀其子文，專志養母。端平中，北兵犯蜀，圍青野原。价曰：「此主憂臣辱時也，其可後乎？」乃移檄蜀閫，請自效。制置使趙彦訥以聞，詔許之。馳馬渡劍，帥家世自贍之兵五千，戍蜀口。圍解，价功居多。詔授雄威軍都統制。未幾，復白錦堡爲播州，文領郡，价統兵如故。蜀警又急，詔价以雄威軍戍夔峽。价分署所部，屯瀘渝閒，遣奇兵擊東，遂以捷多，遷武功大夫、閤門宣贊舍人。嘉熙初，制置使彭大雅鎮渝，檄价赴援。价督萬兵屯江南，通蜀聲勢，北兵不敢犯。孟珙宣撫荆湘，余玠制置西蜀，皆倚价爲重。上屢下詔褒美之。价指天誓曰：「所不盡忠節以報上者，有如皦日。」一日，大飯群僧，价趺坐誦佛書數語而終。价好學，善屬文。先是，設科取士未及播，价請于朝，❶而歲貢士三人云。贈開府儀同三司、威武寧武忠正軍節度使，賜廟忠顯，封威靈英烈侯。

文字全斌。紹定中，北兵始入劍。文日閲壯勇爲備，❷蜀中避地者多歸之。嘉熙中，北兵窺江，彭大雅復來徵師。价命裨將趙暹帥萬兵赴戰石洞峽，擊破之。以功轉武德郎、閤門祗候。父卒，詔起文視事，進武功大夫、閤門宣贊舍人。文移書余玠曰：「比年北師如蹈無人之境者，由不能禦敵於門户故也。曷移鎮利閬閒，經理三關，爲久駐謀，此上計也；今縱未能大舉，擇諸路要險，建城濠以爲根柢，此中計也；下則保江自守，縱敵去來耳。況西番部落，已爲北所誘，勢必撓雪外以圖雲南，由雲南以并吞蠻部，闞邕廣，窺沅靖，則後門斡腹，深可憂也。」玠偉其論，竟徇中計。後果如文言。淳祐八年，西帥俞興西征，發兵五千人與俱。大戰者三，皆捷。遷左衛大將軍。余玠北伐漢中，文命將趙寅會兵渝上，三次戰又捷。十二年，北兵圍漢嘉，文使總管田萬率兵五千，閒道赴之，夜濟嘉江，屯萬山、必勝二堡。萬以勁弩射之，敵不能支，遂却。加右武大夫。寶祐二年，北兵由烏蒙渡馬湖入宣化。宣撫使李曾伯來徵師。文遣弟大聲統兵行。大小九戰，又捷。轉左武大夫。五年，北兵循雲南將入播，文馳奏。詔節度使吕文德偕文入閫，諭群酋内屬。大酋勃先領衆降。六年，拜親衛大夫。以解

❶「請」，原作「誦」，今據張本改。
❷「壯勇」，張本、四庫本作「士卒」。

漁城圍、剪烏江寇功，加忠州團練使。景定閒，劉雄飛、夏貴守蜀，復江安州，餉禮義山，戰懸壺平，而播兵爲多。進中亮大夫、和州防禦使、播州沿邊安撫使，爵播川伯，食邑七百户。詔雄威軍加「御前」二字以寵異之，歲賜鹽帛給邊用，著爲令。文留心文治，建孔子廟，以勵國民。民從其化。卒於咸淳元年，贈金州觀察使。元贈榮禄大夫、同知樞密院事、柱國，追封播國公，謚崇德。

生一子邦憲，字仲武，倜儻有大節，好書史，善騎射。始冠，授成忠郎、雄威軍副都統，通管州事。二年，閩大舉入寇，破立邊諸戍。邦憲出師拒之，閩敗却。尋潛渡烏江，步騎猝至，民大駭，邦憲部署諸將，令曰：「必剪此寇而後朝食。」蠻聞，急引退，甫涉江，邦憲追擊，大敗閩衆於中流，斬首千級，擒其酋羅汝歸。進武節大夫、沿邊安撫使。閩又悉兵寇下邑。邦憲復敗之，獲酋長阿鮓，歷舉其罪狀而釋之。閩自是懼，不復出。拜利州觀察使，遷左金吾衛上將軍、安遠軍承宣使、牙牌節度使。至元十二年，宋亡。元世祖遣使者詔邦憲内附。邦憲捧詔，三日哭，奉表以播州、珍州、南平軍三州之地降。十五年，入朝，詔襲守如故，拜龍虎衛上將軍，侍衛親軍都指揮使，紹慶、珍州、南平等處沿邊宣撫使，播州管内安撫使。播下邑黄平，壤近於荆地，荆之戍將欲奪而南，邦憲發其姦，請復歸黄平。十八年，陞宣慰使。十九年，閩叛，詔發諸道兵進討。師道播而入，邦憲給饋餉，命將卒與之俱，乃夷之。累贈推忠效順功臣，銀青榮禄大夫、平章政事、柱國，追封播國公，謚惠敏。

生一子漢英，字熙載，五齡而孤。二十

三年，其母貞順夫人田氏挈之朝京師。世祖摩其頂，熟視良久，諭宰臣曰：「是兒真國器也，宜以父爵錫之。」賜名賽因不花，授金虎符，龍虎衛上將軍，紹慶、珍州、南平等處沿邊宣慰使，播州軍民安撫使，賜金繒弓矢鞍勒，遣歸。二十四年，族黨構亂，殺貞順夫人。漢英衰絰入奏，上詔捕賊至益州，戮以徇。二十七年，詔郡縣上計，播之鄰境拒命，漢英即括户口租税籍進。世祖大悦，加播州等處管軍萬户。二十八年，漢英入朝，奏罷順元宣慰司，升播州安撫司爲宣撫司，授漢英軍民宣撫使。會羅甸宣慰使斡羅思誘播下邑黄平諸寨酋，詐爲新闢境土以獻。漢英奏復之。斡羅思恚不勝，誣言舊有雄威、忠勝二軍，思播匿弗奏，請籍征交州。漢英抗言納土時，已隸別籍矣。御史臺審覈上之，詔寢其事。俄拜漢英侍衛親軍都指揮使。成宗即位，漢英入朝者三。大德三年，詔錫漢英世守其土。漢英奏改南詔驛道，分定雲以東地隸播，西隸新部，減郡縣冗員，去屯丁糧三之一。民大便之。二年，部蠻桑柘亂，湖廣行省議用兵。漢英言賊勢方盛，宜招諭之。不聽，兵出久無功，竟以漢英議，始相繼降。五年，右丞劉深討南詔，道出播，漢英輦運軍食無乏。六年，閩婦蛇節、宋隆濟叛，詔合湖廣、四川二省兵征之，命漢英以民兵從。甫出師，卒遇賊，漢英力戰，大軍繼之，降阿苴，拔乍籠。賊復合拒，竟大敗。縛蛇節，斬隆濟、阿女而平之。以功進資德大夫，賜玉帶、金鞍、弧矢。仁宗立，顧禮益厚，進勳上護軍，增賜金帛。延祐四年，黄平南蠻盧犇叛，新部黎魯亦嘯劫聚亂。詔漢英宣撫之。二賊降，置戍而還。漢英爲政，急教化，大治泮宫，南北士來歸者衆，皆量才用之。喜讀濂洛書，爲詩文尚體要，著《明哲要覽》九十卷，《桃溪内外集》六十四卷。賜推誠秉義功臣、銀青榮禄大夫、平章政事、上柱國，追封播國公，謚忠宣。其妻田氏，亦善讀書，人以爲難能。無子，以弟播州招討安撫使如祖之子嘉貞嗣。

嘉貞，至治二年來朝，英宗賜名延禮不花，累官資德大夫，湖廣行省左丞，沿邊宣慰宣撫使。嘉貞卒，子資德大夫、播州軍民宣撫宣慰都指揮使忠彦嗣。忠彦卒，子資德大夫、紹慶珍州南平等處沿邊宣慰使、播州軍民安撫使、侍衛親軍都指揮使元鼎嗣。元鼎卒，無子。田氏以如祖季子嘉議大夫、湖廣行省參知政事、播州沿邊溪洞招討使城之子鏗嗣。入我國朝，鏗遣使内附，授以播州宣慰使，實洪武初年云。

史官曰：「播州本秦夜郎、且蘭西南隅故地，夷獠錯居，時出爲中國患。楊端藉唐之威靈，帥師深入，遂據其土。五傳至昭，胤子中絶，而貴遷以同姓來爲之後。又三傳至文廣，威讋德懷，而群蠻稽首聽命，益有光於前人。又三傳至選，留意禮文，尊賢下士，荒服子弟皆知向學，民風爲之一變。又二傳至粲，封疆始大，建學造士，立《家訓》十條以遺子孫。其子孫亦繩繩善繼，尊尚伊洛之學，言行相顧，一如鄒魯之俗。昔之争鬭奪攘之禍，亦幾乎熄矣。何其盛歟？嗚呼！楊氏以一姓相傳，據有土地人民，侈然如古之邦君。由唐歷五季，更宋，涉元，幾六百年。穹官峻爵，珪組照映，亦豈偶然之故哉？蓋蒙詩書之澤，涵濡惟深，頗知忠藎報君之道，或天有以相之歟？楊文公大年所行貴遷之先人誥辭，其中書令業，則曰：「向事僞主，當朕親征，爰屬危機，能傾丹款。」其莫州刺史延朗，則曰：「奮身軒陛，效命疆陲，均甘苦而得士心，衹金革而從王事。」以此觀之，其功在國家，澤被生民，可謂厚矣。奕世光榮而弗絶者，雖本於天，其亦有以也哉！其亦有以也哉！

孝子邱鐸傳

邱鐸，字文振，汴之祥符人，故御史中丞劉基先生弟子也。通儒書，兼習醫家言，流聲動一時。至正末，父誠爲湖廣等處儒學提舉，鐸侍母馬夫人留吴越，欲御車往從。江右兵大起，武昌陷，二浙繹騷。鐸憂懼不知所爲，急避地四明。暨江南皆歸職方，復奉母至南京，每西向翹首曰：「武昌有來者，庶幾知吾父之所在乎？」已而其父果至自武昌，父子相見，悲喜交集。鐸賣藥市中，資以養親，驩然忘其貧。曾未幾何，母弟鈞擢會稽上虞巡檢，鐸與父母皆同赴官。夫人疾，鐸晝夜泣禱上下神祇，乞以身代。及殁，鐸哀慟幾絶，卜葬鳴鳳山之原。哭曰：「鐸生也，咫尺不離吾母膝下。今逝矣，可委體魄於無人之墟乎？」乃結廬墓側，朝夕上食如生時。當寒夜月黑，悲風蕭颼，如臨鬼神，鐸恐母岑寂也，輒巡墓號曰：「鐸在斯，鐸在斯！」其地多虎，聞鐸哭聲，輒避去。故會稽人異之，稱爲真孝子云。

先是，鐸在四明，從祖父母居汴者八人，貧不能自存，鐸咸迎養之，死皆返葬先塋，人以爲難。其姑適河南匡氏者，年十八夫亡，誓不再適。鐸義之，養其終身，凡二十年如一日然。其制行峻絶，他皆類此，文不能盡載也。

爲説者曰：「予聞鳴鳳山當白馬、上妃二湖閒，人跡罕至，白晝虎狼旁午。鐸煢然獨處，心無畏懾者，豈不以親之體重於身乎？然身者，親之枝也，可不敬乎？敬其身，斯孝其親矣。鐸情固迫切，當知以禮自節哉！當知以禮自節哉！」

徐貞婦鄭氏傳

徐貞婦鄭，名妙静，衢之西安人。其父頤，本簪纓家，娶周，無他男子，惟産四女，而貞婦居其三。年十齡，粗通《孝經》大義，沈毅如成人。諸女或與之狎，輒厲聲叱之，皆畏讋不敢近。父奇之，慎擇所歸。聞同郡徐思誠乃宋忠壯公徽言之七世孫，代有顯人，而思誠又習進士業，煒煒而文，於是慨然許之。及合巹成禮，貞婦已十九矣。時舅天祥與姑朱氏春秋皆高，貞婦靡日靡夜事紡磚惟謹，由是羞服備給，上獲舅姑心。凡遇賓祭，亦悉意助集，不足則質簪珥供事。及其自奉，疏食水飲，甘之若飴。舅殁，貞婦出所畜布泉，爲含襚衰絰諸費，始得成喪。思誠出卜藏地，舟覆，溺死上航溪。貞婦哭慟，幾欲無生。不憚勞勩，葬舅與夫先塋之側。養姑高堂，日問起居，察時燠寒，爲衣進之。退撫二子謙、貞，俾從醇儒學，而與勝己者交，非其類者絶之。雖寒燈涼幌，人不能堪，貞婦處之裕如。

父母及諸姊憫其年少，欲使其更醮，貞婦曰：「吾夫固亡，有二子在，斯不謂之亡矣。脱若無子，其如姑老何？義亦不忍去也。具人之形，而犬彘其行，妾肯爲之乎？」即引交股刀截去髻，誓不二夫。聞之者懼不敢撼。

貞婦見二子成立，謙以行義察舉爲部使者掾，以政事聞，擢爲瀧水丞。貞婦喜曰：「吾今而後，可以見吾夫地下矣。」謙當之官，會恩例覃及於親，受文綺細繒之賜。貞婦益喜，召謙至，出白金盤八，授之曰：「國家寵恩至矣。爾居官，宜冰蘖自守。禄或不給，則售此用之，愼毋黷貨爲也。」

洪武二年，知縣何忠以貞婦年三十夫亡，寡居二十八年，冰清玉潔，可以厲民風，乃上其事於府。知府王珍加覆覈焉。浙江按察僉事張思立復廉其非誣，然後具牒上行中書，以次達之中朝。三年四月，得旌表其門如令。

貞婦今踰六十又四，康强無他疾。嘗有田宅爲强族所據，屢訟不得直，夫歿，讓弗與競。及宅轉鬻他姓，貞婦贖居之。識者謂貞婦知大體云。

史官曰：禮始夫婦者何？蓋有夫婦而後有父子，有父子而後有君臣。三者雖殊，其道一而已矣。若使婦不二其夫，子不辱其親，臣能忠於君，天下其有弗長治者乎？奈何世教淪胥，士大夫誦法先王，往往或至於悖君父。有如一女婦之微，不甚知書，乃能抗節自守，足以增於五倫之重，亦可慨也夫！故予於徐氏之事，特爲著傳文一通，不少讓，將以厲子職，樹臣節，重名教，非曰徒作也。有來讀者，毛髮將聳然而立矣。

宋文憲公全集卷十八終

宋文憲公全集卷十九

栝蒼吴氏世系碑銘有序

惟吴氏出自姬姓。自泰伯、仲雍避其弟季歷去之句吴，周武王封其裔孫吴周章爲吴子，至夫差爲越所滅，子孫以國爲氏，分處北南。厥後有居延陵者，莫知幾世，又自延陵遷湖之德清。至宋大理評事景，生子曰庠。庠官處州，始從德清來占籍焉。庠生三子，曰感，曰乙，曰榮。

感生二子，曰安常，曰安國。安常絶無傳。安國字鎮鄉。宣和初，以太學上舍釋褐進士，累官太常少卿。使金不辱命，還知袁州。壽五十六而終。娶周氏，生一子曰邦老，歷官知吴縣，復居德清。

乙生一子，曰安上。安上生七子，而名聞者三，曰企，曰顯，曰邦焕，而俱由舍選出身。企累知定海縣，顯再轉國子學正，邦焕省試第一人。邦焕之子曰友龍，漕試亦第一人。其後皆爲賢師儒，亦絶不傳。

榮生二子，曰安禮；曰端朝，絶不傳。安禮生三子，曰邦明，曰邦本，曰邦彦。邦明、邦彦皆絶不傳。邦本一名挺，字挺才，因父有疾，遂精於醫。以淮南東路安撫使司準備將領，同司農少卿湯碩使金，亦不屈節，壽六十二而終。娶潘氏、毛氏，生一子曰嗣英，字華叔，補迪功郎。能繼父學，不要利如唐宋清之爲。内外婣窶者，傾貲給之。歿不能葬，亦仰其襄事。距城二里所，有山曰三巖，樂其幽邃，預爲藏穴於中岡之麓，時醉卧其中。且於穴前百步築歸愚庵，謂其友何宗姚曰：「君宜爲我作墓碣，幸生得見之，後七年八月癸酉，吾當歸窆於此耳。」至期果然，實寶祐三年秋也。壽八十五而終。娶閭邱氏，清簡公昕之孫。生三子，曰有開，曰有光，曰有益。有開絶不傳。

有光字行謙，能文辭，任達如其父，亦精通於醫。馬莊敏公來爲郡，❶極禮異之，尺牘往來，幾無虚日。壽七十三而終，其葬在華叔府君墓東一百步。娶薛氏，生四子，曰嵩之，曰泰之，曰艮之，曰衡之。嵩之、泰之、衡之皆絶不傳。艮之字止軒，性善柔，言呐不出口。遭宋改物，而吏勢益横，競魚肉之，甘受而不怨。晚以子克家，逸豫康寧，至七十九而終，其葬在華叔府君墓南五步。娶趙氏，生五子，曰祖臯，曰祖繼，曰祖鼎，曰祖謙，曰祖成。祖臯、祖鼎、祖成皆絶不傳。祖繼一諱元亨，字嘉甫，通經史百氏書，星曆法律亦無不研究，詩若文一以理勝。事親孝，及歿，負土成墳，結室墳左，寢苫枕塊其中，服闋始還。居室屢燬，締構者凡三，必先完諸弟者。諸弟有孤女二人未行，竭貲嫁之。性耿介，獎善疾惡之行皦皦自信，不肯詭隨。人來赴愬者，得片言，各悦服去。君子謂其嘉惠里俗，靖綏邦人，有漢陳寔之風，私謚曰「嘉靖處士」云。壽七十四而終，其葬在止軒府君墓東五步。娶趙氏，生二子，曰世昌，曰世德。世昌字伯京，鄉貢進士，今授處州府儒學教授。世德字仲懷，鄉貢進士，衢之美化書院山長。世昌娶邱氏，生二子，曰公願，曰公顯。公願字從善，博學善屬文，承事郎工部主事，兼

❶「馬」，原誤作「焉」，今據張本改。

吴相府録事。娶潘氏，生一子曰維。公顯娶趙氏，生一子曰綸。世德娶劉氏，生四子，曰公進，曰公達，曰公述，曰公遜。公達賜進士及第，朝列大夫，知廣平府事，以事免。祖謙字某，歿葬止軒府君之西三十步。娶某氏，生三子，曰德明，曰德茂，曰德盛。德明、德盛皆絶不傳。德茂娶翁氏，生一子曰道臻。

有益字十朋，以儒術稱。娶華氏，生二子，曰壽翁，曰岳老。岳老歿，葬毛山，去華叔府君之墓五里而近。娶某氏，生二子，曰祖稷，曰祖華，皆絶不傳。壽翁字如山，宋祕書省檢閲文字，元署遂昌尹，其葬在華叔府君墓東一百有餘步，與行謙府君墓連。娶王氏，生一子曰祖堅，歿葬歸愚庵傍。娶陳氏，別窆東岡。生二子，曰世慶，曰世善。世慶娶王氏，生三子，曰廣生，曰廉生，曰庭生。廣生更名浩，今授承事郎，通判饒州府。娶王氏，生一子曰璹。世善娶某氏，生三子，曰庸生，曰唐生，曰應生。

濂在禁林時，公願爲編脩官，相從授經者頗久。一旦，奉其父進士君之命，拜而請曰：「吴氏自吴興徙栝，今十有一世矣。詩書之澤相仍弗墜，子孫亦與有禄食，大墓在三岩者十，亦皆松楸蔚然，而樵采有禁。豈一朝夕之故哉？然宗系漸繁，易致於淆亂，失今弗圖，無以貽示永久。爰建祠堂三楹閒於中岡之南，以奉祀事，復掇世系之可徵者，件繫成書。願先生詳書之，使鑱諸石，以列於祠中。」

濂聞吴氏之所自出，往往指爲延陵季子之裔。季子之遠孫，分爲延陵、州來二氏矣，非吴氏也。吴氏自於越滅國之後，始建氏於吴。其後有出渤海者，有出濮陽者，有出陳留者，各隨其顯望爲宗。雖紛紜不齊，要皆夫差之後，非季子也。今栝之吴徙於延陵，恐或者謂出季子之裔，故爲一辨之。而其系次、治行、壽年、卒葬，書中可徵者靡不備載，不可徵者不敢强也。嗚呼！氏族之學，古人甚重，所以昭本支，别親疏，謹異同。世降俗微，能存心於此者，幾何人哉？有如公願父子，誠可謂賢矣乎！系之以銘曰：

句吴之裔，實出於姬。碩大且衍，自本達支。浙河東疆，有州維栝。孰其來遷？爰震爰發。習我俎豆，悦我書詩，藉寵流榮，類體受衣。揚名王廷，聲讋敵國。爾雖渝盟，我持我節。自時厥後，世澤敷滋。履義蹈仁，唯德是歸。癢疴疾痛，使我心惻。慨彼越秦，罔視肥瘠。邦侯牧伯，識之争先。分庭抗禮，如賓大賢。有濟厥美，孝思罔極。負土懷親，倀倀如失。眼有青白，是非攸分。不尚詭隨，❶剛腸獨存。至今遺胤，蒙其休祉。文光燁然，紆朱拖紫。維彼三巖，拔起巑岏。岡迴澗縈，風氣鬱蟠。靈和所鍾，生祥下瑞。蟄蟄子孫，令聞長世。譜系昭朗，自流徂源。惇孝廣敬，澆俗其敦。我撰碑銘，樹于祠下。善纘善承，勗爾來者。

鳳陽陳方氏封贈二代碑銘

皇帝龍興臨濠，一時英傑雲合響應，人人有攀龍附鳳之願。于時則有陳方將軍亮，年未弱齡，即隨大駕飛渡長江。及駐蹕金陵，日侍帝之左右，出入則佩劍扈從。有

❶「尚」，原作「向」，今據張本改。

餘閒，詔令攻習書史，唯恐其懈怠也，且親程督之。已而任爲千夫長，遂掌禁旅，陞宣武將軍羽林衛親軍指揮使，援例得封贈二代。大父禄翁，贈明威將軍僉親軍指揮使司事，妣楊氏，追封德人。父成，宣武將軍僉親軍指揮使司事、騎都尉，追封潁川郡伯，配方氏，追封潁川郡君。

先是，潁川公本姓陳氏，世居濠州之定遠，濠州今改爲鳳陽。公少年時，神爽秀發，行事允蹈規矩。同里方翁無嗣，唯育一女，見公賢，竟以一女妻之。翁遇公不翅親子然，公亦深感其恩。翁没，祀之於別室。皇上聞之，賜姓曰陳方，所以明繼二家之宗，緣人情以起禮也。

公忠厚長者，其奉明威公，夙夜孳孳，唯恐咈其意。温凊之節，滫瀡之供，咸無愆於時。且端慤嚴重，若未易親炙，撫世酬物，輒藹然如春風和氣之襲人。子孫環列，每開之以善道，歷陳古今成敗，某也賢，某也不肖，言辭有精魄，聽者爲之聳耳，無不率德改行者。晚遇六合載清，子若孫與有禄食者四人。方將婆娑嬉游以享盛報，而不幸亡矣。實洪武二年正月十一日也。享年六十又四。其年二月某日，與方郡君合葬江寧縣歸善鄉彈塘山之原。方郡君先卒，至是蓋七年矣。男子四人：長伯理，蚤世；次即亮，今陞鎮國將軍僉大都督府事；次庸，明威將軍僉薊州衛指揮使司事；次煜。孫男十四人：長忠，明威將軍僉西安護衛指揮使司事；次信，忠顯校尉金吾左衛千户所鎮撫；次文，次武，次智，次仁，次勇，次孝，次敬，次謙，次恭，次禮，次義，次誠。

予聞天開昌運，必生俊偉之臣，以光贊

鴻業。如漢高帝起於豐沛，光武肇於南陽，精靈翕聚，號爲帝鄉。當時元夫志士，無不拏風躍雲，吐陽噓陰，致身於九霄之上。優渥之澤，延及先世，書功盟府，傳信策書。如陳方將軍者，其亦異世而同符也哉！然將軍剛介醇厚，上簡帝衷，寵錫便蕃，罔間存殁，一門之内，拖紫紆朱，龍光所及，照映泉壤。於是可見皇靈溥被、生榮死哀者矣。夫紀載上德，勒諸金石，以示來裔者，太史之職也。因第其事而爲銘曰：

濠梁巨族氏維陳。以善爲寶世相因。孰知久詘勢必信。有子趫勇冠等倫。明良胥會際風雲。長矛大劍思策勳。六合既淨無妖氛。帝曰汝亮武且恂。掌吾禁旅護九閽。桓毅果敢皆虎賁。貤封二代渥澤均。五色鸞誥書緑文。昭功焯德推前人。黄繒縢副燎告勤。焄蒿悽愴應感神。塋閒樹色亦欣欣。精白一心答寵恩。非忠與勤吾曷云。太史勒銘表墓門。

故資善大夫廣西等處行中書省左丞方公神道碑銘

洪武七年三月某日，資善大夫廣西等處行中書省左丞方公，殁于京師鍾山里之私第。既已襄事，而墓門之石未有刻文。九年冬十一月，其子禮恐公羣行湮没無傳，請于大都督府，移文中書，中書下禮部，於是尚書臣籌以其事聞。制曰「可」，遂敕翰林學士承旨臣濂爲之銘。臣謹按留守都衛經歷天台詹鼎狀公之行曰：

公諱珍，避廟諱更名真，因字谷貞，姓方氏。其系分自莆田，再遷台之仙居，三遷於黄岩，遂占籍焉。公長七尺，狀貌魁梧，而身白如瓠，有偉丈夫量，未嘗宿怨，識者已知其爲貴人。至正初，李大翁嘯衆倡亂，出入海島，劫奪漕運，舟殺使者。時承平日久，有司皆驚愕相視，捕索久不獲，因從而綏輯之。劇盜蔡亂頭聞其事，謂國家不足畏，復效尤爲亂，勢鴟張甚，濱海子女玉帛爲其所掠殆盡，民患苦之。中書參知政事朵兒只班發郡縣兵討蔡寇。公之怨家誣構與蔡通，逮繫甚急。公大恐，屢傾貲賄吏，尋捕如初。公度不能繼，且無以自白，謀於家曰：「朝廷失政，統兵者玩寇，區區小醜不能平，天下亂自此始。今酷吏藉之爲姦，媒孽及良民，吾若束手就斃，一家枉作泉下鬼。不若入海爲得計耳。」咸欣然從之。郡縣無以塞命，妄械齊民以爲功。民亡公所者，旬日得數千，久屯不解。朝臣察其非罪，奏爲慶元定海尉，使散衆，各安其居。

自時厥後，汝潁兵大起，海内鼎沸。齊國忠襄王李察罕保釐河、洛、晉、冀，李思齊、張思道號令關陝，陳友諒、明玉珍分有江、漢、荆、益，張士誠據淮、浙，公亦有慶元、台、温三郡之地。同縣章子善者，好從横之術，走説公曰：「夷狄無百年之運，❶元數將極，不待知者而後知。今豪傑並起，有分裂之勢。足下奮臂一呼，千百之舟，數十萬之衆，可立而待。泝江而上，則南北中絶，擅餽運之粟，舟師四出，則青、徐、遼、海、閩、廣、甌、越可傳檄而定。審能行此，人心有所屬，而伯業可成也。」公曰：「君言誠是。然智謀之士，不爲禍始，不爲福先。朝廷雖無道，猶可以延歲月；豪傑雖並起，

❶「夷狄無百年之運」句，蓋因清忌而删，今據張本補。

智均力敵，然且莫適爲主。❶保境安民，以俟真人之出，斯吾志也。願君勿復言。」子善謝去。

公自是其官累遷至江浙行中書參知政事，會有詔徵兵討張士誠，公遂出師。士誠知公且至，遣其將史文炳、吕真統十將軍，兵七萬，禦公於崑山。崑山去姑蘇七十里，士誠之僞都在焉。文炳、真陳兵城中，仍以步騎夾岸爲陣。士誠命游兵往來，旌旗數十里不絶，氣勢甚盛。公曰：「濱海之地，非四達之衢，乃復參用步騎兵，雖衆不足畏也。」公舟師僅五萬，身率壯士數百，趨奇子橋。文炳、真使十將軍薄水戰，矢石如雨。公戒其衆持葦席，藉塗泥，冒矢石急奮。夾岸之軍以火箭亂射。公燎及鬚鬢，横刀大呼而入，殺兩將軍及十餘人。軍大潰，若禽鳥散去。公與壯士追擊，趨其中堅。文炳、真接戰，公出入陣中，所嚮輒披靡。橋左右水騎訖不得成列，而岸上軍又敗北。文炳、真棄馬走，亡七將軍，溺死者萬計。公乃次兵於岸，明日又戰。七戰七捷，直至城下。士誠得報，遣使者送款，請奉元正朔。公還，遂以節鉞鎮浙東，開治于鄞。元之君臣多公之勳，復數加爵賞。俄至太尉江浙行省左丞相，賜衢國公印章，昆弟、子姓、賓客皆至大官。

當是時，今上皇帝龍興臨濠，定鼎金陵，天戈所指，無不簞食壺漿以迎王師。上親取婺州，而衢、處相繼降。公曰：「吾聞順天者昌，逆天者亡。今臨濠兵精甚，所至無堅城，此殆天命之所在也，逆天不祥。」即遣子完入侍。上喜曰：「自古英雄以義氣

❶「適」，張本作「敵」，韓本、傅本作「若」。

相許，當如青天白日，事成同享富貴，何以質子爲？」遂使完歸。公復遣使者，願守城邑，如錢鏐故事，歲貢白金以給軍貲。上許之。然猶自海道輸粟元都。時群雄方争，上方勵志中原，公獨屏蔽江海，使者交于二境上，唯求庇民而已。苗軍劉震、蔣英等叛婺州，殺首帥胡大海，持其首來曰：「願隸麾下。」衆皆賀，獨公不許，曰：「吾昔遣使效錢鏐，言猶在耳。今納其叛人，是見小利而忘大信也。且人叛主而歸我，即他日叛我，又安可必耶？」遂帥師擊之。仲兄中流矢而没。上遣使臨祭，且慰撫其遺孤。

越數載，上詔大將軍徐魏公平姑蘇，縛士誠，獻京師。公以久疾不視事，又幕府賓客無所陳説，失朝賀禮。上怒，大軍且壓鄞。公憂懼不知所爲，乃封府庫，具民數，使城守者出迎，躬挈妻孥避去海上。使完奉表謝曰：「臣聞天無所不覆，地無所不載。王者體天法地，於人無所不容。臣荷陛下覆載生成之德久矣，安敢自絶於天地？敢一陳愚衷，惟陛下裁察。臣本庸才，處乎季世，保境安民，非有黄屋左纛之念。曩者，陛下霆擊雷掣之師至于婺州，臣愚以爲天命有在，遣子入侍，于時固已知陛下有今日矣。所謂依日月之末光，望雨露之餘澤者也。而陛下開誠布公，賜手書，歸質子，俾守郡縣，如錢鏐故事。十年之間，與中吴角立，皆陛下之賜戢也。逮天兵下臨吴會，臣嘗上書，謂朝定杭越，則暮歸田里。不意今年以來，老病交攻，頓成昏昧，而弟兄子姪，志慮不齊，致煩陛下興問罪之師。方懷憂懼，未能自明，而大軍已至台、温。今臣計無所出，雖遣使再三，而承詔之師勢不容已。是以封府庫，開城郭，以俟王師之至。然猶未免爲浮海之計者，昔有孝子，於其親也，遇小杖則受，大杖則走，臣之事，適與相類。雖然，臣一介草莽，亦安敢自絶於天地？故每自思，欲面縛待罪闕庭。復恐陛下萬一震雷霆之怒，天下後世議者，不謂臣得罪之深，將謂陛下不能容臣，豈不累天地之大德哉？謹昧死奉表以聞，俯伏俟命。」

上覽表，趣公入覲。公至京師，上且喜且讓曰：「若來何晚也？」公即叩首謝罪。上以公誠愨，遇之特厚，每賜宴饗，皆與功臣列坐。未幾，有廣西左丞之命，俾奉朝請。一日，侍上燕坐，不能興，輿至第，則成末疾矣。上數遣中使賜問，官其二子：禮，宣武將軍僉廣洋衛親軍指揮使司事；完，忠顯校尉虎賁衛千户所鎮撫。令公得親見之。已而公疾革，上遣中使問所欲言。公指使者中坐，良久曰：「臣荷陛下厚恩，無尺寸之功，而子孫椎魯，絶不知人間事，臣所憂者，獨此耳。幸陛下以臣故，曲加保全，則臣感恩九泉，爲犬馬報陛下矣。」言畢而逝，壽五十又六。上聞，哀憫之，親御翰墨爲文，命官致祭。皇太子暨親王亦如之。中書省大都督府御史臺亦皆奉上旨臨祭，成禮而去。

先是，公病時，嘗屬諸子曰：「我即死，毋歸葬海濱。主上遇我過厚，可求京城外之地埋焉。且使後人習於禮義。」及是，卜城東二十里玉山之原惟食。禮部爲奏請，上欣然可之。於是以某年某月某日葬，禮也。

公世爲善人，而其父尤柔良，人弱之，屢致侵蝕。父笑曰：「吾諸子當有興者，毋久苦我。」其後五子果貴顯。元季，以公之貴，得屢贈三代。曾祖天成，榮禄大夫、湖廣等處行中書省平章政事。祖宙，光禄大夫、福建等處行中書省平章政事。勳皆柱國，爵皆封越國公。父伯奇，銀青榮禄大夫、淮南等處行中書省左丞相、上柱國，仍追封越國公。曾祖妣陶氏，祖妣潘氏，妣周氏，妻兩董氏，皆封越國夫人。子男五人：其二即禮與完，其三曰本，曰則，曰安。女五：二適士族，餘在室。孫男六。

隋大業末，海内紛紜，汪華聚衆保民，據有歙、宣、杭、睦、婺、饒六州之境，雖屢受隋爵，及唐高祖有天下，遂封府庫、籍民數以歸職方，擢爲歙州刺史，殁于長安。其事與公似無大相遠者。蓋公以豪傑之姿，庇安三路六州十一縣之民，天兵壓境，避而去之，曾無一夫被乎血刃，其有功於生民甚大。然而天寵所被，賜官丞轄，享有禄食，而二子皆列崇階，赫奕光著，視唐則有加焉。於是歷序其故，著爲銘辭，以宣朗國家之鴻烈，而及公保民之偉績云爾。銘曰：

元季紛紜，群雄相吞。公據海濱，志欲靖民。黄屋左纛，我非敢覬，綏定一隅，以俟真主。大明煌煌，出自東方。天威奮張，孰敢不來王？乃籍疆土，❶乃封府庫。大開城門，委之而去。皇帝詔還，喜動龍顔。卿能庇民，朕數嘉歎。卿居海邦，倚水爲强。旌旗揚揚，武夫洸洸。舳艫數千，横行海中。諸蕃畏威，莫越其封。炳乎幾先，能順天命。卒全黎元，兵不血刃。何哉暴强，驅民鋒鏑。酣戰弗禁，身乃就殛。以此較彼，卿實爲能。爵之崇階，禄給子孫。天語褒嘉，金宣玉奏。公拜稽首，天子萬壽。惟

❶「疆土」，胡本作「土地」。

公挺生，人中之豪。功在三府，其惠孔昭。華之保歙，事與公類。至今廟食，春秋不廢。公雖殁矣，德曷忘矣。太史銘矣，發幽光矣。

連州黄府君墓誌銘有序

湖之德清縣令黄以貞，自造大父府君行狀，徵余爲塚上之銘。余以耄辭。繼捧幣而進，余益以謏墓受金爲嫌辭。然以貞請之益切，或至於灑泣。孰無父母也，不覺爲之感傷。因返幣而叙之曰：

府君諱慧，字志高，黄氏，廣東連州人，世居城南龍津門上。曾祖某，祖某。父粱，宋大理評事，母蔣氏。府君疑重端慤，壹以誠遇人，發言未嘗弗踐。善貨殖之道，致家殷盛，或侔於素封。然立心仁恕，出内布帛，權度如一，不敢高下其手。衆物驟貴，輒殺直以平之。人有奇窮不自振者，具羞服以起之。雖釋老氏，其宫敝壞，爲之葺補嚴飾，所費甚夥，弗靳也。歲序之間，又率循其教，蒇法事，設醮祠，爲民徼福。其天性嗜善，類如此。州里之人賴之。一則曰：「寬厚長者，黄君也。」二則曰：「寬厚長者，黄君也。」年七十又八，不幸以元至正己丑九月五日，以一疾不起。上距所生之歲，則宋咸淳壬申也。卒後之明年庚寅某月日，葬于州西高良鄉之原。既而寇侵兆域，堪輿家謂不利，復以某年月日，改瘞小水山之陽，禮也。

府君配文氏，婦德母儀皆有可稱。子男一人：懋。女二人，歸李某、文某。孫一人，即以貞。明經脩行，由陽山教官召試吏部，選授今官，階陞承務郎，以政事聞。曾孫男二人：某、某。

昔者，李文公習之自爲其祖實録，乞銘於昌黎韓公。其言有曰：「先祖有美而不知，不明也；知而不傳，不仁也。」後世論者，未嘗不美習之之孝。今以貞之行，當無愧於習之。特以余文非昌黎，無以慰其請，不能不歆然也。雖然，徇孝孫之志，發潛德之光，尚可以人而廢之乎？於是忘其鄙陋，爲序其事，而造銘曰：

以誠勤物，其行孚於人也。以善遺後，其德參於天叶也。孫枝茷骫，其進欲淩雲也。本根發舒，碩大且蕃也。無善不報，皦皦若朝暾也。太史勒銘，樹之於墓門也。

廬陵劉徐生墓銘

翰林編脩官振唯，奉詔攝御史行縣北藩。舟泝黄河，忽夢内兄劉徐生相逢里中穫溪上，脱冠命酒曰：「徐生與弟爲結髮友，恨輸先着鞭耳。」其情驩甚。及覺，悵然興懷，賦楚辭一章，擊楫而歌之。暨還南京，將寫辭以寄。或有告者曰：「徐生亡矣。」唯不勝其悲。居亡何，徐生之父作書遺唯曰：「徐生相從至郢者久，遺歸謁先塋，竟溺景陵之深川。越九日，得屍。又八日，旅殯郢城東子胥臺下。嗚呼！肺肝盡割裂矣，老身將何以能存耶？自造《權厝誌》一通，幸請銘金華宋先生。先生嘗見徐生，頗愛焉，當不靳於辭。即弗靳，徐生不死矣。」唯泣爲余言。

余也不敏，無以塞其父之悲。頗聞徐生日記萬言，爲文有奇氣。頃刻風雲變化，雷春雨澤，有不可測度者。而古今詩尤嘉，人稱爲詩伯。州里器之，謂廬陵有二俊，其一唯也。唯舉進士河南第一人，入仕于朝。徐生益自愛祕，期久積而大振。方岳重臣及部使者咸遇以賓禮，欲辟爲屬，辭弗就。見唯受經於余，亦欲負笈來相從。今死矣，豈直其父與唯之悲，余亦爲泣下霑襟。何也？牛毛非不多，而麟角獨能專也。嗚呼！生死之機，伊誰執之，而顛倒若是耶？嗚呼！

徐生，字子卿，卒時實洪武八年三月十日，年二十有六耳。曾祖某，祖某。父説，以進士起家，官承事郎安陸府通判，母蕭氏。妻曾氏，二女，皆在幼。其父俟報政，返骨葬廬陵永豐之故鄉，且爲立嗣。嗚呼！徐生之卒，爲善者或懼矣夫！銘曰：

將鬯而遏之，茝不如蕡；方出而折之，麟不如麛。爾之生也，不幸絶類之。已而，已而！大化之冥茫，吾將尤誰？

故永豐劉府君墓誌銘

府君諱庚金，字奇相，姓劉氏，世家廬陵之永豐。劉爲江右簪纓之胄，自唐迄宋，擢進士第者後先相望。入則登臺省，出則蒞郡邑，人稱爲名門。曾大父某，大父某，雖不與仕版，而皆能繼書詩之業。父某，宋季嘗舉于鄉，試南宮，輒不利，用特恩授新淦丞。母周氏。府君八歲，善屬文。未加冠巾，五經誦之甚習。年既長，執經來從者，户外之屨常滿，多有去爲名進士。唯府君累踐場屋，卒就擯斥。時學校多私試，府君漫起應之，即在前列。元至治癸亥，又臨試期，府君試以上古之書，既而獲在選，升名春官。陳論過高，知貢舉者，疑不敢取。繼以龍飛恩例，中書署爲吉州路儒學正。

丁内艱而歸，泣血三年，未嘗見齒。雖祥琴斯御，諱日之至，必反袂拭淚不已。

府君性忠厚，遇異母兄奇可，尤盡和孺之樂。每聞將授衣，問周夫人曰：「兄之衣何如？」夫人曰：「已先授之矣。」及夫人歿，葬祭之禮，獨盡瘁爲之，不忍毫髮煩其兄。銓曹稽其年勞，轉臨江路儒學教授。命既下，而府君病且革矣。遼陽等處儒學提舉劉君岳申，名重當世，與府君交二十年如一日。其稱府君有曰：「温柔而慎密，明辨而近恕，優優乎有士君子之風。」識者稱爲實録。

府君爲文無宿搆，下筆滔滔，頃刻龍蛇滿紙閒，似欲飛動。郡縣大夫士慕其聲光，踵門求見者無虚日。平生嗜酒，飲至數斗不亂，拱手端坐，而爲禮益恭。此皆人所難者。生於乙酉二月十三日，歿於元統甲戌九月十五日，享年五十。以至正丙戌十二月二十二日葬于折桂鄉烏江金牛臺之左，禮也。

府君配某氏，子男子四：宜立、宜明，俱早世；宜謹，元江西行中書省左右司都事；宜正，入仕國朝爲起居注，轉僉浙江提刑按察司事。子女子二：柔嘉適傅若曾，柔恭歸彭宗徐。孫男五：服孫、思紹、見珠、海珠、繹珠。孫女三，徐元、袁同其壻也，一幼未行。

宜正字貴道，今以字行。其爲左史也，余方司業成均，相與論文甚驩。迨出使浙部，詣余拜且泣曰：「昔者，先大父嘗自念，言自十三世祖司空府君以來，多決策發身，而獨愧以特恩入官，所以戒飭先君子者尤力。先君子丕承前訓，唯寐少忘之，卒以儒而成名。及其終也，而呼宜正兄弟戒之曰：『吾才非不如今人，而至於此，命也。

爾曹當自勗，以文學亢厥宗。即亢厥宗，吾死目亦瞑，貧賤不足論也。』宜正時始十齡，已深知其言之悲。因夙夜戰兢，不致顛隮，獲從士君子之後，忝被官使。至今二十九年，而墓木且拱，懸綷之碑未有所刻，豈非至闕歟？願先生文之。」予憐其志而不敢辭。銘曰：

家有世科，子才又多。胡負志而嫽嫛？命也奈何，命也奈何！

濟南李氏先塋碑銘

濟南李氏，世居章邱臨濟鎮。鎮東北一里，有累葉之塚墓存焉。傳至二府君，始遷濟陽曲堤鎮。娶解氏，生二子：曰載，曰某。載娶某氏、陳氏，生五子：曰某，曰信，曰某，曰良，曰温。信秉性剛明，州里有不直者，必來赴愬，片言之頃，皆心服而去。嘗爲官督租賦，不約而集。行尤方嚴，人聞謦欬音，皆斂容避，不敢慢。娶王氏。年九十二而終。生三子：曰貴，曰直，曰顯。貴字國寶，度量絶人，喜怒不形于色，威儀脩飭，望之儼然。不幸商于河南，殁而不返。娶蘇氏，生一子彬，字文質。蘇氏感家門凋瘁，攻苦食淡，與文質共挽一車，採桑風雨中，早夜事蠶績以養姑。姑殁，蘇氏猶康强。見孫吉能讀書造文，出訓鄉之弟子員，持束脩來上，泫然流涕曰：「李氏一門之責，悉歸是子矣。」年七十九，以至正三年十一月二十四日而終。

文質天性至孝，奉祖父母及母，未嘗有違禮。每得一甘脿，不獻弗敢先嘗。一日，稍有酒，過輒深悔曰：「爲人子者，可以沈湎而遺親憂乎？」遂覆杯十年不飲。首倡宗黨買田於縣北三百步，❶作爲新阡，繚以周垣，用昭穆序葬。凡族屬有不能藏者，咸與焉。回河鎮相傳有鬼兵至，居民競負囊橐來寄。文質笑曰：「惡有是？必訛言也。」已而事果帖帖，悉以其物歸人。人有遺垂髫女者，文質偶拾之。浹旬，其父來告，文質亟出女還之。其父牽羊載酒爲謝，文質曰：「汝女既歸汝矣，何假此爲？」峻却而不受。性嗜賓朋，延納無倦色，甚至傾貲遇之，故人多愛敬，踰於骨肉。苟有過，面責其非，能改則喜。遊行里中，或見女婦，無論親踈，輒引身避之。然御家甚嚴，訓諸子以學，晝夜程督不少恕。嘗指《登科記》示之曰：「吾兒得掛名其閒，志願足矣。」復戒曰：「讀書不患不登科，登科即爲官矣。爲官而貪墨，譬如明珠彈雀，所得者少而所失者多。」人以爲名言。年七十，以至正十年十月十日而終。

娶周氏，生一子曰忠。繼劉氏，生三子，曰賢，曰吉，曰仁。劉氏事姑以孝，御下以寬，遇夫以敬。内外宗戚無不得其驩心。撫忠不翅所生子。見吉登至正甲午進士第，及爲河閒録事，迎劉氏就養。僚屬率騶從迓之，羅拜車下。母喜曰：「汝父疇昔用心之苦，恨不令一見之耳。」年六十又六，以某年五月五日而終。忠字思庸，年五十二卒。娶張氏，生二子：曰益，歿於兵；曰某，夭。賢字思哲，年三十八卒。娶褚氏，生二子，曰某，曰某，皆歿於兵。吉娶褚氏，年三十六，亦歿于兵。

予幸與吉遊。吉自狀其先世行實，滚滚數千言，且作書來告曰：「吉也，罪戾深

❶「三」，張本作「二」。

重，天降酷罰，連年兵禍相仍，李氏一族，不絶僅如一綫。惟我曾祖考妣，葬于縣東某地先塋之側。而祖妣暨考妣，則藏于新阡。其嘉言善行，固不能究其詳，至於名諱及卒葬歲月，亦或有所遺失。今弗圖，則後嗣何能知之？顧先生爲文，刻寘新阡。」予讀其狀，纏綿悲愴之辭，層見而疊出。有以知吉思深而志苦，❶不覺爲之墮淚。乃掇其大者，繫之銘辭而遺之。嗚呼！若吉者，不亦孝子慈孫也哉！吉字思迪，今以字行。文行兼美，出仕國朝，今遷徵事郎，知揚州府高郵州事云。銘曰：

堪輿之中，氣化沖融，莽無端倪兮！一禍一福，相爲倚伏，曷得而推兮？人衆者勝，天亦能定，理將可期兮！李氏之先，善弘慶綿，宜昌厥施兮！家之分崩，族之僅存，適逢亂離兮！往過來續，無往不復，大化無私兮！碩果不食，其發必亟，孰閼其馳兮？孳植敷蕃，自一而千，起於毫絲兮！屈爲伸根，衰爲盛門，循環以時兮！考古驗今，斯言可徵，有若蓍龜兮！莫堅匪石，大書深刻，史官之辭兮！

元故湛淵先生白公墓銘

嗚呼！是惟湛淵先生白公之墓。先生諱珽，字廷玉，白其姓也。出於宋丞相時中之裔，世居文水。時中之從子翼，扈蹕南渡，官至防禦使。生武略大夫良輔，食邑檇李，因家焉。武略之後，又至武功大夫顯，始占籍於錢唐，生脩武郎必騰。脩武生通武郎嶸，先生父也，妣方氏。

❶「志」，胡本作「衷」。

先生本四明名儒舒少度遺腹子，通武育以爲嗣。五歲能屬詞，❶八歲能賦詩，十三受經太學，習爲科舉業，轟然有聲場屋閒，一時貴人争欲出其門下。甫及壯，元丞相伯顔平江南，聞先生賢，檄爲安豐丞，辭不赴。乃客於藏書之家，❷晝繙夜誦，燈墜花穴帽，不知也。如是者一十七年。程文憲公鉅夫、劉中丞伯宣前後交薦之，復以疾辭。中歲，嘗出游梁、鄭、齊、魯，歷覽河山之勝，登臨弔古，訊人物風土，慨然有尚友千載之意。及至燕，王公貴人見輒賓禮。或欲舉爲東宫官者，先生復引義固辭。南北孤遠士久困逆旅，則必昌言甄拔之。自是學益充，文益富，而家益貧。

宣慰都事鮮于公樞，帥一時名士，❸援杜甫、邵堯夫故事，共買屋使之居。會李文簡公衎出將使指，喟然歎曰：「有才如是，坐視其窮可乎？」力挽起之，授太平路儒學正，先生不得已應命。未幾，攝行教授事，悉心官政，脩建天門、采石二書院。政成，當時事例可貢行臺令史，達官勸之行，先生笑曰：「吾守章逢爾，他何覬哉？」尋轉常州路儒學教授。兵燹之後，禮殿與堂廡皆廢弗治，祭器載籍亦闕。先生爲完之，且復侵疆三千餘畝。俄再遷教授慶元，未上，翰林、集賢兩院謀曰：「白先生淹回下列，吾儕不啓齒一言，可謂汗顔矣。」共尉薦之，陞江浙等處儒學提舉司副提舉，階將仕佐郎。時鄧文肅公文原實爲之長，與先生志氣胳合，舉刺得宜，文化大行。

❶「詞」，張本作「對」。
❷「於」，韓本作「授」。
❸「帥」，張本作「師」。

秩既滿，銓曹有不知先生者，署淮東鹽倉大使。先生自以鹽筴非所諳習，不俟終更，即謝事。養痾海陵，遠近學徒擔簦相從者，殆無虛月。先生已六十又七。及再遷從事郎婺州路蘭溪州判官，則不復有宦情矣。日與韻朋勝友曳杖游衍，銜杯賦詩，唯恐日之易夕。所居西湖，有泉自天竺來，及門而匯，榜之曰「湛淵」，因以自號。晚歸老棲霞，又號棲霞山人。以天曆元年九月十五日卒，年八十一。其年十一月二日，葬錢塘縣履泰鄉棲霞山之陽。其子遵治命，題曰「西湖詩人白君之墓」云。

先生性至孝，母病，刲股和藥，起瀕死者再。及歿，號慟自擲，嘔血至數升。父感奇疾，醫言必得兔矢可療。先生踏冰雪、緣崖穴求之，三日不得。父死，抱屍哭，絕而復蘇。繼母虐，不子厥子，先生事之愈恭。既而改適他氏，無儋石之儲，先生爲營朝夕，且負之避兵，迄免於難。然汲汲行義，尤不顧家之窶。孤嫠不能昏者，嫁之；死而無所歸者，槀殯之；道中拾遺珠，待其人訪索，審而還之；或以質劑假金，匱乏不獲償，焚而慰之。生平無驕辭怠色，一以謙抑爲事。聞人善，未嘗不豔慕；見揚人過，掩耳亟避去。奉先之外，不惑異端，不諂瀆鬼神。疾疢憂患之來，一委之於天。自幼至老，無一日廢問學，故能長於詩文。紫陽方公回稱其「冠絕古今，有英雄大丈夫氣」。剡源戴公表元謂其「注波五經之淵，披條百氏之畹」。廬陵劉公辰翁又言其「不爲雕刻苛碎，蒼然者，不惟極塵外之趣，兼有雲山韶濩之音」。皆確論也。翰墨雖其餘事，❶

❶「其」，胡本作「屬」。

亦有晉魏風。酒酣，命二童持紙，懸筆一揮，疾如雨風，聲光翕然四達。而先生素志邱壑，以退爲進，故位不逮名，君子惜之。

先生娶沈氏，有賢行，前二十七年卒。子二：賁，文林郎南安路總管府經歷；釆，温州路永嘉縣鎮海東寨巡檢。女一，歸常州路儒學正鄭禾。孫四：栩、越、東、明，皆蚤世。孫女一，適平陽宋允恒。允恒由紹慶路儒學正借授新州新興縣福緣寨巡檢。賁以子夭，命允恒仲子範爲後。範有學而文，能繼其家者也。範生子二：弦、弢。女三。先生所著書，曰詩，曰文，曰《經子類訓》，曰《集翠裘》，曰《静語》，皆二十卷。嘗鋟諸梓，四方多傳誦。

嗚呼！先生已矣！濂也晚出，雖不能識先生，幸從鄉先生黄文獻公遊，聽談杭都舊事，有如淮陰龔公開，嚴陵何公夢桂，眉山家公之巽，莆田劉公濩，西秦張公楧，虎林仇公遠，齊東周公密，凡十餘人，相與倡明雅道，而先生齒爲最少，乃與群公相頡頏。南北兩山閒，其遺迹班班故在。僅踰五十春秋，而先輩流風遺韻，弗可復見，不亦悲夫！嗚呼！死者固不可作，若并其言行而不彰，將何以爲聳善扶俗之勸？於是徇範之請，鉅細畢書之。嗚呼！先生之名，其果待文而後傳哉？銘曰：

虎林有哲夫兮，秉德良優柔。嗜義如嗜利兮，避名如避讎。指退以爲進兮，謙抑每自脩。知分中自定兮，不假外物求。天經況所惇兮，血淚交頤流。冠冕百行先兮，倫品庶不偷。發越見聲詩兮，笙鏞閒鳴球。律吕素和協兮，八音交相繆。雄章落四海兮，虹氣日夜浮。棲霞有名山兮，草木光如油。紀德薦石章兮，千古振諸幽。

端木府君墓誌銘

予友端君以善既卒之一年，其子智衰經踵門，泣拜而請曰：「智也，罪釁深重，禍延先公，以洪武癸丑三月乙卯，卒于南京之官舍，壽僅五十又三。遂以是年某月某日，藏于巉山東村之原。竊惟先公，自少有志事功，其善政在人者，今多能言之。又十年，則言之者或寡矣。又十年，則無人能言之矣。此無他，人遠者，其言湮；世易者，其事晦。亦恒理爾。一念及茲，寧不使人興懷乎？然而托名文辭者，可以垂之無窮，千百歲猶夫一日也。此爲人子者所恃以無恐。願先生進之。」

按學子劉剛狀：君諱復初，以善其字也，姓端木氏。其先爲衛人，出於孔門弟子子貢之裔。今獨以端稱氏者，從省文也。一遷於大梁，再遷金陵烏衣巷，三遷於溧水縣之巉山。其詳備見譜圖記中。曾祖時中，祖安，父邦達，妣某氏。君有遠志，不肯寂寂落人後。至正初，以儒試吏江南行御史臺，同列多貴遊子弟，爭事表暴，君獨泰然不失其恒行，久咸畏服之。俄遷書吏海右憲部，君佐部使者行州縣，彰善癉惡，威聲獨著聞。會四方兵動，東南爲尤甚。君袖策言時政之急，如此則可守，如此則可戰，否則有斂手就降而已。上官聞之，皆落落不合，君仰天歎曰：「彼以吾發狂言耶？時事從可知矣。」於是悵然有鄉土之思。溧水道絶不能歸，僑居金華，日以書史自娱。

至正己亥，皇上親御六軍取金華，命常忠武王鎮之。王聘君至幕下。未幾，君辭去。會有言於朝者，癸卯三月，召爲徽州府經歷。徽爲江東大郡，政繁而賦殷，君悉力佐治，百廢具舉，功則歸於其長。田賦久不均，民不堪命，君即城東建局，使民自實田，集爲圖籍，覈盈朒，驗虛實，而定科繇。吏民陰爲欺蔽，痛謫之。不數月而畢。由是民無逋租，官無橫斂。三皇孔子廟，皆築臺門。旅樹之制亦廢，❶君或葺或建，咸中程式。賦不及民，皆若不知者。

丙午冬，改通判吉州府。吉俗尚譁訐，素號難治。君召父老子弟戒之曰：「予聞爾民尚豪侈，樂訟鬭。朝廷子惠元元，春雨秋露，無不霑濡。爾曷爲良民以報上德，寧梗化以自戕耶？梗化弗祥，天刑所不貸，爾其識之。」民皆惴惴，無敢執牒妄訴者。丁内艱，服除。

洪武辛亥春，被召赴京，除磨勘司丞。時官署新立，凡泉粟之出納，刑法之是非，物貨之變易，無所不當讞。君從本達支，自流徂源，勾稽隱伏，纖芥軒露。每一奏對，上輒廷譽之。未幾，升爲令。君嚴於限域，人見輒畏，不敢有所請托。俄僚屬皆以貪墨敗，磔首東市，唯君能獨存清白之行，益表見朝著閒。冬十一月，超授嘉議大夫刑部尚書。君之用刑，本諸法律，而持以平恕。老於議法者，咸以爲允。杭州馬甲飛糧事覺，逮繫者百餘人。詔君往治其獄，分郡囚别所，人各鞫之，合其辭參焉。同多者情真，否則僞。郡守以下皆服罪。

壬子春三月，拜湖廣等處參知政事，階中奉大夫。湖廣素號重鎮，屬兵戈蹂踐之餘，土曠民稀。君首下屬州民復業者，復其賦一年；次閲官書，凡糧儲轉輸，錢幣出

❶「樹」，韓本作「館」。

入，與夫軍裝工役，皆預爲計畫。且會官屬問事不集者，其故何繇？皆曰：「一省所轄府州縣二百有餘，遠者在千里外，每官多闕，其事因不集。」君奏請于朝，擇在職賢良吏攝其政。不數月，無事不舉，民驚以爲神。既而以事召還京師。俄以疾卒。先配石氏，前卒。繼王氏。子四：仁、義、禮、智，皆石産也。仁先卒。

君天性甚孝，自遊宦四方，不能奉驩膝下，心常慊慊然。所得禄賜，恒歸以娱親，其奉己則泊如也。母既卒，一念及之，輒潸然泣下。居官能守貧，嘗著座右銘曰：「爲官實難，貧然後安。事有不可，急中存寬。」又曰：「心契上天，脚踐實地。」人謂其能自警云。

君狀貌秀偉，美鬚髯，吐音鴻暢。或治政弗暇休，夜則焚膏，命諸子環侍，取書之嘉言善行，歷歷訓戒，至夜分乃止。故翰林學士朱升嘗謂君爲人「其謙退似懦夫，其專謹似腐儒，瞻視精悍似俠客，掀髯談世事似辨士，而其精神超越，又似逸人仙者」。君子謂爲實録。

予托交於君頗久，而著勳焯能，固後死者之責，銘惡乎辭？然而年日已邁，文日以衰，無以應四方之求。近因燔毁筆硯，一切謝絶之，而中心猶以爲未慊也。雖然，智之所謂，則有不得而忘情者。遂備采剛之所録，而繫之以銘。銘曰：

惟士也良，有志則剛，如挾干將。始晦而夷，出遇而熙，一躍而飛。筮仕府僚，因賦定繇，功而不驕。轉佐方州，革俗以婾，訓言藹抽。磨勘設曹，蠶絲牛毛，孰得而逃？進領秋卿，邦憲是經，中乎準繩。往莅大藩，以執政原，江漢乂安。材長如河，壽則弗多，其如命何？有子治經，足繼簪纓，縱死猶生。巉山之原，木古泉寒，銘在不刊。

呂府君墓誌銘

府君姓呂氏，諱文福，字壽卿，其先光州人。宋季，光爲極邊，戎馬蹂踐無寧歲，遂避去金剛臺上。尋遷黄之黄岡，爲黄岡人。曾大父某，大父某。父某，妣某氏。府君幼喪父，鞠於大母谷氏。大母性嚴厲，夙夜飭導，必期底於有成。

府君年十四，從事法家之學。稍長，《唐律》義疏皆精原其意，比類相從，支分脈貫，必允契乎人情。遂以抑剛茹柔、洗冤澤物爲己任。時承平日久，未易得禄食，乃俯首試吏巡檢之司。會部使者申公簡夫持節淮西，聞府君名，召與計事。衆咸愕曰：「壽卿之名，何以達上官之聽乎？」府君笑不答。黄州守脱因不花及萬夫長脱脱，皆怙勢受賕，貪墨之聲載道。府君白曰：「不去此稂莠，禾稼安得而茂乎？」申公然之。皆捕寘于獄，正之以罪。申公名震淮西者，府君之力也。

陞麻城縣吏。邑民被强盜所掠，訴之，久未克獲。元律，獲强盜至五者，補一官。里豪陳異徼其利，縛駱和尚等，賂麻城尉，鍛鍊成獄。文上縣，縣懼尉與守有連，不敢問。府君知其冤，竟平反之。縣令長摇手相戒曰：「毋生事，腕可斷，此牘也，不敢署也。」府君從容抱案，歷階而升，請曰：「明公即宜署，人命至重，豈玩戲具耶？」令長相顧，遲回不決。府君曰：「不署，則己當申郡司，獄直達憲府矣。」於是不得已從之，活者五人。已而厭煩囂，杜門不出。忽野峻台出綰郡章。野峻台，名臣趙魯公子也，尤愛敬之，力辟爲其府吏。伶優趙良卿以利誘民家女子，教之歌舞，用媒衒上官，執權行賕，無所不至。府君又曰：「不去禍本，其能清政源乎？」白府公，悉傳於法，從良者數十人。董曩歌以争田誤傷人至死，議者欲當之重辟，董辭輒不伏，訴于慮囚使者。使者漫不經意，疑不決者幾十載。府君知其冤，竟爲白之。

俄遷蘄州，未幾即辭歸。謝絶人事，築存初堂圃中，延明師儒教子爲舉子業，一飲一食，必與師俱。時大母猶在，程勸尤篤，嘗刻日晷於磚，戒家奴授食，惟恐後。師亦感其禮遇，有知無不告之。四方號士大夫以術業遊者，久館之弗厭，瀕行必有贈遺。人稱爲黄之名塾云。

至正壬辰，黄陷于盜，府君攜家走南昌。尋爲僞漢所據，僞漢之謀士，多府君之弟子，欲邀致之。府君戟手嫚罵，衆知其不可而止。入我國朝，其子熙出仕爲縣浙水西。府君防閑訓迪尤篤。蚤出，則使扃鑰其户；莫歸，必歷叩其所行事。且曰：「某事當如斯，不當如斯。」諄諄千百言弗止。熙受教爲清白吏。

府君事母孝，遇人也以惠。婣友不能婚嫁者，助之；死無葬者，爲給棺櫝，雖屢求弗厭。性剛直，或有過眚，必面折不少恕。然遠近皆推爲吏師，從學者森森立左右。獄辭鈎連有不可決，君片言之閒，如庖丁剌牛，皆迎刃而解。與之遊者，皆敬而憚焉。不幸以洪武庚戌三月二日，卒於鎮江丹徒縣寓舍，壽七十二。以是年五月九日，葬縣東大慈鄉馬鞍山之原，禮也。元配葉氏，先十三年卒。繼配姚氏。子男一人，即熙，嘉議大夫吏部尚書。孫男三人：謙、讓、安山。女一人，李希顔其壻也。

予聞之：魏文侯時有李悝者，撰次諸國之法，爲《法經》六篇。漢蕭何增之爲九。自時厥後，世益代增，直至三百有餘，爲之章句者十有餘家，家數十萬言。凡斷罪所當由用者，合二萬六千二百七十二條，七百七十三萬二千二百餘言。嗚呼！律豈易言哉！自非府君才識之明，斷決之審，孰能中其肯綮者哉！是宜銘。銘曰：

法乃司命，懸於重輕。脱不獲於簡孚，將枉物而傷生。故慘覈者，類貽於陰禍；而哀矜者，必兆於尊榮。嗚呼！如府君者，其殆善用而得其平者歟？

故奉訓大夫僉提刑按察司事王府君墓誌銘

濠梁王佐，其先府君之殁，越六年矣。今奉工部主事杜君環狀來徵墓門之銘，不覺爲之愴然而悲。蓋當皇上飛龍淮甸，定鼎江表，弓旌四出，旁招俊乂。濂時應聘而起，擢典儒臺。而府君亦杖策轅門，思以勛業自砥礪。薦紳之士，多刮目禮之。濂雖不泛與人交，聞府君崇論宏議，亦未嘗不傾耳而聽。及退，每自愧自歎，以爲弗能及。自後離合靡常，迨濂再召入禁林，府君已作土中人。載感疇昔，銘欲不作可乎？

按狀：府君諱謙，字習古，濠州定遠人。曾大父某，大父某，皆肥遯邱園，人號善士。父子良，敏給而多智，定遠令酷愛之，俾爲書佐。未幾，補吏尉司，遷霍邱縣，以積勞升安豐府史。達官知其能，辟爲河南行省理問掾，未命而終。母蔣氏。

府君嗜讀書，知彝倫大義。習爲聲詩，音節韻趣皆有法。推擇爲定遠縣吏，出謀發慮皆中肯綮，令長以賓禮遇之。元季政乖，豪傑並起。府君拊髀歎曰：「事急矣，保宗族以拯黎民可也。」乃走潁、亳，説其軍帥曰：「民罹虐政，不得已起爲亂矣，當思有以靖之。虔劉人以逞，所謂如水益深、如火益熱者也，無乃不可乎？」軍帥聞其言，以爲才，交薦之。擢萬夫長，五轉至工部尚書，非其所好也。當是時，盜稱名字者，皆烏合之衆，散漫無統。所經之處，唯務焚掠，千里爲荒墟。府君察之，度必無所成。謂所親曰：「區區豈欲從戎哉？奮不顧身，出編虎鬚者，志欲生烝民也。今若是，猶魚游釜中耳。竈火已然，尚自謂得計耶？吾聞真主已建都金陵，寬仁愛人，四方之民爭引領望之。不去禍將及。」於是，乘閒挈家南渡。

府君之婦兄太師李韓公善長，時已在上左右，亟言之。召見於青龍殿，與語，大悦。會新設執法議理司，方將選人以授，遂詔爲執法官。府君悉心詳讞，務協厥中，人稱爲平允。丹陽令白齊因公致罪，當棄市。府君以情可矜恕，敷奏上前，得貸死。知應天府王子謙，坐事械繫者久，府君惜其材，議從末減。由是，上簡注之深，升爲中書員外郎，轉遷提刑按察司事，階奉訓大夫。府君巡行郡縣，見貪墨蠹民者，必擊去之，唯恐弗亟。餘則務存大體，觀風宣化而已。一日，天大風，晝晦，上下詔求直言。府君歷述災傷之病民，竟爲之罷徵。俄得末疾，家居者久之，以洪武三年四月二十七日，卒于京城之寓舍，壽五十又七。以九年二月日，葬于某山之原。

娶李氏。子男二人：伯曰驥，先十八年卒；仲曰佐，即來徵文者，篤學好古，凡法帖名畫，多能鑑定，且善虞世南書，以材選充忠顯校尉飛熊衛千户所鎮撫。女三人，❶適魯某、孫志遠、高某。孫男一人，寧安。

府君軀幹昂聳，而容貌潤澤，恂恂儒者也。或共其論議，輒掀眉吐氣，指方畫圓，滚滚數千言不休。臨大事之際，神采精緊，毅然有不可奪之色。與人交，愈久愈敬。遇急難，必蹈湯赴火援之。若行事有過差，復面折不少恕。性又慈惠，凡貸泉布者，不納息；弗能庚，則皆寘不問。遇凍餒者，如身受其病，思輟粟帛濟之乃已。其在戎行，專務以不殺爲勸，且導人辟兵之方，賴以生者數百人。至於事親盡孝，奉意承顔，唯恐毛髮有違。故鄉邦尤稱之，咸曰：「孝如王習古，庶幾無愧。」嗚呼！爲士者，内行脩於家，外行有以澤諸人，可謂不負所志者矣。銘曰：

民吾同胞，不幸亂離。虔劉之何爲？我務生之。海寓載清，式簪且纓。正色立於庭，我竭其誠。嗚呼！唯行之腴，契道之符。不亟不徐，循序而詳趨。其亦有識之吉士也歟？

故封承事郎給事中王府君墓版文

惟王氏所出不一，有姬姓者二族，有嬀姓、子姓者各一族，有虜姓者析四族，餘未

❶「三」，原作「二」，今據文義改。

暇論述。然姬姓二族，皆出於周。其一始於王子晉之子司徒宗泰，❶其後則太原、瑯琊爲尤盛；其一始於畢公高之子畢萬，其後則京兆、河閒爲尤蕃。二者皆以其王族，故氏之爲王云。

太原之族，自秦漢以至于唐，最多顯著。與清河之崔、隴西之李、滎陽之鄭、范陽之盧，天下號爲五姓。載於史牒者，班班可考也。太原之裔，有分居光之固始者，自東晉南渡，來遷泉之晉江温陵里，圖牒喪，不知其爲幾世。至唐協律郎普，又自晉江遷黄陽之延興里。協律生宋大理評事文郁。大理生校書郎訥。校書生大理評事保隆。評事生莆田縣尉仁㮘。縣尉生睿，睿生連，連生籲。籲生鄉貢進士、贈奉直大夫國光。進士生給事中晞亮。給事生長溪東尉桂。東尉生贈奉直大夫潤之。奉直生禮部侍郎太沖。禮部生知南海縣事應麟。知縣生元莆田縣典史子春，則府君父也，母任氏。

府君諱公穀，字德良。生三年而典史君亡。稍長，問其母曰：「吾父何在？」母曰：「若父死已久，墓木今將拱矣。」府君擗踊號慟，即製斬衰絰帶，追行三年喪。事兄最樂先生朝有如其父，絲毫不違其教令。先生時號名儒，以古文著聞，亦盡心於府君，鞠育導迪，無不備至。群族内外姻皆稱之。府君肄業郡庠，精勤越流輩。夜將半，鄰齋燈火盡滅，府君獨焚膏狹册，危坐如枯株。自是能通一經，發爲大義，亦整比可觀。郡博士命題，招弟子群試于堂，府君特居首列。會歲當大比，同舍生皆踊躍入家

❶「泰」，張本、韓本、傅本作「恭」。

狀，期赴鄉闈，府君獨漠然若無聞。或勸之，府君泣曰：「予生髮未燥，先公棄捐。一念及兹，肝膽爲之拆裂。雖幸母夫人存，鶴髮鬅鬙，而疾疢撓之。恨不化一刻爲一朝，尚忍斯須離膝下乎？」杜門不出，日以色養爲事。及夫人卒，葬祭一遵禮度，哀號不暫舍。性好施，家雖單窶，聞人飢凍，輒解衣減食濟之。不然，夜不得甘寢，君子以爲賢。

元季，政大亂，七閩之豪，挾兵威以擅生殺，割土疆，往往致書交辟之。府君度其無成，皆峻辭。已而亂愈亟，府君挈妻孥避往仙遊山中，❶曳杖盤桓，而烟霞泉石日與之相親。及皇明御曆，六合載清，而府君則頹然老矣。乃謂其長子寅曰：「不仕無義，吾非不知也，第迫於親老且病耳。爾當力學淬行以繼其門。」寅遂以《尚書》中鄉貢第九名，上南宫，未及會試，擢爲給事中。尋兼靖江相府録事，階承事郎。朝廷推恩，封府君承事郎給事中。府君之配陳氏，先卒已十年，至是亦贈孺人。

寅方攝監察御史，按劾山西，忽官書至驛，言府君已歿。寅匍匐奔還南京，詣予哭曰：「寅罪孽深重，禍延先子，以洪武八年十月三十日長逝，壽僅五十又八。寅將馳歸，擇地縣南香山里白石峰之原，以九年某月日襄兹大事，而起母孺人之骨合葬焉。惟先生職在太史，中朝名公卿之墓，無不藉雄文傳信于世。敢奉楚府伴讀陳子晟狀，再拜以請。惟先生畀矜之。」

予聞閩多故族，雖歷年千餘，而其文獻猶有足徵者。府君善承家學，豈不思出就

❶「往」，張本、韓本、傅本作「地」。

功名之會？獨以親故，不敢蹞步捨去，則其敦厲孝行，絶於人遠甚。孝爲百行冠冕，所關彝倫者甚大。此而不銘，烏乎銘？寅能汲汲孜孜，顯露潛德，惟恐人之不聞，府君亦可謂有子矣。府君六子：長即寅，次曰同，曰驥，曰祥，曰載，曰龍。同、驥、載、龍夭。女一，未行。孫一，陵生。銘曰：

人所貴者身，身之所本曰親。呼吸相通，實一氣之分。奈何離而去之？南則之越，西則去秦。能敦本而厚倫者，豈不在於斯人，豈不在於斯人！

故龍泉縣學教諭湯府君墓志銘有序

處之龍泉，有簪纓族曰湯氏。自宋婺國公載，八傳至望。望生鏞，鏞生濱。濱生龍泉縣學教諭府君諱楷，字文則，三世皆以尚義著稱。元至正間，嘗下令旌爲義門。至府君，益厲志惇行。石抹忠愍公宜孫、御史中丞誠意伯劉公基、御史中丞章公溢、王府參軍胡公深，皆愛敬之。而忠愍公相知尤深，力薦起爲教官，勉强就職，未幾輒辭。年五十三，以至正乙巳四月十一日卒家。其年八月二十日，葬于麗水縣雲和鄉德廣里梓坊原。有詩文若干卷，《思誠録》一卷，藏于家。府君配吴氏，無子，季弟梅次子燧來爲後。燧生二子：綰、績。女一，適王德厚。孫女一，未行。

燧嘗以濂銘其諸祖之墓，復奉同郡季宗起狀，不遠千里來徵銘。嗚呼！府君位卑，不得上其行史官，苟墓門之文抑而不與，尚何以爲扶世導民計哉！銘曰：

惟湯受姓，其出自商。以謚爲姓，源鴻流長。譜逸宗湮，莫究厥詳。徙于栝者，至宋寢昌。簪纓蟬聯，義聞赫奕。府君承之，祖武是式。粤自弱齡，嗜學尤棘。裹糧從師，不憚遠役。下而百子，上而群經。心涵口詠，必啄其精。寒燈在壁，夜分猶青。無末不該，無本不凝。發爲詞章，奔放莫禦。五色交絢，不可正視。亦持貢函，應書而起。議苟不合，退脩於己。吾有天爵，不假外求。秉心制行，期履大猷。自我先人，唯義之述。闢塾建莊，群族之繇。養或有慾，益田以百。居或黕昧，加以塗飾。明揭教條，皦如星日。以究以繹，以衍其澤。往聘碩師，用緝教功。曰優曰柔，式昭式融。春秋釋菜，執禮愈恭。疇意漓俗，獲還淳風。豈卹吾宗，不達州里。仍歲大祲，我心如燬。我糶我粟，爾哺爾匕。繼以釐牟，惠及終始。元季兵興，海内繹騷。青田群兇，是讙是呶。彼暴悍者，虎擲鼠跳。欲起應之，屠劉恣驕。君登于庭，曉以順逆。不見禍首，身膏矛戟。妻孥蒙戮，鬼不血食。爾盍自固，以禦寇賊。衆皆羅拜，願如君言。我刀我淬，我栅我完。我謀既叶，孰敢來干。威聲大振，寇膽遂寒。唯忠愍公，統馭三郡。麗陽遺孽，負逆奸命。公欲刈之，以揚大政。怒如雷霆，疇敢與競。君跽轅門，慷慨陳辭。脅從罔治，渠魁當誅。蚩蚩小氓，惡得盡夷。公因聞納，降者釋之。里之三農，越河種藝。載耜與牛，資舟以渡。官有海禁，吏因羈辱。蹞步如千，望絶莫赴。君聞畫然，是何忍爲？即日戒行，囊有長書。徑詣大官，歷斥其非。卒復其舊，民憂以攄。君性至純，兼以沈毅。惡欲如讐，嗜義如利。服不及華，食無重味。履冰臨淵，惟恐失墜。事親從兄，允爲世模。柔容愉顔，張拱而趨。行乎于家，德則有餘。大衣長裾，見者翼如。歲時烝嘗，尤極慎愨。出就齋室，心存沖漠。洋洋如臨，式是昭格。鄉鄰化之，孝思油若。撫事接物，盎然春熙。揚淑隱慝，欲道之歸。里有奪争，爰質爰稽。苟聞話言，如聽父師。其影之端，由表之正。況能周急，以蘇羸病。友有寄金，没于兵穽。家惟一牛，償之弗靳。君德之施，漸漬益真。人爲弗滋，智熄糾紛。及聞其死，孰不沾巾？僉謂斯世，不復斯人。嗚呼哀哉！成周之世，畫區而耕，❶量夫授地。孰富孰貧，孰有餘利？盎然太和，何有窮匱？阡陌既開，革公爲私。大將連圻，微無卓錐。民散無繫，民宜是綏。仁鄙壽夭，乃政之基。奈何棄諸，藐若蛙黽。不有君子，誰復斯憫？聳善扶義，其利維永。誠慤之心，實重耿耿。菉葹縱横，申椒之馨。鴟鴞晝呼，長離曶鳴。誰不改容？誰不悒情？殁而不旌，爲善者懲。彼有穹爵，吾棄弗顧。此惟布韋，發吾艷慕。大書塋閒，表厥中素。此吾直筆，初非諛墓。

故宣武將軍僉留守衛親軍指揮使司事楊公壙志

公諱信，姓楊氏，世爲開封鄢陵人。在元朝時，以膽略聞，選充湖廣砲手，翼百户，戍鎮江。元末四海大亂，天兵定建康，江南州郡莫不震動。歲丙申，公帥師旅來歸，命仍領銃手軍。從征常、宣二州有功，權授親隨帳前萬户。扈從取婺州，奪城門懸橋，復隨大將取三衢。繼又扈駕親征九江、南昌等郡，下之，實授管軍千户。及陳友諒來南

❶「畫」，原誤作「盡」，今據張本改。

昌，上怒，下詔親征。公帥銃手軍以隨，從戰彭蠡湖。及陳友諒戰没，遺孽假息武昌，公又從破之。既而克合肥，援安豐，拔永新，亦與有力焉。張士誠據姑蘇，常忠武王奉詔致討，公又從戰有功。賜以文綺三，皆有副，陞僉虎賁左衛親軍指揮使司事。出戍蘄州，遂轉僉蘄州衛指揮使司事，階宣武將軍。調戍武昌，遷永州，已而僉永州衛指揮使司事，俾其子孫世襲其職。洪武八年冬十一月，詔還京。九年春二月，改僉留守衛親軍指揮使司事，散官如故。夏五月七日，以疾終，享年五十又七。其子觀音保始三歲，二女俱幼。上聞之，憫悼不已，特遣内臣祭以牲醴，且敕中書大都督府御史臺次第致奠，復命工部造塋聚寶山之原，以其月十九日葬，恩意甚優渥也。

曾祖考忘其名，祖考柱，考彬，妣李氏。妻四人：正室王氏，側室馬氏、彭氏、王氏。觀音保，側室王氏出也。

惟公幸際興王之運，臨敵不懾，故能立顯功，受榮爵，殁且不朽矣。豈非奇男子哉？玄堂有誌，今不敢廢也，於是乎書。

贈承事郎工部主事劉府君墓版文

濂家食時，嘗如烏傷，其校官劉君浩卿來見。浩卿諱演，美容儀，晳白如冠玉，有鵠峙鸞停之狀。聆其閎議，推闡王霸，欲見之開物成務，建瓴注而健鶻飛也。求所著文閲之，氣充而聲雄，風雨晦冥，雷電怳惚，若鬼神之出入也。濂甚韙其人，數與之游。蓋浩卿受經玉山鄭録事明善。録事精通伊洛之學，望重當世，浩卿獲其傳爲多。濂意浩卿非文墨可羈，必騰迅以升。已而浩卿秩滿去，濂亦潛伏大山長谷，聲迹絶不聞。

會元籙告終，皇明御極，濂應聘而起，累遷入禁林。浩卿之子彬，亦典儀晉王府，既胥會，亟問浩卿安否，則宰木拱矣。濂失聲哭曰：「浩卿止於是耶？」不覺爲潸然出涕。彬才猷日著，轉承事郎工部主事，改員外郎。閒謂濂曰：「彬幸藉先子明訓，忝任官使，近得援例贈先子如彬官，母葉氏亦贈孺人。先子卒時，年五十又四，乃元至正癸巳三月九日。後七年己亥十月二十二日，始葬麗水縣孝行鄉之桐嶺原。迄今洪武丙辰，越十八載，而懸棺之石無文，非不孝歟？願先生畀矜之。」言訖，泣下。既而又曰：「先子之行多可書，彬不能記其詳。先子事父孝，生能盡養，暨没，廬墓左者三年。廉訪使者遂以孝廉舉，教諭義烏，移龍泉，興補百廢，孳孳如嗜欲。陞明善書院山長，以母耄辭。先子性謹飭，非大寒不襲重裘，雖暑鑠金，正衣冠而坐，挾册諷詠終日。與人期，在百里外，風雨必赴之。一日，行桃山中，見涕淚赴溺者，先子止問之。曰：『吾母亡未葬，質先廬得錢二十千，今遺之，欲生奚爲？』先子陽謂曰：『爾勿憂，誠吾拾之爾。』力挽歸家，償錢如其數。其人知非真，拜受感泣而去。先子瀕殁，謂彬曰：『金華宋先生最知我，我死，當以墓文相累。』彬敢銜哀以請，願先生畀矜之。」言訖，復泣下。濂曰：「濂實知爾父。爾父有經濟才，志不獲施以卒。耆舊凋落，宜爾不能詳。」濂故掇其概言之，繫之以銘。

劉氏世居栝，曾祖某，祖桂，好施與，州里歲儉，亦賴之。父德澤，好施如先人，母葉氏。子男子三：長師曾，南康都昌丞；次師夏，即彬；次師雍。孫男子一，煇。女子四，梁松、朱某、湯謹其壻也，一未行。

銘曰：

丹穴之鳳，五色襹褷。不高翔於千仞，乃戢翼而委蛇。命也奈何？振古如兹。噫！

宋文憲公全集卷十九終

宋文憲公全集卷二十

鳳陽單氏先塋碑銘

前兵部尚書單公安仁，來謁濂曰：「安仁之姓，相傳出于周單伯之後，子孫世居臨濠。臨濠今改爲鳳陽。自五世祖譜牒失記，不知何時來遷。自高祖二府君，妣劉氏，曾祖四府君，妣李、查二氏而下，始見載述。然而曾祖至于祖父，皆合葬鳳陽縣之延陵村。三塋同域，繚以周垣，植以松柏，外立高楔，表署名號，歲時祭祀惟謹。惟我單氏，世以耒耜書詩爲業，敦崇本基，惟務樸質，不識末俗侈靡事，恂恂款款，不能以辭氣加人。人或見侮，輒遜避而已。故於州閭之閒，並無所爭訟。衣食有贏餘，內以仁三族，外以周媚友，不復爲自藏計。家法素謹，男耕女織外，皆不知有其他。鄉人觀感，多薰爲善良焉。先德之忠厚者甚衆，安仁不及聞其詳。今也幸逢維新之朝，忝被官使，皇上念及舊勳，敕贈大父青亞中大夫、濟南府知府、輕車都尉，追封南安郡侯。大母鄭氏，追封南安郡夫人。父榮，嘉議大夫、禮部尚書、輕車都尉，追封南安郡侯。母王氏，追封南安郡夫人。天恩深厚，賁及泉臺，而塋閒窆棺之石未有刻文，玆非闕典歟？敢具書以爲吾子請。」濂受書讀之，不覺歎曰：「嗚呼！天之於善人，其報施也，如吹之必寒，嘘之必温，此古今之恒理，幽顯之通符也。今以單公之事而觀，益可徵驗不誣。」濂與公交游十有七年，知公之勳業爲最詳，苟不附書先德之後，何以白前人積累之深，而垂裕於後昆哉？雖昧於造文之體，不暇卹也。

公少有志事功，雖爲府史，晝夜以洗冤澤物爲事。當至正辛卯，江淮兵起，剽奪相屠劉，民遑遑無所寧居。公奮然曰：「丈夫當出奇剪寇，可坐視父母之邦淪覆耶？」遂椎牛釃酒，率健少年與飲，整部伍，嚴器械，教以坐作擊刺之法。不一月閒，從之者數萬人。新建壁壘，横亘三十里。寇至，輒曳旗鳴鼓，大呼追殺，俾無留行乃止，退則閉柵自守。老弱襁負依爲保障者，累十千家。當是時，豪傑角立，割土疆，擅號令者，比比而是。乙未秋，公遂移兵廣陵以觀變。且曰：「此輩皆爲人作驅除爾。真人之興，氣勢自與恒人殊。」

丙申冬，公見皇上威德日盛，統六師而下金陵。公曰：「向所謂真人者，此真是已。」乃率部曲而歸之。上大悦。明年，命戍鎮江。公嚴飭軍伍，益自振厲，敵兵不敢侵境。居歲餘，會朝廷始立提刑按察司，以廉糾不虔，上選公爲副使，巡行浙水東。悍將獰卒，横賦民糧，曰「寨糧」，務朘剥以蠹民，公一寘於法。金華民有訟其邑丞受白金者，公詰之曰：「頗聞爾丞賢，爾細氓也，奈何犯分而訐之？」即圖白金短長圓方形來上。圖上藏弆，復命諸左證圖之，人人殊。公曰：「是非誣耶？」衆環目相顧無一語，遂以其罪抵。訟者告訐之風爲衰。辛丑，陞按察使，東方肅清，莫敢譁。甲辰，徵爲中書左司郎中。時江淮甫定，軍國庶務棼如亂絲，公佐太師李韓公參錯裁斷，日就統緒，事以無滯。上益奇信之。吴元年丁未，閩浙中原漸平，營建城闕宮殿，脩朝享服御儀物，廷議可任其責者，遂奏公爲將作卿。公精敏多智，凡所制量，皆中法不苟。明年戊申，是爲洪武元年，上即皇帝位，陞公嘉議大夫、工部尚書，仍領將作事。二年夏，改兵部。公宅心中正，能聲彰聞。公年已六十有七，自以精力衰孱，請致其事。上閔其勞，從之。贈田三千畝，牛七十角，仍給尚書半禄，養其終身。公退卜儀真珠金沙結廬以居。六年夏，上念公舊勳，復詔中書起公爲山東行省參知政事，公詣闕力辭而止。八年，復頒致仕誥，加公通議大夫，蓋異數云。

嗚呼！公之事，皆濂所目擊者。苟或有所拘泥而失書，則公之勳業不暴白於世。公之勳業不暴白於世，則所謂先德者，隱而弗昭矣。其可乎哉，其可乎哉？

公娶趙、芮二夫人，生子男子凡七：鑑、鎧俱蚤世，鑚擢皇陵衛千户所鎮撫，餘若鉞、鈞、銘、銓，皆亦嶄然見頭角矣。歲時持酒以酬先塋，相率而讀濂文，則曰：「吾翁之顯榮，❶自我先世遺之也，我等將取法焉。然非遭逢聖人在上，亦何以聚精會神，成功名之會哉！我等尤不敢忘。」是則忠君孝親之心油然而生矣。他日州里之人過而讀焉，其感激亦如之；四方之材士大夫過而讀焉，其奮發又如之。則濂文爲忠孝勸者夥矣，非止爲單氏一門光榮而已也。公字德夫，自號爲寧山，今年七十有二，其氣體猶康健也。銘曰：

物之積也不厚，則其發也弗能弘。譬諸於雲，起自膚寸，及其積也，氤氲黤黮，可以沛甘霖而資西成；又譬諸水，起自涓滴，

❶「榮」，張本作「融」。

及其積也，瀰漫浩瀚，可以負萬斛之舟而利涉焉。甚哉！積之爲功也。單氏世爲善良，自累葉馴致於兵部公，其積之也厚矣。所以功成於時，名遂於後，貤贈所覃，上及二代。天之報施善人之家，可謂至矣。是宜大書深刻於先塋之碑，所以昭聖澤，表賢嗣，以勵於人人焉。

梅府君墓誌銘

府君諱致和，字彦達，姓梅氏。梅本子姓，其先梅伯爲殷紂所廢，周武王既伐紂，封伯諸孫黄梅，號曰忠侯，遂以梅爲氏，世居楚鄭閒。後避新室之亂，散處閩中。其因仕而占籍宣城者，則府君十七世祖諱遠者也。十世從祖詢，仕宋至翰林侍講學士，出知許州。九世祖堯臣，字聖俞，以詩名天下，氣完力餘，演肆而老勁。王文康公見之，歎曰：「二百年無此作矣。」初從父廕補太廟齋郎，累遷尚書都官員外郎以終。自是子孫寖盛，咸纙藉乎詩書，多有擢進士第者，文物蓋彬彬云。曾祖某。祖師哲。父德明。妣汪氏，文節公澤民之女弟也。

府君生而俊朗，嶷然異群童。稍長，大父授以上古之書，輒能講其説。操觚屬文，五采翩翩然可觀。大父殁，復從文節公學《春秋》，爲舉子業，已而兼通《易》與《詩》。鄉先達張君師曾兄弟問學雄深，人號爲二張，每奇府君，折輩行爲忘年交，過從講索，殆無虚日。府君聞譽四流，僉謂場屋之先登者，必府君也。數戰藝數不利，府君歎曰：「吾之文，非不如今人，彼藉吾殘膏賸馥者，取青紫如拾芥，而吾乃轗軻若是，非命也夫，非命也夫！」於是棄去，肥遯於城南，益取《春秋》而研精之。辨其世變，要其指歸，著《春秋類編》十二卷。名門右族慕艷其聲光，爭欲聘致爲弟子師，府君以親老，謝不往。而問道考德者，日相踵于門，府君悉攝其觕疏，入於密微而後已。廉訪使者東平王公士熙、燕南吴公鐸，咸來諮詢治道。府君以風俗盛衰，人心臧否爲言。二公深加敬歎，每有疑難，必下禮質之。元末政亂，烽火相連，方嶽重臣有來鎮是邦者，屢遣使者聘府君入幕府參贊軍事。府君知其不足輔，辭不赴。

初，侍講、都官二墓及祭享之祠，皆爲豪有力者所侵，宗人屢訴於有司，賂遺旁午，歷十二春秋不能決，府君力白部使者復之。府君家素貧，事親盡禮，及没，三年不御酒肉。雞初鳴，衣冠坐堂上，秉燭達旦。令子弟奴隸各從其事，無敢惰者。故能充拓其先業。宗族鄉黨，皆遇之有道。人有不平，赴愬於庭，府君片言直之，皆心服而退。

至正乙未，府君避兵寧川山中，明年丙申四月二十五日，竟以一疾不起，享年五十有七。又明年戊戌某月日，返葬於郡南長安鄉盤石之原，從先兆也。

府君娶崔氏。子男子三：長士熙，以學行入仕，知大同渾源州，以政事聞，今陞陝西承宣布政使司正理問；次焕，次鼎慶，皆蚤世。子女子三：長歸同郡劉安義，餘皆先逝。其著書所謂《春秋類編》者，與《耕稾》十卷，毁于兵。士熙蚤夜痛心疾首，力欲繼先緒。既於故址堂扁之曰「存耕」，復持史官朱芾所爲狀，拜予禁林，請銘其下棺之碑。

予嘗過宣城，郡守楊君觀出郊而迎，同

登疊嶂樓眺陵陽敬亭之勝，慨然動景行先哲之思。梅氏爲宛陵望宗，因訊其後裔何如，楊君遽以府君爲對。欲求見之，已作土中人久矣。今覽狀，知府君群行鑿鑿可稱，而又能護先冢於三百餘年之後，君子之澤，孰謂其不深長也哉！是宜銘。銘曰：

惟宣之梅，族望焞焞，世多顯才，有盛無衰。入講禁垣，出典大藩，大藩言言，繼之惟艱。孰昌於詩，震撼四夷，位則孔卑，名譽交馳。澤流至今，有嗣其音，秉心淵沈，如百鍊金。我冑我經，我文我兵，旗幟精明，莫能先登。命也奈何？芝生巖阿，既采且歌，委委佗佗。繡衣焜煌，諮詢憲章，告以否臧，肯矯而亢。苟非其人，掩耳不聞，亂如絲棼，誰贊爾軍。厥志未終，遘此閔凶，下有幽宮，馬鬣其封。穹碑勒銘，炳若丹青，載揚德馨，來裔是徵。

元贈進義副尉金溪縣尉陳府君墓銘

予在禁林，四方賢士大夫咸辱與交，多以冢上之文爲請。予憤蘇氏矯枉過正，以銘墓爲嫌，每徇孝子慈孫之志，輒濡毫爲之。江右陳聞，時客授丞相府，亦持國子助教曾君士昜所爲狀來謁銘。嗚呼！聞遇予特厚，何敢靳一辭，不發其先德於幽潛耶？

按狀，府君諱天錫，字國範，姓陳氏。其先出陳宜都王叔明之裔。有諱伯宣者，辟地泉州，已而自泉徙江州之德安，子孫同居十餘世，旌號爲義門。九世祖城，又自德安徙撫州臨川之安寧鄉，其里曰唐正。曾大父宋鄉貢進士以忠，再遷鄉之槎溪里。祖鴻翼，父從龍，母李氏。

府君生三歲而孤，依母夫人以居。暨長，氣貌雄偉，不屑爲流俗媕婀事，出言持論，意度豁如也。元至正十二年壬辰，大盜起江漢閒，郡縣相繼陷，聚落民争揭竿爲旗以應寇。府君頓足曰：「事急矣，奈何？」即躍馬入郡城，白監郡完者帖木兒曰：「天錫先世，以義聲著吴楚閒。今天下大亂，賊以紅帕首呼嘯成群，所蹴踏處，絶無一人禦者。天錫雖不才，誓竭忠以報國家。自度鄉里健兒，一呼之閒可得千人，甲胄糗糧，當一一自給，不以煩縣官。教其坐作擊刺進退之法可用，或守或攻，惟明公所命。」監郡爲之驚喜，曰：「此奇男子，此奇男子！」即署文牘，遣府君閒道白江西行中書。時司徒道童爲平章政事，即從所請，奬勵者甚力。府君還，朝夕聚兵訓練如前謀。五月二十四日，帥之以援郡城，敗劇盜胡志學於城西白鷺渡。六月四日，進賢寇大掠城東桂塘，府君分兵設爲四覆待之，期以鉦鳴爲候，伏盡起。先令騎兵餌敵，敵至，即退二里所，賊果追擊。交戰方酣，鳴鉦一聲，伏兵突出賊後，殲戮無餘者。省憲二府益奇府君之才，檄靖安尹黄紹與府君同討賊。

二十二日，府君與紹次進賢縣直隱鄉。鄉有韓家砦，寇之窟宅，堅深未易拔，雖攻以鋭兵，每不利。府君欲以久困之，紹曰：「鼓行氣壯，將寇是剪，公欲坐老我師耶？」遽揚旗挑戰，府君止之，不可，仰天歎曰：「師出以律，今戰不擇利，雖頗、牧不能建功，吾不知死所矣！」賊見官兵新至，人馬俱疲，鼓譟争四出。府君注矢彎弧，獨當一面，賊至輒殪之。轉鬭田閒，時秋禾垂熟，馬饑亂走，府君中流矢，亟下馬拔刀與賊步戰，連斫十餘人。衆賊易府君之獨也，急趨之。府君欲退，爲禾穗所罝，遂遇害，年始五十七云。事聞，特贈金溪縣尉，階進義副尉。

府君讀書務通大義，不事辭章浮藻。嘗語人曰：「君子當真知實踐，喋喋空言，何補於事功？」當時公卿大夫咸與之遊，而揭文安公傒斯尤號爲知己。而遠近名士，若同郡孫君轍、危君素、葛君元哲，番陽李君存、祝君蕃，豫章楊君鎰，皆使諸子執贄往從之游，期學必成乃已。府君家雖豐，輕財好施與，州里有空乏者，必周卹之，未嘗有德色。聞府君之歿，識與不識，皆潸然出涕。

府君夫人，進賢楊氏也，諱叔真，世爲儒家。其曾祖仲博與子龍尾同舉進士。祖天璧，父居仁，母支氏。九歲失所恃，即歸于陳，其姑鞠育之。夫人天性慈順，事姑以孝聞。姑年八十而終，夫人亦年垂六十，痛姑死，幾不能喪，雖丁兵戈殘毀之餘，棺槨衣衾皆極其精緻。且曰：「老姑以女遇我，其歿也，敢不以喪母、喪姑之禮兼報之乎？」君子以爲賢。當府君之歿，夫人痛不得屍還葬，欲自盡者數矣，重以姑在，不忍言。夫人既葬姑，乃聚府君衣冠爪髮藏諸櫝中，泣謂諸孤曰：「汝父存時，吾侍巾櫛，一爪一髮未嘗敢棄遺。爪髮之存，即汝父體魄之存也。待吾他日身歿，當并冠衣與吾同穴葬，庶幾後世不以汝父爲虛壙也。」諸孤亦泣而識之。今洪武四年辛亥七月九日，夫人年七十七，亦以一疾卒。六年癸丑正月四日，聞遵遺命，合窆于烏槎原水口山祖塋之側，去家不二里而近。

府君生三子：長式；次庸，舉茂才，爲柳州路儒學正，皆先卒；次即聞，通《尚書》，以文詞德行有名于時。孫男九人：曰崇，先卒；曰石，曰楔，曰謀，曰位，曰儉，曰倣，曰侁，曰鑑。孫女六人，適胡琮、饒鶴、萬梓、文彬、黎應辰、胡泰。曾孫男九人：曰括，曰援，曰鄧，曰拂，曰挺，曰回，曰授，曰拱，曰申如。曾孫女十一人，適王某、王某、王某、周某，餘幼在室。

嗚呼！君子之澤，何其演迤而深長哉！府君之先，能以義聚族而居，聲聞赫奕，光照史册。世之相去雖遠，子孫復能推義爲忠，期與國家殄寇，則其所志甚大，非直欲保族里而已。其功之不成，則天也。昔人有云：「作文當有關世教。」有如府君之行，其謂之無關於世教可乎？是宜銘。銘曰：

天地大經，曰義與忠。丕建人極，廓牖民衷。前聖敷訓，爲世鉅防。孰遵行之？其道彌章。九江有陳，合族而食。流澤沛滂，炳焕今昔。元季政龐，亂生楚疆。絳巾跳踉，執戈以狂。有烈丈夫，秉氣飛獰。嚼齒罵賊，誓不俱生。躍馬入城，詣拜上官。❶披陳肺肝，肯避險艱？赤手一呼，從者及千。獸盾蛇矛，勢將壓山。揚旗出逐，寇駭而奔。是屠是劉，勇氣益振。疇昧先幾，謀或乖違。我以死抗，我志敢隳？人誰無死？死能爲國。不忝厥家，身又遑卹？其氣之雄，不隨物遷。營魄來歸，有風泠然。爪髮雖微，與四體同。既樹而封，松楸鬱葱。巫陽下招，勿之四荒。幽宫是藏，有永其康。

❶「詣」，張本作「揖」。

故陳府君墓誌銘

靖江王府伴讀陳發，痛其父母俱亡，屬于學子評騭衆行成書，謁余於詞垣，且拜且泣曰：「先子居閩縣，客授將樂伍氏，不幸以疾終，伍氏爲殮且殯。發年幼，弗克奉柩歸葬，與弟英奉母夫人朱氏以居。家甚窶，夫人嘗泣曰：『爾父之骨塗殯異鄉，魂神無知則已，脱有知，月苦霜淒之夜，寥寥將焉依？吾一念及兹，淚滿枕上，而繼以血。爾等宜自强，庶有以遂吾志。』夫人親治絲枲，坐發兄弟膝下，手授書使讀，讀至雞初號乃已。發亦謹識之，期允蹈夫人之言。時天下大亂，干戈充斥，發間行至將樂，中道爲亂兵所掠，陷虎口數四。夫人以爲無相見期。及發遁還，夫人撫頂曰：『吾以汝發死矣。今幸一見，其天也耶？』圖欲再往，俄夫人又不幸以歿。發痛心疾首，將欲無生。今獲事賢王於藩邸，奉令南旋，隻影徒步走三千里，躬負先子之骨，卧起與之俱。既抵家，與夫人合葬阮山之陽。」言訖，嗚咽流涕。

既而又曰：「發之先，光州固始人。五季末，來遷閩縣。有諱套者，再遷長樂。傳九世至德瑜，復返閩縣之嘉興里。德瑜，長樂儒學教諭，有文行，學者號爲端質先生。教諭生大父，諱棣孫。至先子，皆儒學子，承藉遺休，而用志不分，遂通上古之書，期以取功名。已而齟齬，輒棄去，而精研堪輿、曆數之學。方嶽大臣薦爲邵武校官，謝不受。先子生平有大志，不得少見事爲，齎志以死。發大懼德聲不遠聞。然聞不聞，在執事爾，願哀矜賜之銘。」言訖，又復嗚咽流涕。

余聞發言，爲惻然傷之。爾父爲志士，而發顧不得爲孝子矣乎？宜爲銘。

君諱廷臣，字以忠。壽四十九，以至正辛丑七月二日卒。其葬之日，則今洪武乙卯正月十三日也。銘曰：

其志之彊，時則匪臧，軋而或傷。有子之良，亦可謂之不亡。

贈承事郎吏部侍郎張府君墓誌銘

國朝之制，凡官階自七品至於第四，皆贈封其父母與妻，上德至渥也。于時吏部侍郎張度，官品居四，從例贈其父府君吏部侍郎，母林氏德人。命書既下，度録其副楮，焚祭墓下。復念：❶「一介蟣蝨之臣，待罪銓曹，恩榮溥博，逮及二親，鸞綾金軸，下賁泉壤。度深懼無以侈上賜，而垂示來裔，莫堅匪石，願吾子爲文之。」

濂謹按狀，府君諱復禮，字禮庭，姓張氏，廣之番禺人。番禺有鄉曰黄岐角，皆張姓環居之，室廬櫛比。當秋宵月白，燈火連接，而讀書之聲相聞。宋紹興間，有諱塄者，始遷於禮園社。塄生飛一，通《周易》，能會萃諸家之説而折衷之，廣之士大夫推爲宗師，號曰「黄岐張氏易」。没葬社之南山。配麥氏，生二子：彬甫、粼甫，皆善傳父經。既葬父，晝夜念之弗置，構堂曰「永思」，兄弟躬耕以奉歲時祀事。彬甫娶羅氏，生丈夫子三，其次即府君也。

府君薰炙家庭之教，而於《易》學尤精，發爲大義，頃刻千餘言，出入程朱二氏，無

❶「念」，張本作「請」。

乖盩者。漢儒拘泥不通，或流於術數，痛麾斥之。當是時，科目方盛行，鄉人士咸謂府君爵禄可以引手致。府君笑曰：「學《易》者，爲知吉凶悔吝而已，何以官爲？」獨念居村疃，諸子見聞孤陋，乃築室都城中，俾就名師儒游。見其成立，輒喜動顔色。已而度舉茂才，去而爲肇慶路高要縣學教諭，迎養甫六齡，而府君歿矣。時至正二十一年辛丑四月二十三日也。享年六十又一。國朝洪武元年戊申十月十五日，度奉柩葬于增城縣西之章山，因還家焉。

四年辛亥，度受薦入朝，拜監察御史，以至今官。風采凜然，貪墨爲之屏迹，君子賢之。府君四子：長即度，次輔，次峻，次熙。輔、峻俱蚤世。孫男二：曰原潔，曰吉祥。女五人。

昔人有云：「爲善者，譬猶藝禾，世世能令嘉種不絶，則其發育也，益昌且碩矣。」信哉斯言也！府君世爲儒，積善之聞播於海南，實合於《易》善積成名之義。今度位居法從，其聲益大以宏，是皆府君遺休垂祉之所致。度方欲爲親榮，而府君不及見矣。悲夫！此墓門有碑，其銘固不可不勒也。銘曰：

一屈一伸，其理孔神，《易》道之門，君子之攸遵。宜文而彰，乃韜其光，不露而揚，俾後胤之昌。有命自天，寵靈昭宣，鬱葱而綿延，是爲張氏之阡。

樓母婁氏墓版文

義烏樓璉，詣余禁林，且哭且拜曰：「璉也不才，幸獲廁名銓曹，擢主大同宣寧縣簿。歸與母夫人别，夫人慘然若不能勝情，整璉衣，出門涕淚，闌干被頰。璉恐重傷夫人之意，忍泣而往之官。僅五月，而訃音至矣。蒲伏歸伏草土。今服既闋，吏部用常例別調，行有日，痛念先母遺德未白。舊幸灑掃門庭，執弟子之禮，敢以墓版文爲累。」

按璉自爲狀，諱慶，字静嘉，婁氏。考某，妣某氏。夫人年二十，歸同里樓君光亨，婦道脩飭甚。其姑童氏，御家屬以嚴，纖芥有失，輒鬱鬱不樂，冢介閒鮮有獲其驩心者，唯夫人能之。處先後唯以柔勝，有恃强壓之者，夫人俛首避去。久之，咸愧赧，夫人亦自如。樓君隱居教授，州里多宗之。每懸燈覽書，直至雞號。夫人侍左右，不敢先寢。困睫或不可擘，必奮迅自力，習以爲常。嘉朋至，備物以饗，雖截髮弗暇計。其遇族姻，不爲翕翕而趨，不爲淹淹而舍，始終有恒，學者多不及也。一旦，病痰厥，喉吻上下隆隆作聲，已而蘇，明日復卒，壽七十八。其時則洪武辛亥九月十七日。又明年癸丑某月日，藏于竹山里先塋之次。子男子四：玓、瓅、珍、璉。璉以明經試吏部入官，今爲成都府仁壽縣主簿，階將仕佐郎。子女子三：環、瑜、珥，俞盛、方錫、吴祐其壻也。孫男三：致中、致和、致剛。孫女四：貞、娟、婉、媛，皆幼。

世恒謂「陰教不行，天下無良婦」。有若婁氏，豈非婦之良者耶？奈何輕言之！讀予銘者，尚有所厲也。銘曰：

無非無儀，維婦之常。不有以昭之，孰知其良？余銘婁氏之藏，百世之下，遹有耿光。

故金母翟氏夫人墓誌銘

洪武乙卯七月三日，故金母翟氏夫人以疾卒于南京之寓舍，壽七十六，卜以其月二十四日，奉柩還葬故居無爲州巢縣之槖臯鎮。其子朝興，既備書卒葬歲月，刻石以寘玄堂，復介予友錢容，❶狀其群行，請立銘於墓門。

按狀：夫人世居無爲州城偃月池上，今遷於槖臯。父大成，巢縣税務副使，母徐氏。夫人自幼温醇莊重，嶷然如成人。父母有命，毫髮不敢違。事姊若兄，亦盡其愛敬之道。故一家奇之，皆言慎擇所居，不可與凡子。年十六，始歸同縣金君斗輔，今封鎮國將軍僉大都督府事。夫人既歸，孝養舅姑甚至，婉愉其容色，唯恐有咈其意。晝食之閒，未饋食，不敢先飯。或遇有疾，具鼎烹藥劑，嘗而後獻。其於四時祭祀之禮尤謹。祭器必親滌濯，瀕祭心存目著，儼乎若有覩者。助鎮國公以節儉植家，凡爲伉儷者六十年，相敬如一日，未嘗以片言相加遺，人以爲難。遇諸内外媚族，一循禮節。若鄰曲，若僕媵，亦皆有恩惠。故稱夫人之德者，無閒言。生子男四人：長温，次良，次恭，皆先卒；季即朝興，驍勇而有謀。當元季兵亂，四海鼎沸，歲乙未，從皇上渡江，與諸將削平江東，取淮浙，下湖湘，定中原，收西蜀。十五年閒，與有勞烈。遂由同知振武衛親軍指揮使司事，陞爲本衛指揮使，階昭勇大將軍，改鎮國將軍，僉大都督府事。於是司勳援例上聞，夫人致有今封。

❶「容」，張本作「顒」。

鸞誥賁臨，人皆爲夫人榮，不幸以一疾終。

嗚呼夫人！其飭躬也儉，其奉上也孝，其事夫也敬，其迪子也嚴，其使下也惠，五者備矣。其無愧婦道母儀者乎！銘曰：

葆貞則兮循天經。叶。篤孝敬兮奉尊嫜。親滫瀡兮慎烝嘗。事夫以敬兮終身不爽。叶。子爲武臣兮從征四方。斬將搴旗兮紀功太常。鸞誥自天兮燁其寵光。夫人雖歿兮令名不亡。橐皋之原兮山秀水明。叶。太史作銘兮薦此石章。

建寧黄母夫人陳氏墓版文

予門弟子黄仁，詣前泣曰：「仁也，生九歲而失母，晝夜呱呱以啼，惟我大母夫人是賴，鞠我迪我，式克至於今日。忝被官使，竊禄于朝，未知所以圖報，而大母棄捐館舍。叩地號天，無所逮及。幸稱道淑德，勒石墓門，猶或可爲之。已請晉府左相陶公凱評隲群行，列爲事狀一通，願先生賜之銘，死且不朽矣。」

按狀，夫人諱善足，姓陳氏，建寧西甌人。幼喪母馮氏，嶷然能自植立，不與同類游敖。父某，心奇之，有問名者，多弗答。同縣黄氏世衡知其賢，聘爲其子義夫妻。未及笄，輒來歸。上承尊嫜，下恤媪御，靡不達其情曲。三族咸驩，稱曰：「黄氏有婦矣。」生四男子，二女子。義夫以疾終，夫人哀慟欲從死，不可得。諸孤恒煢煢無依，蓋藏漸盡，朝虀暮鹽至不能時給。夫人深憂之。雞初鳴，秉燭起御紡磚，伊軋之聲，達旦不絶。如是者餘五齡，誓以冰雪自守至於終身。外伯父馮翁，恐其中債無策生群雛，力諭之曰：「爾勞勩逾節，尚不濟旦暮急，苟緣是致疾，辟猶鵲巢霣地，母子無完理。奈何使黄公爲餒鬼乎！」夫人泣不對。翁重言之，聲色俱厲。夫人不獲已，再適義夫同姓寒潭君。君無子，頗饒於貲，乃聘經師以教夫人之子。夫人亦時警斥之，曰：「汝衣冠冑也，汝父望振其門，惟寐忘之。今不力，異日何面目相見九泉乎？」凡一動静，一云爲，皆痛約之以禮。稍有違忤，面發赤如赭，諸子惴惴不敢前。或遇節序，相率詣先祠，奠謁畢，出坐中堂，子孫以次奉觴爲壽。雖不解飲，亦必使沾醉盡歡而止。

夫人長身而嬴面，恒作頳玉色，春秋雖高，康彊無疾。見子普保以《易經》試藝銓曹中選，擢合州石照丞。石照以民稀并入州，改忠之酆都丞，階將仕郎。孫仁，亦通《周易》，領福建行省第四名文解。上南宫，未試，除太常贊禮郎，階將仕佐郎，今陞靖江王府奉祠正。夫人時移書戒厲曰：「爾等既食君禄，當夙夜靡懈，以效精忠，慎勿以貪墨敗。非惟喪身，實貽先人羞。」夫人年八十四，不幸以洪武九年正月六日卒。其年某月日，葬于金籠山之原，禮也。所謂四男子：曰同壽，曰衆嘉，皆夭；曰如滿，曰普保。二女子：一適范員，一夭。四孫男：曰仁，曰義，曰貴，曰炯。二孫女，未行。

予聞女婦爲陰類，往往多柔順，少剛明，事或因循姑息。苟有人焉，能嚴以馭衆，如奇丈夫，則其家蕃盛無疑。如夫人者是已。予祖母金夫人，最號有家法，先侍郎朝夕侍左右，不敢失聲嚏咳，唯恐拂其意。且督予兄弟之學尤急，每夜懸燈，呼次第來前，取倣書以驗惰勤，事頗與夫人類。宰木已拱，而懸繂之碑未有刻文。而仁於新喪之際，乃能汲汲以圖不朽，得非賢耶？仁爲賢，則予有愧多矣。銘曰：

家之盛衰繫於婦，柔暗剛明隨所取。彼美夫人資獨阜，己以委禽奉箕箒。竭力秉誠事姑舅，中外稱賢出一口。威鳳高翔日將久，獨遺孤凰在林藪。衆雛噭噭弱如柳，鞠之育之比瓊玖。遺胤不絶吾敢負？凜若嚴師加善誘。業就材成獻明后，繡襮朱衣佩懸綬。龍光貤贈恩當厚，邱隧尊榮名弗朽。予言若誣有如酒！

佛心了悟本覺妙明真淨大禪師寧公碑銘

有序

臨濟正宗，九傳至於東山演公，全機大用，譬猶日月行天，罅隙畢照。其弟子上承法印，開拓覺源，固不可以一二數。就其傳派尤著者言之，其一爲圓悟勤，其一爲天目齊，其一爲開福寧。圓悟而下，又歧而爲三：曰虎邱隆，曰此庵元，曰大慧果，其道多行於南。天目六傳至海雲簡，開福六傳至金牛真，其道多行於北。佛性無南北，而佛法亦然。其融通混合，覃被無際，震盪鏗鍧，靡閒幽顯，論者未易多此而少彼也。金牛世適實大湖無用寬，其又鐵中之錚錚者歟？無用之子，則吾一源師其人也。

師諱永寧，一源字也，自號虛幻子，俗姓朱氏，淮東通州人。世爲宦族。父某，母隴西李氏。師既生，舅氏吉安郡守某愛其黠慧，命爲嗣。年六歲，入鄉校，經籍即能暗記，且了其大意，然非性之所樂也。聞人學佛陀號，❶遽注耳聳聽。九歲，懇求離俗，父母弗之許，輒連日不火食，乃使依族嫺模

❶「學」，張本作「舉」。

上人於利和廣慧寺。利和，州之望刹。宋有淮海肇禪師説法度人，聲聞當世。前一夕，寺衆同夢迎禪師，次日而師至。識者異之，謂禪師乘願輪而再世焉。十二歲，游揚之雍熙寺。會主僧來峰泰編《禪林類聚》成，師覽之，笑曰：「此古人糟粕耳，點檢何爲？」河南王童童奇其幼而器之，屬僧録司給牒，薙度爲沙門，尋受具足戒。

自時厥後，蓬累出游浙河西，見諸大老下語無所契。中峰海方柄法蘇之萬壽，留之經年。已而，入穹窿山謁克翁紹。克翁察其志不凡，俾掌藏室，時年已十九矣。一旦，欲歸鄉行省覲禮，至毗陵，約明極昶於焦子山精脩禪定。稍涉睡昏，則戴沙、運甓、懸版、坐空，如是者五年。明極曰：「藏主見解且至，宜往參人。」遂至淮西太湖山，求印可於無用。無用門庭嚴峻，師方入户，厲聲叱出之。師作禮于門外，合爪而立，久之，乃許入見。問曰：「何處人？」師曰：「通州。」曰：「淮海近日盈虚若何？」曰：「沃日滔天，不存涓滴。」曰：「不着燸道。」曰：「請和尚道。」無用便喝師退就禪室，徹夜不寐。一旦，聞無用舉雲門「一念不起」，語聲未絶而有省，急趨入堂。無用便欣然知師領悟，❶令造偈拈趙州。師立成，曰：「趙州狗子無佛性，萬家森羅齊乞命。無底籃兒盛死蛇，多添少減無餘剩。」無用喈然一笑，復舉證道偈問師曰：「掣電飛來，全身不顧。擬議之間，聖凡無路。速道，速道！」師曰：「火迸星飛，有何擬議？敵面當機，不是，不是。」無用振威一喝，師曰：「喝什麼？」無用曰：「東瓜山前呑匾擔，捉

❶「領」，張本作「頓」。

住清風剥了皮。」師不覺通身汗下，亟五體投地，曰：「今日方知和尚用處。」無用曰：「閉着口。」自是侍左右者三年，且以斷厓義所贊己像，親署一花書授師曰：「汝緣在浙，逢龍即住，遇池便居。」師遂還浙。

時虛谷陵、元叟端、瀨翁慶、幻住本、天如則各據名山，遞展化機，師皆往扣擊，道相脗合，而幻住尤譽師弗置。元祐庚申，❶延師往廣德，縛茆於大洞中。洞左有實相寺，馬祖弟子澄公道場，師爲起廢重新之。同時有無一全遯跡於石溪。石溪與大洞相望，人謂廣德二甘露門。至治癸亥，宜興之龍池請師建立禪居，師以名符懸記，欣然赴之。作室以開計者凡數十，命之曰禹門興化庵。先是，山顛有龍池，其深叵測，龍出，每大水，民甚苦之。師召龍受三歸依戒，龍不復出。師居之久，復厭其未幽邃也，擇絶巘作室以居。至壁立如削處，斵木爲棧，鉤環連鎖，棲板於空中，不日告成。師足不越户限者二年，學徒聞風，遐邇坌集，師亦不能悉拒也。帝師大寶法王稔師之道行，降師號曰「弘教普濟禪師」。

泰定乙丑，州西之九里有地曰青山，山明水秀，前僧副周某延師主之，❷爲創寺一區，因以「九里」名之。師曰：「善則善矣，僅二紀必當變遷。」時人蓋不之信也。至順庚午，出世住李山禪寺，瓣香酬恩，卒歸之於無用。俄有詔集桑門千七百人閲《毗盧大藏經》。一七日，師陞座敷繹正法，天降甘露之祥。甫三年，退歸龍池。時元叟主

❶「元祐庚申」，諸本同，但「元祐」間無「庚申」。據上下文，疑「元祐」爲「延祐」之誤。

❷「主之」，張本作「之至」。

雙徑，月江印主雲峰，皆招居第一座，辭不赴。元統甲戌，浙西江東道廣教總管府具疏，請主常之天寧萬壽，州守成將敦勸尤力，師漠若無聞。或激曰：「大法火冷灰寒，師乃欲自暇自逸耶？」師爲蹶然而起。寺常災，方議經營，前住持幽岩静夢殿楹仆地，師以隻手揞之。暨師之至，果爲新釋迦寶殿，塐佛菩薩天神諸像，雄冠諸刹。踰八年，有言師於順帝者，錫號曰「本覺妙明真淨禪師」。至正壬午，江南行宣政院命師主大華藏寺，師舉龍門膺代之。明年，復命補天童景德禪寺，師堅以疾辭，又退歸龍池。宜興銅官山舊有北嶽菩提院，燬于會昌，士潘敬之重構焉。師以九里寺助建法堂文室之屬，以年稽之，正二紀矣。人益嗟嘆，❶謂師能前知。

戊子，有旨趣入覲，説法於龍光殿。上悦，賜金襴法衣，兼以玉環，加師號曰「佛心了悟大禪師」。帝師亦有絳袍毳帽之賜。居無何，奉旨函香至五臺山，曼殊大士爲現祥光五道。明年，陛辭南還，道過維揚，鎮南王波羅普化率妃嬪等延師入宫，稟受大戒，賜以白金盂及僧伽黎衣，遣司馬護還龍池。庚子，師爲慕道者所逼，出領善卷寺。寺已弊，師施塗墍丹雘之功，且甓其寶街。明年，募善士萬人，爲萬善同歸會二晝夜，及瘞兵後枯骨至無萬數。壬寅，又退歸龍池。癸卯，廣德大旱，師徇鄉民之求，結壇誦咒，焚咒未終，❷大雨如瀉，歲乃登。衆愈知師有道，不容其還，强住麻蕻山慈慧禪庵。未幾，成大叢林。

❶「嘆」，張本作「愕」。
❷「咒」，張本作「唄」。

國朝洪武戊申，又退歸龍池。己酉夏六月，師示微疾，屬弟子宗珦裁紙製内外衣，且曰：「吾將逝矣。」或以藥劑進，麾去之。十五日，自興化庵移龕至絶巘所居。十七日昧爽，師起沐浴，服紙衣，索筆書偈云：「七十八年守拙，明明一場敗闕。泥牛海底翻身，六月炎炎飛雪。」書畢，側卧而化。停龕七日，容貌如生。先一月，龍池水忽涸，及師順寂，噴湧異常時，君子知爲異徵。黑白戀慕，各衣衰麻繞龕悲啼，如喪考妣，至有然頂灼臂以爲供養者。執紼之人盈萬，荼毗有五色光現，齒牙舌輪及所持數珠，皆不壞。舍利無算，烟到中林，亦纍纍然生，人競折枝取之，至於灰土，亦掬取淘汰，獲者亦衆。於是門人志舜、志思等，各分餘骨與不壞者，以某年月日，就龍池、太平、齊山、紫雲山、麻蕻山五所建塔藏焉。世壽七十又八，僧臘六十有五。

師氣貌雄偉，身長七尺有餘，音吐鴻亮。其接物也，不以貴賤異其心。所至，有無不傾向，若中書右丞相朵兒只，若江浙行省左丞相别不花，若趙文敏公孟頫，若馮内翰子振，尤所賓禮者也。四民來獻蘋幣衣履者，肩摩而袂接，既無虚日。師既受，即以施人，曾無毫髮係吝。其自處則布袍糲食，沛然若有餘。凡發爲文偈，了不經意，引紙行墨，而空義自彰。有《四會語》行于世。

其嗣法弟子，則季山之仁奉，報本之紹洪，芙蓉之志恭，顯德之紹善也。其所度弟子，已出世者，則祥符之紹密，永寧之仁性，竹山之祖瑛，南禪之祖勤也。未出世者，則祖珉、維祖、宗會、紹仁、祖瑜、祖林等也。師之道德所霑丐者，可謂侈矣。師示寂後之七年，仁性親撰《行業記》一通，同祖珉謁余於禁林，以塔上之銘爲囑。

嗚呼！古之學者，孳孳爲己。及覺門已證，懼失其傳，無以續佛慧命，不得已而出世爲人。後世乃藉是以爲榮觀，豪攘巧取，無所不用其極，果何爲者耶？有若師者，得法之後，固拳拳以度人爲急。及主大刹，屢退養龍池，雖天童實廁五山，亦搖首弗顧。其高風峻節，如祥麟威鳳，可望而不可即，何其賢耶！人疑爲淮海之後身，信不誣也。聞師之風者，可以自省矣。是宜銘。銘曰：

東山紹法統，大弘臨濟宗。一燈百千燈，充滿於南北。大湖鬱葱蘢，中有善知識。怒罵作佛事，見者輒畏縮。唯師膽如山，深入了不礙。振威聞一喝，有若霹靂飛。凡情亦喪失，通身汗如雨。縛茅巖洞居，説戒毒龍聽。文彩漸彰露，屢典大伽藍。蔚爲人天師，皈依者如雲。師以方便方，❶破除煩惱障。沃沃甘露漿，隨量各充足。況示莊嚴相，隨處起樓閣。五色空中現，若兜率天宫。人見稱有爲，我以無爲故。應物而見形，中心儼不動。孤雲本無著，動静皆自然。不識世間事，何者爲聲利。但觀龍池水，如我性清淨。預言化期至，剪紙以爲衣。坐脱目微瞑，入彼寂滅場。荼毗顯祥異，神光互旋繞。白烟及林木，皆生舍利羅。四輩悉號慟，五處藏靈骨。以表正法幢，千古無壞者。此以何因緣，本無生滅故。我出廣長舌，贊述師功德。鑱諸無縫塔，鬼神共訶護。

❶ 下「方」字，張本作「力」。

佛真文懿禪師無夢和上碑銘

洪武六年二月甲申，佛真文懿禪師年已八十有九，一旦無疾，忽戒浴易衣，出器物分遺叢林諸友，命弟子曰：「三界空華，如風捲煙。六塵幻影，如湯澆雪。亘古亘今，唯一性獨存。吾將入滅，聽吾偈曰：吾有一物，無頭無面。要得分明，涅槃後看。」言訖，斂目危坐而逝。當是時，師寓象山瑞龍之別室。其嗣法住持能仁寺智巖，與所度弟子全體等，共闍維之。以是年某月日，窆于天台國清某山。體懼無以昭示來裔，請恕中愠公評隲群行成書，介方外友用堂梗公、虚白杲公，諧余求塔上之文。

師諱曇噩，字無夢，自號爲酉庵，慈溪王氏子也。祖申，宋某年進士，真州六合縣主簿。父禄，元慶元路税課大使。母周氏夫人。師生六年，而税課君歿。夫人命從鄉校師游。氣岸高騫，有一日千里之意。洎長，窮覽儒籍，徹其義髓，人有叩者，竭其始終而語之，蟬聯不能休。自以爲無書不探，知解且至。遂學文於脩道先生胡公。胡公諱長孺，其文爲時所宗。見師，大加賞識。久之，藻思濬發，縱横順逆，隨意之所欲言。聲名頓出諸老生上。已而心有所感，彈指歎曰：「攻書脩辭，此世間相爾。曷若求出世間法乎？」乃白夫人，走奉化廣法院，禮子文良公爲師。聞雪庭傅公主真之長蘆，乃往依焉。遂薙除須髮爲大僧，師之春秋二十有三矣。繼受具足戒於杭之昭慶，凡釋氏契經，與台衡賢首慈恩諸文，晝夜摩研，不知有飢渴寒暑。已而復歎曰：「教相如海，苟執着不回，是覓繩自纏爾。

曷若求明本心乎？」於是篤意禪觀。又久之，雪庭遷住靈隱，師往侍左右，雪庭示寂，元叟端公由中天竺來補其處。元叟風規嚴峻，非宿學之士，莫敢闖其門。師直前咨叩，了無畏懼。機鋒交觸，情想路絶。迅雷一掣，怒霆隨擊。内外如一，靡間毫忽。自一轉至於六七，語愈朗烈。元叟忻然頷之，命掌内記。

延祐初，詔建水陸大會於金山，二浙名浮圖及賢士大夫皆集。師佐元叟敷陳法要，及與群公辨論，義趣英發，莫不推敬。鎮南王聞之，延師至廣陵，尊禮備至，彌年方遣。徑山虚谷陵公，道價傾東南，慎選書記之職，絶難其人。既得師，緇白交慶。重紀至元五年，浙東帥閫合府公、邑令，請師出世慶元之保聖。再遷慈溪之開壽，三轉於國清。帝師大寶法王嘉師之高行，錫以令號。師之所至，皆以擔荷大法爲己任。煅煉學徒，孳孳如不及，多有開悟之者。瑞龍院欲易甲乙住持爲禪刹，師爲開山，院因賴以增重，直與名伽藍相齊。海上颶風發，驟雨如注，層樓脩廊俱仆，師所居亦就壓，人意作齏粉矣。亟撤其覆索之，一鉅木横搘榻上，師危坐其下，若神物爲之者。

師凡四坐道場，去留信緣皆略無凝滯。不久引退，叢林中慕其名德之高，每闢室以居之。師數戒諸徒曰：「吾與爾等研究空宗，當外形骸，忘寢食，以消累劫宿習，然後心地光明耳。」自是日惟一食，終夜凝坐，以達于旦。國朝洪武二年，詔徵江南有道僧，而師與焉。館于天界寺，既奏對，上憫其年耄，放令還山。越四年而終。

師脩身廣顙，昂然如野鶴之在雞群。文思泉湧，有持卷軸求詩文者，積如束筍。

當風日清美，師從容就席，縱筆疾揮，須臾皆盡。長短精觕，無不合作。鄉先生袁文清公桷，指師謂人曰：「此阿羅漢中人也。」觀其所作《驃騎山》《疊秀軒》《列清軒》三賦，駸駸逼古作者。渡江以來諸賢，蹈襲蘇李，學以雄快直致爲誇，相師成風，積弊幾二百年。不意山林枯槁之士，乃能自奮而竟至於斯也。」❶翰林學士承旨河東張公翥曰：「噩師儀觀偉而重，戒行嚴而潔，文章簡而古，禪海尊宿，今一人耳。」其爲縉紳所推許，類若此。日本國王雖僻在東夷，亦慕師道行，屢發疏迎致之，師堅不往。王與左右謀，欲劫以歸。浙東宣慰使完者都藏之，獲免。自時厥後，凡遇師手蹟，必重購之而去，且詫其能放異光云。師平生製作甚富，悉不存稾。晚年重脩《歷代高僧傳》，鍥梓行世，筆力遒勁，識者謂有得於太史遷。

嗚呼！真如性海，無不含攝。妙用流行，見諸文句，其與實相不相違背。苟欲歧而二之，失之遠矣。唯師達理事之無礙，本性既明，所寓皆法。辭章散落於四方者，俊偉光明，無非佛事。特用表而著之，以見不二門中，本來一體。無分别異同者，猶未能泯本迹而忘物我也。其視師爲何如哉？銘曰：

惟釋迦文，説法如雲。雨彼大千，百物咸仁。弟子結集，爲一藏教。言之不文，曷資化導？末流相承，纏蔽語言。所以達摩，直探心源。救弊扶衰，吾道爾翼。豈以饐故，❷并忘其食。師生名閥，研究儒書。

❶「竟」，張本作「能」。

❷「饐」，原誤作「飲」，今據張本改。

洊攻竺典，無幽不攄。終入空宗，縛習禪定。❶出抵諸方，以正性命。如獅子兒，哮吼一聲。凡情盡喪，何有死生。刹那之頃，法身呈露。以何因緣，爲無著故。曰吾有作，依佛爲師。敷宣大法，非文孰宜？咳唾之閒，無非妙義。或縱或横，理事不二。有文之文，人所易知。無文而文，識者其誰？四坐道場，機用由此。無舌而談，震驚百里。飈風揚威，裂屋駕濤。梁木其壞，不損絲毛。古云有道，靈物呵護。豈惟人欽，神亦歆慕。世相有盡，起滅空華。白月在天，一塵不遮。我施文辭，以作佛事。書窣堵波，庶幾無愧。

日本夢窗正宗普濟國師碑銘

洪惟大明皇帝，執金輪以御寶曆，聲教所授，與如來化境相爲遠邇。乃洪武八年秋七月，日本國遣使者來貢方物。考功監丞華克勤奏曰：「日本有高行僧夢窗禪師，其入滅已若干年，而白塔未有勒銘。其弟子中津、法孫中巽有慕中華文物之懿，特因使者而求之。然人臣無外交，非奉敕旨不敢遽從所請，敢拜手稽首以聞。」皇上欣然可其奏，特詔詞臣宋濂爲之文。

濂按其弟子住持善福寺周信狀云：禪師諱智曤，姓源氏，勢州人，宇多天王九世孫。父某，其母某氏無嗣，默禱觀音大士，夢呑金色光而孕，歷十又三月始生，有祥光盈室之異。九歲，出家依平鹽教院以居。授之群書，一覽輒能記。暨長，繪死屍九變之相，獨坐觀想，知色身不異空華，慨然有

❶「縛」，張本作「縳」。

求道之志。十八，爲大僧，禮慈觀律師，受具足戒。尋學顯、密二教，垂三年。未久，然恐執滯名相，建脩期道場，以求玄應。滿百日，夢遊中國疏山、石頭二剎，一龐眉僧持達摩像授之，曰：「爾善事之。」既寤，拊髀歎曰：「洞明吾本心者，其唯禪觀乎？」遂更名疏石，字夢窗。謁無隱範公於建仁寺，繼至相州巨福山。山之名院曰建長，錙錫之所萃止，時一山寧公主之。一山見師，甚相器重，令爲侍者，朝夕便於咨決。俄出游奥州，聞有講天台止觀者，師往聽之。且曰：「斯亦何礙實相乎？」自是融攝諸部，昭揭一乘之旨，辨才無礙。然終以心地未明，悵悵然若無所歸。洊脩懺摩法，期至七日，感神人見空中，益加振拔。時一山自建長遷主圓覺寺，師復蓬累而往，備陳求法之故，至於涕泣。一山曰：「我宗無語言，亦無一法與人。」師曰：「願和尚慈悲，方便開示。」一山曰：「本來廓然清淨，雖慈悲方便，亦無如是者。」三返，師疑悶不自聊。結跏澄坐，視夜如晝，目絶不交睫。

久之，往萬壽禪師寺見佛國高峰日公，扣請如前。高峰曰：「一山云何？」師述其問答語甚悉。高峰厲喝曰：「汝何不云和尚漏逗不少？」師於言下有省，辭歸舊隱常牧山，唯分陰是競，誓不見道不止。嘉元某年五月，一夕坐久，偶作倚壁勢，身忽仆去，師豁然大悟，平生礙膺之物冰解雪融，心眼爛然如月，佛祖玄機，一時爍破。乃作偈自慶，有「等閑擊碎虚空骨」之句。亟見高峰，求印可。高峰喜溢顔面，囑曰：「西來密意，汝今已得之，善自護持。」出其師師光無學元公手書一通，俾之以寓相傳咐囑之意。師回棲甲州龍山庵。高峰招住上野州之長樂寺，師力辭。卓庵濃州古溪都元帥平公某之母覺海夫人某氏，慕師有道，欲一見之，師竟入五臺山，縛吸江庵，既而遯入海嶼。夫人遣使索得之，俾出世雲岩寺，師復辭。搆泊船庵於卧龍山，退耕庵於總州，有終身邱壑之志。

正中二年，師春秋五十一，國主後醍醐天王命宮使起師領南禪禪寺。入見，王賜坐。師自言志在烟霞，出世非所願。王曰：「吾心非有他，欲朝夕問道耳。」師不已應命。王時幸臨之，相與談玄，竟日乃去。將及朞，王遜位，師又引退。道經勢州，會新建善應寺成，延師開山。未幾棄去，抵相州。樞府郡公逼主淨智寺。尋歸錦屏山，營瑞泉蘭若。元德元年，圓覺四衆必欲致師，師爲勉强一出，又復棄去。二年，羽州守藤道蘊初創慧林寺，迫師涖其事。元弘元年，達官貴人又有以建長請師者，師復辭。二年，瑞光寺援善應故事，求師爲第一代。三年，王既復辟，召師入見，以介子都督親王之邸，更爲靈龜山臨川禪院，命師爲其長，賜以國師之號。建武元年秋，王妃薨，王留師宮中二七日，罷政而講法。因請師宣説大戒，執弟子之禮彌謹。及還，强師再入南禪。王親率群臣至山。見群臣入，禪定秩然有序，次第行食，静而不譁。王悦。師升坐提唱，音聲闓朗，辭意警策。王愈喜，給腴田若干畝以飯僧。

先是，近臣有毁斥禪宗者，王舉問師。師以「自性三寶，何必强生分別」爲對，王已信之。至是益知禪學爲貴，謗言無自而入。忽退處兜率内院，而建仁禪寺又欲逼起之，師笑不答。曆應二年，攝州守某，革西芳教寺爲禪，僉言非師無以厭衆望。師振錫而往，舉揚達摩氏之道，聽者改容。爲建無縫閣，以水晶寶塔安置舍利萬顆其中。他若奇勝之地，多冠以亭榭，以憩四方游士，規制燦然可觀。師夢王作沙門相，乘寶車往靈龜山，已而即世。征夷大將軍源公某，造天龍資聖禪寺，以助冥福，聘師住持，遂與前夢協。阿州守源公某，新立補陀院，師亦俛徇其意，爲之説法，即還天龍。

康永元年春，太倉天王親往受戒，願爲弟子。三年，建八幡菩薩靈廟於寺側。貞和元年，王復帥群臣來聽法。敷宣之際，有二星降於庭，光如白日。賜以金襴紫衣。二年春，令弟子志玄補其處，退歸雲居庵。冬，召師入宫，加以「正覺」之號。觀應元年春，兩宫國母請師於仙洞受五戒。二年春，師謂左右曰：「天龍宫室幸皆就緒，唯僧堂猶闕，當力爲之。」堂成，可容七百人。廷議重師名德，復强師入天龍。師行百丈清規，聲振朝野。王遣使復加「心宗普濟」之號，且遺以手書。其略有曰：「道振三朝，名飛四海。主大龍席，再轉法輪。秉佛祖權，數摧魔壘。」國中以爲榮。師以年高，又復引退兜率内院。

九月朔，召門弟子曰：「吾世壽七十又七，僧臘亦六十矣。旦夕將西歸。凡有所疑，可頻叩焉。」於是集坐下者如雲。師隨機開示，皆充然有得而去。越七日，示以微疾。兩宫洊臨問起居，師爲陳攝心正因，精神不少衰。至二十九日，遺誡授門人，作偈別大將軍源公，囑令外護，復書《辭世頌》一首。三十日，鳴鼓集衆告別，翛然而逝，顔色不變。時有白氣一道，横貫師之寢室。黑白二萬餘人，皆哀慟不能勝。以某年月日，奉全身塔于内院之後，分存日所剪爪髮，瘞于雲居。髮中纍纍生舍利云。

其嗣法上首，天龍曰志玄，曰妙葩，建長曰慈永，南禪曰通徹，曰周澤。所度弟子，載名于籍者，一萬五千有餘。

師儀觀高朗，慧學淵深，舉揚正殺，如密雲廣布，甘雨頻澍。凡具生性者，隨其根器小大，皆獲成就。上自國王宰臣，下逮士庶，無不頂禮敬信。凡所涖止，如見七佛出世。香華供養，唯恐或後。故管領源公賴之，嘗與人言曰：「我從先人聽國師劇談佛法，頗達真乘，遂能死生如一，臨事不慴，而先人竟死於忠，吾亦知委身以事君者，皆國師化導之力。」由是而觀，師之道非特究明心學，實足增夫世教之重。況其内外之功兩得，袪縛釋粘，起廢補壞，以安輯清淨海。衆人患不能有其一，師獨兼之。然其抗志高明，視榮名利養澹若無物，唯欲棲身林泉。屢典大刹，皆迫於王命而起。世稱大善知識者，非師孰能當之？

嗚呼！宋南渡後，傳達摩氏之宗於日本者，自千光禪師榮西始。厥後無學元公以佛鑑範公之子附海舶東游，大振厥宗。高峰纂而承之。師爲高峰之遺胤，益有顯於前烈。重徽疊照，光于海東。止惡防非，有裨朝政。功用丕闡，人思弗忘。濂因奉敕撰文，畀中津等歸鑱樂石，以見佛性無内外，皇化無遠邇。昭示千載，俾勿壞。銘曰：

達摩之學，傳至真丹。一花五葉，其支寖繁。臨濟名宗，昭於佛鑑。有子如龍，乘桴東泛。海東有國，接於扶桑。民惇俗龎，環水爲疆。膜拜奉迎，若佛之至。四衆聞之，其從如雨。伊誰繼之？心境兩融。日出高峰，海水皆紅。金光見夢，長虹不滅。篤生異人，丕照先烈。何文不搜，何義不求。孰授厥像，截斷衆流。其心倀倀，有淚如霰。感彼神人，白晝而見。本來清淨，一法實無。疾馳索首，非迷即愚。一喝之中，真靈獨露。朗月中天，其色純素。我歸我山，與雲往還。豈意聲華，落彼世間。文彩一彰，疇不歆慕。鉅刹名藍，非住而住。説法于座，緇素共聆。天見祥徵，二星墜庭。百廢具興，我敢用逸。寶華樓閣，重重兜率。上自君公，下逮黔黎。稽首作禮，如天人師。屢出屢退，泊然無礙。終與實相，不相違背。吾緣垂盡，預告化期。爾毋懈怠，來質所疑。遺戒諄諄，續佛慧命。言已即化，若入禪定。覺照至圓，體性本空。生滅不二，唯道之從。若見若聞，同喪考妣。法幢既摧，大衆何倚？孰爲佛乘？孰爲衆生？縱有言説，皆是强名。勒此塔銘，龜趺螭首。焯德序功，以示不朽。

日本建長禪寺古先原禪師道行碑

禪師諱印原，字古先，世居相州，姓藤氏。藤爲國中貴族。父某，母某氏。禪師生有異徵，垂髫時輒刻木爲佛陀像，持以印空。父奇之，曰：「是兒於善提有緣，宜使之離俗學究竟法。」甫八歲，歸桃溪悟公，執童子之役。年十三，即鬊髮受具足戒。自時厥後，徧歷諸師户庭，咸無所証入。乃慨然嘆曰：「中夏乃佛法淵藪，盍往求之乎？」於是不憚鯨波之險，奮然南遊。

初参無見覩公於天台華頂峰，公語之曰：「汝之緣不在於斯，中峰本公以高峰止足，現説法杭之天目山，爐鞴正赤，遠近學徒無不受其鍛鍊，此真汝導師也。汝宜急行。」禪師即蓬累而出，往見中峰。中峰一見，遽命給侍左右，禪師屢呈見解，中峰呵之曰：「根塵不斷，如纏縛何？」禪師退，涕淚悲泣，至於飲食皆廢。中峰憐其誠懇，乃謂之曰：「人惟此心，包羅萬象。迷則生死，悟則涅槃。生死之迷，固是未易驅斥；涅槃之悟，猶是入眼金塵。當知般若如大火聚，近之則焦首爛額。唯存不退轉一念，生與同生，死與同死，自然與道相符。脱使未悟之際，千釋迦，萬慈氏，傾出四海大水，入汝耳根，總是虚妄塵勞，皆非究竟之事也。」禪師聞之，不覺通身汗下，無晝無夜，未嘗暫捨。積之又久，❶一旦忽有所省，現前境界一白無際，急趨杖室告中峰曰：「原已撞入銀山鐵壁去也。」中峰曰：「既入銀山鐵壁，來此何爲？」禪師超然領解，十二時中觸物圓融，無纖毫滯礙。禪師辭去，中峰再三囑之曰：「善自護持。」當是時，虚谷靈公、古林茂公、東嶼海公、月江印公各據高座，展化於一方，禪師咸往謁焉。諸大老見其證悟親切，機鋒穎利，以叢林師子兒稱之。會清拙澄公將入日本，建立法幢，禪師送至四明。澄公曰：「子能同歸以輔成我乎？」禪師曰：「雲水之蹤，無住無心，何不可之有？」即攝衣升舟。其後澄公能化行於遐邇者，皆禪師之力也。

禪師出世甲州之慧林，瓣香酬恩的歸之中峰，黑白來依，猶萬水之赴壑。古山源公議革城州等持教寺爲禪，物論非禪師無以厭伏衆心，竟迎師主之。俄住州之真如，又遷萬壽，又遷相之淨智。已而謝事，行化於奥州。禪師之兄藤君，新建普應寺，延師爲第一住持，禪師起而應之。關東連帥源

❶「又」，張本作「之」。

公建長壽院於相州，復請師開山，兼主圓覺，俄遷建長。禪師説法度人，孜孜弗懈，一如慧林時。俄退歸長壽，有終焉之志。歲甲寅春正月，禪師示疾。至二十三日夜參半，召門人謂曰：「吾今日逝矣。爾等即入龕瘞之，毋徇世俗行祭奠之禮。更可徧語諸刹舊弟子，恪守吾平日所訓，使法輪永轉可也。」黎明，賓朋候問起居，應接如平常。及午，呼侍者曰：「時至矣，可持觚翰來。」及至，復曰：「吾塔已成，唯未書額耳。」大書「心印」二字，入室端坐，泊然入滅。世壽八十，僧臘六十又八。弟子遵成命，即日奉全身瘞於某處塔下。

初，禪師專以流通大法建立梵宮爲事，若丹州之願勝，津州之保壽，江州之普門，信州之盛興，房州之天寧，皆鬱然成大蘭若。而建長之西，復創廣德庵，命其徒守之。故前後所度比邱一千餘人云。

禪師端嚴若神，雖燕坐之時，儼若臨衆，目光炯炯射人，見者若未易親炙。及聞其誨言，温若春陽，莫不心悦誠服而去。人有來求法語偈頌者，濡毫之頃，翩翩數百言，曾不經意，皆契合真如。禪師不自以爲是也，取語録并外集投於火中，曰：「吾祖不立文字，單傳心印，留此糟粕何爲？」門人欲畫師像，預索贊語，禪師作一圓相，題其上曰：「妙相圓明，如如不動。觸處相逢，是何面孔？」其方便爲人皆類此。

嗚呼！佛法之流於日本者，台衡祕密爲最盛。禪宗雖僅有之，將寥寥中絶矣。千光院有大善知識，曰榮西和尚，以黄龍九世嫡孫握佛祖正印，唱最上一乘，飆馳霆鍧，逢者膽落。達摩氏之道，藉是以中興。其示寂之時，且曰：「吾入滅後五十餘年，禪宗當大興。」今禪師承天目之正傳，見道分明，契悟精深，則其懸記之足徵，若合符節。然而自天目泝而上之，至楊岐十有二世。楊岐、黄龍，則同宗慈明者也，其道固同矣。道之同，則凡嗣其學者，先後奮發，其有不言而喻者乎？予早歲屢閲一大藏教，晚獨慕乎心宗。因其徒大宣，介範堂儀上人持狀請銘禪師之塔，有不得辭也。銘曰：

天目之峰高嶙峋。陰陽變幻割明曛。西江中有導師人天尊。白眉青眼照秋旻。西江欲以一口吞。流傳法印千子孫。日本有國在海濱。達摩示現留圓墳。或晦或顯道則存。黄龍奮迅爪攫雲。九世宏開静慮門。千光炫燿接朝暾。師雖後起乘願輪。佛印印空了無痕。法派端自天目分。致令執拂誨諄諄。涅槃生死俱幻塵。有壁積鐵山如銀。一朝直入不見身。大千世界琉璃勾。出世秉法如握蘿。左擊右刺伏魔軍。出其餘力智巧敶。飛樓湧殿聳輪囷。奈何無縫塔既新。大字題額即反真。此道本來無詘信。我於般若曾與聞。大書偉行沃言根。元無隻字鐫蒼珉。

住持淨慈禪寺孤峰德公塔銘

古者，住持各據席説法，以利益有情，未嘗有崇卑之位焉。逮乎宋季，史衛王奏立五山十刹，如世之所謂官署，其服勞於其間者，必出世小院，候其聲華彰著，然後使之拾級而升。其得至於五名山，殆猶仕宦而至將相，爲人情之至榮，無復有所增加。緇素之人，往往歆豔之。然非行業夐出常倫，則有未易臻此者矣。此濂於淨慈禪師之事，頗願識焉。

師諱明德，其號爲孤峰，族姓朱氏，世家明之昌國。父有成，母黄氏。父與補恒洛迦山僧玠公交。玠聞雞聲入道，凡説法必鼓翅爲雞號。玠亡已久，母夢玠來託宿，覺而有娠，歷十四月而生。在童幼，兒不好嬉弄，每結跏端坐不動。天童司藏慧明，師諸叔也，乃訶之曰：「童子不知頌詩讀書，癡坐將焉求？」師曰：「欲學坐禪，求作佛爾。」時奇之。挾至鄞縣金鵝院，俾給灑掃之役，時師年十二矣。

越五載，得度爲大僧，爲横山錫公弟子。已而，詣五臺受具足戒，慨然有求道之志。杖錫而出，首謁竺西坦公於天童。竺西問云：「汝從何方來？」曰：「金鵝來。」曰：「金鵝山高多少？」曰：「不見其頂。」竺西斥之。師益自策厲，以必證爲期。竺西一日升座，舉世尊拈花之事。師於衆中聞之，忽若有解，遽造偈以呈竺西。竺西頷之，而師弗自是也。復如淨慈見晦機熙公。晦機道價傾東南，湊其門者如蝟。晦機見師至，問曰：「什麽人？恁麽來？」師曰：「胡張三，黑李四。」又問：「汝從朝至暮，著衣喫飯，還認自己否？」師又曰：「胡張三，黑李四。」晦機拈棒欲打，師拂袖竟出。

抵雙林，見明極俊公。一見之頃，塤篪協應，而了無障礙。命歸侍司，繼付藏鑰令掌之。會日本遣使迎明極爲國師，師送至海濱，而竺田霖公亦自雪竇至。見師氣貌不凡，延歸山中，以第一座處之。竺田上堂敷揚正法眼藏，舉隱山泥牛入海公案，諄諄誘掖，音聲如雷。師不覺慶快，群疑頓釋。因以偈呈竺田，竺田嘆曰：「人天眼目，儼然猶在。」自是提唱宗乘，稱性而説。且邀仲方倫公結庵於桃花塢，相與激揚。暇則翻閱《華嚴大經》，足不踰户限者凡五春秋。名稱日聞，寖不可掩。行宣政院請住松江之東禪禪寺，師起應之，然香以嗣竺田，不忘所證也。久之，再遷集慶之保寧。師一座十五夏，煆鍊來學，曲盡善巧，有餘力則爲之興廢補壞，細大不遺。帝師聞師之令譽，授之「圓明定慧」之號，副以金襴法衣。大司徒楚國文公歐陽玄亦賦詩遠寄，且爲作内外録序。一時名薦紳，莫不願與之交。

三遷湖之道場。閲二年，寺災，僧徒無以自寧。托鉢四出，造祖師堂暨伽藍神祠，而蒙堂前資寮亦次第就緒。方將大施營造之功，會杭之淨慈虚席，江浙行省丞相康里公以謂淨慈乃五山之一，非師不可居，固請主之。時當元季，戎馬紛紜，國事已不可爲矣。

逮入聖朝，師以耄年謝歸道場竹林庵。一日，示微疾，戒其徒曰：「吾身雖微，一真圓性，與如來等。世相起滅，無異石火電光。晝夜勤行，毋生退轉。吾殁後，當遵佛制，付之荼毗，勿令四衆衣麻而哭也。」言畢，索觚翰寫頌一首，泊然入滅。時洪武五年二月二十七日也。世壽七十又九，僧臘六十有二。烈火之餘，頂骨不壞，舍利羅累累出灰燼中。某月某日，建塔瘞靈骨於東岡。所度弟子若干人，得法分居列刹者若干人，《四會語》有録，行於學者。後四年，其弟子大用恐其師之名不傳，持佛頂康公所聚群行一通，介保寧慧公謁余詞垣，請爲塔上之銘。

嗚呼！從無始來，人於其閒生化出殁無數矣。何者爲名？何者爲相？何者爲真？我若復計我，我所將以何者爲定乎？

銘勿作焉可也。雖然，師之行業，夐出常倫，致位名山，垂芳當世。苟不有以顯著之，則無以表大法之寄，慰來學之思也。雖欲勿銘，惡得而勿銘？銘曰：

我觀禪那之所至，即是一乘圓頓旨。其中無二亦無三，真體無麄悉玄妙。祇緣根性分利鈍，所以造詣有異同。曹溪而下分五家，震動鏗鍧獨臨濟。至今子孫如星繁，執持大法使弗墜。如師脱白金鵝山，❶歷抵諸方苦參叩。孰知枘鑿不相投，東西遑遑競奔走。其後乃自音聲入，却見泥牛鬬入海。桃花開時春滿塢，更了雜花六相義。文采漸彰不可遏，出世說法度有情。四遷直上南屏山，作大獅王日哮吼。一起一滅世間相，終然變幻如煙雲。盡付闍維三昧火，一彈指頃等虛空。虛空無盡難名言，苟加讚咏愚且惑。太史述辭鐫白塔，不過欲慰學子思。有無雙遣入玄門，言至無言乃真際。

宋文憲公全集卷二十終

❶ 「脱」，張本作「説」。

宋文憲公全集卷二十一

致政謝恩表❶

臣聞生世而逢真主，仕宦而歸故鄉，此人臣至榮而至願者也。臣本一介書生，粗讀經史，在前朝時雖屢入科場，曾不能沾分寸之禄，甘終老於山林。今幸遭逢聖主定鼎建業，特敕省臣遣使者致幣，起臣於金華山中，俾典儒臺，繼陞右史，侍經東宫，供奉翰苑。去歲欽蒙特除承旨，爲文章之首臣，而次子璲擢中書舍人，長孫慎殿廷序班，一門三世，俱被恩榮。近者又荷追封祖父，親御翰墨，寵以雄文，粲然奎璧之光，照耀霄漢。且憐臣年老，令致政還鄉，又有冠服、文綺、寶楮之賜，鴻澤滂沛，不一而足，其高如天，其厚如地，其照臨如日月，非筆墨之可盡述。臣誠懽誠忭，稽首頓首。

欽惟皇帝陛下，以布衣混一四海如漢高祖，以仁義化被萬方過唐太宗，宵衣旰食，孜孜圖治，欲使天下蒼生，無一夫不被其澤。雖以臣之愚陋，無尺寸之功，亦蒙寵遇如此之至，銘心鏤骨，誓不敢忘。自度無以效犬馬之誠，唯朝夕焚香上祝千萬歲壽，及以忠勤教子孫，俾世世毋忘陛下深仁厚德而已。

❶「政」，胡本、韓本作「仕」。

致政謝恩箋❶

近者欽蒙聖恩，追贈二代，許臣致仕還鄉。臣自正月初六日陛辭，十日發舟，二十七日至家，二月初三日詣墓所，祭告昭宣制命，龍光烜赫，下燭泉壤。鄉里親朋一時畢會，相與歎慕，以謂天朝待士如此之至，莫不感激思奮。此皆皇上之大德，殿下之深恩，顧臣區區，何以圖報於萬一。

臣聞古聖人有言曰：「爲君難。」其所謂難者何也？然以四海之廣，❷生民之衆，受寄於一人，敬則治，怠則否；勤則治，荒則否；親君子則治，近小人則否。其機甚微，其發至於不可遏，不可不謹也。所以二帝三王相傳心法，曰德曰仁，曰敬曰誠，無非用功於此也。治忽之間，由心之存不存何如耳。臣誠懽誠忭，❸頓首稽首，恭惟皇太子殿下仁孝温恭，出言制行，動合至道，中外無不仰望。而臣猶以二帝三王相傳心法爲言者，誠以爲君之難也。臣雖退居田里，而忠愛之心彌切，旦夕不忘，於是敢貢芻蕘之言，伏望殿下察臣所言而篤行之，則天下幸甚。

先大夫碑陰記

惟我顯考府君宋公，樹善深長，不自食其報，持以覆燾後人，致使不肖濂獲際昌辰，忝以文墨事上，授經青宮。當侍講禁林

❶「政」，胡本、韓本作「仕」。
❷「然」，韓本作「蓋」。
❸「懽」，張本作「忭」，胡本、韓本作「惶」，黄溥本作「忻」。

之日，特膺寵數，錫贈顯考府君中順大夫禮部侍郎，顯妣陳氏德人。濂時侍上左右，不敢稍離，於是遣殿廷儀禮司序班曾孫慎，虔奉制書，展告墓次。曾未幾何，陞濂翰林學士承旨，例得追封二代，更贈顯考嘉議大夫禮部尚書，顯妣淑人；顯祖考贈亞中大夫太常少卿，顯祖妣金氏淑人。而其誥辭乃上所親製，褒錫有加焉。濂亦蒙恩致政而歸，方克躬詣兆域，奠告如初。

惟是皇仁如天，溥博無際，澤及九泉，夐絶前比。深懼無以垂示悠久，因請前丞相汪公朝宗大篆其所贈官封，勒石冢前。一以侈上賜，一以昭先德，使後世萬子孫思忠思孝，永不忘乎君親，斯蓋濂惓惓之深望也。

復古堂記

監察御史虞泰魯瞻，嘗奉諸父玄佐之命，請記其所名復古堂者。予以不文固辭，而魯瞻請之益勤。乃叩之曰：「子之所謂復古者，以爲上古乎？上古之時，巢居而穴處，汙樽而抔飲，茹毛而飲血。子今有室廬器用之美，稻粱羊牛之饒，決不能復之。以爲中古乎？中古之制，冠弁裳衣以定其分，鼎彝罍爵以稱其用，門奧屋漏以嚴其居，筵榻格几以殊其度，雖曰異於上古，有可法者。子今狃於久安，必隨世而變遷，想亦未易以復之也。然則子之復古者，將何居？」

魯瞻笑曰：「非是之謂也。虞氏之居餘姚，自漢日南太守以來，代有顯人，至唐永興文懿公爲尤著。文懿公實泰之遠祖，流裔至今二十七世矣。嶼山之南有虞家城，周圍一百五十丈，相傳以爲故宅之基，尚巋然獨存。諸父每相與登眺，白烟涼草，觸目悽然，輒彈指歎曰：『虞氏之先，嘗光著矣，奈何無迓續徽猷者乎？』復古之名，蓋以此也。」予曰：「繼志述事，孝子慈孫所當爲，況思追紹於七百餘年之前，比其見之確，行之厲，是足尚已。第不知復於古者，果止於斯否乎？」魯瞻曰：「何謂也？」予曰：「文懿公之爲人，外謹懦而中抗烈，固以文學、政事圖形淩烟，而爲唐代名臣。較之同時孔司業之經術，杜萊公之政業，議者有未足焉。孔之與杜然矣，較於漢之留侯及董江都，其運籌之良，宅心之純，或猶未能無遺憾焉。以此例之，古今人物，其優劣不倫，雖更僕未能盡也。欲師古者，宜取則於上上。賢者在古亦衆矣，何獨私於一家哉？」

魯瞻曰：「先生之言侈矣。留侯之與江都，信足法歟？」余曰：「不然也。古之人以道德爲師者，有孔子焉，有孟氏焉。以政業居輔弼者，有伊尹焉，有周公焉。人而不爲孔、孟、伊、周，其學皆苟焉而已，子將復古，必如斯而後可爾。」

魯瞻曰：「敢問復之之功奚先？」余曰：「載籍之存者，莫古於《易》，伏羲之卦，文王之象，周公之爻，孔子之繫，於是乎悉備。姑摘一二陳之。『風自火出，家人，君子以言有物而行有恒』，此身正而家齊之象也。『洊雷，震，君子以恐懼脩省』，此自治之象也。『山附於地，剥，上以厚下安宅』，此安養人民之象也。『雷電皆至，豐，君子以折獄致刑』，此聽訟之象也。自此而推，一卦一爻，皆開物成務之道也。魯瞻父子夙夜究心於斯，此則所謂真復古者，過則聖，不及則賢，達則兼善於人，窮則獨善諸己，復古之功不亦大哉！若曰沾沾焉取則於一家，不幾於自隘矣乎？請以是記諸屋壁，魯瞻毋以余言爲誇而棄之。」

玄佐名某，以經學教授於鄉，言行有師法。魯瞻學有端緒，自給事中遷今官，正氣蓋凜然云。

雙桂軒記

濂侍經青宫時，四明桂君彦良實爲正字，朝夕同出入禁中，怡怡然，侃侃然，異姓兄弟也。彦良間謂濂曰：「吾家在慈溪，世舉進士，或知望縣，或司六察，或帶閣職，連綰郡章，聲明文物，固嘗盛矣。故昔人稱其所居爲攀桂里。會宋亡爲元，業書詩者猶不廢，區區雖不文，亦以學詩獲與鄉貢之選。二子：冢曰慎，介曰全。今逢盛時，復嗜學不厭，思欲趾前人遺芳。顧南榮有桂一章，雙榦直上，始合於一，又復歧而旁達，妍茂紛蕤，香滿户庭。私竊以爲桂吾姓也，其殆符二子文字之祥乎？讀書之室，遂以『雙桂』命焉。慎嘗從吾子受經，幸有以記其事。」

夫桂之爲木，歷代頗貴之。至唐重進士科，貴之尤甚，每藉之以爲喻。蓋俗傳月中有桂，桂苟在月，孰得而攀之？其意若曰擢第之難，猶平地而升青霄云爾，非實指夫桂也。元豐之末，新定有二倪生，曰直俠，曰直儒，相繼中進士第，郡守因表其坊曰「雙桂」。非惟新定之爲然也。彦良之鄉，有蔣氏伯仲焉，曰璿，曰琉，陳忠肅公之弟子也。紹聖崇寧間，亦先後登高科，❶公因號其堂曰「連桂」。由是而觀，以桂旌坊，又以名其堂，則前所謂桂者，似實而非虛也。雖然，古之人立言而比興爲多，其在《楚辭》則桂與申椒、木蘭並稱，此無他，芬香之物足以取譬君子也。芬香之物當以類相應，而卉木又得氣之最先者，庸詎知雙桂不爲二子之祥乎？

今慎也端毅自持，而辭章俊麗；全也趨善若水，而期於無息。皦然雙璧，光彩交映，馴而致之二倪、兩蔣之問學，直易易耳！連捧貢函，同策大廷，亦宜也，未見其爲難也。然而名者，造物之所深忌。桂氏自先世以來，多以科目發身，聞譽隆蔚，達於遐邇，至於彥良猶且不墮其業，二子復將起而繼之，斯所謂難也。視彼倏榮忽悴，父不能及子者，果何如哉？果何如哉？桂之爲祥兆，又見於斯，惡得不爲彥良喜。楊伯子有言曰：「桂之雙，人之祥。」濂於彥良亦云。遂書之以爲記。

三益軒記

明之昌國徐君元凱，嗜古好脩，鄉邦稱爲善士。生子男子三：長曰友直，字孟益；次曰友諒，字仲益；又次曰友聞，字季益。家雖貧，徐君能使其頌詩讀書弗輟，且因其字，名軒曰「三益」以勵之。友聞自郡諸生貢入成均，近奉旨受事中書，頗與予相親，時來執經問難，遂以軒記爲請。

夫益之爲卦，其象爲風雷。雷激則風怒，風激則雷迅，二者不待相期而相益者

❶「登」，張本作「發」。

也。君子觀之，見善則吾將遷焉，有過則吾將改焉，而其爲益也大矣。然則何以知過而改之？曰：必得直友焉。友能直，則加以箴規矣。何以知其善而遷之？曰：必得諒與多聞之士焉。友能諒，則舍虚而從實；友多聞，則察理明而擇善精矣。嗚呼！此以取友於外者言之爾。今季益家庭之内，兄弟熙熙，有善則相資，有過則相告，曾不出户而講習之功勝，州里之人莫不慕豔而交之，其益將非止於三，至於十朋之龜弗克違，亦有之矣。他日德茂才顯，若河東之三薛，江東之三岑，其有不齊軌而馳者哉！

雖然，予昔嘗取友矣。始也自一家群從之閒，朝夕摩切之，然不敢自謂已足也，復取之鄉人焉；如是者久之，亦不敢自謂已足也，又求之國人焉。如是者又久之，閒又謂曰：「學無止法也。」我安敢自畫於斯，復求諸天下之人焉。今老矣，秋髮繽紛而垂領矣，尚孜孜弗懈，益求古簡書之閒，見問學之優廣者，質實而無僞者，則云：我未之能及也，亟遷而從之。志褊而行僻，與過失而文飾者，則云：我寧或有之乎？脱有之，❶亟改而正諸。此無他，知益之爲象若此，❷自近而及遠，期終身行之也。季益兄弟其果以余言爲然乎？

季益通經而能文，已出游於成均，是友天下之人矣，予尚何言？儻或東歸見二兄焉，宜以予文勒諸軒中，庶不負於翁名軒之意云。抑余聞，昌國，古會稽之翁洲也。東控三韓日本，北抵海泗登萊，土地幽邃，風

❶「脱」，胡本、韓本作「設」。
❷「象」，胡本、韓本作「義」。

俗樸茂。人材往往多著聞於時，今又將於季益兄弟觀之，上慎旃哉！

觀心亭記

昊天純佑九有民，全以所覆畀我大明，皇帝執符御曆，撥亂世而反之正，化行人流，❶臻於泰寧。然猶孜孜夙夜，敬厥德，奉若天道，赫如上帝鑑臨。乃洪武十年冬十月丙午朔，復敕工曹造觀心之亭於宮城上，設甓爲墉，塗以赭泥，中寘黼坐，前闢彤户。越七日壬子落成，上親幸焉。召臣濂語之曰：「人心虚靈，乘氣機出入，操而存之爲難。朕罔敢自暇自逸，譬魚之在井，雖未免乎跳擲，終不能度越範圍，況有事於天地廟社，尤用祇惕。致齋之日，必端居其中，❷返視却聽，上契沖漠，體道凝神，純一弗貳，庶幾將事之際，對越在天，洋洋乎臨其上。卿爲朕記之，傳示來裔，咸知朕志，俾弗懈愈虔。」

臣拜手稽首而揚言曰：「《書》有之：『惟天無親，克敬爲親；民罔常懷，懷於有仁；鬼神無常享，享於克誠。』曰敬，曰仁，曰誠，皆中心所具，非由外鑠我也。此心若存，則動静合道，建中保極之原，清而弗擾，庶績咸熙。否則天飛淵淪，凜乎若朽索之馭六馬，唯欲之從，而罔克攸濟。治忽之幾，其始甚微，不可不慎也。欽惟皇帝陛下，法天啓運，乾乾終日，不遑暇食，十有五年，大統斯集，政平人和，休祥屢應，斯皆觀心之明驗。古先哲王相傳心法，所謂精一執中之訓，亦不過此。聖子神孫，必來取

❶「人」，韓本作「仁」。
❷「其」，張本作「亭」。

法，當有不言而喻者矣！雖然，靡不有初，鮮克有終。臣願陛下存神内居，常如亭中時，則心與天爲一，祥形敷正，壹出自天，衍億萬年無疆之休，亦永無疆之聞，不亦顯哉！」臣不佞，既承詔旨，輒稽古書而爲之記。

別有觀神亭與斯亭東西對峙，其制同，其義亦無異云。

朱氏家慶圖記

浦陽江上有朱仲賢氏，年垂七十，而其壽母尤夫人則歷九十二春秋矣，猶康寧飲啗如恒人。當候序和適，壽母出坐鞠隱堂中，仲賢率家屬分立左右，稱觴爲驩，州里觀者，莫不徘徊歎慕。縣校官張君正卿獨曰：「是亦希有事也，不可以不載。」❶命畫史作《家慶圖》，裝褫成卷，持示金華宋濂。指曰：「鶴髮垂領，神色恬康，危坐榻上者，壽母也；其右方帶襞積冠，張拱前趨，而角巾三人從，子男子也；五冠者與一童子列其後者，孫也；二兒挾册徐行，自語顧語者，曾孫也；其左方盛服而參差立者，四子婦也；三兒二大一小，大者攜小者行，手中執鞠花者，曾孫女也；重立於右上，二抱嬰孩，一獻桃，一捧茗甌者，四孫之配也；一俯倚榻上，一牽壽母衣，一熙然侍立其側者，三孫女也。」指畢，合而計之，凡二十有八人。且曰：「先生，史官也。其言信於海内，願爲序而傳之。」

嗟夫！壽之爲言，久也，最人之所不可得也。然亦有得焉，而煢然索居者，非壽

❶「載」，張本作「識」。

也；又有得焉，而謀不及朝夕者，非壽也；又有得焉，而左右不能孝且養者，非壽也；又有得焉，而體尫氣羸，十日九疾者，非壽也；又有得焉，而禍患迭嬰，中心靡寧者，非壽也。今壽母享此高年，尊安無疾，孫子秩秩，皆能盡養，家道豐裕，心志怡愉，是無五者之失，而有具足之樂矣！得不爲希有之事乎？正卿之爲是舉，宜也，非過也。

且昔人之所至願，一則曰壽，二則曰壽，非惟欲乎己，又且祝於人，豈不以壽出乎天，而非人之所能乎？設或有之，誠可歌也已。吾婺素號文獻之邦，振黄鐘之鏗鍧，剪毛羽之紛蕤者，比比有之。其能爲仲賢撰爲賦頌矣乎？

王氏義祠記

義烏之和溪，有王府君者，諱埜，當宋之季，來贅竹山樓約家。約之妻，埜之姑王氏也。故約以女妙清歸於埜。然王氏愛妙清甚，乃於湖塘上造屋一十七閒，别寘薪山若干畝，蔬畦若干畝，腴田若干畝，召妙清夫婦謂曰：「此皆吾捐嫁貲所營，毫髮不以煩樓氏，今悉畀爾主之，爾其慎哉！」

妙清生二子，俱早世，唯二女存。長曰琇，歸同里大姓樓如浚；次曰瑩。妙清以無嗣，留瑩於左右，延泰不華爲贅壻，生一子野仙。妙清又篤愛之甚，教育備至，不翅其己出。野仙長，復謀於衆，命約諸孫淵以女善歸之。妙清閒言於埜曰：「吾二人耄矣，不幸無子。今甥野仙文而有守，又妻吾姪之女，此而非親，將誰親乎？吾母氏所畀之業，宜具授之，更其屋爲義祠，使歲時具豚酒，祀吾之父母舅姑，而野仙之先祖與焉。吾二人他日或終於牖下，亦庶幾有所托矣！」乃會王、樓二宗耆老成人，造爲券書，俾二宗子若孫毋相及也。衆皆諾之。於是野仙父子遵而行之，已五十年矣。自時厥後，妙清夫婦與野仙之父母先後捐館，而中遭兵燹之厄，券書皆已亡去。至正乙巳秋九月九日，埜之季弟朴，懼歲月滋久，不令子孫或生異圖於其間，復集二宗而重造之，仍戒厲之如初。

濂聞之：漢儒之論九族，有曰父族四，母族三，妻族二。父之族固爲其同姓也，母與妻之族則皆異姓也。然則異姓其可謂之族乎？蓋生吾者母也，産吾子者妻也，氣血之交貫，呼吸之相通，自一體而分者也。故古之稱謂，母之考妣爲外王父母，妻之父母爲外舅姑，女子之子爲外孫，而亦頗同於父族者，以其爲至親也。人不幸無後，苟命其甥以主祀事，未見其不可也。苟以爲不可，較之姓同而情異，若無所係屬者，果何如哉？必有能辨之者矣。況禮有常有變，卜同宗以爲之後者，常也；選異姓至親以繼之者，變也。變而不失其正，斯善矣。野仙之事，以義起禮者也。二宗之人，幸無忘前人之訓，而自陷於不義哉！

濂自幼與野仙爲同門友，相得甚驩，一旦攜杖踵門屬濂爲之記。濂因不辭，使鐫諸樂石。山田之屬，其步畝園落之詳，備見石陰。野仙字遵禮，蒙古人。以才辟江西憲府奏差，遷七閩，官爲蘇州某鎮巡檢云。

復古軒記

臨川饒君孟持，其五世祖某府君嘗嗜琴。琴有復古、玉髓二張，❶其材孔良，蛇腹斷而金沙明，試一鼓之，獨鶴夢回而滿山風露也，寒泉漱巖而山鬼夜聽也，可謂清且古矣。府君雖歿，歷世寶祕，不翅孔氏之遺履，時出玩之，思府君之不可見，慨然高山仰止之情。元季兵燹方張，白晝爲人持去，煙海茫茫，竟不知墜於何所。如是者有年。一旦，外孫樂安夏氏忽購得焉，舉以奉孟持。孟持反覆拂拭，不覺悲喜交集。玉髓頗殘闕，唯復古嶽沼徽軫咸具，❷孟持取水精絃被之，方布爪指，其初則嗚嗚然，已而復洋洋然，亦似傷其流落而慶其復還也。孟持封羊豕，列豆籩，燕饗三族，合芳木爲櫝，尊閣堂中，遂以「復古」題其榜云。

《春秋》之義大復古。其謂復古者，所繫甚大，非一器物之謂也。雖然，有人於此，闔廬爲人所攘，已而還之，可以謂之復乎？曰：復則復矣，而非古也。疆畎奪於强暴，取而歸之，可以謂之復乎？曰：復則復矣，而非古也。巵匜桮棬之屬，爲貪者所竊，四方追而有之，❸可以謂之復乎？曰：復則復矣，而非古也。然則何謂而可？斯二琴者，相傳或爲雷威所斲，由唐涉宋，歷五六百年之久，所獲非一人，所閱非一家，始爲府君之所有。府君之後又奪於他姓，今復歸之，孟持正如寶玉大弓之再

❶「琴」，原誤作「瑟」，今據張本改。
❷「徽」，張本作「暉」。
❸「四方」，張本作「肆力」。

得，不謂之復古也，謂之何哉？不可以一器物之微，而遽少之也。

然而予又有説焉。古之人朝出耕，夜歸讀古人書，今則飽食以嬉，我當復之；古之人入孝出弟，如用菽粟布帛斯須不可離，今或有凌犯之者，我當復之；古之人事君如事天，一動一静儼如有赫其臨，今則鮮有致其身者，我當復之。夫然，故復古之功大矣，二琴云乎哉！孟持勉旃可也。

貞白堂記

臨川許君仲孚，闢貞白堂一所，與環翠亭相映接，蓋爲讀書地也。間來徵余記。余聞仲孚清脩而嗜學，堂下種梅花數樹，當霜雪嚴沍之際，衆芳摇落，而是花獨翹然，散而爲春妍，冰玉其葩，一塵不緇。仲孚歎曰：「其所謂貞白者，非子也耶？」乃約二三勝友，日吟哦其下，超然神游，如升天際，恍不知貞白之在己耶？抑果梅之有貞白耶？客有歌之者曰：「游氣冉冉兮將汙人，曠獨處兮誰與鄰？姑射仙人兮玉爲神，驂青鸞兮服素裙。望之不見兮隔河津，青鳥不徠兮會無因。」仲孚從而賡之曰：「天風翛翛兮生翠寒，白月流光照松壇。美人徠兮佩珊珊，殷勤遺我青琅玕。我將擣之奉晨餐。」歌已，二人相視而笑。

予家芙蓉山之陽，懸崖萬丈，蒼官青士，日駢立乎其間，方滴露研朱，入朝真洞點《易》，聞仲孚之事，不覺矍然而歎曰：「我等其有激而然耶？❶雖然，物我之立，皆成於相形，而泯於相亡，❷非貞則無有偏

❶「激」，原誤作「教」，今據張本、四庫本改。
❷「亡」，張本、四庫本作「忘」。

也，非汙則無有白也。予嘗觀心，皦如明鏡中懸，萬象自見，求其貞白且不可得，況假物之云哉！況乎天地中萬彙芸芸，自形自色，杳不知其故。雖造物者隨氣運行，色色形形，亦若不知其故，是果孰爲之樞紐乎？問諸兩閒，兩閒不言；叩之百物，百物不言；質諸神扃，則曰是在我矣！斯貞白之義已。」仲孚曰：「予玄言也，不知者謂涉於虛無恍惚，殆非也。請記諸壁何如？」於是乎書。

永思堂記

永之爲言，長也。所謂永思者，長思而不忘也。長思而不忘者爲誰？福清林榮得仁也。得仁十歲喪父，洎長，以縣諸生貢上太學，選入禁庭爲承敕郎，謙慎而齊飭，聲譽出薦紳閒。會濂朝京師，乃來請曰：「榮也念父不見，或食焉，或羹焉，或寢且息焉，恒懸懸有思。思之不得，則升高遠望，草木之敷腴，山川之鬱紆，萬物欣欣有自得意，輒泫然流涕曰：『光景日新，吾父獨何之乎？將乘海鶴遠游三山乎？抑精神流衍於氣化中，冥茫而莫之覩乎？何爲使我心憂而弗釋也？』如此者久之，因以「永思」題諸堂楣，以志無窮之悲。先生願爲記之。」

濂曰：「不然也。子之父固亡，子幸有母夫人存，承候顏色，問衣燠寒而進退之，弄雛其側以悅之，依依嫪戀，如羊之跪乳，烏之反哺，其樂將無涯，視五鼎萬鐘，若不能過之。子何乃自苦，日慘然以悲？父固當思也，思或鬱陶成疾，獨不計貽母之憂乎？」

得仁曰：「堪輿之閒，當其青年，父母

俱存者何限。雖閭閻小夫，亦知割鮮具醪醴，稱曰具慶。榮始二十又七，獨與母居，如之何勿思吾父生我之劬勞？欲報之德，所謂昊天罔極者也。一乘馭則思爲其執鞭，一就寢則思爲其扇枕，一有疾則思爲其嘗藥，今皆不可得已，觸目之閒，無非可感，如之何勿思？」濂曰：「不然也。人心苦不知足，得隴且望蜀。濂也父母皆歿久矣，其分當永思乎？雖曰偏侍，不猶愈於濂乎？爲子謀者，當思盡孝以養母，致思貴富以顯父，使人稱之曰某氏之子，斯爲永思也已。」

得仁曰：「非此之謂也。盡孝養母，榮豈不知之，奚俟先生之言。若曰致思於富貴，富累於千金，貴爲三事大夫，縱可以慰母心，而吾父不知享焉，終有不愜吾情者，事不得其全故也。如之何勿思？」濂曰：「子之言美矣善矣，而又有一說，願爲子陳之。夫爲孝子者，不當爲無益之思，而思不死其親可也。其謂不死者何？子於事君之際，則必自思曰：此當罄厥忠，不可溺於邪佞，恐辱吾父也。能思是，子之父雖死，其不死矣乎？涖官之時，則必自思曰：此當廉且勤，不可習於貪怠，恐辱吾父也。能思是，子之父雖死，其不死矣乎？鞫獄之頃，則必自思曰：此當欽且恤，不可務於苛刻，恐辱吾父也。能思是，子之父雖死，其不死矣乎？交友之中，則必自思曰：此當主於信，不可待以浮僞，恐辱吾父也。能思是，子之父雖死，其不死矣乎？出言之閒，則必自思曰：此當合於正，不可流於詖遁，恐辱吾父也。能思是，子之父雖死，其不死矣乎？觸類而長之，如此可思者甚衆，雖更僕不能盡也。子能力行之，方可盡永思之道也。於子何如？」榮復泫然流涕曰：

「斯言也，榮未之前聞也。敢不夙夜祇奉。」濂既退，嘉得仁之能孝也，因次第問答之語，俾記諸堂壁云。

葉氏先祠記

昭武葉存恕，詣予再拜求記其先祠。予不得辭。記曰：惟葉氏世爲著姓，自宋初則然。南渡後，有諱武子字誠之者，是爲息庵先生，受業於新安子朱子之門。淳熙中擢進士第，歷官至祕閣修撰，出知處州以終。在郡有異政，感召至和，一年嘉禾生，二年麥秀兩歧，三年瑞芝産於庭，郡人士琢石紀德麗陽祠中。處州生主管機宜文字伯忱，機宜生修職郎宏銑，修職生將仕郎安，將仕生光祖、興祖，有文行，用薦者署建寧縣學教諭。數世以來，祭祀之節，並依朱子家禮從事。

興祖慨念先祠舊在所居之東偏，規制淺陋，無以展其孝思，乃即中堂分爲龕室者四，以奉息庵而下神主；傍親之無後者，以其班祔。祭以四仲月，正至朔望則三謁焉。郡士黄鎮成實爲之記。元季，毁於兵，興祖哀慕不能自已，復捐私田百畝入樵谿書院，以祔祀息庵。逮至國朝，凡學校之田，悉籍於官，而祠又廢。興祖之志猶不怠，卜地於城東三十里，曰虚壇，築先祠一區，奉之如禮。經始於洪武四年六月，落成於明年正月。屋以閒計者五，錢以貫計者二十千，且歸田四十畝，收其入以給牲醪之用。功適成而興祖卒。光祖之子存恕，興祖之子壽孫，思先德之當報，念諸父之艱勤，宗微胤薄，或不足以負荷，恐涉不孝，復入田以畝計者六十，通前爲百畝，擇宗人之良者掌之，春秋之祭因得不廢，其承先志以裕後昆者，蓋甚切也。

嗚呼！三代盛時，大夫士有位於朝者，始有田禄以享其親，後世之俗不皆三代若也。葉氏之家乃能以義起禮，因地之利建祠以祀其先，不亦孝子仁人之用心也哉！予因爲之記，使刻於貞石。爲其子孫者，尚思引而勿替，以延祐於無窮也。

脩慎齋記

脩慎齋者，中書掾葉杞孟堅之所自名也。孟堅之言曰：「杞居栝州麗水之陽。父母俱存，兄弟無故，足跡皆不出里門，一家之和，其祥氣殆可掬而有也。頃因鄉里推擇，習刑法之學於大府，遂充貢來南京，季弟孟年實與之偕行，朝夕奉承甚謹。既而中書選爲刑曹史，閱一載陞爲令史，父在家聞之，有書來曰：『刑曹決天下之獄，獄情萬變，爾勿使有冤民。朝夕洗心滌慮，以承上官，不可循一髮私，羞服之用，當於我乎給之。苟違我言，必將辱於吾矣！』自時厥後，有從栝來者，輒致書，一年之中，不下五十番。書中之言，無異於前時所云。

「父猶恐書不能盡達也，復使仲弟孟才來致備用諸物，且申言之，留連再月，依依不忍別。既別歸，吾父問其狀甚悉，喜曰：『爾往，終勝簡牘之往還，然又不若吾親見爾兄爲稍慰耳。』時赤日如火，即詣縣給過所直抵南京，❶一相見頃，悲喜交集，晝夜訓飭之，比前爲尤詳。且曰：『今朝廷清明，廉吏無不登乎樞要。爾當冰雪其操，他日

❶「詣」，胡本作「請」。

衣繡還鄉，以慰慈母倚門之望，豈不華哉！』亦留連再月而歸。

「杞亦念父不置，越數月，適年勞及考，急謁告東歸。諸弟聞之，驩迎三十里外。杞升堂展拜，問起居，父子相抱持，喜極不能成語。曾未幾何，部檄下州中趣杞上道，父不忍予行，❶潸然出涕，乃陽謂杞曰：『幸因爾行，得爲錢唐一游，庶攬湖山之勝。』杞知其故，力止之，不從。既至，杞又止之還，父復曰：『姑蘇抵此三百六十里耳，其風物比錢唐尤勝，吾何可還？必至彼乃與爾別。』既至，杞又止之還，父復曰：『姑蘇至南京不遠矣，我之情事尚未與爾畢言，可遽先還耶？』杞遂不敢言。於是同至，又再踰月而別。

「嗚呼！世之爲父者，孰不知愛其子，如吾父之深切，十百之中不知寧幾見耶？杞夙夜佩服戒言，惟恐辱其先，因取經中『脩身慎行』之語，名其寓居之齋曰『脩慎』，願爲杞記之。」

予聞仁人孝子之思其親，何時而能已耶？山不足爲之高，海不足爲之深，此無他，昊天罔極之恩，終不可得而喻也。杞能不忘此時之思，朝夕以之，一動也脩慎，一靜也脩慎，則無負爾父之望矣。杞尚勖之哉！

寶蓋山實際禪居記

衢之龍游縣北三十五里，有山曰寶蓋，川媚山明，而林樾鬱蒼，儼與靈區奧壤相捋。然僻處下邑，無有啓其閟者。

初，盧江有沙門良亮，治父山實際禪寺

❶「予」，張本作「子」。

無用聰公之弟子也。沙門年既壯，出游叢林，歷叩諸師，久未能證入。聞千巖禪師長公說法於婺之義烏伏龍山，亟往見之。禪師，普應國師本公之嫡子，門庭浩蕩，後衲雲擁。見沙門爲人誠慤，可與進修，時加警策之。已而命司藏鑰，使日閱經律論玄文。久之，陞居第一座。禪師閒謂沙門曰：「如如真性，迥出塵根，❶祥光發現，照燭乾坤。非有絕念之深功，不能超出死生，而入常寂之場。子盍縛茅於重山密林而究明之乎？」沙門躍然以喜，即日下山，選地以居之。至正丁酉春，行至今所，俯仰四顧，有以愜其志，遂駐錫焉。遐邇嚮慕，奔趨恐後，富者捐資，貧者效力，伐石於巖，掄材於林，梓人運斤，獿夫薦圬，不戒而集，猶務其私。僅四五年，❷功即就緒，法堂三楹閒成。未幾，釋迦殿又成，其楹閒如法堂之數。中設三世如來之像，左右翼以天王，皆用黃金塗之，兼之牀座華旛及凡供具，清淨嚴肅，觀者起敬。庫院僧室之在東西，又如佛殿之數，兩廡揆之，則溢其五。別敞小門樓以爲出入之地，徑術曲折，而蓮花池品列於前，四圍有水環之，蓋一倣伽藍之制。沙門因出實際，遂以名其禪居云。

惟大覺世尊，其道所被甚廣，無與比倫。人徒見中國九州能嚴奉之，殊不知西南諸國如阿羅單于陀利之屬，以道里計，近或數千，遠且二三萬餘，而尊崇爲尤至。國君相祝，常以世尊如來稱之，則其他概可知也。此姑置之勿論。又自西方言之，自中國歷十萬里至五印度，從五印度以西，又越

❶「塵根」，張本作「根塵」。

❷「五」，張本作「三」。

大海二重，始抵西入之境，道塗比前奚翅數倍？其所歷城郭人民，繁衍富麗，又百倍於中國。其地唯知有佛教而已，餘皆無有也。至於巷談里語，一舉佛言以爲法戒，稍有不信而妄行者，衆共棄之。以此而觀，若東若北，莫不皆然。是故鄭漁仲有云：「佛之書徧布天下，而儒家之言不越於跋提河。」蓋有以也。

然乃史傳所載及東伐西使親擊者之所言，咸屬南閻浮提。南閻浮提則妙高山四隅之一爾，經言百億日月，百億妙高山皆漸佛教，則又非管窺蠡測之所敢知也。或者則曰：「佛書多取譬之言，果可盡徵乎？」曰：「吾儒亦有之也。騶衍謂天下有九九州，而一九州則有裨海環之，人民禽獸莫能相通。如此者九，則有大瀛海環其外，乃天地際焉。禹之所序中國九州，其於天下，八十一分居其一耳，豈獨佛書言之哉！」余嘗惡夫淺見狹聞之士，不足以語大方，類夫營寧生人身中，游泳腸胃，自謂江河之廣；周流府藏，自詫萬里之遠。不知身外之境初無涯涘也。所以輕於論議，迂固僻陋，聞者爲之失笑，其不智也亦甚矣。今因沙門請記，余故特一言之，使入此禪居者，讀吾之文，又有以知大覺世尊其道所被甚廣，無與比倫，則嚴奉之心逾堅。嚴奉之心逾堅，則將世世嗣而葺之，俾不墜壞，庶有以副沙門之所願欲。若但紀其興起歲月，稍涉文學者，人人能爲之，又奚假於余哉！

沙門號西山，精進入道，至老猶不懈云。

龍游重建證果寺記

我釋迦文佛，慈閔有情，設宏闊勝大之

教，真應弘願，罔不霑被。故凡日月之所照，霜露之所墜，皆沐浴至化，出離苦輪，得清淨行。列禦寇書所載，不治而不亂，不言而自信，不化而自行，蕩蕩乎人無能名者，信不誣矣！是故塔廟之所在，金碧焜煌，照耀無際，雖其淪壞有時或囿乎數，曾未幾何，又皆興復如初，觀乎此者，可見大法之流行，與天地相爲無窮者矣。

衢之龍游縣東四十五里有證果道場，實始於唐貞觀初，縣人士虞道延捐宅宇爲之，悉入腴田其中。已而祝髮受具戒，爲開山第一祖。且以的傳自號，脩習禪觀，誓不忘於正宗。一時龍象聞風坌集，稱爲虞延法師云。唐季之亂，變爲瓦礫之區。在宋之初，休堂慧公嘗重興之，至宋季又廢。無住行公入主法席，又從而興之，逮元季又廢。今住持静山仁公與其同袍本全周公謀曰：「玆寺自法師創建以來，甲乙相傳，克底於今日，不翅七百餘年之久，一旦使其堙墜，吾儕之恥也。盍相與起其廢乎？」周公慨然諾之，各捐私橐之積以爲衆倡。乃持歷走民閒，民有力者，嘉二公之惇慤，各施其所有。遂命斲木陶土之工，相與從事，至正癸卯二月某甲子，新造釋迦寶殿。殿凡三閒，演法之堂，其數視殿而羸其三。曰解脱門，則數與堂同。兩序視門而羸其二十又五，皆次第落成。復搏土塐佛菩薩諸像，鍊黄金爲紙而飾之。洪武丙辰九月某甲子，又建藏經之室一區，而懸鐘之樓亦焕然一新。至於棲僧之房凡七，各設層構邃堂，靡不具足。其制度不異巨刹，崇廣嚴麗，視昔有加。雕甍璇題，上凌霄漢；彤扉曲砌，下映林谷。梵唄互聞，鐘魚相答。往來觀者，咸謂當此象教衰落之時，能化灌莽之墟而爲無上寶坊，非賢且智者能致是乎？莫不躊躇歎咏而去。仁公亦自以締構艱勤，欲俾後人聞知，相與保持於悠久，忘其春秋之高，奔走青蘿山中，徵文以記之。

余按《佛説尊那經》云：「無盡功德，甚深微妙，乃有七種，而建立精舍實居第二。」又按《福田經》云：「廣師有七德梵天福，而興立佛圖僧房堂閣，實居第一。」嗚呼！佛言如是，世之人往往斥經營塔廟爲有漏因果，恒棄之而不務，亦何可哉？二公惓惓焉以紹述法師爲己任，斯可謂允合契經之旨者矣。雖然，樓閣之在世間，有成有壞，一刹那頃，萬變不齊。有若吾心所具寶華樓閣，先天地而不知所始，後天地而不知所終，劫火所不能焚，毗嵐風所不能破，真如無礙，湛寂常存。學佛者又當於此而求之，庶幾精粗不遺，理事雙盡者已。斯言也，非予之私言也，蓋嘗聞諸師云。

金華清隱禪林記

清隱禪林在婺城西三里所。禪林而謂之清隱者何？昔者郡人士劉主簿嶠，嘗隱居於此。嶠字子淵，事親極孝，家雖貧，力學聚徒以養，非道義，錙銖不取，蓽門土銂，怡愉如也。老於場屋，一試吏而止，風節行義，翕然爲邦人所稱。説齋先生唐公仲友父子、王莊敏公師心，尤敬慕之。宋淳熙初，文閣待制南澗韓公元吉來守婺，訪主簿君於隱所，愛其林壑幽清，而汲甚遠，爲鑿井竹間，名之曰君子泉。泉至今猶存。

後一百七十餘年，爲元之至正壬辰，有大比邱蘭室馨公，既得法於千巖長禪師，乃與同袍古道猷公飛錫而來，欲建禪林，説法度生。於是月溪壽公聞二師之賢，詣前作禮，亟捐兹地以爲之基。而里中樂善者曰章壽之，倡衆聚貲爲建殿宇及雕飾諸佛尊像。已而棲僧之堂，會食之所，與夫門廡庖庫諸室，次第告完，皆二師同心化導之所致。而名之曰清隱者，蓋不忘其故云。

當是時，五山十刹，鐘魚絶響，游方之士至無憩足之所，君子爲之慨焉永歎。獨此禪林僻處斗隅，往來者憧憧非絶，靡所不容。多或一二千指，皆使其忘行役之勞，飽香積之味，是誠何理哉？蓋二師以誠感人，以勤率物，故施者川至，而日用不匱也。予聞《佛説毗奈耶律》云：「父母於子，有大勞苦。護持長養，資以乳哺。假使一肩持父，一肩持母，亦未足報父母恩。」由是觀之，大雄氏言孝，蓋與吾儒不異。夫名區勝地，世豈無之。二師不彼即，而來卓錫於兹，誠欲表主簿君之高風，而以孝道化度衆生，庶幾弗悖如來説律之本旨也。嗚呼賢哉！圓頂方袍之士入斯林者，談空説有之餘，尚思感發奮勵，有以念其親可也。蘭室既已示寂，古道今主持其事，堅苦清峻，爲四衆所傾慕云。

金華永寧禪庵記

金華縣東五十五里有一土阜，延袤數里餘，曰羅漢山。先是，宋元豐間，里之善士鄭君克允與其弟克明，於其地冶鐵，鑄阿羅漢像五百一十有八，山因是而得名。像今猶在西巖石佛寺。克允則資政殿學士鄭忠愍公剛中之曾大父也。

二百餘年之後，有楊氏子名允真者，居於山側，與其室人王氏本淨，尊禮大雄氏之道，同往烏傷伏龍山，謁千巖禪師入室弟子蘭室馨公，受大乘三聚淨戒，凝神入空，以縛禪爲事。一夕，夢異僧若來自西域者，告曰：「汝宜於羅漢山建永寧庵，以修學禪定。」覺而異之，即其地經行，見其坡陁演迤，氣象夷曠，遂欣然入念慮，銖積寸累，構佛廬三楹閒，中塐觀音大士，華冠瓔珞，寶相殊勝，時則至正戊戌之春也。樂善之徒，捐山若園五十畝奉之。允真手植青松，蔚乎成林，而庫樓西廡，俱先後就緒，什器百需之物，亦莫不備給。持瓶錫而來過者，日暮塗遠，一時一憩神靈之區，應真之所示現，夫豈偶然？必有龍鬼晝夜護持，使般若之種，蘖芽其閒，亦其勢致焉。允真欲爲久圖，請予文勒石，俾世世擇異姓有善行者主之，而楊氏之族人不與也。

予聞神所必至也。羅漢之山，昔嘗產鐵，鄭君兄弟命金工鼓鑄諸像，像成而鐵已竭，協氣充物，祥光未散，禪庵之建，實符嘉應，宜乎允真之成此不難也。然而造者不難，而繼者爲難。嗣主其席者，尚思允真之勞勩，一椽片瓦，視之不翅寶璐，庶幾繩繩相傳，至永久而弗墜。苟或不然，則夫冥報之操，具諸載籍，予何忍言之？讀斯文者，尚知所自警哉！

允真字無識，敦實而無爲，最爲近道。父曰天祐，母姓金氏云。

金華安化院記

金華安化院，在縣東二十里。舊號安國，宋治平二年更今名。嵩頭陀法師所立道場。稽諸傳記，法師名達摩，西域人，梁天監十七年，自金陵攜鐵魚磬來烏傷之香山，尋於龍腋置寺。普通元年，南行經余山，江水大溢，法師張蓋水中，亂流而濟。至稽亭塘，發善慧大士神蹟，創伽藍於萊山。已而西入金華，建龍盤寺以及今院，後入滅於龍邱。資政殿學士洪文安公作郡志時，既失於蒐輯，不載院之緣起，而復謂法師以吴赤烏二年實建龍盤。夫赤烏二年係己未歲，天監十七年則戊戌也，凡歷二百八十年。當是時，法師之齒又不知其幾矣！何其壽耶？他不足徵者，蓋可知已。

院既多歷年所，其佛菩薩護法天神諸像，乃唐貞觀元年所雕，宋慶曆三年重加藻繪。國朝洪武十年冬十月，郡之善士唐良、胡貞及比邱宣政，各飾其一，悉塗以黄金。良又勸聚群力以畢其餘。其釋迦寶殿，舊構於宋淳熙三年，歲久獘壞。元至正十七年冬十二月，住持元厚新之。其潮音堂，至正四年冬十二月，主僧宗肯作之。❶其七佛殿，建於泰定三年秋七月；三解脱門，造於至正元年秋九月，皆住山祖良成之。其兩廡，仍宋德祐元年之舊庫院，復營於元延祐元年冬十一月，則諸僧捐貲之所致也。精進沙門彌堅，今已甲乙嗣補其處，念院故無碑碣，詢謀於衆，命其徒永琇齊賢詣青蘿山中，徵文以爲記。

濂聞之，西域之僧來中夏者，自攝摩滕竺法蘭之後，代不絶人，往往以宣譯教相、建置梵宇爲急。如法師者，亦其一人也。菩提達摩之來，在普通二年，正與法師同時。雖曰絶去文字，以矯末流之獘，而其理行，貳人固兼取籍教悟宗之言，奈何後世歧而二之？禪則直究心源，以文句爲支離；

❶「肯」，張本作「旨」。

教則循序進脩，以觀空爲虛妄。互相訾謷，去道逾遠。然以密意言之，依性説相，非息妄修心者乎？破相顯性，非泯絶無寄者乎？以顯示言之，真心即性，非顯明心性者乎？軌轍雖若稍殊，究其歸極，則一而已，奈何後世歧而二之？此濂之於法師，不能無所感也。斯院乃法師肇立，歷代嗣守，遺緒隨成，至保雕像於七百餘年之久。外藉勝因，内修覺觀，理事雙至，不即不離，其於達摩氏之道，固未始有異也。嗚呼悕矣！是尚可與俗人言哉！

濂嘗過院中，見二豫章圍可十五尺許，鬱鬱然如車蓋屹立於門，氣象森邃，不問知其爲古招提。矧居是者，多樂善好施，而永琇等又頗注意禪教，不敢墮於一偏，有足嘉者。故勉從其請，而發吾之所感，授之以文，非爲補郡志之闕。緇素讀之，必有蹶然而興起者。

雲寓軒詩序

龍虎山鍊師張君仲毓，嗜學而攻詩，尤善鼓琴。嘗汗漫游於湖江，自謂若白雲出入空谷，杳無定蹤，遂以「雲寓」名其軒，命弟子上官若沖來請余言。

夫膚寸而起，倏然羃乎太虛者，雲也。英英份份，資一氣之流行，固凝而聚矣，已而飄忽乎東西，斂跡藏形，類若不知所之。此無他，雲無心也。方外有道之士，茹术餐霞，捐去塵俗之累，翩翩然御風而遊玄閒，來無所縶，去無所繫，絶如雲之寓乎太空。此無他，亦無心也。仲毓取「寓雲」以名軒，不亦宜乎？予聞至人不物夫物，然後能齊於物。仲毓自比於雲，善矣，而未免物於雲也。物於雲則有礙，有礙則不虛，不虛則靈明不通矣。我不爲静，而動何形焉？我不爲動，而静何容焉？是則動静一如也。我不爲雲，則夫卷也，孰從而舒之？舒也，孰從而卷之？是則卷舒亦一如也。仲毓試澄心默坐，存神於鬱羅簫臺閒，沖漠無朕而萬象森列其中，而吾神未嘗形也。未嘗形，而雲果孰寓乎？予嘗約仲毓遊金庭委羽之墟，勺松華泉，擘麟脯而食之，且請仲毓出琴，彈《白雲》之詩。琴調清越，群仙或有驂鸞來聽者矣。寓雲與否，非所敢知。其詩曰：

雲溶溶兮無根。儵聚曶散兮，不知其門。變化罔測兮，契乎道真。龍虎名區兮，列仙之倫。剪雲製衣兮，結雲以爲紳。超然高潔兮，日與雲而相鄰。步虛九天上兮，不沾世氛。水火交媾兮，日月吐吞。雲兮雲兮，予寓爾以終其身。

曾助教文集序

臨川曾先生旦初所爲文凡若干篇，其門人某類編成書，而以首簡請余序。序曰：

天地之閒，萬物有條理而弗紊者，莫不文，❶而三綱九法，尤爲文之著者。何也？君臣父子之倫，禮樂刑政之施，大而開物成務，小而禔身繕性，本末之相涵，終始之交貫，皆文之章章者也。所以唐虞之時，其文寓於欽天勤民，明物察倫之具；三代之際，其文見於子、丑、寅之異建，貢、助、徹之殊賦。載之於籍，行之於當世，其大本既備，而節文森然可觀。傳有之，三代無文人，六

❶「不」，張本作「非」。

經無文法。無文人者，動作威儀，人皆成文；無文法者，物理即文，而非法之可拘也。秦漢以下則大異於斯，求文於竹帛之間，而文之功用隱矣。雖然，此以文之至者言之爾。文之爲用，其亦溥博矣乎！何以見之？施之於朝廷，則有詔、誥、册、祝之文；行之師旅，則有露布、符檄之文；託之國史，則有記、表、志、傳之文；他如序、記、銘、箴、贊、頌、歌、吟之屬，發之於性情，接之於事物，隨其洪纖，稱其美惡，察其倫品之詳，盡其彌綸之變，如此者，要不可一日無也。然亦豈易致哉？必也本之於至静之中，參之於欲動之際。有弗養焉，養之無弗充也；有弗審焉，審之無不精也。然後嚴體裁之正，調律吕之和，合陰陽之化，攝古今之事，類人己之情，著之篇翰，辭旨皆無所畔背，雖未造於至文之域，而不愧於適用之文矣。

嗚呼文乎！其可易言矣乎？今吾先生淹貫群經，所謂三綱九法，其文理之粲然者，加體索而擴充焉。嘗以《春秋》連貢於鄉。科目既廢，益寓意於古文辭，用功於動静者久，聲光燁然起士林中。予取而讀之，藻火黼黻之交輝，金聲玉振之迭奏，魚龍波濤之驚迅，一一可以適於世用。信夫萬物各有條理者，於先生之文亦可以見之。

余在詞林，先生方助教成均，朝夕相與論文甚驩。故因其門人所請，推原文之至者而爲之序，著源委之真，欲體用之兼舉也。

劉母賢行詩序

劉賢母王氏，諱某，太原崞人也。年十

八，歸處士仲安。踰再期，生一子溥。又八年，處士君歿。賢母自誓曰：「吾聞貞婦不二夫。生爲劉家婦，死爲劉家鬼，無子當爾，況有子者乎？」確守其志，堅如鐵石。家素貧，逮處士卒，貧益甚。治絲枲自給，衣僅蔽身，日唯一食，艱瘁不可言，處之恒裕如也。里豪武氏子知賢母貧，或可撼，使猾嫗誘而且脅，賢母痛詈斥之，終不移所守。親督溥從鄉貢進士趙惟賢、國子助教張傅霖遊。師若友有益溥者，賢母遇之厚，不以貧而廢禮。溥後以文行聞，卒爲名士。

賢母性儼恪，有烈丈夫風，未嘗輕於笑語。契家子姓見之，輒敬畏下拜，人因號爲鐵面夫人云。里婦有淫行，招摇行市中，賢母知其所從來，以所曳杖擊之。婦哭訴於夫，夫曰：「劉夫人何故撻爾耶？」慚服不敢言。有姑適賈氏，老而喪明，其子某每咈其意，姑必泣告賢母。賢母造門而喻之，輒踰垣避去。某，處士之外弟也，亦嚴憚之如此，他蓋可知也。年七十餘而歿。當時南北名士大夫咸作詩文以美之，命曰《賢行詩集》云。

嗚呼！詩者，發乎情，而止乎禮義也。感事觸物，必形之於言，有不能自已也。昔者，衛共伯早死，其妻共姜賦《柏舟》以自誓。一則曰「之死矢靡他」，二則曰「之死矢靡慝」，至今讀者爲之感激奮勵，豈非有繫彝倫之重者乎！今也賢母之志與共姜同。雖不自賦詩，而世之士大夫推其意而代之言，此蓋出於民之性，而先王之澤也。是宜刻梓傳世，以爲爲人婦者之勸。雖然，詩人之吟咏夥矣，類多烟霞月露之章，草木蟲魚之句，作之無所益，不作不爲欠也。華編巨册，摹印而行者，比比有之，其視賢母之詩，有補名教者爲何如哉？知道之士，必有擇焉。

方氏族譜序

惟方姓出自方雷氏。方雷者，西陵氏女，軒轅之正妃，是爲嫘祖。或曰榆罔之子曰雷，封於方山，後人因以方爲氏，未詳孰是。

周宣王時，方叔食邑於洛，故世望於河南。至西漢末，新莽將篡位，司馬府長史紘官於吴中，度天下必大亂，即避去歙之東鄉，因家焉。生一子雄。雄生三子：儕、儲、儼。儕，關内侯行南部太守；儼，大都督；儲，字聖明，一字頤真，太守周歆舉爲孝廉，又舉賢良方正第一，累官太常，兼洛陽令，封黟縣侯。和帝時下郊忤上意，飲鴆而卒。儲能役使鬼神，故鄉人立廟祀之，稱其爲仙翁云。仙翁生三子：纘之、弘之、觀之；一云覿、洪、觀，蓋傳聞之異辭爾。子孫分爲三族，其布列於諸州者，纘之之後，則嚴、衢、婺、越；弘之之後，則徽、宣、池、秀、湖、常；觀之之後，則莆田、九江、滁陽。至今繁盛。

纘之遠裔曰文亮，仕陳爲散騎常侍，生南昌令倫。倫生隋祕書郎祚。祚生太中大夫伸。伸生唐太子中舍孚。孚生右衛將軍始興。始興生二子：尊、逢。逢，考功郎中秦州刺史，生皓。皓生吏部員外郎苗。苗生三子：堂、常、褚。褚，宣遠將軍；堂，永陽令，生二子：達、讓。達生三子：引文、引武、引祖。引文生道屬。道屬生四子：聰、尊、甲、乙。聰生四子：道和、令興、令安、令保。令興生世雄。世雄生道明。道明生二子：赦、講。講生君讚。君讚生三子：公懇、公平、公郁。公郁生二子：整、漢。整，御史中丞，生刑部尚書景。漢生四子：宗、寀、宰、宥。宗，浙東觀察推官，生三子：永珍、永符、永豐。永豐生十子：可榮、可昭、可暉、可浚、可瓔、可齊、可回、❶可度、可剛、可法。可暉生肅。肅生玄英處士干。干，字雄飛，世居睦州白雲原，以詩名，後隱越之鑑湖以終。生二子：翼、嚴。翼，小字託兒，無嗣。嚴生二子：甲、述。甲，亡其名，生景先。述生三子：景珍、景珣、傳。景先生二子：彦超、彦安。景珍生三子：彦誠、彦暉、彦瓊，復自越還居睦。景珣生三子：承俊、承邦、承威。傳生一子：承招。自彦超而下，號爲九房，諸孫復布列於浙河之東，多仕吴越錢氏。宋太平興國三年，錢俶納土，有自睦徙台州黄巖者，曰二四府君，雖宗之述，不知繫之何房之下。既而君又卜遷明之象山，未幾，又自象山徙寧海侯城里，始定居焉。至熙寧元豐閒，其族漸大，讀書爲文辭者，後先相望，迄於宋季不衰。同郡縣而居，若臨海之鮫峰，天台之龜峰，寧海之愛山，皆號詩書之宗，其先同出於睦，載諸家乘者甚詳。不幸元初毁於兵，今皆不可知矣。府君十四代孫文大，爲是而懼，不可知者則略之，其稍可知者，不問親疏而惓惓並著之，成書一篇，以傳於後嗣。文大之從子孝孺從余學經，因命來求序。

予聞方之族自長史南遷，蔓延數郡，以科目發身，登法從膺郡寄者，在在而是；北

❶「回」，張本作「同」。

則闊寥罕聞，近世遂指爲希姓。然據新定別譜，則謂長史晉元熙閒人，仙翁仕梁在武帝時，而文亮乃爲之子也。唐監察御史張友成所造《仙翁廟碑》，及《莆田譜圖記》，復謂長史官於西漢之季，則仙翁實長史之孫，距梁當甚遠，史傳無明文，未敢妄加臆斷，而姑以碑爲正。大抵江南之方，要皆仙翁苗裔。自雉山而分者，又爲睦州刺史亮之派；自白雲原而分者，多爲玄英處士之支。雉山屬淳安，亮則汪華之將，武德四年，舉睦州附唐者也。今文大之先出於玄英，雖曰圖牒喪亡，稍闕其所繫屬，當無可疑者。故予爲稽玄英之譜，特著承傳次第以補其闕略，猶文大之前志也。好古博雅君子，尚是正焉。

予按方回《桐江集》所載，天下之方姓皆出於歙縣。歙縣之東鄉，今析爲嚴之淳安，蓋予鼻祖紘西漢不仕王莽，避地時所居。仙翁儲之墓在縣學前，廟祀則徽、嚴山中皆有之，曰真應廟。徽、嚴之方，莆之方，信之鵝湖之方，屢出名卿顯人。又按祕書省正字方翥《莆田譜圖記》所紀，王莽之際，衣冠流離，有名紘字子纓者，渡江而宅吴中。以二說參之，皆本於張友成《仙翁廟記》，所以先後如出一轍。獨新定別譜，謂仙翁爲新定人。祖紘，晉元熙閒爲郡功曹。父雄，生三子：長儕，娶司空謝安女；次即仙翁；季曰儼，字叔威，當南齊世，與仙翁皆隱不仕。及梁武帝即位，仙翁始舉秀才，終官太常卿。竊意謝安卒於晉孝武太元十年，卒後三十餘年，始爲恭帝之元熙，又歷宋、齊八十餘年而至梁，度其時儕必尚存，相去如此之久，而曰娶安之女，似無斯理也。儕事且然，不知仙翁仕梁之事，其果足信矣乎？又謂仙翁三子，長曰觀，次曰覿，季曰洪。而著作郎方仁傑《閩系録》則云：仙翁三子，讚之、宏之、觀之。《譜圖記》亦然。蓋觀字正同，弘則避宋宣祖諱改爲洪，以弘與洪音義相近，唯覿與讚稍異耳。無乃傳聞之易訛耶？

惟方氏固爲江南望族，而玄英之支子孫尤衆。其九世孫監察御史蒙，自記白雲原之族，時有二十三院，實治平之四年。至淳熙初吕太史伯恭見於文辭。又云：雲源支葉甚蕃，一源數百家，聯譜合牒，衣冠文物之盛，鄉人紀之。嗚呼！亦可謂昌且熾矣。今文大所譜又略，不知其源流之詳，頗閲《句無譜》，❶其稱玄英第三世諱述之下，註云子孫遷寧海之侯城，因據之爲正，且爲牽引諸書而一辨之，亦補闕之義也。至若莆田之方，則唐昭宗時守長史諱璵始遷。璵生御史中丞殷符。殷符生七子：延康、延年、延範、延遠、延英、延輝、延滔，最號貴顯。延安户部侍郎，❷子孫或家滁陽。延滔左僕射，其後人或遷饒、信、江、蘇諸郡。璵亦出觀之之裔，因爲玄英異支，謂其徙於光之固始者則非。予恐讀茲序者，有疑而不釋，謾一疏之，不覺其辭之縷縷也。

❶「無」，胡本作「吳」。

❷「延安」，諸本同，然據上文「殷符生七子」中無名「延安」者，疑有誤字。

郭考功文集序

國家當興王之運，其人才必超出常倫。訏謨定命，足以創業而垂統；奉將天罰，足以威加乎海内；至於文學侍從之臣，亦皆傳習經藝，❶彰露文采，足以備顧問，資政化，所以竭其彌綸輔翼之責，作其發揚蹈厲之勇，攄其獻替贊襄之益，致其黼黻藻繪之盛，此皆天也。天意已定於冥冥之中，楚生材而晉實用之，撥亂世反之正，昭宣人文而風動四方，夫豈細故也哉？

洪武七年秋，濂侍皇上升武樓，賜坐其側，從容問曰：「天下雖定，朕猶垂意宿學之士，卿能知其人乎？」濂對曰：「會稽有郭傳者，其字爲文遠，寄迹釋氏法中。其學有淵源，其文雄贍新麗，而精魄焜煌；其論議崇紘，皆根據乎六經，波瀾相推，若不知其所窮。誠一代奇才也。」上頷之。未幾，復召濂謂曰：「郭傳之文，卿可持至，朕將親覽焉。」時文遠偶以文一卷來貺，因函以進。上覽已，笑曰：「誠如卿言。」會丞相暨御史大夫入朝，❷命内使出示之，且褒嘉至再。即日召見於謹身殿，奏對稱旨，詔銓曹擢爲應奉翰林文字。於是文遠日侍左右，以備顧問，賜予便蕃不一而足。每命題俾撰文若詩，輒見賞愛。文遠自以受知之深，精白一心，以承休德。凡可以獻替者，咸無隱情。已而陞修起居注，遷考功丞，而眷注益隆矣。今年春，濂蒙特恩謝事東歸，將與文遠別。文遠盡出所爲文，請濂序其首。

❶「傳」，張本作「博」。
❷「入」，張本作「來」。

嗚呼！古今辭章之士，未嘗乏人，第患知之者鮮爾。州里中知之，已聊足自慰，況於卿大夫乎？卿大夫知之，則聲聞漸著，亦可表見於世，況於諸侯乎？諸侯知之，則光輝四達，千百之中僅一二見焉，人且豔之曰：「是夫也，爲人不翅足矣。」況上簡聖天子之知，而屢見褒辭者乎？然聖人之言，即天也。文遠之文，天且知之矣，則其際遇有道之朝，恭承寵靈，可謂千載一時者矣。昔宋之孝宗，嘗於禁中觀蘇子瞻文，史臣書之以爲至榮。此異世尚爾，今文遠親受知於聖明，其爲榮輝又當何如哉！他日文遠道益行，文益顯，史臣必爲立傳，與經國諸臣同載簡册，以見興王之運，人材之出，皆非細故，豈不爲盛典歟？

濂也不敏，齒日衰而學日落，縱曰以文自娱，其視文遠，殆猶土鉶之於殷敦，序諸首簡，能不自愧乎？雖然，濂知文遠之文者也。相知者不一言，疇將言之？因不敢牢讓，文遠宜删正焉可也。

義烏樓氏家乘序

東陽著姓，載於方册者有八：曰斯，曰留，曰路，曰駱，曰厲，曰哀，曰苗，而樓居其一焉。樓本姒姓，夏少康之後。周封杞。❶東樓公支孫以樓爲氏，亦號東樓氏，城陽諸縣有婁鄉，是其地也。氏族家以婁鄉之故，遂謂婁與樓姓同，殊不知婁乃邾婁氏之裔，其姓曰曹，判然不相屬也。

漢之季世，樓泰字允恭者，始自譙郡徙會稽。其子苗，建安中又自會稽遷烏傷。

❶「杞」，原誤作「祀」，今據張本改。

苗字秀實，生三子：孟曰恭，仲曰侍中玄，季曰散騎常侍畯，皆仕於吴。畯生宣威將軍陟。陟生康樂令胤。胤生豐。其下世次不可復知矣。至南齊時，有居烏傷竹山里者，曰靈璨，寄迹釋氏法中，梁武帝賜號曰「智者大師」。今義烏之智者鄉，實因此而得名。其地多樓氏居之。宋南渡後，諱奭府君生二子，四孫，六曾孫，而玄孫之繁，數登於十。其中諱大年者，嘉定癸未進士，通判吉州。大年從子諱子固，嘉熙戊戌進士，嚴州桐廬尉，自是蔚爲衣冠之望宗矣。府君十世孫璉，懼其族大而譜逸也，於是撰爲家乘二卷，一倣司馬遷年表之法，畫而爲圖，字名卒葬，咸具疏之。一輯先世墓誌、家傳、祭文之屬，而通判君遺詩之僅存者亦附著焉。與宗人謀將刻諸梓以傳，而請予序之。

予知樓氏之族，甚久而弘，若永康，若武義，若東陽，皆自義烏而分。其居縣之東門者，尤爲近屬，實同出於秀實之裔；而四明之支，則祖秀實之子恭。恭之遠孫宣獻公鑰，嘗述高祖先生事略，自謂其先婺人，但不詳徙居之始耳。此皆鑿鑿可信無疑。第智者大師附録以婁幼瑜乃樓玄之裔，而合樓、婁爲一音者，似爲氏族家所誤，證諸史傳，甚爲不然也。

嗚呼！凡言姓氏者，皆原於《世本》《公子譜》二書，二書則本《春秋左氏傳》，《左氏傳》則因生賜姓，胙土命氏，及以字，以謚，以官，以邑，五者而已。後世得姓受氏者，多至三十二類，益淆亂而難明，況襲氏冒姓之不一者乎？無怪乎附録之不足徵也。今璉也爲斯而懼，惓惓於譜事而不敢忘，亦可謂賢也已。因爲辨析繫諸篇首，使其子孫有考焉。

璡字士連，嘗從予學經。國朝洪武壬子試吏部中選，授將仕佐郎，大同府宣寧縣主簿，遷成都府仁壽縣云。

諸暨孝義黃氏族譜序

黃爲嬴姓十四氏之一，出於陸終氏，後受封於黃。今光州定城西十二里，猶有黃國故城。黃既爲楚所併，子孫散之四方，以國爲氏。至漢尚書令香，居江夏，故世之黃氏，咸以江夏爲望。隋開皇間，有自江夏遷婺之金華者，其諱曰苾，歷十九傳至縈，生二子：洪、浩。洪生二子：瑕、珌。浩生三子：琛、玘、璞。其子孫析爲五大族：瑕之枝則豐城，珌之枝則剡，琛之枝則監利，玘之枝則分寧，璞之枝則弋陽，皆自金華而遷。稽之金華、豐城二譜，及黃庭堅、魏了翁、李心傳諸儒所采著者頗同，當可信不誣。

諸暨孝義之黃氏，實出於珌。珌之季弟玘，有子曰瞻，以策干南唐，用爲著作佐郎，知洪之分寧縣。珌與之俱，遂同家縣之雙井。江南兵起，珌之冢子惠，自雙井遷於剡，尋從剡遷今所。惠之曾孫宋贈衛尉少卿振，仁及於鄉，待之舉火者數十家。其妻仁壽縣君劉氏，斥嫁貲以規義田，均給姻族，故其三子十孫多躋膴仕。而十孫之中，廣西提刑育爲最顯。育之從子朝請郎汝楫，當方臘之亂，罄家藏金帛，以贖所俘者數百人。汝楫生八子：開、閌、閣，同登紹興甲戌進士第；而聞與誾，亦相繼擢紹興庚辰、乾道己丑乙科；閶復占特奏名，終荔浦丞；闡補官將仕郎；閎修職郎。兄弟一時榮貴，文墨彬蔚，人比之荀氏八龍云。自時厥後，子孫益繁庶，與禄食者代不乏人，而書詩之澤，至於今不衰。少卿之裔孫周，爰輯舊譜而續爲新圖，釐爲若干卷，而徵予序之。

嗚呼！氏族之學，難言者久矣。他未暇深論，姑以黄氏言之，有謂出於高陽氏，自伯翳賜姓嬴，而其後有江黄諸國，爲楚所滅；有謂出於金天氏，自臺駘封於汾川，而其後爲沈姒蓐黄諸國，爲晉所滅，皆以黄爲氏。今去唐虞以前，殊爲極遠，其所出難稽，猶可言也。黄氏之望，非止江夏而已，若櫟陽，若安定、房陵，若漢東上谷譙郡，如此之類，多至四十餘房，❶而五大族不與焉。氏族之書，雖或志之，何以不表其所自出？今去漢亦已遠，其轉徙之未易明，猶可説也。孝義之譜，以鍾爲始遷之祖，而以瑕之五昆季爲其子；豐城之譜，則以五昆季繫於洪、浩之下，且謂自秀州崇德而遷金華；新昌之譜，又謂浙江之黄，皆出建之浦城，而遷金華；黄魯直則又謂七世以上失其譜，而各譜乃推至十二世，若合符節。近世有聚庭堅諸行，作《山谷老人傳》，則又謂六世祖瞻知分寧縣，瞻實生玘，抑又何耶？今去五季宋初，其時爲甚邇，其事宜可徵，何爲紛紜而莫之有定也？蓋因圖譜局廢，而無官以涖之，民閒以所傳聞論著，不能旁搜廣覽以會通，其故矛盾不齊，宜無足怪。予嘗侍先師黄文獻公，相與論及譜事，公之先亦自金華析居浦江，洊遷義烏；其上世之諱亦曰珪曰琳，豈亦榮之從孫耶？竊意榮之兄弟必衆，支裔實繁，譜所不及者，則

❶「至」，原作「矣」，今據張本改。

亦無如之何。要之江夏之後，金華實爲黄氏之望，故余歷考群譜，參以諸儒之論，備書之於首簡，信其所可信，疑其所可疑，在覽者之自擇焉。

周字思文，群從子姓至一百餘人，敦厚而善施，皆無忝於先世云。

宋文憲公全集卷二十一終

宋文憲公全集卷二十二

春日賞海棠花詩序

春氣和煦，海棠名花競放，浦陽鄭太常仲舒，開宴觴客於衆芳園。時日已西没，乃列燭花枝上，花既娟好，而燭光映之，愈致其妍。於是衆賓咸悦，銜盃咏詩，亹亹不自休。

酒半酣，金華宋濂乃揚言曰：「李格非《書洛陽名園記後》，謂園圃之興廢，爲天下盛衰之候，其故何由？憶昔烽火之際，冒雨風竄匿巖穴，聞人步履聲，心怔忡若舂。花草紅青何處無之，有目不暇顧，欲求濁醪一巵，以澆渴吻，尚可得耶？今者衣冠雍容，倡酬於俎豆間，花雖不解言，亦散影婆娑，若相與爲娱樂者，不知何自而致之？亦曰聖天子在上，廓清四海，化呻吟爲謳歌，所以有斯樂爾。帝力所被，如天開日明，萬物熙熙皆有春意，其視昔日之事爲何如？世道之盛，其兆已見，苟不能詩則止，能則烏可已也。雖然，經有之，『無已太康，職思其居』。吾儕今夕，無乃過於太康矣乎？宜知好樂之無荒，而爲良士之瞿瞿可也。」所賦詩，自太常君而下，凡三十人，其三則賓客，餘皆其昆弟子姓云。

望雲圖詩序

《思親望雲圖》者，爲福建承宣布政司右參政唐公作也。公名俊，字士明。念親之不見，日遑遑焉而求，昧昧焉而思，終無以宣其情，圖之所以志之也。閒以書致辭於濂曰：

「俊之先爲睢陽人，金季兵亂，大父避地南陽，遂家焉。大父生三男子，而先君居其二。❶先君諱德謙，蔚爲才行之士。元至正中，汝潁大盜起，先君棄捐諸孤，窀穸之事甫畢，而南陽陷矣。俊時在童孺，亟隨母夫人陳氏出避，晝伏宵行，至魯山匿焉。未幾，魯山又烽火連天，竟失母夫人所在，家屬亦東西作風雨散去。俊煢煢無依，朝夕嗚嗚泣曰：『哀哉吾母！其存乎亡乎？苟亡矣，遺骸將何人瘞之乎？然河南達鄉里爲近，吾當忍死往而訪之乎？』於是閒關趨走河南，竄身兵籍中，逢故時父老問之，自南陽來者又問之，有出入軍中者又問之，如是者六年，心勦形瘵，竟莫可蹤跡。復嗚嗚泣曰：『哀哉吾母！豈果遂亡矣乎？母既不可見，何如勿生之爲愈乎？』已而私自念，宗系之不絶者一綫爾。苟先朝露而自棄，祀事將墜，幾不爲若敖氏之餒鬼乎？宜擇真主而事之，一旦獲見天日，雖不得奉母，❷歲時持一杯酒，走酹墳上土，比之徒死，不翅霄淵之殊，此志或可自遂乎？

「當是時，大明皇帝定鼎金陵，德綏威讋，萬方嚮化。俊乃閒道内附，期廁名行伍中，以苟全性命而已。宸衷見憐，視之如舊臣，賜以厚禄，寵以名爵，使再造其家室，自兵馬副指揮入轉而至今官，階躋二品，此平昔夢寐之所不到。俊每念聖德如天無際，而父母不得同與恩榮，益至感泣不能自已。

❶「先君」，黄溥本作「先子」，下同。
❷「得」，胡本、黄溥本作「獲」。

頗憶先君言堪輿家謂大父墓最佳，中支當有躋膴仕者，母撫俊頂言曰：『他日將在吾兒耶？』❶今其言固驗，非惟父母不之見，而族屬無一人存者，不亦悲夫！願吾子爲文之，將示諸子孫，以志吾無窮之思也。」

濂讀之，不覺潸然出涕。嗚呼，有是哉！人之壯年有大父母、父母俱存，而號重慶者矣。下此則父與母無故，而號具慶者矣。又下此則二親或有一存，再稱偏侍者矣。公自幼齡輒喪先府君，當干戈搶攘之際，而母夫人隔絶，又死生不可知，宜公雙淚既盡而繼之以血也。雖然，公無用爾也。古之人所謂孝也者，非止得養親而已。身者親之枝，親雖亡而身存，猶親之存也。能敬其身，是謂不死其親。言也弗爽於貞，行也允契於軌，內外一致而無所違越，非孝乎？撫世酬物而一本於誠，匑匑然謹畏唯恐失之，行之於家，推之於國，達之於天下，皆弗悖於道也，庸非孝乎？出鎮名藩，承宣敷化，使萬姓咸蒙正治之澤，家給而人足，皡皡熙熙如唐虞時，庸非孝乎？三者雖皆敬身之事，此又移孝爲忠之大者。公能行之，他日良史氏必大書曰：「唐某之子俊，其治行如古名臣，可爲法於後世。」則公之親亘萬世而不死矣。公之爲孝也，不亦大哉！

濂知公爲人，誠慤而廉介。其拜御史，持部使者節，三預北平省事，皆以美政著稱。故濡毫而縷言之，一以釋公之憂，一以進公於道云。

❶「他日」，黃溥本作「異時」。

孫伯融詩集序

詩道之倡，其有師友淵源乎？非師不足盡傳授之祕，非友不足成相觀之善，無是二者，不可以言詩也。

當元之季，有丁仲容先生者，自天台來客建業，以能詩鳴。方其岸幘談笑，有持卷來求者，輒索酒飲數觥，操觚如飛，風雨疾而龍蛇蟠，語意渾涵，絶無斲削之跡。讀之者，皆驚以爲仙才。當是時，夏煜允中爲先生入室弟子，其氣韻酷類，而横逸滂沛過之。伯融進受指畫於先生，退交允中，日取唐諸家詩而紬繹之，稽其聲律，求其指趣，察其端倪，已而學大進。士大夫稱之曰：「是肖乎允中者也。」或曰：「非也，脱凡近而游高明，鼓俠氣而超氛埃，其髣髴乎先生者耶？」

予來南京，而先生墓木已拱，獨允中共吟嘯於風月寂寥之鄉，春容乎大篇，鏗鏘乎短韻，無日無之。允中閒持伯融之詩，相與諷詠。予謂允中曰：「自科舉之習勝，學者絶不知詩，縱能成章，往往如嚼枯蠟。較之金頭大鵝，芳腴滿日者，有閒矣。如伯融者，何處可得耶？」允中深以予言爲然。

時伯融總戎於栝，予不及見。未幾，伯融死於難。後三年，允中亦殁。予今耄矣！私竊以謂先生之詩已鏤版傳世，每念允中之名泯泯，訪其遺稾三十餘首，録藏青蘿山房，頗恨伯融之什，未有所托。金陵蔣行簡，伯融之弟子也。乃蒐輯遺失，釐爲若干卷，介翰林典籍蔡宗默，求予序其首。

嗚呼！道隱名散久矣。朝執經於講帷，暮反眼相視若塗人者有之，有如行簡之不忘其師，非紛紜百鳥中，見此孤鳳凰歟？因不辭爲稽其師友淵源次第而爲之序，聞之者可以勸矣。

伯融諱炎，姓孫氏，句容人。元季落魄不仕，及皇上鼎定建業，❶出爲江南行省掾，同知池陽府。已而陞知府事，遷本省都事，總制處州軍馬。苗寇賀甲、李乙叛，遂遇害。朝廷以其不屈志辱國，贈徵事郎，封丹陽縣男。爲人磊落有俊氣，藐然白面書生，而其胸中藏百萬兵。使其賦命之厚，勳業可立致。今但以詩名於世，惜哉！雖然，伯融藉此亦足爲不朽矣。

東軒集序

《東軒集》者，天台方君明敏之所作也。明敏仕於元，嘗參知政事於江浙行中書。襟韻瀟灑而氣岸偉如。發於聲詩，往往出人意表。其弟明則繕鈔成帙，同予學子桂慎請予評之。

予曰：「古詩俊逸超群，如王子晉鶴背吹笙，隨風抑揚，聲在雲外；律詩清麗婉切，譬猶長安少年，飲酒百華場中，鶯歌蝶拍，春風煦然撲人，終日傳杯，而醉色不起。詩人之趣，至是亦可謂之不凡矣。」明則曰：「請爲之序以傳，何如？」余曰：「寶劍薶於豐城，而紫氣上浮於天；猗蘭生於幽谷，而秋馨播於九衢。詩佳矣，不必藉序以傳也。」曰：「此固然矣，願卒一言之。」曰：「詩之古者，莫三百篇若也。篇首各有小序，所以序作者之意，而非後世通爲之序也。漢魏以降，作者鮮自白其意，讀之者不

❶ 「鼎定」，張本作「定鼎」。

能知，乃私自臆度此爲某事而發，此爲某時而歎。使若人不死，即而叩之，恐其未必爾也。故予嘗有言，作詩必自序，非他人之可與聞。此言似不可忽也。」曰：「固哉！吾子之爲詩也。可以序，可以無序，序之將何傷焉？」余無以辭，因取所評者，書之於首簡云。

明敏於書無所不讀，最善談名理。與人交，煦煦有恩意，君子賢之。其所長者，不特能詩而已也。

桂氏家乘序

桂本姬姓，魯公族季孫後也。相傳周末有季楨者，與其弟眭挾策以干諸侯。楨爲秦博士，被害。眭懼禍且及，遂謀詭姓遁身，因即其名取字異而音畫不同者，各命四子爲姓，示不忘厥初也。伯子曰桂奕，居幽州守墳墓；仲子曰昋突，遷冀南朱虚；叔子曰炅獎，徙齊之歷山；季子曰炔炦，移河南城陽。自後四族流布，多見諸紀載。或謂眭與桂同音，而出睢弘者，固非；或謂東漢末衛尉昋横，分其四子各係以姓者，亦失之也。

奕之子孫仍居幽燕。五代之亂，劉仁恭據幽州，兵連禍結，乃扶攜南渡，散居廣信、上饒、九江、興國、池陽、豫章、成都諸郡。而居信之貴溪者，曰仔卿，仕南唐爲静邊總轄使，至宋加檢校國子祭酒，兼殿中侍御史。有功於世，鄉人廟而祝之。其後人擢科第、躋顯仕者凡數十人。而興國之永興，明之慈溪，皆自貴溪分。而慈溪一族，則出於祭酒之孫可昇，亦多由進士入官，至

今支系尤盛。❶

逮我國朝，德稱以明經爲太子正字，陞晉王傅，受知兩宫，令望隆蔚。德稱從弟仲權，擢忠之鄞都令，孟誠知惠州河源縣，復皆以政學聞。仲權家食時，乃合諸族譜圖及行狀碑志遺文，釐爲九卷，曰《桂氏家乘》，命德稱之子中書舍人慎，徵予序之。慎嘗從予學，因爲撮其樞要，冠於篇端。

嗟夫！氏族之學，古昔所甚重。夾漈鄭漁仲著爲《通志》，其中二十略，唯氏族最備。然而墨台氏逃難而改爲墨，牛金之子亦因避害而易爲牢，漁仲謹識之而不敢忽，重變古也。予故特書桂之所出爲魯公族者，其意亦猶是爾。桂氏之嗣人，尚思有以謹其傳焉。予既作此序已，客有以秦之篆隸與後世正楷異，未必其畫之同，疑出好事者之傅會。殊不知隸書出於秦之先，而與今之楷書正類，要不可以此而遽少之也。因并及之。

大般若經通關法序

《大般若波羅蜜多經》，凡六百卷，唐三藏法師玄奘所譯。卷帙紛紜，浩如烟海，學者未易倍之。鳳城雪月大師大隱，發其巧智，創爲通關之法。而四明演忠律師省悟，重爲編定，而益加精嚴。其法畫十二圖，用十三法二十九界八十四科，爲之都凡。諸圖所列，或齊行，或各行，或單位，或避位，或閒位，或加法，或鉤鎖連環，或廣略，不過一千言閒，總攝初分難信解品一百三卷，無一字或違。噫！亦異矣。

❶「支」，原誤作「文」，今據張本改。

先是，浙水東見者甚鮮，逮宋淳熙中，有異僧載經行甬東，暗誦弗休。大姓沃承璋以爲疑，抽一二卷試之，其誦如初，且出闕法以授承璋。承璋乃刻版流通。元至正初，黄巖沙門絶璘據公獲拾儀真，歸刊雲峰證道院。未幾，燬於火。雪山成公嘗受經於絶璘，思繼前志，復重刊而行之，增以佛國白禪師所解名相，繫諸闕後，使人了知義趣云。

惟《般若尊經》乃統攝世出世間色心諸法，皆歸實相，其功用不可思議。譬如四大海水，茫無邊際，攝之入一毛孔，無所增減，而彼大海本相如故。所謂舒之則大包無外，卷之則小入無内者也。雪月以方便智，造是通關之法，一彈指頃，能背其經六分之一，其饒益群生甚大。雪山父子又能篤意傳布，唯恐或後，皆不負先佛囑累者矣。雖然，真覺性者中，一辭不立，光明殊勝，洞照無礙，大阿難等結集八藏諸文，一一自光明中發現。讀是闕者，儻能於此求之，則山河大地，有情無情，咸成文句身，不待較繁簡於卷帙之間也。雪山徧參諸方，嘗主藏鑰於靈隱景德禪寺。其衛道之志，蓋皦然云。

育王禪師裕公三會語録序

古之人道感而形化，曷嘗貴於言哉？甚不得已而有言，言或易於遺忘，又甚不得已而記録之；雖曰形諸簡編，然懼不能行遠，又甚不得已，始刻文梓而傳之。其言之也，欲擊蒙於當時；其傳之也，將澤物於後世。惓惓爲道之心爲何如哉！此濂於歷代諸師之言，不能無感也。

激者則曰：「靈明中居，一塵不可留，

況語言文字，紛穢龐雜，足以礙沖虛而窒真如。達摩氏東來，持《楞伽經》以印人心，楞伽，佛口所宣也。君子尚謂其墮於枝蔓，況後來師弟子策勵之言乎？」曰：「不然也。人之根性不同，而垂接之機亦異。其上上者，一見之頃，情塵自然銷霣，何假於言哉！若下下者，朝夕諄諄誨之，淡如嚼蠟，竟不知其味，苟欲絶文字，令其豁然自悟，是猶采皃藻於山巔，求女蘿於海底，終不可得也。今之去古亦遠矣。自大鑑以來，其語具在，人仰之者，如應龍升天，海立雲流，或現大身，或現小身，不可以凡情測度。儻不因其言而求之，則其超然獨立，不墮色聲者，奚從而知之？既知之，必將則而象之。若以其窒真如而礙沖虛，一切斥去，濂不識其可乎，不可乎？」

雖然，《寶積經》云：「如來所演八萬四千法藏聲教，皆名爲文。離諸一切言音文字，理不可説，是名爲義。」法藏且爾，況下於斯者乎？以此觀之，當略其文而究其義可也。然而取魚者必資筌，搏兔者當用蹄，兔與魚既獲，而無事於蹄筌。吾心源既澄，識浪自息，復何義之云乎？濂之區區，又不能無感於後之人也。

育王禪師裕公，三坐道場，策勵學徒，如青天霹靂，聞者掩耳。演説無上妙道，如升蘇迷盧山，闊視四天下，百物無所遁藏。大司徒楚國歐陽文公，謂其言出入宗乘內典，左右逢原；其文涉獵百氏，燦然可睹。❶鞔峰佳山恕中慍公，謂其設施踔厲，不愧爲大慧七世孫，皆知言。濂頗獲與公游，嘗以《賸語》三卷質正於公。公不鄙而題識之，

❶「睹」，原誤作「賭」，今據張本改。

許其可以入道，今已十閱寒暑矣。公之徒師秀，不遠千里，以公《三會語》請濂序而傳之。嗚呼！公之有言與秀之汲汲圖此者，夫豈得已者哉！濂雖不文，因不辭而書諸首簡云。

新刻楞伽經序

洪武十年秋九月丙子朔，濂朝京師。冬十有一月丙申，入辭，將還山。時皇上御武樓下，顧濂言曰：「卿言《楞枷》爲達摩氏印心之經，朕取而閱之，信然。人至難持者，心也。觸物而動，淵淪天飛；隨念而遷，凝冰焦火。經言操存制伏之道，實與儒家言不異。使諸侯、卿大夫人咸知此，縱未能上齊佛智，其禁邪思、絶貪欲，豈不胥爲賢人君子之歸。」濂謹對曰：「誠如聖諭。第其文學簡古，義趣淵微，宋臣蘇軾頗嘗患其難讀耳。」上曰：「此書生纏蔽文義之過也。朕於宮中略覽數過，已悉領其大旨。」即敕奉御取經示濂，且默誦曰：「如佛語心品第一卷所言，諸識有二種生，謂流注生及相生；有二種住，謂流注住及相住；有二種滅，謂流注滅及相滅。此三相者，最爲微隱，唯佛能究言之。第四卷所言，自心忘相，❶非性智慧觀察，不墮二邊，先身轉勝而不可壞，得自覺聖趣，是般若波羅蜜。此言六度萬行，互相融攝，成菩提分，皆由般若成立，尤爲深切。若《般若心經》，若《金剛般若經》，皆心學所繫，不可不講習也。」言已，上復口解《心經》數章。睿識神見，皆超出乎常倫。於是賜食禁中而退。

❶「忘相」，張本作「妄想」。

又明日戊戌，考功監臣某，奉旨於大天界寺，俾天下諸浮屠咸讀三經。命既下，育王禪師崇裕靈承德意，孳孳如弗及，且以二經世已盛行，獨《楞伽》見者殊寡，乃購求雷庵受公集註，鏤版而行之，徵濂爲其題辭。

惟我釋迦如來，五時説法，而此《楞伽》實與《維摩》《思益》《楞嚴三昧》《金光明》《勝鬘》等經，❶皆在第三方等時所説，疏經之家，謂以「楞伽」爲名，實相爲體，佛語心爲宗，自覺聖智爲用。經凡一百五十一品，兹所存者，特其一爾。其言幽眇精深，誠爲攝心樞要之書也。欽惟皇上以生知之聖，一觀輒悟，詔天下諸浮屠是習是講，將使真乘之教，與王化並行，治心繕性，遠惡而趨善。斯心也，即如來拯度群生之心也，何其盛哉！禪師敬恭明詔，罔敢怠遑，日以流通爲務，亦可謂之賢矣。爲沙門之學者，宜受而持之，庶幾上報寵恩，而不負靈山之付囑。濂故備著天語之詳於篇首，使讀者各有所警發焉。

金剛般若經新解序

《金剛般若經》，世尊第四時所説，中更六繹，互有不同，唯童壽本詳略適中，甚得義趣。名僧達賢箋之者，亡慮千餘家，唯天親、無著二論師，探索微隱，不失説經本意。無著以一十八住爲義，天親以二十七疑爲宗，發明理觀事行之詳，破一切執，斷一切疑。至於智境相即，能所俱妙，三觀之圓融，三諦之冥泯，即一而三，即三而一，蓋有

❶「實」，原作「寶」，今據張本改。

不可思議者矣。

其經之至中夏，殆將千年，或顯或晦，各繫其時。若論遭逢之盛，則未有如今日者也。欽惟皇帝陛下，懋昭大德，建中於民，欲使感發自新，一歸至化。嘗以三界大師，行深願重，其利濟群生爲甚急。演説言教雖多，而《金剛經》專言住修降伏，而與《心經》《楞伽》二經大旨略同。其舉揚心學最切，乃詔天界禪師季潭泐公，會江南禪教有學諸師，參用古註而定其説。於是季潭與演福法師大璞玘公同加箋釋，且懼二論師文旨玄奧，學者未能卒曉，因據二十七疑，而革蕭統分第之陋，仍推問答深意，而究脈絡之貫通，務令明白簡切，而免纏繞支離之患。既成，諸師重加校訂，始入奏於華蓋殿。皇上覽而可之，敕同新箋二經，鍥梓流通。季潭貽書，俾濂序其事。濂以昏耄爲辭，雙林住持南翁凱公復來請之甚力。乃爲言曰：

西方聖人，以一大事因緣，出現於世，無非覺悟群迷，出離苦輪。中國聖人，受天眷命，爲億兆生民主，無非化民成俗，而躋於仁壽之域。前聖後聖，其揆一也。《金剛經》凡五千八百二十四言，揭之篇端，從長老須菩提，以至菩薩但應如所教住，不過三百九十六耳。三問三答之間，其大體咸具，已無餘蘊矣。而乃躡前語跡，斷後疑情，展轉滋多，直至二十有七方止，其諄諄善誘，欲啓人信解者爲何如哉！

皇上自臨御以來，宵衣旰食，勵精圖治，禮樂刑政，粲然備舉。所以裁成天地之道，輔相天地之宜，以左右民者，既無所不用其極。今又彰明内典，以資化導，唯恐一夫不獲其所，其設心措慮，實與諸佛同一慈憫有情，所謂仁之至、義之盡者也。於戲盛哉！

濂幼齡時，輒讀《金剛感應傳》，見其所紀神異事甚衆，然皆持誦精誠之所格。持誦猶爾，況通其義趣者乎？又況達性相二空，而歸於一實境界者乎？殊盛之利，誠未易窺測也。誦是經者，宜思皇上之大德，孳孳焉以進道爲念，斯可也。不然，則天龍鬼神實鑑臨之，可不畏哉！

報恩説 爲罕無聞沙門作

如來所説《父母恩難報經》云：「父母於子，有大增益。設使右肩負父，左肩負母，經歷千年，正使便利背上，未足報父母之恩。」佛言如是，則凡有父母者，不問在家出家，皆當報恩。何以故？我之肌膚筋骸，非父母不生；我之飢飽寒燠，非父母不節；我之出入勞逸，非父母不念；我之就安避危，非父母不分；我之循理屏欲，非父母不教；我之離俗學道，非父母不成。父母恩德，至廣至大，雖竭恒河沙算數，❶亦不能盡。

天台有一沙門，名曰無聞，既著福田衣，參善知識，晝夜六時，每思父母恩深，未知所報。不遠千里，特來娑羅林中，五體投地，而白無相居士曰：「《難報經》中所説父母之恩，鴻博勝羨，不可思量。弟子欲假如來三昧之力，丱濟神明，未知何法而可？唯願居士慈悲，分明開示。」居士告言：「沙門，汝善念之。夫愛者，生死之根，輪回之本。何以故？衆生由情生恩，由恩生愛，

❶「沙」，原作「演」，今據張本改。

由愛生執，由執生戀，由戀不捨，遂成忘緣。❶輾轉出没，無有休息。沙門，汝欲報恩，莫先入道；汝欲入道，莫先割愛；愛盡情盡，性源自澄。能如是者，名大報恩。何以故？愛爲欲水，混混不窮，能滋長一切無明枝葉，茷骫纏結，難可剪除。能割愛者，乃菩提道。愛爲利劍，鋒刃難觸，能斬伐一切智慧善果，生意刊落，不使萌發。能割愛者，乃菩提道。愛爲毒藥，衆苦慘刻，能斲喪一切衆生身命，七竅流血，彈指變壞。能割愛者，乃菩提道。愛如猛燄，光芒燭天，能焚毁一切廬舍器物，化爲灰燼，無復孑遺。能割愛者，乃菩提道。愛如虎狼，爪牙銛利，能吞噉一切有生等類，窺伺搏噬，最可怖愕。能割愛者，乃菩提道。愛如魑魅，幻化不一，能迷惑一切修善之士，顛倒錯繆，喪其本真。能割愛者，乃菩提道。愛如敗航，檣傾檝獘，能沈溺一切渡河海者，漂流轉涉，不到彼岸。能割愛者，乃菩提道。愛如枳棘，叢生道傍，能鉤罥一切塗行商旅，冠服綻裂，惱人心意。能割愛者，乃菩提道。愛如傾崖，摧墮無時，能壓碎一切動植諸物，有識無識，皆爲虀粉。能割愛者，乃菩提道。愛如蚖蛇，口噴毒火，能戕賊一切血肉身軀，裂膚墮指，受其毒苦。能割愛者，乃菩提道。以是思惟，愛之爲害，不可具言。沙門，汝善念之。汝能割愛，即可破妄；汝能破妄，即是返真。直入菩提之路，福德所被，無量無邊。雖聚七寶，高如蘇迷盧山。持用布施，不是過也。是爲大功德力，是爲不思議勝力，是爲十方大覺如來三昧神力。報父母恩，孰出於此？」沙

❶「忘」，張本作「妄」。

門聞已，得大饒益，頓然了知，恩愛本空，法塵清淨。

聲外鍠師字説

曇鍠上士，以聲外爲字，請予爲之説。外夫鍠，鐘之聲也。聲果在外乎？曰：外也。鐘雖在内，其扣擊之也，其音遠揚，或一里所焉，或四三焉，或十焉，鏗鍧震撼，如雷霆發於太空，果在外，非内也。然而人必有形，而影始隨之；天必行雲，而雨始從之；銅必成鐘，而聲始應之。不然，則摶泥肖鐘，叩之則䃂然，寂無遐聲；削木爲鐘，撞之魄然，縱有聲，不踰於户閾矣。如是，謂之内可也，非外也。此猶涉於偏也。由體以達其用，内而外也；從末以推其本，外而内也。此猶局於器也。一沙之内，法界具焉，内乎内，而非外也；虚空無盡，何有限封，外乎外，而非内也。此猶未能忘乎境也。我無内，孰能求吾之外？我無外，孰能求吾之内？此非内非外也；非外非内，則内外混融矣。

雖然，聲無内外也，心有内外也。心生而内外生，心滅而内外滅，即大雄氏所謂知一切法，即心自性者也。心實即有，心虚即無，慎勿爲内外所惑也。余嘗宴坐般若場中，深入禪定，有鉅鐘，朝夕出大音聲，我未嘗聞之也。此無他，所聞既寂，能聞亦泯，能所雙絶，非聞聞，而聞聞自見矣。於斯時也，求聲之在内者，尚不可得，況聲外者乎？上士以聲外爲字，蓋欲離夫聲塵而超出其閒也，非謂鐘之聲有内外也。然有外則有内，既曰聲外，而未忘乎内，是逃影而行日中也。予懼其泥夫迹也，因辨聲之有内外者以貽之。

上士，四明人，蒲庵翁入室弟子也。禪宗教典，皆潛心探賾，而尤精詩文，叢林中咸敬禮之。蒲庵寓居京師護龍河上，上士凡三次來省，士大夫高其行義云。

題李伯時飛騎習射圖

濂屢見李伯時《飛騎習射圖》，其描寫位置如一。所畫錦袍乘馬者四人：前一人撻而馳，反首左顧，右手拽繡毬於馬後，箭中毬上。次一人彎弧斫鬉，作放箭勢，手猶高舉未下，樓大防詩所謂「前騎長纓拖繡毬，後騎射中如星流」者是也。次一人左執弓，右持三矢，其馬如飛，似欲追射毬者。最後植青楊枝於平沙，繫以絳綃，一人躍馬向前，斜睨而射之，章良能詩所謂「紅綃低繫柳枝碧，滿滿關弓斫鬉射」者是也。蓋伯時應奉廷試時所見衛士班中飛騎習射拖毬楊枝之戲，故追圖若此。其精神流動，全用篆籀筆寫成，固不俟讚美。惜乎此卷但存第二騎，餘皆失之，終不得其全璧。濂因據所見備書之，使讀者瞭然如見畫，亦補亡之一義云。

題趙府君墓銘後

右虞文靖公所撰趙府君墓銘。府君之子永新使君，既摹入石，復裝潢成卷，自題其末。使君之子彦方，經兵變之後，能藏弃而勿失，❶攜至青蘿山，請予識之。嗚呼！世所貴孝子慈孫者，以其表先德、保遺物而

❶「弃」，原誤作「棄」，今據張本改。

已，彦方父子其有焉。濂雖不敏，不能不志慕豔之私也。

題宋高宗賜答羅尚書手詔

右思陵所答新安羅公彦濟手詔一通，其諸孫宣明裝潢成卷，不遠數百里，持至浦陽江上，請濂識之。

濂聞公自政和二年擢進士第，初監登聞鼓院，五遷至起居郎兼侍講兼權中書舍人。公嘗上章控辭，曾未幾何，再遷御史中丞。故事中丞、侍御史不並置，乃更除侍御史。公復求去甚力，及改吏部尚書，公復引疾奏乞宮觀及補外郡，思陵不忍公去，故優詔答如此。由是觀之，公之難進易退之風，亦人臣所鮮能哉！況其經營淮南之策，表章春秋法天生殺之言，闢南雄守欲罪和議之疏，焯焯著於當時。無志事功者，恐不足以致斯。或者以逐胡編修、岳太師爲公病，是知其一而不知其二者也。

濂因徇宣明之請，題諸左方，而稍及公之行事，使來者有所考焉。詔中所謂擢冠常伯者，唐龍朔二年改六部尚書皆爲太常伯，然吏部爲諸部之首，故行詞者據其事而謂之冠云。

題定武蘭亭帖後

世之論定武蘭亭，其説頗不同。有謂唐太宗詔歐陽詢搨本，刻石禁中，至晉時，契丹輦至殺胡林，棄而北歸。宋慶曆中，韓忠獻公壻李氏者獲之。至宋景文公帥定武，始從李氏之子購藏庫中。相傳得於孟水清者，蓋非也。熙寧中，薛師正出守，甚珍惜之，別刻以惠求者。師正之子紹彭，又勒於他石，潛易元刻以歸長安，是定武有三刻矣。

有謂太宗既葬繭紙蘭亭，而刻石亦見殉。昭陵既發，耕氓負石爲擣帛用。定武一士人見四周龍鳳文隱起，知爲禁中本，以百金市之以歸，謂之古定本。王君既知長安，移文索入公庫，又謂之古長安本。既而公庫火，石焚，馮當世再入石，是定武則有二刻矣。

傳聞異辭，是二説者，已不能歸於一致，况欲索於肥瘦完損之閒耶？自後轉相摹刻者，凡九十餘本，而吾婺梅花本而下，亦且十家，則其去真益遠矣。

此帖出於蘇才翁東齋所藏，元祐戊辰，米南宮又獲之。才翁之子洎，洎字及之，亦佳士也。上有范文正公題識，韓魏公家記，及錢氏忠孝家趙彝齋字印，精神氣韻實與他本懸絶，當爲定武初本無疑。同郡周君致肅，冒熱來求題，謾一疏之，不覺其辭之繁也。

題悦生堂禊帖

右蘭亭悦生堂本，係宋相賈師憲命其客廖瑩中參較定武諸本，采字之精善者，輯成一帖。始命金華良工王用和勒石，經一年乃成，寘諸悦生堂中。尋補用和武階以報之。

濂按師憲遭竄逐時，朝廷命王孟孫簿録其家，石刻蘭亭多至八千匣，當時方回奏劄亦頗及之。度其所藏者善本必多，故廖所采輯，薦紳家號爲至精。先師内翰公嘗摹搨爲卷，而以趙文敏公所臨者繼其後，誠可謂雙絶矣。公之孫柳穆，❶能寶此卷於戎馬劫灰之餘，穆亦賢乎哉！

題錢舜舉應真圖

錢舜舉所貌應真渡水圖，備極情態，此畫史恒事爾。或者妄謂應真實然，則過矣。觀者當具金剛眼，弗爲紙墨所惑可也。

題伊尹古像卷後

余嘗觀孫季昭《示兒編》，其言《書》所載伊尹放太甲於桐，「放」當作「教」，以其篆文相近，故譌爾。其論甚偉。句曲外史張天雨能取其説，書於伊尹古像之後，誠知言者哉！雖然，汲冢竹書所載，又何其與此異也？

題子昂書高上大洞玉經後

右玉晨上文三十九章，趙魏公六十四歲時所書，多取法於《黄庭内景經》，故韻度極可觀。或者謂公晚年專倣李北海，其言過矣。予見公書此經凡四數，而此卷尤爲精絶，誠可寶也。

題苦寒詩後

亡羊先生多與余論詩，大概以句豪韻險爲工。此篇法韓退之，而尤務出奇者也。精於詩者，必能辨之。

❶「柳」，胡本作「仲」。

重題玉兔泉卷後

泉，地產，初何與人事？世目之爲貪爲盜，不過藉其名以厲人行，泉固自若也。金陵有泉曰「玉兔」，甘潔異常。或者悼其不幸爲姦檜所發；或者以檜之惡，無汙泉之清。爭出巧辯，嘵嘵不自休。嗚呼！安得莊生齊物之旨語之者哉！部使者張君孟兼將上山東，出示此卷，請重題其後。題已，孟兼曰：「先生可爲調人之官矣。」一笑而別。

題默成居士矯齋記後

右《矯齋記》一首，默成先生潘公爲同宗伯益作。伯益名好謙，實復州使君宗回之子。性嗜文史，恂恂而馴飭，歷官自麗水尉至通判紹興府以終。先是，伯益從子景良、景憲受業吕成公、朱文公之門，故成公之女歸於景良，而景憲之女，又適文公長子塾。故伯益於二公之學，亦與有聞焉。今觀先生以「矯」名其齋，則其志之所存，蓋可見矣。

烏傷吴生，故衣冠鉅族，嗜學成癖，尤攻於詩文。❶太常博士鄭君仲舒，生之舅氏也。以生可進於道，遂因其字曰仲矯者，書先生之記以爲勖。

嗟夫！先生，楊文靖公之弟子也。立朝大節，足以廉頑立懦，故文公以剛毅近仁稱之。此無他，矯之之功也。伯益受先生之教於二百餘年之前，仲矯聞先生之言於

❶「攻」，胡本作「工」。

二百餘載之後，其有補於身心一也，奚必並世而同時哉！借使同時之士有善爲文辭者，雖揮千百字之多，未必敵三百二十九言之簡也。仲舒亦可謂善教者矣。仲矯尚勉之哉！

題鮮于伯機所書蘭亭記後

鮮于奉常公嘗見葉秋臺書，反覆諦視，至欲下拜。秋臺之書，人頗譏其陋，公獨知其用筆之妙。字學雖淺藝，非功力精到，亦不足以相知，況其他者乎？予藏公所書《濟石硯賦》，自謂可入妙品，今觀此卷，實可與之抗衡。非真知書中意者，未必以予言爲至當也。

題剡源清茂軒記後

剡源先生戴公，以文辭名天下。曾未百年，學者鮮有見其全集者。予總修《元史》，欲爲先生立傳，於是白丞相下有司，即先生之家，謄其文稾二十卷以上，至今藏之祕府。中書舍人毛君集，出示先生所造《清茂軒記》，正在稾中，其爲真筆無疑。蓋毛君從祖震卿與先生爲忘年交，故先生不靳而爲之記，發明山水之勝，分明如畫。今之能文者，雖多如蝟毛，求如先生，絶不可得。毛君乃能重書以傳，亦可謂賢子孫矣哉！

題馬氏譜圖後

同郡馬生銓，其先出於唐太師北平莊

武王燧。北平五世孫大同，來爲婺之東陽縣令，咸通五年，遂卜居松山之下。縣令十世孫承節郎喬嶽，宋崇寧五年，又自松山遷仁壽之兜鍪山。承節七世孫克復，嘗以武顯節制婺州屯戍軍馬，兼中書省計議官，兼浙東降斷斬斫使討寇事。計議四世孫，則銓也。

銓以縣學弟子員貢入成均，惓惓於譜事，唯恐廢墜，閒請予題其後。予覽隋、唐《藝文志》載：郡國所上氏族書，凡數千卷，藏於官。所以然者，辨貴賤，別昏姻，謹本支也。自氏族之學弗講，士大夫家亦鮮有習之者。往往未歷數世，已藐然不識爲何人，可歎也。今生能有志於此，晝夜弗忘，不亦忠厚之士哉！予特表而出之，以勵世之人，使不忘其所自。

題栖雲軒記後

余往年讀劉玄靖《山栖志》，見其所載紫巖靈巖勝概，分明如畫。時正當袢暑，不覺涼颸生肘腋閒。今年夏六月，客有授予蘇太史《栖雲軒記》。記爲本庵上士作，其狀靈巖之景，亦分明如畫，蒸溽爲之頓消。

嗚呼！因文辭而想見其處，雅興遄發，尚忘其時之燠炎，況親睹嵬眼濵耳之勝者乎？蓋玄靖久栖此山，太史亦嘗出游覽，故其言真切，有足以動人也。何文定公跋《山栖志》，有云：「想玄靖一時飛屐，上下青峰紫翠閒，❶左浮邱而右洪崖，其風致猶前日也。」余今於太史之文亦云。若夫雲

❶「青」，張本作「千」。

幻非幻，契經多言之。苟欲重宣其義，非千百言莫能盡。他時或造山中，當敷座於巒光水影閒，爲上士説法未晚也。

題蛺蝶圖後

右《蝶戲長春圖》，乃院人馬遠子名麟者所畫。美人撲蛺蝶，筆勢圓勁，意非李伯時不能到。二畫皆絶品也。舊時曾落宮掖，故其閒有上兄永陽郡王及楊妹子之字。妹子縱能工書，作畫未必能及此。題者專指祐陵以爲言，則恐不然也。

題文天祥手帖

予嘗見文山公與黄伯正手帖云：「贛州大姓，起義旅相從者，如歐陽冠侯等凡二十三家。」史多不載其名，今莫可考矣。寧都陳蒲塘父子，亦二十三家之一，乃因從子景茂請銘於公，答書僅存，而其氏名因藉以弗泯，不亦幸哉！觀公「興言宿昔，爲之哽涕」之言，則其有感於蒲塘者深矣。

題大慧禪師遺墨後

右大慧和上泉公爲僧清立所作。疏凡一百九十四言，乃公七十一歲時書。其凌厲橫逸之氣，老而不衰，於此猶可見其髣髴。人知仰公者，唯知説法如雨如雲，覺悟群迷，而不知其忠義耿耿，注意於家國者甚篤。縱有知其忠義者，而又不知其戲游翰墨，循蹈矩矱，亦自可傳不朽。嗚呼！若公之應物無方，可謂如神龍變化不測者矣。疏文不局於駢儷之體，而特學趙州公案爲言，無非欲大法以昭示人人。後來沈溺葩藻而於道無補者，其尚以公爲鑑哉！清立字無欲，公嘗稱其堅厲入道，蓋亦佳士云。

題危太朴隸書歌後

學必博而後所見精，非惟諸經奥旨皆當研摩，至於隸書之學，漢魏以來，其運筆結繩多不同，苟不歷考其變，何以充其知識而祛流俗之陋哉！吾友危先生太朴作《隸書歌》一篇，贈四明汪君大雅，備括諸碑之所自，且歷疏之，亹亹千餘言不休。嗚呼！世以空虛之學，浮談强辨，如蠭起泉湧者，視此曷知愧哉？大雅方以隸學知名於時，復能惓惓於先生之詩，裝潢襲藏惟謹，則其尚德之心爲不可及已。

跋張孟兼文稾序後

濂之友御史中丞劉基伯温，負氣甚豪，恒不可一世士，常以屈强書生自命。一日侍上於謹身殿，偶以文學之臣爲問。伯温對曰：「當今文章第一，輿論所屬，實在翰林學士臣濂，華夷無閒言者。次即臣基，不敢他有所讓。又次即太常丞臣孟兼。孟兼才甚俊，而奇氣燁然。」既退，往往以此語諸人，自以爲確論。嗚呼！伯温過矣。濂以無根葩澤之文，何敢先伯温？今伯温之言若此，其果可信耶，否耶？縱使伯温非謬爲推讓者，才之優劣，濂豈不自知耶？伯温誠過矣！唯言孟兼才之與氣，則名稱其實爾。今觀所造《孟兼文稾序》，嘉其語粹而辭達，他日必耀前而光後，其惓惓猶前意也。伯温作土中人將二載，俯仰今古，不能不慨然興懷。孟兼請濂題識序後，因書伯温昔日之言以表吾愧，操觚之時，淚落紙上。洪武十年三月二十五日。

跋柳先生上京紀行詩後

濂以元統甲戌伏謁先生於浦江私第，出示《上京紀行詩》卷，乃永嘉薛君宗海所書。時先生自江西儒臺解印家居，上距分教灤陽賦詩之年，實延祐之庚申，已歷十五春秋。洪武丁巳之正月，濂方謝事歸田，幸獲重觀於蘿山書舍，相去元統甲戌復四十有四年。於是先生墓上之草，亦三十六新矣。嗚呼！六十年閒，人事變遷，乃弗齊若是，不亦悲夫！先生之孫叔雍，以濂嘗受業先生之門，請題識其末，三復之餘，慨然爲之興懷。先生之詩與薛君之字，人咸知貴之，有不待區區之贅也。❶

跋王獻之保母帖

右王獻之《保母帖》，説者謂勝於定武《蘭亭》初刻。蓋此帖乃獻之親書於甎，而又晉工刻之。若《蘭亭》則馮承素等鉤摹，而又唐工鐫之，所以精神氣韻，夐然不侔也。或者不知，猶妄有所疑，姜堯章乃作辨評一篇，設爲問答，援據甚詳。博雅君子宜取而覽之，正不必求題識之多也。

❶「贅」，張本作「贅」。

跋段氏墓誌銘後

右大司徒歐陽文公所造廬陵段君雲亨墓碑。君之子德輔、德文，既鐫石龍坑冢上，元季之亂，碑與亭俱燬，公之遺墨幸得僅存。因重裝爲卷，請予識之。

嗚呼！公之文在天地間流傳當無窮，固不繫碑之有無。然而事變不可料，公自擢第以來，文稾百有餘册，藏於瀏陽里第者，亦燬於兵。其孫佑唯收在燕所録二十四卷，❶奔走四方，凡見公文，必躬寫而附入之。予嘗爲其作序以傳，惜乎德輔不及録此文以遺之也。至於段君之賢行，公已備書，予不敢勸説而瀆告焉。德輔兄弟能惓惓寶此而不忘，亦可謂不死其親者矣。

跋高宗所書神女賦

右宋思陵所書《神女賦》，法度全類孫過庭，且善用筆，沈毅之中兼有飄逸之態。然思陵極留心書學，九經皆嘗親寫，故其用功爲最深。此卷乃辟位後所書，時春秋已高，而猶弗之廢，誠可謂勤也已。使其注意於虞、夏、商、周之治，父讎不至不報，王業未必偏安，抑又可歎哉！卷首有奎章閣鑑書博士印，蓋天台柯敬仲爲是官時所鑑定云。

❶「佑」，張本作「估」。

跋米南宫夷曠帖

予嘗評海嶽翁書如李白醉中賦詩，雖其姿態傾側，不拘禮法，而口中所吐，皆成五色文。今觀與李邃手帖，因書其語而歸之。邃字夷曠，公擇子也。大觀閒嘗爲顯宦云。

跋樂貞婦傳後

樂貞婦陳氏，早喪夫而養姑終身，撫二子至於成立。予揆陳氏之意，則曰是婦道當然爾，何有他覬哉？使陳氏所見於此毫髮有未盡，瓦鐙敗帷之苦，未必能甘也。議者不察，以不得旌表門閭爲陳氏恨。旌表，朝廷事也，於陳氏何與焉。

跋徐氏譜圖後

余在幼時，聞金華有韋齋徐公，諱澄，字清伯，宋淳熙丁未進士起家，教授郡州，官至中大夫福建路提點刑獄公事。風節行義，與義烏徐文清公僑並稱，世號二徐。韋齋生知南陵縣事静孫。南陵生嚴州司户參軍木潤，咸淳辛未進士，號能繼父學者，與弟咸淳戊辰進士文潤，壽皆百歲。司户生應虎。應虎人稱爲文蔚先生，通諸經，尤長於詩，且善書，立碑碣者多求焉。鮮于奉常樞極器重之。累應進士舉，不利，遂授徒以終其身。先生生季泰，亦善讀父書，以文學稱。季泰生敏，文采英發，自縣諸生貢入成均，爲弟子員。敏閒來謁問之，乃知先生之介孫。予常拜先生於菱湖上，先生所期望者甚大，今見敏，如見先生焉。

予竊怪其書詩之澤，何能數世不替如此？及敏以譜系圖相示，則知韋齋之父贈大中大夫瓊，大中之父太府尹綸，太府之父九府君衡，皆積德樹善有以致之，其所由來非一日矣。嗚呼賢哉！敏悼譜牒庋於兵燹，無以知其詳，悉心搜訪，得數紙於蠹蝕之餘。欲重爲編輯，奉父之命，求予爲之題識，故書其所聞者系於末簡。徐氏初居汴梁，其遷金華，自九府君始云。

題張尚書具慶堂卷

世徒知父母之存爲具慶，至若人子能發聞於時，以顯榮其父母，父母雖歿，而有不歿者存，孰不爲之慶幸？斯亦可以謂之具慶，君子識之，而世人未必能知之也。

錫山張君惟中，以碩學雄文致位大宗伯，海外蠻夷無不知其姓名。其弟所安，又能慎守先緒，敬其兄如敬父。兄宦京師，數來省候之，久而後去，猶依依不忍別。士大夫咸指曰：「是兄弟也，良可謂不死其親矣。」故入其庭升其堂者，榮光休氣，浮蕩於後先，儼若二老人龐眉鶴髮，據筵笑語。此無他，名不死，則其身如不死矣。爲其姻連，爲其僚友，莫不慶愜於心，豈獨其家之子若孫哉？不然，則父母雖存，名氏不出於里閈，聚散日逐於齊民，縱曰不死，與死相去蓋無幾。雖日有三牲之養，其爲慶也隘矣。

惟中伯仲舊以「具慶」名堂，近歲父母亡，墓上之木已拱，猶旦旦念親如存，若具慶時。每謂人曰：「我父母未嘗亡也。」嗚呼！可謂能孝也已。濂與惟中交最密，不翅異姓兄弟，故探其志而疏之，以附送所安序後云。

删烏城誌

元至正七年冬，嘉禾城西有烏數千，營巢於地，圍八尺，崇五尺，晝夜弗休，類有物督迫之者。未幾，大盜弄兵海上。紅巾繼起，江淮皆繹騷。朝廷遂詔州郡築城。築城自嘉禾始，亦異哉！

唐貞元中，田緒境内，烏銜木成城，其崇則縮五之二，其圍則至數里之廣，所以德宗有播遷之禍。今元亦馴致喪亡。先儒謂杜宇啼天津橋，南方地氣先應，亦是類歟？吴僧本誠著《烏城誌》五百餘言。予愛其文，特删之以附集中。本誠字道原，以能文名。

三老圖頌

浦江鄭氏以孝弟爲政，一門五十餘室，不別爨案而飯者，垂三百年。靈和充牣，發爲祥徵，三壽作朋，形於同氣。孟曰伯陽父，年七十有二；叔曰仲德父，年視孟而縮其四；季曰仲舒父，年比叔又劣其五。惟是三老人者，身載明德，聿昭前聞，天休滋錫，精神熙康。群從子姓，趨翼乎後先。仁聲義聞，流衍於倫類，誠可謂備享百福，而綏有遐齡者矣。

濂竊聞之，南極有老人之星，占者謂其光明潤則下多壽考。❶是則天人之閒，氣化孚浹，同流上下，閱世靈長，似若不偶然者，

❶「占」，胡本作「古」。

況於孝弟之家通於神明者乎？宜其人瑞之鼎立，景貺之川臻也。濂也不敏，覽圖興嗟，斯頌之所由作。其辭曰：

維天降康，其福穰穰，斯壽之祥。其祥何徵？非景之星，❶非雲之卿，非三秀之榮，鍾我壽朋。大冠緇衣，載肅其儀。其神孔熙，其樂孔皆。叶。燕居之耽，時盍其簪。如鼎之安，如星之參。協數于三，孰不式且瞻？旌門有侐，孫子之飭，有百斯集。雅雅魚魚，振振蟄蟄。或馮或翼，弗徐弗亟，唯步武是式。歲時宴饗，叶。肆筵于堂。籩豆大房，曰殺羔羊，其醪苾芳。鐘鼓喤喤，笙簧洋洋。多士鏘鏘，更獻壽觴。祝鯁于前，執酳于傍。人士來觀，有歎有言。維此旌門，德義之尊。維此壽朋，景福攸臻。積之既蕃，受之弗諼，錫羨于後昆。其羨之都，孰侈孰舒。孰形匪圖，古亦有諸。其年曰耆，或至于期頤。是繪是摹，儷美而同趨。九藍之山，有石巖巖。白麟之水，其流亹亹。眉壽無有，害與之同體。壽俊之良，髮素而眉龐。茀禄其慶，叶。流榮于鄉。匪榮于鄉，實邦家之光。

鳳陽府新鑄大鐘頌

皇帝既正大統，建都江表，德綏威讋，萬邦咸臣。用群臣奏臨濠爲龍飛之地，賜名曰鳳陽，南北民大和會，❷百族錯居動十萬數。然而物大而盛，不假器齊一之，無以嚴昏旦之禁。乃詔江陰侯吳良監鑄大鐘，以定衆志，以裨治化。

❶「非景之星」，胡本作「非星之景」。
❷「大」，胡本作「人」。

侯既受詔，遣使者至富春山中徵金工何成，諭以天子明命。成即日帥其屬十六人以從，相地鳳陽城東三里，摶泥成範，畫其欒銑角衡之度，侈弇惟良，篆帶以方，候其燥剛，始穿冶一十又三，鍊青赤銅六萬五千斤，筮以洪武乙卯冬十一月己巳涖事。厥明，侯具法服，以牛一羊一豕一祝告先冶之神。禮既成，槖籥咸興，鼓動風氣，炎光赫曦，上貫霄漢。絳液既澄，氣憤雲洩，❶循竇而入，肅肅有聲，陽施陰凝，勁質斯具，越二日辛未乃發。復取牲血塗其釁隙，以厭除不祥。鐘高十六尺有五寸，厚六寸，徑十尺有五寸，圍三十一尺五寸有奇，❷混融其輪圓，煒燁其容輝，信技殫於人，巧妙奪於神功者也。於是營構層臺，副以簨簴，聚千夫之力，曳鉅絚而登之。一杵之撞，隱隱闐闐，雷旋霆奔，震撼太虛，遐邇聞者，靡不聳愕。會濂扈從青宮幸鳳陽，親觀盛美，侯遂請濂爲之頌。

濂聞先王之世，金部有七，黄鐘乃樂之所自出，而景鐘又爲黄鐘之本。所謂景鐘，大鐘也。其受至於九斛而止，律吕由是而應，陰陽由是以均，夫豈細故也哉！秦漢以來，寖失古法，小鐘或數尺，大鐘或容千石，皆不本於律度。今我熙朝稽古右文，定於中制，宣導天地，孚洽神人，中和所致，嘉瑞畢協，增拓化原，亦於是乎有賴，非特嚴昏旦之禁而已。濂待罪國史，以文辭爲職業，義當發揚蹈厲，以鳴國家之盛，侯之有請，不敢固辭。頌曰：

維天穆清，鼓以雷霆。適昭天聲，百物

❶ 「憤」，胡本作「噴」。

❷ 「一」，張本作「四」。

以生。維帝濬哲，法天之烈。大鏞斯揭，元義噴洩。睠於濠梁，真龍飛翔。乘陰御陽，洗濯八荒。神物攸起，是爲帝里。從者如雨，於焉萃止。物大而豐，往來憧憧。節之以鏞，罔敢弗恭。乃飭鳧氏，乃具鑪錘。乃烹乃鬻，化金爲水。赤氣夜明，如日之升。流亟而頳，入竇有聲。彬彬斐斐，功同神鬼。不鉏不鋙，輪圓順軌。既啓其型，敢愛斯牲。塗釁禮成，榮光如星。千夫齊力，臺構懸植。交杠孔奭，載考載擊。宅兮囷囷，觸兮賁賁。摩乾盪坤，以警昕昏。發攄靈氣，昭融品彙。物無疵癘，年穀攸遂。博碩而龐，聲與政通。拓羨集祥，熏於家邦。惟皇建極，福之敷錫。制器有赫，式和民則。稽樂之原，鐘實爲先。律呂以宣，功垂不刊。小臣作頌，有美無諷。爰咨於衆，是傳是誦。

般若松贊 有序

千巖大師於元泰定之冬，度濤江而來，憩止烏傷伏龍山。山有龍壽寺廢基，大師遂縛庵以居，手植一松庵前，誓曰：「此地般若當興，吾松其茂乎？」自時厥後，大師之道盛行，遂化瓦礫之區爲伽藍。松亦寖長，析爲二榦，詰曲糾蟠，如虬龍夭矯，勢欲飛動。至正丁酉春，南枝忽悴，其夏，大師示寂。嗚呼！松雖植物，其有知興衰死生之意者哉？後植松五十一年，爲國朝洪武丁巳，住山龍門海公，同太師之上首良杞，請吴興林君子山繪畫成圖，求濂命名。濂因稽大師之言，以般若號之，且爲之贊。大師諱元長，會稽人。贊曰：

大師東來，化導有情。青松手植，用表

真乘。觀爾榮悴，以占廢興。有聲四達，播德維馨。爲法來者，霧滃雲蒸。樓閣頓現，儼如化城。松亦有知，森勁摩冥。夭矯欲奮，虬龍騫騰。孰謂卉木，本乎無情。有感斯應，壹出乎誠。惟誠之至，通神致靈。勖爾龍象，慎毋敢攖。視松如師，是儀是刑。天高月白，風度成聲。恍如演法，誨言初聆。太史作贊，勒於巖扃。百世之下，庶幾可徵。

先師内翰柳公真讚

偉貌長身，端嚴若神。即而就之，煦然春温。海闊天高，莫窺覘其宏度；霆奔飈竪，壹驅駕乎雄文。來趨蹌之衿佩，作儀表於薦紳。出入容臺，振百年之禮樂；昭宣帝制，煥大號於乾坤。惟其具該博崇深之學，所以繼光明俊偉之倫。仰瞻遺像，有涕沾巾。儻使泉臺之可作，庶幾士俗之還淳。

玄英處士方公遺像贊

予學子方孝孺，玄英處士之諸孫也。持處士像來請贊。贊曰：

振騷雅於江南，混漁樵於玉笥。諫垣天近，雖屢形州牧之章；牛衣夜寒，終不奪烟霞之志。凛然亢直之風，可折諂諛之氣。遵真曜之遺則，造玄英之私謚。唯其畜厚而發弘，所以繼隆而傳熾。紳笏蟬聯，勳庸赫著。蔓延閩浙之間，莫匪雲原之裔。敢申贊辭，式昭瞻企。

李徵君像贊

嗜義親賢，以道自娱。懿哉若人，君子之儒。

李太白像贊

元行臺治書侍御史亦憐真班所藏李太白像，係祕閣傳本，吾友危君太樸嘗爲之贊。自後流落於金陵駱氏酒家。洪武己酉秋，郡士王宗溥購獲之。尋以摹本見貺，因造贊曰：

長庚降精，下爲列仙。陵厲日月，呼噏風烟。錦衣玉顔，揮毫帝前。氣呑闇豎，視若烏鳶。頻挫萬象，隨機回旋。金童來迎，絳節翠旜。下土穢濁，孰堪後先。囅然一笑，騎鯨上天。

虎林處士贊

虎林處士王君某，年踰七十，而視聽如少壯時。其孫監察御史驥，從予受經者久，聞來請贊。贊曰：

素髮垂垂，中心熙熙。儉勤作肥家之本，嚴厲爲馭衆之基。好施之仁，久而彌篤；嫉惡之氣，老而不衰。吹鳳簫於明月之夜，飛羽觴於百花之時。大布寬衣，容與委蛇。不知者謬稱虎林處士，知之者以爲瓊臺之神仙乎而。

約之禪師畫像贊

龐蔚之姿，宏辨之才，一衲二十年，脅

不沾席，談玄八萬偈，舌若驚雷。崖樹重榮，兆法門之復振；塔光呈瑞，疑古佛之再來。炯炯乎眼光閃鑠，沈沈乎氣宇弘恢。渢渢乎九江風動，澄澄乎玉几天開。蓋真超於實際，斯不染於纖埃。彼自安於部婁，曾莫陟其崔嵬。倘於斯而觀感，庶立懦而興頹。

達摩大師贊

栝蒼吴福平川，以善畫名叢林閒。龍門海公請寫初祖圓覺大師真像，威德如生，觀者聳然起敬。翰林學士承旨宋濂爲之造贊，而國子博士鄭君仲舒書之。贊曰：

系傳香聖，法證圓真。闢六宗之異户，歸甘露之一門。操智慧刀，斬纏蔽之枝葉；裂煩惱網，見清淨之本根。重溟穩泛，已歷三年之久；少林壁觀，竟忘九載之勤。流支屢毒，而甘之如蜜；葱嶺游行，而殁兮若存。精明焜煌乎日月，氣宇函蓋乎乾坤。此所以一花五葉之記，徧周沙界，而大法彌尊也耶！

童真觀音像贊

金華何牖德輝，獲陽翟吴道子所畫童真觀音像，乃五臺山碑本。以蓮葉爲衵蓋，而十蓮華圍遶之，用表本迹十妙不二門。覽者因相生悟，而《法華》之微旨具見於斯。然其運思精深，指筆遒勁，真殊勝之事也。德輝將重刻，寘於智者壽聖禪寺，翰林學士承旨金華宋濂爲作贊曰：

我觀大士相，示現一切法。不坐七寶牀，唯藉蓮花葉。蓮葉生水中，清淨無染著。華身與佛身，畢竟同一體。如來所説法，取喻此最切。本迹十妙門，不見有二相。若從有眼觀，見華不見佛。一顯而一隱，見精不忘故。或逢無目人，華佛一時現。非見却成見，功德難思議。佛身徧法界，是華亦復然。華佛二俱泯，定得大自在。

全有堂箴

全有堂者何？監察御史黄君鄰讀書之室也。缺者全之反，其謂之全者何？無毫毛之不備也。無者有之對，其謂之有者何？心中本具，不假外求也。其謂全有者何？天德也，天德之著也，如鑑之明也，萬里森然，隨物而應之也。既曰全有，或乃斲之喪之，以至弗完者何？人僞之滋也。人僞之滋，非學不足克之也。克之者何？整爾甲，礪爾戈，力戰而勝之也。是故生而能全之謂聖人，修而復全之謂賢人，棄而不知求全之謂愚人。三者之不同奈何？敬與怠之謂也。黄君欲全其所有，非敬將何以全之？黄君以政學聞于時，復遑遑自治不止，其殆知求全者歟？爲之箴曰：

緊天扃，顯性靈，萬象森森炯以貞。愚不縮，智不羸，毫末咸具天人并。君子乾乾守以誠，其有乃全百體寧。

恒齋銘

考功丞李君名永。永爲恒久之義，遂以守恒爲之字，復自號其藏修之所曰恒齋。《易》有之：「恒，久也。」蓋恒之爲卦，震上而巽下，雷震風發，二者勢必相須，所以恒久而不已也。李君，有學有守之人也。既取是義爲字與名，又揭以命齋，其篤於信道常而能久者歟？爲著銘曰：

天地之道，恒而不窮。剛柔相應，雷動風從。君子觀象，隨時變易。終始循環，唯道之適。苟執一塗，子莫之中。無權以行，是謂真凶。日月在天，旋運不息。躔次所經，罔有差忒。陽陰代謝，寒暑迭更。盪摩呼吸，萬物乃成。唯久故恒，動有常則。唯恒故久，静不留物。聖有明訓，樹此教基。逐物而遷，有愧巫醫。侃侃李君，所學淵奥。立不易方，大中是蹈。彼不度勢，獨浚之求。或處非據，無禽致羞。孰正孰偏，有若白黑。慎而行之，永保終吉。

籐杖銘

形之圓兮，性之堅兮。節之全兮，吾與子周旋兮。

楷木杖銘

生孔林，承聖澤。文庚庚，光繹繹。扶顛持危資爾德。

柏杖銘

用之則行，舍之則藏。嘉言孔彰，懷允不忘。

活水軒銘

吴府紀善張德麟氏，會稽山陰人。築居鑑湖之側，讀書鼓琴，樂周公、孔子之道。見原泉之流不息，因取子朱子詩，以「活水」名其軒，請予造記。予謝曰：「軒名包羲甚博，索文者又接踵而至，俟還山中却爲之。」德麟曰：「麟扈從藩王出入，行無定蹤，願遺之一言，不敢以多求爲也。」予因曲徇其意，爲製銘曰：

泉出地上昭厥源。東流弗息日窬沄。譬猶嘉木下有根。脩榦上撑枝葉蕃。君子玩之道則存。錙銖有閒體遂昏。潢汙行潦勢吐吞。朝雖盈溢不及曛。我銘我軒辭則勤。行之不已德乃純。

國史硯銘

濂爲國史，遂以官名硯。勒銘於陰：

誕敷帝制宣人文。赤光如虹燭乾坤。後千百載傳愈新。

宋文憲公全集卷二十二終

宋文憲公全集卷二十三

白鹿生小傳

白鹿生者，諸暨之人也。風神俊爽，翹然欲超群。其外族曰方，建塾聘賢傅館四方游學士。生往受諸經，領其文旨，❶稍事文墨，輒峻潔如淵珠。衆譁曰：「生賦資絶倫，非積功所可及，盍遜其一席地？」聲光流婺越閒，煜煜能動人，競要遮作州閭師，類弗應。❷

浦陽江上有鄭氏一宗，系五十室，❸同案而饍，戒子姓執贄致辭，生躍然興曰：「是或可爲也。」即日上道，臯比中居，以倡道爲己責。與諸生言，必稱曰「昔之人，昔之人」，日摩月切，操行有可觀。歷十春秋，自以精明不逮前時，退居白鹿山，戴樱冠，被羊皮裘，帶經耕烟雨閒。暇則吟風弄月，傲睨萬象，若不知古今之殊軌。有識者莫能窮其際。

高郵欒鳳來爲州牧，獨造門拜曰：「鳳聞先生賢，言行無悖古先哲人，願爲一州學子師。」生牢讓不起。鳳不得已，令閭右子弟即其家問道。州政有闕失，鳳必移書諮訪。生白以利病，裨助弘多。後若干載，殿中侍御史唐鐸出守越，欲辟起之，生力辭如前，鐸不敢强。

❶「文」，張本作「玄」。
❷「類」，韓本作「數」。
❸「系」，張本作「累」。「五」，韓本作「三」。

生性醇篤，無銖髮矯僞，與人語，出肺肝相示，恥爲覆藏。事乖名義，峻言斥之，弗少恕。家無儋石儲，臨財甚介。山氓誤坐法當死，生憫其惷愚，謀諸鄉鄙，活之。氓輟烏犍爲謝，生拒之。氓頓顙於地，潸然隕涕。生曰：「東作方興，非牛何以耕？俟三冬或可爾。」至期，氓復來請，生反覆譬曉之，乃已。州人士求連生族，祝生持其成，暨委禽走介致饟，繼以金幣。生笑曰：「孰謂君子而可貨誘乎？」悉遣去。人復譁曰：「是可以義取者，生尚不之欲，況其他乎？」於是鄉人教子者，恒指生爲法，使學焉。❶ 生名恒，字本初，姓楊氏。白鹿生，因其所居號之云。

史官曰：予與生游者三十年，不可謂不相知者。待罪國史時，遂白執政，薦之入成均，聞生不受州縣辟，事乃寢。然其行義可法者，不當使其泯泯，因造爲小傳如右。❷ 隱之與顯，非所以論生也。

詹士龍小傳

詹士龍，字雲卿，光之固始人。父某，宋開慶中都統勇勝軍守鄂，以偏師巡渠、巴諸州，與元兵戰南平，身嬰九創被執，發憤不食卒。元兵破鄂，降其軍。士龍生三歲，同母胡氏北遷。董忠獻公文炳，以其父忠也，鞠爲子。文炳長子名士選，故命其爲士龍，飲食衣服一視諸子，外人不能辨。諸兄忌之，罵曰：「虜子見幸，乃同我輩耶？」士龍不知其故，泣訴文炳。文炳曰：「爾真吾

❶「使」，韓本作「效」。

❷「造爲」，胡本、韓本作「爲造」。

子，飛語慎毋聽也。」士龍哀祈益切，文炳頗漏言，士龍晝夜流涕，欲復詹爲姓，受文炳卵翼恩深，未敢言。一日，獵滹沱河，遂陳前志。文炳戲曰：「爾投石水中，石浮，吾當爾從也。」左右皆笑。士龍仰天祝曰：「天若不絶詹氏，石當浮。」因投石水中，石盤旋急流中，若沈浮者數四，文炳以手拍鞍曰：「詹都統之靈，其不死乎？」即令士龍復詹姓。文炳薨，爲服齊衰三年，歲時祭祀，必先設神主，率家人奠之。

士龍後用文炳弟文忠薦，爲高郵興化尹。士龍脩築捍海堰三百里，數郡利之。初發地，獲范希文石記，曰：「遇詹再修。」事蓋前定云。轉兩淮都轉運鹽使司判官，改淮安路總管府推官，拜江南行臺監察御史。時姦臣柄國，虐燄方熾，士龍上章劾之。未幾，事果敗。士龍退隱興化，葺草堂德勝湖上，若將終身。朝廷念其老成，以廣西廉訪僉事起之。居二年，鬱鬱不樂，乃移疾而歸，年五十八卒。子澍，岳州華容尹，文炳妻以從女，實因前好云。

史官曰：精誠之格，將何所不至？上致日星之應，下召物産之祥，古則有矣。今觀士龍投石之事，其惡可不信哉！或者致疑天人之間，視之若茫然不相通，過矣。予總修《元史》時，有司不以聞，失於紀載。因徇其孫壻余文昇之請，❶删其墓志，爲小傳一通以傳。

鄭節婦黄氏傳

黄爲浦江著姓，自隋唐以來即有聞，而

❶「余」，張本作「佘」。

宋隆興癸未進士度，亦其族也。其居辛山者曰德清，有女曰琇，字守貞，生賦淑姿，不失故家遺範。父母愛之，爲其選良配。元至正己丑冬十二月，歸同縣鄭氏瀛，字仲容。守貞年甫二十，奉上接下無愆禮，人稱其賢。明年，仲容髀患疽，流注肌覈間，一潰一興，纍纍如連珠，百藥弗驗。守貞扶掖臥起，附膏於紙而更敷之，雖甚久無懈怠意。又六年，仲容歿。守貞自矢不再適，且曰：「生爲義家婦，死爲義家鬼，敢失節以玷旌門乎？」其志堅凝，屢有撼之者，不少動。寒燈孤幌，澹然能自安，遂命仲容從子柎爲其後。守貞今四十九矣，及見柎授室，生二子熛、煁，朝夕受其孝養云。

昔者，孔子稱宓不齊之善，而歸於魯國之多賢。蓋觀感而興，非有資於賢者，要亦未易以成名也。今鄭氏之家，十葉聚食，至大辛亥，嘗旌爲義門。其規度整肅，如嚴霜烈日，可畏而可仰；其德義之涵濡，又如春風和氣之薰蒸，不自知其入人之深。故其化行教洽，過其門者，猶率德勵行，而乖戾之慮消，況爲其家之婦者乎？宜守貞執節之堅，而循禮之謹也。傳曰：「一家仁，一國興仁。」其理誠不誣哉！

予官儀曹時，郡國多以節婦事行來上，輒聞報下，褒異其門閭。觀風使者或以守貞爲言，其有不彰明之者乎？異日烏頭雙表之樹，與旌門後先輝映，不亦一家之盛美哉！予故輯其事，爲傳文一通，衣冠之士，儻有扶植彝倫爲任者，尚見諸賦咏，以同其傳焉。

貞婦郭丑小傳

郭氏丑，字道安，六合人也。美姿容。

其父彬，授之書詩，輒通大旨。母劉氏，得末疾，❶諸弟妹尚幼，羞服無所倚賴。道安上扶掖母氏起居，下撫孩稺，潄澣紉綴之事，皆親之。冬盛寒，燈火蕭然，持鍼恒至夜半不休。且不樂靡麗，身衣紈素，同綺繡女偕坐，略不動容，目亦不注視。至於纂組烹飪，不經師授而悉精其能。彬絶愛之，不肯歸凡子。

同里鄭玄來求昏，彬激曰：「而能從師攻文辭，即可爾。」玄乃力學。道安年十九，竟妻玄，婦道甚修，譽起一鄉閭。玄以古《列女傳》難之，道安曰：「某女事如此，某女事如彼。」一一舉之，無漏文。玄不能屈，因加進學功。其父讓不悦，痛繩之，玄悒悒不樂。道安曰：「子但盡誠盡孝，他非所知也。瞽叟底豫之言，豈猶不聞之耶？」玄釋然。道安秉性堅貞，彊暴欲侵凌，道安厲色叱之去。其人恃爲尊屬，屢見迫，道安彈指出血曰：「父誤我矣，父誤我矣！不幸遇此，唯有一死爾。」媵人勸曰：「何不告夫君知之？」道安曰：「吾苟白其故，父子何面目相見耶？」曰：「此人倫之變，宜走訴父母，使其知所忌，不敢肆。」道安曰：「秖揚惡聲耳，無益也。不若就死之爲安。」日向中，道安潛出沈於河，時洪武十年七月十七日也。彬聞之，悲欲無生，瘞於楊子西沙清水潭上。一夕玄夢其來，車馬儀衛甚都，且曰：「妾今在長蘆水府，掌鉤考人閒善惡。念子索居，故一來耳，不可久留也。」言畢，颯然如雨風而去。次夕，其姑夢亦如之。長蘆在六合城南二十五里云。

❶「末」，韓本作「疫」。

史濂曰：郭氏素稱詩禮之家，婦人女子亦有異於人。彬之姊真適許士瞻，生一女而士瞻死，年始二十三耳。今垂五十，而節操凜然。而道安又貞烈如此，誠可爲共仰哉！傳言忠節之人，殁必爲神明。長蘆之事雖近誣，亦不敢謂決無是理也。嗚呼！《新臺》之什，孔子删詩而不删去者，其垂訓也遠矣哉！

麗水陳孝女傳碑

陳孝女妙珍，處之麗水人。父南溪，爲神祠祝史，蚤夭。母某氏，更適他族。妙珍依大母林氏以生。林嬰末疾，妙珍刲股雜淳糜以進，疾遂瘳。或告之曰：「此若女孫股肉之功也。」林悲泣曰：吾耄矣，死固當。然何用苦若耶？」疾復如初。妙珍倀倀如有失，賣衣走浮屠氏，作諸禳禜事，皆不應。林忽昏眩，妙珍解髮相糾纏，哀號良久乃甦。自是氣益弱，僅有一絲相屬。妙珍計無所出，然香右臂上，稽顙籲天，乞以身代，復不應。至正四年四月壬申，夜夢一丈夫，冠烏紗巾，服青布袍，來告妙珍曰：「爾勿憂，能剔肝食之，則愈矣。」妙珍問曰：「欲剔將焉從？」丈夫指右脇示之，且俾吞紅藥半丸，吞已遂覺。甲戌，妙珍乃具湯沐浴，露禱上下神祇。時空中雨墜，妙珍之身獨不霑濕，若有張蓋覆之者。妙珍益喜，持刀視脇下，見紅痕如縷，長可三寸許。就痕上割之，血滂然流，再割之，了無所見。妙珍懼，乃擲杯珓卜於神，逮俯身拾之，而肝忽出懸，亟刃之，寘几上，爇香自誓云：「大母倘得生，終身持菩薩戒，不復適人矣。」尋取肝聶而切之，雜竹萌烹之。大母食纔下咽，其疾頓失。❶妙珍懲前事，戒左右勿漏言。然創鉅甚，幾至危殆。復夢神人語之曰：「無傷也，宜練紙作灰傅之。」妙珍從其言，果愈。時年十四耳。

後三年，林以壽終，妙珍造塔瘞之，復然頂申前誓，棄家爲優婆夷。前進士永嘉高明來官郡録事，爲上其事。部使者大名高履覆按得實，以聞次於朝，詔有司具烏頭雙表之制，旌表其門，仍月給粟一斛，養其終身。時八年春二月也。郡守固始黄某，以其事有涉名教也，命儒學教授鄭汝原爲記其事於石云。

史官曰：人子之於親，本宗一氣，苟可以死生者，勢當共之，肯以形體既分而視之有異耶？當親有疾時，呼號天地鬼神，遑遑求索，茫昧中力有可致，雖萬死弗之顧，又奚暇毁傷絶滅之計耶？或者作《鄠人對》，痛斥之，余不知其何所見耶？夫孝忠無二道，忠臣肝腦塗地，世未嘗指以爲非，顧獨於孝子而疑之耶？此決非韓子之文，其依倣而托之者耶？余聞之慈溪黄東發之言如此。因造陳孝女傳，故備論之。

浦陽深溪王氏義門碑銘有序

浦陽於婺爲山邑，唐天寶末，始割義烏、蘭溪、富陽三縣地置之。人生其中，往往樸茂淳質，力農務本，恥於華言僞行，而以士自命。陳文毅公盛稱書傳所載古者禮義之俗，殆不是過。其言信不誣矣。載稽其事，梁貞明初，縣人何千齡四代同居；宋淳熙中，鍾宅亦至三世；何鍾二氏之閒，而

❶「失」，韓本作「愈」。

沖素處士鄭綺奮然興起，教子孫無別火而食，志確見凝，尤非二氏所能及，故六傳至文嗣，而家益昌。元至大末，旌其門閭，而於力役之征，俾無有所與。宋、元二朝國史皆爲之立傳，蓋自處士始，❶迨今已歷十世，踰二百五十春秋矣。

深溪王氏，其先出於烏傷之鳳林，有諱萬者，字處一，擢宋嘉定癸未進士第。立朝謇諤，凜然不可犯，憸人畏之，爲之斂迹。終官太常少卿，謚曰忠惠。少卿之弟蔆，三傳至某，生二子：澄、汶。澄以忠厚爲家，州里之無告者，煦之以仁，人愛戴之，不啻其父兄。瀕終集家衆言曰：「汝曹能合族如同里鄭氏，吾瞑目無憾矣。」言訖而逝。澄生四子：子覺、子麟、子偉、子麒。子麒出爲汶後。皆善紹先志。子覺生五子：應、念、恖、慶、聰。子麟生一子，憲。子偉生二子：懃、恩。而應之伯仲又各生子，踰二十人矣。子覺與子麟合謀，召子姓謂曰：「一體之分，散爲九族，痒疴疾痛，舉切吾身。收族而聚居，是謂惇本；離宗而自矜，是謂乖義。古之道也。今吾家相傳四葉矣，和孺之樂雖殷，管攝之計未建，庸非闕歟？況吾父有遺言，欲法鄭氏。鄭氏於吾有連，其成規具在，吾將損益而行之，何如？」於是應、念帥諸弟踴躍承命，請參定家則一卷，朝夕遵之，唯恐有所失。馭家之禮，質文之兼至；應物之務，内外之齊飭。薰蒸太和之中，壹囿範圍之内，鄉人士莫不感厲而歆艷之。子覺且謂不可無以示來者，既勒家則於碑，而復徵濂文以紀其事。

昔者成周之世，九夫爲井，井方一里，

❶「處士始」，胡本作「建炎初」。

而一夫受田百畝；其家衆男爲餘夫，亦受二十五畝。賦由斯而出，夫由斯而定，其勢不得不分。當是時，未聞有同居累世者也。其相親相恤之政，則有大小宗法存焉。大宗譬則幹也，小宗譬則枝也，枝雖有千萬之不齊，而其幹終一而已。前王持世之微權，蓋不得不爾也。自夫封建宗法之制壞，九族之親漫焉不相統屬，儼若秦肥之視越瘠，仁人義士乃於服盡情遷之時，綴之以食而弗殊。事雖有異於古，不猶行古之道乎哉！浦江蕞爾之邑，以義居聞者三人，而子覺又不悖先訓，蹶然而思繼焉。古者禮義之俗，誠豈有越於此哉！文毅公之言，至是益可徵矣。

子覺本名閥之後，金華諸族亦同出於鳳林，其顯融者項背相望，而淳熙宰相爲尤著。宰相勢隆望重，尚未能合族以居，而子覺一韋布之士，乃斷然行之，斯可謂之賢也矣。雖然，靡不有初，鮮克有終。子覺之嗣人尚世守遺法而不墜，他時將與鄭氏儷美而交輝。聖朝以孝治天下，旌異之典，未必爲子覺惜也。龍光下燭，行當炳煥於山川之閒矣。濂因不辭而記之，又繫之以銘曰：

《易》著同人，合乾與離。上參于天，火之赫熹。類族辨物，君子以之。況我宗屬，一氣之爲。譬猶單幹，漸敷群枝。服雖少殺，情或甚非。物我相形，予盾迭馳。借耰取箕，誶語絲披。所幸天衷，亘古無虧。不有人豪，務克己私。何能大公，拔其藩籬。浦陽之江，其流瀰瀰。太璞未散，民醇俗熙。以義聞者，接軫聯帷。有美王氏，裔出紳緌。佩厥先訓，如銘鼎彝。大合其族，嗜義若飴。夙夜無斁，竭其心思。度物引類，取式樹規。鉅探浩渺，細入密微。日約月會，有文可稽。耄倪同心，一唱百隨。孰爲範防，徵禮與詩。以匡念慮，以肅威儀。如水斯瀦，畚築以時。涓滴弗戒，不翅漏巵。古云孝弟，致家之肥。匪間古今，驗若蓍龜。維彼崇構，肇自築基。既堅既飭，棟宇翬飛。維彼跬步，千里在兹。行行不息，其至無疑。上慎旃哉，勇毅自持。誰謂華高，企其齊而。太史造銘，勒之豐碑。

重興太平萬壽禪寺碑銘

洪武七年七月二十四日，皇帝御武樓下，中書右丞相胡公惟庸，率百官晚朝。上若曰：「太平府萬壽禪寺，宜復還浮屠氏，彼道家者流，當自造玄妙觀居之。」先是，有詔江東諸州縣各留寺觀一區，以聚道釋之衆，餘皆罷斥。寺適在所斥之數，玄妙觀道士以觀基卑陋，而寺之室宇尚虛，擅假之以爲棲止之地。越十年，皇上知之，故特有是詔。於是緇流咸集，手持香華，望闕遥拜以謝寵恩。

既退，復相與言曰：「寺即吴之化城，當吴之時，佛法雖至中國，而大江以南則無有也。赤烏中，康居沙門僧會實來，祈獲釋迦文佛真身舍利，始創三寺，其二即金陵之保寧，海鹽之金粟，其一即今寺也。在郡治西北若干步。及宋武帝築凌歊臺於黄山，嘗幸寺中，立爲二十八子院，度僧一千人，寺益增重。由唐以來，尤多名僧，其清寂者，❶築舍利塔、大戒壇、清風亭。李太白同季父陽冰來游，爲賦詩亭中，有「升公湖上秀，燦然有辨才」之句。縣令李玄則新造銅

❶「寂」，張本作「升」。

鐘，白又爲作銘，一時高風雅韻，固已照映古今矣。宋景德間，敕改化城爲萬壽，而安撫使張安國書其門額。自時厥後，明悟大師萬新來爲住持，當世名士如楊次公、郭功父，皆與萬新游，其倡酬之詩，至今人能誦之。元祐初，僧文耀進《聖德頌》六首，朝論嘉之，奏錫紫衣師號。建炎三年，寺燬於金兵。紹興□年，郡守郭偉因築州城，移寺於武雄營。其地去郡治之東若干步，重構之功，則慈濟大師藴文也。繼藴文而主寺事者，乾道元年，則法清併子院爲二十，而去其八；寶祐□年，則妙淨修放生池，鑿石架梁於其上；元大德元年，則善才創外三門及重閣五楹間，嚴奉一大藏教；天曆二年，則喜聖建大雄調御之殿；重紀至正四年，則宗明鑄大鴻鐘而覆以岑樓。惟兹蘭若，自吴至今已歷一千二百有餘歲，名人輩出，後先經營，匪一朝夕。矧又遭逢有道之朝，尊崇象教，使既廢而復興，吾儕敢不竭力上承德意。寺舊以甲乙相傳，子院尚存一十有八，盍若合爲一，更爲十方禪刹，❶請高行僧主之？」言已，衆僧翕然同辭，走白於當塗縣曰：「百福住山海巖智公，廣慈圓悟大師曇芳忠公得法上首也。踐履無愧古人，願使居之。」縣言之府，府上之儀曹，儀曹達於中書，得報下如所請。

海巖既涖事，勇於有爲。既葺調御殿，重飾佛菩薩護法天王諸像，又建圓悟堂九楹間，改子院殿堂，作水陸梵變，修內外三門，築周垣三百六十餘丈，其用功歲月，則自七年之冬以至十年之秋云。海巖以成之爲不易也，命道證妙期來徵予記。予以年

❶「方」，張本作「分」。

耄辭，而天界大禪師泐公及虛白杲公力爲之請，乃作而言曰：「世降道微，斯民益難治，頑嚚狡狂，日接踵而生，非西方大聖人演爲果報之説，豈易懾其非心哉！柳子厚所謂陰翊王度者是已。歷代帝王敬恭匪懈，而聖世爲尤隆，蓋以此也。況萬壽爲一郡之首刹，海巖與其徒殫志畢慮，唯恐有廢墜，又援荆國王文公蔣山故事，合諸子院而爲一，亦可謂之賢矣。雖然，有成有壞，世閒相耳。毗盧樓閣，不離世閒，不即世閒，斯得萬劫而長存者，善學佛者又當於此求之。」銘曰：

像法東流，達於真丹。赫兮焞焞，如日行天。大江之南，何獨不照。神師實來，敷其化導。精誠上通，籲之益堅。舍利忽降，有聲鏗然。啓大伽藍，如鼎斯峙。兹惟化城，表法攸寄。背孫涉劉，大駕幸臨。翠華鸞旂，焜燿叢林。唐宋之閒，名緇輩出。丕建法幢，爲世楷則。薦紳豔之，投分惟勤。光華所及，五色成文。高風雅韻，照映今古。人天所瞻，如到寶所。泰運方新，室廬尚虛。孰意鵲巢，而鳩來居。皇明照燭，洞見毫髮。詔下九天，還其故物。龍象駿奔，有歎有吁。自非帝力，奚能致斯。乃鳩乃功，乃萃乃積。精白一心，以承休德。夷者崇之，黜者飾之。缺者完之，仆者植之。棟宇翬飛，丹雘藻麗。兜率天宮，來移人世。有鐘鍠鍠，有鼓龐龐。説法於堂，其聲孔揚。其聲孔揚，黑白聳聽。結習皆空，各正性命。惟皇御曆，手執金輪。與佛同仁，覆燾無垠。太史造銘，贊揚帝德。鑱諸堅珉，昭示無極。

毗盧寶藏閣碑

烏傷之墟，有山鬱盤，名伏龍山。山顛有寺，號爲龍壽，宋治平中又更聖壽。寺廢已久，莽爲荆榛。元泰定末，有大導師千巖長公飛錫而來，從者如雲，一彈指頃，幻成樓閣。

導師示寂後十二載，比邱如海來補其處，四衆悦服，如公在時。十二時中，常作思惟，金口所宣，十二分教受，持之者，發明自性，此烏可闕？乃與勤舊良杞是圖，西往姑蘇，扣諸檀度，所施白金，數將十鎰，奉以爲贊於福嚴院，請致《毗盧大藏尊經》，滿六百軸，梱載而歸。鄉之善士至四三千，奔走往迎，爰自山麓，以達殿堂，約三里所，夾道耦立，各各合掌，次弟受經而傳遞之。縱横錯綜，無弗及者。琅函既登，頭面接足，禮佛而退。

海之與杞，又作思惟：有經無閣，與無經同。何以自表，啓人敬心？孜孜持曆，徧走民閒，欲聚銖黍，以成邱陵。杞弟德隣，素樂真因，盡心化導，惟日不足。又有僧脩，宣勞其閒。歷七年久，始見功緒。乃撤舊堂，載築載營，均齊合度，無有傾陊。於是命工伐木於林，琢石於山，造陶於原，鍛鐵於冶，總總林林，不戒而趨。而其梓人，曰陳新氏，亦絶葷肉，率泣役事。國朝洪武，龍集丁巳，陽月斯届，其日乙卯，始奠梁楹，閲六十旬，乃訖厥功。閣敞五閒，其高七尋，周以明軒，觚稜騫飛，蚩尾衝霄，猶如化宫，影落天半。中像大悲，具千手眼，左右千佛，飾以黄金，種種莊嚴，華侈勝特。東西相嚮，列以長龕，攢布庋格，妥至諸郡。索怛覽藏，毗奈邪藏，阿毗曇藏，其爲功德，微妙難思。刊定因果，窮究性相，垂範四儀，嚴制三業，研真顯正，覈僞摧邪，無所不具，無所不感。有信禮者，如聞世雄，出大音聲，天風海潮，震盪空際。一歷耳根，萬劫不磨。重閣之下，仍設高座，演説妙法，以聳人天龍鬼之聽。遐邇之人，來游來瞻，舉手加額，歎未曾有。海復來謁，請述記文，用告來者。是纘是葺，永久不壞。

我聞法藏，總爲五千四十八卷，以別計之，凡六百億三萬一千八百八十八字之多。於一字中，各有點畫；於點畫中，各備形聲，是名爲字。積字至於三百四百或千萬言，是名爲經。積經以至恒河沙數，無有窮極，悉會於一，是名爲心。譬之於佛，自一至十，自十至百，自百至千，千佛千身，於一身中各具手眼，是名爲佛。一有不具，於相則乖。大慈悲父以一佛身，用表千身，示現神變，出千千眼，傎到捧執，靡不如意，是名大慈大悲之道，是名法藏。或微或顯，不越一心。心外無法，法外無物。千佛各具，不見其少；大悲通具，不見其多。此何以故？清淨海中，微塵刹土，佛身充滿，無有限域。天地日月，河山草木，飛走游泳，洪纖高下，有情無情，或出或没，在佛身中，舉無外者。雖其手眼，至那由他，及無算數，亦不見餘，况止一千！由此而觀，手眼同徧，於虚空界，不見一隻，亦猶契經，充塞宇宙，不覩一字。無體之體，無文之文，終日呈露，徧照十方。斂藏於密，初無一髮。苟以凡情妄加度量，如刀割水，非狂則愚。金華居士逢此勝緣，驩喜踴躍，記閣成事，意有未盡，復説偈曰：

我聞善慧師，善巧度迷情。建立大機輪，中舍三乘教。運行纔一周，功與持誦齊。後代踵遐軌，嚴飾日益勝。黄金暨丹砂，旃檀衆香等。合成大寶藏，湧現瀛海中。大龍負之出，天魔鬼神衆。手持刀劍具，護法禦不祥。苟一撼動之，循環不復停。光色聲香類，一一相奮軋。如談若空義，聞者得殊利。誠以寶輪轉，衆法與之俱。法轉心亦轉，頓悟在刹那。此以何因緣，乃獨尊閣之。膠執於一隅，森列衆星比。如如屹不動，曷以發群機。其於立法初，寧不稍乖戾。當知一切法，本來常寂静。静爲動所基，非静動奚寄？動静二俱泯，始不爲境轉。來升斯閣者，日見衆寶函。周遭逐心旋，不翅風雨疾。回視他轉輪，昭昭涵萬象。清淨若止水，毫髮不動摇。方知非動静，不受有相攝。若人以相求，執燈入寶山。竭力若窮探，得一而遺十。紅日行中天，衆寶皆現前。一覽心目了，無有隱遁者。此豈有奇因？不爲相縛故。我今稽首禮，作此法藏偈。千佛爲證明，同歸大悲海。

四明阿育王山廣利禪寺碑銘有序

四明阿育王山廣利禪寺，在郡城東三十里。阿育王山即鄮山，昔在周厲王時，東天竺國有阿育王，造寶塔八萬四千，貯釋迦文佛真身舍利，命耶舍尊者放光役諸鬼神，分布於四天下，而鄮山當其一，故更名之。

晉太康三年，并州獵師劉薩何受梵僧指授，即改行爲僧，易號慧達，偏求舍利塔於洛下、齊城、丹陽，皆弗獲。行至會稽之鄮山，忽聞地下鐘聲，慧達哀益切。越三日，忽舍利與寶塔從地涌出，其相青色，似石非石，高一尺四寸，廣七寸，五成四角，光明殊勝。慧達見已，悲喜交集，而塔之出現實肇於斯時矣。義熙元年，安帝始構塔亭覆護，而度二七僧守之。宋元嘉中，文帝增創祠宇，且以封襲未嚴，斲木爲浮圖三成函之。梁普通三年，武帝又命建殿堂房廊奉之，賜額爲阿育王寺。

大同五年，帝令其孫岳陽王詧改浮圖爲五成，繪帝暨昭明太子二像藏焉。仍施黄金五百兩，造銅佛四百軀，寫經論五百卷，鑄四鐵鼎以鎮四角。尋蠲復其賦，調給兵三十設營防衛。陳宣帝度僧守塔如義熙之數。唐中宗遣使賜金，又下詔加護之。至武宗朝，并省海内佛寺塔歸越州官庫。宣宗立，像教重興，又入於開元寺，鄮山僧愬於觀察判官蒯希逸而還之。懿宗咸通中，又度僧三七人守之。梁貞明二年，錢武肅王遣弟鏵等迎塔作禮，明年正月，回，止西陵岸，放光照江中，其明如晝。又改浮圖爲九成，第三成寘七寶龕，用以貯塔。周顯德五年，寺災，文穆王請致武林龍華寺，新其浮圖，其成如前數，而藻飾有加焉。中龕雜用百寶範黄金爲座，懸珠瓔以莊嚴之。宋初，寺又新，大中祥符元年，復賜以廣利爲額，拓爲十方禪刹。

其主僧自宣密素公始可考見。宣密五傳至大覺璉公，名振天下，仁宗待以殊禮，作詩頌十七篇遺之。熙寧三年，大覺爲構宸奎閣，蘇文忠公軾實記其成。大覺日與九峰韶公、佛國白公、參寥潛公，講道一室，扁曰蒙堂，叢林取則焉。高宗即位，以寺爲舍利所宅，親灑宸翰，錫名曰佛頂光明之塔。大覺十五傳至大慧杲公，❶紹興閒來領

❶「杲」，原作「泉」，今據張本改。

寺事，四方學徒川奔濤湧，而食或弗繼，乃於奉化忠義鄉隄海塗，成田一千餘畝，名般若莊。大慧四傳至妙智廓公，纘承益虔。淳熙元年冬，孝宗之子魏王愷出鎮其土。二年孟夏四月，瞻舍利，豪光發祥，青紅交絢，變幻不一，更用黃金爲塔，而截寶塔於中。冬十月一日，孝宗遣内侍省西頭供奉官李裕文取塔入内，妙智護之行。舍利現於塔顛，如月輪相，又現兩角如水精珠，若此者三。御書「妙勝之殿」四字，俾揭於塔所。妙智再傳至佛照光公，緇錫坌集，不減於昔時，盡鬻賜賚之貲，市田四千餘畝，視大慧加三倍焉，名吉祥莊。佛照十五傳至笑翁堪公，有權貴人至寺，戲問曰：「舍利何在？」笑翁指道傍松謂曰：「此處即有。」已而松枝皆放光，貴人驚異，即寺之門巷建二石塔以表之。笑翁又倣古制，累石爲塔者三，列於寺右，以瘞僧之歸寂者。

宋季，寺又災，寶塔附安別院。元至元十三年春三月，世祖命使者奉塔至開平龍光華嚴寺，尋還燕都聖壽萬安寺，集僧尼十萬於禁庭、太廟、青宫及諸官署，建置十六壇場，香鐙華旛之奉，備極尊崇。世祖親幸臨之，夜有瑞光從壇發現，貫燭寺塔相輪之表，又自相輪分金色光，東射禁中，晃耀奪目。世祖大悅，命僧録憐占加送塔南還，更賜名香金繒，詔江浙省臣、郡長吏增治舍利殿宇。笑翁十二傳至頑極彌公，適際良會，遂以詔書從事。曾未幾何，甍棟雄麗，如天成地湧，上薄雲漢，寶塔還於故處。頑極四傳至横川珙公，[1]道被華夷，禪學爲之中興，僧伽來依法輪者，至無席以容。二十三年，

❶「極」，原誤作「及」，今據張本改。

大建堂宇以居之。橫川九傳至雪窗光公，寺復新，豪家所據諸莊田土、園林盡復之。且以詔使之臨，祗奉無所，至正二年春二月，又造承恩閣七楹間，黃文獻公溍爲之作記。雪窗四傳至扶宗宏辨禪師約之裕公，已歷六十二代矣。

禪師以笑隱訴公法子，入我國朝，自廬山圓通選補其處。戒律精嚴，言行一致，智慧福德，皆絶出乎等夷。從洪武初元以迄今茲，一座十年，宗綱丕振，風雨不動，安如泰山。寺之勤舊竭其力而翼贊之。有若岳林住持象先興公，築黃賢塘，得田三千餘畝，名報本莊；有若雲石起公，市史氏之田，其數如黃賢塘，名忠義莊。二莊皆與般若爲鄰。大佛寶殿則又雲石葺之；三解脱門則僧伽智華作之；修演法之堂，并撤其房廬爲下蒙堂，則白雲住山智珠營之；補東塔院者，沙門自悟也；造西塔院者，又象先也。西塔肇建於唐玄宗；東塔在迦葉足跡之左，即寶塔所湧之地，下至庫院雜室，則出於比邱智寧之力也。凡寺制宜有而摧敗不支者，悉舉而更之。禪師念締構之艱，不可無以示來者，俾其徒師秀至浦陽山中，徵文以爲記。

嗚呼！大雄氏真身舍利，乃戒定慧熏修所成，❶必入吉祥六殊勝之地方妥安之。其在震旦者一十有九，唯阿育王山顯著特異。自晉逮今，歷一千九十七年之多，國王大臣以及氓隸靡不歸依，金銀重寶施之弗吝，當其祥光發現，瞻之仰之，不翅嬰孺之思父母。蓋如來以慈悲願力，攝受有情，神通廣博，隨念而應，所以啓功德之信心，袪

❶「熏」，原作「重」，今據張本改。

塵勞之妄念也，何其至歟？然而臨師位者，多名世之士，秉法門之正令，飈旋霆奔，一入其庭，心空疑釋，致使舍利之感，久而滋彰，名重五山，光昭佛日，此亦幽明兩致其極者也。禪師起繼芳躅，益殫志慮，當鼓魚寂寥之時，熾然建立金碧燦爛於水光山色閒，浙河西東，未見有如斯之盛者。是宜詳紀之，使後人扶植於悠久也。寺東一里餘，有聖井靈鰻在焉。相傳隨塔而至，呼爲護塔神，折鮮花誘之，輒二紅蟹導之而出，因作淵靈廟祀之。以其與塔相關也，特附見焉。銘曰：

巍巍大雄，攝受有情。持紅日輪，中天而行。照燭大千，洞見毫髮。靡物不昭，無幽弗達。靈明入滅，有不滅存。五色神變，萃斯骨身。無憂之王，捶碎七寶。造塔收之，萬佛旋繞。誰放指端，白毫相光。藥叉奔逐，隨光瘞藏。支那之國，海東之域。鐘聲發祥，塔乃涌出。上自帝王，下達民萌。歷代崇之，精白一誠。唯其所在，天龍訶衛。有感則通，靈光顯瑞。神鐙暈紅，烈火殞空。或射九天，煜如白虹。千目環覩，如佛出世。攀引莫能，繼之以淚。依之主之，代有偉人。據蓮花座，説法如雲。四方駿奔，孰非龍象。一喝之餘，凡情俱喪。聲應氣求，霧滃雲蒸。千有餘歲，無廢不興。有大導師，來接遐軌。佛智之孫，廣智之子。長眉廣顙，大類慈恩。其徒翼之，各展度門。湧殿飛樓，聳起無際。化海爲田，有禾穟穟。像教陵夷，嘅其永歎。浙河西東，似斯實難。法王能仁，覆燾無外。佛子體佛，引之勿替。昔人有言，難逢者時。優曇之現，四衆來依。疇無舍利，中含法界。亦有樓閣，不涉成壞。色非青黃，其光焞焞。不假彈指，諸門洞開。苟能荷擔，直入無礙。手擘摩尼，於法自在。玉几之山，其青無瑕。法雷常鳴，諸天散花。敢告來者，以纘以述。功烈巍然，與山無極。❶

進賢朱府君碣

先王之法不行於後世，道隱民散，仁鄙壽夭，貧賤强弱，爲吏者多弗暇問。於斯時也，百里之邑，苟有忠信之士，聳善扶誼以裨助於政教，不亦空谷跫音之可喜乎？如府君者，誠可銘已。

府君諱志同，字與可，姓朱氏，進賢朱方里人。曾祖仁，無嗣。其妹適宋某年進士豐城袁某，生梓。梓遂來爲仁後，府君之祖也。父粹中，字幼純，漕貢進士，有材略。德祐世變，能聚兵立堡以衛一鄉，寇鋒不敢近。

府君天資亮直，尤好赴人之難。科繇或不平，視其力單者佽助之。閭右作威福，鉗劫細民，不敢少吐氣，府君奮然爲直於上官，人人敬畏，不敢作非義事。縣大夫聞之，歎曰：「是剛介不群者也，是有補政教者也。」遇以賓禮，民間利病必一一詢之，府君爲之傾盡，邑以治最聞。天曆己巳，大儉，民有菜色。部使者行縣，延府君於庭，叩以勸分之策。府君曰：「進賢雖小邑，其藏粟者何翅百家？計其飽妻孥外，有餘則輸於官，分給餓夫，使者一謦欬間，所活數十萬不難也。然示之以至仁，布之以大公，衆將樂於從化。願力行之，行之當自志同

❶ 文末，張本有「洪武十一年歲次戊午春三月十五日前翰林學士承旨金華宋濂造」二十七字。

始。」使者曰：「君言是也。」命即爲之，三百里間無塡溝壑者。府君義聞彰著，監察御史有嘉其能者，首以茂才薦。府君自度不能隨俗浮沈，力辭不就，築室白湖嶺之陰，鑿池種樹，若將終身。揭文安公爲扁堂曰「眞村」；文白先生范公亦爲賦詩，江右學者多傳誦。

府君篤於訓子，闢館舍，聘名師，使其子渙就學，族婣子弟貧而無資者悉聽。已而渙學大進，如水湧山出，復使裹糧遠游，以充其學識。束脯裝錢之費，雖鬻產給之無倦色。不幸渙早世，府君嗚嗚而泣，復召諸孫夢炎訓之如訓渙。夢炎晝夜奮勵，雖寐不敢忘。學既成，登至正辛卯進士第，奉觴爲壽。府君喜曰：「爾不負吾所屬矣。」元季兵起，夢炎奉府君辟地南昌之蜀溪。未幾，以疾終，癸巳春正月某日也。壽六十六。秋八月某日，始自蜀溪奉柩還葬白湖嶺之白楊阬。初，府君愛白楊風氣回旋，有卜藏兆之意，及是，見夢於人曰：「吾將寧魄此地矣。」衆咸異之。

府君性耿介，人有過必詰責之，雖面頸發赤不少恕。家政嚴肅，闔門千指，罔敢有違教條。其於勢利紛華之欲，則澹然無動於中，鼓琴吹簫，酣咏水光山色間，有不知老之將至也。娶臧溪吴氏。子男二，長即渙，卒時年三十五，能古文辭，虞文靖公甚器重之。遺稾若干卷，其門人袁鑣鍥梓以傳。次紹信，後府君四月亦卒。女二，舒某、胡某，其壻也。孫男六：曰和；曰夢炎，通歷代文獻之學，如指諸掌，禮樂家賴之；曰良，曰厚，曰碩，曰惠。曾孫九，則以進、以任、以武、以應云云也。府君葬後二十五年，濂待罪國史，夢炎官于儀曹，實與之同朝。夢炎自狀府君行，持來告曰：「李翺有云：『先祖有美而不知，不明也；知而不傳，不仁也。』夢炎竊爲此懼，願吾子有以畀矜之。墓門有石，亦既琢而礲之矣。」濂不敢辭。銘曰：

剛腸斥邪勁弗折。一見未語心已惕。庶幾今逢古遺直。義聞如泉漸洋溢。勸分有策昭厥績。繡衣使者加薦辟。堅卧不起志非激。膏肓久矣縈泉石。少微星昏風夜黑。白楊有祥閟玄室。孰不霣涕何嗟及？有孫文章成五色。君子於兹觀世德。

史處士墓版文

四明有宋宰相家史氏，世居鄞縣。六世祖詔，政和中舉八行，不就。詔生師仲，父子俱贈太師，追封越國公。師仲生浩，以舊學相孝宗，官至太師、保寧軍節度使，封同魏國公，追封越王，謚忠定。越王生彌遠，相寧宗、理宗，官至太師、保寧軍昭信軍節度使，封會稽郡王，贈中書令，追封衛王，謚忠獻。衛王生宇之，官至正奉大夫、觀文殿學士，封奉化郡公。郡公生熹卿，入元不仕。熹卿生處士，諱佾孫，字列父。潔白如玉，顴輔秀整，風神皎如也。賓客至，輒岸幘笑咏終日。或出壺觴共酌，獻酬疊舉，意度嫺雅如畫。及酒酣耳熱，稽史談經，雜以前朝典故，蟬聯弗絶。聞者曰：「此故王孫也，宜其博習文藝，度越恒人哉！」由是遠邇賢大夫無不與處士游，而袁文清公器之尤深，竟以女妻之。

元故事，宋宰臣之孫多因門第補官者。或憐處士才高，勸投牒自進。處士歎曰：「吾家三世相宋，開國嗣王，入居臺寺，爲九卿、爲法從者，不翅二十輩，出膺郡二千石、縣大夫之寄，復簪組星列，可謂極盛也已。盈虛損益，天之道也。貴與富豈專萃吾一門耶？國之守龜尚或不保，於吾家何有？」自是益韜光斂彩，繫情名山水間。或采芝巖阿，或藝蒲川滋，世上升沈事若無聞知。晚年貧尤甚，飲水著書，超然能忘其憂。君子謂處士類知道者。

初，處士早喪親，弟與妹絶幼，處士育之使成，傾貲爲昏媾之費，儀物充衍，人以爲不失文獻之舊。歲時奉祭事甚謹，盥薦陟降，儼若祖考昭格于上。竣事而燕宗黨，子姓咸集，處士備舉累世德業，懇懇言，情辭悃愊無華，聽之者興起。生平宅心樂易，喜怒不形於色，卑抑謙退如懦夫，然識與不識，皆稱爲善人君子云。

洪武八年秋九月十七日，處士以疾卒，壽七十八。九年某月日，葬縣之陽堂鄉金壆先墓兆次。妻即袁氏，先四十六年卒。子二人：公敬、公襲。公襲爲弟佑孫後。女一人，歸余思永。公敬之子六人：欽祖、靖祖、端祖、暗祖、暉祖、明祖。欽祖、暉祖早世。女一人，歸樓守誠。公襲之子四人：定祖、獻祖、文祖、復祖。文祖夭。女一人，歸張守義。曾孫男三人：必寧、必玄、必和。處士卒後之三年，定祖蒙恩特除中書舍人，與予子璲爲同官，乃持國子録張欽所撰事行，介璲求予爲之銘。

嗚呼！閥閱之家，非世其禄爲艱，而世其德爲艱。使其鮮克由禮，以蕩陵德，實悖天道，雖紆青拖紫，❶上繼祖父，論者不以爲貴。苟恪守儀則，縱没身於韋布間，孰謂

❶「青」，張本作「朱」。

其非賢哉！若處士者，有足尚已。嗚呼！八行君隱約布衣，而啓三相國之盛，處士之德，將無忝於君者也。公侯必復其始，尚當於其後人徵之。銘曰：

浙河之東，史稱名門。三世宰輔，榮光燉燉。爲其後者，非賢孰繼？伊處士君，執謙蹈義。人爵或來，實命之由。天爵之貴，敢不自脩。我言既飭，我行又方。誰云荷衣，不比繡裳？有虛有盈，天之恒道。安分而行，樂善爲寶。既享上壽，復多子孫。濟濟彬彬，必復其原。金壂之里，陽堂之鄉。有墳八尺，王孫之藏。

故紹慶路儒學正柳府君墓誌銘

浦陽柳府君，諱卣，字致明。宋迪功郎、嘉興府崇德縣主簿、諱補之之曾孫，忠翊郎、高郵軍高郵縣令、元贈奉訓大夫、淮安路泗州知州、飛騎尉、追封浦江縣男諱金之孫，翰林待制、承務郎兼國史院編脩官諱貫之子。

府君爲兒時，重遲不戲，潛心於問學。及壯，益孳孳自治，端凝簡静，若對嚴賓師。待制公宦游中外者久，家政悉寄府君，能斬斬不紊，撫世酬物，即始而慮終，壹歸於誠。内翰杜公本、修撰張公樞極相推許，且謂其不艷榮利，有古逸民風。浙西部使者聞其賢，辟爲書吏，辭。繼以薦者，署紹慶路學正，亦辭。大布寬衣，徜徉烟霞泉石間，超然自得。武威余忠宣公闕來僉浙東憲府，行縣過其家，深加敬畏。退語人曰：「待制公有子矣。」

元季兵亂，府君抱先世遺文潛伏巖穴，餘悉不問。未幾，家貲既於盜，府君絶無憂色。人慰之，輒曰：「此亦命也，徒憂將何爲？」壽七十一，以至正己亥十月甲子卒，十二月甲申，葬通化桐柏橋之東。配東陽潘氏，有賢行。子三：長柜，夭；次穎，信之永豐尉，贅居興賢女氏，後七年卒；次穆，循循雅飭，能繼家學者。孫四：士唯、士忠、士恕、士魯。孫女二，適葛信、方文烜。曾孫男一，本。

濂也不敏，受業待制公門，與府君交甚洽。而濂兄之孫女暖，又歸府君從子樾。今穆來徵銘，乃造銘曰：

翁以文鳴，發其和平，化乎於家庭。象賢惟明，以繼以承，以振其休聲。

南澗子包公碣

烏傷縣西四十里，爲南澗子所居。其鄉曰智者，里名修政。南澗子生於宋咸淳乙丑九月三十日，眉目秀整，倍書學文皆過人。年五歲，見伯父記「飲中八仙」及「大曆十才子」名，隨記隨失，南澗子牽衣問曰：「翁何健忘耶？兒雖耳聞，已熟於心矣。」因歷數以對，翁大驚。及長，鋭然尚友古人。朝負耒出耕，稍暇，輒躬親杵臼井竈之事。及入夜，方懸燈挾册，琅琅聲不絶，終能暗誦《春秋左氏傳》三十卷，❶一字不遺。名動遐邇，閭右之族，争聘致爲弟子師。

南澗子專以講解章旨爲第一義。且曰：「自先世逮吾凡十世，皆以教授學徒爲業，其所相傳，不過如此而已。」弟子遵其教者，皆不悖師説爲良士。性嗜酒，雖至百觴不亂。當酣適之際，岸巾獨坐，高歌八韻律賦，抑揚高下，音節極可聽，聞者猶能識前

❶ 「卷」，原作「篇」，今據張本改。

進風致。

濂之祖太常府君與南澗子相友善，嘗延於家塾，俾諸孫師事之。而濂甫十二齡，亦預其列，操觚賦詩，動輒十餘首，南澗子酷愛之。既而濂以家單，稍不事觚翰，南澗子移書於先君尚書公曰：「公之子終成偉器，豈可使嬰世利而志不專耶？外物去來，猶春花之開落，唯問學乃身中之至寶耳。」先君深悟其言，命擔簦遠游，至今幸忝簪纓之末，皆助導之功也。

南澗子無機心，撫世酬物，洞達出肺腑相示，人無賢不肖，皆樂親之。壽七十二，以重紀至元丙子二月十二日卒。瀕卒，危坐賦詩，有脱胎換骨之句，俄頃而逝。其年十二月二十四日，葬於家後五十步，附祖塋也。

南澗子諱廷藻，字文叔，自號南澗，姓包氏。出合肥孝肅公拯之裔。公之子綬，生壽年。壽年生執中，初遷天台。執中生通直，再遷金華之松溪。通直生冀之，冀之生衵，三遷於今里。衵生凱，凱生震，震生文煥，南澗子父也。母盧氏，篁江丞殷之女；繼邢氏。南澗子娶史氏，生五子：士瑞、士祥、士安、士梁、士華。孫五人：文貞、文星、文旺、文彬、文賢。士梁有學行，善繼父業，與濂丱角締交，閒以墓文爲屬。濂游宦南京二十年，久不克爲。今年春，蒙恩致政而歸，士梁復竭蹷而來，以申前請。近嘗謁拜墓下，寒草淒迷，徒增古今之感。乃書其所知者以授士梁，不待狀之所具也。銘曰：

師道之立，善人斯多。奕葉傳經無敢訛，才良俗善資漸摩。何以表之銘澗阿。

義烏王府君墓誌銘

烏傷溪上有王府君者，壽五十八，以洪武九年夏五月丁巳卒於家。十年春二月壬申，葬於同義鄉下澤山之原，素服臨葬者千有餘人，皆洒涕而去。蓋府君忠厚君子也。諱順，字性之。自幼嗜學，嘗登許文懿公之門，讀書必欲見之躬行，使物被其澤。

里有大鼓湖，瀦水灌田五千畝有奇，歲久岸且崩，天稍不雨，田咸作龜兆拆，民遑遑不自寧。府君歎曰：「此非我之責耶？」即集衆興築之。約田而輪作有差，自出布錢，鑿石作水門，視時溢乾而畜洩之，民得大利。朝廷營建宮室，徵木石之工於郡縣，縣吏胥並緣爲姦利，不問老幼廢疾之不可任，悉上其名，索之弗得，輒捕比鄰以代，雞犬不得寧。府君白於縣，覈實而作新籍，凡有徵發，按籍輪役之。村疃之中，痒疴疾痛者，急不能得善藥，府君儲峙一室，或有求者，施之無吝色。然恐察之不精，且與名士朱君震亨講切《内經》之説，汲汲以濟人爲務。鄉閭有單窶者，出粟菽相貸而不録其息；没則給棺櫝瘞之；逋錢久不能庚，則焚其券。

府君猶以爲未足，復謂移風易俗必本於學，乃建書塾，招良師，會鄉族俊秀，俾子弟與之共學。甚貧者，輒周以羞服。月旦十五日，具觴豆延其父兄，列坐左右，立諸生於堂下，府君正衣冠中居，以孝弟睦婣之道誘掖而飭導之。縣大夫賢其爲人，顧左右曰：「若王性之者，豈非一鄉之善士哉！」凡持牒來訴，有及昏姻貲産者，下府君調解之，人服其公，取決片言之閒，不復重有辭。田賦移易不常，官欲重輯之，以定科繇，同義一鄉，府君實與鉤校之任，積弊盡削，無敢上下其手者。府君遂欲進均役之策，會病卒，乃止。大夫聞之，❶頓足曰：「良士亡矣，奈何！」太息者久之。

府君性樂易，未嘗有憂色。見人爲一善事，喜動容貌。每行鄉飲酒禮，捧《大明律》寘几案閒，❷諄諄爲人講解，使之心領神會，不敢爲非。閒居無事，焚香鼓琴以自樂。四方賢士無不願與之交，有納交者，雖久留而不厭。好書法名畫，不翅金玉然，顛沛流離，亦挾以俱往。通《周易》，有所謀爲，則必揲蓍玩占，所言凶吉多驗。

曾祖益之，宋季爲越之校官。祖文繼，父栖，妣曾、朱二氏。妻凡三娶，諸助、何璉，皆先卒，今惟朱某存。子男子三：演、溢、淳。子女子三，諸宗、陳亨、吴童，其壻也。孫男五：至淑、至剛、至和、至誠、至隆。孫女四，皆在室。府君既葬之六月，演請同縣宗潤集其行，爲書一通，介學子童徽來謁文。

古者，族則有師，閭則有胥，各掌其戒令教治，屬民讀邦法，而書其孝弟睦婣有學者，校登夫家衆寡，辨其老幼廢疾之可任者。至於役國事、相葬埋之事，無不備極其情意。嗚呼！府君之行，何其甚類之？使一里得府君焉，則一里寧；一鄉得府君焉，則一鄉治；一邑得府君焉，則一邑之民咸得其所矣。視彼剥蝕於人，扼其喉而鹽其腦者，抑何遠哉！不可以不銘也。其詞曰：

❶ 「大」上，胡本有「縣」字。

❷ 「大明」，胡本作「國朝」。

位不冠纓，而惠孚於民，仁矣哉若人！是非紛紜，而折以片言，信矣哉若人！文質彬彬，而令譽振振，君子哉若人！銘以昭之，揭於墓門。

故樓景元甫墓碣

禮有之，凡有道者、有德者使教焉，死則以爲樂祖，祭於瞽宗，此之謂先師。若漢，《禮》有高堂生，《樂》有制氏，《詩》有毛公，《書》有伏生之類是已。嗚呼！古禮不行久矣，今之所謂鄉先生者，得不近之歟？鄉先生謂誰？烏傷竹山里有樓君景元，以《書》《詩》教於其鄉。景元日坐臯比，申飭五倫之教，亹亹不自休。受其學者，攝其觕疏，歸於密微，必充然有得而後止。父既師之，其子又繼之，其孫又執經從之，先後垂六十年，環境之内外，率皆其弟子矣。於是相與謀築書齋一區，以爲講授之地。暨殁而葬，號泣而執紼者數百人，咸曰：「吾先生亡矣，何所受業而辨惑哉？」觀者歎慕而去。

初，景元之父玉汝翁，習六藝而文。景元幼服家庭之訓，長益自振厲，從淵穎先生吳公立夫爲科目之學。未幾棄去，而專攻群經。間發於詩，亦首尾開闔，皆中矩度，名著遠近。縣大夫或出鄉，咸望問款謁，詢以民間利病，必懇懇縷陳之乃已。

景元性淵慤，事親能盡其養。親死，經紀喪事，不以煩諸兄。諸兄性方嚴，景元承事惟謹，迨至分田，唯受磽瘠者不辭。其後兄子有黜其業者，爲贖而歸之。且曰：「烏可使其無食也。」遇族婣故舊，壹以誠相接，無一毫狎昵態。晚歲頗好神仙家言，杖策游江東，登龍虎名山，騁目遠望，翛翛然獨立物表，意謂古仙人或可見云。洪武七年甲寅十月十一日，以疾卒於家，年七十九。臨啓手足無他言，唯戒諸子以守詩書之澤使勿墜。九年丙辰正月六日，奉柩葬於梅口山先塋之次。

景元諱光亨，景元字也，姓樓氏。樓故爲宦族，宋嘉定癸未進士、通判吉州元齡，其四世從祖也。曾大父炎。大父建中。父有成，無爲路儒學録，即玉汝翁也。娶劉氏，有婦德，濂嘗爲銘其墓。男子四人，女子四人，孫男三人，孫女四人，名皆具前銘中，兹不書。

濂今春蒙恩致政而還蘿山，景元季子仁壽縣主簿璉，件繫群行而來請曰：「先夫人之終，辱先生賜之銘，甫及二載而先君又卒。先君平日嘗言：『知我者唯太史公宋君。我死，若求文鐫墓上，吾目瞑矣。』用是不避譴呵，重有所瀆，願先生進之。」濂之先廬與景元密邇，而景元長濂僅一十四歲，相與論文甚驩。聞景元死，涕落不能收。近雖老病，四方求文者，類多峻辭，其於景元可得而忘情乎？若吾景元，生能執詩書之業以淑諸人，誠無愧於鄉先生者。死雖未及祭之於社，銘以列之，豈過也哉？銘曰：

一卷之書，必立之師。牖民孔易，斯德所歸。懿哉樓君，侃侃令儀。執經據座，析分毫絲。環而聽者，肅其冠衣。聚精會神，臻於泰熙。春融天衷，蟬蜕人私。俗變淳龐，實由於兹。生服明訓，歿寓哀思。有素者冠，溢於中逵。彼位崇階，澤不下施。人孰無舌，不一道之。太史造銘，公厥是非。觀者宜式，知無愧辭。

俞巨川墓記

濂致政家居，澄坐於静軒中，日與造化者游，凡文墨之事，一言謝却。忽伏龍山海禪師、金華童子陽同麗水俞原善連翩而踵余門，禪師爲原善而致辭曰：「原善名善衛，居栝蒼之麗水。其先有諱德者，嘗爲松陽校官，自是以詩書爲業。校官生義，義生通，通生明。家道雖寖裕，而敦龐樸茂，不爲外物而遷。朝出耕，暮歸讀古人書，柔仁自持，與人語，唯恐傷氣。尤懼隷卒，不啻避虎狼，足跡未嘗至公門。科繇之應求，豪有力者兼之貨賄，隨其所命，不敢出一言較多寡。幸其見聽輒閉户自詫曰：『吾屬無患矣。』明生浹，字巨川。年未弱冠，見祖父失之太柔，慨然曰：『苟持此而不變，其尚足以立家乎？』或有事州縣，巨川奮身直前，揖拜上官，皆不踰於禮節。吏欲爲姦利，輒窮根柢，不使其滋蔓。凡有所期會，朝受令，逮日落即集。群豪相戒曰：『是子才智兩全，不比其乃公可欺，吾當謹避之爾。』自是其家安輯，雞犬亦不驚，貲業益致殷盛。

「然篤於倫品，嗜善不厭。仲弟巨淵，遘風痹之疾，巨川晝夜憂如己有之，聘醫注藥，殆無虚日。至於烹煉火候，必躬親視之。及巨淵亡，撫育其二子，尤有恩意。鄉鄰之中孤嫠者，耄且病者，困窶無依者，振之恤之，唯恐有不及。俞源有橋二所，曰利涉，曰康濟，溪水暴悍，旋踵輒敗壞。巨川憫涉者告病，皆重建之如履平地。去家十里所，慧力古招提在焉，蕪廢不治，而荒榛沒人。巨川爲造殿堂門廡，莊嚴像設，無不畢備。具疏延碧潭澄師主持寺事，復施毗盧藏經以實之。樊嶺慈仁寺棟宇雖隆，而浮屠氏諸像未完，巨川召良工摶土造之，始稱其伽藍之制。其存心爲善，大率類此。年六十三，以至正乙未六月十日卒於家。某年甲子某月日，葬於北山之麓。

「巨川娶陳、顔二氏。男四人，長即原善，有學行，嘗從許文懿公門人游。仲父巨淵喪在淺土，原善造穴於父墓之側，奉而藏焉。乃捐私錢築孝思庵，買田若干畝，入其租以供祀事，錙銖不以煩仲父諸子，鄉人士稱之。次善麟，次善詵，次善護。女三人，湯源、吴華、高聽，其壻也。孫一人，❶某。巨川爲人外剛毅而内慈惠，遇事以誠，略不尚浮藻。知儒術，旁通醫藥卜筮之學，嗜義如嗜利。今不幸已矣。原善慕太史公名非一日，無以自通於執事，謹介吾儕爲之先容，願太史公畀矜之，賜以冢上之銘也。」於是原善出再拜，其有請如前而加切焉。

余與誠意伯劉公伯温、御史中丞章公三益嘗同朝。二公皆栝蒼人，每品評鄉邦人物，輒稱曰「麗水俞巨川，仁人也，其家世以積善稱」。余固已聞之矣。今原善之至，復知詳焉。然爲善者當有後，非惟巨川能亢其宗，而其後裔食前人之報者，當未艾也。爵禄之來，夫孰禦之哉？於是不辭而爲之銘。銘曰：

彼悍如狼，我仁如麟。彼雖囂囂，我則振振。所以才智鍾乎後昆。家有餘慶，恒在善人。紫綬金章，行當大其門。

❶「一」，韓本作「二」。

亡友陳宅之墓銘

嗚呼！吾宅之死矣，銘非濂孰能爲之？初，濂讀書浦陽江上，宅之侍其舅氏吴徵君長卿來游，濂始識之。徵君淵澄山聳，發言不繁而咸中肯綮；宅之氣象雍容，揖讓合節，鳳和鳴而玉鏘如也。濂心異之，進謁徵君，退必與宅之言。問其所從師，則韓莊節公性、黄文獻公溍也。問其所學，則治經爲進士之業也。濂時頗有志應舉，相與詰難經義，連日夕弗休。迨别去，猶依依南望，至日落乃止。

自時厥後，宅之聲譽日起，大夫士唯恐内交之晚。廉訪使者行部，舉爲稽山書院山長，宅之辭。❶ 宅之意氣方豪，謂朱紫可以引手致。及試藝有司，數上數不利，乃撫几歎曰：「慈親年高矣，予髮亦種種，安能逐三五少年競一日短長耶？」即退隱大山中，朝夕親側，不敢少離去。濂聞而悲之。

至正戊戌，濂避兵徵君家，已而遷宅之之西軒。濂攜室人賈專及仲子璲、長孫慎，三世爲四人爾，心膽戰掉，若喪家之犬。宅之煦嫗而軫存之，視濂猶弟兄，遇璲與慎有若子孫，宅之内子蔣夫人亦視專如妯娌然。濂安之百里之外，忘其流離顛沛之苦者，宅之夫婦力也。

浦陽既入職方，濂挈妻孥西還。庚子之夏，朝廷遣使者來召濂，趣裝上南京，擢爲王官，與宅之别者閲十春秋，其依依之懷，猶浦陽南望時。暨以病予告東歸，思宅之之心逾切，病間竟騎驢往見。宅之大喜，

❶「宅之辭」，黄溥本作「辭不赴」。

屐齒殆將折，留連浹旬，椎羊豕以爲饗。當夜半酒酣，叙兵火離合，語刺刺不能已。既而掀髯高歌，聲調激烈，一吐壯年不平之氣。濂復悲其壯志雖不衰，然亦頹然老矣。居亡何，濂復起修《元史》，進官禁林，又將十年，而璲同慎亦俱竊禄於朝。濂私自念，皇明圖任黄髮以開文治，如宅之者，年縱邁，豈邱壑所能淹？將以其文行上聞，璲、慎咸争曰：「陳先生老矣，得毋不可於意耶？」乃止。洪武丁巳春，濂蒙恩休致於家，始知宅之之殁已五年矣。欲如昔日一見，有不可得矣。追念今古，不覺潸然出涕。專亦思蔣夫人之切，復念宅之固云殁，而夫人尚無恙，行當胥會，以慰中心之懸懸。近有自諸暨來者，則又曰：「夫人之亡，亦已三月。」嗚呼，悲夫！濂知宅之之深者。宅之殁矣，銘非濂孰堪爲之？

宅之諱堂，宅之其字也，姓陳氏。其先襄陽人，十一世祖宋國子助教旦，始遷於杭，生餘姚知縣慤，再遷諸暨陶朱里。曾大父某。大父琳，承信郎提刑司幹辦公事。娶吴氏，吴居縣東之流子里。生子曰燦，宅之之父也。仍娶於吴，遂依女氏以居，爲流子里人。宅之壽七十有七，卒之日，乃癸亥十一月六日。閏月二十三日，葬於戈溪之原。娶黄氏，壽六十，前十五年卒。繼配即蔣夫人，有婦德，鄉人稱之。壽七十四，後五年卒。子男四：鐵、鋘、鏞、鎰。鋘亦前五年卒。女二，適吴義、吴璲。璲，徵君長孫。孫男六：濟、温、浦、潤、浩、灒。女二，尚幼。曾孫男四：樟、權、梓、橡。

宅之性雅飭，行乎患難，能以理自遣。室廬蕩於兵燹，亟還別墅，曾無幾微見於顔色。每速故人飲酒賦詩以自適。其詩韻度深婉，一篇出，人競持去。閭井之閒恒樂親之，久而不厭。徵君家將合族爲義居，宅之左右徵君，爲定科條以齊子姓，至今守之。嗚呼！宅之已矣，而徵君亦作土中人矣。上距避兵之歲僅二十年，人事變遷，何所不有，未知後二十年又爲何如也？唯有善名著於時，述作傳於人，雖歿猶不歿也，如宅之者是已。銘曰：

五彩弗施，不如赭泥，我哀乎宅之。受才則丕，其數則奇，我哀乎宅之。斂其奮飛，發於聲詩，我哀乎宅之。墓門有碑，太史勒辭，尚足慰多士之思。

故筠西吴府君墓碑

洪武二年冬十月二十有五日，筠西府君以一疾不起聞。壽年雖八十有八，其州里之人更相弔哭，以爲義士亡矣，吾屬將何所依賴？十數里中，聲嗚嗚不絶。四年春正月六日，葬於孝義里戈溪之原。其孫鐩，以濂知府君最深，請張君辰件右功世取文刻碑。文曰：

府君字長卿，諱宗元，號筠西，其氏曰吴。吴出泰伯苗裔，初遷會稽之山陰。唐大中閒，有諱翥者，以學行聞，門人私謚文簡先生。先生遠孫少邽，咸通初復遷諸暨開化鄉之峽上。少邽九世孫泗，宋崇寧中復由峽上遷孝義里，世有顯人，其詳具見譜圖記。曾祖蘭，祖元祐，父護，母斯氏。府君，馮出也，孕二十四月而生，幼發智如成人。早喪父，事母夫人甚恭，黎明至寢所，候起居，躬進饍羞，必待竟食乃退。母常戒之曰：「我有媵侍，自足備給使，勿勞苦我兒也。」府君頓首謝。及母有疾，府君遑遑不自寧，夜參半，泣禱上下神祇，籲以身代，久弗驗，府君心益苦。一夕，母夢白衣人謂曰：「汝壽止於斯，今以汝子之孝，特延一紀。」疾果瘳。忽都魯忽公宣慰浙東，聞君之孝，辟爲奏差。受事僅數月，歎曰：「我母年已耄，苟力田以爲養，不翅足矣，何以仕爲？」竟拂衣而歸。日在親側，視其顔色爲進退。歷十二年，母以高壽終。府君號慟幾致隕絶，服闋雖已久，但語及之，輒哽咽流涕如新喪，見者憫之。

府君自念父母歿，唯教子孫毋析居，乃可以繼先志。聞浦陽鄭順卿家十世同居，❶特往謁焉。順卿示以《家範》數千言，府君如獲寶璐而歸，力遵行之。十有餘年，家政蔚然可觀，户庭之閒穆如春風，人無閒言者。和氣所感，有犬病足，其子銜食哺之，犬得不死。文人競爲歌詩美之。府君益堅爲善之志，製《家教》一篇，誨飭剴切，洪纖無不及，而惠利鄰族之事居多。召子孫示之曰：「天之畀矜吾者厚矣。脱有餘財，可坐視顛連而弗之卹乎？吾就地之日近，故惓惓爲爾輩言之。」府君晚年耳益聰，目益明，健步如强年人。及見玄孫之生，士君子咸集，府君危坐中堂，一子康，髮盡白，帥諸孫曾雁鶩行以進，次第舉觴爲壽。府君抱玄孫寘膝上，銜杯盡歡，蒼顔酡暈，望之者謂爲神仙中人。繪史遂爲《高玄聚慶圖》以傳後。三年，府君遘奇疾，陽道閉澀，不復能小遺。醫者云：「病在陰氣絶，藥不能及，法當噏而通之。」其孫曰鉅者，遽如醫言，僅得汙血一勺，終不治。府君度疾不可爲，呼家人與訣，以義居不分爲屬，其耿耿

❶「居」，張本作「爨」。

猶前志云。

府君娶陳、錢二氏，皆先卒。繼楊氏，後府君亦卒。子男子二：長庸，先卒；次即康。子女子一，適同里斯文。孫男四：鎹、銓、鉞、鉅。孫女一，花亭黄鏞，其壻也。曾孫男十：源、涀、濤、海、汝、瀫、治、瀚、渡、淇。曾孫女二，在室。玄孫男：槦、梓、桷、植。

府君性恬沖，與物無忤，貌熙熙常如春，未嘗少見憂戚之容。頗嗜音樂，自造短簫，長可六七寸，遇風日清美，輒箕踞而吹之，聲振林木，而胸中之自信者，一假是以洩之。故當時之賢者，多樂與之游，且惜其不沾一命之禄，以展所蘊，終無以暴白於世。然而生受備物之養，歿則期功緦麻千指就位而祭，雖古之封君亦不過此，尚奚憾哉？濂也不敏，頗嘗獲拜牀下，與聞緒論。及東出逃難，又蒙授館致餼，如忘年交。府君今不可覿矣，俯仰今古，惡得無情乎？於是掇其大者而製銘曰：

有夫之嬴如，發行之真如，家聞之馨如。條教惟程，孰得而京如？影端於形，孰得而傾如？蟄如繩如，彙如烝如，將歷世而弘如。

徽州羅府君墓誌銘

府君諱旦，字希明，姓羅氏。其先出於祝融之裔，受封於羅，子孫遂以羅爲氏。始於房陵，繼遷豫章、長沙間。歙之有羅，則又自豫章而分。其居西鄉，在宋爲著姓。有諱汝楫者，政和二年進士，官至龍圖閣學士，知嚴州以終。生六子，曰顥，曰籲，曰頡，曰頌，曰願，曰頫，皆煒然有文。願字端良，尤號雄深雅健，爲當時所稱，有《爾雅翼》《新安志》《鄂州小集》等書傳於世。

府君蓋龍圖之裔孫，累傳至諱綺者，官承節郎，娶某氏，有子四人，而府君最幼。季兄迪禄，乃馬氏所出，娶汪氏，年十九而亡，無子。馬氏傷之，請於承節君，命府君爲之後，遂禰其兄而祖其父。府君事馬氏如大母，奉汪氏若生己者。歲時坐二母堂上，帥婦子奉觴爲壽，邕邕如也。其處同氣閒尤盡禮，訥然似不能言。諸兄有酒而或使氣凌轢之，府君笑曰：「兄真大醉耶？」兄慚而去。疏遠人困厄不能生，府君飯之二十年，及其終也，復爲斂薶之。推而達於州閭，貧不能蔽手足形，造榰櫝以給之。鬭争弗解，將赴愬於有司，具籩豆酒漿，呼而平之。社祠壞，民禜禳無地，倀倀號諸野，爲屋而像之。環秀橋敗，往來者危，顧視不敢渡，倡衆市巨木構之。春和木氣萌，農父入山刈新條以糞田，刈者家單，往往不食而作，困頓道上，役傔人舁淖糜食之。府君之好施，不特此也。四方宦游有過歙者，皆假館於府君，久而彌恭，瀕行復有所贐。士大夫言及府君，必同辭稱之曰「惠人，惠人」云。

至正辛卯，蘄盜起，蔓延至歙。府君謂諸子曰：「國家養育汝曹久矣，今大盜攻城邑，正赤心報上時也。汝曹毋以老身爲念，當思爲破盜計。」於是諸子募健兒數百人，整其隊伍，部領詣轅門，請自效。既而盜日熾，家竟以此蕩毁。至正丙申春，府君避兵山谷，盜兵卒至，執府君，褫其所服衣。府君駡曰：「天子何負於汝而反耶？行將作葅醢矣。」駡不絶口，盜怒，以戈舂之，府君墮澗中。時諸子在軍，無知者，惟一女奴侍側，扶至家而卒，正月二十六日也。享壽六十三。

府君娶吳氏，諱月，字德明，休寧人。閑禮法，甚得婦道，亦以其年十二月十八日卒，年視府君而加二齡。子男三人：守正、宣明、祖安。宣明仕於國朝，累官將仕佐郎、知淮安府山陽縣事，以治化稱。然孝行醇至，嘗刲股肉以起府君之疾。女子五人，適汪道原、吳履仁、程欽文、汪士傳、吳宗善。孫男十人：斗應、潤祖、謨童、儀童、山陽童、喜童、貴童、貞童、州童、添童。曾孫男七人：茂保、萬保、忠保、恕保、惘保、羅漢保、賀保。府君卒之明年某月日，與吳氏合窆里之官倍山，禮也。

人之號丈夫者，身都重祿，而無毫芒之可紀，徒見其須鬣森張而已，冠服委蛇而已，是果何爲者哉？ 府君以一韋布之士，其行乃彰彰如是，孰得孰失，當必有辨之者矣。宣明久與予游，素知府君之事。遂爲之銘曰：

惠利之施，無間親疏，是爲仁之推。赤心徇國，白眼詈賊，斯乃義之激。吁嗟乎羅君！非行之絶倫，曷以致吾文？吁嗟乎羅君！

宋文憲公全集卷二十三終

宋文憲公全集卷二十四

諸暨陳府君墓碣

惟陳氏遠有世序。其先居襄陽之宜城，有諱璿者，生磐，磐生斌，斌生甸，甸生宋國子助教旦，始自宜城徙杭之萬松嶺。旦生慤，字公實，有文學，一時名人如范元卿、陸務觀、辛棄疾咸與之游。論者謂其氣節度量有郭元振之風，官至承事郎知餘姚縣，復自杭徙諸暨陶朱里。慤生樵，樵生載，又自陶朱里徙開元横山之西。載生國子監主簿瑞，瑞生罽，罽生清，清生德興，字克明。從子洙，嗜學如不及，克明資之，使受經名師，食或告絶，躬事杵臼，市米以遺之，卒成鉅儒。

克明娶曹氏，生府君，諱大倫，字彦理。自幼岐嶷，學《易》於洙，既而更《春秋》。年甫踰冠，敷繹義例，揮毫輒雲烟滿紙。自度功名易如拾芥，屢試藝場屋，不能中繩尺，恚曰：「吾文視舉進士者何遠？今不與之並驅，造物困予矣，將何言？」於是棄絶，益攻古文辭。浦陽淵穎先生吴公萊，以奥學雄文知名當代。府君從之講學，下及秦漢以來諸文章大家，章有其法，句有其旨，青燈夜懸，或至達旦不寐。府君之學大進，遠近歆豔之，交聘爲家塾師，留富春山中者最久。

富春右族多負氣善鬭，府君周旋其間，每以訟終凶爲戒，言辭悃愊無華，聞者皆心醉，俗爲丕變。馮士頤將合族爲義食，不問耄倪，一聽府君言。府君量其可行者，樹規約如干則，防範甚密，其家賴之。狂士吴子中，文而好訐，斂怨于鄉，羅山人集亡賴男子，縛致幽室，將樸殺之。府君徑趨山人家，揚言曰：「爾曹欲殺吴子中耶？子中無大罪，豈可以嫌隙之細遽害之？具耳目者恐不爲也。吾當白之於官。」山人聞之懼，解縛與其俱來，伏地謝罪，府君諭遣之，子中因得不死。

元季兵亂，江浙行中書徵兵儲于饒。饒之判官方沂實部其凡，及押運吏入江，爲敵人所襲，上官將致辟於沂，逮捕甚急。沂潛往見府君，泣訴其故，抽刃欲自刎。府君奪其刃，藏沂山澤間，且解之曰：「兵儲之失，罪在押運吏，判官何與焉？」尋獲免。沂見府君跪而語曰：「生死肉骨之恩，隕身不足以爲報。」府君張目大言曰：「方判官及以市道交我乎？」沂不敢復言。

府君知時事不可爲，遂絶意仕進。時江南行御史臺移治會稽，中丞吴鐸、監察御史督烈圖王偲，競欲挽府君於州縣文學掾，府君力辭。❶且策西師旦夕必大至，決不暇安居，乃遁鄰縣之東陽，已而果然。諸暨下，高郵欒鳳來爲州，與李參軍希白謀迎還府君，以事師之禮事之。州兵爲變，鳳與希白皆被害，府君又避入流子里。

流子里在州東長谷中，府君當兩山夾澗，作晚香亭三楹間，日與賓客暢飲爲樂。酒酣，府君捉筆詠詩，脱帽高歌，擊几案爲節，座人每爲絶倒。或氣候和適，戴華陽巾，服寬博布衣，支筇行古石細路間，遇泉石佳處，游目思視，意若與之相忘。人問其故，府君歎曰：「吾生平無他嗜，唯攻文成

❶「力」下，張本有「以疾」二字。

癖，孳孳矻矻，垂四十年。昔之人如此者何限，今皆安在哉？每搔首自傷，但得適意時，竟與萬物齊冥，當不計有明日也。」識者服其曠達。後三年，以疾卒于家，實吴元年十一月二十一日，享年七十。十二月十八日，葬于某鄉吕塘之原。

府君娶樂氏，生二女，適傅某、胡驥。繼配張氏，生一子燁，善古文辭，能紹家學者。孫男五：可牧、可蕘、可漁、可農、可仕。

府君長身美髯，性坦夷，吐言露肝膽。雖髮已斑白，手不釋卷，天文地理、老釋氏之書，莫不攬其英華。尤善寫竹樹，蕭蕭有蒼勁之意，寫已，競取爲清玩。所著書有《春秋手鏡》《尚雅集》各若干卷。「尚雅」，蓋府君之自號也。府君殁，其友張辰既狀其行，復慟然謂人曰：「府君之才之美，設用于時，當無適不宜。奈何斂財操勢者，銖黍不合度，輒斥而不取，遂俾甘心邱壑，老死而不悔，甚可謂當世有司弔。若府君者，無榮無辱，全其所有而歸於造化，奚翅足矣，尚復何説哉！」燁持狀來徵銘。濂雖素知府君，未必有加於辰之言也。謹備識之，而爲之銘。銘曰：

天之夢夢，孰得而論。賦才孔多，乃卒堙淪。偘偘夫君，纓蕤之門。風措孤騫，所凝者神。五彩成章，隨氣吐吞。其光爛然，可燭翳昏。鬱而弗施，結爲氤氲。彼狂者生，取尤於人。將扼殺之，不翅孤豚。奮襼一呼，兇徒褫魂。有友阽危，逮者星犇。將蹈白刃，誰欲命存。匿之山樊，慰言複諄。平脱其生，矢不以恩。少見事爲，已復有聞。假使大用，何物不春。惜丁亂離，戎馬紛紜。鶚書雖上，荷衣莫焚。笑詠烟霞，傲睨乾坤。時命所拘，有志弗伸。七尺之墳，呂塘之原。昭懿廓潛，太史有文。

新昌楊府君墓銘

越之新昌，有大山曰彩烟，與沃洲天姥鄰，而彩烟尤爲峻絶，遠望之如雲霞繽紛天際，故名。山之絶頂，其平如掌，沃野數十里，桑麻蔚若，雞犬之聲相聞，或者媲之武陵源云。

大姓楊氏自隋末來居之，閱數百年，而書詩之澤有引弗替。在宋之時，父子兄弟至連舉於有司，而嘉泰壬戌進士轟，其仕爲尤顯，官終朝奉大夫知廣德軍州事，贈奉直大夫。廣德之從子佑祖，亦由太學舉進士，爲婺之浦江丞。浦江生昆，昆生禔，禔生府君，諱居，字温如。生三月而其母梁氏亡，父命乳母鞠之。性穎悟，八歲能賦詩。及長，聞天台于先生子惠傳伊洛性理之學，❶執經而受其説。久之，融通諸家言，而貫以一致，神暢心怡，實欲起古人千載之上與之晤語，既又以爲言之不文，不能以行遠，復從同郡韓莊節公游，取文章大家日研摩之。其於分章遣辭之法，辨其類不類，尤嚴其界域。時先師黃文獻公以文名當代，府君撰長書贄見之。公讀已，嘖嘖賞愛，更揭諸座右，賓至則指以示之曰：「是豈非文耶？」公爲人極慎許可，其器重之若此。

府君嘗以《春秋》學應書鄉闈不利，遂掩關不出，下帷而講授，四方學子趨之者如雲。府君日據高座，隨其性資而開導之，如蒙大霧而行，不自知其沾濡之至。學成而去，多著名于時。人問之，則曰：「我楊先

❶「于」，張本作「於」。

生弟子也。」恩義隆洽，不敢更名他師。

府君性至孝，父有疾，晝侍左右，夜不敢解衣寢。臨穴之日，號絶于地，良久而蘇。歲時祭祀，必預齋戒，眂滌灌，盛服拜跪，儼如祖考之在乎上。贍塋有田爲豪民所據，府君帥宗人白于官復之，仍創庵廬以居守者。府君介而通，莊而能温，未嘗妄言笑，一動一静，皆可爲式程。善古文辭，尤長於詩騷，亦有《愛齋槀》若干卷，❶藏于家。府君出處之際，唯道之從，視不義富貴，真若浮雲。臨財尤廉，路拾遺金，俟其主還之；里有喪及饑餓者，恒周之。學者方自以爲得師，年六十六，不幸以洪武九年丙辰冬十一月二十九日卒家。明年丁巳春三月十九日，窆于金山之原，在家西四里而近。娶同邑趙氏，生男子四：長宗學，先卒；次須學，去爲浮屠，更爲梵唄，有聲叢林間；次願學，繼父之業；次□學。女子一，歸士族盛必勝。孫男一，自牧。女一，尚幼。

予聞之，文者，將以載道，道與文，非二致也。自夫世教衰，民失其正，高談性命者，每鄙辭章爲陋習；拘泥辭章者，輒斥性命爲空言。互相譏訕，莫克有定。殊不知道與文猶形影然，有形斯有影，其可歧而二之乎？是可歎也已。府君以超卓之姿，窮理攻文，孜孜弗之倦，務欲合而一之，亦可謂知道者矣。銘曰：

大道流行，日用昭宣。非文載之，道孰與傳？安可歧之，狥於一偏。迂夫曲士，牢執弗遷。擿埴索塗，何往不顛。有倬夫子，式窺其全。以彼校此，孰爲愚賢？鐫石幽墟，過者察焉。

❶「亦」，胡本作「著」。

義烏方府君墓志銘

府君諱天瑞，字景雲，姓方氏。宋元豐間，有諱沈者，自嚴陵白雲原徙居義烏之稠巖，今九世矣。當五世時，又有諱應龍者，登嘉定癸未進士第，官終大冶丞，其族望嘗顯矣。府君曾祖諱淵。祖諱菘之。父諱汝霖。母喻氏，紹興丁丑進士工部郎中喻公良能五世孫也。

府君六歲時，與群兒戲于池濱，一兒俯身攀藕花，忽墮水中，群兒皆驚犇，府君急執其足，揚聲大呼，人聞而來，拖兒還其父。逮長，讀書窮旨趣，孳孳弗少懈。其父以食指之繁，故廬迫隘，不足以容，別買宅一區於三里外，命府君居之。府君昏定晨省，雖大暑寒不廢。父母憐其勤，力止之。府君跪對曰：「子職當如是，不爲勞也。」府君之配曰朱氏，承直郎廣德路總管府經歷諱約之女也。府君相敬如賓，終其身無片言乖戾，或者媲之梁伯鸞。朱歿，府君一念之輒垂涕。與人交，重然諾。一旦暴風疾雨，府君擔簦躡屩，倉皇欲就塗，家人謂曰：「非有至急之故，何遽往也？」府君笑曰：「吾與人期，不欲爽信耳。」其遇宗族内外姻，多煦煦有恩意。有稱貸者，或不能償，寘不問。

府君長身鶴立，美鬚髯。樂賓友過從，當酒酣耳熱，高談雄辨，驚動四筵，徐而察之，皆根據經史，出入思慮之所不到，時論多之。府君有兄二人：孟曰天與，字景賢；仲曰天錫，字景範。景賢博通書傳，善滑稽，士無賢不肖皆樂與游，尤精《黄帝内經》之學，有疾者恒依之。景範淵深而簡默，遇勝友論詩，輒抵掌劇辨，衮衮如泉源發，不見其窮。府君固難爲弟矣，亦復翹然與之抗衡，非聰明絶倫不能也。

府君年七十九，疾病頗侵凌，知其不可治，乃絶醫，賦詩一章示子孫，大意以爲吾讀孔氏書，死生終始之説，粗若知之，萬事悠悠，當同一夢。彼浮屠氏所謂天堂地獄，不過託是化爲善而已，吾家素絶之，不必用也。今死矣，與明月清風浮游於天地間耳，尚何道哉！書畢而終，實洪武九年十一月二十一日也。府君生平嗜吟，有詩集二卷，藏于家。妻即朱氏，無子而先卒，鞠景賢次子樵爲嗣。既而少房馬氏生子男子二人：曰士龍，曰士信。子女子一人，曰丑姬，徵事郎中書舍人宋璲其壻也。孫男二人：某、某。以某年月日葬某山之原。

初，予與府君二兄交甚洽，❶繼識府君於白麟谿上。府君方爲女擇配，予兒璲始九歲，操觚作蠅頭細字，謄予所造文辭，府君心悦，遂成婚姻家。府君當有疾時，璲將來南京省予，往謁府君道别。府君執璲臂言曰：「汝尊公當代文士第一流。吾旦暮死，不復與子相見，願爲求墓上之銘足矣。」璲泣而别，府君果以訃聞。❷予亦爲泣下霑襟。今予致政還家，府君從孫衡備書其事行，士龍持以來請，予惡得不爲之銘？銘曰：

稠巖陽，三鳳翔，一鳳後逝雲爲鄉。梧桐峯峯空高岡，緬懷德輝人可忘。

元徵士周君墓志銘❸

君姓周氏，諱自立，字本中。裔出汝

❶「兄」，原誤作「人」，今據張本改。
❷「府君」，張本作「未幾」。
❸「元」下，張本有「故」字。

南，初遷黄之永安。唐季，有爲袁州刺史者，因家宜春，繼徙廬陵，子孫衆多，又自廬陵分居新喻天柱山之陽。曾大父鼎臣，宋太學某齋生。大父宗岳，以文學名，江文忠公極禮下之，後用薦者授迪功郎監廣西經略安撫司庫，辭不赴。門人私謚文範先生。父雲龍，元瑞州路儒學録，博學，著有文集若干卷。

君自以奕葉爲儒，繼承不易，孳孳問學，雖寒之折膠，暑之鑠金，亦不敢輒廢，下筆爲文，翩翩然成五彩矣。父既蚤殁，獨奉母某氏居家。苦貧，傭書以奉甘旨。❶從兄自强爲廣西宣慰司都事，以書來徵會，欲白上官薦爲廉州文學掾。君笑曰：「吾母老矣，焉用是爲哉！」即別歸，下帷講授，相從者多以文行知名。其兄自牧補奏差於帥閫，奉檄行湖湘間，遇寇溺水死。君垂泣而往，負其遺骨，挈其妻孥還。既卜宅兆而葬，復訓育子女者四，皆至成人。

初，君配歐陽氏，有廢疾，手足不能用。君遇之如賓，無一言相加遺，凡十有餘年乃終。君時正當青年，人絶以爲難。君性温静，恂恂若不能言者，至於辨是非利害，恒義形於色，毫髮不少恕。故元夫鉅儒，一見皆器重，恨相見之晚。嘗再踐場屋不利，遂棄去。不幸以至正某年月日卒，享年五十又六。以某年月日，窆于某鄉先塋之次，其地曰隆坑云。先室即歐陽氏，繼室何氏，皆先卒。子一人，孟東，君卒時年甫十四，亦思繼業如君。方及壯，以賢良徵，由翰林國史院編脩官遷應天府上元縣主簿。女一人，適同邑劉有大。孫二人：釭、能。

❶「傭」，原誤作「慵」，今據張本改。

予侍講禁林，實與孟東同僚，見孟東精勤而有學，心甚敬之。孟東奉前鄉貢進士梁寅狀，拜而請銘，且繼之以泣。予家食時，自來爲義烏尹，頗與自强交，視孟東契家子姓也，義不得辭。銘曰：

孝友行于家，既質且葩，又何必金章盭綬而始爲華？我銘斯墳，言則非夸。

蔣府君墓銘

余官詞垣時，編脩蔡玄與蔣敬偕來。玄代敬致辭曰：「敬舊從游於句曲伯融孫先生。伯融總兵於栝，而歿於王事，敬痛其師之亡，而其詩不傳，今采輯成編，將刻諸梓，願爲序以冠篇端。」予私自念，近時爲師弟子者，一轉盼間如不相識然，若敬者，亦可謂之知義者矣。意其必有所自，頗竊識之。及余致政還山，敬持元進士東原牛繼志之狀，請銘其先府君墓。狀中述其家三世以孝聞，則其所涵濡者深矣。宜乎敬之制行不忘其師也。

府君諱成，字公輔，蔣其姓也。其先爲汴人。宋建炎初，扈蹕南渡，遂家建業之錦繡里。曾大父某。大父某。父某，字秀之。母郭氏，閨閫肅穆，可爲女中師。府君生而夐異，不與恒兒同。少長，事親曲盡其孝敬，一傾步之間，常恐親之饑且寒，盻盻焉，懸懸焉，若無所置身。見親破顔一笑，輒喜劇，不知手足之舞蹈。士君子咸曰：「公輔之祖若父，篤於倫品，人競稱之爲純孝，而公輔又能繼之。吾聞孝子之家，其後必昌，庶有望於斯人歟？」府君非惟能孝也，其友二弟甚至，庭無間言。仲弟彬，爲泰州吏目，先三年卒；季弟順，先一年卒。府君竭力經營其後事甚悉。府君非惟能友也，與人交，務崇信讓，雍雍雅雅，絶不與物競，唯恐傷之。不幸以洪武七年五月十日卒，享年五十又九。其年六月八日，葬于城南撥雲山之原，禮也。

娶劉氏。子男子一人，敬，其字爲行簡，爲人謙慎，重然諾，一時名士多與之游。子女子二人，長蚤世，次適徐信。孫男一人，真童。孫女一人，在室。

予聞孝者，群行之冠冕，人有行之者，則百善至而百邪去。府君能繼先人遺躅，而益有光焉，以增夫名教之重，此而不銘，惡乎銘？銘曰：

才豔而夸，裁雲剪霞，未能振德之華。恪遵天經，篤行于庭，斯可通於神明。昧昧思之，孰爲重輕？讀斯銘者，當蹶然而興。

瞿員外墓志銘❶

濂侍講禁林時，蘇之良士瞿公莊來爲典簿。其爲人也，文學蔚茂，而勵行堅凝，濂甚敬畏之。凡應制諸作，多出其手，率皆稱旨。自是與之締交，不翅伯仲然。間以先府君墓銘爲屬，濂以索文者接踵于門，雖諾之而未暇爲。今蒙恩致政家居，又復移文以申前請，乃序其事而繫之以銘。序曰：

府君諱嗣興，字華卿，姓瞿氏。其先居河南，後徙通州之海門。宋末，有諱某者，避兵南來，至姑蘇之常熟家焉。生二子，曰青，曰達，俱有才力，能伏其鄉人。元兵取

❶ 此題，張本作「故贈將仕佐郎禮部員外郎瞿府君墓誌銘」。

江南，有劉將軍者，徇地至姑熟，青與達帥里中强壯拜馬前迎之。有猘犬突出軍中，衆愕眙，持弓不敢發，青直前一箭射殺之。衆讙曰：「壯士，壯士，可官也。」青曰：「吾不如吾弟達。」將軍遂出旗號，俾達招諭未降者，承制授達爲百夫長。及宋亡，遷蘇州巡鹽大使，兼管内六縣捕盜，轉憐口提領。娶某氏，府君其子也。

府君少時，家有禄食，日從其徒射獵飲酒爲樂，不喜學書。然天資仁善和順，未嘗有過。年十七，怯憐口以例革，不置官提領。君家食甚貧，府君即折弓矢，脱略紈綺故態，躬力穡事，以養二親，承候顔色，唯恐弗至。母嘗病疽，時天熱，疽潰臭不可聞，人皆掩鼻趨過。府君跪牀下，執蒲葵扇驅蚊蚋，以手摩穢刷汗，扶其起卧，不解帶者三旬，至愈乃止。母又嘗患積氣，危甚，醫弗能攻。或告以股肉可療，其法寘刀盂上而禱于神，俟刀躍乃可割。府君如其言，自旦至晡，頓顙于地，顙破血流被面，刀弗動。府君泣曰：「天忍不憫我耶？我縱以身易母，猶甘之，肉何暇惜乎？」知刀終不可動，起引之割肉，寘盂中，裂帛漬血裹創，戒左右勿泄，羹之，謬稱他肉以進。母不食已五日，見羹喜，爲之握筯，食一杯幾盡，食已而瘳。母後感疾思啖菱，時菱未葉，徧市之不得，解衣入菱澤中，哀號索之，竟日手足皆腫，俄得菱實三，馳歸遺母，母疾如失。既而貧愈甚，或隔日一炊，府君曰：「事急矣，儻守之而不變，如父母何？」攜家入蘇城，謁多錢翁，有所稱貸。多錢翁察府君誠信可仗，出資財俾府君懋遷，而分其息十之二。府君由是稍裕，凡父母所欲，無不致也。

府君不妄取而好施，嘗朝出，道獲人所遺囊，有楮幣若干錠，視其名則市中小夫，府君坐不貼席，走其家還之。有墜田宅券書及他貴物于路者，府君覽之曰：「券書失，啓争端。」跡其人呼與之。其人權貴家奴，失主券，畏罪欲求死，叩頭謝曰：「活我者公也。」氊工王氏，大雪凍餓不能起，竈突無烟。府君憐之，天未明，攜錢二十緡潛投窗隙而去。歉歲出糶，有窶人來糴，衣不掩脛，府君受其錢五千，陽忘曰：「汝糴十千耶？」倍與其粟。鬻蔬者過門，府君取蔬五錢，授以楮幣十倍，曰：「汝當以餘錢禪我。」鬻者笑曰：「吾安有餘錢耶？」府君曰：「汝第持去，俟錢多歸我，不汝急也。」其意實予之，而不欲其知，皆此類。凡負販者，必多給其直，家人怪問其故，府君曰：「彼胝肩繭足以求升合利，吾忍與之較耶？」歲丙申，常熟凶，民來依者數十輩，府君僦舍館而食之；癘氣發者相枕藉，府君躬視粥藥而時進之，卒賴以生。

府君晚喜浮屠言，讀其書，豁然若會其意者。復閲北谿陳氏《性理字義》，即解其要，曰：「聖賢之學，蓋如是。」因戒其二子懋、莊曰：「我少不學，至老而始悔，若等其勉之。」二子服父訓，刻志事學。莊入國朝，蔚爲名儒，從典簿陞禮部員外郎。府君及見之，曰：「吾有望矣。」

洪武乙卯九月，府君得疾，❶恐念慮或亂，畫紙爲圓圈揭屏間，常目之。二十七日卒于家。卒前一日，楚府伴讀陳子晟等道過府君，將之京，問府君欲何言，府君以兩手加額曰：「語吾兒莊，努力供職，報天子

❶「府」，原誤作「疾」，今據張本改。

恩，我死當不恨。」享年八十有四。莊在禮部，累請封于朝，未報。卒後月餘，贈將仕佐郎禮部員外郎。

娶蔣氏，贈安人，事舅姑如府君之孝。舅姑或怒，則率子女羅拜于前曰：「新婦誠可怒，願念諸孫，貸其罪。」舅姑意不解，悲請至再三乃已。年七十三，先九年卒。是歲十月二十三日，葬於吳縣横山梅家灣之原，與安人合兆。男二人，即懋、莊。女三人，一夭，二適某、某。孫四人：紹、緒、絺、□。❶曾孫男二人，某、某。女一人。府君殁之明年，莊自員外郎拜福建等處承宣布政司左參政，階通奉大夫，於法當得加贈云。❷

嗚呼！孝者，天下之大經也。一鄉得孝子焉，則一鄉睦；一邑得孝子焉，則一邑順；一郡得孝子焉，則一郡治。此無他，人之所秉恒性，固未始有殊，而移風易俗之道，蓋莫急於此也。然而孝行之至，心與天通，韋布之士，往往能感於神明，發於祥徵，載諸史牒，復有不可誣者。今府君不自有身，唯欲其親之安，刲股愈疾，固人之所難；至於菱未華時，而能獲實者三，非神明陰相之，未必能至，❸斯則心與天通之驗也。在宋之初，貴池有孝子者，曰葉藠。秋九月，母有渴疾，思生李食之。藠號泣樹下，忽叢葉中得雙李如彈丸，人以爲孝感。府君之事，寧不與藠類耶？藠之名，尚傳於今而弗泯，則夫府君者，其不當有傳耶？兹銘之所由作也。銘曰：

❶「絺」，張本作「紳」。「□」，傅本作「縉」。
❷「得」，原作「時」，今據張本改。
❸「至」，張本作「致」。

維孝之德，是謂天經。秉厥恒性，體順達誠。有美子孫，❶醇懿是循。但知有親，遑恤其身。親病在寢，子兮吟呻。稽顙于庭，籲彼百神。我命弗顧，體肉何惜。親年可延，我志則懌。求菱大澤，悲啼欲喑。豈意未華，獲實者三。天鑑哀衷，顯厥祥徵。揚之邇遐，聲光騰騰。卓行若兹，亦足不朽。況其立心，一歸忠厚。推仁惠窮，日惟孜孜。吾分當然，奚求人知？施德不食，其子維良。上簡帝心，參預藩方。勒石幽宫，文不妄飾。此孝子墳，過者宜式。

鄭都事墓志銘❷

嗚呼！大同之世，人不獨親其親，不獨子其子，貨不必藏於己，力惡其不出於身。自大道既隱，情僞日滋，此尼父所以有不及見之歎。雖然，秉彝天性，亘萬古猶一日，時縱有汙隆，而其道則未嘗泯滅。有若浦江鄭氏，非一家之三代，而其七葉之長彦貞君，非三代之英乎？

彦貞諱鉉，彦貞字也。其家自宋南渡初，即合食爲義門，迄今已歷十世，宋元二朝國史皆爲立傳。家教脩明，有《遺範》二卷，俾奕世守之。彦貞嗣主其政，益匑匑畏謹，正己以涖物，或行其所未至，或補其所不足，家人翕然遵化，一堂之上，雅雅雍雍，逾千百指，❸愛無不均也，情無不一也，不知孰爲親而孰爲疏也。視其貨泉，則錙銖皆聚於公，且曰：「我惡敢私也。」察其事功，

❶「子孫」，張本作「孝子」。

❷此題，張本作「元封從仕郎江浙等處行中書省左司都事鄭彦貞甫墓誌銘」。

❸「逾」上，張本有「動」字。

則群趨而競赴，又曰：「此吾分當然也，爾何與哉！」雖甚勞弗懈，義浹仁孚，和氣充物，四海之廣，莫不聞知，過其門入其庭者，神暢心怡，而鄙吝之萌，銷沮無餘。退而有言，僉謂昔之義居，如樊、楊、張、李之流，誠所不及，而益重彦貞君之善繼先志也。

彦貞自幼沈毅端慤，屹然如成人，雖朋舊不敢狎侮，語一近褻，輒白眼望之。聞人有輕己之言，自責自厲，唯恐如其料。及壯，主貨財，倡家意其易惑，百端傾誘之，每正色叱之使去。倡大詫曰：「此鐵心石腸人也。」彦貞事父盡孝，父病在枕席，其妻卒，彦貞不敢哭，强顔歡笑以奉湯藥，❶竟不使之知。後八日，父亦卒，彦貞哀慟幾絶，水漿不入口者三日，鬚髮爲之盡白。及至終喪，張外舅必慶憫諸甥煢煢無依，力勸其更娶。彦貞謝曰：「鉉見後母肆虐，戕賊骨肉者多矣，忍令吾兒陷之耶？」不聽。彦貞年未四十，君子義之。

時天下承平，衣冠萃于燕都，翩然出游，以充其見聞。揭文安公傒斯在禁林，黄文獻公溍居成均，二公以文辭鳴當世，皆折行輩與彦貞交，論文談詩，或至達旦不休。一時士大夫見彦貞方嚴，皆敬憚之。或酣酒放歌，聞履聲即斂容正坐，不敢吐氣。自時厥後，彦貞仲子泳與從子深，同講授脱脱太師家。彦貞爲書數千言，陳時政之弊，令進于太師。太師多采而行之。彦貞尚風義，舊與參政忽都魯沙游，其子爲武義宰，免官留武林，貧不能自存，彦貞延其家十口來浦江，給衣食三十餘年。鄰瞽者跛者，彦貞憫其顛連，養之終身。每夙興，告饑者填

❶「歡」，張本作「乾」。

門，彥貞積餘飯親攜簞分餉之，至老不厭。

元季兵起，州郡俱繹騷，大將數統兵入境，服義門名，皆戒士卒毋敢犯。樞密判官阿魯灰帥軍五萬，一夕驟至，奪民廬舍以居，二十里之内，雞犬牛羊盡敝。彥貞說之曰：「明公非太師之偏裨乎？太師征高郵，尚以無罪去國，況明公之士卒恣行不道乎？脱有一人言於朝，不識明公將何以處之？」阿魯灰愕然曰：「業已如此，爲之奈何？」彥貞曰：「爲明公計者甚不難。浙東據山阻海，其民頗柔馴易制。明公誠能撫定而綏輯之，俾他兵不敢東向，執政柄者尚敢以嚧咳相驚乎？行且録明公之功矣。」阿魯灰不覺屈膝曰：「非公不能聞此言。」命左右致束帛爲謝，明日下令啓行，一軍肅然。曾未幾何，國朝大兵取婺州，彥貞攜家避入諸暨流子里。時李曹公文忠統兵來過，歎曰：「此義門也，今世罕見之。」躬爲扃鐍而去。事平，遣帳前先鋒率民兵二千，護其家歸浦江，人以爲彥貞積善之報云。

彥貞年七十，以甲辰之歲四月十四日終于家。其月二十八日，葬于諸暨州桐山鄉宣山之原。家庭内外，不問服之有無，咸嗚嗚哭，哭則盡哀；一縣之中，若宗黨，若姻連，若三農百工，若卿士大夫，❶皆素冠拜哭，哭亦盡哀。傍邑之賢者聞之，亦竊哀之曰：「是家實無愧於三代，使尼父生於此時，未必不樂道之。今其七世之長亡矣，薰漸之益，吾屬將何望乎？」嗚呼！此可以聲音笑貌爲之哉！彥貞之致是者，必有在矣。

彥貞之先，自歙遷睦，又自睦來遷，其

❶「卿」，張本作「鄉」。

詳見諸譜圖記。同居初祖諱綺，字宗文，宋乾道中賜號沖素處士。朝請郎郎中晏穆爲銘其墓。父文泰，植志不屈人下，設施運量，大能昌其宗。文泰乃青田尉德璋子，出爲伯父德池後。德池之父致，則處士曾孫也。妻張澄，有婦德，敬夫如賓，没齒無一言相加。遺男子五人：長漢，才優識精，雖不大聲色，弟子莫不畏之，量入爲出，而其致用恒裕如也；次即泳，通經而有文，累官從仕郎温州路總管府經歷，得封彦貞江浙等處行中書省左右司都事，階亦從事郎；次湜，東陽丞，人謂才如長兄；次渼，江浙行省宣使；次漴，庶出也。女子一人，歸東陽蔣嘉亨。孫男十人：楨、棫、榦、樞、模、格、棠、米、杞、柯。❶ 孫女八人，其二適嘉亨之子昭及其從子明，其一嫁同邑張宗，餘皆未行。曾孫男八人：燾、爟、炎、樵、煢、熉、光、餤。

濂也不敏，與彦貞有連，而彦貞子若孫，又皆從濂授經，其相知實深。然而游宦南京，彦貞之歿，斂不得憑棺，窆不得臨穴，將何以釋其悠悠之思？唯紀載群行，鐫之樂石，可以垂聲光於不朽，貽矩則於方來，是猶可爲也。於是不敢讓，姑狥漢等之請而爲之銘。銘曰：

大道之行，天下爲公。風氣敦龐，臻于太康。異體同心，情無不通。此謂醇熙，三代之英。世遷俗殊，道德淪喪。紾臂借耰，秦法之涼。肝膈充室，形骸閉藏。慨我寤歎，涕泗沾裳。彼美鄭君，沈毅自强。上承奕葉，合族共煬。内教云飭，外政復蘉。規重矩疊，遹有耿光。曷以致兹，曰率其常。

❶「米」，黄溥本作「木」。「杞」，張本作「呆」。

或斂而舒，或翕而張。有子將將，有婦洋洋。無間戚疏，萃於一堂。孰爲尊章，❶誰爲父兄？至穌丕冒，奚有畛封。儻涉其庭，煦如春陽。浹人肌髓，薰爲善良。人亦有言，此爲世坊。非君之賢，莫襲其芳。襲之斯何，既明且剛。以仁爲食，以義爲漿。翳能使昭，枯堪再榮。百鳥喧啾，忽見鳳皇。宜覽德輝，西東翱翔。豈意鎩翮，竟歸冥茫。載者亡車，渡者失航。瞻望弗及，衋然感傷。仙華卬卬，浦汭湯湯。緬懷德人，何日而忘。

毛公神道碑

奉國將軍僉大都督府事毛驤來謁濂曰：「先公以至正辛丑正月朔日棄遺諸孤，某月某日遂畢窀穸之禮，迄今已十八春秋。洊蒙天寵之加，賁及泉壤，而墓土之石未有銘辭，大懼無以昭君賜而示子孫，願爲備書其故俾刻焉。」

按狀：公諱麒，字國祥，姓毛氏。世居鳳陽定遠縣之昌義鄉。生平負英氣，多謀略，人恒敬之。壬辰之夏，汝潁兵大起，所在郡縣皆相挺爲亂。今上皇帝龍興臨濠，憫生民之塗炭，持三尺劍，出而救之，❷一呼之間，從者數萬，直趨定遠之池河。初，縣之大姓陳氏，與公謀招健兒爲兵，屯營其地，挾縣尹某爲帥，作保障計。聞大軍且至，皆棄妻孥作風雨散去，公獨扶尹共詣轅門款附。上遥見之，令左右問曰：「爾爲何人？」對曰：「定遠尹也。」「扶尹者何人？」

❶「章」，黄溥本作「卑」。
❷「救」，原作「殺」，今據張本改。

對曰：「縣民毛麒也。」上壯公所爲，乃召之前，指謂侍臣曰：「衆皆潰，而麒獨降，非有識者耶？」於是寵遇優渥，朝夕俾公侍膳，與其計征討之事。❶健兒聞公在幕府，亦先後出降。上取滁州，擢公行軍總管府經歷，司其倉廩，兼掌晨昏曆。以鎮將帥之失伍者。❷未幾，取和州，軍威益振。上以建國之初，唯兵食最急，仍命公護滁州倉，乃帥師渡長江，太平望風乞降，遂開江南行中書省。徵公還，陞爲郎中。

當是時，上之左右，唯公及太師李韓公尤被簡任。凡政令之敷布，軍餉之轉輸，羽檄之交馳，皆二公相與協贊之。及建康下，遂定鼎焉。分道出師，❸日以獻捷。❹復陞公爲參議官。戊戌冬，上親征婺州，公實權署中書省事，小大庶政，咸出公營度，人情脗合，文武無間言。上將大委任之，而公以病告。上臨其家，坐榻上執手問所苦，且勉其善自愛，如是者凡三。訃聞，宸衷憫悼，賜贈有加焉。且詔參軍胡深選葬地於江寧虎頭山。及靈車就塗，上復躬御翰墨，作文一通，御鎮淮橋而祭，慟哭良久，直至處所，視其下棺始還。

公之子驤，時備宿衛。上念公弗置，俾驤就儒師學，親自訓督之，命爲飛熊衛管軍千户，轉振武、羽林二衛。驤感上恩，自謂千載一時，夙夜思立身揚名，以報國顯親爲務。會大兵征漢鄂，定襄沔，下吴興，俱從

❶「其」，胡本作「共」。
❷「伍」，張本作「佐」。
❸「出」，胡本、韓本作「帥」。
❹「捷」下，張本有「聞」字。

征有功。洪武元年，上郊天，即皇帝位，❶國號大明。在廷之臣皆驗勳進官，擢驤宣武將軍僉羽林左衛親軍指揮使司事，仍追封公西河郡伯，封公妻周氏西河郡君。大將軍徐魏公奉詔征中原，而驤又從行，直搗燕薊，元君出奔，天下於是大定。論功行賞，陞驤懷遠將軍、同知羽林左衛親軍指揮使司事，世襲其職，得推恩二代。時重定封贈例，司封據令更贈公懷遠將軍、同知親軍指揮使司事，周氏封淑人；公父文政贈明威將軍親軍指揮使司副使，母朱氏贈德人；驤室劉氏，先封西河郡君，至是亦更封淑人。已而，驤進官羽林左衛親軍指揮使，階昭勇將軍。滕州段士雄反，驤帥師討平之。倭奴入寇浙東，沿海郡縣皆失寧，驤會浙江太倉諸軍，捕斬五百餘級，獲海舟一十二艘，倭奴遠遁。入奏奉天殿，上大悦。曾未幾何，驤復超奉國將軍僉大都督府事，加贈公僉大都督府事，階奉國將軍；而明威公亦加昭勇將軍、羽林左衛親軍指揮使，朱氏加淑人，周氏、劉氏皆夫人，繼室張氏亦封夫人。

公生子九人，驤其長也；次曰駿，某階，羽林衛千户所鎮撫；曰駧，❷某階，金吾左衛千户所鎮撫；曰某，曰某，曰某，曰某，曰某，曰某。女三人，二先卒，一嫁宿衛舍人沈俊。孫六人：曰振武，曰應孫，曰承安，曰鎖住，曰東平保，曰寶慶。嗚呼！天造草昧之時，六合雄争，未知鹿入誰手，昧者往往失於所憑依。而公獨能炳於幾先，

❶「上郊天，即皇帝位」，張本、胡本、韓本作「上郊皇天，即帝位」。

❷「駧」，胡本作「駒」。

識真主於龍飛之初，❶扶攜臣服，獻計宣勞，以佐興王之運，豈非豪傑之士哉！及乎神武四達，方域内附，皇上崇德報功之心，唯恐有弗及，故當時開國元勳，無不分茅胙土，鐵券金書，傳及來裔。奈何公之蚤世，不得盡其才而與之並，其命也耶？雖然，驤之雄略超群，著奇勳，出入扈從，上簡帝心，爵位之顯融，贈卹之便蕃，尚方新而未艾也。公雖歿，亦可以無憾矣。銘曰：

猗歟毛公，沈毅而雄。元運將終，亂如聚蝱。公奮而興，使民爲兵。執旗一呼，從者如星。我州我閭，我保障之。俾全其生，寧顧我私。上天厭亂，特命真人。驅雷駕雲，廓清妖氛。公聞曰噫，天胡可違？附鳳攀龍，兹惟其時。我志先定，敢徇輿情。上謁轅門，稽首以迎。上嘉其忠，寵賚日優。談笑折衝，帷幄運籌。羽檄星馳，饋饟弗遺。是馳是驅，以壯我王師。飛渡大江，軍威洸洸。達于四方，無敵不降。自參戎閫，遂贊中書。拾級而陞，漸見赫熹。卉木方榮，嚴霜折之。大火始然，河水滅之。天若假年，勞烈孰侔？貂蟬朱紱，豈不公侯！命也止斯，人其奈何？中外聞之，孰不歎嗟？公雖云亡，有子慨慷。出入禁庭，侍衛帝傍。勳名日崇，貤典日殷。天光照臨，燀燀焞焞。難逢者時，不朽者名。名著實并，登諸汗青。莫堅匪石，以礱以磨。史官造銘，永鎮山河。

方愚菴墓版文

嗚呼！自我齊國文公紹伊洛之正緒，

❶「識」，原脱，今據張本補。

號爲世適，益衍而彰，傳道受業者，幾徧大江之南，而天台爲極盛。時則有潘子善氏、林叔恭氏、趙幾道氏兄弟，以及杜仲良氏，如此者不能偏舉，皆見而知之。推原體用之學，敷化弘治，而風動於四方，重徽疊照，於斯爲至，流風遺俗，迄今猶有未泯。若我愚菴先生方公，其殆聞而知之者歟？

先生諱克勤，字去矜，姓方氏。其裔出睦州玄英處士干。宋初，十五世祖廿四府君某，始遷寧海侯城里。曾大父重桂，鄉貢進士。大父子野，父炯，元鄞縣儒學教諭，母葉氏，宋丞相夢鼎從曾孫女也。先生幼而端凝，五歲知讀書，自辨章句。十歲暗記五經，諸老先生嘖嘖愛賞，目爲神童。年垂弱冠，徧窮濂、洛、關、閩遺書，及尋鄉先達授原委，凡涉性命道德之祕，窮研探索，寢食爲之幾廢。因喟然歎曰：「爲學必合天人而後可，舍是非學也。」至正甲辰，嘗一踐場屋，言國家利害，峭直無所顧忌。有司不敢取。飄然東歸，益閉户潛心于一卦一爻，必欲驗諸事爲。至於天文地形、禮樂刑政及制度名物之屬，亦辯析歸於至當，如指諸掌。

會海民爲變，江浙行中書檄吴江同知金剛奴募民爲水兵。先生詣金剛奴謂曰：「民計窮而爲盜，未爲盜者亦挺挺欲動，奈何授之以兵？是謂增盜，非禦盜也。」金剛奴怒不答。既而水兵果於中道殺護吏，逃去從盜。金剛奴踰垣走，折一足，始悔曰：「吾不從方先生言，以至於此。」未幾，侍御史左答納尖里至郡招諭，❶劉都事基爲之副。先生上書陳勦殄之略，不宜姑息。都

❶「尖」，張本作「失」。

事躂其言而不能用，遂致郡縣陷没，民罹塗炭。先生發憤入山谷，採松柏食之，累日不返。當路延先生入幕府，先生謝曰：「我辟穀久矣，弗足與人間事也。」

吴元年冬，大明兵取台州，先生欣逢真主之出，乃大有爲之時，疏舉賢才、安人心、黜豪强、除暴斂、明教育十餘事，將上之，未果。洪武二年，詔充郡縣學，❶以訓導辟。先生樂於育才，即起應命，負笈來從者至百餘人。先生據經陳義，曲暢旁通，幾無毫髮遺憾，聞者皆淪肌浹髓，薰爲善良。俄以母夫人春秋高，力辭而歸，諸生追之者踵相接，學舍爲空。四年夏，朝廷聞先生賢，欲致之。部使者袁君宏以書幣來徵，先生以母老，不忍離左右，辟去旁縣。郡承使者風旨，雜逮婣連督索之。先生上京師，兩詣執政固辭。執政奇先生材，命就銓曹試，考覈入格，名列第二。上特命知濟寧府事，階朝列大夫，錫之冠帶以行。先生至官，爲書一通懸於康衢，諭上愛養元元之意，民有所不平，詣府自言，禁吏胥不得呵問。日引耆耋坐語，訊以得失。郡學官缺，孔子廟堂頹圮，聘前進士爲師，弟子員有未備者，選補之。役浮屠以葺廟堂，廟南鑿爲泮池，傍列兩序；闢射圃於廟北，造弓矢，樹正鵠。日一再視學，親爲正句讀，較中否。屬縣之内，社各立學，學凡數百區，學子繫籍者二千人，兵後號爲最盛。

始有詔民闢廢田者，閲三載乃税。吏徼近功，不俟期斂之，復以田定起科繇，民益惰，田不增闢。先生與民約，定爲簡書，

❶「充」，張本作「立」。

列爲丁産，爲上中下三等，❶等復折爲三，每有徵發，恒視書爲則，吏不敢並緣爲姦。歲且暮，轉戍衣于燕。時有令，役民舟者有誅。别郡以牛車從事，天雨雪，牛僵死于道，破産者十八九。民請以舟就役，僚佐畏令，難之。先生曰：「吾知從民便，抵法非所辭也。」即載以舟，具白山東行中書省，省義不問。

郡倉絶糧，省檄民七百里轉粟青州，民病不能。適漕運者自淮安輸濟南，道出郡境，先生欲就輸郡倉，而俾濟南致青州，告于行省，弗聽，即以聞户部，户部奏可，行省臣愧之。郡城壞，故事築以兵。指揮使挾貴人勢，當五六月聚民萬餘治之，民不得田，哀號而即工，聲聞數里。先生奮曰：「民病不救，惡用二千石爲？」密聞中書，同官疑且得罪，不敢署名，先生獨署之。胡丞相惟庸以聞，即日詔罷。先是不雨，先生祖跣徧禱群祠，涕泣卧祠下，誓不雨不還。至是詔下，民驩呼而散，大雨如注，是歲五穀俱熟。民歌曰：「孰罷我役？使君之力。孰成我黍？使君之雨。使君勿去，我民父母。」自是連二歲三禱，皆有年。五年秋，隣境蠹蝗，先生省愆變食，稽首告天，夜聞空中薨薨聲，燭之，乃飛蝗蔽天而過，郡獨有年。

民有赴愬者，隨事則決，大者笞辱，小者諭遣之，不留案牘。尤慎於庶獄，月録日省，不使久淹。或文有未具，時作糜徧食之。夏秋之税，每命斛卒持概，高下出其手，或至累旬不收，民競指倉爲穽。先生令民自概，斛卒斂手，不敢出氣。遇將西成，

❶「等」，原誤作「筭」，今據四庫本改。

預移文與民期，民争來輸，不遣一吏，而税常先登。江西浙江二行省運糧百萬濟寧，水陸數千里，先生視如部民，不使有錙銖怨讟。舊比每斛益四升以禆蠹耗，先生憫其道遠，言于朝，蠲之。

府召州縣官屬，皆役皁隸，往往索賂無厭。先生下信符置郵，無敢不至者。信符之籍，以印識而中分之，吏托月日稽違以媒利，先生私藏之，緩急有程，一自己出。復行其法於封内，壹以信符召民，民得竟并力耕桑，襁負來歸者相望于道。初赴官時，户僅三萬，税萬餘石。三年之後，税以石計者十四萬四千七百，户亦增至六萬有奇。二州二十縣，家有積粟，野無餓莩，羊牛雞犬散被郊坰，富庶充實如承平之世。至於社稷山川諸祀，先生脩崇壇壝，嚴飭器服，或樹名木於周垣之外，一如儀制，無有所闕。

水驛在西門内，卑陋汙濕，居者弗寧。先生料揀材木，候農之隙，更作於城南，庭堂室房，弘敞逾昔。冬寒河凍，驛舟不行，令舟人伐木爲炭，穿土穴藏冰，因其餘力以成事功。泗水經郡城，南通淮江，北引河濟，地勢高瀉，構石爲牐而時畜洩之。魯橋、棗林二牐，歷歲久，壞石填河中，舟道難之，役牐丁絙壞石，治灰而甓之。故以葦囷庤糧，火屢爲災，教民爲陶瓦營屋百餘間，申戒火令，編民居爲曹伍，遞相救恤，其患遂止。大將軍魏國徐公達，副將軍曹國李公文忠，統士馬十萬之燕，駐郡稍久，要官勢吏争索糧芻，相膠葛于前，先生依序酬決，無不如意，一軍稱能。永嘉侯朱公亮祖將舟師數百艘北征，河水涸，舟膠不可動，脅先生曰：「即趣五千夫浚河，否則以軍法論。」日且暮，先生不忍煩民，泣禱於天，夜二鼓大雨，黎明水起數尺，舟竟去，莫有言者。

先生爲政，以風化爲急，務以德勝，佐貳始雖倨慢，先生委誠待之，卒自愧服。武夫悍將不知禮，久亦化戢。在官縱無事，終日冠衣坐堂上，召諸吏授以書詩法律，或公牘堆几，群辨方讙，先生片言折之，各心悦而去。性不喜近名，常自誦曰：「近名必立威，立威必至害人，吾不忍爲也。」府庭之間，不陳杻械，革鞭懸楹間，示不妄罰。省憲考績爲六府最。八年春入朝，皇上以爲善治民，錫燕儀曹，使踐其舊職，灝行奬諭有加。且曰：「政成當顯用卿。」

秋八月，知曹縣事程貢，嘗以不職受笞，心銜之，上封事言狀，詔御史楊其廉按。❶楊通程故人，恐程坐誣罪，易民服潛索先生過事，踰兩月無所得，乃捕府中卒吏盡繫之，榜掠無完膚，無一可問者。楊吏與其吏謀，誣先生用倉中灰葦。時十月，固未嘗附火，而葦則苫公宇垣，實無私用者。先生不與辯，遂就逮，民號呼填道，隨行百餘里者將千數。先生次子孝孺，上書政府大臣，願以身爲軍贖父罪，不報，竟謫役江浦。會空印事起，吏又誣及之。孝孺復草疏將伏闕上訴，而先生歿於京師，九年冬十月二十四日也。壽僅五十又一。孝孺與兄孝聞奉柩東歸，十年春二月二十四日，窆于縣東北深灣章施山之原，禮也。

先生娶林氏，諱姬，婦道爲一族冠，先十五年卒，至是合葬。生子二人，即孝聞、孝孺。孝聞年十三，居母之喪，不肉食至服除，人以純孝稱之。女一人。再娶王氏，諱

❶「其」，張本作「某」。

在，生女一人，未彌月而王卒，少房董氏育之。董氏生子一人，曰孝友。女二，皆在室未行。

先生面白如玉，須眉秀整，不妄笑語，動容周旋，必合禮法。兵亂，負母逃入深谷，兩踵血流。遇二弟訓育備至，終身未嘗失色。與人交，率真任質，不事表暴，不以久近爲冷熱，立談之頃，❶洞見肝膈。南冠過郡者，必以米醪饋之；不能步者，僦舟車送之。萊蕪丞陳川欲迎母爲養，厄於無貲，出錢五千助之。同列以事奪禄，買布帛給其用，且日延之對食，久而不衰。脱逢其飲醉，投案大詬而去，待之益恭；及酒解來謝，陽若不知者，曰：「昔之夜，吾亦醉矣，不識君何謝也？」生平奉養簡素，不服紈綺，御一布袍，數年載不易。日不再肉，不治官事，輒却肉不食。所守廉甚，絲毛不取諸人。每行縣，以物自隨，杯湯不肯受。兖州吏因童進二木瓜，❷笞童十，召州吏還之。鄉人有爲饒陽令者，以燖雁侑書，力却去乃已。初至官時，禄米一斛，可易金三兩，以軍食告乏，月取十斗爲食，餘悉儲于倉。或尤其迂，不恤也。晚年益加畏慎，晝所爲之事，夜則白於天，俯仰皆無愧怍，榮辱利害，恒視之若一，坦然不疑。古所謂體道成德之人，先生誠庶幾焉。其爲文章，質而不華，平而中理，有《汗漫集》若干卷傳學者云。

濂私自念，齊國文公之薨，始一百七十又九年，而其學寖微。譁世取寵者，❸徒剽

❶「立」，黄溥本作「言」。
❷「吏」，張本作「守」。
❸「譁」，韓本作「希」。

掠爲談辯；誇多鬪靡者，務組織爲篇章。文公所以扶世教、淑人心者，率棄爲空言。故其臨事之際，仰攫俯拾，唯恐利不入橐，至有庸夫賤豎之不屑爲者。嗚呼！可歎也已。有如先生聞風而興，乃能誠求實踐，參前倚衡，儼若上帝鑑臨，涵養既純，發舒自異。仁民善俗之政，至今人人能道之。夫命雖止於斯，而其率性會道，無愧於文公者，尚皦然弗誣也。孝孺久從濂受經，頗知先生行事之詳，於是歷叙其事而繫之以銘。銘曰：

堂堂齊公，命世之雄。伊洛正傳，實爲大宗。入天出人，完傳翼經。有遏必疏，無幽不明。疇不鼓篋，千里來過。燦如聚星，惟台獨多。流光所及，寧有翳昏。揭彼日月，輝于天門。逝者沄沄，滅景銷聲。不有人豪，聞風孰興。猗歟先生，行知尊聞。養氣弗餒，充乾塞坤。實乎名隨，上徹九天。鶴書翩翩，降於邱園。爰自布韋，專城以居。象笏朱衣，於赫其儀。寵恩之加，其廣無垠。曷以報之，誓不顧身。敷宣帝仁，達于齊氓。以煦以嫗，以致其亨。民或勞只，如魴之赬。乃平更繇，俾遂其生。黠胥舞文，其貪若狼。乃障乃防，而扼其吭。人相告言，久嬰亂離。父母孔邇，我胡弗歸。千百爲群，其來如雲。操厥耰鋤，以播以耘。我行其原，萬桑沃然。俯瞰于隰，黍苗芊眠。鄰多孽蝗，刺天而飛。避不入境，絶類有知。真儒之效，小試則殷。誰曰漢吏，專美其循。太龢薰蒸，郁紛輪囷。自此而升，何澤弗臻。天命止斯，傷如之何？視天方高，淚如懸河。我又奚歎，數奇則然。中心無慊，生順死安。善人殄瘁，斯道之衰。顧瞻無依，胡寧不哀。崔崔者岡，渺渺者陂。

其中有墳，千載之悲。

滎陽縣男朱公墓志銘

府君諱垚，字子厚，姓朱氏。其先出于唐同鳳閣鸞臺平章事敬則之裔。敬則居亳之永城，世以孝義被旌顯，一門六闕相望，而子孫尤貴富。邦人慕艷，有金頭公、銀頭公之號。兩族叙昭穆而葬，占地百餘畝，亦目曰宰相林。則當時簪笏蟬聯，朱紫赫赩可知矣。世遠譜廢，子孫分適他州，莫能究其詳。

府君，銀頭公之後也。五世祖某，宋建炎初扈蹕南渡，寓於霍邱，仍以貲雄于時。曾祖某，通判淮安州。祖某，提點壽春府税課司，遂居壽春之下蔡。父某，咸淳末嘗舉進士，未及官而宋亡，入元以儒入仕，授無爲州學正。❶母胡氏。府君幼不好弄，嶷然如老成人。及長，孳孳嗜學，求名講師而事之。知解既至，不欲墮於一曲，❷凡天官地理、卜筮醫藥之屬，咸究其玄旨。晚而學《易》，陰陽消長之機，吉凶存亡之故，觀象玩辭，使心與理相涵，無少爽者。終日默坐，視流俗紛紜，絶不與競。人以爲迂，則笑曰：「主静，乃吾學也。」鄉鄰有鬭者，諭以訟終凶之義，釋然而去。若不能凶喪及無食與衣者，竭其力周之。自奉甚儉，一豆一簞猶不盡食。事繼母張氏如親母，唯恐有毫髮違其意。令聲流聞，莫不高府君之行。郡國將辟起之，不聽。部使者行縣，又以茂材舉，河南行中書遂署安豐路儒學正。

❶「無爲」，原作「爲蕪」，今據胡本、韓本改。
❷「墮」，韓本作「陷」。

府君曰：「與其身有虛名，孰若心無慚德？」辭不赴。鄉子弟擔簦從之游，日談道德仁義，刮摩其故習，亹亹數千言弗倦。暇則鼓琴詠詩以自娛，或時出佳山水間，歗歌忘返。壽始五十，以延祐戊午秋九月某日終于家。以某年月日，葬于縣西孤山祖塋之左。娶劉氏。子男三人：曰某，曰某，曰復。女一人，適某。

元季，府君以復貴，贈同知臨洮府事，階武略將軍，勳武騎尉，爵滎陽縣男；劉氏贈滎陽縣君。入我國朝，河南山東相繼降，復例遷京師，有薦其文學於上者，得召見，擢國子助教，侍經親王，陞燕府參軍，轉長史。予時忝職禁林，兼青宮贊善，日與復游。復凝重醇愨，有儒者氣相，予甚重之。會予蒙恩歸田，復持燕相府録事楊哲之狀，求銘府君墓。哲序事精贍，且煒然有奇氣，於是粗加隱括，而繫之以銘。銘曰：

水若有源，長流弗虧。豈無潢汙，朝滿夕除。猗歟府君，遠有世序。邦人豔之，緜延簪組。嗜書不厭，幾欲成癖。晚而潛心，我學吾《易》。觀《易》玩辭，孰出範圍？參諸天人，或驗事爲。發聞于時，郡國交辟。有儒一官，可涖其職。縻身下列，揖拜上官。豈若肥遯，白雲青山。令子既顯，褒贈攸宜。九泉冥冥，煒其有輝。況今遭逢，六合重熙。龍光下被，行當見之。孤山鬱蒼，中有玄堂。太史勒銘，永固其藏。

興化經歷李公墓志銘

公諱約，字審初，姓李氏。唐江西觀察使憲十七世孫，而憲則西平忠武王之第七子也。憲爲袁州刺史，遂家屬縣之宜春。

五世孫復遷分宜之白芒里。❶七世至時舉，宋忠訓郎，復遷吉之廬陵縣。忠訓生舟，迪功郎龍南縣尉。龍南生允元。允元生去邪。去邪生則武。則武生誼，元初廬陵鳳山書院主領，即公之父也。

公有大志，應進士舉不利，即棄去，飄然游燕都。達官貴人見其儀觀秀偉，舉爲茂材異等，署縉山縣學教諭。未幾，改龍泉，轉太和州學正，永州路太平寨巡檢，江州路學教授。廣東宣慰司辟爲令史，以年勞上銓曹，除贛州路總管府知事，攝司獄之職。廬陵歐陽某，商番禺，道出于贛，必假館楊氏。楊逋其泉，久弗償，歐陽與絶交，楊銜之。❷歐陽自番禺還贛，值灘險覆舟，楊誣其詐不輸税于官，官下歐陽于獄。公廉知其實，白出之，楊服罪。張甲有妹歸李乙，爲媢家兄弟。甲與周丙共牛而耕，丙僦乙屋以居。已而甲因他事持刃自刎死，乙與丙不相能，陳丙殺牛而甲不從，遂見害。丙不禁搒掠，自誣服。公徵其牛，牛存，遂釋丙非辜，乙抵罪。富岷賴氏兄弟，兄無嗣，弟産二兒，曰邦獻，曰邦毅。弟以疾卒，瀕卒，請於兄曰：「願以邦獻爲兄後。邦毅弱，未有知，幸司其業券，俟長還之。」越數年，兄亦卒，邦獻欲乾没之。邦獻所繼母心爲不平，悉取授邦毅。邦獻訟弟與母媵人私，遂盜券去。吏持爲奇貨，久不解。公召其兄弟于庭，泣謂之曰：「官政成即代去，兄弟垂白相與居，與其殫財而健訟，曷若分財以全骨肉乎？」兄弟皆叩頭請自新，且致二鹿加厚幣爲公壽。公卻之，兄弟請益切，

❶「復」，張本作「服」。
❷「楊」，原誤作「陽」，今據張本改。

乃受其一。轉興化路總管府經歷，階從仕郎，其爲政如贛州。民冤得直者，多請浮屠誦佛書徼福于公，公不顧也。

屬縣仙游令馬某，虐用其民，民不堪。陳一壺謀變，焚其官署，馬趨匿山澤中。大府檄公捕一壺，仙游民聞公至，皆執刃驩呼，共縛一壺寘檻車，縣境帖帖。部使者謂非公攝縣事不足寧民，强起公赴之，民復驩曰：「父母來矣。」公至未久，馬遽出視事，公辭歸，父老百十人列訴部使者，願留公。使者曰：「李公義士，爾能固請，必不忍棄汝。」翌日，父老剪綵爲旗幟，銜使者命往迎，公不得已，從之，爇香遥拜者，前後數十里。馬慚，其庭中人以語侵公。公正色曰：「仙游本良民，汝既激之反，乃嫉人撫摩之耶？明當訟汝矣。」馬俯首不敢言。會亢旱，公徒步兩舍禜雨於龍湫。或曰：「山高氣寒，非挾纊弗可。」公不從，既而大雨。

公遘疾，趣具湯沐浴，正衣冠而坐，呼其次子屬曰：「今日午時，吾將終，還家可語同氣，宜以忠厚存心也。」言未畢，公所乘馬淚下如注，公遂逝。日薄暮，民髣髴見公乘白馬，揚青旂，疾行道上，騶從甚都，冉冉入城隍祠中，咸異之。馬幸公死，夜使人投石公家爲妖怪，民忿之，列挺爲備，馬乃止。一日，馬同其黨五人禱城隍神，五人者拜起，見公據神座，其色毅然，驚怖而出。未幾，皆暴卒，馬亦爲盜所殺云。公壽六十三，至正癸巳五月十五日卒。丁酉三月，子充奉柩歸鄉里。某年月日，葬于東向山之原。娶郭氏。男三人：長徵，次即充，次永。女二人，適宜春彭琪、吉水楊致道。孫男四人：誠、諒、謙、讓。諒即來速銘者。

孫女五人，皆未行。

予聞天地正氣，人藉之以生者，存則爲良臣，殁則爲明神。此無他，浩然不屈，運行於冥冥之中，誠能福善而禍淫也。鄉先達喻公良倚，爲台之臨海丞，有仁政。其卒也，人競夢爲其社神，列旌旗，鳴鉦鼓而去。自時厥後，屢著靈響，其事與公頗類。人心天理，焉可誣也。法當銘。銘曰：

浩然之氣，塞乎玄黄。君子養之，至大至剛。生爲良臣，死爲明神。有光燉燉，亘古弗泯。猗歟李公，爲政孔仁。滌滯洗冤，以子遇民。逆雛無知，公往捕之。民競而趨，縛致檻車。孰焉夢夢，激成禍凶。不以爲勳，覆忌於公。民之戴公，不翅慈父。翩然遐征，我民心苦。白馬青旗，騶從師師。入于神祠，十目所窺。嫉惡剛腸，死亦不渝。廟食有嚴，生氣凛如。銘以昭之，偉哉丈夫！

故巾山處士林君墓碣銘

予來南京，索文者接踵而至，多以衰耄力辭。一日，有持《隴上白雲稾》相示者，勉强一視之，彬彬乎卿雲也，英英乎巖花艶妍也，泠泠乎若幽人狷士飲水而嚼雪也。[1]予亟問之，斯何人之詩也？持者跽而答曰：「宗之先子所賦也。先子諱茂濬，字顯之，姓林氏，世爲天台望族。生平酷嗜吟，上自漢魏，下逮唐宋諸家，無不漱其芳腴，挹其真醇，積而後發，發必竭盡其興趣，雖雕胃琢腎，弗顧也。嘗構一室，深廣尋丈，内外以堊塗之，白色晃炫，若積雪初霽，月光穿

[1]「水」，張本、四庫本作「冰」。

漏，雖赤日如火，涼氣亦翛翛然生。先子澄坐其中，而吟事益暢。遇嘉朋至，焚香啜茗，談古今事，上下三千年，玉貫珠聯，絶纚纚可聽。❶或取雅琴鼓一再行，起步白雲縹緲閒，遠近望之，以爲神仙中人。

「晚年頗嗜金丹之學，取《周易參同契》與二三友講之，歎曰：『一氣孔神，無爲之根。水火交媾，載其營魂。浮游規中，存之又存。粗穢既澄，游神九門。奈之何捐棄之耶？』乃調息致修，取心一物一道一之説，自呼爲三一子。通玄之士多奇之。集賢院聞其操行清絶，不樂仕進，因其所居巾山，以巾山處士號之，先子弗欲也。吴元年丁未九月二十八日，夜漏下三刻，大兵下台城，先子亟出，没于河，年六十又三。洪武八年乙卯某月日，葬于臨海縣興國鄉慶善里龜溪之原。惟先子素行敦飭，親仁善鄰，具有恩意，而所謂《白雲稾》者，尤爲時所傳誦。墓門有石，不肖願圖文鐫之。微顯闡幽，在先生一揮翰閒耳。敢再拜以請。」

嗚呼！予爲文所累，幾欲燔毁筆硯，若而翁者，其事有可書如此，又安能靳一辭耶？遂序其事而繫之以銘。處士曾祖某，祖某，父某，母某氏。先配杜氏，生珫。繼室章氏生宗，即來速銘者，以學行舉于朝，授南陽府同知鄧州事，遷太原府通判。女二，杜元昭、金仲德其壻云。銘曰：

不豔于榮，不徇于聲，一以詩名。弭其人巃，發其天倪，龍虎功齊。寄情五絃，羽衣蹁躚，望之若仙。尸解于河，其幻則那，壽何少多？邈哉紫虛，有鶴來歸，千載之思。

❶「絶」，胡本作「言」。

故瀫峰先生朱府君墓志銘

大江之西，南昌名郡，有瀫峰先生。其學以聖賢爲宗，其文以理氣爲主，其行以忠信爲本，其接人以明體適用爲教。其生也，人尊之師之；其殁也，人又哀之慕之。殁後二十一年，而門人弟子與其孤翰林脩撰善，圖其不朽者甚悉。乃集群行成書，而以銘文屬筆於濂。

濂竊聞先生多著書，大抵研精《易》《禮》之學，而及於邵子《先天》、横渠《正蒙》諸書，共若干萬言。先生之言曰：「先天之學，心學也。其圖皆從中起，其前無古而後無今。大之爲天地，小之爲民物；顯之爲禮樂，幽之爲鬼神；遠之爲闔闢之初終，近之爲瞬息之起止，莫不具焉。邵子以命世人豪，乃探是圖，著爲《皇極經世書》，性命物理之説，重明於世。學者往往厭其難，棄而弗講，予於是有《經世書説》；《張子正蒙》書實與《太極圖》《通書》《西銘》並傳，而未有爲之註釋者，余於是有《正蒙書説》；《禮經》殘缺已久，朱子雖定爲《儀禮經傳》，而其輯録，多出於門人勉齋黄氏與信齋楊氏，其中予奪，多有未定，余於是有《禮説》；《易》之爲書，廣大悉備，伊洛大儒，雖嘗論著，而其義皆愈索而愈無窮，予於是有《易説》。吾道不行於時，而其見於言者，不過如此而已。」嗚呼！觀先生之言，則其心之所存者，從可知矣。濂雖不文，敢不大書揭於墓道，以爲後進之觀乎。❶

按狀：先生諱隱老，字子方，姓朱氏，

❶「乎」，張本作「云」。

南昌之豐城人。曾祖某，祖三德，父應岳，母楊氏。先生自幼輒劬書，須臾不少怠。母若兄頗以爲迂，靳膏油不多給，秋宵月朗，每挾册映讀之。冬則拾枯薪及爇松明以繼，欣然若忘其憂。時江村姚公某、泳齋洪公某、洌泉趙公某，皆宋之遺老，淹通六藝之故，而桂莊涂公應雷，又遠承考亭朱子遺緒，先生咸執經叩請，莫不交與之。且曰：「朱生，令器也。他日所成，當無讓古人。」負笈而歸。先生不得已，悉以美田與之，自力求析爨。先生不得已，悉以美田與之，自取不毛者，由是家寖貧。或憐之，勸其俯就科目，庶得禄爲親養。一踐場屋不中，益潛心於聖賢之祕，窮索於經，驗諸身心，唯恐有不合者。久之，心與理涵，瞭然如辨黑白，遂倡鳴道學於荷山之陽，四方學子悉從之游。先生顏貌嚴毅，若不可親近，設有疑問，如撞巨鐘，小大隨應，無虚發者。初，先生伯父曰應五，曰應祥，曰應焱，與其父皆足以師表州里，龐眉白髮，大布寬衣，金舂玉撞，塤嗚箎協，使人望之而呰窳之意消。至是先生又能纘承之不墜，士論多之。

至正壬辰春三月，江淮兵動，鄉之惡少年爲變，殺戮到雞犬，耄倪皆竄匿。先生猶操觚正冠衣而坐，從容語鈔掠者曰：「貲財任取之，書籍非爾所好也。」及其再至，四三至，先生復曰：「吾家已罄矣，爾幸他之。」盜素聞其名，笑而去，無敢縱火者。西東鄰數十家皆藉是獲完。先生遭時多艱，召族婣子弟戒之曰：「吾宗素以清白相傳，寧寒餓而死，不可爲不義而生。」終無敢犯教者。不幸以至正丁酉十二月八日卒家。❶未殁，

❶「卒」下，胡本、韓本有「于」字。

語善曰：「吾著書多未脱稾，芟繁補闕之責，盡在於汝。吾以數推，明年江西當大變，汝當謹避以免難。吾今無所苦，精神如常時，但覺氣息漸微爾。」已而遂亡。戊戌夏四月，僞漢陳友諒陷南昌，果如先生言。後七年癸卯十二月初一日，始葬於瀔峰之下。娶涂、李二氏。❶男一人，即善，克紹其家學者也。女二人，歸縣人虞淵、鄒誼。孫二人，象環、逢掖。象環通五經大義，年十九，前卒。孫女一人，適羅壽，亦里之良族。曾孫一人，興祖。曾孫女二人，尚幼。

濂聞君之立心，在乎遠且大者。干禄以行志，其澤可被於當時；著書以明理，其功實垂於後世。孰短孰長，人必有辨之者。雖然，人心漓矣，士習陋矣，翻經取題而媒仕進者有矣，求髣髴如先生者尚可得耶？銘以昭之，亦發濂之深慨云爾。銘曰：

古之聖哲，何爲作經？牖人天明，使反諸誠。世衰道微，耽厥口耳。搴英摭華，以經爲戲。繽紛外馳，奚補身心。寶用瓦礫，棄其南金。考亭奮興，上繼伊洛。完經翼傳，日星照灼。豐城之墟，天産碩儒。豔其流光，漱其芳腴。堂虚露涼，膏油莫續。挾册于庭，借月爲燭。優之柔之，茫然遐思。饜之飫之，如啖甘肥。内存于心，外著于目。明命有赫，吾敢不肅。出而倡道，荷山之陽。有聲泱泱，達于四方。執經之徒，雲合川赴。若飲衢尊，充足而去。俗易風移，惇我民彝。天不憖遺，孰不涕洟？玄堂沈沈，妥厥靈爽。尚畀後人，胡福是享。

❶「涂」，韓本作「徐」。

故詩人徐方舟墓銘

庚子之夏，皇帝遣使者奉書幣起濂於金華山中。時則有若青田劉君基、麗水葉君琛、龍泉章君溢同赴召。遂出雙溪，買舟泝桐江而西。忽有美丈夫戴黄冠，服白鹿皮裘，腰縚青絲繩立於江濱，揖劉君而笑，且以語侵之。劉君亟延入舟中，葉、章二君競來讙謔，各取冠服服之，竟欲載上黟川，丈夫覺之乃止。濂疑之，問於劉君曰：「此何人斯，諸公乃愛之深耶？」劉君曰：「此睦之桐廬徐舫方舟也。」濂故聞方舟名，亦起而鼓噪爲驩，共酌酒而別，聲迹不相聞者久矣。

自時厥後，葉君出守南昌，殁於王事。後五年，章君爲御史中丞以卒。又後十年，劉君亦官至御史中丞，受封伯爵，投老於家，復以一疾不起。又二年，濂亦乞骸骨還山，白髪垂領，頽然成老翁矣。今年冬來朝京師，忽方舟之子賡，持中書舍人史靖可之狀，來謁隧道之銘，則知方舟之死，已歷一十二年。嗟夫！人生如寄，石火電光，真不堪把玩如此，良可悲哉！

濂因語賡以舊事，爲之悽惻者久之，乃序述其事曰：方舟故簪纓家，自幼有俠氣，好馳馬試劍，兼善攻毬蹴之戲，視拘拘法度士如無物。稍長，幡然悔曰：「此豈君子道哉？」即從師受章句爲進士業，操觚爲文，輒爛然成章。已而又悔曰：「是如蠹書蟫，出入於故紙中，何有終期哉？人生貴適意，曷習古歌詩，以吟咏性情，庶幾少遂其願耳。」先是，睦多詩人，唐有皇甫湜、方干、徐凝、李頻、施肩吾，宋有高師魯、滕元秀，世號爲睦州詩派。方舟悉取而諷咏之，鉥肝劌腎，❶期超邁之乃已。積之既久，圓熟璀璨，明珠走盤，而玉色交映也。方舟猶以爲未足，出遊江、漢、淮、浙間，與名士相摩切，而詩道益昌。

江浙行省參知政事蘇君天爵聞其賢，力欲薦之。方舟曰：「吾詩人爾，其可縻以章紱耶？」竟避去。築室江皐，日苦吟於雲烟出没閒，翛然若與世隔，因自號曰滄江散人。天大雪，獨泛舟釣江中，終日戀戀，若不忍舍去。見者疑其非世閒人。元季兵亂，益韜閟不出，易爲隱者服，人莫知其蹤跡所著。❷有《瑶林》《滄江》二集，各若干卷，《唐詩通考》若干卷，藏於家云。

方舟平居，喜怒不形於色，無急步，無疾呼，罔測涯際。性尚風義，宛陵羅氏率五百指來避兵，方舟衣且食之，病者注藥，死無所歸，則擇地藏之，久而弗懈。事平，具巨舟載其還家。至正丙午正月九日，方舟以疾卒，壽六十八。其年某月日，葬於某縣霞川之原。君子稽其自號，題曰「詩人滄江徐方舟墓」，表其志也。

方舟高祖某，宋四川制置使。曾祖某，某路提舉常平公事。祖某，始自淳安遷桐廬，今爲桐廬人。父子奇，元中順大夫、平江路總管府治中致仕。妣皇甫氏。妻張氏，有婦道，前二十九年卒。子三人：長曰行，早世；次曰鼎；次即膺，以文學受薦，授淮安桃源丞。女二人，適某、某。孫男九人，曰某，曰某云。孫女二人，未行。

濂謂君子出處，固立志之不同，然亦有

❶「鉥」，胡本作「鏤」。
❷「著」，張本作「在」。

命焉。當劉君之出也，銜方舟以隱自高，數欲挽起之，會有故而止。方舟獲終老於山林，亦豈偶然之故哉？予思方舟其人而不可得，俯念疇昔，盡然傷情，乃歷序其故而銘之曰：

有才不施，一發乎詩。日星月露，草木走飛。人事變遷，可愕可悲。舉無遁情，入我範圍。咳唾所及，皆成珠璣。一旦觀化，魂無不之。非湧醴泉，定生靈芝。昭德之符，千載弗虧。❶

宋文憲公全集卷二十四終

❶「虧」，張本作「戲」，韓本作「墟」。

宋文憲公全集卷二十五

故朱府君文昌墓銘

予居浙水東時，得朱君好謙之文，歎其善於修辭，惜未及與其交，而好謙歿于兵。及來京師，又得好謙從弟文昌詩閱之，沖澹類漢魏，雄健如盛唐。復歎曰：「何朱氏一門之多賢哉！」未幾，國子助教曾君旦初，同文昌冢子堅，持知嘉定州事張衛狀來謁墓道之銘，蓋文昌之死已四年矣。予重違曾君之請，不敢辭。

文昌，諱嗣榮，文昌字也，姓朱氏。出唐散騎常侍滿之後。滿本歙人，來徙金溪明暘里，世爲衣冠甲族。宋道州營道丞登，生太學上舍生恢之。恢之生銓。銓生貴清。貴清生仲梓，文昌父也。元初避地桃峰，復遷家焉。文昌治舉子業甚精，通《毛氏詩》，訓故折衷於朱子之說，毫分縷析，唯恐不合情性之真，下筆千餘言不休。走試江西鄉闈，立論與有司不合，即棄去，一假古律詩以自見。歷代諸大家皆探微索隱，必欲得其旨趣而後已。用功之深，出語輒驚人。然不特精於詩，甚輕財仗義，尤人不易及。少時嘗以錢粟貸於人，一旦，自責曰：「蠅頭之利，其能汨没男子之志邪？」悉集受貸者於庭，取其所留質劑面焚之。其後家單，無旦夕之儲，恬不爲怪。人有憫其貧，畀良田百畝者，文昌疑其不義，辭弗受。鄉友罹患難，屬文昌爲之解紛，魄白金一鎰爲文昌壽。文昌笑曰：「吾雖貧，亦惡用是哉！」卒直其事而還其金。

至正壬辰，江淮兵動，里之無賴少年相挻爲變。其首禍者頗與文昌游，乃來説曰：「公藏器于身，不以此時取富貴，尚何俟耶？」文昌叱之去，遂與絶交。未幾，竟敗没。文昌宗黨知事變不測，椎牛釃酒起兵爲保障，屹然孤立數年，而群寇不敢犯，文昌之謀爲多。僞漢陳友諒犯南昌，諸郡相繼陷，文昌曰：「此非吾輩之力可支，盍各逃死乎？」乃挈一族入閩中，雖備嘗險阻，略無怨悔意。後五年，國兵取江西，州縣皆入職方，文昌始還鄉里，卜居澄源上。遺落世故，絶無毛髮縈心，所不忘者唯詩耳。因扁其室曰「嘯雲軒」云。東平穆敬來爲縣，欲起文昌爲縣學師，文昌曰：「吾老矣，唯逍遥林壑爲宜耳。横經講道，豈所堪哉？」因固辭而去。

性愛佳山水，自謂得堪輿家不傳之祕，稍暇輒布韈青鞵，登陟不少倦。不幸以洪武七年二月十四日卒，壽五十六。所著書有《政鑑》若干卷，燬于兵，尚存詩詞三百餘首，題之曰《燹餘集》。娶王、姜二氏，王先十九年卒。子二，曰堅，曰重，堅即請銘者。孫二，曰振振，曰繩繩。孫女一。某年月日，卜葬明暘里長岡山，文昌所自擇也。

夫詩之爲教，務欲得其性情之正。善學之者，危不易節，貧不改行，用捨以時，夷險一致，始可以無愧於兹，如君者蓋近之矣。世之人不循其本，而競其末，往往拈花摘豔以爲工，而謂詩之道在是，惜哉！銘曰：

詩之爲教，著于禮經。温柔敦厚，本諸性情。君子讀之，豈惟多識。玩其指歸，感善懲逸。我甑生塵，我衣懸鶉。非義之物，肯受諸人？❶如斯學經，庶可無愧。留連光景，敢曰吾事。彼蒼者山，秀色可餐。洗心滌慮，是躋是攀。髮猶未皤，嗒然觀化。何有短長，❷無晝不夜。長岡之原，桂老冰寒。魂魄未歸，玆焉是安。惇史造銘，詒爾孫子。慶源方深，其流瀰瀰。

故贈奉議大夫磨勘司鄭公墓志銘

温之平陽，有剛毅之士曰曲全公，諱采，字季亮，姓鄭氏。賦性介特，唯道之從，不屑屈人下。年二十而其先人捐館，州里群少年怙其氣勢，因公少孤，欲肆其狎侮。公奮然自勵曰：「大丈夫有鬚如戟，肯受狗鼠輩侵凌乎？」束書出門，游浙河之東西，道經金華。金華爲部使者治所。使者聞公至，請見之，既見，奇其才，將辟爲府史。公以爲辱己，力辭而出。時仲兄講授崑山，公趨就之，年已二十有四矣。仲兄勉公以學，公始肆力於六經群史間。冬大雪，輒擁重衾厚幪而坐；夏熱，蚊蚋且噆人，則爇蒿煙驅逐之，夜參半，猶隱隱聞讀書聲。仲兄歎其勤，每謂人曰：「異日以文行亢吾宗，必吾弟也夫！」科舉法行，公自度其學可用，投牒試場屋，司文衡者見其持論太高，黜去之。公退而歎曰：「試藝所以困天下英才，吾尚可溺而未省乎？」乃絶筆不爲，改轍攻古文辭，積之既久，其發也益大以弘。聞海虞多佳山水，將卜居以卒業。海虞顧翁有賢女，久擇壻，無有當翁意者，一見，翁讙曰：「才俊如此郎，氣局如此郎，尚有敵之

❶「肯受」，韓本作「弗取」。
❷「短長」，韓本作「外慕」。

者乎？」竟歸之。公遂爲海虞人。

公正直不阿，見諂諛取富貴者，人道其名，輒唾去。家雖匱乏，一髮不以干人。或勸其隨俗浮沈，公怒曰：「我豈不知多田兒有粟帛耶？」弗聽。後屢自懲創，取老子語以「曲全」自號，終亦不能改也。縣被水災，有司循故事督賦甚急，民不堪命。公惻然憐之，率父老四三人往江浙行中書，泣白執政者曰：「水潦殺禾，民已無食，又欲重徵之，數萬生靈將化爲枯骨矣。」辭甚切直，不少貶，得蠲賦一萬五千。縣令張侯某思行均役法，問計於公。公曰：「役未易均也。」侯問其故。公曰：「侯館人之家，其産最夥，法當居上上，侯果能平之乎？」侯變色而作，後竟罷不行。宣城貢君師泰，中書右丞相脱脱公之客，來爲都水庸田使。公以其儒者，作長書贊之。貢君覽其文，論議英發，憚而不敢近。公遂不復上謁，君子多之。

公雅好賓客，雖甚貧，必留連款洽，惟恐其亟去。顧氏亦能探公志，鬻簪珥以市魚肉，不見其有難色。士窮無歸者，或館之終歲，衣且食之，無厭怠。年洊饑，客持券謁公，公視其家，僅餘粟五斗，公貸其五之三。故人瞿氏子將之淮南，囊橐爲群盜所掠，裸跣走訴，公盡以衣衾巾履遺之。公逍遥于門，見敝衣躡履而踏雪中者，公呼之前，予以泉布，終不問其氏名。鄰有錢叟，闔門病疫，無一治爨事者。公命家人烹粥藥，日再啖之，皆得更生。公之急義，大率類此。然剛而能容，士有忌其才高者，構爲篇章以詬。或尤公不之答，公曰：「吾豈不能文哉？顧所見與彼異耳。」未幾，遇諸塗，邀與共飯，且贈以白金，其人大慚而退。

仲兄以文雄于世，公實堪配之。公之子思先，嘗共編一帙，號爲《聯璧集》，濂序其首，評公之文如齊魯大儒，衣冠偉然，出言不繁，曲盡情意，人以爲知言。

鄭氏出光之固始，五季末避亂遷平陽。曾大父某。大父黼，尚宋宗室女，未嘗挾貴勢驕人，其第行曰九十，僉以九十佛呼之。父愉老，十三通五經，年稍長，遂應博學宏詞科，會宋亡乃止。妣某氏。妻即顧氏，先卒。男子四人：長思本；次即思先，由儒生起家，累官資善大夫、福建等處承宣布政使，以文學政事聞；次思宗，次思祖，陶出也。女子一人，明月，適殷宗信。孫男二人：鵬，鴞。孫女二人：素瓊、素英，皆幼。公壽五十七，以至正乙巳十二月六日卒。以某年月日，與顧氏合葬海虞山西歸蘭若之原。公殁之十年，以思先貴，得贈奉議大夫磨勘司令，顧氏贈宜人。濂官成均時，與思先有同僚之好，乃奉禮部尚書張籌所造事狀，徵濂爲之銘。

濂嘗患士習之陋，志卑而氣歉，撫世酬物，一以詭隨爲務。公之剛毅凜凜，不逐物變移，其君子之人歟？雖然，申棖親游孔子之門，尚不以剛許之，剛在古人亦甚以爲難。有如公者，其君子之人歟？縱不得享人爵以行其志，而天爵之在躬，固皦然無愧也。是宜銘。銘曰：

哲人立志，以剛爲質。遵道而行，不詘於物。不屈者誰，東甌之賢。其賦自天，其直如弦。狗鼠肆欺，翩然東去。歷覽山川，發舒壯氣。繡衣使者，一見稱奇。争言可吏，謝而去之。乃潛厥心，乃游六藝。乃騁辭章，聊以見志。俯徇繩尺，往試有司。意我矯亢，黜去不疑。大笑而歸，肥遯不出。

英英白雲，生我几席。淫淋化水，殺我黍苗。生民嗷嗷，孰地可逃？走白上官，雙淚如注。中誠感通，卒蠲乃賦。化此呻吟，而爲謳歌。仁人之言，計功實多。室如懸罄，心則好施。視彼顛連，如己顛躋。解衣恤寒，縮食濟饑。貪夫聞之，寧不愧而。俗衰民散，師道不立。宜留一鑑，爲世楷則。胡爲長逝，魂入九泉。獨留遺文，虹光燭天。餘慶所鍾，有子能令。出鎮方嶽，敷政一柄。隧道之章，載揚清芬。佞人讀之，當爲褫魂。

故贈承事郎大府斷事官尹府君墓志銘

國朝之制，凡入官者，自七品而至於第一，咸得推恩及其先人，官有崇卑，故其恩有隆殺焉。今刑部尚書尹性，其爲大都督府斷事官時，嘗請于朝，得贈其父府君如某官，階承事郎；母章氏，封宜人。性既虔奉命書，櫝置惟謹，復用黄綾謄爲副墨，具冠服佩綬如法，焚燎於府君墓下。性竊自念：皇靈如天，覆燾九圍，惠澤沛滂，兼被存殁，苟不圖文勒諸琬琰，何以上昭帝力，下示後昆？乃屬其友鄭君思先，采掇群行成狀，而徵濂爲之銘。

濂按狀：府君諱元良，字子貞，會稽人也。世爲簪纓巨族。曾祖某。祖嗣宗。父恂，元温州路平盈庫副使，妣李氏。府君温而克毅，卓識異於人。事二親鞠躬盡瘁，惟恐逆其志。副使君殁于温，府君不憚二千里之遠，涉濤江而往，艱難險阻，莫不備嘗，雙足爲之皴裂，扶櫬而歸，卜宅兆藏焉。當是時，二弟某、某，尚幼，府君聘致名講師訓之以經，朝夕督策之，恩意備至。及長，各爲授室。已而乞析爨甚力，府君止之曰：「兄弟同一氣而生，猶手足之爲四體，其可分之乎？」弗聽。府君指田之磽瘠者曰：「此予之所愛也。」指器之苦窳者曰：「此予之所嘗用也，盍歸我？」腴土嘉具悉讓與之，閭井以爲難能。先是，府君之從父兄，既耄且貧，仰食於府君家。二妹亦未有所適，至是各異居，咸倀倀無所之，幾欲墮淚。性甫七歲，告府君以其故，且曰：「非吾父是依，將疇從耶？」府君喜曰：「爾真吾兒也，正符吾志。」遂獨養耄者終身，飭奩貲以嫁其妹。性後入官，尤以廉勤戒之，其言踰千百云。

府君雖老，嗜學不厭，六經群史，罔不研究之。每晨興，挾册映簷光而讀，稍倦，輒拄頰看雲出入巖岫間，夐然如在塵外。有嘉賓至，令庖丁治酒殽，相與劇飲，酣觴淋漓，燭不見跋不止也。故爲之媏連者則曰：「尹公其吉人哉！」爲鄉鄰者則曰：「尹公信端士也！」大抵皆得其驩心云。

府君壽七十又一，以洪武己酉正月甲寅卒于家。其年九月丙申，葬會稽縣廣陵鄉黃龍山之原，禮也。配即宜人。男三人：長即性，近擢今官，階通議大夫；次權，次初。女二人，適同郡司馬升、金傑。孫男四人：經、質、敏、學。經早卒。女一人。

予早聞性名，知其制行之卓。其居官也，如冰清玉潔，誘以黃金滿橐，弗顧也。今幸與之同朝，又知其精於法家之學，操心平恕，不使有冤民，非府君家教之篤，其能致然耶？若府君者，其可銘已。性今位居六卿之中，於法得加贈，他日榮光下燭，泉壤重榮，又當濡毫爲性紀之。銘曰：

越有君子，篤行於家。涖事必誠，質而

不華。事親如天，跬步不忘。洞洞屬屬，唯敬是將。親殁于温，蒲伏往迎。扶櫬夜哭，水爲失聲。鞠育諸季，竭其恩勤。扶翼覆護，如親之存。耄者養之，弱者嫁之。營之經之，以遂我私。春秋既高，謝絶塵氛。拄頰凝視，山川出雲。賓至如歸，劇飲而讙。夜深月落，聲出户間。積善之餘，無鬱不舒。有子升朝，朱衣金魚。皇明如天，卹典攸崇。澤漏九泉，于以勸忠。廣陵之鄉，嘉樹鬱蒼。太史勒銘，永世其藏。

元故湖州路德清縣尹陳府君墓銘

吏部主事陳咨詣予言曰：❶「咨試藝京畿時，先生實爲主司，屢欲求銘先府君墓。已而授河南行中書檢校，官書有程，竟弗獲遂前志。及仕銓曹，而先生謝事東歸，晝夜恒懸懸入思。今逢先生朝京師，敢奉同郡宇文材所摭事狀以請，惟先生畀矜之。」

予按狀：府君諱嗣某，字仲貞，姓陳氏，世居湖之長興。其先出自漢太邱長寔。寔傳若干世曰某，宋臨安丞。臨安生某，遷居郡城之南，以貲雄于鄉，年九十乃終。生某，積學勵行，有聞于時，自號爲庸齋。庸齋娶施氏，無子，擇從子爲之繼，惟府君風指孤騫，足以當其意，因後之。府君性軒豁，開口吐肝膽，好傾貲結賓客，或有急難，輒捐金以濟之。既而曰：「人不可以無教。不教，惡足以明彝倫？」乃建義塾，聘致名師，州里子弟願從者，悉聽其人，材多有成。

元季，汝潁兵發，蔓延浙水西，髠鉗盜販者相挺爲變。府君椎牛釃酒，聚年少健

❶「詣」，原作「請」，今據張本改。

兒授以控扼之策，盜不敢侵其境。會朝廷遣使者詔民入粟拜爵，府君慨然曰：「國家有急，豈臣子顧私時耶？」首往應詔，輸粟二千斛，使者大悦，即以上聞，署府君德清縣主簿。德清，湖之屬邑，府君素知其土俗，視事始閱歲，吏懾人懷。曾未幾何，張士誠據姑蘇，兵陷湖州城，守臣退居德清。府君曰：「杭爲東南方面之寄，德清實杭之北門，德清破，則杭無寘足之地矣，宜急保之。」遂與上下謀，竭力死守，軍食或不繼，以身任之。江浙行省平章政事買木丁方總兵事，❶上其功狀，陞爲尹。

達識帖木爾時以行省右丞相承制行事，欲招士誠降，命府君持檄諭湖州僞帥，以離其黨與。府君慷慨請行，既至，僞帥延之上坐。府君爲數陳大義，何者爲順，何者爲逆，逆則罹禍，順得受福，縄縄千餘言。僞帥不覺屈膝，城遂來歸。丞相大悦，而府君不幸以母憂去。

自時厥後，府君度時事不可爲，累辟不起，以至正某年某月日，卒于歸安縣之寓舍，享年四十又五。以某年月日，葬于烏程縣三碑鄉賢子塢先塋之次。娶吴氏，有賢行，頗涉獵書史，至於陰陽、醫卜、種樹之書，皆通其義，後府君若干年卒，遂合葬焉。子男子四：長即咨，次某，次某，次某。孫男二：某、某。

嗚呼！府君以卓犖之才，少見諸用，已焜燿鏗鍧若此，況使盡其所藴者乎？然而炳於幾先，長往山林而不之返，非賢而能爾乎？今逢六合載清，禮樂文物之盛，比隆唐虞，而府君已逝，不及見，君子寧不爲之太息

❶「木」，張本作「术」。

乎？雖然，府君有子，以科目入官，政跡昭著，府君雖死，其不死矣乎！銘曰：

天之生材，或塞或通。祇繫於時，所以不同。有倬陳君，氣象弘整。表裏如一，❶錙銖無隱。里有急難，捐金如泥。蹈彼水火，必思救之。欲明彝倫，我建我塾。載揚師訓，開其耳目。元季政龐，亂如沸羹。浙河之疆，烽火煌煌。奮攘大呼，聚厥勇士。持爾干戈，捍我鄉里。出粟補官，句稽簿書。隱然堅城，寇不可踰。封豕長蛇，據我大府。奉檄往諭，氣可懾虎。義嚴辭勁，直中其機。不覺屈膝，請降恐遲。相臣嘉之，謂爲俊傑。軍威大振，孰得而遏。君則曰噫！此胡可爲？大厦將傾，一木莫支。尋以憂去，遂卧不起。朝飧煙霞，暮采蘭芷。令終于家，州里咸嗟。有材莫展，時乎命耶？靈風肅然，吹彼嘉樹。❷魂兮來歸，妥此幽隧。

故倪府君墓碣銘

吴郡有名世之醫曰倪府君，❸諱維德，字仲賢。其先家于汴梁。曾大父某，宋某州防禦使，生秀文，值宋籙既訖，乃挾醫術游大江之南，遂擇郡之吴縣居焉。秀文生鼎亨，能紹家學，有聞于時，則府君之父也。

府君嗜學不厭，受《尚書》於碧山湯公，焚膏繼晷，探賾精微，發於辭章，皆煒煒有奇氣。湯公器其才，勸之仕，府君曰：「爵禄乃資之以澤物者，然有命焉，不可以倖

❶「如一」，張本作「一如」。
❷「嘉」，胡本作「墓」。
❸「吴」，原誤作「吾」，今據張本改。

致。曷若纂承醫學以濟吾事乎？」於是取《黄帝内經》，日研其奥旨，見其疏陳治法，推究原本，欣然曰：「醫之道盡在是矣。」間有疑難，質於父師之間，心緒益開朗，❶頗病大觀以來粗工多遵用裴宗元、陳師文和劑局方，故方新病，或不能相值。泰定中，得金季劉完素、張從正、李杲三家之書讀之，知其與《内經》合，自以所見不謬。真積力久，出而用藥，往往如神。奇證異疾，一經診視，有如辨白黑，毋少爽者。

周萬户子，八歲，患昏憒，數日而醒，不識有飢飽暑寒，欲語則不能出聲，時以土炭自塞其口。府君切其脈曰：「此慢脾風證也。脾藏智，脾慢則智不足，其不知人也。宜投以某劑而瘳。」顧顯卿妻，右耳下生癭，大與首同，其疼不可忍，更數十醫，弗效。府君診已，告於衆曰：「此手足少陽經受邪故也，甚易治耳。」注某藥，令啖之，踰月而愈。劉子正内子病氣厥，或哭或歌，人以爲蛇鬼所附。府君察其故，且脈之，謂劉曰：「左右脈俱沈，胃脘中必有所積，有所積必疼。」問之果然。以生熟水導之，吐痰涎數升，病遂除。盛架閣之配，左臂病癢，蔓延至兩臂，上及顔面，不可禁。若於肩上灼艾，勢暫止，已而如初。府君曰：「右脈沈，左脈浮且盛，此厚味過傷之所致也。」投以某藥，疾旋已。林仲實因勞發熱，熱隨日出入爲進退，食飲漸減。府君切之曰：「此得之内傷，故陽氣不升，陰火漸熾，温則進，涼則退，是其徵也。」治以治内傷之劑，其疾如失。府君醫難療之疾多類此，文繁弗載。

府君每有言曰：「劉、張二氏治多攻，

❶「朗」，張本作「明」。

李氏唯在調補中氣，蓋隨世推移，不得不爾也。」於是府君之治疾，既察天時地理，又參之以人事，所以十不失一。然操心仁厚，但來謁者，即赴之，不知有富貧。一旦，有窶人抱疢求治，府君既授藥，兼畀以烹藥之器。客怪而問曰：「藥可宿備，陶瓶亦素具乎？」府君指室北隅示之，其積者蓋百數云。府君病眼科雜出方論，竟無全書，著《原機啓微集》若干卷，又以李杲試效方若干卷，鋟梓傳世，君子多之。

性尤嗜聚書，預置金於書市，有新刻者輒購入之，積至五千餘卷，構重屋以藏。晚年建別墅敕山之下，乘扁舟，具酒殽，與二三賓客放浪水光山色間，翛然高舉，如在世外，因自號曰敕山老人。壽七十五，卒於洪武十年六月二十日。其年七月二十一日，葬於縣之至德鄉上沙村兩重山之下。娶章氏，先府君而卒，至是同穴。生一子，曰起，通儒書，亦以醫鳴於時。三女：曰淨真，曰媛真，曰孝真，適士族某、某、某。三孫男：曰謹，曰識，曰讓。一孫女，曰婉寧，尚幼。

予嘗患《内經》之學，晦而弗章，無豪傑之士以洗滌之。浙河之東有朱君彦脩，以斯學爲己任，而三家之説益明。浙河之西則府君奮然而起，蓋與彦脩不約而同，使泥局方者逡巡退縮，不敢鼓吻相是非。生民免夭閼之患者，二公之功爲多。彦脩之殁，予已銘其墓。今府君之子亦復惓惓爲請，予安得固辭耶？因歷其行事而銘之。銘曰：

醫者之學，《素問》爲宗。猶儒治經，專門是攻。寒暑温涼，升降浮沈。❶ 或逆或

❶「浮」，原誤作「淨」，今據張本改。

順，制治最深。隨時立方，始與疾同。正氣既攄，邪沴乃融。粗工蚩蚩，守一不移。執中無權，罔契其機。群昏方酣，苟不力扶。冥冥夜行，擿植索塗。三家者興，❶上窺本原。如揭日月，照耀天門。伊誰承之，作世笵模。東則有朱，西則有倪。

北麓處士李府君墓碣

處士姓李，諱士華，字庭實，北麓其自號也。其先家廬陵。唐開元中，遠祖德靈，仕爲撫州長史，因居屬縣之崇仁。高祖昂，宋太學上舍生。曾祖緘，以《春秋》舉進士，至某官。祖适，父元德，母盧氏。

處士賦才瓌異，音聲如鐘。幼喪父母，二兄亦蚤世。時當宋季，亡賴男子學弄兵於村疃，暮夜擊人門，鈔掠其貲財以去，稍與抗，直剸以刃。處士能自衛，卒免其患。會宋亡爲元，更易方笠，窄袖衫，處士獨深衣幅巾，翺翔自如，人競以爲迂。處士笑曰：「我故國之人也，義當然爾。」

府君善治生，未幾，家大穰，遂以貲雄鄉里，積粟歲至數千廩。遇饑，則平價出之，飢餓不能出户者，計口而周之，活者恒百餘人。宗姻無業，班財以爲饋，死則給棺槨衣衾，葬之善地，且卹其遺孤，唯恐不及。負逋不能庚者，苟有所乞，輒再與，未嘗有靳色。或以田廬爲償，處士正色責之曰：「先人之業，何可廢壞？逋尚可紓也。」慰而遣之。伻有盜廩粟者，矜其貧，益之使去。識與不識，咸目之爲仁厚長者云。會朝廷有鬻爵之命，富家兒多競奔，處士恬不

❶「興」，原誤作「與」，今據張本改。

以爲意。客以空名告身來售，處士曰：「吾愧不能以文學干禄位，而涉銅臭之譏，雖貴奚益哉！」

府君性純孝，能事繼母如親母，雖其性剛嚴不可近，必下氣婉容得其驩心而後止。常以不及終養二親，語或臨之，輒嗚咽流涕；晨昏必展謁先祠，遇初度之日，號慟抵暮，家人不忍見，因諱言之。訓諸子以學，親自督視，不至夜分不休也。爲人豁達大度，不少貶以徇流俗，見假巫鬼惑人者，力斥去。鄉人鬬争，斷斷然正讙，折以片言，則免冠頓首謝。嘉賓款門，倒屣出迎，驩然無倦容，雖不解飲，必使盡醉而去。

元至正十一年辛未正月五日，以無疾終，壽八十六。後二十二年，當國朝洪武五年壬子，葬于縣之大龍山之原。娶郝、陳二氏。子四人：彬、鎬、鏞、蕃。鎬以文行舉于朝，擢國子正。女三人，丁師、周晉、戴尚德，其壻也。孫三人：雝、家奴、寶定。孫女三人，尚幼。曾孫二人：宜壽、普蘭。曾孫女二人，在室。

自夫仁厚之俗衰，學者慨想三代之盛，猶神龍游于玄間，❶欲一見之而不可得。嗚呼！豈其然哉！人有古今，心無古今。有如處士之行，如前所載，苟謂之三代之民，孰不謂然？處士不可作矣，予故特表出之，以勵夫人人。然而仕之與否，是有命也，不必爲處士惜也。銘曰：

祥麟威鳳，隱而弗彰。苟一出焉，是爲希世之祥。謂之有邪，則固不能以亟見；謂之無邪，則簡策所紀，何爲其周且詳？吾謂處士爲三代之民，亦是類耳，世之人無

❶「玄間」，胡本作「太虛」。

徒委之於渺茫。緬懷德人，中心孔傷。今其已矣，何日而忘。

故葉夫人墓碣銘

山西提刑按察司僉事張孟兼，請余銘其大母葉氏之墓凡三年矣。予時供奉詞林，日以文墨事上，竟弗暇爲。今蒙恩休致家居，而孟兼亦予告省親，道過予門，又復以前事爲屬。其言極慘戚，予何忍不爲孟兼一銘之乎？

孟兼之言曰：「大父年踰六衺而未有孫，及生孟兼，具牢醴饗賢士大夫，且曰：『吾衰矣，不意垂殁之年獲抱孫焉。』於是賢士大夫咸起舉觴爲壽。未幾，大父亡，大母見孟兼輒泣，尤愛憐之。孟兼病創瘍，浸淫被體，晝夜啼不休，大母與乳母范鞠諸房中，親爲傅藥，節宣其食與衣。見其學步學言，每爲喜動顏色。已而歎曰：『恨不令汝大父見之。』年十九，禮宜授室，始離大母左右。遊學城南，師事聞人先生，辯析六藝，采刺爲篇章，久之乃歸。大母喜倍於前。已而復歎曰：『恨不令汝大父見之。』

「歲乙巳，朝廷下詔求賢，以圖治安，州縣不以孟兼爲不敏，文章薦之。孟兼將赴京，大母執孟兼手，泣而言曰：『汝大父念汝甚，唯寐忘之，不幸不見汝之成立。汝今欲入官，當夙夜盡心以奉公上，庶幾不辱於前人，老身雖即瞑目，無憾已。』孟兼謹佩服之弗敢違。既至，蒙恩擢國子録，轉主事儀曹，遷丞奉常，凡歷八春秋，屢思謁告覲省，動有物尼之。洪武五年十一月二十日，嚴君以書來曰：『汝大母以今日終。臨終無他言，唯曰吾年七十又四，分當死，百無所慊于中，獨惜不與吾孫一相見耳。』孟兼讀已，五内分裂，恨不即死相從於地下。禮部尚書陶公白於丞相府，遂以上聞，獲還，哭於墓次。時大母祔葬大父徐山兆域，距卒時已三十四日矣。自時厥後，孟兼出爲今官，尋陞山東提刑按察副使，痛念禄足以充養，而大母遽捐館舍，衋然傷心。然非辭章無以白大母之行，而洩孟兼無窮之悲焉。所以不避譴呵，而頻瀆於執事者，職是故也。」予聞之，亦爲之愴然。嗚呼！余何忍不爲孟兼一銘之乎？

葉氏諱某，杭之仁和人。父信，母某氏，世以種善聞。年三十，歸浦陽張府君鎮。初，府君娶同縣陳氏，無子，葉氏來爲之側室。性慈惠柔順，事陳氏如事姑。復好施與，逢單寠無倚者，捐所有物資之弗靳，三族翕然稱其賢。生一子，二孫，長即孟兼，次善。一孫女，適某。四曾孫：鈞、朝、幹、全。

予自少齡，恒得驚風疾，數涉阽危，賴祖妣金淑人保抱攜持，以全性命。竊禄熙朝，位躋法從，常思有以發揚潛德，而一時故老號稱能文辭者，先後澌盡，竟無從求之。方戰惕不自寧，而孟兼乃惓惓徵銘弗懈，亦可謂知其所重而竭報本之誠者，予頗愧焉。嗚呼！余何忍不爲孟兼一銘之乎？雖然，孟兼以文章政事著聞當世，繡衣直指，威讋暴彊，其大父母雖不獲見，亦足以慰九泉之望。銘與不銘，未足深議也。銘曰：

君子抱孫，以其繼宗也。斯勤斯恩，奚暇計其瘝恫也。珠之藏櫜，玉之藴璞，寶之俾有終也。爲盤爲敦，光燭於外，大顯厥庸也。樂石勒銘，樹之林塋，馬鬣其封也。

故鄭貞婦賴氏墓志銘

貞婦，汴賴氏子，故爲閩人家。宋南渡後，有仕於温者，遂遷焉。父諱某，母某氏。貞婦生有淑質，父母慎擇配偶。會深之鄭君信與其妻王氏亦寓於温，素稱有家法，其子曰誠，字文質，復俊爽異常倫，俾歸之，貞婦年二十矣。

貞婦奉尊章無違禮，身蹈儉素，不習流俗侈靡事，三族以爲能。生二子：德、善。而鄭君自李陽河巡檢遷廬之税使，乃徙合肥。居久之，鄭君殁，反葬於深。王氏念之弗置，欲歸省邱墓，誠飾板輿送其還。未幾，王氏殁，誠亦以哀毁終。深之宗人曰：「是母子者，不欲忘其鄉土者歟？盍同葬焉。」因相地卜時成禮。貞婦聞之，大慟幾絶，即服惡笄服，朝夕哭奠。人有慰之者，輒對曰：「我未亡人耳，尚何言？」誓不再適，以樹立鄭氏之門。如此者五十餘年，如嚴霜烈日，可畏可仰。善既不幸早夭，刻意訓德，從名儒遊，迄於有成。今擢太醫院判官，階保沖大夫，世稱其爲有子。

貞婦生於至元壬午四月五日，卒於至正辛丑七月十七日，壽八十歲。二子唯有一存。孫一人，素。孫女二人，適太原護衛鎮撫金華吴翰、舒城宋謙。曾孫一人，天保。德念母恩如天之罔極，欲圖不朽於文字間，介安次王普狀，徵爲之銘。銘曰：

鄭婦之行，可謂貞矣。其恒如松之不變，其潔類玉之無瑕，所以得令子以昌其宗。嗚呼！此非《易》所謂「安節之亨」者乎？

鄭母蔣夫人墓志銘

鄭母蔣夫人，諱某，字某。其先居光之光山。五代末有諱光者，徙毘陵，再徙鄞，今爲鄞人。光生宗霸。宗霸生侃。侃生贈金紫光禄大夫浚明。光禄生崇寧某甲子進士某官、贈宣奉大夫琉。宣奉生通判台州、贈中奉大夫梗。中奉生南昌通判、贈太中大夫如愚。太中生峴嶸、峴慶，元丙辰進士、刑部尚書、寶章閣學士、階正奉大夫；嶸隱居弗仕，夫人之曾大父也。大父遜。父某，號處士善孫，妣趙氏。

夫人生簪纓家，進退皆有度，處士愛之，不肯與凡子。初，處士之女弟歸同郡某路學録鄭方叔，生某路教授覺民。覺民字以道，居弱齡時，文行燁燁流聞。處士喜曰：「吾久擇壻，無踰此甥也。」遂歸之。夫人既至，事舅姑甚恭謹，衣之燠寒，食之早莫，咸懸懸入念慮，唯恐有弗及。姑患眯目，教授君日候牀下，以舌舐之，夫人必與俱，問姑所欲爲而退。姑歿，舅春秋高，卧疴不能興，在衽席者數年。夫人烹鍊藥劑，候火性剛柔，必盡其功乃進，久而愈虔。舅常謂人曰：「吾聞孝婦當産佳兒，有若蔣婦，其子將亢吾宗乎？」舅既歿，教授君令譽日廣，貴人家暨閭里之族，競以厚幣聘爲塾師，家政悉仰於夫人。夫人不動聲色，具有條序，米鹽細故，日親涖之而不憚煩，雖貧賤患難有不恤也。教授君有妹適趙某，生一子一女，病手足拘攣，殊苦甚。夫人遣介候問無虚月，及卒，鬻環釧爲具棺斂，且不避塗潦，送之葬所。未幾，其子亦卒，斂之如其母。竭力嫁其女於士族，中外皆稱其賢。教授君歿，夫人哀慟幾致隕絶，戒從者治葬具，必誠必信，無毫毛可憾。既葬，歲時躬自省視，且將結廬墓左，以俟同穴。

一旦，無疾而卒，洪武三年十月十九日也，壽六十九。四年十月五日，祔葬教授君墓，墓在鄞縣西奥山之原。初，葬教授君時，啓殯而雨，執紼者衣爲盡溼，夫人泣曰：「雨不克葬，書于《春秋》。故在廟未發之時，得爲雨止，今既在塗矣，如之何？異日獲從夫子，使果雨也，其必少止矣乎！」及是，天日清朗，送者縞素哭泣，盡哀而去，人以爲遂夫人之願云。

夫人子男子三：長曰駒，義烏縣學教諭；次曰真，鄉貢進士、臨濠縣學教諭，皆以文學稱於時；季曰夙，❶某縣主簿。子女子二：一適同郡劉濬；一適天台葉亮，元季兵禍作，死於節義。孫男五：翁昇、同昇、東昇、允昇、復昇。孫女三，皆幼。惟四明宦族，莫久於蔣氏，重珪疊組，幾與宗室相始終，故其賢女之可書有如此者。禮義涵濡之功，誠不可誣哉！

濂與故太史危君素游，備聞教授君之行與夫人之賢。教授君之墓，危君嘗銘之，獨夫人未有所傳。前年之冬，扈從皇太子游荆山，真迎拜道左，惓惓以爲言。今年春，蒙恩致政而歸，駒復來謁，哀請如真，有過無不及焉。濂故特書其世裔之詳，俾勒於墓碑，以見君子之澤久傳而不斬，庶可少爲流俗之勸。嗚呼！夫人亦可謂之有子矣夫！銘曰：

其德肫肫，其行以孝聞。其訓子熾然而文，其無忝閥閱之子孫。

❶「夙」，張本作「鳳」。

故王母何夫人墓銘

門人王綬，喪其母夫人何氏，衰衣稽顙，求造墓隧之文。予與綬之父翰林待制君，學爲同師，官爲同朝，揆義不可辭。

夫人諱妙音，婺之義烏人。大父仁，父智，母傅氏。父早世，傅厄於窮，重醮金華俞氏。俞故名閥，夫人隨母鞠其家。逮長，大父器之，撫其頂曰：「是女柔嘉，其凡子儷耶？」❶時同里初齋王府君良玉，家居講授，受業者百人。大父爲夫人擇配，環視諸弟子，心自計曰：「無有出王禕右者。」禕即待制君，府君之仲子也。府君揣其意，乃命行媒相知名，片言成姻。

夫人既歸，事君舅君姑甚恭，待娣姒壹以和勝，三族競誦其賢。待制君方從黄文獻公學，絶不爲家謀，夫人挺身任之，不以一髮貽其憂。待制君能以文辭鳴海内者，夫人之助爲多。待制君出佐方州，入官禁林，恒挾少房與俱，夫人安之，謂世之當然。❷自後，待制君持節諭西南夷，六載不返，夫人攻苦食淡，煢煢然與二子綬、紳居。歲時具牢醴祭王氏祖若禰，奉卮酒前酹，命二子拜後，曰：「我王氏老主婦也，禮則宜然。」聞者爲悲之。

夫人訓二子成人，且爲授室，抱二女孫宜、定，宜亦許適予孫恂。夫人猶日治絲枲，不廢經畫，内政斬斬中度，雖偉丈夫有所不能，由是家寖裕。然以待制君久未還，積憂成疾，群醫不可藥。紳晝焉心傷，亟封

❶「其」，胡本作「豈」。
❷「世」，黄溥本作「勢」。

股作糜以進，竟不愈。洪武十年二月十一日遂歿，壽五十六。其年十一月二十八日，葬於縣南崇德鄉青巖里之象鼻岡，禮也。嗚呼！若夫人者，其盡爲人婦、爲人母之道者乎？銘曰：

夫學方弘，婦德維貞，同聲而相應也。雞號而興，絲枲作朋，克勤於内政也。青燈宵明，顧影惸惸，能安於義命也。國史著銘，焯行幽扃，欲其辭之稱也。

寧海林貞婦方氏墓志銘

寧海林可企，年垂八十，纏緜疾疢，偃卧不能興，召其甥方孝聞而謂之曰：「吾耄矣，即溘先朝露，無所憾。第母氏貞行未及顯白，中心怦怦然，類持杵舂繫之者。❶聞汝弟孝孺受經於金華宋太史。太史，進人以善者也。儻孝孺爲達其誠，太史未必不憫之而寵畀以文也。」言訖，涕泗滂然下。孝孺以言，予因不辭而序之曰：

貞婦諱友弟，姓方氏，亦寧海人。宋某年進士湙之女，孝聞之曾祖姑也。年二十，歸可企之父某。時舅已歿，惟姑存，秋髪亦繽紛矣。當科繇之興，黠首藉是以魚肉之。❷夫獨嬰其難，且無同氣之親以爲助。貞婦俛首事紡甎，或至雞號就枕，由是給使之用不匱。

越八載而生四子。夫以一疾亡，長子年甫踰七，餘子生尚幼，貞婦幾欲無生，然恐傷姑之心，强顔追逐，日夜飲泣吞聲，不使聲聞於人。里有豪士，欲乘其孤嫠凌之。

❶「繫」，胡本作「擊」。
❷「黠」，胡本、韓本作「黔」。

貞婦盛氣叱曰：「我未亡人耳，爾誠君子耶？當恤我軫我之不暇，顧反以相虐耶？苟更進不已，誓直於官，以懲彼繼者。」或聞之吐舌，相戒莫敢犯，卒能樹其門弗墜。姑年八十，恒多病，貞婦敬之如鬼神，保之如嬰兒，無毫髮忤其意。及以壽終，帥家人行喪，朝夕奠哭如儀，學禮君子不能過也。

訓飭諸子從師問學，束脩不足，脱簪珥繼之。至其成立，皆爲之授室。歲時出坐堂上，子婦與諸孫分東西立階下，次第舉觴爲壽，雍穆之氣，藹如陽春。如是三十年乃卒，卒時年八十二，某年某月日也。以某年月日，葬某山之原。州里之人，至今指其門相謂曰：「是中有貞婦，能皦然自守，而致備福之養，今豈復有是人耶？」相與慕咏而去。貞婦四子：長可傳，次即可企，次可任、可信。諸孫若干人，某、某。孫女若干人，歸濟寧知府方去矜及某、某。去矜，孝聞父也。

予聞夫者婦之天，天可背乎？背天則非人也。有若貞婦之順乎天，天之報施如此，亦云厚矣哉！銘曰：

鴻雁貞雌，而不再雄，而況於人乎？林氏婦方，其殆無愧人道乎？有人心者，孰謂其不能興起乎？

故樓母吴氏墓銘

予既銘先友樓鳌君之墓，樓君妻吴氏復卒，其子仁與恕泣而請曰：「先母極孝於姑。姑年耄，氣逾弱，左右手不能用。先母夙興持櫛具以往，請姑坐榻上，親理髮，施膏沐訖，鞠躬揖而退。旦旦如之，雖遇寒之折膠，暑之流金不廢。復聞宗老言：『爾母之賢也，胡可及也？蘋蘩之薦，無不蠲潔；閫內之政，無不雍順；輿臺媼御之賤，未嘗聞叱咤之聲；相爾父治家，不衄勞勩，時鬻環釧以佐饗賓之費。彼知飾珠玉，侈衾衣，以相夸詡，其視婦道爲何事？世非無女婦也，如爾母者幾何人？』仁等日夜腐心，恐斯言聞者鮮也，盍若登之於文乎？敢以墓上銘爲請。」

予曰：「吾母陳淑人，其賢與爾母正類，常思樹表墓道，而一時故老凋喪，竟無從求文。爾之情爲可矜，實與予同也，因不敢以荒陋爲辭。嗚呼！爾母固賢矣，使爾兄弟自言，終涉乎愛私，今則出於宗老之口，其有不誠者耶？嗚呼！爾母殆得陰之正德，而無幽吝之氣者耶？金之精者聲必宏，以爾母之賢，又何患不遠聞耶？」

吳氏諱正，字德貞，義烏人。吳樓世通昏媾，父泗，母穎。吳氏年二十一來歸，享壽七十又九，以洪武丁巳十二月二十五日卒。其月二十九日，合祔夫墓，在縣之某鄉西山之原。三子：仁、恕、愿。仁、恕皆從予受經，良儒也。一女適將仕郎鄱陽縣主簿方良玉。孫一，椿。女二，適吳榮、丁宗元云。銘曰：

女位乎陰，孰乘乎陽？婦德惟柔，孰亢乎剛？苟不失厥常，乃家之慶。叶。西山之岡，是爲賢母之藏。後千百年，慎毋變更。叶。

故段母夫人劉氏石表辭

濂朝京師，有儒其衣冠者，介翰林典籍羅奎上謁，容止儼雅，言辭有倫，粲然經緯交錯，無龐雜乖忤意，心竊奇之。叩其姓，則廬陵段氏，其名則德輔也。於是延之上座，以傾其所欲言。德輔避席而請曰：「德輔先子之歿也，歐陽文公實銘其墓。先夫人繼喪已十九年，而懸繂之碑未有刻文，惟執事者期焉。」予既奇德輔，意其母有賢行使然。及覽周靖所述狀，果與見符，迺爲之序曰：

夫人劉氏，諱妙福，字某。其先居臨江，祖大叔始遷長沙。父仕隆，存心澤物，施槥櫝以千計。母吴氏夫人，幼敏慧，翦製紉結之事，不學而能。終日不出閨門，即出，足跡有恒度，可坐而數也。執父喪，哀戚甚，不御酒肉至於服終。州里慕其人，争致行媒，欲聘以爲婦，父皆辭去。段氏初家廬陵龍溪，與臨江鄰郡。迨子開者亦徙長沙，聞其子士龍又賢，乃歸之。

夫人奉尊章，處先後，咸中禮節。媪御率其化，無有暴戾之行，内外斬斬。九族同辭譽之曰：「懿哉若婦！段氏其彌昌乎？」尊章亦安之，家政小大悉屬之，夫人絲髮不以縈懷。夫樂與賢士大夫游，夫人喜見顔色，戒媵侍具酒漿脯醢以燕饗之，唯恐其亟去。父家諸子析爨，分以上田，❶夫人謝不受。及其衰也，百物多取給，無厭辭。母喪，葬薶祭祀諸費，皆自夫人出。夫既先卒，夫人恐或廢斁以爲前人羞，益加整比，而家遂大穰。夫人生德輔，其弟德文則李氏所産，夫人撫育如一體，人見綵衣翩翩，雙舞夫人之側，盎然入春風中，不識其爲異母也。二子長亦克自負荷，撫世酬物，本於一誠。子弟無公庭之跡，諸事不欲上煩夫人。夫人至是春秋亦高，歲時坐中堂，

❶「上」，原作「土」，今據張本改。

子若孫雁行立堂下，前後進觴爲壽，驩如也。

至正壬辰，兵大變，夫人同德輔避還廬陵，德文留長沙，守先世兆域。越六年而亂愈熾，夫人復往南昌，以德文在長沙也，日夕出涕，遥望曰：「吾兒德文何時而來歸乎？」德文亦泣禱上下神祇，誓不見母不肉食。戊戌春二月，德文忽從間道而至，母子相見，喜極翻成悲慘。八月，移吉水潼江。庚子六月，移梅林渡，夫人病暑而卒，其月之某日也。年七十一。辛丑正月十八日，祔葬龍溪之先塋。

夫人二子，即德輔、德文，奉夫人盡孝，屢於刀戟叢中傾貲以救母，群寇義之，歎息而去，人稱爲二孝子。女一人，胡氏出也，適聶孟宣，廣東宣慰副使以道之子也。孫男六人：毅、礪、徵、鳳、溥、盛。孫女一人，適某。曾孫男一人，辛祐。曾孫女五人，皆在室。

予聞婦人無非無儀，故其賢行不出於閨門，必得令子而後著，如夫人者是已。予年耄而神昏，言且不能成章，凡有求文者輒俯首控辭。今於德輔獨不然者，以有關彝倫之重也。銘曰：

夫人之行貞且則。左蹈矩矱右繩尺。何以致斯在慎敕。秉心如絃絶偏蝕。內外肅穆儼若一。陽明煦嫗銷陰慝。九族觀感亦歸德。仁賢上聞天爲惻。豺虎交横不敢迫。況有令子文五色。温温出言有倫脊。幽光丕昭勒貞石。黄金可銷兮銘不泐。

扶宗宏辨禪師育王裕公生塔之碑

我如來設教，騁威神妙智之力，示超絶

極致之理，視萬劫爲旦暮，刹那之頃，三際現前。是故以生滅爲一，雖出入靡常，而真如之性烱然長存，既無染淨，亦無寡多，習其學者，往往深入禪定，後天地而不凋，不知孰謂之死，孰謂之生也。扶宗宏辨禪師，現坐玉几道場，説法度人，而絶去來之相，預建塔於盧山石耳峰下，期他日爲舍利之藏。其上首弟子師秀，持岳林佳山良珵所聚事行，徵濂爲銘，勒諸塔上。嗚呼！有若師者，其殆能齊死生晝夜之理者乎？

師名崇裕，字約之，毘陵陳氏子。其母某氏，夢龐眉異僧乘肩輿直叩寢門，呼曰：「吾將假館於斯。」母覺時有娠，十月而生。四歲，始學步。七歲，入小學，資識趨群童上。❶十六，解通儒家言。然體素尫弱，十日而九疾，每覩佛菩薩像，輒互跪瞻禮，依戀不忍舍。父母以其應夢，冀徼靈釋氏愈之，命從壽昌院東林曉公爲沙彌。院有大梨木，三十年不發花，及師之來，花開滿枝，結實大如斗。東林知爲祥徵，度爲大僧，俾受具足戒。

俄蓬累而出，登雙徑山，謁寂照端公，鞠明究曛，唯以觀心爲急務。閱二年，未有所證入，偶遊東坡池，因操觚成一偈，寂照見之，喜云：「此龍象器也。」命爲侍者，使其便於咨叩。師弗從，復走天目山，見佛慧義公。佛慧授以萬法歸一語，師淬礪益力，雖金牆鐵壁，必欲拓開乃已。佛慧亦期師有立，所以警發者甚至。又二年，師急於求證，復步中天竺山，參廣智訢公，一造户庭，如膠漆相入，即決以超脱死生大事。廣智爲舉臨濟無位真人之言，且詰之云：「爾還

❶「趨」，胡本作「超」。

知否？」師不覺下拜。廣智云：「爾何所見而作禮耶？」師答云：「拜者非是佗人。」廣智云：「從門入者豈家珍耶？」師云：「和上慎毋欺人也。」廣智首肯者久之。

越五年，元文宗詔建大龍翔集慶寺於金陵，起廣智爲開山第一世。師復往依焉，選充維那之職，未幾，陞主藏室，留廣智左右者十餘年，盡得其所爲道。御史中丞張公起巖問廣智云：「選佛場中僧伽如此衆多，其有弗悖般若者乎？」廣智云：「戒律精嚴，言行不相背馳，唯崇裕一人。自受度以來，脅不沾席者三十載矣。」張公深加奬歎，師之聲光自是日起叢林中。朶兒只國王時以江浙行省右丞相領行宣政院事，遴選諸方住持，名既上，猶恐其未公也，投鉤而定之。師始出世太平南禪報恩光孝禪寺，瓣香之祝，蓋嗣廣智云。

師以誠遇物，黑白翕然宗之。一日，令圬人塓壁，壁中隆然如有物，亟攫拉之，已而復然。抉之，獲悉達多太子像，乃佛牙所刻成。師召工傅以黄金，金迸裂，舍利從中涌出，寺僧覺阜雕小香殿奉之。遐邇施者日新月盛，數載之内，百廢具舉，名聞於朝，帝師大寶法王錫以金號。尋遷九江圓通崇勝禪寺。宋之初，有神僧道濟德公將示寂，累青石爲塔，語其徒曰：「此塔若紅，即吾再來。」暨圓機旻公來鎮法席，塔果紅色，人異之。旻公人號爲古佛。及其臨終，復爾懸記有「三百年後大興佛事」之讖。師入院之夕，衆僧夢旻公至，而其塔爗然有光者彌月，人尤異之。先是，寺之獅子巖大樹皆枯，澗泉亦竭。至是，樹則重榮，泉則再湧。識者謂自旻公至師，正踰三百之數。其能動物，蓋不徒然也。寺當菑毁之後，唯佛殿法堂粗立，餘皆瓦礫之區。師會歲之入，庀匠傭工，創僧堂旃檀林，以居學子；新梵音閣七間，中塐觀音大士，傍列二十五圓通像；若三門、鯨音樓、經藏寶閣及上下塔院，屬勤舊協心而成之。時榮國公火你赤以朝之重臣，總戎江西，慕豔師之慈行，洊請敷宣大法，申弟子之禮，受持五戒而退。

洪武元年，上即皇帝位，發號施令，雷動雲合，開善世院以統攝釋教，命大浮屠主之。諸方以師名聞，移主四明阿育王山廣利禪寺。寺居五山之一，領其事者，若大覺璉公、大慧杲公、無準範公、橫川珙公，俱一時名德，風動四方，繼之者頗難其人。聞師之臨，少長咸悦，香華遠迎者接踵於道。時當仲冬，風恬日妍，天樂四聞，萬口稱頌，爭言見未曾有。及其接引未悟，專指單提向上之功，棒喝縱橫，逢者膽落。兩序之衆，自慶獲所憑依，相與戮力，凡宮室之傾仆者起之，缺者補之，黕昧而剥蝕者完飾之，五彩彰施赫奕，亦既美矣。而元輿、智起二師，復營田七千餘畝，以資食輪，議者謂猶慈明之有楊岐，宏智之有石窗也。五年秋，上敕儀曹建廣薦法會於鍾山，遣使者徵高行僧十人，而師居其首。師至，召至便殿，問以佛法大意，師以偈獻。上覽之，大悦，因命師書天界寺額，賜食上前。師或假寐，鼻息微有聲，鄰坐引裾覺之。上歎曰：「此老人無機心，誠善知識也。」

師容貌魁梧，日用之間，服麤食糲，一出於天性，無所勉强。生於大德甲辰，今年七十有五，而康寧如六十餘人。屢欲撾鼓而退，爲衆所擁留而止。《三會語》各有録，行之於學者。所度弟子，曰某，曰某云。

惟我昭覺大師，上紹臨濟正傳，得法者

固多，而虎邱大慧爲最盛。虎邱四傳而爲破菴，爲松源，二宗角立，子孫繁庶。大慧五傳至佛智晦機師，大辨明慧，洞徹心源，實與二宗抗衡。而太中大夫廣智全悟大禪師出承其後，師表人天，上膺帝眷，而聲名愈彰矣。師以敦篤之資，凝定之學，當皇明建國之初，作鎮名山，續佛慧命，歷十春秋，輝光益衍，非有大福德者，不能與於斯也。古佛乘願輪而再至，意者或其然乎？是宜有以昭示方來，不當拘泥常情而弗預圖之也。濂耄矣，以辭章爲口業，有來謁者，力拒閉之。今特徇師秀所請而爲之者，嚮真乘之善果，締般若之正因也。銘曰：

廣智人天師，普度有情衆。天華散毫端，無非作佛事。明光覆一切，盛大莫與等。若非古佛生，定無能繼者。懸記若燭照，皦皦不可誣。不然龐眉者，何以叩吾寢。庭梨久絶華，何以發祥徵？歷扺於諸家，氣如獅子王。一聲哮吼間，頓使百獸伏。出世方爲人，佛牙薦靈異。脱彼泥塗内，舍利自然露。俄入圓通頂，種種示方便。俯視九江水，欲以一口吞。塔放百寶光，彌月光益熾。起行庭宇間，故物若宛然。巖樹與澗泉，本是無知物。誰知枯竭餘，重榮亦重涌。譬諸籥中灰，時至氣斯應。不假於外求，實由因中起。言言有徵驗，建立大道場。所以彈指須，宫殿而一成。移住玉几峰，非惟緇素集。鬼神若相迎，天樂半空聞。咸謂未曾有，以法作布施。有如大雲興，徧周河沙界。震雷虩虩鳴，甘雨沛然下。大根與小莖，無不賴霑潤。大乘境界中，諱言神異事。我今備説之，欲警闡提者。植此窣堵波，不異青蓮花。上品上生者，佗時來示現。

佛心普濟禪師緣公塔銘

我佛如來，演説三乘，十二分三教，❶蓋欲利益有情，絶類離倫，直躋覺路，固涉不思議妙境。至有插一莖茅，設一淨食，亦號爲佛事者。夫事有大小，而心無大小。一念之起，即徧二千，三千融攝，終歸實際，又烏可以形跡論哉！予於佛心普濟禪師之事，不能忘言焉。

師諱自緣，其號曰會堂，俗姓陳氏，台之臨海人。父某，以書詩爲業，人稱爲石泉處士。母某氏，感奇夢而生。師氣骨不凡，翛然有出塵之趣。每入招提，見像變梵夾，必互跪合爪，作皈依狀。處士君見之，謂其母曰：「是子如青蓮花，水不能沾，豈俗能淹耶？」乃命從四明白雲寺觀公爲弟子。觀公愛其容止脩雅，言辭温簡，出内典授之讀。年十七，薙髮受具足戒，趺坐一室，日以縛禪爲事。已而還台，謁同郡天寧日溪泳公。泳公一見，輒加奬予，使居左右爲執侍，尋陞掌鑰。泳遷住杭之淨慈，師從其行。淨慈居五山之列，號大叢林，四方龍象，咸來棲止。師自是咨決心要，知解且日至，漸息群念，期造於無念。時處士君春秋高，師欲盡覲省之禮，已而復還台。道經寧海，日已暮，悲風號林莽間，師遑遑急走，欲求憩泊之地，竟不可得。夜行三里所，乃逢逆旅主人，破屋一間，不能蔽風雨。師竟夕不寐，明發，指天自警曰：「所不能建菴廬以延旦過者，有如日。」闤闠中有妙相古寺，兩廡蕭然，不留一物，師往還視，喜曰：「是

❶「二」，張本無此字。

足以遂吾志矣。」白於主僧明公，假其西偏，糞除蕪薉，具牀几，設衾褥，下至庖廚溷湢之屬，罔不整潔。吴楚閩浙之士，肩摩袂接而至，或一宿焉，或信宿焉，或浹旬焉，皆飫其食飲而去。其費皆出師之經畫，明公及其同袍印公，義師之爲，亦傾助不倦。

先是，縣東有桃源橋，跨廣度河上。故有圓通閣，歲久將壓，縣人李斯民撤而新之，邀致師爲主。師遂遷至其處，遇過客如初。師猶以爲未足，儉衣削食，建華嚴寶閣，月集善士閲《華嚴經》。橋之南，復築彌陀閣，像淨王十六觀相，覽者覩相與行，❶啓發極樂正因，閣道行空，朱甍耀日，儼然如化人天宫矣。事聞於朝，授師金襴法衣及錫今號，仍畀報恩寺額以寵異之。師既受命，復自念曰：「上之恩侈矣，顧廛居雜遝，塵氛襲人，無以稱清淨宏偉之觀。」爰擇地縣北五里而近，大橋之陽，林樾蒼潤，蔚爲神靈之壤，新建報恩禪院一區，晨夕帥其徒以祝釐報上爲務。由是兩地之間，鐘魚互答，有若西東家焉。

元季政亂，海上兵動，烽火漲天，三閣與寺皆鞠爲茂草之場。師衋然傷心，又以興復爲己任，持鉢行化聚落中，隨其地建華嚴傳經之會，演説因果，屠沽爲之易業。於是施者四集，師仍於桃源夾河兩提悉甃以石，建傑閣三楹間，命工塐佛菩薩天神諸像，畢工未久，而師厭世矣。師一旦早作，無疾如平時，索浴更衣，屬諸弟子以見性爲急。且曰：「吾明日將逝。」至期，呼筆書偈，怡然委順。時國朝洪武戊申三月某日，世壽五十九，僧臘四十二。龕留七日，

❶「覩相與行」，《補續高僧傳》轉録此文作「觀相與行」。

顏貌如生，荼毘得舍利無算。其上首祖溢、智榮、正珪等，以其年六月二十一日，奉遺殖樹塔於寺界相之西北偏。祖溢以鄉先生夏克復所序行業，介予學子方孝孺來徵銘。

予聞華嚴有四種法界，其三曰理事無礙。所謂理事無礙者，在有而不廢無，雖動而不離静，譬如水與波焉，真空不礙幻有，即水以辨波；幻有不礙真空，即波以明水。緣生假有，二相雙存者也。師今熾然建立，雖墮事爲，而能無所染著，竟全於真理，其有得華嚴者歟？銘以昭之，以示後之人。銘曰：

臨海有上士，夙依如來智。自著福田衣，晝夜爲佛事。憫諸求法者，經行山澤中。倀倀無所依，乃就古伽藍。汛掃得清淨，牀笫及衾枕。以至觸器等，無不皆現前。來者一如歸，了不生怖畏。非惟身安穩，飢虛獲充實。雜華與淨土，最是方便門。建閣造經像，俾人生敬信。更闢大伽藍，普施無量法。入者輒攝受，共趨涅槃城。豈知劫火起，盡化爲煨燼。中心鐵石堅，誓圖興復計。未能暢本懷，竟歸寂滅海。四衆悉悲慟，大法無繫故。奉此舍利羅，樹塔安置之。龍鬼當呵護，時現大神通。有如住世時，不示生滅相。生滅二皆空，是名三昧力。

淨慈山報恩光孝禪寺住持仁公塔銘

佛滅度後，波羅奈王收佛舍利，用七寶造塔，爲作銘記，名曰達舍婆陵迦。有塔之有銘，尚矣。後世學佛者，道尊行崇，其歿也，因刻石以表其藏。自大法入中國，晉宋以來，嘗間一見焉。碑版焜煌，始盛於唐宋之際，及今淨慈禪師之示滅，既葬舍利靈骨於金華北山，隨世變遷，理則然也。山之麓，其上首弟子件繫得悟出世之因，來徵塔上之文，其義實應古法，濂不敢辭。

師諱普仁，字德隱，族趙氏，婺之蘭溪人。父文端，母楊淑貞，皆名宦家。師生有出塵之思，年十歲，往依金華寶石演法院月公。月公號秋潭，嘗主閩之囊山，於人慎許與，獨以遠大期師，俾習讀東魯、西竺諸書。師性爽朗，即能領解義趣。十四祝髮，受具足戒。年二十，有慨然求道之志，危坐達旦，期息妄緣。時鄰院智者住山了然義公，以大辨之子，慧朗之孫，丕振臨濟之宗。師往造焉，入室問答，機鋒遞相奮觸，電掣霆奔，義公命爲侍香。

久之，出游閩、浙、江、湘，凡名刹所在，必求諸尊宿以證其所悟，無不改容禮之。東陽煇公方主湖之道場，豔師之能文，請掌外記，自是聲稱藉藉起叢林間。武林雙徑，江南諸寺之最，主僧南楚説公召師分座説法。及説公遷化，古鼎銘公來補其處，益推敬師，且謂相見之晚。師猶不敢自足，聞月江印公在育王，雲外岫公居天童，亟走四明見之，相與辨詰無虛日。徵以宗門機緣，大而沙界，小而毫芒，無不收攝。已而還浙水西，相羊於名山水間，達人勝士，日游衍而激正法。旁及於辭章者，唯覺隱誠公、笑隱訢公爲最密，風簷月牖，語蟬連不能休，至忘寢食。元至正乙丑，始還寶石山中。乙未，從部使者之請，出世金華西峰淨土禪寺。瓣香酬恩，實歸於義公，蓋表其所自得也。時天下大亂，師知事不可爲，鳴鼓而退。

戊戌冬，大明皇帝親帥六師取婺州。

己亥春，幸智者禪寺，❶見其山川深秀而法席尚虛，特詔師主之。一坐十五夏，倡道之外，小大室宇咸爲補葺一新。别築燕居於寺之西麓，曰潛菴，將有終焉之志。吴元年丁未，處之連雲持公府檄，起師主持，不聽。洪武戊申，韶之南華，不遠三千里致州侯之命來聘，亦不從。杭之中竺，其請如南華，又加勤焉，師惠然欲往。郡守鍾某意惜其行，從容問師曰：「佛法有重輕耶？」曰：「否。」曰：「佛法既無重輕，師位寧有崇卑耶？」師一笑而止。

淨慈居五山之一，非耆學碩望莫堪尸之。甲寅之秋，使者自武林凡三至，師乃起而應之。開法筵之日，黑白環聽者千人，各挹深飲醲，歎咏而去。師尤以興壞起廢爲急。時有化主安淨者，頗有人緣，施者麇至，師以禮延致之。方將大見設施，乙卯春，祕書事起，有誣智者寺僧購名畫以歸者，❷事下刑曹。刑曹以師舊主智者，當知其是非，❸逮而質焉。事將白，師忽示微疾於京師寓舍，屈指計曰：「今夏五月矣。」左右曰：「然。」曰：「此八月八日最良，吾將逝矣。」至期，整衣端坐而逝。雖當溽暑，容色不變。其徒用荼毘法從事，收骨還葬，其年某月日也。僧臘五十，世壽六十有四。

師風旨孤峭，不樂與非類狎。逢學行之士，輒敬之如賓師，縱無擔石儲，亦必久留不厭。故薦紳服其偉度，樂與過從。如王御史叔善、故教授仲申二公，❹名德重當

❶「幸」上，胡本有「駕」字。
❷「畫」，原誤作「盡」，今據張本改。
❸「是」，原作「事」，今據張本改。
❹「故」，諸本同，《國朝獻徵録》卷一百十八收此文作「胡」，當從之。

世，尤與師爲金石交。善談論，終日不倦，玉實珠聯，纚纚絶可聽。尤能汲引後進，隨資誘掖，克底於成。有《三會語》若干卷，《山居詩》一百首傳於世。其嗣法上首，智者志文、景德原昭云云。所度弟子懋建云云。

濂竊惟大辨之道，門庭森嚴，氣局苞斂，故出其輪下者，多内衷誠慤，而直趨最上菩提，初不假葩澤衒鬻於外。如義公者，亦其人也。師既因之得法，見其真實，可信不疑，於是出世度人，聲聞流布，無間北南，雖以百越之遠，亦願一臨其地。師之爲人所企慕者，從可知矣。晚涖南屏，道價益重，巋然如魯之靈光。奈何緣業僅止於斯？而師無意於人世矣，惜哉！濂與師交者頗久，歸爲序其盡靈語以傳，復書其事，俾鐫諸塔。其不可知者，不敢妄意而勦入之也。銘曰：

大辨之門，總攝群機。棒喝交施，飈旋雲飛。誰爲之孫，乃克肖似。奮迅直前，是真獅子。大方巖巖，高風莫攀。一彈指間，衝破命關。掌記集雲，分席雙徑。出世西峰，大施政令。繼遷靈源，芳泉可斞。灑以楊枝，普潤焦枯。聲光四達，争相挽致。百越之區，亦來交疏。南屏崔崔，名列五山。龍鬼護經，非賢孰干。四衆驩呼，迎師往住。旛華塞塗，觀者如蝟。擊大法鼓，出大音聲。百蟄方冥，一雷盡驚。我法將隆，我緣已滅。生滅何心，紅爐飛雪。寶幢之仆，聞者心摧。翠竹黄花，亦若茹哀。實際如如，哀則何有。仰瞻中天，白月在斗。

宋文憲公全集卷二十五終

鳴謝

《儒藏》精華編惠蒙善助，共襄斯文；謹列如左，用伸謝忱。

本焕法師　壹佰萬元

智海企業集團董事長　馮建新先生　壹佰萬元

NE・TIGER時裝有限公司董事長　張志峰先生　壹佰萬元

張貞書女士　壹佰萬元

北京大學《儒藏》編纂與研究中心

本册审稿人　孙通海
本册责任编委　甘祥满

圖書在版編目(CIP)數據

儒藏.精華編.二四八/北京大學《儒藏》編纂與研究中心編.—北京：北京大學出版社，2017.11

ISBN 978-7-301-11966-2

Ⅰ.①儒… Ⅱ.①北… Ⅲ.①儒家 Ⅳ.①B222

中國版本圖書館CIP數據核字（2017）第238224號

書　　名	儒藏（精華編二四八） RUZANG
著作責任者	北京大學《儒藏》編纂與研究中心　編
責任編輯	吴冰妮
標準書號	ISBN 978-7-301-11966-2
出版發行	北京大學出版社
地　　址	北京市海淀區成府路205號　100871
網　　址	http://www.pup.cn　　新浪微博：@北京大學出版社
電子信箱	dianjiwenhua@163.com
電　　話	郵購部62752015　發行部62750672　編輯部62756449
印 刷 者	北京中科印刷有限公司
經 銷 者	新華書店
	787毫米×1092毫米　16開本　73.25印張　758千字
	2017年11月第1版　2017年11月第1次印刷
定　　價	1200.00元

ISBN 978-7-301-11966-2

定價：1200.00元